中原智库丛书·论丛

U0113500

黄河文化研究

——黄河文化高层论坛论文集

主　编　谷建全

执行主编　张新斌

经济管理出版社

ECONOMY & MANAGEMENT PUBLISHING HOUSE

图书在版编目（CIP）数据

黄河文化研究：黄河文化高层论坛论文集 / 谷建全主编 . —北京：经济管理出版社，2021.11
ISBN 978-7-5096-8180-0

Ⅰ . ①黄… Ⅱ . ①谷… Ⅲ . ① 黄河流域—文化史—文集 Ⅳ . ① K292-53

中国版本图书馆 CIP 数据核字（2021）第 240039 号

组稿编辑：魏晨红
责任编辑：魏晨红
责任印制：黄章平
责任校对：陈　颖

出版发行：经济管理出版社
　　　　　（北京市海淀区北蜂窝 8 号中雅大厦 A 座 11 层　100038）
网　　址：www. E-mp. com. cn
电　　话：（010）51915602
印　　刷：北京市海淀区唐家岭福利印刷厂
经　　销：新华书店
开　　本：880mm×1230mm / 16
印　　张：34.5
字　　数：972 千字
版　　次：2022 年 8 月第 1 版　2022 年 8 月第 1 次印刷
书　　号：ISBN 978-7-5096-8180-0
定　　价：298.00 元

河南省社会科学院哲学社会科学创新工程试点项目

目　录·CONTENTS

黄河文化历史问题研究

黄河文化区域特色研究

附 录

黄河文化
基本问题研究

论黄河文化的概念界定与核心内容

朱海风

研究黄河文化，自然就要讨论"黄河文化"的定义、内涵、实质、核心、核心话语及其时代价值等重大问题。就此，本文拟从黄河文化的概念界定与核心内容方面谈一点粗浅认识。

一、"黄河文化"概念的界定

黄河文化的概念是从文化的概念推演而来的，在形式逻辑中前者是后者的属概念、子概念，后者是前者的种概念、母概念。因此，对文化有多少种定义，相应地对黄河文化就会有多少种定义，区别仅在于文化主体范畴的大小和主体活动范围的宽窄。譬如，如果往宽说，"文化"是指"人化"，即人类创造的物质财富和精神财富的总和，黄河文化就是中华民族及其黄河流域广大劳动人民创造的物质财富和精神财富的总和；如果往窄说，"文化"是指人类在长期的劳动实践过程中形成的价值观念、精神诉求、思维模式以及行为方式的综合，黄河文化就是中华民族及其黄河流域广大劳动人民在长期的劳动实践过程中形成的价值观念、精神诉求、思维模式以及行为方式的综合。

从所涵盖的范围来界定文化，最早出现于英国文化人类学家泰勒（E. B. Tylor）1871 年所著的《原始文化》中。泰勒认为，文化、文明是一个同义的概念，是指人类的一切活动，作为一个"复合体"，包括知识、信仰、艺术、法律、道德、习俗、习惯、能力等由人类活动所产生的成果。[①] 黄河文化的定义之所以被我国专家学者视为"总和说"与"综合说"，不能不说与泰勒对文化宽泛定义的"先声夺人"有密切关系。当然，后来的专家学者有不赞同泰勒的定义的，也有另辟蹊径对"文化"做出其他定义的。譬如，有从文化的核心内容来定义文化的，有从不同文化间的差异来描述文化的，有从文化发展的先进与落后来理解文化的……[②] 据西方学者统计，文化的定义少说也有 100 多种，多说会有 500 多种。

---

① 泰勒：《原始文化》，上海文艺出版社 1992 年版。泰勒 1871 年出版的《原始文化》一书，一直被人类学研究者视为本学科的开山之作。该书开头就提出了一个经常被援引的关于文化的定义："文化，或文明，就其广泛的民族学的意义上来说，是包括全部的知识、信仰、艺术、道德、法律、风俗以及作为社会成员的人所掌握和接受的任何其他的才能和习惯的复合体。"

② 学界对泰勒的文化定义的评价不一。赞成的如博安南和格雷泽，认为泰勒的文化定义"是唯——个能够为大多数人类学家所正确引用的，也是当其他定义被证明为太麻烦的时候人类学家可以回头求助的定义"（穆尔：《人类学家的文化见解》，商务印书馆 2009 年版）。对泰勒的文化定义中表现出来的普遍化的倾向进行批评的有美国人类学家博厄斯，他主张"文化的特性首先必须放在特殊的文化语境中进行解释，而不是一味诉诸普遍进化论的模式"。英国人类学家马凌诺斯基认为："文化是一个组织严密的体系，同时它可以分成基本的两方面，即器物和风俗，由此我们可以进而再分成较细的部分或单位。"文化是实用的、适应性的和功能性的，都是直接或间接地满足个体的需要（马凌诺斯基：《文化论》，华夏出版社 2002 年版）。后来，克拉克洪在列举和归纳 160 多种文化定义之后，从文化模式的角度界定了文化，认为文化是"一个民族的生活方式的总和""一种思维、情感和信仰的方式""一种对行为进行规范性调控的机制"（格尔茨：《文化的解释》，译林出版社 2014 年版），即"它包括各种外显的或内隐的行为模式，并借助于符号的使用而习得或传承，从而构成了人类各群体成就的标志"（怀特：《文化的科学》，山东人民出版社 1988 年版）。而美国著名人类学家格尔茨则认为文化是一个符号学的概念，"我以为所谓文化就是这样一些由人自己编织的意义之网，因此，对文化的分析不是一种寻求规律的实验科学，而是一种探求意义的解释科学"（格尔茨：《文化的解释》，译林出版社 2014 年版）。在他看来，"最好不要把文化看成是一个具体行为模式——习俗、惯例、传统、习惯的复合体，直到现在大体上都是这样看待文化的，而要看成是一个总管行为的控制机制——计划、处方、规则、指令。"

当然，对黄河文化的定义也有许多种，但目前被广泛接受和认可的仍然是"总和说"。

"总和说"是将五千年来黄河流域所出现的全部文明成果都视为黄河文化的要素。这一概念得到了普遍的认可和使用，如有代表性的《黄河文化丛书》，将其分为黄河史、黄河人、服饰、民食、住行、民俗、文苑、艺术、宗教、名胜等多卷。①

如徐吉军所说，"黄河文化是一个时空交织的多层次、多维度的文化共同体。她的内涵十分丰富，博大深邃，包括政治、经济、军事、艺术、哲学、科技、教育、语言文学、史学、宗教、民间信仰、道德规范和社会生活习俗等方面的内容，即文化概念中所包含的思想模式、情感模式和行为模式。"②

如彭岚嘉等在《黄河文化的脉络结构和开发利用——以甘肃黄河文化开发为例》一文称，"从空间分布看，黄河文化主要包括河湟文化（青海）、陇右文化（甘肃）、宁夏文化（宁夏）、河套文化（内蒙古）、三秦文化（陕西）、三晋文化（山西）、中原文化（河南）、齐鲁文化（山东）等。"③

二、问题困惑与学术讨论

关于大黄河文化概念，"财富总和论"或"资源总量论"有其他各种定义所难以企及的优越性。在理论上，大黄河文化概念，几乎是无所不包，它囊括了其他黄河文化定义的外延所涉及的范围，无疑给人们研究、探讨黄河文化现象留下了巨大的思维空间。在实践上，认同大黄河文化概念，有利于文化资源的利用及开发，有利于文化财富的创造及积累。总之，妙处很多。正如霍尔和尼兹指出的那样，"围绕文化概念的普遍争论使今天仍然无法得出一种'确切的'定义。像'文化'这样涵盖广泛的词，我们不能指望单单通过仔细地界定就可以把握其真谛。定义'文化'，并由此将其变为一种与世界上各种文化的精妙之物都不同的'东西'是错误的，我们应该摒弃将文化'具体化'的那种方法"。④但是，尽管如此，大黄河文化概念在理论研究方面也存在一定问题。

1. 文化与"文明"相混淆

在黄河文化概念里，"财富"就等同于文化。在理论上，一方面黄河文化可能会与"黄河文明"相混淆；另一方面黄河文化也可能会和黄河流域出现的具体事物、具体现象相混淆，将文化等同于具体的载体或形态，如将文化等同于文字、语言、知识、宗教、民俗等。"文明"是与野蛮相对的，指人类社会进步状态的体现和理性发展的成果，是一个褒义词，文化特别是狭义的文化更多的是指观念和精神形态的东西，是个中性词。文化既是文明形态的体现，也是文明在思想观念和思维方式方面的反映，但不是所有文化都是文明的，如暴力文化、庸俗文化等。文化应该是附着于人类生产和文明之上的精神活动、价值理念、思维模式、行为模式的综合体现。所以，文化不等同于文明，也不等同于符号、结构、语言、习俗、器物，它是一个在具象中生成的具有抽象意义的词汇。具象的事物是文化发展的成果和结晶，是文化活动的一部分，但不是文化的全部。⑤

2. 在逻辑上容易造成划分困惑

以"黄河水体"为主题命名的流域文化同以"黄河人所在地"为主题命名的区域文化，两者之间

---

① 刘德久、张安塞总策划：《黄河文化丛书》，沿黄省区 8 家人民出版社共同组织编写，2001 年版。

② 徐吉军：《论黄河文化的概念与黄河文化区的划分》，《浙江学刊》1999 年第 6 期。

③ 彭岚嘉等：《黄河文化的脉络结构和开发利用——以甘肃黄河文化开发为例》，《甘肃行政学院学报》2014 年第 2 期。

④ R. 霍尔、玛丽·乔·尼兹：《文化：社会学的视角》，商务印书馆 2002 年版。

⑤ 倪愫襄：《文化概念释义》，《学校党建与思想教育》2015 年第 8 期。

的分界线难以分清，于是，哪些属于黄河文化，哪些不属于黄河文化，有意或无意地不去加以明确，黄河文化与黄河流域文化就等于没有区别。黄河文化外延就等于黄河流经区域的当地文化板块的简单相加，黄河文化总体也随之分裂成了可以任由简易拼接的各个地方板块文化。这种逻辑上的问题，实质是把人水关系系统简单地等同于人地关系系统，把黄河文化简单地等同于黄土地文化。那么，黄河文化总体与沿黄九省区地方板块文化总体还有什么区别？

3. 在使用时容易导致畸轻畸重

"财富总和论"实际上是一种静态的"资源总量论"。从"财富总和论"或"资源总量论"讲黄河文化，往往会偏重于文化的"结果"（成品、成果、作品、遗产、遗存）的排摆列举而忽视文化的"过程"的追溯探究；偏重于对"量"的加法运算而忽视对"质"的乘法分析；偏重于对"形"的静态描述而忽视对"神"的动态透视。

4. "财富总和论"或"资源总量论"

考量的导向多是中华民族于主体创造活动中"已经做了什么"和"已经形成了什么"，而不是对包括自然黄河反作用在内的人水互动过程的全面考察。

因此，对于自然黄河"为什么能改造"中华民族以及"怎样改造"中华民族的一面、对于自然黄河对中华民族的精神品格形成的直接影响和间接作用、对于人水互动过程及其内在机理，往往是语焉不详或忽略不计，明显缺乏从构建人与自然的生命共同体中加以考察的高度与深度。基于此，长期以来，黄河文化主客体作用反作用的内在机理、人与自然和谐共生的机制路径等重大理论课题和实践课题，没有或很少能被纳入黄河文化研究的理论视野。

如今，习近平总书记重新提出黄河文化，并把"大力弘扬黄河文化"作为黄河流域生态保护和高质量发展这一重大国家战略的重要组成部分，这对黄河文化研究和建设无疑是一个极大的推动。学界对黄河文化的一系列重大理论问题需要重新探讨、重新检视、重新构建。政界有关方面对黄河文化建设应当重新定位、重新谋划、重新部署。对于这一点，虽然已经引起了一些专家学者的密切关注，但总体上还很不到位，[①] 好在现在已经开始。[②]

三、黄河文化核心内容的提出

也可能许多专家学者已经察觉或意识到以上问题，并且试图避免由此而来的理论上的困扰。譬如，美国学者亨廷顿等曾指出，"文化若是无所不包，就什么也说明不了。因此，我们是从纯主观的角度界

---

① 张景平：《永葆黄河文化的生命力》，《学习时报》2020 年 4 月 10 日。本文强调："我们日常谈论的黄河文化，可以指历史与现实中与黄河相关的一切物质生产活动与精神实践活动，其主体是中华民族在黄河流域创造的一切文明成果。黄河文化的博大决定了人们对其的认识必然见仁见智，这亦是黄河文化深入人心且富于生命力的表现。但当黄河文化的保护、传承与弘扬上升为国家战略的一部分时，必须体现出国家意志的清晰指向。""这个焦点，就是要服务于黄河流域生态保护与高质量发展的大局，为黄河流域乃至中华民族的复兴提供强大的精神力量。""历史上，国家文化战略的'失焦'有着深刻的教训，而'聚焦'亦有着生动的经验。"

② 汪振军：《什么是黄河文化？谁的黄河文化？》，https://kuaibao.qq.com/media/9674578? refer=spider，重新发现商丘，2019-12-10。汪振军认为，过去我们讲黄河文化基本是立足于一省一市甚至一个地区来研究和梳理黄河流域的文化资源。当然，这种区域式、分段式、单元式的研究方式并非不可行，但是，随着现代社会的发展和国家战略的推动，需要有黄河文化"一盘棋"的发展理念，打破过去"鸡犬之声相闻，老死不相往来"的格局。所以，要推动黄河流域生态保护和高质量发展，必须做到沿线各区域的协作协调，文化发展亦是如此。

定文化的含义，指一个社会中的价值观、态度、信念、取向以及人们普遍持有的见解。"①

我国的专家学者则从不同的角度相继提出了"黄河文化的核心"的概念，并就其核心内容、核心范畴、核心命题、核心话语、中心、灵魂、实质、精髓等做了深入的探讨。这种研究思路，揭示了广义文化与狭义文化的核心要义及其内在联系，使文化学作为一门学科，既有足够广阔的研究范围，又有比较确定的研究对象。因此，我认为，在目前对黄河文化定义尚难达成高度共识的情况下，围绕广义与狭义黄河文化的核心开展纵深、精深研究，无论在理论上还是在实践上，都不失为一种明智的选择。②

目前，关于"黄河文化的核心"的研究，大概有以下几种有影响的观点及成果：

1. "黄河文化符号"说

张新斌分析认为，"黄河文化符号是黄河文化最具代表性的成就体现，是黄河文化的精华。黄河文化符号实际上就是中华文化符号的主体代表。黄河文化符号实际上就是黄河文化的主要代表性元素，包括汉字与各种书体、河图洛书与《周易》、儒道两大文化流派与中国佛教形成、四大发明、二十四节气、中医、瓷器、丝绸、戏剧、酒、围棋、城市中轴对称、四合院等，是一个庞大的体系。"③

2. "农耕文化或者农业文化"说

中国科学院水利部水土保持研究所研究员、黄土高原专家穆兴民认为，"黄河文明的核心，还是农耕文化或者农业文化"。

牛建强、姬明明认为，"黄河文化是一种具有黄河地理特点的旱地农耕文化。"④

3. "关中文化、中原文化和齐鲁文化"或"中原文化"说

位于黄河中下游地区的关中文化、中原文化和齐鲁文化构成了黄河文化载体的核心。政治上的集权体制、文化上的礼乐制度、思想上的儒家伦理和其他学说、物质上的甲骨鼎彝和都城聚落等，构成了黄河文化的本质内容。⑤

中原文化作为黄河文化的中心，决定了我们研究中原文化就是研究黄河文化、黄河文明。中原文化始终是我们研究黄河文化、黄河文明的精神资源和源头活水，是中华民族千秋万代的巨大精神财富。⑥"黄河文化的根源性、包容性、融合性等特性，最终凝练、形成于中原，在中原文化中得到最充分的体现。中原文化又是黄河文化的核心与主干。"⑦

4. "黄河治理文化"说

大致有两种说法：一是认为黄河文化是黄河流域劳动人民以及广大治河工作者在长期的治河实践中所形成的全部物质财富与精神财富的总和；二是认为黄河文化是广大黄河工作者在黄河治理开发与

① ［美］亨廷顿、哈里森：《文化的重要作用》，新华出版社 2010 年版。

② 张光义等：《关于黄河文化建设的几个基本问题的思考》，《黄河报》2008 年 12 月 6 日，第 4 版。本文认为，对于"黄河文化"概念仁者见仁、智者见智，给予不同的解读是正常的，也是科学的。一方面，黄河文化的内涵十分丰富，站在不同的角度或侧重某一方面对其进行解读是必要的，有助于我们对黄河文化进行全面深刻的认识；另一方面，我们也没有必要过度地去深究概念，更不必在概念上进行过多的争论，尤其是黄河文化的实践者和建设者，应该在对黄河文化有一个一般意义上清晰认识的基础上，侧重于密切联系实际，在黄河文化建设的实践过程中去理解和把握。

③ 张新斌：《黄河文化符号重构与中华文化认同》，《河南日报》2020 年 3 月 27 日，第 9 版。

④⑤ 牛建强、姬明明：《源远流长：黄河文化概说》，《黄河报》2017 年 7 月 11 日，第 4 版。

⑥ 李庚香：《聚焦黄河文化黄河文明主题 持续提升中原学研究水平》，《河南日报》2020 年 3 月 27 日，第 9 版。

⑦ 李龙：《中原学学术体系构建与黄河文化保护传承弘扬》，《河南日报》2020 年 3 月 27 日，第 9 版。

管理实践过程中形成的基本精神、核心理念和价值观念等。

5. "文化归于精神财富"说

此说类似于本文前面提到的文化的狭义定义，主张在精神领域界定文化概念的内涵和外延，既不大赞同"普遍化"，又不愿意陷入"具体化"。持这种观点的学者写道："结合文化概念的学科解读和字义解读[①]，我们认为将文化归于精神财富是比较合理的思路，这样可以将文化及其研究对象的范围大致确定，而不是将文化泛化而无法把握。当然，将文化归于精神财富，也不是否认物质生活的文化内涵和生产劳动的文化元素，而是说任何社会事物只要有精神活动和思想创造，都会有文化的元素和因素，即所谓物质文化、科技文化……这样才能说明文化与物质、文化与社会、文化与制度、文化与地域等之间的联系与区别，才能真正解读文化的核心和实质。"[②]

与此说相呼应，有专家主张，"正确理解黄河文化的概念，关键在于认识和把握黄河文化的实质。黄河文化的实质在于，它是一种气质、精神和氛围，是一种价值观念和态度。虽然，黄河文化的实质是通过有关黄河的理念、口号，制度、管理、物质、环境，流域劳动人民的生存发展方式，黄河工作者的行为方式等各种各样的现象表现出来的。但是，这些现象的背后是精神、氛围、价值观和态度。例如，黄河岸边的一尊主题雕塑，它是物质现象，但它传递出的信息却是精神的。而且，它应该体现黄河文化的核心理念和基本精神。只有这样，它才能够成为黄河文化的一个构成要素和组成部分。"[③]

以上几种"黄河文化核心"说，在分析黄河文化的不同维度时，有的是从黄河文化精神成果的视角，如"黄河文化符号"说；有的是从黄河流域生产方式的视角，如"农耕文化或者农业文化"说；有的是从黄河流域区块的视角，如"关中文化、中原文化和齐鲁文化"或"中原文化"说；有的是从黄河文化的主体的视角，如"黄河治理文化"说；有的是从黄河文化狭义的视角，如"文化归于精神财富"说；等等。总体来看，尽管说法不一，但可以归为两大类：从内涵看核心和从外延看核心。从内涵看包括从文化主体看、从文化结果看；从外延看包括从流域区间看、从历史断代看。仁者见仁，智者见智，是黄河文化研究兴旺发达的标志。但究竟什么是黄河文化的核心，如何找到这个核心，仍需要进一步讨论。

四、黄河文化的核心是"河缘文化"

如前所述，"黄河文化的核心"研究首先是缘于文化解释学的困扰，但更为主要的是基于系统论原理。

系统论是黄河文化核心研究的重要理论依据。黄河文化体系本身就是一个系统，同其他任何系统一样，是一个有机的整体。黄河文化系统中各个部分、各个要素不是孤立地存在着，不是机械组合或简单相加，每个要素在系统中都处于一定的位置和层次上，起着特定的作用。系统论原理显示，组成系统的诸要素的种种差异（包括结合方式上的差异），使得系统组织在地位与作用、结构与功能上表现出等级秩序性，形成了具有质的差异的系统等级，而系统的不同层次，往往发挥着不同层次的系统功能。同样，黄河文化也是可以分层的，如为了研究方便，可以大致分为核心层、次内层和边缘层三个

---

① 在《现代汉语词典》中，对文化有三层内涵的解释：一是人类创造的物质财富和精神财富的总和，特指精神财富，如文学、艺术、教育、科学等。二是考古学用语，指同一个历史时期的不以分布地点为转移的遗迹、遗物的综合体，如仰韶文化、龙山文化。三是指运用文字的能力及一般知识（中国社会科学院语言研究所词典编辑室：《现代汉语词典》，商务印书馆 2005 年版）。

② 倪愫襄：《文化概念释义》，《学校党建与思想教育》2015 年第 8 期。

③ 张光义：《关于黄河文化建设的几个基本问题的思考》，《黄河报》2008 年 12 月 6 日，第 4 版。

层次或三个部分。

"核心"一词的含义，是指某个事物（事项）的中心或主要部分。依笔者理解，黄河文化核心层应当是我们常说的黄河文化的"灵魂""精髓""实质""根基"的"所在地"，换句话说，黄河文化的"灵魂""精髓""实质""根基"是寓于核心层之中的。因此，在黄河文化体系中，"核心层"是其最重要、最关键的组成部分。找准和抓住黄河文化的核心，是提升黄河文化研究水平的必由之路，同时也是一个亟待解决的问题。

基于以上认知，围绕黄河文化核心的再商榷、再探讨，这里提出黄河文化核心是"河缘文化"一说。

应当说，早就有人提到了河缘文化。譬如："从古黄河的孕育阶段起，黄河就与几乎同时出现的人类发生了相互作用与相互感应，黄河与黄河人就已经把各自的命运交融在一起，黄河文化也就从那时开始萌生。当然，这是一种独特的文化，是一种既不同于地中海文化，又不同于尼罗河或其他河流文化的文化，这是黄河文化。"[1] "黄河文化，就是缘黄河而起的打上了黄河水文地理特征的一种旱地农耕文化，是黄河流域人民在黄河岸边生息、繁衍、奋斗、发展的历史过程中形成的民族性格、文化观念、思想风尚、风俗习惯，是黄河流域人民精神生活的内容、方式和特点。黄河文化是一种大河文化。"[2]

仅有黄河或仅有人，不会有黄河文化；离开黄河，或离开人，也不会有黄河文化。黄河文化是中华民族与黄河从古至今有幸结缘的产物，是二者在矛盾之中互动与共生的产物。人河关系、人河缘分才是黄河文化产生发展的根本原因，追求人河和谐共生才是黄河文化产生、发展和永续的根本动力。河缘文化体现人水关系，但不仅限于人水关系；人河关系体现的是中华民族同黄河流域土地山川的立体多维的综合关系。一言以蔽之，黄河文化的核心就是"河缘文化"，甚至可以说，黄河文化就是"河缘文化"。上述所列举的"黄河文化符号"说、"农耕文化或者农业文化"说、"关中文化、中原文化和齐鲁文化"或"中原文化"说、"黄河治理文化"说、"文化归于精神财富"说，以及大黄河文化概念说，无一不是源于人河关系、人河缘分，无一不是河缘文化的结晶。[3]

人与世界关系的产生及其动态发展，是文化的源泉。有学者认为：人与世界的关系涉及三重方面：说明世界、感受世界、规范世界。以上关系分别关联世界"是什么""意味着什么""应当成为什么"。说明世界以世界的真实形态"是什么"为指向，感受世界以对世界的理解即说明世界"是什么"为前提，"意味着什么"是对"是什么"的追问，同时对世界的感受又总是引发人们规范、改变世界的意向；而对世界的规范，则进一步将说明世界所涉及的"是什么"与感受世界所蕴含的"意味着什么"具体化为"应当成为什么"的关切以及为此所做的行为努力。在人与世界的三重关系中，对世界的感受需要给予充分的关注。感受具有综合性，其内容呈现体验、体悟、体会的交错，感知、情感、思维的互融。以意向性与反身性为二重品格，感受既表现为自发层面的体验，也呈现为内含评价的自觉形态。作为综合性的意识现象，感受不仅使人对世界的把握更为丰富，并使世界对人具有相关性、切近性，而且赋予人的精神世界以多样的内涵。感受的多样性、丰富性、个体性，可以视为人与世界互动过程之具体性的体现。[4]

---

① 鲁枢元：《略论黄河史研究——关于黄河文化生态的思考》，《黄河科技大学学报》（民办教育研究专号）2000年第1期。

② 李振宏、周雁：《黄河文化论纲》，《史学月刊》1997年第6期。

③ 张光义等：《关于黄河文化建设的几个基本问题的思考》，《黄河报》2008年12月6日，第4版。张光义等认为，凡"文化"都是与人联系在一起的，就黄河本身来说，它是一条自然的河流、是一种自然资源，只有自然河流与人发生了联系，人类对河流有了接触、认识和思考，人们有了利用河流、治理河流、管理河流、保护河流、欣赏河流、亲近河流的行动实践，才会产生河流文化。也就是说，黄河文化是伴随着人类与之相关的实践活动产生的，黄河文化的主体是人，黄河文化反映的是人与河流、人与人的关系。

④ 杨国荣：《人与世界关系中的感受》，《社会科学》2018年第10期。

　　"三重世界"的观点给我们思考研究黄河文化以很好的启发。古往今来,黄河早已不是一条纯自然的大河,在历史上不存在什么独立于中华民族之外的黄河。中华民族与黄河结缘,早哉！早矣！由此而来,黄河不仅存在于我们的"说明世界",而且存在于我们"感受世界",当然也存在于我们的"规范世界"。准确地说,中华民族与黄河缘来缘聚从未间断,一直以来,黄河都是我们中华民族"说明世界""感受世界""规范世界"中最厚重、最深邃、最光辉灿烂的组成部分。[①] 基于此,黄河文化成了全世界大河文化中最具有迷人的魅力的文化类型。[②]

　　正是由于这一中华河缘,黄河流域的土地山川才构成了一体,才成为黄河文化、黄河文明的"产床"和"根据地";正是由于这一中华河缘,黄河流域的山水、林田、湖草与中华民族才成为一个生命共同体;正是有了这一中华河缘,中华先民和中华民族才得以生息、得以发展、得以磨炼、得以升华;正是有了这一中华河缘,中华民族才有了根植黄土、气贯苍天的民族精神和民族性格。[③] 黄河文化、黄河文明无不源于"河缘",成自"河缘"。所以,从根本上讲,黄河文化的根基在河缘,河缘文化作为黄河文化的核心也就成了一种必然与实然。

　　本文提出"河缘文化"说,无意于标新立异,只是笔者长期思考和讲解"人水之缘""人水关系""黄河文化的核心"等问题,[④] 其间也看了不少材料和他人的研究成果,不断受到新的启发。一直以来,笔者对国内学者基于中国传统文化和文化自觉的研究探索提出的"五缘文化"说[⑤]、"海缘世界观"、"陆缘世界观"（旨在说明中华海洋文明是追求和平的海陆一体型文明,不同于西方的海洋文明）

---

　　① 希贤、陈梧桐:《黄河文化—— 一个自强不息的伟大生命》,《北京大学学报》1994年第6期。本文认为:"黄河文化犹如黄河水系源远流长。在历史发展的长河中,她萌发、成长、壮大,又先后融汇了黄河支流上多民族的地方文化,逐渐凝结成浩瀚渊深的黄河文化。她犹如一个伟大的生命,自强不息,历尽沧桑,永不间断地向前发展。及至清代,随着我国统一多民族国家历史疆域的最后形成与确定,黄河文化与中国境内的诸多文化已基本融为一体,以她为主体形成了光辉灿烂的中华民族文化。黄河文化的萌芽与发展,经历了一个漫长的历史过程。这是一幅瑰丽多姿的历史画卷。"

　　② 李振宏、周雁:《黄河文化论纲》,《史学月刊》1997年第6期。本文认为,黄河文化"在众多的大河文化类型中,它独具特色。它既不同于尼罗河流域的埃及文化,也不同于印度河流域的印度文化、幼发拉底和底格里斯两河流域的巴比伦文化,甚至也不同于同是中华文化的长江文化。它最早把中国推进到文明时代,最早孕育出世界上最伟大、最强盛的统一国家,也是世界上唯一在数千年间文化统绪绵延不断、最具生命力的文化系统。黄河文化,在文化史、文化类型学上,无疑具有迷人的魅力"。

　　③ 鲁枢元:《略论黄河史研究——关于黄河文化生态的思考》,《黄河科技大学学报》（民办教育研究专号）2000年第1期。本文认为,黄河较之世界上其他河流,最大的特点是"善决、善徙、善淤",这一特点决定了黄河的两重性:它既可泛滥冲刷尽千顷良田,又可在迁徙中淤积下万里沃土;它既是哺育中华民族的母亲,又是吞噬新生儿女的暴君;它既反复无常、横行无忌地折磨着两岸的人民,又慷慨大度、无私奉献地赐福给流域的生灵;它既给一个民族带来数不尽的灾难,又给这个民族生发出无限的生机;它既给一个国家带来过称雄世界的富庶,又给这个国家带来了令人震惊的贫穷;它既给一个民族造成了长时期的愚昧,也给这个民族创造了出类拔萃的智慧……黄河不但在其功能上具有二重性,黄河人对黄河的接受也是双向乃至多向的,有被动的承袭,也有积极的反拨;有正面的冲突,也有负面的补正;有虚意的应酬,也有虔诚的敬畏;有真心的赞美,也有无奈的诅咒……因素是多方面的,渠道是多方面的,方式是多方面的,效果是多方面的……就这样,渐渐形成了中华民族的独特文化。黄河带给流域人民层出不穷的困苦与灾难,不但没有摧毁黄河流域人民的生存意志,反而更增加了他们之间的凝聚力,由此生发出的孔子的"仁爱"、墨子的"兼爱",长期以来被作为中华民族人际交往的理想尺度。此外,贫困促成了黄河人的勤劳,饥荒养成了黄河人的节俭,苦难酿成了黄河人的善良,动乱结晶出黄河人的和谐,治河理水、灌溉航运造就出一批古代水利科技的能工巧匠,悲欢离合、喜怒哀乐化育出一群文学艺术创造的大师巨擘。这就是黄河的文化历史,就是黄河的文化传统。

　　④ 《信阳师范学院贤林讲坛精心构筑师生精神家园》:"天蓝蓝,水蓝蓝,白鸥就在南湖湾;天蓝蓝,水蓝蓝,南湾湖中有欢鲢。"2009年5月25日下午,华北水利水电学院党委书记朱海风教授应邀做客信阳师范学院贤林讲坛,为200余名师生作了一场题为"欲说无尽的人水之缘"的专题报告。报告从"何为缘,缘为何""何为水,与水何缘"解题,全面回顾了人水之缘的产生和发展历程,系统探究了人水之缘的演变规律及特点,对"人水和谐"的思想引力和现实诉求问题进行了深入剖析。资料来源:http://www.huaue.com,2009年5月31日。

　　⑤ 林其琰:《五缘文化概论》,福建人民出版社2003年版。

等尤为关注。[①] 最近，笔者在学习习近平总书记关于黄河、海洋的重要理念，更是深受启发，豁然开朗。

2019 年 4 月，国家主席、中央军委主席习近平在集体会见应邀出席中国人民解放军海军成立 70 周年多国海军活动的外方代表团团长时指出：海洋对于人类社会生存和发展具有重要意义。海洋孕育了生命、联通了世界、促进了发展。我们人类居住的这个蓝色星球，不是被海洋分割成了各个孤岛，而是被海洋连结成了命运共同体，各国人民安危与共。海洋的和平安宁关乎世界各国安危和利益，需要共同维护，倍加珍惜。[②] 他还说，中国提出共建"21 世纪海上丝绸之路"倡议，就是希望促进海上互联互通和各领域务实合作，推动蓝色经济发展，推动海洋文化交融，共同增进海洋福祉。[③]

习近平提出的海洋新理念，为全球海洋治理指明了方向，意义重大而深远。其中所蕴含的崭新的"海缘世界观"，也使我们研究黄河文化——河缘文化得到了重要"借光"。

（作者系黄河文化研究会会长，华北水利水电大学原党委书记、教授）

---

① 王书明、董兆鑫：《"海缘世界观"的理解与阐释——从西方利己主义到人类命运共同体的演化》，《山东社会科学》2020 年第 2 期。该理论认为："中华文明具有陆地与海洋双重性格。"中华文明是以农耕文明为主体的，包括游牧文明、海洋文明在内的多元文明共同体。"海缘世界"是对"海洋世界"概念的深化与扩展，是指以海洋为中心所形成的人海互动与整合的社会网络，海缘世界观是从海洋的视角出发重新理解和阐释整个地球上的世界，包括陆地而不只是理解海洋本身。标题之所以用"海缘"世界，而不是"海洋"世界，是想在自然科学和常识理解的基础上突出其人文社会科学的意味。"海洋"是指日常和自然科学研究可观察的实体；"海缘"是指人海互动的关系网络以及缘于海洋而发生的人与人互动的关系网络。海洋世界与陆地世界相对，是指称实体性的概念，"海缘"世界与"陆缘"世界相对，是建构性的、指称关系性的概念，从"海缘"世界与"陆缘"世界两个方向理解和阐释整个人类—地球世界，会导致不同的世界观。"海缘世界观"与"陆缘世界观"是两种理解世界的思路，可以建构出不同类型的世界图景，两者是互补的，不是完全对立的。

② 《人民日报海外版》2019 年 4 月 24 日，第 1 版。

③ 参见《习近平的"蓝色情怀"》2020 年 7 月 11 日，新华网。

黄河文化的生产力视野及其范式建构

王承哲

2019 年 7 月到 2020 年 6 月，习近平总书记在不到一年的时间里对内蒙古、甘肃、河南、陕西、山西、宁夏六省区黄河流域进行了调研考察，对黄河流域生态保护和高质量发展问题发表了一系列重要讲话，提出了弘扬黄河文化的历史任务。习近平总书记论述黄河文化有着宽广的视野和独特的视角，就是把弘扬黄河文化与加强黄河流域生态保护、促进全流域高质量发展结合起来，着眼于黄河流域解放和发展生产力，使物质文明与精神文明高度融合，让历史中国与今日中国交相辉映，为实现中华民族伟大复兴凝聚精神力量。

一、生产力是黄河文化形成与发展的决定性因素

马克思认为，生产力是生产关系变化的原动力和基础，这就从根本上确立了生产力在社会历史发展中的地位。发展文化生产力是我们党历来的主张。研究黄河文化的形成与发展，应当从生产力和生产关系的矛盾运动中，挖掘黄河文化的时代内涵。这里有以下三方面的因素需要把握：

一是生产活动是黄河文化形成与发展的重要基础。黄河流域的先人们很早便开始了改造自然、开发农业经济的生产活动。从《诗经》里"伐木丁丁，鸟鸣嘤嘤；伐木于阪，酾酒有衍"（意思是说，咚咚作响伐木声，嘤嘤群鸟相和鸣；伐木呼呼斧声急，滤酒清纯无杂质）优美的描写中，反映出了先民们的劳作生产活动场景；从二里头夏都、安阳殷商古都遗址中的宏伟宫城到秦朝万里长城、兵马俑、阿房宫的历史奇观，反映出了我们古代生产力的水平；从大禹治水到潘季驯"束水攻沙"，从汉武帝"瓠子堵口"到康熙把"河务、漕运"刻在宫廷的柱子上，反映出了中华民族同黄河水旱灾害作斗争的生产力的进步；从夏商青铜器文明到清朝之前的中华文明和生产力在世界居于前列，反映出了黄河流域有 3000 多年是全国的政治、经济、文化中心。

二是科技进步是黄河文化形成与发展的关键所在。每一项科学技术的重大发现和发明都推动了人类社会经济、文化的发展。猿人制造出第一把石刀时，就出现了区别于天然、本能的有意识的活动。黄河流域的科技经过隋唐时期的持续发展，于宋元时代形成了高峰，它同时也是中世纪世界科技发展史上的高峰。李约瑟说："中国在公元 3 世纪到 13 世纪之间保持了一个西方所望尘莫及的科学知识水平。"马克思高度赞扬中国古代技术发明对世界的影响，指出："火药、指南针、印刷术——这是预告资产阶级社会到来的三大发明。火药把骑士阶层炸得粉碎，指南针打开了世界市场并建立了殖民地，而印刷术则变成新教的工具，总的来说变成科学复兴的手段，变成对精神发展创造必要前提的最强大的杠杆。"

三是思想运动是黄河文化形成与发展的先决条件。生产力的发展催生着社会变革，促进着文化的大发展。在中国历史上，春秋战国是思想和文化最为辉煌灿烂、群星闪烁的时代，百家争鸣的局面就

出现在这一时期。这一时期生产力的飞速发展，促进了商业繁荣和城镇兴盛。新兴地主阶级在各诸侯国都把主要精力用于政治、经济、军事方面的变法改革，有力地推动了思想运动蓬勃兴起。这一时期，诸子百家相互争鸣，盛况空前，在中国思想发展史上占有重要的地位。比如，战国早期黄河流域中游魏国的"西河之学"、战国中期黄河下游齐国的稷下学宫、战国晚期吕不韦以三千门客编撰《吕氏春秋》，都是百家争鸣极其引人注目的学术现象。

二、坚持生产力标准，破解黄河文化发展的突出问题

生产力标准是评估黄河文化的重要标准，是破解黄河文化概念和文化分区问题的关键。

一是用生产力标准衡量黄河文化的概念。研究黄河文化的概念，应当考虑黄河文化的生产力背景。第一，从黄河流域生产力发展的背景来看，黄河文化的概念应是一种以黄河流域的自然地理和人文地理为优势、以生产力发展水平为基础，具有认同性和归趋性的文化体系。一般来讲，黄河文化就是黄河流域人民在长期的生产实践中所创造的物质财富和精神财富的总和，它包括一定的社会规范、生活方式、风俗习惯、精神面貌和价值取向，以及由此所达到的社会生产力水平，等等。第二，从黄河流域文化发展影响力范围来看，黄河文化的概念不仅包括干流流经区，还包括支流流经区，也包括北京和天津两市及安徽、江苏两省的北部地区。因此，黄河文化是一个以上游的河湟文化、中游的中原文化、下游的齐鲁文化为主体，包含三晋文化、燕赵文化等亚文化层次而构成的庞大文化体系。我们应当把黄河文化的概念从历史中国扩大到今日中国，从远古扩大到近古乃至现代，把优秀的传统文化、革命文化和社会主义先进文化三种文化置于生产力发展水平上去考虑，提炼出融通古今、纵贯中外、影响至今的新概念、新内涵、新规范。

二是以生产力思维划分黄河文化区。河南省在划分沿黄文化区时，规划了三门峡、洛阳、济源、郑州等8个省辖市、28个县（市、区），不包括商丘市。那么，划分黄河文化区的标准究竟是什么？古往今来，人们大多按照地理区划、行政区划来划分黄河文化区，以生产力发展阶段划分黄河文化区是一个新的视角。中国传统文化区是历史上自然、经济、社会、政治等因素共同作用的产物。无论是哪一种划分标准，在同一个文化区中，其居民的语言文字、宗教信仰、艺术形式、生活习俗、道德观念及心理、性格、行为等方面都具有一致性，归根结底是由当时生产力的水平决定的文化特征。

三是用生产力标准统一黄河文化标识。文化标识是一个民族、一个国家、一个区域文化的重要标志。黄河文化标识不是一个纯粹的地理概念或者抽象的考古概念，而是一个物质文化和精神文化多元要素系统集成的概念。要避免简单地把与黄河文化有关的"物—事—人"皆视为黄河文化地标，把概念无限扩大或非理性地泛化滥用。黄河文化的标识应当具有历史性、代表性、公认性、内涵性、传播性。第一，以历史人物作为文化标识。世界上以人作为文化标识最为普遍，也最具代表性。如河南郑州炎黄二帝塑像是一个代表性的地标。第二，以历史建筑作为文化标识。如万里长城是中华民族的象征、埃菲尔铁塔是法兰西文化的代表。第三，以自然与生物作为文化标识。自然是人类征服自然、和谐共生的家园。如天山是新疆地理的独特标志。第四，以人类科技发明作为文化标识。如在我国5000多年文明史上诞生的四大发明。这些对黄河文化地标研究都有重要的参考价值。

三、构建弘扬黄河文化新范式，推动黄河流域高质量发展

以生产力视野研究黄河文化，目的是构建坚持文化自信、推动经济高质量发展、为民族复兴提供动力的新范式。

第一，**建立新范式，要把黄河文化同实现民族复兴结合起来**。我们要坚持以文载道，强化同根同源的民族认同，进一步激发家国情怀，复兴黄河文明的灿烂辉煌，复兴黄河文化的创新创造。我们要坚持以文化人，坚持用社会主义核心价值观固本培元，普及优秀传统文化、革命文化和社会主义先进文化，大力弘扬黄河文化，实现中华民族伟大复兴。

第二，**建立新范式，要把黄河文化同实现高质量发展结合起来**。我们要坚持以文兴城，坚持以文兴产，改变千城一面、城市乡村缺乏文化底蕴的问题，加大对沿黄产业的支持力度，推动黄河流域高质量发展。要共同抓好大保护，协同推进大治理，着力加强生态保护治理、保障黄河长治久安、促进全流域高质量发展、改善人民群众生活、保护传承弘扬黄河文化，让黄河成为造福人民的幸福河。

第三，**建立新范式，要把黄河文化同旅游融合发展结合起来**。要坚决摒弃文化"大跃进"的陋习，防止一哄而上，走建文化开发区、建湿地保护区、建文化公园、建黄河文化博物馆的老路子，坚持以文融旅，抓好重点项目建设，将黄河文化的保护与生态建设、城市建设等相结合。

（作者系河南省社会科学院党委委员、副院长）

黄河文化若干问题的思考

张新斌

2019 年 9 月 18 日，习近平总书记在郑州主持召开黄河流域生态保护和高质量发展座谈会并发表重要讲话。在这之后的两年多的时间里，大家对黄河文化的基本问题进行了初步的研究，对黄河文化保护传承弘扬进行了认真的思考，笔者在以往研究的基础上提出一些观点，供大家参考。

一、黄河文化的内涵界定

黄河文化是指发生在古今黄河流域的物质文化、精神文化和制度文化的总和。这里面有两点值得关注：一是"古今黄河流域"。当代黄河流域流经青海、四川、甘肃、宁夏、内蒙古、陕西、山西、河南和山东 9 个省区。由于黄河的特殊情况，古代黄河下游有 26 次大的改道、5 次重大改道，黄河还曾流经河北、天津以及安徽、江苏等地，这些地方的文化当然属于黄河文化的范畴。就河南而言，郑州地区当代属于淮河流域，但郑州毗邻黄河，毫无疑问郑州文化属于黄河文化。鹤壁、安阳、商丘、许昌、周口、漯河等，都曾是黄河泛滥时改道的地区，其属于"大黄河"也是没有疑问的。二是黄河文化与长江文化、珠江文化、海河文化、淮河文化一样，都属于以河流命名的区域文化。黄河文化与它们最大的不同，就是黄河文化曾是国家文化，也曾是中央文化。从夏代开始到宋金时期的 3000 多年里，黄河流域尤其是黄河中游和中下游之交的区域，很长一段时间都是中国古代的政治中心。尤其是以郑州、洛阳、安阳、西安为代表的夏商周时期所创造的青铜文明，呈现出了中国古代青铜文明的高峰；以西安、洛阳为代表的秦汉隋唐大一统王朝所呈现的"汉唐气象"，代表了农耕时代中国文明的鼎盛与辉煌；以开封、洛阳为代表的北宋王朝城市文化、市井文化、商贸文化所呈现的商业文明的辉煌，均反映了以古代都城为代表的"黄河时代"在世界文明格局中的特殊地位。"制度文明"是古代大都"黄河时代"的专门贡献，我们不是说其他河流文明没有制度文明的贡献，而是说作为国家的政治中心，主流的黄河文化在制度文明中的贡献，呈现了主体性与完整性。

黄河的政治中心地位，决定了中国早期文明的诞生与其有关，中国王朝的兴衰与其有关，中国思想文化的发端与其有关，中国重要科技的发明推广与其有关。在历史上，这一区域所涌现的重要人物、发生的重大事件、作出的重要决策，都深深地影响了中国历史乃至东亚文明的进程。黄河文化作为国家文化和中央文化，是黄河文化的本质特征。黄河文化是中华文化的重要组成部分，是中华文化的核心文化与主干文化，也是我们保护、传承、弘扬黄河文化的责任和使命所致。

二、黄河文化的阶段特点

黄河文化的发生与发展大致经历了以下几个阶段：一是萌芽期（史前时期）。黄河流域是早期人类的发祥地、旱作农业的肇始地、农耕聚落的兴盛地、早期城址的发现地，当然也是中华人文始祖"三皇五帝"的主要诞生与活动区域。二是形成期（夏商周时期）。中国第一个王朝夏朝建都在中原，以青铜文明为代表的三代辉煌也在中原。三是鼎盛期（秦汉隋唐北宋）。以长安、洛阳、开封为代表的王朝大古都建立在黄河中游与中下游之交的地区，构成了中国大古都的东西轴线，形成了中国历史上最鼎盛的汉唐文明。四是衰微期（金元明清）。中国古代的政治中心转移到了北方地区，中国古代的经济中心转移到了长江地区，黄河中下游地区的生态环境发生了较大的改变，水旱蝗灾成为常态，至关重要的中原地区的主线是苦难与灾害。五是复兴期（中华人民共和国成立至今）。中华人民共和国成立为黄河文化的复兴奠定了基础，尤其是改革开放40多年来，黄河流域各地改革发展取得了重大成就，习近平总书记将黄河流域的生态保护和高质量发展上升为国家重大战略，对黄河流域各省区的发展，尤其是对黄河文化的保护传承弘扬，将起到巨大的推动作用。

黄河文化的发展历程表明，黄河文化是与中华文化的发展进程相吻合、协调、统一的。黄河文化发展的源头，代表了中华文化发展的主支源头；黄河文化发展的鼎盛，代表了中华文化发展的鼎盛；黄河文化铸就的灵魂，代表了中华文化的精神实质。黄河文化的主要特点表现为：**其一，根源性**。无论是文献记载还是考古发现，都足以证明黄河区域是中国人类起源与早期文化的主要源头，古代农耕的起源与发展、青铜文明的起源、国家基本制度的特色形成、主要思想观念学说的形成与文化艺术的源头、科技发明的源头都与这里有关，在中国文化的源头活水中，无不闪烁着黄河文化的底色。**其二，主干性**。无论是青铜文明的鼎盛、封建王朝的辉煌，还是人文科技的发达，黄河文化与中华文化都表现为高度的一致。**其三，系统性**。中华文化连续不断地发展，可以用不间断、无断层来形容。在黄河文化的核心——大中原地区，不但表现为大的王朝文明不间断，还表现为史前文化的无断层，这种连续性和系统性是其他文化无可比拟的。**其四，融合性**。黄河文化的融合发展，是与中华民族的融合发展有机结合起来的。黄河不仅见证了历次中华民族的融合，也在融合发展过程中将各个族群的文化有机地融合在一起，形成了包容发展的特点。**其五，本质性**。黄土—黄河—黄种人—黄帝（皇帝）所形成的中国文化底色，成为中华文明屹立于世界民族之林的关键所在。

三、黄河文化的区域文化

研究黄河文化必须研究与黄河息息相关的区域文化，在以前的研究中，我们将与黄河相关的区域文化分解为河湟文化、河套文化、泾渭文化、河洛文化、河汾文化、河济文化、河内文化、河淮文化、汶泗文化等，通过分析以便寻找作为黄河文化特殊性与核心性的关键区域文化。

第一，河湟文化。河湟地区位于黄河上游地区的甘肃、青海一带，河湟文化主要是指黄河及其支流湟水、大通河所流经区域的文化。在早期文化体系中，以石岭下类型、马家窑类型、半山类型、马厂类型的马家窑文化以及齐家文化所构成的典型农耕文化系列，以大地湾遗址为代表，在某种程度上代表了西北早期农耕文明的高峰。但在历史时期，河湟地区位处农耕文化与游牧文化的接壤地带、华夏文化与戎狄文化的交接地带，是两者互动的关键场所，也是中华民族华夏化进程的历史见证地。河湟文化的特殊意义在于民族融合、互通互补、多元融汇，而非古代政治中心。

第二，河套文化。河套地区位于黄河中游地区的宁夏、内蒙古交界的黄河网状流向地区，所谓"黄河富，富河套"。河套文化正是发生在黄河干流河套及其周边地区的文化，河套文化重点在旧石器时代，即人类早期活动的重要地区，但在农耕初期并不具有代表性。在历史上，河套地区也是处于农耕文化与草原文化的交汇地带，以民族文化、边塞文化、移民文化等为特征，是黄河文化多元色彩的重要体现。

　　第三，泾渭文化。以黄河的最大支流——渭河为代表，位于黄河中游的关中地区，主要是在陕西境内。泾渭文化也可称为关中文化，是中国古代发生在关中地区的文化总和。泾渭文化在新石器时代已较发达，仰韶文化半坡类型最具代表性。"三皇五帝"传说广为流传，周秦汉唐都城遗址光辉灿烂。汉唐都城长安（今陕西西安）在很长时间内就是中华文明的象征，泾渭文化也是典型的农耕文化、都城文化，是黄河文化作为中央文化的具体体现。

　　第四，河洛文化。是以洛阳为中心的古代黄河与洛水交汇地区的物质文化与精神文化的总和。洛阳的名字自古至今都没有发生变化，这在中国的大古都中是极为少见的。以仰韶文化庙底沟类型最具代表性的早期农耕文明，以代表夏都的二里头遗址为最早的中国，以洛阳盆地排列的五大都城遗址所反映的夏商周、汉魏唐时期的中华文明的伟业，形成了黄河文明核心区关中与河洛比翼齐飞的格局，中国历史两者缺一不可。

　　第五，河汾文化。是在山西境内黄河支流汾河与黄河形成的文化，因黄河在晋陕交界自北南流，山西尤其是晋南在大河之东，故又称河东文化。河汾因太行山与黄河的特殊地理特征而形成了独特的文化，这里是北方的人类发祥地，发现有完整的旧石器与古人类系列；这里也是北方旱作农业的发祥地，保留有独特的农耕聚落；由于战火多未波及，地上文物尤其是代表黄河文化的寺庙宫观建筑的数量位居全国第一。以"三皇五帝"为代表的根祖文化，以及代表早期中国的陶寺遗址的发现，都使人们对这一地区的文化刮目相看。

　　第六，河济文化。是古代黄河与济水交汇地区的文化，因两者均为"渎"，在流向上有较多的重叠。古代济水为黄淮海平原上的本土河流，在早期的地理格局上占有重要的地位，是中国华北大平原地区的主流文化，应包含有以济源为中心的济水源头文化，以郑州荥阳为中心的"截河而南"文化，以菏泽为中心的"三见三伏"文化等。但是，由于济水的淹废，许多问题还无法梳理清晰，但从大的角度来看，其作用是不容忽视的。河内文化与济水源头文化关系密切，我们将进行专门的研究。

　　第七，河淮文化。古代黄河与淮河、长江、济水并称为"四渎"。黄、淮为两条独流入海的河流。但是，淮河左岸水系发达，颍、沙、睢、涡等支流均呈西北—东南流向，黄河进入平原后，大小漫流多走以上泛道，所以在豫东、皖北、苏北地区形成了所谓的黄淮平原，形成了东部平原特有的文化现象，如早期人类陵阜而居的堌堆聚落、面对苦难的乐观精神以及热情好客的豁达风尚。在思想文化、战争文化、民俗文化上具有特征性，是黄河国都文化的依托与基衬。

　　第八，汶泗文化。大汶河古称汶水，先为济水支流，后为黄河支流，位于今山东中部。泗水原为济水支流，现为淮河支流，位于今山东西南部。汶泗地区也是齐鲁的核心地区。汶泗文化以两周时鲁国为主，齐国为辅，也可泛称为齐鲁文化，是黄河下游典型的区域文化。汶泗流域是东夷文化的主要分布区，早期有后李文化—大汶口文化—龙山文化等完整的文化谱系，是中国儒家文化的策源地，尊礼尚乐的文脉基因、崇仁尚德的儒道传统、迭见层出的先哲是为齐鲁文化的精神基因。汶泗文化实际是黄河文化的精神高地。

　　从以上对黄河区域文化内涵的分析中，我们发现各个区域的文化对黄河文化的贡献是不一样的，核心是其内涵特质的差别，这种千差万别造就了绚丽多彩的黄河文化。但从本质上来讲，黄河文化是中央文化，体现中央文化区域文化重点的是泾渭文化与河洛文化。两者在中国历史上尤其是汉唐盛世，东西两京，珠联璧合，互为表里，支撑着王朝的辉煌，代表着中华文化的高度，导引着中华文明的前进方向。这就是其他江河文化永远无法企及黄河文化高度的关键所在。

四、黄河文化的精神提炼

黄河文化是中华文明的重要组成部分，是中华民族的根和魂。认真研究和提炼黄河精神，是黄河文化保护传承弘扬的重要任务，也是深入研究、全面领会黄河文化保护传承弘扬所具有的时代价值与精神力量的关键所在。

第一，天人合一的和谐精神。天人合一的思想是东方观念的重要代表，从伏羲画八卦开创的阴阳太极理念，到《易经》所强调的天、地、人"三才"并立，以人为核心，形成三者的中和协调。由此衍生的道儒两大思想流派，虽然关注点不同，但其核心要义在于追求自然和谐与社会和谐，而这种和谐的最高境界就是天人合一。天人合一的哲学理念，从庄子阐述到汉代由董仲舒发展成为较为完整的哲学思想体系，也成为自然社会协同发展的重要目标。天人合一的思想理念，是黄河文化特定的生态环境以及依托这种环境而长期观察思考的结果，是中华民族哲学思想对世界做出的重要贡献，也是当代文化自信、全面发展所追求的重要目标。

第二，自强不息的奋斗精神。黄河这一特定环境，无论是黄河壶口的大气磅礴，还是黄河三门的中流砥柱，两者彰显的自强不息、奔流向前的气势，对中华民族的性格塑造具有重要启迪。在元典神话中，从女娲补天、精卫填海到夸父逐日，从大禹治水到愚公移山，在特定环境中形成了挑战自然、战胜灾害、人定胜天的精神气质。这种自强不息有时还表现为忍辱负重与顽强生存的两种形态，形成了民族发展壮大的内在文化基因，铸就了中华民族不屈不挠的民族品性，也成为东西方文化互为补充的绚丽风采。

第三，革故鼎新的创新精神。从黄帝一统到大禹治水，中国早期的科技发明开始萌芽。以黄河先民为代表的中华民族不断发明创造，推陈出新。中华民族为世界贡献了"四大发明"，贡献了陶瓷与丝绸，贡献了方块字与汉字书法，贡献了诗词与国画，贡献了东方农耕时代的生活方式。黄河文化中所蕴含的创新精神，是中华民族生生不息、发展壮大的活力源泉，也是中华民族在未来发展不断进取的文化基础所在。

第四，兼收并蓄的包容精神。黄河海纳百川，兼收并蓄，汇成影响中华民族品性的大河。黄土的厚实、黄河的强悍、族群的多样、文化的多彩，从古至今在这一方水土的养育下逐渐形成了包容精神，这一精神也成为人们共同发展的内在秘诀。"和而不同"，和谐发展，中华民族大家庭在文化认同的主线下形成了千姿百态的统一文化体。这一统一文化体所展现的文化韧劲，是在数千年各个族群间的碰撞交融之下达成的共识，也是各个族群共同发展的必由之路。

（作者系河南省社会科学院历史与考古研究所负责人、

黄河文化研究会副会长兼秘书长、二级研究员）

黄河文化研究中的几个问题

薛瑞泽

黄河文化研究作为学术界关注的重要课题，虽然近年来已经取得了丰硕的成果，但是其作为一门学科的理论体系构建尚处在起始阶段。关于黄河文化研究仍然有许多基本问题需要学术界予以全面解决，以助推对黄河文化的深入研究。这里所说的基本问题应当包括黄河文化的概念、内涵、特色，黄河文化的地域范围、发展阶段以及黄河文化的传承路径等。以笔者的学术阅历在本文中不可能对这些问题做出准确的表述，也难以完成上述学术任务，谨就上述问题进一步略谈管见，以求教于诸师友。

一、黄河文化的概念

对一种文化的概念进行定义，是区域文化研究中最难以解决的问题。究竟如何确定某一文化的概念，学术界可以说见仁见智。有的学者从传统的理念，即物质与精神的区别将文化分为物质文化与精神文化；有的学者用文化学意义上的文化概念来框定区域文化的概念；有的学者在研究区域文化时从本专业的视角来表述区域文化的概念。应当说这些都没有问题。但是，学术界关于区域文化概念的确定与表述产生了一些难以解决的问题，如用物质与精神的区别，将文化划分为精神文化与物质文化，有些文化的内容就难以包括进去，如该区域所产生的制度文化中所包含的内容就难以涵盖进去。再如，用文化学意义上关于文化的表述更多的是关注某种现象而忽略了区域文化内部深层次的东西，即构成区域文化所需要的传承和赓续。至于特殊专业领域的文化表述，如考古学意义上的文化显然与区域文化中的文化内涵不同。

在这样一种学术背景下研究黄河文化，对黄河文化作为区域性文化的全面认知，全面展示文化的风貌虽然显得非常重要，但对黄河文化概念作恰如其分的表述，有利于研究者有所遵循，不至于在研究中无所适从。究竟如何定义黄河文化的概念，兹据已有的研究成果提出几点看法，以便确定黄河文化概念时有所参考。在研究黄河文化时，应当站在一定的高度，对黄河文化的概念作系统而准确的概述，此外还应当把握以下几个方面：

首先，我们应当明白黄河文化作为一种带有统括意义的文化，既是一种区域文化，又不同于其他地域文化。黄河文化是包含许多地域文化在内的一种综合意义上的大文化，包括河湟文化、关中文化、河套文化、三晋文化、燕赵文化、河洛文化、齐鲁文化等，是黄河上中下游地区多个地域文化综合概括而表现出的一种文化。如果将黄河文化作为具有统括意义上的母体文化，那么上述各区域文化就是一种分支文化。如果将黄河文化作为一个大的文化圈来看待，那么上述各个区域文化就是亚文化。各区域文化与母体文化既有区别又有联系，黄河文化离不开各子体或亚文化，同时各子体或亚文化又因为在这样一种母体文化中而别具特色，大放异彩，彼此影响，共同融合发展。因为黄河文化的统领意义，所以对黄河文化的定义就不能简单地用其他地域文化定义相加而得出，而是要综合整体意义上的黄河文化的多个层面，才能对黄河文化做出全面的概括。

其次，在认识到黄河文化宏阔性的同时，我们也应当认识到这一文化的地域色彩。虽然黄河文化包含了多个地域文化，但这一文化毕竟仍然是区域文化而非全国性的文化，但同时又具有其独特性，在某种意义上又是全国文化的一个缩影，所以，对黄河文化的定义既要把握全面的文化意义，还要兼顾其区域文化的性质。这就需要我们在概括黄河文化概念时，充分把握宏观与微观的尺度，使黄河文化的基本内容能够得以全面展示。

再次，黄河文化的定义还应当区分流域文化与区域文化。众所周知，黄河文化是因为有黄河而产生出的区域文化，黄河文化与黄河密不可分，谈黄河文化不能脱离黄河这一母体，也不能将黄河文化看作黄河流域的文化，因为从河流的流域来看，黄河在上中游其流域的范围非常广泛，但到了黄河下游，因为形成了地上河，很少有支流流入，所以黄河流域在下游地区的地域范围非常小，用地理学意义上的流域概念来界定黄河文化的概念显然是不合适的。鉴于此，我们认为，黄河文化的定义以黄河上、中、下游地区来界定较为合适，只有这样才能够将黄河文化的定义弄清楚。

最后，黄河文化的定义还应当区分与其他文化表述的差异。我们知道，不同学科关于文化概念的表述都有差异，如考古学意义上的文化往往是指"历史时期的不依分布地点为转移的遗迹、遗物的综合体。同样的工具、用具，同样的制造技术等，是同一种文化的特征"。文化学意义上的文化是指"一种变成了习惯的生活方式和精神价值，最后的结果是形成了一群人的集体意识"。而黄河文化的定义不是上述任何意义上的文化表述，而是综合黄河文化的多样化内涵，从而论定黄河文化的定义。

二、黄河文化的内涵

谈到某一文化的内涵，学者往往从物质、精神、制度等层面加以申述，从严格意义上来讲，这一研究方法并没有错，但是对于横跨整个中国北方地区的黄河文化如果沿用这一研究方法显然无法真正展示其内涵。鉴于此，我们认为应当以更为宽广的学术视野、更加科学的方法对黄河文化的内涵进行全面的阐释，才能够全面展示黄河文化内涵的博大精深。

首先，对黄河文化内涵的阐释应当具有全局的眼光，只有对黄河文化发生地域的历史与现实进行全面考察，才能够认识和把握黄河文化的内涵。我们知道黄河流经九省区，横跨中国北方地区，在这一地区内，自然环境有很大的差异，既有以高山为主的生态环境，也有丘陵和平原等地形，虽然都处于北纬38°之内，但是南北、东西的环境也有很大的不同，这就造成了各地的风貌有很大的差异。在这种千差万别的自然环境下，所产生的文化现象自然也是不相同的。从产业结构来讲，既有以游牧为主的草原文化，也有以耕作为主的农耕文化，因此造成了生活方式的差异。从生活方式来讲，既有以定居为主的乡村生活，也有以游牧为主的逐水草而居的生活。从饮食文化上来讲，既有以粮食为主的饮食方式，也有以肉食为主的饮食方式，还有以海产品为主的饮食方式。如此差异的生产、生活方式，要想将其进行完整的表达自然面临着如何全面概括的问题，在探讨黄河文化的内涵时，应当对各个层面的内涵予以全面把握，才能够真正认识黄河文化。

其次，对黄河文化内涵的阐释应当具有历史的眼光，即动态发展的眼光。对黄河文化内涵进行阐释时，我们应当对黄河文化的形成有一个全面的认识。应当认识到黄河文化发展到今天并不是简单的时间推移的结果，而是随着时代的变迁，其内涵也在不断地发生着变化，因此，在研究黄河文化的内涵时，应当以发展的眼光对黄河文化的历史演变所产生的变化予以全面的关注，只有以历史的眼光，对黄河文化的内涵进行深入的探讨，才能认识黄河文化内涵渐趋丰富的过程。

再次，对黄河文化内涵的阐释应当具有综合的眼光。探讨黄河文化的内涵并不是将黄河文化的各种现象简单地相加，而是将各种文化现象所蕴含的共有的文化内涵发掘出来。我们知道，黄河文化的表现形式是多种多样的，但是这些文化现象并不能够真正全面反映文化的内涵，因此，在探讨黄河文化的内涵时要以精到的学术敏锐性，将蕴藏在历史表象背后的深层次的文化精神挖掘出来，才能够真正理解文化内涵的意义。

最后，对黄河文化内涵的挖掘应当具有实事求是的态度。正因为上述多样化的客观环境、千差万别的产业结构、纷繁复杂的生活方式，形成了黄河上、中、下游地区不同的文化风貌，因此，在探讨黄河文化的内涵时，不能用一把尺子来衡量所有的文化现象，如果这样机械地挖掘黄河文化的内涵，即使得出所谓的新结论，显然也是不符合实际的，只能是暂时地愉悦了研究者的心理，而不能真正地解决问题。这就要求每一个研究者，都要抱着对黄河文化的敬畏心理，以辩证唯物主义与历史唯物主义为指导，对黄河文化的每一个表象、每一个具象化的代表黄河文化的文化标志进行分析，总结出带有规律性和代表性的文化内涵，通过合理的表达，展现黄河文化最值得称道的内容。

三、黄河文化的特色

论述黄河文化自然离不开对黄河文化特色的描述，分析以往对区域文化特点的总结，不外乎从文化的历史长度、空间维度加以关注，因而概括出文化的特色，有综合性、先导性、传承性、传统性、开放性、嬗变性、持久性、差异性等，笔者在论述河洛文化的特点时就是这样表述的，从严格意义上来讲这样的表述并没有错，但是，在论述黄河文化的特色时仍然采取这样的方式显然是无法真正而全面地展示黄河文化的特点的，有鉴于此，笔者认为必须拓展认识的视野，另辟蹊径，对黄河文化的特色加以总结，只有这样才能够真正将黄河文化最为引人关注的内容记录下来。

首先，从特色的定义来看，特色是"事物所表现出独特优异的地方"。作为黄河文化的特色表述就应当体现出黄河文化与其他文化相比所具有的独特之处，带有共性的内容应当忽略不计，而选择其中带有不同的地方加以申述、总结。同时，还要将黄河文化中优异的地方即从古流传至今且作为优秀文化内涵加以传承的内容与特色总结出来。这样的总结显然不同于以往的对某一文化特色的总结，而要站在一定的高度总结出黄河文化所独有的东西。

其次，对黄河文化特色的表述，应当在弄清黄河文化形成与发展过程的基础之上进行。在过去相当长的时期内，对黄河文化的微观研究多于宏观研究，对黄河文化某一层面的研究多于高屋建瓴的研究，这就导致缺乏理论思考与总结，所总结的黄河文化的特色也流于俗套。因此，对黄河文化特色的总结应当在通盘考量黄河文化形成与发展的基础上，在对黄河文化的时空概念、发展与阶段全面总结的基础上，进行深入的论述。

再次，对黄河文化的特色研究，应当具有开阔的学术视野，将黄河所流经地区的经济社会加以全面考察，将黄河中下游地区相毗邻的地区进行对比研究，甚至要对与其完全没有直接联系的文化现象进行对比考察，才能够总结出黄河文化与其他文化的不同，才能够认识黄河文化的独特之处。

最后，对黄河文化的特色总结应当将其放在中国历史发展的大序列中进行考察。众所周知，黄河中下游地区是中华文明起源的重要地区，但并不是唯一的地区，大家所熟知的良渚文化、红山文化都是黄河流域之外的文明，所以，我们在研究黄河文化时不仅要关注黄河文化本身的发展，还要对其他地区所产生的文明予以关注，只有这样才能够弄清为什么黄河文化能够持久延续，而其他地区所产生的文明则往往中断不再延续发展。这就意味着在研究黄河文化时需要把握其在中国文化发展的大序列中的地位，弄清其持续发展的原因，也是黄河文化不同于其他区域文化并形成自身特点的原因。

四、黄河文化的发展阶段

黄河文化作为中国北方地区重要的区域文化，其萌生、发展、鼎盛的过程，并非如同传统的思维方式一样有着固定的模式，如果按照传统区域文化研究的范式，将黄河文化的发展进程也按照萌生、发展、鼎盛的样式进行研究，显然无法囊括黄河文化的发展进程，也无法对黄河文化的发展模式有准确的表述。因为在黄河文化的发展过程中，曾经历过多次其他区域文化的进入而出现短时期的停滞不前或文化倒退现象，后在相对宽松的环境下又得以快速恢复发展。所以，黄河文化的发展过程是曲折反复的，用传统的相对简单的萌生、发展、鼎盛来划分黄河文化的发展过程显然是不恰当的，应当辩证地看待，才能够真正地弄清黄河文化的发展进程。

黄河文化的发展阶段也是黄河文化不断成熟的过程。我们知道，任何文化的发展都不是单一的文化因素持续进行的，而是在发展进程中不断地融入其他的文化因素使其吸收新的营养，从而使文化内涵逐步丰富而体现出文化的多样化色彩。黄河文化的发展阶段也是如此，黄河文化从早期的部落文化发展到后来的国家色彩的文化，就是在生产力提高的基础上不断融合其他区域文化的优点，丰富和发展了自身，因此形成了持续不断的发展动力。这种现象在此后黄河文化的发展中表现得更为明显。从战国时期北方草原地区匈奴族的入侵骚扰，到秦汉时期驱赶匈奴远逃欧洲，乃至魏晋南北朝时期北方地区代表草原文化的多个少数民族入主中原，黄河文化实现了与草原文化的融合，所以这一时期黄河文化的发展进程也是其自身不断丰富与发展的过程。在此后的隋唐时期依然继承了这一传统，其文化因此吸收进了丰富的营养，呈现出快速发展的态势。而到了宋元明清时期，随着中国经济重心南移，黄河文化的发展实现了转型发展，具备了连接和沟通南北文化的机制，使其仍然保持着旺盛的发展势头。

黄河文化的发展阶段所体现出来的文化渐进模式，虽然是区域发展的模式，但因为在相当长的历史时期内，黄河文化的发展代表了中国文化发展的主流和方向，所以在研究黄河文化的发展阶段时，应当具有全局的视野，将某一历史时段的黄河文化作为国家文化加以研究，给予黄河文化应有的历史地位。

五、黄河文化的区域范围

在研究黄河文化的过程中，如何界定黄河文化的区域范围对于研究黄河文化具有重要的学术意义。在研究中，有的学者往往喜好将黄河流域作为黄河文化的区域范围，从一般的河流所流经的地区来分析河流文化本身没有错，但对于黄河这一横跨东西的河流流域文化，在研究过程中，对中上游地区的地理范围选定用黄河流域这一表述尚且能够适合相关材料的选择，但对于黄河下游地区特别是进入今天山东境内，黄河成为地上河，黄河流域在这一地区的地域范围非常狭小，仅仅是沿黄河两岸数十里。

如果从文化的影响来看，以黄河文化的区域范围来研究黄河文化较为合适，因为作为文化的影响力远远超越黄河的流域范围，黄河文化的区域范围的概念较黄河流域能够更加准确地反映黄河文化的存在地域。不至于因为受流域的地理概念的限制，造成取材范围狭小，无法对黄河文化予以深入的研究。再进一步从文化的影响力来看，黄河文化也形成了文化圈，对黄河文化圈的界定也是研究黄河文化必须注意的重要内容。

六、黄河文化的传播路径

作为占据中国半壁江山的黄河文化，之所以能够延续数千年而长盛不衰，除了黄河文化自身的优势外，保护传承弘扬黄河文化过程中所具有的传播路径则是黄河文化对外影响的重要渠道。探讨这些传播路径对于我们认识黄河文化的影响力具有积极的意义。

对黄河文化传播路径的探索应当从多个方面来进行。首先，从物质层面对外传播加以考察，在中国历史上，从黄河中下游地区传播到周边地区乃至域外地区的物品不胜枚举，这些物资交流在显示黄河文化魅力的同时，也将物品所蕴含的黄河文化因素传播了出去。在向外传播物品的同时，通往域外的道路被开辟了出来，学术界艳称的丝绸之路就是由此形成的，并且随着时代的推移而不断拓展，不仅有陆上丝绸之路，而且形成了海上丝绸之路。与黄河中下游地区毗邻的地区，因为便利的交通格局，成为黄河文化对外传播的重要路径。

其次，从文化层面看黄河文化对外传播的路径，也应当随着与周边地区的交往而拓展。黄河文化对周边地区甚至对域外的文化传播，除了众所周知的书籍传播外，黄河文化中的制度、法律传播到域外，特别是黄河文化中的思想文化传播到域外，对黄河文化的发扬光大发挥了重要作用。在黄河文化对外传播的过程中，上述路径的开辟，使节的作用也应引起重视。只有将黄河文化放在东亚乃至世界文化的场域内进行观察，其所具有的重要地位才能够得以真正的显现，而这一现象的出现与黄河文化的传播路径是密不可分的。

本文仅仅提出了黄河文化研究过程中所存在的一些问题，并未列出解决问题的方法，也未给出相关结论。之所以提出这些问题，是为了使学术界能够就相关问题继续深入讨论，以便得出较为科学的学术结论，助推黄河文化研究的深入进行。笔者将在今后的学术研究中就文中所提出的一些问题进行研究，为黄河流域的高质量发展贡献绵薄之力。

（作者系河南科技大学人文学院教授、黄河文化研究会副会长）

论作为黄河文化核心的"河缘文化"

朱海风

"缘"是中国人使用频率较高的一个字，它在中华传统文化尤其是在佛教文化中，有着深邃的哲学内涵。从字面来讲，"缘"意为"关系"，建立关系为"结缘"，彼此曾有交涉交往关系为"有缘"，利己利他的关系为"善缘"，不涉私欲的关系为"净缘"，造成众多的善缘与净缘称为广结善缘。利用"缘"来表达各种"社会关系"的含义，学术界已有先例，因为"缘"字比"社会关系"更简洁、更有包容性，包括其中隐含的各种说不出来的"关系"和意味。政治学有"地缘政治（学）"，社会学有"乡缘""地缘""血缘"等概念，都是为了体现其中的社会关系网络。[①] 习近平总书记非常善于用"缘"字表达友好的国际关系。在《在中缅建交 70 周年系列庆祝活动暨中缅文化旅游年启动仪式上的致辞》中，他提到中缅文化都讲一个"缘"字。两国地缘、人缘、文缘是双边关系发展的动力和源泉。双方要增进文明、文化交流借鉴，培育良好的中缅友好事业的参与支持者，形成中缅友好的社会基础。

具体到黄河文化，说到底是中华民族与黄河之间总体关系形成发展的产物，是中华民族与黄河交往互动过程中形成发展的文化成果，是基于中华民族与黄河关系的文化形式，是以人河和谐共生共融为美好愿景的文化品类。黄河文化的根基和核心，就是体现中华民族与黄河集合关系的"河缘文化"。

一、核心与实质

中华文化源远流长，品类丰盛，但究其源流，无不与水有缘，无不同水结缘。有人形容说，盘古开天辟地，滋养他的是混沌之水；女娲补天造人，取舍首要是水；炎黄创衍稼穑，农耕命脉是水；尧舜无奈天灾，鲧禹功过系于水。《山经》依于水，《海经》基于水，《周易》变如水，《商书》记于水，《老子》效法水，《论语》乐山水，《孙子》学于水，《庄子》智若水，《孟子》乘于水，《荀子》积于水，许由洗于水，屈子溺于水，星相关注水，风水敬畏水，药石通于水，齐术善用水，道教尊崇水，禅宗化如水，等等。一言以蔽之，中国文化与水的关系极其密切。[②] 总之，水是华夏文化的原色，水文化构成了中国人水的根质与智慧，水的柔情与威力，水的化性与局限。[③] 具体来讲，主要有以下三方面的内涵：

第一，黄河文化的核心与实质。以哲学的眼光看，事物普遍联系是基本法则。人既是一种实体生命存在，又是一种关系生命存在。人的世界，实际上也就是关系世界。黄河文化是中华文化的根和魂，更是因水而生，缘水而成，借水而深而远而大，更有独立发达之观。梁启超在《论中国学术思想

---

① 王书明、董兆鑫：《"海缘世界观"的理解与阐释——从西方利己主义到人类命运共同体的演化》，《山东社会科学》2020 年第 2 期。

② 栾栋：《水性与盐色——从中西文化原色管窥简论华人的文化品位》，《唐都学刊》2003 年第 1 期。

③ 于开宁：《燕赵水文化的提出及其意义》，《石家庄经济学院学报》2010 年第 10 期。

变迁之大势》中说:"凡人群第一期之进化,必依河流而起,此万国之所同也。我中国有黄河、扬子江两大流,其位置性质各殊,故各有其本来之文明为独立发达之观,虽屡相调和混合,而其差别自有不可掩者。"[1]

当代学者王中江认为:"人类自诞生之后就一直处在各种关系世界中,处在各种共同体中。为了处理好这些关系,建立良好的关系和秩序,人类衍生出了复杂的文明体系。""人时时刻刻生活在自然中,时时刻刻面对着自然,时时刻刻要同自然之间进行能量的交换。如同人与人、人与社会的关系后来变得越来越复杂那样,人同自然的关系也是从简单变得复杂起来。"[2]有学者认为,人与世界的关系涉及说明世界、感受世界与规范世界三重维度。以上关系分别关联世界"是什么""意味着什么""应当成为什么"。[3]

在中华民族的关系世界里,自古以来就与万里黄河难舍难分,由此而形成的黄河文化和黄河文明最为丰富多彩、最为灿烂出彩,在"三重世界"中占有相当大的比重。一部关于黄河的历史文化,首先是动态黄河与人民群众关系发生及变迁的历史文化。综观万古千年之黄河,一如既往自昆仑直下东流到海而未返;展望当代中国之文化,理想追求愿人河幸福广结善缘而永续。

第二,河缘文化的内涵及生成机制。河缘文化就是关于人河关系构建、维护、改良和完善的文化。因此,研究河缘文化,注定要从人河关系说起。人与河既是物质存在又是关系存在,人河情缘源远流长。黄河与人相干,人对黄河就发生了"人化",产生了"文化"(文明);人与黄河结缘,黄河对人就产生了"蕴化",发生了"互化"。如此循环往复不休,缘分深厚无比,河缘文化随之铸就,生生不息,日益发达。在河缘文化系统中,人既是自然之人也是社会之人,还是文化之人;黄河既是自然之河也是社会之河,还是文化之河;人们是演员,河流也是演员,黄河流域、黄土地则是舞台。在这个舞台上,同是演员,但角色不同、脸谱不同、扮相不同,时常上演的剧目也不同,不同历史时期的主角配角以及舞台背景、音乐伴奏也不同。因此,人与河,缘深缘浅造化多变;河与人,缘善缘恶也自有分别。

从历史形态上看,中华民族特别是黄河流域广大劳动人民与黄河结缘久矣!黄河"善决、善徙、善淤"的状况、地上"悬河"的忧患,困扰中华民族特别是黄河流域广大劳动人民亦久矣!黄河人与黄河水之间,曾发生过依赖黄河与掠取黄河、重视黄河与藐视黄河、崇拜黄河与畏惧黄河、歌颂黄河与诅咒黄河、抗御黄河与逃避黄河、认识黄河与改造黄河、开发黄河与保护黄河等众多版本的"黄河故事",也曾演绎过从低度和谐、高度冲突而逐步渐入和谐等多幕历史活剧,并由此构成了相冲突与相和谐交织而成的河缘网络,书写了河缘关系变动不居的历史文化脚本。

正因为如此,和谐与冲突成了人河关系存在的对立统一的两个方面,人河关系臻于和谐成了人类追求的理想目标,人河和谐的物质存在和关系存在成为河缘文化的精髓。

从静态上看,人河关系大致可分为人与河的物质关系、人与河的精神关系两个方面。人与河的物质关系,就目前人们所形成的高度认同来看,包括由"水是生命之源""黄河是中华民族的重要发祥

---

① 梁启超:《饮冰室合集》(第3册),中华书局1941年版。

② 王中江:《关系世界、相互性和伦理的实态》,《武汉大学学报(哲学社会科学版)》2020年第3期。

③ 杨国荣:《人与世界关系中的感受》,《社会科学》2018年第10期。他解释道:三重世界中,说明世界以世界的真实形态"是什么"为指向,感受世界以对世界的理解即说明世界"是什么"为前提,"意味着什么"是对"是什么"的追问,同时对世界的感受又总是引发人们规范、改变世界的意向;而对世界的规范,则进一步将说明世界所涉及的"是什么"与感受世界所蕴含的"意味着什么"具体化为"应当成为什么"的关切以及为此的行为努力。在人与世界的三重关系中,对世界的感受需要给予充分的关注。感受具有综合性,其内容呈现体验、体悟、体会的交错,感知、情感、思维的互融。以意向性与返身性为二重品格,感受既表现为自发层面的体验,也呈现为内含评价的自觉形态。作为综合性的意识现象,感受不仅使人对世界的把握更为丰富,并使世界对人具有相关性、切近性,而且赋予人的精神世界以多样的内涵。感受的多样性、丰富性、个体性,可以视为人与世界互动过程之具体性的体现。

地""黄河是中华民族的母亲河"而构成的生命连理关系、由"水是生产之要""黄河是中华民族和中华文明赖以生存发展的宝贵资源"而构成的生产消费关系、由"水是生态之基""保护黄河是事关中华民族伟大复兴的千秋大计""让黄河成为造福人民的幸福河"而构成的生态生活关系等。人与河的精神关系，从其类别来看，包括以水为寄的消遣娱乐关系、科学研究关系、审美欣赏关系、心灵寄托关系、宗教信仰关系等；从其核心话语来看，包括由"水是文明之源""黄河文化是中华文明的重要组成部分，是中华民族的根和魂"而构成的河缘自信，由"黄河是中华民族的伟大象征"而构成的河缘自豪，由"九曲黄河，奔腾向前，以百折不挠的磅礴气势塑造了中华民族自强不息的民族品格"而构成的河缘自励等。

从动态上看，人河关系还可以分为人与河的历时性关系和人与河的共时性关系。尤其是体现在人们对人河关系的哲学思考、伦理考量、科学认知的生成结果中，体现在人们对人河和谐美好前景的理想追求和情感付出的因缘联结中，体现在人们为构建人河和谐共处格局而不懈奋斗的实践活动中。

实现人水和谐共处是人水关系的真善美境界，是人类的共同价值理想，是河缘文化的精髓所在与灵魂所系。河缘文化之精髓之灵魂，是能够融入生态文明建设及水治理事务中的品质滋养，是能够促使全面实现人与自然和谐共处的精神力量，必将在促进绿色发展和生产生活方式变革中发挥巨大的作用。因此，深入开展对河缘文化的研究，既是参与重大现实问题讨论，回应社会重大关切的科学优先选择，也是顺应时代发展情势和文化发展规律的具体行动标识。

第三，河缘文化研究与黄河文化创新发展。 从人河关系或人河缘分切入来分析黄河文化，有利于全面把握黄河的历史变迁与人类活动的耦合轨迹及影响因素。"人水关系"既是哲学范畴，也是水科学范畴，同时还充满着文化学内涵。对"人水关系"的研究，涉及人的周围世界大背景、水的周围世界大背景；涉及人文系统、水自然系统；涉及人文系统与水自然系统之间的相互作用；涉及人水互动、人水博弈；涉及人在政治、经济、社会、生态、地理、伦理等方面造成的影响；涉及人水综合系统的作用机制及相关影响等方方面面。因此，人们可以从不同学科、不同专业、不同视阈进行研究，可以用不同方法对其某个侧面或多个侧面开展分析探讨，关注黄河与当代中国耦合发展机遇与挑战问题，即用跨学科联盟、多学科加盟的方式方法探讨黄河文化。

从人河关系或人河缘分切入来分析黄河文化，抓住了黄河文化的实质和核心，有利于理解黄河文化的核心话语。"黄河宁天下平""黄河是中华民族和中华文明赖以生存发展的宝贵资源""黄河是中华民族的重要发祥地""黄河是中华民族的伟大象征""黄河是中华民族的母亲河""要把黄河的事情办好""保护黄河是事关中华民族伟大复兴的千秋大计""九曲黄河，奔腾向前，以百折不挠的磅礴气势塑造了中华民族自强不息的民族品格""中华民族治理黄河的历史也是一部治国史""让黄河成为造福人民的幸福河"。这些得到中华民族广泛认同的基本论断和思想观念，无一不是建立在人河关系或人河缘分基础之上的。

从人河关系或人河缘分切入来分析黄河文化，有利于促进人的关系世界，包括人与自然、人与社会、人与人现实关系的改善，从而加快实现"生命共同体"愿景，形成"生命共同体"发展模式。按照关系理论的观点，尊重个人与尊重他人是统一的，尊重他人与尊重社会是统一的，尊重社会与尊重自然是统一的，尊重自然与尊重"生命共同体"是统一的。从关系出发，就要树立关系的相互性原理和辩证发展原理，要求人们对他人、对社会、对自然、对"生命共同体"，必须是整体辩证的、互利互惠的，必须自觉遵循其特定的回馈与回报模式。

从人河关系或人河缘分切入来分析黄河文化，有利于认同黄河身份地位与作用，重视其在实现"中国梦"进程中的重大基础性、战略性价值；有利于把历史的变迁发展更多地与动态黄河联系起来，在人河互动关系发生发展过程的框架下深入把握历史变迁原因与发展脉络。从文化分类来看，河缘文化既是中华传统文化的一大源头，也是中国当代文化体系的一大分支。由人水关系历史发展所决定，河缘文化既属于传统文化又属于现代文化；既属于母体文化又属于子体文化；既属于官方文化又属于民间文化；既属于精英文化又属于大众文化；既属于生产（两种生产）文化又属于生态文化。河缘文化与其他类别文化相较，既有普遍的共性，又有突出的个性。通过"河缘文化"的聚焦，将会挖掘出新的材料，发现新的问题，迈入新的领域，得出新的结论和新的成果。

尤其是在当今黄河流域面临水资源供需矛盾尖锐、生态环境脆弱、水沙关系复杂、自然灾害频发、人地系统不协调等一系列问题，区域可持续发展面临严峻挑战的情况下，从人水关系或人河缘分切入来分析黄河文化，有着极为现实的意义。河缘文化伴随人与河的矛盾运动（包括直接矛盾与间接矛盾、主要矛盾与次要矛盾、原生矛盾与新生矛盾等）发生进展，是人水关系发生发展的产物。河缘文化研究不仅需要关注人与河的历时性关系，历史考察中华民族与自然黄河之间的作用和反作用，而且需要更多地凝视和剖析人与河的共时性关系，进一步探寻当代生态黄河系统与经济生产系统、社会生活系统以及人文伦理心理系统的复杂机制，深入揭示人河彼此长期结缘、时和时对、亦敌亦友的深层次原因或来龙去脉，重新审视人河物质关系与精神关系发生演变的历史轨迹、成败得失和未来发展方向，从而为当今社会提供一定的资治参考和借鉴。

从人河关系或人河缘分切入来分析黄河文化，有利于学习效法黄河直俯大地、曲至沧海的气质，奔流不止、百折不挠的气势，博大宽广、雄迈豪放的气象，积小成大、冲石裹沙的气量，以至于能够更好地传承弘扬根植于学习效法黄河气质、气势、气象、气量而形成的中华民族精神和文化精髓。因为，河缘文化的研究比任何其他文化品类的研究，不仅会更为重视这一点，而且会更为直接地触及这一点。

另外，从人河关系或人河缘分切入来分析黄河文化，有利于从历史与逻辑的结合上延伸成为人地关系的研究、人与社会关系的研究、人人关系的研究。相应地，作为中华民族与黄河的"河缘文化"，可以深化成为"母缘文化""根缘文化""魂缘文化"。而且不难理解，这种文化将随着新时代中华民族与黄河广结善缘的历史进程，经过不断地创造性转化、创新性发展成为一种崭新的"福缘文化"。

二、内容与类别

河缘文化的实质是人河关系，归根结底是人与自然的关系，随着人河关系以及人与自然关系的变化而变化，它在不同历史时期有着不同的内涵及特点。纵观整个黄河文化的发展史，通过人河关系的历史形成和不同表达，可以将黄河文化分为创河生河文化、法河象河文化、治河防河文化、用河兴河文化、管河护河文化、祈河忌河文化、咏河写河文化和知河研河文化等类别。当然，这些类别的区分不是绝对的，它们之间也是相互交叉、相互渗透的。

第一，创河生河文化。在中华民族的童年时代，由于生产能力的低下，人们的生活往往要受制于恶劣的自然条件，人在自然面前包括与人们生活关系最为密切的水面前是懵懵懂懂的，当他们面对周围的世界包括江河湖泊在内的水世界时，不知道这是从哪里来的，往往会通过自己的想象力编造出一些神话故事和寓言传说，或说天地间的一切皆为顶天立地的人神盘古的身体所转、所生、所变而来，江河湖泊就来自人神盘古的血液，是他老人家毫无保留地牺牲与贡献的结果；或说水是从某种与人类有关系的动物生出来的。我们将这种形式的水文化，称为创水生水（创河生河）文化。

马克思在《〈政治经济学批判〉导言》中说："任何神话都是用想象和借助想象以征服自然力，支配自然力，把自然力加以形象化；因而，随着这些自然力之实际上被支配，神话也就消失了。"[①] 创水

---

① 《马克思恩格斯选集》第2卷，人民出版社1972年版。

生水（创河生河）文化，是在生产能力不发达的远古时代，面对人屈于水的社会现实，人们通过艺术加工的方式所创造出来的一种水文化形式。

在中华民族文化发展史上，这种创水生水文化有很丰富的表现。

——传播最广的是盘古开天辟地的神话。相传天人混沌而生盘古，盘古开天辟地而牺牲自我，死而不已，身上血液汗津转化生成江河湖泊。

——记载最多的是共工怒触不周山，撼天动地造成江河东流。据文献记载，导致江河泥沙流注东南大海，是由共工与世争雄、撼天动地的行为引起的。相传共工为炎帝的后裔，长相很奇特，"人面蛇身朱发"①，是一位知名度很高的水神，也可以视为一位住在黄河岸边以治水为主业的原始部落的首领。②《列子·汤问》载："其后共工氏与颛顼争为帝，怒而触不周之山，折天柱，绝地维，故天倾西北，日月星辰就焉；地不满东南，故百川水潦归焉。"《淮南子·天文训》载："昔者共工与颛顼争为帝，怒而触不周之山，天柱折，地维绝，天倾西北，故日月星辰移焉；地不满东南，故水潦尘埃归焉。"

——更为神异的是巨灵开山导河的传说。北魏郦道元《水经注·河水四》说："左丘明《国语》云：华岳本一山当河，河水过而曲行。河神巨灵，手荡脚踏，开而为两，今掌足之迹仍存华岩。"③巨灵开山的神话，亦见于《华岳开山图》、《西京赋》薛综注、《述征记》、《法苑珠林》等著述，可见是一个流传很广的故事。唐代王维在《华岳》一诗中写道："昔闻乾坤闭，造化生巨灵。右足踏方止，左手推削成。天地忽开拆，大河注东溟。遂为西峙岳，雄雄镇秦京。"④巨灵是天地未分之前由造化主所创造的，而华山又是巨灵所开，因为有巨灵的开山，才导致了天地开辟，地陷东南，才使黄河得以倾注东海。后来有诗云"黄河之水天上来""黄河远上白云间"，似乎有其关联性。

从文化的视角来看，黄河诞生、河水东流就是人水互动的一大文化成就。天人合一、人河共生的神话意蕴由此滥觞，这是中华民族早期"说明世界"中的重要内容。

第二，法河象河文化。在天人合一的文化语境下，"法自然"是中国传统文化的基本主张，这里的"法自然"当然也包括了"法水自然"。《老子》云："人法地，地法天，天法道，道法自然。"⑤这是对人们效法自然、效法山水最高级的表述。儒家也是这个主张。孔子说："大哉！尧之为君也，巍巍乎！唯天为大，唯尧则之。"（《论语·泰伯》）同样强调以天地为榜样，向天地学习。《周易·系辞传》里也指出："古者包牺氏之王天下也，仰则观象于天，俯则观法于地，观鸟兽之文，与地之宜，近取诸身，远取诸物，于是始作八卦，以通神明之德，以类万物之情。"⑥两者具有同样的意义。北京大学知名教授楼宇烈在《中国文化的根本精神》一书中讲道，"以天为则"是中国文化的重要传统。则就是法则，就是效法它。"以天为则"，就是说人的一言一行、一举一动都要以天地万物作为自己的准则。⑦这一重要传统，在老子"上善若水"和庄子"水静犹明"的哲学命题中，在孔子对"逝者如斯"的感叹里，

---

① 《山海经·海内经》：《炎帝之·后纪二》注引《归藏·启筮》。

② 《左传·昭公十七年》："共工氏以水纪，故为水师而水名。"

③ 《水经注》，陈桥驿译注，王东补注，中华书局2016年版。

④ 杨文生：《王维诗集笺注》，四川人民出版社2018年版。

⑤ 朱谦之：《老子校释》，中华书局1984年版。

⑥ 黄寿祺、张善文：《周易译注》，上海古籍出版社2007年版。

⑦ 楼宇烈：《中国文化的根本精神》，中华书局2010年版。书中谈道：很多人说中国的文化讲的是天人合一，其实更准确地说应当是"天人合德"，即人与天在德行上的一致。天地是非常诚信的。孔子说："天何言哉？四时行焉，百物生焉，天何言哉，"（《论语·阳货》）这用一个字表达就是诚。《中庸》里讲："诚者，天之道也；诚之者，人之道也。"孟子也说："诚者，天之道也；思诚者，人之道也。"（《孟子·离娄上》）这也就是说，人道是从天道学来的。天道是诚，所以人也要诚。

在孟子"观水有术，必观其澜"（《孟子·离娄下》）^①的论述中，都有充分的体现。

所谓法河象河文化，就是指建立在"法自然"和"以天为则"基础上的一种以黄河为师、以黄河为鉴、向黄河学习的文化形态，其实质是在认识黄河、感悟黄河、效法黄河的基础上来开掘中华民族的生命精神和塑造人们的人生态度。

中华民族在接触黄河、观察黄河、认知黄河、博弈黄河和改造黄河的过程中，不啻获得生存智慧、汲取创造灵感、塑造精神世界，同时也以自身的"人文"化成黄河，化成天下，赋予黄河以文化象征，把一道道神圣的光环赋予黄河，使黄河成为中华民族精神特质的文化图腾；人们不断鉴赏黄河、美化黄河、圣化黄河、倾心学习黄河、效仿黄河、效法黄河，与黄河美美与共，创造形成了一脉相承、深入骨髓的法河象河文化。一代代志士仁人和墨人骚客无不敬重黄河、倾慕黄河，到了"不到黄河心不死"的境界。

在漫长的历史发展中，黄河对于中华民族已经具有了重要的象征意义。正如《黄河大合唱》中《黄河颂》写的："啊！黄河，你伟大坚强，像一个巨人出现在亚洲平原之上，用你那英雄的体魄，筑成我们民族的屏障。啊！黄河，你一泻万丈，浩浩荡荡，向南北两岸伸出千万条铁的臂膀，我们民族的伟大精神，将要在你的哺育下发扬滋长！我们祖国的英雄儿女，将要学习你的榜样，像你一样的伟大坚强！像你一样的伟大坚强！"法河象河文化是追求中华民族人与自然和谐共生大智慧的集中体现，是中华民族所独有的一道亮丽的风景线，是河缘文化中最深邃厚重的一个子文化类型。

法河象河文化在中华传统文化大花园里，占有很大的生存与发展空间，是一棵根深叶茂的大树。法河象河文化在"三重世界"中尤为特殊，它涉及世界"是什么""意味着什么"和"应当成为什么"，在不同层次上，既是"说明世界"的重要内容，又是"感受世界"的重要内容，也是"规范世界"（包括规范人自己）的重要内容。

第三，治河防河文化。习近平黄河理念中讲得最集中的是黄河治理文化。治河防河文化包括用河兴河文化、管河护河文化等，主要体现在中华民族古往今来的"规范世界"里。用河兴河文化、管河护河文化等，极大地充实丰富了中华民族的"规范世界"。因为人与水是一种亦敌亦友的关系，水是人类的生命之源，人类生命一刻也离不开水，水养育了人的生命存在，开启了人类的生命智慧，滋养了人类的生命精神。但对于人类生活来说，水一直是一柄"双刃剑"，它不仅滋养人的生命，有时也会危害人的生命。我国历史上所谓的"水患""水难""水害""水灾"均有文献记载，洪水泛滥、暴雨滂沱、阴雨连绵、河道壅塞等，至今仍时有发生。在《管子·度地篇》中曾记载的治水主张，认为善治国者必须先除去"五害"，而在"五害"之中，"水害"最为突出。即所谓："水，一害也；旱，一害也；风雾雹霜，一害也；厉，一害也；虫，一害也。此谓五害。五害之属，水最为大。"^②为了避免黄河给人类带来的危害，治水利水是不可或缺的。所谓治河防河文化，就是指人们面对黄河的危害所采取的"治水害""战水患"的实践活动及治理成果，包括各种治河防洪思想、治河防洪工程、治河防洪制度、治河防洪名人事迹等。中国古代治河防洪文化源远流长，从汉武帝"瓠子堵口"到历代帝王对黄河的治理，从远古时代的大禹"疏川导滞"到战国时期的"宽立堤防"，从汉代的"贾让三策"到明末潘季驯的"束水攻沙"。近代李仪祉强调上、中、下游统一治理，开辟治黄新思路；王化云提出"拦、用、调、排"四字治黄方略，翻开调水调沙新一页；李国英提出"维护黄河健康生命""三条黄河"（原始黄河、模型黄河、数字黄河），传播弘扬治黄新理念。这些不断丰富充实了河缘文化，创新发展了河缘文化。

---

① 杨伯峻：《孟子译注》，中华书局 1960 年版。
② 戴望：《管子校正》，上海古籍出版社 1995 年版。

中华民族与黄河的长期周旋，不仅创造性地提出了一系列治黄方略，而且积淀形成了伟大的治水精神。治理黄河、防洪抗洪，靠的是人们征服自然的坚定信心和顽强毅力，必须万众一心、排除万难，与洪水搏斗到底，靠的是人们尊重自然、顺应自然的科学态度，靠的是改造自然、征服自然的创新精神。这种治黄方略、治黄精神是河缘文化乃至中华文化和民族精神的重要组成部分。

第四，用河兴河文化。水作为人类的生命之源，与人们合理地用水兴水，也就是科学、合理、有效地使用水，发挥各种水资源最大的综合效益是分不开的。在人类的日常生活中，如何有效开发水资源以便利人类生活是一个根本性的问题。从生活用水到生产用水、从河流航运到江湖航运、从农田灌溉到水产养殖等，都存在如何开发利用水资源、保护水资源的问题。从某种意义上说，用水兴水决定着人们的生活方式与生产方式。所谓用河兴河文化，就是指人们本着获取最大水效益的目的，通过各种措施和各种手段来开发黄河水资源、利用黄河水资源所积累的文化成果。用河兴河文化的范围很广，从用河兴河思想的形成到用河兴河战略的制定、从用河兴河规范的形成到用河兴河制度的确立、从用河兴河的不同流域局部战略到用河兴河全方位协调战略等，尽在其中。古往今来，这方面的文化积累异常丰富，如《水部式》《周礼》与《农政全书》中的农田用水策略、遍布全国各地的各种用水兴水工程遗存等。

第五，管河护河文化。在错综复杂的人水关系中，人的主体地位是不言而喻的。人需要水，需要水能服务于人；人既担心水少而造成水短缺、水紧张，又害怕水多而导致水涝灾害，更不愿洪水暴发而造成生命财产重大危害。为了更好地建构人与水的和谐关系，在保持黄河生态系统完善、良好的前提下，作为黄河文化主体的人，必须通过有效的管理手段来驾驭黄河，力保黄河安澜，争取人河和谐共处，使水资源得到合理利用。所谓管河护河文化，就是人们通过管理理念、管理措施和法律制度，促使人河关系向好、向善发展。从大禹治水的传说开始，就探索设置黄河水利管理的人员、体制与机构，大禹本人就是一名管理水务的"司空"。之后，随着社会的发展，水务管理渐趋复杂，水事纠纷不断增加，各类"水官"越来越多，水事管理机构逐渐健全，分工也越来越细，并逐渐制定了一系列的法规、民约，如秦代的《田律》，唐代的《水部式》，金代的《河防令》，元代的《通制条格》中的《河防》，清代康熙年间的《治河条例》、道光二十九年的《防汛章程》等专门管水驭水的法律文典。黄河文化是一个综合系统，在我国古代，由于学科划分不清晰，对黄河管理的政治制度和法律制度散见于各类史书、政书、业书之中，如《管子》《吕氏春秋》中的某些篇章、《氾胜之书》《齐民要术》《农政全书》《唐律疏议》《大明律》《大清律》《田律》中的某些内容、《水部式》《治河条例》《防汛章程》中的相关内容等。

第六，祈河忌河文化。人水关系存在着突出的矛盾，一方面，水是生命之源，水生万物。另一方面，水旱灾祸又经常危及人类的生存。其中，水灾尤其是江河水灾对人类的威胁，是其他所有自然灾害不能相比的。无论是哪一种自然灾害，在历史上都没有水灾来得那么突然和使人感到那么恐惧。可怕的水灾、凶恶的洪涝常被视为灭顶之灾，给人们带来刻骨铭心的恐惧。在远古时代，人们有感于大自然的神奇和威力，出于对水滋养生命的感恩以及对水灾的恐慌和迷茫，使人与水亦敌亦友的矛盾关系上升为一种心理上的膜拜感，最终以巫术礼仪和图腾崇拜等形式加以表达和宣泄。而巫术礼仪和图腾崇拜的核心内容是通过一定的仪式和活动来祈求大自然风调雨顺、乐享人生。按照弗洛伊德的《图腾与禁忌》等的理解，任何原始崇拜都与一定的禁忌有关，所以在水崇拜中也有大量的禁忌活动。

所谓祈河忌河文化，就是通过一定的黄河崇拜形式所积累下来的有关祭祀和禁忌的文化现象。先是崇拜、神化，逐渐发展为固定祭祀。

一是崇拜黄河。把昆仑山称为万山之祖，把黄河尊为百川之首。班固在《汉书·沟洫志》中云："中国川源以百数，莫著于四渎，而河为宗。"河南安阳殷墟出土的甲骨文卜辞中对黄河有"高祖河"

之称。汉宣帝自神爵元年（公元前 61 年）正式列"四渎"为神入国家祭典，而黄河被列为"四渎"之首。崇拜黄河还包括崇拜治河名人，清代雍正皇帝所建的位于河南省武陟县的嘉应观，就是把历代治河功臣作为河神来祭祀和膜拜的。

二是神化黄河。传说中的黄河水神有许多位，主要有巨灵和河伯。巨灵为黄河之神，始见于张衡的《西京赋》。河伯为黄河之神，见于《楚辞》《庄子》等典籍，传说河伯为大禹治水献了《河图》，因此被尊为河神。唐朝封黄河之神为"灵源公"，宋朝封为"显圣灵源公"，元朝封为"河渎灵源弘济王"。到了清朝顺治二年（1645 年），黄河神被封为"显佑通济金龙四大王之神"；清朝康熙三十九年（1700 年），又加封黄河神为"显佑通济昭灵效顺金龙四大王"。

三是祭祀黄河。黄河祭祀传统可以追溯到史前时期。1923 年，甘肃省临洮县马家窑村出土的马家窑文化遗址舞蹈纹盆，描绘了盛装女子在黄河岸边跳舞祭祀河神的场景。据《竹书纪年》记载，黄帝、帝尧、帝禹都曾祭拜过黄河。尧禅位于舜时，就举行了隆重的黄河、洛水祭祀仪式。曰："洪水既平，归功于舜，将以天下禅之，乃洁斋修坛场于河、洛，择良日，率舜等升首山，遵河渚。""后二年二月仲辛，率群臣东沈璧于洛，礼毕，退俟，至于下昃，赤光起，元龟负书而出，背甲赤文成字，止于坛。其书言当禅舜，遂让舜。"史载国家公祭黄河始于夏槐时期。槐是夏朝第八位帝王，夏槐时期是夏朝最强盛的时期。夏槐开创了沉祭仪式，把牺牲品（祭品）猪、牛、羊沉进河里，以表示对黄河水神的敬畏和虔诚。宋朝在澶州置河渎庙，每年春秋致祭。元朝（1238 年）派出荣禄公都实，佩金虎符探求河源，来到青海星宿海，祭祀河神。清朝雍正九年（1731 年），清廷派员拨银在积石关（今青海省循化县境）黄河岸建河神庙一处，雍正帝亲题"福佑安澜"御制匾额一面，并立《御制建庙记》碑一通、《御制祭文碑》一通、建碑亭一座。清朝乾隆四十四年（1779 年），黄河在仪封决堤，河水泛滥，乾隆帝特命制作一块白玉璧，派专使赴现场祭祀河神。近年来，黄河流域一些地方开始举行祭祀黄河的盛典，如 2012 年河南省孟津县的"黄河安澜祈福大典"、2017 年宁夏回族自治区中卫市的"黄河宫祭祀黄河大典"等，黄河祭祀文化从"感恩黄河"到"礼赞黄河"，从"祈福中华"到追求"人河共和"，表达了人民群众的美好愿望，已成为我国重要的优秀文化传统。

需要指出的是，祈河忌河文化与黄河流域的祭祀文化是有区别的。黄河流域的民间祭祀活动丰富多彩，祭祀的对象不一，有的属于黄河祭祀文化，有的则与其关系不大，即使有一定的联系，也最多可视为祈河忌河文化的延伸。

祈河忌河活动作为一种文化现象，一般具有正负（加法和减法）两方面的意义：从正（加法）的方面来讲，是祈求黄河始终能够与人为"友"，滋养人生，给人类带来更多的福祉；从负（减法）的方面来讲，是祈求黄河尽量不要与人为"敌"，涂炭生灵，减少对人的威胁。

第七，咏河写河文化。咏河写河文化以及上面所述的祈河忌河文化，主要体现在中华民族古往今来的"感受世界"里。咏河写河文化以及祈河忌河文化极大地充实、丰富了中华民族的"感受世界"。因为水既然是人们生活的伴侣，人们的亲水情缘便会用各种形式加以表达。在中国传统的士人文化和艺术文化中，水作为人们钟情的对象和情感表达的媒介，自然会成为文艺创作的重要题材。所谓咏河写河文化，就是指人们通过文学艺术创作活动表达出来的人水情缘与和谐关系，通过歌咏黄河、描绘黄河而积淀下来的文化成果。具体来说，主要表现在以下两个方面：

首先，黄河对文学艺术创作的启发。《文心雕龙·神思》云："登山则情满于山，观海则意溢于海；我才之多少，将与风云而并驱矣。"[①] 刘勰认为屈原的创作便是受到了"江山之助"。曹植的《洛神赋》是有关洛神文学中最华美的篇章，在历史上影响巨大。黄河始终是文人激发灵感、艺术家进行

---

① 范文澜：《文心雕龙注》卷六，人民文学出版社 1962 年版。

艺术创作的源泉，如观黄河生态、听黄河涛声，常常能让艺术家精神振奋、心潮澎湃、情感充溢。仅从唐诗来看，其中写黄河、咏黄河的诗词就有一千余首。现代作品中最有影响和最有代表性的当数光未然作词的《黄河大合唱》第二乐章《黄河颂》："我站在高山之巅，望黄河滚滚，奔向东南。惊涛澎湃，掀起万丈狂澜；浊流宛转，结成九曲连环。从昆仑山下奔向黄海之边，把中原大地劈成南北两面。啊！黄河，你是中华民族的摇篮，五千年的古国文化，从你这儿发源，多少英雄的故事，在你的身边扮演。"

其次，中国传统文学艺术中包含了丰富的黄河意象。一是黄河抒情意象，即借河抒情，把黄河当作抒发情感的媒介，如李白的《将进酒》、王之涣的《登鹳雀楼》以及古代的山水画等。二是黄河环境意象，即把黄河作为创作主题的环境而加以描述。在中国早期的文学艺术作品中，有关黄河的描写多数是作为某种表达主题的需要而设置的水环境，最典型的是《庄子》中的《秋水》等。三是黄河幻想意象，即通过有关水的神话传说来表达艺术家的情感。在中国古代早期大量的神话传说和民间故事中，有很多关于黄河的幻想形象，甚至很多图腾形象，如龙、河伯等都与黄河有着密切的关系。

第八，知河研河文化。中国古代不仅有丰富的黄河文化物质成果，也有很多优秀的黄河文化精神成果。总体来看，无论是黄河文化物质成果还是黄河文化精神成果，都是在人们思水、识水、研水的基础上产生的。也就是说，无论是有关黄河的哲学见解，还是关于黄河的科学见解，都是人们在对涉河活动进行思考、认识、研究的基础上提出来的。所谓知河研河文化，就是指基于人们认识黄河、研究黄河而积累下来的文化成果。

知河研河文化主要体现在中华民族古往今来的"说明世界"里，知河研河文化极大地充实、丰富了中华民族的"说明世界"。"知河"的核心是关于黄河的哲理伦理思考。黄河的哲理思想就是以黄河为思考和反思对象，并从中总结出具有深厚人文内涵的意识、观念、态度、理念等。"研河"的核心是关于黄河的科学探索。治河用河的关键在于认识黄河，即关于黄河的科学探索及其文化积累。早在先秦时期，管子等就对人们治河的经验进行了科学探索，成为最早的水利专家。《元史·赡思传》的本传里列举了赡思的十余种著述目录，其中之一便是《重订河防通议》。明代河道工程专家潘季驯的《河防一览》等，都是"知河""研河"的重要著述。

三、结语与展望

中国有黄河文化及其河缘文化，就意味着还有长江文化及其江缘文化、淮河文化及其淮缘文化，以及其他江河湖泊缘文化、海缘文化。这些文化都值得我们去深入研究、深度开发。中华水缘文化博大精深、源远流长，尤以黄河文化及其河缘文化为大为重。黄河文化及其河缘文化是中华文化的根和魂，可以作为中华文化的代表性或标志性文化，立于世界文化之林。中国的主文化形态——河缘文化可以与西方文化的主形态——海缘文化相对应、相媲美。两者是在不同的历史条件下和不同的大文化背景下，各自独立形成、独立发展的文化，而且确实已经发展成了各美其美、美美与共的文化。我们研究黄河文化，研究河缘文化，可以和研究海缘文化结合起来，做进一步的比较研究。更重要的是，在推进中国河缘文化研究的同时，要加大对中国的海缘文化的研究力度。中国本土的海缘文化研究，至今仍是一个薄弱环节。河缘文化研究可以为中外海缘文化研究提供一个具有创新意义的理论范式和具有参考坐标价值的范例。从"缘"的范式或以"缘"为坐标来研究文化现象，无疑会找到文化产生、形成、发展的根本原因与根本途径，之所以这么肯定，是因为它抓住了所有文化类型的实质与核心。

（作者系黄河文化研究会会长，原华北水利水电大学党委书记、教授）

关于构建"黄河学"的几点思考

王建华

从 20 世纪 80 年代学界提出建立"黄学"以来，黄河学从萌芽状态逐渐成为一门有众多学者参与研究的热门学科。相关机构纷纷成立，河南大学黄河文明与可持续发展研究中心是其中的典型代表。特别是最近两年聚焦黄河研究的机构在高校和各科研院所如雨后春笋般成立，显示了学术界对黄河研究空前高涨的热情和本学科旺盛的生命力，也彰显了学者们对现实问题的关注。对于黄河学学科建设、学科体系、研究方法等问题，学界讨论得已经比较多了，这里仅限于笔者学知所及，对一些问题谈谈自己粗浅的看法，以就教于方家。

一、"黄河学"学科发展回顾

要讨论现在的"黄河学"研究，就不能不回顾"黄河学"从设想到形成的来龙去脉。20 世纪 80 年代，有学者提出了"黄学"的概念，并提出了建立学科体系的设想。《人民黄河》1985 年第 6 期针对"黄学"设立专栏进行理论探讨，深入研究"黄学"设立的基础条件和必要性。王化云认为，黄河在我国政治、经济、文化建设中居于非常重要的地位，黄河的治理与开发关乎国民经济建设的大局，黄河流域的综合发展具有复杂性，因此，建立"黄学"非常必要，他呼吁不同领域的学者从各自的角度出发，共同探索黄河发展的规律，以期找到全面解决黄河问题的路径。[①] 王化云所倡导的"黄学"研究，侧重点在于对黄河本体问题的解决，即对其进行治理与开发规律的探讨，无论是从提出的时间节点来看，还是从提出的基础性问题来说，都可以称为构建黄河学设想的开端。钱宁从黄河治沙的角度出发，阐述了"黄学"在自然科学范畴内作为一个专门学科的广阔发展前景。[②] 而早期的水利学者所提出的"黄学"的研究对象实际上侧重于"黄河水利"，倾向于自然科学学科。

真正提出"黄河学"概念的是宋正海。1989 年，他提出了构建"黄河学"的系统构想，论述了"黄河学"的研究对象、学科结构、社会功能和研究方法等方面的内容，认为"黄河学"的构建具有合理性和必然性[③]。宋正海的"黄河学"设想是在 1989 年召开的"全国黄河流域重大灾害及其综合研究"会议（陕西宝鸡）上公开提出的，他是"黄河学"学科体系的首创者和首议者。宋正海等所构想的"黄河学"学科体系，以黄河全流域为研究对象，已经具有跨学科的研究视野和思维，相比早期的"黄学"，又向前推进了一步。

2001 年，张红武与中国残联主席张海迪联名向全国政协会议提交了《关于创立黄河学的建议》。他们认为，黄河不仅是自然生态意义上的一条大河，还是一种博大的黄河文化；研究黄河不能仅仅着

---

① 王化云：《大家来研究"黄学"》，《人民黄河》1985 年第 6 期。

② 钱宁：《"黄学"研究前景广阔》，《人民黄河》1985 年第 6 期。

③ 宋正海：《黄河区域的综合研究》，《科学学研究》1989 年第 4 期。

眼于黄河水利、生态工程等方面的问题，而是要深入挖掘和开发其所蕴藏的深厚的文化内涵，这关系到政治、经济和文化等方面的全面发展，关系到国计民生。从研究力量上来说，探究黄河问题，不能仅仅依靠水利学科，还需要经济学、哲学、史学、考古学、环境学、气象学等多学科共同参与和联合攻关。"黄河学"学科的建立，有助于黄河文化的传承和弘扬，从而提升全民族的文化软实力①。这是"黄河学"学科构想首次通过官方途径传达出来。2005 年，管华、张大丽发表了《"黄河学"论纲》一文，对"黄河学"进行了系统而全面的论述，主要包括"黄河学"的研究内容、"黄河学"的学科性质、建立"黄河学"的意义、建立"黄河学"的可行性②等。管华、张大丽的"黄河学"学科设想首次系统地论述了"黄河学"建设各个环节的内容，深刻地影响了此后"黄河学"的理论研究和探索。

除了个人在"黄河学"学科探索方面所做的努力之外，"黄河学"研究机构的建立进一步推动了"黄河学"的发展。2002 年，河南大学黄河文明与可持续发展研究中心成立，其设立的初衷就是要彰显黄河研究的综合性特点。黄河文明与可持续发展研究中心的建立，无疑将会对既往"游兵散勇"式的"黄河学"学科构想提供交流碰撞的平台，将更加有利于学科建设和队伍建设。"黄河学"从提出到现在已经有数十年时间，但从其发展态势来看，仍然是一个全新的学科。"黄河学"的学科内涵、研究对象、研究方法等方面的理论和实践探索要在学界达成共识还有很长一段路要走。

从 2009 年开始，河南大学黄河文明与可持续发展研究中心每年举办一次"黄河学"高层论坛，迄今已举办了十三届。2009 年 11 月 21~22 日，在首届"黄河学"高层论坛上，张新斌回顾了六十年来黄河变迁和治理、黄河文化传承弘扬发展的研究和实践，认为黄河研究涉及自然科学、社会科学、人文科学，涵盖面广，单一的学科已经无法胜任黄河研究的重任，"黄河学"的构建势在必行。张新斌认为，"黄河学"建立的必要性和紧迫性体现在：第一，黄河问题的研究涉及多个学科、多个领域，现实情况是目前有关黄河的研究力量分散在不同的专业、系统和领域，没有一个统一的能够聚合各种研究队伍的平台，不能形成有效的研究合力。第二，从黄河的研究成果层面来看，缺少具有影响力的突出成果，学科间互相融合的研究也亟须加强。第三，从自然科学角度来看，对黄河治理问题的研究以及利用现代科学技术对黄河变迁问题的演示尚无法与黄河有关历史问题的研究形成对接，在这一领域也没有显著的有影响力的研究成果问世。第四，黄河文化资源的挖掘和利用远远不够，与黄河在中华民族发展史中的地位极不相称；与之相应，黄河自然生态方面的资源开发利用也很不充分。"黄河学"的构建具有理论上的必要性和现实的迫切性③。牛建强提出了黄河文化是"黄河学"的基本内容的观点，认为"黄河学"的研究对象不能仅仅局限在现今黄河流域的范围④。王星光认为，生态环境变迁与人类社会发展的互动关系应当作为"黄河学"研究的最重要的内容之一加以深入研究⑤。从上述的讨论中可以看到，不同专业领域和学术背景的学者在看待如何构建"黄河学"的问题上都具有自己的鲜明特点，角度不完全相同，侧重点迥异，但却为发展"黄河学"提出了不同的思路，值得认真总结。

时至今日，关于"黄河学"的学科体系建设和理论研究，学术界仍然存在不同意见。许多学者认为："黄河学"作为一个年轻的学科，其研究仍然处在起步阶段，不能过早地对其研究内容、方法论等作出界定，以免束缚学科的发展。这种观点是有一定道理的，在目前"黄河学"学科定位尚不明确的情形下，贸然为其限定一个固定的研究方向和学科体系以及方法论，确实不合时宜，也无助于学科的进一步发展和完善。但是，这并不是说"黄河学"的学科体系建设和理论探讨可以束之高阁，这

① 匡乐成、李术峰：《让黄河文化发扬光大——张红武、张海迪委员建议创立"黄河学"》，新华网，北京 2009 年 3 月 13 日电。
② 管华、张大丽：《"黄河学"论纲》，《人民黄河》2005 年第 11 期。
③ 张新斌：《六十年来黄河变迁：黄河文化的研究与黄河学的建立》，在 2009 年 11 月河南大学举办的"黄河学高层论坛"上的发言稿。
④ 牛建强：《关于黄河学与黄河文化的思考》，在 2009 年 11 月河南大学举办的"黄河学高层论坛"上的发言稿。
⑤ 王星光：《环境视野与黄河学的构建》，在 2009 年 11 月河南大学举办的"黄河学高层论坛"上的发言稿。

项工作必须坚持做下去，理论探讨必须在摸索中前进。现在，关于"黄河学"的研究成果已经相当丰硕，但是如果没有一个完整的、成熟的学科体系来统领这些研究成果，就如同一堆断了线的珠子，毫无光华可言。基于此，我们认为，"黄河学"的学科体系建设和理论探讨应该尝试在以下几个方面有所突破。

二、"黄河学"研究对象的思考

黄河作为一条贯穿中国东西、独流入海的大河，因流域涉及范围很广，导致"黄河学"研究的地域范围也十分广大，而正如我们上文所回顾的那样，"黄河学"从最初的治理黄河的"黄学"衍生到如今具有庞杂的研究内容和研究体系，其研究对象的时空范围和内涵外延都空前延伸。笔者认为，"黄河学"学科的建立其要义应该在于解决时代课题，所以那种笼统地论述"黄河学"研究对象的做法就很不可取，并不是把所有有关黄河的研究聚拢在一起就是"黄河学"，"黄河学"不同分支学科的研究内容应该存在内在的有机联系。我们这里把"黄河学"的研究对象分为以下三个方面，也可以说是三个维度。我们致力于探索这三个维度之间的逻辑联系，从而促进黄河流域全局问题的解决。

1. 水利生态

水利生态包括黄河水文、生态环境、水利工程等技术性问题的研究。尽管"黄河学"研究发展到今天，"黄河学"的综合性学科性质已经被完全肯定，这是毫无异议的，但是不要忘记，黄河学是以"黄学"为起点的。我们在强调"黄河学"大学科的同时，不要忽视一个事实，那就是黄河流域所有的其他问题，如文化的、社会的、政治的、经济的一切问题都是以黄河流域生态治理及优化为基础的。离开了黄河"岁岁安澜"的局面，离开了黄河流域生态环境的持续治理与优化，黄河流域的其他问题根本无从谈起。只有从根本上解决黄河自身的问题，才能实现"发挥黄河的优势，以黄河自身的力量解决黄河流域的问题"[1]的目标。早期提出"黄学"概念的学者并没有孤立地讨论治河，而是把黄河治理与社会、经济、文化联系起来，以黄河治理为重点。例如，王化云认为："黄河流域在我国政治、经济、文化等方面所处的重要地位，使治黄对国家经济的发展关系重大，我国漫长的历史反映了黄河的治乱与历代国家的盛衰紧密相关。"[2]钱宁在谈到黄河治理与史料、思想文化等方面的关系时举了一个例子：1979年，美国学者格里尔在《中国黄河流域的水管理》中认为，贾让不与河争地的主张是道家思想的反映，而潘季驯的"束水攻沙"方法则蕴含了儒家思想。他还认为，20世纪50年代修建三门峡水库的过程显示了中国古代治河思想和近代科学技术的交锋，此后的实践和发展证明了传统治河思想具有很强的生命力[3]。格里尔的观点也许有待商榷之处，但也说明，治河并非孤立的水利科学。由此可见，即使在老一辈的"黄河人"那里，"黄学"也绝非与其他学科毫无关联的"治黄之学"，恰恰相反，该门学科在设想阶段就具备了综合性学科的潜质，这也为"黄河学"的提出奠定了基础。无论是"黄学"也好，"黄河学"也罢，其出发点必然是黄河水沙治理和黄河流域生态治理。只有把黄河"本身"的事情办好了，大学科"黄河学"其他分支学科的研究才有基础。我们在强调"黄河学"综合性学科的基础上，必须承认且要牢固维护黄河本体研究的基础地位。无论"黄河学"未来的内涵和外延如何变化，黄河本体研究，即黄河治理和黄河流域生态环境的研究应该处于核心地位。

---

①② 王化云：《大家来研究"黄学"》，《人民黄河》1985年第6期。

③ 钱宁：《"黄学"研究前景广阔》，《人民黄河》1985年第6期。

2. 黄河文化

黄河文化的概念十分宽泛，绝大多数学者认同黄河文化是黄河流域从古至今所创造的一切物质文化和精神文化的总和。李振宏、周雁认为，黄河文化是与黄河紧密相关、与黄河流域地理生态高度契合的一种农业文化，是见证了黄河流域历史发展的文化体系。从时间维度来看，结合其文化面貌，大致可以划分为五个阶段：河南龙山文化以前的新石器时代可以称为原始发展时期；夏商周时期则是黄河文化独立发展的时期；春秋战国至宋代是黄河文化发展的鼎盛繁荣时期；元代以后就进入了黄河文化发展的衰落时期；近代以来，由于社会动乱、文化激荡，黄河文化接受挑战而再次重生，可以称为重生时期[1]。安作璋、王克奇认为，黄河文化是中华古代多元文化中的主体文化，具有广泛的文化代表性，具有最强的文化影响力。黄河文化以黄河流域的地理环境为其发展基础，从古至今，经过文化引领、文化交流、文化激荡、文化融合，最终在明清以后融入了中华文化的大系之中。[2] 对黄河文化的研究，涵盖了从古至今一切与黄河、黄河流域相关的文化现象，对这些文化现象的研究，汇合成具有典型中华文化特色的、具有代表性的黄河文化。在"黄河学"研究对象中，如果说对黄河水利与生态的研究具有基础性和最大的深度的话，那么对黄河文化的研究则具有最大的广度。从时空框架和囊括的范围来看，黄河文化的研究在"黄河学"学科体系中占有绝对的优势。正是由于黄河文化"海纳百川"的特点，需要对"黄河学"学科体系中黄河文化的研究内容做进一步的细分。关于这个问题，目前观点较多，本身对于黄河文化的内涵和外延界定也没有统一的标准，还需要学术界进一步的努力。

3. 经济社会

黄河流域经济社会发展问题的研究，是"黄河学"研究的又一重要内容。河南大学黄河文明与可持续发展研究中心，其冠名特别提到了"可持续发展"，说明对黄河的研究其宗旨还是黄河流域社会经济稳定、和谐、科学、可持续发展的问题。"黄河学"的研究缘起于黄河本体的研究、黄河治理的研究，其归根结底还是要推动流域经济社会的发展，复兴黄河流域在历史上曾经的辉煌。从目前的研究现状来看，成果颇多，研究角度也比较新颖。例如，张红武结合黄河流域的实际情况，提出黄河流域生态保护与经济社会高质量发展的途径为：科学治理黄河河道与滩区，实现黄河下游的良性治理；修建古贤及大柳树工程，形成黄河水沙调控体系；科学合理配置外调水，支撑流域生态保护及社会发展；建立举国体制与省（自治区）联席会议制度，从体制机制上协调流域生态保护与经济社会发展[3]。这是探讨黄河生态治理与促进黄河流域社会经济发展的典型例证，此外，探讨黄河文化与经济社会发展关系的研究成果也非常多。这些都说明，越来越多的学者把研究黄河问题的落脚点放在了对黄河流域经济社会发展的研究，以促进黄河流域经济社会发展为研究目的，也彰显了当代黄河学者的问题意识和使命担当。

综上所述，黄河生态治理研究是基础，只有从根本上解决了黄河的问题，趋利避害，黄河流域的高质量发展才有可能，所以，我们在倡导"黄河学"大学科研究的同时，必须坚定不移地持续进行黄河灾害治理和生态优化，充分发挥水利专家的作用，充分利用水利研究和生态研究的成果，来为"黄河学"的研究奠定坚实的基础。黄河文化研究是"黄河学"研究的核心，几乎涵盖了黄河学人文社会科学领域的全部内容，也是"黄河学"研究的重点。黄河文化涉及的面极广，其研究成果也在很大程度上影响了黄河流域经济社会发展的研究。黄河流域社会经济发展则是黄河学研究的最终目的，前面

---

① 李振宏、周雁：《黄河文化论纲》，《史学月刊》1997 年第 6 期。

② 安作璋、王克奇：《黄河文化与中华文明》，《文史哲》1992 年第 4 期。

③ 张红武：《黄河流域生态保护和经济社会高质量发展的实现途径》，《中国水利》2019 年第 23 期。

两个层次的研究都是为社会经济发展研究做基础的。这样，我们就把黄河学研究的三个维度紧密地联系了起来。简言之，水利生态是基础，黄河文化是核心，经济社会是目的，三者有机统一于"黄河学"学科体系之中，共同为"把黄河的事情办好"这个终极目标服务。

三、"黄河学"研究方法论的探索

回顾近年来"黄河学"的研究现状可以看到，黄河本体及其流域内自然、社会和文化综合体系研究这一独特的研究内容，决定了"黄河学"与以往的黄河流域本体研究具有较大的差异，体现在"黄河学"研究上，就是具有更加宽广的视野和独特的研究视角，多元化的、多学科的研究方法的运用。对黄河的传统研究主要聚焦在对黄河本体问题的探讨，如黄河流域自然生态、黄河流域水文变化与河流治理、水利设施修建、黄河文化传承与发展、黄河流域经济社会发展等，不同领域的学者应用各自的学科理论、研究方法在自己的领域内部研究相关问题。而"黄河学"的提出，则着眼于黄河及其流域的自然、社会和文化等要素的综合特征和它们之间的相互关系，分析这一特定区域的自然环境条件与人类社会之间的相互作用、相互影响规律，探讨当地自然、社会和文化综合系统的发展演化机理和调控方略，求索协调当地人地关系和构建与良化自然、社会和文化综合系统的途径。在这里，特别要凸显的是相互作用、相互影响、相互关系，"相互"一词被反复提及，体现的是一种系统的思想。研究方法的综合性是"黄河学"最显著的特征。自然科学、社会科学和人文科学的研究方法，综合多种学科的研究技术和手段，在"黄河学"研究中居于主导地位。具体来讲，"黄河学"研究要把归纳和演绎思维方式、历史考证和现代资料分析途径、分析和实验研究手段、定性和定量研究方法相结合，实现自然科学、社会科学和人文科学研究方法互相融合的目标。从微观层面来说，"黄河学"的不同分支学科的个案研究应使用学科内的研究方法；从宏观层面来说，则应是多种相关学科研究方法的联合应用；上升到"黄河学"的理论层次，不仅需要研究者有多学科的知识储备和学术素养，还需要广阔的学术视野和超强的思维能力，对研究者提出了更高的要求。

四、"黄河学"学科体系建设和理论探讨的途径

时至今日，"黄河学"的研究成果颇丰，然而关于"黄河学"的学科体系建设和理论探讨方面仍然没有看到实质性的突破。基于此，我们认为应该在以下几个方面投入更多的力量，以便能够在更大程度上促进理论研究的进步和提升。

首先，开展基础理论问题研究。第一，对"黄河学"学科本身的研究，包括学科的内涵、研究对象、研究方法、学科体系建设、科研机构建设、科研队伍建设、科研力量整合等；第二，重点对"黄河学"的研究内容进行整合与统筹，形成系统、完整的学科研究内容框架和体系；第三，对"黄河学"的已有研究成果进行整合，充实和完善相关薄弱领域的研究，尽快形成完善的研究体系，形成一批具有引导性的系统研究方向和领域，以促进整个学科的进一步发展。尽管有一些学者已经在这方面做出了努力，但是关注者并不多，没有形成应有的研究热潮，也没有得到足够的重视，今后需要在这方面投入更多的研究力量。

其次，开展应用问题研究。在做好基础理论研究的基础上，积极开展"黄河学"应用领域的研究，特别是对具有较强针对性的黄河流域现实问题的解决途径以及具有较高技术含量和较强实用性的技术应用的研究，切实服务于流域内社会经济的发展，能够解决国计民生的重大问题，则"黄河学"的服务社会功能就会得到社会的认同和支持，将更加有利于学科的发展。这也是基础理论研究和应用研究

"两条腿走路"的切实实践。在学者服务社会思潮的影响下，相比理论问题，对"黄河学"应用问题的研究力度、热度和成果都显著很多，对一些困扰黄河流域社会经济发展的问题还要长期、持续、深入地进行跟踪研究。同时，对应用问题的研究也要有跨学科、跨领域的视野，如生态、文化、经济问题的联合攻关研究。

最后，开展研究方法和技术研究。虽然已经发展了三十多年，但"黄河学"仍然是一个年轻的学科，研究中所涉及的大量问题都具有综合性特征，需要强有力的研究手段来推进。因此，应开展有关研究方法和技术的探讨，来促进"黄河学"的健康快速发展。这也是新时期"黄河学"研究的重要内容。"工欲善其事，必先利其器"，研究方法和技术的探讨从来都不是可有可无的，而是在整个学科体系中占据着极其重要的地位，所以要格外加以重视，投入更多的精力。

通过以上几个方面的努力，再辅之不断丰富的"黄河学"个案研究成果，必将对未来的学科深入发展大有裨益。学术研究，学理先行应该成为我们的一个共识。

总之，"黄河学"经过三十多年的发展，研究成果、研究机构和研究人员的数量都取得了较大的增幅，但我们也应看到，未来要做的工作还有很多。微观层面的个案研究成果非常丰硕，而我们所设想的综合性研究成果却较少，"黄河学"的理论探索进步甚微，需要有一批具有扎实学术根底和广阔学术视野、超强研究能力的"黄河学"领军式学者，也需要项目带动科研，唯有如此才能真正发挥"黄河学"的优势，把问题意识真正转变为解决问题的能力，让我们的母亲河重新焕发生机，让黄河流域实现新的伟大复兴。

（作者系河南省社会科学院历史与考古所助理研究员）

国际汉学视阈下黄河文化研究的价值与路径思考

刘丽丽

1901 年，梁启超将中华文明的历史概括为"三个中国"，即"中国之中国""亚洲之中国"和"世界之中国"，给我们提供了一种宏大广阔的全球史观和中西文化交流史背景下观察和研究中国的视角。黄河作为中国第二长河，世界第五长河，作为中国地理版图上最重要的标志河流之一和中华民族的文化发源地，天然地具有高度国际辨识度和文化影响辐射力。随着中外文化交流的日益频繁和深化，黄河文化成为中外文化交流的桥梁，不断推动着中外文化交流和文明互鉴。

在新时代"保护、传承、弘扬黄河文化"的过程中，我们在自身学术体系内深入挖掘和继承弘扬黄河文化的精神财富和文化血脉，使命光荣，责无旁贷，值得指出的是，在"人类命运共同体"业已形成的今天，关注和重视阈外对黄河文化的记载和研究，把视角从"中国之黄河"拓展到"亚洲之黄河""世界之黄河"，对认识中外文化交流史中业已存在的世界黄河研究历史，进而在新时代讲好具有世界影响的"黄河故事"，推动黄河文化对外传播与交流，具有重要的时代意义。

从学术领域来讲，研究国外对黄河的研究状况，属于国际汉学（又称汉学、海外汉学、中国学）的范畴。这里的汉学（Sinology），既不是对外汉语教学、汉语国际教育的简称，也不是指乾嘉考据学派，更不是单指汉族一族、汉代一代之学问，而是指外国人研究中国的学问，也就是国外对中国语言、文明和历史等传统人文学科的研究。该领域自 20 世纪 80 年代以来在中国学术界逐步兴起，成果日益丰硕，在学科体系中归于外国语言文学中的比较文学与跨文化研究。因为汉学关注的是"域外之中国""国外之中国"，是"在中国之外研究中国"，所以汉学研究天然具有跨语言、跨学科、跨民族、跨国别、跨文化的性质。汉学这个研究领域的存在，标志着中国自身的学问已经变为一个国际性的学术事业，将海外汉学纳入我们的学术视野，已经成为我们在展开自己学术研究时不可或缺的必要条件，我们已经不能仅仅将西方汉学看成一种外国的学术形态，而应该作为中国学术发展中的一个常量的学术形态，作为全球化背景下已经进入我们自身学术内部的一种外在学术形态来加以看待。所以，本文认为：以本土学者、中国学术为基本立场，以黄河文化为考察对象，在国际汉学视阈下来思考、总结和传承、创新黄河文化，具有重要的时代意义和学术价值。

一、国际汉学视阈下研究黄河文化的价值

1. 拓展黄河文化研究的学术视野和研究范围，了解"世界之黄河"

梁启超关于中华文明历史"三个中国"的概括其实是对中华民族对外沟通与交流历史的总体概括。第一阶段"中国之中国"，自黄帝到秦统一，"即中国民族自发达自争竞自团结之时代也"，中国开始与周边民族进行交往；第二阶段"亚洲之中国"，自秦统一至清代乾隆末年，"即中国民族与亚洲各民族交涉繁赜竞争最烈之时代也"，中国与亚洲各民族的经济文化交流最为频繁，中国对外交往的范围也大

致限于亚洲，尤其邻近中国的朝鲜、日本、越南等国家和地区深受中华民族的熏陶；第三阶段"世界之中国"，自清乾隆末年至今日，"即中国民族合同全亚洲民族，与西人交涉竞争之时代也"，中国人开始放眼世界，不再以"天朝上国"自居，而是以全世界为坐标来探寻自身的定位，即为"世界之中国"。

这个论断是对中华民族与周边民族、亚洲各民族和西方社会交流沟通历史的总体描述，同时也可以作为今天我们研究中国问题的视野格局。纵观漫长的中外文化交流史，"黄河文化是中华文明的重要组成部分，是中华民族的根和魂"，具有一个不断向外传播的历史过程，华夏文明以中原为中心，源源不断地向黄河流域上下游传播，向长江流域，向岭南、漠北、西域等周边地区传播，并向日本、朝鲜等亚洲国家传播。明清以来，随着中西文化交流的不断深入，黄河文化、中原文化和中国文化也不断向欧洲、北美等世界各地广泛传播，可以说，黄河是中国的黄河，也是世界的黄河。

很久以来，我们对黄河文化的研究一直都是在中国本土自我学术系统内进行的，这些研究在深度、广度和细度上不断地开拓，成果浩繁，博大精深，但尚未脱离第一阶段的研究——"中国的黄河"的视野范围，对于后两个阶段的研究，即亚洲人是如何看待和研究黄河文化的？与东亚文化迥异的西方文化社会是如何看待黄河文化的？外国人眼中的"黄河形象"是怎样的？他们是否产生了关于黄河文化的著述？产生了哪些著述？国外的黄河文化研究对新时代我们重新审视和弘扬黄河文化能够贡献哪些值得借鉴的理念和方法？对于以上问题，我们还没有基本的了解和认知，研究也还非常缺乏，笔者尝试搜索了这方面的研究论文，以"黄河文化""黄河文明"为篇名的论文以百篇计，但增加"汉学""国际""海外""国外"等篇名用词搜索，这方面的论文几乎是一片空白。中国本土对国外黄河文化研究状况缺乏了解，一方面是因为学术理念的主观问题，国内往往将西方汉学或域外汉学简单地看成仅仅是对象国学术的一部分，而没有看成是中国学术体系的世界范围，没有从中国传统学术体系理路的内立面转向外立面，无法看到"他者"眼中黄河文化和世界中的黄河文化，或者认为外国人对黄河乃至中国问题漠不关心，浅尝辄止或隔靴搔痒，不值得关注和重视。另一方面是客观原因，主要由于国外汉学家对中国问题研究的资料往往以世界各国语言加以记载，大多数保存在国外，且很多成果并未发表或尚未被译介到国内，由于档案资料获取的难度和语言的障碍等，国外黄河文化的研究情况就成为我们的知识盲点，亟待开发。

事实上，海外汉学家虽然人在域外，但他们从"他者"眼光和西方视角观察中国文化得出的结论却非常值得我们关注，有的汉学家的中国问题研究成就还很突出，如域外汉学成就最大的就是对敦煌的研究和对西域史的研究，在很长时间里，"敦煌在中国，敦煌学在国外"，当然"敦煌学"在特殊时期法国、英国等欧洲国家比较领先，有其特殊的历史背景，但会给我们新时代研究黄河文化提供一种思路：我们需要借助国际汉学的观察视阈和学术方法，在系统挖掘、整理、提炼"中国之黄河"研究成果的基础上，努力地在"中国之外研究黄河"，关注、重视和借鉴这些国外黄河文化研究成果，拓展我们的学术视野和知识体系，开拓新的研究天地。

2. 推进黄河文化的世界传播研究，让"黄河文化走出去"

随着新时代"文化自信"的倡导和"中国文化走出去"战略的实施，我们也主张实施黄河文化的国际传播，大力提倡"黄河文化走出去"，扩大黄河的世界影响力和美誉度，但我们必须认识到：国外对中国文化和黄河文化的认知和评价，不是通过《新闻联播》《人民日报》等国内的主流媒体和宣传渠道获得的，而是主要通过自己国家的汉学家及其著作获得的，汉学家是中国文化的第一接受者，也往往是中国印象的第一创造者和中国文化的天然传播者，这些对黄河文化有所涉猎的汉学家不仅在域外传播了黄河文化，同时也影响了域外思想家、文学家、政治家对黄河的理解和认识，直接影响和引导着域外各国对黄河文化的认识和评价，所以汉学家是外国人认识中国、了解黄河的主要媒介，是黄河文化、中国文化走向世界的桥梁，域外各国的"黄河形象""黄河观"都和汉学研究分不开。从这个意义上说，域外黄河文化的研究，对我们思考和建立黄河国际形象乃至推动黄河文化"走出去"，具有重要的意义。

在黄河文化逐步走向世界的今天，历史其实已经给我们提供了宝贵的经验，因为以黄河文化为其研究对象的汉学家的研究成果，已经为我们展现出了一幅黄河文化在世界各国传播的历史画卷。我们需要探讨黄河文化在世界各国传播的历程，研究黄河文化在世界各国接受的过程和黄河典籍在世界各国翻译接受的过程，从真实的历史中了解国外对黄河文化的认识过程、研究状况和主要成果，进而以史为鉴、以资当代、以启未来，有意识地组织黄河文化类书籍用世界主要语言、用西方世界更便于理解和接受的传播方式，讲好面向世界的"黄河故事"，"把黄河介绍给世界"。

3. 以黄河文化为纽带，建立全球化状态下的学术互动和民族自信

汉学的存在标志着中国自身的学问已经成为一个世界性的学问，黄河文化自身具有明显的国际IP，蕴含着浓厚的中国文化和精神情感，非常适合作为全球学术互动的重要议题和中外文化交流的纽带和桥梁。在国际汉学视阈下引进和了解黄河文化的国外汉学成果，一方面可以增强我们的民族自信心和自豪感，另一方面也可以增强我们的时代责任感和危机感。

美国当代著名汉学家比尔·波特（Bill Porter）在哥伦比亚大学攻读人类学博士期间，由于受到中国文化的影响，毅然中断学业来到中国大陆旅行，并撰写了大量介绍中国风土文物的书籍和游记。1991年春，他凭借着对中国文化的执着热情和对黄河之源的强烈好奇，从黄河的入海口出发，由东到西，花了两个多月时间，沿着黄河蜿蜒而绵长的"几"字，进行了一次追寻中国母亲河——黄河源头的旅行，探访了黄河沿岸的重要历史遗迹和自然景观，写了一本充满文化底蕴的行走笔记——《黄河之旅》，当战胜重重困难，最终达到黄河之源的时候，他这样写道："这一天是公元1991年5月25日，是我成功到达黄河源头的日子。追随着这条黄色的巨龙，我历时两个多月，行程五千公里。在这条河边，中华文明从五千年前开始发轫；在这条河边，中华帝国创造了空前绝代的辉煌；在这条河边，中国人形成了同一个国家同一个民族的心理和情感。"

作为中国传统文化的仰慕者和研究者，比尔·波特的《黄河之旅》连同其他旅行笔记《空谷幽兰》《禅的行囊》一经出版，即在西方国家掀起了一股学习中国传统文化的热潮。与比尔·波特一样，在西方汉学家身上，我们经常可以看到：黄河文化、中华文明已经成为很多西方人的精神寄托和文化追寻。从他们身上，我们可以感受到黄河文化和中华文化强大的吸引力、感染力、辐射力和影响力，这种从"他者"镜面的情感反射，很容易让我们建立起强烈的民族自豪感和文化自信心。

同时，我们也应该清醒地认识到，西方文化在当今世界仍是主导性的文化，外国人对黄河文化的认识，是在西方学术体系和思想理念下对中国问题的研究，除了采用的多是西方视角、理论和方法之外，还往往带有自觉或不自觉的"西方中心主义"或"西方优越论"的思想，对中国某些问题的误读、谬论和扭曲比比皆是。比如16～18世纪的来华耶稣会士是最早对中国文化自觉进行系统了解和研究的西方人，他们在中国传教旅程中往往有横穿黄河的经历，对黄河的历史都有一定的了解，撰写了一些含有黄河描写的书信、游记和历史地理类书籍，但无论是号称"西方汉学之父"的罗明坚（Michele Ruggieri，1543–1607）、利玛窦（Matteo Ricci，1552–1610）笔下的黄河，还是汉学家卜弥格（Michael Boym，1612–1659）、卫匡国（Martino Martini，1614–1661）笔下的黄河，抑或是引起西方"中国热"的基歇尔（Athanasius Kircher，1602–1680）的《中国图说》，被视为18世纪西方了解中国的重要著作——李明（Louis Le Comte，1655–1728）的《中国近事报道》，杜赫德（Jean Baptiste du Halde，1674–1743）的《中华帝国全志》《耶稣会士中国书简集》等都对黄河有所记载，但他们笔下的"黄河形象"普遍折射出16～18世纪欧洲人的中国观，他们对黄河当时的状况进行了选择性描述，并未全面

记载一个真实客观的黄河形象，究其原因，主要是西方来华传教士文化适应策略的体现，也有西方学科专题发展的历史背景因素。所以，面对"他者"的研究，我们不能一味地追求、模仿和称颂，而应该警惕"西方中心主义"下关于黄河文化认识的偏差和错误，保持中国学者对中国本土思想和文化的根本性、独立性思考，担负起准确阐释黄河文化的历史责任，以跨文化的学术眼光来分析、研判、纠正他们的误读和谬误，在对话和批评的学术互动中，共同推进世界范围内对黄河文化的研究水平。

二、国际汉学视阈下研究黄河文化的主要路径

1. 以中西文化交流为基础，厘清世界范围内对黄河文化研究的历史状况

海外汉学从其诞生开始就和中国本土文化有着千丝万缕的关系，正是在这种实际的文化交流历史中，国外才开始积累了有关中国的知识，并逐步形成了汉学这个专门的学科。黄河积淀着中华民族最深沉的精神追求，承载着中华民族共同的历史记忆，也成为外国人认识中国、了解中国文化最好的窗口，形成了连绵不断的黄河记载和研究文献，所以我们要以中外文化交流史为基础，用历史学的方法，厘清世界范围内对黄河文化研究的历史状况，主要包括以下几个方面：

一是做好世界黄河研究史的学术性目录。目录是学问之门径，鉴于我们对"亚洲之黄河""世界之黄河"所知甚少，最基础的工作就是从目录学入手，组织多语种能力的学者和教师通过汉学目录排查出国外对黄河文化的认知、描述和研究情况，整理出国外黄河文化的主要汉学著作和相关记载，可供排查的汉学书目工具书主要有《考狄书目》，也叫《西人论中国书目》（五卷），是西方自 16 世纪中叶至 1924 年关于中国书的总目，包括用各种欧洲语言写成有关中国的专著和文章；袁同礼的《西文汉学书目》，又称《续考狄书目》，收录了 1921～1957 年英国、法国、德国（部分研究澳门的葡萄牙文）有关中国文献 1.8 万多种，是考狄书目的续编，中国国家图书馆整理出版的《袁同礼书目》共 6 本；张西平主编的《20 世纪中国古代文化经典在域外的传播与影响研究》丛书是国内首次对中国古代文化经典在世界主要国家的传播和影响做大规模调查的研究丛书，共 19 卷，涵盖并涉及 27 种语言，包括了欧洲、美洲、东亚、东南亚、南亚等；还有一些数据库书目，如中国国家图书馆海外中国学研究网站，每月公布一批海外中国学研究书目，可以查到近 20 年最新的关于海外中国研究的书目，美国亚洲研究协会网站也可查询相关书目。通过以上几个书目，我们基本上可以排查出 16 世纪至今国外对黄河文化研究的整体书目情况。

二是对研究黄河文化的重要汉学家和重要汉学著作进行深入的个案研究。在通过目录整体了解国外对黄河文化研究状况的基础上，选取有学术价值的重要汉学家及其作品展开重点研究。一方面，我们要对汉学家的有关黄河著作进行研究，以点带面，了解国外对黄河文化的基本认知和演变发展过程，了解国外"黄河观"的流变；另一方面，了解这些文本的作者——汉学家，摸清这些汉学家的历史活动，了解西方关于黄河知识的生产者的实际情况，以深刻分析国外黄河文化产生的根源和背景。

2. 做好黄河文化翻译工作，使黄河文化成为中西文明交流互鉴的桥梁

一方面，我们要做好黄河文化外译工作。黄河文化外译是传播黄河文化、讲好河南故事的重要载体，以黄河文化外译的形式讲好黄河故事，让黄河文化"走出去"，让黄河故事"走出去"，让黄河文化为全世界所分享，为世界文明的进步和发展贡献"中国智慧""中国方案"，是提高国家文化软实力和中华文化影响力的需要，也是推进中华文化走向世界的需要。我们要借鉴中外文化交流史中国外对黄河认识、接受的经验和规律，总结黄河文化译介中的经验和教训，充分做好科学规划，思考"让黄河文化的具体什么内容走出去"、"以什么形式走出去"、是中国译者还是外国译者做翻译工作更适合国

外传播和接受？切实展开黄河文化对外传播实际效果的科学评估，增加文化外译工作的针对性和有效性。2020年，河南省委外事工作委员会办公室与华北水利水电大学共建"河南省黄河生态文明外译与传播研究中心"，该中心将进一步整合政府、企业、高校、民间团体等研究力量，围绕黄河文明对外传播（如黄河生态文化传播、黄河治理文化传播）等内容开展相应的翻译及其研究工作，构建河南省黄河文明对外话语体系。

另一方面，我们也要做好国外黄河文化研究的内译工作。把国外研究黄河文化的著作和文章积极翻译介绍到国内，以增加中外黄河文化研究的交流和互动。在这方面，一些出版机构已经有所作为，如美国汉学家比尔·波特的《黄河之旅》由南海出版公司2012年出版，四川文艺出版社2017年再版，美国汉学家戴维·艾伦·佩兹的《黄河之水：蜿蜒中的现代中国》2017年由中国政法大学出版社出版。2020年8月，由政府主导的中原出版传媒集团大型出版项目《中华文脉——从中原到中国》（丛书）已正式启动，并面向全国乃至全球公开招募，丛书"以文化和文明脉络梳理为切入点，立足中原文化是黄河文化的核心、黄河文化是中华文化的中心这一逻辑定位，彰显中原文化、黄河文化、中华文化独特优势和持久的文化影响力"，招募围绕文明之源、文化经典、文化名人、文化创造、文化黄河、文化传播六大板块内容，笔者注意到，其中的"文化传播板块"力求对以中原文化、黄河文化为核心的中华文化进行梳理，探讨并呈现中华文化的历史传播和当代传播，非常期待能够涌现出一批精品著作。

3. 以比较文化与跨文化研究为视角，研究黄河文化在不同文化中的呈现与变异

海外汉学在不同国家不同时期呈现出不同的学术旨趣、研究方法与模式，要进一步研究黄河文化在异国他乡的传播、接受、影响等，就需要采取更加专业的学术方法来分析和研究。比较文学是从国际视角进行的文学文化的研究，是以文化间的关系为研究对象，以跨文化、跨民族、跨语言、跨学科为特征，关注一切传播异域文学、文化的行为、手段、成果，关注一切对异域文学、文化的接受和评价（包括舆论与形象），所以我们在对汉学领域内的黄河文化内容和变异做深入的研究时，就需要采取跨学科的比较文化和比较文学的研究方法。主要的研究方法如下：

一是用译介学理论来分析汉学家对黄河文化的翻译实践。汉学家是黄河文化在域外传播的实践者，他们是如何将黄河文化典籍翻译成西方各国文字的、在不同的文化领域翻译过程中发生了哪些"创造性叛逆"的事情、如何做好新时期的黄河文化外译工作？其结论具有一定的学术价值和当代价值。

二是用形象学理论来分析汉学家以及西方世界的"黄河形象"。黄河文化根植于中华民族文化的土壤，但被介绍和翻译到异域文化世界后，它的域外形象与本土形象就会有所不同，域外形象往往会发生变形扭曲、完全迥异甚至大相径庭，这是一种文化折射到另外一种文化中的自然结果。形象学的"形象"不同于一般意义的"形象"，它特指"异国形象"，体现跨种族、跨文化的性质，用形象学的有关理论来解释黄河文化在各种文化中的变异，其实就是研究特定文化中的黄河形象是如何被制作出来的，又是怎样生存、演化的，对我们有意识地引导建立正面、积极的黄河形象乃至大国形象都有借鉴意义。

三是从比较诗学的角度来审视中外不同文化背景中的黄河文化。比较文学和比较文化的研究者可以借助汉学家对黄河文化理解的文献资料，从比较诗学的角度切入汉学，反观汉学家使用的方法和阐释的角度，在诗学层面上总结、借鉴或质疑他们的工作，形成中西学界的互动对话和交流互鉴。

4. 以人文学科的专业研究为依托，借鉴世界范围内黄河研究的成果和智慧

海外汉学、国际汉学是一个跨学科、跨国别、跨文化、跨语言的学科，几乎涉及中国学术的所有学科，因此对海外汉学的反研究是不可能归纳在一个专门的学科中完成的。由于域外汉学的重要特点

是其学术内容为中国历史文化内容，其学术方法和表述语言是异国方法和语言，这样就要求国内做西方汉学或域外汉学的研究者必须具备中国历史文化方面的学术背景，必须是中国历史文化某一学科的专业研究者，比如黄河文化中的器物考古研究、文化名人研究、经典文献研究等，要以某种人文学科领域专业学者的身份，以科学研究的态度来对待和分析西方汉学的学术成果，才能有意识地吸收和借鉴世界范围内关于黄河研究的成果和智慧。

5. 以对话与批评为姿态，建设黄河国际研究的学术共同体

汉学的存在使中国学术研究已经成为一个国际性的事业，国外对黄河的研究不仅给我们在全球视阈下认识和了解黄河提供了一个域外的研究视角、一种新的研究方法；同时，黄河文化作为一个具有标志意义的符号，可以成为中西学界讨论、对话的对象，黄河文化学术可以作为"天下之公器"，形成黄河国际研究的学术共同体。在这个学术共同体的形成和发展过程中，一方面要坚持开放包容，对国外黄河研究的成果做客观如实的评价，吸纳来自不同文明文化中对黄河文化研究的智慧和营养，对他们的方法和模式做批判的吸收和借鉴，促进新时代黄河文化的国际化、健康化发展；另一方面要始终坚持黄河文化研究的领先性、主导性和引导性，坚定本土立场和中国情怀，对"西方中心主义"对黄河文化的解读做深入的分析和鲜明的评判，对西方汉学家对黄河文化的误读和谬论进行批评和纠正，在世界范围内推动黄河文化研究的不断向前发展。在这方面，曾经举办过五届的黄河国际论坛应该重新启动，加入黄河文化和黄河文明的相关议题，以黄河文化为议题与各国学者展开讨论、交流、沟通和合作，使这个国际论坛成为中外学者以黄河为对话议题的高层次平台，这种开放性、多元化的互学互鉴，能够促进黄河文化学术的健康持续发展和提升。

综上所述，从国际汉学视阈进行黄河文化研究有着重要的意义，也有供操作的实施路径，同时也面临着很大的挑战和困难。华北水利水电大学外国语学院的多语种科研团队正在这一领域探索，他们从基础的汉学书目入手，开始梳理海外研究黄河文化的目录，试图选择各语种国家具有学术价值的一些汉学著作进行翻译。学术需要不断积累和持续努力，期望更多学者关注国际汉学视阈下黄河文化研究领域的动态和成果。

参考文献

［1］张西平：《西方汉学十六讲》，外语教学与研究出版社 2011 年版。
［2］何寅、许光华：《国外汉学史》，上海外语教育出版社 2002 年版。
［3］张西平：《欧洲早期汉学史——中西文化交流与西方汉学的兴起》，中华书局 2009 年版。
［4］王毅：《明清来华耶稣会士笔下的黄河形象》，《国际汉学》2018 年第 3 期。
［5］［美］比尔·波特：《黄河之旅》，曾少立译，南海出版公司 2012 年版。

（作者系华北水利水电大学外国语学院副院长、副教授）

黄河文化遗产分类试析

张玉霞

黄河是中华民族的根和中华文明的摇篮。黄河之于中国，犹如恒河之于印度、尼罗河之于埃及、幼发拉底河之于古巴比伦，四大河流共同催生了人类文明的曙光。黄河横亘中华大地，也串联起了中国历史。从中华民族的人文初祖黄帝，到秦皇汉武、唐宗宋祖，中国的历史从这里铺展开来，孕育出河湟文化、河套文化、三晋文化、关中文化、河洛文化、齐鲁文化等优秀传统文化。从彩陶到青铜，从冶铁到炼钢，黄河流域都走在技术的最前沿；从商周钟鼎文到殷商甲骨文，中华民族刻骨铭心的文化印记在黄河流域流传；这里最先发明了火药，这里产生了中国最早的成文历法、诗歌总集、史书、医书、兵书、农书等。黄河奔流千古，黄河文化深厚悠远，本文尝试梳理黄河文化遗产的现状，以具体数据凸显黄河文化在中华文明中的地位，并将与黄河直接相关或密切相关的文化遗产重新分类，以期推动黄河文化遗产研究走向深入。

一、黄河文化遗产涉及的地域范围

黄河文化遗产分布的范围超过了自然地理意义上的黄河流域。参照水利部黄河水利委员会划定的自然流域范围，加上重要的引黄抗旱灌区或引黄调水工程受水区，并尽可能保持地区级行政区划单元的完整性，本文涉及的地域范围包括青海、四川、甘肃、宁夏、内蒙古、山西、陕西、河南和山东9个省级行政区，共包括73个地区。其中，青海、宁夏、山西全域均属于黄河流域，四川仅阿坝藏族羌族自治州属于黄河流域，在其余5个省、自治区中，甘肃有10个[①]、内蒙古有7个[②]、陕西有8个[③]、河南有11个[④]、山东有12个[⑤]地区级行政区（市、州、盟）属于黄河流域。

二、黄河文化遗产的种类、数量及分布现状

黄河流域历史传承悠久，文化遗产丰厚，类型齐全，数量众多。为便于统计，按照国家文物局对

[①] 甘肃省属于黄河流域的10个地区：兰州市、白银市、定西市、武威市、临夏州、陇南市、天水市、平凉市、庆阳市和甘南州。

[②] 内蒙古自治区属于黄河流域的7个地区：呼和浩特市、包头市、乌兰察布市、鄂尔多斯市、巴彦淖尔市、乌海市和阿拉善盟。

[③] 陕西省属于黄河流域的8个地区：西安市、铜川市、宝鸡市、咸阳市、渭南市、延安市、榆林市和商洛市。

[④] 河南省属于黄河流域的11个地区：郑州市、开封市、洛阳市、安阳市、鹤壁市、新乡市、濮阳市、三门峡市、商丘市、焦作市和济源市。

[⑤] 山东省属于黄河流域的12个地区：济南市、青岛市、淄博市、东营市、潍坊市、济宁市、泰安市、莱芜市、德州市、聊城市、滨州市和菏泽市。

遗产的类型划分，从物质文化遗产 ① 和非物质文化遗产两个大类，具体整理黄河文化遗产的数量及分布现状。

1. 物质文化遗产

物质文化遗产可从世界遗产、全国重要大遗址保护项目、各级文物保护单位，以及可移动文物等几个角度进行考察。为便于对比，文物保护单位暂未统计省（自治区）、市（州、盟）、县（旗）文物保护单位，仅统计了全国重点文物保护单位。

（1）世界遗产。截至目前，全国共有 41 项文化遗产、双遗产或文化景观遗产，其中有 12 项位于黄河流域，占了近 30%。在 32 处世界文化遗产中，位于黄河流域的有长城，秦始皇陵及兵马俑坑，曲阜孔府、孔庙、孔林，平遥古城，龙门石窟，云冈石窟，安阳殷墟，"天地之中"历史建筑群，中国大运河，丝绸之路：长安—天山廊道的路网 10 处，占 31%；在 4 处世界文化景观遗产中，黄河流域有山西五台山 1 处，占 25%；在 4 处世界文化与自然双重遗产中，黄河流域有山东泰山 1 处，占 25%。

（2）全国重要大遗址保护项目。在重点构建的 6 个片区中，洛阳片区、西安片区、郑州片区、曲阜片区 4 个位于黄河流域。在"十三五"时期 152 处重要大遗址保护项目中，长城、丝绸之路、大运河、万里茶路、秦直道、茶马古道、明清海防、蜀道 8 个项目跨省、自治区、直辖市，黄河流域均不可或缺。在分属各省的 144 个大遗址项目中，河南、陕西分别以 17 处、14 处位列前两名。位于黄河流域的重要大遗址项目，青海有喇家遗址和热水墓群 2 处（共 2 处），甘肃有大地湾和大堡子山遗址 2 处（共 4 处），宁夏有西夏陵、水洞沟和开城遗址 3 处（共 3 处），内蒙古有居延遗址和林格尔土城子遗址 2 处（共 7 处），山西有陶寺、侯马晋国、曲村—天马、晋阳古城及蒲津渡与蒲州故城遗址 5 处（共 5 处），陕西有秦咸阳宫等 14 处 ②（共 14 处）、河南有二里头遗址等 13 处 ③（共 17 处）、山东有城子崖遗址等 6 处 ④（共 7 处）。青海、宁夏、山西、陕西 4 省的所有大遗址项目均位于黄河流域，河南（17 个项目中的 13 处）、山东（7 个项目中的 6 处）2 省的绝大多数大遗址项目也位于黄河流域。其中，陕西省西安市和河南省洛阳市拥有的重要大遗址数量特别突出，分别有 9 项、5 项。上述位于黄河流域的大遗址项目共有 48 处，占了分属各省大遗址项目总数 144 项的 1/3。

（3）全国重点文物保护单位。国务院先后共核定 8 批共 5058 处全国重点文物保护单位。按照拥有全国重点文物保护单位的数量排名前 5 位的省份中有 3 个位于黄河流域，山西、河南、陕西分别以 531 处、419 处、268 处位列第一、第二和第五。位于黄河流域的全国重点文物保护单位数量，青海有 50 处（共 50 处）、四川阿坝藏族羌族自治州有 15 处、甘肃有 104 处（共 152 处）、宁夏有 36 处（共 36 处）、内蒙古有 60 处（共 147 处）、山西有 531 处（共 531 处）、陕西有 249 处（共 268 处）、河南有 282 处（共 419 处）、山东有 170 处（共 225 处）。其中，除全域都属于黄河流域的青海、宁夏、山西外，陕西的绝大多数（93%）全国重点文物保护单位都位于黄河流域，甘肃、河南、山东的大多数全国重点文物保护单位也位于黄河流域，分别占到了各自区域内总数的 68%、67%、76%。内蒙古自

---

① 物质文化遗产的各项名录，均来自国家文物局官方网站：http://www.sach.gov.cn/。

② 陕西省的 14 处重要大遗址项目分别是西安市的秦咸阳宫遗址、阿房宫遗址、汉长安城遗址、秦始皇陵、西汉帝陵（含薄太后陵）、唐代帝陵（含唐顺陵）、杨官寨遗址、丰镐遗址，宝鸡市的周原遗址和秦雍城遗址，榆林市的统万城遗址和石峁遗址，铜川市的黄堡镇耀州窑遗址，延安市的黄帝陵。

③ 河南省位于黄河流域的 13 处重要大遗址项目分别是洛阳市的二里头遗址、偃师商城遗址、汉魏洛阳故城、隋唐洛阳城遗址、邙山陵墓群，安阳市的殷墟，郑州市的郑韩故城、郑州商代遗址和宋陵，三门峡市的北阳平遗址、仰韶村遗址和庙底沟遗址，开封市的北宋东京城遗址。

④ 山东省位于黄河流域的 6 处重要大遗址项目分别是济南市的城子崖遗址和大辛庄遗址，淄博市的临淄齐国故城（含临淄墓群、田齐王陵），济宁市的曲阜鲁国故城，泰安市的大汶口遗址，青岛市的即墨故城及六曲山墓群。

治区处于黄河流域的全国重点文物保护单位则占到全区总数的41%。上述位于黄河流域的全国重点文物保护单位共有1497处，占了全国重点文物保护单位总数5058处的29.6%。

（4）可移动文物。据国家文物局2017年发布的《第一次全国可移动文物普查数据公报》，全国国有可移动文物共计10815万件（套）。其中，登录文物完整信息的实际数量为64073178件，在数量最多的5个省（直辖市）中，除了居于首位的北京市外，其余均位于黄河流域，分别是：陕西有7748750件，占比为12.09%；山东有5580463件，占比为8.71%；河南有4783457件，占比为7.47%；山西有3220550件，占比为5.03%。以上四省合计21333220件，占可移动文物总量的33.30%。数量超过百万件的还有甘肃和内蒙古，分别有1958351件和1506421件。青海、宁夏则分别有312793件、276331件。

2. 非物质文化遗产

非物质文化遗产[①]可从人类非物质文化遗产、各级非物质文化遗产代表性项目和代表性传承人，以及国家级文化生态保护区、国家级非物质文化遗产生产性保护示范基地等几个角度考察。为便于对比，代表性项目和代表性传承人暂未统计省（自治区）、市（州、盟）、县（旗）级，仅统计国家级。

（1）人类非物质文化遗产。截至目前，中国列入联合国教科文组织非物质文化遗产名录（名册）的项目共计42项，总数位居世界第一（名录共有584个项目）。其中，人类非物质文化遗产代表作34项，急需保护的非物质文化遗产7项，优秀实践名册1项。在34项人类非物质文化遗产代表作中，西安鼓乐、花儿主要流传在黄河流域；二十四节气、太极拳在黄河流域产生，流传在全国乃至世界各地；古琴艺术、中国传统木结构营造技艺、中国雕版印刷技艺、中国书法、京剧等19项，黄河文化区域范围内都是其重要的传承地；只有侗族大歌、妈祖信俗、送王船等11项与黄河流域无关。在7项急需保护的非物质文化遗产中，中国木拱桥传统营造技艺、中国活字印刷术和羌年也与黄河流域关系密切。

（2）国家级非物质文化遗产代表性项目名录。国务院先后公布了5批1557项、3610个子项。中直单位的47个项目中，除妈祖祭典与黄河流域无关外，其余的相声、金石篆刻、官式古建筑营造技艺等46个项目，在黄河文化区域范围内都是重要的传承地。国家级非物质文化遗产代表性项目在黄河流域各省的分布状况，青海有88项（共88项，省属8项，余分属各地区）、四川阿坝藏族羌族自治州有20项、甘肃有66项（共83项，省属3项，余分属各地区）、宁夏有28项（共28项，自治区属9项，余分属各地区）、内蒙古有46项（共106项，自治区属13项，余分属各地区）、山西有182项（共168项，省属5项，余分属各地区）、陕西有80项（共91项，省属13项，余分属各地区）、河南有76项（共125项，省属5项，余分属各地区）、山东有157项（共186项，省属7项，余分属各地区）。其中，除全域都属于黄河流域的青海、宁夏、山西外，甘肃、陕西、山东的大多数国家级非物质文化遗产项目也位于黄河流域，分别占到了各自区域内总数的80%、88%、84%。河南六成以上（约61%）的国家级非物质文化遗产项目也位于黄河流域，内蒙古自治区处于黄河流域的国家级非物质文化遗产项目则占到全区总数的43%。上述位于黄河流域的国家级非物质文化遗产项目共有743项，占了全国3610总数的21%。

（3）国家级非物质文化遗产代表性项目代表性传承人。国务院先后共命名五批共计3068人。文化和旅游部于2021年12月13日发布公告取消乔月亮等5人国家级非物质文化遗产代表性传承人资格。截至2021年12月，国家级非物质文化遗产代表性项目代表性传承人总计3063人。

中直单位有86位，分布在各省、市、自治区的人数为2977位。国家级传承人在黄河流域各省的分

---

① 非物质文化遗产的各项名录，均来自中国非物质文化遗产网·中国非物质文化遗产数字博物馆：http://www.ihchina.cn/shifanjidi.html#target1。

布状况，青海有 88 位（共 88 位，省属 11 位，余分属各地区）、四川阿坝藏族羌族自治州有 13 位、甘肃有 57 位（共 68 位，省属 4 位，余分属各地区）、宁夏有 22 位（共 22 位，自治区属 11 位，余分属各地区）、内蒙古有 43 位（共 82 位，自治区属 19 位，余分属各地区）、山西有 149 位（共 149 位，省属 10 位，余分属各地区）、陕西有 68 位（共 78 位，省属 17 位，余分属各地区）、河南有 87 位（共 127 位，省属 9 位，余分属各地区）、山东有 91 位（共 104 位，省属 19 位，余分属各地区）。其中，除全域都属于黄河流域的青海、宁夏、山西外，甘肃、陕西、山东的大多数国家级传承人也位于黄河流域，分别占到了各自区域内总数的 84%、87%、88%。河南近七成（69%）的国家级传承人也位于黄河流域，内蒙古处于黄河流域的国家级传承人则占到全区总数的一半以上（52%）。上述位于黄河流域的国家级非物质文化遗产代表性项目代表性传承人共有 618 位，占了全国中直单位以外传承人总数 2977 人的 21%。

（4）国家级文化生态保护区。截至目前，我国共设立国家级文化生态保护实验区 21 个，涉及 17 个省份。其中，热贡文化生态保护实验区（青海黄南藏族自治州）、羌族文化生态保护实验区（四川阿坝藏族羌族自治州）、晋中文化生态保护实验区（山西晋中市、太原市、吕梁市）、潍水文化生态保护实验区（山东潍坊市）、陕北文化生态保护实验区（陕西延安市、榆林市）、格萨尔文化（果洛）生态保护实验区（青海果洛藏族自治州）、藏族文化（玉树）生态保护实验区（青海玉树藏族自治州）7 个实验区位于黄河流域，涉青海、四川、山西、陕西、山东 5 个省份。

（5）国家级非物质文化遗产生产性保护示范基地。文化部先后公布了两批，涉及传统技艺、传统美术和传统医药药物炮制三类领域 100 个企业或单位。同时，作为传统技艺和传统美术类基地的仅有山东省潍坊杨家埠民俗艺术有限公司 1 个。传统技艺类基地 57 个，在黄河流域各省共有 7 个，占 12%。山西 2 个①，青海、内蒙古、陕西、河南、山东各 1 个②。传统美术类基地 36 个，在黄河流域各省区共有 10 个，占 28%。甘肃有 3 个③，青海、陕西各 2 个④，四川阿坝州、宁夏、河南各 1 个⑤。传统医药类基地 6 个，在黄河流域各省共有 3 个⑥，占了一半的份额。上述位于黄河流域的国家级非物质文化遗产生产性保护示范基地共有 21 个，占了全国 1/5 还多的份额。青海最多，有 4 个，甘肃、山西、陕西、山东各有 3 个，河南有 2 个，四川阿坝州、宁夏、内蒙古各有 1 个。

三、与黄河直接相关或密切相关的文化遗产分类再探讨

前文从遗产的角度分析了黄河文化遗产各类型的数量及分布状况，其中，一些与黄河直接相关或密切相关的文化遗产特别值得关注。按照与黄河关系的不同，在物质文化遗产和非物质文化遗产两大类的框架下，尝试对与黄河直接相关或密切相关的文化遗产进行重新分类。

---

① 分别是山西老陈醋集团有限公司（美和居老陈醋酿制技艺）和稷山赵氏四味坊传统面点传习中心（稷山传统面点制作技艺）。

② 分别是青海省海湖藏毯有限公司（加牙藏族织毯技艺）、阿拉善左旗恒瑞翔地毯有限责任公司（阿拉善地毯织造技艺）、铜川市印台区陈炉镇民间工艺瓷厂（耀州窑陶瓷烧制技艺）、洛阳九朝文物复制品有限公司（唐三彩烧制技艺）和鄄城县鲁锦工艺品有限责任公司（鲁锦织造技艺）。

③ 分别是环县道情皮影保护中心（环县道情皮影戏）、甘肃省庆阳祁黄文化传播有限公司（庆阳香包绣制）和夏河县拉扑楞摩尼宝藏族文化艺术中心（甘南藏族唐卡）。

④ 分别是青海黄南州热贡画院（热贡艺术）、青海省互助土族文化传播有限公司（土族盘绣）和陕西省凤翔新明民俗文化传承有限公司（凤翔泥塑）、陕西省西安大唐西市文化发展有限公司（西秦刺绣）。

⑤ 分别是汶川杨华珍藏羌织绣文化传播有限公司（藏族编织挑花刺绣工艺和羌族刺绣）、宁夏隆德杨氏彩塑文物艺术有限公司（杨氏家庭泥塑）和开封市素花宋绣工艺有限公司（汴绣）。

⑥ 分别是青海金诃藏药药业股份有限公司（七十味珍珠丸赛太炮制技艺）、山西广誉远国药有限公司（定坤丹制作技艺和龟龄集传统制作技艺）和山东省东阿阿胶股份有限公司（东阿阿胶制作技艺）。

1. 物质文化遗产

物质文化遗产可分为河道遗产、关津渡口遗存、河泛遗迹、治河纪念遗存、水工建筑、祭祀场所等。

河道遗产指黄河故道。黄河在历史上曾多次改道。唐代以前的黄河古道在河南焦作武陟、新乡、安阳滑县、鹤壁浚县、濮阳等地有保留，明代黄河夺淮入海时期的古道在河南开封、兰考、商丘等地有保留。

关津渡口遗存。历史上著名的关津渡口有河南洛阳孟津的盟津、郑州荥阳的汜水渡、新乡延津的延津，山西永济的蒲津等。与关津相伴，往往还有城、桥梁等设施，如汜水渡有关城成皋，蒲津至今仍保存有固定黄河浮桥锁链的铁牛。

河泛遗迹。又可细分为河泛记录、河泛痕迹、洪灾遗址。很多碑刻、建筑上保留有黄河泛滥的记载。比如河南三门峡渑池东柳窝村保存的清道光二十三年黄河涨水碣及泉神庙内记录当年水灾的碑刻。又如山西晋城阳城九女祠大门石壁上"成化十八年河水至此"题记。有些建筑上会留存河水泛滥时被水淹的痕迹，如河南新乡原阳原武镇的十三层密檐式砖塔玲珑塔，曾于清康熙六十年（1721年）至雍正元年（1723年）三年间黄河三次在河南焦作武陟决口时，被河水浸泡长达一年八个月，其底层至今仍被淤没于地下。洪灾遗址如河南安阳内黄三杨庄遗址，该村因黄河泛滥而被废弃，发现有稻田、农舍、水井、道路等遗迹，完整保存了中原汉代村落的基本构成。

治河纪念遗存。如河南濮阳台前县的"敕修河道工完之碑"，记载了明景泰六年（1455年）徐有贞修建广济渠的情况；河南开封兰考的"黄陵岗塞河功定之碑"，记载了明弘治十年（1497年）当地堵塞黄河决口的情况；山东菏泽东明的"高村合龙碑"，记载了清光绪六年（1880年）徐道奎率领军民堵复决口的情况。

水工建筑。主要是堤坝，如河南新乡原阳黄河故道南岸保存有汉代黄河大堤，豫北、豫东有大量汉至明清的黄河大堤，山东、河南很多沿黄村庄都发现有高大的避水台。

祭祀场所。黄河作为古代"四渎之一"，唐以来也被封为公、王、神，历代国家奉祀不绝，祭祀地点有河南焦作武陟的嘉应观、陕西渭南朝邑、山西永济蒲州等。民间祭祀黄河也由来已久，甘肃兰州、临夏、靖远，陕西韩城、佳县、吴堡，山西芮城、偏关，河南滑县、温县、濮阳、偃师、兰考、睢县、延津，山东东阿等地，都有河渎庙、河神庙、大王庙、禹王庙、龙王庙等祭祀黄河的场所保留至今。

2. 非物质文化遗产

非物质文化遗产可分为黄河崇拜、治河传说、祭祀仪式、黄河号子等。

黄河崇拜。既包括黄河作为"母亲河"的形成过程，还包括对于河神的崇拜，关于黄河及河神的神话传说、民间故事、民歌民谣等。

治河传说。中国的史前时代，有许多关于治水的传说，共工治水以及鲧、禹父子治水，都是对黄河中下游的治理，大禹治水传说中著名的有禹凿龙门、推华山导河等。

祭祀仪式。礼仪规程有官方、民间之分。汉代以后，作为国家礼制的一部分，河祀同其他岳镇海渎祭祀一起成为常制，共同拱卫社稷。宋代以后，随着黄河决口、改道频繁增多，河南、山西、陕西、山东等地方上的河神祠逐渐增多，民间祭祀日隆。

黄河号子。黄河号子是劳动号子的一种，是千百年来先民们在进行黄河治理的劳动过程中形成的，分为抢险号子、夯硪号子、船工号子、运土号子、捆枕号子等，种类众多、异彩纷呈。《黄河大合唱》第一乐章《黄河船夫曲》采用的就是黄河号子的形式。

综上，黄河文化遗产在世界遗产、全国重要大遗址保护项目、全国重点文物保护单位、可移动文物等物质文化遗产的各层面，以及人类非物质文化遗产、国家级非物质文化遗产代表性项目、国家级非物质文化遗产代表性项目代表性传承人、国家级文化生态保护区、国家级非物质文化遗产生产性保护示范基地等非物质文化遗产的各层面，具体数据在全国总数中均占有相当可观的份额，凸显了黄河文化在中华文明中不可替代的地位。而与黄河直接相关或密切相关的文化遗产也特别丰厚。

参考文献

［1］黄河志编纂委员会：《黄河志》（1～11 卷），河南人民出版社 2017 年版。

［2］李敏纳：《黄河流域经济空间分异研究》，河南大学博士学位论文，2009 年。

［3］国家文物局第一次全国可移动文物普查工作办公室：《第一次全国可移动文物普查分省工作报告》，文物出版社 2017 年版。

［4］国家文物局官方网站：http://www.sach.gov.cn/（accessed 11/12/2019）。

［5］中国非物质文化遗产网·中国非物质文化遗产数字博物馆：http://www.ihchina.cn/shifanjidi.html#target1（accessed 11/12/2019）。

（作者系河南省社会科学院历史与考古所副研究员）

伦理视阈下黄河水文化遗产的保护与发展研究 *

——基于美国垦务局文化资源管理模式的借鉴

张红梅

黄河是中华文明的重要发祥地，千万年来她带领中华儿女砥砺前行，为灿烂的中华文化提供了深厚的物质积淀与精神寄托。历经千年文化积淀，中国形成了以改革创新、实事求是、不怕困难、奋勇向前的黄河精神。但是，由于人们对黄河水文化遗产的价值缺乏深刻认知，一些水文化遗产正面临着不同程度的威胁与侵害。因此，如何将黄河水文化遗产的保护利用与水利建设工作有效地结合起来，是目前仍在探索的问题。

一、国内外水文化研究现状

近年来，国内外学者对水文化遗产的保护进行了广泛的研究，并取得了丰硕的研究成果。他们从推进水利事业的发展、引入水文化理念、维护区域河流健康生命以及河流与文化的发展与传播等视角，探讨了对河流文化的保护和利用。前任水利部部长陈雷 2009 年在《水文化论坛》中撰文《弘扬和发展先进水文化，促进传统水利向现代水利转变》，指出水文化是中华文化的重要组成部分，要以先进水文化引领水利事业，处理好关于先进文化建设的几个关系。前任水利部副部长李国英在 2004 年全河工作会议上发表的《全面推进"三条黄河"建设，维持黄河健康生命》中指出：要建立反应机制，持续推进各种改革，构建创新体系，提升流域管理现代化水平；建立"维持黄河健康生命"的治河新理念和理论框架，以及主要治理途径。济南历城黄河河务局李新宇等在《科技信息》中撰文《黄河事业发展与黄河文化发展的辩证关系》，倡导了两者相互促进，共同发展的理念。张昊等在《新闻世界》中撰文《全球化语境下中华文化的跨文化传播策略》，探讨了在跨文化传播时代，中华民族文化的传播策略，为黄河文化的传播策略带来一定的启发。习近平总书记于 2019 年在河南郑州举办的黄河流域生态保护和高质量发展座谈会上明确提出"保护传承弘扬黄河文化，让黄河成为造福人民的幸福河"，这也使黄河水文化遗产的保护和发展工作变得迫在眉睫。

不同国家和地区的文化保护与传承都需要一定的理念支撑。南非比勒陀利亚办事处国际水资源研究所研究员 Jonathan Lautze 在 2014 年出版的《水资源管理中主要概念：综述与批判性评价》中列述了一些新生术语的不同解释，探讨了其界定方法及各自的附加价值；发现学生和专业人士对这些术语的显性和辅助性运用的认识有很多隐性差异。作者通过对这些概念的不同理解，对这些术语、水政策

---

* 基金项目：河南省哲学社会科学规划项目（2015BYY016）阶段性研究成果；华北水利水电大学教改项目课程思政专项〔2019〕242。

及其价值做出了精确解释。新墨西哥圣达菲水文化研究所的创始人 David Groenfeldt 在 2013 年出版的《水伦理：解决水危机的价值观途径》中阐明，优化伦理分析是规划、项目设计、政策制定或冲突协商等水管理过程中的关键；水伦理是水政策、计划和应用的一个内在维度。因此，理解水伦理是理解水资源管理的基础，有利于冲突各方认清各自的位置，为建设性的协调做准备。

本文主要参考国内外重要文献，结合美国垦务局文化资源管理模式及其诸多项目经验，根据我国黄河水文化遗产保护所存在的问题，从伦理视阈为我国黄河水文化遗产的保护与发展提供建设性建议。

二、美国垦务局文化资源管理模式

美国垦务局成立于 1902 年。作为国家级水管理机构，垦务局已建成包括哥伦比亚河上的大古力水坝在内的 600 多座大坝及水库，并负责美国西部 17 个州的蓄供水与发电设施等的运行与维护。除此之外，垦务局还承担着辖区内数量众多、类型丰富、分布广泛的文化资源管理工作。

（一）水文化资源的认定与分类

垦务局认为，其辖区内包括考古遗址和具有历史价值的水利工程、建筑物、景观和物件等在内的文化资源都是美国国家遗产不可替代的组成部分。作为联邦政府机构，它们有责任本着让后代得以了解和认知的精神对其进行保护和管理。

垦务局文化资源管理项目（Cultural Resources Management Program）成立于 1974 年。该计划的主要职责是：认定、评估和保护辖区内的文化资源，管理博物馆藏品，与相关利益方协商，推动遗产教育。随着公众对文化资源及相关法律的关注度日益提升，该计划的规模也逐步扩大。在各自领域内颇有建树的考古学家、历史学家、建筑历史学家、博物馆专家和自然人类学家等陆续参与其中。在此后的三十多年里，垦务局对文化资源管理工作做出了很大改变，取得了显著成效。其中，对文化资源的认定很有必要，调查了解文化资源的基本情况，制定相当的对策，宽松保护，可使公众自发保护文化资源。

自 1961 年起，分布于 14 个州的 52 项重要文化资源陆续被国家史迹名录（National Register of Historic Places）收入。另有 7 项被列入国家历史地标（National Historic Landmark）。这些文化资源大致分为水利工程、建筑物、考古遗址三类，它们大多在今天仍发挥着余热，产生着效益。例如，坐落于科罗拉多河黑峡谷河段之上的胡佛水坝，该混凝土重力式拱坝建于 1931～1936 年。1900 年前后，人们对布莱克峡谷和附近的博尔德峡谷的潜力进行了研究，以规划可控制洪水，满足灌溉和水电需求的水坝，美国国会于 1928 年正式批准了胡佛水坝的改造项目。时至今日，该水坝仍是亚利桑那州重要的观光景点，每年有约一百万人慕名参观。列入国家级名录不失为一种有效的保护方式，能在加强保护力度的同时延续水利建设的历史链条和历史文脉。国家在实施保护政策时，把理论与实际相结合起来，利用科学有效的方法去保护珍贵的文化资源。

（二）水文化资源的教育推广

公众可参观垦务局水利设施中最具有历史意义和文化价值信息的遗迹。垦务局与州立史迹保护处联合策划了一系列有关文化资源保护与监测的户外活动。此外，垦务局还开展了一系列青年计划，采用假期实践、工程实习等形式为各学历阶段的青年学生提供实训机会，以使保护水文化资源的观念深入人心，为保护工作培养后备人才。2019 年，由科罗拉多州丹佛市垦务局的实验室承办的年度科罗拉多高中桥梁建设比赛面向整个科罗拉多州的学生征集木制桥梁模型，并就模型承载力与实用性进行评估，以此调动青年学生参与水文化资源保护的积极性。

垦务局很多工程所在地拥有游客中心和博物馆，采用各种方法与技术来展现其建设历程与科技成就，以及所在区域的自然、历史和文化等内容，并为游客提供娱乐、休憩场所。这种将技术性的水利工程与人文性的旅游活动、教育性的博物馆建设项目以及公益性的参与评价相结合的方式，对水文化资源的开发、保护与发展功不可没。

三、黄河水文化遗产的界定及其功能

治理黄河是一项跨时代的艰巨任务，在这个漫长的过程中，广大人民群众积累了不朽的文明财富。黄河文化是物质财富与精神财富的总和，它的独特性与历史价值无可取代。我们可以从精神、制度、物质等层面深入剖析它的内涵。精神文化包括思想道德观念、普世价值、审美观念、管理理念及思维方式、群体意识、精神面貌等；制度文化包含宗教仪式、运行机制、行为规范等，是人们为反映和确定一定的社会关系并对这些关系进行整合和调控而建立的一整套规范体系；物质文化是指人们创造的物质产品及其创造手段。

文化遗产是某一历史时期中水与社会和文化相互影响的结果。水文化遗产是人类对水的利用、认知所留下的文化遗存，通常以工程、文物、知识技术体系、水的宗教、文化活动等形态存在，分为工程类水文化遗产及非工程类水文化遗产两类。古代水利工程是水文化遗产的主要形态，也是工程类水文化遗产圈层架构的核心，由此核心向外延伸可涉及从属于工程的管理制度与体系、因水利工程而兴起的人文景观等。隶属于古代水利工程之列的黄河水文化遗产包括战国时期兴修的引漳十二渠，其中最著名的是秦渠、灵渠、六辅渠、白渠、龙首以及芍陂渠，此为古人引水治黄的见证；非工程类文化遗产是依附于区域或国家的水管理或水神崇拜而产生的关于水的文化建筑、文物、文化活动、文献典籍等文化遗存。黄河水文化遗产具有以下功能和作用：

（1）引导作用。水文化遗产是黄河文化的载体，黄河文化如春雨一般，能以正确的舆论引导和满足人们的心理需求，提升人们的精神境界，激发人们的创造潜能，达成个人与集体的交融，思想与实践的统一。

（2）凝聚作用。黄河水文化遗产中的精神文明可以凝聚为一种体现社会主义核心价值观的理念和行为准则，成为一种良好的"润滑剂"，便于统筹协调和正确处理各方面的关系。黄河精神是维系个体情感与黄河治理事业的纽带，它根深蒂固的亲和力与向心力能使各行各业的人民群众对国家的建设事业达成共识，促进人际关系的和谐与社会稳定。

（3）激励作用。黄河文化是保持黄河事业可持续发展的强大精神动力和重要支柱，也是促进社会主义核心价值体系建设的不竭动力。黄河水文化遗产是确保黄河文化为后世所见、为大众所学的资本。黄河水文化遗产中蕴含的黄河文化可在民众中形成共同的价值观，进一步唤起内心的社会责任感，投身于精神文明建设。

四、黄河水文化遗产保护现状

出于种种原因，现阶段黄河水文化遗产的保护工作还存在诸多问题。这些问题大致可归为以下四点：

1. 水文化遗产保护意识淡薄

水文化遗产如今已经呈现在人们的视野中，其繁多的数量和丰富的内涵使其成为我国源远流长的水文化的最佳展现者。但很多具有历史价值的文化遗产并没有得到充分的重视与保护，这和人们薄弱的保护意识是分不开的。部分黄河水文化遗产在城市发展中遭到了由市场竞争角逐空间资源引发的"建设性破坏"，以及由于严格保护或过度限制开发而导致的"保护性衰败"。

我国对于文化遗产的保护工作起步较晚，所以社会基础一直十分薄弱。现如今，保护工作的投资量与工作量巨大，但是人力、物力、财力都受到了不同程度的限制，保护工作机制的不完善使水文化没能得到很好的保护，许多宝贵的水景观及古建筑面临衰落的状态。

2. 文化资源尚须进行空间整合

地跨三级阶梯的黄河流域具有复杂的生态环境与人文背景，受地域文化差异的影响，黄河上中下游地区所孕育的文化遗产呈现出多样化的特点，在纷纭的地域特色元素与凝练的黄河水文化核心价值之间保持动态平衡是现阶段面临的巨大挑战。

目前，黄河水文化遗产内部尚处于相对独立的分散状态，各水利风景区保护技术手段各异，控制标准不一，难以真正进行有效管理和科学保护。因此，构建黄河文化旅游线，规划特色经济带，通过文化串联实现空间联动是当前开展遗产保护工作的重中之重。

3. 科学的协同管理机制有待建立健全

有关水文化遗产保护的相关机制尚未健全。一是法律法规严重滞后，缺乏与水文化遗产保护相关的明确规定。二是水文化遗产的权威价值评估体系尚未得以构建，现阶段的评估主观性较强，缺乏科学性与规范性。三是水文化遗产管理工作不只由水利和文物部门负责，旅游与建设等部门还需进行协同管理，以避免某些部门自成一派、推诿责任、权责不明；基层公共工程管理随着农村土地所有制的改变而日益缺失。在此背景下，黄河水文化遗产缺乏妥善的管理，遗产保护工作处于被搁置的状态。这些问题的存在，造成了水利风景区建设中传统经验对规划观念的垄断。

另外，法律法规不完善是导致文化遗产得不到有效保护的一项重大失误。虽然各地方政府对文物的保护开发有一定的规划，但执行力度不够是一个很严重的问题。相较而言，针对黄河水文化遗产的规划显得更加不完善，遗产保护工作措施不到位，要求达不到，理解不深刻，相关评估体系、政策体系，以及宣传推广工作机制有所欠缺，故而使黄河流域地区在城市水系治理方面收效甚微。黄河水文化遗产不能再生，一经破坏难以有效恢复，所以保护工作责任重大。在进行遗产保护时，需要创新思路，推动水文化遗产保护工作的开展。

4. 黄河流域不同程度的生态危机

自 20 世纪 80 年代至 21 世纪初，人流量的提升与经济稳步增长带来的种种环境问题使黄河流域土地承载率日益增加。黄河下游地区的生态状况受到了洪水、河床萎缩、水体污染等问题的威胁。

2019 年 9 月，习近平总书记在黄河流域生态保护和高质量发展座谈会上指出，洪水风险仍是黄河流域的最大威胁；小浪底水库调水调沙后续动力不足，水沙调控体系的整体合力无法充分发挥；再者，黄河流域各地区均面临不同形式的生态危机；黄河上游局部地区生态系统退化、水源涵养功能降低；中游水土流失严重，支流污染问题突出；下游生态流量偏低、部分地区河口湿地萎缩。

黄河生态系统是一个有机整体，在实施生态保护工作的过程中要充分考虑上中下游的差异；上游应以三江源、祁连山、甘南黄河上游水源涵养区等为重点，推进实施一批重大生态保护修复和建设工程，提升水源涵养能力；中游要突出抓好水土保持和污染治理，以提升下游河水质量；下游的黄河三角洲是我国暖温带最完整的湿地生态系统，要改善局部小气候，促进河流生态系统健康，提高生物多样性。

五、黄河水文化遗产保护与发展的伦理建设

伦理即人伦道德之理，水伦理是人之于水的态度及行为准则；人水和谐是水伦理的最高境界，也是我国亘古不变的追求。David Groenfeldt 指出，伦理是一个连贯的价值观体系，如环境伦理是建立在一系列的价值观基础上的，关系到应该如何运用切实可行的具体方法（如不要踩到蚂蚁）和抽象的概念方法（如敬畏与尊重）与大自然建立联系；伦理也可以指与好坏、道德责任和义务相关的行为准则；人们对事物的各种观念和看法是形成伦理的价值观基础，而伦理本身需要应用于具体事务，经受考验，才可称为"合乎伦理"，因此依据实际需求，伦理动态可以划分为不同的范畴。

随着党的十七届六中全会"推动社会主义文化大发展大繁荣"的提出和水利部关于《水文化建设发展纲要》的颁布，水文化遗产的保护已经引起了各级水行政管理部门的高度重视。科学的水伦理观与一个国家或地区的经济社会发展水平密切相关。结合我国国情，本文从生态环境、政策导向、科学规划、教育科研、经济发展五个伦理维度探讨黄河水文化遗产保护与发展中的伦理建设。

（一）生态环境：打造兼具净化、观赏与文化内涵等多功能的原生态景观

依据习近平总书记提出的"绿水青山就是金山银山"的科学论断，做好生态文明建设，首先要以绿水青山为理念，走绿色经济发展道路；其次要推进形成绿色发展方式和生活方式，创建资源节约型和环境友好型社会；最后要加强社会主义生态文明建设，使民众树立生态伦理观。环境问题是一个涉及范围十分广泛的问题，单个环境问题与其他社会问题之间存在诸多联系。受黄河各流域不同程度生态危机的影响，黄河水文化遗产的景观开发更要以生态维护为前提，景观规划者应在沿黄地区人水和谐、生态系统不受破坏的前提下打造兼具净化、观赏与文化内涵等多功能的原生态景观。

基于"人与自然和谐交流"的规划理念，位于黄河中下游地区的封丘黄河湿地公园利用水系规划、植物景观、动物保护等策略恢复生态，并完善千亩芦苇荡的保护工作，维护鸟类栖息地，以改善该地区水域水质混浊、湿生植物种类单一且观赏性较差的状况，为当地打造了原生态的黄河湿地自然景观。此外，文化内涵缺失是城市湿地公园规划中普遍存在的问题。为解决这一难题，封丘黄河湿地公园在完善木栈桥、停车场等观光设施的基础上增设博物馆，并为景区导览标识注入动植物科普元素，潜移默化地进行科普宣教，使游客在情感层面上与生态共情，领受自然科学与历史文化的熏陶。

宜兴市三氿入湖河道的生态浮岛工程同样具有借鉴意义。运用无土栽培技术原理，以高分子材料等作为载体，并利用物种共生等原则建立的人工浮岛生态技术源于 20 世纪 50 年代的美国，目前在国内已较为成熟。三氿是宜兴市珍贵的水资源，全长约 12 千米，该水域生态浮岛设计可有效弥补宜兴市河道水质污染严重、整体景观环境较差的缺陷。三氿浮岛工程因地制宜，其所用植物优先选取本地物种，载体材料大多为竹子、泡沫，将材料污染的可能性降至最低。为保证观赏性，该工程将平面构成法则应用于岛体形态设计中，遵循艺术造景原理，营造具有视觉美感的空间景观。生态浮岛作为一种独特的城市景观，在城市美化、水质净化等方面做出了很大贡献，也为黄河水文化遗产的保护与发展提供了相关借鉴。

（二）政策导向：加大制度管理和政府扶持力度

黄河水文化遗产保护工作成功与否与我国的法律体系和制度体制息息相关。如何突破政策限制，进行法律、制度等层面的改革，是现阶段我国应当优先考虑的问题。

2020 年 8 月，水利部和司法部为深入贯彻落实习近平总书记关于黄河流域生态保护和高质量发展的重要指示精神，决定联合开展黄河流域水行政执法专项监督。此次监督密切关注水事违法行为立案

查处、执法队伍建设和执法保障的实施现状，以及执法重点任务与行政执法"三项制度"的落实情况。水利部与司法部下放的六个监督小组以对标对表、明察暗访、访谈座谈、监督考核的形式深入现场调研，落实整改措施，狠抓整改落实。此次监督的总结反思与经验提炼有利于黄河流域水行政执法长效机制的健全完善，从政策伦理层面为"让黄河成为造福人民的幸福河"提供法治保障。

（三）科学规划：实施科学的保护和开发建设

科学的水文化遗产保护与利用规划需遵循文物、水利、交通、环保等方面的法律法规及水文化遗产普查的结果，以打破单纯从技术或经济视角开发利用水资源的单一模式，有效规避生态红线与环境敏感区。

目前基于长江生态环境存在问题展开的"三线一单"和长江大保护系列专项行动已初见成效，这为黄河治理工作的开展树立了典范。水利部门需要掌握黄河水文化遗产的种类、数量、分布、生存环境、主要问题，牵头建立黄河水文化保护工作机制，建立相关数据库，完善大数据分析系统，为保护开发工作奠定基础。保护、修复与开发利用相结合的黄河水文化管理模式可使黄河水文化所产生的社会效应达到最佳。

此外，黄河流域原始水利设施的科学保护与开发还可借鉴皖南地区原始村落的古水系工程改造经验。背枕黄山余脉雷岗山，南临新安、青戈水系末端的宏村始建于南宋绍兴年间，历经数百年的勘察改造，其兼具科学与美感的水系工程今在徽州地区乃至全国范围内独树一帜。宏村水系改造最早可追溯至 1276 年初代水圳的建立，时至明永乐年，先祖汪思齐针对宏村选址、周边环境包含山脉和水系等各要素进行详细的分析和考证，平衡当地生态承载力与人口潜力，明确"引西溪以凿圳绕村屋，其长川九曲，流经十弯，坎水横注"的规划理念，并在村内开凿水塘以满足村民的日常与防火需求，宏村水系工程由此初见雏形。近代的村落开发遵循人水和谐的伦理原则，大力发展水利设施的景观职能，以带动旅游、零售等行业的发展。

（四）教育科研：加强宣传推广，提高公民的参与保护意识

人民大众是推动时代进步的主体，不仅是有形物质财富的创造者，也是无形精神文化的缔造者。我国重视文化战略的程度与政治、经济战略等同，文化战略是我国三大重要战略体系之一。百姓的生活与水息息相关，作为我国传统文化的源头，水文化有着重要的意义和影响，衣食住行等各个方面无不体现着水文化的地位，对水文化的宣传和保护势在必行。

现如今，新媒体的发展使水文化宣传渠道呈现多元化的趋势，报纸杂志、广播影视、互联网等有效的传媒资源均可用于水文化宣传，但在宣传过程中要时刻注意现实环境。首先，基础的群众宣传必不可少，无论是城市还是农村，学校还是企业，都可进行必要的宣传交流。其次，对承担重要文化推广工作的中国水利博物馆及黄河博物馆而言，两者既要丰富水文化建设，也要大胆尝试，充分利用各种先进技术来加强水文化的发展，勇于创新，让不同风格、样式的载体来增强黄河水文化的感染力。最后，为黄河水文化遗产的保护和发展提供国际交流合作平台，还需强化其学术影响。

黄河文化研究会从学术层面为新时代黄河水文化遗产传播弘扬工作树立了典范。一直以来，举办各种形式的学术研讨会已经成了黄河文化研究会传播弘扬黄河文化的一大平台和重要途径；多部学术著作的出版彰显着黄河水文化遗产传播工作的成效；于 2008 年 1 月正式出版的《黄河文化》作为黄河文化研究会的会刊也因其兼具资料性、信息性、学术性的特色在学术界广受好评。此外，黄河文化研究会也在不断追求自身完善，通过加大学术研讨攻关，为推动黄河文化传播弘扬提供学术支撑；通过开展学会联系协作，为推动黄河文化的传播弘扬集聚各方力量。

（五）经济发展：着重发挥黄河水文化遗产的多种职能

水文化遗产如今已经呈现在人们的视野中，但现阶段许多具有历史价值的遗产并未得到应有的重视与保护，水利事业也因此局限于经济发展过程中单调的工程层面，许多黄河水文化遗产尚未完全发挥除文化之外的其他职能。

为避免这一现象更加严重，我们必须在重视水文化遗产保护工作的同时，强调各部门之间的横向协作，使水利行业与文化部门从民众的文化、娱乐等需求出发，在保证黄河水利设施、沿黄原始村落等水文化遗产原有职能不受侵犯的基础上，会同文物、旅游等部门共同制订有关黄河水文化推广和遗产保护开发的具体方案，积极培育和探索建立健康、稳定、繁荣的黄河水文化市场机制，用新颖的开发理念唤醒沉睡的文化资源。

水文化遗产的开发与利用应建立在传承保护的基础之上。兰州水车是典型的黄河水文化遗产之一，曾让兰州黄河十八滩成为盛产瓜果的良田，却因电力水泵的普及，于20世纪50年代被拆除殆尽。为了挽救黄河水车的制作工艺，兰州非物质文化遗产传承者多年来收集、挖掘、整理、研究水车资料，画出了古黄河水车图纸，并设计且做出了"礼品水车""室内景观水车""露天景观水车""江河实用水车"等一系列水车产品。由此，兰州的水车制造工艺被列入第一批国家级非物质文化遗产保护目录，使500多年来的集体智慧结晶重现于世，也为当地旅游开发提供了宝贵的人文资源。

除必要的文化遗产传承外，在经济日渐繁荣的当下，如何精准把握消费者需求，将新颖理念融入水文化遗产开发也同样重要。河南修武县依托全省"两山两拳"文旅产业布局，创造性地提出了"用美学引领全域旅游"的新理念，使"美学经济"成为修武县乡村振兴的核心竞争力；专业美学设计团队将当地历史文化融入建筑与产品设计，使农副产品价值倍增、就业潜力大幅提升，塑造了以乡土文化为底蕴的度假新地标，包含美学理念的当地民宿成为城市居民争相前往的世外桃源；以魏晋精神复兴为表现形式的"美学经济"使修武在进入常态化疫情防控新阶段的首个旅游小长假接待的游客超过11万人次，旅游综合收入突破900万元，实现了文旅产业平稳运行。该开发理念在保障当地历史遗产文化职能的基础上，使经济职能逐步彰显，以此拉动当地制造业、零售业、餐饮业等同步发展。

流经郑州、开封、洛阳、商丘、安阳、鹤壁、新乡、焦作的中国大运河河南段也是典型的黄河水文化遗产，但无论是从遗产传承还是从理念创新方面而言，京杭运河河南段均缺乏有力的举措。相较其他形式的水文化遗产，大运河得天独厚的优势在于能够将各大城市群串联起来。因此，上述八大城市群落可从文化创意产业及旅游产业入手，结合当地历史文化，打造和而不同的运河景观、差异协调的旅游项目，共建京杭运河经济带，为黄河水文化遗产的发展与推广提供新的前景。

六、结语

自古以来，黄河水患频频，两岸人民命途多舛，但其孕育的河湟文化、龙山文化等仍滋养着砥砺前行的中华民族。但由于现阶段公民水文化遗产保护意识淡薄、地域文化相对独立呈点状分布、协同管理机制尚未完善，在黄河生态危机亟待缓和的背景下，发掘除农业之外的其他职能变得迫在眉睫。美国垦务局文化资源管理模式以及《水伦理：解决水危机的价值观途径》中对伦理概念的阐释为我国黄河水文化遗产的保护与发展提供了新的视角与借鉴，为黄河水文化遗产保护在分类认定与教育推广等方面提供了新思路。基于以上借鉴，本文结合我国的伦理思想与时政国情，从五个层面论述了黄河水文化遗产保护与发展的伦理建设：生态层面的科学理念引导打造兼具净化、观赏和文化内涵等多功能的原生态景观；政策层面的政府扶持是文化遗产传承的不竭动力；科学层面的合理规划可以在保护与开发齐头并进的过程中激发黄河水文化的最佳社会效应；教育层面的文化推广能够深化民众的保护意识；经济层面的文创产业和区域协调可使水利事业打破单调的工程限制。如何将水文化遗产保护与水利建设工作妥善结合是关乎沿黄地区民生质量和经济发展的重要问题，我们应当深入挖掘黄河文化内涵，推动传承千年的黄河精神，努力使历代共同谱写的治黄历史成为可供国际社会借鉴参考的典范。

参考文献

［1］陈雷.弘扬和发展先进水文化促进传统水利向现代水利转变［J］.中国水利，2009（22）：17–22.

［2］李国英.全面推进"三条黄河"建设 为维持黄河健康生命而奋斗，2004年全河工作会议上的报告［J］.治黄科技信息，2004（1）：1–9.

［3］徐琴.有机更新：历史文化名城走出保护性衰败与建设性破坏困境之路［J］.城市观察，2011（3）：62–69.

［4］张昊，徐建.全球化语境下中华文化的跨文化传播策略［J］.新闻世界，2011（8）：322–323.

［5］习近平.在黄河流域生态保护和高质量发展座谈会上的讲话［EB/OL］.http://www.xinhuanet.com/2019–10/15/c_1125107042.htm，2019–10–15.

［6］Jonathan Lautze. Key Concepts in Water Resource Management: A Review and Critical Evaluation［M］. New York: Earthscan from Routledge，2014.

［7］Groenfeldt D.Water Ethics: A Values Approach to Solving the Water Crisis［M］. New York: Earthscan from Routledge，2013.

［8］Bureau of Reclamation［EB/OL］. https://www.usbr.gov/main/about/mission.html，2020–02–27.

［9］王英华，吕娟.美国垦务局文化资源管理模式对我国水文化遗产保护与利用的启示［J］.水利学报，2013（S1）：51–56.

［10］中国水文化.张印忠在首届黄河水文化论坛上的讲话［EB/OL］. http://www.waterculture.net/index.php?m=content&c=index&a=show&catid=142&id=5282，2020–09–03. 2010–10–18.

［11］谭徐明.水文化遗产的定义、特点、类型与价值阐释［J］.中国水利，2012（21）：1–4.

［12］郭秀生，耿敏.水利风景区折射出的生态文明［J］.山东水利，2008（1）：54.

［13］于开宁，孙平，孟亚明，等.水文化传播的内涵及其与水利风景区建设的关系［J］.前沿，2010（19）：188–190.

［14］刘晓燕，黄自强.黄河流域水环境灾害分析［J］.人民黄河，2002，24（7）：3–5.

［15］陈进.由水伦理探寻人水和谐之道［J］.中国三峡，2020（1）：6，156–163.

［16］刘禹彤.习近平生态伦理思想及其当代价值［J］.学理论，2020（8）：9–11.

［17］赵晓焕，段勇，侯若琳，等.基于人与自然交流的城市湿地公园规划研究——以封丘黄河湿地公园为例［J］.美与时代（城市版），2019（1）：68–69.

［18］罗岩.人工生态景观浮岛构建模式研究——以"十二五"国家科技重大水利专项为例［D］.西安建筑科技大学硕士学位论文，2015.

［19］中华人民共和国水利部政策法规司.水利部司法部关于开展黄河流域水行政执法专项监督的通知［EB/OL］. http://zfs.mwr.gov.cn/tztg/202008/t20200827_1445091.html，2020–08–27.

［20］生态环境部.为高质量发展提供绿色支撑——长江经济带12省（市）"三线一单"发布过半［EB/OL］. http://www.mee.gov.cn/ywdt/hjywnews/202007/t20200721_790266.shtml，2020–07–21.

［21］苏梦蓓，宋学友，曹海.宏村古水系工程研究［J］.攀枝花学院学报，2017，34（5）：18–22.

［22］朱海风.如何在传播弘扬黄河文化中发挥学术社团作用——以黄河文化研究会为例［J］.新

闻爱好者，2020（6）：65-67.

　　[23]兰州新闻网.黄河之水天上来——记兰州黄河水车始祖段续20代孙段怡村［EB/OL］.http://www.lzbs.com.cn/lanzhounews/2019-06/05/content_4498377.htm,2019-06-05.

　　[24]王玮萱.修武美学经济领航全域旅游，点亮美美与共新自信［N］.焦作日报，2020-05-16（09）.

（作者系华北水利水电大学外国语学院副教授）

全面复兴传统文化视阈下河南推进黄河文化创造性转化应用的研究

王荣亮

在国际大文化格局中，流域文化研究、开发和建设已成为当今世界潮流。世界一些著名大河流域文化正日益引起世人关注，黄河作为中华文明的主要发源地，其文化研究受到学界重视也是必然趋势。习近平指出："黄河文化是中华文明的重要组成部分，是中华民族的根和魂。要推进黄河文化遗产的系统保护，守好老祖宗留给我们的宝贵遗产。要深入挖掘黄河文化蕴含的时代价值，讲好'黄河故事'，延续历史文脉，坚定文化自信，为实现中华民族伟大复兴的中国梦凝聚精神力量。"[①]黄河流域空间跨度大，自西向东流经九省（自治区）注入渤海，构成了我国北方重要的生态和军事屏障，流域境内拥有中原大地等多个国家重点生态功能区，不同历史时期的文化遗产纵横交错，其传承保护存在诸多困难。[②]近年来，河南借助全面复兴中华传统优秀文化为黄河文化传承发展做了许多细致性工作，许多经验值得借鉴推广。

一、黄河文化的历史渊源、深刻内涵和时代价值

早在数千年以前，黄河流域历经变迁孕育出了光辉灿烂的中华早期文明，成为黄河文化的重要源头。黄河、黄帝、嵩山和战争等自然人文元素在黄河文化形成发展中起到了重要的推动作用。"中州万古英雄气""中国川源以百数，莫著于四渎，而黄河为宗"[③]等历史典故道出了中原大地在中国历史上的重要战略地位。中原地处南方丘陵与华北平原重要通衢，得中原者得天下，自古以来就是兵家必争的战略要地。黄河途经中原大地，土地肥沃、衣食富足，是历代中原王朝的北方重要军事屏障。中华先民的安土重迁、农耕思想加速了这一地区的经济开发，加快了本地特色区域文化的历史形成。黄河文化特征最明显的是农业，经过历史积淀形成了本地独具特色的农业文明，反映出了强烈的农耕文化。

（一）历史渊源

综观中华文明的传承发展，黄河在漫长的历史岁月中，将华夏不同民族和区域文化有效地串联起来。尧、舜、禹、夏、商、周、汉、唐、宋、元、明、清等历史文明无一不是在黄河水系辐射的流域内繁衍生息，孕育出了内涵丰富、光辉灿烂的中华文明。因此，黄河文化更是一个多层次、多维度的

---

① 习近平：《习近平谈治国理政》第二卷，外文出版社 2017 年版。

② 陈进玉等：《中国地域文化通览》，中华书局 2016 年版。

③ 《汉书·沟洫志》。

文明共同体，自然地理环境是黄河文化发展变迁的基础，符合结构模式是其发展的重要推动力。[①] 黄河流域历史悠久，原始社会就有人类在此居住，新石器时代就孕育出了北方农耕经济雏形，先秦时期出现了以黄河文化为特征的古代文明。在中华传统文化体系中，黄河文化是源流，从源的方面来讲，黄河文化与农耕文化有着共生的历史积淀，与农耕文化精髓一脉相承。从流的方面来讲，它不同于中原文化，有其独特的发展走向，传承中得到了丰富的黄帝文化的滋养。在中华文明源流中，黄河文明是一个渊源于旧石器时代，滥觞于夏文明兴盛，生成于商周农耕文明而兴起发展、延续至当代的文明体系，是一个独立文化圈和完整区域的文化体系，在中华传统文化发展史上占有重要的位置。黄河文化是黄帝文化和农耕文化的有效集成，是北方文化宝库中的璀璨明珠，是农耕文明与灌溉文明交融的典型代表，反映出灌溉文化与农耕文化碰撞交融的独特特征，具有强烈的文化包容性。[②]

（二）深刻内涵

2020 年 1 月 3 日，中央财经委员会第六次会议的召开具有划时代的意义，为黄河文化遗产保护指明了方向，也为当代传承发展黄河文化提供了重要指引。[③] 黄河文化形式独特、寓意深刻、内涵丰富，具有深刻的时代精神，其内涵具体表现为积极进取、开放包容、和谐共生、宽容大度。

1. 积极进取

黄河是中华民族的母亲河，在中原大地上，百姓纯朴善良，黄河奔涌不息，人们崇尚天人合一，积极进取，勇敢顽强，与时俱进，这体现出了黄河文化的基本内涵。[④] 黄河文明作为中华文明的重要组成部分，历史悠久，从远古中华先民到现代中原儿女，从狩猎文明到农业生产，蕴含着内涵丰富的古代文明。黄河文化具有积极进取、与时俱进的时代精神，从原始农业文明到近代工业文明再到当代科技文明，一脉相承的都是奔流进取的文化精神。[⑤] 中原人作为黄河人的一部分，始终与黄河文明同步传承发展，其根深蒂固的文化传统与突飞猛进的现代文明相融合，成为中原儿女秉承进取精神对黄河文化发展做出的历史抉择。

2. 开放包容

中岳嵩山横亘在中原大地，成为河南的一张亮丽名片。黄河流域河南段有平原般宽广的胸襟，有江海般坦荡的气象，具有开放包容的宽广胸怀。中华先民重信讲义的禀赋表现为热情好客的真诚，既有农耕民族的朴素风格，也有黄河儿女的开放包容。[⑥] 中华文明的传承特征在黄河流域都有重要的历史遗迹，如殷墟、洛阳龙门石窟、大河村遗址、裴李岗遗址、郑州商代遗址等。开放造就了黄河文化的多彩，包容打破了游牧文化与农耕文明的隔阂，带来了中原大地的开发治理，开放包容特性在黄河流域更具历史广延性、深厚性。[⑦]

3. 和谐共生

黄河文化的和谐共生精神体现在社会风俗宗教文化中，黄河流域的居民在社会风俗上既保持传统，又融会互通，形成了独特的地方特色，和谐因素风行黄河流域。在民俗方面，黄河流域形成了和谐统一的社会风俗，汉族、回族等民族在黄河文化传承发展中相互借鉴，不断进行经济文化交流，自觉接

---

① ④　侯仁之：《黄河文化》，华艺出版社 2009 年版。

② ⑥ ⑦　陈进玉等：《中国地域文化通览》，中华书局 2016 年版。

③　习近平主持召开中央财经委员会第六次会议，人民网，2020 年 1 月 3 日。

⑤　王霁、许鹏：《中国传统文化》，清华大学出版社 2014 年版。

受中华民族共同体意识认同。中原百姓宗教信仰纷繁复杂，佛教、基督教和伊斯兰教等宗教信徒相互尊重包容，反映了黄河儿女和谐共生的性格禀赋。民族融合、宗教和谐等构成了黄河文化传承发展的坚定基础，凝聚了黄河流域各族人民的聪明才智，开启了中原各族百姓团结和谐、共同发展的时代凯歌，为中华民族共同体意识的形成奠定了基础。

4. 宽容大度

中原大地有平原、山川、江河、湖泊和湿地等自然景观，黄河文化表现出自然地理与人文社会对话交流的重要途径，经过长期繁衍生息，多民族长期融合，造就了中原百姓宽容大度的博大胸怀。[①]据统计，中原大地聚居着来自全国一千多个县市、五十多个民族的人口。即使南方苗族、彝族、瑶族、白族、壮族、藏族和土家族等民族在此都有少量居住，这种民族聚居状态在全国独一无二，反映出了黄河文化的包容性和含蓄性。

（三）时代价值

习近平指出："中华优秀传统文化是中华民族的文化根脉，其蕴含的思想观念、人文精神、道德规范，不仅是我们中国人思想和精神的内核，对解决人类问题也有重要价值。要把优秀传统文化的精神标识提炼出来、展示出来，把优秀传统文化中具有当代价值、世界意义的文化精髓提炼出来、展示出来。"[②]黄河文化是华夏文明的核心组成部分，是中华民族的根和魂。历史上，黄河在中原大地留下了丰富文化资源。夏商周文化的丰富遗存昭示着中原是华夏文明的重要起源地。先秦时期，华夏先祖开始对黄河源头进行了初步探索，反映出他们初步认识到黄河的文化功能。秦汉以来，地处黄河中下游分界点的孟津渡口成为沟通中西文化交流的丝绸之路的重要关津。[③]近代以来，黄河流域的许多物产从郑州运往京津甚至远销海外。[④]当前，保护黄河流域生态环境、实施高质量发展已经成为国家战略。黄河文化作为华夏文明渊源孕育出了中华民族的精神图谱，对民族心理的形成产生了重要影响。[⑤]通过探寻黄河文化的形成发展过程，这对研究中原军事史、农耕文化史和定居灌溉史具有重要作用。探寻、传承和传播黄帝文化对丰富黄河文化的内涵和外延，提高地区经济文化的竞争力、影响力、辐射力，提高地方知名度和吸引力、凝聚力，促进中原区域经济社会协调发展具有重要的现实意义。当前，在黄河流域生态保护和高质量发展上升为国家战略的关键节点，探究黄河文化的历史价值和时代内涵，我们当代人对黄河文化基因充满自信，还可让我们从黄河文化中汲取营养，结合世情国情新变化，深入挖掘黄河文化的时代价值，为国家治理现代化背景下的黄河治理提供不竭动力。河南省应实施黄河文化系统保护工程，通过探究黄河文化的时代价值延续中华文明历史文脉，坚定文化自信，可为全面建设社会主义现代化强国、实现"两个一百年"奋斗目标和中华民族伟大复兴"中国梦"凝聚重要精神力量。

二、黄河文化发展与中华文明传承的内在关系

习近平指出："一个国家、一个民族的强盛，总是以文化兴盛为支撑的，中华民族伟大复兴需要以

---

①④ 侯仁之：《黄河文化》，华艺出版社 2009 年版。

② 习近平：《习近平谈治国理政》第二卷，外文出版社 2017 年版。

③ 陈进玉等：《中国地域文化通览》，中华书局 2016 年版。

⑤ 王霁、许鹏：《中国传统文化》，清华大学出版社 2014 年版。

中华文化发展繁荣为条件。"中华传统文化博大精深，源远流长，塑造了中华民族自强不息、厚德载物的精神品格，使中华民族屹立于世界的东方五千多年之久，仍然充满生机。① 黄河文化与中华文明共生共荣，推动着中华优秀传统文化的发展变迁，为中华民族长期屹立于世界东方提供文化推动力。

（一）黄河文化孕育出了代表中华文明始祖的黄帝文化

在黄帝时代，中华先民开始筑房居住，经过历史传承发展为独具民族特色的建筑风格。代表中华早期文明的河图洛书出现于黄河流域，后来经过传承衍生出《周易》，反映出了中国哲学的最高境界，深刻影响了中华民族的思维模式。黄河文化孕育了代表中华文明始祖的黄帝文化，包括政治、经济、军事、科技、文艺、风俗习惯和意识形态等，其祖根意识对中华文明发展传承影响较大。黄帝文化的基本内涵包括大一统思想、以龙图腾为代表的原始信仰、家国情怀和族源信仰、中华先民生存发展模式和文化生态理念等。② 在黄帝时代，中华文明进入了发明创造不断涌现的全新时期。这些文化因素都在黄帝身上得以凝结升华，黄帝成为中华文明起源的重要开拓者和凝聚民族力量的符号，这种力量符号需要中华民族共同传承发扬。③

（二）黄河流域独特的自然环境孕育出了黄河文化

黄河文化与流域地质、自然地貌及人文地理等特点密切相关，在远古时期，黄河就与中华先民联系密切，与中华文明的繁衍生息交融在一起，孕育出了光辉灿烂的黄河文化。黄帝是华夏文明的先祖，其中心活动地域是以中原为代表的黄河流域。④ 长期以来，中原大地统一和谐、稳定有序的社会秩序为黄河文明的孕育和发展提供了必要条件，科技文明是发展的原动力，人们开拓、拼搏的精神是原动力中的发动机。众多发明创造产生了巨大的能量，促使着邦国文明的正式形成。经过数千年的传承积淀，黄河文化在周、秦、汉、唐时期不断发展，再与国家政治制度、意识形态、社会规范、生活方式、风俗习惯、精神面貌、价值取向及社会生产力等有机结合，从而演变成为中华文明的代表和象征。

（三）中华文明的发展进步丰富了黄河文化内涵

中华文明对人类发展影响较大的主要有文字、历法、医药和建筑艺术等，文字发展先后经历了甲骨文、金文、篆文、隶书、草书、楷书和行书，成为文明传承的重要工具，而出现最早的甲骨文即发现于黄河流域的河南安阳，这也说明黄河文化源远流长。医药是中华民族对人类的重要贡献，《黄帝内经》等就是中华医药文明传承发展的典型，医药成为中华民族的瑰宝。⑤ 中华先民的原生文明称为文化祖根，其主要精髓是团结和谐、统一开拓，构成了中华民族的核心灵魂。⑥ 中华先民重视和谐的大一统思想，这一思想经过传承发展为"协和万邦、天人合一、和合、和为贵"等理念，形成了中华民族自强不息的坚定信念。⑦ 在黄河流域，从夏商周到汉唐宋，出现了长安、洛阳和开封等古都，形成了黄土地—黄河—黄种人这一华夏文明发展轴线，孕育出了独具区域特色的黄河文明。

三、全面复兴中华传统文化下推动黄河文化实现创造性转化应用的对策

习近平指出："一个国家、一个民族的强盛，总是以文化兴盛为支撑的，中华民族伟大复兴需要以

---

① 习近平：《习近平谈治国理政》第二卷，外文出版社 2017 年版。

②⑤ 王霁、许鹏：《中国传统文化》，清华大学出版社 2014 年版。

③⑦ 侯仁之：《黄河文化》，华艺出版社 2009 年版。

④⑥ 陈进玉等：《中国地域文化通览》，中华书局 2016 年版。

中华文化发展繁荣为条件。"[1] 中华传统文化博大精深，源远流长，塑造了中华民族自强不息、厚德载物的精神品格，使中华民族屹立于世界的东方五千多年之久，仍然充满生机。全面复兴中华优秀传统文化和实施中华优秀传统文化传承发展工程是建设社会主义文化强国的重大战略任务，对于传承中华文脉、全面提升人民文化素养、维护文化安全、增强文化软实力、推进国家治理体系和治理能力现代化具有重要意义。中原大地是黄河重要的流经灌溉地，推动黄河流域生态保护和高质量发展，事关中华民族伟大复兴和永续发展，既是中原人民当之无愧的历史使命，也是中原儿女千载难逢的重要发展机遇。

（一）坚持协同推进治理，加强中原生态环境体系保护

中央财经委员会第六次会议提出，"要实施水污染综合治理、大气污染综合治理、土壤污染治理等工程，加大黄河流域污染治理，实施河道和滩区综合提升治理工程。我们应坚持生态优先、绿色发展，从过度干预、过度利用向自然修复、休养生息转变，坚定走绿色、可持续的高质量发展之路"。[2] 2020 年 5 月，李克强总理在《政府工作报告》中指出，要加快落实区域发展战略，编制黄河流域生态保护和高质量发展规划纲要。利用黄河流域的资源，实现区域的快速发展战略应运而生。黄河流域是中国重要经济区，构成了北方天然生态屏障，以占全国 2% 的径流量哺育了全国 12% 以上的人口，灌溉了超过全国 15% 的耕地，创造了超过 14% 的 GDP，在国家整体发展格局中居于战略性地位。[3] 河南应在国家全面复兴中华优秀传统文化的大背景下，联合周边省市开展全流域生态系统保护，协同推进黄河流域的共同开发治理，保护黄河文化的整体性。黄河流域生态保护和高质量发展要高度重视解决突出重大问题，我们要实施水源涵养提升、水土流失治理、黄河三角洲湿地生态系统修复等工程，推进黄河流域生态保护修复。[4] 河南应将黄帝文化、农耕文化、生态资源与旅游业态有机融合，打造具有国际影响力的黄河文化旅游带。加快推进黄河文化保护传承弘扬规划编制，启动黄河文化资源梳理、黄河文化艺术创作、沿黄历史遗址保护利用、黄河流域非物质文化遗产专题展等工作。[5] 河南应规划建设国家级黄河文化主题博物馆，建设黄河文化旅游带推介黄河旅游，通过中华文明溯源之旅、黄河风景绿色之旅等扩大黄河影响力。河南应联合沿黄九省份编制《黄河文化保护传承弘扬专项规划》，倾力打造黄河文化品牌。河南应重点以郑州黄河水利风景区为依托打造具有国际影响力的旅游目的地，郑州、洛阳等应依托黄河文化分别建设国家中心城市、中部区域中心城市，展现黄河中下游绿色风貌，打造黄河流域生态保护和高质量发展的样板城市。

（二）打造黄河文化品牌，提升城市文化的内涵和竞争力

新时期，为更好地弘扬传承黄河文化，我们应坚持辩证唯物主义和历史唯物主义，秉持客观、科学、尊重态度，取其精华、去其糟粕，扬弃继承、转化创新，不断赋予黄河文化新的时代内涵和表达形式，不断拓展完善内容，使中华民族最基本的文化基因与文化强国战略相一致。[6] 地处黄河流域核心区的郑州市应加强与周边城市的合作，从六个维度打造成为新时期黄河文化区域中心城市：一是依托黄帝这一祖根文化打造中华文明交流中心；二是依托黄河流域中原大地这一独特资源，打造黄河文化保护传承弘扬和旅游业高质量发展的沿黄区域中心城市；三是整合相关黄河文化资源，打造全域旅

① 习近平：《习近平总书记系列重要讲话读本》，人民出版社 2016 年版。
②④ 习近平主持召开中央财经委员会第六次会议，人民网，2020 年 1 月 3 日。
③ 河南省人民政府：《2020 年河南省国民经济和社会发展统计公报》。
⑤ 侯仁之：《黄河文化》，华艺出版社 2009 年版。
⑥ 中共中央办公厅、国务院办公厅印发：《关于实施中华优秀传统文化传承发展工程的意见》，2017 年 1 月 25 日。

游示范先行区，重点推进沿黄重点旅游项目建设，建设黄河沿岸生态度假文化旅游带；四是深入发掘流域内红色资源，打造红色文化旅游中心城市；五是完善沿黄文化旅游发展规划，推进文化旅游公共服务设施建设，打造黄河文化特色文旅项目，以文化创新带动旅游创新；六是挖掘黄河文化内涵，讲好"黄河故事"，实现黄河文化创造性转化应用，推进文物保护、文化展示与生态旅游的有机融合。从建构中华传统文化体系、坚定文化自信和全面复兴中华优秀文化的高度认识黄河文化的时代价值。通过构建黄河流域全域文化旅游带，形成可体验的绿色文化体系，促成中原黄河文化旅游带的形成。[①]

（三）坚持文化强省，凝聚黄河文化精神巩固脱贫攻坚成果

受自然条件、地理环境和政治经济等原因的制约，中国经济重心南移后，黄河流经的九省区经济基础相对薄弱，上中游七省区经济发展相对滞后，在"两屏三带"生态安全战略布局中，多个生态屏障均涉及黄河流域。"仓廪实而知礼节，衣食足而知荣辱。"经济是文化的基础，经济发展变化决定文化繁荣进步，文化通过反作用成为经济发展的直接动力，黄河文化的繁荣将有效拉动黄河流域区域经济发展。当前，文化旅游作为国家重点扶持产业，成为黄河流域进行经济结构优化调整、产业转型升级、保护生态环境和实现高质量发展的必由之路。黄河文化作为一个复合型文化共同体，经过五千多年的文明传承已拥有独特的发展优势，蕴含着丰富的非遗、红色和民俗等文化，[②]这些均可成为打造"黄河文化国家旅游线路"的重要基础，以黄河基础资源为载体，以线性遗产、历史遗存和节点城市为主要支撑，因地制宜，广泛推广黄河生态旅游、古都旅游、红色旅游、丝路旅游、科普旅游和研学旅游等国家精品旅游线路，在大幅度提升旅游经济高质量发展的过程中，提升黄河文化的历史价值，拓展黄河文化影响力传播。[③]融入文化强国这一时代旋律后，黄河文化将焕发出强大生命力，如黄河文化蕴含的"同根同源"民族心理就堪为增强民族认同感的精神文化支柱。深入挖掘姓氏文化、黄帝文化、汉字文化等根亲祖地文化资源，将为追梦中国凝聚精神力量。当前，河南实现黄河文化的创造性转化、创新性发展已成为传承发展中华优秀传统文化的重要内容。黄河流域是中华民族先民早期最主要的活动地域，黄河故道、千里黄河大堤等皆传达着黄河文化发展演变的历史见证。在中华文明发展史上，黄河已成中华优秀传统文化的符号象征。[④]黄河之水要奔腾不息，黄河文脉传承应做到与时俱进，其文化遗产应做到系统保护，我们通过发掘其时代价值，讲好"黄河故事"，延续黄河文脉，凝聚追梦中国强劲精神力量。在全面复兴中华优秀传统文化的背景下，黄河文化将成为增强中华文化软实力、展示中国智慧和坚定文化自信的底气所在，[⑤]助力黄河流域巩固脱贫攻坚成果，实现区域经济协调高质量发展，早日实现社会主义现代化建设的宏伟目标。

文化是民族的血脉、是人民的精神家园。文化自信是最基础的力量之一，我们应激发黄河文化传承发展机制创新，推进黄河文化有序、科学、全面保护，打造黄河文化国际品牌，借助黄帝这一文化品牌开展黄河文化宣传，推动黄河文化旅游的高质量发展，让黄河文化焕发出更强的生命力，为建设社会主义文化强国凝聚更多的精神力量。

参考文献

［1］《管子·牧民》。

［2］习近平：《习近平总书记系列重要讲话读本》，人民出版社 2016 年版。

［3］《关于实施中华优秀传统文化传承发展工程的意见》，2017 年 1 月 25 日。

---

①③④⑤　侯仁之：《黄河文化》，华艺出版社 2009 年版。

②　王霁、许鹏：《中国传统文化》，清华大学出版社 2014 年版。

［4］陈进玉等：《中国地域文化通览》，中华书局 2016 年版。

［5］习近平：《习近平谈治国理政》第二卷，外文出版社 2017 年版。

［6］李克强：《2020 年政府工作报告》，2020 年 5 月。

［7］侯仁之：《黄河文化》，华艺出版社 2009 年版。

（作者系内蒙古大学历史与旅游文化学院博士研究生、扬州职业技术学院讲师）

文化自觉与文化自信：谈黄河文明的传承、创新与发展

张显运　郁晓刚

党的十九大报告指出，中国要坚定文化自信，推动社会主义文化繁荣兴盛。文化自信确立的前提是对本国、本民族的历史文化发展要文化自觉。文化自觉则是对本国文化有自知之明。形成文化自觉，首先要求国民站在当代中国发展议题下，重新追溯、审视和反思中华民族的文化之根、文明之魂。黄河文明是中华文明的根系与主流。黄河文化的传承、创新与发展关乎中国文化在全球化背景下世界文化体系中的交流与发展，关乎中华民族前途命运的发展。

一、煌煌禹域：黄河流域文明发展史

作为中华民族的母亲河，黄河发源于青藏高原，全长5400余千米，流域面积75万平方千米，孕育了河湟文化、关中文化、中原文化、齐鲁文化等众多地域文化，它们又共同缔造了源远流长的黄河文明。

（一）绵绵瓜瓞

黄河中下游地区已发现旧石器时代古人类遗址。黄河流域发现的新石器时代遗址更多达数千处，命名的考古学文化有数十种，具有代表性的有半坡文化、老官台文化、裴李岗文化、磁山文化、仰韶文化等。黄河流域的新石器时代文化序列、文化面貌已经清晰可寻。距今5300年左右，巩义双槐树河洛古国遗址的发现，证明黄河中下游河洛地区是"中华文明形成初期阶段，发现的规格最高的是具有都邑性质的中心聚落。其社会发展模式、承载的思想观念以及诸多凸显礼制和文明的现象，被后世所承袭和发扬，五千多年中华文明正是赖此主根脉延续不断、瓜瓞绵绵"。河洛古国遗址是黄河文化之根，堪称"早期中华文明的胚胎"（《百度百科·河洛古国》）。黄河流域终为早期中华文明的渊薮所在。

（二）禹砥九域

夏商周三代文明孕育于黄河流域，崛起于黄河流域。三代"王者所更居住"固不待言。三代政权的神圣性亦与黄河密迩相关。司马迁云"昔三代之居，皆在河洛"（《史记·封禅书》），河洛地区所在的黄河中下游地区是中华文明的发源地。清华简《厚父》载："王若曰：厚父！遹□□□□□□□□□□□闻禹川，乃降之民，建夏邦。"大禹治平黄河水患，砥定九域，奠定三代和天下万邦基石。夏都二里头文化成为东亚大陆最早进入青铜时代的"核心文化"，奠定了日后"中国"世界的基础，被称为最早的中国。又，清华简《保训》云："微亡害，乃追中于河。微持弗亡，传贻子孙，至于成汤，祗服不懈，用受大命。"商朝先公上甲微于黄河追寻中正之气，并传贻后世子孙，至成汤维

持不坠，终至受天命而建立商朝。禹砥九域，开启三代基业，使黄河文明远远走在世界文明的前列，其标志性的成果是甲骨文的出现，它是中国目前发现得最早的成熟文字，"甲骨文的出现彻底否定了中国的可信历史始于西周的'疑古'思潮，将中国有据可考的历史提前了一千年"。黄河文明也因此更加熠熠生辉、光照万世。

（三）多元融合

春秋战国时期，百花齐放，百家争鸣，黄河流域文化异彩纷呈，先后出现了三秦文化、三晋文化、中原文化、燕赵文化、齐鲁文化等。与此同时，长江流域的荆楚文化、西南地区的三星堆文明也蓬勃发展，诸子百家竞相粉墨登场，百家争鸣，经过长期的纷争，多元文化出现了融合与一体化趋势。秦灭六国建立了中国历史上第一个统一的大帝国，定都咸阳，黄河流域成为统一的国家政权中心，黄河文明也成为中国传统文化的主流文化和正统文化，成为传统文化的"根"与"魂"。习近平总书记说："在我国5000多年文明史上，黄河流域有3000多年是全国政治、经济、文化中心，孕育了河湟文化、河洛文化、关中文化、齐鲁文化等，分布有郑州、西安、洛阳、开封等古都，诞生了'四大发明'和《诗经》《老子》《史记》等经典著作。"黄河流域因长期是全国的政治、经济和文化中心，黄河文明对周边各民族的优秀文化兼收并蓄，逐渐成为中国传统文化的核心、灵魂和主干。

（四）威加海内

两汉时期，黄河中下游地区一直是国家的政治中心、经济中心和文化中心所在。汉武帝北伐匈奴，开拓宇域，建立起前所未有的大一统帝国。此期，儒家思想正式被奉为国家正统思想和治国之道，儒学被推上至高之位，深深影响了中国其后千年之发展轨迹，也开启了东亚文化圈之形成。张骞两次出使西域，筚路蓝缕，九死一生，开启丝路，揭开了中国历史上中西文化交流第一次高潮的序幕，建构了古代东西方世界相互连通的交通网络，成为亚欧大陆之间最为便捷的通道。此后，班超、甘英等相继出使西域和欧洲，加强了中原王朝同西域各国、中亚和罗马的联系，扩大了黄河文明的影响。永元四年（92年）汉和帝派班超出使西域，"于是五十余国悉纳质内属。其条支、安息诸国至于海濒四万里外，皆重译贡献。"永元九年（97年），班超派甘英出使大秦"皆前世所不至，《山经》所未详，莫不备其风土，传其珍怪焉。于是远国蒙奇、兜勒皆来归服，遣使贡献"（《后汉书·西域传》）。丝绸之路助推了多样性文化交流，是东西方不同国家、不同种族、不同文明相互浸染、相互包容的重要纽带。毫无疑问，中原王朝是这个纽带的核心与中枢。张骞"凿空"西域，班超与甘英前赴后继，使中原王朝威加海内，黄河文明远播世界。

（五）华韵胡音

魏晋北朝时期，北方黄河流域迭经动乱，社会生产遭到严重破坏。但这一时期也是以黄河文明为核心的中华文明重要转折、再塑时期。魏晋北朝时期，北方少数民族匈奴、鲜卑、羯、氐、羌等南下入主中原地区。佛教等外来宗教、中亚文化等异域文化随着丝绸之路的开通广泛融入黄河文明。"自葱岭以西，至于大秦，百国千城，莫不欢附，商胡贩客，日奔塞下，所谓尽天地之区矣"（《洛阳伽蓝记》卷三）。民族的融合，外来宗教文化的内化，打破了先秦时期形成的"内诸夏而外夷狄"传统夷夏观，实现"夷狄入中国，则中国之"（《五百家注昌黎文集》卷一）。"魏兴，西域虽不能尽至，其大国龟兹、于阗、康居、乌孙、疏勒、月氏、鄯善、车师之属，无岁不奉朝贡，略如汉氏故事"（《三国志·魏书》）。黄河流域、黄河文明进入了重要的民族融合、文化融合时期。

（六）万国衣冠

公元589年，隋灭陈统一全国，结束南北朝以来分裂纷争之旧局面。隋唐时期再次迎来了国家的大一统局面。随着政局的稳定、国家的统一，黄河流域社会经济迅速恢复、发展，呈现出"齐纨鲁缟车斑斑，男耕女织不相失"盛世景象。随着经济文化的繁荣发展，尤其是隋唐大运河的开凿，万国衣冠涌入中原地区。当时的东都洛阳和西京长安成为世界各国商人慕名而来的天堂："天下舟船所集，常万余艘，填河路，商旅贸易，车马填塞，若西京之崇仁坊。"（《元河南志》）世界各国的使节也不远万里，纷至沓来，竞相朝贡。据《隋书·炀帝纪下》记载：大业十一年（615年）春正月一日，隋炀帝大宴百僚。"突厥、新罗、靺鞨、毕大辞、诃咄、传越、乌那曷、波腊、吐火罗、俱虑建、忽论、靺鞨、诃多、沛汗、龟兹、疏勒、于阗、安国、曹国、何国、穆国、毕、衣密、失范延、伽折、契丹等国并遣使朝贡"。麟德二年（665年）十月，唐高宗从东都洛阳出发到泰山祭天。"突厥、于阗、波斯、天竺国、罽宾、乌苌、昆仑、倭国及新罗、百济、高丽等诸蕃酋长，各率其属扈从。穹庐毡帐及牛羊驼马，填候道路"（《唐会要》卷7《封禅》）。隋唐大运河的开通，将地中海文化、中亚文化、东亚文化、东南亚文化和黄河文化连接起来，赋予了黄河文明多元汇聚、文明开放的品格。北宋立国，黄河流域的东京开封依然是"八方争凑，万国咸通"（《东京梦华录·序》）的国际大都市，也是当时世界上最大的、经济最发达的城市，"万国舟车会，中天象魏雄"（《欧阳修全集》卷十三《下直呈同行三公》），是丝路沿线万国来朝的圣城。随着对外交往的日益扩大，中国的礼乐制度、儒家文化、四大发明被传播到世界各地，黄河文明持续引领人类社会发展走向，是先进文化的典范。这种引领既涉及中国国内，也引领着世界发展潮流，以黄河文明为代表的中华文明在世界文明史上书写了浓墨重彩的一笔。

但是，不可否认，"安史之乱"后，黄河中下游地区社会、经济、文化遭到严重破坏。"自东都至淮泗，缘汴河州县，自经寇难，百姓凋残，地阔人稀，多有盗贼"（《全唐文》卷四六《缘汴河置防援诏》），黄河文明遭到重创。北宋以后，随着黄河流域频繁的战乱以及政治、经济重心的逐渐南移，大批中原居民南迁，黄河文明渐趋衰落。尽管如此，黄河文明的流风余绪仍深深影响着其他地域文化。厦门大学教授杨国桢、陈友平说"中原人是闽台人血缘之根。"高绪观在《台湾人的根——八闽全鉴》一书中说："台湾人文礼俗源于中土（中原），相袭八闽，举凡信神拜佛，敬天祭祀，婚丧喜庆，衣冠礼乐，四时年节，以及习俗人情，皆是祖宗流传下来的。"黄河文明成为海峡两岸文化认同和民族认同的纽带，是中国传统文化的"根"与"魂"。近代以来，由于政治腐败、闭关锁国政策的推行，以及西方列强的入侵，黄河文明走向衰落。

回顾黄河文明的发展史，它既有基于黄河流域地理分布下中华民族所创造出的传承千年灿烂物质文明，也有绵延至今象征中华民族群像的精神文明。它是以农耕文明为核心，多元文明碰撞交流、融合的产物，是中国传统文化的主干、核心和灵魂。黄河文明在世界文明的浩瀚星空中书写了光辉灿烂的篇章，是增强中华民族文化自信的重要载体。

二、其命维新：黄河文明建设推动文化自信

2014年5月4日，习近平在北京大学师生座谈会上的讲话中指出，中华文明绵延数千年，有其独特的价值体系。中华优秀传统文化已经成为中华民族的基因，植根于中国人内心，潜移默化地影响着中国人的思想方式和行为方式。今天，我们提倡和弘扬社会主义核心价值观必须从中汲取营养。

（一）黄河文明与国家"文化自信"建设

2019年9月，习近平总书记在考察河南时指出，黄河文化是中华文明的重要组成部分，是中华民

族的根和魂。他强调，要深入挖掘黄河文化蕴含的时代价值，讲好"黄河故事"，延续历史文脉，坚定文化自信，为实现中华民族伟大复兴的中国梦凝聚精神力量。大力弘扬中华优秀传统文化已经纳入我国"文化自信"体系建设当中。

包括黄河文明在内的中华优秀传统文化具有深厚的历史内涵和时代特征，涵养和丰富着社会主义核心价值观。培养国民的"文化自信"离不开对黄河文明的传承、创新与发展。传承黄河文明首先在于对黄河文明准确、深入的理解与认识。理解与认识黄河文明离不开科学研究，作为处于黄河流域文明中心的中原地区，更应当做好对黄河文明挖掘、开发、创新及传播的研究工作。目前，河南大学成立的黄河文明与可持续发展研究中心、郑州大学成立的中原文化研究中心、洛阳师范学院成立的黄河流域生态保护与高质量发展研究院等均是基于河南高校的地理优势和科研平台，整合历史、文学、地理、艺术等学科的科研人员专长，从不同研究视角探究黄河文明，成绩斐然。对黄河文明的科学研究是普及黄河文明的基础，进而才能建立起广大国民对黄河文明、对中华传统文化的文化自觉和文化自信。

古老文化的延续需要注入时代的新活力。创新离不开广泛交流，传播和传承离不开当代文化传承的新媒介。黄河文明根深叶茂，历史底蕴深厚、特色鲜明，但古老文明与当今社会存在着巨大的时代鸿沟。创新性、改革性以及效能性的中华优秀传统文化传承与发展模式。动漫、大型实景演出等的新业态形式，门户、搜索引擎、微博、微信、App 等新媒体形式，为古老的黄河文明赋予了新生命，也拉近了国民与传统文化的距离。

目前，沿黄省市也将黄河文明的传承与创新纳入了政府文化创建工作的重点。2019 年，河南省《政府工作报告》郑重提出，要"深入推进华夏历史文明传承创新区建设"。作为黄河文化的重要组成部分——河洛文化的发祥地洛阳市，始终坚持规划先行、考古前置，各类项目建设都以不占压重要文物遗迹为前提，将文物保护与经济发展、城乡建设等规划"多规合一"，围绕"黄河文化主地标城市、隋唐洛阳城国家历史文化公园、东方博物馆之都、世界文化遗产创新发展、文旅融合"五大板块，投资 53 亿元，建设河洛文化国际交流中心，建设华夏历史文化传承核心区、黄河文化精品旅游带等，持续扩大"古今辉映、诗和远方"国际文化旅游名城的影响力，打造黄河历史文化主地标城市。文旅融合在内涵和外延上都实现了飞跃。

（二）黄河文明与生态文明建设

习近平总书记提出了生态文明建设的科学理念。生态文明建设旨在解决工业化进程中人类与自然间的矛盾，实现人与自然之间和谐共生。"绿水青山就是金山银山"是生态文明建设的最好注解。

历史上的黄河善淤、善决、善徙，在孕育灿烂文明的同时，也曾给沿岸人民带来了深灾巨难。据黄河水利委员会统计，历史上黄河泛滥达 1500 余次，改道 26 次。1949 年以来，我国政府对黄河治理已见成效，但黄河流域的生态体系仍然较为薄弱，弘扬发展黄河文明必须秉持绿色发展理念。绿色发展是生态文明建设必然要求，符合中国特色社会主义可持续发展道路。保护黄河流域生态、环境，改变传统落后的发展模式，从高消耗、高污染、高排放的模式转变为绿色的、循环的、低污染的、低消耗的模式，实现人与自然的和谐相处，是构建高质量现代化经济体系的必然要求。

做好黄河流域的生态文明建设，一方面要通过宣传和教育，向社会公众传播树立绿色生态价值观念；另一方面要从建立可持续发展的黄河流域产业经济体系建设着手。黄河中下游的河南、山东是我国的粮食生产大省，在发展优势特色农业，发展适合当地乡土特色种植业的同时，也必须推动产业体系升级换代，尤其是大力培育发展旅游产业、文化产业等契合生态文明建设的现代绿色产业。

黄河流域的许多城市有着丰富的旅游资源、文化资源，在发展绿色产业方面有着得天独厚后的优势。目前，河南省已开始推进沿黄生态文化带建设。沿黄生态文化带建设将黄河文化的保护传承与生态建设、城市建设、水利建设等相结合，与丝绸之路、大运河文化带的保护传承相结合，打造一条以黄河为轴线的具有国际影响力的黄金旅游带。

（三）黄河文明与国际文化交流

文化创新离不开传播与交流。"文明因多样而交流，因交流而互鉴，因互鉴而发展。"2013 年，习近平总书记提出了建设"丝绸之路经济带"和"21 世纪海上丝绸之路"（以下简称"一带一路"）的合作倡议。"一带一路"倡议的实施无疑将为黄河流域社会经济带来巨大的发展机遇，为文明的交流互鉴和创新提供了新的平台和契机。

"一带一路"倡议旨在从国家战略层面建立起贯穿亚欧大陆的政治互信、文化融合、经济互利的命运共同体。实现政治互信、文化融合、经济互利是以各国对彼此文化的理解、认同与包容为基础。"一带一路"沿线覆盖 65 个国家，不同国家与民族意识形态、价值观、风俗习惯等都存在不小的差异。只有增进不同文明之间的相互了解才可能增强国与国间的合作交流，为"一带一路"建设的推进创设通畅的环境。

文明互鉴与文化交流应当遵循"各美其美，美人之美，美美与共，天下大同"（费孝通语）这种处理不同文化、民族关系的 16 字箴言。黄河文明具有深厚的内涵底蕴和浓郁的民族国家特色。因此，黄河文明无疑是中国与国际社会进行文化交流的品牌和主力。中国文化、黄河文明"走出去"才能够让世界能以更客观、多维的眼光审视中国，认识真实立体的中国，不断增强中国文化的吸引力和感召力，助力于我国的文化自信和文化自觉建设。在国际文化交流的浪潮之中，黄河文明也必将产生更加深远的影响力，碰撞出新时代的生命火花。

三、冉冉征途

陈寅恪在《邓广铭〈宋史·职官志〉考证序》中指出："华夏民族之文化，历数千载之演进，造极于赵宋之世。后渐衰微，终必复振。"北宋以后随着政治、经济、文化重心的南移，黄河流域不再是国家统治的中心，从此，首都不再沿陇海线东西摆动，而是以京广线南北变换，这预示着黄河文明的渐趋衰落。尤其是近代以来，随着西方列强的入侵，黄河流域沦为帝国主义争夺的主战场，黄河文明遭到重创。尽管如此，黄河文明有着强大的生命力，尤其是在新时代，黄河文明将会踏上冉冉征途，历久弥新，发扬光大。

黄河文明源远流长，弦歌不辍，是中华文明的根系与主流，黄河文明的传承、发展与弘扬必然是中华民族复振的题中应有之义。2019 年 9 月，习近平总书记在河南考察时指出，黄河文化是中华文明的重要组成部分，是中华民族的根和魂。总书记的讲话无疑为黄河文明的传承、弘扬，为河南经济文化的发展注入了新鲜血液。民族国家的振兴离不开国民的文化自信和自觉。黄河文明的传承、发展与创新是国民文化自信、文化自觉的来源。在文化自信、文化自觉建设和中华民族伟大复兴的进程中，黄河文明传承、发展、创新的冉冉征途也必将璀璨光彩。

参考文献

[1] 司马迁.史记 [M].北京：中华书局，1975.

[2] 陈寿.三国志 [M].北京：中华书局，1982.

[3] 王溥.唐会要（上下）[M].北京：中华书局，1955.

［4］孟元老.东京梦华录［M］.北京：中华书局，2004.

［5］欧阳修.欧阳修全集［M］.北京：中华书局，2001.

［6］董浩等.全唐文［M］.北京：中华书局，1983.

［7］高绪观.台湾人的根——八闽全鉴［M］.台北：台湾新闻文化出版社，1983.

（作者分别系洛阳师范学院历史文化学院副院长、教授；

洛阳师范学院历史文化学院讲师）

统筹协调推进具有国际影响力的
黄河文化旅游带建设 *

唐金培

打造具有国际影响力的黄河文化旅游带是以习近平总书记为核心的党中央为实现黄河流域生态保护和高质量发展所作出的一项重大决策。上中下游、干支流、左右两岸的统筹协调发展，既是打造具有国际影响力的黄河文化旅游带的重点所在，也是难点所在。为此，黄河流域九省区要以打造国际旅游目的地共同体为目标，在党和国家有关部门的集中统一领导下创新沟通协调机制，统筹区域协调发展，既要树立"一盘棋"的大局观念，又要有种好"责任田"的使命担当；既要加强区域横向协同，又要加强上下纵向联动。

一、系统整合区域历史文化旅游资源，夯实黄河文化旅游带建设的内生力

针对当前黄河流域文化资源分布不均衡、保护利用不充分的现实状况，要打破黄河流域行政区划之间的界线和鸿沟，全面加强黄河文化遗产的系统性保护。

一要加强区域文化旅游资源系统性保护。组织开展全流域历史文化资源和旅游资源的全面普查，梳理和分类保护黄河文化遗产，挖掘黄河文化的历史脉络和当代价值。发起成立黄河文化遗产系统性保护和申遗联盟，联合申报黄河世界自然遗产和文化遗产。建立黄河自然资源和历史文化资源重点保护区、融合发展示范区和辐射区，并采取相应的保护措施。组织开展黄河旅游资源和文化遗产数字资源采集和互联网体验平台建设，运用物联网和大数据等现代科学技术，加强各类文化资源和遗存的数字化展示和保护，实现黄河文化资源和旅游资源信息的共建共享。

二要突出地方文化旅游资源特色。按照"保护为主，抢救第一，合理利用，加强管理"的原则，深入挖掘地方特色文化资源。坚持以黄河为纽带，突出地方文化特色，着力打造西安、洛阳、郑州、开封等古都古城历史文化街区，建设兰州青城、银川镇北堡、三门峡函谷关、巩义市竹林镇等古镇古村落。传承弘扬土族盘绣、花儿、皮影等河湟文化艺术，音乐舞蹈、剪纸、二人台等河套文化艺术，秦腔、民歌、腰鼓、皮影、社火等关中文化艺术，豫剧、少林功夫、太极拳、雕刻、汝瓷、钧瓷、三彩瓷、汴绣等中原文化艺术，以及山东梆子、黑陶、泥塑等齐鲁文化艺术，逐步形成优势互补、特色鲜明的综合保护和展示体系。

三要协同推进华夏历史文明传承创新。黄河流域是中华文明和华夏文明的重要发祥地。2011 年 9 月出台的《国务院关于支持河南省加快建设中原经济区的指导意见》就将建设"华夏历史文明重要传承创新区"作为中原经济区建设的五大战略定位之一。2013 年 1 月，国务院办公厅正式批复支持甘肃

* 基金项目：河南省社会科学院 2021 年创新工程一般项目"河南建设具有国际影响力的黄河文化旅游带研究"（21A48）。

省建设华夏文明传承创新区，使之成为中国第一个国家级文化发展战略平台。陕西、山西、山东等省是中华文明的重要发祥地和重要传承发展区，要以河南、甘肃为双核，联合黄河流域九省区相关市县共同打造华夏历史文明传承创新区。通过全流域对华夏历史文明的协同传承和创新，探索一条经济欠发达但文化资源富集区域文化旅游事业科学发展的新路子。

二、统一做好全流域文化旅游顶层设计，加强黄河文化旅游带建设的统领力

针对当前黄河流域一些地方在保护传承弘扬黄河文化和发展黄河文化旅游产业过程中存在的一哄而上、各自为政等现象，需要加强全流域上中下游和左右两岸的整体规划和全面布局，加强对黄河流域相关省区的统一指导和协调行动。

一要加强规划引领。在编制《黄河文化保护传承弘扬发展规划》《黄河流域文物保护利用规划》《黄河流域非物质文化遗产保护传承弘扬规划》的基础上，尽快出台具有国际影响力的《黄河文化旅游带发展规划》及其相关实施方案。按照"轴带发展，极点带动，辐射周边"的思路，以黄河为主线，以兰州、银川、三门峡、洛阳、郑州、开封、济南、东营等沿黄节点城市为引领，结合相关地方的文化旅游资源特色，规划建设主题鲜明的黄河文明博物馆、黄河文化廊道、黄河文化生态保护区、黄河文化集中展示区和体验区等，将整个黄河流域建设成为世界级文化旅游目的地。

二要推进国家黄河文化公园建设步伐。为进一步推动黄河文化的保护、传承和弘扬，在建设国家长城文化公园、国家大运河文化公园、国家长征文化公园的同时，从国家层面推进国家黄河文化公园建设步伐，并通过国家黄河文化公园和黄河文化旅游带的规划建设，进一步加强黄河流域九省区自然资源和历史文化资源的保护利用。为此，要在持续推进三江源、祁连山等自然遗产国家公园，以及建设陕西大明宫考古遗址公园、山西蒲津渡与蒲州古城考古遗址公园、河南隋唐洛阳城考古遗址公园等大型考古遗址公园的基础上建设国家黄河文化公园，提升黄河自然遗产和历史文化遗产的展示和利用水平，充分发挥中央相关部委及黄河流域博物馆联盟在黄河文化遗产集中保护和展示方面的协调作用。

三要创建国家级文化旅游融合示范区。在青海河湟文化省级文化旅游融合发展示范区、黄南文化和旅游融合发展示范区、陕西省级文化旅游融合发展示范区、河套文化省级文化旅游融合发展示范区、中原文化省级文化旅游融合发展示范区、齐鲁文化省级文化旅游融合发展示范区的基础上，建设黄河文化国家级文化旅游融合发展示范区，以点带面推进黄河流域文化旅游融合发展和黄河文化旅游带建设步伐。

四要加强项目带动。打破行政区划的限制和黄河的天然阻隔，在黄河上中下游、干支流和左右两岸统一布局一批文化旅游建设项目，并与相关城镇既有景区串珠成线，连线成面。同时，还要将黄河文化旅游带建设与黄河生态保护和高质量发展有机结合起来，将黄河文化旅游开发与文化旅游产业发展有机结合起来，将黄河文化旅游项目建设与区域城乡规划建设有机结合起来。通过黄河流域上中下游、干支流和左右两岸的文化旅游项目合作开发与协调发展，不断提升黄河文化旅游产业的发展合力。

三、联合开展文化旅游理论创新研究，增强黄河文化旅游带建设的引领力

针对当前黄河流域各省份在文化旅游方面研究力量薄弱而分散，以及对黄河文化旅游学理研究不深不透、高质量研究成果不多不平衡等现状，应在充分发挥各省份现有研究力量的基础上，进一步加

强多领域、多学科的区域交流和合作。

一要组建区域文化旅游咨询机构。九省区黄河文化旅游融合发展及黄河文化旅游带建设智库联盟，建立相应的交流机制和网络信息化平台。围绕黄河生态保护、黄河文化遗产传承保护利用、黄河流域经济高质量发展等方面一些亟须解决的重大问题，提供决策咨询和有针对性的对策建议，为推进黄河流域生态保护和文化旅游产业的高质量发展提供智力支持。

二要建立黄河文化旅游调研基地。分别以黄河文化与中华文明、黄河水利工程建设与黄河治理、黄河流域的水土保护与生态文明建设、黄河文化遗产系统保护与展示、黄河文化与旅游融合发展模式及路径选择、黄河流域优秀民俗文化的传承创新等为主题，建立一批调研基地，成立一批研究中心，组织开展多学科、多领域综合协同创新研究，并定期举办由多学科专家学者参与的黄河文化旅游融合发展高层论坛，为黄河文化旅游带高质量发展提供学术支撑。

三要确定一批黄河文化旅游研究课题。系统整理黄河历代水文、黄河历代遗存、黄河流域历代商业以及黄河治理等方面的文献资料，深入挖掘黄河文化在中华文明的独特地位和重要作用，积极推进黄河文化的创造性转化和创新性发展。通过规划一批国家级、省部级重大和重点研究课题，推出一批具有标志性的研究成果，找准黄河文化与旅游融合发展的对接点和着力点，为讲好"黄河故事"、弘扬黄河精神、传承黄河文化、建设黄河文化旅游带奠定坚实的理论基础。

四、合力完善文化旅游保障体系，强化黄河文化旅游带建设的支撑力

针对当前黄河流域文化和旅游融合不深入、不全面，保障体系不健全、不完善的现实状况，要进一步加大改革创新力度，深化文化旅游全面融合，加大黄河文化旅游在组织、资金和人才等方面的保障力度。

一要创新区域文旅融合发展协调机制。由文化和旅游部牵头、九省份共同参与，建立黄河流域文化旅游联盟联席会议制度，以及黄河文化旅游带建设协调领导小组和专家小组。为制定和实施《黄河文化旅游带发展规划》，以及协调解决黄河文化旅游带建设过程中遇到的困难和问题，提供组织保障和制度保障。

二要创新区域文化旅游资金保障机制。加强坚持以政府为主导，创新市场化运作模式，设立黄河流域文化旅游融合高质量发展专项基金。建立健全国有资本引导联动、各类社会资本广泛参与的文旅游融合发展投融资机制，及时有效地解决黄河文化旅游带建设资金投入点多面广、项目资金供需失衡等突出问题。

三要创新区域文化旅游人才培养激励机制。采取适当的激励措施，加强对黄河流域九省区文化和旅游专业及相关专业人才培养和引进工作的统筹指导。在提高文化和旅游融合发展管理人员综合素质的同时，创新人力资源开发模式，鼓励和吸引相关专业的高层次人才到黄河流域九省区工作，为黄河文化旅游带建设提供人才保障。

将黄河文化旅游带建设与丝绸之路文化带建设、大运河文化带建设、黄河流域生态保护与高质量发展等有机结合起来，建立联动机制。逐步形成各种资源优势互补、基础设施互联互通、公共服务共建共享、生态环境共治共保、文化旅游产业协同创新发展的新格局。

五、共同构建文化旅游产业体系，聚集黄河文化旅游带的竞争力

针对当前黄河流域文化旅游产业整体实力不强、业态创新能力不足和产品转化能力相对较弱的现

实状况，要加强项目统筹，突出地方文化旅游资源优势，尽量避免项目及产品简单重复和相关资源浪费。

一要建设一批文化旅游创意产业园区。充分运用人工智能、大数据等现代科学技术，发展有竞争力的特色文化旅游新业态，生产更多、更优质的黄河文化艺术精品（如洛阳牡丹瓷、洛阳唐三彩、开封汴绣、湟中银铜器、湟中堆绣、河湟刺绣、陕西秦绣、山东鲁绣、甘肃洮砚、山西澄泥砚等），使文化旅游产业成为黄河流域九省区具有核心竞争力的支柱产业。

二要推出一批精品文化旅游演艺项目。在继续演绎好《长恨歌》《月上贺兰》《天域天堂》《禅宗少林·音乐大典》《大宋·东京梦华》《孔子》等国家文化旅游重点项目的基础上，依托大禹治水传说、历代黄河治理故事等，打造一批经典实景演出项目，以丰富多彩的艺术形式和当代表达方式，充分彰显黄河文化的核心理念、当代价值和人文精神。

三要打造一批具有国际影响力的文化旅游节会。提高郑州黄帝拜祖大典、少林国际武术节，洛阳牡丹节、河洛文化节，开封菊花节、清明文化节，陕西金秋旅游节、丹凤桃花节，山东齐文化节、孔子文化节，山西艺术节、平遥国际摄影节，青海文化旅游节，宁夏大漠黄河国际旅游节等节会的规格和档次。九省区轮流举办"黄河文化节""黄河戏曲节""黄河民俗节"等，使节会成为黄河文化旅游融合发展的重要引擎和黄河文化旅游带的突出亮点。

四要建设一批文化旅游休闲体验基地。在继续扩大孔子大讲堂、大嵩山论坛、道德经诵读等文化活动影响力的同时，将传统村落保护与传统农耕技术传承有机结合起来，将黄河生态环境保护与传统水利技术传承等有机结合起来，将康养休闲与参与民俗活动、传统工艺制作等有机结合起来，建设一批名人学堂和研学基地。通过创新文化旅游休闲体验方式，将黄河文化旅游带建设成为国内乃至国际知名的传统文化研学区以及传统农耕文明和水利技术体验示范区。

六、携手打造文化旅游品牌，扩大黄河文化旅游带建设的影响力

针对当前黄河流域在文化旅游品牌打造方面各自为政，以及"黄河母亲"品牌合力尚未完全形成的现实状况，要在品牌设计、品牌营销等方面加强合作，尽快形成"黄河母亲"文化旅游品牌的整体合力和国际影响力。

一要统筹文化旅游品牌培育和宣传。黄河源、塞上江南、九曲黄河第一湾、沙坡头、黄河石林、中华黄河坛、壶口瀑布、小浪底、黄河入海口等景观或景区虽然已经小有名气，但仍没有形成统一的黄河文化旅游品牌。为此，要以"中华源·黄河魂"为品牌，统一黄河文化旅游 IP 设计，将黄河文化旅游带建设成为展示中华优秀传统文化的重要窗口、传承中华优秀传统文化的重要载体、推动黄河文化"走出去"的重要平台。

二要打造黄河文化旅游主地标。以"中华源·黄河魂"为红线，将黄河流域的河湟文化、河套文化、关中文化、中原文化、齐鲁文化等有机串联起来，在适当位置建设浓缩黄河流域所有历史文化地标的黄河文化大观园，并在园内建立一座充分彰显黄河文化之"源""根""魂"本质特征的黄河文化旅游主地标。

三要扩大黄河文化旅游品牌影响力。积极探索黄河文化旅游品牌在网络和新媒体传播环境下的新载体和新手段，通过黄河流域上中下游和左右两岸的文化旅游项目合作与互动发展，协同打造"华夏文明溯源游""黄河古都古镇风韵休闲游""治黄水利水工技术研学游""黄河红色文化游""黄河根亲文化游""黄河民俗文化体验游"等具有黄河文化旅游特色的旅游品牌，并以此提升黄河文化旅游带的整体形象和文化旅游品牌的国际影响力。

四要运用"互联网+"以及智能化传播手段和精准营销方式，坚持线上宣传和线下推介相结合，传统媒体宣传与新兴媒体推介相结合，广告宣传与节会推介相结合，让"中华母亲河"这一黄河文化旅游品牌叫响全世界。

由于黄河流域沿线地理地貌差异性非常明显、文化旅游资源分布厚薄不均，上中下游及左右岸的文化旅游发展还不充分不平衡。为此，要做好全流域的统筹安排与分段落实，既要用全域旅游理念做好"统"字文章，全面统筹黄河文化旅游带的旅游基础设施、公共服务设施、服务标准和品牌形象，防止各自为政，又要因地制宜做好"分"字文章，引导黄河文化旅游带上中下游及相关地方差异化发展，提升旅游产品和项目的地域特色和亮点，防止"一刀切"。

（作者为河南省社会科学院历史与考古研究所副所长、副研究员）

对推进幸福河湖建设中的
水文化建设若干问题的思考

肖　飞　曾紫凤

2019 年 9 月，习近平总书记在黄河流域生态保护和高质量发展座谈会上发表重要讲话，提出要"着力加强生态保护治理、保护黄河长治久安、促进全流域高质量发展、改善人民群众生活、保护传承弘扬黄河文化，让黄河成为造福人民的幸福河"。水利部领导在贯彻落实总书记讲话精神的基础上，将建设幸福河的范围进一步扩大，提出大江大河的治理使命是为人民谋幸福，不仅黄河，其他江河也要成为造福人民的幸福河。

在 2020 年全国水利工作会议上，以下观点被再次提出，坚持和深化水利改革发展总基调的总体目标是建设造福人民的幸福河。推进幸福河湖建设，离不开先进水文化的引领，也需要丰富水文化的支撑。可以肯定，如果每个河湖都具有文化内涵，都有故事、有美景、有风光、有音乐、有网红点、有灯光秀、有文化廊道、有湿地公园，河湖的幸福指数肯定会倍增，人民群众也肯定会从河湖中获得更多的幸福感，那么每个河湖就真正成为幸福河湖。

一、水文化建设在推进幸福河湖建设中的重要地位和作用

（一）水文化建设是幸福河湖建设的重要内容

先进水文化是幸福河湖建设的五项指标之一，传承传统水文化、挖掘特色水文化、弘扬先进水文化，是建设幸福河湖的重要内容。习近平总书记指出，黄河流域生态保护和高质量发展的主要目标之一就是要保护、传承、弘扬黄河文化；要推进黄河文化遗产的系统保护，守好老祖宗留给我们的宝贵遗产；要深入挖掘黄河文化蕴含的时代价值，讲好"黄河故事"，延续历史文脉，坚定文化自信，为实现中华民族伟大复兴的中国梦凝聚精神力量。其实不仅黄河，每一条河、每一个湖都有自己独特的文化内涵，承载了当地的历史传承、地域特色、审美情怀，与群众的幸福生活息息相关。先进水文化与防洪保安全、优质水资源、健康水生态、宜居水环境被并列，共同作为实现幸福河湖建设目标的五大举措，可见其重要地位和积极作用。

（二）水文化建设是水利改革发展的精神动力

当前和今后一个时期，水利改革发展的总基调是水利工程补短板、水利行业强监管。所谓水利工程的短板，不仅包括防洪、供水、生态文明建设等方面存在的薄弱环节，也包括水利工程缺少文化内涵、水文化自觉不够、人水关系不和谐等"软"问题。加强水文化建设，不仅可以从思想观念、管理制度、人才队伍等方面改善水利建设的软环境，也能激励广大水利干部职工积极投身水利改革发展事业中，进一步提高知识水平、科学素养和文化自觉，为推进幸福河湖建设提供智力支持和精神动力。

（三）水文化建设是实现人水和谐的迫切需要

随着我国社会经济的发展和物质生活水平的提高，人民群众的精神文化需求不断增强，对河湖水域及水生态空间的休闲、娱乐、审美、宜居等功能的要求也不断提高。在河湖建设中注入水文化元素，建设一批富含文化性、艺术性的精品水利工程和亲水文化景观，营造"河畅水清堤固岸绿景美"的河湖生态环境，不仅能发挥水利设施防洪、灌溉、航运、发电等综合效益，也能满足人民群众的精神需求，实现人与水的和谐共生，促进河湖生态保护和高质量发展。

二、对幸福河湖水文化建设内涵的思考

《说文解字》有注："幸，吉而免凶也；福，佑也。"二字连用为幸福，意思是祈望得福。而水文化是指水的文化属性，本质就是人与水关系的文化。因此，简单来说，幸福河湖水文化就是赋予人们幸福的河湖文化，既包含"兴水利、除水害"等造福人民的文化内涵，也包含人们在长期的水利建设与人水和谐的生态环境中获得的满足感、幸福感。而幸福河湖的先进水文化建设，"就是要宣传展示我国长期治水实践形成的灿烂文化，深入挖掘水文化内涵及其时代价值，讲好治水故事，营造全社会爱水节水惜水的良好氛围，进一步坚定文化自信，为实现中华民族伟大复兴的中国梦凝聚精神力量。"综上可知，幸福河湖水文化建设应主要包含以下四个方面的内容：

（1）大力弘扬先进河湖水文化，讲好"河湖故事"，坚定文化自信。

（2）深入挖掘河湖水文化蕴涵的地域特色和时代价值。

（3）抢救保护好河湖文化遗产，守好老祖宗留给我们的宝贵遗产。

（4）精心打造推出具有鲜明时代特色的河湖水文化建设成果，延续传承华夏历史文脉。

三、幸福河湖水文化的分类及认定标准

（一）幸福河湖水文化分类

1. 物质层面

物质层面主要指以水工程、水环境、水空间等有形物质为载体的水文化，表现为直观可视、可触、可感的物质成果。

（1）水利工程。既包括新建水利工程，也包括现有的水利工程、工程类水文化遗产等。在建设幸福河湖的过程中，新建的水利工程应更加注重文化品位，但绝非简单粗暴地增加水文化元素，而是将水利功能与人文内涵进行更加有机的结合，在保证水利工程实用价值、实现工程效益的基础上，兼顾工程的审美性和文化内涵。对现有的水利工程和工程类水文化遗产，在加大保护力度的同时，也要进一步挖掘其内涵及文化底蕴，丰富文化环境和艺术美感，打造与周边环境相协调的文化旅游景点，满足人们的实用和审美需求。如以飞来峡水利枢纽为主体的广东省清远市飞来峡水利枢纽风景区，将飞来峡水库枢纽工程景观和周边自然峡谷风光、飞来峡度假村人文景观融合在一起，尤其飞来峡原本就是道教第十九福地，有许多历朝历代兴建的观宇和文人墨客的诗赋歌咏，在清幽雅静的山水之间更添几分人文风光。如今，飞来峡水利枢纽风景区已被评为国家 AAAA 级旅游风景区。

（2）水生态环境。主要是将人文环境和自然水生态环境进行有机结合形成的复合生态环境，既能融合人文历史积淀和现代审美情趣，又能保护或修复原有的水环境和生态风貌。如广东的万里碧道建设，以水为主线，统筹山、水、林、田、湖、草等各种生态要素，打造"清水绿岸、鱼翔浅底、水草

丰美、白鹭成群"的生态廊道，大力建设古驿道、文化景观带等生态文化产品，促使历史文化名村经济、生态、文化彼此交融，构建南粤大地"融入自然、品味文化、畅享健康"的休闲游憩网络。

（3）水文化空间。主要指与水文化相关的各种场馆，如水文化馆、水利博物馆、亲水平台等，可以普及水利行业知识、展示水文化及历史、弘扬水利精神，同时也是人民群众休闲娱乐的好去处。例如，广州市的水博苑就是以水文化为主题，集公益展馆、古迹和公园为一体的水文化博览园。水博苑将传统岭南的造园特色与元素融于景园营造、建筑风格和绿化配植中，构建了"水景览胜""岭南水韵""水印塔影"等水文化景观，生动地展示了世界水文化、中华水文化、岭南特色水文化等，同时还有雨水收集回收利用系统及"净水技术""污水处理技术"等虚拟展示，融生态绿色建筑展示、自然博览、生态科普、生态休闲旅游、科研交流于一体，营造了一个触水、亲水、乐水的水生态景观。

2. 制度层面

河湖制度文化，即在河湖建设及开发利用等过程中形成的制度规范，与河湖相关的各种成文和成习惯的规则、行为模式与行为规范，主要表现为法律、制度、习俗等形式，包括管理制度、行政制度、政治制度、经济制度、法律制度等。譬如，在推进河长制湖长制工作过程中，广东相继出台了《广东省河道采砂管理条例》《广东省河道管理条例》等地方性法规，还完善了巡查、考核、督查、验收、问责、激励等一系列配套制度，在河湖监管中发挥了巨大的制度优势。尤其是《广东省河道管理条例》，不仅填补了广东省河长制的立法空白，而且也提升和固化了现有的经验和做法，有利于推动河长制更加成熟定型，对于推进河湖治理体系和治理能力现代化具有重要意义。

3. 民俗层面

民众层面包括河湖相关的地域文化、社会风俗、宗教文化等，如疍家文化、水神崇拜、赛龙夺锦、码头文化等。例如，疍家又称疍民、艇户，是一种世代以船为家的渔民。疍家人常年在水上迁徙、漂流，形成了独特的生活方式、风俗习惯，其中最广为人知的应是疍家的"咸水歌"。咸水歌一般没有固定的曲谱，往往是触景生情、随编随唱，内容广泛、形式多样，充分展示了疍家人水上生活的喜怒哀乐和对水的深厚情怀。目前，广东各地不时开展水乡文化节、举办咸水歌比赛等活动，中山咸水歌已被列入第一批国家级非物质文化遗产名录，根据河长制工作改编创作的咸水歌演唱也引起了观众的热烈反响。

4. 精神层面

精神层面是指在河湖建设中人与水的关系理念，主要表现为思想意识、价值观念及科学、文学、艺术等文化内容。

（1）河湖建设中的精神文化。在几千年治水管水的过程中，孕育了许多优秀的治水传统和宝贵精神财富，如"公而忘私、艰苦奋斗，尊重规律、因势利导"的大禹精神，"万众一心、众志成城，不怕困难、顽强拼搏，坚韧不拔、敢于胜利"的九八抗洪精神，"科学民主，团结协作，精益求精，自强不息"的三峡精神等，已成为中华文化的重要内涵。建设幸福河湖，不仅要继承和弘扬这些传统精神，还要深入挖掘和总结优秀水利行业精神和水利人精神，向全社会传递管水治水的正能量。

（2）河湖建设体现的科学文化。主要指河湖建设过程中涌现出的科技成果、先进治水理念、创新治水模式等，如在河长制湖长制建设中，广州探索出的"河长统领、全民参与、共建共享"的特大型城市治水新路径，潮州建立起的"河湖长＋检察长"治水管水新模式，江门试点"华侨河长"参与河湖治理的侨乡模式等，均取得了显著成效。

（3）人水和谐等文化认知。主要指在幸福河湖建设过程中，人民群众自然生发出的价值观、伦理观、消费观和审美观，如上善若水的哲学思辨、节约用水的生活习惯、乐山乐水的自在情怀、知水亲水护水的爱水理念，以及相关的文学、哲学、艺术创作等。

（二）幸福河湖水文化认定标准

从以上论述中可以得知，幸福河湖水文化的认定标准应紧密围绕幸福河湖的内涵展开，综合选取物质层面、制度层面及精神层面的影响因子，充分考虑各地自然条件、社会发展状态、文化差异等因素，同时加入群众参与度、认可度等弹性指标，制定因地制宜的标准体系。

四、对推进幸福河湖水文化建设路径的思考

（一）水文化建设的现状

当前，水文化建设已经得到了普遍重视，在推动传统水利向现代水利转变、提升水利行业文化软实力、推进社会主义文化大发展大繁荣、加强生态文明建设等方面发挥了重要作用。但在实践过程中，仍然存在一些问题，如水利法规体系有待进一步完善，"政府主导、社会支持、群众参与"的水文化建设体制机制尚未建立；许多水行业主管部门对先进水文化的引领作用认识不足，水文化建设队伍力量薄弱，参与水文化研究的人员不少还处于自发状态，水文化研究与解决中国现实水问题的结合不够紧密；水利工程普遍缺乏文化内涵，水文化遗产保护和开发不力，水利风景区水文化特色不鲜明或没有形成规模优势，难以满足人民群众多元化、多样化、多层次的需求等，先进水文化建设亟待进一步加强。

（二）推进幸福河湖先进水文化建设的主要路径

1. 提高思想认识，树立系统思维

建设新时代先进水文化，首先必须提高思想认识，树立系统思维和整体观念。一要深刻认识到加强水文化建设的重大意义，认识到水文化在引领现代水利、可持续发展水利等方面的重要支撑作用，才能切实担负起推进水文化改革发展的政治责任，发展与现代社会相适应的先进水文化。二要加强组织领导，将水文化融入水利建设的顶层设计中，为水文化建设提供持久动力和长远规划。加大资金投入，建立健全相关体制机制，保证水文化建设能够顺利、有效地推进。将文化的元素渗透到水利工作的各个方面，加强水利工程中文化元素的规划、协调和衔接，展现水利工程的文化内涵和文化品位，提升现代水利建设的文化内涵。三要加强人才队伍建设，注重人才的培养和使用。把培育德艺双馨的水文化人才和创作高品位的水文化作品作为水文化队伍建设的根本任务，努力打造一支高素质的水文化人才队伍，创作出一批文学艺术精品。结合水利工作实际和水文化建设需要，深入开展水文化相关的培训、学习、研究等活动，提高广大水利干部职工的水文化素养。其次要善于自学，不仅要掌握业务知识，还要广泛学习水利行业、文史哲及社科等方面的知识，创作更多反映时代特色、反映幸福河湖建设成果的优秀作品，争当先进水文化建设的"排头兵"。

2. 保护文化遗产，挖掘特色文化

水文化遗产具有极高的文化价值、历史价值、科学技术价值、生态环境价值，是我国悠久水文化传承的主要载体，是人类治水文明的表现形式，也是重要的人文旅游资源。建设先进水文化，就要深入挖掘本地区现存的传统水文化遗产，在加强保护的基础上，进行科学合理的开发利用。一要加大水文化遗

产的保护力度。开展水文化资源调查研究，摸清其种类、内容、分布等情况，加大水利文献与档案的整编、分析与共享力度，建立起水文化遗产数据库，研究制定统一的认定标准和认定程序，逐步构建完善水文化遗产保护传承的体制机制。例如，郑州市 2019 年底出台的《水文化遗产认定及价值评价导则》，为郑州市的水文化遗产提供了明确、规范、法定的认定标准，确定了一批水文化遗产保护名目，也为各地提供了借鉴。二要做好水文化遗产的开发利用。可通过原址展示、实物复原、陈列展览、虚拟现实技术复原、科普著作和数字影视作品发行等技术手段，加大向社会公众的宣传力度。深入挖掘有特色的水文化遗产，与当地社会文化、周边环境相结合，打造独一无二的特色旅游景观。目前较有代表性的都江堰、杭州西湖、钱塘江海塘等都是蜚声国内外的旅游胜地，也成为当地的一张闪亮的名片。但在开发利用过程中，也要注意科学、合理，不可大拆大建或过分商业开发，应找到保护和利用的最佳平衡点。

3. 加强宣传推广，发动群众参与

建设幸福河湖，群众的评价至关重要；弘扬先进水文化，群众的参与不可或缺。因此，必须加强宣传推广，搭建好线上线下的平台，让广大人民群众都有机会参与进来。一是定期开展"节水中国行""世界水日·中国水周"等主题宣传活动，引导全社会自觉遵守水法规、保护河湖水生态，建立有利于水资源可持续利用的社会制度和生产生活方式。二是通过媒体宣传、学术讲座、主题展览、亲水活动等多种途径，尤其是重视运用新媒体、短视频、电子图文等互联网平台及内容，全面弘扬幸福河湖文化，形成政府主导、社会协同、公众参与的良性互动，调动全社会参与幸福河湖文化建设的积极性、主动性、创造性。三是加强基层文化基础设施建设，充分发挥水文化馆、水利博物馆、亲水平台等水文化空间的作用，广泛开展人民群众乐于参与、便于参与的幸福河湖文化体育活动，充分发挥"12314"水利监督服务举报平台作用，在全社会建立起节水优先、人水和谐的生产生活方式。

五、结语

建设幸福河湖是一项系统工程，先进水文化是其中的关键环节，发挥着重要的导向作用。加强先进水文化建设，不仅要传承和保护水文化遗产、弘扬优秀的水文化传统，还要将传统水文化与现代水利相结合，加紧开展水文化研究工作，深入挖掘其中蕴含的时代价值，推动水文化在新时代的延续和发展。建设先进水文化，要将满足人民群众对美好生活的需求作为出发点和落脚点，既要发挥各级党委政府的主导作用，也要寻求社会力量的大力支持，更离不开广大人民群众的共同参与。水养人养心、人爱水护水，只有通过人与水的双向良性互动，才能最终实现人水和谐共生的健康水生态，使幸福河湖建设真正地造福于民。

参考文献

［1］习近平.在黄河流域生态保护和高质量发展座谈会上的讲话［EB/OL］.http://www.gov.cn/xinwen/2019-10/15/content_5440023.htm，2019-09-18.

［2］鄂竟平.在江河流域水资源管理现场会上的讲话［EB/OL］.http://www.mwr.gov.cn/xw/slyw/201910/t20191014_1365217.html，2019-10-11.

［3］鄂竟平.坚定不移践行水利改革发展总基调　加快推进水利治理体系和治理能力现代化［EB/OL］.http://www.mwr.gov.cn/jg/bzzc/ejingping/zyhd_368/202001/t20200123_1387600.html，2020-01-09.

（作者分别系广东省水利厅二级巡视员、四级主任科员）

黄河沿岸滩区的规划变迁、法治进程与基层治理

徐　可

中原地区是河洛文化与黄河文明的发祥地，"治水文明"可谓中原文明不可分割的有机构成；也是东方"水利—农耕"社会的特殊类型的文明形态，具有漫长的演化历史。例如，魏特夫就从"治水社会"出发系统论述了东方基于农业生产和组织的专制制度[①]。

沿黄许多村镇因水而兴废，"治水文明"历经变迁在当代呈现向"法治文明"加速演化的趋势。聚焦于"郑州—开封—商丘—徐州"黄河沿岸村镇与滩区故道近二十年来开发与治理，在这特殊的"历史窗口期"也能够窥测其中国土资源的价值增值、区域发展的理念更替，以及背后所隐含的法治进程与治理文明。黄河不仅书写了中国的古代史而且还正在书写着当代史，沿黄村镇的基层治理是源远流长的流动文化，在传承过程不断地呈现出基层治理中"治水文明"的创新。

一、早期开发：从"财经纪律"到"投资条例"

黄河滩区与故道幅员辽阔，但由于黄河频繁改道致使不少地方成为"黄泛区"，从而城镇荒芜，人口外迁，珍贵的国土资源在近代很长一段时期得不到充分利用。但是，近年来随着沿黄建设项目的规划与立项，这种情况迅速得到改观，沿岸不少区域再次成为政府投资的"热土"。

我国积极财政政策历经"抗冲击""促增长""可持续"的政策演变[②]，黄河沿岸早在二十年前就有过最初"抗冲击"的建设高潮。1998年以来，为了应对亚洲金融危机，我国首次实施积极的财政政策，中央财政对公共基础设施加大投资力度，开始对淮河以及中原地区的黄河滩区、商丘和苏北黄河故道进行开发与整治。十年之后，2008年，中央财政为了"促增长"宣布四万亿元投资政策，继续实施扩大内需的公共投资政策，进一步加大了黄河滩区与故道的整治力度。而在这些区域早期开发治理中，首要解决的是交通不便问题，交通建设在当时处于核心位置。这两次应对危机的政府投资项目旨在以投资拉动内需，因此表现为一系列的应急措施，由中央财政紧急筹措资金并迅速拨付项目单位，同时要求"及时拨款""当年开工"，因此从资金管理、项目实施、事后审计监督都以"特事特办"的态度迅速推行并开展了针对"滞留资金"的专项检查工作。我国1994年颁布的《预算法》及其实施条例刚刚实施且只做了原则性的规定，而我国《招标投标法》到了2001年才开始实施。因此，当时政府资金筹措、拨付程序、施工单位选择只能依据财经纪律进行规范。由于"特事特办"的要求，当时项目普遍存在着"突击上马"现象，导致黄河故道的应急项目存在着诸多问题，如边勘察、边设计、边施工的"三边工程"，为套取更多项目资金的"钓鱼工程"等。

---

① 魏特夫.东方专制主义［M］.北京：中国社会科学出版社，1989.

② 薛涧坡，张网.积极财政政策：理论发展、政策实践与基本经验［J］.财贸经济，2018（10）.

当时招投标"走过场"和项目的变更与调整更是普遍现象，这给完工后的工程决算审计带来很多困难。我国的《审计法》于1995年开始实施，1997年国务院颁布的《审计法实施条例》规定，"财政投资的工程项目"必须纳入审计范围，同时规定"项目预算调整超过10%"则需要重新审计；由此造成了不少"财政纪律"与"审计法规"之间的冲突，这在2009年由财政部门牵头开展的"扩大内需工程项目专项检查"工作中有着集中的表现。这些项目在取得显著效果的同时也暴露出投融资体制、项目实施与管理等多方面的问题。

随后，"新农村建设"全面开启了以"村村通"为主导项目的大规模基础设施建设。2015年实施的新修订的《预算法》对预算程序进行了规范并体现了立法进步。新《预算法》旨在"将全部政府支出关进制度的笼子"，强调"预算透明"，对地方债务、国库管理、法定支出、人大预算审查与监督等事项都做了明确的规定。同时2017年修订的《招标投标法》，2018年修订的《招标投标法实施条例》对招投标的程序做了严谨的规范，扎牢了制度的笼子。

毋庸置疑，近年来我国政府投资的增速已经超过了制度建设的速度，从而涌现出了不少临时性、应急性、补救性的"权宜之计"。随后，财政政策也由"促增长"转向"可持续"，2019年7月1日国务院颁布了《政府投资条例》，对政府举债以及其他行为进行限制。尽管这部法律强化了政府投资的规范性，但是很多条文过于抽象，配套制度没有跟进，一经公布就引发了不少讨论。2019年5月国家发展和改革委下发的《关于做好〈政府投资条例〉贯彻实施工作的通知》，提出了"全面清理不符合《条例》的现行制度""加快《条例》配套制度建设""以《条例》为契机推进投融资体制改革"的三项要求。当前的沿黄项目占地广、投资大、周期长，牵涉多方利益，因此亟待架构有效的投融资体制与日常管理体系。从省级政府到村镇的科层组织，从地方政府到黄委会的条块关系，都需要规范与协调。如何在公益性项目中规范多元化投融资机制，同时处理好"条块关系"，树立不同层级政府与部门的主体责任，不仅需要正式制度的"法律条文"，更需要地方政府、社会组织、当事人多方参与的"协同机制"来解决问题①。

因此，黄河流域高质量发展的重点亟待由"项目建设"转向"基层治理"。没有完善的基层治理，许多建设项目也就无法维修、运营和最大化使用；许多建设项目必将沦为"公地的悲剧"。而基层治理中大量秩序与规则如乡规民俗都是自发演化而形成。如何改变乡村的基层治理现状，规范村组干部随意性就成为关键所在。最好的办法就是通过各个利益主体，在不同诉求表达中经过充分博弈由冲突实现合作②。

二、小镇规划：从"景点开发"到"文化特色"

近年来，黄河沿岸古镇旅游人数开始激增，如朱仙、万胜、道口、古荥、河洛、陈桥驿等，黄河古镇所表达的古朴风貌与日常审美颇具地方特色而成为旅游热点。

当前不少历史古镇热衷于申报"特色小镇"。"特色小镇"从浙江诞生以来，经住房和城乡建设部的肯定与推广而迅速发展起来，目前全国403个国家级示范点大部分都有"旅游开发"的内容。尤其是2017年"全域旅游"的理念推出后，刺激了"景点开发热"，并与"特色小镇热"形成了热点叠加。

然而在"土地开发"的思维惯性下，"特色小镇"建设当前也存在不少问题。2017年底，国家有关部委联合发文《关于规范推进特色小镇和特色小城镇建设的若干意见》指出了近年来出现的"概念

---

① 徐干，徐双敏.公共政策协商机制的价值内涵与构建路径［J］.学习与实践，2019（5）.
② 董敬畏.利益冲突、权力秩序与基层治理［J］.城市规划，2017（5）.

不清、定位不准、急于求成、盲目发展、市场化不足"等问题以及政府债务和房地产化的风险。为了强化综合治理，2018 年"特色小镇"的审批权由住房和城乡建设部移交给国家发展和改革委，这也意味着从国家层面加强"规划管理"并对当前过热的"特色小镇"进行整顿治理。

当前的问题在很大程度上归咎于"规划"，这首先需要厘清"规划立法"中的各种关系。2008 年的《城乡规划法》在"规划编制"上分为"总体规划"和"详细规划"，"详细规划"又细分为"控制性详细规划"和"修建性详细规划"。一方面，这明显带有自上而下层层控制的"计划性"举措，导致许多村镇规划并没有充分调研地方基层与周边实际情况，仅从"理念"出发违背客观条件从而呈现出"理性自负"。另一方面，当前的规划编制中充斥了大量的"技术说明"，使规划编制成为一项"工程技术"，导致规划工作过于"专业"被少数"技术精英"所垄断。

当前乡镇规划编制普遍存在着"千篇一律"的问题。规划文件强调"整体性""综合性""全面性"，这种"面面俱到"形成了"套路"，如同一个模子刻印出来，导致不少旅游景区规划方案高度雷同，成为旅游景区"审美疲劳"的制度性根源。另外，规划编制过于详细必然造成后期的频繁调整与变更，建设规划与土地规划不一致也往往产生冲突。当前规划管理背后的政府层级与权限"统得过死"，"上级部门"规划往往没有给项目实施单位的"下级部门"留有足够的调整余地以及必要的"试错"机会。

以上这些规划缺陷体现在特色小镇建设中的最大问题就是"没有特色"，而"特色"本应该是根植在民风民俗之中，在社会经济发展过程中通过自发演化凝聚而成，而非一哄而上地依靠"园区规划与开发"的模式人为建造。这背后还折射出深层次隐藏的投资体制问题[①]。长期以来，"土地财政"成为地方经济发展的内在动力，因而城建扩张也成为地方经济发展的表现形式；这在当前房地产调控、城市基础设施建设过热、地方债务规模过大的宏观形势与环境中，问题尤为严重。

当前，黄河沿岸古镇都希望能够借助其丰富的人文资源申报各种旅游项目、文化项目和特色小镇。2017 年 7 月以来，北京、聊城、无锡、扬州、杭州、淮安、徐州等地纷纷围绕大运河文化带进行规划与建设。当前应着力协调建设项目中"软件""硬件"的关系，凸显"特色小镇"的文化内涵，要对长期以来"文化搭台，经济唱戏"的思维惯性进行矫正，因为文化就是"唱戏"的，经济就是"搭台"的，这对当前"园区开发""重复建设"投资体制进行制度纠偏，可谓是回归常识的关键抓手。

为此，我们要针对人民群众不断提高的审美层次与文化需求，充分挖掘历史文化资源，在"景观审美"基础上提炼出"历史审美"。"历史审美"并不全部依赖于仿古与复古建设，反而需要在遗址原貌基础上唤醒"残缺""悲壮"等具有反思意识的历史情怀，这是一种更高层次的精神活动[②]。进而，应加快对黄河文化资源的研究梳理，多从历史反思的角度做文章。例如，可以梳理中原地区的治河思想，配套建设黄河博物馆或者水利文化馆，借助沿岸周边高校加强文化交流合作，从校内到校外培育"研学旅游""文化旅游"的新兴市场等，如此才能够赋予沿黄古镇以文化内涵与特色。

三、生态环境：从"规划限制"到"以水定城"

当前，黄河滩区故道作为郑州中心城市的"外围区域"，其生态涵养价值也越来越显现。随着中原城市群、郑州国家中心城市、徐州淮海经济区中心城市与徐州都市圈建设进程的提速，中心城市人口规模不断扩大，环境与生态的承载压力逐步加大，黄河滩区的生态价值必然持续提升。

生态涵养、环境保护的法治进程具有明显的阶段性。从城市发展与治理的政策角度看，国务院

---

① 李宇军，张继焦 . 历史文化遗产与特色小镇的内源型发展 [J]. 中南民族大学学报（人文社会科学版），2019（11）：44-49.
② 万斌，王学川 . 论历史审美活动 [J]. 浙江社会科学，2007（7）：145-151.

2007 年 12 月发布的《关于促进资源型城市可持续发展的若干意见》提出了"可持续发展长效机制"的"发展规划",开始实施"培育接续替代产业""加强环境整治和生态保护"等措施,随后先后将枣庄、淮北、徐州贾汪区列为"资源枯竭型城市"给予补助以促进转型发展。

从国土资源整体利用的规划角度来看,我国在"十一五"规划中首次将国土资源开发划分为"优先、重点、限制、禁止"四类"主体功能区",2011 年《全国主体功能区规划》正式发布,从此地方政府开始着手各地的国土资源空间战略规划,这有望与现行城乡建设规划一起构成详略不同的、多层次的"规划体系",按照分权原则为下级政府预留出规划空间。

从环境保护的立法角度来看,2012 年党的十八大报告提出要把生态文明融入"经济建设、政治建设、文化建设、社会建设"的全过程与全方面,从此环保立法开始提速,2015 年修订的《环境保护法》加大了行政处罚力度,设立了"按日计罚"措施,并将民间力量有序地纳入环境治理的机制中,设立了环保公益诉讼制度。同时,国务院依据《环境保护法》第 29 条"国家在重点生态功能区、生态环境敏感区和脆弱区等区域划定生态保护红线,实行严格保护",出台了《关于划定并严守生态保护红线的若干规定》,将森林、草原、湿地等重要生态空间用统一的红线来管控。这是用"底线思维"的方式来贯彻国土规划中的环保理念与"生态红线"。

2017 年 12 月,习近平总书记到徐州潘安湖神农码头调研采煤塌陷区治理情况时说:"资源枯竭地区经济转型发展是一篇大文章,实践证明这篇文章完全可以做好。"这可谓是 2019 年 9 月黄河流域生态保护与高质量发展座谈会的讲话精神的前奏。

党的十八大以来,党中央提出了"节水优先、空间均衡、系统治理、两手发力"的治水思路,河南省政府于 2018 年底提出了水资源、水生态、水环境、水灾害"四水同治"的治水原则,统筹规划构成黄河水治的系统工程。另外,黄河滩区作为郑州都市圈的"外围"其生态涵养价值也在提升。按照国务院 2015 年《关于推进海绵城市建设的指导意见》,我们应在都市综合规划中按照人口流动趋势做好生态容量预判,借鉴"海绵城市"的思路,将黄河滩区作为生态涵养与水循环的蓄水池一并纳入"都市圈—生态圈"的有机组成部分。具体来说就是编制水资源消耗、涵养、疏泄的综合平衡表,疏解中心城市的生态与环境承载压力,以"规划红线"的底线思维方式来解决经济发展与环境保护,资源利用与生态涵养的一系列矛盾。

针对当前郑州"大都市圈"建设,有人提出围绕"郑州—新乡—开封"三地进行水系调整,将郑州龙子湖与新乡凤湖贯通起来,将黄河与三地河流湖泊形成一体化的"水系生态走廊"[①]。无论该项规划建议能否实现,像雄安新区那样"以水定城"围绕水资源进行城市规划已经成为新型发展理念。

2019 年 9 月 18 日,习近平在郑州主持召开黄河流域生态保护和高质量发展座谈会上提出了"以水而定、量水而行,因地制宜、分类施策"和"抓好大保护、推进大治理"的要求。以此为指导,都市圈建设可以采取倒逼规划的方法,也就是在水资源的硬约束下来测算人口容量与环境承载力,在此约束条件下进行项目分解规划与建设。

四、水治文明:从"上善若水"到"因势利导"

从黄河滩区建设项目的规划思路变迁历程来看,其背后还透视着区域发展理念与法治文化的演进,具有显著的时代特征。长期以来发展区域经济成为地方政府的头等大事,"文化"往往成为经济发展的手段与工具。然而,在当前新的历史时期,我们需要重新考量经济资源、文化资源与水资源三者的相

---

① 李庚香.把黄河变为郑州都市圈的内水[N].河南日报,2019-09-06.

互关系。

在中原地区漫长的治水过程中，由大禹治水时期自然力量主宰的"水治"缓慢过渡到封建时期由伦理力量主宰的"人治"，都经历了漫长的演化过程。然而，在当代黄河沿岸与黄河滩区建设的二十年历程中，法律构建行为规范的"法制"向依法治理的"法治"却面临着快速的转型。

"法制"的内涵是"法律制度"，而"法治"的内涵是"依法治理"，"法治"更强调治理的合法性与程序的正当性。我国治水主题的不断交接更替背后呈现出基层的"水治文明"进程缩影。"水治文明"的话题在二十年来的规划变迁当中有着丰富的内容：一是法律制度从无到有逐步齐备；二是政策、制度与法律相互协调并逐步纳入法治的轨道运行；三是社会公众参与基层自治的意识逐步觉醒与提高。"上善若水""善治如水""从善如流"，这些由治水而产生的"水治文明"包含了丰富的社会治理思想。在"依法治国"的推进过程中，显然基层治理是"法治中国"的社会基础，构成社会经济发展的软环境，继而需要通过当代的"黄河文化"将"水治文明"浸润到"法治"当中，把浸润万物的"水"作为无形而有力的社会基础。

据此，黄河沿岸村镇基层治理有两大核心内容：一是价值理念上的"从善如流"；二是机制体制上的"因势利导"。这需要社会公众的普遍认可接受从而成为社会行为规则，这其中政府扮演了关键的角色。当然，政府并不是万能的，政府行为也应该受到事前规则的约束，这些规则可以使个人明确预期到政府将会采取哪些措施，从而根据这种预期进行个人事务的决策。西方经济学理性预期学派也持有类似观点。借鉴其思想，沿黄各地方政府在区域治理中应该充分调动基层活力、尊重个体意识，在社会经济发展规划上进行战略与方向的引领，在工程建设与扶贫工作等公共事务中激发当地群众的自主意识，在生态涵养与环境保护中采取严格的、无例外的禁止性规定，从而在"最大公约数"和"重叠共识"基础上实现协同达成合力。

近期，中牟官渡镇在乡村治理中坚持村民自治，完善村民待遇、宅基地审批、责任田调整"三项制度"的具体经验和做法引人关注[①]，为基层治理提供了当代注解。"三项制度"的最大亮点在于基层党组织引导村民的集体协商，一方面通过基层党建树立正确的价值观念（从善如流），另一方面又针对群众的核心利益进行充分疏导（因势利导）。所谓"水治文明"恰恰是"集体协商"的最好注解，这是人们在相互依存条件下通过竞争冲突、协调妥协、相互承认并最终形成合作规则的社会背景，也是"强制性制度变迁"向"诱致性制度变迁"转换的社会基础。

该"三项制度"目前已由河南省政府"建议推广"，当前农村基层治理应该充分利用"水治文明"潜移默化的作用，使基层政府与社会自发治理之间相互协同，在"上善若水"的境界层次上，"因势利导"地引领沿黄村镇的转型与可持续发展。

（作者系郑州财经学院经济研究所所长、教授）

---

① 喻新安.乡村治理有效的成功实践［N］.河南日报，2019-07-22.

黄河文化传承如何接"地"气

路浩丽

在人类历史近千年的发展进程中，许多文化体系已逐渐中断，唯有中华文化借助有利的自然条件及其特有的民族精神始终没有中断，生生不息。中国历史悠久，疆域辽阔，在不同历史条件和地理环境下产生了不同的地域文化，如陕西的三秦文化、山东的齐鲁文化、河北的燕赵文化、两湖的荆楚文化、中原地区的中原文化等。不屈不挠的中华儿女在与黄河水旱灾害作斗争的过程中及在经受历史变革的洗礼中更是凝结出了深厚的黄河文化，在其他文化资源发展显见衰败的时候，黄河文化仍能蓬勃出生机。

习近平总书记在黄河流域生态保护和高质量发展座谈会上发表了重要讲话，指出黄河文化是中华文明的重要组成部分，是中华民族的根和魂。要推进黄河文化遗产的系统保护，守好老祖宗留给我们的宝贵遗产。要深入挖掘黄河文化蕴含的时代价值，讲好"黄河故事"，延续历史文脉，坚定文化自信，为实现中华民族伟大复兴的中国梦凝聚精神力量。因此，作为黄河儿女，在新时期，我们更应该深入发掘黄河文化资源，创造时代价值，推进黄河文化发展传承新形式。

一、整合黄河流域各地域各类型文化资源

黄河文化从来都不只是阳春白雪般的存在，黄河文化原本就具有兼容并包的文化气质，也是多种地域文化的整体代名词。因此文化的传承不应该是高高在上的，不应该仅仅停留在上层，而需要多接触基层，多与地域发展结合。黄河文化资源丰富，但就分散于各地的资源而言，力量薄弱，发展后劲不足，难以抵御日益变化的新形势。黄河文化的持续发展及传承必然需要整合各地的文化资源，形成合力，打造多姿多彩、丰富多样的文化产业带，各自发挥优势，相互取长补短，将黄河文化资源全方位、全面地展现在世界人民面前。

黄河的古代文化遗迹遍布在黄河的整个流域。仰韶文化集中于黄河的中下游地区，从陕西的关中、山西的晋南、河北的冀南到河南大部，甚至远达甘肃交界，河套、冀北、豫东和鄂西北一带。陕西临潼的姜寨是仰韶文化的早期代表，存有姜寨村落遗址。仰韶文化的前身包括河北中南部的磁山文化，河南的裴李岗文化，关中、陇东的老官台、大地湾文化。仰韶文化的后期代表为黄河上游甘肃地区的马家窑洞文化和齐家文化。黄河下游文化为海岱地区文化，自成一体。北辛文化、大汶口文化、山东龙山文化则一脉相承，虽仍存在疑问，但却为黄河文化遗迹。[①]炎黄之间的逐鹿之战，使黄河流域中下游的文化融为一体，并吸收了长江流域的良渚文化，进而形成中原文化。历史上中原文化的形成正是吸收各方面文化的结果，因此新时期黄河文化的传承更应吸取这一传统，全方位、多形式整合各地

---

① 何建波.讲好黄河故事　弘扬黄河文化精读［J］.珠江现代建设，2020（3）：35-38.

文化资源。

（一）整合传统文化资源

黄河流经区域包括青藏高原、河套平原、黄土高原、下游平原，历史上催生了河湟文化、河套文化、秦陇文化、关中文化、三晋文化、河洛文化、齐鲁文化等，这些地域文化中的传统资源都是黄河文化形成和完善的重要组成部分，在文化发展史上各放光彩，特色鲜明。

例如，作为黄河文化的核心，河洛文化既是区域性的文化，也有着延续千年的王都文化。不仅有五帝传说和遗迹，而且夏、商、周三代的国都都在河洛文化地带，考古发现的王都遗迹有登封王城岗原八方遗址古城、新密新寨古城、偃师二里头城址、郑州商城、偃师尸乡沟商城、安阳殷墟和洹北商城以及在陕西和洛阳发现的西周、东周都城遗迹。可以说，河洛文化的发展为黄河文化的形成和兴盛奠定了重要的基础。夏商周时期无论是父传子家天下的政权体制、国家机构设置，还是相对完善的礼乐制度都是河洛政治文化的重要代表，同时也出现了比较规范的文字，科学技术、农业、手工业、商业贸易等也得到了迅速发展，青铜文化更是具有划时代的意义。围绕河洛文化出现的巴蜀文化、吴越文化、楚文化、燕赵文化和齐鲁文化，相互交流、相互融合，不断为黄河文化注入新的元素。百家争鸣、百花齐放的文化氛围出现在河洛地区，对后世文化文学产生了深远影响，《诗经》《易经》等不朽著作层出不穷，各家学派更是共同演绎了我国学术界自由的黄金时代。在之后的封建时期，王都文化更是推进河洛地区其他方面的发展，秦朝实行郡县制、车同轨、书同文，统一度量衡，汉代继承完善。春秋战国时期的各家学说在后世继续发挥自己的力量，对后世中华民族精神品质的形成影响巨大。除此之外，河洛文化圈中的学术发展及人才培养也是起步最早，有最高学府——太学，历经多个朝代，为全国各地输送了大批优秀人才。天象历法、农学、地学、医学、水利、机械、建筑、冶炼、陶瓷、酿造、纺织、造纸、活字印刷等科技领域，河洛文化地域也占据了世界前沿。河洛文化地域的各文化艺术形式也都曾是中华文化发展的高峰，包括汉赋、唐诗、宋词以及书法、绘画、雕塑等，许多传于后世的著作都记载着河洛地区的辉煌，同时也记录了社会的宦海沉浮。西安和洛阳曾是两汉和隋唐时期古代丝绸之路的起点，两座城市都是当时王朝对外交流的大都市，在与外界交流的过程中完美地帮助汉唐文明享誉世界。更为重要的是，河洛文化之所以能不断延续，经久不衰，与其所蕴含的传统民族精神是分不开的。河洛文化充分体现了我国传统的大一统思想和兼容并包的民族个性，历代的中华儿女都竭力维护国家统一，反对分裂，并为之奋斗，这一优秀的传统不仅保护了国家不会分裂，更保障了传统文化的代代传承。

长久以来，黄河两岸的人民对黄河有着浓厚的感情，崇拜、感恩和敬畏之情皆有，历代人民神化黄河和并形成了祭祀黄河的文化传统。祭祀黄河最先开始于夏朝，商代更为频繁，并有甲骨文记载。周王朝"敬天法祖"，在中原荥阳建立祭祀黄河的庙堂，形成更加规范成熟的祭祀制度。秦汉继续继承这一传统，祭祀山川河流，黄河在汉成为四渎之首。许多后世典籍如《西京赋》《楚辞》《庄子》《搜神记》《真灵位业图》等均有关于黄河神的记载。黄河神在后世王朝中不断得到加封，并产生了专门的祭祀地点，可见人们对黄河的敬畏以及黄河祭祀的兴盛。近年来，随着中国传统文化的恢复振兴，黄河流域不少地方纷纷举行祭祀黄河的盛典，如2012年河南孟津的"黄河安澜祈福大典"和2017年宁夏中卫的"黄河宫祭祀黄河大典"，其活动宗旨都是"感恩黄河、礼赞黄河、祈福中华、人河共和"。黄河祭祀文化自然是我国传统文化资源的组成部分，其传承和弘扬有助于提升黄河流域乃至整个中华民族的凝聚力和向心力，也有助于维护整个社会的和谐与稳定，提升中华儿女的文化自信，更能从大的方面为新时代中国特色社会主义伟大事业的顺利实现添砖加瓦。

黄河文化的蓬勃发展不是一蹴而就的，也不是一种文化资源的发展所能使然的，是各个历史时期多种传统文化逐渐融合、吸纳的结果，因此传承黄河文化离不开追根溯源，离不开对传统文化资源的梳理和展示。作为黄河儿女有义务探寻黄河文化的根和源头，让世人更好地理解黄河文化，更能从内心接受黄河传统文化中的真善美。历史上许多中原人奔向四方各地，甚至海外，许多姓氏都起源自中原地区，现在很多海外人士都会到国内，多是河洛地区寻根祭祖。无疑黄河文化的传承势必会再次助推社会寻根热，海外人士的寻根也会无形增加黄河文化传承的力量，两者相辅相成。

（二）整合各地文化遗产

文化的保护和传承依靠简单的口耳相传到大量的物质载体，历代传世的著作保留了大量的文化资料，同时不断出土的文化遗产更是向世人诠释着曾经辉煌一时并将继续辉煌的黄河文化。各地文化遗址的发掘，文物的不断出土，都在带领人们更深入地了解黄河文化，揭开浩瀚的黄河文化的面纱，将更多的文化信息传递出来。

例如，安阳市三层文化遗址，发现了距今六千多年前的仰韶彩陶文化、四五千年的龙山黑陶文化、三千年的小屯白陶文化，并成功解决了三者出现顺序的争论。1928 年，安阳小屯殷文化遗址的发掘成果更为突出，当时出土的玉器、青铜器、牙雕骨器和贝币，特别是甲骨文的发现证明了文明程度世界之冠的古城的存在。我们无法听到殷商时期美妙的音乐，但是我们却可以看到当时的乐器，领略艺术文化，得益于河南舞阳的贾湖地区，出土的早于殷商 5000 多年的新石器时代的骨笛。贾湖地区还发现了甲骨文的前身——契刻文字，中国文明史由此上推距今已有 7000～8000 年。安阳的殷商肉林遗址、摘心台旧迹、鹿台旧地都在细数纣王的残暴罪行，也在警示着后世之人不可任意妄为。曹魏曾建都邺城，安阳至今还留有建安文学的影子。今天的安阳至宝宋词，透过千年的风尘，闪烁着柔润晶莹的光泽，蕴含着宋朝的瓷器文化。安阳地区人杰地灵，战国鬼谷子（王蝉）于此办学，韩琦、岳飞出身安阳，神医扁鹊埋骨安阳汤阴。一部《隋唐演义》写尽英雄气概，也让"安阳"一地家喻户晓。

如安阳这样的地方很多，古迹遍地，文化历史厚重，是黄河文化不可多得的历史积淀，如东汉汝南召陵（今河南郾城）人许慎的《说文解字》，解释了汉字的构造，是我国最早的汉字字典。另外，汉字的篆体、隶书、行书、草书等，最早也都形成于黄河流域。形成于黄河流域的河洛图书最早代表中国人的阴阳观念。出生于黄河下游鲁国的孔子，周游列国宣传自己的学说，开创了儒家学说。出生于黄淮间河南鹿邑的老子凭借人生经历及智慧著述《道德经》，其道家学说在后世也被发扬光大。长城作为中国修筑时间最长的防御工程，最早起源于东周列国之间，其中位于今山东的齐长城和河南的楚长城时间最早。自秦始皇修筑长城抵御少数民族开始，汉、隋、唐、明等王朝，不断在北方边界加固长城，至明代最长、最为坚固。历代王朝所修长城主要位于黄河流域，清楚地划分出农耕文明与游牧文明，同时也保护着华夏文明繁荣昌盛，象征着中华民族爱好和平、不畏强敌的精神品质。中国古代的四大发明都与黄河流域有关，《鬼谷子》一书记载最早的指南针在中原地区实践。西安灞桥的汉墓中发现了西汉的纸张，东汉蔡伦在洛阳又改进了造纸术。西安的唐墓中发现了高宗时的佛经印刷品，为最早的雕版印刷实物。北宋开封是全国最大的活字印刷中心。最早的火药配方出自北宋官修的《武经总要》一书，而这部书的修纂在京城开封。黄河流域的农耕文化相当发达，说明古人顺应农时的二十四节气的名称最早见于《史记·太史公自序》和《淮南子》，历代也以黄河流域为标准制定历法及节气。[①]

习近平总书记强调："要推进黄河文化遗产的系统保护，守好老祖宗留给我们的宝贵遗产。"在黄河文化遗产中，非物质文化遗产占据很大的比例，它们伴随黄河而生，在两岸民间世代相传，是大河

---

① 张新斌．黄河文化符号重构与中华文化认同［N］．河南日报，2020-03-27.

文明绵延不绝的血脉烟火。古老的技艺传递了中华上下五千年的历史，甘陇的庆阳唢呐、三晋的吉县唢呐、中原的沁阳唢呐都在用热烈奔放的曲调吹出黄河儿女情；西北的"花儿"、秦腔，河南豫剧，历经时代的变迁，不改淳朴之气；甘肃白银的黄河战鼓、山西的翼城花鼓、陕西的安塞腰鼓，鼓声不断，跳出生活的激情；荥阳的黄河玉门号子、中牟的黄河打硪号子，号声不绝，奏出昂扬的斗志；焦作武陟的黄河泥埙，解了多少黄河工匠的乡愁；河南东路坠子、大鼓书、豫东琴书等曲艺无一不在黄河大地大放光彩。河南渑池仰韶村新石器时代文化遗址中出土的彩陶、甘肃临夏河湟彩陶制作工艺、河南三门峡仰韶彩陶制作工艺、郑州出土的3600年前"国宝级"商原始瓷尊、黄河两岸不同朝代兴盛的唐三彩、汝瓷、钧瓷、绞胎瓷等都在向世界展示着中国瓷器之美。黄河孕育了中华文明，"文房四宝"不可缺席，四大名砚之一的黄河澄泥砚、贡纸山西襄汾的平阳麻笺、"汝阳刘"毛笔为黄河文化添上了文质彬彬。新春佳节每年都盼，承载着无数中华游子回家的渴望。形成于黄河流域的"立春"入选人类非物质文化遗产"二十四节气"。黄河流域世代相传的佳节习俗为新春增添了众多喜庆，三门峡陕州地坑院里的祈福纳祥剪纸、山西浮山的剪纸、开封朱仙镇的木版年画、汴京"灯笼张"的灯笼用别样的语言祝福新年新气象；民间社火、民间工艺品、民间小吃、浚县古庙会、舞龙舞狮、扭秧歌、踩高跷、跑旱船等社火表演用欢乐慰藉劳动人民一年的辛苦；甘肃九曲黄河灯阵、传统的念唱河西宝卷、社火表演、木偶戏、秦腔、放烟花、斗牛斗羊等民俗表演在展示黄河上游精彩的同时，元宵佳节的秧歌游戏"串黄河"在下游的山东威海也精彩登场了。①

如何将这些文化资源呈现出来，融入新时代，创造新的价值，是亟须解决的问题。近年来，我国持续加大对黄河文化遗产的保护力度，成立了西安、洛阳、郑州、曲阜等全国大遗址保护片区和汉长安大遗址保护特区，对文化保护进行整体化、片区化规划，这无疑都有利于推进黄河文化保护。

除此之外，黄河文化遗产的保护还应该注意：第一，梳理、整合各地域黄河文化遗产，绘制资源图，制定整体保护传承规划；第二，充分利用各地已发掘出的文化遗址遗迹和历史资料，建设特色鲜明的黄河文化资源展览馆或主题公园，分门别类规划各地文化资源，突出特色，既可形成大的保护格局，又可形成小的特色区；第三，加大黄河文化申遗力度，提高黄河文化的保护能力；第四，组成专业的研究团队，成立专门的研究学科，提供智力支撑，对各地域的黄河文化进行深入研究，因地制宜地进行传承保护。②

（三）整合各个时期各地文化精神

灿烂的黄河文化凝聚着中原儿女特有的精神品质，如与草原游牧文化和长江流域稻渔文化不同的农业文化，蕴含着安土重迁的朴实特质。历史上各个时期，从大禹治水到潘季驯"束水攻沙"，从汉武帝"瓠子堵口"到康熙帝把"河务""漕运"刻在宫廷的柱子上，再到中华人民共和国成立后毛泽东主席发出"要把黄河的事情办好"的号召，党的十八大以来，党中央不断加大黄河流域的生态保护力度，要求黄河流域进行高质量发展，当前的绿色发展理念成为新时代黄河文化的标语，中华儿女在与黄河斗争的过程中，凝结出不屈不挠的民族精神。黄河文化在中华儿女的实践中不断焕发出新的生机，蕴含着"天人合一"的生态伦理观念。③

革命战争时期，黄河文化以兼收并蓄的精神内涵，创新性地吸取马克思主义精髓，在实践中发展出了敢于奋斗、不怕牺牲的革命文化。新民主主义时期，位于黄河流域的陕甘宁边区和晋冀鲁豫革命

① 张丛博.聚焦黄河非遗 为华夏文明黄河文化守岁［EB/OL］.中国网，http://henan，China.com.cn/2020-01-19/Content_41039901.htm.
② 展现活态的黄河文化与黄河故事［N］.洛阳日报，2019-11.
③ 何建波.讲好黄河故事 弘扬黄河文化精读［J］.珠江现代建设，2020（3）：35-38.

根据地,孕育出伟大的延安精神、西柏坡精神、沂蒙精神等,成为中华民族抵抗侵略、争取解放的力量源泉。新中国成立后,中国共产党团结带领各族人民,秉承"艰苦奋斗、团结治河、无私奉献、求是开拓"的黄河治理精神,兴建了龙羊峡、小浪底等大型水利工程,实施三江源、祁连山等重大生态保护工程,推动黄河生态明显好转。进入新时代,我们要深入挖掘黄河文化的时代价值,推动黄河文化创造性转化、创新性发展。①

二、结合地域各领域传承

黄河文化资源的开发和传承离不开地区发展的支持,历史各个时期,各个地域文化的发展都不是孤立进行的,势必与政治、经济、教育等相结合。因此,黄河文化的传承更需要沿河地带地区各领域发展的支撑,各领域形成合力,提供更大的平台助推文化传承。

(一)政治、经济、旅游等多角度、多领域融合发展

1. 政治支撑

黄河文化的传承离不开政府的支持,离不开政策法规的支撑。结合习近平总书记的讲话,各地政府纷纷出台相关的政策,为黄河文化的保护传承提供有力的帮助。如焦作市政府组织相关部门调查沿黄文化遗产资源,梳理出焦作黄河文化十大特色资源——治水文化、太极文化、山水文化、农耕文化、名人文化、红色文化、煤矿文化、陶瓷文化、移民文化和怀商文化,并制订了《焦作市黄河文化保护传承弘扬三年工作计划(2020~2022)》,打造焦作黄河文化鲜亮品牌,拟定加强物质文化遗产保护利用、加强非物质文化遗产活化开发、加强红色历史文化创新开发、推动黄河文化与文旅融合高质量发展的4大类、31个黄河文化资源保护传承与创新开发项目。同时,焦作市政府还致力于积极建设黄河历史文化主地标;加快推进焦作黄河历史文化集中展示中心(焦作市博物馆)、黄河水文化博物馆(武陟县)、太极拳非物质文化遗产保护展示馆建设、孟州韩愈博物馆、中国小麦博物馆、焦作市金谷轩绞胎瓷博物馆和黄河澄泥砚展示馆等集群,以点串线,以线带面,打造黄河历史文化主地标;持续抓好商村遗址公园项目、永济渠渠首遗址公园项目、怀县故城河内郡遗址公园项目、千年古寺慈胜寺复建项目、韩愈文化旅游产业园项目建设,切实抓出特色、抓出成效,持续推动焦作黄河文化产业项目高质量发展。②

2. 体制改革

黄河文化保护传承还应注重文化产业体制改革,文化建设领域持续进行改革,不断完善体系,政府领导、政策引领、经济扶持、市场参与、人才支持。同时开辟多种产业投资渠道,鼓励融资平台的建设,培育打造文化支柱产业。注重黄河流域文化产业的空间统筹,注重城乡文化事业和公共服务资源均衡,注重跨产业、跨区域文化协同和重大政策、重要服务平台的一体化与协同化。统筹推进黄河上中下游的区域文化与本地区农业、工业和服务业的三产融合。③

---

① 何建波.讲好黄河故事　弘扬黄河文化精读[J].珠江现代建设,2020(3):35-38.
② 加强黄河文化保护传承弘扬　我市将打造黄河历史文化主地标[N].焦作晚报,2020-07-21.
③ 任保平,张倩.黄河流域高质量发展的战略设计及其支撑体系构建[J].改革,2019(10):26-34.

3. 文旅融合

黄河流域遍布大量的历史文化资源和红色文化资源都可以作为旅游资源，开发前景广阔。新时代新形势下，我们应思考以中华民族的发祥地为基础，打造黄河文化游，让古老的黄河文化真正焕发活力。黄河流域相当多省份都在因地制宜，结合自身优势打造自己的旅游品牌，提升影响力，相应地，整个黄河流域也应该集中力量举办旅游节或论坛等，打造整个黄河文化旅游大品牌，使黄河文化旅游既有统一的大品牌，又有特色各异的小品牌。

第一，黄河文化传承与旅游业的融合、文化产业的发展离不开相关政策机制的确立。新的保障机制可以为文旅结合增强动力、激发潜力。如山西省为推进文旅融合相继出台了《山西省黄河板块旅游发展总体规划》《山西省"十三五"红色文化传承保护与发展规划》《山西省中华优秀传统文化传承发展工程实施意见》《推动文化文物单位文化创意产品开发实施意见》《关于全面提升旅游服务质量和水平的实施意见》《山西省传统村落传统院落传统建筑保护条例》等。这些政策机制的建立势必为黄河文化与旅游融合，继而为传承黄河文化提供有力支撑。[①] 河南省政府出台相应的政策规定："省人民政府应当加快推进华夏历史文明传承创新区建设，以中华民族的发祥地为基础，打造黄河文化游；整合郑州、开封、洛阳、安阳等古都资源，打造中原古都文化游；以黄帝故里、姓氏文化等为依托，打造世界根亲文化游；以少林功夫、太极拳等为载体，打造中国功夫文化游，形成具有河南地方特色的黄金旅游带。"

第二，市场经济条件下，发展文化旅游业应该允许市场运作的参与，设立文化旅游事业发展基金，吸引社会资金的投入，政府与市场相结合，吸收多种要素参与运作，为文化旅游繁荣增强资金实力，提升核心竞争力。

第三，为文化旅游产业培育和引进专业人才，改进发展理念，提高定位，发挥专家学者专业精神传承黄河文化，发挥企业家创造精神激活发展动力，为黄河文化保护传承提供人才智力学术支持，共同唱好新时代的"黄河大合唱"。

第四，黄河沿岸的许多尚未开发的旅游资源都在广大的乡村，与城市旅游资源相比，乡村旅游资源开发因为各种原因一直处于薄弱环节，而这些资源恰恰保留了原始的黄河文化气息，因此政府及旅游界应着力开发利用乡村文化遗产，扩大旅游面，全面挖掘黄河文化旅游资源，打破旅游资源单一的困境。

第五，加大宣传力度，举办公益性质的宣传活动，搭建平台，如文化艺术节或博览会，集中展示黄河文化旅游资源。或者举办歌舞艺术会演、作品展览，讲好黄河故事，彰显文化魅力。

为很好发挥旅游的载体力量，黄河流域各地区应着力建设旅游示范区，尤其是生态文化旅游示范区，大力推动黄河流域水土保持，促进旅游与生态文明建设和谐共生；锻造黄河旅游模块，对黄河文化旅游资源进行分门别类，提炼不同的主题，如红色精神、风土民情、传统习俗等，凝练不同的文化板块，如民俗文化、祭祖文化、宗教文化、礼制文化、元典文化、红色文化、姓氏文化、汉字文化等，深入挖掘其中的人物轶事、历史典故、道德礼仪等元素；大力发展乡村旅游特色产业，通过旅游业推进乡村扶贫项目；推进文化旅游产业转型，加强配套设施建设，与时俱进融入旅游观光、休闲度假、运动体验、健康养生、科学研究、拓展训练等新型旅游模式，打造具有国际影响力的精品旅游带。

---

① 山西省社会科学院课题组. 山西省黄河文化保护传承与文旅融合路径研究［J］. 经济问题，2020（7）：106–115.

（二）新闻媒体等传统方式与微信、微博等网络新手段结合宣传普及

目前，对黄河文化的宣传尚不到位，惠及面还小，除了业内的专业人士外，普通民众了解得还是非常少的，许多外来游客对黄河文化的了解也仅停留在表面或当前景点，这非常不利于黄河文化的保护传承，需要加大宣传力度，同时与时俱进运用新型的、能被各类民众接受的宣传方式。

首先，广播、电视、新闻报道、文献典籍等传统的宣传方式仍有很大的效力，更适合中老年人群，可借助电视等传统媒体推出展示黄河文化资源的宣传片、专题片、实物展览、影视作品、动漫作品、舞台歌剧、大型实景演出等文艺精品作品。各省市也可借助城市建筑物、路标、公共设施、广告牌等实物媒介进行宣传。提炼黄河文化元素和符号标记融入市政规划、园林规划中，在公共场合的建筑物、宣传栏，甚至城市地图、广告标语、公交车身等加入黄河文化元素，更为鲜活地宣传、推广黄河文化。

其次，在科技进步、网络发达的新时期，我们应学会使用新型科技进行黄河文化的宣传推广活动，设立完善的传播推广机制，同时借助发达的网络，迎合年轻人的口味，在网络平台进行立体化、全方位的传播推广。

各省市要充分运用科技全面普查黄河文化资源，为宣传推广做好基础工作。从上到下，大到省市，小到乡村，都要系统调查黄河文化文献资料、实物、文物古迹等各种资源，并分门别类进行归档登记，建立电子和实物两种档案。建立大数据库，系统整理现有黄河文化资源数据，如文物、习俗、曲艺、非物质文化遗产、古村落、古民居等，逐渐建构快捷有效的数字化宣传平台。

最后，各区域的大型网络媒体和政府门户网站都可以成为宣传工具，微博、微信、抖音、快手等直观且快捷的微媒体是更为生动的传播方式。

（三）政府部门、企业团体、教育单位、研究机构等多部门通力合作

保护传承黄河文化项目中，政府部门应很好地起到协调、引导作用，整合调动各部门的积极性，充分发挥各部门的能动作用。首先，定期举办黄河文化的学术交流活动，定期举办黄河文化交流论坛，鼓励各部门积极讨论，探索黄河文化传承新路径。其次，以黄河文化相关研究为论点，会聚各区域高校、科研机构的专家学者等专业人才，成立黄河文化研究院等专门研究机构，申请一系列相关课题，推出一批高质量研究成果，建设黄河文化展览馆，出版研究期刊丛书，甚至编辑相关教材，生产一批文创产品，全面推进黄河文化系统研究与发展。在高校内部定期举办黄河文化国内外讲座，在青年学生中间进行宣传普及，提升他们的认识，激发他们的热情，为黄河文化传承储备力量。

黄河文化传承还需要借助社会企业团体的力量，企业文化团体可与高校进行合作，共同培养在校学生，建设黄河文化有关学科，为黄河文化企业发展输送专业对口的高素质人才。另外，与高校合作进行产学研融合，协作合作，组建产学研创新应用平台和基地进行课题研究。基地与平台的建设应该在充分满足黄河文化市场实际需求的前提下，借助经济杠杆的作用，实现生产、教学、科研一体化，加强文化企业团体和相关高校之间的合作和交流，在企业和高校之间共享资金、信息、平台、人才等资源。此外，当地高校应当针对黄河文化产业需求制定针对性、计划性强的人才培养方案和课程标准，并将具体的课程安排、素质教育等方面落到实处，力求为黄河文化企业产业培养出具有专业素质和知识的应用型人才。

多部门合作要秉持创新理念，实现文化资源的现代价值转化，重视黄河文化科研成果的市场价值转化。如许多地方开发利用黄河文化工艺品，企业和高校可利用丰富的黄河文化手工艺品资源，如剪纸、泥人等，在社会上或高校内以黄河文化手工艺品为主题举办黄河文化创意作品设计比赛，或者举办学生作品展等活动，甚至可以在高校内部成立小型的博物馆。如此切实将高校黄河文化科研团队的研究成果转换成丰富多样的手工艺商品，不仅能够真正产生商业价值，还能打破传统黄河文化手工艺

品单一的困局，从而增强黄河文化的科技竞争力，提升黄河文化的影响力与对外传播力。

三、借助广大人民群众的力量

黄河文化的形成、发展、壮大皆是各个时代普通大众奋斗的结果，黄河文化能够经受历史变革的考验也是人民群众为之努力的结果。黄河文化中的农耕中更是蕴含着中华儿女务实安定、重视传承的精神品质，可以说没有黄河就没有中华民族就没有中华儿女，也就没有绵延不绝的黄河文化，因此黄河文化的传承不能脱离人民大众，不能仅停留在几位专家的会议上，更不能仅靠几位学者的研究著作，需要走入千家万户，走入百姓的心中，依靠广大民众的力量。

许多地方借助群众的力量，开展志愿者活动，鼓励发扬雷锋精神，争做黄河生态保护、黄河文化弘扬的传播者、践行者，全面推进黄河生态文明建设。开展大讲堂，向人民群众介绍相关黄河文化，凝聚文化自信，形成文化合力。另外，许多乡村文艺掌握在乡村艺人手中，传承黄河传统文化必然要吸引这些人的参与。还有很多口耳相传的传统文化资源也需要深入到人民群众中去采集。再者，人民群众是活动中的文化宣传者，人民大众的宣传力量是不容忽视的，且哪里有黄河儿女就可以把黄河文化宣传到哪里，甚至可以将黄河文化的宣传面扩大至海内外各个地方。黄河流域人民大众的言行举止从某种程度上讲本身也是黄河文化和黄河精神的折射，代表着黄河文化对国民的滋养，因此黄河文化的传承、弘扬需要人民大众切实身体力行，注重自己的内外形象。

黄河文化保护传承工作的顺利进行，是保护黄河文化、保卫黄河生态、保障黄河安全的重要内容，对深入挖掘黄河文化的新时代内涵有重大的意义和作用，对中华文化的弘扬，甚至新时代中国特色社会主义事业也是影响深远。进入新时期，各行各业都肩负着相应的历史使命。在黄河文化保护、传承、利用领域，我们应该积极探索新型路径，借助多种力量，在加强保护、合理利用、科学管理的基础上，让文化活起来，帮助黄河文化融入人民生活与社会发展。一方面深入挖掘开发黄河文化的潜力，推进文化资源的现代价值转化，满足人民群众的文化消费需求，改革文化产品供给结构，提升公共文化品质和服务；另一方面增强黄河儿女的文化自信和民族自豪感与认同感，助推民族文化复兴和中国特色社会主义事业的伟大实践，助力中华民族伟大复兴的中国梦的实现。

参考文献

[1] 何建波. 讲好黄河故事 弘扬黄河文化精读 [J]. 珠江现代建设，2020（3）：35-38.

[2] 高春平. 山西省黄河文化保护传承与文旅融合路径研究 [J]. 经济问题，2020（7）：106-115.

[3] 杨自沿. 以河湟文化繁荣兴盛推动黄河文化传承创新 [N]. 青海日报，2020-06-01.

[4] 邢祥，邢军. 新时代黄河文化传播创新路径研究 [J]. 新闻爱好者，2020（3）：2.

（作者系新乡职业技术学院讲师）

黄河生态文化传播策略研究

陈　超

黄河作为中华民族的母亲河，孕育了中华文明。新时代，黄河流域又成为我国重要的生态屏障和重要的经济地带，在我国社会经济发展和生态安全中占据十分重要的地位。

2019年9月18日，习近平总书记在郑州主持召开的黄河流域生态保护和高质量发展座谈会上强调，"保护黄河是事关中华民族伟大复兴和永续发展的千秋大计"。将"黄河流域生态保护和高质量发展"上升为重大国家战略。在座谈会上，习近平总书记同时强调："黄河文化是中华文明的重要组成部分，是中华民族的根和魂。""要深入挖掘黄河文化蕴含的时代价值。"既凸显了黄河文化的重要性，又将保护、传承、弘扬黄河文化作为重大国家战略中的一项重要内容。

在黄河文化中，生态文化可以说是与流域内生态保护最为直接、最为密切的文化类型。中国特色社会主义进入了新时代，怎样传播好黄河生态文化，充分发挥其时代价值，值得我们深入思考。

一、优秀的黄河生态文化资源

（一）黄河生态文化的界定及特点

文化是一个非常有争议且很难掌握的概念。关于文化的定义趋于多元化，而且到目前为止还没有一个统一的观点形成。对于黄河而言，其自身无法产生文化，只有当人类在与之发生联系后，通过利用黄河、治理黄河、管理黄河、保护黄河等一系列实践活动，不断与黄河进行互动，并在实践中不断进行生态层面的再认识和思考，才生成并逐渐发展起来了黄河生态文化。黄河生态文化不仅反映了人与黄河的关系，还反映了人与整个黄河流域自然生态系统间的关系，反映了流域内人与人、人与社会之间的关系。因此，黄河生态文化是黄河流域内劳动人民在长期的劳动实践过程中形成的，以崇尚自然、保护环境、促进资源永续利用为主旋律的价值观念、精神诉求、思维模式以及行为方式的综合，以及由此而形成的一切物质财富和精神财富的总和。

黄河生态文化本质上是黄河流域内民众自觉协调与生存环境关系的一种文明形态，以尊重、维护大自然生态环境为前提；以人与自然和谐共生为宗旨，以建立可持续的生产生活方式为内涵。它既追求人与生态的和谐，也追求人与人的和谐。

从绿色高质量发展角度来讲，黄河生态文化带有非常鲜明的特征，这主要体现在以下四个方面：

一是持久性。生态文化伴随着人类的发展而发展，人对美丽生存环境的向往构成了黄河生态文化不竭的发展动力。同时，黄河生态文化追求的是经济社会与资源环境的协同共生。因此，以黄河生态理念为宗旨的发展必然能实现社会的持久永续发展。

二是绿色性。绿色代表生命，绿色性是对绿色文明的传承。黄河生态文化遵循的是低影响开发原则，既是建立环境友好型发展模式的必由之路，也是实现黄河流域绿色发展的必然走向。

三是高效性。黄河流域的高质量发展中就包含了高效的内容。长期以来，黄河流域由于降水等自然资源的匮乏，往往采用技术手段以最少的资源达到最大的产出，逐渐形成了黄河生态文化所特有的高效性特点，这一特点也成为新时代继续追求的目标。

四是和谐性。"天人合一"是黄河生态文化的核心观点。黄河生态文化的本真是人与自然、自然与自然、人与人、人与社会、人与自身这几组关系间的和谐。

（二）黄河生态文化的功效

"生态、经济和文化的建设是一体的。""只有依靠文化的支持和科学认识的指导，才能保障生态文明和经济建设的健康发展。"这尤其离不开生态文化的助力支持，显现了生态文化的功能性问题。具体到黄河生态文化而言，其对当前黄河流域生态保护和高质量发展的功效主要体现在以下五个方面：

一是提供思想理论依据。要想实现人与自然和谐发展，首先要将所掌握的对自然规律的认识融入知识理论体系当中，作为自身行为的指导思想。黄河生态文化自诞生以来便不断创新，并深化了人们对自然规律的认识程度，为黄河生态文明发展的推进提供了重要的思想和理论基础。黄河生态文化决定着流域内人们对自然规律的认知程度，其发展程度越高意味着人们对自然规律的认知程度就越高，生态文明发展水平也就越先进。

二是发挥引导作用。引导就是导引社会经济的发展方向、指导人的生产生活行为，使其向着某一特定的方向发展。当前，由于社会经济发展的多元化，人们思想活动的选择性、差异性也明显增强，个性发展空间越来越广阔，所能选择的行为方式多样，这就需要充分发挥黄河生态文化的引导作用，引导人们树立生态环保的理念，形成绿色低碳的行为习惯。

三是提升发展动力。首先，以黄河生态文化为主题衍生出的生态产品、生态产业，能够有效解决经济社会发展与生态环境危机间的固有矛盾，实现人类社会的永续发展。其次，黄河生态文化中蕴含的生态制度对人的行为具有约束力，这种约束力长期作用于人，会形成遵循自然规律的自觉行为习惯。最后，黄河生态文化所具有的强大教育作用会让人们逐渐产生与自然和谐共生的价值诉求，并自愿参与到黄河生态文明的建设中。

四是形成制度规范。黄河流域生态保护和高质量发展要有制度作为保障。黄河生态文化中不断创新发展的生态制度，能为人们提供绿色发展的制度规范。但只有当人们从黄河生态文化中萃取生态环保的态度、信念和价值观，并将其作为指导后，才能形成绿色环保的制度标准。

五是创造新发展空间。从生态角度来看，社会发展的各个方面、各个领域、各个产业都存在生态创新的新领域。从黄河生态文化衍生出的生态产品、生态技术、生态产业，将为黄河流域的高质量发展持续提供新的生长域。这是一种良性的发展机制，既不破坏生态环境，又能为社会提供更多的就业和创业机会，通过提供新的发展空间来满足人们自身的发展需求。

二、新时代黄河生态文化传播的价值及存在的问题

（一）黄河生态文化传播的价值

有学者指出，"黄河文化是中华传统文化的主流文化和核心文化"。黄河生态文化则是中华传统生态文化的核心，在我国传统生态文化中占有不可替代的地位。

党的十九大报告强调，"中国特色社会主义文化，源自于中华民族五千多年文明历史所孕育的中华优秀传统文化"。作为中华优秀传统文化的核心成分，实施黄河生态文化传播工作具有十分重要的

价值。

首先，黄河生态文化在中国特色社会主义文化建设中不可替代。通过传播黄河生态文化，使公众树立文化认同感。同时，黄河生态文化的传播模式与路径选择是实现其创造性转化和创新性发展的关键。黄河生态文化不仅要保护好、利用好、传承好、发展好，更要传播好，使之成为新时代展示中华文明、彰显文化自信的名片。

其次，从生态文明建设角度来讲，传播好黄河生态文化有助于为社会主义生态文明建设提供文化支撑、历史借鉴和坚强的精神支柱。在黄河流域生态保护和高质量发展座谈会上，习近平总书记强调，当前黄河流域存在的生态和发展问题"表象在黄河，根子在流域"。

通过传播黄河生态文化，一是可以利用好其以文化人的功效，通过文化传播的形式将黄河流域居民千百年来形成的生态行为习惯传递给受众群体，树立爱护黄河、珍惜黄河的生态意识，让绿色环保生态的生产生活方式成为人们自觉的行为和全社会的共同行动，并达成共识，自发投身黄河流域生态环境保护事业中。此外，实现黄河流域的高质量发展需要考虑不同流域段、不同省情区情的最适发展道路。而黄河生态文化是从几千年来黄河沿线居民在不断的实践活动中总结出来的，每一处的生态文化都是依据当地的自然环境以及人文环境所形成和发展的。通过借鉴、传播黄河生态文化有助于推动构建适合不同流域段、不同省情区情的发展道路。

再次，习近平总书记在国际上曾多次提出"共筑人类命运共同体"，要建设一个"清净美丽的世界"，充分表达了中国在生态环保问题上的担当。但长期以来，西方社会常常对中国文化存在误解。通过对外传播黄河生态文化，有利于消除这种误解，在国外受众中树立黄河的形象，以便于让国外受众更好地接纳中国文化，充分认同中国政府在生态环境事务上所做出的巨大贡献。

最后，进入新时代，围绕黄河生态环境保护与治理实践活动所沉淀和凝聚起来的宝贵精神财富和文化产品，仍需要通过传播来承载和延续，公众围绕黄河生态保护的知情权、话语权、监督权也需要通过文化传播来实现。

（二）黄河生态文化传播存在的问题

尽管传播黄河生态文化具有重要价值，但是在实际实施工作中仍存在诸多问题：

其一，目前从事黄河生态文化传播的专业机构太少。媒体本应是传播黄河生态文化的主力军，但是为了迎合市场需求，从选择主题的比例来看，媒体更倾向于去报道时政、娱乐、社会等为主题的信息，而生态文化方面的信息报道则少之又少，存在严重失衡现象。现有的传播黄河生态文化的专栏、专版、频道仍有待完善。从各省级广电媒体来看，由于没有开设专门的生态专栏，更没有专门的频道，因而相关讯息多是被分散并入了其他传统的栏目中。

其二，黄河生态文化传播在形式和内容上均过于单一，不能适应当代社会受众的需要，尤其是目前一些传播黄河生态文化的产品在制作时加入了过多的"说教式"内容，很容易让受众产生审美疲劳。

其三，黄河生态文化传播覆盖面不大。尤其是针对青少年群体，小学、中学、高校在传播教育黄河生态文化方面力度明显不够。例如，高校所涉及此方面传播教育的多为水利类院校，或者是历史学、文化学、生态学等专业，其他专业很少涉及。

其四，有关黄河生态文化传播的研究滞后，在许多重要的领域都没有涉足，这也使具体传播工作缺乏理论基础和智力支持。

其五，黄河生态文化传播面临着两重环境问题：一是对外的全球化语境；二是对内的代际之间不同的需求问题。在原有语境环境中，黄河生态文化传播面临着不同年龄阶层、不同代际之间受众需求的巨大挑战。尤其是国内"90后""00后"等年青一代正迅速成为新的受众群体。他们喜欢标新立异，追求个性和自我，加之深受网络快餐文化的影响，怎样在传播过程中满足这一年龄群体的需求，同时也能够满足其他年龄阶层受众的需求，是亟待解决的问题。当置身全球化复杂语境环境中时，面对不同民族文化和民族记忆，也需要反思和转变惯有传播理念与传播方式，不断完善黄河生态文化的表达权与话语权。

三、黄河生态文化传播策略探索

从传播学角度来看，传播系统包含传播内容、传播者、传播媒介、受众、效果与反馈六个要素。任何一个要素的缺失都会让传播丧失功能。因此，在黄河生态文化传播工作中，需要兼顾这六个要素以及它们之间的协同发展。当然，在具体实施中，需有轻重之分，尤其是需要坚持以人为本、以受众为本的基本原则，让受众充分意识到普及传播黄河生态文化关乎切身利益。

此外，依据传播学理论，价值导向在传播中具有决定性作用，甚至高于观点或事物本身，是引导受众行为的最终决定力量。因此，黄河生态文化传播必须以马列主义、毛泽东思想、中国特色社会主义理论体系为指导，以社会主义生态文明为价值导向。

在此基础上，可以从以下几个方面加强黄河生态文化的传播水平：

（一）加强理论研究与队伍建设

理论研究是黄河生态文化传播的基础。因此，黄河生态文化传播要深入挖掘和剖析其文化内核，科学梳理发展脉络，准确把握黄河生态文化所包含的生态价值。既要充分挖掘优秀的传统文化基因，也要提炼和拓展新的时代精神。高校和科研院所应充分发挥专家相对集中的优势，运用全方位、多元化、深层次、宽视野、多角度的眼光，探索黄河生态文化传播的最佳功能，为生态文明建设提供思想动力和理论支撑。

黄河生态文化的传播涉及多个学科，既要以生态学、传播学、历史学、文化学为基础，又要符合文化传播的内在机制。在黄河生态文化传播战略定位、目标推进、资源整合、主体参与和效果评估等工作中均要遵循黄河生态文化自身的科学规律和法则。

黄河生态文化传播的实施与科研等领域人才的多寡是传播工作能否达到目标的一个重要指标。因此，人才队伍建设非常重要。应对相关从业人员进行黄河生态文化的知识普及，加大生态文化领域人才的培养和学术研究的力度，培养一批高素质的人才队伍。

（二）坚持政府支持，多方参与

黄河生态文化传播工作需要大量的资金支持。可采用众包众筹方式，进行资金的商业化运作。但由于黄河生态文化传播工作带有鲜明的公益性特征，决定了承担其传播的组织机构多带有公益性质。这就要求这项工作不能仅仅依靠市场化运作，更需要政府的大力扶持。一方面，政府应出台相应政策有针对性地扶持从事黄河生态文化传播的媒体以及教育机构；另一方面，政府应从财政上给予专项拨款，对一些重要传播活动给予相应的财政补贴。

（三）促进传播工具的多样化

有效的文化传播离不开相应的传播工具。文化要实现自身的价值，必须通过特定的传播工具将品牌信息传递给社会公众和利益相关者。生态文化及其产品品牌传播的常用工具包含活动传播、媒体传播、广告传播、公关传播、口碑传播、体验传播等。

其中，活动传播是以主题鲜明的活动形式带动传播，具有广泛的参与性、互动性、即时性、新闻性。活动传播能很好地起到隐性广告的作用，利用此类推广活动，和媒体进行正面的宣传，使文化品牌的信息隐藏其中并与之融为一体，共同构成受众的真实感受或通过幻想感知信息内容的一部分，在受众无意识的状态下，将信息不知不觉地展现给受众，使其对公众形成足够的吸引力，进而达成传播目的。通过举办各类具有鲜明主题和传播价值的、能产生轰动效应的活动也是生态文化品牌传播通用的传播方式之一，如各种类型的会议、评奖、表演、展示、教育、公益服务、民俗节庆、文化娱乐、新闻发布，这类活动传播都是对品牌的造势行为，能起到吸引媒体聚焦、让世人瞩目的作用。例如，可以在保护母亲河日、世界环境日、世界水日、中国水周等重要纪念日，把黄河生态文化融入主题活动中。既可以以黄河生态文化为主题组织摄影、书法、美术、诗歌创作或征文大赛，也可以以高校为平台，举办"黄河生态文化"知识大赛进行传播教育。

由于媒体具有传播范围广泛、影响力大、内容公开、受众易于接受等优势，利用媒体扩大宣传效果是品牌传播的重要渠道和手段。黄河生态文化的传播就是要利用媒体优势，把其庞大的受众群体转换为文创产品的接收对象，进而转换为生态文化产品的消费者。黄河生态文化可以通过纪录片、电视节目、新闻报道及评论、动画片、普及读物等形式从生态价值、美学价值、文化价值几个方面予以生动展示。

在广告传播过程中，黄河生态文化品牌的广告投放应以隐性广告为主，显性广告为辅，这是由文化品牌的特点决定的，也是由于现代社会的信息过度传播和消费者的日益成熟，消费者不会轻易相信广告造成的。生态文化品牌的显性广告主要侧重于生态文化品牌信息的发布、品牌的推广、人员信息的推介，发布的最佳时机是生态文化产品推出前两周至当日，过早或过晚都会降低广告的效果。根据距离推出前时间长短、广告投放资金的多少，来选择不同的载体发布广告，如地方性报纸、社会资讯、户外广告牌、网络、广播电台等。随着网络技术的应用，网络广告、视频广告也成为许多生态文化品牌发布广告的方式。

公关是沟通的常用手段，对于生态文化品牌的推广非常实用。生态文化品牌使用公关传播不带任何功利色彩，淡化了商业色彩，增强了消费者接受消息的主动性，既兼顾社会利益，又彰显品牌特性。生态文化品牌传播使用公关传播，除了精心策划、合理设计公关策略和使用常用的公关手段，如活动赞助、举办公益服务活动、紧跟热点事件展开宣传外，关键是利用公关建立起品牌的"人脉"关系。

生态文化产品的传播使用口碑传播时，需要通过分析受众之间的相互作用和相互影响来预见口碑传播效果。一是制造话题，用故事树口碑，让历史文化和故事结伴传播。因为只有不断有故事的人，才会赢得人们的不停讨论。二是把握动机，创造需求。三是寻求与权威人士或名人合作，产生名人效应。四是引领时尚、利用时尚，造成流行。

生态文化传播使用体验传播方式，首先要确立"增加受众体验"的传播理念，并以此作为传播活动的出发点。利益、互动、个性是体验传播的核心要素，也是受众体验得以实现的基础。其次以满足、创造受众的情感满足为传播重点。情感满足是一种比直接体验更深入的内心传播，文化产品品牌与受众情感上的共鸣，跨越了产品机能性的基本承诺，构成购买使用以外的情感因素，从而强化了品牌忠诚度。因此，无论是静态的观摩，还是动态的感知，抑或是深度的参与，品牌的体验传播都以情感的满足为皈依。最后要站在受众体验的角度来设计产品、规划品牌，通过受众体验活动将品牌特色、品牌个性、品牌价值等信息完整、立体、生动地展现在消费者面前，让消费者体会这个品牌，以获得消费者更深层次的认同。

（四）推进各种传播形式的协同创新

传播内容和形式的创新依赖于科技支持。对此，可利用大数据等信息技术，准确定位黄河生态文化作品的特色和目标受众群体，评估传播效果。启动全媒体多元传播模式，通过技术手段的创新，借助融媒体传播渠道，把黄河生态文化主题作品传播出去，不断提高其传播力、引导力和影响力。

充分利用报纸、杂志、广播、电视等传统媒体平台以及微博、微信、B站等新兴媒体平台，以黄河生态文化为素材，制作情趣高远、易于大众接受的手机App、创意宣传小标识或公益广告，全面、系统地传播黄河生态文化的内涵和知识，让受众在休闲娱乐中就接受了黄河生态文化教育。利用好黄河博物馆、黄河水利文化博物馆、沿黄各省市博物馆及文化馆等平台优势，将黄河生态文化融入讲解词中，融入展设当中，由此更好地传播黄河生态文化理念。

黄河生态文化既可以用网络人际传播方式扩大传播范围，也可以用网络人际传播方式加强与消费者的互动。与人际传播相比，网络人际传播的范围更广、手段更多、交流方式更多、交流的内容更丰富。网络人际传播主要有邮件传播、网上聊天、网络游戏交流、社交网站沟通传播，即时性和互动性是网络人际传播方式最主要的特征。相关从业者可以利用网络人际传播的即时性，迅速收集消费者观看后的评价，及时传播正面评价，尽早避免负面评价的传播。文化品牌管理者可利用网络人际传播与受众一对一地交流，以亲和亲近的姿态让消费者产生好感，形成品牌忠诚。网络人际传播的私密性和匿名性，可以让受众丢掉现实中的面具，敞开心怀，交流得以更为畅通和直接。

（五）注重传播的针对性

黄河生态文化的传播针对不同受众群体，应有不同的侧重点。

针对中小学生，要不断更新教材内容，从古今名家作品中筛选出与黄河生态文化相关的精品，将其通俗化解析后列入语文、地理、自然、生物等教材当中；要加强户外教育教学基地建设，通过亲身体验，让生态文明知识真正内化到学生心中。

针对在校大学生，一方面通过开设《黄河生态文化》等课程，在课堂教学环节引入黄河生态文化知识；另一方面在社会实践环节中加入以黄河生态文化为主题的调查活动，让学生通过调查实践活动，深刻体悟黄河生态文化的生态理念。

针对成年人，一方面，通过培训，加强对相关单位领导干部、企业经营者和广大居民的生态文化培养；另一方面，以黄河生态文化为内容，通过设置宣传栏，举办展览、讲座等多种形式，培养受众的生态观念。

针对黄河生态文化的国际传播，应选取具有跨文化传播、跨意识形态传播条件的文化产品。寻求国际共同的价值观、共同的语言，真正实现"中国内容，国际表达"的目标，以生态环境为基本话语最终达成共识。

传播黄河生态文化在新时代具有重要价值，这不仅体现在推进黄河流域生态保护和高质量发展上，还体现在助推中国特色社会主义文化以及生态文明建设上。相信通过积极探索能够有效提升黄河生态文化的传播力，从而增强黄河文化乃至中华文化在国内外的影响力。

（六）打造品牌战略

传播战略是战略管理中的一部分，是战略在信息传播过程中的谋略。随着信息爆炸时代的来临和地球村的形成，对信息传播进行战略管理日益重要，谁能在传播中获胜，谁就掌握了话语权和主导权。根据战略管理理论，传播战略的制定和实施一般经历四个步骤：传播战略分析、传播战略选择、传播战略实施、传播战略评价和调整。传播战略选择包括三个小步骤：传播战略的初步制定、传播战略的早期评价以及最终的战略择定。根据传播战略分析，选择几种传播战略，进一步分析品牌本身的情况，最终择定一种或几种战略。

打造黄河生态文化品牌，可以借鉴几个常见的品牌战略：一是品牌聚焦战略。品牌聚焦战略就是企业将资源聚焦于一个品牌或一个品牌群，主攻该品牌或品牌群细分市场、目标受众。品牌聚焦战略有利于品牌在该细分市场取得超过产业平均水平之上的利润，即使市场份额没有绝对优势，但依然能够取得成功。

二是品牌差异化战略。指品牌在创立、塑造、传播等过程中，用各种手段、各种方式为品牌树立起与其他品牌截然不同的品牌内涵和品牌外在，给消费者与众不同的品牌展现。与聚焦战略相比，差异化战略的实现方式更多，既可以是 Logo 的差异化、产品技术的差异化、品牌包装的差异化、文化产品广告的差异化，还可以是产品流通网络的差异化。

三是品牌组合战略。指从战略的角度考虑组织内各品牌的组合，包括各品牌的范围、职能和相互关系，其目标是在组合内部实现协同效应、杠杆作用，创造充满活力的品牌群。

四是品牌多元化战略。多元化战略分成横向多元化、纵向多元化、多向多元化等，还可以分为产品多元化、市场多元化等，非常复杂，对于品牌来说，在品牌中实施多元化战略，也是一种冒险，但更是机会，单一的品牌经营容易被市场淘汰，多元化的品牌经营更容易满足多变的市场和需求，留住千变万化的消费者。但多元化战略也有其缺陷，对品牌经营者的资金要求、人才要求都比较高，很容易因为其中某个因素的差错而牵连整体。

参考文献

［1］《习近平在河南主持召开黄河流域生态保护和高质量发展座谈会》，http://www.gov.cn/xinwen/2019-09/19/content_5431299.htm。

［2］牛建强：《抓住保护、传承和弘扬黄河文化新的历史机遇》，http://yrc.henu.edu.cn/info/1047/1372.htm，2019-09-25。

［3］薛华：《论黄河文化与河洛文化——黄河博物馆新馆主题陈列之探讨》，中国科学技术协会：《提高全民科学素质、建设创新型国家——2006中国科协年会论文集》，中国科学技术协会、中国科学技术协会学会学术部，2006年5月。

［4］《习近平在中国共产党第十九次全国代表大会上的报告》，http://www.xinhuanet.com/politics/19cpcnc/2017-10/27/c 1121867529.htm，2017-10-27。

［5］习近平：《构建人类命运共同体，实现共赢共享》，新华社每日电讯，2017-01-20。

［6］陈超：《网络信息技术融入高校水文化教育的实践探索》，《教育现代化》2019年第7期。

（作者系华北水利水电大学人文艺术教育中心副教授）

黄河图像志与相关数据库建设

陈正正

习近平总书记《在黄河流域生态保护和高质量发展座谈会上的讲话》中讲道："保护、传承、弘扬黄河文化。黄河文化是中华文明的重要组成部分，是中华民族的根和魂。要推进黄河文化遗产的系统保护，守好老祖宗留给我们的宝贵遗产。要深入挖掘黄河文化蕴含的时代价值，讲好'黄河故事'，延续历史文脉，坚定文化自信，为实现中华民族伟大复兴的中国梦凝聚精神力量。"

黄河文化是中华传统文化中唯一没有中断的文化，具有强烈的民族凝聚力，我们认为，黄河文化应该包括文字记载的相关文献记载梳理和图像为主的相关文献收集与整理。"图像"志作为以绘图、照片为手段，记载人类改造自然、顺应自然的相关成果，并对其载体的影片、照片的拍摄方法进行研究的一门学科，已经成为当前文献学的前沿分支。梳理整理与黄河相关文献的研究，如"黄河诗歌""黄河故事"的收集与整理；编写一部《黄河图像志》，建设可以图文对照的，能够查检、分类与统计的数据库，这是深挖黄河文化资源、提升黄河文化品牌影响力的重要内涵。

我们初步归纳总结认为，黄河文化图像应该包括黄河风俗图像、黄河人物图像、黄河符号图像、黄河故事图像、黄河走向图像、黄河历史文化遗产图像、黄河实物遗迹图像等。经过编制图文对应、说解详细、内容丰赡、科学严谨的图像志，以后随着不断的资料挖掘，再进行修订和完善。

一、黄河风俗图像

黄河风俗指的是黄河居住地的人民所有的历史文化习俗，通过风俗图像可以考察当时生活在黄河流域群众的真实生活状态与真切生活体验。

"寒食春过半，花秾鸟复娇。从来禁火日，会接清明朝。斗敌鸡殊胜，争球马绝调。晴空数云点，香树百风摇。改木迎新燧，封田表旧烧。皇情爱嘉节，传曲与箫韶。"从唐代诗人张说描写清明节习俗的这首诗中可领略到古人清明节活动的非凡场面。图1为清明节赴乡间扫墓者渐多，图中妇人所携之草囤系装纸锭之物。

我国的皮筏历史悠久，《水经注》载："汉建武二十三年（公元47年），王遣兵乘船（皮筏）南下水。"《旧唐书》："以牛皮为船以渡。"可见羊皮筏的使用已不少于2000年。羊皮筏子由一人操纵，短途运输，运送蔬菜果瓜（见图2）。河段上进行长途运输的则用大羊皮或牛皮筏子。

图1 《时报》1931年4月7日

图2　《世界画报》1939 年第 3 期　《黄河皮筏：独人筏》

　　羊皮筏制作简单、结实耐用，而且重量轻，一个人便可背负搬移，而且吃水浅，不怕搁浅触礁，操纵灵活方便，深受黄河沿岸各族人民的青睐，至今仍魅力不减，现在还有部分地区作为短途运输、人员摆渡使用（见图 3、图 4）。

图3　《新中华》1939 年第 3 卷第 4 期　《黄河远上：一肩可以渡水》

图4　《新中华》1939 年第 3 期　《黄河皮筏：航行了，检查皮囊有无漏气》

即便当下，乘坐皮筏子仍有很多讲究，如不能说"破""沉""碰""没""断"等不吉利的字，首次出行还要挂红、放炮、焚香、祭奠河神。

黄河船夫是黄河文化的重要组成部分。《黄河船夫曲》是《黄河大合唱》的第一乐章，是一首混声合唱，运用了黄河船夫号子的音调素材。在 20 世纪，黄河上不乏裸体船夫，晒得黝黑的身躯，一丝不挂，乘客与船夫自己浑然不知似的，背着乘客上船下船，来来回回，习以为常，即使船到村口也不在乎。黄河船夫与岸上的纤夫交相呼应，构成了黄河两岸原生态的时代画卷（见图 5）。

图5　1936 年第 1 卷第 19 期双十特辑　《黄河上的船夫：中国劳工的一个模型》

二、黄河历史图像

黄河是灾害频繁、多次决口的河流。每一次决堤，都会给民众造成重大的灾难，相关的灾难与动乱，都被新闻记者与相关工作者记录；此外，黄河流域还是兵家必争之地，很多战役在此打响，这些图片资料都可以补充史料或者印证史料之不足（见图6）。

图6　1938年第1卷第5期　《黄河决口》

1938年5月侵华日军攻占徐州，并向西进犯，郑州危急，为了阻止日军西进，国民政府采取"以水代兵"，下令将位于郑州市北郊17千米处的黄河南岸渡口——花园口扒开，这次人为的黄河决堤改道导致黄河两岸百姓损失惨重（见图7）。

图7　《良友》天津华北新闻影片社1933年第81期　《黄河水灾：黄河水灾逃亡之难民》

为了扩大赈灾游艺会在全市的影响，以期引起广大市民的关注和积极参与，青岛救济东北及豫、鄂、皖难民急赈游艺会筹办委员会在《青岛民报》上广而告之："青岛救济东北及豫、鄂、皖难民急赈游艺会，准于11月2～6日，共计5天举行游艺，内有评戏、京剧、群芳会唱鼓书、双簧相声、摇奖、魔术、跳舞新剧、潮州音乐、陆海军军乐、国术等，颇有兴趣，五光十色，无奇不有，无美不备，并设有各种贩卖物品，以1元门票之代价可享受生平难睹之游戏，既得精神之愉快，又负慈善之美名，爱国家爱同胞，热心救灾之市民，盍兴呼来。"

李凌是我国著名的音乐评论家、音乐教育家、音乐活动家。1913年12月出生于广东台山，青年时期就酷爱音乐、美术和文学，才华出众。抗日战争爆发后参加了家乡的青年救亡工作队，任艺术组组长。1938年7月赴延安，在延安鲁迅艺术学院美术系学习，后转音乐系，得到人民音乐家冼星海的亲授，后曾任该院教务处教育科长。"左边有哟一条河，右边也有哟一条川，两条川在两座山间转，河水喊着要到黄河去。河——河——，河——河——，这里碰壁转一转，那里碰壁弯一弯，这里碰壁转一转，那里碰壁弯一弯，它的方向永不变，不到黄河心不甘。"这柔韧中充满力量，进取中饱含热忱的歌声（见图8）。

图8 《新音乐月刊》第3卷第5期 《不到黄河心不甘》

抗战胜利，国民政府1946年重新将三门峡水库提上日程，聘请专家组成黄河顾问团进行了实地考察。顾问团的4位美国专家雷巴德（Eugene Reybold）、萨凡奇（John Lucian Savage）、葛罗同（J. P. Growdon）、柯登（John S. Cotton）对于每个问题都有激烈争论。美国水电工程专家萨凡奇博士应当时的国民政府之邀，主持完成了第一份三峡水库大坝工程计划（见图9）。

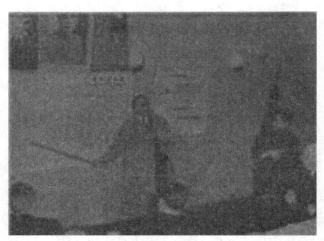

图9 《寰球》1947年第16期黄河治本顾问团美籍水利专家萨凡奇一行返京
在国民大会堂招待记者，雷巴德中将报告考察黄河工程经过

黄河天堑与血肉长城：黄河虽险，还须赖血肉长城，在南岸沿线我大军凭险固守，以防暴敌南侵（见图10、图11）。

图10　1938年第6期　《黄河天堑与血肉长城（附图）》

图11　《东方画刊》1939年第2卷第7期
"黄河南岸国防线：我军官长在黄河南岸瞭望台，以剪形镜观察侵略者活动情况"

三、黄河趣谈图像

黄河作为中华儿女的母亲河，有着丰富的历史文化内涵，已经作为重要的日常生活题材供民间百姓进行创作和讨论。

中国历史上，官府和官吏巧立名目向百姓进行额外征收的事，晚清民国时期，这种现象更加普遍，以至于有人用对联"自古未闻粪有税，而今只剩屁无捐"来谴责苛捐杂税之繁多。丛生的苛捐杂税，大概是晚清民国近百年财政史的独特风景（见图12）。

图12 《新闻报》1918年11月12日《黄河已到可以收勒了》

我国自古就有"左图右史"的图史互证传统。南宋史学家郑樵在《通志》中更是指出："图谱之学，学术之大者。"英国历史学家彼得·伯克在《图像证史》一书中指出图像对历史研究的意义在于：一是印证历史；二是图像中有不真实的内容；三是图像比文字更有想象的空间。

我们的研究还可以大幅度推进，将黄河人物图像（历代修葺黄河的相关著名人物）、黄河符号图像（古汉字、河图洛书、长城、四大发明、二十四节气）、黄河故事图像（《诗经》《老子》《论语》《史记》以及《黄河颂》）、黄河走向图像（据统计，在1946年以前的几千年中，黄河中下游泛滥决口多达1593次，仅较大规模的改道就有26次）、黄河文化遗产图像（黄河号子、黄河祭祀、河神传说、河洛大鼓、兰州太平鼓、兰州黄河大水车制作技艺、元宵节九曲黄河阵灯俗）、黄河实物遗址图像（河南偃师二里头遗址、山西襄汾陶寺遗址、陕西神木石峁遗址、山东章丘城子崖遗址）都纳入研究范畴，设立名目，不断扩充，不断完善。

本问题的应用价值主要体现在以下三个方面：一是可以为黄河文化教育或典藏机构（如黄河图书馆、博物馆、档案馆等）提供图像资源；二是可以为黄河教育课程开发、印刷出版、数字展览、黄河研究专题数据库、黄河文化数字博物馆等提供重要的资料来源；三是可以为黄河文化学研究提供丰富的图像和史料依据。

参考文献

［1］毛建军：《古籍索引电子化与古籍图谱数据库的建设》，《档案与建设》2009年第2期。

［2］晚清民国期刊全文数据库（1833–1949），http://www.cnbksy.com/search/advance。

（作者系河南大学黄河文明与可持续发展研究中心讲师）

黄河文化精神及其当代传承

杨世利

习近平总书记指出，黄河文化是中华民族的根和魂，要深入挖掘黄河文化蕴含的时代价值，讲好"黄河故事"，延续历史文脉，坚定文化自信，为实现中华民族伟大复兴的中国梦凝聚精神力量。那么，黄河文化包含了什么样的精神内核，今天黄河文化有什么样的时代价值，中原文化在黄河文化的形成、发展和传承中处于一个什么样的独特地位，河南在黄河文化的保护传承弘扬中应该怎样做？本文即围绕这些问题，结合黄河文化的历史演变进行了理性思考，得到了一些有益的启示。

一、从华夏文明的产生看黄河文化精神

黄河文化是华夏文明的根源、主干和核心，黄河文化不是一般的地域文化，黄河文化是国家文化，代表了国家和民族的最高水平。中华文明绵延五千年没有中断，中国是仅存的世界上四大文明古国，这都与黄河文化的特质与精神密不可分。

黄河文化能够生生不息、绵延不绝、发扬光大，首先在于它有着优越的地理环境。研究黄河文化不能只着眼于黄河流域，应该把黄河文化放在中国这个广袤辽阔的土地上来考察。中国是个独立完整的大区域，东边、南边是广阔的海洋，西边是高耸的喜马拉雅山、帕米尔高原，北边是草原。海洋与高山是天然的屏障，有效阻挡了来犯之敌，使华夏文明避免了四面受敌的窘境，这是华夏文明长期延续的重要原因。只有北方是开放的边疆，农耕文明与草原文明在这里冲突、交流、融合，为华夏文明不断补充了新鲜血液。

中国境内又分为各个不同的地域，生态地理环境多元，部族、文化多元，各地域之间没有不可逾越的地理障碍，所以彼此之间可以相互交流、融合，黄河文化就是在这样一个大环境下诞生的。华夏文明萌芽于新石器时代，这个时期从辽河流域、黄河流域到长江流域都产生了很高水平的文化，中原有仰韶文化、庙底沟文化，东北有红山文化、夏家店文化，西北有大地湾文化、马家窑文化，东方有大汶口文化、龙山文化，东南有马家浜文化、崧泽文化、良渚文化，两湖有大溪文化、屈家岭文化、青龙泉文化等，呈现满天星斗之势。在华夏文明早期，处于黄河中游的中原地区，尚未表现出明显的高于周边地区的文化优势。新石器时代的文化并非由中原向四周辐射，而是各地独立产生了高水平文化，这些文化相互之间有交流和影响，为国家的产生和华夏文明的正式诞生奠定了基础。

新石器时代晚期，当四周的文明萌芽都衰落下去后，黄河中游的中原文化异军突起，产生了最早的王权国家——夏朝，夏、商、周三代一脉相承，都建都在中原地区，这是成熟的华夏文明正式诞生的标志，也是黄河文化登上华夏文明舞台中央的开始。国家文明之所以首先诞生在黄河流域的中原地区，原因是中原地区地理位置优越，四通八达，交通便利，气候温暖湿润，适于发展农耕经济，是早期人类的理想宜居之地。所以，当各地的部族力量发展壮大到一定程度后，便纷纷向中原

地区迁移聚集，以寻求更大的发展空间。各地不同的部族汇聚到中原地区，在这里交流碰撞，为中原地区产生国家文明提供了契机。不同族群带来了多元的文化，带来了人口、资源，带来了先进的生产技术，使中原地区能够在经济文化上兼收并蓄、博采众长，成为先进生产力和生产方式的代表，进而得以率先迈入文明社会。所以，中国最早的国家文明不是由中原地区的原生文化直接发展而来的，而是由各地不同的区域文化融合而来的。中原是一个开放的区域，中原有吸引周边文化的凝聚力，中原地域足够广大可以包容四方的文化，以中原为核心的黄河文化从诞生之日起，就具有开放性、包容性、凝聚力。

国家文明产生的过程，也是部族融合的过程。华夏族并不是由中原地区原生族群直接发展而来的。上古时期部族很少有定居不动的，部族迁徙移动是常态。炎黄、夏、商、周等在中原地区长期迁徙、生活的部族是构成华夏族的主体族群，这些族群既有前后相继的关系，也有共存的关系。中原地区这些主体部族相互碰撞融合，同时也与周边的少数族群冲突融合，到周代时共同融合为汉族的前身华夏族。这是华夏文明开放性、包容性、多元性在民族形成史上的体现。

国家属于政治组织，政治制度完备是文明成熟的重要标志。周代在继承夏、商礼制的基础上，政治上创建了分封制，部族内部实行宗法制，并把两者结合起来，以族群为单位进行分封，与天下的族群共享政权。周代除了大量分封周族姬姓诸侯，还分封异姓功臣和古帝王之后裔。还规定周族内部不准通婚，而必须与异姓部族通婚，以扩大统治基础。这样，分封的诸侯国与中央王权都有了亲缘关系，家国同构，有利于族群融合和增强政治认同，体现了华夏文明包容万有的气度。

在意识形态层面，周代提出了德治观念。周人通过商汤灭夏和武王伐纣灭商事件，认识到治国仅仅依赖天命的眷顾是不可靠的。周人认为天命是无私的，天并不会只眷顾某一个部族，只有有德的部族才会得到天命的垂青，从而获得中央政权。统治者的德就是要贯彻"天下为公"的理念，协和万邦，让所有的部族都得到发展。所以到周代时，以黄河文化为核心的华夏文明已经发展出了普遍性的文明理念。即文明不属于某个地域而属于整个天下，文明不属于某个族群而属于天下所有的族群。华夏文明的意识形态、价值观也是开放的、包容的。

总之，华夏文明起源于黄河流域中游的中原地区，中原文化、黄河文化就是最早的华夏文明、中华文明。遍地开花式的新石器文化为华夏文明在中原地区的诞生奠定了坚实的基础，中原地区以其开放的地理环境和优越的生态环境为天下众多部族提供了竞争、交流的舞台，多元的文化在中原融合最终产生了华夏文明。黄河文化从其跨入文明社会的那一刻起，就具有开放、包容、多元的特性，这种与生俱来的特性，既体现在地理环境上，也体现在制度上、价值观念上。

二、从华夏文明的传承看黄河文化精神

春秋时期，礼崩乐坏，以西周为代表的三代文明衰落下去。这本质上是生产力发展的结果。铁制农具使用，耕地面积扩大，人口增加，精耕细作农业模式产生，最终突破了分封制和宗法制的制度框架。周朝王权衰落，各诸侯国纷纷变法图强，展开兼并战争，最后由秦统一全国，华夏文明进入最为强盛的汉唐时期。

汉唐时期，以中原为核心的黄河流域依然是全国的政治、经济、文化中心，黄河文化处于华夏文明的核心。华夏文明的汉唐时期，虽然制度模式发生了变化，但是开放、包容、多元、创新、时尚的文化精神一以贯之。在政治制度方面，中央集权的郡县制取代了松散的分封制，地方社会基层政权代替了宗法制的族权统治。从秦代开始，虽然中央实行皇帝制度，但不能认为中国从此进入帝国时期。帝国是西方概念，西方的帝国建立在宗主国对其他地区的征服、奴役之上。中国帝制下的国家统一建

立在各地域经济、文化融合的基础之上，体现的是文化的包容性和凝聚力。国家应该统一是当时士人的普遍共识，分歧在于以什么思想为指导来实现统一。汉唐时期郡县制下的国家统一，体现了天下为公的理念。各地域在皇权制度下政治地位都是平等的，皇权不代表特定地区、特定族群的利益。皇权必须推行德治、仁政，实现天下太平的目标，否则就会违背天命，从而失去政权。

汉唐时期的制度具有开放性、包容性，体现在方方面面。土地制度方面，秦汉实行授田制，北魏、隋唐实行均田制，农民可从国家手中获得土地，身份从私人附庸上升为国家编户齐民，社会地位得到提高。兵制方面，秦汉实行军功爵制，北朝、隋唐实行府兵制，普通军人可通过建立军功提高自己的社会地位。选官制度方面，汉代实行察举制，隋唐实行科举制，平民士人可通过读书考试步入仕途。汉唐号称盛世，实行体现均平、包容、开放的政策，社会发展的平民化方向，普通人社会地位的提高，是重要原因。

汉代地方上依然是家族社会，士人既是乡里社会的领袖，又是国家官员候选人，士人的双重身份使其可以充当中央与地方沟通的媒介。地方政府中只有长官是外地人，属官都由本地士人把持。魏晋以后，门阀士族兴起，地方社会的权力就更大了。所以汉唐时期，地方社会处于一定的自治状态，中央政府对地方的控制并不强，并非绝对的全国"一刀切"。地方社会能够保持一定的自主状态、自主权力，从而充满生机活力，这也是包容精神的一种表现。

在民族关系上，秦汉王朝的统一本身就是春秋战国时期民族融合的结果。汉代遍布全国的经济交换网络形成，使中国经济被整合为一体，这是中国分裂之后终究能够回归统一的重要原因。政治上，察举制的实行，使全国人才得以流通，政权对全国各地的精英开放，国家成为全国人民所共有。文化上，儒家思想成为意识形态，主张天下一家，有教无类，兼容并蓄，各地不同的人群愿意留在这个系统中。经过汉朝政治、文化的长期涵养，使中国人以汉人自居，国家意义上的汉人逐渐成长、融合为民族意义上的汉人。汉朝灭亡后，匈奴、鲜卑、羯、氐、羌等少数民族内迁，为僵化的中原文化注入了新鲜血液。经过南北朝时期的民族融合，更为强大繁荣的隋唐王朝建立了起来。

唐朝以开放、包容、强盛著称于世。有"天可汗"之称的唐太宗，能够平等对待中原华夏族与边疆的少数民族。丝绸之路在唐朝最为繁忙，西域文化与中原文化的交流进入巅峰时刻。大量外国人来到中国经商、定居，甚至在唐朝为官。日本的留学生来到中国留学，把大唐文明带回日本。日本的京都就是仿照唐朝的长安和洛阳建造的。大唐盛世，把华夏文明提高到了一个新高度，在一些国家至今仍把中国人称为唐人。

宋朝虽没能恢复汉唐旧疆，但在经济、科技、文化成就上却达到了又一个高峰。学者指出，华夏文化历数千年演进，造极于赵宋之世。海上丝绸之路兴盛于宋朝，科举制度成熟于宋朝，唐宋八大家中有六位是宋朝人，四大发明中有三项是宋人的发明，洛阳人程颢、程颐开创的理学影响中国达千年之久。北宋的开封人口达百万以上，居民区与商业区连为一片，取消宵禁，管理制度先进，商业气息浓厚，市民文化发达，是当时世界上最发达的城市。南宋的杭州在节日习俗、饮食文化、市民文艺甚至在口音方面，都以模仿汴京为时尚。

南宋以后，中国经济、文化重心南移到长江流域，黄河文化、中原文化代表华夏文明的时代结束了。但不能由此认为黄河文化中断，只能说是开放、包容、多元、创新、时尚的黄河文化精神流传到新的地域继续传承创新、发扬光大了。长江流域的文化不是完全靠本地文化发展起来的，持续不断的移民把中原文化带到了江南，长江文化是在黄河文化的高度上继长增高的。

黄河流域衰落，过度开发导致生态环境恶化是重要原因。从东汉到唐朝，黄河有几百年的安流期，这是黄河流域生态环境良好的表现。宋代以后，黄河决口、改道的频度大大增加，这是黄河流域生态环境恶化的表现。生态兴则文明兴，生态衰则文明衰，这是历史留下的经验教训。

三、黄河文化精神在当代的传承与创新

近代以来，华夏文明衰落了。华夏文明的衰落，原因是封建统治者昧于世界大势，满足于所谓"十全武功"，陶醉于"天朝上国"的无所不有，从而奉行闭关锁国的错误政策。也就是统治者背离了开放、包容、多元、创新、时尚的黄河文化精神。

中华民族的复兴，就是黄河文化精神的复兴。黄河文化精神不是一成不变的，开放、包容、多元、创新、时尚是中华民族强盛时期的精神表现。在民族危亡时刻，黄河文化又表现出了不畏强暴、抵御外侮、救亡图存的精神。特别是在中国共产党领导的新民主主义革命时期，革命文化中的红船精神、井冈山精神、长征精神、延安精神、西柏坡精神都与黄河文化精神是一脉相承的。中原是黄河文化的核心地域，河南的大别山精神、愚公移山精神、焦裕禄精神、红旗渠精神、南水北调精神，都是黄河文化精神在特定时期的传承弘扬。今天，中国特色社会主义进入新时代，我们的国家日益富强起来，中华民族伟大复兴的中国梦就要实现了。在这个伟大的时代，我们更要弘扬开放、包容、多元、创新、时尚的新时代黄河文化精神。

今天传承创新黄河文化应注意以下几点：第一，传承弘扬黄河文化要解放生产力、发展生产力。文化属于上层建筑，经济基础决定上层建筑。没有生产力的大发展，就没有文化的大发展、大繁荣。近代以来，我们之所以批判传统文化，是因为我国在近代的工业化浪潮中落后了。现在我们之所以有坚定的文化自信，要大力弘扬黄河文化，是因为我国在发展先进生产力方面取得了举世瞩目的成就。古代的黄河文化是农耕文明的产物，今天要传承创新的黄河文化是建立在工业化、信息化基础之上的。中原地区是农耕文明的发祥地和领跑者，所以五千年的华夏文明有三千年其中心在黄河流域、中原地区。近代西方的工业文明是从海上传入中国的，所以现在沿海地区成了文化发展的高地。河南要抓住中部崛起的战略机遇，奋起直追，在发展先进制造业、信息化产业方面，在改善营商环境方面大有作为，在经济社会发展上赶超沿海发达地区，为黄河文化的复兴奠定坚实的经济基础。

第二，传承创新黄河文化重在弘扬新时代黄河文化精神。文化传承本身就是创新而不是复古，文化创新也一定是民族精神的弘扬而不是简单的照搬照抄。黄河文化之所以长期处于先进地位、领跑地位，是因为黄河文化具有开放、包容、多元、创新、时尚的精神。包容精神是中原文化、黄河文化从而也是中华文明的核心精神。中原自古就是个开放的区域，东西南北各地多元的文化都能进入中原地区进行交流，多元的文化在中原地区不是相互排斥、相互对立，而是能够融为一体，创造出新的先进文化，从而引领、辐射全国，这才是黄河文化的高明之处。所以，中原人自古以来就心胸开阔、见多识广、处变不惊，中原人海纳百川、善于学习、善于创新。河南发展虽然暂时还落后于沿海发达地区，但河南经济总量大、门类全，区位优势明显，文化积淀深厚，发展潜力巨大。河南有"陆上、海上、空中、网上"四条丝绸之路，有"米"字形高铁网，高速公路通车里程保持全国第一方阵。开放、包容、创新的河南一定能继续创造黄河文化新的辉煌。

第三，传承创新黄河文化要尊重群众的主体地位。发展文化产业、文旅融合，一定要建立在群众生产、生活不断提高的基础之上。文化是群众的生活方式，是有生命力的，不能为发展文化而发展文化，让文化沦为供人参观的、脱离生活实际的盆景。经济社会越是发展，地方特色的文化才能越鲜明。一定要尊重群众的意愿，发挥群众的积极性、创造性，要千方百计帮助群众发展经济，丰富群众的精神文化生活，提高群众的文明素质。要让群众生活得体面、有尊严，为自己的家乡、自己的生活感到自豪，让每个老百姓都成为黄河文化、中原文化的代言人，实现"近者悦、远者来"的伟大理想。

第四，传承创新黄河文化要弘扬厚德载物的精神。人民有信仰，国家有力量，民族有希望。道德是立身之本、文化之基，是国家强盛的力量源泉。中原自古就有尊德重道的传统，今天河南各行各业

依然不断涌现出道德模范人物，在中央电视台评选的感动中国年度人物中河南人占了很大的比例，在社会转型中这是很宝贵的资源。传承创新黄河文化，一定要弘扬修身、齐家、治国、平天下的道德精神，要提高人民的思想觉悟、道德水准、文明素养。进行思想道德建设，孝贤文化是一个重要抓手。孝道是做人的根本，一个从小懂得感恩父母、回报父母的人，才会对党忠诚、热爱国家、热爱人民，为社会做贡献。不懂孝道的人，做人就不合格，更谈不上干一番事业了。在这方面，河南是可以大有作为的。河南有炎黄文化、有姓氏文化、有家风家教传统，这些都是孝贤文化建设的资源。我们一定要利用好这些资源，叫响"孝贤中原、老家河南"的口号，让历久弥新的黄河文化焕发出绚丽的时代风采，让古老的中原大地重新成为中华文化高地。

（作者系河南省社会科学院历史与考古研究所副研究员）

黄河文化的时代价值及传承路径

师永伟

2019 年 9 月 18 日，习近平总书记对黄河文化作了系统论述，明确指出了黄河文化在中华文明发展史上的重要地位，彰显了黄河文化在实现中华民族伟大复兴进程中的巨大价值，更是为保护、传承、弘扬黄河文化提供了重要遵循。因此，使黄河文化发扬光大，在实现中国梦中贡献黄河文化力量，是当代社会的重要课题。

一、黄河文化的时代价值

黄河横亘于中华沃土，孕育了独特的华夏文明，在黄河流域形成的黄河文化也因此成为中华文明的重要组成部分。习近平总书记"要深入挖掘黄河文化蕴含的时代价值"[1] 的伟大号召，就是要突出其在铸牢中华民族共同体意识、坚定文化自信、增进人民福祉、深化文化交流互鉴等方面的时代价值。

（一）有利于传承中华优秀文化基因，铸牢中华民族共同体意识

在中华民族融合发展的历程中，黄河文化以其独特的地位而独树一帜，是中华民族认同的标志性符号；同时，黄河文化中也蕴含着丰富的家国观和民族观，可以说黄河文化是铸牢中华民族共同体意识的重要精神纽带。

黄河文化是中华民族认同的标志性符号。黄河自古就是"四渎之宗"、百水之首，被公认为中华民族的母亲河，这一定位已深深地植根于华夏儿女心中。总体来说，诞生于黄河流域的黄河文化，是中华优秀传统文化的集中代表，蕴含着中华民族的优秀基因。在中华文明的发展进程中，尤其是从夏商周开始，到汉唐北宋这一中华文化的辉煌时期，这既是说王朝统治的核心在黄河地区，也是说王朝创造的物质和精神文明亦集中在这一地区。黄河文化中还蕴含着中华民族的核心思想、人文精神，如求实创新、与时偕行、实事求是、百折不挠、自强不息、民唯邦本、天人合一、协和万邦等，这些文化基因是各族人民文化认同的根基所在。黄河文化中的汉字、长城、姓氏、河图洛书、四大发明、二十四节气等都是具有中华民族气象的文化符号。[2]

黄河文化中蕴含着同根统一的家国观。翻阅中国历史可以发现这样一个事实：国家统一是历史发展主流，分裂仅为支流。在这一事实的背后，蕴含的是中华各族人民对"大一统"观念的心理认同及中华民族共同体意识的崇尚，而这正是黄河文化的精华所在。主要表现在以下两个方面：一是以人们耳熟能详的，主要活动于黄河流域的"三皇五帝"为代表的中华人文始祖是全体中国人民共同的

---

① 习近平：《在黄河流域生态保护和高质量发展座谈会上的讲话》，《求是》2019 年第 20 期。

② 张新斌：《黄河文化符号重构与中华文化认同》，《河南日报》2020 年 3 月 27 日。

"根"；二是"大一统"观念在黄河流域的形成与发展，给中国历史烙上了深深的印记，在"大一统"观念维系下的统——一直是中国历史进程中的主流和主线。

黄河文化体现融合会通的民族观。在民族交流与融合中，黄河流域的人口迁移对中国历史的进程、中国疆域的扩展与定格、中华民族形成都具有十分重大的意义，是民族发展的大熔炉。[1]这一进程也使黄河文化得以丰富起来，尤其是其中的民族观得到不断升华，承载着各族人民的民族共同记忆逐渐形成，由此夯实了中华民族共同体意识的根基，是全国各民族在共同体基础上进行历史实践中伴生的精神、记忆、文化、价值等积淀而形成的意识共同体和文明共同体，是各族人民的集体意识，究其根本是"认同意识的凝聚"，且随着时间的推移和交往空间的拓展，中华民族共同体意识正在逐渐加强。

（二）有利于坚定文化自信，凝聚实现中华民族伟大复兴中国梦的力量

黄河文化是中华文化的重要代表和集中体现，璨若星河的黄河文化遗产就是历史的证明，印证了黄河流域在中国文明发展中的重要地位，这样就需要在繁荣黄河文化中进一步坚定文化自信，不断凝聚起民族复兴的磅礴伟力。

黄河文化是中华文明的折射。从黄河文化的形成和发展历史来看，其先后经历了萌芽期、形成期、鼎盛期、衰微期、复兴期，与中华文化的发展历程同频共振。从黄河文化的特征来看，在经济特征、政治特征、文化特征上，包含农耕经济、宗法关系、礼乐制度以及理论化的产物等重要方面的内容。从黄河文化精神特质来看，涵盖同根同族同源的国家民族观、创新务实的发展观、民唯邦本的人文观、自强团结的奋斗观、开放包容的心态观、天人合一的自然观、和合尚同的世界观七个方面。

黄河文化遗产为坚定文化自信夯实根基。黄河纵贯9个省区，在中国大地上形成了数量庞大、意义非凡的文化遗产。黄河文化遗产是老祖宗留下的宝贵财富，为保护传承弘扬黄河文化提供素材，也为坚定文化自信夯实了根底、提供了底气。黄河文化遗产数量庞大、类型齐全，且主要铺陈于黄河两岸，具有廊道分布的特征，有利于进行系统保护与展示利用。推进黄河文化遗产的系统保护就是要在顶层设计上下功夫、在建设高水平的保护传承利用区上下功夫、在强化文旅融合上下功夫、在完善体制机制上下功夫，提升黄河文化遗产的世界知名度和辨识度，建设集高度、深度、广度和温度于一体的黄河文化综合体，在延续历史文脉中切实增强文化自信。

奋力实现黄河文化创造性转化创新性发展。黄河文化是在历史时期形成的一种绵延赓续、历久弥新的文化形态，在维系国家统一、民族融合以及世界交往中发挥着精神纽带的作用。新时代，黄河文化依然是推进民族伟大复兴进程的重要精神动力，必须使黄河文化在新时代发扬光大，在创新黄河文化现代表达、提升黄河文化影响力和实现中华民族复兴的伟大进程中进一步坚定文化自信。

（三）增进人民福祉，实现黄河流域生态保护和高质量发展

黄河流域在生态建设、经济发展、脱贫攻坚等方面上升空间巨大，以黄河文化为抓手，做好黄河流域的文化和生态两篇大文章，用实际行动实现文化、生态、经济、社会共赢的生动局面，大力建设以黄河文化为内在支撑的融合发展带。

黄河文化是生态文明思想重要的理论与实践源泉。黄河文化中饱含着人与自然关系的真谛，是人水和谐、崇尚自然思想的宝库，可以说是生态文明思想的重要来源。要大力发挥黄河文化在生态黄河建设中的作用，科学把握黄河生态与黄河文明之间的辩证统一关系，树立生态和文化和谐发展的理念。

提出了新时期经济社会高质量发展的新方案。从经济社会发展中参与要素的历史演变来看，工业、

---

[1]　王建平：《黄河概说》，黄河水利出版社 2008 年版，第 55 页。

生态、文化的嬗变无疑是其中的一条重要线索，从工业革命开始，世界各地都把工业经济作为经济社会发展的主要驱动力，主要倚重工业原料、能源、劳动力的大量投入，中华人民共和国成立初期，也大致采取了类似的方案。如果说以"两山"理论这一科学论断的提出为标志，生态在经济社会发展中受到了自上而下的普遍重视，那么生态文明建设成为支撑中国建设基本架构的"五位一体"的基本构成，则更具国家意义。生态文明思想是在反思世界及中国发展道路的基础上提出的，主张人与自然的和谐共生。黄河流域生态保护和高质量发展国家战略中把黄河文化纳入其中，标志着国家对经济社会发展有了更为深入的认识，"文化＋生态"复合发展理念显现，这与传统的单纯依靠文化或生态的认知模式有重大变化，文化和生态耦合的模式是一条与以往发展模式迥异的道路。

黄河文化满足了增进人民福祉的客观要求。受历史和现实的影响，黄河流域的经济社会发展相对落后。但这一区域富集的自然与文化资源是其一大特色，是其在奔全面小康路上的基本动力，文化在增进人民福祉中发挥着越来越重要的作用。

（四）深化文明交流互鉴，提高中华文化软实力

黄河文化彰显和合包容的发展观和世界观。黄河文化兴旺发达，具有较强的生命力，既在于它博大精深的文化内涵，又与它兼容并蓄、博采众长的文化心态休戚相关。由于黄河流域长期处于王朝统治的核心区域，文化互动必不可少。黄河文化从不是一种封闭的文化，它以开放的胸襟和气度，不断从相近的文化区域及异域的优秀文化中汲取精华，从而不断地丰富其内涵，保持其自身的活力和魅力。

黄河文化为构建人类命运共同体提供智慧。黄河文化以其独特地位而成为中华文明的代表，伴随着日益强大的对外传播，黄河文化远播寰宇，文化能量不断向外输出，成为凝聚海内外华人的精神纽带和精神原乡，也逐渐在构建人类命运共同体中发挥作用。黄河文化向来崇尚世界大同，秉持命运与共、以和为贵、协和万邦的理念；当下，对外交流日益繁荣，以"一带一路"倡议为主要渠道，向各沿线国家和地区传播黄河文化。习近平总书记一直强调的"合作""协同""命运与共"等理念正是对黄河文化中世界观的当代表达和创造性实践。此外，人文外交作为中国外交的"三驾马车"之一，一直以传播中华优秀传统文化、构建"国际—人类"的大格局为主旨，从这方面来说，黄河文化也理应在人文外交中发挥更大的作用。

具有国际影响力的黄河文化旅游带助力文化交流。黄河文化是中华民族的根和魂，通过文旅融合，向世界展示真实、立体、全面的中华文化，构建国际文化交流新局面。一方面，黄河文化旅游优势突出，这是其优势所在；另一方面，打造黄河文化主地标、黄河国家文化公园建设等重要举措，目前都在积极推进之中，这些旅游线路在提升旅游消费水平、传承黄河文化、展示国家形象方面具有重要的意义。

二、黄河文化的传承弘扬路径

黄河水滔滔不息，黄河文化赓续不断。保护、传承、弘扬黄河文化，就是要将在历史上孕育、承载的黄河文化与时代相结合，不断探索新路径，使之成为实现中华民族伟大复兴的不竭动力。

（一）强化顶层设计

首先，积极规划黄河申报世界自然与文化遗产。保护黄河遗存，夯实传承根基。黄河流域文化遗产厚重、自然景观壮丽、生物资源丰富。建议黄河沿线各省份积极摸清家底，在"双申遗"的背景下，科学、完整地呈现黄河自然景观与文化气象。

其次，要探索建立黄河文化保护、传承、弘扬的区域协调机制。黄河纵贯 9 个省区，区域发展的重点在协调，黄河流域的发展现状很不平衡，这是黄河流域发展的痛点之一。在面临前所未有的机遇面前，需要沿黄各省份加强交流、合作与协调，避免出现各自为政的局面，统筹实施黄河文化发展战略，奏响新时代的"黄河大合唱"。

再次，健全传承黄河文化落地生根的制度保障。中央及沿黄各省区要在多种资源上向黄河文化的发展上倾斜，在土地、政策上加强保障，吸引更多的人才进入这一领域，从事相关研究、阐释、展示和传播工作；尤其是要在关键环节和瓶颈问题上进行专题研究；在成果转化的模式上，积极进行创新，实行一事一批、专事专批的办法，有力地保障黄河文化的大发展、大繁荣。

最后，大力建设黄河生态文化经济带。生态、经济和文化的建设是一体的，三者之间的协调发展才是文化持续发展的必由之路。否则，文化的发展就会缺乏韧性与持久性，曾经的世界四大文明中被中断的三大文明，其中很大的一个原因就是生态与经济遭到了破坏。黄河流域的生态、经济建设皆离不开黄河文化的支撑。同样，黄河流域的生态、经济建设也为新时期黄河文化的持久发展提供了物质基础。基于此，要推进沿黄地区积极构建黄河生态文化经济带。

（二）与国家重大发展战略相衔接

从历史进程上来说，黄河文化代表的不是一种地域文化，而是具有全局性、正统性、根源性的文化，它的发展只有与国家重大发展战略很好地衔接，才能与黄河文化的地位相一致。

"一带一路"倡议。随着参与"一带一路"的国家数量不断增加，中国在国际上发挥着举足轻重的作用。"一带一路"发展中的重要一环就是以文化为代表的"软"交流。黄河文化以此为契机，不断加强与沿线国家和地区在文化、语言、艺术、科技、宗教等方面的交流，在交流互鉴中可以有效地促进自身的发展与强大，同时这也是向外界展示黄河文化魅力与风采的重要窗口和渠道，促使黄河文化更具有国际范。

乡村振兴战略。乡村振兴战略是具有时代意义的新战略，它以实现乡村富强、美丽、法治、文明为旨归，需要制度、生态、党建、人才、文化等多重因素的综合参与，文化是其中的生命力所在。黄河流域有着数量巨大的村庄，它们各具本地文化特色，充分挖掘这些特色文化的生产潜力，在经济和社会治理上都可以有效地推动乡村振兴。

黄河国家文化公园建设战略。黄河国家文化公园是黄河文化发展的重大契机，它以黄河流域重要文化和文物资源、生态资源等为基本依托，从国家层面进行规划设计。河南作为黄河国家文化公园的重点建设区，在项目筛选、储备以及开工建设中都精心谋划，利用现代技术和手段，积极打造黄河文化主地标，提升文化辨识度，有力地传承了黄河文化。

（三）加强黄河文化基础研究

黄河文化基础研究是保护、传承、弘扬黄河文化的基石。离开它，其他的一切就如同纸上谈兵、空中楼阁一般。黄河文化基础研究包括以下三个方面的内容：

一是黄河历史文化研究。从大的方面来说，主要包括黄河文明形成、演变的综合研究，涵盖生态、地理、环境等宏观方面的研究。从小的方面来说，包括历代治黄工程、碑刻、黄河故道、黄河大堤、大王庙等，这些都承载着民族的记忆；还有，历代黄河文献研究，黄河文献记载了各个历史时期黄河河道的地理环境、历史变迁、工程设施、治理经验及沿岸的风情民俗等，内容丰富。

二是黄河学研究。20 世纪 80 年代就有人倡议建立"黄学"，后又正式提出了"黄河学"的概念。"黄河学"以黄河为基本研究对象，是针对黄河流域综合体的产生、发展演化规律的多学科交叉的综合性学科，包括从古到今，从自然、地理、工程到社会、人文等方面。在此基础上，出版了《黄河文化读本》《黄河文化通史》《黄河文化经典文库》以及《黄河文化系列丛书》（省卷）等著作，加强黄河学的学科建设，促使更多高校开设有关黄河学的课程，培养更多从事本专业的人才，以此作为传承黄河文化的重要抓手。

三是黄河文化创新发展的学理研究。理论创新是黄河文化传承发展的基础，第一，公共阐释理论，公共阐释是新近出现的重要学术理论之一，它以促使文化"飞入寻常百姓家"为目的，以通俗易懂的形式表现出来，实现文化的教化意义，黄河文化亦可如此。第二，公众史学理论，顾名思义就是以公众为中心，实现史学与公众的结合，缩短二者间的距离。黄河文化是历史性产物，实现黄河文化的大众化具有极高的理论创新性和极强的可操作性。第三，建设"文化特区"，即给予文化资源富集地区特殊的政策，总结出可以复制、推广的文化发展经验，在黄河文化核心区建设"黄河文化特区"也是可行路径之一。

（四）优化黄河文化发展新生态

黄河文化发展要与时俱进，按照高标准、智慧化、人文化的目标，采取多种有力措施，进一步优化黄河文化的发展生态，应从以下几点下功夫：

一是推进黄河文旅融合发展。以"中华源·黄河魂"为核心与主题，串珠成线式地连接两岸的峡谷、湿地、滩涂、悬河等自然资源和各类文物、文化资源，建设一批兼具自然奇观和人文历史的旅游名城。树立品牌意识，积极打造独具黄河特色的文旅品牌，在文明溯源、美食品尝、寻根谒祖、民风体验、大河观光、水工研学等方面下大力气，从而形成以黄河为轴线的国际级旅游目的地。

二是拓宽黄河文化的实践渠道。大力整合黄河流域的优秀文化资源，以新创意、新技术、新手段为抓手，大力拓宽黄河文化的功能，开发集娱乐、休闲、教育、研学、康养为一体的现代化文化产品；另外，在更大范围内创作展现黄河文化精华的脚本，并引进一流团队，制作形式独特、内容新颖、以黄河文化为主要内容的作品，努力打造出精品力作。同时，利用沿黄地区数量众多的博物馆、文化展览馆、文化公园、考古公园等有效资源，使人们在日常生活中更直观地感悟黄河文化。

三是创新载体平台。在信息化迅猛发展的时代，快手、抖音、西瓜视频等新兴媒介广为流行，逐渐成为传播文化的新阵地和新渠道，这就需要适应这一趋势，大力制作内容新颖的小视频，在各平台上注册官方账号，发布相关视频，以新颖的形式使黄河文化与民众亲密接触，实现文化"活"起来、"火"起来、"立"起来。同时，利用现代技术传承黄河文化，大力实施"互联网＋黄河文化"工程，推动文化资源可视化、动态化管理，实现数据共享。

四是重视非物质文化遗产的保护和传承。非物质文化遗产是黄河流域居民在数千年的历史演变中形成和流传下来的特殊记忆，蕴含着丰富的民族情感。沿黄各省区均有价值巨大、数量庞大、内容各异的非物质文化遗产，要进一步提高非物质文化遗产的保护和活化意识，促进非物质文化遗产类黄河文化的保护、传承、弘扬以及利用。

（五）构建黄河文化发展的长效机制

目前，已经建立了部分协调合作机制，保障了黄河文化发展具有持续性。例如，将九省区黄河论坛以轮流举办的形式延续下去，以期取得更多有利于黄河文化发展的成果。再有，黄河流域博物馆联盟是以位于黄河流域的 45 家博物馆为主体，联合传播黄河文化的生动实践。

沿黄各省区需要根据各自的资源禀赋，深度融合独具特色的文脉资源，使黄河文化产业繁荣起来，建立传承弘扬黄河文化的有效机制。如山西打造黄河千里风光国家级文化旅游风景廊道，内蒙古打造"黄河生态经济带"的生态文明建设典范，陕西打造"黄河华夏文明旅游带"和"黄土高原风景道"，青海朝"文旅名省"逐步迈进，河南打造"老家河南、豫见未来"，宁夏打造"塞上江南，神奇宁夏"等。

除此之外，还需要健全完善沿黄省份黄河文化发展联盟和工作机制，逐步形成系统观念下的统筹发展新格局，建设黄河国家文明博物馆、国家考古遗址公园、国际大河文明论坛，黄河文化黄金旅游带、黄河生态廊道等。编制沿黄省份文化旅游业发展的战略层次规划，建设黄河文化核心展示区，突出黄河文化特色，全力打造黄河文化广场、黄河文化展示馆、"大河上下"浮雕墙、民俗采风景区、非遗展示区等。推动沿黄文化旅游资源差异化互补开发，实现黄河景区的品牌化提升。推进基础建设，全面提升文化景区基础配套、服务水平建设。

（六）加强文明交流互鉴

"文明因交流而多彩，文明因互鉴而丰富。"[①] 以国际化的视角，加快黄河文化这一在深化文明交流互鉴中扮演核心角色的创造性转化、创新性发展，讲好"黄河故事"，让古老的黄河焕发"青春"，更具吸引力。

以"一带一路"为主输出渠道，向各沿线国家和地区积极传播黄河文化。以黄河文化中的文化遗址、民族艺术、思想宗教、四大发明、陶瓷、丝绸、民俗等为基本内容，在符合文化传播内在机制的基础上，向世界彰显黄河文化在全球文明进程中的位置，吸引更多的国际学者及文化爱好者加入到研究、阐释、传播黄河文化的伟大事业之中，为黄河文化在国际舞台上闪光夯实基础。

举办以黄河文化为主题的国际大河文明论坛等国际文化盛会。大河与文明起源密不可分，设立相关的国际性文化论坛，荟萃中西文化，可以为探讨文化发展提供很好的国际平台，这样既可以在国际上显示中华文明的厚重性，提升话语权，又可以吸收其他优秀文化中的精华。同时，积极推动国际性会议的会址永久落户中国。

召开各类国际文化博览会。以黄河文化为内在支撑，召开各种文化博览会，弘扬黄河文化，讲好"黄河故事"和"中国故事"，促进文旅融合，全方位展现黄河文化的价值，并把黄河文化与民族团结、文明进步、世界一家衔接起来，把黄河文化中革故鼎新、百折不挠、以和为贵、天人合一、天下一家的精髓"传下来、走出去"，在与国际文化交流中，走出一条既能直观感受黄河风采又能感悟黄河文化，既能留住乡愁又能体现特色的符合黄河自身特质的文化传承之路，使我们的"母亲河"不只有颜值，更有内涵。

（作者系河南省社会科学院历史与考古研究所助理研究员）

---

① 习近平：《文明交流互鉴是推动人类文明进步和世界和平发展的重要动力》，《求是》2019 年第 9 期。

保护传承弘扬黄河文化的现实意义与措施建议

王胜晓

黄河流域是中华文明的核心发祥地，在中华文明的发展进程中，黄河流域先民的繁衍发展和五大古都的深厚文化积淀孕育了博大精深、厚重绵长的黄河文化，并发展成为中华文化组成部分中的主干和主要源泉，塑造出了中华民族顽强拼搏的民族品格和坚韧不拔的民族精神。

2019 年 9 月 18 日，习近平总书记在黄河流域生态保护和高质量发展座谈会上指出："黄河文化是中华文明的重要组成部分，是中华民族的根和魂。要推进黄河文化遗产的系统保护，守好老祖宗留给我们的宝贵遗产。要深入挖掘黄河文化蕴含的时代价值，讲好，延续历史文脉，坚定文化自信，为实现中华民族伟大复兴的中国梦凝聚精神力量。"习近平总书记的讲话，从战略高度对黄河文化在中华文化发展史上的重要地位和时代价值进行了高度概括，为我们研究中华文化特别是研究黄河文化指明了方向。黄河文化历史悠久，底蕴厚重，博大精深，不断挖掘黄河文化所蕴含的时代价值，保护传承弘扬好黄河文化是摆在我们每一位华夏儿女面前的一项重要使命。

一、黄河文化成因及内涵阐释

黄河文化的形成离不开黄河的变迁和人类的活动，黄河文化是在人们认识黄河、利用黄河，甚至努力去改造黄河的过程中形成的，它反映的是人和自然、人和人、人和社会之间的关系。我们要保护、传承、弘扬黄河文化，就要先弄清楚黄河文化的含义，要先界定清楚"文化"的概念。对"文化"的定义，往往是智者见智，仁者见仁。"文化"二字最初是分开使用的，许慎在《说文解字》中对"文"的解释是"文，错画也"，就是指许多装饰花纹相互交错。"'化'的本义是变化、改变，指事物形态或性质的改变，同时'化'又引申为教行迁善之义。"①许慎在《说文解字》中对"化"的解释是"化教而行也，变更之义，引申为造化"②。在《易·贲卦·象传》中比较早记载了"文""化"在一起使用的情况："刚柔交错，天文也；文明以止，人文也。观乎天文，以察时变；观乎人文，以化成天下。"③这里的"文"通"纹"，指纹理。刚柔交错成文，这是天象，是自然天道规律。那么，"人文"则指的是社会人伦的规律，也就是指社会生活中人和人之间存在的纵横交错的伦理关系，如君与臣之间、父与子之间、夫妻之间、兄弟之间、朋友之间等，构成的错综复杂的人伦关系网络，这具有像纹理一样的表象。从这个意义上来说，"人文"和"化成天下"密切相关，文化要"以文教化"的思想也表达得非

---

① 徐光春：《用习近平总书记重要讲话精神统一思想、形成共识、坚定自信——谈中原文化在中国古代文明中的地位和作用》，《黄河科技学院学报》2021 年第 1 期。

② 许慎《说文解字》中对"化"的解释。

③ 谈谈"文化"的内涵结构和分类问题（精编），豆丁网。《易·贲卦·象传》中贲卦的象辞上对"人文"的阐释，意思是说：观察天道运行规律，以认知时节的变化。注重人事伦理道德，用教化推广于天下。

常明确。西汉以后，"文""化"两个字就被人们合成了一个整词来使用，西汉刘向《说苑·指武》中写道："凡武之兴，为不服也，文化不改，然后加诛。"[1] 西晋束晢《补亡诗·由仪》"文化内辑，武功外悠。"[2] 南朝齐王融《三月三日曲水诗序》中写道："敷文化以柔软，泽普汜而无私。"[3] 由此可见，这里所说的"文化"，要么是与自然进行对举，要么与没有经过教化的"质朴""野蛮"之类的进行对举，但强调的都是文化的"文治教化"的作用，也就是强调要用诗、书、礼、乐等方式去教化人。因此，一直以来，人们认定的"文化"的最本初的意义就是"以文教化"。由此可以看出，"文化"在长久的发展过程中已经演变成为一个内涵非常丰富的概念，也成为很多学科争相研究的对象，但归根结底，中国文化的本质内涵是一种人文的精神，也就是遵循以人为本，实现以文化人和人文化成的功用，并进一步化成天下，这中间是一脉相承的。从"文化"的产生和发展可以看出，"文化"的产生是与人类的活动联系在一起的，是伴随人类长期的实践活动而产生的，反映出来的是人和自然界之间、人和社会之间、人和人之间的相互关系。黄河既是自然界的一条河流，又是孕育了文化的一条河流，是人类在对黄河的接触、认识和思考中产生的利用黄河、治理黄河、管理黄河、保护黄河、欣赏黄河、亲近黄河的生产实践活动，并在这些活动中产生出来的、有着丰富内涵的河流文化。由此观之，黄河文化就是在人类与自然的黄河之间进行实践活动的过程中产生的，体现人类在发展过程中与自然的黄河互动中生成并发展起来的，反映人和自然、人和社会、人和人之间关系的文化。

黄河文化有着非常丰富的内涵，作为自然界的一条河流，黄河在漫长的发展中，已经演变成一种文化符号，成为华夏儿女心中的"母亲河"。作为一条孕育文化的河流，黄河文化既是中华民族文化的根脉，也是中国文明的重要基石。黄河流经的每一片区域、哺育的每一位儿女、由此产生的内涵丰富的文化成为中华民族文化的主体。

二、黄河文化的载体与价值表达

黄河文化的实质是一种精神气质。精神的东西往往需要借助实物的载体呈现，所以，无论是黄河文化的存在形态和展示方式，还是黄河文化的精神传承与作用发挥，都需要通过其相应的载体来显现，就好比矗立在黄河岸边的黄河母亲雕像，她体现着黄河文化的核心理念和基本精神，她传递出的信息是精神的，而这种精神是通过雕像这一载体呈现出来的。

黄河文化内涵丰富、形式多样，那么，承载黄河文化的载体也是多种多样的。例如，蜿蜒曲折、贯穿东西的黄河河体本身，一泻千里、奔腾不息的滔滔黄河水，散落流域各处的黄河古码头，黄河古村落遗址，黄河漕运遗迹，黄河古栈道，等等，这些物质形态无一不在默默地诉说着丰富的黄河文化精神，黄河文化正是在这些或古或今的有形的物质载体中呈现出来的。另外，在漫长的形成发展进程中，黄河文化对历史、政治、科技、经济、军事等方面都产生了深远而重要的影响，渗透在社会生活的方方面面，这些也都是黄河文化的重要载体，它们身上也都被深深地烙上了黄河文化的印迹。因此，研究黄河文化的载体和价值表达，就是研究承载黄河文化的物质与非物质遗产，就是研究黄河本体、黄河文化遗迹和遗址、黄河文化名人及思想观点等。黄河河体、黄河水、黄河码头、黄河大堤、黄河两岸的生态旅游风景区等物质形态蕴含着丰富的黄河文化精神，黄河文化精神正是在这些或古或今的有形的遗迹和痕迹中体现的；同时，黄河文化对不同时代的历史、文化、科技、经济、军事、社会等方面的影响也是其重要载体呈现以及价值表达的方式；还有，活动在其中的人，黄河哺育的人民中涌

---

[1] 西汉刘向在《说苑·指武》中对文化在国家治理方面的功能，强调了文化的教化作用。

[2] 西晋束晢《补亡诗·由仪》中强调的文化与武力之间的关系。

[3] 南朝齐王融《三月三日曲水诗序》中强调的文化的教育功用。

现出了许许多多对中华民族产生过重大影响的文化名人，他们身上的抗争精神、开拓精神、拼搏精神、奉献精神、敬业精神、宽容精神就是黄河文化的精神，大而言之即中华民族的民族精神。这种精神在中华民族的生存发展中具有重要的价值，是中华民族生生不息的强大内驱力。正确解读黄河文化、理解和把握黄河文化的各种载体和价值表达是重要的基础和保障之一。

三、黄河文化的精神内核与时代价值

长久以来，人们把黄河文化当作中华民族特有的文化符号和基本象征，在民族发展的进程中发挥着重要作用，尤其是在民族危亡时刻更是发挥着固根扶本和凝聚民族精神信念的价值功能，给中华民族的进步和发展提供了精神食粮、科学力量和信仰支撑，孕育出了中华民族的民族自豪感、认同感和归属感，并以其巨大的感染力和感召力，使全体华夏儿女的情感与中华民族的命运共生互长。深入研究和挖掘黄河文化的精神内核和新时代价值，保护传承弘扬黄河文化，是延续中华民族的历史文脉和坚定文化自信的精神基石。

（一）黄河文化是中华文明的"根"与"魂"

《易·系辞上》载："河出图，洛出书，圣人则之。"[①]《史记·封禅书》言："昔三代所居皆在河洛之间。"[②]2020年5月，考古学家们在洛河与伊河的交汇处发现了双槐树遗址，专家学者把这处遗址命名为"河洛古国"，这一时期的文明被学者称为"早期中华文明的胚胎"，[③]历来被人们看作黄河文化的根、华夏文明的魂。先民们在黄河流域创造出了悠久而灿烂的远古文化，其中产生重大影响的有裴李岗文化、仰韶文化、半坡文化、庙底沟文化、王城岗文化等，这些文化都被烙上了远古人类活动的重要印迹，这些古文化遗址环绕起来的区域正是我国古华夏文明的发源地。黄河流域占据着得天独厚的优势条件，这里气候适宜，位置适中，交通便利，土地肥沃，资源丰富，多个古代帝王将这里选为王朝建都之地，见证着一场又一场的兴衰成败，也长期扮演着全国政治、经济和文化中心的角色，这使得黄河文化成为中国传统主体文化，这种以正统思想为核心的黄河文化在发展过程中又对周边各民族的优秀文化兼收并蓄、融合充实并逐渐成为中华文化的主干、核心和灵魂。黄河穿越我国东西部复杂的自然地貌，如同一条蜿蜒不息的纽带串联并包容着这片土地上不同的民族和文化，这些黄河周边各民族优秀的文化也在碰撞中相互吸收融合，这反过来又极大地充实着黄河文化的内涵，并以其"根"和"魂"的姿态滋养着中华文明不断前进。

（二）黄河文化象征着中华民族拼搏奋斗的民族精神

历史上，黄河曾经以"善淤、善决、善徙"著称于世，是一条水患频发、经常把深重灾难带给下游两岸人民的河流，因此，黄河一度被称为"中国之忧患"。[④]黄河沿岸历代人民也不断地和黄河带来的灾难进行斗争，并形成了"团结、拼搏、求实、开拓、奉献"的黄河精神。大禹，不畏艰险，日夜

---

① 《易·系辞上》中对伏羲氏时河洛文化滥觞的河图洛书的记述。

② 《史记·封禅书》中对夏、商、周三代居河洛之间的记述。

③ 巩义站街仓西岭上的仰韶文化遗址，https://www.henandaily.cn/content/2020/0507/229481.html，河南日报网报道"河洛古国"神秘面纱揭开：郑州巩义双槐树遗址被誉为"早期中华文明的胚胎"。

④ https://www.360kuai.com/pc/9b6d98bc9da49acdc，《黄河泥沙流入渤海数千年，为什么没有把它填满？》一文指出，历史上黄河曾是一条桀骜不驯、多灾多难的河流，以"善淤、善决、善徙"而著称于世，被称为"中国之忧患"，在造就中华民族伟大文明、灿烂文化的同时，黄河又泛滥，改道频繁，给两岸人民带来了深重的灾难。

不停，平息水患，"禹河故道"历经一千七百余年无河患，分流、筑堤、蓄洪滞洪、沟洫拦蓄等治黄方略，也都源自大禹治水；汉代的王景，为后人留下了黄河"长期安流""千年无患"的千古之谜，其治河功绩赫然史册；明代的潘季驯，治河、治运多措并举，综合治理，并提出"以河治河，以水攻沙"的治河方略；清代的靳辅，在明清时期河患极其严重的情况下，迎难而上、对症下药，创下了黄河数十年无大灾的赫赫业绩；元代的贾鲁，大胆进行治黄技术的创新，他发明的"有疏、有浚、有塞"的治河措施和堵口技术，有效战胜了洪水，也对后来的黄河堵口工程产生了巨大的影响；北宋的王安石，他的《农田水利法》积极为民造福，形成"四方争言农田水利"的大好局面；战国时期的郑国，历尽千难万险，修建完成郑国渠，开创了大规模利用开发黄河的先例；西汉时期的郑当时，倡导修建漕渠，漕渠建成之后通水，奠定了黄河漕运和国家政治、经济的紧密关系；西汉的张戎，从黄河水流和泥沙的角度研究分析出黄河水患的原因，并有针对性地提出了"以水刷沙"的主张，他的"河水重浊，号一石水而六斗泥"的治河名言至今仍被人们引用。可见，华夏儿女在与黄河水患斗争的过程中产生的黄河文化精神成为黄河文化乃至中华民族文化的显著特征，也是中华民族顽强拼搏、不屈不挠的民族品格和坚韧生命力的有力诠释。滔滔黄河水奔腾不息，铸就了中华儿女坚忍不拔的性格特质，无数个黄河儿女为了中华民族的繁荣、富强、统一、独立，为了中华民族的自强繁荣而舍生取义、视死如归。

面对浊浪滔滔的黄河，望着头上包着白羊肚毛巾、赤膊袒胸的黄河船工们，听着他们喊出的浑厚而又悠远的黄河号子，毛泽东曾深深地感叹："我们可以藐视一切，但是不能藐视黄河，藐视黄河，就是藐视我们这个民族。"[①]毛主席的这句感叹发人深思：黄河那一泻千里、巨浪滔天的宏大气势不正是华夏民族一往无前的进取心和创造力的象征吗？黄河的奔涌向前、裹泥挟沙不正是华夏民族恢宏气度和包容性的象征吗？黄河九曲蜿蜒、奋勇奔流不正是中华民族的英雄气概和顽强不息的民族精神的象征吗？

四、保护传承弘扬黄河文化的措施建议

延续文脉需要文化的传承，传承中弘扬，传承弘扬又需要保护为先。在厘清黄河文化的精神内核、载体呈现、价值表达的前提下，我们要积极创新、全力讲好新时代的"黄河故事"和"中国故事"。

黄河流域河南段地处中原腹地，有着深厚的传统文化底蕴，在沿黄九省区中河南占据独特的地位：其一，黄河流经河南的区域是中华民族发展形成的核心区域；其二，中国八大古都，与黄河流域相关的西安、洛阳、开封、安阳、郑州五大古都中，河南有四个；其三，历史上，河南的黄河水患最多，也是历代治理黄河的关键所在；其四，河南段黄河有峡谷河道、游荡河道、地上悬河、弯曲河道等黄河全流域中最丰富全面的地貌地理景观和三门峡水利枢纽工程、人民胜利渠等具有典型代表性的大型水利工程设施。可以说，以河南段为中心产生出来的黄河文化不仅是中华民族文化的源头活水，更是中华民族文化的核心、主干。

（一）建立黄河文化专题资料库、展览馆

梳理河南黄河文化资料，建立更多、更好的展示河南黄河文化的专题资料库、博物馆、展览馆。广泛收集、有序整理有关黄河的档案、书籍和实物等研究资料，摸清黄河文化的家底儿，建立展示黄

---

① 1948年，毛泽东和周恩来等革命领袖乘坐小木舟过黄河时面对滔天的黄河水发出的深深感叹，体现出了黄河是中华民族伟大的血脉和精神的象征。

河文化的资料库和展览馆等。依托河南郑州的黄河文化博物馆，河南境内沿黄各地也要加大收集整理黄河文化资料的力度，并建立当地特色的资料库、博物馆。在收集梳理黄河文化资料的基础上，依托互联网、大数据、云平台等技术，将黄河文化资料（含黄河文化遗产、遗迹等）的各项数据可视化为图片、图像、影音等人们喜闻乐见的形式，让人们能够直观、形象地了解到对黄河的治理、改造、管理和保护等动态的历史，了解那些在黄河治理过程中做出过巨大贡献的治河人物及其治河事迹，了解与黄河有关的民俗风情、文物遗迹、黄河民谣等，为广大群众提供一个方便了解、真切感知黄河文化的专门场域，在了解感知黄河文化的过程中汲取黄河文化精神的力量，从而实现黄河文化具有的以"文"化"人"的价值功能。

（二）设立黄河文化遗产名录，加大普查和保护力度

河南黄河文化遗产数量繁多，种类丰富。河南黄河文化遗址仅黄河古都就有郑州、安阳、洛阳和开封四地，其文化遗址有郑州郑韩故城、郑州商代遗址和宋陵、巩义双槐树遗址、新乡原阳博浪沙遗址、濮阳西水坡遗址、三门峡渑池仰韶遗址、安阳汤阴羑里城遗址、汉魏洛阳故城、隋唐洛阳城遗址、洛阳偃师二里头遗址、洛阳偃师商城遗址、开封北宋东京城遗址等，这些文化遗址无一不体现着河南黄河文化的博大厚重，此外，河南境内有关黄河文化的古城址、古墓葬、塔寺庙观、石窟、碑刻摩崖、名山、名胜等更是丰富多彩。这些河南黄河文化遗产中的文物古迹、古建筑遗址、工具器具、风物人情以及一些宝贵的非物质文化遗迹等，有的没有得到及时有效的保护而面临着损坏甚至有灭失的危险，这是非常令人痛心的事情。因此，河南应组织多方力量对河南黄河文化遗产进行翔实的调研与普查，并在此基础上设立河南黄河文化遗产名录，加大对黄河文化遗产的抢救和保护力度。

（三）建设黄河文化生态廊道，推进文旅融合

以河南段黄河为依托，建设黄河文化生态廊道、主题文化公园等，形成一条西起三门峡，东至商丘的黄河历史文化走廊，促进黄河文化与当地旅游业的深度融合发展。在这条黄河历史文化廊道上，郑州开封、洛阳，黄河岸边的三座古都是最耀眼的三颗明珠。现在，河南要用这条黄河历史文化长廊将"三座城、三百里、三千年"的历史文化景观连珠成线，打造世界级的黄河文化旅游带[①]，打响黄河文化的世界品牌。当前，郑州已经开始启动了沿黄生态保护示范区的规划建设，确立了郑州"华夏文明之源、黄河文化之魂"的主地标地位，提出以"一带三核"为抓手全力建设国家黄河历史文化主地标城市和黄河国家文化公园[②]；开封则利用其宋代古城的先天优势，突出对古城的保护，打造黄河文化的核心展示区；洛阳则谋划出了隋唐大运河文化博物馆、隋唐洛阳城国家遗址公园等的建设。郑汴洛三地积极采取多项举措，既各有特色又相互关联。河南境内其他沿黄区域可结合当地实际建设黄河文化生态廊道、黄河文化公园、黄河水利园区等，打造出河南黄河文化旅游品牌，在完善居民公共文化设施的同时让每一个人都能在浓郁的黄河文化氛围中感受、共享黄河文化建设的成果。

（四）建设黄河文化保护、传承、弘扬基地

黄河是中华民族的摇篮，汤汤黄河水滋养了一代又一代的华夏儿女，黄河文化精神已经成为华夏子孙共有的精神家园，开发建设一些保护、传承、弘扬黄河文化的基地，为全球的华人同胞寻根问祖、感知体验黄河文化提供基本的场地和空间。黄河流域河南段历史文化积淀深厚、精神涵养丰富，尤其

---

① "三座城、三百里、三千年"郑汴洛，文旅融合的"黄河交响"系列报道：幸福河：黄河大合唱"正青春"。2020年2月21日，河南省委常委、郑州市委书记徐立毅主持召开郑州市建设黄河流域生态保护和高质量发展核心示范区工作领导小组会议讲话精神。

② 郑州：全力建设国家黄河历史文化主地标城市。

是河南新郑每年举办的拜祖大典更是海内外华夏儿女寻根问祖、汲取精神涵养的一场黄河文化盛宴，在这样的基础上加大对黄河文化保护、传承、弘扬基地的建设力度，可以为全世界炎黄子孙提供精神家园和心灵港湾，更好地讲述新时代河南的"黄河故事"。此外，还要在挖掘黄河文化时代价值意蕴的基础上，梳理凝练出郑当时、郑国、岳飞、陈善同、王汉才等河南黄河文化名人故事和精神品质，挖掘这些精神品质对新时代河南人的价值引领作用，讲好新时代群众身边的太行新"愚公"张荣锁、人民的好警察任长霞、最美奋斗者王百姓、最美乡村女校长李灵、医者仁心胡佩兰、航天英雄刘洋、好人王宽、救火英雄王锋、乡村教师张玉滚等新时代河南好人故事，形成人人追随榜样、学习榜样的社会氛围，传承、弘扬黄河文化精神。

（五）加大黄河文化引导宣传，建立健全激励机制

以黄河文化为依托，充分利用电视、广播、网络、报纸等有声的和无声的传媒载体，组织参观考察，定期召开学术论坛、研讨交流会，举办文艺、美术、书法、图片展览，拍摄专题片、微视频，印制宣传标语，设计开发文创产品，编撰印发黄河文化知识手册、黄河文化图文普及读物等多种形式和方法，大力宣传推进黄河文化建设的重大意义、作用和建设的内容，在全社会范围内普及黄河文化的有关知识，全方位教育和引导社会大众全面清晰地了解黄河文化、理解黄河文化，进而将自觉保护黄河文化、传承黄河文化，弘扬黄河文化的意识内化于心，形成人人参与、人人共享的黄河文化建设大格局。建立健全黄河文化建设过程中的考核奖励办法，细化出一些黄河文化建设的业绩考评规则，对那些在黄河文化建设中有突出表现和贡献的个人、单位给予奖励，在全社会树立其先进形象，充分发挥其在黄河文化建设中的榜样示范和引领作用。

（六）加强流域与区域的交流与合作，齐抓共建好黄河文化

黄河从青海起源，流经四川、甘肃、宁夏、内蒙古、陕西、山西、河南，最终在山东入海，途经9个省区，全长5464千米。黄河流淌而过的各个区域密切相关，河南黄河文化也不可能孤立地存在，建设河南黄河文化不能故步自封，需要与黄河各流域、各区域充分协调和共同努力。河南尤其要加强和毗邻的山西、山东的区域联动，共商共建好流域、区域黄河文化，讲好流域、区域黄河故事，为共同保护传承弘扬黄河文化、讲好黄河故事献策出力。

大河奔腾，一往无前，在这片古老又年轻的华夏大地上，黄河静静地流淌了千年，中华文化从这里诞生、繁荣，也从这里走向世界。文化凝结着历史、关注着现在、连接着未来，中华民族的历史、现实与未来统一于黄河文化，保护、传承、弘扬黄河文化是每一位炎黄子孙肩头的责任，更是传承、弘扬中华文明的一项伟大的铸魂工程。在中国特色社会主义新时代的征程中，我们比历史上任何时候都更加需要坚定民族自信、坚定文化自信，深挖黄河文化的精神内核和时代精神，保护、传承、弘扬黄河文化精神，在新时代讲好"黄河故事"，促进黄河与黄河文化精神永葆繁盛，这是实现新时代中国特色社会主义文化大发展、大繁荣的重要根基，更是实现中华民族伟大复兴中国梦的强大精神力量。

参考文献

［1］牛建强：《抓住保护传承和弘扬黄河文化新的历史机遇》，《人民黄河》2019年第9期。

［2］王玉娥：《弘扬黄河文化　坚定文化自信——渭南市保护传承弘扬黄河文化的思考》，《新西部》2020年第31期。

［3］蔡相龙：《传承黄河文化　凝聚精神力量》，《中国纪检监察报》2019年10月18日，第2版。

［4］"三座城、三百里、三千年"一脉传承：黄河岸边的"河洛古国"，https://www.sohu.com/a/

419826599_355267。

［5］弘扬黄河文化　讲好"黄河故事"，http://www.gjnews.cn/zheng xie/2020/145887.html。

［6］让中华诗词在新时代大放异彩，光明日报：《讲好"黄河故事"，凝聚精神力量》，http://opinion.people.com。

（作者系郑州财经学院教育学院副教授）

深度学习视阈下黄河文化研学旅行课程
内涵式发展探究

乔传宁

当前，研学旅行成为中小学综合实践活动的热门，不仅是在理论研究上还是在实践中都受到广泛的关注。尤其是自 2017 年以来，研学旅行方面的研究呈现陡增态势，研究群体从旅游行业从业者到一线教师、教研员乃至高校教育教学研究者和硕博研究生都有分布。而且，在结合研学旅行实践中的问题进行探究时，许多硕博研究生开始将其作为研究主题，从理论与实践的多重视角进行分析。这说明研学旅行不仅逐渐在实践中受到关注，而且学术化倾向越来越明显。这些都为研究黄河文化研学旅行提供了思路。

但是，研学旅行实践中也暴露出来一些问题，如理论性不足、课程设计虚化或者缺乏系统性建构、研学资源开发不够等，这些都引起了广泛关注。这些在研究黄河文化研学旅行时同样不容忽视。笔者在中国知网上以"黄河文化"为主题进行搜索并对与"研学旅行"相关的文章进行分析发现，目前围绕黄河文化进行研究的很多，从黄河文化的概念、结构到"黄河学"学术话语的论证，从考古学角度观察黄河流域文化形态到黄河文化研究微观层面的表达，以及对黄河文化产业发展的调研建议等，但是，在众多文章中有关"研学旅行"的非常少。在仅有的一两篇文章中涉及以黄河为主题的综合实践活动课程设计，但研究内容缺乏理论性指导和系统性建构。这明显与当前黄河文化研学旅行的具体实施相脱节，也与倡导构建黄河文化旅游带的时代需求不相符。因此，本文以黄河文化研学旅行的课程设计为研究主题，在引入深度学习理论视角下对其进行分析。

深度学习是随着近些年国家倡导新课程改革以来逐渐兴起的一种学习方式，其内涵非常丰富。简单来说，深度学习的研究实际上最终就是要指向学生核心素养的发展，作为综合实践活动课程重要形式的研学旅行也不例外。因此，笔者认为深度学习理论也是可以作为研学旅行课程方案制订指导的。

一、构建黄河文化研学旅行"联想与结构"的学习方式

"联想与结构"关注的焦点是学生在学习中经验与知识的相互转化样态。它"处理的是人类认识成果（知识）与学生个体经验的相互转化问题……这种唤醒或改造以往经验的活动，可被称为'联想'，而以往经验融入当下教学并得以提升、结构化的过程，可被称为'结构'"。基于此，在学生的学习过程中，构建黄河文化研学旅行"联想与结构"的学习方式需要注意以下几个方面的要素：

第一，学生对"黄河文化"的原经验认知有哪些？这些经验在不同年龄段的学生中是以怎样的形式（碎片化抑或系统化）呈现？程度如何？实际上这也是学情的考查。黄河文化研学旅行课程方案的制订也需要考虑到学情问题，这在《中学生综合实践活动课程指导纲要》中有明确的说明。这也是许多研究都指出要在研学旅行活动课程方案制订时做到师生共同参与的原因，主要就是为了能够通过研学旅行活动关联学生的经验认知，从而能够保证课堂知识与课外知识的系统化、结构化建构。例如，

在对黄河文化的认识层面，不同年龄段和学段的学生存在从对黄河自然地理的感性认识到对黄河文化层面的了解，再到对有关黄河文化的理性认知。所以，对黄河文化研学旅行课程设计的考量中必须贯彻建构主义的认知理论，这也是保证研学效果的基础。

第二，有关"黄河文化"的知识结构和体系有哪些？它包含哪些资源要素？布鲁纳认为："不论我们选教什么学科，务必使学生理解学科的基本结构。这是在运用知识方面的最低要求，它有助于解决学生在课堂外遇到的问题和事件，或者在日后训练中课堂上所遇到的问题。经典的迁移问题的中心，与其说是单纯地掌握事实和技巧，不如说是教授和学习结构。"依据对"黄河文化"研究的梳理，笔者认为它至少包括这样几个大的分类：自然变迁中的黄河、社会变动中的黄河、文化符号中的黄河。[①] 例如，自然变迁中的黄河，具体主题就涉及黄河的自然环境及其变迁，这多是从地理学或者历史地理学角度来分析的，如黄河水利、区域自然地理、区域生物、区域地质、区域气候以及黄河水域水土保持等都属于这个范围；社会变动中的黄河，具体主题就涉及黄河自然变迁中的社会因素、黄河与城市族群的关系、黄河治理中的制度经济和文化要素等；文化符号中的黄河主题涉及文化符号的类别、表达形式、符号建构的历史意义以及黄河文化的精神传承等诸多形式，如各种文化类别、各种民俗、民间艺术以及治黄精神和文化等。[②] 这些分析有助于为学生认识黄河文化提供一个服务于"经典的迁移问题"的解决。实际上，这也是黄河文化研学旅行资源问题。研学旅行资源可以分为综合性资源和单一性资源，综合性资源中包含着多样化的资源要素，而单一性资源往往以某一种类为主。二者所能够提供的内容是不同的。相比来说，综合性资源更受到研学旅行者的青睐。黄河文化资源属于综合性资源，需要指出的是，黄河文化的资源有很多，但并不是所有的具体内容都可以用在研学旅行中。一般而言，研学资源的选取要注意以下几个要素：一是学生学情。黄河文化资源的开发一定要做到因地制宜和因人而异，不同知识结构的学生对黄河文化的认识是不一样的，无论是研学前的课程设计还是研学基地的课程资源提供都不能忽视这个问题。令人遗憾的是，经过笔者的调查，许多研学基地的解说人员在面对不同的对象时几乎千篇一律地重复着相同的说明，这也是导致研学旅行效率不高的原因之一。二是学生发展核心素养的要求。在当前教育改革推行核心素养的趋势下，研学基地资源开发也要关注这个主题。黄河文化资源的开发不是为了简单地告诉学生哪些知识需要记忆，而是为了通过研学实践活动提升学生的知识、能力和情感等不同层面的素养要求，否则就容易导致"戴着脚铐跳舞"研学局面的出现，研学旅行的趣味性也就大大降低了。三是课程标准和学科内容。研学旅行不同于一般的旅游，它的教育性原则是首位的。因此，黄河文化资源的开发不能仅仅呈现出自己的内容，而应该关注其教育性的意义。这个教育性主要体现在将黄河文化资源与学生的学习内容和课程标准要求结合起来，而不是只顾着呈现出自己的资源，那就是自说自话了。但目前许多研学基地的资源开发中往往存在着这样的脱节问题，这既不利于学生课堂知识和实践知识的结合，也不利于教师对研学旅行效果的评价。

第三，黄河文化研学旅行中建构起学生经验与知识的关联是一个体系化的提升过程，而不是认知碎片的简单堆砌。这也是研学旅行研究者常常强调的落实教育性原则的热门话题。研学旅行课程设计

---

① 宋正海首次提出"黄河学"，并对黄河学的学科研究结构进行了分类，他认为"黄河学"主要分为自然科学和社会科学，每一类又可以按照研究对象分为历史学、现代学和未来学。接下来，他又列举了一些具体的学科分类。详细内容可以参考《黄河区域的综合研究》，《科学学研究》1989年第4期。后来，王洪伟又对"黄河学"进行了学术史的回顾与反思，提出了"黄河学"研究的学术思维调整。其论述对黄河文化产业发展的研究有着重要的启发性。详细内容可以参考《何谓"黄河学"？如何"黄河学"—— 一种学术史的回顾与反思》，《黄河文明与可持续发展》2013年第2期。

② 这些文化类别有考古学意义、区域文化学意义等方面的划分。例如，徐吉军认为，广义上的黄河文化则是一个以上游三秦文化、中游中州文化、下游齐鲁文化为主体，包含诸如三晋文化、燕赵文化等亚文化层次而构成的庞大文化体系。详细可以参阅《论黄河文化的概念与黄河文化区的划分》，《浙江学刊》1999年第6期。

的要素包括许多方面，如研学主题、研学目标、研学内容、研学过程、研学评价、研学资源等。这些研学要素之间一定要保证体系化、结构化的衔接，不能出现研学目标虚化、研学评价随意化等问题，例如，李臣之等认为，"研学旅行课程教学目标设计需要保持纵向上的连贯性和层次性，避免教育经验的非连续性。在主题活动目标把握上，需要更加注重结合学生学情和当地实际，防止研学旅行变成'假大空'的旅游。只有这样，研学旅行活动在宏观上才有清晰的方向，在微观上各个具体活动才有明确的要求，进而确保整个活动开展过程不至于混乱无序"。黄河文化研学旅行的课程设计也是如此。例如，围绕黄河治理的问题，确定黄河治理主题后就要制定相应的目标，但必须保证研学目标与研学主题保持一致，既不能超出研学主题，也不能做简单的知识记忆要求，否则要么增加研学负担、要么导致研学失去情景化应有的作用，这些都不符合研学效果的评价原则。依据课程设计的三维目标，在强调知识获取和能力提升的同时，也要通过对黄河治理认知方式和手段的运用，提升学生认识事物的方式，同时在实践性活动的过程中体会到黄河治理的历史文化传承和现代情感价值取向。当然，这还必须保证课程设计的要素与黄河文化的实际场景内容相符合，保证在研学课程的实施中切实能够做到。而且，黄河文化研学旅行评价也要贯穿在整个研学活动中，做到多种评价形式的结合。总的来说，研学旅行的课程设计要素与研学基地资源的内容和认知方式要囊括在整个课程的链条中。这是对课程方案制订者能力的考量，也是走向学术化的必经之路。

第四，通过黄河文化研学旅行的课程制定和实施，学生以建构方式学习结构中的知识，也通过建构将学习内容本身所具有的关联和结构进行个人化的再关联和再建构。这是研学旅行教育活动与课堂学科课程教学不同之处。课堂中的学科教学是要通过教与学的形式达到知识层面的目标要求，或者说落实学科核心素养的达成。而属于综合实践活动的研学旅行中的知识关联和建构在很大程度上属于个人的认知和体验。它的认知结果与课堂整齐划一的要求目标是不一样的，较多地体现了每位学生在研学旅行活动中知识再关联和再建构的个性化展现。通俗来说，每位学生在参加完黄河文化研学旅行后有了属于自己的"黄河"。黄河文化有着丰富的内涵，黄河文化研学旅行也会随着不断的开展带给学生不同深度的认知，这也是符合研学旅行持续性原则的。研学旅行的深度开发可以在学生不同学段、不同年龄段反复进行，但必须以课程开发的进阶性为基础。小学段的学生在有关黄河文化研学旅行方面所获得的可能是对黄河本身的感性认识，例如，对黄河水、黄河长度等的认识，为接下来初中阶段黄河文化研学旅行的课程制定和实施奠定基础，使初中生达到黄河文化研学旅行中对问题提出能力和简单解答能力的要求，也就是由黄河文化的感性认知到理性认识过渡，例如，黄河水的变化原因是什么。同理，在高中阶段有关黄河文化研学旅行的课程制定和实施时就要在实践活动中对黄河文化的各层面要素进行理性的分析，例如，在对黄河的历史进行考察时要能够得出对黄河地理变迁与农业耕作方式关系的思考，或者对黄河地理变迁与城市演变因果关系的思考等。因此，以"联想与结构"化的深度学习方式建构起来的黄河文化研学旅行既是研学次数的增加又是课程知识深度进阶性的推进。

二、构建黄河文化研学旅行"活动与体验"的学习机制

"活动与体验"体现的是深度学习的运行机制。学生知识的获得并不是对知识来源的重新追溯，而是要在师生互动的活动中，在超越静态文本的认知中，通过体验知识探究活动，明白所蕴含的原理。研学旅行活动正符合这样的深度学习特征。因此，研学旅行课程设计就是要系统构建研学方案，并保证在足够活动中获得知识与体验。在这个学习运行机制中有两个要素需要注意。

第一，学生的活动性和体验性。研学旅行教育活动与课堂教学活动相比最大的不同之处在于它所具有的特征鲜明的活动场景和体验氛围。因此，在设计研学旅行方案的时候既要考虑到学生的活动方

式和体验过程，也要兼顾研学基地在多大程度上可以给学生带来研学旅行的活动和体验。其实，关于这个问题有许多研究者也都注意到，在以项目式主导的研学旅行活动中，根据学情和学科特点，研学方案中有许多活动探究的部分，但仍然存在一些以时间不足为理由而只重视记录性的研学忽视活动性的探讨现象。因此，在设计研学旅行方案时一定要将活动与体验贯穿在整个过程中。例如，在以黄河文化的艺术符号作为主题的研学旅行活动中，学生要能够通过多种方式对黄河文化的艺术符号进行资料的收集和整理，如黄河体裁的影视作品、绘画艺术乃至民俗、手工等。并且，学生也可以采用亲自制作、模仿等形式进行各种实践活动，呈现出自己的成果。在以治理黄河灾害作为主题的研学旅行活动中，学生除了可以通过文字、图片等信息认识黄河治理的历史外，还可以通过参观治沙成果、访问治沙当事人以及亲自调查黄河地域环境等形式展开，并以图片、视频等形式呈现出研学的成果。

第二，有深度的研学活动与研学体验。这里的活动和体验指的既是学生的知识探究活动，也是合作探究活动的形式，而体验也不仅仅是简单的直观感受，而应该指向活动中所产生的理性与高尚的体验，是在有意义的社会实践活动中发生的。刘惊铎在论述生态体验与研学旅行育人价值时指出，研学旅行的开展能够切实有效地破解立德树人的实效难题，可以让教育充满诗意，享受立德树人的无限妙趣，有利于体认和践行社会主义核心价值观。那么，什么样的黄河文化研学旅行活动是有意义的？又具有哪些理性和高尚性的体验呢？依据学情和学生发展核心素养的要求，笔者认为至少应该包括以下几个方面：研学活动能够带来对有关黄河文化知识的认知，能够带来对黄河文化理解方式的深刻认识，能够带来对黄河文化价值理念的升华和认同。此外，还要能够通过活动而达到社会性和组织性的深刻认识，使其能够体会到合作探究、互动交流的共赢意义。

三、构建黄河文化研学旅行"本质与变式"的深度加工模式

"本质与变式"是回答如何处理研究学习对象的问题，是为了实现学习的有效迁移。"也就是说，发生深度学习的学生能够抓住教学内容的本质属性、全面把握知识的内在联系，并能够由本质推出若干变式。"研学旅行虽然是一种基于情境模式的教育活动和行为，但是这并不意味着学生在研学活动中仅止于感性层面的了解，而应该在研学活动中把握研学内容的本质。那么，随之而来的问题就是，研学活动方案设计中如何做到能够让学生抓住本质的活动设计？这是非常关键的问题。从目前有关研究来看，教学过程中的多样化学习方式的运用可以起到很好的启发作用。例如，学生通过在黄河文化研学旅行中以项目式学习、探究式学习、体验式学习等对相关研学对象提出质疑、进行探究，或是对问题进行对比、归纳和分析等。而这个过程主要是在学生主动把握下进行的。以历史时期的黄河变迁对城市的影响为例，学生在这个项目研讨中需要在教师的引导下不仅探究历史时期的变迁，而且也要对今天的城市发展提出自己的观点。

所谓"变式"指的是教学过程中教师对教学中相同与不同、变与不变的内容的呈现与处理。"为了帮助学生把握知识的本质，教师在教学中除提供学习内容的标准正例之外，还必须设计和提供丰富而又具有典型意义的非标准正例甚至反例。当然，反例的提供必须在学生很好地理解了正例之后，以免造成思想混乱。"看似深奥的表达其实在学科教学中并不陌生。以历史学科为例，为了突出史料实证和历史解释素养的培育，许多教师往往引用一些与学生传统认知或者与所学教材知识不同甚至相悖的观点，以激发学生的探究兴趣。这也同样适用于对黄河文化研学旅行的研究。例如，在以黄河流域农耕文化为研学主题时，研学方案的设计中可以为学生提供有关农耕文化的物质形式和艺术形式，也可以为学生提供可供对比分析的草原游牧文化表达形式，还可以为学生提供不同于北方麦作种植的南方稻作农耕形式。这些"非标准正例"的运用可以强化学生对黄河流域农耕文化的认识，以及全面揭示农

耕文化的属性，这样学生就易于在对比中理解和把握黄河农耕文化的本质特征了。

四、构建黄河文化研学旅行课程方案的"迁移与应用"学习目标

"迁移与应用"解决的是知识向学生个体经验转化的问题。从教育目标分类学方面来说，迁移和应用都是教育目标达成的动词，也是教育教学活动的评价动词。"应用"是指在给定的情景中执行或使用程序，是一种有意义学习的方式，与迁移的关系很紧密，可以用于知识的保持和迁移。同课堂学科教学一样，研学旅行也可以在迁移与应用的学习方式层面有所体现，因为它关联了校内、校外理论与实践结合的教育活动。在黄河文化研学旅行活动中，学生可以运用课堂所学知识去解释研学活动中所看到的现象和想到的问题，从而推进知识的迁移。例如，学生可以运用地理课上所学到的地理知识解释黄河流域地形的变化，在结合对历史时期相关资料的解读，学生就可以理解黄河流域历史地理的某些变动以及历史时期的黄河治理。同时，学生通过亲自动手参与实践活动，也可以将对黄河文化具体对象的理解形象化为实践作品，这是知识活化的表现。例如，学生通过对黄河地质灾害的历史、现实进行了解，制作出相应的灾害图例并以视频、图片等形式展示，宣传保护黄河和治理黄河的时代主题。这些也可以纳入黄河文化研学旅行教学评价的范畴中去做考量。这样的学习方式不仅关系到对黄河文化的认识，也是学生在教学活动中对未来将要从事的社会实践的初步尝试。

总之，黄河文化研学旅行的课程设计要想走内涵式发展的道路就必须在各种理论的指导下进行，这也是研学旅行学术化的需要。当然，这也更需要在实践中进行检验。从当前研究现状来看，有关黄河文化的研究更多的是从历史视角解决"是什么"的问题，至于如何开发黄河文化并在现实社会中得到有效体现则稍显欠缺。以黄河文化为主题的研学旅行或可为文旅产业的发展提供思路。需要说明的是，有关黄河文化资源的研究虽然在本文提到，但由于它又属于一个大的主题，因此尚需专文探讨，或可作本文余论。

参考文献

[1] 刘月霞，郭华 . 走向核心素养的深度学习 [M]. 北京：教育科学出版社，2018.

[2] 布鲁纳 . 教育过程 [M]. 上海师范大学外国教育研究室译 . 上海：上海人民出版社，1973.

[3] 李臣之，纪海吉 . 研学旅行的实施困境与出路选择 [J]. 教育科学研究，2018（9）：56-61.

[4] 刘惊铎 . 从生态体验角度看研学旅行的育人价值 [N]. 人民政协报，2018-08-01（11）.

[5] 洛林·W. 安德森等 . 布鲁姆教育目标分类学（修订版）[M]. 蒋小平，张琴美，罗晶晶译 . 北京：外语教学与研究出版社，2009.

（作者系河南师范大学历史文化学院副教授）

文旅融合背景下河南黄河戏剧
文化保护与开发研究

安 磊

黄河创造了灿烂的华夏文化，留下了丰富的旅游资源，在生产生活中，民众以开创性的方式创造了丰富多样的戏剧文化。如果能从文旅方面对河南戏剧文化进行保护开发，将有助于丰富文旅行业的发展内涵，提升戏剧在当代社会的适应能力、创新能力，既可以实现传承戏剧传统艺术的目的，又可以开拓戏剧文化市场的发展空间。

一、河南黄河戏剧文化的发展现状

从黄河的地理构成来看，不仅包括流经三门峡、洛阳、济源、焦作、郑州、新乡、开封、濮阳的8个市、28个县（市、区），同样应该包括商丘、许昌、周口、漯河等市和若干县。[①] 戏剧是地域文化、地域心理特征的重要表现形式，对增进民众交流、促进文化传承有着重要作用。从戏剧文化的发展历史来看，高度关联的传承发展关系决定了研究戏剧文化要有当前及历史的"大黄河"概念。

河南黄河流域拥有深厚的农业文化积淀、丰富的历史典故、悠久的戏剧演艺传统以及广泛的民众基础。戏剧在当前的非物质文化遗产中被列为十个一级类别之一，河南黄河流域的戏剧无论从数量、种类还是从覆盖人口等方面均在全国位居前列。

首先，从河南黄河流域戏剧的类别及地域分布分析，呈现出类别分布不均、区域高度集中的特点。各剧种的分布范围比较复杂，除豫剧等广泛分布的大剧种外，还有诸多小剧种在多个区域零散分布。

如果按照申报单位来源及出现频次进行统计，河南国家级传统戏剧共有29个（次），省级项目共有94个（次），其中有省直申报4个（次）。在不计入省直申报项目的情况下，豫北有50个（次）、豫东有14个（次）、豫南有14个（次）、豫西有6个（次）、豫中有6个（次），国家级项目豫北有15个（次）、豫南有7个（次）、豫东有4个（次）、豫中有1个（次）。从项目绝对数量来看，豫北在国家级、省级两个层面都占据绝对优势，但从影响人数和范围来讲，作为全国五大剧种之一的豫剧有着绝对广泛的影响力。而豫剧就是起源自宋都开封，此后洛阳、周口和新乡等地逐渐流行发展，形成了极具特点的各地流派，并且伴随着人口的流动迁徙，豫剧等河南戏剧开始在邻近地区乃至全国形成了广泛的影响力。

在地理分布方面，黄河与淮河、运河之间错综复杂的关系，客观上沟通连接了河南与全国的联系，形成了文化的内聚与扩散。例如，豫剧在洛阳的绝对统治地位，就和河洛文化区域盆地的地理环境和长期形成的文化聚合力有关，使戏剧文化在当地有着较强的统一性。戏曲种类最为多样的地区则有焦

---

① 张新斌. 黄河文化的河南禀赋、范围及定位［N］. 河南日报，2020-09-16（21）.

作和濮阳等地区，其兼有太行、黄河海河、华北平原等地理单元，深受豫鲁冀晋多种文化的影响，方言及生活习惯多样化比较明显，故而有利于戏剧多样化的产生。三门峡部分地区因受地缘因素影响，与山陕隔河而望，所以剧种是本土化的蒲剧，黄河在其中的地理区位作用极为明显。

另外，基于深厚的戏剧传统，"大黄河"地区的戏剧团队体系基本保持完整，为保证传统戏剧的发展提供了组织基础。以豫剧为例，在郑州组建了河南豫剧院，下辖一团、二团、三团及青年团，形成了根据剧目种类、组织发展需要进行分工的专业分配架构。各地市的豫剧院团在当前也基本保持了演出的持续、剧目的创新以及演出的良好效果，尤其是在市场化改制后，更多的效益激励、演艺市场的不断扩大也起到了推动作用。其他地方剧种根据生存发展需要，文化及相关保护部门成立了戏剧剧团、艺术保护传承中心，在保证地方传统戏剧的生存与发展中起到了关键作用。还有不少戏剧爱好者自行组织戏剧团体进行演出、宣传活动，同样也为传统戏剧的传承保护与发展起到了重要作用，官方及自发组织的剧团演出活动比较频繁。

二、河南黄河戏剧文化存在的问题

首先，观众数量萎缩，年龄构成老龄化。传统戏剧的产生与发展和农耕时代的社会生活基础密切相关，工业化、信息化时代的到来，极大地改变了人们的生活节奏、文化审美等习惯。传统戏剧的主要观众也发生了年龄结构、城乡分布、职业构成等巨大变化。虚拟性、程式性的艺术特征，以及戏剧本身蕴含的文化传统观念，使生活在网络时代的人们对传统戏剧的深层理解存在一定的难度，因此，在年轻观众培养方面较为困难。

另外，近年来河南的发展迅速，郑州被列为国家中心城市，洛阳成为副中心城市，人口集聚和增长也比较明显，但总体上河南人口的老龄化程度是在不断加深的，同时城市生活成本的高企以及城乡之间的资源分配、文化生活选择差异较大，诸多影响因素的叠加加剧了传统戏剧的观众群体流失和老龄化。

其次，传统市场效益低下，演职人员流失严重。传统戏剧的表演形式受场地、人数限制，加上宣传推广力度不足，市场规模受到了挤压。还有传统戏剧表演对于专业场馆所带来的经济效益不够突出，场次安排不足，更加压缩了传统戏剧的生存空间。长期以来，投资规模小、民间资本进入难等问题导致传统戏剧的市场化程度较低，也造成了传统戏剧的发展面临困境。

传统戏剧表演人才的培养周期较长，现有戏剧院校专业人才从事本专业工作的比例小，人才流失现象比较严重。传统戏剧人才的培养往往需要从儿童开始，并且淘汰率高、专业技术能力要求较高，但通过戏剧教育获得的学历层次和知识结构与当前的家庭教育理念、要求标准存在一定的差距，社会培养戏剧人才的热情不足。并且由于长期以来从事传统戏剧工作收入有限、稳定性不足，职业发展前景不明朗，导致演职人员流失比较严重，造成戏剧人才后继乏人的窘境。

最后，作为最重要的区域文化之一的黄河文化，对戏剧这一重要载体的挖掘深度不足。人们对河南印象的重要标志包含黄河、少林寺等地理和文化标识，对豫剧等亦有广泛认知，但是对于黄河及豫剧等的系统认知不足，整体性不强。还有就是戏剧推广过程中的参与性不足，有效的系统宣传更是缺乏，单纯的舞台表演对于激发民众参与热情的效果有限。

三、文旅融合背景下河南黄河戏剧文化保护与开发对策

河南黄河戏剧文化在地域上是以沿黄地区作为空间范围，有着浓重的地域特色。在历史文化上，

历史与现实的黄河空间交错、文化交融，涵养着深厚的文化内容，承载了中华民族优秀文化的历史故事。这种优质的特性在"以旅彰文，以文促旅"的文旅融合背景下，对河南文化旅游发展、传统戏剧的保护传承、地域经济文化的进步有着重要的价值和意义。因此，需要从文化IP打造、增强体验感受、举办节事活动、提升经营水平等方面着手，进而将保护好、传承好、弘扬好的理念贯彻于黄河戏剧文化的保护与开发。

（一）打造具有河南黄河特色的传统戏剧文化形象IP

从河南黄河戏剧文化现有的文化特征、地域分布等因素着手，主要需要从形象和地域IP进行打造，提升知名度。地域性的文化特征在文旅活动中构成了核心吸引力，并促进了游客消费需求的产生。①

首先是形象IP设计。一个成功的IP，通过角色塑造、故事孵化、价值共鸣，可以有效输出内容、产品，刺激消费和带来产业价值。作为文化IP，具有良好的核心内容、众多的追随者是其核心。河南黄河流域中有着极为丰富饱满的IP形象资源，如商丘的花木兰、开封的杨门女将、河洛地区的小苍娃等广为人知的戏剧形象。因此，将类似花木兰等知名戏剧人物进行形象设计，通过多种媒体平台、演艺形式等手段进行宣传推广，并借助设计周边产品、平面展示、网络推广等，强化IP人物的认知程度、辨识度、文化色彩，实现IP代表形象的口碑效应、裂变传播，有助于营造良好的戏剧传播舆论环境，扩大戏剧影响的群体规模。

其次是地域IP打造。"大黄河"地区农业人口众多，听众多、戏剧爱好者多，民众有听戏、看戏、唱戏、学戏的习惯，巨大的戏剧人口基数为戏剧的传承发展提供了重要条件。表演通俗自然、贴近生活的特色，大开大合的情感张力，众多的历史典故、当代事迹等，这些因素都为河南戏剧的创新发展提供了基础。黄河文化赋予了这一地区独具特色的地域气质和风度，同样也是文化旅游时代的核心吸引力之一，而基于黄河文化形成的传统戏剧是其重要的表演形式，是游客体验中原传统文化的重要内容。将传统地方戏剧与黄河文化要素紧密结合，既有助于提升传统戏剧的知名度，又有助于增强地域文化的吸引力。

最后是打造优秀的形象设计产品。打造传统戏剧的形象设计产品对于增强戏剧的吸引力有着重要的作用。近年来海内外的成功案例比比皆是，如故宫文创产品、熊本熊等文化周边产品极大地增强了旅游吸引力和用户黏性。在网络时代，如何激发目标群体的消费和体验热情是文旅活动成功的关键。"大黄河"区域的优秀知名剧目故事性强、知名度高、人物特点突出，同时面塑、糖人、陶瓷等载体丰富，通过有形的文创产品，结合文化故事，做好传统戏剧人物的推广，进而将富有河南特色、文化韵味的文创产品推向更广阔的市场，以迎合市场需求的方式，将河南传统戏剧形象设计产品打造好，有助于河南传统戏剧文化的发展。

（二）增强传统戏剧表演艺术体验参与度

体验感强的文化旅游活动对于提升旅游项目品质，提升文旅综合效益有着显著的推动作用，通过新模式、新业态、新产品等方式，游客不断参与传统戏剧活动，对戏剧的文旅融合进程有着重要的推动作用。

首先是探索创新演艺模式。网络化时代的开启，自媒体时代的到来，一方面冲击了传统戏剧的演出空间，另一方面又拓宽了传播平台。因此，需要在继续守好传统演出平台的同时，通过引入先进的演出手段，打造更富有吸引力的创意项目，稳定观众群体，拓展市场规模，形成自我创作、演出、经

---

① 潘天.中国旅游演艺产业化研究［D］.上海戏剧学院博士学位论文，2018.

营、管理的良性发展模式。

戏剧要在新时期继续生存与发展，不仅要有乡村、剧场、剧院等传统舞台，通过网络传播平台无疑也是极有价值的。例如，河南戏剧名家李树建先生通过快手进行直播，直播间最高观看用户数达13.8 万，累计观看用户数 156.7 万，增加粉丝量十多万。[①] 再如，郑州、开封、洛阳等部分旅游景点，将戏剧小说、历史故事等内容，通过舞台剧、音乐戏曲、武术表演等方法营造沉浸式场景，大大加强了游客在旅游中体验戏剧文化，在戏剧中提升文化旅游的效果。当前的网络技术、宣传推广已经比较成熟，通过开发 App 应用、视频点播、自媒体、电影创作、动漫制作等手段，将传统戏剧经典剧目的内容进行适当调整，有助于实现演艺平台的全方位覆盖。

其次是开发传统戏剧商业新业态。旅游景区可以通过历史重现、情境创设、项目策划等手段，通过游客参与戏剧的体验，增强游客的文化认知和兴趣。河南传统戏剧与生产生活密切关联，并有着深厚的生活积淀、积极的价值导向，项目活动的体验感更易突出。例如，郑州建业足球小镇的戏缘大食堂园区，通过"戏曲＋互联网＋旅游"等模式，打造戏剧产业链。[②] 从目前的运营情况来看，戏剧演出团体及景区收益可观，形成了演艺、旅游的良好互动关系。还可以加大传统戏剧的商业新业态开发，打造体验基地、主题宴席、文化体验园等经营模式，从而实现开发模式的多样化。适度合理的商业开发，通过实践检验已经证明对于传统戏剧的传承推广是有益的，将戏剧创作、表演、设计、培训、传播等形成联动的经济产业链进行充分运作，对于激发市场活跃要素，提升戏剧文旅项目品质有着积极的推动作用。

最后是做好文创产品。社会的不断进步促进了人们对精神生活的消费，文化需求成为人们不可或缺的重要需求。[③] 文创产品作为具有文化主题、创意转化和市场价值的物质化产品，通过广泛的文化认同感，可以满足人们对物质及精神的需求。近年来，多地推出了雅、俗、萌、中性等风格的文创产品，极富个性的文宣推广更是得到了广大群众的喜爱，进而制造出一个又一个爆点，文化宣传、经济收益、社会效益都得到了提升。因此要结合黄河文化的特点，将以豫剧为代表的传统戏剧文化，通过定制产品、土特产品等载体进行具体展现，增加文化藏品、生活用具、服饰用品、创意文具、家居用品等形式，并以高档礼品、旅游商品等方式进行销售，同时做好差异化设计，满足高中低档的不同消费需求，从而在增强旅游体验的同时，也能推广宣传河南传统戏剧文化。

（三）举办具有河南黄河文化特色的戏剧节事活动

节事活动以其主题性、人员集聚性、时效性、体验性等特点，成为行业从业者、爱好者、投资者等众多群体交流会集的重要方式，是节事主题内容宣传推广的重要手段。

首先，要明确自身定位，树立品牌意识。当前各类节事活动是越来越多，但真正做成定位准、口碑佳、效益好的长期节事活动并不多，除重大戏剧竞赛活动外，河南传统戏剧有影响力的节事活动还比较欠缺。因此要明确主要客源市场，兼顾潜在客源，定位受众群体，利用差异化市场运营，实现满足专业人员、爱好者、投资者等市场需求的准确定位。此外，节事活动品牌的树立与举办历史、组织安排、专业水准、参与人数和规模等有着密切关系，在网络化传播时代，口碑效应直接决定了节事活动的成功与否。因此可以融合多种元素，创新表演形式，并且随着光电影、AR、AI 等技术的不断成熟，通过展会等节事活动，推广宣传戏剧演播新技术，实现演出传播技术的与时俱进，提升观众的接受度，

---

① 新华网.全国人大代表李树建快手直播首秀超 156 万人在线感受豫剧文化［EB/OL］. https://baijiahao.baidu.com/s?id=16626588089994009671&wfr=spider&for=pc，2020-03-31.

② 中国文化传媒网."戏曲＋互联网＋旅游"打造戏曲文化新业态［EB/OL］. https://m.huanqiu.com/article/9CaKrnKeUmy，2018-11-16.

③ 胡惠林. 文化经济学［M］.北京：清华大学出版社，2003.

吸引年轻群体参与其中。

其次，可以通过节庆活动、戏剧专项活动、竞赛表演等将传统戏剧引入校园，以培养年轻观众。在具备条件的地方，通过校本课程、乡土课程等进入课堂，培养戏剧新生力量，并通过水平认定、公开表演、戏剧节等活动调动学习热情，可以有效实现传统戏剧的学习推广。

（四）打通传统戏剧文旅产业经营环节

传统戏剧的产生来源于民众的生产生活，其生存与发展也遵循着市场的客观规律。因此，更要在当前市场化不断深入的环境中，明确价值诉求，积极调整运营方式，打造适应自身需求的商业模式，打通中介机构、文化传播、形象宣传、商业推广等中间环节。

首先，明确传统戏剧的文化价值诉求。传统戏剧作为文旅产业的重要抓手，其发展有着其特殊的要求。要想实现戏剧文旅产业的品质化，就要在产业的所有环节保持稳定的价值诉求，从而清晰定位公众需求，并形成独特的品牌影响力，进而实现自身的核心竞争力。[1]因此，在经营运作过程中，河南传统戏剧要保证传统戏剧核心吸引力的文化内容不变形，并且在传承中得以创新，在创新中得以发展。

其次，经营活动的运作要实现专业化。无论是创设戏剧文旅商业综合体，还是举办专题活动。无论是政府主办还是民间办展，专业的运营团队、独特的营销策略、富有特色的参展项目是保证相应节事活动成功的关键。

最后，保持足够的关注度。网络营销的传播范围、速度、时间和短时效果，在近年来的文化旅游活动中得到了重要体现，通过对重要人物、事件等进行有效利用，其引起的公众关注度将会得到有效提升。例如，通过综艺节目、文旅推介等方式，华阴老腔、打铁花等传统文化表演迅速成为热门话题，对于培养观众基础、公众认知、参与热情等有着现实而重要的价值。

因此，要通过多种手段，抓住文旅融合的发展机遇，做好河南传统戏剧的保护、传承、弘扬工作，展现河南黄河文化的魅力，推进河南旅游的深入发展，进而服务河南建设文化旅游强省的发展目标。

（作者系河南财经政法大学旅游与会展学院讲师、历史学博士）

---

[1] 邢媛.文旅产业崛起的品质化之路［N］.山西日报，2020-02-17（10）.

黄河"非遗"衍生品的经济开发与传播路径协同发展研究[*]

毕雪燕　赵　爽

一、"非遗"衍生品的经济开发与传播路径协同发展的必要性

非物质文化遗产（Intangible Cultural Heritage）是我国各族人民在历史的长河中创造和衍生出纷繁各异、各具特色的传统文化，在漫长的历史长河不断继承和发展，逐渐形成的文化遗产，并留存至今。但是传统的非遗项目，有的"养在深闺"，止步于小众层面；有的过于"阳春白雪"，曲高和寡，无人问津。凡此种种都限制了非遗文化的发展，有的甚至处于濒临灭绝的危境。

非遗衍生品是以非物质文化遗产为载体，在突出非遗独特性与文化性基础上衍生出来的文化产品。不仅具备一定的文化传播功能，同时又具有一定的经济价值。协同发展，就是指协调两个或两个以上的不同资源或者个体，相互协作完成某一目标，达到共同发展的双赢效果。"非遗"衍生品的经济与传播协同发展是指其在传播过程中可以有效发掘非遗衍生品的经济价值，在经济开发的过程中又可以寻找到新的传播路径，因此，"非遗"衍生品的经济开发和传播路径的创新协同发展为它赋予了新的生命力。

（一）文化传承是"非遗"衍生品必须担当的使命

党中央十分重视继承和弘扬中华民族优秀传统文化，高度重视优秀传统文化的发展。党的十九大报告指出，中华民族优秀传统文化在历史的不断洗礼和沉淀中流传下来，形成了独具特色的传统文化，继承和弘扬传统文化是建设社会主义文化强国的重要基础。习近平总书记在《文艺工作座谈会上的讲话》中特别强调，保护和传承文化遗产的重要性。保护、开发非物质文化遗产，能够有力弘扬与传承五千年华夏文明，彰显文化自信，因而受到广泛重视。

非物质文化遗产是传统文化的重要载体，是指被各群体、团体、有时为个人所视为其文化遗产的各种实践、表演、表现形式、知识体系和技能及其有关的工具、实物、工艺品和文化场所。[①] 根据联合国教科文组织的分类，"非遗"分为以下五个领域，分别是：①口头传统和表述，包括作为非物质文化遗产媒介的语言；②表演艺术；③社会风俗、礼仪、节庆；④有关自然界和宇宙的知识和实践；⑤传统的手工艺技能。[②] "非遗"衍生品是作为非物质文化遗产的独特性与文化性基础上衍生出来的文化产品。从形式来讲，既能够以对"非遗"的二次开发利用的实体形式存在，如故宫文创、"豫游纪"

［*］　基金项目：河南省哲学社会科学规划项目"新时代中国特色社会主义视阈下的道家核心思想创新性转化研究"（2019BZX010）；河南省教育教学改革项目"黄河文化多维度融入高校课程体系育人模式教学探索与实践研究"（2019SJGLX289）。

①　苑利．非物质文化遗产学［M］．北京：高等教育出版社，2009．
②　王文章．非物质文化遗产概论［M］．北京：教育科学出版社，2013．

产品等；也可以摆脱实体形式的束缚而存在，如文化展演、设计非实行形式的衍生品。二者都是我国优秀传统文化传承和传播的重要渠道和载体。由"文化和自然遗产日"衍生出的重要文化品牌（自2011年至今）——"非遗"演出季，由中国昆剧古琴研究会和恭王府博物馆携手打造"良辰美景·恭王府非遗演出季"（2019年），让大家感受到了中华传统戏曲昆曲和传统古琴的雅乐盛宴；浙江杭州第六届大运河文化节上（2017年），以世界级非遗项目——杭罗织造技艺为载体创作、衍生出的舞蹈《杭罗灯》，通过现场展示、互动体验，展现出中华传统手工艺所具备的独特魅力。

（二）"非遗"衍生品的传播助力非遗产业升级

由中国艺术经济研究院和中国文化产业智库研究中心共同打造的《中国非遗及其产业发展年度研究报告（2018—2019）》，是首部系统研究与梳理我国非遗及其产业发展的重要分析报告。报告对中国非遗产品产业核心层及规模进行了分析，保守估计中国非遗产业规模在2018年可达1.4万亿元。① 这意味着在新时代，我国非遗及非遗衍生品产业仍然拥有新的发展契机和市场潜力。意味着"非遗"衍生品作为传统文化发展和创新的重要载体，迎来了重要发展机遇期，拥有广阔的发展空间与市场前景。

2017年9月3日，金砖国家领导人第九次会晤在厦门市举行。在厦门筼筜书院，国家主席习近平和俄罗斯总统普京共同参观了闽南非物质文化遗产展。作为闽南非物质文化遗产衍生品的厦门漆线雕、惠安石雕等，受到两国领导人的高度评价；2018年2月12日，习近平主席在成都市郫都区战旗村考察调研，高度赞扬了"唐昌布鞋"，让拥有700多年历史的"非遗"衍生品"唐昌布鞋"成了大众关注的焦点。"唐昌布鞋"融合传统手艺与现代元素，迎合现代审美需求，与专业院校合作，研发新颖时尚的新款式，巧妙地化解了手艺面临失传的困境，取得了不错的经济效益，为"非遗"衍生品的设计与开发树立了标杆。

（三）"非遗"衍生品的传播增强旅游文化吸引力

文化是旅游的灵魂，旅游是文化的载体。当旅游加上"非遗"的标签，为文旅融合开辟了新的方向。从历史长河中走来的非遗文化，将赋予旅游资源人文价值和时代价值，积极挖掘非遗资源，发展旅游文化产业，探索"非遗+旅游"的不同模式，能够盘活其内在经济价值，为当地文旅产业发展注入强劲活力。景区中依托"非遗"衍生出的文艺表演集中、典型地体现了"非遗"活态性的呈现方式，具有高度的文化性、民族性和体验性。将传统戏剧、音乐、舞蹈、文学等非遗项目，通过演艺方式展现，为游客带来不同的非遗认知和体验，不仅展现了非遗文化的地方性特色，同时也带来了巨大的经济和社会效益。

如拥有1600年历史的河南鹤壁浚县正月古庙会，自2009年首届中国（鹤壁）民俗文化节开始，节庆中一系列民俗文化、非遗产品、表演活动让外界对这个"华北第一古庙会"有了深入了解，成为拉动当地冬季旅游的重要引擎。② 无独有偶，广西三江侗族自治县依托侗族大歌、侗戏、百家宴等丰富多彩而又独具特色的非遗资源优势，实现了旅游扶贫。2011年，三江大侗寨景区倾力打造大型侗族风情实景剧《坐夜三江》，成为三江侗族自治县文化旅游的新名片，这种"政府搭台、群众唱戏"的模式赢得了一片好评。

（四）"非遗"衍生品的传播推动居民增收

淮阳的"泥泥狗"、鹤壁的浚县"泥咕咕"、济阳黄河泥塑等传统泥塑曾经是孩子们爱不释手的玩

---

① 西沐.中国非遗及其产业发展年度研究报告（2018–2019）[M].北京：中国经济出版社，2019.
② 刘志立.浚县古庙会与区域经济发展研究[D].华中师范大学硕士学位论文，2014.

具，但是当他们遇到芭比娃娃、乐高、变形金刚等洋玩具的冲击时，迷茫之后也曾开始步履蹒跚地尝试和探索，而新一代年轻父母的选择却使"非遗"传承人们的求索殚精竭虑。幸运的是，传统之为传统，它代表着某种权威和不可抵挡的传承张力。[①] 随着时代的发展，国家对文化产业扶持力度也在不断加大。2014 年 8 月，文化和旅游部非物质文化遗产司副司长马盛德发布了国家"非遗"保护传承的新思路与新举措，提出了鼓励"非遗"衍生品的开发措施及丰富非遗的主题及表现形式的要求。这是首次将"非遗"衍生品的开发上升至国家非遗传承的高度。非遗司希望"进一步提高'非遗'产品的创作设计水平，将传统因素融入现代品牌，让更多的非遗元素进入当代人的日常生活，让'非遗'衍生品的开发成为扩大就业的重要渠道"。

"非遗"衍生品由于更加重视产品的美观性与实用性，回归大众视野。传统工艺与家居用品、服饰的结合，实现了新型的工艺品的转型升级。这不仅是传承非遗文化的重要职责，同时也是带动工业发展与经济增长的必需担当，对于促进文化产业发展和推动就业率的提升意义非凡。相当一部分非遗项目，借助衍生产品设计，其 IP 实现了从博物馆里的展览品到日常消费品的转变，以"买得起的艺术品"进入了千家万户，拉近了"传统"与"现代"的距离，实现了产业化过渡。桂林龙胜的黄洛瑶寨有"天下第一长发村"的美誉，通过"三月三"长发节打造了"瑶族长发文化"，以舞台演出的形式展示特色的非遗表演，并围绕"长发文化"先后推出特色旅游项目长发梳妆、旅游纪念品红瑶手工制品等，不仅宣传了当地的非遗文化，也为古老技艺注入了活力，帮助众多的手工艺者解决了就业问题，推动了当地居民增收和经济发展，也促进了社会的繁荣与稳定。而"非遗"衍生品的"华丽转身"又吸引了年轻人惊讶的审视和欣赏的目光。

二、"非遗"衍生品的传播路径探析

非物质文化遗产的保护和传承，首先要做到让非物质文化遗产从"养在深闺""阳春白雪"走入大众视野，"非遗"衍生品承担着推动非物质文化遗产走向大众的传播使命，因此，从某种意义上说"非遗"衍生品的传播路径探析势在必为。

（一）文化产业链为传播赋能

"非遗"衍生品作为文化创意产业的重要组成部分，可以通过文化产业链的加强与延伸为传播赋予新的能量。地方政府在充分明晰了本地的非遗资源优势与传播价值后，可出台相关产业扶持政策，形成政府主导、企业聚集、居民参与的产业发展体系。同时，针对非遗文化项目予以税收减免、保险福利等财政支持，鼓励非物质文化遗产传承者与"非遗"衍生品开发企业进驻文旅景点，这不仅能够提高运转效率，也能够发挥"鲇鱼效应"，激发企业活力。

2017 年，陕西省袁家村与香港福通控股集团共同开发建设的袁家村，被誉为中国最佳旅游项目之一，该项目是以"文化 + 旅游"为切入点，大力推进"体验文化、休闲旅游"为一体的文旅小镇。在小镇内部，分类建设了生产区域、服务区域、展览区域以及外部功能区域，构成集生产、体验及销售为一体的文化产业链，让"非遗"保护和传承的理念从促进文化建设层面导向经济效益、社会发展层面，实现从"政府介入"到"乡村自救"、从"旅游经营"到"乡村发展"的以乡村整体发展为要的理念转换。[②]

2018 年河南省新乡市获嘉县复制了该模式，打造了同盟古镇·袁家村文旅小镇，该小镇作为获嘉

① 尚铭．河南传统泥塑在现代环境中的认知［J］．大众文艺，2012（1）：190–191.
② 陈志勤．非物质文化遗产的客体化与乡村振兴［J］．文化遗产，2019（3）：13–22.

县全域旅游、实施乡村振兴战略示范工程，高度还原中原古村落肌理，将非遗民俗、明清建筑、中原美食等融入小镇的生活圈，打造"吃、住、行、游、购、娱"闭环服务，为每一位进入小镇的游客提供沉浸式体验之旅。其中小镇引入了浚县泥咕咕、葫芦艺术烙画、非遗集合店等入驻，用"非遗"文化和"非遗"衍生品为小镇赋能，并以特色民俗和非遗产品等文化价值强化游客的旅行体验，有效地通过打造文旅小镇等方式推动产业化发展。

（二）"品牌+IP"点亮传播新路径

"非遗"衍生品作为文化产品具备快销属性，打造IP、形成品牌，第一能够形成长效传播链条，通过自身连续的头部内容生产力和广阔的市场延展力，展现传统文化的意蕴，实现品牌价值；第二能够通过品牌效应反哺非遗衍生品销售，在碎片化消费的市场环境下实现双赢发展；[①]第三能够为文化传播点亮新的路径。

河南赏豫文化创意有限公司是近些年河南"非遗"衍生品销售的生力军，自2014年成立以来，始终秉承"创意让传统新生"的理念，孵化原创品牌"豫游纪"，以传统年画、祥瑞神兽、吉祥纹样等传统元素作为创意亮点，创新图案设计、把握消费心理，研发更贴合日常需求的文创产品。2019年深圳文博会期间，公司打造的"艺术绢盒"惊艳全场，由传统年画和神话传说衍生而来的图案以垂直吊旗的形式环绕四周，色彩热烈绚丽，尽显东方美学风雅，让人眼前一亮，如图1、图2所示。

图1　2019年深圳文博会豫游纪艺术绢盒主题展

图2　豫游纪以传统年画为灵感的文创产品——寻年绘本

---

①　于芳.基于传统文化IP的复兴与再造转化方式［J］.美术大观，2019（5）：130-131.

围绕传统文化 IP 内容运营及一站式文创商业赋能运营,"豫游纪"目前已开发出"中国潮礼"等四大产品体系,产品覆盖家居用品、服饰配饰、文具用品、手机配件、节日礼品等 50 余品类,成为展示近年来河南文化产业发展成就和亮点的新成员。

(三)"传统 + 现代"营造开发传播新模式

在"非遗"衍生品的设计与开发过程中,在继承传统的同时,注重"传统"与"现代"融合,形成"传统 + 现代"的开发思路,结合潮流进行创作创新,为非物质文化遗产及其衍生品赋予时代价值,促使其焕发新活力,拓宽传播路径。

以非物质文化遗产汴绣为例,中国刺绣艺术大师、河南省非物质文化遗产代表性传承人程曼萍,坚守技艺,创作了历代名古画等传统汴绣收藏品,同时融合现代元素,打造了现代流行的汴绣新品。例如具有西方油画效果的汴绣、现代元素风格的屏风、装饰等作品,深受消费者的喜爱,让汴绣走出了汴城;河南省鹿邑县太清宫、明道宫等老子文化景点,注重老子文化的"非遗"衍生品的开发,老子骑青牛西去的雕塑、《道德经》的笔筒、各种材质的"上善若水"书签使老子文化"活"了起来,它们既传承与传播了老子文化,更向旅游者传递了一种达观人生态度,可以让人在玩味"非遗"衍生品后胸中沟壑内盈;非物质文化遗产——成都漆器,其衍生品开发之路则同样别具特色。2014 年初,成都天鑫洋金业公司通过对成都漆器厂进行并购、重组,成立了成都漆艺工坊,使传统工艺——金银花丝这项传统的非物质文化遗产得以保护与传承。通过对金银花丝工艺与现代元素与产品的整合,衍生出特色碗、杯、文具等日常生活用具,串珠、手镯等漆艺首饰,完成传统文化资源的市场性转化与创新。此外,该公司联合文创企业共同开发了立体漆雕大熊猫,这款新开发的衍生产品在柏林、巴黎等地的展览上引发广泛关注。

(四)"平台 + 云端"新矩阵打造传播新平台

随着移动互联网的普及,抖音、快手等短视频平台兴起,为"非遗"及"非遗"衍生品的传播推广提供了有效平台。基于新媒体用户群体的特点,传统文化的传播应贴近生活,增强趣味性。

"非遗"文化的传播应充分利用现代网络技术,借助上述网络平台,将非遗项目的历史内容、继承模式、衍生品开发以及产销需求上"云"上网等。在这方面抖音进行了有益的探索,取得了可喜的效果。2019 年抖音发起了"非遗合伙人计划",面向全国招募"非遗"传承人和有志于"非遗"传播的相关机构,并发布"非遗"和"非遗"衍生品相关视频。截至目前,非遗合伙人话题已累计播放 18.3 亿次。通过打造传播矩阵,构建非物质文化遗产和"非遗"衍生品产销融通平台,有效拓展其文化产业的推广及销售渠道,在探索、实践非物质文化遗产活态保护路径的同时,拓宽其产业发展空间。让以往被束之高阁的非遗项目,焕发出新的发展活力,强化了人们对传统文化的认知与了解,同时让大众参与到传统文化的传承保护中。让"非遗"文化做到了"旧时王谢堂前燕,飞入寻常百姓家"。[①]

总之"非遗"衍生品的经济开发与传播路径协同发展研究有利于解决就业问题,带动地区经济发展,随着我国文化软实力和文化影响力的提升,"非遗"衍生品都将在其中扮演重要角色,发挥重要作用。

(作者分别系水利水电大学高级编辑、教授;
华北水利水电大学艺术与设计学院硕士研究生)

---

① 汪振军,乔小纳.新媒体环境下传统文化传播的价值迷失与精神重构[J].新闻爱好者,2015(11):30-31.

黄河文化融入旅居养老打造河南发展新业态研究[*]

祁雪瑞

黄河被誉为"四渎之宗"，是我们中华民族的代表和象征，黄河文化是中华民族的主体文化。中央财经委员会第六次会议研究黄河流域生态保护和高质量发展问题，提出要打造具有国际影响力的黄河文化旅游带，大力弘扬黄河文化。活化黄河文化资源[①]是传承和弘扬黄河文化的根本途径，把黄河文化融入旅居养老是活化黄河文化资源的路径之一。旅居养老是活力老人养老消费的大趋势，新生代老人中的相当一部分退休金充裕、消费观念和养老观念先进、精神追求意念强烈，是旅居养老的主力军。根据推拉理论[②]，黄河文化产业在被动满足旅居养老需求的同时，更应该主动引导需求，这样，既可以传承和弘扬文化，又可以发展和创新产业。

一、融入旅居养老是黄河文化的新使命

全国老龄工作委员会发布的《中国老龄产业发展报告》预计，2014～2050年我国老龄人口的消费潜力将从4万亿元增长到106万亿元左右，占全国GDP的比例将增至33%，我国将成为全球老龄产业市场潜力最大的国家。

推动黄河流域高质量发展的关键在于科学挖掘黄河文化的时代价值，通过文旅养融合传播优秀文化。黄河中下游地区作为中华民族的发祥地，自郑州桃花峪分界，在下游冲积出较广阔的大平原，孕育出厚重的中原地区黄河文化。河南可进行文化内涵的丰富与文化可视化工作，充分体现黄河文化、历史老家和精神老家的内涵，加入旅居养老新元素，将文化资源转化为黄河文化旅居养老新产品，打出河南黄河文化旅游新名片。目前旅居养老产业尚处于发展的初级阶段，很多人还没有意识到其对于文化、经济与社会的重要性，以及其广阔的发展前景。以实施黄河流域生态保护与高质量发展等国家重大战略为契机，整合相关行业，变黄河文化资源为旅居养老的环境和内容，可以抢占先机，充分彰显河南在整个黄河文化旅游带中的重要地位与地域特色，给予黄河文化持久的活力与效益。黄河文化是基于中国北方农耕文明的定居文化，这一基本特征与老年群体求稳求静的心理特征相吻合，所以，

---

* 基金项目：河南省社会科学院创新工程项目"积极应对河南老龄化的重点难点及对策研究"（20A36）。

① 文化资源是指历史沉淀的文明载体以及人们从事的与文化活动相关的生产和生活内容，它以精神状态为主要存在形式。参见：顾金梅. 黄河文化旅游资源开发研究——评《黄河文明与可持续发展文库·旅游资源开发研究——以河南省为例》[J]. 人民黄河，2020，42（5）：167-168.

② 20世纪60年代，美国学者E. S. Lee提出了系统的人口迁移理论——"推拉理论"。他首次划分了影响迁移的因素，并将其分为"推力"和"拉力"两个方面。人口流动的目的是改善生活条件，流入地那些有利于改善生活条件的因素就成为拉力，而流出地不利于改善生活条件的因素就是推力。人口流动就是由这两股力量前拉后推所决定的。他认为，前者是消极因素，因为这些因素促使移民离开原居住地；后者是积极因素，因为这些因素吸引怀着改善生活愿望的移民迁入新的居住地。

黄河文化旅居养老产业前景光明。河南省虽为文化资源大省，却还不是旅游强省，旅游资源品位的提升需要突出文化魅力，加入养老新元素。

（一）形塑文旅养三融合的理念与机制

旅居作为旅游的一种特殊形态，与专题深度旅游具有相似性，甚至程度更为深厚。黄河流域的文旅产品大多停留在"走马观花式"的观光型旅游、娱乐型旅游和初级休闲型旅游层面，缺乏深度体验型旅游产品。与一般旅游相比，旅居在目的地的停留时间更长、文化体验更深入、消费力度更强劲，所以，无论是从文化传承弘扬角度来看还是从文化产业发展角度来看，决策者都应该更重视旅居形态的客人群体带来的地方收益。虽然当前从群体规模来说，旅游是大众化消费，旅居是小众化消费，但是从文化传承来说、从产业发展来说、从积极应对老龄化来说，树立文旅养三融合的理念，打造文旅养三融合的机制，都是地方发展的战略性选择。可以在黄河文化旅游带中嵌入旅居养老基地和黄河文化主题酒店，在黄河文化旅游示范区中规划旅居养老基地，让黄河文化真正活起来，成为旅居养老的标志性品牌，成为目的地吸引力所在。黄河文化融入旅游和养老，养老以旅居的形式畅享黄河文化，把旅游作为养老和黄河文化传承发展的重要媒介，让三者融合互益泽被中原。

文旅养三融合需要以市场为导向，以满足目标人群需求为旨归，开发让游客看得到、看得懂、能体验、愿参与的文化旅游产品。要将文化资源进行创新转化，使文化资源在保持其原真性和独特性的基础上融入更符合当代社会、市场需要的创意元素，让文旅养互相润泽，彼此促进。将黄河文化资源看作一个整体来观察的话，会发现两个大问题：一是规划整体性差、缺少系统性的全线布局，导致的直接后果就是文化旅游资源开发不彻底而造成浪费，或者开发项目重复。二是文化资源与旅游资源的整合性较差，融合方式十分单调浅薄，融合的深度不足，缺乏创新能力。文旅养三融合的理念与机制正可以解决以上问题。

（二）把黄河文化品牌产品植入旅居养老项目中

黄河文化起源于新石器时代，并经过长期的发展，在明清之后逐渐融入了统一的中华文明体系中。黄河文化资源十分丰富，主要可以总结为古文化资源、宗教文化资源和民族文化资源。古文化资源是黄河文化的实物体现、制度体现和观念体现。实物文化的载体为名胜古迹，制度文化则体现在典籍著作和工作生活中，观念文化体现于习俗和社会伦理道德中。宗教文化如道教、藏传佛教、汉传佛教、萨满教等，文化与艺术交汇共存，并形成了相应的建筑景观，如嵩山少林寺等。民族文化是黄河源头地区的文化，发源于中国西部少数民族聚居区，如蒙古族、藏族、回族等。

以郑州、洛阳、开封为中心的黄河沿线地区是黄河文化旅游资源密集的核心区域，河南境内其他沿黄地区也各具特色，都有自己的黄河故事资源供其演绎和活化，总体来说，河南丰富的黄河文化品牌产品足以支撑起以黄河文化为主题的旅居养老项目。可以在旅居养老基地的日常文化娱乐中植入黄河文化品牌产品的演出、展示和体验，让旅居养老的消费者真切地感受到自己是生活在与众不同的黄河边上，学习和感受的是郑板桥的诗情画意、忧国忧民，杜甫"大庇天下寒士"的家国情怀，包拯刚直不阿的法治精神，太极拳术的养生，禅宗音乐的美妙，黄池长寿的秘诀；呼吸的是茂盛的植物过滤出的清新空气；饮食是黄河湿地滩涂生长孕育的黄河鲤鱼、瓜果蔬菜、四大怀药和大米小麦，以及已经闻名全国、走向世界的郑州烩面、高炉烧饼。在文化宣传方面，可以通过联合养老产业协会和以旅居养老为主要方式的养老企业，如义马市的游牧康养老年公寓，举行面向老年群体的市场细分产品推介会。在旅游实践中发现，现在各地的硬环境都基本能够令人满意，短板都在软环境，在管理和服务的瑕疵上。所以，在服务环境方面，应学习恩施的全域旅游全员培训模式，特别是培训出租车司机、旅游服务人员等与游客密切接触的重点行业的工作人员，讲究待客之道，热情礼貌，让客人对文化软环境留下美好的印象，进一步扩大黄河文化旅游品牌的美誉度。有了美誉度自然会扩大影响力。

在文化旅游产品开发方面，黄河流域的文化产品尚不能让游客充分体验到文化资源的内涵，这在很多文化产品中都有体现。例如，一些文物古迹景点，仅通过实物展示和一些文字材料与图片游览观赏进行，手法较为僵硬，缺少与新科技的结合，游客体验感较低。在这方面做得较好的是龙门石窟景区，利用先进的光影技术，结合科技对石窟景色再现开发了夜游项目，在延长产业链的同时也能更加生动地展现石窟背后深刻的文化内涵。在黄河文化旅居养老项目的打造中应引入新技术来"活化"遗产，缩小消费者对文化的距离感。比如，引入 VR 技术，既可以有效提升相应文旅产品的生动性，也能弥补老年人行动能力的不足。而 5G、AI 等技术则能有效地提升"文旅"产品的品质与体验深度。信息技术的不断发展，使黄河文化与互联网进行紧密衔接，则能够推动文创产业链的发展，使文旅资源在互联网时代产生更多的价值。

（三）把黄河文化显示在旅居养老的基础设施中

除了黄河文化演出产品、体验产品以外，还应该在静态环境中显示黄河文化，润物无声，增强旅居养老消费群体此时此地的地域文化时空感，如打造黄河文化旅居养老主题酒店和在旅居养老基地的建筑、设施装饰装潢中把养老和黄河文化有机结合起来。2013 年以来，河南省文化和旅游产业蓬勃发展，全省旅游人次持续上升。截至 2018 年底，全省四星级酒店 432 家、旅行社 1137 家、AAAA 级以上景区数量 178 家，全省位于黄河流域的 8 个地市都具有丰富的旅游资源，且资源等级较高，打造了一批极具示范意义的国家级旅游项目，如郑州市、焦作市、济源市、焦作市修武县、焦作市博爱县、洛阳市嵩县、洛阳市栾川县、郑州市巩义市、洛阳市洛龙区、洛阳市孟津县、新乡市辉县入选为"国家全域旅游示范区"；登封市、封丘县、孟津县与嵩县被纳入"国家级乡村旅游示范区"。河南黄河流域的 8 个地市 2019 年 AAAAA 级景区约占全省 AAAAA 级景区的 57%，旅游业基础较好，具备打造黄河文化旅居养老主题酒店的基础条件。

近年来，酒店盈利压力与日俱增，竞争越发激烈。浩华管理顾问公司在 2019 年 4 月发布的《2019 年上半年中国酒店市场景气调查报告》显示，2019 年上半年中国酒店平均景气指数为 −9，与 2018 年同期相比降低了 41 个指数点，降幅显著。随着我国进入老龄化社会，老龄群体养老观念不断进步，旅居养老深受青睐，酒店转型进入养老行业有较大的可行性。自 2016 年起，以开元酒店管理集团和首旅集团为代表，将北京、杭州的部分酒店业态改造成养老机构、养老综合旅居体，获得了较好的收益。旅居养老型酒店目前尚未形成市场，但市场需求量较大，且逐年增长，传统酒店转型旅居养老型酒店可为酒店发展谋求一条新的路径，再加入黄河文化元素可以打造新亮点。

在黄河文化主题旅居养老基地和酒店中，装饰装潢、日常用品、房间名称、旅游纪念品、赠送小礼物等方方面面都可以打上黄河文化的印记，营造地域特色黄河文化的浓郁氛围。比如黄河中下游分界线的景色，黄河下游九十度转弯奇观，古代中原黄河边水草丰美、象群出没的画面，郑板桥的"衙斋卧听萧萧竹，疑是民间疾苦声"、杜甫的"安得广厦千万间，大庇天下寒士俱欢颜"等各种物质的、精神的文化符号，挑选明显的地域特色着重显示。

二、旅居养老是新生代老人的新追求

近年来，集"度假养老"和"田园休闲"为一体的旅居养老逐渐成为养老服务业的新趋势，各界对这一趋势的认知尚不够清晰和强烈。自 2019 年机构改革之后，文旅融合的趋势必将越来越浓重，旅居养老也必定会加入进来，对于产业发展来说，谁觉醒早谁占优势。

旅居养老是一种积极的养老方式，包括旅游、居住和养老三项功能。这一概念最早在 2009 年由中国老年学会程勇提出，他将旅居养老概括为"候鸟式养老"与"度假式养老"的融合体。我国的养老模式经过多年发展从家庭养老到机构养老、社区养老、异地养老再到旅游养老，最后到旅居养老，一直在变革中发展推进。过去，以气候变化为主的"候鸟式"旅居养老比较普遍，将来随着老年人精神追求的不断强烈，学习型旅居养老和体验性旅居养老的需求会不断增加，学习某一种文化，体验不一样的生活，完成某一个梦想等多元化的旅居养老目的逐渐显现，促使与文化相结合的旅居养老产业发展成为不可忽视的经济建设内容。

2015 年 12 月，由全国老龄办发布的《旅居养老服务机构评价标准》对"旅居养老"做了定义，即老年人在常住地域以外的地域旅行并居住，单次旅居时间超过 15 日，在旅居过程中，享受各类适老服务，进行养老的生活模式。"旅居养老"与传统旅行团的行程紧凑、行色匆匆不同，更多地体现了"旅游 + 养老"的一种慢生活、养身心特质，在旅游的过程中可以较为深入地体会到不同地域的不同生活方式，达到精神和身体上双重"旅养"的目的。

新生代老人是相对年轻、相对健康和活跃的老年人，是老年人中的"年轻人"，是积极应对人口老龄化的有生力量。这个年轻老人群体拥有最多的年龄资本、健康资本、智力资本和经验资本，他们不仅要求"老有所养""老有所医""老有所依""老有所为"和"老有所乐"，而且追求"老有所健""老有所爱""老有所用""老有所成"和"老有所享"。特别是其中的知识型老人、技能型老人和自强型老人都有实现个人价值的强烈愿望。据统计，近年来 65 岁以上群体成为出游率最高的群体。有学者将老年人养老旅游的动机分为"推力"和"拉力"两个方面，并且指出现阶段老年人养老意愿的推力因子优于拉力因子。这启示我们要做好产业发展的市场宣传和推介，强化拉力，这一点要学习保健品市场对老年人的"热乎劲儿"，但是要严禁欺骗式推销。

养老是一种生活方式，也是一种生活态度。世界卫生组织于 1999 年的"世界卫生日"提出了"积极老龄化"的概念，并最终在 2002 年发布了《积极老龄化——政策框架》。"积极"被定义为三个主要方向：健康、参与和保障。当前，老年群体发生了结构性改变，有钱、有闲、有意愿过上高品质养老生活的新生代老人在逐渐增多，以安养和乐活为基本点的"养老质量"开始成为重要的养老议题。从整个老年生命历程来看，有品质的养老包含完整三部曲，即安养、乐活和善终，旅居养老产业要做好安养和乐活的文章，特别是要注重老年人的文化和精神需求不同于年轻人的特殊性。

旅居老人的出游动机主要包括避暑或避寒、排遣孤寂、康养身体、放松身心和弥补遗憾；影响旅居老人决策行为的因素包括自身因素以及目的地因素；旅居老人的旅居信息主要通过口碑宣传、网络平台以及旅行社获取，通信微信对旅居信息交流与传播。旅居老人的年龄集中在 61～75 岁，退休工资水平在 5000～10000 元的最多。

旅居养老在内涵上与异地养老、"候鸟式养老"以及养老旅游之间存在分异。现阶段，根据我国旅居养老的发展现状，旅居养老模式可以分为候鸟式旅居养老模式、疗养式旅居养老模式、文艺鉴赏式旅居养老模式、田园式旅居养老模式和社区式旅居养老模式，旅居养老基地以当地乡村自然环境和人文资源为载体，开发适合老年人需求的观光、休养、学习、交流、运动、耕作和医疗等项目，使他们在"慢生活"中体验当地的特色，享受晚年生活。

2016 年，文化和旅游部公布了《旅行社老年旅游服务规范》，规范了老年人旅居养老服务业的行业标准，也促进了旅居养老这种新型养老模式的蓬勃发展，目前，我国已经有不少城市开发了旅居养老的产品和旅游线路，但是因为各地实际情况的差异，因而并不系统，仍然处于探索阶段。河南省文旅资源丰富，气候四季分明，冬天有暖气供应，基本没有自然灾害，饮食综合了东西南北中，品种口味多样，以面食为主。以上都是打造黄河文化旅居养老基地、吸引老年消费群体的基础条件，机遇以时机为要素，遇上了，抓住了，才能快速发展。当下河南以黄河文化为主题的旅居养老项目凤毛麟角，只有品牌化、系统化和规模化，才能够形成媒介传播效应。

理想状态下的旅居养老模式要满足旅居的老年人养老、娱乐、休闲、学习、饮食、医疗保健等多项要求，最重要的功能是旅游观光和养老这两大核心功能，观光包括文化鉴赏、交通、住宿、特色食品等其他功能性商业横向聚集，最终形成完整的旅居养老商业链条，围绕这一商业链条形成以养老为核心的地理区域，在一定范围内，生活服务和养老功能要齐全。

全国老龄工作委员会的一项调查显示，目前我国每年老年人旅游人数已占到全国旅游总人数的20%以上，老年人已经悄然成为旅游市场的主力消费者。一些旅行社专门做老年人旅游项目，采用存款加入会员的方式，在国内市场普遍不景气的情况下，该旅行社依然生意兴隆。随着养老保障和社会保障与服务的完善和提升，有经济能力的老年人数量增加，可以不被孙子女羁绊的老年人数量也在增加，在有钱又有闲的情况下，旅居养老的参与者越来越多。与年轻人相比，老年人有更强烈的群体化、社会化需要，如果市场引导得力，黄河文化旅居养老的需求会更旺盛。

三、黄河文化旅居养老基地是支柱产业的新业态

我国老龄人口占总人口的比例已经接近18%，庞大的老龄人口一方面给社会带来了巨大的压力，另一方面也向养老服务提出了更高的要求，成为发展养老产业的契机。文化产业、旅游产业和养老产业都属于劳动密集型服务产业，囊括了吃、住、行、游、购、娱等众多要素，相关从业人员数量众多，在扩大内需、增加就业、拉动经济增长、提高人们生活质量等方面发挥着重要作用，成为我国经济增长的重要支柱，也成为国家产业发展战略规划的重要内容。随着社会发展和物质生活的丰富，老年群体对养老的需求向多样化发展，所以探索新型养老模式是十分必要的，旅居养老正是这种新模式新业态，加入黄河文化会如虎添翼。

（一）国家产业发展战略部署中的支柱产业

黄河文化产业已经被国家确定为支柱产业，在此之前，养老产业早已经成为国家级战略性支柱产业。党的十九大报告提出实施健康中国战略，积极应对人口老龄化，构建养老政策体系和社会环境，推进医养结合，加快老龄事业和产业发展。旅居养老是人口老龄化催生的一种新型养老业态，这种融合"农业旅游＋异地居住＋文化体验"的养老模式不仅可以满足人们对美好生活的向往，顺应城市居民养老消费需求的多元化，而且可以缓解城市养老空间不足的矛盾，并附带解决农村老人的收入增加和安养问题。

我国政府于2018年组建了文化和旅游部，为文化和旅游的深度融合奠定了基础。河南省应牢牢抓住黄河流域高质量发展的历史机遇，加强黄河流域文旅养的深度融合，助力黄河流域文化旅游高质量发展。河南省在2019年把健康养老产业作为九大支柱产业之一，可以借助黄河文旅产业政策的东风谋发展。文化、养老与旅游业都属于典型的第三产业，因此，促进文化、养老和旅游融合发展对河南省乃至黄河流域经济结构转型和高质量发展都具有重大意义。应深入挖掘黄河流域的优秀传统文化，打造既有黄河文化底蕴又富有时代精神的文旅养精品项目。

（二）建设黄河文化旅居养老基地的规划设想

旅居养老目的地的规划设计要充分考虑老年人的身心状况，以安全舒适无障碍为第一要素，完善

和增添基础设施和公共服务设施，建设适合老年人的公共环境设施、娱乐设施、无障碍设施、智能设施等，融合实现生产、生活、生态同步改善，文化、养老和旅游"三位一体"的宜居、宜学、宜养、宜游的旅居养老产业发展。

要充分运用黄河文化旅游带整体规划、旅居养老功能区建筑和景观设计、人工智能等现代科学技术，改造和建设一批以黄河文化为主题的创意酒店和沿黄养老产业园区，盘活产能过剩的酒店资源，生产更多富有感染力和吸引力的黄河文化旅居养老产品，将丰厚的黄河文化旅游资源优势转化为新的旅居养老产业优势和产品优势，使黄河文化旅居养老产业真正成为具有核心竞争力的支柱产业。打造一批分别以传统水利技术传习、传统农耕技术传承、黄河文化经典诵读、沿黄地域文化名人诗词歌赋赏析、黄河特色传统工艺制作等为内容的旅居养老内容文化产品。

黄河文化旅居养老基地的打造不能简单地照搬已有的模式和路径，需要在具体的规划和建设中处理好七大关系：一是生态保护与开发利用的辩证关系。要始终贯彻保护优先、合理利用的原则，在邻黄区域不搞大的自然改造工程，巧妙利用自然地势建项目，使产品产业生态化。二是多种规划的协同关系。找准旅游发展与黄河流域生态保护、脱贫攻坚、乡村振兴、城市建设等的结合点，做好旅游产业发展规划以及其他产业发展规划的"多规合一"和"多规统一"。三是文化传承与旅游活化的互促关系。旅游的综合性特点、市场化优势能够成为保护传承弘扬黄河文化的鲜活载体，地域性黄河文化的注入可以实现旅游的差异化、特色化发展，把融合发展理念融入黄河文化旅游带的规划编制、项目开发之中，分类推进黄河流域民族文化、历史文化、养生养老文化等旅游活化工作。四是全域与地域的统分关系。黄河全长约 5464 千米，流经 9 个省区，连接多个文化亚区，这就要求做好全域的统筹安排与地域的分段落实，用全域旅游理念做好"统"，对黄河文化旅游带的旅游基础设施、公共服务设施、服务标准、品牌形象等进行整体统筹，同时，在因地制宜、因势利导上做好"分"，引导黄河文化旅游带各段差异化发展。五是资源与市场的导向关系。突出市场导向。资源导向强调"有什么资源开发什么旅游产品"，市场导向强调"市场需要什么就开发什么旅游产品"，相比较而言，市场导向经济效益较有保障。六是产品与品牌的配合关系。具有影响力的旅游目的地，关键是旅游品牌的影响力，黄河文化旅游带的旅游产品基本涵盖了生态旅游、文化旅游、民族风情旅游、城市旅游、乡村旅游等多种产品形态，需要在繁杂的产品体系中培育重点品牌，以点带面发展产业链。七是国内市场与国际市场的互动关系。黄河是我国第二长河，也是世界第五长河，天生具有国内国际的双重知名度和影响力，因此，黄河文化旅游带在夯实国内旅游市场的同时，还要积极关注和拓展国际市场，利用好国际合作平台，拓展黄河文化旅游带的入境旅游。

对于黄河文化旅居养老基地的选址，以依托黄河湿地资源和自然景观为原则，兼顾医疗等其他资源的可得性。如范县毛楼的基地建设是一个较好的样板。再如，柳园口湿地附近也是一个不错的选址地点，北依黄河河道，南靠开封城市，湿地资源丰富，城市资源便利。开封市柳园口省级湿地自然保护区，按照"五位一体"绿色发展理念，全面提升湿地生态建设水平，湿地自然保护区中心区已成为候鸟迁徙主要栖息地。其中，湿地风景区森林覆盖面积已达 90 余亩，四季花木 30 多种，水源地黑池水域面积达 1000 余亩，水质清澈，柳林成荫，环境静逸，成为名副其实的天然绿色氧吧。拟建造悬河展示馆、沿黄绿廊等项目和工程。黄河在开封境内迄今已有 700 多年的历史，穿境黄河裹挟着黄土高原泥沙淤积河床，使开封段河床逐年升高，造就了开封河段闻名中外的"悬河"奇观。"悬河"奇观同时也是巨大的安全隐患，所以黄河开封河段是黄委会、河务局高度关注的区域，规划旅居养老基地以后，会吸引更多资源和更密切的专业关注。同时，历史水患造成的开封"六城相叠，城摞城"的独特历史地貌，也是警示黄河治理事业、展示黄河治理技术的黄河文化资源之一，是震撼性的文旅居体验资源。开封市也打造了以盘点区域水系夜经济消费资源为内容的"夜行书生"、以养老市场为目标人群的"诗书传家"等旅游旅居项目。

总体来说，黄河文化旅居养老基地建设应遵循三个原则：①地域性和乡土性。充分挖掘地域特色和乡土特色，自然资源和人文资源，并将其嵌入规划设计方案中去，突出自然和人文景观的可识别性，营建有别于别处的特色乡土景观。②适老性和体验性。针对老年游客在生理、心理方面的特点和需求，在规划设计中强调声环境、光环境、人体功效环境和无障碍环境的营造，凸显养老基地环境的舒适感、安全感和归属感，营建体验性较强的设施和项目。③生态性和安全性。规划设计方案中带入生态优先观念，尊重原有的生态环境，尽可能利用现有的地形适当改造，使用当地的建筑材料和乡土树种。充分保障设施的老年性安全标准。

（三）建设黄河文化养老基地的政策与资金保障

2018 年修正的《中华人民共和国老年人权益保障法》规定："各级人民政府及其有关部门根据老年人的特殊需要，拟定优待老年人的条例，并逐步取消优待限制。"在政策上对异地养老提供了较多保障，如简化医保长期异地就医手续、异地实现养老金支取、异地养老保险网络认证等，真正地解决了老龄人异地养老的后顾之忧。

地方政府应积极引导社会资本，加强企业用地和资金保障；加强当地基础设施建设，尤其是交通服务和医疗救护服务，解决旅居地基础道路建设，提高安全保障；综合整治旅居地环境，营造整洁、舒适的旅居氛围；完善医疗、养老保险制度，推动医保异地结算制度和高龄老人安全出行保险制度。此外，还要加强引导与监督，整治行业乱象，如高额会员制度，为旅居养老产业发展营造良好的市场环境。

1．建设黄河文化旅居养老基地的政策供给

2013 年《国务院关于促进旅游业改革发展的若干意见》提出：应大力发展老年旅游。结合养老服务业、健康服务业发展，积极开发多层次、多样化的老年人休闲养生度假产品。2017 年，国务院再次提出"加快发展养老服务，积极发展老年服务事业和产业，鼓励社会资本兴办医养结合的养老服务机构"。在国家政策的引导下，各地纷纷出台了相应政策，河南也出台了一系列鼓励养老产业发展的政策及规范性文件。

搞建设无外乎土地、资金和人才三大项。建设黄河文化旅居养老基地，首先是需要土地规划方面的优先政策，按照中央有关规定，养老用地应该优先供应、足额供应，这一中央政策需要具体体现在基地建设项目土地规划和供应的落实上。其次是关于投融资的政策体系，要体现出对基地建设的激励和扶持，在国有银行优惠贷款政策之外，还需要对企业民间融资的保护政策，2020 年 8 月最高法院出台的司法解释降低了对民间借贷利率的保护力度，变相地增加了企业民间借贷的难度，地域政策需要注意这一新变化，努力消解其对产业发展的负面效应。最后是关于人才的政策，应着重扶持文化、养老和旅游复合型人才的培养和引进，让相关行业服务人员的职称可以互通转换，应着重培训管理型人才。文旅品牌美誉度是靠管理型人才的精细化管理提升的，河南文旅品牌众多，品牌活跃度也还可以，短板在于品牌美誉度不足，需要着重提升。据人民网"2018 年中国城市文化旅游品牌影响力排行榜"，河南省文化品牌活跃度在全国 31 个省（区、市）文化旅游品牌中排名第七位，品牌关注度和品牌影响力均在全国排名第九位，而品牌美誉度仅列全国第二十位，明显落后，与品牌资源不匹配。

应出台统一的、科学的异地就医结算政策，减少当前异地就医结算实行过程中的麻烦。国务院办公厅发布的《关于制定和实施老年人照顾服务项目的意见》第 15 条明确要求"加快推进基本医疗保险异地就医结算工作，2017 年底前基本实现符合转诊规定的老年人异地就医住院费用直接结算"。虽然跨省异地就医住院医疗费用直接结算定点医疗机构不断增加，为旅居养老金提供了一些医保政策便利，

但门诊就医结算仍是大问题，而且不同省市之间的医疗条件差别大，如果加强居住地与大型优质医疗机构的合作，着实提高旅居村落的医疗水平，老人们才会安心地长期在旅居地养老。近年来，我国许多地区针对"旅居老人就医"出台了相关政策，其中，超过 14 个省市的社保经办机构，签订了以旅居老人为中心的异地就医结算合作协议，并且搭建了相关机构间的信息沟通平台。

2. 政府保障基础公共设施配套完善

应借助中央重视黄河流域生态保护和高质量发展的东风，由地方政府牵头与财政局、发展和改革委员会、文旅局、民政局、社保局、老龄产业协会等部门和组织整体联动，专项资金和综合性资金同时发力，为产业发展营造良好的硬件基础环境，完善水电气、交通、医疗、卫生等基础设施，解决消防、医保报销等养老服务业难题。政府建平台，保环境，规范经营行为，解决消费纠纷。在建平台的问题上，最好是引导企业建设和运营，合理收费，以市场化可持续为导向，在这一点上，修武县的美学经济设计平台运营模式值得借鉴。政府可设立综合性的行政机构，对区域内文化旅游业进行统筹协调管理与服务，建设多个跨区域跨部门通力合作的沿黄综合管理机制。政府应建立黄河文化旅居养老产业责任清单和问题清单，进行责任地位和责任人姓名、联系方式公示，让产业投资者遇到问题知道找谁，解决问题知道进度，问题解决不了能够追责索赔。

3. 广泛动员社会资本形成多元投融资体系

旅居养老基地不仅是异地养老度假基地，也是田园综合体和农业观光园以及黄河文化展示体验园。所以，应聚集全社会的力量，依靠地方养老产业和文旅产业群体，引进全国性养老企业品牌和文旅企业品牌，整合黄河文化相关群体的资本力量，广泛动员社会资本形成多元投融资体系。要打造国家、省、市、县（区）政府等国有资本引导联动、各类社会资本广泛参与的文化、养老和旅游融合发展的投融资体系，多业相互借力组团发展，克服信息孤岛、单打独斗的传统经营弊端，养成双赢、多赢、共赢的投融资思维。可以鼓励有境外养老消费需求的国家进行国际投资，如日本"长期外居财团"的投资，允许国外消费者定制旅居养老基地。

四、黄河文化旅居养老基地案例解析

在国内，专门针对老年人设计的旅居养老基地凤毛麟角，多数旅居养老基地实际上是纯粹的农业观光园、农家乐和乡村民宿等，往往缺少文化内涵，活动形式较为单一，无法满足旅居养老者的精神需求，而且缺乏规范的服务和配套的医疗条件，不能满足旅居养老者长时间居住疗养的要求。但是，也有少数做得比较好的项目值得参考和借鉴。

1. 河南范县循环养老度假村

河南范县循环养老度假村位于濮阳市范县辛庄乡毛楼村。辛庄乡地处范县西南部，距县城 25 千米，处于山东省的鄄城县和河南省的范县、濮阳县三县交界地带。度假村设计地块靠近 AAA 级景区——范县毛楼生态旅游景区，拥有黄河九十度拐弯处景点，风光秀丽，视野开阔，已建有黄河奇观等 8 处人文景观。设计地块东侧建有郑板桥纪念馆，南面紧邻黄河奇观。

河南范县循环养老度假村规划设计理念源于对基地所在地的自然人文要素的把握和演绎，用园林艺术的符号和语言反映对当地历史、文化、社会和现状等方面的思考，并且强化基地的优势与特征，充分发挥自然地理优势，发掘历史人文底蕴，努力将其建成特色鲜明、历史文化内涵丰富，并能展示现代文明的旅居养老基地。通过融汇黄河文化、中原及范县地方文化、异地旅居养老文化，打造绿色、生态、宜人的旅居养老基地，将规划的理念定位为华夏之源，"氧"生之旅。

独特的黄河景观和深厚的历史文化成为异地循环养老基地选址和规划设计的重要依据。上古时期，传说中的三皇五帝，多在范县、古濮州一带活动。出现过清代县令郑板桥等著名人物，境内现存有丹朱文化遗址和苏佑墓等历史古迹。世代流传的历史人物有禅让之首尧、孝道始祖舜、治水先帝禹、兵法之圣孙膑、纸币之父张咏等中华优秀文化的代表人物。黄河、金堤河横贯范县全境，这里拥有2万多公顷无公害水稻生产基地，素有"豫北小江南"和"中原米香"的美誉。另外，度假村周围还拥有丰富的地热资源，具备开发温泉的天然条件。

循环养老度假村不同于养老公寓，也不同于一般养老社区和养老度假村，它是一个旅居养老田园度假综合体，将农业观光、养老旅游、文化传承、科普教育和环境保护有机融合，带给旅居养老者区别于其他地方的乡村田园旅居养老体验，由此深深体会到黄河边田园养老之美。郑板桥纪念馆是当地著名的景点，不仅拓展了养老度假村的景点项目，也可以给旅居养老者提供聚会和研讨的空间，成为文化交流的场所。

度假村规划设计按照规划功能要求和景观需求把园区分成山水养生区、文化养生区、温泉养生区、运动养生区、循环养老服务区、老人自耕自养体验区、旅游度假区、生态农产品展示区、健康管理与老年医疗康复区、农耕文化展示与户外运动拓展区、养生营养餐饮区和员工生活及附属设施区12个功能区。

2. 传统村落旅居养老

自2012年始，住房和城乡建设部同国家文物局等相关部门多次组织传统村落调查，到目前为止公布了5批共6819个有重要保护价值的传统村落，并发布了《关于切实加强中国传统村落保护的指导意见》，将传统村落的保护提高到了国家层面。住房和城乡建设部定义的传统村落是在村落中遴选出来的，形成较早，拥有较丰富的文化与自然资源，具有一定的历史、文化、科学、艺术、经济、社会价值，是应予以重点保护的古村落。许多传统村落以此为契机，开发乡村旅游。传统村落建村历史都比较长，名人辈出，有着丰富的文化遗存，古民居、古巷道、古祠堂、民间曲艺等村落物质和非物质文化遗产，以及村落淳朴的民风，唤起城市老年人的原乡记忆。传统村落丰富的自然资源、人文价值和原乡记忆，是发展旅居养老的资源基础。城市老年人与传统村落居民生活在同一片蓝天下，甚至共同从事农业劳动，交流农耕经验。开门就见着邻居的乡村建筑特点，也让彼此交流的机会增多，村落空巢老年人也乐于与同龄人交流，容易形成互动。

3. 吸引国际旅居养老消费

日本发展"外居式"养老是一大特色，黄河文化旅居养老基地可以吸引日本的养老消费者，开拓国际消费者客源。早在1992年，日本就成立了"长期外居财团"，在杂志上刊登有关"长期外居"的信息和他人的真实体验，并成立了"长期外居爱好者协会"，举办一系列讲座和研讨会，吸引长期居住的老年观光者，发展跨国旅居养老，到今天，泰国已经成为日本老年人旅居养老的重要选择地之一。将来，中国也可以成为日本客户的目的地，日本客人对服务质量的高要求或者是定制服务，也会成为提升中国旅居养老服务业水平的推动力。

参考文献

［1］段蕾.黄河文化旅游与开封"三区一基地"建设深度融合的打开方式［J］.智库时代，2020

（10）：134-135.

［2］顾金梅.黄河文化旅游资源开发研究——评《黄河文明与可持续发展文库·旅游资源开发研究——以河南省为例》［J］.人民黄河，2020，42（5）：167-168.

［3］唐金培.着力推进黄河文化旅游带建设［N］.河南日报，2020-08-19（009）.

［4］程璐瑶，金彩玉.文旅融合助推黄河流域旅游高质量发展——以河南省为例［J］.旅游纵览（下半月），2020（3）：129-130，133.

［5］付菡.传统酒店的转型——"旅居养老"型酒店［J］.农场经济管理，2019（8）：12-14.

［6］程勇.浅谈旅居养老［C］.2009年中国老年保健暨产业高峰论坛文集，2009.

［7］莫琨，郑鹏.养老旅游意愿影响因素实证分析：基于推拉理论［J］.资源开发与市场，2014，30（6）：758-762.

［8］穆光宗.有品质的养老：新生代城市老人的新追求［J］.人民论坛，2019（13）：72-73.

［9］刘惠，杨效忠.旅居养老者出游动机、行为特征及市场开发研究［J］.宿州学院学报，2019，34（3）：30-33，84.

［10］杨涛.新常态下的新业态：旅居养老产业及其发展路径［J］.经贸实践，2017（21）：135.

［11］刘天昊.浅谈旅居养老模式的挑战与未来发展路径［J］.内蒙古科技与经济，2020（9）：6-8，15.

［12］银元.打造黄河文化旅游带应处理好七个关系［N］.中国旅游报，2020-06-05（003）.

［13］赵萍，祝晓.基于地域特色的旅居养老基地规划设计探析——以河南范县循环养老度假村为例［J］.河池学院学报，2020，40（3）：72-76.

［14］演克武，陈瑾.乡村振兴战略下田园综合体与旅居养老产业的对接融合［J］.企业经济，2018（8）：152-159.

［15］郑艳萍.传统村落旅居养老发展模式：内涵、问题与对策［J］.老区建设，2019（24）：41-45.

［16］包翠荣.乡村振兴战略下田园综合体与旅居养老产业的对接融合［J］.现代商业，2020（14）：50-51.

（作者系河南省社会科学院法学研究所研究员）

郑北黄河运河并行城市地理景观的文旅发展路径

姚 璇 王 平

郑北板块紧邻黄河，大运河故道贾鲁河也主要分布在郑州北区，不仅富有森林、沿黄湿地、园林、河道、湖泊等生态自然资源，同时也富有中国大运河郑州段、汉霸二王城、鸿沟、古荥古城、惠济桥、大河村遗址等历史资源。炎黄二帝塑像及炎黄广场的建成，使这里成为人们寻根问祖的胜地；思念果岭山庄、清华忆江南、怡丰·森林湖、天伦庄园等一大批地产项目都聚焦生态宜居地产，使郑北板块迅速成为生态宜居区；中原影视城集影视拍摄、旅游于一体，使北区的文化资源形态更加多样化。综合来看，郑北板块集中了打造文化精品区的基本要素，有打造成为具有显著影响力的文化旅游精品区的巨大潜力。

一、成熟的前期规划与设计决定了文旅项目的走向

黄河流域是华夏文明的发源地，被称为中华民族的母亲河，而中原地区在漫长的历史时期一直是人口相对最多、经济最发达、社会最繁荣、文化最灿烂的地区。而隋朝在1400多年前在中原腹地挖下了隋唐大运河的第一铲，中原地区再次成为科技与文化最发达的地区。通济渠沟通了黄河与淮河水系，打通了全国南北交通的大动脉，而今天虽然中原地区依然是全国重要的交通枢纽地带，但国内难得的与黄河大运河并行的城市地理景观创造的文明却并没有延续下来。论黄河在现代城市功能中的作用，郑州不如黄河上游的兰州；论运河在现代城市功能中的影响，郑州不如京杭大运河沿线的很多城市。当然，这有其历史原因的影响，也跟城市历史遗存、地形地貌、历史气候等地理原因相关。

目前，国内运河沿线、大河沿线有国际影响力的文旅项目有扬州、乌镇、台儿庄等，不仅得益于完整的河道、完好的古镇传统建筑，也得益于政策层面的规划，当然这其中也需要历史机遇。

现今我们正处在一个比较有利的历史机遇期，黄河流域生态保护与开发和运河热都处在一个非常关键的历史机遇期。习近平总书记在考察黄河时强调"黄河文化是中华文明的重要组成部分，是中华民族的根和魂。要推进黄河文化遗产的系统保护，深入挖掘黄河文化蕴含的时代价值，讲好'黄河故事'，延续历史文脉，坚定文化自信，为实现中华民族伟大复兴的中国梦凝聚精神力量"。这就为黄河文化的保护、传承、弘扬指明了方向、目标和路径。"黄河宁，天下平"，黄河流域是我国重要的生态屏障和重要的经济地带。党的十八大以来，习近平总书记围绕生态文明建设发表了一系列重要讲话，把我们党对生态文明建设的认识提升到了一个前所未有的新高度，发掘传承黄河文化精神与当代价值是习近平新时代生态文明理论的具体实践，发掘黄河文化精神与其当代价值也是"绿水青山就是金山银山"理念的体现，坚持人与自然的和谐共生，以黄河文化精神凝聚炎黄子孙同根同源的民族情结与民族精神，坚持以人为本的绿色发展方式和生活方式，坚定走生产发展、生活富裕、生态良好的文明

发展道路，是实现中国梦的重要组成部分。

2017年2月，习近平总书记在通州考察时，对大运河遗址的保护与开发做出了"保护好、传承好、利用好"的重要指示；2017年6月，习近平总书记对大运河文化带建设做出重要批示，指出"大运河是祖先留给我们的宝贵遗产，是流动的文化，要统筹保护好、传承好、利用好"。2019年2月，中共中央办公厅、国务院办公厅印发的《大运河文化保护传承利用规划纲要》明确提出了打造大运河文化带的背景与意义、总体要求，阐述了深入挖掘内涵、强化遗产保护、推进河道水系治理、加强生态保护、推动文旅发展、促进城乡区域统筹方面的具体目标与要求，并对机制创新与实施管理给出了具体的部署。2019年7月24日，习近平总书记主持召开中央全面深化改革委员会会议，审议通过了《长城、大运河、长征国家文化公园建设方案》，指出"建设长城、大运河、长征国家文化公园，对坚定文化自信，彰显中华优秀传统文化的持久影响力、革命文化的强大感召力具有重要意义"。一系列文件的密集出台，构建了新时期党和国家从顶层设计、全局着眼到具体实施的周密部署，彰显了党和国家坚定文化自信，推动社会主义文化繁荣与实现全体人民共同富裕的决心和信心。与此同时，学界也开展了积极和热烈的研究，运河流经的我国8个省（市）尤其是核心功能区的城市，开展了多种多样的以大运河为主题的研讨活动，北京、天津、山东、江苏、河南、浙江、安徽、河北举办了多次运河论坛，取得了丰硕的学术交流成果。

受新冠肺炎疫情的影响，未来一个时期，国内市场主导国民经济循环特征会更加明显，经济增长的内需潜力会不断释放。城市环境及布局的优化不但可以持续影响城市基础设施的建设，还可以满足人民群众不断增长的美好生活需求。

郑州市充分借鉴和吸收了国内外城市文旅项目的经验，抛开走一步看一步的保守做法，开始高标准地对黄河、大运河并行的城市地理景观进行规划。2020年，《黄河流域生态保护和高质量发展核心示范区（大运河文化片区）城市设计》国际方案征集专家评审会于郑州举行，邀请5家国内外知名设计机构进行设计，初步方案选定之后，深度的调研工作及方案的深化工作也将要启动。

二、精准城市区域定位、抛弃千城一面的惯性思维

每个城市都有它独特的历史和记忆，但长期以来，我们盲目追求经济总量的数据，在城市建设中走过不少弯路，导致从南方到北方，城市千城一面、大致雷同的局面，对经济指标的追逐掩盖了对城市的本质属性遵循，城市首先应是美丽的家园，是人们工作生产、居住生活的乐土，生态、生产、生活"三生"并重、"三生"合一才是城市本该有的三重属性。郑州有着悠久的历史，是九朝古都，但历史的印迹在现代都市生活中的特征并不明显，虽然郑州划定了"华夏历史文明传承创新区"，但只能就目前的城市面貌进行改建。

在区域功能定位上，郑州市城市空间增量的步伐明显减缓，现有区域的发展已经不可避免地进入了创新型的提质阶段，目前郑州提出了"东强""西美""南动""北静""中优""外联"的区域定位，郑州北区的定位为"北静"的人文宜居区，这是郑州市首次对惠济区进行明确的定位。惠济区北部沿黄河一线，北起黄河南至索须河一带，是黄河与大运河景观遗产的主要区域，既是惠济区的特色，也是郑州市历史文化资源中不可忽视的底色。

如何打造好惠济区"黄河+大运河"的金名片，如何将"北静"与郑州打造成国家级中心城市、河南城市群建设在中部崛起中的区域贡献以及如何平衡郑州市现有的城市格局，除了从宏观角度出发的生态、生产、生活"三生"融合的顶层全局设计之外，还要通过精心梳理这一片区的特色将景观设计、功能划分、交通配套、产业类型等具象的方式彰显出来。

与杭州的西湖、南京的秦淮河、承德的避暑山庄等有国际影响力的城市自然景观相比，郑州的历史文化资源丰富，但目前尚没有一个地标性的市内地理人文景观，郑州市民更缺乏一个家门口的高端景区。将黄河与大运河统筹开发，打造郑州市地标性城市旅游景观，要将黄河与大运河郑州段独特的景观意象与郑州深厚的历史底蕴和中原文化深厚的积淀相融合，这是郑州在打造国际影响力的文化旅游带时走出惯性思维、克服平庸必须正视的问题。

从旅游业的发展现状来看，随着人们生活水平的提高，境外旅游业一度出现井喷式发展，但2020年由于受到新冠肺炎疫情的影响，未来一段时期，人们首选的旅游目的地一定是国内的安全地带，疫情大大压制了人们出门旅游的愿望，境内旅游业的全面复苏，尚需一段时间，那么城市辖区内及周边的高质量旅游项目将是人们出门的首选地。那些低端仿制的、匆忙上马的旅游项目将困难重重。对于郑州来说，怎样讲好"黄河故事""运河故事"，以文化的力量、精神的力量和历史的厚重来为城市的发展注入强大的活力，乃至以此为大规模规划和工程建设的引领，是现阶段亟待解决的问题。

从生态旅游的角度来看，郑北以黄河、大运河为根本依托，建立沿黄生态廊道，整合廊道内各个景点和古迹，使黄河风景名胜区的历史文化内涵更丰富、景点更紧凑、功能更多元，使黄河风景名胜区逐步向智能、多元、富有设计感、世界一流的精品游览区和园林化宜居区迈进的基础条件。依据此经验，开发中国大运河郑州段，建立中国大运河郑州段多功能遗产廊道和生态廊道，重点整治索须河、贾鲁河河道，借鉴运河设计师皮埃尔·保罗·德里凯对法国米迪（Du Midi）运河的创造性构思及其他入选世界遗产名录的运河设计开发方案，结合郑州北区的实际情况，精心设计大运河遗产廊道，使之成为独具特色的、世界一流的遗产廊道和生态廊道。

从文化内涵的角度来看，黄河哺育了一代又一代中华儿女，期间涌现出了许多对中华民族产生过重大影响的文化名人，他们身上的抗争精神、开拓精神、拼搏精神、奉献精神、敬业精神、宽容精神就是黄河文化的精神，大而言之即中华民族的民族精神。这种精神在中华民族的生存发展中具有重要的价值，对中国人民产生了深远的影响，是中华民族生生不息的强大内驱力，也是新时代中国文化自信和社会主义核心价值观的内核体现。黄河文化经过了数千年的发展而形成，是一个多层次、多要素的文化整合系统；大运河是古代劳动人民劳动和智慧的产物，它所承载的丰厚文化包含了技术的、制度的、社会的、历史的、物质的与非物质的文化遗产，才是运河文化于中国当代社会的价值所在。对黄河文化、运河文化的保护、挖掘和阐释应该包含以上层次。

从产业业态的角度来看，沿黄河南岸，分布着丰乐葵园、绿源山水生态园、黄河谷马拉湾、大河庄园、四季同达生态园、富景生态游乐世界等一大批集文化休闲、餐饮、度假、游园、农产品采摘、农家体验、探险等为一体的园区。这些资源为郑北文化精品区的打造提供了实体经验，丰富了郑北板块旅游的形态，使郑北文化精品区的打造内涵更丰富、产品更多样。另外，将中原影视城景点资源与北区文化、人文、生态、自然、历史、建筑、高等教育等整合起来，将影视文化的建设纳入北区大环境的整体思路、规划中，将北区文化精品区的建设引入影视文化建设的元素，不但有利于丰富北区文化精品区的内涵，同时更有利于扩大中原影视文化的影响力和辐射力、创造中原影视文化品牌、激活中原影视文化发展的相关促进因素。

三、完善旅游配套设施

旅游业的蓬勃发展与"行、住、食、购、娱"有着密不可分的联系，良好的交通条件、多元的交通网络、优雅舒适的住宿环境、富有特色的餐饮、多元化的娱乐设施则能为旅游业的繁荣提供不可替代的支持。

目前，惠济区的交通能力相对比较薄弱，存在着"东西不畅、南北不通"的局面，公路网络不发达，新道路规划施工进展缓慢；新规划的地铁网络只有 2 号线延长线和 3 号线经过惠济区，且未覆盖惠济新中心区。在水运系统上，贾鲁河和索须河年久失修，早已失去漕运能力。

在住宿相关配套上，目前北区旅游区腹地上规模和档次的酒店、宾馆少之又少，在途牛网上检索惠济区的酒店，开元路以北无一家连锁酒店，在很大程度上限制了郑州周边的游客前来深度游，即便是郑州本市的居民，也只能进行来去匆匆的一日游，没有使郑北板块丰富的人文、生态、自然、历史等得天独厚的资源得到充分利用。

在特色饮食上，郑北板块虽有众多农家乐、乡村旅游、休闲农业、田园观光等旅游项目，有四季同达生态园之类的生态餐饮业，有三全食品股份有限公司这样的食品企业，但是并没有能代表郑北板块区域特色的饮食代表或品牌，这一领域内的相关研究和探索尚属空白。

生活娱乐设施的贫乏是该区域内的又一短板，该区域的生活配套设施非常滞后，影院、酒吧、棋牌室、游泳馆、运动场等场馆、设施很少，居民文化和消费文化尚未形成。

将南起大河路，北至原焦高速，东至 G107 复线，西至郑云高速板块内的资源整合在一起，以园林化城市为目标，合围形成黄河文化生态旅游核心圈，将黄河风景名胜区、黄河花园口旅游区、桃花峪旅游区、黄河国家湿地公园、黄河富景生态世界、丰乐葵园、黄河谷马拉湾、绿源山水、思念高尔夫俱乐部、邙山森林拓展体验公园等资源整合，打通各景区之间的道路；逐步实现一站式购票、捆绑销售；逐步在景区建设中形成或统一或互补的景区风格，使郑州北区的"绿肺""绿源"绿出规模、绿出新意、绿出个性、绿出魅力。

还原魏国开凿鸿沟运河的原貌、还原鸿沟—黄河漕运线路，并将鸿沟—黄河漕运线路与索须河、贾鲁河生态廊道建设连通起来，形成展示中国大运河郑州段主题的古运河风俗民情等风格的线性旅游线路。将中国大运河郑州段资源整合起来，建立中国大运河郑州段博物馆，成立中国大运河郑州段管理委员会，聘请世界级大师设计开发该线性运河遗产生态廊道建设，借鉴入围世界文化遗产名录的其他运河遗产生态廊道建设的经验，目标定位为建成世界一流的古运河遗产生态廊道展示区、体验区、水系水带及湖泽旅游系统。

借鉴各地设计成功的景区灯光秀作品，如开封清明上河园的"东京梦华"、云南的"傣秀"等，打造以展示五千年黄河文化以及从战国至清代运河文化为主题的大型灯光秀。

同时，为全面吸引客源，地上、地下交通网络的规划设计，应在方便市民出行的基本出发点上，多方兼顾游客因素，将方便市民出行和方便游客快速到达景区结合起来综合考虑。可考虑打通郑州火车站、郑州东站等大型车站与景区之间的直达线路。

缩短郑州境外观光团、自驾团进入景区的时间，使游客无须进入郑州市区后再进行周转，可考虑将高速公路出口与景区入口道路无缝对接。

在惠济区内建立与各景区之间的 10 分钟"吃、住、购、娱"商圈，集中特色产品，建立郑北文化精品区特色产品超市。

同时开发区域内的高档会务资源，以口碑带动效应吸引外来客源，逐步培养客源群落。

参考文献

［1］喻新安等．加快郑北板块发展助推国际商都建设的若干建议［J］．呈阅件，2015（10）．

［2］这屋传习所．郑州"北静"发展战略的文化解读［EB/OL］．https://www.toutiao.com/i6865079754475700736/2020-08-27.

［3］张昕．彰显大河气派突出北静特征高水平规划建设沿黄文旅门户和文创集聚区［N］．郑州晚

报，2020-08-14.

　[4] 桂娟，双瑞，李文哲.生生不息　延续千年中华文脉——河南大运河文化带建设见闻 [N].河南日报，2019-04-22.

　[5] 李宗宽.河南高标准规划高质量推进大运河文化带建设 [N].河南日报，2019-04-16（02）.

　[6] 刘瑞朝.未来郑汴洛水系将连通 [N].大河报，2018-06-06.

（作者分别系郑州财经学院学报编辑、副教授；
郑州财经学院学报编辑、讲师）

黄河文化
历史问题研究

黄河文明与甲骨文的传承弘扬

王宇信

黄河是中华民族母亲河，而作为中华民族精神、符号汉字之源的甲骨文，就是在黄河母亲的摇篮中诞生的。甲骨文是目前中国最早的系统文字，传承着真正的中华基因。但甲骨文并不是最早出现的文字。那么，甲骨文是从哪里发展而来？120多年来中原大地甲骨学的发展经历了怎样的路径？甲骨文的故乡——中原大地的人们又为甲骨学的发展做了些什么？下面，概要地向大家谈谈我的一些认识。

一、万里黄河溯字源

万里黄河，西起巴颜喀拉山，东入大海，像一条横亘在中国大地上挑起中华民族五千年荣辱的扁担。而在钟灵毓秀、汇集黄河文明精华的中原大地上，崛起的商王朝都城大邑商，是商朝文明腾飞的支点和天下文明精粹汇集的渊薮。灿烂的甲骨文明，就是黄河文明的升华和积淀。大河上下的考古遗迹传承有序，使甲骨文的源头有迹可循。

内蒙古巴盟的阴山岩画，反映了公元前1万多年到公元前1.6万年前的先民美学观和生活状况，但这还是画图记事，且距离文字还很遥远。

再看仰韶文化遗址出土的陶器刻划。在西安半坡、长安五楼、临潼姜寨、宝鸡北首领、甘肃秦安大地湾、青海乐都柳湾等遗址，都出土了陶器刻划，其中以半坡、姜寨、大地湾、柳湾为最多。据《西安半坡》统计，该处共113例刻符标本，形状共22种。有人认为这是最早的"文字"，有人认为这不是"文字"，但一些元素在创造文字时被吸收了，这应该是记事符号。

而其后，是龙山时代一些陶器上出现的刻划。在不少龙山文化遗址出现了刻划，如永城王油坊等。在山东邹平丁公，一件陶盆底残片出现五行十一个"刻"字，成行、成列。有学者认为应是文字，但有的学者认为是汉字系统以外的一种文字，如彝文等。

考释古文字，往往由已知求未知。还有与甲骨文造字法、字形较为接近的文字材料：

裴李岗文化贾湖遗址出土的龟甲刻字，如目、走等，刻划象形，时间在六七千多年前。

莒县大汶口文化（相当于中原仰韶晚期，庙底沟二期）遗址的凌阳河、大朱村、大汶口等地发现刻、写符号共18例10种，中有象形字（斤、戉、辈）、会意字（ ☺ 、 ☖ ）等，学者认为属早期文字系统。

山西襄汾陶寺遗址，出土陶壶上有朱书"文""尧"字样，时代为龙山文化晚期，人称"早期中国"之都。

在号称"禹都阳城"的河南登封王城岗遗址，出土的铜鬶底残片上有会意字"ਿ"（共）。此外，在号称夏都的二里头遗址，出土了不少陶器上的刻划。而二里头文化时期，学者们发现5块字符，其质料、施灼、"字"结构与郑州中商文化骨刻有传承关系。此时期的密县黄寨遗址出土的一块字符，上刻二"字"：一为"目""又"构成，学者释为"夏"。另一为动物形下有二短竖划，有学者释为"陷"字，皆为会意。在相当夏末商初的山东桓台史家岳石文化遗址中，出土了未整理的羊卜骨，有卜后所刻"六卜"二字。"卜"为象形、象意字。

在郑州中商二里岗遗址，20世纪50年代初出两块刻字骨，一块上刻"屮"（又）字，一块上刻"又土羊，乙丑贞，十月"。此外，1989年在水利局H1出土的二里岗期中商甲骨，上刻"郑弜"二字。次年在离此不远（数百米）的电校H10出土一块刻有"弜郑"的牛骨，文字皆与殷墟甲骨接近。此外，郑州商代窖穴出土的大口尊口沿上，有象形"目"字。郑州小双桥遗址还出土了朱书陶文若干字。

上述"文字"材料，从裴李岗、大汶口、陶寺、王城岗、二里头、桓台史家、二里岗一路走来，直奔中州甲骨文的策源地——晚商的殷代都城大邑商。

近年来，在洹北商城中商遗址出土了大批卜骨，上面多无字。但出土了骨刻字"戈亚"，字体作风接近殷墟甲骨早期（盘庚、阳甲、小辛、小乙）作风。而盘庚早期甲骨，也被学者从15万片甲骨中找到，如此等等。我们可以看到，早期文字材料虽然发现尚不多，但其中有某些传承的痕迹，即造字法中的象形、会意在文字发展各时期有一定共性。有形、有会意，即有声。形、声相益即形声。因此寻找甲骨文的源头，应从更多的象形、会意及形声字符号中去找。如甲骨文"酉"字，像仰韶时代的小口尖底瓶，甲骨文时代已无此形陶器了。此字与陶小口尖底瓶相像，时代应产生较早，当在仰韶文化时期即已产生。

二、从甲骨文故乡中原走向世界的120多年守护与弘扬

从1899年王懿荣鉴定购藏甲骨文至今，120多年来的研究，使不见经传的甲骨文由绝学成为显学，其蕴藏的文化底蕴和传承的中华基因，不仅对中国，而且对人类文明发展进程做出了重大贡献。甲骨学的发展有其标志性的成果，120多年来可分下述几个研究发展阶段。

从大的时间段来说，1949年中华人民共和国成立前至1899年为"前五十年"，而1949～1999年为"后五十年"。自2000年起至今，进入了21世纪研究再现辉煌的"新阶段"。而"前五十年"，又可分为1899～1928年的甲骨文"盗掘时期"和研究的"草创阶段"。1928～1949年为殷墟甲骨"科学发掘时期"和研究的"发展阶段"。而"后五十年"，可分为1949～1978年的甲骨文"继续科学发掘时期"和研究的"深入发展阶段"。而1978～1999年，是甲骨文"大发现时期"和研究的"全面深入发展阶段"。我们下面概要介绍各发展阶段取得的重要成果，提供大家认识甲骨文120多年来走向世界的路径。

（一）甲骨文"盗掘时期"和研究的"草创阶段"（1899～1928年）

由于王懿荣鉴定、购藏甲骨文后，甲骨售价日昂，小屯村村民竞相在村北、村中、村南盗挖出售。30多年来出土甲骨10多万片，先后为王懿荣、刘鹗、王襄、孟定生、罗振玉等中国收藏家和日本人、英美人、加拿大人、德国人购得，不少甲骨流落国外。

刘鹗于1903年《铁云藏龟》第一个著录甲骨文，孙诒让于1904年《契文举例》第一个研究甲骨文。

罗振玉于1908年《贞卜文字考》第一个查知出土地确为安阳小屯村，并于1910年论定此地为晚商都城，为科学发掘殷墟提供了契机，是为重大贡献。他的《殷虚书契考释》（1913年）完成了485文字考释，从而结束了甲骨文"书既出，群苦其不可读也"的状况，完成了"识文字、断句读"阶段。王国维用甲骨文研究商史，用《后上》8.14与《戬》1.10缀合，纠正了《史记·殷本纪》世次之误，并证明了史

记·《殷本纪》可信。《殷卜辞中所见先公先王考》及《续考》，把"草创时期"商史研究推向了高峰。

（二）甲骨文"科学发掘时期"和研究的"发展阶段"（1928～1949年）

1928年"中研院"史语所开始大规模发掘安阳殷墟，至1937年因抗日战争爆发中断。10年间15次发掘，从"找"甲骨文开始，到"找"出53座宗庙宫殿基址和十余座王陵大墓，以及大批铜器、玉器、白陶等珍贵遗物和遗迹，中国田野考古学1934年在殷墟形成，并走出了一批世界著名的考古学家。

1934年，董作宾写成了《甲骨文断代研究例》，用十项标准把晚商八世十二王的甲骨分在早晚不同的五个时期。该文凿破鸿蒙，把金石学的甲骨文研究纳入历史考古学领域，标志甲骨学已经形成。与此同时，郭沫若、董作宾等还探讨了龟骨卜法、文例等，使甲骨学自身规律得以阐发。就在这一时期，郭沫若开辟了用历史唯物主义指导甲骨学商史研究的新天地，其《中国古代社会研究》等一系列著作，奠定了研究的基础。

抗日战争爆发后，董作宾、胡厚宣等不但在迁徙中保护国宝甲骨文等殷墟文物，还坚持了研究。他们拿起笔做刀枪，保护和传承了中华文脉。在居无定所的条件下，董作宾完成了巨著《殷历谱》，被推崇为"抗战八年，学术著作当以《殷历谱》为第一部"。1944年齐鲁大学出版的胡厚宣《商史论丛》初集、二集、三集被推崇为"斯学金字塔式的著作"。而编纂者董作宾忍辱负重，出版时命途多舛的《甲编》和《乙编》（上、中）终于在1948年出版，为这一甲骨学发展阶段画上了句号。

（三）1949年以后的甲骨文"继续科学发掘时期"和研究的"深入发展阶段"（1949～1978年）

中华人民共和国成立后，甲骨学家站在新立场，学习马克思主义，研究进入了以唯物主义为指导的"深入发展"阶段。以郭宝钧在《光明日报》发表《记殷周殉人之史实》为契机，展开了以郭沫若《奴隶制时代》等一批文章为代表的商社会性质和古史分期大讨论。在这场讨论中，学者们加强了对马克思主义的理解，甲骨、考古材料的运用更加全面。

为了解决甲骨文研究材料极缺的问题，1956年"国家科学发展12年远景规划"提出了编纂《甲骨文合集》。1959年启动、郭沫若主编的《甲骨文合集》集中了大批人力、物力、财力，时作时停，直至1978年全书13册，收入41956版甲骨的集大成之作编成出版。《甲骨文合集》为1899年以来的甲骨文发现和研究做了总结，并为即将开始的"全面深入发展阶段"奠定了基础，是里程碑式的著作。

（四）甲骨文"继续重大发现时期"和研究的"全面深入发展阶段"（1978～1999年）

虽然1949年以后，殷墟历年都有甲骨发现，但以1973年小屯南地4805版甲骨为多，是次于127坑甲骨19046片之后的第二次大发现。而1991年花园庄东地H3坑甲骨1583版的集中发现，是继屯南之后的第三次重大发现。小屯南地科学地层证据，使前一时期"非王卜辞"的长期讨论取得了共识和结论，即董作宾先生1948年提出的"文武丁卜辞之谜"彻底揭开，应为第一期武丁时代；而以1977年殷墟妇好墓（M5）的发现为契机，李学勤又提出分期断代的又一个"谜团"，即就"历组卜辞"应将时代前提至武丁、祖庚，学界由此展开了热烈的讨论。在讨论中，李学勤完成了王卜辞演进的"两系说"。而持传统晚期康丁、武乙、文丁说的学者，在争论中，完成了武乙、文丁卜辞的细分。此外，学者对有无帝辛卜辞和盘庚卜辞进行了探寻。

这一时期的研究，较前一时期更为全面，在甲骨文字研究方面，集90年文字考释之大成的于省吾主编的《诂林》和日本松丸道雄等的《字释综览》是甲骨文字考释里程碑式著作，而甲骨学商史研究总结著作也有了加强。继《综述》（1956 年）出版后，陈炜湛的《甲骨文简论》《甲骨文与甲骨学》《甲骨学通论》出版。《甲骨学通论》论述了西周甲骨学和有关甲骨文的书法。而 1984 年出版的《西周甲骨探论》，对 1956 年西周甲骨被认识以来和周原等地西周甲骨的研究作了总结，并对分期断代进行了深入研究。其后，《周原与周文化》《周原甲骨文综论》《周原甲骨文》等著作使西周甲骨研究有所深入。而曹玮的《周原甲骨文》（2002 年）提供了周原甲骨标准彩色照片，并规划了突破西周甲骨研究前进瓶颈的几个节点。

这一时期研究的全面深入发展，还表现在研究手段方法与现代科技发展同步。如电脑激光照排，使文章发表和著作出版突破了甲骨文制字困难；高科技加速了质谱仪应用于甲骨年代的测定，取样少、准确度高，在"断代工程"中已成功应用。此外，黄天树团队把"动物生态学"引入甲骨"观其全体"深层次，"甲骨形态学"的缀合取得了成功。

这一时期涌现了大量的研究著作，较前一时期的研究课题也更为广泛。据统计，1987 ~ 1999 年，发表论著 2000 多种，可见甲骨学商史研究的繁荣。《甲骨学与商史论著目录》（1991 年）和《百年甲骨学论著目》（1999 年），把甲骨学商史研究的辉煌展现在了世人面前。

在甲骨文发现 100 周年到来之际，学者们经过认真准备，完成了"甲骨文百年成果"系列著作——《甲骨学一百年》《合集补编》《百年甲骨学论著目》等。此外，还完成了《合集释文》、《来源表》、《通论》（增订本）等。1999 年 9 月，在安阳召开的"隆重纪念甲骨文发现一百周年国际研讨会"上推出的这批论著，为甲骨文研究的世纪辉煌增光添彩，又为即将到来的甲骨文研究新百年再辉煌奠定了基础。

（五）甲骨文研究经新世纪初的凝心聚力，迎来了再创辉煌的新阶段，即政府推动下甲骨文研究全面深入发展与弘扬新时期开始了（2000 年至今）

新百年开始之初，甲骨学家陆续完成了前一百年未完成的课题，并不断出版了献给新一百年的研究成果。一批科学发掘所得甲骨的著录，如《花东》《村中南》等出版。一批单位传世甲骨精细化"三位一体"再整理的著作，如《国博藏》《旅博藏》《爱米塔什博藏》《史语所藏》《北大珍藏》《上海博藏》《三峡博》《历史所藏》等 10 余部出版，共公布甲骨 1.9 万片左右。在反映《合集》和一批新著录文字考释和新增文字的基础上，新纂甲骨文字典陆续出版，如《新甲骨文编》《甲骨文字编》《甲骨文字新编》《殷墟甲骨文字编》等。这就使于 1934 年出版，并于 1965 年修订再版，多年行用不衰的《甲骨文编》收字仅 40 余种著录的状况得到了改观。此外，填补研究空白的 15 卷本《商代史》也成为世纪巨献。而第一部全面总结、展现世遗殷墟百年研究成果的《殷墟文化大典》（甲骨卷、考古卷、商史卷）也于 2016 年出版，为以后同类著作的编纂开了个好头。这一时期，"两系说"分类断代整理的著作，如《国博藏》《史语所藏》等继续出版。而坚持"历组卜辞"为四期说的学者，在多年的沉默中认真准备后，发出了砸向"两系说"架构的重槌《三论武乙、文丁卜辞》（2011 年），从卜辞内容分析和考古地层学证据的检验，使其核心"历组"前提，受到了不可逾越的层位关系挑战。

在新百年良好开局的攀登途中，学者们最大的收获是发现了阻碍甲骨学继续前进的"短板"，即在一批新著录中和原《合集》中，新发现和原有一批甲骨字未能识读。而在新编的一批字典中，更有不少未识字或存疑字被收入"附录"中。在《商代史》研究和学者论文的研究中，也常遇到卜辞中出现的不识字，影响了学者对卜辞丰富内涵和深厚文化底蕴的阐释。因此，破解研究道路上的障碍，即实行多学科联合攻关，集中破译未识文字，就成了推动在新世纪研究甲骨文的"抓手"。

为贯彻习近平总书记"要重视发展具有重要文化价值和传承意义的'绝学'、冷门学科""要重视这些学科，确保有人做，有传承"等一系列重要讲话精神，全国哲学社会科学规划办公室经过深入调查研究，决定从破解甲骨文研究继续前进道路上的文字释读"瓶颈"入手，组织集中研究力量，并借助现代科学技术，顶层设计了"大数据、云平台支持下的甲骨文字考释研究"课题，并在 2016 年 12 月启动了这一国家社科基金重大交办项目的十个子课题的研究。与此同时，"重大交办项目"启动了在海内外招标，重奖破译文字的优秀成果，并在 2016 年 10 月 28 日以中国文字博物馆的名义，在《光明日报》上发表了《关于征集评选甲骨文释读优秀成果的奖励公告》。本公告是甲骨文研究史无前例的"政府推动下的全面深入发展与弘扬新阶段"开始的标志，犹如甲骨学界响起了嘹亮的"集结号"，动员各方的甲骨文学者和殷商文化专家，以及藏龙卧虎的海内外各界人士，集中在国家社科规划办顶层设计重大交办课题"大数据云平台支持下的甲骨文字考释研究"和教育部语信司顶层设计的"甲骨文等古文字研究与应用"的两批 35 个专题研究的攻关队伍中。学者们在向甲骨学文字破译高峰的攀登中，不畏险阻，群策群力，在研究中坚持驱动性转化，并创新式发展，一大批原创性并代表国家水平的经典之作的推出，将把"新阶段"研究推向更大辉煌。

2019 年 11 月 1 日，在人民大会堂隆重召开了"纪念甲骨文发现 120 周年座谈会"。孙春兰副总理在会上宣读了习近平总书记专就甲骨文发现 120 周年发来的贺信，并发表了重要讲话。习近平总书记的贺信，使广大甲骨文等古文字研究工作者受到巨大的鼓舞。他在贺信中鼓励大家"深入研究甲骨文的历史思想和文化价值，促进文明交流互鉴，为推进中华文明发展和人类社会进步作出新的更大的贡献"。这是总书记的殷殷嘱托，也是赋予我们甲骨文研究者的历史责任与担当。

三、甲骨文故乡人与百多年来甲骨文的守护、传承与弘扬

甲骨文的故乡是地处中州的今安阳。自 1899 年发现至今，120 多年来守护、弘扬、传承发展道路上的每一个阶段，都有家乡河南人浓浓桑梓之情的守护、充盈智慧和坚韧的创造性研究，使其不断地传承薪火和弘扬光大。

（一）甲骨文"盗掘时期"和研究的"草创阶段"与河南人

1899 年甲骨文发现以后，大多流向了北京等处。直到 1914 年，《铁云藏龟》（1903 年）、《殷虚书契》（1911 年）、《菁华》（1914 年）等"书既出，群苦其不可读也"。罗振玉的《殷虚书契考释》（1915 年）出版以后，完成了"识文字断句读"阶段，甲骨文影响日大。自 1914 年起，加拿大驻安阳传教士明义士就在安阳坐地收购甲骨，引起了河南人的注意。特别是 1915 年罗振玉从日本回国踏访殷墟和日本甲骨学家林泰辅也于 1918 年来殷墟考察，扩大了甲骨文这一古代文字材料在河南的影响，并引起了河南乡贤的注意。1919 年，相传安阳殷墟新出一坑"骨简"，流入开封坊间，悉数为通许乡贤时经训买去。《河南通志》第七章"文物"，曾著录其中一片。据称，这批新出"物件"可以把以往所出甲骨材料定为龟甲、兽骨推翻，应与这批物件相同为"商简"，即竹简已"矿质化"云云。《河南通志》也考证说，"其字奇古，为罗书所未载者。盖晚出处系被压于下层，自为一系，与初出者时代不同，文字自成一系耳"。后经鉴定，这坑"商简"全系伪刻。因当时甲骨鉴别真伪知识尚不精，1914 年明义士曾收购大批新鲜牛骨上当，此外，1917 年明义士《虚》还收入了伪片（《虚》758），1933 年商承祚《佚存》也收入了伪片（《佚》381），1935 年黄濬《邺》初也收入了 4 伪片（26.1、31.6、37.6、37.8），等等。直至此时出版的《库方》（1935 年），收入的伪片还很多。因此，对于时经训先生误收伪刻，我们不应大惊小怪或加以嘲笑，他不惜重金保护地方文化财富，追求、守护甲骨的精神，还是值得称道的。

就在王国维以 1917 年的《殷卜辞中所见先公先王考》《殷卜辞中所见先公先王续考》享誉甲骨学界，并应聘北京大学研究所国学门通信导师时，河南南阳人董作宾于 1922～1924 年入北京大学研究所

国学门读古文字学研究生，师从国学大师王国维。董作宾在北京大学奠定了雄厚的古文学基础，并从此步入了甲骨学研究的堂奥，成为一代宗师。

（二）甲骨文"科学发掘时期"和研究的"发展阶段"与河南人

应该说，这一时期以董作宾为中心的一批河南人，成为科学发掘甲骨文的核心力量，并形成了国家级的甲骨学研究重镇。

以董作宾为核心的"中研院"史语所殷墟发掘团队，几位河南人是团队的中坚。董作宾，河南南阳市人，名守仁，字彦堂，号平庐。1928年史语所在广州成立，董作宾受聘为史语所通信员。当年傅斯年所长趁董回乡探亲之际，请他利用河南桑梓之便赴安阳调查甲骨文出土情形。董作宾的调查得出"甲骨确犹发掘未尽"的结论，指出应以国家之力发掘殷墟甲骨文，"迟之一日"，将"造成一日之损失"，向"中研院"提交了发掘殷墟的"报告书"，并获批准。因此，董作宾不仅是1928～1937年殷墟十五次大规模发掘的倡议者和推动者，还是殷墟十五次大规模考古发掘的实践者和指导者。殷墟的十年大规模发掘，推动了中国近代考古学的形成和发展。与此同时，先后出土的2.5万片甲骨为历史考古领域甲骨学分支学科的形成做出了贡献。殷墟发掘被迫暂停后，董作宾为保护殷墟出土国宝，在长沙、昆明、四川宜宾李庄的不断"搬迁"中，还坚持甲骨文的缀合、整理、研究，为1948年《甲编》和《乙编》（上、中集）的出版做好准备。1949年中华人民共和国成立前夕，董作宾去了中国台湾，自此，离开了给他研究活力和动力的甲骨之乡殷墟大地，从而发出了"则不幸此学颇形冷落"的慨叹。

"中研院"史语所发掘殷墟团队的中坚力量"考古十兄弟"中，老二石璋如、老四刘耀、老五尹焕章、老八王湘等都是河南籍。

老二石璋如，河南偃师人，1931年以河南大学三年级学生身份，作为第四次殷墟发掘实习生，后参加了殷墟历次发掘并主持十五次殷墟发掘工作。著名的洹北发现"大龟七版"和YH127坑窖藏甲骨，就出在他的手铲之下。此外，石璋如还参加过"西北史地考察团"的考古工作。1949年去中国台湾后，开展了一些台湾地区考古调查与研究工作。61岁退休后，专门从事殷墟考古资料的整理与研究工作，出版专著10多部、论文60多篇，为甲骨学和殷墟学的发展做出了重大贡献。1978年，当选"中研院"院士。2006年1月，以105岁高龄辞世，被尊称为"考古人瑞"。

老四刘耀（尹达），河南滑县人，1931年以河南大学实习生身份，和石璋如一起参加了第四次发掘殷墟，并在实习工作中从事研究生学习，1934年毕业留史语所，先后参加了殷墟第四次、第五次、第八次、第九次、第十次、第十一次、第十二次的发掘工作。在此期间，还参加过浚县、日照两城镇等地的考古工作。1942年在延安还曾发掘过龙山文化遗址。1937年11月赴革命圣地延安。中华人民共和国成立后，历任历史研究所、考古所副所长等职，成为史学、考古工作的领导者。他支持《甲骨文合集》的立项，并积极支持主编胡厚宣的工作，还关心研究人才的成长，要求"出成果，出人才"，"带出一支队伍来"。

老五尹焕章，河南南阳人。1924年入董作宾曾任教的省立南阳第五中学，1928年入河南大学预科，1929年经董作宾推荐入史语所史学组，在徐中舒的指导下，整理内阁大库档案。1931年"九一八"事变后，1932年11月护送精选档案至南京，以防日寇劫毁不测。1933年尹焕章调至考古组并赴安阳参加殷墟第八次发掘。自此，参加了殷墟第九次至第十五次的发掘工作，即连续参加了后岗、侯家庄、小屯北地的大规模发掘工作。1937年9月，护送辉县、浚县、汲县出土国宝，在郑州火车站遭敌机轰炸时临危不惧，11月安全运抵武汉，1939年8月，一度离开史语所的尹焕章，经李济、董作宾安排入职重庆的中央博物馆筹备处，负责保管千箱文物。1949年，中华人民共和国成立后，尹焕章入职南京博物院。1951年杨宪益交来的明义士甲骨2390片，就是经他之手并妥善保管，现藏南京博物院。尹焕章考古足迹遍华东诸省，还曾率队参加河南考古抢救工作。他出版专著《华东新石器时代遗址》等及论文多篇，是"湖熟文化"概念的提出者之一。

老八王湘，河南南阳人，虽然在"兄弟"中年龄最小，但参加殷墟发掘工作最早，自1928年10月参加第一次殷墟发掘后，又参加了第二次、第三次、第四次、第六次、第十次、第十一次、第十二次、第十三次、第十四次、第十五次殷墟发掘，先后共11次。发掘过程中，出土了大批甲骨文。著名的YH127甲骨坑的发掘，就是由他主持并亲自下坑剥剔甲骨、指挥"搬迁"的。在此期间，王湘还参加了山东城子崖考古和安徽寿县史前遗址调查工作。1937年11月随史语所到长沙，受中共抗日救国的影响，投笔从戎，1938年王湘赴延安，后任三原县八路军联络站站长。新中国成立放后任职中南重工业部，后调至国家科委任职。2008年为安阳召开的"纪念殷墟发掘八十周年大会"题词："安阳科学考古精神的发展永存！"

此外，参加殷墟科学发掘工作的还有不少地方人士，参与工作最多者当数省教育厅代表郭宝钧、马元材等。

郭宝钧，河南南阳人，字子衡，中国当代著名考古学家。他作为河南省教育厅的代表，负责"中研院"与地方关系的协调处理工作。郭宝钧在工作中认真学习，努力钻研，很快掌握了考古学发掘技术与研究方法。他参加过殷墟第一次、第四次、第五次发掘等，并关注、协调其后的历次发掘工作。1936年3月开始的第十三次殷墟发掘就是由郭宝钧主持的，参加发掘工作的有石璋如、王湘、潘悫等5人及河南地方人士孙文清等。此次发掘在小屯村北，实行大面积"平翻"，著名的YH127坑甲骨17096片窖藏，就是本次发掘即将结束时出现的"奇迹"。中华人民共和国成立后，调至北京考古研究所任研究员。

河南省地方当局的不少有识之士，越来越认识到本乡出土甲骨文的重大学术价值。而大批甲骨外流，是本省文化财富的重大损失。国民政府出台了禁止私人挖掘甲骨的法令，虽然安阳村民的盗宝外销受到遏制，但"中研院"大张旗鼓地发掘遗址，造成了本省文物的更大外流，使河南热爱乡土文化的有识之士于心不甘。河南地方当局为"护宝"，"声言拒绝中央研究院工作"，派河南省博物馆何日章去安阳殷墟，于1929年10月21日招工自行发掘。当时"中研院"1929年10月7日第三次殷墟发掘才开始不久，双方在"大连坑"附近摆开擂台，争挖甲骨，以致发生肢体冲突。"中研院"暂停发掘25天后，11月15日又继续发掘。

为了解决中央与地方的矛盾，史语所所长傅斯年亲赴省会开封与河南省政府协商，达成了五条协议：加强合作，省教育厅选一两人参加每次发掘；发掘文物登记造册，每月报教育厅存查；安阳发掘文物存至便于研究地点，但需告知省教育厅备查；每批古物研究后暂在开封展览，便于地方人士参观；待全部发掘结束后，由双方协商分配陈列办法。然而，1930年3月，河南省政府不顾成约，又派何日章去殷墟招工进行第二次发掘，共开工两月余。

河南省博物馆两次发掘殷墟，共争掘甲骨3656片，从而使本乡出土的珍贵甲骨得以入藏河南省博物馆，成为全国仅有的入藏科学发掘时期出土甲骨的省级博物馆。这批甲骨与河南省运台文物一道，现集中暂放于我国台湾"中央博物馆"。河南省博物馆的甲骨收藏和著录研究，使这里成为河南省甲骨文研究的一大重镇。何日章等的发掘、收藏和关百益、孙海波及其后董玉京在台湾的著录，值得家乡人尊重与怀念。

关百益，河南开封人，满族人，曾任河南省立师范学校校长、省立第一中学校长、省长秘书和省博物馆馆长、河南通志馆编纂等职。著作有《金石学》《考古浅说》等，《殷墟文字存真》（8卷）就是从河南省博物馆争掘甲骨中精选800片拓印，将其拓本裱成，此书拓工精，成册甚少，因而成为甲骨学界一书难得的珍品。

孙海波，河南光州（今潢川县）人，著名甲骨学家。著作有《古文声系》《甲骨文编》（1934）、《甲骨文录》（1938）、《诚斋殷墟文字》（1940）、《中国文字学》、《卜辞文字小记》等。此外，还有《评〈殷虚书契续编〉校记》《评〈甲骨地名通检〉》等。孙海波的《甲骨文录》中所收 930 块甲骨，即从馆藏争掘所得甲骨中选出。《甲骨文编》几十年来行用不衰，可见水平之高。孙海波生前将所藏甲骨、金文、考古、历史等珍贵书籍 1700 余种和甲骨残片、古钱等 107 件以及字画 24 幅，全部捐献给了河南省历史研究所（注：河南省社会科学院前身），以造福乡里，泽及后学。

河南大学也是当年河南省的甲骨学研究重镇。河南大学的前身是 1912 年创立的河南留学欧美预备学校。此校当年曾与清华学校、南洋公学并立，为驰名中国的三大留学基地。河南大学在 1949 年后几次改名，由开封师范学院到河南师范大学，还是以百年老校河南大学最为著名。河南大学有著名学者朱芳圃、姜亮夫执教授徒，殷墟发掘团的石璋如、刘耀为学校派去的考古实习生，尹焕章由河南大学预科走进"中研院"，并参加了殷墟考古发掘和研究工作。如此等等，河南大学成了中央和地方甲骨学考古人才库。

朱芳圃，著名甲骨学商史专家，字耘僧，湖南醴陵县（今属株州县）人，曾主持河南大学历史系教务，可谓"惟楚有材，于'豫'为用"。朱芳圃开设"文字学""甲骨学"等多门课程。他出版的《甲骨学文字编》，集中可识之字达 834 个，较罗振玉《增订殷虚书契考释》增 274 字，较商承祚《殷墟文字类编》收字增 129 个，反映了甲骨学研究"发展时期"较"草创时期"的文字考释研究有了很大前进。而他的《甲骨学商史编》，全面地反映了商史研究的进展和他精到的研究心得。

姜亮夫，云南昭通人，早年入清华大学国学研究院，师从王国维学习文字声韵学，1933 年应河南大学文学院之聘任文学系教授，是我国著名的甲骨文等古文字学家。姜亮夫在河南大学任教期间，先后出版了《甲骨金篆籀文字统编》《中国文字的源流》《夏商民族考》等。姜亮夫晚年任教于浙江大学古籍研究所，继续研究工作和培养博士研究生。

由于著名学者朱芳圃、姜亮夫等执教于河南大学历史系、中文系，而关百益、何日章等主政河南省博物馆，孙海波的多部甲骨著录和《甲骨文编》等蜚声海内外，因而甲骨文策源地河南省学者的研究，在甲骨学"形成时期"占有举足轻重的地位。

不仅如此，河南还有不少地方乡贤也投入了家乡瑰宝甲骨文的研究中。王子玉选辑 172 版甲骨编为专辑，收入《续安阳县志》，使更多人知爱家乡，感受故土文化底蕴的丰厚。

（三）甲骨文"继续科学发掘时期"和研究的"深入发展阶段"与河南人

1950 年春，郭宝钧发掘安阳殷墟武官村大墓，标志着新中国殷墟考古发掘工作启动。而随郭宝钧在《光明日报》发表《记殷周殉人之史实》后，郭沫若等发表了一系列讨论文章。《奴隶制时代》一书，代表了郭沫若关于商代奴隶制社会形态的全面认识。就在这场关于商代社会性质和社会经济形态的大讨论和古史分期的大论战中，全国很多的老一辈学者积极发表看法，显示了甲骨文商史研究的深入以及对历史唯物主义的理解日益深入和自觉。

河南学者孙海波也积极投身这场牵动甲骨学商史界的学术讨论中。1956 年，他在《开封师范学院学报》创刊号上，发表了《从卜辞试论商代社会性质》一文，从甲骨文所反映商代生产力水平、土地所有制关系和工商业发展等几个方面研究，得出了商代社会"还是停滞在奴隶制的早期阶段"的意见。其后，他在 1957 年的《史学月刊》上发表了《介绍甲骨文》的专篇。1965 年，他的名著《甲骨文编》，经一些专家奉命增订、修改后，却以"考古研究所专刊"的名义，由中华书局重印，其后又几经再版。

这一时期，20 世纪 50 年代初考古界"黄埔"第一届文物训练班出身的年轻人许顺湛也已成长起来。他出手不凡，1956 年就在《历史研究》第 6 期发表了《对〈夏代和商代奴隶制〉一文的意见》，他初生牛犊，敢于与权威专家展开争论。1958 年，许顺湛又出版了《商代社会经济基础初探》专著和多篇论文。

河南老一代的甲骨学专家朱芳圃，1962 年由中华书局出版了考释文字的专著《殷周文字释丛》。

我们可以看到，河南的老一辈专家笔耕不辍。他们和全国各科研院所的专家一起，推动着甲骨文研究的"深入发展"。但也和全国各地一样，甲骨学研究也只是在老一辈甲骨学家的"小众"中"深入发展"，除了像许顺湛这样凤毛麟角的新人外，很少有青年人的新面孔和发表意见的新作者出现。这是因为这时期的甲骨文研究，出现了"青黄不接"的断层。首先，甲骨资料极度匮乏。特别是近百年来，河南大地饱受军阀混战和帝国主义侵略的炮火毁劫，再加上近代水旱蝗汤的天灾人祸，社会经济和文化遭受了重大的摧残。不少老的学校，其图书大多流散，被毁殆尽。而一些新建的学校，图书馆藏甲文类古书更为稀缺。一些早年出版的甲骨著作，印数少，今已难见。而海外出版的著作，被紧锁国门拒之门外，因而研究所需新材料很难见到。特别是地方院校、研究机构，较之中央研究机关和重点高校，能见到珍本、善本和海外新甲骨著作，更是难上加难。已如前述，前辈学者孙海波生前捐赠的上千册藏书，是他平生的珍爱和完成大量著作研究的资料之源。"巧妇难为无米之炊"，研究资料的极度匮乏，使年轻人无缘见到并投身于甲骨文研究。其次，甲骨文著作隶定字、原形字、特异字多，排版印刷困难，发表园地少，老专家的作品发表都十分困难。不少的研究成果只能被"束之高阁"，也挫伤了青年人学习甲骨文的热情。最后，特殊的社会大环境在一定程度上也影响了青年人学习古代文字的积极性。《关于建国以来党的若干历史问题的决议》深刻指出，"长期存在"的"轻视教育科学文化和歧视知识分子的完全错误的观念"，影响了老一代甲骨学家培养学生的积极性。年轻人在"厚今薄古"的大气候下，谁会去啃冷僻的古文字呢？

（四）甲骨文研究"全面深入发展阶段"与河南人

1978 年以后，《甲骨文合集》的出版，改变了甲骨文研究资料匮乏的局面，社会上出现了一股"甲骨热"。不少青年人立志研究甲骨学，希望能受到老一代甲骨学家的指点，从而为甲骨文的传承、弘扬做出更大贡献。而老一代学者，为传承守护一生的"绝学"薪火，也乐于招收学生。为了适应四个现代化发展形势，国家需要大批高级研究人才，时停时续的研究生招收成为制度。1985 年恢复学院制度以后，古文字学研究高级人才的培养有了很大发展，河南学子也积极报考古文字学研究生。1978 年，河南学生郑慧生、范毓周报考了历史所胡厚宣的研究生，后者被录取，前者则被推荐给河南大学朱绍侯教授；历史研究所杨升南招收河南大学学生孙亚冰（登封人）、安阳师范学院韩江苏（林州人）硕士研究生两名，后孙亚冰入宋镇豪门下博士毕业留京，韩江苏入北京师范大学晁福林教授门下读博士，毕业后回河南；王宇信培养的博士研究生李立新（南阳人），现就职于河南省社会科学院，培养的博士研究生具隆会现就职于河南大学。

郑州大学资深教授李民，自 1978 年招收研究生以来已培养硕士 20 名。其中，安阳郭旭东（林州人），后又入陕西师范大学教授王晖门下就读博士研究生。安阳师范学院李重山（范县人），后入北京大学吴荣曾门下就读博士研究生。李民又先后为河南培养博士研究生 20 多人，其中张国硕、王星光等已成郑州大学殷商文化研究带头人，刘风华在郑州大学历史学院获博士学位。此外，首都师范大学黄天树培养的博士研究生齐航福（河南虞城人），已成为甲骨研究青年才俊，现任职郑州大学。

吉林大学教授姚孝遂培养的河南许昌人王蕴智博士，现就职于河南大学，为甲骨学研究领军人物。

门艺（商丘人），郑州大学历史学院获历史学博士学位，现任教河南大学。

如此等等，一批河南籍古文字研究生，或走向全国各大科研院校发展，或留守家乡，与中原同崛起，现都已成为本乡本土走出的世遗甲骨文研究专家和领军人物。

中国殷商文化学会也和河南省在"全面深入发展时期"的人才成长有很大关系。第一次筹备会议的郑州大学、河南省文物工作队（今河南省考古院）、河南省博物馆（院）、历史所先秦史研究室为发起单位，1984 年安阳召开了全国商史研讨会，1987 年召开了殷商文明国际讨论会。此后，学会以安阳为中心，先后在郑州、洛阳召开多次大型国际研讨会，并从安阳走向四川三星堆、金沙，江西南昌、新干大洋洲，并走向北京房山董家林燕都遗址、平谷刘家河商代遗址，又走向山东王懿荣故乡福山、桓台、高青陈庄，河北邢台等地。其间，为殷墟的"申遗"和甲骨文的"申遗"作出了呼吁和大量工作。中国殷商文化学会以河南甲骨文殷商文化研究学者为核心，以推动海内外学者的学术交流和增进友谊、发展殷商文化研究为宗旨。每一次的学术盛会，都增加一批新人。而每次会议出版的论文集，则把学者的最新研究成果推向海内外，成为人才成长的重要平台。研究生的培养和学会的推动，使河南省甲骨文等古文字研究人才辈出，因而 1949～1978 年的"青黄不接"有了根本改观。位于甲骨文出土地的安阳师范学院，郑州的郑州大学、河南省博物院、河南省考古研究院、河南省社会科学院，开封的河南大学，洛阳的文物考古研究院等，都成为河南省的甲骨学商史研究重镇。

安阳师范学院形成了以聂玉海、申斌及郭旭东等为核心的历史文化学院团队。聂玉海曾任中国殷商文化学会副秘书长，对学会工作贡献巨大，又任殷商文化研究班主任，培养人才。出版有《甲骨文精粹释译》，译作有李济《安阳》等及论文多种。申斌主办了"殷商文化研究班"，并较早把自然科技引入殷墟考古文化研究。郭旭东出版了《青铜王都》《殷商社会生活史》等，主编《殷都学刊》并承担"国家重大交办项目"子课题"殷商社会文化形态与甲骨文研究"；韩江苏出版了《殷墟甲骨文编》《花东 H3 卜辞主人"子"研究》等，承担了"国家重大交办课题"子课题之一"甲骨文已释字未释字整理、分析与研究"；于成龙承担国家文物局重大项目"中国文物志"中出土古文字等文物卷的编纂；郭胜强主编了《殷墟文化大典》（商史卷）、《河南大学与甲骨学》、《董作宾传》等；张坚主编了《殷墟文化大典》（甲骨卷）、《殷商甲骨学大辞典》等。

安阳人有着浓厚的殷墟情结，早在 1976 年就出版了《殷墟：奴隶社会的一个缩影》。新时期到来后，更是掀起了研究乡土文化的热情。安阳政协退休干部史昌友出版了邹衡题签的《灿烂的殷商文化》等，杨银昌、杜久明出版了《走进殷墟》（王宇信主编的殷墟系列丛书之一），殷杰出版了《殷墟骨文化》（系列丛书之一），刘志伟出版了《百年话甲骨》《神奇甲骨文》，等等。杜久明为《殷墟文化大典》（甲骨卷、考古卷、商史卷）副总主编，杨善清、孟宪武主编了《殷墟文化大典》（考古卷）（2016 年），党相魁等出版了《殷墟甲骨辑佚》等，段振美出版了《由考古遗址走向世界文化遗产》《殷墟发掘史》等。安阳的一批老专家退而不休，继续为家乡甲骨文、殷墟"双世遗"的弘扬做贡献。

郑州大学随着崛起的国际化大都市——郑州的成长而壮大。1978 年以后，曾支持、协助中国殷商文化学会发起首届全国商史大型会议。1993 年，"郑州商城与殷商文明研讨会"在郑州召开，学会副会长郑州大学教授李民发挥了重要影响和作用。李民较早就发表了《尚书所见农业》（1980 年）一文，发表了有关尚书研究殷商文化专著 11 部。李民主持的郑州大学殷商文化研究所，其成员王星光、张国硕等为河南省殷商文明的研究和考古人才的培养发挥了河南考古人才直至北京、天津、南京等地策源地的作用；近年来，郑州大学又一个甲骨文研究重镇——文学院汉字文明研究中心已经形成，通过高级人才招聘、人才培养完善了研究梯队的人员配置，在甲骨学商史界已崭露头角。以李运富为核心的课题组引进的苗丽娟等，完成了教育部语信司委托的纪念甲骨文发现 120 周年活动的专用书——《甲骨春秋——纪念甲骨文发现 120 周年》图册，并在人民大会堂召开的"纪念甲骨文发现 120 周年座谈会"上首发，受到了与会专家学者的好评。此外，郑州大学学者参加了教育部语信司的"甲骨文等古文字研究与应用专项"课题。张新俊的"河南所藏甲骨集成"已被通过立项，刘秋瑞的"楚系金文与简帛用字对比研究"也获立项批准。黄锡全团队的"甲骨学大辞典"项目被国家社会科学基金批准立项。不仅如此，刘凤华出版了《殷墟村南系列甲骨卜辞整理研究》（2014年）等，章秀霞出版了《花东子卜辞与殷礼研究》、《殷墟花园庄东地甲骨刻辞类纂》（与齐航福合著）等，齐航福出版了《殷墟甲骨文宾语语序研究》等。如此等等，郑州大学人才辈出，成果累累，与前一阶段甲骨研究人才稀缺是不可同日而语的。

河南大学作为自殷墟科学发掘时期就已经形成的甲骨学商史研究重镇，虽然在甲骨学"深入发展阶段"也出现了研究人员断层的局面，但在1978年甲骨学"全面深入发展时期"，就努力恢复研究重镇的传统，1981年7月，史苏苑发表了《商朝国号浅议》（《历史教学》第7期）等。国家实行改革开放政策不久，河南大学就引进了中山大学老一辈甲骨学家容庚、商承祚在1956年培养的研究生李瑾，研究方国地理和非王卜辞的语法语序等。又较早地从四川大学引进了古代古文字学家徐中舒教授的助手唐嘉弘，教授先秦史和培养研究生李玉洁，现已成为著名的专家和博士研究生导师。而河南大学恢复研究生培养的制度后，招收的第一批研究生郑慧生留校任教，其研究兴趣广泛，涉及商代甲骨文中的天文历法、宗法制度、"家"和商代的农耕等方面，他在1981年《历史研究》（第6期）发表的《卜辞中贵妇地位考述》，就引起了学界注意。其《古代天文历法研究》《甲骨卜辞研究》等专著享誉学林。郑慧生为中国殷商文化学会理事。现在，河大老一辈的学者已离开研究岗位，新一代学者又顶了上来。涂白奎出版了《古文字类编》等，并教授古文字学。具隆会出版了《甲骨文中商代神灵崇拜研究》和《甲骨学发展120年》（合著）等，并主讲"甲骨学通论"。王蕴智出版了《殷周古文字同源分化现象探索》《字学论集》等多部专著。此外，王蕴智是国家社科规划办重大委托交办项目"甲骨文全文数据库及商代语言文字释读"子课题的主持者，正在打造"政府推动下的甲骨文研究全面深入发展与弘扬新阶段的辉煌"。门艺在河南大学黄河文明与可持续发展研究中心进行甲骨文的整理研究，发表了《黄组王宾卜辞新缀十例》《十祀征人方新谱》等。

河南省社会科学院的专家是中国殷商文化学会的中坚和依靠力量。资深学者李绍连，曾任学会副秘书长。李绍连是大型著作《河南通史》的主要撰写者，他在该著中倾注了对殷商文化的研究心得和修养；郑杰祥研究员是著名的考古学家、商代地理专家，《商代地理概论》在1991年洛阳夏商文明国际会议上首发。李立新研究员研究商代祭祀制度，著有《甲骨文商代新旧派祭祀制度研究》等。张新斌则是研究炎黄学名家和考古学家，并有多部著作问世，被选为中国先秦史学会副会长。河南社会科学院齐航福、章秀霞受聘郑州大学后，甲骨文殷商文化方面的研究力量有一定程度的削弱。

河南省文物考古研究院的杨育彬教授是学会的理事，曾主持郑州商城的发掘，并在郑州电力高等专科学校H1灰坑中发现刻有"乇钗"二字的骨板，又在距此几百米的H10灰坑内，发现"钗乇"二字的刻字骨，为甲骨文源头的追索提供了重要证据，著作有《河南考古》等及论文多篇。青铜专家郝本性是唐兰在1962年接收的北京大学委培研究生，结业后任职于河南文物研究所，升至研究员、所长。他发掘和研究温县出土的盟书和新郑出土的郑国兵器及文字，并有极深的青铜铭文的造诣。秦文生为学会理事，原就职于河南省博物院，后调入考古研究院，主张"殷墟非都城"说，并就此多次著文论战。现河南省文物考古研究院老一代学者和资深学者都已退休，新一代学者正在田野考古中磨炼成长。

河南博物院老一辈学者早已退休，不少资深学者又高就大学或河南省社会科学院、河南省考古研究院，因而当年甲骨学研究重镇已风光不再。

洛阳文物考古研究院也是甲骨文殷商文化的重镇。1991年洛阳考古研究院（即当年的文物一队、二队合并）曾与中国殷商学会一起召开"洛阳夏商文明国际研讨会"，洛阳的郭引强、蔡运章、张剑、余扶危、叶万松等是中国殷商学会的支持者、追随者。他们与中国殷商学会走南闯北，并且每次必有高质量论文，学会主编的《三代文明研究》系列论文集常见他们的大作。其中，中国殷商学会理事蔡运章研究甲骨、金文及钱币文，发表了多篇论著，并在 2008 年 1 月鉴定和保护了洛阳出土唯一一版有字西周卜骨，对甲骨学研究做出了贡献。洛阳会议的论文集《三代文明研究》，收录了一批重要夏商文明研究论文，就是在郭引强、蔡运章的支持和运作下完成编辑出版的。

四、开启甲骨文研究再辉煌的"新阶段"与河南学子的使命与担当

2016 年 10 月 28 日《光明日报》发表的征集优秀释读成果的《奖励公告》，是甲骨文等古文字研究进入了新一百年研究全面深入发展与弘扬"新阶段"的标志。这一"新阶段"是在"政府推动下"启动的，即国家社科规划办和教育部语信司的介入，顶层设计了"大数据、云平台支持的甲骨文字考释研究"和"甲骨文等古文字研究与应用专项"的系列研究课题，互为表里，相得益彰，必将把这一"新阶段"的研究推向新世纪的更大辉煌。甲骨文化蕴含的深邃历史思想和文化价值，将得到全方位、深层次的弘扬与传承。

河南省广大古文字研究学者和全国的甲骨学等古文字学者一样，经过新世纪的一系列研究成果的推出，使新百年的研究有了良好开局。而蓄势待发的学者们，在《奖励公告》"集结号"的动员下，整合研究队伍，向顶层设计给我们提供的战场——"大数据、云平台支持下的甲骨文字考释研究"和"甲骨文等古文字研究与应用专项"的一系列子课题冲击了。甲骨文故乡的学者们积极申报课题，因而在研究的"新阶段"，河南省的甲骨文研究基地又有了加强和新的增长。与此同时，也展示了河南学者甲骨文等古文字的研究实力和学养。

甲骨文之乡的安阳师范学院甲骨文团队被批准立项，承担"大数据、云平台支持下的甲骨文字考释研究"10 个子课题的有：郭旭东团队的"殷商社会文化社会形态与甲骨文研究"，韩江苏团队的"甲骨文已识字、未释字整理研究"。

甲骨文研究与现代科技手段同步，实行多学科联合攻关，是甲骨文研究取得更大发展的关键。教育部在安阳师范学院设立了"计算信息实验中心"，就是为了把现代计算机信息技术与古老甲骨文研究相结合，探索出一条破译文字的新路。在大数据云平台支持下破译甲骨文字，既是这一特设实验室的担当，也是考验。安阳师范学院的刘永革团队，承担了"甲骨文大数据、云平台研究"子课题。同一批河南省的另一个甲骨文研究重镇——河南大学也获立项，即王蕴智团队承担了"甲骨文全文数据库及商代语言文字释读"子课题。如此等等，我们可以看到，国家社科规划办"重大交办课题"的 10 个子课题中，河南学者被批准立项的有 4 个，而安阳师范学院一所学校就有 3 项。

2017 年 2 月，教育部语信司启动了"甲骨文等古文字研究与应用专项"课题的支持招标工作。前后两次招标，共 25 个课题获准立项。在第一批 10 个获准立项课题中，河南省获准 1 项，即安阳师范学院刘永革团队的"基本文本和图形铭文融合的甲骨文辅助考释研究"。第二批共 15 个获准立项的课题中，河南省有：郑州大学张新俊团队的"河南所藏甲骨集成"、郑州大学刘秋瑞团队的"楚系金文与简帛用字对比研究"、安阳师范学院熊晶团队的"甲骨文文献数字化及智能知识服务平台建设"、河南师范大学李雪山团队的"商周甲骨占卜礼制与中国早期政治信仰研究"。

从上述招标立项课题可以看到，在十个省市中唯有河南省获立 4 项，显示了甲骨之乡较强的研究力量。与此同时，我们可以看到，河南省的几个甲骨文重镇中，还是安阳师范学院、郑州大学研究力量最强。从上述国家社科规划办设立的课题和教育部语信司设立的专项课题获得批准立项看，国家对现代科技在甲骨文研究中的作用高度重视，安阳师范学院的甲骨文大数据实验中心连中三元就是证明；河南师范大学李雪山团队的研究课题被批准立项，表明河南传统的甲骨文重镇城市有了新的突破，即中原重镇新乡作为一个新的甲骨学研究重镇正在崛起。李雪山是著名的甲骨文学家，其著作《甲骨文

商代封国研究》《甲骨文精萃释译》等为海内外所熟知。他从甲骨文重镇安阳师范学院调往河南师范大学任教后，仍不忘守护甲骨文研究的初心，在新的研究环境中，完成了国家社会科学基金项目"商代甲骨占卜流程与卜法制度研究"并已结项，另一个项目"商代卜骨信息数字库建设"正在策划中。

河南安阳的郭胜强、张坚等一批退休教授，以及当地退休老干部与中国社会科学院历史研究所王宇信同心协力，以 2016 年 12 月出版的《殷墟文化大典》（甲骨卷、考古卷、商史卷）三卷六册，庆祝了《光明日报》2016 年 10 月 28 日《奖励公告》开启的政府推动下的甲骨文研究，全面深入发展与弘扬"新阶段"的到来。安阳师范学院的韩江苏、河南大学具隆会等，以他们承担的"国家交办重大委托项目"子课题之一的阶段性成果——《甲骨文合集》第十三册《拓本搜聚》（2019 年 10 月出版），作为献给 11 月 1 日在人民大会堂召开的"纪念甲骨文发现 120 周年座谈会"的厚礼。就在这次古文字学界史无前例的盛会上，习近平总书记给甲骨学等古文学界发来了贺信，这是我们创新世纪研究再辉煌的动员令。让我们牢记总书记的殷殷嘱托和赋予的历史使命，深入研究甲骨文的历史思想和文化价值，促进文明交流互鉴，为推动中华文明发展和人类社会进步做出更大、更新的贡献。

（作者系中国社会科学院荣誉学部委员、中国社会科学院历史研究所研究员）

黄河流域古代都城迁移及其对中国社会的影响

王星光

一、黄河流域古代都城变迁

古都是一个独立王朝或政权的政治中心所在的都城。中国古都约有 217 处，其中累计时间长达 200 年以上、城市规模宏伟、迄今仍为各级政区治所或经济都会的古都被称为大古都。中国的八大古都为西安、洛阳、北京、南京、开封、杭州、安阳和郑州。[①] 在中国的八大古都中，有五座在黄河流域，即郑州、安阳、西安、洛阳、开封。[②]

据统计，从公元前 2070 年夏王朝建立，到 1911 年辛亥革命推翻清王朝，中国古代王朝的历史共有 3981 年，而从夏到北宋及金在黄河流域建都的历史即达 3217 年。如古都西安，历史上曾有西周、秦、西汉、新莽、隋、唐六个统一的王朝，以及前赵、前秦、后秦、西魏、北周五个割据政权在此建都，时间长达 1100 多年。洛阳先后有夏、商、东周、东汉、曹魏、西晋、北魏、武周、后梁、后唐、后晋在此建都，并且也是西周、隋、唐的辅都，号称 13 朝古都。宋代史学家司马光有诗道："若问古今兴废事，请君只看洛阳城。"开封历史上曾有夏、战国魏、五代梁、晋、汉、周、北宋、金等在此建都，故有八朝古都之誉。由此，可见黄河中下游地区抑或中原地区在中华文明中的重要地位。

二、生态环境变迁与黄河流域古代都城的区位选择与迁移

（一）古代都城以黄河为轴线而东西移动

自夏至宋金时期，中华都城基本上是以黄河为轴线而呈东西分布格局。秦汉以前，中国历史上第一个王朝——夏诞生于嵩山之阳的河南登封王城岗，夏代中晚期都城斟鄩在河南偃师二里头，都在嵩山周围移动。直到"商汤居亳"，立都于今河南郑州。最后盘庚迁殷至今河南安阳。夏商都城的迁移路线实际上是以嵩山为中心沿黄河呈倒"人"字形（或"V"字形）分布。西周崛起于关中平原，武王伐纣，推翻商王朝，丰、镐为西周王城，但很快"宅兹中国"，建成周于洛阳，从此开始了中国古都沿黄河在西安—洛阳间东西移动的格局。秦始皇横扫六合，一统天下，以咸阳为都，汉承秦制，稍易至长安；东汉刘秀，东移都城于洛阳。魏晋南北朝动荡不羁，国都也大致在西安—洛阳间摇摆。隋唐以后，国都全面东移，大致在洛阳—开封之间东西移动。北宋以后，宋朝迁都至长江流域的杭州。黄河作为生态环境的综合表征，在孕育中华文明中发挥着重要作用。

---

① 朱士光.中国八大古都［M］.北京：人民出版社，2007.

② 赵文龙.文化古都——安阳［M］.郑州：河南科学技术出版社，2011.注：因黄河在历史上长期从东北方向经河南、河北及天津入海，安阳也应是古代黄河流域兴起的古都，今安阳东部即为古黄河河道。

除了黄河的干流外，黄河的众多支流对聚落的形成、文明的孕育和城市的兴起发挥着更为直接的作用。如关中的渭河是黄河的支流，泾河又是渭河的支流，其下又有马莲河、蒲河、黑河等多条支流，这些呈网状分布的支脉河流，便于人们的利用，人们往往在河流两岸逐水草而居，兴修水利，发展农业，兴建城池。

黄河和她的渭河、伊洛河、沁河及其下游的汴河等众多支流，为文明的孕育、城市的兴起和繁盛提供了源源不断的"活水"和滋养。

西安正处八百里秦川中央，四周山环水绕，东有灞河、浐河，南有潏水、滈水，西有沣水、涝水，北有泾河和渭河，形成"八水绕长安"的局面。

洛阳位于黄河中游南岸，黄河的两大支流伊河和洛河在此交相冲积，形成伊洛平原，洛阳正处在伊洛平原中部。洛阳水系密布，号称"五水并流"：黄河居北，涧水在西，瀍水在东，伊、洛在南，横贯洛阳的伊、洛、瀍、涧四水，为城市用水和美化环境提供了充足水源，也为发展农业和漕运带来了便利。黄河及其支流成了文明孕育和不断壮大发展的不竭源泉。

（二）立国于中的理念与古都的区位选择

中国古代都城长期在西安—洛阳—开封一线的黄河中下游地区东西移动，这与"立国于中"或择天地之中以立国的理念密切相关。《左传》最早提到了天地之中的概念："民受天地之中以生，所谓命也。"[1] 而以中为尊的理念可追溯到轩辕黄帝的传说时代。当轩辕以嵩山东麓为基，率部击败神农、征服蚩尤，被各部首领尊为共祖"黄帝"之后，以华夏为尊的观念已经萌生，《礼记·月令》道："中央土，其日戊己，其帝黄帝，其神后土。"[2] 可见人们已把黄帝部落长期活动的黄河中下游南部的嵩山周围地区看作"中央土""中土"或"中央"，以中为上的观念已经产生。除黄帝外，颛顼、帝喾、唐尧、虞舜都活动在中原一带。《周礼·地官·大司徒》载："地中，天地之所合也，四时之所交也，风雨之所会也，阴阳之所合也；然则百姓阜安，乃建王国焉。"[3] 夏朝建国于"禹都阳城""太康居斟鄩"，分别在河南省的登封和偃师境内，《禹贡》称夏为"中邦"[4]。商朝立国于河南郑州之"亳"都，并建"西亳"于偃师尸乡沟，至盘庚时迁都于殷，多在中原一带，故称为"中商"[5]。"天下之中"或"地中"概念明确定位应在西周初年。公元前1046年周武王伐纣成功后，开始感觉到偏在镐京"西土"不利于对整个国家疆域的控制，提出在洛邑另建新都的设想："余其宅兹中国，自兹乂民。"[6] 这是"中国"概念的创始，并明确指出以洛阳为天下之中，认为在此建都，才能保证江山永固，长久太平。《荀子》载："欲近四旁，莫如中央，故王者必居天下之中。"[7] 立国于天下之中，应是中国古代选择都城区位的重要理念。这也是中国古代都城长期营建在以洛阳为中心的中原地区的重要原因。

① 李梦生.左传译注［M］.上海：上海古籍出版社，2004.
② 杨天宇.礼记译注［M］.上海：上海古籍出版社，2004.
③ 杨天宇.周礼译注［M］.上海：上海古籍出版社，2004.
④ 《尚书·禹贡》载："九州攸同，四隩既宅，九山刊旅，九川涤源，九泽既陂，四海会同。六府孔修，庶土交正，底慎财赋，咸则三壤成赋。中邦锡土、姓，祗台德先，不距朕行。"其中的九州、四海即为国土和方位概念，而夏居"中邦"，则为"地中"之意。见李民，王健.尚书译注［M］.上海：上海古籍出版社，2004.
⑤ 卜辞记载"中商"如："……勿于中商"（《合集》7873）；"囗巳卜，王贞：于中商乎御方"（《合集》20453）；"戊申卜，王贞：受中商年？"（《合集》20650）。前引均见郭沫若：《甲骨文合集》，1978-1982年。
⑥ 张政烺.何尊铭文解释补遗［J］.文物，1976（1）.
⑦ 蒋南华等.荀子全译［M］.贵阳：贵州人民出版社，1995.

（三）全新世大暖期的生态环境与夏商都城的奠基

夏商是中国历史上最早建立国家政权的两大王朝，其都城虽屡有迁徙，但基本上都在中原一带，距今为 4070～3046 年，绵延长达 1000 多年，正在气象学家提出的"全新世大暖期"的范围之内。距今 8500～3000 年为中全新世时期，也是中国全新世大暖期，此期气候温暖湿润，年平均温度为 13℃，比现在高 3～5℃，也被称为全新世气候最适宜期。[①] 这一时期正好和中原地区的裴李岗文化、仰韶文化、龙山文化、夏商王朝的时代相对应。[②] 实际上，也正是在这一时期，黄河中下游地区的农业自起源后，开始得到迅速发展。中原地区在粟作农业发展的同时，稻作农业也在气候等较为适宜的生态环境条件下发展起来。与此同时，大型聚落、特大型聚落从开始出现到逐步增多，直到出现了郑州西山仰韶古城和巩义双槐树"河洛古都"。尤其是在河南巩义黄河岸边的双槐树村发现的距今 5300 年的河洛古都，有仰韶文化中晚阶段的三重大型环壕和宫廷式大型建筑，把黄河流域古国文明的历史大大向前推进。到了距今 4000～5000 年的龙山文化时期，以军事防御为目的的城堡型聚落纷纷涌现，已发现 9 座，分布在太行山东麓、沁河至漳卫河之间。古黄河河道以西的 3 座是安阳后岗城址、辉县孟庄城址和温县徐堡城址；分布在秦岭山系之伏牛山、外方山东麓、沙颍河上中游的 6 座为登封王城岗、新密古城寨、新密新寨、淮阳平粮台、郾城郝家台、平顶山蒲城店城址。如此集中的古城聚集，以至可称为中原龙山城址群。这些都有力地推动了社会的进步和文明发展的进程，为夏代的兴起奠定了坚实的基础。而中国全新世大暖期的生态环境，为夏商王都在中原地区的建立提供了极为有利的条件。夏代的纪年为公元前 2070 年至前 1600 年，在河南境内发现的登封王城岗遗址、偃师二里头遗址等考古学年代恰好在夏代早、中、晚期的范围之内。商代的纪年是公元前 1600 年至前 1046 年，在河南境内发现的偃师商城遗址、郑州商城遗址、安阳殷墟遗址等的考古学年代也恰好在商代的纪年范围之内。夏商王朝也兴起发展在中国全新世大暖期的晚期。温暖适宜的生态环境为夏商立国创造了有利的条件。河南号称中原，处在暖温带与北亚热带交界处的生态过渡地带。这一区域不似南方地区气候炎热，潮湿多雨，也不似北方地区干旱少雨，气候寒冷，而是四季分明，日照充足，降雨适中，适合人居。并且，处在生态过渡带特有的边缘效应，使得生态系统结构较为庞杂，不同生境的物种于此共生，生态功能相对较强。在全新世大暖期，这里虽然主要种植旱作的黍和粟，但也可以种植水稻等亚热带作物，是最早出现"五谷俱全"的区域。[③] 新石器时代农业的繁荣，为国家的形成和建立奠定了坚实的物质基础。中国历史上第一个王朝夏、第二个王朝商先后立国在中原，由此奠定了中原成为逾千年古都圣地的坚实根基。

（四）中原和关中平原坦荡广袤与宏大壮阔的都城营建

狭义中原的河南省处在黄河中下游地区，北、西、南三面分别由太行山、伏牛山、桐柏山和大别山环抱，东部为黄淮海冲积大平原，山区丘陵面积约占 44%，平原面积约占 56%，其中东部平原面积为 8.78 万平方千米。位于豫西丘陵地区的洛阳盆地呈东西狭长的椭圆形，整个盆地的总面积逾 1000 平方千米。豫西南的南阳盆地北为伏牛山，东为桐柏山，西依秦岭，南部为大巴山余脉，东南部为大别山，东南方通过随州走廊与两湖盆地（湖北盆地）相连，面积约为 4.6 万平方千米。正是由于河南位于中部平原地带，所以称为"中原"或"中州"。

① 施雅风. 中国全新世大暖期气候与环境［M］. 北京：海洋出版社，1992.
② 王星光. 生态环境变迁与夏代的兴起探索［M］. 北京：科学出版社，2004.
③ 张广智. 大嵩山［M］. 郑州：大象出版社，2015.

都城的建造需要有开阔宽广的场所，而在辽阔的平原上建造都城无疑具有得天独厚的条件。商代晚期都城殷墟南北长 5.5 千米，东西长约 6.5 千米，总面积约 36 平方千米，偌大的都城建造在黄河冲积扇平原上。《周礼·考工记》规定了古都的营造规制："匠人营国，方九里，旁三门，国中九经九纬，经涂九轨。左祖右社，面朝后市。市朝一夫。"[①]建造这样四四方方，宫殿、街市、道路如棋盘状分布的都市，在开阔的平原上更易于规划和营建。《考工记》因载于《周礼》而作为儒家经典受到历代王朝的重视。北魏洛阳城呈长方形，东西 20 华里，南北 15 华里。北宋东京三重城郭布局严谨，皇城居中，内城略呈正方形，四墙周长约 25 华里。外城周长 50 华里 165 步，约 60 华里。建造这样规模宏大又符合规制的四方城"大古都"，在平原地带最为适宜。而事实上，正是由于富有广阔的平原，中原之地河南成了古都最多的省份，中、东、西、北分别各有 1 个大古都，即郑州、开封、洛阳、安阳，四大古都为一省所独有，这是中国也是世界所仅有的。

西安作为千年古都，也与所在辽阔的关中平原密切相关。关中平原介于秦岭和渭北之间，平均海拔 500 米，西起宝鸡、东至潼关，长约 300 千米，东部最宽达 100 千米，西安附近 75 千米，面积约 3.4 万平方千米。号称"八百里秦川"，盛产粟、麦，是重要的粮食主产区，也是中国最早被称为"金城千里，天府之国"的地方。富庶开阔的关中大地，无疑为兴建宏伟壮阔的长安都城提供了十分有利的条件。

（五）生态环境恶化与古代都城的迁移

从长时段的视角看，气候的干湿变化与黄河流域国都的迁徙移动有着一定的联系。由于西安位于黄河中游的西北地区，地势高亢，受海洋暖湿气流的影响较少，干旱相对于中原地区要严重。因此，每当气候发生干旱时，国都往往东移。如西周尤其东周时，气候极度干旱，国都由镐京迁至洛阳。秦、西汉较为温暖湿润，国都在咸阳、长安。东汉魏晋南北朝气候干寒，国都在洛阳。隋唐气候温暖湿润，国都立于长安。唐后期至北宋气候转为干寒，国都移至东京汴梁。

五代北宋时，古代中国进入"中世纪气候最佳期"。北宋经济繁荣，科技发达，文化昌盛，人口接近 1 亿，是一个富庶文明的王朝。开封位于黄河下游平原，交通便利，开通京杭大运河后，疏通汴水，使黄淮各大水系实现沟通，开封成为全国水陆交通中心，对于赋税和经济重心逐渐南移后主要依靠江南漕粮接济的北宋王朝来说，无疑是理想的建都之地。而长安、洛阳则由于长期战乱，人口承载过重，生态遭受破坏，逐渐失去了区位优势。

但宋代也是灾害频发的朝代，共发生水灾、旱灾、蝗灾、地震等 1200 多次，约为唐代的 6 倍，河底高出开封城十几米，为地上悬河。到了北宋末年，气候逐渐转为干冷，农业生产凋敝，尤其是在黄土高原地区，滥垦滥伐，一遇暴雨洪水，极易造成水土流失和黄河洪水泛滥。汴河已失去连接东西，沟通南北的交通枢纽地位。加之金兵的攻伐，天灾人祸并至，北宋灭亡，国都被迫南移。接着元军攻金，汴京大疫暴发[②]，金朝灭亡，开封随之失去了全国政治经济中心的地位。黄河中下游地区自夏代以来长达 3200 多年的全国政治、经济中心的地位丧失殆尽。由此可见，生态环境恶化是黄河流域文明中心地位丧失的重要原因。

---

① 闻人军.考工记译注［M］.上海：上海古籍出版社，2008.
② 王星光，郑言午.也论金末汴京大疫的诱因与性质［J］.历史研究，2019（1）.

三、古都迁移对当代中国社会的影响

黄河流域古都布局和迁移对当代中国社会也产生了直接的影响。

原来的古都——郑州、安阳、西安、洛阳、开封等均为当代省会城市或区域中心城市。这些城市多为国家或世界文化遗产所在的城市，也是重要的颇具吸引力的旅游城市。

中国现代铁路交通干线正与古代都城的分布相契合，中国现代铁路最重要的两条干线为京广铁路和陇海铁路，而郑州为其枢纽。陇海线分布的主要城市有西安、郑州、开封及兰州、济南等，京广线分布有安阳、郑州、北京及石家庄、武汉、长沙、广州等城市，占中国八大古都的6/8。郑州航空港区也在抓紧建设，到2025年全国重要的国际航空物流中心也将在郑州建成。古代黄河流域国都的兴衰迁移，生态环境的优劣是一个重要原因。八大古都中有六个长期居于黄河流域，这应与黄河中下游地区良好的生态环境有着密切关系；而古都的南迁、经济政治中心的南移，也与黄河流域环境恶化直接相关。

当代黄河流域诸城市的发展仍然受到生态环境变化的影响。治理环境污染、保护生态环境应是不容忽视和不可须臾松懈的任务。2019年9月18日，习近平总书记视察了郑州黄河国家地质公园，并在黄河流域生态保护和高质量发展座谈会上发表了重要讲话，指出："早在上古时期，炎黄二帝的传说就产生于此。在我国5000多年文明史上，黄河流域有3000多年是全国政治、经济、文化中心，孕育了河湟文化、河洛文化、关中文化、齐鲁文化等，分布有郑州、西安、洛阳、开封等古都。"并强调要"保护、传承、弘扬黄河文化。黄河文化是中华文明的重要组成部分，是中华民族的根和魂。要推进黄河文化遗产的系统保护，守好老祖宗留给我们的宝贵遗产。要深入挖掘黄河文化蕴含的时代价值，讲好'黄河故事'，延续历史文脉，坚定文化自信，为实现中华民族伟大复兴的中国梦凝聚精神力量"。这实际上是把黄河流域生态保护和黄河文化的保护、黄河流域高质量发展和黄河文化的传承发展融合为一体，放到同等重要的地位并统筹谋划发展大计，2020年8月公布的《黄河流域生态保护和高质量发展规划纲要》为黄河流域的生态保护和高质量发展、黄河流域文物保护和黄河文化的传承弘扬指明了方向。习近平总书记还明确指出："治理黄河，重在保护，要在治理。要坚持山水林田湖草综合治理、系统治理、源头治理，统筹推进各项工作，加强协同配合，推动黄河流域高质量发展。要坚持绿水青山就是金山银山的理念，坚持生态优先、绿色发展，以水而定、量水而行，因地制宜、分类施策，上下游、干支流、左右岸统筹谋划，共同抓好大保护，协同推进大治理，着力加强生态保护治理、保障黄河长治久安、促进全流域高质量发展、改善人民群众生活、保护传承弘扬黄河文化，让黄河成为造福人民的幸福河。"① 只要我们坚持"绿水青山就是金山银山"的理念，坚持生态优先、绿色发展，在保护好黄河的基础上治理好黄河，在保护好黄河文化的基础上传承弘扬好黄河文化，曾经创造出璀璨的黄河文明的辽阔黄河流域，一定能创造出新的更加绚丽的辉煌！

（作者系郑州大学历史学院教授、河南省特聘教授）

---

① 习近平．在黄河流域生态保护和高质量发展座谈会上的讲话［J］．求是，2019（20）．

黄河与九州："九州"的古典记载及其意义 *

王东洋

"州"与水有关，"水中可居者曰州。……昔尧遭洪水，民居水中高土，故曰九州"①。关于"九州"，《尚书·禹贡》《周礼·职方氏》《吕氏春秋·有始》《尔雅·释地》《说苑·辨物》等传世文献及楚简古书《容成氏》均有记载，但其具体名称、边界划分及其地位有很大差异。

一、《尚书·禹贡》

《禹贡》记载大禹治水，以山河边界划分九州。"封国可变，而山川不变，山川不变则州域不变"②，更加突出九州的地理属性，具有较强的稳定性。

> 禹敷土，随山刊木，奠高山大川。［两河惟］冀州③……济、河惟兖州……海岱惟青州……海岱及淮惟徐州……淮海惟扬州……荆及衡阳惟荆州……荆、河惟豫州……华阳黑水惟梁州……黑水、西河惟雍州。④

《禹贡》规划了九州贡道，以水路为主，陆路为辅，是各州向都城进贡时的水路交通。《禹贡》各州贡物皆以冀州三面的黄河为归宿，最后的目的地是冀州。⑤《禹贡》九州中，以黄河为界者有四：冀州、兖州、豫州和雍州。黄河九曲连环，纵横中国九省区。"两河"指西河和东河。《礼记·王制》："自东河至于西河，千里而近。"所谓"西河"，是指黄河在今山西、陕西之间南流的一段。所谓"东河"，是指黄河下游东北流的一段。黄河（东河）与济水之间为兖州，荆山、黄河南北之间为豫州，黑水和黄河（西河）之间为雍州。黄河各段东河、南河、西河之称谓，不仅成为《禹贡》多个州域的地理边界，而且河东、河南、河西之名称，对后世中国行政区划命名影响深远。

关于《禹贡》的成书时间，学界一直有分歧，主要有西周说、春秋说、战国说、秦统一之后说

---

* 基金项目：河南省高等教育教学改革研究与实践项目"'一带一路'视阈下河洛文化教育资源的整合与利用"（2019SJGLX259）。

① "州，本州渚字，引申之乃为九州，俗乃别制'洲'字，而小大分系矣。"（东汉）许慎撰，（清）段玉裁注，许惟贤整理.说文解字注［M］.南京：凤凰出版社，2018.《尔雅·释水》："水中可居者曰洲。"

② 唐晓峰.从混沌到秩序：中国上古地理思想史述论［M］.北京：中华书局，2010.

③ 《禹贡》体例，用山川作标志，表示该州范围。"冀州"上缺山川范围，此据李零先生所补。参考李零.茫茫禹迹·中国的两次大一统·禹迹考［M］.北京：生活·读书·新知三联书店，2016.

④ 尚书正义（卷6）［M］.北京：中华书局，2009.

⑤ 李零.茫茫禹迹：中国的两次大一统·禹迹考［M］.北京：生活·读书·新知三联书店，2016.

等。^①主西周说的代表人物是刘起釪，他认为《禹贡》非修于一人一时，其蓝本早有，但写定于西周，而后又掺进了战国的事实，今日所见定本应是战国时期的本子。^②唐晓峰、李零等赞同刘起釪之西周说。^③周振鹤对刘起釪所主西周说进行了修订，认为《禹贡》九州的划分，思维极为明确，非有"普天之下，莫非王土"的王权思想，或"九合诸侯，一匡天下"的霸权理念不能作，故其早不能过西周，晚则不过春秋。^④主春秋战国说的代表人物是童书业，他认为："春秋而后，各大国努力开疆之结果，所谓'中国'愈推愈大，渐有统一之倾向，于是具体区划'天下'之需求乃起；《吕览》《禹贡》《尔雅》《职方》等书始有具体之'九州'制度。……由此知'九州'制度之背景，实为春秋、战国之疆域形势。"^⑤主战国说的代表人物是顾颉刚和史念海。史念海认为，《禹贡》九州不是空泛的概念，而是战国前期实际形势的反映，并具体论证《禹贡》成书于梁惠王时期的魏国人之手。^⑥沈长云、胡阿祥等先生赞同史念海先生之战国说。^⑦

《禹贡》不管成书于何时，但有三点是肯定的：其一，禹贡"九州"与"禹迹"相关。《禹贡》开篇即记载大禹治水，随后以山河为界划定九州。《左传》"襄公四年"引《虞人之箴》曰："芒芒禹迹，画为九州，经启九道。"^⑧将"禹迹"与"九州"相联系，具有重大的历史意义，它显示"九州"是在"禹迹"的基础上进一步衍生出来的天下范围，因与圣贤大禹有关，故具有神圣性。西周时期，"禹迹"成为华夏地域的名称，从出土青铜铭文关于赐土与禹迹的关系来看，"禹迹"已经设下了日后"一统"地域概念的先期雏形。^⑨在辽阔的禹迹范围内，进一步划分为九个区域，这九个区域虽然是讲"分"，但不失"统"的本质，因为"禹迹"是它们共同的基础。^⑩"九州攸同"，即九州一体。"四海会同"，即海内一统。九州尽管由山川所隔开，有界限范围，但九州同属于天下可视的范围，本质上是不可分割的统一体。

其二，冀州地位重要。《禹贡》安排冀州为首州，"冀州不出贡品，却有资格享受贡品，其地位相当于过去的王畿"^⑪。在中华古史传说中，唐尧、虞舜和夏禹皆定都于《禹贡》冀州范围之内。唐人杨士勋谓："盖冀州者天下之中州。自唐虞及夏商，皆都焉。则冀州是天子之常居，……邹衍著书，云九州之内名曰赤县，赤县之畿从冀州而起，故后王虽不都冀州，亦得以冀言之。"^⑫《禹贡》这部书是托名夏禹而论述全国地理的，它实际上暗含着一个都城，这个都城就在冀州的西南部，而传说中的禹的

①④　周振鹤.中国行政区划通史·总论.2版[M].上海：复旦大学出版社，2017.

②　刘起釪.《禹贡》写成年代与九州来源诸问题探研[M]//唐晓峰.九州（第三辑）.北京：商务印书馆，2003.

③　唐晓峰认为，《禹贡》是所有叙述九州的历史文献中最早的一篇，大约成书于西周时期。参考唐晓峰.从混沌到秩序：中国上古地理思想史述论[M].北京：中华书局，2010.李零认为，"九州之域大体接近西周封建的范围，此可佐证《禹贡》主体是西周作品"。参考李零.茫茫禹迹：中国的两次大一统·禹迹考[M].北京：生活·读书·新知三联书店，2016.

⑤　童书业.中国疆域沿革略[M].上海：开明书店，1946.

⑥　史念海.论《禹贡》的著作年代[J].陕西师范大学学报，1979（3）：54.

⑦　沈长云认为，"禹划九州"的观念应该是战国时期各国普遍实行行政区划后才产生的，《禹贡》九州的分布与魏惠王霸业的建立有密切关系。参考沈长云."九州"初谊及"禹划九州"说产生的历史背景[J].西华师范大学学报，2019.胡阿祥认为，《禹贡》九州的具体名称以及方位、范围、背后的相关国家，都是春秋战国时代情况的反映"，推测《禹贡》产生于战国时期。参考胡阿祥.吾国与吾名：中国历代国号与古今名称研究[M].南京：江苏人民出版社，2018.

⑧　杨伯峻.春秋左传注[M].北京：中华书局，2009.

⑨⑩　唐晓峰.从混沌到秩序：中国上古地理思想史述论[M].北京：中华书局，2010.

⑪　沈长云."九州"初谊及"禹划九州"说产生的历史背景[J].西华师范大学学报，2019（1）.

⑫　春秋穀梁传注疏（卷3）[M].北京：中华书局，2009.

都城安邑也在冀州的西南部。[①] 冀州作为九州之首州，地位明显高于其他州，各州均向冀州朝贡，其原因在于传说中的禹都就位于冀州。因此，凭借古代圣贤定都之传说，冀州号称天下之中州，天子常居之地，赤县王畿之起点，具有极强的正统性与神圣性，地位重要而特殊。[②]

其三，宣扬大一统理念。《禹贡》具有鲜明的历史意识，九州与禹迹（大禹治水）有关，各州向冀州朝贡，宣示九州本为一体，不可分割。史念海先生认为，传说中的禹都是安邑，战国时期魏国的都城也是安邑，后来梁惠王称霸就是以夏禹相标榜，《禹贡》的作者也就假借这个传说中的禹都，在梁惠王霸业的基础上，绘制以安邑为中心来实现大一统事业的瑰丽蓝图"[③]。唐晓峰认为，"《禹贡》描述的是人间世界的整体性，隐含着大一统的秩序，《禹贡》没有政治分治的言论，连分封的意思都不大"[④]。"九州"具有重要的象征意义，逐渐成为"中国"的代称。宣扬大一统理念，是《禹贡》九州中最有价值的思想，对中国历史影响深远。

二、《周礼·职方氏》

《周礼》为儒家经典三礼之一，《夏官司马·职方氏》中有关于九州的记载。职方氏"掌天下之图，以掌天下之地，辨其邦国、都鄙……周知其利害"，故需要对当时的天下划分为九州：

> 乃辨九州之国，使同贯利。东南曰扬州……正南曰荆州……河南曰豫州……正东曰青州……河东曰兖州……正西曰雍州……东北曰幽州……河内曰冀州……正北曰并州。[⑤]

《周礼·职方氏》按照地理方位与山河边界两种标准划分九州。以地理方位划分六州，正南、正东、正西、正北分别为荆州、青州、雍州和并州，东南为扬州，东北为幽州。以黄河为界划分三州，即豫州、兖州和冀州。黄河以南（南河）为豫州，黄河以东（东河）为兖州。古黄河自今山西芮城县风陵渡向东至河南淇县的一段，称为南河；自风陵渡以上南北走向的一段，称为西河；自淇县折北偏东入海的一段，称为东河。[⑥] 所谓"河内"，指西河、南河和东河环抱之间的地方。综观《职方氏》九州，按照地理方位划分的六州居于周边，按照黄河为界划分的三州居于内侧。黄河成为《职方氏》山河边界标准中唯一的地理坐标，显示出黄河在当时中国政治与经济地理格局中的重要地位。

关于《周礼》的成书时间，学界争论甚为激烈，但以作于战国时期最为可信。[⑦] 至于成书于战国初期还是战国晚期，学界尚有争论。钱玄将《尚书·禹贡》《吕氏春秋·有始》《尔雅·释地》所载九州与《周礼·职方氏》所载九州相对比，认为《职方氏》的幽州与《有始》《释地》的幽州，名同而地不同；《职方氏》九州名称之增改，在燕伐东胡后，则可证《周礼》必成书于战国晚期。[⑧] 郭伟川认

---

①③ 史念海.论《禹贡》的著作年代［J］.陕西师范大学学报，1979（3）：52.

② 建安十八年，牢牢控制冀州的曹操以汉献帝名义，按照《尚书·禹贡》九州之制，"依古典定九州"。参考晋书（卷14）·地理上［M］.北京：中华书局，2020.

④ 唐晓峰.从混沌到秩序：中国上古地理思想史述论［M］.北京：中华书局，2010.

⑤ 周礼注疏（卷33）［M］.北京：中华书局，2009.

⑥ 杨天宇.周礼译注［M］.北京：上海古籍出版社，2004.

⑦ 关于《周礼》的成书年代，有如下众说：《周礼》为周公手作；作于西周；作于春秋；作于战国；作于周秦之际；刘歆伪造；成书于汉初。参考彭林.《周礼》主体思想与成书年代研究［M］.北京：中国人民大学出版社，2009.

⑧ 钱玄认为，"幽，是表示北方的意思。战国时，燕在北，故幽州相当于燕国的地方，即今河北省一带。后来，燕伐东胡，新拓辽东五郡：上谷、渔阳、右北平、辽西、辽东。就将新拓的五郡属幽州。……又把原来幽州，改称并州"。参考钱玄.三礼通论［M］.南京：南京大学出版社，1996.

为魏文侯尊周重儒，依靠以子夏为首的西河学派编成《周礼》一书，并通过具体考察《职方氏》所载"并州"名称地望之由来，确认《周礼》一书从内容到成书年代方面，与战国初年的魏文侯有不可分割的密切关系。① 因此，《周礼·职方氏》所载九州，可视为战国时期列国政治形势的现实反映，与诸侯争霸与兼并战争有关。黄河既然是豫州、兖州和冀州三州的分界线，势必也成为中原列国的分界线，成为战国时代多国疆域的重要地理屏障。

三、《吕氏春秋·有始》

《吕氏春秋·有始》所载为阴阳家之言，开篇即言"天地有始。……天有九野，地有九州，土有九山，山有九塞，泽有九薮，风有八等，水有六川"：

> 何谓九州？河、汉之间为豫州，周也。两河之间为冀州，晋也。河、济之间为兖州，卫也。东方为青州，齐也。泗上为徐州，鲁也。东南为扬州，越也。南方为荆州，楚也。西方为雍州，秦也。北方为幽州，燕也。②

《有始》按照地理方位和山河边界两种方式划分九州：以地理方位划分五州，以东、南、西、北四方分别为青州、荆州、雍州和幽州，东南为扬州；以黄河和其他河流为界，划分为三州，即豫州、冀州和兖州；以泗水上游为徐州。黄河与汉水之间为豫州，黄河之西河与东河之间为冀州，黄河与济水之间为兖州。

值得注意的是，《有始》将九州与周王室及诸侯国相对应，豫州为周天子王畿之地，其余八州分别是晋国、卫国、齐国、鲁国、越国、楚国、秦国和燕国的辖地，因而具有比《禹贡》九州更强的政治关联性。《吕氏春秋》由吕不韦及其门客编纂而成，其成书时间为秦即将统一六国的前夕，《有始》所描述的九州分布与战国晚期列国的政治形势与地理变迁相符。

四、《尔雅·释地》

《尔雅》是我国古代按类编排的综合性辞书，也是唯一位列十三经的上古汉语词典。《释地》论及九州、十薮、八陵、九府、五方、野、四极七大类，关于"九州"：

> 两河间曰冀州，河南曰豫州，河西曰雍州，汉南曰荆州，江南曰扬州，济河间曰兖州，济东曰徐州，燕曰幽州，齐曰营州。③

有学者认为，《尔雅·释地》以地形及国家方位划分九州。④《释地》以山河界线划分为七州，即冀州、豫州、雍州、荆州、扬州、兖州和徐州；以诸侯国之地划分为两州，即幽州和营州。以黄河为界划分为四州：西河与东河之间为冀州，黄河以南为豫州，黄河以西为雍州，黄河与济水之间为兖州。

《尔雅》成书时间之说有五种，分别是西周说、战国初期说、战国末年说、西汉初年说、西汉中后

---

① 郭伟川.《周礼》制度渊源与成书年代新考［M］.北京：国家图书馆出版社，2016.

② 陈奇猷.吕氏春秋新校释［M］.上海：上海古籍出版社，2002.

③ 尔雅注疏（卷7）［M］.北京：中华书局，2009.

④ 胡阿祥.吾国与吾名：中国历代国号与古今名称研究［M］.南京：江苏人民出版社，2018.

期说。诸说之中，"以战国末年成书说和西汉初年成书说较近理"，"《尔雅》的初稿成于战国末、秦代初；到西汉初期，《尔雅》经全面修改而定稿"①。《尔雅·释地》初稿与《吕氏春秋·有始》大体同时，其定稿在西汉初期完成。因此，《释地》所载九州与战国末年的政治军事形势有关，特别是"营州"汇入九州行列，反映的是中原王国势力向东北地区拓展的事实。

五、《说苑·辨物》

《说苑》为刘向所编中国古代杂史小说集，成书于西汉后期。《辨物》论及五岳、四渎、九州、度量权衡等，关于"九州"：

> 八荒之内有四海，四海之内有九州，天子处中州而制八方耳。两河间曰冀州，河南曰豫州，河西曰雍州，汉南曰荆州，江南曰扬州，济南间曰兖州，济东曰徐州，燕曰幽州，齐曰青州。②

《辨物》以山河界线划分为七州，即冀州、豫州、雍州、荆州、扬州、兖州和徐州；以诸侯国之地划分为两州，即幽州和营州。以黄河为界划分三州：西河与东河之间为冀州，黄河以南为豫州，黄河（西河）以西为雍州。黄河中下游的豫州作为中州，为天子所居地，成为控制八州的中枢。

《辨物》与《释地》所载九州多相同，唯一有别之处在于前者谓"齐曰青州"，后者谓"齐曰营州"。《说苑·辨物》取消《尔雅·释地》"营州"之说，实际上是恢复古代"青州"之名，本身也是向古典记载的回归。

六、楚简《容成氏》

上海博物馆所藏楚简《容成氏》，包含大量与上古历史传说相关的重要信息，其中有"九州"之记载，其来源与大禹治水有关：

> 禹亲执畚耜，以陂明都之泽，决九河之阻，于是乎夹州、涂州始可处。禹通淮与沂，东注之海，于是乎竞州、莒州始可处也。禹乃通蒌与易，东注之海，于是乎蓏州始可处也。禹乃通三江、五湖，东注之海，于是乎荆州、扬州始可处也。禹乃通伊、洛，并瀍、涧，东注之河，于是乎叙州始可处也。禹乃通泾与渭，北注之河，于是乎且州始可处也。③

楚简《容成氏》讲述了大禹治水的艰辛，疏通水渠，九州乃现。所谓九州是：夹州、涂州、竞州、莒州、蓏州、荆州、阳州、叙州、且州。《容成氏》所载九州州名，颇为怪异，与上述各文献所载差别较大。但据李零考证，夹州，疑即《禹贡》之兖州；涂州，疑即《禹贡》之徐州；竞州，疑即《禹贡》之青州或《尔雅·释地》之营州；莒州，疑在古莒国一带；蓏州，疑即"并州"；叙州，即豫州；且州，从文义看，应相当于《禹贡》之雍州。大禹疏通伊水、洛水、瀍河和涧水，向东注入黄河，于是豫州方成，成为可居之地；疏通泾水与渭河，向北注入黄河，于是且州成为可居之地。

---

① 胡奇光，方环海·尔雅译注［M］.上海：上海古籍出版社，2004.

② 向宗鲁.说苑校证·辨物［M］.北京：中华书局，1987.

③ 李零，容成氏.释文及考释［M］//马承源.上海博物馆藏战国楚竹书（二）.上海：上海古籍出版社，2002.

《容成氏》与《禹贡》在"九州"思想上属于一个系统，都来源于大禹治水，即均与"禹迹"有关。其他文献如《有始》《职方》与《释地》在谈及九州时，均不提大禹治水，认为九州是"自然"的表征，有"天成"的本质。①《容成氏》所谓"九州"不包括冀州，其中原因尚需探讨。

兹据上述古典文献记载，将"九州"梳理如下：

《尚书·禹贡》：冀、兖、青、徐、扬、荆、豫、梁、雍

《周礼·职方氏》：扬、荆、豫、青、兖、雍、幽、冀、并

《吕氏春秋·有始》：豫、冀、兖、青、徐、扬、荆、雍、幽

《尔雅·释地》：冀、豫、雍、荆、扬、兖、徐、幽、营

《说苑·辨物》：冀、豫、雍、荆、扬、兖、徐、幽、青

楚简《容成氏》：兖、徐、青、莒、藕、荆、扬、豫、且

综上所述，《尚书·禹贡》《周礼·职方氏》《吕氏春秋·有始》《尔雅·释地》《说苑·辨物》及楚简《容成氏》等都有关于"九州"的记载，"九州"的划分标准主要有两个，即山河边界与地理方位，其中黄河是最重要的地理坐标，成为多州的分界线，凸显黄河在当时中国政治与经济地理格局中的重要地位。

《禹贡》以黄河为界划分四州，即冀州、兖州、豫州和雍州，且各州贡物均以冀州三面的黄河为归宿，最后到达冀州。《周礼·职方氏》以黄河为界划分三州，即豫州、兖州和冀州，黄河也因此成为《职方氏》九州划分山河边界标准中唯一的地理坐标。《吕氏春秋·有始》以黄河为界划分三州，即豫州、冀州和兖州。《尔雅·释地》以黄河为界划分四州，即冀州、豫州、雍州和兖州。《说苑·辨物》以黄河为界划分三州，即冀州、豫州和雍州，且强调天子处中州而制八方。楚简《容成氏》讲述大禹治水与九州之形成，疏通黄河中下游各水系，形成豫州、且州等。关于"九州"的各种记载中，豫州的分界线均与黄河有关。位于黄河中下游的豫州，为九州中心，长期是天子控制各州的京畿之地，也是我国古代的政治、经济与文化中心。

《尚书·禹贡》《周礼·职方氏》《吕氏春秋·有始》《尔雅·释地》《说苑·辨物》及楚简《容成氏》等关于"九州"的记载，成为早期中国连续不断的关于地理空间与天下范围的历史景象。《禹贡》《容成氏》所载九州来源与大禹治水有关，其他文献所载九州来源均与战国政治军事形势有关。所有这些关于"九州"的记载，不断丰富着当时中国人的地理知识和地理思想，寄托着当时中国人追求大一统的政治理想，强化着黄河流域的中原王国（王朝）对"九州"的感知和"天下"的认同。无论与"禹迹"相关，还是自然天成，"九州"都是不可分割的统一体。对"九州"的这种认同，有利于大一统观念的形成和维系，最终有利于国家的统一和民族的融合。

（作者系河南科技大学人文学院副教授）

---

① 唐晓峰.从混沌到秩序：中国上古地理思想史述论［M］.北京：中华书局，2010.

从双槐树仰望黄河文化耸入中华文明的城楼

李立新

"在新的设防城市的周围屹立着高峻的城墙并非无故，它们的壕沟深陷为氏族制度的墓穴，而它们的城楼已经耸入文明时代了。"这一论断出自恩格斯《家庭、私有制和国家的起源》，在这一名著中，恩格斯采纳了摩尔根《古代社会》的观点，把人类历史划分为蒙昧时代、野蛮时代和文明时代，并把城市作为文明出现的主要要素之一。文化是人类在历史上创造的物质财富和精神财富的总和，涵括蒙昧、野蛮和文明三个时代，文明时代的肇始，以城市、文字、青铜器和礼仪性建筑等文明要素的出现为标志，所以，从时间上看，文化比文明要包括更长久的历史。河南巩义双槐树仰韶文化古城以久远的时代、庞大的规模、高级的规格、丰富的内涵，使我们在中华文化的腹心地带，在野蛮与文明的交汇之际，不仅看到了内外三道埋葬氏族制度墓穴的壕沟，更看到了黄河文化耸入中华文明的瓮城的城楼。

一、黄河流域新石器时代古城星罗棋布

水是一切生命之源，远古人类逐水而居，所以世界四大文明古国全都兴起于大河流域，学者称其为"大河文明"。史前人类在大河沿岸筑起了一座座城堡和城市，这些史前城市与河水交相辉映，放射出早期文明亮丽的光芒。在黄河或其支流的河边台地上，发现了一系列属于新石器时代的古城址，可分为河套地区史前古城、中原地区史前古城和海岱地区史前古城三个区域。[①]

河套地区史前古城地跨黄河上、中游，包括内蒙古凉城县境内的老虎山、西白玉、板城、大庙坡等岱海周围石城群，内蒙古包头市的阿善、西园、萨木佳、黑麻板、威俊、纳太等大青山南麓石城群，内蒙古准格尔旗的百草塔、寨子圪旦、寨子塔、寨子上、小沙湾、二里半，清水河县的后城嘴、马路塔，以及陕西佳县石摞摞山，神木县石峁等南下黄河沿岸石城群。河套地区古城群除了百草塔和寨子圪旦两座古城属于海生不浪文化，距今 5000 余年外，其余古城均属于老虎山文化，距今 4700～4300年。这些古城最主要的特点为：一是分布密集，具有聚集性；二是大多有石砌城墙、石筑房屋和石构祭祀遗址；三是除石峁古城外，大多规模较小。

中原地区史前古城分布在地跨黄河中下游的中原腹地，有襄汾陶寺、巩义双槐树、郑州西山、登封王城岗、新密古城寨、新密新砦、郾城郝家台、平顶山蒲城店、博爱西金城、温县徐堡、濮阳高城、濮阳戚城、安阳后岗、辉县孟庄、淮阳平粮台等。除了巩义双槐树、郑州西山古城属于仰韶文化时代，距今约 5300 年外，其余古城均属于龙山文化时代，距今 4600～4000 年。中原地区史前古城有以下特点：一是均有夯土城垣；二是城址平面多呈方形；三是多有城墙和城壕多重防御体系；四是城址内外

---

① 马世之.中国史前古城 [M].湖北教育出版社，2003.

的居住区、作坊区、墓葬区等大多做过统一的规划。

海岱地区史前古城分布在黄河下游，发现有滕州西康留，阳谷王家庄，五莲丹土，章丘城子崖，临淄田旺、邹平丁公、寿光边线王、滕州尤楼、茌平教场铺、大尉、乐平铺、尚庄、王集，阳谷景阳岗、王家庄和皇姑冢，连云港藤花落等，除滕州西康留、阳谷王家庄、五莲丹土三处属于大汶口文化晚期，距今 5000 年左右，其余均属于龙山文化时期，距今 4600～4000 年。这一地区史前古城的特点有：均为黄土建筑城垣、平面布局大多呈方形、规模相对较小、分布相当密集等。

二、黄河流域新石器时代古城文明闪耀

2020 年 5 月 7 日，河南郑州巩义双槐树仰韶文化时代都邑遗址考古重大发现发布会在郑州举办。经过连续多年的考古发掘，考古工作者在黄河南岸台地、伊洛河汇入黄河处的河洛镇双槐树遗址，发现了距今 5300 年的仰韶文化中晚期、高规格的具有都邑性质的中心聚落遗址。因位于河洛中心区域，专家称其为"河洛古国"，誉其为"早期中华文明的胚胎"。《易·系辞上》曰："河出图，洛出书，圣人则之。"《礼记·礼运》云："故天不爱其道，地不爱其宝，人不爱其情，故天降膏露，地出醴泉，山出器车，河出马图。""河图洛书"一直被认为是中华文明的源头活水，出于黄河和洛水。在双槐树遗址发现如此众多的中华民族早期文明遗存，与"河图洛书"的文献记载相印证，凸显了黄河与洛水在中华文明萌生中的重要作用（见图 1）。

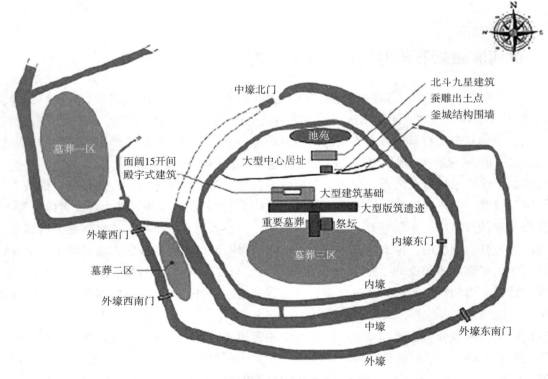

图 1　双槐树遗址功能分布示意图

可以选取黄河流域三座超过 100 万平方米的大型史前城址予以比较，来管窥中华文明起源的密码，如表 1 所示。

表 1　黄河流域三座主要史前古城对比

事类 ＼ 城址	河南巩义双槐树	山西襄汾陶寺	陕西神木石峁
地点	河南省巩义市河洛镇双槐树村，黄河南岸以南 2000 米、伊洛河东 4000 米的河边台地上	山西省襄汾县陶寺村南，黄河的支流汾河岸边	陕西省神木县石峁村，黄河一级支流秃尾河及其支流洞川沟交汇处的台原山峁上
面积	117 万平方米	280 万平方米	425 万平方米
文化	仰韶文化中晚期	龙山文化晚期	老虎山文化
年代	距今 5300 年左右	距今 4300～3900 年	距今 4200～3900 年
文明要素	三重大型环壕、瓮城结构的围墙、封闭式排状布局的大型中心居址、大型夯土基址、3 处共 1700 余座规划严密的大型公共墓地、3 处夯土祭祀台遗迹、北斗九星天文遗迹、最早的家蚕牙雕艺术品（见图 2、图 3）	夯土城垣、宫城、刻花白灰墙面的豪华建筑、类似王陵的大墓，成套的乐器，如特磬、鼍鼓、陶鼓等，成套的礼器，如玉钺、石钺、彩绘蟠龙图形的陶盘、朱黑漆木器、刀俎等，还有铜铃、朱书陶文	由"皇城台"、内城和外城组成的三重石砌城垣、大型宫殿基址、大型夯土台基、大量建筑用瓦及排水管道、彩绘几何纹壁画，玉铲、玉钺、玉璜、玉璋等玉器，铜制品及铸铜石范、鹰形陶俑、集中埋置的卜骨，众多人面石雕

图 2　双槐树遗址出土的牙雕蚕

图 3　双槐树遗址出土的彩陶盆

185

这些史前古城本身就是文明起源最重要的因素。同时，文字、青铜器、礼仪性建筑等其他的文明要素，也往往附丽在古城之中。

在处于黄河中下游分界线附近的巩义双槐树古城的周围，正是凭借丰沛的黄河之水的滋养和肥沃的黄土的承载，形成了发达的新石器时代文化群落，分布着西山、点军台、大河村、青台、汪沟、秦王寨、伏羲台、苏羊、土门、妯娌等众多同属于仰韶文化时期的城址、大的聚落和各种遗址，如众星捧月般对双槐树古城形成拱卫之势，达到相当发达的文明程度，所以专家判定双槐树古城址的性质是仰韶文化时期的古国都邑，其时代和黄帝时代相吻合，其地望和文献记载黄帝都有熊、有熊在郑地相吻合，其城邑规模、文化内涵也与文明初祖黄帝的相关记载相吻合，所以巩义双槐树古城最有可能是黄帝之都。襄汾陶寺古城学界一般认为是尧都，神木石峁古城有学者认为是舜都。这些古城正处于黄河文化迈向中华文明的进程中，尤以双槐树古城的时代最早，其城楼可以说最早耸入了文明时代的天空，中华民族拥有5000年文明史的命题得到了考古发现的有力支撑。

三、黄河是中华文明的摇篮

中华文明起源一元论，即黄河流域是中华文明摇篮的观点原本已深入人心、根深蒂固。随着中华人民共和国成立后众多考古新发现越来越多地被披露，长江流域的河姆渡文化、良渚文化、巴蜀文化，辽河流域的红山文化，珠江流域的石峡文化，等等，纷纷被考古工作者挖掘出来，众多的文明因素在这些考古新发现中不断涌现，都呈现出相当高的文明水平，中华文明起源一元说受到了质疑。苏秉琦由此提出了"满天星斗说"："中国文明的起源，恰似满天星斗。虽然各地、各民族跨入文明门槛的步伐有先有后，同步或不同步，但以自己特有的文明组成，丰富了中华文明，都是中华文明，都是中华文明的缔造者。"另一个关于中华文明起源比较著名的观点是严文明提出的"重瓣花朵"模式："中国的民族和文化从史前时代起，就已经形成为一种分层次的、'重瓣花朵'式的向心结构或曰多元一体结构。中原的华夏文化处在花心的位置，东夷文化、三苗文化、戎羌文化、北狄文化等是围绕在其周围的第一层花瓣，百粤、夜郎、滇、氐羌、乌孙、月氏、匈奴、东胡等则是第二层乃至第三层的花瓣。这种'重瓣花朵'式的向心结构乃是一种超稳定结构。"中原在中华文明起源中的核心地位，在被"满天星斗"说冲淡之后，又被"重瓣花朵"模式予以肯定。

黄河发源于水草丰美的青藏高原，流经高山厚土的黄土高原，在中国地势第二阶梯和第三阶梯的过渡地带，用她从黄土高原带来的黄土，在这里形成了丰饶的洛阳盆地。至郑州桃花峪以下，地势进一步变得平坦，泥沙得以大量沉淀，在数千年不停地决堤、改道、南北滚动的过程中，形成了幅员广阔的黄河冲积扇华北平原，即黄淮海大平原。这里气候适宜，土壤肥沃，厚植了远古中华文明的根脉，孕育了中国高度发达的农耕文明，形成了东亚最大的农业区，成为中国立国之根本。在黄河中下游的中原地区，其文化序列一直没有中断，从新石器时代早期的磁山—裴李岗文化到中期的仰韶文化、晚期的龙山文化，一直进入夏商周时代，谱系连贯，一脉相承，不断与周边文化碰撞、交融，最早在这里闪现出第一束文明曙光。

在距今大约5000年时，中华文明的胚胎在华夏大地各处萌生，恰如"满天星斗"，但由于这样那样的原因大都消弭于萌芽时期，如红山文化、良渚文化、三星堆文化等都因不可抗拒的天灾或被外来文化消灭，而湮没于历史的尘烟中。只有在黄河中下游分界处的中原腹心——河洛一带，文明的胚胎得到了黄河、洛水的滋养浇灌，得到了肥沃黄土的培根养护，在这适宜的环境中得以萌芽、抽枝、开花，呈向心结构的中华文明的"重瓣花朵"，正是因为处于中原地区的花心不断绽放，这朵绚丽的文明之花才得以盛开，在世界文明的百花园中独领风骚。司马迁在《史记·封禅书》中说："昔三代之居，皆在河洛之间，故嵩高为中岳，而四岳各如其方。"中国最早的三个王朝夏、商、周三代均在河洛之间建立都城或别都，所以嵩山才被称为"中岳"，成为天下之中的地标。中原腹心地带的河洛地区，历史上一直认为其中华文明的中心地位从 4000 年前的夏代开始，随着巩义双槐树古城的发掘和披露，这一地区的中心地位可以上推 1000 年，到达 5000 年前的黄帝时代。这里是中华民族的根脉，这里是中华文明的摇篮，这里是"最早的中国"！

（作者系河南省社会科学院文学研究所副所长、研究员）

古代黄河治理及其当代启示

杨 波

黄河是中华民族的母亲河，也是中华文明的摇篮。中华民族在同黄河水患数千年的斗争中，不仅展现出不屈不挠、顽强拼搏的奋斗精神，而且也汲取了治理黄河的经验智慧，梳理出了治理黄河的若干教训，为人类治理和利用河流提供了鲜活的实践借鉴。

一、历史上黄河的安危与国家的治乱

黄河的治理与利用是历朝历代治国兴邦的重要政务。黄河流经土质松软的黄土高原，顺势一路蜿蜒向东，沿途与渭水、汾水、洛水等河流相汇，"厥土惟黄壤，厥田惟上上，厥赋中下"[①]，自河南孟津向东进入华北平原后，时而北流到海河，时而南流至江淮，以善淤、善决、善徙而著称，历史上其"三年两决口，百年一改道"的习性曾经给黄河两岸的人们造成深重的灾难。自古以来公私文献典籍中关于治理黄河的记载数不胜数，但由于受古代社会人文环境和科技手段等主客观条件的限制，虽然积累了丰富的治河理论、技术成果与实践经验，但仍未能从根本上解决困扰人们数千年的黄河灾害问题。试对不同历史时期的黄河变迁情况简要加以分析。

1. 黄河盛衰关乎华夏部族的繁衍更替

黄河的孕育诞生、地质演进与发展变迁是一个长期动态的历史过程，史后受人类活动的影响程度则与日俱增。从考古发现和历史文献的记载来看，黄河在上中游平原河段的演变对整个黄河发育影响不大，黄河河道的变迁主要发生在下游地区。

大禹治水得民心。在传说中的尧舜时代，历史文献中有不少关于洪水泛滥等自然灾害的生动记载。据《尚书·尧典》记载，尧时"汤汤洪水方割，荡荡怀山襄陵，浩浩滔天，下民其咨"，同书《益稷》又征引大禹之语，称"洪水滔天，浩浩怀山襄陵，下民昏垫"。《史记》卷二《夏本纪》中也有类似记载，称"当帝尧之时，鸿水滔天，浩浩怀山襄陵，下民其忧"。《孟子》中记载更为翔实，称"当尧之时，天下犹未平。洪水横流，泛滥于天下。草木畅茂，禽兽繁殖，五谷不登。禽兽逼人，兽蹄鸟迹之道交于中国"[②]，"当尧之时，水逆行，泛滥于中国，蛇龙居之。民无所定，下者为巢，上者为营窟"[③]。面对洪水泛滥给人们生存生活造成的严重威胁，尧最初是根据四岳的举荐，派居住在崇地（今河南嵩山一带）的鲧去治水。鲧采用传统的"壅防百川，堕高堙庳"的方法来治水[④]，却没有取得预期的效果，"九年而水不息，功用不成"。尧帝忧心民生，只好另想办法，"举舜而敷治焉"[⑤]。舜根据实际考

---

① 《尚书注疏》卷五《夏书·禹贡》，文渊阁《四库全书》本。
②③⑤ 《孟子》卷五《滕文公上》，《诸子集成》本。
④ 左丘明：《国语·周语》，上海古籍出版社1978年版。

察的情况，转而采取分类施策的举措，一方面"使益掌火，益烈山泽而焚之，禽兽逃匿"，另一方面又派大禹"疏九河""决汝汉"①，使"九川既疏，九泽既陂，诸夏乂安，功施乎三代"②，取得了治水的丰功伟绩。可以说，大禹治水的成功不仅极大地满足了老百姓的热切期盼，而且大大巩固了尧舜政权的统治地位，同时也为大禹的儿子启在河洛地区建立夏王朝奠定了坚实的基础。

三代更替因水竭。夏王朝建立后，河洛地区的先民最先进入阶级社会，开始了一个全新的历史时期。夏、商、周时代，黄河下游河道密布，分支众多，自然变迁，同归渤海，史称禹河。如《诗经·小雅·白华》中的诗句"滮池北流，浸彼稻田"，就是对战国以前古黄河的记述。据《尚书·禹贡》记载，禹河（从华阴)"东至于底柱，又东至于孟津；东过洛汭，至于大伾；北过降水，至于大陆；又北播为九河，同为逆河，入于海"③，主要流经今河南洛阳、荥阳、新乡、鹤壁等地。从考古发现来看，商代都城在今豫北地区的古黄河两岸多次迁徙，其原因与人们的生活生存有密切关系，或是为了应对生活水源的逐渐枯竭，或是为了避开黄河水患的侵扰。而周部族生活的关中地区，曾经水源丰富、农业发达，但后来由于泾水、洛水、渭水三川发生了大规模的地震，从而导致原塞水竭，在一定程度上也加速了周王朝的灭亡。

司马迁《史记·周本纪》中有关于此说法的详细记载：

> 幽王二年，西周三川皆震。伯阳甫曰："周将亡矣！夫天地之气，不失其序；若过其序，民乱之也。阳伏而不能出，阴迫而不能蒸，于是有地震。今三川实震，是阳失其所而填阴也。阳失而在阴，原必塞；原塞，国必亡。夫水土演而民用也。土无所演，民乏财用，不亡何待！昔伊、洛竭而夏亡，河竭而商亡。今周德若二代之季矣，其川原又塞，塞必竭。夫国必依山川，山崩川竭，亡国之征也。川竭必山崩。若国亡不过十年，数之纪也。天之所弃，不过其纪。"是岁也，三川竭，岐山崩。④

西周灭亡虽然不一定完全是因地震而导致的河流断竭，但这段文字用三川大震、阴阳失衡、异象丛生来预示周幽王可能因失德而导致国家灭亡的严重后果，说明水资源状况对当时的政治、经济、社会还是有相当大的影响的。

2. 黄河水利关乎经济重心的转移方向

春秋战国时期，中国的经济重心逐渐向东转移，其中一个标志性的事件是公元前 770 年周平王迁都成周（今河南洛阳东）。随着冶铁技术的广泛使用，黄河中下游的平原地区得到进一步开发，各诸侯国修筑的水利大堤也呈现出由小到大、由局部到整体、由临时到长久的发展趋势，为稳定黄河下游的河床、防止洪水泛滥发挥了积极作用。公元前 685 年，春秋时期的齐桓公率先称霸，同时又率先在黄河下游低平处筑堤防洪，开发黄河水淤漫之滩地，并提出了平治水土的治水准则，最终成就了"齐桓之霸，遏八流以自广"的美谈⑤。春秋末年，吴国开菏水自济水通黄河之举，是黄河下游见于记载的最早的水运工程，也表明其争霸中原的气势。

战国时期，分居黄河下游的韩、赵、魏、齐、燕等诸侯国为实现国富民强的目的，争相行筑堤填

---

① 《孟子》卷五《滕文公上》，《诸子集成》本。
② 班固：《汉书·沟洫志》，中华书局 1962 年版。
③ 《四部精华·尚书精华·禹贡》，北京古籍出版社 1996 年版。
④ 司马迁：《史记·周本纪》，中华书局 1959 年版。
⑤ 顾祖禹：《读史方舆纪要·川渎一》，中华书局 2005 年版。

淤、开发黄河之举。《汉书·沟洫志》中有一段相关的记述："盖堤防之作，近起战国，雍防百川，各以自利。齐与赵、魏，以河为竞。"[①]魏国兴建了引漳十二渠灌溉工程，开掘了鸿沟运河，还修筑了黄河西岸的堤防。齐国地处黄河以东，除修筑有距离大河12.5千米的堤防外，还兴建了汶水、漯水灌区以及济淄运河工程；靠近山区的赵国位于黄河以西，也在距河12.5千米处筑有大堤，防止洪水西泛。战国末年，韩桓惠王命水工郑国去劝说秦国开凿泾水、兴修水利，这就是著名的"疲秦"之计。秦王发现事实真相后，怒而欲杀之。郑国遂发表了一段著名的辩解之词，称"始臣为间，然渠成亦秦之利也，臣为韩延数岁之命，而为秦建万世之功"[②]。秦王权衡利弊，最终同意继续投巨资兴修水利工程，这才有了"关中为沃野，无凶年，秦以富强，卒并诸侯"的郑国渠[③]。这些诸侯国修筑堤防的目的是满足自己国家的利益，所以没有统一的规划，造成了很多的人为弯曲河道。如黄河出山口东北流至黎阳（今浚县）拐向东流，至濮阳西北角又拐向北东流，至馆陶又拐向东流，至灵丘（今山东高唐县清平附近）东又拐向北东流入渤海，是其中四个较大的弯曲，至于那些小的弯曲更是随处可见。这些大大小小的弯曲河道，既见证了黄河的第一次大改道，也反映出当时人们对水利工程的价值认识有了很大改观。

魏晋南北朝时期，长期的分裂战乱严重制约着黄河中下游的生产生活。曹魏政权实行屯田制度，先后开临晋陂，修复成国渠，开凿运渠以沟通江淮，在汝、颍、漳水流域修渠灌溉，在一定程度上使当地的农业生产有所恢复。而十六国时期北方游牧民族入侵中原后，把黄河中下游地区的一些农田变成了牧场，反而使黄河流域的生态环境得以部分修复。到了唐五代时期，藩镇割据带来的不只是战乱频仍，还有水利事业的衰退和生态环境的再度恶化。

3. 社会稳定催生出水利工程的兴建高潮

秦汉时期社会稳定，黄河中下游地区出现了建设水利工程的第一个高潮。秦始皇统一六国之后，"堕坏城郭，决通川防，夷去险阻。地势既定，黎庶无繇，天下咸服"[④]，在通黄河、平险阻、安民心等方面取得了显著成效。西汉武帝刘彻统治时期，国家大兴水利工程，关中地区以开发农田灌溉为主，修建了郑白渠、成国渠、龙首渠等，关东地区则以治理黄河为重点，黄土高原地区甚至出现过调用60万兵卒垦田屯田的壮观场景。由于距离黄河下游河道25千米的堤距宽窄不一，大堤内又形成了许多村落，水利设施在促进农业大开发的同时，也造成了黄河灾害的频繁发生。公元前132年发生的瓠子（今河南濮阳西南）决口事件，就是最典型的例子。当时，泛滥的洪水向东南冲入巨野泽、淮河、泗水，十六郡被淹没，汉武帝派大臣汲黯、郑当时等率领10万大军都没能堵塞成功，直到23年后汉武帝亲临黄河决口处坐镇指挥，朝廷上下齐心协力才得以堵口成功。汉武帝曾作《瓠子歌》二章以悼，并在堵口处修筑了"宣防宫"以为永志。其中一首这样写道："瓠子决兮将奈何？皓皓旰旰兮闾殚为河！殚为河兮地不得宁，功无已时兮吾山平。吾山平兮巨野溢，鱼沸郁兮柏冬日。延道弛兮离常流，蛟龙骋兮方远游。归旧川兮神哉沛，不封禅兮安知外！为我谓河伯兮何不仁，泛滥不止兮愁吾人？啮桑浮兮淮泗满，久不反兮水维缓。"其后，黄河在下游北岸的馆陶决口向北分流。70年以后，黄河在清河郡境内再次决口，此后决口渐成常态。此外，西汉哀帝年间贾让提出的"治河三策"，东汉王景修筑千里长堤的壮举，都是值得载入中国水利史册的重大事件。

隋唐时期国家统一，政局稳定，国力强盛，黄河水运再度繁荣。隋炀帝时期开凿了永济渠、通济渠、邗沟、江南河，将黄河、海河、淮河、长江等几大水系连接起来，形成了以洛阳为中心的大型水

---

① ② 班固：《汉书·沟洫志》，中华书局1962年版。

③ 司马迁：《史记·河渠书》，中华书局1959年版。

④ 司马迁：《史记·秦始皇本纪》，中华书局1959年版。

运网，成为隋唐时期南北交通的大动脉，堪称中国古代一项前无古人的水利事业。唐代在此基础上对大运河多次进行整修延长，黄河中下游泾水、渭水、汾水、涑水、洛水、海河等流域的水利设施较为发达，黄河流域成为农业生产的主要命脉。

4. 黄河频繁的决口改道使生态环境遭到严重破坏

治国如治水，水治则国治。据有关部门统计，历史上黄河决口达到 1593 次，大的改道多达 26 次，平均每三年就有两次决口，一百年间就有一次大的改道。其中五次大改道的影响最为深远。

周定王五年（公元前 602 年），由于河床淤高，黄河在宿胥口附近决口，主流也因此从北流改向偏东北，流经今天的濮阳、大名、临清、沧州等地，从黄骅入海，这就是有历史记载以来黄河的第一次大改道。王莽始建国三年（11 年），黄河水大决魏郡元城，冀、鲁、豫、皖、苏等地出现了将近一个甲子的河水泛滥，是黄河的第二次大改道。黄河第三次大改道发生在北宋仁宗庆历八年（1048 年），当时京东故道河道淤高，最终河决濮阳商胡埽，险象过后黄河改道北流，新河夺永济渠，从天津东入海，时称北流。南宋建炎二年（1128 年），为应对金兵南下、边防告急的危机，时任东京（今开封）留守的杜充在卫州（今汲县和滑县东之间）决黄河南堤御敌，黄河从此南泛入淮，主流大致沿菏水故道入泗，当时称为新河，是黄河第四次大改道。清文宗咸丰五年（1855 年），河决铜瓦厢，是黄河第五次大改道。这五次黄河大改道，无论是天降灾难还是人为因素，都给人民的生命安全造成不可挽回的损失。

从金末到元初近百年间（1209～1296 年），黄河基本上呈自然漫流状态，没有固定的流路，在一定程度上给黄河治理带来了不少困难。明清时期，由于土地过度开发，生态环境恶化，导致黄河南决，主流夺颍入淮。这一段历史时期，无论是分流入涡，还是走贾鲁故道，黄河决溢地点大多在开封附近，后因黄河两岸修筑、加固大堤，决溢地点渐渐从开封下移至兰阳、考城、曹县一带，其间或南移入涡、入淮，或北移至徐州入运，致使河口迅速延伸。明万历年间，万恭、潘季驯等创造性地提出了"以堤束水，以水攻沙"的治河方略，在黄河治理历史上产生了划时代的意义。清康熙年间，治河官员靳辅以萧规曹随的魄力，坚持以潘季驯的方法治理黄河，使黄河继续维持了数十年的安流局面。直至清咸丰五年（1855 年）铜瓦厢决口，黄河再次改道东流，结束了长期以来黄河夺淮入海的历史，这就是后人所谓的明清故道。其中有一支漫流向东北流经濮阳、范县两地，再至张秋穿运入大清河，后于利津牡蛎嘴入海，逐渐形成了今天的黄河河道。但总体来说，明清时期的治河方针以保证运河漕运为主，以防洪固堤为次，黄河治理的总体情况并不乐观。

二、延续数千年的黄河之患

从传说中的大禹时期到中华人民共和国成立前夕，黄河流域发生的大大小小的水灾多如牛毛，关于黄河"治河、治水、治沙"的理念却一直没有什么变化，黄河河患与生态治理一直如影随形。

1. 频繁惨烈的黄河水灾

数千年来，决溢频繁的黄河水灾是历代统治者治理黄河的心腹大患。据有关部门统计，自公元前 2000 年至 20 世纪末，中国发生较大的水灾有一千多年，其中发生在黄河流域的大水灾就有 617 年。自公元前 602 年至 1938 年，黄河下游决口泛滥的年份高达 543 年，总计决溢 1590 次。因洪水决溢大改道所造成的惨烈灾害，史书记载连绵不绝。

西汉时期有两次历时长、损失大的黄河决徙：一次是公元前 132 年的瓠子决口，当时曾一度堵口，但堵而复决，后来丞相田蚡坚决反对堵口，导致黄河连续 23 年泛滥横流，造成"岁因以数不登，而梁、楚之地尤甚"的后果，山东地区甚至因此出现吃人的现象，"及岁不登数年，人或相食，方一二千里"。另一次是公元11年的河决魏郡元城，"决魏郡元城，泛清河以东数郡"。当时王莽恐怕河水北决可能将其元城的祖坟淹没，故意不堵决口，致使洪水泛滥冀、鲁、豫、皖、苏等省区近60年，"侵毁汴渠，所漂数十许县""水门故处，皆在河中"，至于"潒洋广溢，莫测圻岸，荡荡极望，不知纲纪，兖豫之人，多被水患"，更是场面凄惨。

东汉永平十二年（69年）王景治河以后，直至隋初的500年间，黄河有一段较长时间的安流期。即便如此，魏晋时期还是发生过三次大水灾：一是三国魏黄初四年（223年），"六月大雨霖，伊、洛溢，至津阳城门，漂数千家，杀人""六月二十四日，辛巳，大出水，举高四丈五尺"。据今人推算，当时伊河龙门镇洪峰的流量高达20000立方米每秒，估计是伊河流域史上发生过的最大洪水。二是三国魏太和四年（230年），"八月，大雨霖三十余日，伊、洛、河、汉皆溢，岁以凶饥"。三是西晋泰始七年（271年），"六月，大雨霖，河、洛、伊、沁皆溢，流四千九百余家，杀二百余人。没秋稼千三百六十余顷"，水灾范围影响较大。

随着黄河下游流域的不断开发，人口的急剧增加，河堤的持续加高，隋唐至明清时期黄河下游的水灾记录日渐增多，特别是明清时期的河患日益严重，甚至频繁出现决堤攻城的事。如隋朝统治37年间，黄河有4年发生过较大的洪水，平均9年1次，但是没有关于决溢的记载。北宋统治168年间，黄河决溢频繁，平均1~2年1次，淤塞断流次数多、灾害多、规模大。而唐朝的洪水记录能够更加清楚地反映黄河下游日渐严重的河道生态实况，简列如下：

唐高祖武德元年至唐肃宗至德元年（618~756年）：黄河下游大约发生过14次洪灾，平均10年1次，直至唐玄宗开元十年（722年）才有了黄河下游决堤的记载。唐肃宗至德元年至唐僖宗广明元年（756~880年）：黄河水灾平均约7年发生1次。此期长安附近水灾多达13次，而洛阳一带较少。黄河下游的水灾主要集中在澶、滑之间的河道束窄处。唐僖宗广明元年至五代周世宗显德六年（880~959年）：黄河下游有24年决溢，有时一年数次，总计47次决溢，平均约3年1次。

凌汛决溢是黄河洪水灾害的又一表现形式。北宋时期，人们已经能根据植物生长的过程来记录河汛的规律，把一年分为凌汛、桃汛、伏汛、秋汛四个时期，其中凌汛是黄河上除伏秋大汛外最严重的威胁。据史料记载，1855~1955年，黄河流域先后有29年发生过冰凌决溢。因为当时没有飞机等现代社会的设备，凌汛期间人又无法下水抢险，凌汛为患被历代统治者视为不可抗拒的天灾，所以就有了"凌汛决口，河官无罪"之说。

因战争而引发的人为决河因素也时有出现。公元前359年的楚魏相争，"楚师决河水，以水长垣之外"，是黄河上最早关于人为决河的记载。公元前225年，秦灭魏，王贲遂引河水淹，"灌大梁，坏其城，魏降"。其实，无论是被动战争还是人为决河，都会给人们带来毁灭性的灾难。

2. 赤地千里的黄河旱灾

黄河旱灾也是黄河治理的一大难题。早期文献中关于干旱的直接记载不多，但天子或诸侯因天旱而祭天求雨的间接记述则较为习见，汉代以后则渐次增多。请看下面一组统计数据：

公元前517年："七月，上辛大雩。季辛又雩。秋书再雩。"（《公羊传》）雩，古代为求雨而举行的祭祀。一年三雩，说明当年是大旱之年，才会有久旱祈雨之举。

公元前492年："是岁大旱，洛绝于周（成周）。"

公元前314年：关中、豫西大旱，"河渭绝一日，渭涸三日"。

公元前309年："大旱，河、洛、江、汉皆可涉。"

汉惠帝地皇三年（22年）："天下大旱，关东饥，人相食，蝗飞蔽天，流民人关数十万人。"这是史料上第一次出现"人相食"的记载。

汉献帝兴平元年（194年）：黄河中下游"自四月至七月不雨，三辅大旱，旱蝗亡谷，百姓相食"。

唐太宗贞观元年（627年）：黄河流域"大旱大饥，米麦俱无，人民相枕于路，斗米千钱""山东旱，免今岁租"。

武则天垂拱三年（687年）："是岁大旱，全国大饥，人相食，山东、陕西尤甚。"

后晋高祖天福八年（943年）："四月，天下诸州飞蝗害田，北抵幽蓟，南逾江淮，食草木叶皆尽"，"时蝗旱相继，人民流移，饥者盈路，关西饿殍尤甚，死者十之七八"。

明成化二十一年（1485年）：华北五省大旱，山东、河北、陕西、河南、山西之境，"赤地千里，井邑空虚，尸骸枕藉，流亡日多"。

明万历三十年（1602年）：闰二月戊午，"陕西河州莲花寨等处黄河水干见底，三月临洮黄河水竭，自贵德千户所至河州凡二十七日"。

清康熙六十年（1721年）：宁夏、陕西、山西、河南、河北、山东六省春夏大旱。"七月免河南郑州、祥符等四十五州县旱灾，额赋有差。"

清光绪二年至四年（1876~1878年）：黄河流域持续三年特大旱，晋、豫、鲁、陕、直各省皆旱甚。其中山西34个州县旱饥；河南夏秋两季未收，40个州县出现大旱饥、人相食现象，伊、洛断流；山东全省特大旱，97个县成灾。

民国（1912~1949年）：38年间发生六次大旱灾，其中发生三次特大旱灾，即1920年冀、鲁、豫、晋、陕等省大旱，"五省三百十七县两千万人因旱遭灾，五十万人饿死，青海旱疫，死亡枕藉，农业区死亡八万余口"；1927~1929年持续三年大旱，河南省"自春至夏滴雨未降，秋复旱，年收成不足二成，九分之一的县全无收获"；1942年黄河中下游陕、晋、豫、鲁、冀五省大旱，其中山西旱、水、虫、雹数灾俱发，晋中、晋南18个县从春到夏持续干旱，有3158个村受灾，44个重灾县无法生活者共计119845户、568606人。

3. 不可抗拒的地震、风灾及其他灾害

除了洪灾和旱灾，黄河流域还时常遭受一些不可预期的灾害，其中尤以地震和风灾较为多见。由于受所处地理位置和气候环境的影响，不同地域遭受地震之后面临的灾难性的破坏也稍有不同，一旦发生，往往会造成沟渠毁废、房舍倾覆、山崩地裂、陵谷变迁。明嘉靖三十四年（1555年）十二月壬寅日，"山西、陕西、河南同时地震，声如雷。渭南、华州、朝邑、三原、蒲州等处尤甚。或地裂泉涌，中有鱼物，或城郭房屋，陷入地中，或平地突成山阜，或一日连震，或累日震不止。河、渭大泛，华岳、终南山鸣，河清数日。官吏、军民压死八十三万有奇"[1]，自陕西潼关至山西芮城秦晋之交处，一路山崩壅河，地裂涌水，数灾并发，破坏尤烈。再如清乾隆十九年（1754年）甘肃省庆阳县发生的风暴，"风霾蔽天，日色无光"，有时大风还会引起海浪潮，在河口地区时常会侵袭河口滩涂，造成更大灾害。由于地震、风暴、盐碱等严重自然灾害的不可抗拒性，这里不再赘述。

三、历代水利功臣的治河传奇

1. 贾让"三策"传千古

在众多治理黄河的案例中，西汉贾让提出的"治河三策"，是较为典型的例子。贾让的生卒年不

---

① 张廷玉等：《明史·五行志三》，中华书局1974年版，第500页。

详。汉哀帝绥和二年（公元前 7 年），皇帝下诏"博求能浚川疏河者"，贾让于是应诏上书，并提出了著名的"治河三策"。他知识渊博，又注重实践，称"治河有上、中、下策。古者立国居民，疆理土地，必遗川泽之分，度水势所不及。大川无防，小水得入，陂障卑下，以为污泽，使秋水多得其所休息，左右游波宽缓而不迫"[1]，提出的治河方略颇有创见。所谓上策，即"徙冀州之民当水冲者，决黎阳遮害亭，放河使北入海"；而"冀州渠首尽，当仰此水门，诸渠皆往往股引取之：旱则开东方下水门，溉冀州；水则开西方高门，分河流，民田适治，河堤亦成。此诚富国安民、兴利除害，支数百岁，故谓之中策"；"若乃缮完故堤，增卑倍薄，劳费无已，数逢其害，此最下策也"。因此，明人邱浚认为"古今言治河者，皆莫出贾让三策"；清代夏骃称"虽使大禹复出于此时，亦未有不徙民而放河北流者，安得不以为上策哉"；靳辅则说"有言之甚可听而行之不能者，贾让之论治河是也"。贾让的治河方略是关于治河的最早文献，也是我国历史上提出综合治理黄河的较为系统的理论，其精华之处有三：一是主张"宽缓而不迫"，"不与水争咫尺之地"，善于处理全局与局部的利益关系。二是主张"除三害增三利"，最先把兴利除害的思想贯穿于治河理论之中。三是主张治理黄河下游时要对远功近利有所区别，并根据国力民情择善而从，表现出高瞻远瞩的治河识见和实事求是的科学态度。当然，其主张或许还有一些不尽合理、不切实际之处，因为受时代的限制也是在所难免的，但其中蕴含的人工改道、滞洪分流、改土宽堤等思想，在今天仍然具有现实意义。

2. 王景治河立奇功

王景，字仲通，原籍琅琊不其（今山东即墨县西南）。一说乐浪（今朝鲜境内）人。他博学多艺，广窥众书，善于治水，东汉明帝时曾任侍御史、河谒使者等职，后迁任庐江太守。西汉末年，河决魏郡之后，黄河泛滥、汴渠侵毁、久而不修的状况持续了 60 余年。面对"汴渠东侵，日月弥广，而水门故处，皆在河中。兖豫百姓怨叹，以为县官恒兴他役，不先民急"[2]的复杂局面，东汉明帝审时度势，于是召见曾参与修筑浚仪渠的王景询问治河、治汴方略，并命其与王吴一起主持这项治水工程。永平十二年（69 年）四月，王景和王吴再次合作，奉诏率卒数十万人，商度地势，修渠筑堤，防遏冲要，疏决壅积，修建了"自荥阳东至千乘海口千余里"的河渠堤坝，还创造性地提出了"十里立一水门，令更相洄注"的治理措施，对汴渠和黄河进行了自上而下的综合治理，既改善了汴河水门工程，又实现了黄河与汴河的分流。王景治理后的黄河河道，穿越东郡、济阴郡北部，经由济北平原，最后由千乘入海，既恢复了汴渠的通航功能，又使数十年的黄河水灾得到平息，自此以后黄河有 800 年不曾改道，出现了长期安流的局面。汉明帝闻听此讯非常高兴，于是亲自"行幸荥阳，巡行河堤"，并下诏令盛赞此举"滨渠下田，赋与贫人，无令豪右得固其利，庶继世宗《瓠子》之作"，同时还诏令"滨河郡国置河堤员吏，如西京旧制"，将"王吴等诸从事掾史皆增秩一等"，高度评价了王景的治河功绩。

3. 贾鲁治河载史册

宋金元时期政权多次更迭，黄河中下游地区的生态环境更加恶化。在北宋统治的 160 年间，朝廷关于治理黄河的东流、北流之争一直议而不决，河工技术和汴河漕运能力有所进步，但黄河却决溢了 80 多次，其中发生在今河南境内的就多达 47 次。元代统治的近 100 年间，黄河泛滥决溢的年份多达 51 年、62 次，其中发生在河南境内的就有 44 次，河患发生之频繁超过以往任何朝代，但贾鲁治河的丰功伟绩却得以载入史册。

---

① 班固：《汉书·沟洫志》，中华书局 1962 年版。
② 范晔：《后汉书》卷七六《循吏列传·王景》，中华书局 1965 年版，第 2464—2465 页。

贾鲁（1297～1353 年），字友恒，河东高平（今属山西）人，自幼聪明好学，胸怀大志。初为宋史局官，历任东平路儒学教授、户部主事、中书省检校官、行都水监等职。元至正四年（1344 年），黄河白茅（今山东曹县）决口，河水泛滥达七年之久。贾鲁"以二策进献"，主张"疏塞并举，挽河使东行以复故道"，但因遭到工部尚书成尊等的反对而未果。至正十一年（1351 年），升任工部尚书、总治河防使的贾鲁在丞相脱脱的支持下，下定决心要改变"黄河决溢，千里蒙害，浸城郭，飘室庐，坏禾稼，百姓已罹其毒"的悲惨现状，发动汴梁、大名等十三路民众 15 万人，以及庐州等戍十有八翼军 2 万人供役，亲自率人修筑黄河。贾鲁治河的突出特点有以下几个方面：一是工期比较短。从当年四月到九月，只用了 5 个月的时间，速战速决，就实现水归故道的目标。二是工程量很大。半年时间共疏浚黄河故道 140 多千米，修筑大堤 18 千米，筑起截河大堤 9.5 千米。三是技术有创新。如首创沉船堵口之法，筑堤时将填土与铺设苇索草交互进行，成效都很显著。四是花费很惊人。这次堵口花费了巨大的人力、物力和财力，共计花费"中统钞百八十四万五千六百三十六锭有奇"，出动 20 万丁众参与工程建设，场面相当壮观。五是手段很灵活。在整治旧河道过程中，贾鲁坚持疏、浚、塞并举，宜疏则疏，宜塞则塞，需防则防，需泄则泄，无论是先堵塞小口还是后堵塞黄陵门决口，都是根据实际情况培修堤防，注重因势利导，调节治河手段，充分说明当时已经有了相当高的治河技术水平。然而，由于贾鲁治河时不顾一批朝臣反对，兴师动众，急于求成，选择在汛期施工，不顾民工死活，因此在一定程度上招致不少民怨。但他一举堵塞住泛滥七年的黄河决口，其历史贡献还是不容置疑的。有人在贾鲁故居墙壁上题写了这样的诗句，称"贾鲁修黄河，恩多怨亦多。百年千载后，恩在怨消磨"，还是比较中肯的。

4. "束水攻沙"潘季驯

明代是黄河灾患多发的时期，前期河患主要发生在河南境内，后期河患则多发生在山东、江苏境内，治河、治运、治淮与保护凤阳皇陵及泗水祖陵的任务相互交织，积累了丰富的治河理论和治河技术，还涌现出了一批以潘季驯为代表的优秀治河专家。

潘季驯（1521～1595 年），字时良，号印川，浙江乌程（今浙江湖州市）人。嘉靖二十九年（1550 年）进士及第。从嘉靖四十四年（1565 年）至万历二十年（1592 年）二十七年间，他先后四次出任总理河道都御史，因主持治理黄河和运河有功，官至太子太保、工部尚书兼右都御史。著有《河防一览》《两河管见》《宸断大工录》《留余堂集》等。他根据长期的治河实践经验，创造性地提出了"以河治河，以水攻沙"的治河方略；他向朝廷提出了六条具体建议，即"曰塞决口以挽正河，曰筑堤防以杜溃决，曰复闸坝以防外河，曰创滚水坝以固堤岸，曰止浚海工程以省靡费，曰寝开老黄河之议以仍利涉"[1]，要求在具体实践中遵循"筑堤束水，束水攻沙，蓄清刷黄"的操作方法；他非常重视堤防的作用，将堤防工程分为遥堤、缕堤、格堤、月堤四种类型，要求工程质量"必真土而勿杂浮沙，高厚而勿惜巨费"；在处理黄、淮、运三河的关系问题上，他坚持综合治理的原则，主张合流而又不机械地看待合流，强调根据具体情况有计划地分流。潘季驯的治河理论集中体现在其著作《河防一览》中，其治黄思想和实践为中国古代的治河事业做出了重大贡献。清代治河专家陈潢、近代水利学家李仪祉等都给予他高度评价，认为"后之论河者，必当奉之为金科也"[2]，"潘氏之治堤，不但以之防洪，兼以之束水攻沙，是深明乎治导原理者也"[3]，持论较为公允。

---

① 张廷玉等：《明史·河渠志二》，中华书局 1974 年版，第 2053 页。

② 靳辅：《河防述言·堤防》，文渊阁《四库全书》本。

③ 程有为：《黄河中下游水利史》，河南人民出版社 2007 年版，第 204 页。

四、古代黄河治理的经验启示

中华人民共和国成立以来，国家成立了统一治理黄河的专门机构，制定修订了若干全局性的黄河治理规划，建成了一大批梯级开发的水利水电工程，在实践中形成了一系列治黄方略和有效措施，在黄河治理方面取得了巨大的成就。为贯彻落实习近平总书记在黄河流域生态保护和高质量发展座谈会上的讲话精神，深入考察古代黄河治理的智慧成果，仍有一些经验启示值得借鉴。

1. 治理黄河是历代治国兴邦的重要政务

无论是在传说中的尧舜禹时代，还是在漫长的封建社会，黄河的治理一直是历代治国兴邦的重要政务，司马迁在《史记·河渠书》中曾详细记述从上古传说到西汉武帝年间的治河情形。在上古传说中，当洪水泛滥严重威胁到人们的生存生活时，尧先后派鲧和舜去治水，鲧治水"九年而水不息，功用不成"，舜使"益烈山泽而焚之，禽兽逃匿"的同时，又派"禹疏九河"。司马迁首先征引《夏书》中关于"禹抑洪水十三年，过家不入门"的文献资料，讲述了大禹尊重自然、顺应自然，并在此基础上适度地改造自然，最终实现了"九川既疏，九泽既洒"的目标，后人盛赞其"功施乎三代"[①]。其次，历数自"荥阳下引河东南为鸿沟，以通宋、郑、陈、蔡、曹、魏国，与济、汝、淮、泗会"，同时与楚、吴、齐、蜀等地河渠互通，"至于所过，往往引其水益用溉田畴之渠，以亿万计，然莫足数也"。再次，"西门豹引漳水溉邺，以富魏之河内"，"秦以富强，卒并诸侯，因命曰郑国渠"，"汉兴三十九年……河决酸枣，东溃金堤，于是东郡大兴卒塞之"，汉武帝元光年间亲临瓠子决口处，"卒塞瓠子，筑宫其上，名曰宣房宫。而道河北行二渠，复禹旧迹，而梁、楚之地复宁，无水灾"，"自是之后，用事者争言水利"。最后，司马迁大发感慨，认为"甚矣，水之为利害也"，点明自己因跟随皇帝"负薪塞宣房，悲瓠子之诗而作《河渠书》"，并用"水之利害，自古而然。禹疏沟渠，随山浚川。爰洎后世，非无圣贤。鸿沟既划，龙骨斯穿。填阏攸垦，黎蒸有年。宣房在咏，梁楚获全"这样一段话[②]，高度概括了西汉以前黄河治理的历史沿革，也昭示着封建时代四民对天下太平美政理想的深切期待。

2. 治理黄河应彰显敬天授时的民本思想

自古以来，黄河就与沿黄流域人们的生存生活有着非常密切的关系，黄河治理也一直是历代帝王将相敬天授时思想的集中体现。《史记》卷二八《封禅书》记载："昔三代之（君）［居］皆在河洛之间，故嵩高为中岳，而四岳各如其方，四渎咸在山东。至秦称帝，都咸阳，则五岳、四渎皆并在东方。自五帝以至秦，轶兴轶衰，名山大川或在诸侯，或在天子。其礼损益世殊，不可胜记。及秦并天下，令祠官所常奉天地名山大川鬼神可得而序也。"[③]商代都城在古黄河岸边的豫北地区曾多次迁徙，既是为了应对生活水源的逐渐枯竭，也是为了避免黄河水患的危害侵扰。周幽王二年（公元前780年），泾水、洛水、渭水都发生了大规模的地震，导致原塞水竭。时任周太史的伯阳甫认为，"夫天地之气，不失其序；若过其序，民乱之也"，"夫国必依山川，山崩川竭，亡国之征也"，鉴于"昔伊、洛竭而夏亡，河竭而商亡"的历史教训，于是发出"周将亡矣"的预言与感慨。尽管西周不一定是因为地震导致河流断竭而灭亡，但《史记》中这段文字用三川大震、阴阳失衡、异象丛生来预示周幽王因失德而导致国家灭亡的严重后果，则表现出敬天授时的民本思想。

---

①② 司马迁：《史记·河渠书》，中华书局1959年版，第1405–1415页。

③ 司马迁：《史记·封禅书》，中华书局1959年版，第1371页。

3. 治理黄河应体现除害兴利的辩证思维

战国时期，黄河下游的诸侯国纷纷行开发黄河之举。《汉书·沟洫志》有相关记载："盖堤防之作，近起战国，雍防百川，各以自利。齐与赵、魏，以河为竞。赵、魏濒山，齐地卑下，作堤去河二十五里。"[①]贾让在"治河三策"中指出："古者立国居民，疆理土地，必遗川泽之分，度水势所不及。大川无防，小水得入，陂障卑下，以为污泽，使秋水多得有所休息，左右游波宽缓而不迫。"[②]隋炀帝修建大运河时因耗费数百万民力而为人诟病，唐人皮日休却在《汴河铭》中感慨道，"隋之疏淇、汴，凿太行，在隋之民不胜其害也，在唐之民不胜其利也"，体现出"在隋则害，在唐则利"的辩证思想。宋开宝五年（972 年）正月，北宋朝廷因"河决澶渊，泛数州"下诏，"应缘黄、汴、清、御等河州县，除准旧制种艺桑枣外，委长吏课民别树榆柳及土地所宜之木。仍案籍高下，定为五等：第一等岁树五十本，第二等以下递减十本"[③]，要求各地在黄河沿岸种植榆柳以固护堤防，并把这种举措与户籍等级挂钩，在一定程度上也体现出生养万物、除害兴利的思想。

4. 治理黄河应遵循因势利导的治河思想

如何保护、治理、开发和利用黄河，是困扰历代治水者的共同难题。历代重视治水之尤者，莫过于宋代。《宋史》卷九一至卷九七收录"河渠志"七卷，其中与黄河有关的就有四卷，时间自宋太祖乾德二年（964 年）至靖康之变（1127 年），与黄河治理有关的政事几乎持续了整个北宋。例如：宋神宗很重视引黄济汴、导洛通汴的工程，多次召集大臣进行商讨；范纯仁、司马光、张商英、苏辙、王宗望、吴安持、郭知章等曾就黄河治理问题发表过建议；宋人李纲在《论都城积水第二疏》中提出了治水"六事"，即"一曰治其源，二曰弱其势，三曰固河防，四曰恤民隐，五曰省烦费，六曰广储蓄"，从中可见古人因势利导的生态保护理念。其实，从上古时期的大禹治水，到清康熙年间靳辅撰写的《治河方略》，几千年来的治河举措虽各有千秋，但一直都在遵循因势利导的治河思想。这种思想是中华优秀传统文化的重要组成部分，是古人爱护环境、珍视资源、敬重生命等观念的有序传承，对于当前推动黄河流域生态保护和高质量发展仍具有现实借鉴意义。

（作者系河南省社会科学院文学研究所副所长、研究员）

---

①② 班固：《汉书·沟洫志》，中华书局 1962 年版，第 1692 页。

③ 脱脱：《宋史·河渠志一》，中华书局 1977 年版，第 2257 页。

黄河治水方略

——以堤防建设为中心的探讨

聂好春

毛泽东主席说过："可以藐视一切，但不能藐视黄河，藐视黄河就是藐视我们这个民族"，"没有黄河就没有我们这个民族"[①]，"要把黄河的事情办好"。[②] 习近平总书记指出："黄河是中华民族的母亲河。保护黄河是事关中华民族伟大复兴的千秋大计。"[③] "黄河宁，天下平"。从某种意义上讲，中华民族治理黄河的历史也是一部治国史。习近平总书记还指出，千百年来，奔腾不息的黄河同长江一起，哺育着中华民族，孕育了中华文明。在我国 5000 多年的文明史上，黄河流域有 3000 多年是全国政治、经济、文化中心。九曲黄河，奔腾向前，以百折不挠的磅礴气势塑造了"中华民族自强不息的民族品格，是中华民族坚定文化自信的重要根基"。[④]

一、葵丘会盟与堤防建设

葵丘会盟发生在春秋时期，诸侯大国争霸，兼并战争频仍。

葵丘位于今河南省商丘市民权县林七乡西村。公元前 651 年（周襄王二年），齐桓公在葵丘大会诸侯，参加会盟的有齐、鲁、宋、卫、郑、许、曹等国的国君，周襄王也派代表参加，对齐桓公极力表彰。这是齐桓公多次召集诸侯会盟中最盛大的一次，标志着齐桓公的霸业达到了顶峰，齐桓公成为中原的首位霸主。

春秋五霸以齐桓公最盛；齐桓公九合诸侯，其中，在葵丘会盟中颁布"五命"盟约。其中主要的一条就是"无曲防"。当时诸侯修筑沿河堤防，总是以邻为壑，致使邻国遭灾，所以盟约禁止遍设堤防，不准把水祸引向别国。另外，"无遏籴"，不能禁止邻国来购买粮食。"诛不孝"，不得更换已立的太子，不能以妾代妻；"尊贤育才，以彰有德""敬老慈幼"。"凡我同盟之人，既盟之后，言归于好。"[⑤] 有学者认为，葵丘会盟盟约中规定的"无曲防"，即国际边界河流不准曲为堤防，壅高河水危害他国，这大概是中国水法的雏形。[⑥]

春秋时期，堤防不仅成为抵御洪水的主要手段，甚至成为削弱他国实力、征服别国的战争方法。公元前 656 年，楚国为了迫使齐国的盟友宋国投降，便在楚宋边境的濉河、汴水上拦河筑坝，"夹塞两

① 郑州黄河博物馆展览解说词。
② 中共中央文献研究室：《毛泽东年谱》第一卷，中央文献出版社 2013 年版，第 621 页。
③④ 习近平：《在黄河流域生态保护和高质量发展座谈会上的讲话》（2019 年 9 月 18 日），《求是》2019 年第 20 期。
⑤ 李梦生：《左传译注》（上），上海古籍出版社 2004 年版，第 217 页。
⑥ 王维平等：《水与齐鲁文明》，黄河水利出版社 2013 年版，第 10 页。

川，使水不得东流，东山之西，水深灭塅，四百里而后可田也"。[①] 由于回水，造成上游大水泛滥，堤防溃决，淹没了宋国的无数良田，宋国岌岌可危。齐桓公闻知此讯，立即与管仲率领大军前去救宋。楚见齐兵势浩大，便提出议和。于是齐楚两国在召陵（今河南省郾城县）订立盟约，其中一条禁令为"毋曲堤"。[②] 盟约订立后，齐军拆除了濉水、汴水上的阻水工程，使水恢复东流，解除了宋国的灭顶之灾。召陵之盟是我国有史可考的第一次着手解决水利矛盾的会议，提出了"毋曲堤"的公约，是有进步意义的。[③]

齐国政治家管仲，也是著名的治水专家，辅佐齐桓公做了不少大事。管仲特别强调水利的作用，把兴修水利看作治国安邦的根本大计。他曾跟齐桓公谈起："善为国者，必先除五害"[④]"五害之属，水最为大"。[⑤] 五害即指水、旱、风雾雹霜、瘟疫、虫灾，"除五害，以水为始"。在管仲辅佐齐桓公治国的过程中，水利发挥了极为重要的作用，他开创了"治国者必先治水"之说。

管仲在重视水利工程技术问题的同时，还注意到了水利管理工作。在管仲的辅佐下，齐国设置了水行政机构，配置专职官员对水利事宜进行管理。管仲认为，堤防要进行经常的维修和养护，维修堤防工作要在农闲时来做，堤防维护要以全年坚固无损为目标。平时经常地维修管理，才能防患于未然。他也专门论及了施工的组织管理工作，包括施工队伍的组织和施工器械的准备工作。

在黄河堤防探源方面，学术界有以下几种说法：①起自战国说。最早见于《汉书·沟洫志》："盖堤防之作，近起战国，壅防百川，各以自利。"②起自春秋说。有学者认为堤防至少在公元前651年的葵丘之会就已存在。③起自史前说，又分鲧、禹筑堤说和共工筑堤说。学界认为春秋说多有文献支撑，较为接近实际，尤其是"毋曲防"禁令的颁布。[⑥]

"防民之口，甚于防川，川壅而溃，伤人必多，民亦如之。是故为川者决之使导，为民者宣之使言。"[⑦] 从《邵公谏厉王弭谤》可以得知：此时堤防已作为人的比喻进入人们的语言，可见当时堤防已很普遍了。

堤防的出现标志着我国古代水利进入了一个新的发展阶段。远古时期，共工和鲧的治水方法是"壅防百川，堕高堙庳"和"障洪水"。以后又出现了大禹"予决九川，距四海，浚畎浍距川"，总结出了以"疏浚"为主的治水方法，比共工和鲧的"壅""障"之法又前进了一大步。然而疏浚并不能有效地控制洪水，只能提高河道的泄洪能力，于是劳动人民又渐渐摸索出了"堤防"这种与水斗争的方法。堤防是古代"障"与"疏"治水法的在更高一级上的统一，既加大了河床的容量，又防止了洪水漫溢出槽，从而大大提高了防洪标准。

春秋时期各国之间的水利条约，在许多史籍上都有记载，其内容大致分为两类：一类是"毋曲防""毋曲堤"，主要指沿河筑堤，不许只顾自己，不顾全局，损害别国。另一类是"无障谷""毋壅泉"，指不准拦河筑坝，堵塞河道。从水利条约在当时普遍存在的事实中，我们可以看到水利在当时社会中的重要地位，并可猜测到堤防在春秋时期的中原各国已达到了一定的规模，具有相当的技术水平，甚至可以拦蓄整条河流。正是这种技术的发展，带来了水利的社会问题，提出了统一管理河道水流的历史课题。不过春秋各国之间虽然订立了不少水利条约，但那种"壅防百川，各以自利"的现象却一

---

① 李山译注：《管子·霸形》，中华书局2016年版，第144页。

② 李山译注：《管子·霸形》，中华书局2016年版，第145页。

③ 肖均：《堤防与葵丘之会》，《治淮》1984年第6期，第36页。

④ 李山译注：《管子·度地》，中华书局2016年版，第323页。

⑤ 李山译注：《管子·度地》，中华书局2016年版，第325页。

⑥ 胡一三等：《黄河堤防》，黄河水利出版社2012年版，第2页。

⑦ 陈桐生译注：《国语》，中华书局2016年版，第11页。

直延续到了战国，直到秦始皇统一中国，"决通百川"，才基本上结束了这种水利上的混乱现象，水利矛盾才得到暂时缓和。[①]

二、历史上以堤防为中心的治水方略

我国著名水利专家张含英认为，治水方略是变动的、发展的，是随着经济、技术的发展而发展的；对于历代方略应师其大义，而不能因循守旧。[②] 张含英的认识与看法，对治黄事业的发展具有积极的推动作用。

张含英认为，治水方略是"处理水利事业之基本方法或策略，就像军事上之战术与战略"[③]，治水应以整个流域为对象，拟订整个流域的治水计划。在流域治理中，要充分考虑田地灌溉、洪水调节、开发电力等内容。修建水库要考虑防洪、拦沙、灌溉、城乡用水、发电等多目标的实现。人才是一切事业的重中之重，我国治水技师与技工缺乏，如果不加强人才建设，要使治水事业突飞猛进并跻身现代强国之林，那是不可能的事情。

黄河流域长期是我国政治、经济和文化的中心。在有文字的历史记载以来，除水害、兴水利一直是史书上的一项重要内容。历代统治者对治理黄河都极为重视，在长期的治河实践中，治理方略也在不断地发展。

1. 传说中的上古治水策略

在原始社会时期，对于洪水灾害人们主要采取"择丘陵而处之"的方式。后来，共工采取"壅防百川，堕高堙庳"的治河办法，以防范洪水泛滥的危害，人对自然灾害采取了斗争的态度。民间有"水来土掩"的谚语，它说明用土来防水是在生产发展到一定程度时的必然结果。这种治水方法的提出，是广大劳动者在与洪水搏斗的实践中创造出来的。对于洪水灾害的态度，由逃避转为防御，是一个发展。

尧舜时代，"鲧障洪水""鲧作城"，最后失败了。鲧的儿子禹继续主持治水的工作。禹接受父亲的教训，采取了"疏川导滞""因水之流"的方法，尽快地导水流入东海。大禹治水的传说对我国的水利事业起着巨大的推动作用。它鼓起了人类征服自然、防御水灾的勇气，引导着人们在改造自然、利用自然的征途上奋勇前进。

2. 封建社会上升时期的治水方略

春秋战国直到西汉中期，是我国新兴的封建地主阶级夺取政权和巩固政权的上升时期。黄河这条桀骜不驯的河流，在此期间也发生了极大的变化，如上游后套地区灌溉渠系的开辟，中游泾、渭引水灌田的发展，下游两岸长堤的完成，引漳灌溉的创修，以及以黄河为总干的南北水运网的沟通等治理开发事业，呈现出一派兴旺发达的灿烂景象。

下游的沿河长堤是在经济和技术发展到一定水平后才出现的。西汉治理黄河的代表人物、因提出治理黄河的上中下三策而著名的贾让在《治河策》中说："盖堤防之作，近起战国。"贾让所说的堤防，指的是沿河两岸较为系统的长堤，而不是局部的防御措施。黄河下游的部分河段，在周定王五年（前602年）宿胥口（滑县）改道之前已有堤防。如公元前651年齐侯会诸侯于葵丘的盟约中，便有"无

---

①　肖均：《堤防与葵丘之会》，《治淮》1984年第6期，第36页。

②　张含英：《治水方略之新动向》，载易成伟：《张含英治河论著拾遗》，黄河水利出版社2012年版，前言第2页。

③　张含英：《治水方略之新动向》，载易成伟：《张含英治河论著拾遗》，黄河水利出版社2012年版，第54页。

曲防"的规定。所以，就战国时期的政治、经济、技术条件来说，贾让上述的论断是完全有根据的。堤防的出现是我国治河史上的一大进展。

西周末年，至迟在春秋早期，黄河下游的堤防工程就已经逐步形成。战国时期，黄河下游堤防有了进一步的发展，系统的黄河堤防就是在这个时期形成的。张含英认为，并不是说到了战国才知道堤能防河或者才知道以堤防河，而是到了这时，黄河下游两岸的大堤才发展得较为完整、较为系统。[①] 管仲曾跟齐桓公说："春三月，天地干燥，夜日益短，昼日益长。利以作土功之事，土乃益刚。"春季正是修堤的好时候，夏秋冬季不利于"土功之事"。[②]

贾让《治河策》的"上策"主旨是放弃旧道，人工改河北流；"中策"为开渠引水，灌溉农田，另设水门，用以分洪入漳；"下策"为"缮完故堤"。关于两堤间的距离，贾让的意见亦多为后人所遵循。他认为战国时，左右两岸各去河 25 里筑堤的方法，"虽非其正，水尚有所游荡"。主张"宽立堤防"的人，常引此以为据。对于解决洪水问题来说，贾让的意见主要是人工改河北流，其次是分水北流，由漳水下泄。就《治河策》全文来看，既不能认为贾让反对筑堤，也不能认为贾让无条件地视筑堤为下策。

王莽时建议增加水流量以提高其挟沙能力。明朝中期，才提出了"以水攻沙"之说，并进行了初步的实践。张戎所说是历史上第一次记载以水力冲沙的理论和建议。

3. 宋元时期的治水方略

北宋黄河流经宋辽之间，极不稳定，有五次改道，河流变迁亦可见"两国交兵，黄河为界"的形势。同时，出现了三次回河之争。在三次回河之争的过程中，反映出各种治河要求和观点，主要来说，不是为了治河，而是为了御敌，为了使之成为战争的武器。当然，也有"以农事为急"的回河观点。在第二次回河时，王安石为相，正在推行以"理财"与"整军"为中心的新法。他极力主张回河东流，认为东流有利于农业生产，并不重视其为御敌的策略。争论了约 50 年，直至北宋末期，回河之议才告结束，充分反映出宋室衰微，行动无力。

高宗建炎二年（1128 年）冬，"有志而无才，好名而无实"的东京（今开封）留守杜充在浚县、滑县一带决开黄河，企图阻止金兵南下。但未能如愿，黄河经延津、长垣、东明一带南流入淮，造成了很大的危害。战祸连绵中，金人又"利河南行"，遂使黄河长期由淮入海（长达 727 年）。

金世宗大定二十年（1180 年），卫州、延津黄河决口，直泛宁陵、归德（今商丘）一带。

元顺帝至正四年（1344 年）黄河在曹县西南白茅堤北决，七年未事堵塞，使人民遭受了严重浩劫，既造成了严重灾害，又破坏了运粮漕道。后来由贾鲁堵塞，恢复元初河流形势，但泛流南北的形势依然。

宋元的四百年间，对于河流规律的认识有所提高（宋代对水流涨落和泥沙冲积等现象有了进一步的认识，为促进治河的发展提供了条件），治河的技术亦有所发展（堤防护岸与修守制度建立，贾鲁能够在盛涨季节堵塞决口显示治河技术水平大有发展），而泛滥的灾害也十分严重。主要原因是治河不从经济、民生出发，而唯以河流为战争武器，使河道日益败坏，为历史所罕见。加以"三畏"（畏天命、畏大人、畏圣人之言）的思想作祟，治河落后于社会经济发展的要求。[③]

---

① 张含英：《历代治河方略探讨》，黄河水利出版社 2014 年版，第 5 页。
② 李山译注：《管子·度地》，中华书局 2016 年版，第 329–330 页。
③ 张含英：《历代治河方略探讨》，黄河水利出版社 2014 年版，第 56 页。

4. 明清时期的治水方略

明初，黄河以不碍漕运通畅为紧要，基本方针是以分流杀势为主，辅以疏浚和筑堤。为防止黄河北决冲毁运道，以"北堵南分"为主旨，堤防修筑重在北岸，南岸则偏重于疏导。刘大夏特意增筑两道北堤。嘉靖十三年（1534年），刘天和主持治河，以黄河北岸为重，形成了牢固的双重防线。

隆庆以后，治河方略有所改变，堤防修筑发生显著变化。万恭、潘季驯推行"束水攻沙"方略，认为黄河水只应当合，不应当分，"水分则势缓，势缓则沙停，沙停则河塞"[1]，堤防建设开始南北两岸并重。

潘季驯是在明朝中期先后四次任治理黄河的主管官，万历六年（1578年）他第三次任治河官时，提出了"坚筑堤防，纳水归于一槽""以堤束水，以水攻沙""借水攻沙，以水治水"的治水方针。潘季驯采取主动治河的态度，摒弃多支分流的方针，在前人工作的基础上继续筑堤，挽归贾鲁故道，取得了一定的成绩，并为后世所遵循。潘季驯认为治河之法，唯有筑堤，更无他策，"治河之法，别无奇谋秘计，全在束水归槽；束水之法亦无奇谋秘计，惟在坚筑堤防"。[2] 虽然仍有各种治河策略的争论，但堤的防水作用一直被重视。因此，对于筑堤的规划、堤的修守制度和防护措施等均更加完备，且有滚水坝和减水坝的设置。

明代水利学家万恭对束水攻沙进行了阐述并运用于治河实践。万恭曾任总理河道，主持治理黄河。万恭束水攻沙的思想从何而来？商丘虞城一位秀才（张含英称之为"虞城生员"）提出的治河建议对万恭影响甚大。"虞城生员"提出利用水沙规律并修建适当的水工建筑来应对黄河泥沙问题。

张含英在《历代治河方略探讨》中提到了商丘"虞城生员"的贡献：

明初二百年间，黄河泛滥灾害严重，很多人认为黄河是没法治的。在虞城生员以前的河官刘天和，虽然对黄河得出"善淤、善决、善徙"的结论，但他认为这是黄河的本能。因之，"自汉而下，毕智殚力以事河，卒莫有效者，势不能也"。[3] 于是拜倒在淤、决、徙的面前，甘做自然的奴隶。再以后的河官杨一魁说：使"三河并存，南北相去约五十里，任其游荡，以不治治之"。"以不治治之"的所谓治河方针，是很有代表性的，就是"听天由命"的观点，任其漫流泛滥。

虞城生员则有不同看法，他向当时河官万恭提出了"以河治河"的理论，万恭记之而不书其名。虞城当时滨河，他可能是一位有治河经验而社会地位较低的读书人，但是他的见解却是很高的。他说："以人治河，不若以河治河也。夫河性急，借其性而役其力，则可浅可深，治在吾掌耳。法曰：如欲深北，则南其堤，而北自深；如欲深南，则北其堤，而南自深；如欲深中，则南北堤两束之，冲中间焉，而中自深。此借其性而役其力也，功当万之于人。"[4] 除了能使河槽冲深以外，还可以使洼处填高固堤。其法曰："为之固堤，令涨可得而逾也，涨冲之不去，而又逾其顶，涨落则堤复障急流，使之别出，而堤外水皆缓。故堤之外，悉淤为洲矣。"此办法不但可以冲深河槽，而且还可以淤高滩地，成为"束水攻沙"的最初思想。

万恭应用这一建议于治河实践，取得了显著效果。当时黄河东流，在徐州茶城之南（镇口）汇入北来的泗水（运河），折而南流。在这个交汇之处，黄河势强，便逆灌泗水，常患淤浅，影响南北航运畅通。万恭于交汇处的左岸筑大堤半里许，使之顺黄河径直南下，不致倒灌泗水；另外便于紧束泗水，

① 《河议辨惑》，载《历代治黄文选》（上），河南人民出版社1988年版，第145页。
② 潘季驯：《申明修守事宜疏》，《潘季驯集》（下），浙江古籍出版社2018年版，第381页。
③ 刘天和：《统论黄河迁徙不常之由》，《四库全书存目丛书》（第221册），齐鲁书社1996年版，第250页。
④ 万恭：《治水筌蹄》，朱更翎校注，水利电力出版社1985年版，第50页。

猛力冲出，以乱黄流。工成后，交汇处的东岸渐冲渐深，得到了"以河开河"的效果。而西岸渐淤渐厚，两水并驰南下，"淤浅不治而自治矣"。

对于虞城生员冲深和淤洼的具体办法还需略加解释。办法中"堤"的含义较广，它不专指两岸的一般土堤，还指导流坝、挑水坝以及可以漫水流的滚水堰。如在茶城工程中，文称"筑大堤半里许"，实为筑导流坝半里许。这就足以说明，文中的"堤"还包括治河中各式的坝。又如在冲深河槽的办法中，有"南其堤"或"北其堤"的说法，而当时河的南北（右左）两岸均已有堤，因之，为冲深河槽而再筑之堤，必为"内堤"，或为某种形式的坝，否则难作解释。再如，在固堤淤滩的办法中说，洪水可得漫顶而过，但又冲不坏，这个堤必不是一般土堤，而是有保护面或为其他料物所筑的滚水坝。涨水时，由滚水坝溢出之水可以落淤，填高洼处，加固背河堤脚，涨落即止。此外，如有内外两层堤，内堤也可设滚水坝，溢出之水可以从内外两堤之间下泄，即以泥沙淤高两堤之间的洼地，也就是原来的河滩地，并以加固堤身。换言之，要达到冲深河槽的目的，南岸或北岸或南北两岸必须有两道堤，即内堤与外堤；或者不修内堤而修某种形式的坝。为了达到固堤淤洼的目的，堤上还须修滚水坝。由于原文记载简略，今参考茶城工程和一般实际情况，对文中的"堤"作如上解释，或无大误。否则，如认为"堤"只指两岸的土堤，则将难以达到所期望的效果，甚或只是一种设想。

由于上述的治河方法，因而联想到近代西方为通航而整理河槽的理论和措施。他们主要采用顺坝和丁坝两种措施。顺坝为顺水流方向所修的坝（如果是比较长的一段，也可称为堰或堤），丁坝是与顺坝直交，或伸入河中的一端略向下游倾斜的坝。二者均于大水时漫顶过水，均有束水冲深主槽和落淤固岸的作用。而虞城生员16世纪中叶的理论和措施与此实有相似之处。当时徐州到淮阴的黄河就是夺泗的一段，也是运河的一段。当时的治河任务之一就是把这段河道整理成为畅通的航道。虞城生员的建议是有利于达到这种要求的，从茶城的实践可以见之。

万恭论水沙运行的规律时说："夫水专则急，分则缓。河急则通，缓则淤。吾从而顺其势，堤防之，约束之，范我驰驱，以入于海，淤安可得停？淤不得停则河深，河深则水不溢，亦不舍其下趋其高，河乃不决。故曰：黄河合流，国家之福也。"[1] 潘季驯说："惟当缮治堤防，俾无旁决，则水由地中，沙随水去，即导河之策也。"[2] 这都是鉴于河道长期紊乱横流、淤淀严重、灾害频繁而提出的筑堤纳水归于一槽的建议，其理与虞城生员的倡议亦相合。

大约在茶城导流成功后的四年，潘季驯第三次任治河官，提出了"以堤束水，以水攻沙""借水攻沙，以水治水"的治水方针。潘季驯采取主动治河的态度，摒弃多支分流的方针，在前人工作的基础上继续筑堤，挽归贾鲁故道，取得一定的成绩，并为后世所遵循。

《延津县志》记载：明弘治七年（公元1494年），河督御史刘大夏奉命役夫堵塞黄河张秋决口，在北岸筑起数百里长堤，其中大名府长堤，西起胙城，历滑县、长垣、东明、曹州抵商丘虞城，凡180千米，名"太行堤"。虞城县地处黄河冲积平原的中部，位于华北平原南部，旧有"三岗，十八固，二泽""一故堤"。虞城县有6河10沟的丰富水资源。洪河，原名横河，亦名老黄河，流域面积145.8平方千米。

清代修堤技术又得到进一步发展，特别强调"五宜二忌"。五宜：一是合理选择堤线。堤线应选择在地形高处，不与水争地。同时堤线不可太直，应稍呈弯曲，这样便于防护，不宜出险。二是"取土宜远"。取土地点不仅要远，而且还要在取土时隔一定距离预留下土格，这样运土时便于通行，完工后则可以利用这些土格，在河水漫滩时把泥沙淤到格内，既可以起到放淤固堤的效果，又能让土料取之

① 万恭：《治水筌蹄》，朱更翎校注，水利电力出版社1985年版，第27页。

② 张廷玉：《明史·河渠志（二）》，中华书局1974年版，第2051页。

不尽。三是每次上土要薄。不仅如此，在两段工程交界处还要注意互相交叉上土夯打。四是行夯要密。五是验收要严。二忌：一是忌隆冬施工，因冻土不宜夯实，影响质量；二是忌盛夏施工，防止大水漫滩，无土可取。[①]

5. 中华人民共和国治水方略的趋向

中华人民共和国成立后，党和国家对治理开发黄河极为重视，把它作为国家的一件大事列入了重要议事日程。在党中央的坚强领导下，沿黄军民和黄河建设者开展了大规模的黄河治理保护工作，取得了举世瞩目的成就。党的十八大以来，党中央着眼于生态文明建设全局，明确了"节水优先、空间均衡、系统治理、两手发力"的治水思路，黄河流域经济社会发展和百姓生活发生了很大的变化。龙羊峡、小浪底等大型水利工程充分发挥作用，河道萎缩态势初步遏制，黄河含沙量近 20 年累计下降超过八成。[②]

三、河南在保护传承弘扬黄河文化和促进黄河流域高质量发展方面应发挥更大作用

习近平总书记指出，黄河文化是中华文明的重要组成部分，是中华民族的根和魂。要推进黄河文化遗产的系统保护，守好老祖宗留给我们的宝贵遗产。要深入挖掘黄河文化蕴含的时代价值，讲好"黄河故事"，延续历史文脉，坚定文化自信，为实现中华民族伟大复兴的中国梦凝聚精神力量。[③]

黄河堤防给河南留下了黄河经过的痕迹，如今也成为经济发展、文旅开发的重要资源。新乡段黄河大堤内滩区面积居河南省之首；黄河流经新乡 174 千米，流经平原城乡一体化示范区、原阳县、封丘县和长垣市，涉及 21 个乡镇 504 个行政村 52 万人。根据规划，新乡市要将沿黄生态带建设成黄河岸边的山水园林、郑新融合的生态纽带、乡村振兴的重要载体、农业供给侧结构性改革的重要抓手、发展文旅康养的重要平台、贯彻新发展理念的先行区、城乡统筹发展的试验区、华夏文明的传承创新示范区。[④]

2017 年初，新乡市就提前谋篇布局，争取把黄河滩区打造成为大美的田园、优美的公园、创富的乐园和幸福的家园。新乡把生态作为无价之宝，对滩内和滩外分层次、分重点规划治理。推动黄河流域生态保护和高质量发展，新乡将围绕"三产"融合，加快推进重点项目建设。此外，将深入挖掘黄河文化的时代价值，大力发展文化产业，谋划实施"一山两河三城四镇"（一山：南太行；两河：黄河、卫河；三城：生态城、森林城、卫辉古城；四镇：陈桥古镇、百泉古镇、原武古镇、唐庄镇）文化标志性工程，讲好黄河故事，传承黄河文化。[⑤]

2019 年 5 月，通车的控导工程连接线（沿黄生态通道或穿滩公路）成为游客游玩的好去处。在新乡黄河湿地鸟类国家级自然保护区陈桥镇东湖湿地内，蒲苇丛生，各种水鸟在湿地上空飞舞。陈桥镇东湖湿地在黄河北岸，总面积 22780 公顷，封丘陈桥镇境内有 3360 公顷。目前东湖已发现鸟类共计 156 种，被誉为"鸟类的天堂"，湿地减少了人为影响，各种濒危珍稀鸟类不断增加，其中青头潜鸭全球不足千只，东湖湿地就有 20 多只；另有野生兽类 12 种，植物 745 种。[⑥]

---

① 辛德勇：《黄河史话》，社会科学文献出版社 2011 年版，第 137 页。

②③ 习近平：《在黄河流域生态保护和高质量发展座谈会上的讲话》，《求是》2019 年第 20 期。

④⑥ 高长岭：《争当生态保护和高质量发展先行者》，《河南日报》2019 年 9 月 26 日。

⑤ 《创造黄河流域生态保护和高质量发展的新乡经验》，《大河报》2020 年 5 月 26 日。

商丘地处黄河中下游豫东黄淮冲积平原上，三商文化的发源地。商丘境内遗存有 172 千米保护完整的旧堤故土、长期涵养防护林带 136 千米 18 万亩、红线呵护的 200 平方千米湿地水库和黄河故道风景长廊，加上众多的黄河文化名胜古迹、非物质文化遗产，资源非常丰富。

黄河故道是黄河文化的重要组成部分，新乡、濮阳、商丘等地的黄河故道资源丰富。如历史上商丘地区曾几度成为华夏政治、经济、文化中心之一，是我国道家、儒家、墨家等思想形成和创新发展的主要区域，留下了众多历史文化遗存、名胜古迹、民间美好的故事和特殊的堤防及灌溉文化，是我国农耕文明的集中展示区。故道沿线还是现代革命老区，曾为当年的抗日战争和解放战争的胜利做出巨大贡献，具有广泛的红色革命基因。[①]

在习近平总书记郑州讲话后，河南省黄河流域生态保护和高质量发展工作理念明显提升、质量明显提高、速度明显加快、作风明显转变，这是党中央着眼中华民族伟大复兴做出的重大战略部署，是千载难逢的战略机遇，各地闻风而动、深入谋划，黄河文化传承弘扬发展工作越来越好。

参考文献

［1］习近平：《在黄河流域生态保护和高质量发展座谈会上的讲话》，《求是》2019 年第 20 期。

［2］黄河志编纂委员会：《黄河志》（1～10 卷），河南人民出版社 2017 年版。

［3］张含英：《历代治河方略探讨》，黄河水利出版社 2014 年版。

［4］张含英：《治河论丛》，黄河水利出版社 2013 年版。

［5］张含英：《治河论著拾遗》，黄河水利出版社 2012 年版。

［6］姚汉源：《黄河水利史研究》，黄河水利出版社 2003 年版。

［7］周蓓：《近代黄河档案研究》，河南人民出版社 2019 年版。

［8］胡一三等：《黄河堤防》，黄河水利出版社 2012 年版。

［9］王渭泾：《历览长河——黄河治理及其方略演变》，黄河水利出版社 2009 年版。

［10］吴小洪：《贾让"治河三策"的现代启示》，《华北水利水电学院学报》（社会科学版）2009 年第 6 期。

（作者系新乡学院人文学院教授）

---

① 赵杰：《浅谈黄河故道的保护和综合开发》，《商丘日报》2020 年 8 月 21 日。

黄河的泥沙与鸿沟的更名[①]

陈建魁

鸿沟最早为大禹时期所开凿，是中国历史上的第一条运河，后在战国魏惠王时两次开挖，在先秦至唐宋时期构建以黄河为中心的水系方面起着非常重要的作用。

一

大禹治理洪水后构筑了一个水系网络，这个网络是以黄河为中心的，在《尚书·禹贡》中有详细阐述。《史记·夏本纪》和《汉书·地理志》全文抄录了《尚书·禹贡》篇的内容，可见，两汉时人们对《尚书·禹贡》一文中所述是比较认可的。

《尚书·禹贡》篇共有1500余字，虽然文中没有提及鸿沟的名称，但讲到"海、岱及淮惟徐州，淮、沂其乂……浮于淮、泗，达于河"。也就是说，黄海、泰山及淮河之间为徐州，淮河、沂水得到治理后，进贡的船只可通行于淮河、泗水，到达黄河。可见，走水路，通过淮河和泗水可以到达黄河。而这条水路现在是行不通的。《尚书·禹贡》还记述，"淮、海惟扬州"，从扬州进贡的船只沿着长江、黄海方能到达淮河、泗水。也就是说，长江和淮河当时并没有连接在一起。春秋末期，吴王夫差开沟通水，与晋定公会于黄池，而长江始有入淮之通道。禹时尚无此条水道。所以，《尚书·禹贡》才说"沿于江、海，达于淮、泗"。也就是说，除非自海上入淮，否则江淮无相通之道。宋人苏轼《书传》卷五明确说："直云浮于淮、泗，达于河，不言自海，则鸿沟、官渡、汴水之类，自禹以来有之，明矣。"宋人毛晃《禹贡指南》亦持有相同观点：吴王夫差开沟通水，与晋会于黄池，而江始有入淮之通道。宋人《陈经尚书详解》卷六对苏轼的观点也非常赞同。元人马端临《文献通考》也这样说："汴渠自西而东，鸿沟乃横亘南北，故曰未得其要也。独所谓自禹以来有汴者，此则不易之论也。"清人徐文靖《禹贡会笺》更加直接，说："汴渠自禹来有之，此不易之论。"只有明人胡谓《身贡锥指》持不同意见，说"浮于淮、泗，达于河"，这里的"河"，应为"菏"。菏水，又名深沟。按此，则公元前484年吴王夫差于今山东定陶东北开挖深沟，引菏泽水东南流入于泗水，由于所开水沟之水源来自菏泽，故被称为菏水。有的学者认为，菏水，当时连接济、泗两条河道，进而沟通了江、淮、河、济四大水系，致使位于济水与菏水交汇处的定陶，"扼河济之要，据淮、徐、宋、卫、燕、赵之脊"，成为中原东部著名的军事战略要地和水运交通中心，亦成为当时有名的经济都会，有"天下之中"的美誉。然而，禹时尚未开挖菏水，通过水路可由淮、泗"达于菏"。

历史上有关鸿沟的最早记载出自《战国策》。鸿沟的开凿者是战国时期魏国的魏惠王。大禹治水到魏惠王在位大概有1700年，想必连通淮、泗与黄河的水道早已淤塞。就地势来看，魏惠王所修之鸿沟

---

① 本文引用了大量文献，因为引用原文故存在与目前用法不同的字词，本文不做修正，特此说明。全书同。

与禹时所辟水道之位置很有可能是重合的，不过经过千余年后，一些地段不可避免会有所出入。

魏惠王开凿鸿沟应是在不同时间分段完工的，大规模的有两次：第一次为魏惠王十年，即公元前360年。《水经注》卷二十二引《竹书纪年》称："梁惠王十年，引河水于甫田，又开凿大沟以引甫水。"大沟即鸿沟，甫田就是圃田泽。此为关于鸿沟最早的文献记载。第二次为魏惠王三十一年，开封城已建好，遂于城北开渠。《水经注》引《竹书纪年》称："梁惠成王三十一年三月，为大沟于北郛，以行圃田之水。"《史记·苏秦列传》记载苏秦游说魏襄王时，称魏国"南有鸿沟"[①]，可见，"大沟"即"鸿沟"之另名。魏襄王继惠王位，是魏惠王之子、战国时期魏国的第四任国君，说明在战国中期的魏襄王时，"鸿沟"之名已经出现。至楚汉相争时，"项王乃与汉约，中分天下，割鸿沟以西者为汉，鸿沟而东者为楚"，鸿沟成为汉、楚的分界线。

鸿沟的分支非常多，流经范围也十分广泛，《史记·河渠书》记载："自是之后，荥阳下引河东南为鸿沟，以通宋、郑、陈、蔡、曹、卫，与济、汝、淮、泗会。"[②]鸿沟开凿竣工后，河、济、淮、泗等水系由鸿沟连为一体，在黄淮平原上形成了一个水道交通网，此水运网络是一套完整的水运系统，以鸿沟为主干，以自然河流为分支。这一水运系统不仅促进了各地区的商业交流，还对农业的发展起到了巨大的推动作用。《史记·河渠书》称："此渠皆可行舟，有余则用溉浸，百姓享其利。至于所过，往往引其水益用溉田畴之渠，以万亿计，然莫足数也。"[③]

二

禹时，通河淮间之水道，史不载其名。战国时，魏惠王重新疏浚此水道，称为"大沟"。其子魏襄王在位时，大沟始称为"鸿沟"。鸿沟具体在什么地方，《汉书》颜师古注引应劭说，鸿沟"在荥阳东南二十里"。又引文颖说，于荥阳下引河东南流，称为鸿沟，以通宋、郑、陈、蔡、曹、卫之地，与济、汝、淮、泗会，即今所称之官渡水也。西汉时，鸿沟又称狼汤渠。《汉书·地理志》讲到河南郡荥阳县有狼汤渠，首受沛（同"济"，即济水），东南至陈（今河南淮阳）入颍水，过郡四，行道长七百八十里。又陈留郡陈留县，鲁渠水首受狼汤渠，东流至阳夏入涡渠。又浚义县睢水，首受狼汤水，东流至取虑入泗水，过郡四，行道长千三百六十里。又封丘县之濮渠水，首受沛水，东北行至都关入羊里水，过郡三，行道长六百三十里。又淮阳国扶沟县之涡水，首受狼汤渠，东流至向入淮，过郡三，行道长千里，"此宋、郑、陈、蔡、曹、卫水道之明证也"。[④]

《水经·渠注》：渠水（指浪荡渠）径梁王吹台东，渠水于此有阴沟、鸿沟之名。项羽与汉高祖分地而王，指是水以为东西之别。《水经》称："（河水）又东过荥阳县北，浪荡渠出焉。"郦道元注曰："大禹塞荥泽，开之以通淮、泗。即《经》所谓浪荡渠也。"西汉末年至新莽时期，因社会动乱，黄河泛滥六十年，鸿沟也因大量含沙河水的浸灌而淤塞不通。东汉稳定政权后，命水利专家王景疏浚黄河下游和汴渠水道，汴渠也就是鸿沟的支流汳水。此次疏浚后，黄河长时期稳定，没有泛滥，汴渠恢复通航能力。但鸿沟水系的其他河流多淤塞不通，有的部分断流，有的甚至湮灭无闻。而成功得到恢复的那部分鸿沟主线，成为后世"汴渠"的西段，隋朝时又成为大运河"通济渠"的西段。至唐宋时，称"汴渠"为"汴河"。到宋代，汴河每年通过漕运，江、淮、湖、浙米数百万输入京师，"乃至东南之乡，百物众室，不可胜计"。宋朝时，鸿沟主线的南段改名为惠民河。南宋建炎二年（1128年），黄河改道南流，经历几次政权更迭和黄河泛滥后，惠民河一带运河亦最终逐渐荒废。

① 《史记·苏秦列传》，中华书局1982年版，第2253页。

②③ 《史记·河渠书》，中华书局1982年版，第1407页。

④ 《前汉书》卷二十九考证，文渊阁四库全书本。

古代，江河淮济为四渎。而济水和黄河在荥阳分流。汉代的荥阳县在今河南省荥阳市的东北，其辖境内，广武山非常有名。《水经·渠水注》说济水分河东南流的地点在石门，而石门在敖城西北，敖城即敖仓城。敖仓为秦代著名粮仓，建于鸿沟与黄河分流处，其作为粮食等物资的转运站，可见范围不小。《河南通志》载："敖峰顶在河阴县西北二十里敖山上下，为秦时置仓处。"敖仓城的故址应在今荥阳东北沿黄一带，今已为河水所侵蚀，湮灭无迹。据《水经注》，经与现在对比，石门应该在广武镇的西北。或在汉王城村与霸王城村之间以北，现已早被黄河所湮灭。据《水经注》说："旃然水亦谓之鸿沟水，盖因楚汉分王，指水为断故也。"《河南通志》记载："旃然河源出河阴县西南二十里，流经县北五里广武山，逶迤东流，经东泽达于河。"今汉王城与霸王城之间有二里长之小沟，称鸿沟，南北向，西与黄河相接，但东部已为高岗所阻，不与其他水系相通。而敖仓城在石门东五里，大约在今黄河风景名胜区之北，亦已被黄河所湮灭。

《河南通志》谈到郑州古迹，称三皇山、广武山，"俱在河阴县北一十三里"，二山连为一体，其上有东、西广武二城，即项王、汉王屯兵相拒处。述及"敖山"，曰："在荥阳县北、河阴县西。"《诗》中有"搏兽于敖"的词句，商代仲丁迁都在此地。秦时筑敖仓于敖之上，因以名山。郦食其劝汉高祖据敖仓之粟，又因敖山筑甬道下汴水，皆在敖山。

综上，鸿沟、旃然水、官渡水、阴沟、浪荡渠、汴渠、汴水、通济渠、惠民河等，都为某一历史时段鸿沟某段或连通河水之名称。

三

今日学界，多以郑州西之桃花峪为黄河中下游分界线。其东地势平坦，河水流缓。黄河中下游所过之处为黄土高原和黄土平原。黄土土质较细，可溶于水。鸿沟引黄河之水东南，水流平缓，水中泥沙沉淀，久之淤塞水道，抬高河床。在战乱频仍之时，疏通不及，遂塞而不通。

为何在鸿沟之地开凿运河？桃花峪位于河南省郑州荥阳市广武镇区域内，原来学界定黄河中下游分界线于河南孟津。2013 年，人民教育出版社出版的八年级上册地理教材中，始以桃花峪取代原来课本中的河南"旧孟津"作为黄河中下游的分界点。今桃花峪之东，黄河两边无山可依，而鸿沟就在桃花峪西面的广武山东麓。广武山古称三皇山，又名敖山，当地人称为邙山，沿今河南省荥阳市黄河南岸绵延 30 千米，海拔一般在 150～250 米。广武山北接黄河，从山顶临黄而下是山水长期冲刷而形成的一道道沟岭，广武山南边，也是山水长期冲刷所形成的一道道沟岭。由于楚汉相争于荥阳，约界鸿沟，使鸿沟名声大噪。唐朝韩愈赋有《过鸿沟》诗："龙疲虎困割川原，亿万苍生性命存。谁劝君王回马首，真成一掷赌乾坤。"李白曾赋诗《登广武古战场怀古》，描写得更为形象："秦鹿奔野草，逐之若飞蓬。项王气盖世，紫电明双瞳。呼吸八千人，横行起江东。赤精斩白帝，叱咤入关中。两龙不并跃，五纬与天同。楚灭无英图，汉兴有成功。按剑清八极，归酣歌大风。"

《禹贡》载："导河积石，至于龙门；南至华阴；东至于砥柱；又东至于孟津；东过洛汭，至于大邳。"司马迁亦称："余南登庐山，观禹疏九江，遂至于会稽太湟，上姑苏，户五湖，东阚汭、大邳，迎河，行淮、泗、济、漯。"[1] 关于此处之"大邳"所在有多种说法，有学者认为是广武山或为敖山。《竹书纪年》记载，商王仲丁"自亳迁于嚣（隞）"，所迁之地"嚣"，学界多认为是敖山，而广武山在汉代以前叫嚣（隞）山。秦代时隞山上设有城堡，在此置粮仓，名曰"敖仓"，在楚汉战争中对刘邦的胜利起到了巨大的作用。据《左传》文公十八年："颛顼有不才子，不可教训，不知诎言，告之则

---

① 《史记·河渠书》，中华书局 1982 年版，第 1415 页。

顽，舍之则嚚，傲狠明德，以乱天常，天下之民，谓之梼杌。""梼杌"是上古灵兽之一，傲狠、难训。丁山认为"梼杌即饕餮、委蛇"。另据《吕氏春秋·先识》："周鼎著饕餮，有首无身。"可见梼杌与古代祭祀活动密切相关。梼杌"舍之则嚚，傲狠明德"。据《国语·周语上》："夏之兴也，祝融降于崇山……商之兴也，梼杌次于丕山……周之兴也，鸑鷟鸣于岐山。"或由此，大伾转为敖山，此亦敖城、敖都、敖仓得名之由来。

到鸿沟地界，广武山地势较低，南北山体较薄，在此开凿运河，两边有山体阻挡，易于控制，而且此处山体南北端，皆是山水长期冲刷而成的深沟，需要开挖的山体较薄，工程量小。魏惠王时在此开挖鸿沟，在当时的生产力和人力条件下，是可以做到的。

黄河流经黄土平原和黄土高原，雨后泥沙含量很高。不仅黄河下游河段的河床中淤积有大量泥沙，而且在黄河中游的宁夏和内蒙古段，也时常发生比较严重的季节性淤积。按道理来说，黄河流经黄土高原和黄土平原后，已不再清澈，但历史上有很多"河清"的记载，如：

《后汉书·五行志三》：东汉延熹八年（165年）四月，济北一带河水清澈；九年（166年）四月，济阴、东郡、济北、平原等地河水清澈；灵帝建宁四年（171年）二月，河水清澈。

《旧唐书·五行志》：唐宝应元年（762年）九月，太州至陕州200余里间，河水清清，澄澈见底。

《宋史·五行志》：北宋大中祥符三年（1010年）十一月丁酉十二月乙巳，河水清，在汾水合流处清如汾水。

《元史·五行志》：元至元十五年（1278年）十二月，自孟津东柏谷至汜水蓼子峪，上下80余里，河水澄莹见底，数月后始如故。

《明史·成祖本纪》：明永乐二年（1404年）十月十七日，蒲城、河津一带，黄河河水清澈。

《明史·武宗本纪》：明正德七年（1512年）八月，甲午，清河口至柳铺一带，黄河水清3日。……河清共7日，鱼鳖皆浮于水面。

《清史稿·河渠志》：清乾隆五十二年（1787年）十二月，山西（甘、宁）一带大旱，河水清澈二旬，自永宁（今属宁夏）以下延续1300里。

对河清发生的时间及地域进行深入分析可以看出，河清之时也即大旱之时，黄河干流得不到新水的补充，水量变小，导致水流缓慢。水中之泥沙在此情况下大多深沉于河底，故而有"河清"之现象。但是，这种"清"是相对的，只是相对于平时而言，和真正意义上的清还是有很大区别的。

鸿沟承黄河之水，本就落差较小，亦随黄河水量之大小而量运力，时通时废。在宋室南迁、元都北京后，鸿沟在中国水系网络中的地位猛然下降，而且大部分已无水道，成为历史的遗迹。

（作者系河南省社会科学院历史与考古研究所副所长、副研究员）

黄河流域史前聚落分布与聚落群类型浅析

——以河湟、关中、齐鲁地区为例

李 龙

黄河是中华民族的母亲河，是中华文明的"根"与"魂"，其"根"始于史前文明。黄河文明根系发达，由不同的区域文化组成，其中河湟文化、关中文化、齐鲁文化是黄河上、中、下游不同区域文化的有机组成部分。本文试从史前聚落分布类型与聚落群组成的角度来探析黄河上、中、下游史前聚落发展的异同。

一、河湟地区史前聚落分布与聚落群类型

（一）聚落规模与数量

河湟地区的早期聚落主要是大地湾一期文化聚落和师赵村一期文化聚落。大地湾一期文化主要分布在渭河中上游地区，但在湟水、西汉水上游和丹江上游也发现少数遗址[1]。在河湟地区聚落数为6处，规模在1万～20万平方米。师赵村一期文化主要分布在甘青地区，聚落数量在10余处，聚落规模在1万～20万平方米。河湟地区中期聚落主要是大地湾二期文化聚落、仰韶文化庙底沟类型聚落和马家窑文化聚落。目前，在甘青宁地区发现的仰韶文化聚落数量较少，仅仅10余处，其中以胡李家遗址较为典型。河湟地区共发现马家窑文化早、中期聚落800余处，马家窑半山、马厂类型聚落500余处[2]，属于河湟地区马家窑文化聚落的主要类型[3]。

河湟地区史前晚期聚落主要是齐家文化聚落，根据目前发表的资料，齐家文化聚落约有800处，聚落规模在800平方米至30万平方米。主要分布在甘青地区，如甘肃的天水、武山、陇西、秦安、静宁、临洮、和政、东乡、兰州、榆中、平凉、泾川、庆阳、镇原、宁县、武威等地。其中，天水、武山、陇西、秦安、武威等地聚落分布较为密集，占到聚落总数的56%。[4]

（二）聚落地理类型

河湟地区史前早期聚落分布在黄土高原地带与山前坡地上，如陇中黄土高原、甘南高原，主要为黄土丘陵沟壑区和黄土高原沟壑区，是以峁为主的峁梁沟壑丘陵区和以梁为主的梁峁沟壑丘陵区，形成了典型的高原山地型聚落。而贺兰山山麓、山前坡地也有部分聚落分布，形成丘岗台地型聚落。而

---

① 中国社会科学院考古研究所.新中国考古发现与研究［M］.北京：文物出版社，1984.

② 中国社会科学院考古研究所等.中国聚落考古的理论与实践（第一辑）［M］.北京：科学出版社，2010.

③ 牛奥运.河湟谷地史前聚落分布与耕地格局演变［D］.华侨大学硕士学位论文，2018.

④ 裴安平.中国史前聚落群聚形态研究［M］.北京：中华书局，2014.

最多的是位于河谷地带较低的河边阶地上，如包甘肃青海湟水与黄河交汇一带，甘肃东部的三大水系，渭河、泾河、西汉水流域。大地湾一期文化主要分布在渭河中上游地区，在湟水等地也发现少数遗址。除柳林遗址地处陇南山地外，其他均属高原河流阶地型聚落。师赵村一期文化的分布范围与大地湾一期文化大体相同，主要分布在渭河中上游地区。在湟水中下游、上游也有分布，同样均属高原河流阶地型聚落。

河湟地区史前中期仰韶文化聚落主要分布在陇中黄土高原、甘南高原的河流阶地上。马家窑文化主要分布在甘肃中南部地区，以陇西黄土高原为中心，东起渭河上游，西到河西走廊和青海省东北部，北达宁夏回族自治区南部，南抵四川省北部。分布区内主要河流为黄河及其支流洮河、大夏河、湟水等。马家窑类型主要分布在甘肃中南部，青海东北部湟水和清水河流域。马家窑半山、马厂类型是河湟地区的重要类型。马家窑文化的聚落遗址一般位于黄河及其支流两岸的台地上，接近水源，土壤发育良好。半山类型分布范围与马家窑类型基本相同，但已逐渐西移。马厂类型的分布则更为向西，发展到了河西走廊的西端玉门一带。因此，河湟地区史前中期聚落类型呈现多样化。据徐亚华的研究，河湟地区河流阶地型聚落占60%，山地型聚落占13%，丘岗台地型聚落占20%，平原台地型聚落占7%。[①]

河湟地区史前晚期齐家文化聚落主要分布在东起甘肃东部的渭水流域，西至湟水流域，南至西汉水、白龙江流域，北至黄河上游宁夏和阿拉善左旗附近，聚落遗址主要分布在黄河及其支流沿岸二级阶地上，部分聚落向一级阶地扩展。基本不见山地型聚落和平原台地型聚落。齐家文化河流阶地型聚落占了85%，其次为丘岗台地型聚落，占了15%[②]。

（三）聚落群形态

河湟地区早期聚落群尚不明显。中期聚落主要形成了渭河上游聚落群、泾河上游聚落群。其中湟水上游聚落群包括乐都、民和等县市的聚落，其中大部分都是"一"字形（线形）聚落群。"一"字形（线形）聚落群大致有8个，圆形聚落群有龙王聚落群和鲁家湾聚落群2个。龙王聚落群中，20多平方千米出现了卤上、签篮、莓陆等二级聚落和十几个三级、四级聚落，活动空间在100平方千米内，每个聚落大致有60千米活动范围，活动半径约15千米。鲁家湾聚落群中，20多平方千米出现了罗家沟、卢门等7个二级聚落和18个三级及以下的聚落。湟水下游聚落群，主要指下游及其大小支流流域的马家窑文化晚期遗址所形成的聚落群，在区内的大小河流多为峡谷，河谷阶梯面积狭小，多沿河流两岸分布，所以只有"一"字形（线形）聚落群。

河湟地区齐家文化时期，共发现文化遗址400多处，分布在青海、甘肃等地。主要以河谷阶地型聚落群为主。青海民和喇家聚落群由11处聚落组成，喇家为二级聚落，楠广、格子雅为三级聚落，四级以下聚落8处，聚落间平均间距11千米，活动空间80平方千米。齐家聚落群由15个聚落组成，齐家为二级聚落，哈赤河、狼黄答、格德为三级聚落，聚落间平均间距13千米，活动范围约78平方千米。

河湟地区史前聚落宏观层面的形态演变呈现出集聚—扩散—再集聚的特征，同时聚落的海拔分布也呈现出由高向低再向高迁移的趋势。在小范围的聚落集群主要呈现出三种聚落形态，包括无中心型、单中心的向心型以及多中心的竞争型。河湟地区史前耕地格局呈现出先集中再扩散的趋势，土地开发模式呈现出由"集约型"向"非集约型"转变。耕作农业的社会组织较为稳定，更容易形成等级分明的聚落等级体系，而畜牧农业流动性较强，聚落的分布则更加分散和随机，更易形成无中心或者多中心型的聚落集群。证明了耕地是反映经济形态差异的重要指标，经济形态的差异体现在聚落对周边土

---

①② 徐亚华.黄河上游史前聚落的地理类型［J］.考古与文物，2000（1）.

地利用方式的不同。

二、关中地区史前聚落分布与聚落群类型

（一）聚落规模与数量

关中地区史前早期聚落主要是老官台文化聚落，主要分布在渭河、泾水流域。聚落数量目前发现约24个，重要聚落遗址有老官台遗址、关桃园遗址、北刘遗址等，聚落规模大小不一，根据面积可分为大、中、小三级，大型聚落面积为10万~20万平方米，中型聚落面积为1万~10万平方米，小型聚落面积为1万平方米以下。大型聚落2个，中型聚落15个，小型聚落7个。

关中地区史前中期聚落主要是仰韶文化聚落，根据面积大小可分为六个等级。特级聚落面积为40万平方米以上，一级聚落面积为30万~40万平方米，二级聚落面积为20万~30万平方米，三级聚落面积为10万~20万平方米，四级聚落面积为1万~10万平方米，五级聚落面积为1万平方米以下。特级聚落有32个，一级聚落有39个，二级聚落有174个，三级聚落有110个，四级聚落有940个，五级聚落有245个。

关中地区史前晚期聚落主要是龙山文化聚落，依旧可分为六个等级。特级聚落有6个，一级聚落有10个，二级聚落有8个，三级聚落有472个，四级聚落有136个，五级聚落有115个。

（二）聚落地理类型

关中地区史前早期聚落主要分布在陇山山前坡地、山谷阶地上，多为丘岗台地型聚落，少量分布在黄河两侧的黄土山丘上，因峁、梁下面的沟壑和黄河上游一样切割较深，为典型山地型聚落。山地型聚落有7个，丘岗台地型聚落有9个，河流阶地型聚落有5个，平原台地型聚落有3个。

关中地区史前中期聚落主要分布在渭河、泾水流域。关中地区主要是河流阶地型聚落，约有887个，丘岗台地型聚落和山地型聚落次之，丘岗台地型聚落约有534个，山地型聚落约有93个，平原台地型聚落最少，约有29个。

关中地区史前晚期聚落依旧主要分布在渭河、泾水流域。中期阶段聚落大幅度减少，主要是河流阶地型聚落，约有380个。山地型聚落、丘岗台地型聚落有微量的增加，山地型聚落约有118个，丘岗台地型聚落约有220个，平原台地型聚落有11个。

（三）聚落群形态

关中地区史前早期聚落群尚不明显，中期阶段则出现了大量的聚落群。据许顺湛的研究[①]，关中地区有44个聚落群：雁塔区仰韶聚落群、灞桥仰韶聚落群、临潼仰韶聚落群、长安仰韶聚落群、蓝田仰韶聚落群、高陵仰韶聚落群、户县仰韶聚落群、渭滨仰韶聚落群、渭滨仰韶早期聚落群、渭滨仰韶中期聚落群、渭滨仰韶晚期聚落群、宝鸡仰韶聚落群、凤翔仰韶聚落群、千阳仰韶聚落群、陇县仰韶聚落群、麟游仰韶聚落群、岐山仰韶聚落群、扶风仰韶聚落群、眉县仰韶聚落群、凤县仰韶聚落群、秦都区仰韶聚落群、礼泉仰韶早期聚落群、永寿仰韶聚落群、彬县仰韶聚落群、长武仰韶聚落群、旬邑仰韶早中期聚落群、淳化仰韶早中期聚落群、三原仰韶中期聚落群、兴平仰韶聚落群、乾县仰韶聚落群、武功仰韶聚落群、临渭区仰韶中期聚落群、韩城仰韶中期聚落群、蒲城仰韶聚落群、白水仰韶早中期聚落群、澄城仰韶早中期聚落群、合阳仰韶早中期聚落群、大荔仰韶早中期聚落群、华阴仰韶聚

---

① 许顺湛.五帝时代研究［M］.郑州：中州古籍出版社，2005.

落群、富平仰韶聚落群、铜川仰韶中期聚落群、耀县仰韶聚落群、宜君仰韶聚落群等。其中，圆形聚落群有 20 个，"一"字形（线形）聚落群有 24 个。关中地区的圆形聚落群结构规模大，例如，关中的渭水中下游地区以华阴瓦渣为中心，在 10 多平方千米的范围内，形成了一级聚落户县里贤庄、羊村，长安马狮坡、嘴头、高山庙等，二级聚落户县坳子、长安杨家湾、赵家湾等 30 多个聚落组成的圆形聚落群。又如，扶风仰韶聚落群，以城关镇案板遗址为中心，有 32 个聚落，其中，二级聚落有益家堡、唐西原 2 个，三级以下 29 个。"一"字形（线形）聚落群规模较大，但分布较松散，无中心聚落。如临潼仰韶聚落群，无一级聚落，三级聚落有铁炉乡邓家庄等 2 个，四级以下有 10 个，活动面积平均100 平方千米，每个聚落活动半径 30 千米。

关中地区史前晚期聚落群依然比较多。据许顺湛的研究[①]，关中地区有 31 个聚落群。西安市有灞桥龙山聚落群、临潼龙山聚落群、长安龙山聚落群、蓝田龙山聚落群、周至龙山聚落群；铜川市有铜川市区龙山聚落群、耀山龙山聚落群；宝鸡市有凤翔龙山聚落群、千阳县龙山聚落群、麟游龙山聚落群、岐山龙山聚落群、扶风龙山聚落群、眉山龙山聚落群、凤县龙山聚落群；咸阳市有永寿龙山聚落群、彬县龙山聚落群、长武龙山聚落群、旬邑龙山聚落群、淳化泾阳龙山聚落群、三原龙山聚落群、兴平龙山聚落群、乾县龙山聚落群、武功龙山聚落群；渭南市有临渭龙山聚落群、韩城龙山聚落群、白水龙山聚落群、澄城龙山聚落群、合阳龙山聚落群、华县龙山聚落群。其中，圆形聚落群有 9 个，"一"字形（线形）聚落群有 11 个，双中心聚落群（类似）有 2 个，辐射形聚落群有 9 个。"一"字形（线形）聚落群在关中的渭河流域及其支流分布较多，多由河谷阶地型聚落组成，沿河流两岸分布，组织结构松散，但聚落分布较密集，多由中小型聚落组成，有比较明显的中心聚落特征。以西安至宝鸡间的区域为例，聚落多分布在河流两岸的二级台阶上，其中三级聚落有 5 处，四级聚落有 11 处，五级聚落有9 处。

三、齐鲁地区史前聚落分布与聚落群类型

（一）聚落规模与数量

齐鲁地区早期聚落主要是西河文化、后李文化与北辛文化。以已经发表的资料统计，此三种文化聚落数量约为西河文化 6 处、后李文化 10 处、北辛文化 75 处。根据面积可分为大、中、小三级，大型聚落面积为 10 万 ～ 20 万平方米，中型聚落面积为 1 万 ～ 10 万平方米，小型聚落面积为 1 万平方米以下。齐鲁地区史前早期聚落主要分布在鲁中南地区，胶莱平原区次之，胶东半岛区尚未发现。与关中地区相似，大型聚落极少，而中小型聚落占绝大多数。

据目前掌握的资料，齐鲁地区中期聚落大约有 500 个[②]。依面积规模大小可分为五个不同的等级。一级聚落面积为 30 万 ～ 40 万平方米，二级聚落面积为 20 万 ～ 30 万平方米，三级聚落面积为 10 万 ～20 万平方米，四级聚落面积为 1 万 ～ 10 万平方米，五级聚落面积为 1 万平方米以下。黄河下游地区史前中期聚落主要分布在鲁中南地区、胶莱平原区，鲁西南—鲁西北平原区次之，胶东半岛区最少。与早期聚落相比，聚落数量大量增加，尤其是中小型聚落增加显著。与黄河中游同时期聚落相比，聚落总数不及关中地区，大型聚落规模与数量相差甚远。

鲁中南地区聚落主要分布在泰、沂山山麓两侧以及以汶河、泗河、沂河、沭河为中心，呈辐射状分别向四方分流的河谷地带。胶莱平原地区聚落主要分布在潍河、大沽河、胶莱河两岸河谷阶地上和

① 许顺湛 . 五帝时代研究 ［M］. 郑州：中州古籍出版社，2005.
② 中国社会科学院考古研究所等 . 中国聚落考古的理论与实践（第一辑）［M］. 北京：科学出版社，2010.

沂山、蒙山向北辐射的低山丘陵区。胶东半岛地区聚落主要分布在龙口、胶州、即墨、莱西等沿海地区及各河道下游的小块平原上以及中北部的丘陵地带。鲁西南—鲁西北平原区聚落主要分布在黄河沿岸、沂沭河下游等组成的冲积平原上。

张学海研究认为黄河下游晚期聚落即山东龙山文化聚落大约有1300处[①]。依面积规模大小可分为六个不同的等级。特级聚落面积为40万平方米以上，一级聚落面积为30万～40万平方米，二级聚落面积为20万～30万平方米，三级聚落面积为10万～20万平方米，四级聚落面积为1万～10万平方米，五级聚落面积为1万平方米以下。齐鲁地区史前晚期聚落主要分布在鲁中南地区、胶莱平原区，鲁西南—鲁西北平原区次之，胶东半岛区最少。需要指出的是，整个齐鲁地区聚落分布较早中期明显均衡，尤其是胶东半岛区聚落数量有明显增加。与中期相比，聚落数量增加明显，但特级和一级大型聚落依旧不如关中地区，主要依旧是中小型聚落。

（二）聚落地理类型

齐鲁地区史前早期聚落主要分布在山前坡地、山谷阶地上，多为丘岗台地型聚落，少量地分布在黄河两侧的黄土山丘上，因峁、梁下面的沟壑相对黄河上游切割较浅，故称为非典型山地型聚落。西河文化主要分布在泰山北麓，后李文化分布范围主要在泰沂山系北侧的山前地带，为典型的丘岗台地型聚落，少量山地型聚落。北辛文化主要分布在泰沂山系南、北两侧，鲁南的汶河、泗河流域地区，除胶东半岛外都有分布，部分为丘岗台地型聚落，部分为河谷阶地型，在胶莱平原区、鲁西南—鲁西北平原区甚至出现了部分平原台地型聚落（平原崮堆型聚落）。在鲁中南地区，河流阶地型聚落为主，丘岗台地型为次；鲁西南、鲁西北平原区平原台地型聚落为主，河谷阶地型聚落为次；胶莱平原区河谷阶地型聚落为主，丘岗台地型聚落为次；胶东半岛区目前尚未发现明显的聚落痕迹。

齐鲁地区跟关中地区乃至中原地区一样，在史前聚落中期阶段大汶口文化出现了大量的河流阶地型、平原台地型聚落。河流阶地型聚落最典型的是鲁中南的汶、泗河流域地区，泰沂山系北侧的小清河、淄河流域，胶莱平原的胶河流域，沂山、蒙山向北辐射的低山丘陵区的河谷，以弥河、白浪河古河道、潍河两岸最密集。平原台地型聚落（崮堆型聚落）最典型的是鲁中南和鲁西南平原。鲁中南和鲁西南平原间有一条西北至东南方向的低洼地带，汇成北五湖和南四湖，成为山东境内主要湖群聚集区。黄河北侧的鲁北平原略呈西南至东北向的宽条带状，徒骇、马颊、运河平行流贯。由于黄河多次决口、泛滥、改道和沉积，地表形成一系列高差不大的河道和碟形或条状洼地，彼此重叠，纵横交错，因而成为季节性积水区。该区域的古人类，多选择地势较高的台地生活，故形成大量平原台地型聚落（崮堆型聚落）。胶东半岛中部屋脊形隆起，河流多由此发源，向南北分流，构成南北水系的分水岭。龙口、胶州、即墨、莱西等沿海地区及各河道下游有小块平原。中北部自西向东分布着火成岩组成的大泽山、艾山、牙山、昆箭山、伟德山等，少数山峰海拔高度900米以上，大部山峰为海拔高度200～300米的波状丘陵，丘陵之间为地堑断陷平原带，丘陵外缘散布着沿海平原。因此，胶东半岛的聚落形态多样化，有山地型、丘岗台地型、河流阶地型。齐鲁地区中期聚落的地理类型基本情况是，大汶口文化聚落在山东鲁中南地区主要是河流阶地型，其次是平原台地型；胶莱平原区主要是河流阶地型，不见山地型聚落；胶东半岛区聚落数量较少，但类型较多，不见平原台地型；鲁西南—鲁西北平原区主要是平原台地型聚落，次之为河谷阶地型，不见山地型聚落。

齐鲁地区史前晚期聚落主要分布在山东的中部和东部。地理形态依旧为山地型、丘岗台地型、河流阶地型、平原台地型，但各类的数量又发生了一定的变化。此时山地型聚落与丘岗台地型聚落数量

---

① 张学海．张学海考古论文集［M］．北京：学苑出版社，1999．

进一步减少，而河流阶地型、平原台地型聚落数量增加较多。鲁中南地区以河流阶地型聚落为主，平原台地型聚落次之；胶莱平原区情况跟鲁中南地区大致相似；胶东半岛区以河流阶地型聚落为主；鲁西南—鲁西北平原区以平原台地型（崮堆型）为主。

（三）聚落群形态

黄河下游大汶口聚落共有 500 处，我们将其归纳为若干聚落群，每个聚落群中的聚落按面积大小分为 5 个等级，一级聚落面积为 30 万平方米，相当于黄河中游地区的二级聚落，二级聚落面积为 20 万～29 万平方米，三级聚落面积为 10 万～19 万平方米，四级聚落面积为 3 万～9 万平方米，五级聚落面积不足 3 万平方米。各聚落群中的聚落都有 3～5 个等级。大汶口文化聚落群约有 24 个。小聚落群有 5～9 个，中等聚落群有 10～20 个，大聚落群有 30～41 个。小聚落群分布面积有 100～200 平方千米，大中型聚落群分布面积有 200～600 平方千米。聚落分布以沂沭河流域最多，达 100 多处，弥河白浪河流域次之，有 60 余处。大汶口文化的中心区在滕州、泗水、青州、寿光、昌乐、平邑、临沂、苍山等地，此区域集中了山东境内 3/5 以上的大汶口聚落。在 24 个聚落群中，小聚落群有 9 个，主要分布在鲁西南、鲁西北平原区，胶莱平原区，鲁中南地区；中等聚落群有 11 个，主要分布在鲁中南地区，鲁西南、鲁西北平原区；大聚落群有 4 个，主要分布在鲁中南地区。聚落群类型主要为"一"字形（线形）聚落群、圆形聚落群、双中心聚落群。其中，圆形聚落群有 4 个，以莒县南部聚落群最典型。莒县南部聚落群以凌阳河聚落为中心，在方圆 200 平方千米内形成了 41 个聚落，其中二级聚落有 17 个，三级及以下聚落有 23 个。双中心聚落群有 1 个，即滕州南部聚落群。滕州南部聚落群以西康留与尹洼构成双中心聚落群，两者规模相当，应该是两个部落组成的部落联盟体。聚落群中有二级聚落 10 个，三级以下聚落 24 个，分布范围在 400 平方千米。中小型聚落群都是沿河分布的"一"字形（线形）聚落群，部分无一级聚落，但有中心聚落，有等级分化。例如：滕州中部东北部聚落群，共有聚落 20 处；邹城西部聚落群，共有聚落 12 个，其中野店遗址属于一级聚落；章丘聚落群，有聚落 12 个，其中焦家遗址属于一级聚落；前城子、小城后遗址均为一级聚落；苍山南部聚落群，有聚落 19 个，其中大城子遗址、青草堰遗迹均属于一级聚落。在其余的 6 个聚落群中，均没有一级聚落。小聚落群共有 9 个。宁阳东北部聚落群，有聚落 9 个，其中大汶口遗址属于一级聚落。临淄广饶聚落群，有聚落 9 个，其中傅家遗址为一级聚落。

齐鲁地区山东龙山文化遗址共有 1300 处，张学海根据地域分布情况将其组合为 23 个聚落群，其中 8 个聚落群中的聚落在 30 个以下，最小的是禹城齐河群，只有聚落 12 个，多为堌堆遗址。其他 15 个聚落群的聚落都在 30 个以上。黄河下游地区晚期聚落群结构以圆形聚落群、辐射型聚落群、"一"字形聚落群为主。

鲁中南地区聚落群类型最全，数量最多，胶莱平原区次之，胶东半岛区最少。其中圆形聚落群最多，而黄河中游地区则是辐射形聚落群最多，形成了不同的地域特色。圆形聚落群规模大，分布较黄河中游地区松散。例如，临沂西部费县东北部平邑东北部群，以费县方城古城遗址发现的龙山城址为中心，有聚落 91 个，其中费县北石沟、临沂东孝友、后盛庄遗址为一级聚落。滕州聚落群以滕州尤楼龙山城为中心，有聚落 90 个，其中滕州鲍沟、吕坡、邹城野店遗址为一级聚落。章丘聚落群有聚落 43 个，其中周村萌水乡水磨遗址为一级聚落，并在城子崖发现城址。邹平东南淄博广饶聚落群有聚落 30 个，其中路山田旺遗址为一级聚落，并有龙山城。双中心聚落群甚至三中心聚落群在黄河下游地区比较突出，例如，青州寿光昌乐聚落群，以青州何官臧台遗址与边线王龙山城为中心，有聚落 170 个，是黄河中下游地区最大的聚落群，这个聚落群主要分布在沂山北侧弥河中下游、尧河上游和北阳河流域。辐射性聚落群如阳谷梁山群，有聚落 19 个，发现了景阳冈 3 座龙山城。又如东阿聚落群有 33 个聚落，教场铺龙山城共 6 座。"一"字形（线形）聚落群如诸城、胶南、五莲、日照、鲁东南沿海聚落群，有聚落 41 个，其中两城遗址为一级聚落，并有五莲丹土龙山城。日照聚落群有聚落 13 个，其中尧王城遗址为一级聚落，同时尧王城发现龙山城。又如，兖州西北济宁北部聚落群，有聚落 20 个，其中西吴寺遗址为一级聚落。曹县聚落群有聚落 15 个，其中春墓岗遗址为一级聚落。

四、河湟、关中与齐鲁地区聚落的共性与异性分析

黄河流域史前文明与聚落文化发生具有一定的同步性。聚落数量从早到晚成倍增加，规模成倍扩大。聚落逐渐从山地迁移到丘陵岗地，再到河流阶地与平原。粗略统计，黄河流域史前早期聚落多山地型、丘岗台地型，约占黄河流域聚落的 70%；中期聚落多河流阶地型，约占 80%。晚期聚落多河流阶地型与平原台地型，河流阶地型占 60%，平原台地型占 20%，其他类型占 20%。

在漫长的历史长河中，黄河流域史前聚落表现出更多的是差异性。一是聚落数量的差异。早期黄河流域聚落数量无明显差别。中期聚落社会黄河上游河湟地区聚落总量与中下游差别较大，聚落分布密度最小。黄河中游关中地区聚落分布密度最大，尤其是关中地区与豫西晋南地区，黄河下游齐鲁次之。晚期聚落社会黄河上游河湟地区聚落分布密度虽然大幅增加，但依旧不及关中地区和齐鲁地区。二是聚落规模的差异。早期阶段，河湟地区的史前聚落与关中、齐鲁地区差异不大，都是聚落稀少，规模不大，聚落群少见或规模极小。中晚期，河湟地区聚落规模与等级分化不如关中、齐鲁地区，特大型、大型聚落群很少。关中地区与中原地区聚落规模与等级分化较为明显与典型，但从目前来看，城乡二元分化似乎不如齐鲁地区普遍。三是聚落地理类型的差异，河湟地区河流阶地型聚落始终占绝对优势，说明黄河上游早期人类一开始就选择最适合生存的环境繁衍，而聚落规模和影响力自始至终不及关中与齐鲁地区，反映出黄河上游史前地理、自然环境相对恶劣。河流阶地海拔高，河床比较高，河流冲击力大，黄土冲刷情况严重，台地面积小，制约了聚落规模的发展。另外，干旱的气候条件也不利于农耕聚落的发展，迫使农耕聚落转化为游牧聚落或者向黄河中下游关中、中原与齐鲁地区迁移。黄河中下游的关中、齐鲁地区史前聚落早期山地型、丘岗台地型相对较多，中期、晚期以河流阶地型为主，黄河中下游水流平稳，黄土经过长时间的淤积，具有抗冲刷能力，故黄河中下游河道两岸的河流阶地面积较大，为聚落的发展提供了宽阔的面积和肥沃的土壤。齐鲁地区由于黄河多次决口、泛滥、改道和沉积，地表形成一系列高差不大的河道和碟形或条状洼地，彼此重叠，纵横交错，因而成为季节性积水区，形成了很多平原台地型（崮堆型）聚落。四是聚落群形态的差异，河湟地区由于特殊的地形地貌，聚落群比较少，规模小；由于沿河流两岸分布，多呈"一"字形（线形）分布，少数则为不规则圆形聚落群。黄河中下游关中地区与齐鲁地区聚落群形态比较相似，但也有地域特色。"一"字形聚落群最多，中期较多圆形聚落群，晚期普遍出现辐射形聚落群。但关中地区、齐鲁地区与中原地区相比较，最大的区别是圆形聚落群多于辐射形聚落群，而中原地区则正好相反。而辐射形聚落群可能就是多族群的融合体，更容易形成大的部落联盟，乃至更容易出现统治阶层，迈向文明的门槛[1]。

（作者系河南省社会科学院历史与考古研究所副研究员）

---

① 李龙.中原史前聚落分布与特征演化［J］.中原文物，2008（3）：29-38.

黄河文化符号河图洛书的文化演进

张佐良

河图洛书是河洛文化的源头和标识，也是黄河文化乃至中华文化的主源。数千年来，作为文化的河图洛书，经历了一个从文化突变到文化重组的极其独特的演进过程。在历代先贤的不断阐发下，其内容由简而繁，逐步成为一种意蕴丰富且影响深远的文化现象。[①] 从文化演进角度考察素称"千古之谜""学术公案"的河图洛书，探究其历史文化内涵演变，对深入认识黄河文化发展规律和推动中华优秀文化传承创新不无裨益。

一、河图洛书的文化衍变

先秦时期，对河图洛书已有文献记载。《尚书·顾命篇》里这样描写周康王即位时的陈设："越玉五重：陈宝，赤刀，大训，弘璧，琬琰，在西序。大玉，夷玉，天球，河图，在东序。"据称，郑玄说汉代人看到的《尚书》本子，"河图"下还有"洛书"二字。"如此说来，'河图'、'洛书'的名称在西周文献中已经出现了。"[②] 春秋时期，《管子·小匡》称："昔人之受命者，龙龟假，河出图，洛出书，地出乘黄。今三祥未有出者，虽曰受命，无乃失之乎！"《论语·子罕》记载，孔子曰："凤鸟不至，河不出图，吾已矣夫！"战国时期，"河出图，洛出书，圣人则之"已为世人所熟知。在先秦文献中，河图洛书被视为一种应运而出的天赐祥瑞，是最高统治者宣示天命神权的重要象征。《竹书纪年》记载："黄帝东巡河过洛，修坛沉璧，受龙图于河，龟书于洛。"尧、舜、禹、汤、周成王等均在洛汭举行隆重祀典，"观河洛沉璧"，以示天心与民意之所归。此时的河图洛书，已与社会政治形势发生密切联系。祭祀河洛是我国上古民俗文化的重要见证，这种祀典在确立上古至商周王朝历史框架的重大活动中，具有不可取代的舆论作用，也为我国上古史的编年开辟了先例，从而奠定了坚实的政治基础。从"祭祀河洛"仪典程序来看，确实是国家（部族）级最庄严、最肃穆乃至最繁缛的隆重国典。它已经不是伏羲时代仅仅出于对"天意"祥瑞的信仰所表示的以"祈祷"形式出现的原始宗教仪礼了。它的神圣性、神秘性色彩已大大增强，紧密联系现实政治的权威性更加确定了。五千年来，其所以能对历代帝

---

① 学术界历来都关注和研究河图洛书，学术成果主要有武学易的《河图洛书之研究》(《地学杂志》1916 年第 8 期)，任应秋的《河图洛书》(《北京中医学院学报》1960 年第 1–3 期)，杨永忠的《河图洛书奥秘初探》(《北京中医学院学报》1983 年第 1 期)，任蜜林的《〈河图〉、〈洛书〉新探》(《西北师大学报（社会科学版）》2013 年第 4 期)，河南省社会科学院河洛文化研究所的《洛汭与河图洛书》(河南科学技术出版社 1996 年版)，刘正英的《河图洛书新论》(学林出版社 2006 年版)，王永宽的《河图洛书探秘》(河南人民出版社 2006 年版)，冯时的《中国天文考古学》(中国社会科学出版社 2010 年版)，等等。这些著述涉及自然与人文科学诸领域，特别是在考古学、民族学、历史人类学等方面的探索，对深化河图洛书研究具有重要的参考价值。

② 刘宝才：《"河图""洛书"初探》，《洛汭与河图洛书》，河南科学技术出版社 1996 年版，第 84–85 页。

王及封建统治制度产生那样大的影响，原因正在于此。①

两汉之际，谶纬之学盛行。谶纬学说发挥"天人感应"理论，对伏羲河图八卦、大禹洛书九畴进行附会和神话，使之成为统治者神道设教的重要工具。汉儒董仲舒改造了先秦以来的天命观，提出了"天人相副""灾异谴告"论。谶纬河图洛书不断进行诠释发挥，《河图稽命征》云："五十年秋七月庚申，天雾三日三夜，昼昏。黄帝问天老及力牧、容成曰：于公何如？天老曰：问之图，国安，其主好文，则凤凰居之；国乱，其主好武，则凤凰去之。今凤凰翔于东郊而乐之，其鸣音中夷则，与天相副。以是观之，天有严教以赐帝，帝勿犯也。"这是利用河图阐释"天人相副"理论规劝统治者的较早文献记载。汉儒为劝诫帝王，声称上天还掌握了世间帝王的命运。《洛书灵准听》云："有凤皇衔书，游文王之都。"又曰："殷帝无道，虐乱天下，皇命已移，不得复久，灵祇远离，百神吹去，五星聚房，昭理四海。"力图以此理论制约统治者，从而使其按照儒学标准治理天下。谶纬河图洛书还以神话的形式，阐发"五行相胜"学说。《洛书灵准听》称："有神牵白狼衔钩而入商朝。金德将盛，银自山溢。汤将奉天命放桀，梦及天而舐之，遂有天下。"认为帝王统治合德则有相应的祥瑞出现；反之，则会出现灾异。《河图》云："君承木而王，为人青色，修颈美发，其民长身广肩，尚仁长，皆象木也。仁，木性也。善则时草丰茂，嘉谷并生，鸟不胎伤，木气盛也；失则列星灭，色乱，禾稼不登，民多厌死。木生而上出遇土，伤则青而不得起，故厌死。"五行学说在汉代谶纬中多有反映，体现了汉儒的历史循环论思想。②汉儒对河图洛书的比附，还表现在八卦与洪范之说上。孔安国在《尚书·顾全》传中提出："河图，八卦。伏羲氏王天下，龙马出河，遂则其文，以画八卦，谓之'河图'"；在《尚书·洪范》传中认为："天与禹，出洛书，神龟负文而出。列于背，有数至九，禹遂因而第之，以成九类常道，所以次叙。"刘歆在《汉书·五行志》中称，伏羲氏继天而王，受"河图"，则而画之为八卦；禹治洪水，赐"洛书"，法而陈之为《洪范》，"此武王问'洛书'于箕子，箕子对'洛书'之意也"，"河图""洛书"相为经纬，八卦、九章相为表里。这是对洪范九章比较全面系统的表述。《礼纬·含文嘉》记载："伏羲德合上下，天应以鸟兽文章，地应以河图洛书，伏羲则而象之，乃作八卦。"《礼记·礼运》疏称："伏羲氏有天下，龙马龟图出于河，遂法之画八卦。"八卦源于"河图"、《洪范》源于"洛书"，自汉以后的很长历史时期为世所公认，后期则逐渐受到质疑。总之，在两汉之际谶纬学说的影响下，河图洛书被神化，易、洪范附会于河图洛书之上，掩盖了历史真实，成为两汉之际汉儒的政治献礼。

宋代理学勃兴，诸儒回归河图洛书本身，对其重新做出了解释。陈抟是宋代易学及河图洛书研究的关键人物，其以先天图传种放，放传穆修，修传李子才，子才传邵雍。放以河图洛书传李溉，溉传许坚，坚传范谔昌，谔昌传刘牧。修以太极图传周敦颐，敦颐传程颐、程颢。其《易龙图序》称"龙马始负图出于羲皇之代，在太古之先"，肯定了河图洛书出于伏羲之时，阐发了《易》数与河图洛书的关系，并创制了河图洛书图式。一些宋儒通过重新解释"河图""洛书"，提出以数为本的哲学本原论。邵雍以"数"为本原，创立"先天象数"，提出"先天之学"的伏羲八卦，以区别于"后天之学"的文王八卦。南宋时期，理学集大成者朱熹以"理"为本原，重义理而兼象数，折中二者，独成一家。他在《周易本义》卷首中，以"一六居下"图式为河图，"戴九履一"图式为洛书，并对河图洛书与人生哲学、社会道德价值观念进行了系统阐释。朱熹比较系统地对河图、洛书的构图依据及其所表征的阴阳五行理论进行了论述，重象数而兼义理，折中二者，独成一家，将传统的阴阳五行说推至高峰。他在《太极图说》中提出，"天以阴阳五行生化万物""人得其气之正且通者，物得其气之偏且塞者""只是一个阴阳五行之气滚在天地中，精英者为人，渣滓者为物；精英之中又精英者，为圣为贤；精英之

---

① 张振犁：《从"河图"、"洛书"及"祭祀河洛"神话的演变，看"河洛文化"在华夏文明中的地位和作用》，载河南省社会科学院河洛文化研究所：《洛汭与河图洛书》，河南科学技术出版社 1996 年版，第 22—28 页。

② 聂济冬：《谶纬"河图""洛书"中神话意象诠释》，《周易研究》2011 年第 3 期。

中渣滓者，为愚不肖"。在《玉山讲义》中，朱熹提出，仁、义、礼、智、信五德五常之中，"所谓信者，是个真实无妄的道理。如仁、义、礼、智皆真实无妄者也，故信字更不须说"。可以说，这是朱熹对河图洛书与人生哲学、道德价值观念的深层思考。宋代河图洛书的研究，涌现了一批著名学者，产生了大量重要的著作，基本达到了历史时期的顶峰，特别是点阵式河图洛书的出现，开启了河图洛书发展的新格局，直接影响了后世相关学术进程。

元明清时期，随着理学的广泛传播，特别是程朱理学官方意识形态地位的逐步确立，朱熹倡导的点阵式河图洛书得到了更多认可。明代胡广等的《周易大全》，杂取元代董楷的《周易传》和《易附录》、董真卿的《周易会通》、胡一桂的《周易本义》、胡炳文的《周易本义通释》等著作，摘录其要点编撰而成，其河图洛书的基本观点宗法同南宋朱熹，以九为河图，十为洛书。卷前叙述"周易朱子图说"，并绘有河图洛书之图，以及伏羲八卦方位图与次序图，六十四卦图，文王八卦方位图与次序图，卦变图等。胡居仁的《易象钞》，卷一绘河图洛书图式，称河图为"马图"，称洛书为"龟书"，其释文对马图为马背旋毛、龟书为龟甲坼文的说法表示赞同，称"河图为龙马所负之图，图圈内凡五样，古今无异议。特黑白之文为旋毛，则古今未言之"。在河图洛书问题上，明代持怀疑态度的学者亦不少。王廷相就是代表人物之一。其《汉儒河图洛书辩》以汉儒为辩驳对象，认为汉儒所谓伏羲八卦本于河图、大禹《九畴》本于洛书，以及所谓河图洛书相为经纬表里之说，皆为"牵合附会"，原因在于：一是《九畴》涉及的一至十这十个数，本是人们的常识，并不神秘。《尚书》中所谓《九畴》包括治国九类大法，如果说上天所赐，为何一定要用龟甲显示才算是"天赐"呢？像班固所说"是天必先刻书于龟背而后使之出见者""不待智者而后能辩矣"。二是《易·系辞上》所谓"天一地二天三地四天五地六天七地八天九地十"，有人解释为孔子"发明河图之数"，这是不能成立的。因为《易经》中所论揲蓍之义，法象于"天地奇偶自然之数"，而与河图之数并无关涉。三是驳斥蔡元定所谓"河图数偶，偶者对待，故《易》本二气；洛书数奇，奇者流行，故《范》本五行"的说法，认为"此尤不然也"。因为伏羲作《易》，始于太极，如果说"因河图之数以作《易》，是不从太极以为《易》"，这与孔子关于"《易》有太极"的论断是相矛盾的。他认为《易》文本无河图之辞，而解者果于附人；《洪范》本无洛书之字，而传者强为援取，遂使圣经本旨尽晦，与夫五行术数谶纬之家同一流派，岂不为圣经之辱哉！"[1] 这是正本清源的功夫。有明一代，在总结河图洛书研究成果的同时，质疑时有出现，或辩或驳，依然是自讲自话，新意不多，成就有限。

清初图书派的代表人物胡煦，精通周易，其易学兼采汉宋，主张以象求义，象数义理不可偏废。他以河图洛书为易之本源，并力图把河图洛书与易经贯通。其《周易函书》是清代不可多得的一部易学名著。他认为伏羲、文王、周公、孔子四圣之易虽属不同阶段，但有一种前后相承的关系，那就是立人之道，即仁和义。他不认为伏羲画卦之前还有后世所推崇的河图洛书等图式。河图洛书是易的来源，"道原于天，开于圣，创之者伏羲，继之者文、周、孔子，始之者河图洛书也。盖图、书为天地自然之易，则图画卦之理具其中，而天人妙契之精微，历圣相传之心法，遂无不悉具其中矣。"[2] 胡煦认为，河图和洛书的关系为，"河图五十居中，洛书独缺十数，非缺也，明十之成数之总，今已散处四方而已"。河图代表着先天混沌未分、圆融合一之象，洛书代表着后天万物分化之象。他从分合、体用、先后天的角度来看待河图洛书，认为河图洛书是先天之易，伏羲则以之画先天图，文王开先天图成卦并系卦辞，周公系爻辞，孔子系传文，虽然四者的表示方式有所不同，但都是由对河图洛书的观照中而来，所阐发的都是两图所蕴含的道理。[3] 清代康熙帝对河图洛书格外关注，曾与理学名儒汤斌、耿

① 王永宽：《河图洛书探秘》，河南人民出版社 2006 年版，第 135–156 页。

② 胡煦：《周易函书约存》卷首，上海古籍出版社 1987 年版。

③ 马鹏翔：《论清初学者关于"河图洛书"问题的争论》，《信阳师范学院学报》（哲学社会科学版）2007 年第 3 期。

介等多次探讨河图洛书之数，并命李光地编撰《周易折中》，以程朱为本，对前代河图洛书进行总结和阐发。

二、河图洛书的文化阐释

对未知世界的探索和对历史真相的追寻，始终是人类文明进步的重要动力。河图洛书在西周末年已实物无存，其真实面目及相关问题成为中华文明史上的千古之谜，因而历代学者对河图洛书屡有质疑或阐析。北宋欧阳修等认为，伏羲创八卦是取法于天地及世间一切事物，与河图没有关系。元代俞琰对汉儒乃至宋儒河图洛书提出了质疑与否定，认为孔安国等汉儒附会河图洛书，河图洛书并非数字或点阵式图像。明代王廷相认为《易》本无河图之辞，《洪范》本无洛书之字，汉儒河图洛书说皆为"牵合附会"。清代黄宗羲的《易学象数论》提出河图洛书为"地理"之书。黄宗炎认为河图洛书实由道家而来，与作《易》无关，不足深信。胡渭认为"河图洛书乃仰观俯察中之一事"，伏羲作《易》并不专在河图洛书，宋世所传实非古之河图洛书，实物当失于"幽王被犬戎之难"。

河图洛书究竟是什么？一些现代学者在认同远古实物客观存在的前提下，提出了若干假说：其一，游牧时代的气候图和罗盘说。韩永贤认为，河图是游牧时期所用的气象图，洛书是游牧时期所用的罗盘图。河图洛书可能是伏羲时代制造的，源于结绳为治的时代，是结绳记号代之以石刻记号造成的。[1]其二，上古先民数字组合游戏图说。苏洪济认为，在距今六千至五千年前的仰韶文化时代，黄河边的居民创造出了河图，而洛水畔的居民则创造出了洛书。他们发现这些数字组合的图形不但具有劳动之余的娱乐消遣作用，而且还可以作为一种直观形象的教具，有教育后代开启智力的作用。其流行原因是，"洛书"以趣味的"九宫算"而出名，而"河图"则以严谨的奇偶相合而广传。[2]其三，黄河流域渔猎时代数阵图说。吴榕生认为，河图洛书都各有其特殊的数字组排规律。洛书的含义就是数学上的三阶幻方。先民创造河图洛书时，用圈记单数，用点记双数，其目的是便于认数。河图洛书中数字5的表达，均不将五个圈连成一行，而将五个圈按"十"字形对称排列。河图构图的几何形状，很明显地告诉人们，数字的排布有四层方形结构。对称、等分观念成为原始人的思维要素。[3]其四，初民占卜图式说。李立新认为，河图洛书为初民用原始记数形式排列而用于占卜的图式。它们契刻于龙形的石器和龟板上，后湮没于地下。伏羲时代，由于河洛泛滥，河水冲刷掉了覆盖其上的泥土，现出刻石和龟板，河图洛书由此诞生，伏羲氏据以画成八卦。因此可以说，"河图洛书"是出土于伏羲氏时代的两件文物，是先民用以占卜的，后来成为圣人应世、帝王受命的瑞征，被罩上了一层神秘的面纱。[4]其五，部落宝器说。白鸽认为，河图洛书是上古河洛地区"有河氏""有洛氏"部落（或称方国）创造的宝器。后来，有河氏、有洛氏为表示臣服，将河图洛书献给了伏羲氏，并以此来取得伏羲氏的帮助。而席彦昭认为，黄帝部落向洛河下游迁徙，走到洛汭地区，即河伯与有洛氏交界的地方时，两个部落的首领惧于黄帝的威力，将最珍贵的"图"与"书"献给了黄帝，黄帝在洛汭地区举行了一次盛大的受图仪式——修坛沉璧。"河出图、洛出书"与"受龙图于河，洛书于洛"中的"出"与"受"正是河洛氏族向黄帝献"宝"的形象写照，实现了黄帝"东巡河"的目的。如果炎、黄是华夏族创始者的话，

① 韩永贤：《对河图洛书的探究》，《内蒙古社会科学》1988年第3期；《"河图"与"洛书"解疑》，《内蒙古社会科学》1989年第6期；《河图、洛书时代再考》，《内蒙古社会科学》1992年第1期。

② 苏洪济：《揭开历史给河图洛书蒙上的神秘面纱——〈对河图洛书的探究〉质疑及己见》，《内蒙古社会科学》1990年第5期。

③ 吴榕生：《河图洛书涵意的辨析——兼与韩永贤等同志商榷》，《海南师范学院学报》1991年第2期。

④ 李立新：《"河图洛书"与文字起源》，载河南省社会科学院河洛文化研究所：《洛汭与河图洛书》，河南科学技术出版社1996年版，第241-242页。

有洛氏和河伯的先进文化则是华夏族的灵魂。这就是"修坛沉璧"和"河图洛书"何以在中华民族的记忆和研究中历数千年而不衰的根本原因。[①]其六,黄河奇石太阳石图谱说。杨作龙认为,河图其实就是由黄河奇石组合而成的太阳石图谱。这种奇石又称太阳石,因其图案宛如太阳而得名。石上太阳图案圆而色异,且大小多少不等。这是只出现在洛阳的新安、孟津地段的黄河中的奇石,恰好发现龙马负河图的图河故道就在孟津的古负图寺遗址。太阳奇石的问世,可能在伏羲以前就已被发现,只是到了伏羲时代,这种由太阳石圆点图像组合而成的图像方阵才由伏羲推演为河图,并则之以画八卦。伏羲之后,黄帝、尧、舜等都在河洛地区得到过这种太阳奇石。河图如此,洛书当与之相类。就图像而言,阴阳鱼太极图简直就是对现成黄河奇石的临摹写照。在所藏的两块阴阳鱼太极石中,一石阴鱼尚有白色鱼眼一只,其背与鱼眼斜对处亦有鱼眼一只,侧视之宛如一棕色鱼。两块太极石的阴阳鱼曲线,一为"S"形,另一为反"S"形。因此,阴阳鱼太极八卦图是人类还处于捕鱼狩猎时代时,伏羲氏在洛阳地段的黄河中发现了太极石和太阳石,受其启发而发明了河图、太极图,进而远取近取,效法天地自然发明了八卦和阴阳鱼太极八卦图。这些都被黄帝、尧、舜等再获"河图"奇石,而使其日臻完善。[②]其七,上古星图与八角方位图说。冯时认为,凭借考古学和民族学的资料,可以还原河图洛书的原貌。宋蔡季通曾入蜀得"天地自然河图",即"太极图"。此图汉籍文献无存,而古彝文文献中却大量保留着这个图像,写作"宇宙"。早期太极图所画的是一条回环盘绕的巨龙,龙绘成折色或其他颜色,大圆的底色涂成黑色,后演变成由黑白两条龙相互盘绕的图形,最后经过抽象和简化,变成黑白回互的图像。河图就是太极图,太极图原本就是在一个象征盖的圆图上绘出了苍龙星象。黑白回互的神秘图像由于以混沌的宇宙为背景,因而古人叫它太极图,又由于接连有了龙衔篆图从黄河而出的神话,所以又叫作河图或龙图。现在流传的朱熹点阵版河图洛书图,只能看作洛书图像的不同变体。安徽省含山县凌家滩新石器时代遗址出土的玉版,四边钻孔,中心部位刻有两个同心圆,圆中心琢制一个四方八角图像;两圆之间以直线均分八区,每区内各琢一枚叶脉纹矢状标分指八方;外圆之外又琢四枚矢状标分别指向玉版四角。这类八角纹在今天西南少数民族的风俗中还可以见到。宋人发展的所谓河图、洛书原本应该同属洛书,而史前的八角图形兼容二图,无疑可视作这两幅图形的渊薮。原始的洛书本包括两幅图:第一幅为四方五位图;第二幅为八方九宫图。这种神秘的八角图形正是目前我们所知的最原始的洛书,它是古人对生成数与天地数两种不同天数观的客观反映,体现了远古先民对原始宇宙模式及天数理解的极其朴素的思想。河洛的精蕴并不像后人附会演义的那样神秘莫测。[③]其八,西周凤纹玉器说。叶舒宪认为,河图最早出现于西周初年,自西周康王继位到整个东周时期,再也没有一人见到过河图的记录,由河图产生的神话即玉石神话也已经濒于失传。东周时期孔子将凤鸟和河图相提并论的做法,说明西周以来凤鸟纹玉器图像的广为流传,已经为后人追念西周文明盛世留下了难以磨灭的文化记忆。从各地出土的批量生产的西周凤纹玉器来看,西周时期的王室国宝——河图玉版是凤鸟玉器的原型。商周之际,河出昆仑说与玉出于阗说早已经流行于中原地区。将河图传说与远古以来的玉石信仰及神话相联系,可知河图的原型即为西周凤纹玉器。[④]

在上述说法中,冯时的解释相对更能自圆其说,但反观周时陈列于东序之实物,则又不可解。如杨作龙所言,河图当为黄河河道中的奇石,石上图案与天文图像类似(大自然的鬼斧神工,奇巧无所不有)。如果说,得到一种类似朱子点阵式河图洛书图像奇石很难的话,得到类似太极图的奇石倒是可

① 席彦昭:《洪水·黄土与河洛文明》,载河南省社会科学院河洛文化研究所:《洛汭与河图洛书》,河南科学技术出版社1996年版,第546页;白鸽:《有洛氏、洛书与洛宁》,《黄河科技大学学报》2013年第4期。

② 杨作龙:《太极图河洛探源》,《洛阳师范学院学报》2004年第6期。

③ 冯时:《中国天文考古学》,中国社会科学出版社2010年版,第502-533页。

④ 叶舒宪:《河图的原型为西周凤纹玉器说》,《民族艺术》2012年第4期。

能性比较大。冯时认为，"真正的'河图'实际是'太极图'"。[1]而杨作龙所述的黄河奇石图，正是太极图案。从实物来看，远古时期，先民在黄河滩上发现了太极图案的奇石，便将之视为珍宝，称为河图。后伏羲等部落首领参透玄机，因之以作八卦，漫长的先秦历史时期，曾数次发现河图，均视其为祥瑞。这不失为一种相对比较合理的解释。至于洛书，如冯时所言，八角形图案当为其原始图形，鉴于史传龟书洛出，推其缘由，当为先民在洛水拾获带有类似八角形图案的奇石，或者是捕获大龟，其背纹坼为八角之形。先民奇之，以为圣物。因之推论，河图洛书古有实物，河图先出，当至晚在伏羲时期黄河孟津地区出现，为上有类似太极图案的黄河奇石，并在其后至周屡有发现；洛书比河图稍晚出现，为龟背裂纹奇石或龟甲，如八角之形。秦汉以来，先贤结合当时的社会文化与生活经验，不断赋予河图洛书新的历史文化内涵，使其最终成为中国传统文化中具有经典性与标志性的文化象征。

三、河图洛书的文化意义

河图洛书的文化演进，在一定程度上反映了人类认知与文化发展的一般规律。作为中华文化的元文化，河图洛书实物因在西周末年流失而出现了文化断层。两汉以降，河图洛书经历了谶纬之学、点阵图式等文化突变和重组，展示出其独特的文化魅力和绵延不绝的生命力。原初的河图洛书是自然界带有特殊纹理的奇石，因极其罕见而被视为祥瑞，先民因之初识宇宙奥秘。上古帝王通过祭祀求取河图洛书来巩固政权，使之蒙上了神秘的面纱。随着实物的流失，附会河图洛书之风日盛。诚如冯时所言，"由于这些图像太朴素也太简单，给人留下了无穷想象的空间，因而各种附会之说接踵而来"。[2]帝王借之固权，学者因之创学。汉代谶纬兴，河图洛书成为神道设教之灵器；宋儒重理学，点阵图式掩盖实物真相。经过数千年的阐释，河图洛书历史文化内涵变得极为丰富，几乎涉及中华传统文化的各个方面，为社会广泛关注。作为古史传说，河图洛书是上古时代先民的文化成果；作为基本史料，河图洛书是古代文明起源的重要标志；作为文化符号，河图洛书是中华传统文化的主要象征；作为文化基因，河图洛书是中华文化发展的内在动力。

初始的河图洛书，体现了古人则天法地的基本理念。随着意识形态的干预，河图洛书被赋予了更深层次的社会政治含义。河图为体，洛书为用。河图寓纲常伦理，洛书寓心法道统，逐渐成为统治阶级的重要思想理论工具。河图洛书基本理论的普适性，使其在社会生活中得到了广泛应用；而实物的不确定性和自身的极简性、科学性、包容性，又为相关学说孕育了诸多生长点，并提供了广阔的成长空间。社会器物不断演变，思想文化如影随形。河图洛书的发展，受时代社会背景、文化思潮的影响，得到许多重要人物的积极推动，与社会现实密不可分。虽然精华与糟粕并存，但它始终在争议中一路前行。

"大道至简，衍化至繁。"作为一种基本的自然法则和社会规律，河图洛书指导并丰富了人们对客观世界的认识，成为中华文明的重要标志。可以说，数千年来的河图洛书演进史，就是一部中华民族社会生活和思想观念的发展史。河图洛书是中华文化传承创新的典范，显示了中华文化的强大生命力，成为中华文化自信的重要来源，昭示着中华文化必将迎来更加灿烂的明天。

参考文献

［1］王永宽：《河图洛书探秘》，河南人民出版社 2006 年版。

---

① 冯时：《中国天文考古学》，中国社会科学出版社 2010 年版，第 516 页。
② 冯时：《中国天文考古学》，中国社会科学出版社 2010 年版，第 502 页。

［2］冯时:《中国天文考古学》，中国社会科学出版社 2010 年版。

［3］刘起釪:《关于隶古定与河图洛书问题》，《传统文化与现代化》1997 年第 2 期。

［4］李学勤:《走出"疑古时代"》，《中国文化》1992 年第 7 期。

［5］于珍彦:《文化的传承发展规律探析》，《山西高等学校社会科学学报》2006 年第 1 期。

［6］张国祥等:《中华文化认同的基因、现实问题及未来走向》，《武陵学刊》2019 年第 4 期。

（作者系河南省社会科学院历史与考古所副研究员）

龙旗阳阳：黄河流域早期龙崇拜 [①]

高西省

　　龙是中华民族的象征，历来是被人们赋予灵性的神物，先秦时期是特殊身份巫师通天地众神的助手。《说文解字》说："龙，鳞虫之长。能幽，能明，能细，能巨，能短，能长；春分而登天，秋分而潜渊。"显然赋予龙有神奇的功能，虽然不一定完全如此，但是龙历来作为中国人日常生活中的一种灵兽、瑞兽是无可非议的。中国第一个王国——夏王朝建立后的王室，龙的形象已是多姿多彩、生气勃勃。如陶塑龙、线刻龙、嵌粘绿松石龙及镶嵌绿松石龙纹牌饰等。尤其是 2002 年春二里头王都宫城遗址三号基址南院，一座贵族墓出土绿松石龙的考古发现，使我们为之震惊。它同二里头镶嵌绿松石龙纹牌一起为我们进一步打开夏、商、西周黄河流域早期龙崇拜，提供了一把难得的钥匙。透过这些发现可以看出，商周时期流行的兽面纹很可能就是二里头龙简化、图案化的延伸形象，是早期中国龙。

一、二里头时期的龙

　　2002 年春，二里头都邑宫城遗址三号基址南院 M3 出土的一件嵌粘绿松石龙，是学界公认的几乎没有异议的龙形象。它的突出特征表现在两个方面：一是有透迤修长的、同商周龙相同的、饰菱环纹的躯体，长达 64.5 厘米。二是有极似商周时期兽面纹梭状双突目、蒜头式高鼻梁的硕大龙首。该绿松石龙出土时放置在墓主人骨架右臂之上肩部至胯部处。龙身略呈波曲状，长体中部起脊，卷尾。龙头扁圆硕大，隆起在近长方形绿松石托座上。龙梭状双目以白玉圆珠为睛，以圆玉实柱及圆雕绿松石为鼻梁。龙体由两千余片各种形状的绿松石片嵌粘而成，每片绿松石直径仅 0.2 ~ 0.9 厘米，厚度仅 0.1 厘米。值得我们特别注意的是，这些绿松石小片嵌粘异常考究，是以小长方形、斜角形、三角形及多样规格形状的松石片，根据设计要求嵌粘成以龙脊为中线，至少十二个单元的菱环纹。这是目前为止所见造型最具典型特征的、形象最为生动的、设计加工制作工艺最为考究的绿松石龙作品，在中国早期龙形象文物中独一无二，可称为中国第一龙。出土时在龙尾下方还置放一件绿松石条形饰，原应与龙身所依附的竹木、皮革之类有机物连为一体，其所依托的有机物已腐朽。经鉴定，该墓主是一位 30 ~ 35 岁的男子，可能是一位高级巫师。绿松石龙是其最珍贵、最重要的法器。二里头王都遗址除发现嵌粘绿松石龙外，还发现了丰富多彩、形式多样、形象生动的蛇形陶塑龙、线刻龙等。塑造在陶器上的龙纹主要有四件。20 世纪 60 年代，二里头遗址出土的一块残陶片上线刻有典型的蛇形龙纹。该龙头扁圆，体修长。为一首二身，"臣"字形眼圆突目，头额部近双眼间线刻菱形饰，龙体刻有不规整的近圆角的菱环纹。龙纹线条粗犷，内填有朱砂，眼眶内涂有翠绿色。这件陶片上的龙纹同绿松石龙

　　① 中国目前发现的龙造型主要见于辽宁的红山文化玉龙，及陶寺遗址陶盆内的蟠龙。这些龙纹虽为学界公认，但这些龙纹并不十分典型，龙卷曲修长的躯体及龙首特征并不突出，同夏商时期的龙形象差距颇大，是早期一种比较简朴的、概念化的、抽象的龙造型。

形象风格是完全一致的，尤其是头型特征比较一致，是一件比较生动、比较写实的蛇形龙形象。它同二里头 M11 出土的镶嵌绿松石龙牌的梭状双目头部形象及英国伦敦埃斯肯纳齐行收藏的镶嵌绿松石龙牌形象有惊人的相似之处。

1992 年，在二里头都邑宫殿区以东出土了两件陶器，造型似为圆体、圆低领口的罐类陶器，没有底部，出土时均残缺，不能完全复原其形状。在该陶器的肩部以下器表堆塑有蛇形龙。龙头扁圆，昂首呈游动状，身刻饰菱环纹。龙由其腹部绕到肩上，头部灵动探出，极其生动传神，富有动感。其中一件为三条龙，另一件为六条龙。虽为堆塑的龙形象，但同前述陶片上的线刻龙特征完全一致。洛阳皂角树二里头文化遗址陶器中同样发现了相类似的器物，其肩上同样堆塑有龙的造型。2003 年，该遗址宫城外侧出土了一件烧制精美的大陶盆，通体磨光，在盆口内侧绕盆堆塑一周龙纹，龙体如蛇，昂首勾尾，龙身体上装饰菱环纹，在龙的上方还装饰阴刻鱼纹一周。

1999 年冬秋之际，郑州新砦遗址出土一件陶器盖残片上发现线刻龙纹，其形象极似二里头嵌粘绿松石龙，但早于二里头嵌粘绿松石龙，为椭圆形头，梭状双目，蒜头式鼻梁。这件最初被认为是饕餮纹（兽面纹），李丽娜在二里头绿松石龙未报道前，就同镶嵌绿松石铜牌饰做了很好的比较研究，认为是龙纹而非饕餮纹。朱乃城认为所论是准确的，并进行了更具体的分析。综上所述，可以看出，二里头夏王族集团已经使用了形象生动、形式多样、非常典型的龙造型。不仅如此，这一时期还使用了镶嵌绿松石龙纹牌饰，过去学界多认为这种牌饰是兽面纹牌饰，由前述嵌粘绿松石龙可见，它的头部特征同二里头出土的三件镶嵌绿松石铜牌饰以竖条鼻梁为中心的、梭状圆突目的形象完全一致，是龙体的图案化。只是突出强调了龙的头部，实际上仍然是龙的形象，且同中国最早的乐器铜铃组合，是王室特殊身份贵族在祭祀乐舞中"乘龙"通神的法器，是中国最早的龙舞。可见，二里头夏王族集团对龙的崇拜。

在中国，龙与天地人世间乃至万物有着千丝万缕的联系。中国被称为龙的国度，龙是古老中国的标志，是一种神圣的符号。通过前文的简论可见，在二里头夏代晚期王室，龙已是崇拜的对象，而这一地区（河洛地区）是最早的中国。1962 年，陕西宝鸡出土的一件西周早期青铜器何尊，器内底铸铭文 122 字，记载周成王初迁宅于成周，并追述说："惟王既克大邑商，则廷告于天，曰：'余其宅兹中国，自之乂民。'"大意为武王克商后，告祭上天，要建都于天下的中心（中国）——洛阳盆地，从这里统治人民。这篇铭文把"中国"的帝王直指为成周雒邑。这里是夏人的故居。《国语·周语》说："夏之兴也，融降于崇山（嵩山）。"《逸周书·度邑解》说："自洛汭延于伊汭，居易（阳）无固，其有夏之居。"《史记·周本纪》在记述这段历史时，引用周公的话说，洛阳盆地乃"天下之中，四方入贡道里均"。所以，二里头王族集团建立的夏王朝就是最早的中国，这些龙形象为最早的中国龙。杜金鹏就此有精彩的论述，这里就不多赘述。

二、商周时期的龙

商周时期龙纹形象按照传统的认识并不多见，尤其是同二里头嵌粘绿松石龙比较接近的形象更屈指可数，典型代表主要有以下几类：

一是圆雕龙。1959 年，山西省石楼桃花庄出土了一件龙纹觥，通高 19 厘米，长 44 厘米，现藏山西博物院。这种造型的商代晚期青铜龙纹觥异常罕见，别具一格。该器造型似一双角翘起、抬头前行的圆雕龙前半身，且龙背上及龙体两侧装饰有更为生动、形象、具体的线刻龙纹。尤其是龙背上（觥盖）所饰龙纹，身形逶迤修长，呈"S"形爬行状，尾作勾卷状，通身装饰菱环纹，绝妙的是，该龙首同整体龙纹觥共为一首。龙首为正面圆雕体，双角为蘑菇状柱体，"臣"字形目，圆眼突出，张口露齿，双目间上有菱形饰。觥腹部两侧的龙纹同盖上龙纹几乎完全相同，只是为龙的侧面形象。这些龙形象的基本特征同二里头嵌粘绿松石龙及陶器上的龙纹完全相同，它们的躯体均呈逶迤修长状，且均饰菱环纹，不同的是，这件觥龙首均出现了蘑菇柱状双角，这种角在商周青铜器龙纹中几乎是千篇一律的。西周时期虽出现了非常典型的四足圆雕爬行龙，但龙首造型几乎完全相同。如1992年扶风巨良海家发现的一件大型圆雕爬龙，重19千克，长60厘米，现藏于陕西扶风博物馆。体态雄健、庄伟，可谓商周青铜龙之王。龙首宏硕，"臣"字形双目，巨睛突目，扩口露齿，蘑菇柱状双角竖立，双目间上有菱形饰，龙体躬身卷尾，通身饰菱环纹。这种圆雕爬龙很少见，目前的发现均为西周方鼎耳上的附件。如西周早期的成王方鼎及太保方鼎，在它们的双耳两侧均爬伏有两两相对的圆雕龙。尤其重要的是，这些特征同前述龙的首、躯体及纹样完全一致，只是这些圆雕龙的脊及鼻梁演变成西周时期的高扉棱或花格状扉棱，从而使西周龙显得更加雄健、苍劲，更有气势。这几件龙首的角除典型的蘑菇状外，还有羊卷角状，如太保方鼎。类似的圆雕龙在长安张家坡西周墓出土的牺尊上出现过。该器的胸前及尾部各塑造一回首、弓身、卷尾，饰鳞环纹圆雕爬龙。这种不同角的爬行龙除圆雕外，在西周青铜器上作为纹样装饰也可见到，如陕西淳化大鼎、旅鼎耳侧旁、高家堡龙纹卣盖沿及圈足上、从簋圈足上等。这些龙的形象同殷墟甲骨文龙字的写法高度一致，有些甚至没有区别。

二是商周青铜盘中的蟠龙纹。虽然它们均为卷曲的蟠龙形，但同山西桃花庄、扶风爬龙的龙首、龙体及所饰纹样风格高度一致。如安阳殷墟小屯十八号墓出土的一件，龙首"臣"字形，双目圆睁，张口露齿，双蘑菇状柱角翘起，双目间上有菱形饰，卷曲的龙体上装饰菱环纹，与安阳殷墟妇好墓出土的蟠龙纹盘上的形象特征完全相同。台北"故宫博物院"收藏的一件商代晚期龙纹盘上的形象更是清晰、生动，最具代表性。殷墟妇好墓出土的另一件龙纹盘的龙首则为侧面形象，同山西桃花庄龙觥腹部两侧龙纹如出一辙，唯体饰鳞环纹。浙江温岭出土的龙纹盘，龙首则为蘑菇柱角、突目、张口露齿，圆雕状。西周早期青铜器中还发现了一件极其罕见的双龙相绕的球腹簋，现藏于台北"故宫博物院"。龙体同前述蟠龙所饰菱形纹相同，两龙首造型结构同前述龙首形象，仅有蘑菇状角和尖螺角之别。

三是双身共首龙纹。较前两种龙纹在商周时期比较多见，尤其是在方鼎上比较流行，如妇好墓出土的一件商代晚期方壶肩部装饰的双身共首龙。这组纹样独具特色，由双弓身、卷尾浅浮雕龙体共圆雕龙首组成。它的首部造型同样是双蘑菇柱状竖立角，"臣"字形双突目，双目间上有菱形饰，龙体上装饰菱环纹，同前商代龙的特征相同。不同的是，该龙有爪，龙首作圆雕伸出器表状。另一件为安阳殷墟苗圃北地M229出土的方罍肩部龙纹。双身共首的特征完全相同，只是这个圆雕龙首的角变成卷曲状。商末周初及西周时期双身共首龙纹比较多见，如泾阳高家堡戈国墓地龙纹卣口沿下的双身共首龙，及长安张家坡西周牺尊盖口沿上的双身共首龙，它们的龙首则为高浮雕型，"臣"字形双突目，双目间上有菱形饰，双卷角。与前两件殷墟双身共首龙的区别是龙身饰鳞环纹。西周早期最典型的是陕西历史博物馆藏淳化大鼎上的龙纹，实际上它是由两条爬行龙组合成的双身共首形象。龙首同样是"臣"字形，双圆突目，张口露齿，双目间上有菱形饰。不同的是，龙双角已是典型的蘑菇状，龙的鼻梁及脊梁同西周圆雕龙相同，为高扉棱，龙体上的纹样变为云纹。这些双身共首龙均是商周时期富有特色的龙造型，而且出现了双爪或四爪。西周时期比较多见的是无角、无足的蛇形双身共首龙，这种龙纹在西周方鼎上比较常见，如高家堡戈国墓地出土的方鼎，洛阳出土的作册大方鼎，陕西岐山出土的史迹方鼎、王方鼎，随州叶家山出土的曾侯方鼎，等等。代表器如1975年陕西扶风出土的姒母以康方鼎，高20厘米，重1.65千克，现藏于陕西扶风博物馆。这个双身共首龙纹同前述双身共首龙纹有一定的区别，龙首比较小，呈尖圆形、"臣"字形圆突目、双目间上有菱形饰及卷角、长体上饰菱环纹的特征，同二里头陶片上的蛇形双身共首龙，及一件镶嵌绿松石铜牌龙首极为一致。显而易见的是，这种小首无角、无足的形象是龙的又一种造型。甲骨文中既有高角的"龙"字，又有无角的"龙"字。

马承源先生收集了20多个"龙"字的不同写法，分为六种类型，这些类型在商代青铜器纹样中几乎均可找到与其非常相似者。就从这些"龙"的字形看，它逶迤的长体及非常突出的头部特征一目了然。

可见，从二里头夏文化晚期直到商周时期，龙的形象特征是非常具体鲜明、高度一致的。无论是绿松石龙、圆雕龙、蟠龙，还是双身共首龙，它们有一个共同的特征：具有非常突出的首部和逶迤的躯体。头部由二里头较简朴的梭状双突目、高鼻梁、椭圆面形的形象特征，发展到商周时期龙首为"臣"字形双突目、鼻梁中挺或呈高犀棱状、双突目间上有菱形饰及双蘑菇柱状或卷角状的造型。而且，二里头绿松石龙同商周龙体上所饰均为菱环纹或为鳞环纹。很显然，三代龙纹的首部形象特征同商周时期广为流行的大部分兽面纹有惊人的相似之处，它们是什么关系呢？

三、三代龙纹与兽面纹

按照传统的认识，龙纹在商周考古发现中并不是很多，尤其是在商周青铜器纹样中所占比例是很有限的，是的确如此还是我们并没有完全认识？实际上，龙在商周时期同样是王室崇拜的灵兽。《诗经》中，商王、周王的祭祀乐歌就出现过"龙旗"。《诗经·商颂·玄鸟》曰："商之先后，受命不殆，在武丁孙子。武丁孙子，武王靡不胜。龙旂十乘，大糦是承。"《诗经·周颂·载见》曰："载见辟王，曰求厥章。龙旂阳阳，和铃央央。"龙旗可能就是当时王室祭祀礼仪中与仪仗有关的特有物。马承源总结了甲骨文中"龙"字的六种书体，认为"在商人的心目中，龙是有着不同的觚角……甲骨文中龙字具有不同角型的情形，和兽面纹上有着不同的觚角是非常相似的"。我们曾认为商周时期的兽面纹同二里头镶嵌绿松石龙纹牌饰有直接的传承关系。《早期中国——中国文明起源》一书虽将二里头铜牌饰定名"镶嵌绿松石兽面纹青铜牌饰"，但在文字表述中则说"镶嵌绿松石龙形器的发现表明大部分牌饰上的兽面纹本是龙首纹。商周青铜器上大行其道的兽面纹，相当一部分也应与龙有关"。最近，李零指出，饕餮纹（兽面纹）与龙首纹其实是一回事，"饕餮纹是商周龙纹面部的特写"。尤其是2002年二里头嵌粘绿松石龙的发现，使我们深深地感到，商周兽面纹与龙纹有着非常密切的联系。我们知道，兽面纹是商周时期最流行的纹样，尤其是在青铜器上可以说无处不在，在礼器、乐器、兵器、工具、车马器、玉器、陶器上均可见到。《商周青铜器纹饰》一书收录的兽面纹仅按角的不同就有20多种，其中的一种形式称为展体式，典型器如周原出土的折觥、折方彝、上海博物馆博藏的或父癸方鼎等，它们除具有同商周龙首相同的兽首特点外，还有翘起的身躯及卷尾，并有二爪。叶家山M1新出土师方鼎腹部正侧面同样是这种纹样，显然，这类兽面纹由于受铜器方正空间的限制，其身躯是翘起并卷尾的。尤其值得注意的是，它们同泾阳高家堡戈国墓地卣口沿上双身共首龙纹的风格几乎相同，只是高家堡卣龙首为高浮雕，龙体是完全展开的，叶家山师方鼎及折觥、折方彝上的纹样是躯体图案化了的龙形象，这种身躯走兽类是没有见过的。所以，这些兽面纹实际上是长躯体龙的图案化。再如，西周青铜提梁卣、壶的两端经常会出现圆雕兽头造型，而这种所谓的兽头形象，有些同龙纹的龙首几乎没有区别。如随州出土的噩侯卣、叶家山出土的鱼伯彭卣提梁两端的兽头等，它们同山西桃花庄商代晚期龙纹觥、殷墟方壶双身共体龙头部及扶风西周圆雕爬龙的龙首几乎没有区别，这种兽首称为龙首应该是没有问题的。

从普遍的形象特征看，商周兽面纹是非常具体鲜明的。其主体就是以鼻梁为中心的"臣"字形双突目、张口露齿和形式多样的双角组成的头部形象（有圆雕型、图案型、浅浮雕型、线描型等）。而商周时期龙纹首部与大部分兽面纹几乎没有什么不同。所以，以前常常认为的大部分兽面纹，实际上就是龙首形象，只是省略了龙体而已。其实，二里岗时期铜器上的所谓兽面纹，其基本特征已形成了以鼻梁为中心，梭状、"臣"字形，或双椭圆目并存，并与体躯相连的图案效果。如郑州二里岗及湖北黄陂盘龙城出土的青铜礼器上常可见到，典型器如李家嘴 M2 出土的深腹、小圈足铜簋。有的已出现阔口、极似蘑菇状的双角，如郑州商城及黄陂李家嘴出土的商代早期铜罍等。这些特征同二里头镶嵌绿松石龙纹牌饰及绿松石龙的首部有异曲同工之妙，显然不是偶然的，是直接传承的，只是表现的形式有别而已。这些所谓的兽面纹形象就是龙首部的聚焦、特写，是图案化、抽象化的龙首形象。其实，夏商时期的上帝崇拜就是"具有超自然神色彩，不是天神，而是自然社会神的综合、抽象和升华……起着神话王权的精神和政治作用"，显然是精神、物质相辅相成的两方面。如果这种认识无误，那么，商周时期已广泛地使用了龙纹，也就是说在夏、商、西周时期龙纹一直是当时的主流纹样，当然可以认为，这一时期先民仍然流行龙崇拜。杜金鹏曾在考察二里头出土龙形象文物后，发出了"我们不由得会吟唱那首脍炙人口的歌曲：'古老的东方有条龙，它的名字叫中国。'"这样的感叹！今天，在我看来，直到商周时期龙纹也一直是早期中国流行崇拜的神兽。难怪至今，我们华人仍以龙的传人自居。

四、小结

综上所述，我们可以明确看出，夏商周时期在黄河支流洛河、渭河及汾河流域明显存在着龙崇拜。更值得注意的是，在山西汾河流域晋南陶寺遗址"王"墓中，发现了形体巨大的陶鼓和石磬，而且每个大墓中均随葬一件大型龙盘。在这些王墓中，乐器鼓及石磬与龙盘已是组合关系，而龙纹盘被认为可能是巫师通天作法的法器。就是说，早在汾河流域陶寺文化时期，龙崇拜已经存在于当时的上流社会，而且同夏商西周时期的龙崇拜一脉相承。

参考文献

［1］许宏，赵海涛，李志鹏，陈国梁.河南偃师市二里头遗址中心区的考古新发现［J］.考古，2005（7）：5-20.

［2］中国社会科学院考古研究所.中国社会科学院考古研究所考古博物馆洛阳分馆［M］.北京：文化艺术出版社，1998.

［3］李学勤，艾兰.欧洲所藏中国青铜器遗珠（彩版1）［M］.北京：文物出版社，1995.

［4］中国社会科学院考古研究所.二里头陶器集萃［M］.北京：中国社会科学出版社，1995.

［5］洛阳市文物工作队.洛阳皂角树［M］.北京：科学出版社，2002.

［6］许宏，陈国良，赵海涛.二里头遗址聚落形态的初步考察［J］.考古，2004（11）：23-31.

［7］顾万发.试论新砦陶器盖上的饕餮纹［J］.华夏考古，2004（4）：76-82.

［8］李丽娜.也谈新砦陶器盖上的兽面纹［J］.中原文物，2002（3）：28-32.

［9］朱乃诚.二里头文化"龙"遗存研究［A］//二里头遗址与二里头文化研究［M］.北京：科学出版社，2006.

［10］杜金鹏.中国龙，华夏魂——试论偃师二里头遗址"龙文物"［M］//二里头遗址与二里头文化研究［M］.北京：科学出版社，2006.

［11］谢青山，杨绍顺.山西吕梁县石楼镇又发现铜器［J］.文物，1960（7）：28-31.

［12］高西省.扶风巨良海家出土大型爬龙等青铜器［J］.文物，1994（2）：92-97.

［13］中国青铜器全集编辑委员会.中国青铜器全集（第五卷·西周1）［M］.北京：文物出版社，1996.

［14］中国社会科学院考古研究所.张家坡西周墓地［M］.北京：中国大百科全书出版社，1999.

［15］高西省.扶风出土的西周爬龙及研究［A］//西周青铜器研究［M］.西安：陕西人民出版社，

2005.

［16］中国社会科学院考古研究所等.殷墟新出土青铜器［M］.昆明：云南人民出版社，2008.

［17］陕西省考古研究所.高家堡戈国墓地（彩版五）［M］.西安：三秦出版社，1995.

［18］马承源.商周青铜纹饰综述［A］//上海博物馆.商周青铜器纹饰［M］.北京：文物出版社，1984.

［19］王金秋.谈二里头遗址出土的铜牌饰［J］.中原文物，2001（3）：18-20，27.

［20］中华人民共和国科技部，国家文物局.早期中国——中华文明起源［M］.北京：文物出版社，2009.

［21］李零.说龙，兼及饕餮纹［J］.中国国家博物馆馆刊，2017（3）：53-71.

［22］上海博物馆青铜器研究组.商周青铜器纹饰［M］.北京：文物出版社，1984.

［23］深圳博物馆，随州市博物馆.礼乐汉东——湖北随州出土周代青铜器精粹［M］.北京：文物出版社，2012.

［24］湖北省博物馆等.南土遗珍——商代盘龙城文物集萃［M］.武汉：湖北教育出版社，2016.

［25］宋镇豪.夏商社会生活史［M］.北京：中国社会科学出版社，1994.

［26］王巍.从考古发现看中华文明的起源［A］//早期中国——中华文明起源［M］.北京：文物出版社，2009.

（作者系洛阳师范学院河洛文化国际研究中心教授）

论黄河文化视阈下的河伯神话传说及其世俗化演变

李进宁

一、黄河文化内涵与特征

"黄河文化是中华文明的重要组成部分，是中华民族的根和魂。"习近平总书记在黄河流域生态保护和高质量发展座谈会上的重要讲话，深刻阐明了黄河文化的丰富内涵。从"根与魂"的深度来思考中华民族生生不息、瓜瓞绵绵的缘由，不仅从根本上定位了有史以来黄河文化的中心地位，而且也为保护、传承、弘扬黄河文化提供了重要遵循。对于文化的认知和解读，最初是由一批人类学家在达尔文进化论和田野调查的基础上，结合现存文献与活态文化构建的人类文化圈，有"人类学之父"之称的英国人类学家爱德华·泰勒认为："文化，或文明，就其广泛的民族学意义来说，是包括全部的知识、信仰、艺术、道德、法律、习俗以及作为社会成员的人所掌握和接受的任何其他的才能和习惯的复合体。"[①] 而后美国社会学家戴维·波普诺在整合各种有关"文化"概念的基础上，从文化的三大核心要素经过加工提炼，提出了新的认识，他认为："文化是一个国家、一个民族或一群人共同具有的符号、价值观及其规范，以及它们的物质形式。"文化是由符号、价值观和规范三大部分组成的。其中，价值观是文化的核心，是文化的最高境界，是判断孰是孰非、孰重孰轻的标准体系。从马克思主义角度而言，1876年恩格斯在《劳动在从猿到人转变过程中的作用》中关于"文化就是人化，人的对象化或对象的人化"的论断，进一步推导出我们关于文化的定义——文化就是一定主体的一定价值观念的对象化。"从广义而言，文化就是指人类在社会历史中实践过程中所创造的物质财富和精神文明的总和。从狭义而言，文化是指在一定物质资料生产方式基础上精神财富的总和。"

相应地，学界对于黄河文化的界定也是各执己见，各有千秋。如徐光春、李振宏、苗长虹、牛建强以及谷建全等均表达了对于黄河文化概念的看法，他们从不同角度和层次出发，通过专业或非专业的术语表达了自己对黄河文化的理解和认识，尽管大家众说纷纭、莫衷一是，但是均能做到自圆其说、各成体系。那么，什么是黄河文化呢？倘若根据戴维·波普诺关于文化的界定进行总结概括的话，黄河文化也应该涵盖符号、价值观和规范三部分内容。"符号是指能有意义地表达事物的信息，信息是事物的状态或对事物状态的描述。它是文化的基础，是文化的表达形式。"考古学中发现的山西西侯度猿人、陕西蓝田猿人、山西襄汾丁村早期智人、内蒙古乌审旗大沟湾晚期智人等早期人类，他们沿黄河流域在长年累月的劳动实践中，创造出了符合本部族的语言符号、表达抽象意义的艺术符号、数字符号等，形成了具有一定文化体系的精神产品。随后，在黄河流域便形成了具有宗谱体系的诸多文化圈，

---

① ［英］爱德华·泰勒：《原始文化：神话、哲学、宗教、语言、艺术和习俗的发展研究》，连树声译，上海文艺出版社1992年版，第1页。

如马家窑文化、齐家文化、裴李岗文化、老官台文化、仰韶文化、龙山文化、大汶口文化等。这些局域文化是黄河文化发展伊始的主要形态，也是中华文明的起点。因此，黄河流域是中华民族先民早期最主要的活动地域，也是中国早期文化形态的主要诞生地。从这些相关信息可知，黄河文化就是指萌生、发展、繁荣和传承于黄河流域的文化，它是世代生活于黄河流域的各族人民群众在社会实践中关于社会经验、风俗习惯、宗教信仰、科学艺术、价值观念和道德规范的对象化反映，具有同一性、时代性、民族性、地域性等基本特征。[①] 从广义上而言，黄河文化就是黄河流域的人们在实践中创造出的物质财富和精神财富的总和。

二、河伯神话传说的发展演变

首先，从历史视阈考察，"河伯"本是远古时代的一个部族，它属于东夷集团的一支，被称为河伯族。王夫之《楚辞通释》说："河伯，古诸侯司河祀者。"[②] 河伯族主要生活于资源充沛、水草丰美、哺育着不同民族的黄河中下游一带。《穆天子传》记载："天子祭河，河伯号之（呼穆王）帝曰：穆满（以名应，谦也。言谥。盖后记事者之辞），女当永致用时事。"[③] 显而易见，河伯充当着神巫的角色。作为穆王和天帝沟通的使者，在每年有各民族参加的盛大河祭中，河伯都要向天帝报告穆王的言行举止，同时还接受并传达天帝的命令。因此，我们可以说各部族共祭的是河神，而河伯族祭祖时则祭"河伯"。相传夏帝芬时，河伯族和洛伯族发生了战争并实际占领了河、洛之地。《古本竹书纪年》记载："洛伯用与河伯冯夷斗。"[④]《初学记》引《归藏》也说："河伯筮与洛伯战而枚。"[⑤] 据考古专家对出土文物的碳–14测定，确认曾经生活于此的河伯族具有明显的夏文化特征，而出土陶器等文物则具有大汶口文化的身影。[⑥] 众所周知，发现于山东泰安的大汶口文化已被认定为新石器时代的文化遗存，是典型的东夷文化的代表。因此，从出土文物和传世文献来看，二里头文化是夏文化和东夷文化交流与整合的产物，而东夷文化的传播者应当是经过战争和联姻而占据河洛的河伯族人。他们凭借武器精良和英勇善战，获得了河洛的控制权，并且不失时机地把自己的风俗习惯、文化信仰等移植于此。

另据何光岳考证[⑦]，在夏代之前，河伯族人曾帮助大禹在黄河下游治水，并赢得了广泛称誉和尊敬，河伯族人因此乘势一路向西，把自己的势力扩大至河洛之地，在经历无数次冲突甚至厮杀之后，部族间终于以和亲联姻方式达成妥协，形成和谐稳定局面。从此，河洛一家，相安无事。但是，随着河洛文明的继续发展，东夷族一个分支——有穷夷羿携弓负箭由黄河下游沿河而上，摧城略地，势如破竹。在激烈争夺之后，夏后太康失国，而与之辅车相依的河伯族也岌岌可危。随后，有穷夷羿乘胜强掠河洛之地，追杀河伯并霸占其妻洛嫔。屈原《天问》对此疑虑重重："帝降夷羿，革孽夏民。胡射夫河伯，而妻彼洛嫔？"[⑧] 这段历史的文献记载，在人们的心目中逐渐分化和变异：一方面，以这段历史为原型，在河伯原有图腾崇拜的基础上，于口耳相传的过程中演绎出曲折动人的神话故事；另一方

① 苗长虹等：《黄河文化的历史意义与时代价值》，《河南日报》，2019 年 11 月 1 日。

② 王夫之：《楚辞通释》，中华书局 1975 年版，第 53 页。

③ 张耘：《山海经·穆天子传》，岳麓书社 2006 年版，第 204 页。

④ 李民等：《古本竹书纪年》，中州古籍出版社 1989 年版，第 20 页。

⑤ 徐坚：《初学记》，中华书局 1962 年版，第 488 页。

⑥ 中国社会科学院考古研究所二里头工作队：《河南偃师市二里头遗址中心区的考古新发现》，《考古》2005 年第 7 期。吴倩：《试论二里头文化的来源》，郑州大学硕士学位论文，2007 年。

⑦ 何光岳：《东夷源流史》，江西教育出版社 1990 年版，第 267–285 页。

⑧ 洪兴祖：《楚辞补注》，中华书局 1983 年版，第 99 页。

面，遭到重创的河洛之民作鸟兽散，奔走呼号。他们铭记先祖的荣耀与辉煌，怀抱生的希望与信念，沿着陌生路途寻找自己的安身之所，诉说先祖的英雄业绩和对故土的留恋，形成了对列祖列宗的遥祭。

商周之际，河伯族人对周部族立国抚民功勋卓著，赢得了周王朝的信任和器重。周穆王时，河伯酋长掌管着周王朝祭祀河神的大任。"天子授河宗璧，河宗伯夭受璧，西向沉璧于河，再拜稽首。""河伯号之帝曰：穆满，女当永致用时事。"① 河伯酋长在周王的授意下召集王公大臣向天言事，在神圣肃穆的祭祀仪式中表达"普天之下，莫非王土；率土之滨，莫非王臣"的家国理念。因此，王夫之认为的"河伯，古诸侯，司河祀者"② 是符合历史事实的。日本学者白川静也称："河伯的祭祀原先好像是一个拥有特定传承的氏族的一种特权，被视为能够支配自然节奏的特定山川的信仰和祭祀。经常是和一个特定的氏族结合在一起，这些掌山川信仰与祭祀的特定氏族即是所谓的神圣氏族。"③ 因此，当时的河伯族在国家特权的庇荫下获得了长足发展。

其次，从历史叙事转向神话传说的河伯形象，融合其他神话故事共同铸就了黄河文化，直至黄河文明。王孝廉说，"神话是民族的梦，是古代人迷惑于有意识与无意识——梦与现实之间的产物"。④ 当太康失国，有穷夷羿对河伯族人进行了无情的杀戮。面对死亡的挣扎、心灵的创伤，原始思维和万物有灵观念极易激起他们对逝去灵魂的追忆，这样他们便会通过曲折离奇的神话传说进行渲染诠释，体现永志根本之意。对此，王逸在注解《楚辞·河伯》时所引古老传说颇富典型性，"河伯化为白龙，游于水旁，羿见射之，眇其左目。河伯上诉天帝，曰：'为我杀羿。'天帝曰：'尔何故得见射？'河伯曰：'我时化为白龙出游。'天帝曰：'使汝深守神灵，羿何从得犯？汝今为虫兽，当为人所射，固其宜也，羿何罪欤？'"⑤ 长于形变的河伯化为白龙，遭到了夷羿的射杀，尽管告于天帝也没有得到伸张正义，这则流传于南方的神话故事已经具有了比较完整而生动的故事情节。不仅如此，它还传达了这样一些信息：河伯是水中神灵的守护者，它已经脱离了自然神的"虫兽"之类，达到了神话发展的较高形态。对此，我们可以溯源而上，寻找更为古老的演变原型。西汉刘向在《说苑·正谏》中记载："吴王欲从民饮酒，伍子胥谏曰：'不可。昔白龙下清冷之渊，化为鱼，渔者豫且，射中其目，白龙上诉天帝。'"⑥ 这可以看作王逸之说的渊源。无独有偶，《庄子·外物篇》亦称："宋元君夜半而梦人被发窥阿门，曰：'予自宰路之渊，予为清江使河伯之所，渔者余且得予。'元君觉，使人占之，曰：'此神龟也。'"⑦ 可见，关于河伯的神话在周时流传甚广。由于吴楚神话和庄子所记均有"鱼""鳖"等水族形象和"渔者"的身影，这样河伯神话原型便更加清晰地展现在我们面前了。不仅如此，先秦文献尚有许多河伯故事的记载，如《晏子春秋》云："齐大旱，景公召群臣问曰：'寡人欲祀河伯，可乎？'晏子曰：'不可。河伯以水为国，以鱼鳖为民，彼独不欲雨乎？祀之何益。'"⑧ 此处河伯具有"主雨"的神性，对河伯的祭祀表现了人们冀神赐福的功利目的。虽然晏子极力反对祭祀河伯，却反映了自然神的客观存在。另外，齐国勇士古冶子杀鼋和《韩非子》所记"河伯，大神也"⑨ 的传说均具此种性质。有时，即使河伯的侍从也具有水族类的标识，如《古今注·鱼虫》曰："鳖名河伯从事。"《初学记》卷

① 郭璞：《山海经·穆天子传》，岳麓书社 2006 年版，第 204 页。
② 王夫之：《楚辞通释》，中华书局 1975 年版，第 53 页。
③ 白川静、王孝廉译：《中国神话》，长安出版社 1983 年版，第 100 页。
④ 王孝廉：《中国的神话与传说》，联经出版事业公司 1977 年版，第 1 页。
⑤ 洪兴祖：《楚辞补注》，中华书局 1983 年版，第 99 页。
⑥ 向宗鲁：《说苑校证》，中华书局 1987 年版，第 237 页。
⑦ 郭庆藩：《庄子集释》，中华书局 1961 年版，第 933 页。
⑧ 吴则虞：《晏子春秋集释》，中华书局 1962 年版，第 66 页。
⑨ 王先慎：《韩非子集解》，中华书局 1998 年版，第 218 页。

三十引《南越记》曰："乌贼鱼，一名河伯度事小吏。"等等。从以上事例可知，人们认为"鱼""鳖"等就是河伯的魂附之物，而诸多水族之属前簇后拥、伴随左右，则表明了河伯具有动物的某些特征，这为我们把河伯定位为自然神提供了依据。

赵辉认为"神话在不同的历史阶段表现为不同的形态。它有一个由动物神到半人半神、再到人格神的发展历程"。[①]河伯与"鱼"的关系，我们也可以视其为河伯族人的自然神话。这也恰恰验证了王孝廉所说："古代人最初信仰的神，是他们生活周边的敬畏或具有实益的动植物和自然现象，其后随着人的自觉意识的提高，人们所祭祀的神也逐渐由完全的动植物等转化为半人半兽的神。"[②]而相传著于战国时的《尸子》所描写的河神则是人面鱼身，具有半人半神的神格特征，载曰："禹理水，观于河，见白面长人，鱼身，出曰：吾河精也。"[③]其后，文献多以此种形象加以描述，如《酉阳杂俎》曰："河伯人面，乘两龙，一曰冰夷，一曰冯夷。又曰人面鱼身。"[④]它告诉我们河伯除了具有鱼的特性，还有人的性格和面貌，实现了从纯动物向人面鱼身的过渡。整体而言，它是神话形态的一种飞跃，更是古人思维模式的重大转变与革新。从某种意义上来看，这是人类文明在部族之间渗透和交融基础上的升华，因此，其承载的文化内涵及价值是不言而喻的。

由此可知，春秋战国时期的河伯神话已经广泛流传并深入人心，并且它的神格已经摆脱了原始意义上的神话色彩，具有了人的思想和情感。《庄子·秋水》曰："秋水时至，百川灌河……河伯欣然自喜，以天下之美为尽在己。"顺流而下，与海神若的一番辩论，真正体现了智者之思。而真正把河伯形象在历史和神话的基础上进行艺术加工并糅合在一起的应该是楚人屈原，他劳苦君国、心系黎民苍生，当贬于湘、沅之地，目睹世俗所祭，遂作《河伯》以寄哀怨愁思和鸿鹄之志。"与女游兮九河，冲风起兮横波。乘水车兮荷盖，驾两龙兮骖螭。登昆仑兮四望，心飞扬兮浩荡。日将暮兮怅忘归，惟极浦兮寤怀。鱼鳞屋兮龙堂，紫贝阙兮朱宫。灵何为兮水中，乘白鼋兮逐文鱼。与女游兮河之渚，流澌纷兮将来下。子交手兮东行，送美人兮南浦。"[⑤]河伯与南浦女乘上水车，驾驭螭龙，逍遥自在地神游昆仑之虚，而后闲庭信步于龙堂朱宫，此种闲情逸致恰恰表现了诗人在河伯形象上所寄寓的某种理想或情愫。然而，南浦送别，执手相看泪眼，不免使河伯徒增几分忧伤和落寞之情，其中的悲剧性亦油然而生。诗人通过对河伯内在神性和外在形象的描绘，已经完成了河伯人格化和理想化的蜕变而趋于世俗化。这样，屈原笔下的河伯神话已经完全具有了人格神的特质，它的出现则标志着我国古代神话在发展历程上步入了高级形态的神话。

最后，河伯神话与其他神话的整合与发展，促成了河伯神话的整体塑造与传承。河伯神话源远流长，在长期的民族迁徙、斗争以及联姻中逐渐形成了以河伯文化信仰为主，其他诸夷文化信仰为辅，兼容并包的格局。它不仅有利于多民族国家祭祀的需要，而且有利于部族的多元发展。我们所看到的河伯形象更多地体现了华夏各族由原始野蛮走向文明开化，由多神走向一神、由分散走向统一的历史趋势。史实证明，禹夏之时，河伯诸神话已经出现了重组与整合的端倪，如《竹书纪年》所记："洛伯用与河伯冯夷斗。"《穆天子传》："阳纡之山，河伯无夷之所都居。"等等。这些记载说明冯夷及无夷族已经迁徙到了中原腹地，在族际间的文化交融中，占绝对优势的河伯文化以其强大的吸引力和包容性，覆盖了冯夷和无夷的文化信仰，于是出现了二者在形式上连用的称名。此种联合方式在共同的发展中保留了各自的特质，即共同承载着不同的文化积淀，这是黄河流域不同部族之间相互斗争和融合的结

---

① 赵辉：《楚辞文化背景研究》，湖北教育出版社1995年版，第75页。

② 王孝廉：《水与水神》，学苑出版社1994年版，第45页。

③ 李守奎、李轶：《尸子译注》，黑龙江人民出版社2003年版，第167页。

④ 段成式：《酉阳杂俎》，上海古籍出版社2012年版，第77页。

⑤ 洪兴祖：《楚辞补注》，中华书局1983年版，第76-78页。

果，也是他们经济或文化上的共通和互补的迫切需要，更是社会发展不断前进的必然选择。

经过多次民族大融合，河伯文化得到了长足发展，在夏、商、周三代较为正式的国家祭祀中，河伯神往往作为国家整体概念上的主宰神灵出现在祭祀场合中，俨然成为了一个国家同宗共祖的标志。从某种意义上来说，这是"中国早期的神话中的一个明显的特点，即神话演变中的那种巨大的内聚力，它以神格为中心，将其相似和相关的内容加以改造而向它聚合。但是，后来随着社会的发展，神话人物逐渐定型化，功能越来越明确，那种模糊性、交叉性逐渐消除，代之以职能性的专职神的产生"。[①]这种趋势一直延续到秦并天下之时，随着诸侯咸服、天下合一，始皇帝命令祠官按照常奉次序祭祀天地诸神，其中有"水曰河，祠临晋"之称，这里用"河"代替了略有地方色彩的"河伯"或"冯夷"，使之更具有整体概念意义，显得颇为庄重和神圣。而到了汉宣帝时，更具抽象意义的"四渎神"被正式列于国家祭典。这样，长期以来具有恤民安国之称的骄子形象的河伯逐渐退出了历史舞台，隐去了曾经耀眼的光环，不得已而落魄于乡间野舍，最终在佛道的巨大影响下华丽转身：或附于惩恶扬善的娑竭龙王之身，接受民间的祷告和朝拜；或离开神话传说的桎梏而羽化登仙，在虚无缥缈的天国寻找自己的神龛。诚如宋赵彦卫所说："《史记》西门豹传说河伯，而《楚辞》亦有河伯祠，则知古祭水神曰河伯。自释氏书入中土有龙王之说，而河伯无闻矣。"[②]从河伯在中原之地的发展情况来看，这种说法具有一定的历史根据，也是合乎历史逻辑的。然而，河伯冯夷神话的仙话化则是在道家及道教思想的改造下完成了历史使命。

综上所述，河伯神话传说的发生发展及逐渐淡出人们视野的过程，正是人类社会从万物有灵的图腾崇拜到历史意识和主体意识逐渐觉醒的过程，它昭示着原始信仰的终结和宗教热情的冷却，也说明"人类由多神崇拜到一神崇拜，由对自然神的崇拜到祖先神的崇拜，又由祖先神的崇拜发展到对本族英雄的崇拜，是同生产力和社会发展相适应的"规律，同样，在夏、商、周三代由河伯族人所主导的以河神为尊的国家祭祀也是这种规律的客观反映。不可否认，入主中原前，河伯神话传说是从东夷集团裂变而生，充其量它只是原始意义上的自然神话，是万物有灵观念的产物。但是，当它走向中原腹地，同其他部族密切联合形成了新的共同体之后，也就形成了新的民族意识和文化信仰，尤其是举族生死存亡之际，更能激起他们的民族认同感，因而又形成了半人半兽或者完全意义上的人格神的神话。

三、河伯神话传说的世俗化

神话世俗化在神话流变过程中的确起着不可或缺的重要作用，它是人们沟通人神关系最为简洁可行的途径，而且也是人们以公正、平等的视角看待曾经高不可攀的神灵的审美观。"随着生产发展，社会变迁以及实践经验的积累，人们的认识逐渐接近于客观世界的本来面貌。这时，神话的产生逐渐消歇，适应于后世人现实感的传说代之而起，继续承担起劳动人民传述历史的要求。"[③]其说诚是，不过我们还可以这样理解：大规模产生神话的时代已经终结，留给后人的将是如何继承和发展业已给人类带来无比丰富认知的精神财富，从我们对于神话自身的演变规律及其留存方式来看，神话世俗化无疑给现实世界带来不少祛魅化的充满人性思维的形象，而且这些形象大多是从神话人物中借鉴或过渡而来，是神话遗传因子的化身。换言之，从神话形象的基本特征及其表现形式而言，一旦神话形象失去了公共性角色和神圣性、超自然性等特征，并且随着"信仰黄金时代"的淡化和消解，以及令人崇

---

① 熊良智：《〈楚辞〉后羿形象思考》，《四川师范大学学报》（社会科学版）1990年第6期。

② 赵彦卫：《云麓漫钞》，中华书局1996年版，第178页。

③ 民间文学研究会：《民间文学论文选》，湖南人民出版社1987年版，第157页。

拜敬畏的意识逐渐褪去耀眼的光环之后，神灵也将随着神话物质外壳的隐去而悄然发生变化，与之相反的是，它说明人的自我认知、理性精神已经达到了足够的思维高度。

从神话内在的本质属性来看，神灵将由无所不能的神性逐渐滑向充满喜怒哀乐的人性，而且这种神格的降低或消解已经在春秋战国时期有了明显体现。《楚辞·九歌》中的"河伯"在巫风盛行的楚地已经成为了一位"与女游兮九河，冲风起兮横波"的安逸洒脱之士。他们畅游昆仑，情定龙堂朱宫，情意绵绵处尽显世俗的欲望和情感，即使分手告别之时亦显得执手相望无语、"长亭更短亭"的依依不舍，"子交手兮东行，送美人兮南浦"，好像世间男欢女爱的真实写照。然而，原始神话中的河伯形象与之完全判若两人：人面鱼身、御风乘龙，来去天府水渊，或凶神恶煞兴风作浪，或威仪森严骄奢人间。二者异同，从世俗化前后的形象变化中可见一斑。不仅如此，屈原在《天问》中还把"河伯"刻画为一个任人宰割、备受欺凌的形象，其爱怜怡人处无不使人顿生同情怜悯之心，"帝降夷羿，革孽夏民。胡射夫河伯，而妻彼洛嫔？"[1]夷羿受天帝之命为民除害，但是临行之时他却射杀河伯、妻彼洛嫔，为后人留下一段滥杀无辜的谈资。然而不同的是，在北方"河伯娶妇"故事中则又呈现出完全不同的世俗化认知。由此可知，河伯神话世俗化的事实表明了它的神性渐趋减弱淡化，并且朝着人性方面进一步发展，也就是说河伯形象越是往后发展越是展现出人性化、情感化等特征。总之，南北文化中河伯形象表现出的只是性格不同而已，而它所蕴含的古老文化因子却具有相同性、普遍性等特征，即使世俗化后的河伯形象也是人间伦理化的投影。

四、结语

黄河文化是中华文明的重要组成部分，是中华民族的根和魂。在长期的社会实践过程中，中华民族形成了丰富的黄河文化，孕育了厚重的国家文明，承载着生生不息的民族精神，凝结着厚重的人文情怀和哲学理念，彰显了黄河文化在中华文明发展史中的重要地位和意义。因此，习近平总书记强调，保护传承弘扬黄河文化，讲好"黄河故事"，延续历史文脉，坚定文化自信，为实现中华民族伟大复兴的中国梦凝聚精神力量。在黄河文化视阈下对于河伯神话传说及其世俗化的探讨，就是对于镶嵌于黄河流域的河神文化在国家发展、复兴与强盛过程中的重要作用与伟大意义的彰显，也是对于民族融合与奋斗精神的发扬光大。河伯神话传说印证了中华儿女改造自然、繁衍生息的奋斗历史，传递了具有中国价值理念和民族精神的黄河文化。在新时代背景下，我们应该积极地保护、传承和弘扬黄河文化，承担起文脉传承的重任，让一个个沉淀于民族记忆之中的神话传说或民间故事重新焕发出时代光芒，在增强民族认同感、维系国家统一和民族团结的征途中贡献绵薄之力，在实现中华民族的伟大复兴进程中成为不可或缺的精神支柱。

（作者系新乡学院期刊中心副教授）

---

① 洪兴祖：《楚辞补注》，中华书局 1983 年版，第 99 页。

黄河与济水关系考证

冯 军

济水历史悠久，与黄河、长江、淮河一起被尊为"四渎"，受到国家隆重的祭祀。济南、济源、济阳、济宁等地名就是由"济水"而来。历史上，济水与黄河有着十分密切的关系。今天的黄河是历史多次变迁的结果，要了解当今的黄河，就要了解黄河的历史，而要了解黄河的历史，就不得不对济水进行了解。济水是我国历史上著名的河流，其发展演变与黄河变迁有着错综复杂、密不可分的关系。本文尝试对二者的关系进行梳理。

一、济水的基本情况

1. 济水流域范围

济水水系十分古老，就华北平原水系而言，济水形成早在黄河形成之前。其源头在河南省的济源市，济源也因济水发源而得名。济水流经河南省今天的济源、焦作、郑州、新乡、开封，以及山东省的菏泽、济南、淄博、滨州、东营等地区，注入渤海。其中，下游流域范围大致与今天的黄河下游范围相当。济水历史悠久，在《尚书·禹贡》《史记》《尔雅》《山海经》《水经注》等重要历史文献中均有记载。《尚书·禹贡》载："导沇水，东流为济，入于河，溢为荥，东出于陶丘北，又东至于荷，又东北会于汶，又东北入于海。"古济水走向，分为上游、中游、下游三个区域。济水上游包括济源、沁阳、孟州、温县、武陟；济水中游包括荥阳、郑州市惠济区、原阳、延津、封丘、长垣、开封、兰考；济水下游包括菏泽、定陶、巨野、梁山、济宁、济南、济阳、东营。

2. 相关文献记载

《现代汉语词典（修订本）》中解释："济水，古水名，发源于今河南，流经山东入渤海。现在黄河下游的河道就是原来济水的河道。今河南济源，山东济南、济宁、济阳，都从济水得名。"[1] 济水作为历史上有名的大河，其流向在历代文献中多有记载。

《尚书·禹贡》记载："导沇水，东流为济，入于河，溢为荥，东出于陶丘北，又东至于荷，又东北会于汶，又东北入于海。"[2] 今王屋山西有沇水，东有济水，符合文献所载。

南北朝郦道元《水经注》曰："济水出河东垣县东王屋山，为沇水。"《山海经》曰："王屋之山聊水出焉，西北流注于泰泽。郭景纯云：聊、沇声相近，即沇水也。"今王屋山主峰天坛山西侧有太乙池，为济水源头。[3]

---

① 中国社会科学院语言研究所词典编辑室：《现代汉语词典（修订本）》，商务印书馆 1996 年版。

② 王世舜：《中华经典名著全本全注全译丛书：尚书》，中华书局 2012 年版。

③ 陈桥驿译注：《水经注》，中华书局 2016 年版。

北宋《太平寰宇记》载："济水在县西北三里地平地而出，有两源：其东源周回七百步，其深莫测；西源周回六百八十步，深一丈，皆缭以围墙，源出王屋山。"[①] 目前，济源市内仍保留了这里所说的"东西二源"，即东源为济渎庙内的小北海，西源为距庙西仅三里路的龙潭，并且至今仍有泉水不断外涌，灌溉农田。

北宋沈括《梦溪笔谈》曰："济水自王屋山东流，有时隐伏于地下，至济南冒出地面而成诸泉。"[②]

清初顾祖禹《读史方舆纪要》曰："《汉志》：济水过郡九河东、河内、陈留、梁国、济阴、泰山、济南、齐郡、千乘，此九郡也。"[③]

从文献记载可以看出，济水发源于济源市，经河南省北部，横贯山东注入渤海，是古时华北平原上的重要水道。

3. 济水文化遗存

济水流域包括今天河南省北部和山东省，这一地域正好是华夏民族的母亲河——黄河的下游，是华夏文明的主要发祥地之一。而且济水河道与黄河相交叉，很难从地域上将二者截然分割开来。济水的畅流时期，充沛清洁的济水横贯豫鲁大地，滋润两岸稼穑，推动了古代农业的发展，孕育了古代文明的形成，今天济水故道沿岸古文化遗址数以百计，据考古发现，我国第一个奴隶制王朝夏朝曾在济水源头定都原城（今济源市济渎庙附近），直到今天仍在沿用的济源、济南、济阳、济宁等城市名，都是济水流域物质文明辉煌灿烂的有力佐证。因此，在今天的黄河下游地区，应是济水和黄河一起孕育了古代文明的形成和发展。

二、黄河变迁对济水的影响

济水原本是华北平原上最大的水系，自黄河形成之后，济水就不断受到黄河变迁的影响，不断衰微。

1. 济水曾经独流入海

在黄河水系完全形成之前，黄河沿线有大大小小独立的湖泊，这些湖泊彼此之间不相贯通。黄河的形成演化历史也备受争议，时间从始新世（距今 5300 万年至 3650 万年）到晚更新世（距今 12 万年至 1 万年）不等，但最近从黄河入海的最后构造咽喉——三门峡地层的研究表明，黄河的最终贯通入海时间更可能在中更新世左右。由于水流长期侵蚀下切，黄河最终冲破三门峡东的最后一道阻碍进入华北平原，至此上下数千公里的黄河水系才完全形成。据有关研究，黄河最初形成时并非后来的向北流入渤海，而是曾在相当长的一段时间向南流入海。因此，在黄河全线贯通之前，以及黄河形成初期向南流入海的那段时间，济水曾在华北平原独流入海。

2. 黄河改道侵占济水水系

《战国策·燕策一》中记载"齐有清济浊河，可以为固"，意思是说齐国有清济和浊河两条天险，也就是黄河和济水，因此疆土可以稳固。在此济水和黄河共同作为抵御敌人进攻的天险屏障，说明其当时的水量还是比较充沛的。

---

① （宋）乐史：《太平寰宇记》，中华书局 2014 年版。

② （宋）沈括：《梦溪笔谈》，中华书局 2016 年版。

③ （清）顾祖禹：《读史方舆纪要》，中华书局 2005 年版。

西汉时期，黄河经常泛滥，汉武帝时期尤为严重。当时黄河在东郡瓠子口决口，淹没泗淮流域十六郡境，大致相当于今天河南省东部、山东省西南部、安徽省、江苏省北部等广大地区，灾害持续达二十余年，经过国家全力堵口救灾才勉强稳定。王莽时期黄河再次决口，黄河与淮河之间的水灾又持续了六十余年。黄河多次决口泛滥，不断淤积充塞济水的河道水系，使原本畅流的济水水系发生了很大的变化。隋唐之后，由于受黄河洪水的持续冲决影响，济水慢慢变得弱小，正如白居易《题济水》诗云："盈科不数尺，岸柳难通舟。胡为来自古，列渎宗诸侯。"呈现出一派弱水气象。在黄河泥沙淤积的作用下，黄河以南郑州至菏泽的济水河段出现大面积的断流。济源、济宁、济南、济阳，这些城市都曾经是济水沿岸的重要城市，仍在昭示着古老的济水流域曾经的辉煌。

到北宋时，黄河进入了频繁的决口、改道时期，宋神宗熙宁十年，黄河在澶州决口，滔滔黄水舍弃北流河道，冲入梁山泊，又从梁山泊分成两支：一支冲入清河，东流入海；另一支向南，由泗水进入淮海。从此之后，人们把东流入海的原先的这条清河就叫作"北清河"，把南流入泗的这条清河叫作"南清河"。黄河河道在此之前主要经华北注入渤海，在两宋之际，南宋建炎二年（1128 年），东京守将杜充，采取以水代兵的策略，命人在滑州扒开黄河，使黄河开始彻底改道南流入海，进一步加剧了对济水河道的破坏。清咸丰五年（1855 年），黄河在河南兰考的铜瓦乡再次发水改道向北，将清澈的大清河完全吞没，使其成为了黄河下游的干流。从此，济水下游河道完全融入黄河。

3. 黄河济水交叉

《尚书·禹贡》曰："导沇水东流为济，入于河，溢为荥。"[1]《晋地道志》曰："济自大伾入河，与河水斗，南泆为荥泽。"[2]《史记索隐》曰："古济水当此截河而南，又东流，溢为荥泽。"《尚书·孔安国传》曰："济水入河，并流十数里而南截河，溢为荥泽。"[3] 这些文献都说明济水注入黄河后，又从黄河分出。历史时期郑州段的济水河道，大致在郑州广武山北麓，经行现代黄河的河线。济水则是郑州境内最先"支分"即引河之水、分河之流的一条河流。济水穿越历史郑州区域河线约上百公里。可以说，历史上，今天的郑州曾经长期属于济水流域。黄河济水河道交叉，只是二者漫长发展历史中其中一个阶段，不能因此否认二者曾经各自单独入海。

三、济水现存情况

在新石器时期以来的漫长历史中，黄河不断决口改道，对济水河道造成了严重的影响，中下游河道基本为黄河所占据。目前，济水源头及黄河以北的济水河道还保存遗迹。郑州以下的黄河下游地段基本就是济水的故道。济水的河道被黄河占据之后，其名声与地位也渐渐被黄河独享。

1. 济水河道的现状

济源至温县、武陟入河处为古济水上游。济水源头相关水系较为自然、原始地保留了下来，只是水量大大减少，局部水道存在断流、改道。

荥阳至菏泽为古济水中游。《水经注》记载，济水至荥泽以下分为南北两条水道向东北流去，注入巨野泽，称为南济和北济。同时，由北济中分出一条濮水，最后又与北济汇合后共同流入巨野泽，也应纳入济水水系。大致流经郑州的古荥阳、今郑州市区北、古中牟北和当时还属于郑州大区的原武县、

---

①③　王世舜：《中华经典名著全本全注全译丛书：尚书》，中华书局 2012 年版。

②　陈桥驿译注：《水经注》，中华书局 2016 年版。

阳武县，在阳武县东境流向豫北封丘、今山东定陶、巨野。由于历史上受黄河多次泛滥侵扰，此段济水主体已经紊乱断流、踪迹难觅，但沿线各地仍保留了数量众多的济水文化相关遗产，能够勾勒出古济水的大致走向。今原阳县南和开封市北，济水故道大致就是现在的黄河。

由菏泽至渤海入海口是济水下游。济水在菏泽一分为二：一支为济水主流，向东北流入巨野泽，经济南、东营注入渤海；另一支为菏水，从菏泽东岸流向东南的一条河流，流经今巨野县、嘉祥县南部、金乡县北部，自鱼台县西北入境，在鱼台县城东汇入从曲阜、兖州流来的古泗水，南过沛县、徐州、宿迁而入淮河。巨野泽以下至今济南市的济水河道为今黄河所占，济南以下的济水河道整体上位于今黄河以南，大致与今小清河流域相当，由于历史变迁，二者并不完全一致。

2. 济水源头情况

济水与黄河、长江、淮河并称为中国古代四大水系，历史悠久，文化灿烂。惜历经变迁，济水中下游河道已被黄河摆动干扰侵占，不复当年盛况。值得庆幸的是，在济水的发源地——河南省济源市，济水源头水系保留得还较为完整，河道基本保留了自然状态，水系沿线分布着数量众多的相关人文古迹，可以说是古济水目前最为重要的遗存区域。经实地考察发现，济水上游尤其是源头区域仍然较好地保持了济水的历史面貌。总体来说，济水源头水系除了水量减少明显之外，方位、走向等情况基本符合历史文献记载。

文献记载的东西二源，目前仍保留：西源为龙潭，东源为济渎庙、济渎池。西源龙潭之水流出为龙河（现名解放河），向东以暗河形式经老纸厂、焦枝铁路桥、六交口、庙街村南至庙街村东南角，北折沿汤帝北路西侧至花红泉与东源济渎池及珍珠泉之珠河相汇合，俗称珠龙河（尚有北水来汇，即万泉寨水东向至葫芦泉东南流入珍珠泉），即为济水，东至铁岸村北，盘溪河（源于克井镇盘谷寺，孔山一带）由北向南汇入济水。济水又经碑子至南北堰头村中间永济桥一分为二，一支津南流（《水经注》语），经亚桥汇入漭漭，主支东流经西水屯南、北水屯南、南水屯、堰头北、西马头中、中马头中、东马头北、南程村南、牛社村南、梨林村北、桥头村南、水东村北流向沁阳市柏香镇，东南流经温县，注于黄河。现只有永济桥东、西马头、中马头三处局部阻绝，他处均有水流。

根据《元和郡县志》的记载，隋文帝开皇十六年由当时的轵县中析置济源县，并因济水所出而名，且其建县时间比济渎庙的创建时间（582年）晚了十四年，县城距济渎庙仅三里，由此可知，当时朝廷建立济源县的主要目的是要其配合朝廷做好对济水的祭祀工作，这同时也说明了朝廷对济水的重视。如今的济渎庙坐落在古济水的源头，规模宏大，坐北朝南，整体为由济渎庙、北海祠、天庆宫、御香院四部分组成的功能独立又有机联系的建筑群，庙内保留了历代古建筑三十余座，以及四十余通历代碑碣石刻。现存济渎庙是河南省规模最大的古建筑群之一。庙内济渎寝宫建于北宋开宝六年，是河南省唯一一座超过一千年的古代木结构建筑，也是我国著名的早期木结构建筑，具有很高的建筑历史和艺术价值。国务院于1996年将济渎庙正式公布为全国重点文物保护单位。目前，济渎庙经过多年来的文物保护和旅游开发，正以其深厚的文化内涵和历经沧桑的千年历史向人们讲述着济水文化曾有的辉煌与灿烂。济源源头水系沿线文物古迹众多，内涵丰富，其中延庆寺为济源著名的佛教寺院，济渎庙为历代帝王祭祀济水的皇家庙宇，奉仙观为济源久负盛名的道观，这三处规模宏大的古建筑群均为全国重点文物保护单位；还有原城遗址为夏都原城之所在，二仙庙为祭祀道教上清派宗师魏华存的大型古建筑群，为河南省文物保护单位；此外还有万泉寨、李家民居、永济桥、张家祠、邓氏宗祠、苗店遗址等众多市级文物保护单位。济水古河道犹如一条丝线，将沿线文物古迹串联起来，构成济源北部城区亮丽的文化珍珠项链。

目前学术界很多人对济水源头水系不了解，因此往往认为济水河道被黄河侵占了，因此认为济水已经消失了。通过对济水源头水系的考察分析，我们可以清楚地了解到，济水源头水系只是水量变小了，但现存水源、河道走向与历代文献记载基本一致。因此，我们认为，济水只是中下游河道被黄河干扰侵占，但源头水系仍然存在，四渎济水仍然存在。

四、黄河与济水的文化关系

1. 祭祀方面

"四渎"是我国重要的江河代表，济水名列其中，受到历代祭祀。关于济水被列为"四渎"的时间，我们可以从文献记载中找寻线索，记载于《史记·殷本纪》的《汤诰》称："东为江、北为济、西为河、南为淮，四渎已修，万民乃有居。"在商汤的文诰中"江、河、淮、济"为四渎，说明济水被列为"四渎"的时间应不晚于商代早期，甚至更为久远。

由于我国是传统的农业国，水是农业的经济命脉。因此，我国历代统治者都十分重视水，在古代科技不发达的情况下，往往采取隆重的仪式祭祀水神，祈求风调雨顺，农业丰收。对四渎水神的祭祀历代都十分重视，周代"天子祭天下名山大川，五岳视三公，四渎视诸侯。四渎者，江、河、淮、济也"。秦汉时期持续对岳渎祭祀制度进行了修订完善。至汉宣帝时期，形成了较为固定的遣使祭祀"四渎"制度。《汉书》记载："河于临晋，江于江都，淮于平氏，济于临邑界中，皆使者持节侍祠。"[①]《旧唐书·卷二十四·志第四·礼仪四》记载："五岳、四镇、四海、四渎，年别一祭……北海、北渎大济，於洛州。"[②] 又云"天宝六载，河渎封灵源公，济渎封清源公，江渎封广源公，淮渎封长源公……十载，遣卫尉少卿李瀚祭江渎广源公，京兆少尹章恒祭河渎灵源公，太子左谕德柳偡祭淮渎长源公，河南少尹豆卢回祭济渎清源公"。[③] 宋徽宗曾于宣和七年颁《封济渎诏》封济水为"清源忠护王"。元延祐元年的《投龙简记》中称济水为"济渎清源善济王"，这样名号上由公到王，标志着济水祭祀规格不断提升，也正应和了明代洪武三年《大明诏旨碑》中所云"五岳、五镇、四海、四渎之封，起自唐世，崇名美号，历代有加"。

由历代祭祀可知，济水与黄河一起作为江河神灵的代表，受到了国家的隆重祭祀，在古代传统政治礼仪文明中占有一席之地。

2. 文学方面

在中国古代，由于济水对沿岸经济发展的促进以及其独特的情节品行，歌咏济水的诗文佳作比比皆是，形成古代文学史上独特的"济水现象"。在这些诗文中，济水不仅是一条造福百姓的自然河流，而且是有着高贵品行的谦谦君子。白居易任河南尹时曾多次到济水源头游玩，写下了《题济水》，以"朝宗未到海，千里不能休"来比喻济水的顽强特质，以"自今称一字，高洁与谁求，唯独是清济，万古同悠悠"称赞济水的高洁。北宋著名宰相文彦博奉命祭祀济水时作《题济渎》，"远朝沧海殊无碍，横贯黄河自不浑"两句经典诗文，形象地称赞了济水的顽强和高洁的精神。在此可以看出，济水具有含贞自洁的高贵品质，受到了世人的敬仰。

在众多称赞济水的诗文中，往往将济水与黄河并称，将济水的清与黄河的浑进行对比，将济水的自然之清上升为人文之清。不难看出，如果说黄河是母亲河，那么济水就被文人誉为君子河，具有君子的美好品性。黄河赋予了中华民族生命，济水则对中华民族人文品性产生了积极影响，可以说黄

---

① （汉）班固：《汉书》，中华书局 1962 年版。

②③ （后晋）刘昫等：《旧唐书》，中华书局 1975 年版。

河与济水犹如它们密不可分的自然河道关系一样，共同对中华民族的产生和发展产生了巨大而深远的影响。

3. 经济方面

在上古时期，济水是一条重要的水道，沟通东西经济往来，在古代交通体系中扮演着重要的角色。作为横贯华北平原的一条重要水运通道，济水对于早期山东半岛与中原地区经济沟通往来起到了重要作用。据《禹贡》记载，古代兖州的贡品"浮于济、漯，达于河"，是指九州中兖州地区向中原地区进贡的物品要先通过济水和漯水，再进入黄河，到达冀州。而青州地区的贡品则是"浮于汶，达于济"，通过汶水连通济水，达于黄河。春秋之后，随着生产力的发展，开通了菏水，进一步加强了济水作为经济通道的作用。古济水于定陶北汇为菏泽，菏水就是源于菏泽向东达于泗水的一条人工水道。泗水向南沟通了淮河与长江，由此，济水成为沟通黄河流域和江淮地区的枢纽水道，对当时经济的发展起到了重要的推动作用。济水与菏水相交的定陶成为当时水道的中心，也被誉为"天下之中"，反映了济水在当时经济发展的特殊地位和作用。春秋晚期，越国的范蠡晚年就居住于此，弃官经商，利用济水便利的交通，"十九年之中三致千金"，成为商业文化的鼻祖，被后世称为"陶朱公"。西汉初年，汉高祖刘邦也在此即皇帝位，开创了汉代王朝的基业。济水成为沟通黄河中下游及江淮地区东西南北经济往来的枢纽水道，对早期文明发展起到了极为重要的作用。

综上所述，历史上黄河与济水关系密切，它们有着共同的流经区域，相互之间河道变迁错综复杂，文化上也具有密切的联系。尽管济水由于历史变迁已经衰微，但济水与黄河的密切关系是我们认识黄河、保护黄河、利用黄河不可忽视的重要因素。在当前黄河流域生态保护和高质量发展的战略背景下，尤其需要对黄河与济水的历史关系及相关遗产资源进行关注，从而为更高水平的黄河资源保护利用提供科学依据。

（作者系河南财经政法大学旅游与会展学院副教授）

关于黄河盟津的名称及其演变问题

陈习刚

关津是关防核心，置于要道险隘处，是历朝统治为控制人民和防止外部侵扰而创建的。盟津是黄河上的重要关津之一。盟津为西周武王讨伐商纣北渡黄河两会诸侯之地。"盟津"原称"孟津"，为夏代古国孟国之津，自周武王盟诸侯于孟津后，又主要以"盟津"称名。后曾称孟津戍、富平津、陶渚、河阳津、河阳关、河阳三城等。其地望因黄河变迁而有移徙。

盟津是中国最古老的关津之一，在军事史、交通史、建筑史尤其是在关津史上具有重要的历史地位，反映出中国古代关津的发展演变历程，具有代表性，是中国古代关津的缩影。以下主要就盟津的名称及其演变问题略作探讨，而盟津的地望及历史地位则另具专文讨论，此不赘述。

一、盟津名称的由来

对于盟津的名称，学者有不同的观点。这实际上涉及两个问题：一是盟津是否为最初的名称；二是盟津因何得名。若盟津是最初的名称，那因何得名？若盟津并非最初的名称，那就是原名称更名，原名称因何得名，更名又是依据什么？关于盟津的名称主要有以下三种观点：

（一）盟津的原名为孟津

盟津的名称，最初的观点是孟津，就是说盟津源于孟津，孟津在先，孟津是盟津的前名。这种观点出现于战国时期，其依据有《尚书·禹贡》：

> 导河积石，至于龙门；南至于华阴，东至于砥柱，又东至于孟津；东过雒汭，至于大伾。[①]

《尚书·禹贡》作于战国中期。东晋梅赜所献孔安国（西汉人）传《古文尚书》（伪孔传、伪传）说："孟津，地名。"此见唐人李贤注《后汉书》卷一上《光武帝纪第一上》更始二年（24年）所载光武帝令冯异守孟津之事（详下）。唐孔颖达疏云："孟是地名，津是渡处，在孟地致津，谓之孟津；《传》（指《孔安国传》）云'地名'，谓孟是地名耳。"可见，战国时期就有孟津之名了。也说明西汉有孟津之名，孔安国指出了得名之因。

《史记》卷二九《河渠书》载有"孟津"一名："故导河自积石历龙门，南到华阴，东下砥柱，及孟津、雒汭，至于大伾。"[②]不过，王树民认为《史记·夏本纪》《史记·殷本纪》《史记·周本纪》和

---

① 陈成国：《尚书校注》，岳麓书社2004年版，第29页。

② （西汉）司马迁：《史记》，中华书局1982年版，第1405页。

《汉书·地理志》《汉书·沟洫志》都作"盟津"，怀疑此处是后人忘改所致。①

南朝宋范晔《后汉书》卷一上《光武帝纪第一上》更始二年（24年）载：

> 青犊、赤眉贼入函谷关，攻更始。光武乃遣邓禹率六裨将引兵而西，以乘更始、赤眉之
> 乱。时更始使大司马朱鲔、舞阴王李轶等屯洛阳，光武亦令冯异守孟津以拒之。

原注："孔安国注《尚书》云：'孟，地名，在洛北，都道所凑，古今以为津。'《论衡》曰：'武王伐纣，八百诸侯同于此盟，故曰盟津。'俗名治戍津，今河阳县津也。"②《后汉书》纪传部分是唐高宗的儿子章怀太子李贤注的，重点是解释文字，但也参考其他东汉史书；对史实有所补正，为各志作注的是南朝梁刘昭，他的注侧重说明或补订史实。孔安国为西汉人，王充为东汉人。伪孔传虽是伪作，但包含其中的《今文尚书》篇章并非伪书。据孔安国所注，西汉时有孟津一名，"古今以为津"，因地得名，但没有说什么时候出现这一名称。依《后汉书》所载，东汉也是有提孟津这一观点。

东汉还提出了孟津得名的原因和出现的时代。东汉王充《论衡校释》中《附编一·论衡佚文》载："武王伐纣，升舟，阳侯波起，疾风逆流。武王操黄钺而麾之，风波毕除。中流白鱼入于舟，燔以告天，与八百诸侯咸同此盟。《尚书》所谓'不谋同辞'也。故曰孟津，亦曰盟津。《尚书》所谓'东至于孟津'者也。"原注："《水经注·河水注》卷五、《后汉书·明帝纪》注引作'武王伐纣，八百诸侯同于此盟，故曰盟津'。按：《感虚篇》文略同。"③

《感虚篇》是王充的作品。这里说孟津、盟津名称同时出现，其得名都是一样的原因。但说明东汉人有支持孟津一名提法，并认为孟津得名"不谋同辞"，因事件得名，时代在商代。不过，我们注意到王充并没有指出孟津、盟津之前的名称。

魏晋南北朝时，有孟津之名。北魏阚骃《十三州记》有载："河阳县在河上，即孟津。"④

唐人明确指出盟津原名孟津，盟津因音同而来。《监本附音春秋谷梁注疏》卷二隐公八年（公元前715年）载："盟诅不及三王。"东晋范宁（339—401）注："三王，谓夏、殷、周也。夏后有钧台之享，商汤有景亳之命，周武有盟津之会。众所归信，不盟诅也。"唐杨士勋疏："夏，户雅反。钧音均。亳，步各反。盟津音孟，本亦作孟。"⑤从唐人注音来说，也表明"孟"在"盟"前。《史记》卷二《本纪第二·夏本纪》："道河积石，至于龙门，南至华阴，东至砥柱，又东至于盟津。"唐司马贞《索隐》："盟，古'孟'字。孟津在河阳。"⑥这里，也是说盟津原为孟津，孟、盟为古今字。

近人有进一步推测孟津是夏代古国孟国之津，因周武王盟诸侯于此而更名盟津，将"孟"具体确定为"孟国"。周天游认为，孟国就是夏代孟涂氏封国，孟津县"地处古都洛阳北近郊，黄河南岸。夏为孟涂氏封国，商为内畿地，周朝称邑，秦代设县"。⑦马世之指出，夏代古国"孟国的地域在孟县境内，孟县即今河南省孟州市，古称河阳，唐会昌三年（843年）置孟州，明洪武十年（1377年）废州为县，1996年撤县设市。……'孟津'之名，大约就是孟国之津的意思"，并引《孟津史话》说："自

① 王树民：《孟津》，《禹贡》1935年第10期，第27-28页。

② （南朝宋）范晔：《后汉书》，（唐）李贤等注，中华书局1965年版，第18页。

③ 黄晖：《论衡校释》，中华书局1990年版，第1214页。

④⑥ （西汉）司马迁：《史记》，中华书局1982年版，第70、72页。

⑤ （战国）谷梁赤撰，（东晋）范宁注，（唐）杨士勋疏：《春秋谷梁传注疏》，（清）阮元校刻：《十三经注疏》，中华书局1980年影印版，第2371页。

⑦ 周天游：《后汉纪校注》卷二四《后汉孝灵皇帝纪中》，天津古籍出版社1987年版，第126页。

周武王盟诸侯于孟津后，史家易'孟'为'盟'，将'孟津'改名为'盟津'。"[1]就是说，盟津初名孟津，是夏代古国孟国的津渡，得名于孟国，因国得名。《尚书·禹贡》中的"孟"指"孟国"，孟津就是孟国黄河上的津渡。

据上，历代主要原名孟津观点如表1所示。

表1　历代主要原名孟津观点

时代	原名	出现时代	得名原因	更名	出现时代	得名原因	备注
战国	孟津	夏代					《尚书·禹贡》
西汉	孟津		因地名"孟"得名				孔安国
东汉	孟津						范晔《后汉书》
				孟津盟津	商代末期	因事件得名：与八百诸侯咸同此盟，"不谋同辞"	王充《论衡》
唐代	孟津	商代末期		盟津	商代末期	因音同而来	杨士勋
	孟津	夏代		盟津		孟、盟为古今字	司马贞
现代	孟津	夏代	因古国"孟国"得名	盟津	商代末期	因事件得名：周武王盟诸侯于孟津	周天游、马世之、《孟津史话》

（二）孟津的原名为盟津

说盟津在先，历代文献上也有记载。据战国《尉缭子》，盟津在商代就有。《尉缭子·武议第八》：

> 太公望年七十，屠牛朝歌，卖食盟津，过七十余而主不听，人人谓之狂夫也。及遇文王，则提三万之众，一战而天下定，非武议安得此合也。故曰："良马有策，远道可致；贤士有合，大道可明。"
>
> 武王伐纣，师渡盟津，右旄左钺，死士三百，战士三万。纣之陈亿万，飞廉、恶来身先戟斧，陈开百里。武王不罢市民，兵不血刃，而克商诛纣，无祥异也，人事修不修而然也。[2]

姜太公在遇见周文王前，曾在盟津一带贩卖食物，就是说在商代就已经有盟津，而且是一个重要的津渡。这样盟津就不是得名于武王伐纣盟诸侯之事了，与八百诸侯会盟事件无关。

西汉人也提盟津。据《史记》所载，商代已经有盟津。如《史记》卷三《殷本纪第三》：

> 西伯既卒，周武王之东伐，至盟津，诸侯叛殷会周者八百。诸侯皆曰："纣可伐矣。"武王曰："尔未知天命。"乃复归。[3]

又《史记》卷四《殷本纪第四》：

---

①　马世之：《中原古国历史与文化》，大象出版社1998年版，第26页。

②　钟兆华：《尉缭子校注》，中州书画社1982年版，第36-37页。

③　（西汉）司马迁：《史记》，中华书局1982年版，第108页。

武王即位，太公望为师，周公旦为辅，召公、毕公之徒左右王，师修文王绪业。

九年，武王上祭于毕。东观兵，至于盟津。为文王木主，载以车，中军。武王自称太子发，言奉文王以伐，不敢自专。乃告司马、司徒、司空、诸节："齐栗，信哉！予无知，以先祖有德臣，小子受先功，毕立赏罚，以定其功。"遂兴师。师尚父号曰："总尔众庶，与尔舟楫，后至者斩。"武王渡河，中流，白鱼跃入王舟中，武王俯取以祭。既渡，有火自上复于下，至于王屋，流为乌，其色赤，其声魄云。是时，诸侯不期而会盟津者八百诸侯。诸侯皆曰："纣可伐矣。"武王曰："女未知天命，未可也。"乃还师归。

居二年，闻纣昏乱暴虐滋甚，杀王子比干，囚箕子。太师疵、少师强抱其乐器而奔周。于是武王遍告诸侯曰："殷有重罪，不可以不毕伐。"乃遵文王，遂率戎车三百乘，虎贲三千人，甲士四万五千人，以东伐纣。十一年十二月戊午，师毕渡盟津，诸侯咸会。曰："孳孳无怠！"武王乃作太誓，告于众庶："今殷王纣乃用其妇人之言，自绝于天，毁坏其三正，离逷其王父母弟，乃断弃其先祖之乐，乃为淫声，用变乱正声，怡说妇人。故今予发维共行天罚。勉哉夫子，不可再，不可三！"①

《正义》："毕，尽也。尽从河南渡河北。"就《史记》所载，武王预征商纣时，盟津在商代就存在，"诸侯不期而会盟津者八百诸侯"，也说明盟津不是因武王伐纣之盟事件而得名，也表明西汉时人就有盟津之称。又如《史记》卷二《本纪第二·夏本纪》："道河积石，至于龙门，南至华阴，东至砥柱，又东至于盟津。"②这说明夏禹之时就有盟津之名。《汉书》卷二八上《地理志上》载："道弱水，至于合藜，余波入至流沙。道黑水，至于三危，入于南海。道河积石，至于龙门，南至于华阴，东至于底柱，又东至于盟津。"③也是作盟津之名。

东汉时，也有盟津的观点。如南朝宋范晔《后汉书》卷一上《光武帝纪第一上》更始二年（24年）记载及所注东汉人王充《论衡》及《论衡校释》中《附编一·论衡佚文》。

郦道元《水经注·河水注》卷五注引有"武王伐纣，八百诸侯同于此盟，故曰盟津"，④说明在魏晋南北朝时仍然有盟津观点。

唐人也认为先有盟津，后有孟津，孟津源于盟津。上引《汉书》卷二八上《地理志第八上》所载"道河积石，至于龙门，南至于华阴，东至于底柱，又东至于盟津"，唐人颜师古曰："盟，读曰孟。孟津在洛阳之北，都道所凑，故号孟津。孟，长大也。"就是说，孟津因盟津而来。孟津的得名有两种原因：一是因与盟津读音相同而来；二是因"都道所凑"而来，即读音与内涵是孟津得名的由来。《后汉书·光武帝纪》唐人李贤注引有"武王伐纣，八百诸侯同于此盟，故曰盟津"，⑤也说明唐代仍然有盟津观点。

民国时期，王树民指出，"盟津原为河之大津，因有此大事，后世遂以事名其地焉。然则本字当作'盟津'，其作'孟津'者，同声假借也。"⑥童书业亦认同这种观点，只是对"孟津"得名未作说明。⑦

今人牛汝辰认为"孟津原名'盟津'，是古代洛阳东北黄河上的重要渡口，是以周武王伐纣在此与

---

① （西汉）司马迁：《史记》，中华书局1982年版，第120–122页。

② （西汉）司马迁：《史记》，中华书局1982年版，第70页。

③ （东汉）班固：《汉书》，（唐）颜师古注，中华书局1962年版，第1534页。

④ 陈桥驿、叶光庭、叶扬：《水经注全译》，（北魏）郦道元著，贵州人民出版社2008年版，第107页。

⑤ （南朝宋）范晔：《后汉书》卷一上《光武帝纪上》，（唐）李贤等注，中华书局1965年版，第18页。

⑥ 王树民：《孟津》，《禹贡》1935年第10期，第27–28页。

⑦ 童书业：《"盟津"补证》，《禹贡》1936年第2期，第22页。

诸侯歃血为盟命名的。孟为盟的谐音，金代在孟津渡南口置孟津县。"①

据上，历代主要原名盟津的观点如表 2 所示。

表 2　历代主要原名盟津观点

时代	原名	出现时代	得名原因	更名	出现时代	得名原因	备注
战国	盟津	商代	与八百诸侯会盟事件无关				战国《尉缭子》
西汉	盟津	夏代、商代	与八百诸侯会盟事件无关				司马迁《史记》、班固《汉书》
东汉	盟津	商代末期	因事件得名：因武王伐纣之盟				范晔《后汉书》
				孟津盟津	商代末期	因事件得名：与八百诸侯咸同此盟，"不谋同辞"	王充《论衡》
魏晋南北朝	盟津	商代末期	因事件得名：因武王伐纣之盟				郦道元《水经注·河水注》
唐代	盟津	商代末期		孟津	唐代	读音与内涵：与盟津读音同，"都道所凑"	颜师古
	盟津	商代末期	因事件得名：因武王伐纣之盟				《后汉书·明帝纪》李贤注
民国	盟津	后世	因事件得名：因武王伐纣之盟	孟津		同声假借	王树民
	盟津	后世	因事件得名：因武王伐纣之盟	孟津			童书业
当代	盟津	商代末期	因事件得名：因武王伐纣之盟	孟津			牛汝辰

（三）孟津、盟津名称同时出现

在前两种观点外，其实还有一种观点，就是孟津与盟津的名称是同时出现的，没有先后之分。这种说法出现在东汉。

据上所引南朝宋范晔《后汉书》卷一上《光武帝纪第一上》更始二年（24 年）记载及所注东汉人王充《论衡》及《论衡校释》中《附编一·论衡佚文》，《论衡》既提及盟津，也提及孟津。并认为孟津得名"不谋同辞"，因事件得名，时代在商代。孟津、盟津同时并提，又是一种观点，但王充没有提及此津之前的名称。

据上，东汉盟津、孟津双名观点如表 3 所示。

表 3　东汉盟津、孟津双名观点

时代	原名	出现时代	得名原因	更名	出现时代	得名原因	备注
东汉				孟津、盟津	商代末期	因事件得名：与八百诸侯咸同此盟，"不谋同辞"	王充《论衡》

---

① 牛汝辰：《中国地名由来词典》，中央民族大学出版社 1999 年版，第 98 页。

由前所述，关于盟津名称的出现时代、得名原因及与孟津之关系等都存在不同的观点。那么，到底哪种观点更为合理或更接近历史的真相呢？

暂且不论盟津一名是什么时候出现的，但作为当时黄河南北的一大渡口存在于夏商时代，应该毋庸置疑。既然是一个重要的交通渡口，应该有一个名称或称呼，不可能仅仅以渡口的泛称"津"来称呼。这样，这个渡口的存在就与商末周武王在此津会盟八百诸侯事件无关。即使有关，也仅仅与改名有关，至多是"盟津"一名的来源。前引先秦文献，无论是《尚书·禹贡》还是《尉缭子》，虽然提及孟津、盟津，但这两个名称来历都与武王伐纣之盟事件无关，它们在夏商时代已经存在，《史记》《汉书》所载也是证明。《逸周书·商誓篇》载："昔我盟津，帝休，辨商其有何国。"《逸周书》成于汉代，但有学者认为其《商誓篇》为西周作品，以此认为"孟津"原为"盟津"之铁证。① 此处"盟"为动词不错，但不足以反映"孟津"与"盟津"间的关系。即使说此为后人将此盟于津的"盟津"误为地名"盟津"的原因，这至多说明"盟津"一名的可能来由，但仍然无法知道此津渡的原名是什么。

据前引周天游、马世之所论，夏代有古国孟国，此后称为"盟津"的大渡口就在孟国境内，因此，称此津为"孟津"，因国为名。古国孟国的存在是事实，但问题在于此孟国到底在哪里？此津是否在孟国范围之内？《附释音春秋左传注疏》卷四隐六年（公元前717年）载："君子谓郑庄公失政刑矣。政以治民，刑以正邪。既无德政，又无威刑，是以及邪。邪而诅之，将何益矣！王取邬、刘、蒍、邗之田于郑，而与郑人苏忿生之田：温、原、絺、樊、隰郕、攒茅、向、盟、州、陉、隤、怀。"西晋杜预注："凡十二邑，皆苏忿生之田。攒茅、隤属汲郡。余皆属河内。"盟，杜预注"今盟津"，唐孔颖达疏"盟音孟"。② 此盟邑在河内，盟津也是在河内，两地应该相关。我们认为，在孟国时的孟津，因孟国为名，后来又写作盟津，正如唐人司马贞所言，孟、盟为古今字，因为"孟"字今字"盟"的出现，"孟津"也写作"盟津"，这正是夏商时代、先秦文献中孟津、盟津都见记载的原因。如《史记》卷四《周本纪》正义引《尚书·太誓篇》："惟十有三年春，大会于孟津。"③ 童书业认为这是今《伪泰誓》所载，汉初之书逸《伪泰誓》所载则为"盟津"。④ 但今文尚书是可信的先秦文献，而古文尚书则是魏晋时期人造的伪书。这样，今《伪泰誓》所载还更可信。周武王伐纣会盟诸侯于孟津后，就更多地以"盟津"称名。孟国灭亡后，在盟津附近又兴起了"盟"邑，因"盟津"为名。

二、盟津的演变

从上述历代所出现的有关盟津观点的讨论，也可以窥斑见豹，看出盟津名称演变的情况。当然，实际情况比这更复杂一些。

夏代因孟国，黄河渡口出现孟津一名。随后，因古今字原因，出现盟津写法。这两种写法一直延续到商末周武王伐纣事件发生时。此后，孟津多以盟津为名。

孟国灭亡后，到春秋时在"盟津"附近兴起"盟"邑。如前引《监本附音春秋谷梁注疏》卷二所载，有"盟"之称。

战国时称孟津和盟津，认为商代有盟津一名，如前引《尚书·禹贡》所载"又东至于孟津"。又有盟津之称，如前引战国《尉缭子·武议第八》所载"太公望年七十，屠牛朝歌，卖食盟津"，盟津一名

---

① ④ 童书业：《"盟津"补证》，《禹贡》1936年第2期，第22页。

② （西晋）杜预注，（唐）孔颖达疏：《春秋左传正义》，（清）阮元校刻：《十三经注疏》，中华书局1980年影印版，第1736–1737页。

③ （西汉）司马迁：《史记》，中华书局1982年版，第120页。

在商代就出现了。

西汉称盟津。到东汉，有盟津和孟津之名；有提出孟津、盟津名称同时出现于商代的观点，其得名原因都是一样的原因，"不谋同辞"，因事件得名，但没有提及此津之前的名称。东汉在盟津置关盟津关。《后汉纪校注》卷二四《后汉孝灵皇帝纪中》载中平元年（184 年）三月戊申，"河南尹何进为大将军，帅师次于都亭。自函谷、［伊阙］（关）、大谷、轩辕、盟津，皆置都尉，备张角也"。①

魏晋南北朝时，有盟津、孟津、武济、小平津、孟津戍等名称。如前引《附释音春秋左传注疏》卷四隐六年（公元前 717 年）所载与郑人苏忿生之田十二邑中"盟"，西晋杜预注"今盟津"。《资治通鉴》卷九三《晋纪十五》明帝太宁三年（325 年）五月条："赵主曜使中山王岳将兵万五千人趣孟津……岳克孟津、石梁二戍，进围石生于金墉。"胡三省注："此孟津戍，盖置于河阴；石梁戍在洛北。"②《史记》卷二《本纪第二·夏本纪》："道河积石，至于龙门，南至华阴，东至砥柱，又东至于盟津。"盟津，《集解》："孔安国曰：'在洛北。'"《索隐》："盟，古'孟'字。孟津在河阳。《十三州记》云'河阳县在河上，即孟津'是也。"《正义》："杜预云：'盟，河内郡河阳县南孟津也，在洛阳城北。都道所凑，古今为津，武王度（渡）之，近代呼为武济。'《括地志》云：'盟津，周武王伐纣，与八百诸侯会盟津。亦曰孟津，又曰富平津，《水经》云小平津，今云河阳津是也。'"③又有富平津、陶河称名。《水经注》卷五《河水》："又东过平县北，湛水从北来注之。"注云："河水于斯，有盟津之目。《论衡》曰：武王伐纣，升舟，阳侯波起，疾风逆流，武王操黄钺而麾之，风波毕除，中流，白鱼入于舟，燔以告天，与八百诸侯咸同此盟。《尚书》所谓不谋同辞也。故曰孟津。亦曰盟津。《尚书》所谓东至于孟津者也，又曰富平津。《晋阳秋》曰：杜预造河桥于富平津，所谓造舟为梁也。又谓之为陶河。魏尚书仆射杜畿，以帝将幸许，试楼船，覆于陶河，谓此也。"④（熊）会贞按："《魏书·孝庄帝纪》，车驾巡河，西至陶渚，又取此河以名渚耳。"⑤崔鸿《十六国春秋·前秦录》曰："（苻）健字建业，洪第三子也。……称晋征西大将军都督关西诸军事、雍州刺史。于是尽众西行至盟津，起浮桥以济，济讫焚桥。三辅堡壁悉降。十一月，入都长安，于是长史贾元硕等依诸葛亮、刘备故事，表健为秦王。"⑥东魏时置河阳关。《读史方舆纪要》卷四九《河南四》怀庆府孟县黄河关条载："在县南黄河北岸。又县西南有河阳古关，宋白曰：'河阳关，东魏置于中潬城。'"⑦北齐时筑河阳三城，置河阳关。《太平御览》卷一六一《州郡部七·河北道上·孟州》："《北齐书》曰：神武使潘岳镇北城，又使高永乐守南城，以备西魏；又东魏所筑中潬城仍置河阳关；故有河阳三城侯使。"⑧

隋唐时期，有盟津、河阳关。隋代，随着洛阳政治地位的提高，洛阳所在的河南地区关防显著加强，有盟津设置。《隋书》卷三〇《地理志中》河内郡河阳县："旧废，开皇十六年置。有盟津。有古河阳城治。"⑨唐代，受政治、军事形势的影响，盟津、河阳关废置不常。⑩唐初，洛阳所在河南道关防大量废弃。如武德九年所颁《废潼关以东缘河诸关不禁金银绫绮诏》云："其潼关以东缘河诸关，悉宜

① （东晋）袁宏撰，周天游校注：《后汉纪校注》卷二四《后汉孝灵皇帝纪中》，天津古籍出版社 1987 年版，第 126 页。

② （北宋）司马光：《资治通鉴》，中华书局 1982 年版，第 2936 页。

③ （西汉）司马迁：《史记》，中华书局 1982 年版，第 70、72 页。

④ 陈桥驿、叶光庭、叶扬：《水经注全译》，贵州人民出版社 2008 年版，第 107 页。

⑤ （北魏）郦道元撰，（清）杨守敬纂疏，（清）熊会贞参疏：《水经注疏》第 1 函第 3 册，线装本，科学出版社 1957 年版，第 6–7 页。

⑥ （北魏）崔鸿《十六国春秋》，丛书集成初编第 3815 册，商务印书馆 1937 年版，第 20 页。

⑦ （清）顾祖禹：《读史方舆纪要》，贺次君、施和金点校，中华书局 2005 年版，第 2300 页。

⑧ （宋）李昉：《太平御览》，文渊阁四库全书本第 894 册，台湾商务印书馆 1986 年版，第 571 页。

⑨ （唐）魏征等：《隋书》，中华书局 1973 年版，第 848 页。

⑩ 陈习刚：《论武则天时期关津的职能及其兴废》，《中州学刊》2007 年第 5 期，第 168–171 页。

停废。其金银绫绮等杂物，依格不得出关者，并不须禁。"[1] 高宗、武则天时期，洛阳政治地位的上升，甚至取代长安作为都城，关防得到加强。高宗显庆二年（657年）十二月十九日洛州南面、北面各置关；天授二年（691年）增设洛州南、东、北三面关防；随后撤销，到圣历元年（698年），神都四面复置关防等，这都包括盟津、河阳关的变动。《元和郡县志》卷五载：河阳中潬城，天宝以前亦于上置关。[2]

五代宋金时期仍有盟津。《宋史》卷二六二《李涛传》："晋天福初，改考功员外郎、史馆修撰。晋祖幸大梁，张从宾以盟津叛，陷洛阳，扼虎牢。"[3]《全宋诗》卷二四八梅尧臣《送河东转运刘察院》："塞郡屯师久，飞刍始得人。权倾拥旄将，诏辍绣衣臣。旧里过京洛，辞家渡盟津。紫裘苏合染，骢马玉环辰。榆荚关头雨，梨花谷口春。高车方陟险，丰膳暂违亲。山势北临岱，地雄西隔秦。行台知不远，能使问安频。"[4]

《宋史》卷四一二《孟珙传》：南宋端平元年（1234年），"太常寺簿朱杨祖、看班祗候林拓朝八陵，谍云大元兵传宋来争河南府，哨已及盟津，陕府、潼关、河南皆增屯设伏，又闻淮阃刻日进师，众畏不前"。[5]《元史》卷一四一《察罕帖木儿传》："（至正）十五年（1355年），贼锋。贼乃北渡盟津，焚掠至覃怀，河北震动。察罕帖木儿进战，大败之，余党栅河洲，歼之无遗类，河北遂定。"[6]

清代时，河阳关已经废弃。《读史方舆纪要》卷四九《河南四》怀庆府孟县黄河关条载："在县南黄河北岸。又县西南有河阳古关，宋白曰：'河阳关，东魏置于中潬城。'"[7]

（作者系河南省社会科学院历史与考古研究所副研究员）

---

① （北宋）宋敏求：《唐大诏令集》卷一〇八，商务印书馆1959年版，第562页。

② （唐）李吉甫：《元和郡县志》，贺次君点校，中华书局1983年版，第144页。

③ （元）脱脱等：《宋史》，中华书局1985年版，第9060页。

④ 傅璇琮等：《全宋诗》第五册，北京大学出版社1991年版，第2914页。

⑤ （元）脱脱等：《宋史》，中华书局1985年版，第12374页。

⑥ （明）宋濂等：《元史》，中华书局1976年版，第3384页。

⑦ （清）顾祖禹：《读史方舆纪要》卷四九，《河南四》怀庆府孟县黄河关条，贺次君、施和金点校，中华书局2005年版，第2300页。

秦汉时期黄河的文化象征

袁延胜　黄　燕

黄河是中华民族的母亲河，是黄河文化的发源地，与中华民族的发展息息相关。秦汉时期，中国的政治、经济、文化中心都在黄河流域，黄河也与秦汉王朝的盛衰兴替密切相关。在这种情况下，当时的统治者根据统治的需要而赋予了黄河各种文化象征，使得黄河不再仅仅是一条河流，而是一种政治的河、思想的河、文化的河。

本文就历史的记载来分析一下黄河在秦汉时期的文化象征。[①]

一、水德的象征

战国时期，在以邹衍为代表的阴阳家的推动下，"五德终始说"终于登上了历史舞台，并开始受到当时国君的关注，对秦汉的历史观产生了深刻影响。

在秦王嬴政早期，吕不韦执政。吕不韦就吸收了邹衍的"五德终始说"，在其编纂的《吕氏春秋·应同篇》中对"五德终始说"进行了全面论述，并认为周是火德，周德衰后，继起的王朝必为水德。吕不韦吸收邹衍"五德终始说"的目的，是想通过这种神秘的形式，为即将统一全国的秦找到神圣的合法地位。吕不韦的政治史观直接影响了秦王嬴政，在统一六国后，他便宣布秦以水德代替了周之火德，并建立了水德的各种制度。[②]

秦始皇以"水德"自居，并把黄河改名为"德水"，以作为"水德"的象征。《史记》卷六《秦始皇本纪》载秦始皇二十六年（公元前221年），秦始皇在改称"秦王"为"始皇帝"之后：

> 始皇推终始五德之传，以为周得火德，秦代周德，从所不胜。方今水德之始，改年始，朝贺皆自十月朔。衣服旄旌节旗皆上黑。数以六为纪，符、法冠皆六寸，而舆六尺，六尺为步，乘六马。更名河曰德水，以为水德之始。刚毅戾深，事皆决于法，刻削毋仁恩和义，然后合五德之数。于是急法，久者不赦。[③]

---

①　学者在论述黄河的河神崇拜、河流祭祀、河流的象征意义时，不同程度地涉及黄河的文化象征，但不全面，有待完善。学者的成果见卢中阳：《先秦时期河神人格化的演进》，《平顶山学院学报》2008年第1期，第79-82页；王娟娟：《中国古代的黄河河神崇拜》，山东师范大学硕士学位论文，2012年；薛瑞泽：《秦汉时期的河流意识》，《南昌工程学院学报》2015年第5期，第1-5页；徐蕴：《秦汉水祭祀的政治意涵阐释》，《咸阳师范学院学报》2019年第1期，第26-29页。

②　宋艳萍：《阴阳五行与秦汉政治史观》，《史学史研究》2001年第3期，第18-27页。有关"五德终始说"与政治制度关系，顾颉刚先生也有论述。见顾颉刚著，王熙华导读：《秦汉的方士与儒生》，上海古籍出版社1998年版，第1-4页。

③　《史记》卷六《秦始皇本纪》（修订本），中华书局2014年版，第306页。

当然，秦始皇认为秦的水德之瑞早在秦文公时就已出现，因此秦统一后实行水德是顺理成章的事。对此，《史记》卷二八《封禅书》记载：

> 秦始皇既并天下而帝，或曰："黄帝得土德，黄龙地螾见。夏得木德，青龙止于郊，草木畅茂。殷得金德，银自山溢。周得火德，有赤乌之符。今秦变周，水德之时。昔秦文公出猎，获黑龙，此其水德之瑞。"于是秦更命河曰"德水"，以冬十月为年首，色上黑，度以六为名，音上大吕，事统上法。①

秦始皇认为周是火德，而秦灭周，从五行相克的角度，"能灭火者水也"（《史记正义》②），则秦应为水德。并"更名河曰德水，以为水德之始"，认为把黄河更名为"德水"就象征着"水德"已经开始实行。薛瑞泽从秦人对河流崇拜的角度，认为秦始皇确定水德之瑞，"显示出对以黄河为代表河流的敬畏"。③

对于秦始皇采纳"五德终始学说"，自认为秦为"水德"之事，史书还有不少记载。《史记》卷二六《历书》载：

> 其后战国并争，在于强国禽敌，救急解纷而已，岂遑念斯哉！是时独有邹衍，明于五德之传，而散消息之分，以显诸侯。而亦因秦灭六国，兵戎极烦，又升至尊之日浅，未暇遑也。而亦颇推五胜，而自以为获水德之瑞，更名河曰"德水"，而正以十月，色上黑。然历度闰余，未能睹其真也。④

《史记》卷二八《封禅书》载：

> 自齐威、宣之时，驺子之徒论著终始五德之运（《史记集解》如淳曰："今其书有《五德终始》。五德各以所胜为行。秦谓周为火德，灭火者水，故自谓水德。"），及秦帝而齐人奏之，故始皇采用之。⑤

秦的"水德"说，在秦灭亡后，一度被汉朝所继承。《史记》卷九六《张丞相列传》载：

> 自汉兴至孝文二十余年，会天下初定，将相公卿皆军吏。张苍为计相时，绪正律历。以高祖十月始至霸上，因故秦时本以十月为岁首，弗革。推五德之运，以为汉当水德之时，尚黑如故。⑥

张苍把汉朝当作水德的原因是，他认为汉朝是周的继承者。《史记正义》姚察云："苍是秦人，犹用推五胜之法，以周赤乌为火，汉胜火以水也。"虽然汉文帝时期，公孙臣和贾谊曾提出汉是土德，需

---

① 《史记》卷二八《封禅书》，第1643页。此记载亦见于《汉书》卷二五上《祭祀志上》，中华书局1962年版，第1200–1201页。

② 《史记》卷六《秦始皇本纪》，中华书局2014年版，第306页。

③ 薛瑞泽：《秦汉时期的河流意识》，《南昌工程学院学报》2015年第10期。

④ 《史记》卷二六《历书》，中华书局2014年版，第1504页。

⑤ 《史记》卷二八《封禅书》，中华书局2014年版，第1646–1647页。

⑥ 《史记》卷九六《张丞相列传》，中华书局2014年版，第3249页。

要改制，但汉文帝没有实行，仍然沿用秦的水德。①

当然，到了汉武帝时期，在儒生们的宣传下，汉朝把水德改为土德。但在汉武帝改土德之前，西汉前期一直以水德自居，那么这一时期的黄河作为"水德"的象征，应该没有什么变化。也就是说，在秦和西汉前期，黄河一直是作为"水德"的象征，具有重要的政治文化含义。

二、永久的象征

黄河自古以来就是中国的母亲河，秦汉时期被称为"大河""泰河"，加上之前大禹治水的故事和大禹划九州的传说，黄河被赋予了永久存在的形象。

刘邦经过秦末的反秦战争和四年的楚汉之战，终于登上了皇帝的宝座。西汉初年，高祖刘邦确立了同姓封王、异姓封侯的原则，大封功臣，先后分封了一百多位列侯。在分封列侯的诏书中，第一次提出了"黄河"的名称，而且把黄河作为一个福祚绵长、江山永固的象征。《史记》卷一八《高祖功臣侯者年表》载：

> 太史公曰：古者人臣功有五品，以德立宗庙定社稷曰勋，以言曰劳，用力曰功，明其等曰伐，积日曰阅。封爵之誓曰："使河如带，泰山若厉。国以永宁，爰及苗裔。"始未尝不欲固其根本，而枝叶稍陵夷衰微也。②

对于"使河如带，泰山若厉"一语，《史记集解》引应劭曰："封爵之誓，国家欲使功臣传祚无穷。带，衣带也；厉，砥石也。河当何时如衣带，山当何时如厉石，言如带厉，国乃绝耳。"按照汉人应劭的解释，所谓"使河如带，泰山若厉"，就是说什么时候黄河水小得如同一条衣带、泰山小得如同一块磨刀石，所封功臣的侯国才灭绝。古人多以黄河、泰山当作山河永久、国家永存的一个象征，因此刘邦在封侯诏书中，以黄河和泰山作比喻，就是希望功臣"传祚无穷"，永久存在。③

高祖刘邦的封侯诏书，司马迁记载得较为简略，而班固记载得较为详细。《汉书》卷一六《高惠高后文功臣表》载此事曰：

> 自古帝王之兴，曷尝不建辅弼之臣所与共成天功者乎！汉兴自秦二世元年之秋，楚 陈之岁，初以沛公总帅雄俊，三年然后西灭秦，立汉王之号，五年东克项羽，即皇帝位，八载而天下乃平，始论功而定封。讫十二年，侯者百四十有三人。时大城名都民人散亡，户口可得而数裁什二三，是以大侯不过万家，小者五六百户。封爵之誓曰："使黄河如带，泰山若厉，

---

① 《汉书·祭祀志》赞曰："至于孝文，始以夏郊，而张仓据水德，公孙臣、贾谊更以为土德，卒不能明。"见《汉书》卷二五下《祭祀志下》，中华书局1962年版，第1270页。汉文帝时期张苍、公孙臣关于汉为水德、土德的争论，见《汉书》卷二五上《祭祀志上》，第1212-1213页。

② 《史记》卷一八《高祖功臣侯者年表》，第1049页。

③ 徐蕴认为，汉高祖分封诸侯，以黄河为证进行誓词，"体现了先民面河盟誓的传统。黄河河神作为神圣和信义力量的象征，具有监督、警戒和惩罚誓约者的权能，而统治者请黄河为其誓言见证，更说明了黄河在国家事务中的重要地位和影响"（徐蕴：《秦汉水祭祀的政治意涵阐释》，《咸阳师范学院学报》2019年第1期，第27页）。但刘邦的"封爵之誓"并未面河盟誓，应与河神关联不大。另外，薛瑞泽认为，"黄河的崇高地位，使其成为汉代人所作誓言的见证""黄河被汉高祖作为发誓的见证"（见薛瑞泽：《秦汉时期的河流意识》，《南昌工程学院学报》2015年第10期，第4-5页）。这固然有一定道理，但具体到诏书内容，诏书还是以黄河、泰山为喻，希望江山永固之意。

国以永存，爰及苗裔。"于是申以丹书之信，重以白马之盟，又作十八侯之位次。^①

汉高祖封侯的情况，《汉书》比《史记》记载得更为详细一些。"封爵之誓"的内容，《汉书》记载为"使黄河如带，泰山若厉，国以永存，爰及苗裔"，即把《史记》中记载的"使河如带"变为"使黄河如带"，把"河"明确为"黄河"。这样尽管意思没有变化，但"河"指代"黄河"则明确无疑。这也是"黄河"这一名称第一次见于记载。如果班固所载属实，则"黄河"名称早在西汉初年就已经产生。

当然，刘邦封侯时的誓言"使黄河如带"，寓意长久的愿望是美好的，但现实是残酷的。这一百多个列侯的子孙骄奢淫逸、违法乱纪，以至于到汉武帝后期，即西汉建立一百年后，这些列侯的子孙大多失去了侯国，成为普通百姓。《史记》卷一八《高祖功臣侯者年表》载：

> 子孙骄溢，忘其先，淫嬖。至太初，百年之间，见侯五，余皆坐法陨命亡国，秏矣。罔亦少密焉，然皆身无兢兢于当世之禁云。^②

从汉初刘邦分封列侯，到汉武帝太初年间，一百年过去了，高祖刘邦当初分封的143个列侯传袭到太初年间的只有5个，其余138个侯国都被取消了。而太初年间仅存的5个侯国，到汉武帝后元年间，也不存在了。《汉书》卷一六《高惠高后文功臣表》载："子孙骄逸，忘其先祖之艰难，多陷法禁，殒命亡国，或亡子孙。讫于孝武后元之年，靡有孑遗，秏矣。罔亦少密焉。故孝宣皇帝愍而录之，乃开庙藏，览旧籍，诏令有司求其子孙，咸出庸保之中，并受复除，或加以金帛，用章中兴之德。"^③汉成帝时一位大臣曾总结说："迹汉功臣，亦皆割符世爵，受山河之誓，存以著其号，亡以显其魂，赏亦不细矣。百余年间而袭封者尽，或绝失姓，或乏无主，朽骨孤于墓，苗裔流于道，生为愍隶，死为转尸。以往况今，甚可悲伤。"^④由此可见，封侯时的誓言"使黄河如带"，在列侯子孙的"骄逸"中，失去了初始的本意。

三、文化中心的象征

黄河中下游的今山西南部，河南洛阳、焦作、安阳一带，秦汉时期设置有河东郡、河内郡、河南郡，史称"三河"之地，这里是夏、商、周三代王朝的政治中心地带，是黄河文化的核心区。因此，秦汉时期所称的"三河"之地，就成了黄河文化中心的象征。

《史记》卷一二九《货殖列传》在叙述各地的民风时，特别指出了"三河"的独特历史地位，其言：

> 昔唐人都河东，殷人都河内，周人都河南。夫三河在天下之中，若鼎足，王者所更居也，建国各数百千岁，土地小狭，民人众，都国诸侯所聚会，故其俗纤俭习事。^⑤

---

① 《汉书》卷一六《高惠高后文功臣表》，中华书局2014年版，第527页。

② 《史记》卷一八《高祖功臣侯者年表》，中华书局2014年版，第1050页。

③ 《汉书》卷一六《高惠高后文功臣表》，中华书局2014年版，第528页。

④ 《汉书》卷一六《高惠高后文功臣表》，中华书局2014年版，第529页。高祖刘邦对功臣的重视还是受到后人关注和肯定的。三国孙吴赤乌二年（239年），诸葛瑾、步骘连名上疏，为周瑜之子周胤的犯罪处罚求情，就以刘邦的山河之誓为喻，曰："夫折冲扦难之臣，自古帝王莫不贵重，故汉高帝封爵之誓曰'使黄河如带，太山如砺，国以永存，爰及苗裔'；申以丹书，重以盟诅，藏于宗庙，传于无穷，欲使功臣之后，世世相踵，非徒子孙，乃关苗裔，报德明功，勤勤恳恳，如此之至，欲以劝戒后人，用命之臣，死而无悔也。"见《三国志》卷五四《吴书·周瑜传》，中华书局1982年版，第1266页。

⑤ 《史记》卷一二九《货殖列传》，中华书局2014年版，第3959页。

对于"唐人都河东",《史记集解》徐广曰:"尧都晋阳也。"对于"殷人都河内",《史记正义》曰:"盘庚都殷墟,地属河内也。"对于"周人都河南",《史记正义》曰:"周自平王已下都洛阳。"也就是说,尧都河东(今山西临汾)、盘庚都河内(今河南安阳)、周平王都河南(今河南洛阳),是中国早期王朝的政治文化中心,因此司马迁说"夫三河在天下之中,若鼎足,王者所更居也",充分肯定了"三河"天下之中、文化中心的特殊地位。我们知道,所谓"三河"就是黄河中下游从山西南下,到三门峡地区折而向东,又在河南荥阳折而向东北,而黄河河道在这折变中形成的三个重要的区域,也是黄河中下游既濒临黄河又相对安全的三个地区。古人在这三个地区分别建都,体现了祖先的智慧,也体现了黄河中下游这三个地区的重要地位。

"三河"之地,有时又叫作"河洛"之地。《史记》卷二八《封禅书》:"昔三代之居皆在河洛之间。"[1]《史记正义》引《世本》云:"夏禹都阳城,避商均也。又都平阳,或在安邑,或在晋阳。"又引《帝王世纪》云:"殷汤都亳,在梁,又都偃师,至盘庚徙河北,又徙偃师也。周文、武都酆、鄗,至平王徙都河南。"《史记正义》总结说:"三代之居皆在河洛之间也。"又《汉书》卷二五上《郊祀志上》亦载:"昔三代之居皆河洛之间。"[2]唐代颜师古注曰:"谓夏都安邑,殷都朝歌,周都洛阳。"总体来看,"三河"地区又称"河洛",可能更强调的是殷都偃师、周都河南的历史,因为这两个都城都在洛河流域,从而强调"河洛"地区的重要性。

在汉代,"三河"仍是重要的地区。刘邦建立西汉王朝,曾大封子弟为诸侯王、封功臣为列侯,这些王国、侯国基本都在关东地区。但由于"三河"地区的特殊地位,朝廷没有分封诸侯王,而是直属中央管辖。《史记》卷一七《汉兴以来诸侯王年表》载:

> 汉兴,序二等。高祖末年,非刘氏而王者,若无功上所不置而侯者,天下共诛之。高祖子弟同姓为王者九国,唯独长沙异姓,而功臣侯者百有余人。自雁门、太原以东至辽阳,为燕、代国;常山以南,大行左转,渡河、济、阿、甄以东薄海,为齐、赵国;自陈以西,南至九疑,东带江、淮、谷、泗,薄会稽,为梁、楚、吴、淮南、长沙国:皆外接于胡、越。而内地北距山以东尽诸侯地,大者或五六郡,连城数十,置百官宫观,僭于天子。汉独有三河、东郡、颍川、南阳,自江陵以西至蜀,北自云中至陇西,与内史凡十五郡,而公主列侯颇食邑其中。何者?天下初定,骨肉同姓少,故广强庶孽,以镇抚四海,用承卫天子也。[3]

从记载来看,西汉前期,中央直辖的只有"三河、东郡、颍川"等十五郡,在这十五郡中,"三河"就占了三郡,由此可见"三河"的重要地位。这里在秦汉时期仍然处于黄河文化的中心地位。刘邦打败项羽后,曾一度定都洛阳,到了东汉正式定都洛阳,这都体现了黄河文化的核心位置。

四、天下神水的象征

五经之一的《周易》有"河出图、洛出书"的记载[4],由此赋予了黄河的神圣性,使得黄河具有了神河的形象。秦汉时期,河出图、洛出书经常被提起,并且和圣人联系在一起。

《汉书》卷二七上《五行志上》载:

---

① 《史记》卷二八《封禅书》,中华书局 1962 年版,第 1649 页。

② 《汉书》卷二五上《郊祀志上》,中华书局 1962 年版,第 1205 页。

③ 《史记》卷一七《汉兴以来诸侯王年表》,中华书局 1962 年版,第 967-968 页。

④ 《周易·系辞上》:"河出图,洛出书,圣人则之。"见(清)阮元校刻《十三经注疏》,中华书局 1980 年影印本,第 82 页。

《易》曰："天垂象，见吉凶，圣人象之；河出图，洛出书，圣人则之。"刘歆以为虑牺氏继天而王，受《河图》，则而画之，八卦是也；禹治洪水，赐《洛书》，法而陈之，《洪范》是也。圣人行其道而宝其真。降及于殷，箕子在父师位而典之。周既克殷，以箕子归，武王亲虚己而问焉。故经曰："惟十有三祀，王访于箕子，王乃言曰：'呜呼，箕子！惟天阴骘下民，相协厥居，我不知其彝伦迪叙。'箕子乃言曰：'我闻在昔，鲧堙洪水，汩陈其五行，帝乃震怒，弗畀《洪范》九畴，彝伦迪斁。鲧则殛死，禹乃嗣兴，天乃锡禹《洪范》九畴，彝伦迪叙。'"此武王问《洛书》于箕子，箕子对禹得《洛书》之意也。①

按照汉代刘歆的说法，上古伏羲氏受河图，画八卦；大禹治水得洛书，而作《尚书·洪范》。伏羲和大禹都是圣人，因此才"河出图，雒出书"，也就是说只有圣人在世，才会"河出图，洛出书"。刘歆的说法，也见于汉代纬书。如《龙鱼河图》载："伏羲氏王天下，有神龙负图出于黄河。法而效之，始画八卦，推阴阳之道，知吉凶所在，谓之河图。"②《尚书中候·握河纪》载："神龙负图出河，虑牺受之，以其文画八卦。受龙图，画八卦，所谓河出图者也。"③

"河出图，洛出书"是难得的吉祥。相反，如果天下不太平，则黄河决口泛滥，危害社会。所以，汉代谷永说：

> 河，中国之经渎，圣王兴则出图书，王道废则竭绝。今溃溢横流，漂没陵阜，异之大者也。修政以应之，灾变自除。④

谷永所谓"圣王兴则出图书，王道废则竭绝"，体现了在汉代灾异思想的影响下，社会上对黄河的神圣性的看法。

黄河的神圣性主要体现在黄河中游的河洛地区，也就是说夏、商、周三代兴起的地区。而在河洛地区之外，国君治国理政不好的话，则会出现灾异以谴告。《汉书》卷二七中《五行志中》载：

> 昔三代居三河，河洛出图书，秦居渭阳，而渭水数赤，瑞异应德之效也。京房《易传》曰："君湎于酒，淫于色，贤人潜，国家危，厥异流水赤也。"⑤

就是以祥瑞与灾异学说来解释"河洛出图书"现象的。

正因为黄河具有神圣性，因此秦汉时期祭祀山川时把黄河地位抬得很高。黄河被视为"诸侯"，按照诸侯王的礼节予以祭祀。《礼记·王制》："天子祭天下名山大川，五岳视三公，四渎视诸侯。诸侯祭名山大川之在其地者。"⑥《史记》卷二八《封禅书》："天子祭天下名山大川，五岳视三公，四渎视诸侯，诸侯祭其疆内名山大川。四渎者，江、河、淮、济也。"⑦《汉书》卷二五上《郊祀志上》亦载：

① 《汉书》卷二七上《五行志上》，中华书局 1962 年版，第 1315 页。
② 安居香山、中村璋八辑：《纬书集成》，河北人民出版社 1994 年版，第 1149 页。
③ 安居香山、中村璋八辑：《纬书集成》，河北人民出版社 1994 年版，第 422 页。
④ 《汉书》卷二九《沟洫志》，中华书局 1962 年版，第 1691 页。
⑤ 《汉书》卷二七中《五行志中》，中华书局 1962 年版，第 1438—1439 页。
⑥ （清）阮元校刻《十三经注疏》，中华书局 1962 年版，第 1336 页。
⑦ 《史记》卷二八《封禅书》，中华书局 1962 年版，第 1633—1634 页。

"天子祭天下名山大川，怀柔百神，咸秩无文。五岳视三公，四渎视诸侯。"[1]对于"四渎视诸侯"，颜师古注曰："江、河、淮、济为四渎。渎者，发源而注海者也。视谓其礼物之数也。"而在四渎之中，黄河居于首位。《汉书》卷二九《沟洫志》载班固赞语曰：

> 古人有言："微禹之功，吾其鱼乎！"中国川原以百数，莫著于四渎，而河为宗。[2]

班固所言的"中国川原以百数，莫著于四渎，而河为宗"，充分肯定了黄河在天下所有河流中的"宗主"地位。纬书更是把黄河抬高到"水宗"和"河伯"的地位。如《尚书纬》："六宗，天地神之尊者，天宗三，地宗三。天宗，日、月、北辰。地宗，河、岱、海。日、月为阴阳宗，北辰为星宗，河为水宗，海为泽宗，岱为山宗。"[3]《孝经援神契》曰："河者水之伯，上应天汉。"[4]

黄河河神祭祀的地点在濒临黄河的左冯翊临晋县。高祖刘邦时下令对黄河祭拜："长安置祠祝官、女巫……其河巫祠河于临晋。"[5]《汉书》卷二八上《地理志上》载："临晋，故大荔，秦获之，更名。有河水祠。"[6]《汉书》卷二五《郊祀志》载秦统一后令祠官祭祀名山大川："自华以西，名山七，名川四。……水曰河，祠临晋。"[7]

到了汉宣帝时期，社会安定，五岳四渎的祭祀制度也固定下来，但黄河的祭祀次数比江、淮、济次数要多。[8]《汉书》卷二五《郊祀志下》载宣帝神爵元年（公元前61年）：

> 制诏太常："夫江海，百川之大者也，今阙焉无祠。其令祠官以礼为岁事，以四时祠江海洛水，祈为天下丰年焉。"自是五岳、四渎皆有常礼。东岳泰山于博，中岳泰室于嵩高，南岳灊山于灊，西岳华山于华阴，北岳常山于上曲阳，河于临晋，江于江都，淮于平氏，济于临邑界中，皆使者持节侍祠。唯泰山与河岁五祠，江水四，余皆一祷而三祠云。[9]

在五岳四渎的祭祀中，泰山和黄河的地位最为崇高，一年祭祀5次；长江次之，一年祭祀4次；其余的淮河、济水等一年只祭祀3次，由此可见黄河在秦汉时期的地位。

五、天下治乱的象征

黄河经过黄土高原之后，河水变得浑浊起来，以至于在孟津以下被称"浊河"。《汉书·沟洫志》又有"河水重浊，号为一石水而六斗泥"的记载。[10]在古人看来，浑浊的黄河水是很难变清的，如果

---

① 《汉书》卷二五上《郊祀志上》，中华书局1962年版，第1193—1194页。

② 《汉书》卷二九《沟洫志》，第1698页。

③ 安居香山、中村璋八辑：《纬书集成》，河北人民出版社1994年版，第390页。

④ 安居香山、中村璋八辑：《纬书集成》，河北人民出版社1994年版，第961页。

⑤ 《汉书》卷二五上《祭祀志上》，中华书局1962年版，第1211页。

⑥ 《汉书》卷二八上《地理志上》，中华书局1962年版，第1545页。

⑦ 《汉书》卷二五上《祭祀志上》，中华书局1962年版，第1206页。

⑧ 薛瑞泽认为："汉宣帝以后，朝廷对河流的祭拜呈现出由前期的全面祭拜到分层次祭拜的转变，这与汉代社会渐趋稳定密切相关。"见薛瑞泽：《秦汉时期的河流意识》，《南昌工程学院学报》2015年第10期，第3页。

⑨ 《汉书》卷二五下《郊祀志下》，中华书局1962年版，第1249页。

⑩ 《汉书》卷二九《沟洫志》，中华书局1962年版，第1697页。

黄河水变清了，则一定是天下太平所致。汉代易学大家京房就在《易传》中说："河水清，天下平。"①
虞荔《鼎录》载：成帝绥和元年（公元前 8 年），匈奴平，铸一鼎，其文曰："寇盗平，黄河清。"②京
房和青铜鼎铭文的说法，都赋予了黄河之水代表天下治乱的文化象征。③

西汉时期，黄河多次在下游决口，最有名的就是瓠子（今濮阳县西南）决口，泛滥关东十六郡
二十多年，直到汉武帝元封二年（公元前 109 年）决口才被堵塞。王莽时期黄河再次决口，泛滥五十
余年，直到汉明帝永平十二年（69 年）王景治河，才使得黄河安澜。正是西汉时期黄河下游的多次泛
滥，使得社会对黄河水变清赋予了理想和向往的成分。让西汉的京房等想不到的是，黄河居然在东汉
后期的桓灵时期变清了。史载：

> 桓帝延熹八年（165 年）四月"济阴、东郡、济北河水清。"
>
> 桓帝延熹九年（166 年）"夏四月，济阴、东郡、济北、平原河水清。"④
>
> 灵帝建宁四年（171 年）"二月癸卯，地震，海水溢，河水清。"⑤

《后汉书·桓帝纪》所载的济阴、东郡、济北、平原四郡，都在黄河的下游，也就是今天的河南濮
阳，山东聊城、菏泽、泰安、济宁、莱芜、德州等地。《后汉书·灵帝纪》所载的"河水清"没有明确
说明地点，但从常理推断，应该还是黄河下游的今河南、山东段。黄河清本是祥瑞的象征，但在东汉
后期社会黑暗的桓灵时期，黄河清则成了不正常的现象，当时人认为是妖异之象，并给予了不同的解
读。《续汉书·五行志三》载：

> 延熹八年四月，济北河水清。九年四月，济阴、东郡、济北、平原河水清。襄楷上言：
> "河者诸侯之象，清者阳明之征，岂独诸侯有规京都计邪？"其明年，宫车晏驾，征解犊亭侯
> 为汉嗣，即尊位，是为孝灵皇帝。⑥

东汉的襄楷把桓帝时期延熹八年、延熹九年的黄河清，看作诸侯觊觎皇权的征兆。因为黄河的地
位是诸侯，现在黄河变清，而清明是天子的象征，因此浑浊的河水变清并不是什么吉兆，而是诸侯要
谋夺天子之位的预兆。当然，巧合的是，河水清之后的第二年，汉桓帝就去世了，享年 36 岁。桓帝
崩，无子，窦太后与父亲窦武定策禁中，遣使到河间国奉迎解犊亭侯刘宏为帝，这就是汉灵帝。在襄
楷看来，这正是应验了他的看法。

襄楷正是延熹九年"河水清"段的平原郡人，他"好学博古，善天文阴阳之术"，对黄河和阴阳关
系的理论有自己的看法。《后汉书·襄楷传》载：

> 案春秋以来及古帝王，未有河清及学门自坏者也。臣以为河者，诸侯位也，清者属阳，
> 浊者属阴。河当浊而反清者，阴欲为阳，诸侯欲为帝也。太学，天子教化之宫，其门无故自

---

① 《后汉书》卷三〇《襄楷传》，中华书局 1965 年版，第 1080 页。

② 虞荔：《鼎录》（及其他二种），中华书局（影印丛书集成初编本）1985 年版，第 5 页。

③ 薛瑞泽在"河流的象征意义"部分，也注意到了黄河的象征意义，指出"河水特别是黄河水变得清澈也成为天下太平的象征"。
见薛瑞泽：《秦汉时期的河流意识》，《南昌工程学院学报》2015 年第 10 期。

④ 《后汉书》卷七《桓帝纪》，中华书局 1962 年版，第 314、317 页。

⑤ 《后汉书》卷八《灵帝纪》，中华书局 1962 年版，第 332 页。

⑥ 《后汉书》志一五《五行志三》，中华书局 1962 年版，第 3311 页。

坏者，言文德将丧，教化废也。京房《易传》曰："河水清，天下平。"今天垂异，地吐妖，人厉疫，三者并时而有河清，犹春秋麟不当见而见，孔子书之以为异也。①

襄楷认为"河水清，天下平"，应该是天下平，即天下大治的时候，才会河水清。相反，如果天下乱象环生、天下不太平而出现"河水清"，则是妖异的象征。这正如天下大乱的春秋之时麒麟现世，孔子认为是灾异。而东汉桓帝时期，政治腐败、羌人起义、疫病流行、民不聊生，在这样的时刻出现"河水清"，难怪襄楷认为是灾异。

除了京房、襄楷外，汉代的纬书也对黄河与治乱的关系有所阐释。《尚书中候》："黄河千年一清，圣人千年出世。"②《春秋感应图》："黄河千年一清，丹野千年一焚，焚则圣人出。"③这两条纬书都提到了黄河清与圣人出的关系，尽管没有言及天下平，但圣人出的一个前提条件就是天下平，因此，纬书中的黄河清、圣人出，就预示着天下太平。

透过京房、襄楷等以及纬书的记载，我们能真切感受到秦汉时期人们对黄河的重视和关注，以至于把黄河的清浊看作象征天下治乱的大事。由此凸显秦汉时期黄河在政治文化中的重要象征意义。

六、中国的象征

黄河在秦汉时期有"河""德水""大河""泰河""浊河""黄河"等不同的称谓，都是立足于中原地区的称呼。跳出黄河文化圈，从西域的角度来看，黄河又被称为"中国河"，黄河被看作中国的象征。

《汉书》卷九六《西域传》载西域概况时提到了黄河的源头问题。史载：

西域以孝武时始通，本三十六国，其后稍分至五十余，皆在匈奴之西，乌孙之南。南北有大山，中央有河，东西六千余里，南北千余里。东则接汉，阸以玉门、阳关，西则限以葱岭。其南山，东出金城，与汉南山属焉。其河有两原：一出葱岭山，一出于阗。于阗在南山下，其河北流，与葱岭河合，东注蒲昌海。蒲昌海，一名盐泽者也，去玉门、阳关三百余里，广袤三百里。其水亭居，冬夏不增减，皆以为潜行地下，南出于积石，为中国河云。④

另外，《汉书·西域传》在记述于阗国时说：

于阗国，王治西城，去长安九千六百七十里。户三千三百，口万九千三百，胜兵二千四百人。辅国侯、左右将、左右骑君、东西城长、译长各一人。东北至都护治所三千九百四十七里，南与婼羌接，北与姑墨接。于阗之西，水皆西流，注西海；其东，水东流，注盐泽，河原出焉。多玉石。西通皮山三百八十里。⑤

① 《后汉书》卷三〇《襄楷传》，中华书局1962年版，第1080页。
② 安居香山、中村璋八辑：《纬书集成》，河北人民出版社1994年版，第420页。
③ 安居香山、中村璋八辑：《纬书集成》，河北人民出版社1994年版，第897页。
④ 《汉书》卷九六上《西域传上》，中华书局1962年版，第3871页。
⑤ 《汉书》卷九六上《西域传上》，中华书局1962年版，第3881页。

对于"水东流，注盐泽，河原出焉"，苏林注曰："即中国河也。"[①]《汉书·西域传》的这个说法，可能源自张骞与汉武帝。《史记·大宛列传》载张骞出使西域，回来报告说："于寘之西，则水皆西流，注西海；其东水东流，注盐泽。盐泽潜行地下，其南则河源出焉。多玉石，河注中国。"[②] 又载："而汉使穷河源，河源出于寘，其山多玉石，采来，天子案古图书，名河所出山曰昆仑云。"[③] 按照《史记·大宛列传》《汉书·西域传》的说法，黄河源头的山是昆仑山，水是西域的"蒲昌海"或者叫"盐泽"，也就是今天的罗布泊。古人认为，塔里木河的水汇集到"蒲昌海"，而"广袤三百里"的大湖泊"蒲昌海"的水则"潜行地下"，即形成地下河，地下河潜行到积石山的时候，流出地表，即所谓"南出于积石"，形成了黄河的源头，最终形成了"中国河"，也就是黄河。

河出昆仑、河出积石的说法来源较早。《尚书·禹贡》说："导河积石。"[④]《尔雅·释水》云："河出昆仑虚（墟），色白。"郭璞注曰："《山海经》曰：河出昆仑西北隅。虚，山下基也。"[⑤] 汉代人也认同河出昆仑的这种说法。汉桑钦《水经·河水》载："昆仑墟，在西北，去嵩高五万里，地之中也，其高万一千里，河水出其东北陬，屈从其东南流，入渤海。"[⑥] 许慎《说文》曰："河，河水。出敦煌塞外昆仑山，发原注海。"[⑦] 应劭《风俗通义》曰："河出燉煌塞外昆仑山，发源注海。"[⑧] 汉代纬书《河图括地象》曰："地部之位，起形高大者，有昆仑山，广万里，高万一千里，神物之所生，圣人仙人之所集也。有五色云气，五色流水，其泉东南流入中国，名曰河也。"[⑨]《河图始开图》曰："黄帝问风后曰：余欲知河之始开。风后曰：河凡有五，皆始开乎昆仑之墟。""黄河出昆仑山东北角刚山东。"[⑩]《河图绛象》："河导昆仑山，名地首……至积石山，名地肩。""黄河出昆仑，东北流千里，折西而行，至于蒲山。……河水九曲，长九千里，入于渤海。"[⑪] 从这些记载来看，当时人们认为黄河的源头在昆仑墟和积石山，也就是源自西域和西北地区。

抛开黄河源头与昆仑山、积石山以及"蒲昌海"相关联的说法，我们这里需要特别注意的是"中国河"的提法。这个提法一是把西域的"蒲昌海"与黄河联系了起来，二是称黄河为"中国河"。"中国河"的称谓极具文化象征意义，这个称谓表明在中原以外的地区，是把黄河看作"中国"的象征[⑫]，黄河与中国密不可分。

（作者分别系郑州大学历史学院教授；郑州大学历史学院硕士研究生）

① 《汉书》卷九六上《西域传上》，中华书局 1962 年版，第 3881 页。

② 《史记》卷一二三《大宛列传》，中华书局 1962 年版，第 3836 页。

③ 《史记》卷一二三《大宛列传》，中华书局 1962 年版，第 3851 页。

④ （清）阮元校刻《十三经注疏》，中华书局 1962 年版，第 151 页。

⑤ （清）阮元校刻《十三经注疏》，中华书局 1962 年版，第 2620 页。

⑥ （北魏）郦道元著，陈桥驿校证：《水经注校证》，中华书局 2007 年版，第 1-3 页。

⑦ （东汉）许慎撰，（清）段玉裁注：《说文解字注》，上海古籍出版社 1988 年版，第 516 页。

⑧ （东汉）应劭撰，吴树平校释：《风俗通义校释》，天津人民出版社 1980 年版，第 372 页。

⑨ 安居香山、中村璋八辑：《纬书集成》，河北人民出版社 1994 年版，第 1095 页。

⑩ 安居香山、中村璋八辑：《纬书集成》，河北人民出版社 1994 年版，第 1105、1106 页。

⑪ 安居香山、中村璋八辑：《纬书集成》，河北人民出版社 1994 年版，第 1186、1187 页。

⑫ 1995 年在新疆和田地区民丰县尼雅遗址出土的织锦上有"五星出东方利中国"八个篆字，织锦上的"中国"应指黄河中下游的中原地区，这也是从西域边疆的角度把中原地区指代为中国的。这与《汉书·西域传》称黄河为"中国河"的角度是一样的。

"河"决与汉代吏治机制管见

李晓燕

  作为经济史的重要组成部分，汉代的河决与治河研究经过学者的多年论析，成果斐然，河决、吏治以及同政治变革的深刻关联随之进入学界视野，甚而及于治河的规范。汉代的河决与治河，包括河流治理、以经治国、人才选拔等诸多内容，其对汉代政治、社会思潮、文化等方面产生的影响不可忽略。以往学者对河决问题的研究大多拘囿在黄河河道变迁与灾后救治范围内，河决与吏治的关系等问题的研究还有深入讨论的余地和价值。本文试图在前辈学者卓有见地的成果之上，以河决后的举贤良和吏治整顿作为切入点，探讨贤良以及贤良选举对治河和吏治机制的积极作用。

一、汉代的河决行状

  西汉是年，黄河在稳定了近五百年后，开始决口。文帝十二年（公元前168年），"河决酸枣（今河南延津县西南），东溃金堤，于是东郡大兴卒塞之"。[①] "金堤"素有千里堤之誉，盖说明其坚固和规模是可堪称道的。金堤之决，危及"东郡"，也即汉代关东地区的粮仓，如果任由河决和泛滥，势必动摇西汉的经济基础。[②] 故而，汉文帝劳师动众治河，并非草木皆兵，可称得上深谋远虑的机敏之举。武帝时期的河决，建元三年（公元前138年）"河水溢于平原，大饥，人相食"[③]；元光三年（公元前132年），黄河"从顿丘东南流入渤海"[④]，历史上首次改道，谓之"河徙"。同年，"河决于瓠子，东南注钜野，通于淮、泗"[⑤]，"是时，山东被河灾，及岁不登数年，人或相食，方一二千里"[⑥]。在瓠子塞决后不久，"河复北决于馆陶，分为屯氏河，东北经魏郡、清河、信都、渤海入海，广深与大河等"[⑦]。

  检阅史籍，见于记载的河决和中下游水灾还有如下行状，侈录如下：

  ① 《史记·河渠书》云："汉兴三十九年，孝文时河决酸枣，东溃金堤，于是东郡大兴卒塞之。"《正义·括地志》云："金堤一名千里堤，在白马县东五里。"《汉书·叙传》中记述云："文陻枣野，武作《瓠歌》。"颜师古引服虔曰："文帝塞河于酸枣也。"《水经注·河水五》云："汉兴三十有九年，孝文时，河决酸枣，东溃金堤，大发卒塞之。故班固云：文陻枣野，武作《瓠歌》，谓断此口也。今无水。"《资治通鉴·汉纪七·太宗孝文皇帝下》谓汉文帝前元十二年"冬，十二月，河决酸枣，东溃金堤，东郡大兴卒塞之"。胡三省云：班《志》，酸枣县属陈留郡。师古曰：金堤在东郡白马界，今滑州。《括地志》："金堤，一名千里堤，在白马县东五里。余据河堤自汴口以东，缘河积石为堰，通河古口，咸曰金堤。"又《水经注》："淮阳县故城在河南，与卫县分水；城北十里有瓠河口，有金堤。"

  ② 薛瑞泽：《汉武帝时期黄河水患治理及其历史启示》，《咸阳师范学院学报》2009年第3期，第1页。

  ③ 《汉书》卷六《武帝纪》，中华书局1962年版，第158页。

  ④ 《汉书·武帝纪》，颜师古注曰："顿丘，丘名，因以为县，本卫地也。《地理志》属东郡，今则在魏州界也。"中华书局1962年版，第163页。

  ⑤ 《史记》卷二九《河渠书》，中华书局1959年版，第1409页。

  ⑥ 《史记》卷三十《平准书》，中华书局1959年版，第1437页。

  ⑦ 陈业新：《灾害与两汉社会研究》，华中师范大学博士学位论文，2001年。

（元帝）初元元年（公元前 48 年）"九月，关东郡国十一大水，饥，或人相食，转旁郡钱谷以相救"。

（成帝）建始三年（公元前 30 年）"夏，大水，三辅霖雨三十余口，郡国十九雨，山谷水出，凡杀四千余人，坏官寺民舍八万三千余所。"同年"秋，关内大水"。梅福曾说："建始以来……水灾无以比数……"

河平四年（公元前 25 年）"遣光禄大夫、博士嘉等十一人举濒河之郡水所毁伤困乏不能自存者，财振贷。其为水所流杀死，不能自葬，令郡国给槥椟葬埋。已葬者与钱，人二千。避水它郡国，在所冗食之谨遇以文理，无令失职"。

阳朔二年（公元前 23 年）"关东大水"。

元延元年（公元前 12 年），"往年郡国二十一伤于水灾，禾黍不入。今年蚕麦咸恶。百川沸腾，江河溢决，大水泛滥郡国十五有余"。

永始二年（公元前 15 年），"梁国、平原郡比年伤水灾，人相食"。

鸿嘉四年（公元前 17 年），"渤海、清河、信都河水溢，灌县邑三十一，败官亭民舍四万余所"。

（哀帝）初年，诏曰："乃者河南、颍川郡水出，流杀人民，坏败庐舍。"

建平元年（公元前 6 年），策免大司空师丹诏曰："山崩地震，河决泉涌，流杀人民。"

（平帝）元始年间（公元 1 年至 5 年），"河、汴决坏，未及得修，汴渠东侵，口月弥广，水门故处皆在水中"。

（王莽）天凤二年（公元 15 年），"甘区鄣以北大雨雾水出，深者数丈，流杀数千人"。

黄河的决溢并改道，大体是春天"从东郡顿丘县东南的地方，冲开一条新道，东北向章武入海"，夏天"在《水经注》二四所说的瓠河口东南，冲入钜野，会泗水入淮而后出海"。[①]

二、汉代治河之策：顺天命与治理并存

"河灾衍溢，害中国也尤甚。"[②]汉代为治理河患，种种治河方略层第出现，有学者总结为七大种类：顺应天时说、经典治水论、改道论、分洪减河论、滞洪论、水力刷沙论和减灾自然观。[③]有汉一代，首推"塞"法，如文帝时，河决酸枣，东溃金堤时，"大兴卒塞之"；《汉书·沟恤志》载，元光三年瓠子决口，武帝"使汲黯、郑当时兴人徒塞之"；元封二年"使汲仁、郭昌发卒数万人塞瓠子决河"。为治河，两汉时期非常重视黄河堤防，《汉书·百官公卿表》胪列了西汉的掌河事的水利吏员，中央层面的有太常、内史、主爵中尉等，下辖都水，水衡都尉下辖水司空、都水[④]、甘泉都水等，少府领有都水、水衡、十池监等，大司农统领全国水利事。[⑤]至东汉，又由司空掌全国水利，所谓"营城起邑、浚沟恤、修坟防之事，则议其利，建其功。凡四方水土功课，岁尽则奏其殿最而行赏罚"。[⑥]职是之故，西汉时期卿级的大司农统辖都水，至东汉由司空统辖，级别显然擢高，其对水利重视程度可见一斑。

---

① 岑仲勉：《黄河变迁史》，中华书局 2004 年版，第 245 页。

② 《史记》卷二九《河渠书》，中华书局 1959 年版，第 1405 页。

③ 李健生：《中国江河防洪丛书·总论卷》，中国水利水电出版社 1999 年版，第 133-135 页。

④ 陈直《汉书新证》认为，百官表所载水衡都尉下甘泉上林都水七官长丞，应该为甘泉上林、甘泉都水二长，陈说可从。

⑤ 郭俊然：《汉代水利职官考论》，《江苏科技大学学报》（社会科学版）2012 年第 2 期；郭俊然：《汉官丛考》，华中师范大学博士学位论文，2013 年。

⑥ 《后汉书》卷二九《百官一》，中华书局 1965 年版，第 3561-3562 页。

两汉时，还有一些位卑却人数可观的吏员执掌河事，如河堤员吏。据《后汉书》记载：东汉明帝永平十三年"渠成。帝亲自巡行，诏滨河郡国置河堤员吏，如西京书制。（王）景由是知名"。[①] "今濒河堤吏卒郡数千人，伐买薪石之费岁数千万，足以通渠成水门。"[②] 除此之外，还有一些临时性的水利职官，如护都水使者，又称河堤谒者、河堤使者，西汉成帝时设立，因"河堤大坏，泛滥青、徐、兖、豫四州略偏，乃以校尉王延世代领河堤谒者，秩千石，或名其为护都水使者。中兴，以三府掾属为之"。[③]"河堤使者王延世使塞，以竹落长四丈，大九围，盛以小石，两船夹载而下之。"[④] 西汉置河堤谒者以为黄河水利，至东汉扩掌为统"四渎"，《风俗通义·山泽》载："河堤谒者掌四渎，礼祠与五岳同。"[⑤] 这些临时设立的治河员吏，"所谓因事置官，已事即罢，无常员，故不列百官表中也"。[⑥]

水利职官设置的面面俱到背后，是两汉政府对河决与治河的殚精竭虑，尽管有时候这种用心今日看来有些滑稽和迷信。比如顺应天命说，或谓灾异遣告说。事实上，灾异说并非汉代独创，早在《尚书·洪范》中，即有"天乃锡禹洪范九畴，彝伦枚叙"之记述。汉代的陆贾在《新语·明诚》中明确提出："恶政生于恶气，恶气生于灾异。蝗虫之类，随气而生。虹蜺之属，因政而见。治道失干下，则天文度于上。恶政流于民，则虫灾生于地。圣君智则知随变而改，缘类而试。"韩婴也认为："国无道则飘风厉疾，暴雨折木……国多不祥，群生不寿，而五谷不登。"这种顺天命的论调，使得河决初始，连丞相张苍都认为河决乃吉兆，因为"汉乃水德之始，故河决金堤，其符也"。[⑦] 汉武帝甚至认为术士可助自己实现对黄河的治理。[⑧]

到董仲舒时，总结、发挥形成了一整套系统的灾异理论，这就是著名的《天人三策》。[⑨]其谓："国家将有失道之败，而天乃先出灾害以遣告之，不知自省，又出怪异以警惧之，尚不知变，而伤败乃至。"[⑩] 董氏的"天人感应"认为人事是上天作出反应的前提，《春秋繁露·必仁且智》："天地之物，有不常之变者，谓之异，小者谓之灾。灾常先至而异乃随。灾者，天之谴也；异者，天之威也。谴之而不知，乃畏之以威。《诗》云畏天之威，殆此谓也。凡灾异之本，尽生于国家之失。"[⑪] 灾异遣告说对汉代君主影响甚大，将河决视为遣告威胁之下的两汉帝王，无不"惧于天地之戒"，而河决后下诏自谴更是比比皆是，不胜枚举。

天谴灾害以告知君主之失，使得"尚贤使能"，"择人执法"，成为减轻灾害最理所应当的举措，这即是汉代取士的一个重要原因和思想依据。时人认为"廉耻贸乱，贤不肖混淆"，吏治的廉洁与否直接关乎统治政治根基，进而导致"阴阳错缪，氛气充塞；群生寡遂，黎民未济"。统治者只有采取"举贤

---

① 《后汉书》卷七六《循吏列传》，中华书局 1965 年版，第 2457 页。

② 《汉书》卷二九《沟渠志》，中华书局 1962 年版，第 1695 页。

③ （后魏）阚骃撰，（清）张澍辑：《十三州志》，商务印书馆 1936 年版，第 3 页。

④ 《汉书》卷二九《沟渠志》，中华书局 1962 年版，第 1675 页。

⑤ （汉）应劭著，王利器校注：《风俗通义》，中华书局 1981 年版，第 457 页。

⑥ （汉）扬雄撰，王荣宝注疏：《法言义疏》，中华书局 1987 年版，第 322 页。

⑦ 《史记》卷二八《封禅书》，中华书局 1959 年版，第 381 页。

⑧ 《汉书》卷六《武帝纪》记载：彼时有术士曰栾大，借其师之口说"河决可塞"，武帝乃竭力优渥栾大，在栾大"黄金不就时"还拜之以将军，致其"居月余，得四金印"，并封侯赐爵，宅第僮仆车马器物"连属于道"，武帝甚至"以卫长公主妻之"，并亲自登门拜访栾大，"大见数月，佩六印，贵振天下"。中华书局 1962 年版。

⑨ 灾异的系统记载始见于《春秋》，董仲舒认为，灾害完全是由于统治阶级"失道""失德"而引起的，这即其著名的灾害天谴说。在董仲舒之后，无论是两汉的儒家或大臣，都继承了其灾害天谴说。他们认为，灾害因政之失而起，亦因政之变而消，即"凡异所生，灾所起，各以政变之则除。其不可变，则施之亦除"（《论衡·感类》注引《易稽览图》）。对此，以往学者有诸多论述，本文不再赘述。

⑩ 《汉书》卷五六《董仲舒传》，中华书局 1962 年版，第 2498 页。

⑪ （汉）董仲舒撰，（清）凌曙注：《春秋繁露》卷八《必仁且智》，中华书局 1975 年版，第 318 页。

良，赏有功，封有德"等措施才能"救之"，如是，"则庶人安政，然后君子安位"①，正所谓"王道得则阴阳和穆，政化乖则崩震为灾"。②汉元帝曾谓："五帝三王任贤使能，以登至平，而今不治者，岂斯民异哉？咎在朕之不明，亡以知贤也。"③一语道破灾荒时期任贤的重要性。事实上，唐代的杜佑在《通典·选举》中就曾说："汉诸帝，凡日蚀、地震、山崩、川竭天地之变，皆诏天下郡国举贤良方正、直言极谏之士，率以为常。"④显然注意到了因灾举士的现象。黄留珠的《秦汉仕进制度》⑤、刘虹的《中国选士制度史》⑥、阎步克的《察举制度变迁史稿》⑦等对之亦有论及。汉代人认为"一旦上天降下灾异，皇帝就得下诏罪己，并招纳贤才，广开直言之路，以匡正过失"⑧，如元帝永元二年、成帝建始三年、元延元年、哀帝元寿元年等诏令，也使对灾异的普遍认识已经构成了贤良选举的理论框架。

在汉代，社会思潮一度是经董仲舒系统阐述和解读过的阴阳灾异说，在此背景下，贤良选举不可避免要受到影响，遑论灾年举士的初衷原本就有"修政弥灾"的诉求。灾害频仍中的汉政府从灾异遣告和儒家尚贤理论中，看到了选官取士以整顿吏治的希望，那便是动辄诏令举文学高第、贤良方正、直言极谏之士，极尽求贤举士手段，以期渡过人言可畏的统治难关。难能可贵的是，此时的诏举贤良已经不单单是为了应对灾异遣告，而是具有了救灾的雏形。⑨到东汉，光武帝建元六年诏"公卿举贤良方正各一人；百僚并上封事，无有隐讳；有司修职，务遵法度"⑩，建元七年令"公、卿、司隶、州牧举贤良方正各一人"。⑪此后，桓帝建和元年、建和三年、永兴二年、延熹八年、永康元年等，皆因应对灾害颁布过大同小异的诏令，除阐述敬畏思想外，也有一定的正面作用。⑫

三、汉代的河决与吏治机制

无论是因畏惧灾异遣告还是出于励精图治的目的而礼贤下士，都要看到贤良选举所具有的选贤作用。为治河而礼贤下士，继而举荐贤良，客观上为统治者提供了众多的人才，优化了官吏队伍，汉武帝初年"对策百余人"⑬的盛况即是一例。事实上，在诏举取士的部分诏令中也暗含了统治者或当权者的其他意图。

其一，贤良选举，说到底还是为统治者扩充人才储备，进而达到培植亲信和智囊，巩固其统治地位的目的。从这个意义上说，有汉一代第一次诏举贤良，即文帝二年诏"举贤良方正能直言极谏者"⑭，已经有贾山所谓"今方正之士皆在朝廷矣，又选其贤者使为常侍诸吏"⑮之风，更不用说文帝后

① （清）王先谦撰：《荀子集解·王制》，中华书局 1988 年版，第 152 页。

② 《后汉书》卷六三《李固传》，中华书局 1965 年版，第 2074 页。

③ 《汉书》卷九《元帝纪》，中华书局 1962 年版，第 287 页。

④ 杜佑：《通典·选举一》。

⑤ 黄留珠：《秦汉仕进制度》，西北大学出版社 1998 年版。

⑥ 刘虹：《中国选士制度史》，湖南教育出版社 1992 年版。

⑦ 阎步克：《察举制度变迁史稿》，辽宁大学出版社 1991 年版。

⑧ 黄留珠：《秦汉仕进制度》，西北大学出版社 1998 年版，第 179–180 页。

⑨ 于凌、李晓燕：《从"举贤良"看汉代的选官制度》，《黄河科技大学学报》2008 年第 2 期。

⑩ 《后汉书》卷一《光武帝纪》，中华书局 1965 年版，第 50 页。

⑪ 《后汉书》卷一《光武帝纪》，中华书局 1965 年版，第 52 页。

⑫ 于凌：《举贤良与汉代政治》，东北师范大学硕士学位论文，2004 年。

⑬ 《汉书》卷六四《严助传》，中华书局 1996 年版，第 2775 页。

⑭ 《史记》卷十《孝文本纪》，中华书局 1999 年版，第 422 页。

⑮ 《汉书》卷四《文帝纪》，中华书局 1996 年版，第 127 页。

来直接选任晁错为中大夫。彼时晁错虽为太子家令，俨然太子股肱智囊。

其二，贤良选举，重点在选"贤"，扬贤抑庸，统治者整顿吏治的意图昭然若揭。昭帝时期曾"遣故廷尉王平等五人持节行郡国，举贤良，问民所疾苦、冤、失职者"，宣帝本始四年"令三辅、太常、内郡国举贤良方正各一人"①，地节三年"令内郡国举贤良方正可亲民者"，冬十月又诏"贤良方正直言极谏之士"②，神爵四年"令内郡国举贤良方正可亲民者各一人"。③无论是"务尽卑谦以致贤"之君主姿态，答天之谴诫，以塞天咎而消灾，还是"思得忠良正直之臣，以辅不逮"的选贤之举，无不显露出统治者希冀通过贤良选举，以求体察民情，及时发现吏治中存在的弊端，从而加强之的意图。汉政府对吏治的整顿力度不可谓不大，朝廷深以为"苛暴深刻之吏未息"④与"吏行惨刻，不宣恩泽"有关，对于那些州郡隐匿而三司"既不奏闻，又无举正"之"欺罔罪大"的行为，首次严厉斥责，若不及时修正，"又长残贼，失牧民之术"⑤者，"方察烦苛之吏，显明其罚"。⑥"若复有犯者，二千石先坐。"⑦有时，中央政府也派吏员到地方察访，举奏舞弊者，并予以惩处。如桓帝时期"以司徒掾清诏使冀州，廉察灾害，举奏刺史、二千石以下"⑧。如上种种，在一定程度上实现了整顿吏治的目的，"奉法循理，亦可以为治"的"循吏"增多，也使社会风尚逐步清明，缓和了阶级矛盾。

汉代统治者有时候会以责臣形式代替罪己。有学者统计两汉时期的灾后责臣诏书，涉及吏治弊端的内容主要有：劳民不息、刑政暴虐失中、赋税苛重、选举不实等。⑨因灾责臣，一方面是推卸执政之失，另一方面恰恰可以将之作为一种整顿吏治的借口，或者毋宁说手段，所谓"公卿大夫其各悉心勉帅百僚，敦任仁人黜远残贼，期于安民"。⑩从这个维度上说，作为责臣和罢免不称职吏员的理论依据，灾异遣告已经隐晦了统治者希冀通过灾害来改善吏治的美好期许。甚至，责免三公有时候也是救灾的直接举措之一：汉武帝元封四年（公元前107年），"河水滔陆，泛滥十余郡，堤防勤劳"，造成"关东流民二百万口，无名数者四十万"之惨象。丞相石庆等建议徙流民于边四十万，武帝因丞相石庆建议移民实边，"以为庆老谨，不能与其议""乃赐丞相告归"。自此始，因河决等自然灾害罢黜三公之事几成成例：元帝永光元年（公元前43年），丞相于定国因诏书责谴，"罢就第"；御史大夫薛广德凡十月免；成帝建始年间，河决金堤，御史大夫尹忠"对方略疏阔，上切责之，忠自杀"；绥和二年（公元前7年），汉成帝曰："惟君登位，于今十年，灾害并臻，民被饥饿，加以疾疫溺死。"⑪丞相翟方进惶遽而自尽。哀帝建平元年（公元前6年），大司空师丹被策免，原因是哀帝认为：既"委政于公"，却出现"山崩地震，河决泉涌，流杀人民"⑫之局面。安帝永初元年（107年）秋，"朝廷以寇贼水雨策免大臣，张禹惶恐，上书乞骸骨，更拜太尉"。⑬桓帝时，司空虞放也是"坐水灾免"。灵帝建宁元年（168年），

---

① 《汉书》卷八《宣帝纪》，中华书局1996年版，第245页。

② 《汉书》卷八《宣帝纪》，中华书局1996年版，第249页。

③ 《汉书》卷八《宣帝纪》，中华书局1996年版，第264页。

④ 《汉书》卷十《成帝纪》，中华书局1996年版，第307页。

⑤ 《汉书》卷九《元帝纪》，中华书局1996年版，第288页。

⑥ 《后汉书》卷四《和帝纪》，中华书局1996年版，第175页。

⑦ 《后汉书》卷四《和帝纪》，中华书局1996年版，第192页。

⑧ 《后汉书》卷四一《钟离传》，中华书局1996年版，第1403页。

⑨ 刘厚琴：《儒学与汉代灾害吏治机制》，《咸阳师范学院学报》2009年第5期。

⑩ 《汉书》卷五《安帝纪》，第343页。

⑪ 《汉书》卷八四《翟方进传》，中华书局1996年版，第3423-3424页。

⑫ 《汉书》卷八六《师丹传》，中华书局1996年版，第3507页。

⑬ 《后汉书》卷四四《张禹传》，中华书局1996年版。

王畅，"迁司空，数月，以水灾策免"。^①灵帝中平六年（189年），霖雨八十余日，司空刘弘免，董卓自为司空。^②作为当时朝廷中级别最高官员的三公，地位仅次于皇帝，尽管诸上被免之辈，或有各自更深的政治缘由，但表面之理由或借口，则无一例外是河决等自然灾害，河决与吏治之关联不可谓不深刻。

其三，事实证明，河决或其他灾害发生后，因灾而诏举出的贤良人物皆为可堪之才，存世的对策也是对后世产生深远影响之精品，见于史书中的对策有文帝时期晁错的，武帝时期董仲舒和公孙弘的，昭帝时期魏相的，成帝时期杜钦、谷永和贾让的，哀帝时期杜邺和周护及宋崇的，平帝时期申屠刚的，章帝时期鲁丕的，和帝时期养奋的，冲质之际皇甫规的，桓帝时期刘瑜的^③，等等。这些散见于《汉书》《后汉书》之中的对策，都是贤良尽力阐述其政治主张的反映，也是汉代从无为而治到儒学独尊，以及外戚、宦官专权的政治局势的反映。贤良对策既有正面建设性的，当然也有反面批判性的。以贾让的《治河三策》为例，贾让主张治河上、中、下三策：上策乃不与水争地，将"当水冲"之冀州百姓迁出，决黎阳遮害亭，纵河北归入海，因河道西有群山，东有大堤，洪水不会危害他地；中策是建闸引水，分杀水势；下策则是不断地加固原有堤防。贾让的"治河三策"在黄河治理史上占有重要的地位，后世治河方略，大体不出其壁，说明贤良对策的内容并非空洞虚无的儒家说教，而是时刻体现着贤良作为人才的良苦用心以及对社会发展的洞见。

汉代的河决与以此为目的的贤良诏举，甚而及于匡扶吏治，都是汉代社会风尚虽经疲沓而昂扬向上的动力之源，这种吏治机制不仅对抗灾救灾有积极的正面作用，作为官吏选拔标准的贤良诏举，也深深影响了后世。

（作者系河南省社会科学院历史与考古研究所助理研究员）

---

① 《后汉书》卷五六《王畅传》，中华书局1996年版。

② 《后汉书》卷七二《董卓列传》，中华书局1996年版，第2324页。

③ 于凌：《举贤良与汉代政治》，东北师范大学硕士学位论文，2004年。

汉代河南郡聚落体系的考古学观察

程嘉芬

西汉初年，随着全国范围城市建设的兴起，各级城市作为国家行政网络中的重要节点被赋予不同层级的职能[①]，从制度上确立了郡县制城市体系。另外，随着铁制工具在农业生产中的普遍使用，农业经济成为中央集权社会经济发展的基础[②]，那么，以农业生产为主要任务的基层聚落理论上应该大量存在于城市之外，成为汉代社会结构中的重要组成部分。正如侯旭东在研究中提到的，先秦至秦汉时期的民众生活聚集之地应该是由城居（有围墙的聚落）逐渐转向城居与散居（无围墙的聚落）并存的情形[③]。这种由城市和城市之外"散居"聚落共同构成的聚落体系，在汉代政府实现中央集权统治的过程中发挥着重要作用。汉代河南郡位于司隶地区东部、黄河以南，东汉都城洛阳城正坐落于该郡西部中心。从宏观地理位置来看，河南郡所辖区域横跨我国二、三级阶地的交界之处，是连接关中平原和华北平原、沟通东西的重要通道。因此，本文尝试通过考察汉代河南郡聚落体系的结构特点，为理解汉代社会发展、国家治理与地方关系等历史真实提供一些新的线索和思考。

一、相关概念的界定

"聚落"一词于汉代文献中便已经开始使用，用于表示民众聚集的居住地[④]。广义的聚落指包括城市在内的人类居住的各类型居住形式，城市作为聚落的高级形态是在人类社会的不断发展和演进过程中出现并最终分离出来的一类聚落类型；狭义的聚落则主要指那些城市之外的人类居住形式，如乡镇、村落等。[⑤] 本文在研究对象的选择上选取的是广义的"聚落"概念，即包括城市在内的汉代各类型聚落。

城，作为一种防御性设施很早便出现于文献之中，如《吴越春秋》中便记载有"鲧筑城以卫君，造郭以守民"[⑥]。"城市"的概念则出现得相对较晚，目前可知其大体于战国时期开始出现，城与市，即防御设施与经济活动场所的结合，显示此时的"城市"应该已经具有我们所认知的聚落的内涵。汉代是城市繁荣发展的重要阶段，《汉书·地理志》记载了各郡所辖"县"的数目和名称，与之对应的《后汉书·郡国志》中则分别记载了各郡所辖"城"的数目和名称。也正因如此，在基于文献史学的诸

---

① Lewis Mark Edward. The Construction of Space in Early China［M］.Albany：State University of New York Press，2006.

② 许倬云.汉代农业——中国农业经济的起源及特性［M］.广西师范大学出版社，2005.

③ 侯旭东.北朝村民的生活世界——朝廷、州县与村里［M］.商务印书馆，2005.

④ 《汉书》卷二十九《沟洫志》记载黄河水"时至而去，则填淤肥美，民耕田之。或久无害，稍筑室宅，遂成聚落"，第1692页。

⑤ 白云翔.秦汉时期聚落的考古发现及初步认识［G］.汉代城市和聚落考古与汉文化，2012.

⑥ （宋）李昉.《太平御览》卷一九三引《吴越春秋》逸文；又见（唐）徐坚：《初学记》卷二四引。

多研究中，汉代城市多被定义为包括同级别侯、道、邑等在内的县级或县级以上行政机构所在地。① 然后，大量文献与出土资料皆表明，汉代的行政系统中还设有县以下更低等级的行政单位，如乡、亭、里、聚、落等。以宫崎市定为代表的一部分学者则提出了中国古代都市国家的概念，认为汉代县以下的乡、聚、亭、里等低级别行政单位也筑有城墙。② 更多学者则认为，汉代城市之外存在着"聚""庐""落"等自然聚落，是汉代乡里制度在城市之外的不同表现形式。③

具体到本文，关注的是汉代河南郡由城市和城市之外基层聚落共同构成的聚落体系，发现于河南郡下辖的各类汉代聚落形式废弃后遗留下来的遗存是本文的研究基础。分析中，根据秦汉时期考古工作中普遍使用的判断城址的依据，即是否可见城墙遗迹或类似的防御设施作为区分城址和一般聚落遗址的重要标准。④《汉书·地理志》记载，西汉至平帝时全国范围内设县 1690 余处，而《后汉书·郡国志》所记东汉顺帝时，全国设县级城为 1293 座。《中国考古学·秦汉卷》统计目前已发现的秦汉时期城址为 620 多座，推测其中郡县级别的城址有 300 余座，而其余一些性质不明、规模较小的城址中，可能属于当时乡、里层级的城。⑤ 因此，我们大体可以了解上述汉代城址与概念上"城市"的一些差异：首先，研究所面对的这些汉代城址，与当时郡县体系中的城市应该存在着密切关联却又不可以简单地将二者等同，这些城址中理应包括那些行政等级较低的单位或军事据点而设的单位；其次，目前发现的汉代城址与文献中记载的郡县城市相比在数量上要少得多，如果还考虑到低级别城市的情况，这种数量上的差异性将更为显著；此外，仅对于那些性质相对清晰的 300 余座郡县城址而言，实际考证中仍存在着较多争议。所以，综合现有材料考量，在行政设置和等级制度相对更为完备的汉代中原之地，城墙的存在应该对聚落分级具有重要意义，相较于无城墙的聚落而言，城址理应具有更高的等级或含义。但将城址与城市尤其是文献记载的那些汉代郡县城市进行直接关联，则需要慎之又慎。本文关注的是研究区域范围内组成聚落体系的城址和没有城墙的基层聚落遗址，对其所在当时行政体系中的真实属性如非必要并不会进行关联。

两汉时期还大量存在"田连阡陌"规模庞大的大庄园经济⑥，规模可能与当时的小农经济（以自耕农、自由民为经营主体的农业生产）相当甚至更具优势。⑦ 考古工作中已经发现的汉代田庄和庄园坞堡的模型器直接反映了汉代庄园生活的情形，因此，数量众多的汉代一般聚落遗址中应该也包括有庄园经济的聚落遗存。关于汉代庄园经济，许倬云曾经指出，拥有大量土地的庄园主们会将土地分为小块租给佃农进行耕种，或许是当时社会更为普遍的一种情况。⑧ 那么，考虑到两汉时期农业生产技术和农作物产品并没有发生明显改变的事实（生产力水平基本相同），以佃农为基础的庄园经济与自耕农为基础的小农经济实际上并没有出现本质性的差异。其中，应该有一部分甚至是大多数从事农业生产

① 葛剑雄. 西汉人口地理［M］. 北京：人民出版社，1986；周长山. 汉代城市研究［M］. 北京：人民出版社，2001；肖爱玲. 西汉城市地理研究［D］. 陕西师范大学博士学位论文，2006.

② 宫崎市定观点见：张继海. 汉代城市社会［M］. 北京：社会科学文献出版社，2006；黄宽重. 中国史新论——基层社会分册［M］. 台北：联经出版事业有限公司，2009.

③ 侯旭东. 北朝村民的生活世界——朝廷、州县与村里［M］. 北京：商务印书馆，2005；杜正胜. 编户齐民——传统政治社会结构之形成［M］. 台北：联经出版事业有限公司，1990.

④ 刘庆柱. 汉代城址的考古发现与研究［G］. 远望集——陕西省考古研究所华诞四十周年纪念文集［M］. 西安：陕西人民美术出版社，1998；徐龙国. 秦汉城邑考古学研究［M］. 北京：中国社会科学出版社，2013.

⑤ 刘莉，陈星灿. 中国考古学·秦汉卷［M］. 北京：生活·读书·新知三联书店，2010.

⑥《汉书》卷二十四《食货志》，第 1137 页；（宋）范晔：《后汉书》卷二十三《樊宏阴识列传》所记樊重之事迹［M］. 北京：中华书局，1973.

⑦ 陈启云. 汉代中国经济、社会和国家权力——评许倬云的《汉代农业：早期中国农业经济的形成》［J］. 史学集刊，2005（1）.

⑧ 许倬云. 汉代农业——中国农业经济的起源及特性［M］. 南宁：广西师范大学出版社，2005.

的佃农很可能与自耕农类似生活在相对独立的城外聚落。因此，目前考古调查所获得数量众多的这些汉代基层聚落遗址中，应该也包括这些直接从事农业生产的属于庄园经济构成的劳动力们所居住的聚落遗存，其数量则应远大于庄园主居住的宅院。粮食作为汉代经济中最为重要的商品，无论是自耕农民出售粮食获取收益还是佃农依靠粮食获取生活所需，抑或是庄园主利用粮食取得利益，可以认为庄园经济与小农经济在本质上的共性应是大于差异的，以此推测其基础要素即佃农和自耕农或自由民的居住形式也应存在一定共性的。可以认为，汉代城市之外的大多数基层聚落与汉代农业生产之间应该具有直接关联，中央政府通过赋税或贸易等方式将其纳入整个国家的经济体系之中。

在厘清本文聚落体系所包含的这些城址和基层聚落遗址的相对内涵的基础上，我们可以对聚落体系的概念作出界定，本文中的"聚落体系"指的是在一定时间、空间范围内，各级城市和城市以外各类聚落因彼此依存互补而形成的聚落共同体，考古材料能够反映出来的应该是各层级、各类型聚落空间上呈现出的不同聚落形态，从而能够体现出其所在社会的组织结构模式。

二、研究基础与数据准备

河南郡的设立源自秦之三川郡。汉初，河南郡西边界在今灵宝的旧函谷关下。武帝"广关"并设弘农郡之后，河南郡西界也随之调整至新安县新函谷关前，同时将颍川北部苑陵、新郑等地划归河南郡，遂成《汉书·地理志》所载该郡辖之疆界，至汉末大体不变。郡内全境面积约为 1.43 万平方千米，主要为今河南省新乡、卫辉、获嘉、辉县、鹤壁、淇县、安阳、汤阴、林州、焦作、修武、武陟、博爱、沁阳、温县、孟州、济源、洛阳吉利区等区县市以及山西省陵川县东南部。根据《中国文物地图集·河南分册》《中国文物地图集·山西分册》《河南文物》《中国考古学年鉴》和各类考古学报告、简报等提供的数据，目前在河内郡范围内共发现汉代城址 29 座、非城市的基层聚落遗址 65 个、墓地390 处，其中包括都城级别城址——东汉洛阳城。

然而，从前文可知，目前考古发现所见汉代城址的数量和文献所记录的汉代城市数量之间存在着明显的差异。另者，对比已有研究成果能够看到本文研究的汉代河南郡内发现的汉代基层聚落遗址的数量也与同时期其他郡县尤其如三辅地区的情况差异显著[①]，这些情况皆提示着河南郡范围内应该仍然存在许多汉代聚落遗址尚未被发现，或早已因年代久远、战争动乱等因素而湮没于历史长河之中。当然，当代行政区划下的不同地区的实际田野考古工作侧重点不同也是产生这种差异的因素之一。为了弥补研究对象即各类聚落遗址可能实际存在的大量缺失所造成的影响，考虑到墓葬与聚落之间存在的关联，本文将尝试引入汉代考古中十分重要也最为丰富的墓葬资料作为研究数据基础的补充，采用考古统计学分析方法，尽可能地以最为全面的数据基础来构建汉代河南郡的聚落体系，以弥补在后续分析中因聚落遗址资料缺失而产生的影响。具体而言，尝试以已经发现的河南郡范围内汉代墓地资料为出发点，模拟复原与其相对应人群的生活居住的位置情况，重点关注的是作为分析基础的墓葬资料所提供的空间位置信息，在整个复原模拟过程中最终获得的位置点称为"S 点"（Simulation）。文献史料和民族学资料以及考古资料能够为理解墓地与聚落间关系提供参考，从古至今的情况始终相同，即人们会将自己的同伴埋葬在距离自己居住不远的地方；反之亦然，即埋葬人群的墓地周边应该存在有墓地所埋藏人群生前居住活动的聚落所在。因此，从墓地和聚落关联性角度来看，我们能够依据墓地资料模拟和推测出和它存在关联的有关聚落的一些重要属性，如空间位置关系等。需要强调的是，这种由考古发掘调查工作获得墓地资料来模拟建立起来的 S 点，是对于聚落有关的空间位置信息点的尝试

性复原，该信息点的意义在于体现其空间属性，而并非一定是曾经真实存在的聚落。模拟 S 点可谓是充分使用已有考古资料而不得已采取的一种理论上可行的方法，目的是补充由于聚落遗址资料不足而带来的误差，从而使本文的分析基础更为全面且牢固。关于 S 点性质的推测，其性质可能与普通聚落遗址的情况更为接近，即 S 点的模拟对象既可能是那些尚未被识别的汉代城市或宫室园囿以及庄园等，也可能是那些和农业生产存在直接关系的普通聚落，两者相比的话，后者的比重可能要更多些。

因此，我们根据田野考古发掘调查工作所公布的数据信息[1]，建立汉代河南郡城址（有城垣）、基层聚落遗址（无围墙或城垣）和墓地资料的信息统计表，并利用 ArcGIS 软件建立遗址信息数据库。根据谭其骧《中国历史地图集》中提供的西汉晚期行政区划地图，进行数位匹配处理，生成汉代河南郡数字化地图。利用地理信息技术将已经建立的遗址信息数据库中各类遗址（城址、普通聚落遗址、墓地遗存）的空间位置信息与河南郡数字化地图进行关联，获得汉代河南郡各类遗存数字地图，建立汉代河南郡城址、非城基层聚落遗址和墓地的空间信息数据库。在此基础上，尝试复原模拟以墓地空间位置信息为基点的对应人群生活居住空间位置点即 S 点。根据已有研究成果可知，汉代京畿地区城址或非城市聚落遗址和其有关的墓地之间的最大距离在 2 千米以内，笔者认同并也选择此距离作为判断汉代京畿七郡之一河南郡内聚落与相关墓地的距离标准，即距离在 1~2000 米范围内的墓地与聚落，很可能是属于同一人群。利用地理信息技术水文模块的缓冲区分析和邻域分析（Proximity）功能，以墓地资料为数据基础，以 2000 米为最大相关距离，模拟建立汉代河南郡 S 点空间信息数据库。S 点将在聚落空间分析时使用，以期尽可能地弥补因资料缺失造成的影响。

本文用于空间分析的地形数据主要来自美国 SRTM 项目，该项目由美国太空总署（NASA）和国防部国家测绘局（NIMA）合作开展。具体引用的是 2000 年全球范围、空间分辨率在 30 米的数字高程信息，通过 ArcGIS 建立起 30 米分辨率的汉代河南郡数字高程模型（DEM），与已经建立起各类聚落遗址空间信息库共同作为数据分析基础。用于环境因素分析所涉及的土壤数据资源来自和谐世界土壤数据库（Harmonized World Soil Database），该数据库来源于由国际应用系统分析研究所（IIASA）和联合国粮油及农业组织（FAO）共同开展的名为"欧洲和北部欧亚大陆土地利用与土地覆盖变化模型"项目，数据库中包括由中国科学院土壤科学研究所提供的中途土壤数字地图，比例为 1∶1 000 000。[2] 我们利用 GIS 软件，建立汉代河南郡土壤类型模型。用于水文分析的数据资源来自由露丝基金资助完成的中国历史地理信息系统项目（CHGIS）所提供的 1820 年中国水系地图[3]。

此外，还要说明的是，在进行聚落空间分析时，关注的一个重点是聚落群聚形态，即在一定的自然地理单元范围内具有共时性的聚落因为聚集而形成的空间分布形态，并以此为基础研究古代社会组织结构。[4] 分析研究这种以聚落群聚形态为基础的社会组织机构时，对聚落进行等级划分是其重要前提。另外，笔者认同并使用聚落空间分析过程中利用聚落规模（面积）进行等级划分，将遗址面积与人口规模之间实现量化分析的方法。[5] 具体使用分析时，所需各类聚落等级划分标准采用的是此前笔

---

① 数据来源主要为《中国文物地图集·山西分册》《中国文物地图集·河南分册》《河南文物》以及各类考古报告等资料。

② 数据来源于和谐世界土壤数据库，http：//webarchive.iiasa.ac.at/Research/LUC/External-World- soil-database/HTML/HWSD_Data.html?sb=4。

③ 数据来源于哈佛大学中国历史地理信息系统网站，http：//www.fas.harvard.edu/~chgis/data/chgis/ downloads/v4/。

④ 裴安平.中国史前聚落群聚形态研究［M］.北京：中华书局，2014.

⑤ Peterson Christian E.，DrennanRobert D.Methods for Delineating Community Patterns［R］.Chifeng International Collaborative Archaeological Project (Eds)，Settlement Patterns in the Chifeng Region，Center for Comparative Archaeology University of Pittsburgh Pittsburgh，2011：83–87.

者在进行汉代司隶地区（京畿）聚落研究时已经得到的该区域内城址和非城市聚落遗址等级划分的成果（见表1、表2）。

表1　汉代司隶地区城址等级划分

城址等级	面积区间（万平方米）	城址数量（座）	平均面积（万平方米）
第一级	>900	2	2280
第二级	351～900	6	507.9
第三级	130～350	14	249.3
第四级	<130	61	42.5
其他		33	0
总计		116	118.0

表2　汉代司隶地区非城市聚落遗址等级划分

非城聚落址等级	面积区间（万平方米）	非城聚落址数量（个）	平均面积（万平方米）
特大型	>299	3	323.3
大型	66～299	21	105.1
中型	11.9～65	200	20.8
小型	<11.9	1355	3.0
不明		74	0.0
总计数		1653	6.9

三、聚落选址与环境因素分析

通过建立环境分布期望模型获得期望值，将观察到的实际数据与期望值进行比较，如果某类环境因素对聚落分布没有产生影响，则聚落面积与研究区总面积的比值应该和期望值趋近；反之，高于期望值时则聚落对该环境类别存在偏好，低于期望值时则对该环境类别存在排斥。

1. 聚落选址与海拔

将汉代河南郡的城址和基层聚落址与DEM高程模型关联比较，得到各类遗址所在位置的海拔数据。可以看到河南郡整体海拔较低，尤其在东部、东北部及西部洛阳盆地均是海拔低于200米的平原地带，西北、西南是海拔略高的邙山丘陵和海拔较高的伏牛山脉。城址和基层聚落遗址所在位置的海拔跨度为400米，因此，我们以50米为间隔将河南郡聚落遗址分布分为8组（见图1、图2）。

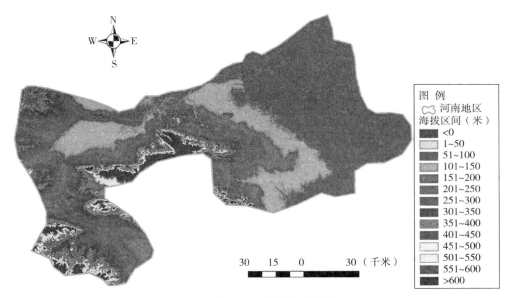

图1 汉代河南郡海拔分布模型

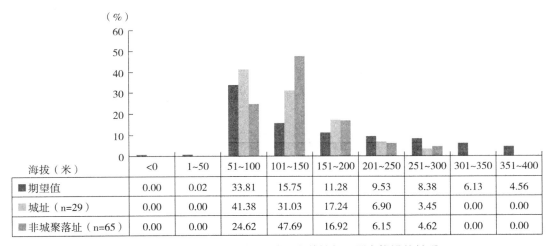

海拔（米）	<0	1~50	51~100	101~150	151~200	201~250	251~300	301~350	351~400
期望值	0.00	0.02	33.81	15.75	11.28	9.53	8.38	6.13	4.56
城址（n=29）	0.00	0.00	41.38	31.03	17.24	6.90	3.45	0.00	0.00
非城聚落址（n=65）	0.00	0.00	24.62	47.69	16.92	6.15	4.62	0.00	0.00

图2 汉代河南郡城址、非城基层聚落址与不同海拔间的关系

可以看到，城址皆分布在海拔 51～300 米的各区间内。分布在海拔 200 米以内各区间的城址和基层聚落遗址数量皆高于期望值，分布在 200 米以内的城址和非城基层聚落址的数量皆低于期望值。河南郡的汉代城市和基层聚落选址时对海拔的选择性基本保持一致，并且皆表现出对 101～150 米区间的最为明显的选择倾向。

2. 聚落选址与坡度

汉代河南郡范围内坡度 ≤ 2° 的地区所占比例为 35.43%、坡度为 3°～6° 的地区所占比例为 41.46%，此两类坡度为宜耕土地，换言之，河南郡内坡度低于 75% 的宜耕土地面积在 75% 以上[①]（见图3、图4）。

---

① 中华人民共和国国土资源部.第二次全国土地调查技术规程［S］.中华人民共和国土地管理行业标准 TD/T 1014—2007.

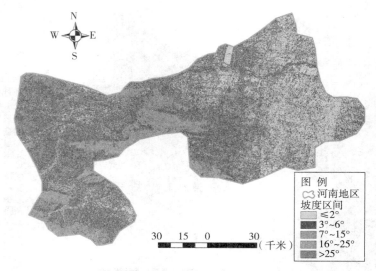

图3　汉代河南郡坡度模型

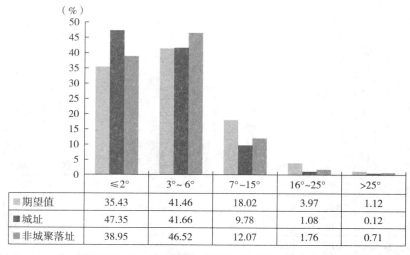

（%）	≤2°	3°~6°	7°~15°	16°~25°	>25°
■期望值	35.43	41.46	18.02	3.97	1.12
■城址	47.35	41.66	9.78	1.08	0.12
■非城聚落址	38.95	46.52	12.07	1.76	0.71

图4　汉代河南郡城址、非城基层聚落址遗址域内不同坡度等级的分布

　　可以看到，坡度 ≤ 2° 的土地在城址所占比例最高，为 47.35%，且高于期望值；坡度为 3° ~ 6° 土地次之，为 41.66%，与期望值基本相同。坡度大于 6° 的土地所占比例明显降低，且皆小于各自区间的期望值。基层遗址坡度为 3° ~ 6° 的土地所占比例最高，为 46.52%，大于期望值。小于或等于 2° 的土地所占比例次之，为 38.95%，也大于期望值。坡度大于 6° 的土地所占比例明显降低，坡度为 7° ~ 15° 的土地所占比例为 12.07%，小于期望值；坡度大于 15° 的土地仅占 2.47%，皆低于各自区间的期望值。

　　可见，汉代河南郡的城址和基层聚落址选址过程中对坡度的倾向性基本类似，表现出对平耕地的偏好和对缓坡耕地或陡坡山地的排斥。

3. 聚落选址与土壤类型

　　汉代河南郡全境共有土壤类型 13 种，以始成土（CM）为最多，比重为 42.12%，主要分布在洛阳盆地和河南郡西南端地区；冲积土（FL）次之，有 38.66%，集中分布于河南郡的东部和北部地区。淋溶土（LV）分布区域占河南郡总面积的 8.43%，分散于本地区中部。这几类土壤皆为宜耕土壤。本地区还分布有极少量的变性土（VR）、碱土（SN）、薄层土（LP）、盐土（SC）、沙丘（DS）和矿产

（UN）资源，其比例皆不足本地区总面积的 0.5%，这些土壤均不适宜用于农耕生产（见图 5、图 6）。

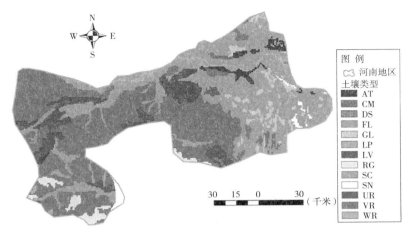

图 5　汉代河南郡土壤类型分布模型

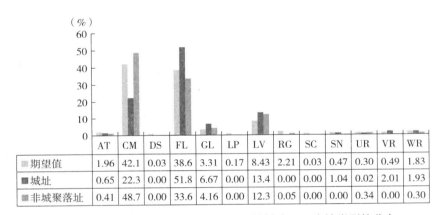

	AT	CM	DS	FL	GL	LP	LV	RG	SC	SN	UR	VR	WR
期望值	1.96	42.1	0.03	38.6	3.31	0.17	8.43	2.21	0.03	0.47	0.30	0.49	1.83
城址	0.65	22.3	0.00	51.8	6.67	0.00	13.4	0.00	0.00	1.04	0.02	2.01	1.93
非城聚落址	0.41	48.7	0.00	33.6	4.16	0.00	12.3	0.05	0.00	0.00	0.34	0.00	0.30

图 6　汉代河南郡城址、基层聚落址遗址域内不同土壤类型的分布

可以看到，城址分布于冲积土（FL）的比例最高，达 51.8%，明显高于期望值；始成土（CM）次之，为 22.3%，明显低于期望值。13.4% 的土地为淋溶土（LV），6.67% 的土地为潜育土（GL），2.01% 的土地为变性土（VR），1.04% 为碱土（SN），1.93% 为水体（WR）均高于其各自所在区间的期望值。而基层聚落址的遗址域中，始成土（CM）占比最高，达 48.7%，高于期望值；冲积土（FL）占比次之，为 33.6%，略小于期望值。此外，淋溶土（LV）占比 12.3%，高于期望值。占比 4.16% 的土地为潜育土，高于期望值。此外，还有极少量的人类改造土（AT）、粗骨土（RG）、矿产（UN）及水体（WR）地区，其分布比例均小于 0.5%，且皆小于或略相当于其所在土壤类型的分布期望值。

汉代河南郡内城址和基层聚落遗址对于潜育土与淋溶土这两种分布面积相对较小的宜耕土壤表现出相同的偏好，而对于两种河南郡内分布面积较大的宜耕土壤——冲击土和始成土，不同于基层聚落，城市表现得较为排斥；冲击土的情况则正好相反。总体而言，河南郡的城市和非城基层聚落址基本上都表现出对宜耕土的更多偏好。

4. 聚落选址与河流缓冲区

汉代河南郡聚落址在不同级别的河流缓冲区中的分布见统计数据。如图 7 所示，0~1 千米缓冲区的城址最多，约占总数的 24.14%，明显高于期望值。除了 8~9 千米与 10~12 千米缓冲区外，其余各级缓冲区均可见城址分布,其所占比例又都与期望值相差不大。基层聚落址同样分布于绝大多数缓冲区之内,但其具体分布特点又与城址有所不同。基层聚落址在1~4千米与9~12千米缓冲区内的分布比例超过期望值,而在其他可见非城聚落址分布的缓冲区内,则分布比例均低于期望,其中又以0~1千米缓冲区内的明显低于期望值。

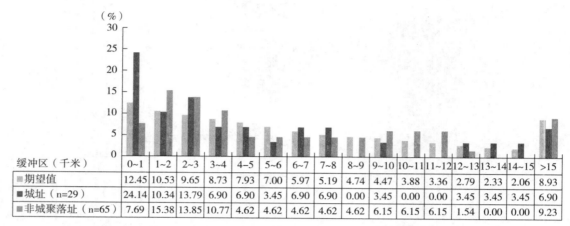

缓冲区（千米）	0~1	1~2	2~3	3~4	4~5	5~6	6~7	7~8	8~9	9~10	10~11	11~12	12~13	13~14	14~15	>15
期望值	12.45	10.53	9.65	8.73	7.93	7.00	5.97	5.19	4.74	4.47	3.88	3.36	2.79	2.33	2.06	8.93
城址（n=29）	24.14	10.34	13.79	6.90	6.90	3.45	6.90	6.90	0.00	3.45	0.00	0.00	3.45	3.45	3.45	6.90
非城聚落址（n=65）	7.69	15.38	13.85	10.77	4.62	4.62	4.62	4.62	4.62	6.15	6.15	6.15	1.54	0.00	0.00	9.23

图7 汉代河南郡城址、非城基层聚落址与不同级别河流缓冲区间关系

可以认为,汉代河南郡城市和非城基层聚落址对河流缓冲地带的选择存在差别。城市选址表现出对河流近岸(0~1千米)区域的明显偏好,基层聚落则与之相反,表现出较明显的排斥,而是对河流邻岸地区(1~4千米)表现出一定偏好。

综上所述,河南郡聚落在选址过程中,农耕和交通应是两类重要的考量因素。海拔、河流与交通关系密切,而坡度、土壤则更关联于农业生产。总体而言,汉代河南郡整体海拔较低,聚落于海拔平缓的东部和西部洛阳盆地皆显示出明显偏好,该区域内也同时分布有宜耕土壤和宜耕坡度,为聚落于此间的聚集发展提供了环境要素。另外,河南郡城市和基层聚落对交通相关因素的关注表现出比较大的差异性,其中以与河流的关系比较典型。城市选择0~1千米的近河地区或许反映了对控制河道的需求,而基层聚落则更倾向于1~4千米的邻河地带则或许与城市布局的考量有关,基层聚落在承担农业生产的同时围绕城市整体布局,形成了拱卫东西方通道的重要供给。

四、聚落空间分析

汉代河南郡范围内已发现城址29座、非城基层聚落址65处,由目的资料模拟所得S点86个。根据河南郡总面积和各类聚落遗址数量能够计算得到河南郡聚落平均密度为0.0125个/平方千米,城址的平均密度为0.002个/平方千米,非城聚落址的平均密度为0.0045个/平方千米。对比京畿其他地区的聚落分布情况可以看到,河南郡聚落体系构成中明显存在差异性,即非城普通聚落遗址在数量和密度上皆显得相对薄弱,虽然通过墓葬模拟得到了一定数量的S点,但相较于我们所知道的汉代京畿其他郡县仍然显得非常不足。这种情况的存在提示着河南郡范围内应该还存在许多未被发现或已经被破坏无存的聚落。

然而,根据我们已经建立起来的各类聚落遗址数据信息整合聚落空间分情形,依然能够看到大体呈东西走向的河南郡境内存在2个聚落群聚关系比较明确的聚落分布区,即位于河南郡西部的以洛阳城为中心的聚落集群和位于河南郡东部的荥阳—成皋—敖仓沿线聚落集群(见图8)。

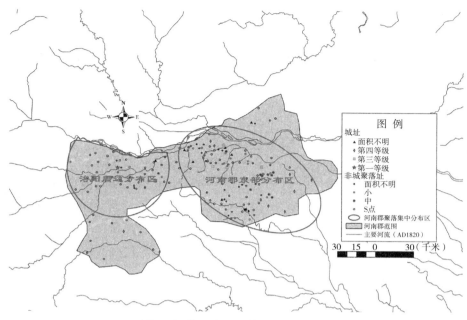

图 8　汉代河南郡聚落遗址空间分布

1. 洛阳周边聚落分布区

光武帝建立东汉王朝，定都城于洛阳。与长安城相似，洛阳城长期以来便是考古工作关注的重点。[①] 以洛阳城为圆心，向西至弘农郡交界、向东南到豫州颍川郡（嵩山）大致可以划出一个半径为 40 千米的范围，此范围向北以黄河为界，河南郡西部的大多数聚落遗址基本上都落入其中，包括 5 座城址、10 多处非城聚落遗址和 30 多个 S 点（见图 9）。

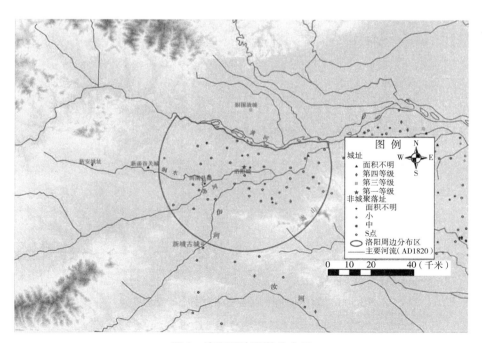

图 9　洛阳周边聚落分布区

---

①　阎文儒. 洛阳汉魏隋唐城址勘查记［J］. 考古学报，1955（9）：117-136.

该聚落分布区内聚落分布虽然能够看到以都城洛阳城为核心环绕分布的趋势，但聚集聚落的等级、数量皆明显逊于以长安城为核心的聚落群。考虑到洛阳城周边聚落分布区内的S点分布较其他区域要密集许多，应该存在因材料缺失而造成的聚落数量差异的可能，即便如此，洛阳城周边聚落分布的情况仍难以与其作为东汉帝国都城的气势相符合。

以此为基础，再次来考察洛阳城周边聚落区的聚落分布情况，我们发现此聚落分布区并没有完全代表洛阳城的气势和影响范围。从聚落视角审视洛阳城影响下的区域性聚落体系，需要从四通八达的繁荣交通优势来解释（见图10）。秦汉时期，关中与关东通过当时天下最重要的道路——三川东海道进行连接，洛阳城的位置正好是该道路的中点所在。[①]通过聚落的分布情况，可以看到以洛阳城为核心所形成的一个四通八达的交通路网。由洛阳城出发东西向道路主要是沿涧水向西至黄河岸边，一系列城址（汉河南县城城址、新函谷关城址、新安城址）、聚落遗址和S点提示了该道路的走向；继续西行，至灵宝旧函谷关进入关中；或通过两渡黄河、利用中条山以南的黄河北岸通道实现进入关中；而北渡黄河后还可以利用中条山中部的山间通道北入河东郡。由洛阳城向东则通过河南郡东部发达的聚落分布区可以直接进入华北平原，实现中央政府与帝国东部区域的连接。另外，有洛阳出发的南北向道路在聚落分布中也能看到一些端倪。洛阳城与河内郡目前所见最高等级城址——轵国故城隔黄河相望，显示着这里应该存在横渡黄河北上的通道，通过轵国故城能够实现连接垣曲盆地和今河南北部及河北等诸多重要地区；而从洛阳城向南，数量不多的聚落遗址仍然暗示着南向道路的存在，尤其是河南郡南部集中布局的3座城址沿伊河和汝河分布，加之模拟获得的若干S点，皆显示沿河谷分布道路的可能性。以伊河岸边新城故城为引领结合近10个S点，表明伊河沿岸应该存在一条进入弘农郡的道路。而以汝河沿岸的两座第四等级城址为观察点，考察零星散布其周的S点，似无法获得道路延续的更多信息。但是，结合史料可以发现，不论是楚汉之争时汉高祖刘邦先于项羽进入关中所选进军路线[②]，还是汉光武帝定都洛阳后与南阳郡之间的南下连接通道，都提示着我们由洛阳城南下连接宛城，存在一条重要的南北通道。而此河南郡南端汝河沿岸则恰是其必经之处。

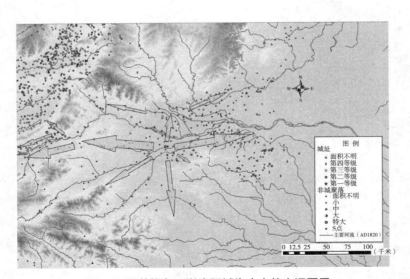

图10　聚落视角下以洛阳城为中心的交通图景

注：图中箭头指向标识交通方向，箭头粗细表示对交通规模的粗略考量。

① 史念海.秦汉时期国内之交通路线［M］.河山集（四）.西安：陕西师范大学出版社，1991；王子今.秦汉交通史稿［M］.北京：中共中央党校出版社，1994；陈墼.西汉河南郡军事地理研究［D］.复旦大学硕士学位论文，2011.

② 《史记》卷八《高祖本纪》第八，第359-360页。

因此，当我们从聚落的视角来观察洛阳城的影响时可以发现这样一个事实，即洛阳城的影响力远不止于其城市所在地点的小范围空间，也不止于一个河南郡范围之内，洛阳城独特的历史背景和特殊的地理环境都决定了洛阳城跨越州、郡的巨大影响力，作为"天下之中"的洛阳城，承担的是利用繁荣交通优势连接周围一系列重要城市和聚落的职能。可以看到，同样作为汉帝国核心的洛阳城在承担的职能和地位方面与长安城是不同的，"连通型"的城市地位反映在聚落系统结构上是聚落分布更为广泛的同时，对其内聚落的等级规模以及与中心聚落的联系等方面的要求则相对较低，这也反映了以洛阳城为中心的聚落体系在结构形成过程中，更多地受到来自经济交流或文化传播等非强制性因素的影响。而长安城的中心地位则更多地体现出"控制性"城市建设，即以政治和军事目的为基础，通过强制权力将高等级聚落及各种资源集中到中心城市周边的一种聚落群聚建设。

2. 河南郡东部聚落分布区

河南郡东部聚集了该郡范围内数量最多的聚落遗址群，聚落群西起汉成皋（今荥阳汜水虎牢关一带），东、南至河南郡边界，聚落群整体基本呈西北—东南向。此聚落分布区内集中分布了 20 座城址（包括 4 座第三等级和 10 余座第四等级及等级不明城址）和 50 多处中小型和少量面积不明确的基层聚落遗址，其中，城址于西北部聚集更为密集，而普通聚落遗址则在中部较为集中（见图 11）。

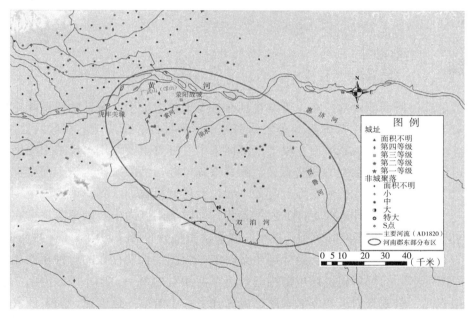

图 11 河南郡东部聚落分布区

结合河南郡以及更大范围的历史背景来考察东部聚落分布区的形成，我们看到，此聚落集群的地理位置可以说是秦汉时的一处战略要地，该区域北邻黄河、西连洛阳，是沟通关中与东方诸国的重要通道。曾经的荥阳[①]、成皋等重要城邑便位于此区域，敖仓——秦汉时期最重要的国家粮仓也位于此地，楚汉战争时刘邦、项羽曾在此有过长达数年的对峙。[②] 另外，不晚于秦代，此区域内便已经建成包

---

① 一般认为其位于郑州古荥镇。即河南郡东部聚落群中位置最北邻近黄河，同时也是规模最大的第三等级城址，城址面积可达 300 万平方米。郑州市博物馆. 郑州古荥镇汉代冶铁遗址发掘简报［J］. 文物，1978（43）。

② 《史记》卷八《高祖本纪》第八，第 373 页。

括黄河、鸿沟等主要水道在内的较为发达的漕运系统，西汉时期全面继承。[①] 而荥阳以北的黄河南岸，分布有以成皋津、平阴津为代表的诸多黄河津渡，在承担着黄河北上通道作用的同时也在发挥着沿河漕运的重要作用。此外，以今郑州市为中心密布着索水、须水、枯水、惠济河、贾鲁河、双洎河等一系列河流水道，河南郡东部聚落分布区内的绝大多数聚落遗址正是沿这些河流分布，标识着通往东南方向通道的存在。

除了河南郡东部重要的战略地位来考量此区域聚落聚集的形成，我们还需要从更宏观的视角来探究河南郡东部形成的这个汇集聚落数量庞大、覆盖面积分布广泛，城市占据重要比重的聚落群。西汉初年，中央政府实行郡国分制，形成西汉政府定都关中、诸侯王国雄踞关东的政治格局，关东诸国也成为西汉王朝长期的心腹之患。可以说，自秦至西汉，当时天下最主要的地域格局便是东西对立。由洛阳城至荥阳—敖仓一线便成为了关中平原——西汉王朝核心地区的重要屏障。而河南郡东部的荥阳—成皋—敖仓一线又成为了洛阳城东部的防御系统，直接面临来自东方的军事压力，也因而成为东西对抗的关键所在，随之形成的如此规模显著的聚落集群也就可以解释了。

此外，还应考虑到农业生产带来的一定程度的影响。此区域河流丰沛，土地肥沃平整，长期以来就是农业发展的重要地区。根据考古资料、文献史料，结合自然环境等，已有学者提出了两汉时期的河南郡所辖地区是当时农业发展最发达区域之一的观点。[②] 国家粮仓敖仓建设于此，也正是河南郡农业生产比较发达的结果。那么，农业生产的发展，应该对敖仓所在河南郡东部地区聚落分布区的形成也具有一定的影响。

五、小结

通过综合考量汉代河南郡聚落分布，可以看到在各类聚落遗址中，城址的比例相对较高，形成的洛阳周边聚落分布区和河南郡东部聚落分布区分别位于河南郡西、东两端。在这两处聚落分布区中，城址的位置、等级和数量皆显示着城市在整个聚落体系中发挥着重要作用，反映出河南郡聚落体系的整体布局中城市应该被赋予了重要的战略意义，溯其根源可能与洛阳城乃至整个河南郡在有汉以来便长期作为东、西方冲突前沿阵地的重要地位有关。通过上述分析我们看到，河南郡范围内的各级各类聚落在空间形态上整体存在一种东西走向的发展趋势，即以洛阳城为中心的聚落集群在表现出沟通八方交通优势的同时，与位于其东方的荥阳、虎牢一线聚落密集分布区共同构成了一种防御东方的态势。这种聚落群聚的态势，正与西汉初年甚至战国至秦时中原版图上长期存在的一种东西相对的政治格局情况相符合。河南郡东部的聚落集群区可谓当时天下东西相对的第一要地，该区内由一系列规模等级不高的城址承担职能，引领其周边各等级聚落，成为守卫关中的第一道屏障，随着西汉政府赢得与诸侯王国的斗争，这种东西对峙的格局也逐渐减弱，至东汉定都洛阳，国家策略已经完全不同。

再者，虽然河南郡内的汉代聚落遗址聚落和分布密度相对较低，聚落分布区中的聚落组织结构表现出一定程度的对于交通的关注，尤其以城市与近河地带的偏好显示城市对河道的关注，而郡内大面积宜耕土地的分布以及丰富的水系资源，为汉代河南郡农业生产发展奠定了资源基础。就汉代河南郡聚落整体规划来看，并没出现聚落高度集中的区域中心，不论是城市与河道，还是基层聚落与宜耕土地的密切联系，皆暗示了河南郡本地的农业生产或许更多地处于汉政府更为直接的控制之下，而这些的根源应该与本地粮食外输、转漕等粮食政策有关。那么，究其根源，在汉代河南郡聚落体系的形成

---

① 张晓东.汉唐漕运与军事［D］.华东大学博士学位论文，2008.

② 李峰.河南郡农业状况初论［J］.河南科技大学学报（社会科学版），2008（26）：19–22.

过程中，农耕与交通虽然表现出一定程度的影响，但其本质上始终反映的是中央集权帝国统一规划的结果，是来自中央政府政治考量的产物。

还需要说明的是，我们看到汉代河南郡聚落遗址空间分布图东北角有一块聚落分布接近空白的小区块，范围大概在黄河近代河道（1820 年）以北，延伸到河南、河内二郡边界。这个范围内仅仅发现 1 座等级不明的城址和 1 处小型聚落遗址以及 3 个 S 点。这种近乎"空白"的情况应该与当时黄河改道密切相关。两汉时期的黄河经过荥阳附近广武山后向东北继续，经今天的延津、滑县和濮阳后继续东流，当时的河南、河内二郡实际上便是以黄河河道为二者之郡界。但是，在汉代以后，广武山以北的黄河河道便不断南移，最终形成近现代所见此段黄河河道。[①] 因此我们推测，河南郡东北角的这片"空白"区块在当时很大可能也曾聚落密集，只因 2000 年来沧海桑田，黄河的不断变化使此地大部分聚落遗址被洪水破坏或淹埋于淤泥底下。

（作者系河南科技大学人文学院讲师）

---

① 邹逸麟. 黄淮海平原历史地理［M］. 合肥：安徽教育出版社，1997：89-97.

汉至唐代黄河文化与西域文化交流研究

王连旗　刘嘉诚

一、相关概念阐释

1. 文化

文化的内涵极为广泛，由于对其内涵和外延有着不同的理解，在当今学术研究领域里关于文化的定义大概有 260 多种。"文"最早见于商代甲骨文，写作"文"，是个象形字，表示的是一个身有花纹祖胸而立之人，许慎在《说文解字》中对"文"的解释是："文，错画也。""文"是个象形字，它的原始形象就是表示许多装饰花纹相互交叉，富丽而不单调。许慎在《说文解字》中对"化"的解释是"化教而行也，变更之义，引申为造化"。因此，文化在古代典籍中，是文治教化之义。文化是"人文化成""文治教化"的省称。[①] 现代汉语中的"文化"有广义和狭义之分，"广义的文化指人类通过实践活动在利用、适应、改造自然和社会客体过程中所创造的物质和精神成果的总和。狭义的文化则特指精神创造领域的文化现象"。[②]

2. 黄河文化

文化承载了国家和民族的血脉，赋予了国家以独特的灵魂和品格，是国家民族独特性的根本所在。费孝通先生指出："中华民族由许许多多分散、孤立存在的民族单位，经过接触、混杂、联合和融合（同时也有分裂和消亡），形成一个你来我去、我来你去，你中有我、我中有你，而又各具个性的多元统一体。"[③]"黄河是中华民族的母亲河，五千年的中华文化，在黄河两岸孕育生长。"[④] 临黄河而知中国，《汉书·沟洫志》曰："中国川源以百数，莫著于四渎（江、河、淮、济），而河为宗。"黄河的本名为"河"，这在殷墟甲骨文中有明确记载，甲骨文中有"王其涉河"（《合集》5225）的卜辞。因为"河"水中含沙量较高，"河"被称为黄河。"黄"，《说文》谓"地之色也"，《风俗通义》记载："黄者，中和之色，自然之性，万世不易。"由此可见，"黄河"之名亦与中华文明崇尚"中和"的思想观念相吻合。[⑤] 黄河文化是黄河流域民众创造的物质文明成就与精神生活的内容、方式和特征的总和。黄河流域的先民的繁衍发展，孕育了博大精深、源远流长的黄河文化。黄河文化是中国的主体文化，奠定了中华文明的基石，成为中华民族文化的核心内涵。历史上黄河文化开放、包容，对外来文化的兼收并

---

① 冯天瑜等：《中国文化史》，高等教育出版社 2005 年版，第 5 页。
② 田广林等：《中国传统文化概论》，高等教育出版社 2011 年版，第 8 页。
③ 费孝通：《中华民族的多元一体格局》，《北京大学学报》1989 年第 4 期，第 3 页。
④ 任崇岳：《中华民族历史研究中需要正确认识和把握的四个问题》，《中州学刊》2019 年第 8 期，第 126 页。
⑤ 刘庆柱：《黄河文化与中原文明——黄河之黄蕴藏中之理念》，《洛阳日报》2020 年 6 月 19 日，第 11 版。

蓄，逐渐成就了璀璨辉煌的中华文明，造就了中华文明的文脉延续，弦歌不断。2019 年，习近平总书记在视察黄河流域生态保护时指出："黄河文化是中华文明的重要组成部分，是中华民族的根和魂。要推进黄河文化遗产的系统保护，守好老祖宗留给我们的宝贵遗产。要深入挖掘黄河文化蕴含的时代价值，讲好'黄河故事'，延续历史文脉，坚定文化自信，为实现中华民族伟大复兴的中国梦凝聚精神力量。"[①] 习近平总书记的讲话既充分肯定了黄河文化的历史地位，又更加强调了黄河文化蕴含的精神内涵具有重要的时代价值，为黄河文化的大发展带来了新的历史机遇。

黄河文化在中华文明体系中具有发端和母体的崇高地位，是中华文化的主要源头。在我国 5000 多年的文明史上，黄河流域有 3000 多年是全国政治、经济、文化中心，孕育了河湟文化、三秦文化、三晋文化、河洛文化（中原文化）、燕赵文化、齐鲁文化等，分布有郑州、西安、开封、洛阳、安阳等古都。中华先民从夏商乃至元明清时代，都将黄河流域看作孕育中华文明的摇篮，黄河文化是增强中华民族文化自信的重要载体。2020 年 5 月，在巩义洛河与伊河交汇处考古挖掘的双槐树遗址为距今 5300 年前后古国时代的一处都邑遗址，被命名为"河洛古国"。以双槐树遗址为中心的仰韶文化中晚期文明，是黄河文化之根，华夏文明之魂，被相关专家学者称为"早期中华文明的胚胎"。在随后中华民族发展的历史长河中，黄河文化作为一种主体文化不断吸收融合其他地域文化，最终形成了以黄河文化为核心的中华文化。黄河文化具有地域性、传统性、先导性和开放性的鲜明特征，黄河文化所体现的宇宙生成的"太极"学说、"阴阳和合"的辩证法则、"天人合一"的宇宙观念、"自强不息""厚德载物"的精神和"保合太和"的崇高境界，对我国古代政治、经济、文化等都产生了深远的影响。其中，"天人合一"的宇宙观念正是黄河文化的核心和精髓，而"自强不息""厚德载物"则是黄河文化的基本精神。进一步研究黄河文化对新时代深化文化认同、国家认同具有重要的战略意义。

3. 西域及西域文化

西域居欧亚大陆中部，自古以来就是一个多民族、多文化并存的地区。西域的战略地位非常重要，也是各种政治势力精心角逐之地，控制西域不但可以扼中原与西方各国政治、经济、文化交往的咽喉，而且可以以此为基地，形成东进中原、西出葱岭、南下西藏、北控大漠的四面出击之势。由于朝代不同，地域范围各异。西域一词，历史上曾有一段时期称中国以西诸国，或只限于用来称呼葱岭以东的所谓天山以南地区。有学者指出西域的概念有广义和狭义的划分。所谓广义的西域大体是指以帕米尔高原为中心，东面包括注入罗布泊的塔里木河的西域天山以南地区，西面包括楚河等流域的地区，南面以昆仑山脉、兴都库什山脉为限，北面包括流入伊塞克湖、巴尔喀什湖、阿拉湖等河流域的地区。所谓狭义的西域大致是指今新疆地区，"玉门关以西，西则限于葱岭"。[②] 本文所论述的西域以狭义的西域为主。19 世纪末以来"西域"一名逐渐废弃不用，而被"新疆"的名称代替。

西域地域辽阔、资源富集，历史悠久、文化深厚，是一个多民族聚居、多文化交汇、多宗教并存的地区，西域地区自古就同黄河流域地区保持着密切联系，"西域自古以来便有热爱中华文化、忠于中原王朝与认同中华民族之传统"。[③]

中国是一个多元一体的多民族国家，中国内地和边疆地区的密切交往与互动由来已久，也是中国历史发展的重要动力之一，为中华文明的进步，乃至中华民族共同体意识的形成产生过积极的影响。[④]西域和黄河流域同血脉，同祖同根。自古以来，黄河流域王朝昌盛，则西域繁荣；黄河流域王朝式微，

---

① 习近平：《在黄河流域生态保护和高质量发展座谈会上的讲话》，《求是》2019 年第 9 期，第 1–3 页。
② 班固：《汉书》卷九五《西域传》，中华书局 1995 年版，第 3926 页。
③ 赵徽弘：《中华文明共同体视野里西域观之变迁研究》，新疆大学博士学位论文，2019 年。
④ 张云：《历史上新疆、西藏两地区域互动与中原王朝的西部边疆经营》，《西域研究》2018 年第 4 期，第 1 页。

则西域颓靡。黄河流域与西域成为紧密关联的命运共同体，成为亘古不变的历史常理。

二、汉朝时期西域文化与黄河文化的交流和融合

在中华民族发展的历史长河中，形成了灿烂的中华文化。西域地区自古就同黄河流域保持着密切联系，许多相关资料证实，从史前到秦朝，西域和黄河流域地区就进行了文化的交流和融合。

西汉建立初期，由于长期战争的影响，使社会经济遭到了很大的破坏，为此西汉初期统治者崇奉黄老之学，采取"无为而治"的统治政策。在此情况下，匈奴不断侵扰西汉的西北的边境地区，西汉前期的平城"白登之围"后，西汉政府以公主和亲、奉送丝绸、玉帛等非传统安全措施换取西北地区的安全。公元前 140 年，汉武帝即位，汉武帝雄才大略，为了稳定西北地区的安全，一方面派张骞等出使西域地区，主要目的是与西域大月氏等政权共同夹击匈奴，以"断匈奴右臂"。大月氏本是居住在今甘肃敦煌、祁连山间的游牧民族，受匈奴的威胁，西迁至中亚地区，汉武帝听说大月氏有恢复故土的意愿，就想联合大月氏东西夹击匈奴。另一方面汉武帝在位期间三次派卫青、霍去病等大将率兵对匈奴进行大规模的征伐，夺取了对河西等地区的管辖权。西汉政府在击败匈奴之后，在匈奴故地相继设立酒泉郡、武威郡、张掖郡、敦煌郡，即河西四郡。《汉书·西域传》称："孝武之世，图制匈奴，患其兼从西国，结党南羌，乃表河西，列四郡，开玉门，通西域，以断匈奴右臂，隔绝南羌、月氏。单于失援，由是远遁，而幕南无王庭。"[1] 这时，西汉王朝有了"广地万里，重九译，致殊俗，威德遍于四海"的抱负。

建元三年（公元前 138 年），汉武帝派遣张骞等第一次出使西域，张骞带领使团 100 多人从长安出发，途中被匈奴扣留，"持汉节不失"，后趁匈奴内乱逃了出来，他继续西行，沿塔里木盆地的"北道"，过库车、疏勒等地，到了大宛（今乌兹别克斯坦的费尔干纳地区），随后顺东帕米尔南下，最后到达了大月氏人所在的国家，而这时的大月氏经历过战争刚刚打败大夏成为这里的主人，无意东归。张骞没有完成与西域大月氏等政权建立联盟、共同夹击匈奴的战略任务而踏上了归程，张骞等越过帕米尔高原，沿昆仑山的北坡，从喀什，经于阗（今和田），再经河西走廊返回长安。回到长安后，他将出使西域的经历向汉武帝进行了汇报。而他沿途经过的地理、物产、风俗习惯等情况也被史籍记录了下来，这些信息为汉朝经略西北地区、全面开通丝绸之路提供了资料。公元前 123 年，张骞被封为博望侯。公元前 119 年，张骞再次出使西域，这次他奉汉武帝之命率领使团访问西域诸国，出使西迁伊犁河流域的乌孙。期间张骞分遣副使出使大宛、大月氏、大夏、安息、身毒等地区，张骞等的出使行动密切了西汉时期黄河流域与西域诸国的政治、经济和文化联系，进一步促进了多元一体的中华文化的形成和发展。

"张骞两次通使西域，揭开了中原与西域密切往来的辉煌篇章，具有重大历史意义。"[2] 张骞通使西域，全面开辟了通向西域和中亚的通道，张骞出使西域取得了"凿空丝路""互派使节""通商合作"等旷世奇迹，张骞通使西域，促进了丝绸之路的全面开通，它不仅促成了农耕和游牧的跨文明交流，也促进亚欧非三大洲的和平与发展。

为了进一步促进西域与中原的交流，西汉政府招募了许多商人，这些商人利用政府配给的货物，到西北各地经商。这些具有吃苦精神的商人获利颇丰，从而吸引了更多人从事丝绸之路沿线的贸易活动，张骞出使西域极大地推动了中原与西域之间的物质文化交流，增加了西汉政府的财政收入。来往于我国西北地区的商人和使者，羡慕中原文化，促进了族际融合，促进了经济文化的交流和社会的发

---

[1] 班固：《汉书》卷九六《西域传》，中华书局 1995 年版，第 3928 页。

[2] 郎樱：《论西域与中原文化交流》，《西域研究》2001 年第 4 期，第 70 页。

展，实现并扩大了国际间的商贸活动和族际文化交流，促进了亚欧非各国间的友好往来，在一定程度上促进了沿线地区的发展和繁荣。

公元前 60 年，匈奴统治集团发生分裂，管理匈奴西部的统帅日逐王率部众归汉，西域地方行政长官郑吉率众迎接。于是，汉宣帝任命郑吉为都护，设立西域都护府，治乌垒城（位于今轮台县东策大雅地区），辖西域诸国。使我国的西部疆界从甘肃中部（秦代国家西界在兰州）扩展至西域（新疆），自此，新疆正式纳入汉朝的版图。《汉书》记载："自宣、元后，单于称藩臣，西域服从。其土地山川、王侯户数、道里远近，翔实矣。"① 西域都护是西汉政府在西域设立的最高军政长官，其职责主要是维护当地秩序，极大地促进了西域文化和黄河文化的交流。《汉书》记载："最凡国五十。自译长、城长、君、监、吏、大禄、百工、千长、都尉、且渠、当户、将、相至侯、王，皆佩汉印绶，凡三百七十六人。而康居、大月氏、安息、罽宾、乌弋之属，皆以绝远不在数中，其来贡献则相与报，不督录总领也。"②

当时乌孙的居地是伊犁河流域，自张骞通西域后，汉朝与乌孙一直保持着良好的关系。西汉宗室女细君公主和解忧公主先后远嫁乌孙，为加强、巩固汉室与乌孙的关系做出了贡献。这对实现西域各族与汉族的融合，对多元一体中华文化形成和发展，对丝绸之路的全面开通起到了重大的促进作用。后来，西域都护郑吉联合冯嫽（原是解忧公主的侍女，后嫁于乌孙右大将），妥善地处理了王位继承问题，让冯嫽说服乌就屠接受立元贵靡为大昆莫的建议，并接受汉朝的管辖。

20 世纪中期在新疆南疆尼雅墓葬中出土了"五星出东方利中国"锦等。新疆尼雅夫妻合葬墓穴，墓主身上均覆有棉质中原纹饰龙凤呈祥祥布单，头部以棉质枕敷卧，锦敷面；男子着锦袍，右衽对开，体现了中原文明在西域之留存，腰际系宽带，内衬套细绢，戴锦护手，镌刻"五星出东方利中国"字样，篆体绣锦制成国宝级护膊，关于"五星出东方利中国"之解释，反映了西域中华生民在汉风汉俗之浸润中，深刻体现了五方大一统之中国祥瑞观念。③

西汉对西域实行有效的统治后，西域的民众主要使用汉文字，汉语成为西域的官方语言之一，从此，汉语成为西域官府文书中的通用语之一，中原地区与西域交流日益频繁④，在楼兰出土的汉文简牍《论语·公冶长篇》，尼雅出土的汉文简牍《论语·仓颉篇》，说明在西汉时代，西域的民众就已经普遍诵读儒家经典，将其作为日常文化生活的重要组成部分。

"可见，汉代中国政府开辟丝绸之路和经营西域在某种意义上是对远古交通道路的重新认识和拓展，但更重要的意义是中原地区开始有意识地关注外部世界并延伸本土文化的活动空间。"⑤ 黄河流域先进的科学技术也陆续传入西域。例如，掘井技术的传入、犁耕技术的传入、冶铁技术的传入等。《汉书》卷九六《西域传》载："自且末以往皆种五谷，土地草木，畜产作兵，略与汉同，有异乃记云。"⑥ 中原屯垦士卒将先进的水利技术带到西域，复杂的双向灌溉系统就是中原水利技术运用的结果，极大地推动了西域绿洲农业的发展。

到了西汉末年，由于西汉统治腐朽，国力衰退，丝绸之路因经常受到匈奴干扰而中断。公元 16 年（天凤三年），西域发生动乱，王莽派军队前往西域平叛，都护戊已校尉郭钦、都护李崇、五威将王骏、所率平叛军队为焉耆、姑墨等叛军击败。从此，西域地区与黄河流域的文化交流受到了影响。

到了东汉初期，由于东汉政府重内轻外，在处理西北地区的问题上，一开始就缺乏坚强有力的政

---

①② 班固：《汉书》卷九六《西域传》，中华书局 1995 年版，第 3926 页。

③ 赵徽弘：《中华文明共同体视野里西域观之变迁研究》，新疆大学博士学位论文，2019 年。

④ 李淼：《4—13 世纪西域乐舞在中原地区流变考》，《中州学刊》2019 年第 10 期，第 125 页。

⑤ 张国刚：《丝绸之路与中西文化交流》，《西域研究》2010 年第 1 期，第 1 页。

⑥ 班固：《汉书》卷九六《西域传》，中华书局 1995 年版，第 3927 页。

策，对统一西北地区消极动摇，以致后来出现了东汉政府对西域地区的"三绝三通"的经略过程。

公元 72 年（永平五年），为了恢复对西北地区的管辖，谒者仆射耿秉上书建议出兵维护西北地区的社会稳定，汉明帝采纳了其建议，于公元 73 年（永平六年），派大兵四路出击，恢复了对西域的统治。

东汉政府出兵西域的同时，班超等在西域南道进行积极活动，取得了巨大的成功。东汉永平十六年（公元 73 年），班超投笔从戎，随东汉大将窦固出击匈奴，在伊吾展露出出色的军事和外交才能，班超率众到达鄯善，以"不入虎穴，焉得虎子"的精神，攻杀匈奴驻鄯善使者百余人，促使鄯善王归附东汉政府，汉明帝于是提拔班超为司马，班超采用计策使广德下决心斩杀匈奴监护使者而使于阗国归服汉朝。班超继续西行使疏勒、龟兹（今库车）等国归服汉朝。班超经略西域期间，东汉政府在丝绸之路沿途设驿站保护商旅，使丝绸之路重焕生机，促进了黄河流域和西域地区的经济、文化交流。

公元 74 年，东汉政府重新设置西域都护府，治龟兹它乾城，并设戊巳校尉，加强了对西域的管辖。公元 91 年，龟兹、温宿、姑墨等国皆归顺了东汉政府。东汉政府因形势所需将西域都护府迁至龟兹（今阿克苏库车县附近）。公元 92 年，东汉政府正式任命班超为西域都护，经略西域地区。班超因经略西域有功，被东汉政府封为"定远侯"，食邑千户。《后汉书·班超传》载，班超经营西域时，取得了良好的效果，东汉政府诏令班超回京，疏勒、于阗举国忧恐，痛切挽留，班超继续留任达 31 年，70 岁才得还朝。[①] 回到洛阳后，拜为射声校尉。班超经略西域三十一年，使西域诸国与中原隔绝半个世纪的关系重新开通。后来班超的儿子班勇经略西域多年。

公元 97 年，班超派遣甘英出使大秦（罗马帝国），到达了安息西界的西海（今波斯湾）沿岸，由于安息商人害怕甘英出使大秦而损害他们的商业利润，便向甘英夸大西行的弊端，甘英因此就到波斯湾而没有继续西行。甘英成为迄今为止正史上所载的第一个到达波斯湾的中国人。甘英虽然没有达到目的，却熟悉了丝绸之路沿线的风土人情和地理情况，为以后丝绸之路的繁荣提供了有利的条件，甘英最后到达的地点，是汉代中国使者在丝绸之路上到达的最西点。

班超等在西域的经略活动，维护了西域地区的社会稳定，进一步促进了西域文化与黄河流域文化的融合，为多元一体的中华文化的形成和发展做出了卓越的贡献。

到东汉末年，随着各种社会矛盾的激化，爆发了黄巾起义，起义沉重打击了东汉政权，引起了军阀混战，公元 220 年，曹魏建立，至此，中国历史进入了魏晋南北朝时期。这一时期是民族大融合时期，虽有战乱，但经济得到了一定的开发，为边疆地区和周边少数民族的社会发展提供了有利条件，使西域地区实现了历史性的进步。

三、魏晋南北朝时期西域文化与黄河文化融合

曹魏和西晋王朝，均建都洛阳。曹魏和西晋时期，中原王朝当时在西域还保有西域长史府的建制，始终保持着与西域诸政权的良好关系。公元 220 年，曹魏政权在统一河西走廊后，在武威设立了凉州刺史负责维护河西走廊的社会稳定，进一步加强中原与西域的政治制度、物质、文化交流。公元 260 年，三国时期的朱士行从今天的西安出发，历经艰辛，最后到达了今天的西域地区，获得了许多佛教经典，并把代表性的佛教经典带回了洛阳。公元 265 年，司马炎在洛阳建立了晋朝（历史上称为西晋），西晋统治者在西域地区推行了有效的经略方式，促进了黄河流域和西域地区的经济、文化交流。西晋灭亡后，前凉继承魏晋旧制，在楼兰保留西域长史，咸和二年（327 年），驻楼兰的西域长史李柏

---

① （南朝）范晔：《后汉书》，上海古籍出版社 1995 年版，第 182 页。

击擒赵贞，接管了西晋设在西域的统治机构，在高昌设郡，来管理西域屯田与防务工作。李柏一生为西域统一事业鞠躬尽瘁，取得了较大的成效。《晋书·张轨传》记载，西域诸国臣服前凉，前来贡献汗血马、孔雀等奇珍异宝多达 200 余件，可见前凉在西域经略的有效程度。

公元 4 世纪初，北方少数民族进入中原，促进了民族融合。在南北朝时期，少数民族政权建立的前凉、前秦、后秦等政权，先后设官经略西域地区，维护了西域与中原的文化交流，公元 327 年，前凉政权在西域地区实行中原地区的郡县制，并在今天新疆东疆地区设高昌郡。高昌系一古代地名，早在西汉时期，西汉政府就在吐鲁番地区设置负责屯田的戊已校尉，"汉车师前王之地。有高昌城，取其地势高敞、人民昌盛以为名焉"。① 后来从南北朝到唐朝前期，在西域的东疆地区，建立了高昌政权，经历了阚、张、马、麹等姓氏的统治。麹氏高昌政权大力提倡儒学，以儒学宗社为教育思想，利用汉文化来巩固自己的统治，使用中华正朔，采用干支纪年。因涵"风伯""始耕""青山神"祭祀采用黄河流域的传统。其政权建制为郡、县，县下设乡，乡下设里。黄河流域先进的精耕细作的生产经验在西域得到了推广。

公元 376 年，氏族人建立的前秦统一了我国北方地区，西域的地方政权积极学习中原地区的先进文化。公元 382 年，前秦王苻坚派大将吕光率军队进军西域，取得了成功，使西域诸国纷纷归顺前秦政权，并把龟兹的高僧鸠摩罗什送到了凉州，后又到了长安，弘扬佛法，为翻译佛教经典文化做出了不可磨灭的贡献。龟兹乐在魏晋南北朝时期，胡汉融合的背景下，对黄河流域的音乐产生了广泛的影响。龟兹乐盛行于隋唐，名曲有龟兹大武等。龟兹乐舞之奇妙卓异，极大改变了中原的音乐系统，由龟兹传入的佛教更对中原精神信仰产生重要影响。②

北魏王朝与西域的地方政权的交通道路，始终保持着畅通的状态。公元 495 年，北魏孝文帝拓跋宏迁都洛阳后，实行汉化政策，缓和了阶级矛盾，促进了中原地区的社会发展，使洛阳成为一个国际性的大都会，西域商人到洛阳的人数大幅度增加。

北魏时，苜蓿因味道鲜美，也可作蔬菜食用，已经在洛阳种植。南朝地理学家任昉《述异记》载："张骞苜蓿园，今在洛中，苜蓿本胡中菜也，张骞始于西戎得之。"

魏晋南北朝时期，法显为中原和西域的文化交流做出了重要贡献。法显（公元 334—420 年），平阳武阳（今山西临汾）人。自幼出家为僧。后来法显来到长安学习佛学，为了提高佛学水平，法显西巡来寻访佛教戒律。法显等从长安出发，经张掖、敦煌、鄯善、焉耆等，最后到达于阗，促进了佛教文化的交流。法显在焉耆、和田等地进行了考察，他参观佛教寺院，学习梵语，历经千难万险，到达印度河流域和恒河流域，最后回到广州，历时 13 年，带回大量佛经稿本，根据其旅行经历，撰成《佛国记》，也称《法显传》。

魏晋南北朝时期，黄河流域和西域地区的经济、文化交流更加频繁，据考古推测，魏晋南北朝时期西域已始植水稻。昭苏乌孙墓出土有铧犁与汉王朝关中平原以"舌形大钟"形制观感类同。魏晋南北朝时期，吐鲁番的植桑技术，助推了中原丝织业的发展。

四、隋唐时期西域文化与黄河文化融合

隋朝建立后，非常重视边疆民族关系，隋炀帝即位后，就积极采取措施经略西域地区，大业三年（公元 607 年），隋炀帝派黄门侍郎裴矩前往张掖去管理商业贸易，他还用厚利吸引西域商人，到内地

---

① 《宋史》卷四九〇《高昌传》，中华书局 1977 年版，第 14109 页。

② 屈玉丽：《龟兹文化与唐五代文学》，浙江大学博士学位论文，2018 年。

进行贸易，促进了中原和西域地区的贸易往来和文化交流。隋炀帝令裴矩走访了解西域各国，经过考察和查阅相关资料，撰成了《西域图记》，该书主要记载了西域的山川、要塞和风俗等，使中原民众对西域的山川、要塞和风俗有了进一步的了解。

大业四年（公元 608 年），隋炀帝率众抵达张掖。在这里举行了盛会，参加盛会的主要有高昌、龟兹、疏勒、焉耆、于阗等政权的使臣，同时，中原和西域地区的艺人同台演出，中原丰饶的物产、精美的器皿、优雅庄严的秩序，令西域等政权的使臣心悦诚服。中原天子与西域使节也在觥筹交错间达成了"互市"协议。这些活动促进了黄河流域与西域的政治经济文化的交流。为同西域各国建立朝贡关系，隋朝采取"啖以厚利，导使入朝"的政策，并遣使游说各国。大业四年（公元 608 年）七月，裴矩策动铁勒打败吐谷浑，为隋军发起对吐谷浑的攻击和隋炀帝亲征吐谷浑制造了机会。在消灭吐谷浑之后，隋朝又进军伊吾，设立了伊吾郡和柔远镇进行管辖，并在汉代旧城东修筑一座新城，称"新伊吾"，派裴矩等前往经略。裴矩采用安抚为主、远交近攻的策略，辅以德威的原则来治理西域。此举取得了很好的成果，高昌国王率先遣使，与隋建立了联系。大业六年（公元 610 年），隋炀帝邀请"诸蕃酋长毕集洛阳"，邀请西域客商"入丰都市交易"。凡有胡客路过酒食店，悉令邀延就座，"醉饱而散，不取其值"（《资治通鉴·隋纪四》），甚至要求道路树木皆以丝帛缠绕。隋炀帝为了加强对西域的有效统治，设立了且末、伊吾、鄯善三郡，实行了与内地相同的郡县制度。

唐朝建立后，积极经略西域地区，在唐朝开明民族政策的影响和推动下，西域部族纷纷归附大唐王朝，尊奉唐太宗李世民为"天可汗"，我国西北各族民众积极认同大唐王朝。

公元 640 年，唐军击败了追随突厥反唐的高昌麴氏王朝，唐朝在高昌麴氏王朝旧地设置西州，随后设置安西都护府。公元 702 年，武则天为在庭州（今新疆吉木萨尔）设立北庭都护府。唐政府后又设瀚海都督府，吐迷度任怀化大将军兼瀚海都督，其他回纥酋长接受唐朝的册封和任职多达数千人，促进了回纥民众对中原王朝的认同。回纥（鹘）汗国处于中西文化交流的有利地位，同中原王朝交往比较频繁，促进了西北地区社会的发展。早在回纥汗国建立时，回纥就与黄河流域的王朝有丝绸、茶叶、马匹等贸易往来，其方式是：双方在边境的重镇设立"互市"来交换商品。回纥人还通过粟特胡商，贩运到中亚和欧洲出售。长安、洛阳的汉人喜穿回鹘服装，竟出现了"回鹘衣装回鹘马"的盛况。"回纥在交易的过程中不仅推动中国丝绸、瓷器、茶叶、造纸术等的传播，也使欧亚大陆的珍宝、宗教、音乐、舞蹈、医教等传入了中原各地。"[1]唐代王建的《凉州行》中有这样的诗句："城头山鸡鸣角角，洛阳家家学胡乐。"

唐代"绢马互市"持续繁盛，促进了黄河流域和西域地区的经济、文化的进一步交流，中西方转运贸易活动促进了回纥的封建化进程。回鹘商人利用丝绸之路进行商业贸易，将从中原地区采购到的丝织品、茶叶、瓷器等转运到中亚及罗马等地销售，并从中亚细亚一带采购皮毛、玉石、药材等物品，转销到我国黄河流域地区，这极大地促进了回纥（鹘）汗国社会的发展。

西域宗教祆教、景教、摩尼教，不仅在旅居黄河流域的胡人家族中代代流行，还影响到了当时的社会生活。

五、结语

通过对汉至唐代西域与黄河文化交流融合的研究，我们进一步认识到，黄河流域王朝雄盛则西域富和，黄河流域王朝式微则西域颓靡。黄河流域与西域为紧密关联的命运共同体，成为亘古不变的历

---

① 赵杨：《草原丝路与回纥汗国》，内蒙古师范大学硕士学位论文，2019 年。

史常理。我们要以史为鉴，要以新时代文化强国战略为出发点，以推进中华文化的进一步交融为抓手，从而构建中国国家认同、中华文化认同，为新时代文化强国战略做出更大的贡献，进而为实现中华民族伟大复兴的中国梦不懈奋斗。

参考文献

［1］（汉）司马迁：《史记》，中华书局 1982 年版。

［2］赵予征：《丝绸之路屯垦研究》，新疆人民出版社 1996 年版。

［3］余太山：《西域通史》，中州古籍出版社 2003 年版。

［4］费孝通：《中华民族多元一体格局》，中央民族大学出版社 2003 年版。

［5］杨富学：《回鹘文献与回鹘文化》，民族出版社 2003 年版。

［6］杨圣敏：《西域史》，广西师范大学出版社 2008 年版。

［7］齐清顺：《中国历代中央王朝治理新疆政策研究》，新疆人民出版社 2004 年版。

［8］［日］羽田亨：《西域文明史概论》，中华书局 2005 年版。

［9］马大正：《新疆史鉴》，新疆人民出版社 2006 年版。

［10］牛汝极：《文化的绿洲——丝路语言与西域文明》，新疆人民出版社 2006 年版。

［11］厉声：《中国新疆历史与现状》，新疆人民出版社 2006 年版。

［12］徐光春：《中原文化与中原崛起》，河南人民出版社 2007 年版。

［13］李树辉、郑炳林、樊锦诗：《乌古斯和回鹘研究》，民族出版社 2010 年版。

［14］阿不都克里木·热合满、马德元：《维吾尔族文化简史》，新疆人民出版社 2010 年版。

［15］张宝明：《中原文化公民读本》，大象出版社 2014 年版。

［16］荣新江：《丝绸之路与东西文化交流》，北京大学出版社 2015 年版。

［17］吴涛：《中原文化概论》，大象出版社 2017 年版。

［18］张占仓：《洛阳学研究》，经济管理出版社 2018 年版。

［19］张广达：《论隋唐时期中原与西域文化交流的几个特点》，《北京大学学报》1985 年第 4 期。

［20］王嵘：《中原文化在西域的传播》，《新疆大学学报》1999 年第 1 期。

［21］郎樱：《论西域与中原文化交流》，《西域研究》2001 年第 4 期。

［22］任念文：《西北与中原》，华东师范大学博士学位论文，2003 年。

［23］杜倩萍：《屯田与汉文化在西域的传播》，《西域研究》2014 年第 3 期。

［24］杨海中：《丝绸之路与西域文明在中原的传播及影响》，《地域文化研究》2018 年第 4 期。

［25］李玉洁：《河洛帝都文化的价值和影响》，《文化软实力》2018 年第 4 期。

［26］张新斌：《中原文化概说》，《地域文化研究》2018 年第 6 期。

［27］屈玉丽：《龟兹文化与唐五代文学》，浙江大学博士学位论文，2018 年。

［28］李峰：《汉武帝晚年政治转向及对昭宣之政的影响探析》，《贵州社会科学》2018 年第 3 期。

［29］李淼：《4—13 世纪西域乐舞在中原地区流变考》，《中州学刊》2019 年第 10 期。

［30］赵徽弘：《中华文明共同体视野里西域观之变迁研究》，新疆大学博士学位论文，2019 年。

［31］任崇岳：《中华民族历史研究中需要正确认识和把握的四个问题》，《中州学刊》2019 年第 8 期。

（作者分别系新乡学院人文学院教授；
河南师范大学历史文化学院硕士研究生）

北朝石窟与黄河的关系初探

王宏涛

　　河南境内存在的多个北朝的佛教石窟，分布在黄河边或黄河支流旁边。因此，佛教石窟文化与黄河的这种联系绝不是偶然的、表面的联系，而是基于地理位置和佛教理论的内在联系。石窟文化也是黄河文化的重要组成部分。

一、从地理位置看佛教石窟于黄河渡口的依附关系：弘法的地理需要

　　黄河是中华民族的母亲河，横亘在中原地区，商人要南下或是北上，都要跨越这条大河。渡口就成为商人经商和行人来往的必经之地，僧人也在这里找到弘扬佛法的重要基地。

　　自佛教产生后，一直就与商人关系密切。就是在支持佛教的古印度孔雀王朝，佛教也主要存在于城市，商人是其主要的群众基础。佛教传入中国以来，佛教传播的这一特点并未发生改变。商人行走四方，在古代的社会条件下，经常遇到预想不到的困难和灾难，加之经商本就是风险较大的事业，故商人具有寻求超自然力量的心理需求。修造石窟需要投入大量的财富，在古代除了官府和皇家外，就是商人和地主具有此实力。因而在商人经常出没的交通要道和渡口，常常有大的佛寺和石窟出现。就其存在位置而言，可分为黄河干流附近的石窟与黄河支流附近的石窟两种。

（一）河南境内黄河干流附近存在的主要石窟

1. 巩义石窟

　　河南境内，黄河边最大的石窟是巩义石窟，所在的地方叫南河渡，这是黄河上有名的古渡口，附近有著名的康百万庄园，而康百万家最早就是在黄河上摆渡运送货物与粮食发家的。巩义石窟内涵丰富，据唐代龙朔二年（662年）的《北魏孝文帝故希玄寺之碑》记载："昔孝文帝发迹金山，途遥玉塞，弯柘弧而望月，控骥马以追风，电转伊瀍，云飞巩洛，爰止斯地，创建伽蓝。"[①] 说明巩义石窟最早名希玄寺，创建于北魏孝文帝时期。

　　寺庙虽建于孝文帝时期，但石窟则要稍晚。明弘治七年（1494年）重修碑载："自后魏宣武帝景明之间，凿石为窟，刻佛千万像，世无能烛其数者。"[②] 巩县石窟自宣武帝后，又经北齐、北周、唐、宋、金等朝相继增凿，历400余年不衰。巩县石窟现存主要洞窟5个，千佛龛1个，摩崖造像3尊，造像总数近8000尊。造像题记及其他铭刻180余则，包括北魏3则、东西魏10则、北齐29则、北周

---

①　原碑在第四窟外东侧，第119龛下。
②　李豪东. 巩县石窟与龙门石窟造像题记书风对比研究［J］. 中国书法，2019（24）：54–56.

2 则、唐代 85 则、宋代 2 则，以及时代不详者 30 则。

从相关记载看，初唐时期，巩义希玄寺改名为十方净土寺，清代则改名为石窟寺。

2. 吉利万佛山石窟

万佛山石窟位于黄河以北的吉利区，属于洛阳的一块飞地，原属于焦作孟州管辖。因国家在当地规划建设炼油厂，1982 年将之划归洛阳，设立吉利区。万佛山石窟群坐北朝南，东西排列，开凿在一片山谷的北壁崖面上，西端下沉 10 米，是柴河（也称湛河，黄河附近支流）故道，现建有柴河水库。万佛山石窟命运多舛，其石质为黄沙岩，易于风化，众多的题记至今无法辨识。明清时期，该地被称为"打石凹"，就有民众常年在此取石；国家修建焦枝铁路期间，民工用炸药开山取石，有中心柱的锣鼓洞被炸塌，仅留半截中心柱；神游洞四周山石都被采完，独立于原地；高达 5 米的释迦立佛龛也被炸断，其他莲花洞、双窟的窟顶也被凿破，碎石曾将整个石窟掩埋。所幸 1992 年春，柴河村民委员会组织村民对石窟进行了清理，将窟顶的窟窿补住，将炸断的立佛重新立起。从形制上可以肯定，万佛山石窟属于北齐时期造像风格。

3. 新安西沃石窟

西沃石窟是 1975 年开山修路时被发现的，位于新安县正北 40 千米西沃村东、黄河南岸的垂直峭壁间。它背靠青要山，面临黄河水。自东向西依次有浮雕石塔四座，石窟两座。在塔与石窟间有若干个小佛龛。一号窟为主要洞窟，洞宽 174 厘米，深 156 厘米，高 150 厘米。洞门北向，正壁一坐佛结跏趺坐于方台座上，高 74 厘米，台座下部正中为博山炉，两侧二狮子。二弟子高 60 厘米，立于圆台座上，二菩萨高 64 厘米，立于圆莲座上。左（西）右（东）二壁各雕一立佛二菩萨。立佛通高 97 厘米，菩萨通高 80 厘米，在东壁立佛身光上有小佛若干。二号窟洞宽 95 厘米，深 54 厘米，高 94 厘米。正壁主佛是帷幕龛下释迦佛，结跏趺坐，说法印。两侧为二弟子四菩萨夹侍。窟顶并刻二朵莲花。

1984 年洛阳市文物普查中，被命名为西沃石窟，距今已有 1400 多年的历史。在当年小浪底水库动工后，北魏石窟因处于淹没区，经国家文物局组织专家研讨，由省移民局拨专款于 1997 年 7 月将其整体切割搬迁至千唐志斋，1999 年对外开放。

4. 谢家庄石窟

谢家庄石窟位于孟津县小浪底镇谢家庄村，石窟属于低山丘陵区，依山而建，开凿于砂岩石质的峭壁下，一条南北向山涧溪流经石窟前流过，整座石窟处在山丘环抱之中。因该石窟位于小浪底水库淹没区内。为抢救保护该石窟，1999 年 11 月，省文物局拨款 90 余万元，由龙门石窟考古研究所将谢家庄石窟搬迁复原至孟津县城黄河公园内，搬迁后的石窟，坐北朝南，石窟北壁主像是禅定结跏趺坐佛，坐于狮子座上，头已残，坐佛着双领下垂袈裟，内束一带，像高 0.90 米，座高 0.60 米。主像之右胁侍为一弟子，头已毁，弟子手持净瓶，立于圆形莲座上，通高 1.14 米；主像之左胁侍似为一菩萨，头已毁，仅存宝缯，立于圆形莲座上，通高 1.14 米。弟子之上浮雕三个供养天人，菩萨左右浮雕四佛。

5. 浚县大佛

黄河是在金代以后才在开封地区向北流动的，金代以前则从荥阳向北，流经浚县、内黄。金代黄河改道后，浚县和内黄地区形成黄河故道。在浚县县城东部的大伾山上，坐西面东倚坐着一尊巨佛，高 22.29 米。此佛的年代，据明代崇祯七年（公元 1634 年）张肯堂修，黄恪纂的《浚县志》讲，是后赵石勒在他的国师佛图澄的支持下建立的。这个版本的《浚县志》已经遗失，清代嘉庆《浚县志》引述其文说："石勒以佛图澄之言，镌岩石为像，高十余丈，以镇黄河。"[①] 但明末距离十六国时期时间久远，其说不足为凭。从佛教石刻的发展史上说，石勒时期，佛教在中国立足未稳，要建这么大的一尊佛是不可想象的。尤其是当时流行的是上升兜率天宫决疑的弥勒菩萨崇拜，下生救世的弥勒佛崇拜尚未流行。尤其是现在发现的十六国时期的佛教遗像都不算很大，将如此一尊巨佛解释为石勒所造，不符合佛教艺术发展的一般规律。因此，此说近年已经为学术界所弃，大多数学者支持北朝建立的说法。

（二）黄河流域还存在其他重要的北朝石窟，尤其是在伊洛河两岸，北朝石窟众多

伊洛河流域有龙门石窟、水泉石窟、铺沟石窟、鸦岭石窟、禹宿谷堆石窟、虎头寺石窟、鸿庆寺石窟等众多的石窟。

1. 龙门石窟

龙门石窟是中国三大石窟之一。北魏在早期虽然发生过太武帝灭佛的极端事件，但为时不过数年，总体而言，算得上是中国历史上最崇佛的朝代，曾在平城京北的武周山上凿建了大型的石窟即著名的云冈石窟。孝文帝太和十八年（公元494年）迁都洛阳后，选择了洛阳南部的伊河之阙，继续凿建石窟。

其中，古阳洞为孝文帝所建，主尊为释迦牟尼佛，两边有菩萨侍立。著名的魏碑书法名帖《龙门二十品》中有十九品就位于此窟。宾阳洞石窟的开凿，据《魏书·释老志》的记载，是北魏宣武帝元恪为其父母孝文帝、文昭皇太后做功德而营造的皇家工程。仅宾阳中窟就用时二十四年。原计划开凿三个窟，但工程最终并未完成。宣武帝死后，胡太后继续修建此工程。胡太后年少时为身为尼姑的姑姑带入宫中，成为宣武帝的嫔妃，后生下太子。本来按照北魏的"子立母死"的传统，胡太后本应被处死，却被好佛的宣武帝饶过，并在宣武帝死后被立为太后，掌握了朝中大权，她认为自己受到佛陀的保佑而得益甚多，于是继续建造宾阳三洞。宾阳中洞开凿于公元500～523年，里面供奉的主尊为竖三佛，即过去世燃灯佛、现在世释迦佛、未来世弥勒佛。显示佛法广显，无有穷尽。龙门石窟闻名中外的"帝后礼佛图"也位于本窟，主题是孝文帝与文昭皇太后礼佛事迹。这两幅浮雕堪称北魏石窟的精华，可惜的是，这一经历1000多年保存完整的瑰宝，在20世纪30年代遭到了美国的劫掠，现藏于美国大都会博物馆。宾阳洞原计划开凿三个窟，但工程最终并未完成。只有宾阳中洞完工，北洞和南洞都只开出了窟形，里面的雕像是唐代雕造的。原因可能和北魏末年的政变和乱世有关。原本工程归宦官刘腾主持，但刘腾勾结胡灵太后的妹夫元义，发动政变，囚禁了胡太后。后来刘腾病死，胡太后于公元525年又重新执政，掘刘腾墓给予报复。随后北魏战乱频繁，国家分裂，宾阳洞的工程未能完工。

皇甫公窟的主尊释迦牟尼像高3.18米，盘坐于一方形莲花座上，右臂平举，手掌上扬，掌心向外，左手掌心向外，手指向下，施与愿印。有趣的是，工匠在雕造这尊大佛像时，将佛像的左手雕刻为六指，难道这是工匠们的疏忽吗？显然不是，这座洞窟是由北魏高官统一主持开凿的，刻精美的洞窟中，是不会出现这种低级错误的。那么，工匠们为何会雕刻一尊六指佛像呢？据《魏书·释老志》记载，北魏文成帝拓跋濬（北魏第五位皇帝）曾"诏有司为石像，令如帝身"，意思是以皇帝本人为原型雕刻佛像。开窟的功德主皇甫度是北魏胡太后的母舅，与皇家关系非同一般，他开凿此洞窟也包含讨好胡太后和孝明帝元诩（北魏第十位皇帝）的意味，因此可以推测，这六指佛像应是孝明帝的原型像。因为旁边一个供养人也是六指，这个供养人显然就是孝明帝元诩。

---

① 任思义.谈谈浚县大石佛的创凿年代［J］.中原文物，1989（2）：66-70.

慈香窟因比丘尼慈香所开凿而得名，完工于北魏神龟三年（520年），著名的魏碑精华《龙门二十品》中的一品，即藏于此洞的基坛西南弯处。

慈香窟高1.70米，宽2米，深2.20米。洞内三面设坛基，正壁为一佛二弟子二菩萨五尊式。主尊为释迦牟尼佛。结跏趺坐于方台上，像高0.82米，头残，外披褒衣博带式袈裟，施禅定印。普泰洞因窟内刻有北魏节闵帝普泰元年（531年）的造像题记而知名。石窟开凿的时间在513～538年。石窟门口左右两侧分别雕有金刚力士，北侧力士完整，南侧力士则仅雕刻出大致轮廓。普泰年间，政局动荡，战乱频繁，曾经极度强盛的北魏已经走到了穷途末路。众多佛龛的出现，正是贵族们对前途极其不安、惶惶不可终日的真实写照。

火烧洞位于古阳洞右上侧，因有被火烧过的痕迹而得名。开凿于北魏孝明帝正光三年（522年）以前。火烧洞内的佛像破坏严重，所幸窟楣保存完好，较有特色。中间是宝瓶莲花图案，两侧上方对称地雕刻出西王母与东王公形象。西王母位于南侧，头戴胜冠；东王公位于北侧，手持长柄物。东王公、西王母造像多见于汉代雕刻，后来也为佛教艺术借鉴，敦煌石窟、麦积山石窟也有此类造型。正壁造像为一佛二弟子二菩萨，本尊被破坏，仅能辨认出双手上下叠压，施禅定印，着褒衣博带袈裟。二弟子、二菩萨像均已不存。火烧洞规模较大，可能为皇室所建，被毁于北魏末年。它是为谁所建？又是为谁所毁？目前还不是很清楚。

莲花洞因窟顶有一朵硕大的莲花而得名。莲花直径3.60米，厚0.35米，三层绽开。开凿于北魏孝明帝正光二年（521年）以前。窟高5.90米，宽6.22米，深9.78米。门口南侧有一金刚力士，高2.10米，头残破，左手置胸，右手持金刚杵，袒露上身，下身束裙，帔巾交叉于胸前。正壁是一佛二弟子二菩萨。佛为立佛，高五米，头被盗，现头为后人所加。身着褒衣博带式袈裟，衣褶稠密，双手残破，站于莲台上。左侧迦叶像年老体瘦，肋骨凸显，眼窝深陷，鼻梁高隆，皱纹密布，着厚重袈裟，衣褶稠密，有明显的西域人的特征，但衣服则为汉地式样。左手置胸，右手持锡杖。右侧弟子阿难头残破，身体右侧腐蚀严重，左手持一莲蕾。

路洞最有特色的就是降魔变，其中地神形象尤其为中原地神形象之始。释迦牟尼佛的诞生、降魔、成道、涅槃，是佛教经常表现的题材。释迦佛将要成道，魔王波旬前来障碍，佛陀告诉他，自己累世修善行，定能成佛。波旬问：你说自己累世善行，谁能做证？佛陀用手触地，地神涌出，为佛做证。路洞的地神为男神，从地中涌出，双手高举佛之双足，显得刚强有力。此造型本于北凉昙无谶所译的《金光明经》，与印度、中亚的地神造型均不同。印度键陀罗的版本，地神为女神，坐在莲花中，探出半个身子，为佛献花。中亚以及新疆克孜尔石窟的降魔变，则完全继承了印度的风格。敦煌和云冈的北朝石窟，虽有降魔变，但均没有地神出现。后来敦煌、云冈大约在中晚唐时期才出现了地神，这个源头就在龙门。

唐字洞内也有多处北魏孝昌年间的造像，孝昌年间，北魏国家已经处于风雨飘摇之中，周边外患不息，国内内忧不止。为此北魏孝明帝特于孝昌二年（526年）八月到访南石窟寺，祈求神佛佑护国泰民安。魏字洞、唐字洞的建立可能就与此相关。窟门高2.25米，宽1.45米，深0.85米；窟内高3.85米，宽4.22米，深3.18米。窟门周边散刻若干小龛，多为魏龛。窟门北侧刻有螭首碑，为唐代重刻。窟内正壁造像为一铺三尊，为西方三圣：阿弥陀佛、观音菩萨与大势至菩萨。

2. 水泉石窟

水泉石窟是洛阳周边较有名气的北魏石窟，位于洛阳伊滨区寇店镇石窑村大谷关口。大谷关也称太谷关，是汉魏时期洛阳周边八关之一。向北正对着洛阳汉魏洛阳城，是汉魏洛阳城的南大门，此处今建有客家小镇，是历史上西晋时期客家人南迁的第一个关口。随着当今洛阳市区不断东移和客家小镇的建立，大谷关和水泉石窟得到了越来越多的关注。从《洛阳伽蓝记》反映的北魏佛教状况来看，当时人们对佛教的理解尚不到位，佛教与当时的民间信仰混合在一起，北魏的崇佛造窟，实际上是佛教崇拜与帝王崇拜结合的体现。主要表现在，主佛常常与皇帝合为一体，向人们灌输"皇帝是佛在人间的化身"的意识形态。水泉石窟正壁的二立佛，就是以北魏冯太后与孝文帝为原型的。

由于孝文帝拓跋宏的母亲李氏早年即因"子贵母死"的制度而被处死。冯太后抚养了幼小的孝文帝，并在承明元年（476年）临朝听政，掌握大权长达十五年之久。冯太后临朝听政时期，孝文帝皇权旁落。文明皇太后冯氏太和十四年（490年）去世，享年四十九岁。即便是在她去世后，孝文帝面对的满朝都是冯太后提拔的人，丝毫不敢怠慢。除了在首都平城北面的方山上为冯太后建造了庞大的陵寝之外，还在太后的陵寝旁为自己建造了一个规格和规模都小很多的"寿宫"。李凭认为，冯太后的陵寝位于高高的方山顶上，死死地盯着首都平城，这是孝文帝为了摆脱这种心理阴影，选择迁都洛阳的一个重要原因。[①]

水泉石窟正壁北侧主佛，面容似少年，高5.38米，肉髻高耸，眉间白毫相，鼻梁连通眉骨，大耳阔口。身穿双领下垂式袈裟，内着僧祇只，绳结打于胸前，下端垂于衣外。袈裟右角向左侧向上搭于左臂。袈裟里面的衬裙在袈裟下部露出来，呈现出一道道的褶裥，正中间的一道褶裥比较长大，象征佛的双脚合拢时，裙裤淤积于两脚之间。佛光脚没有穿鞋，平板足，三十二相具足。南侧主佛稍大，但上部已经损坏，无法识别。这两尊立佛的建造时间，据门口的造像记载，是"大魏太和十三年（489年）"，这时冯太后还健在，时年四十八岁。所以，我们认为水泉石窟的这两尊主佛，代表的正是冯太后和孝文帝。当时还是冯太后掌权，所以南侧较高些的立佛应该就是象征冯太后的释迦佛，北侧稍矮一些的应该就是象征孝文帝的弥勒佛。弥勒佛是释迦佛的弟子和著名的未来佛，这与孝文帝自称与冯太后的"母子"关系非常契合。当北侧主佛拓片打出来后，呈现出了一个非常明显的年轻人的身材与面相。太和十三年的时候，孝文帝年仅二十二岁，与此佛面相年龄相应。南侧主佛上半身被损坏，我们揣测，应该为一个中老年女性的面容。

这里我们只是重点介绍了龙门石窟和水泉石窟，伊洛河流域还有铺沟石窟、鸦岭石窟、禹宿谷堆石窟、虎头寺石窟、鸿庆寺石窟等众多的石窟。这些石窟多分布于伊河或洛河附近，显然佛教石窟与河水的紧密联系不是偶然的，而是有着更深的内在逻辑。

二、从佛教义理的要求看佛教石窟依附于黄河的内在需求：水观想和巨佛治水

佛教是一种宗教，这种宗教要求僧侣进行一定的禅定功夫，佛经中对某些禅定的内容也要求必须有水，这也使很多修习此类禅定术的僧人也必须将石窟建在水边。总的来说，分为以下两种情况。

第一种是弥陀类经典的要求。如在《佛说观无量寿佛经》中，有著名的"十六观"，其中第二观即"水观想"，其方法是：

> 初观成已，次作水想。想见西方一切皆是大水，见水澄清，亦令明了，无分散意。既见水已，当起水想。见水映彻，作琉璃想。此想成已，见琉璃地，内外映彻。下有金刚七宝金幢，擎琉璃地。其幢八方，八楞具足，一一方面，百宝所成，一一宝珠，有千光明，一光明，八万四千色，映琉璃地，如亿千日，不可具见。琉璃地上，以黄金绳，杂厕间错，以七宝

---

① 李凭.北魏平城时代［M］.上海：上海古籍出版社，2014.

界，分齐分明，一一宝中，有五百色光。其光如花，又似星月，悬处虚空，成光明台。楼阁千万，百宝合成，于台两边，各有百亿花幢，无量乐器，以为庄严。八种清风从光明出，鼓此乐器，演说苦、空、无常、无我之音，是为水想，名第二观。此想成时，一一观之，极令了了。闭目开目，不令散失，唯除食时，恒忆此事。①

由于阿弥陀佛类经典在中国影响很大，所以在建石窟时，位置选择在河边是通行的做法。另外，由于许多石窟远离城市，或者地势险要，僧人生活于有水的地方，生活会更加方便。

第二种是由经典叙述引出的功能。这个以浚县大弥勒佛为代表。弥勒是著名的未来佛，以体量巨大著称。北朝时期，由于经历了北魏太武帝拓跋焘、北周武帝宇文邕两次灭佛运动，释迦佛竟然不能阻止，于是部分信众开始崇奉未来佛弥勒，认为旧佛已灭，新佛出世，弥勒系经典大兴于世。

后秦三藏鸠摩罗什所翻译的《弥勒大成佛经》中，对于弥勒如来进行了大力的渲染，使经文的可读性大大增加。首先表现在对弥勒佛的身量上，有了巨佛的体量：

> （弥勒佛）身长释迦牟尼佛八十肘（三十二丈），胁广二十五肘（十丈），面长十二肘半（五丈），鼻高修直当于面门，身相具足端正无比成就相好，一一相八万四千好，以自庄严如铸金像，一一好中流出光明照千由旬，肉眼清彻青白分明，常光绕身面百由旬，日月星宿真珠摩尼，七宝行树皆悉明耀现于佛光，其余众光不复为用，佛身高显如黄金山，见者自然脱三恶趣，尔时弥勒谛观世间五欲过患，众生受苦沉没长流，在大生死甚可怜愍，自以如是正念观察苦空无常。②

弥勒竟然比释迦佛高三十二丈，宽十丈，脸比释迦佛长五丈，连他治下的阎浮提众生，也身长十八丈。这段表述，就给了后世造弥勒巨像的经典依据。浙江新昌大佛（南朝，13.74米）、河南浚县大佛（北朝，22.29米）、四川乐山大佛（唐朝，71米），均为弥勒佛，都是巨佛形象。《弥勒大成佛经》在具体细节的描述上也更细致：

> 尔时弥勒佛。与娑婆世界前身刚强众生及诸大弟子。俱往耆阇崛山到山下已。安详徐步登狼迹山。到山顶已，举足大指蹑于山根。是时大地十八相动，既至山顶，弥勒以手两向擘山如转轮王开大城门。尔时梵王持天香油灌摩诃迦叶顶。油灌身已，击大揵椎。吹大法螺。摩诃迦叶即从灭尽定觉。齐整衣服偏袒右肩。右膝着地长跪合掌。持释迦牟尼佛僧迦梨。授与弥勒而作是言。大师释迦牟尼多陀阿伽度阿罗诃三藐三佛陀。临涅槃时以此法衣付嘱于我。令奉世尊。③

说弥勒成佛以后，到狼迹山去见迦叶，求取释迦佛的佛衣。到了山前以后，他以脚掌的大指扣住山根，以两手将大山扳开，将正在灭尽定中的迦叶露了出来。然后命大梵天王以香油给迦叶灌顶，用法槌击鼓，用法螺吹号，将迦叶从定中唤醒。迦叶醒后，即将释迦佛衣授予弥勒。然而在这里却出现了意想不到的情况，弥勒和其弟子的体量是如此巨大，相比之下，迦叶的身材就十分矮小，佛衣也十分狭小：

---

① （南朝宋）畺良耶舍译：《佛说观无量寿佛经》，《大正藏》第12册，第342页。

② （秦）鸠摩罗什译：《佛说弥勒大成佛经》，《大正藏》第14册，第430页。

③ （秦）鸠摩罗什译：《佛说弥勒大成佛经》，《大正藏》第14册，第433页。

　　时诸大众各白佛言：云何今日此山顶上有人头虫，短小丑陋着沙门服，而能礼拜恭敬世尊？时弥勒佛诃诸大弟子莫轻此人，尔时弥勒持释迦牟尼佛僧伽梨，覆右手不遍才掩两指，复覆左手亦掩两指，诸人怪叹先佛卑小。①

　　这时，弥勒的弟子看到迦叶如此矮小，佛衣都盖不住弥勒的两根指头，不免产生鄙夷之语，看不起释迦佛和他的大弟子迦叶。将声闻小乘弟子贬低为矮小的"人头虫"，表现了古印度人对新佛的期盼和崇拜。但体量如此巨大的弥勒佛，与河水有什么关系呢？

　　"弥勒六经"之一的《弥勒下生经》，就讲了弥勒与龙王的密切关系。此经开头部分，先讲了弥勒下生的地点翅头城的情况：

　　尔时世尊告阿难曰：将来久远于此国界当有城郭名曰翅头，东西十二由旬，南北七由旬，土地丰熟，人民炽盛，街巷成行。尔时城中有龙王名曰水光，夜雨香泽，昼则清和。是时，翅头城中有罗刹鬼名曰叶华，所行顺法，不违正教，每向人民寝寐之后，除去秽恶诸不净者，常以香汁而洒其地，极为香净。②

　　讲此城中有水光龙王，晚上降雨，白天休息，保持气候和地面每天都湿润。罗刹鬼叶华则每天晚上清扫城中的秽迹。

　　此经中，水光龙王是弥勒的仆人，龙王洒水，罗刹扫地，都是为弥勒服务的。而龙王恰恰是治水的，所以弥勒能够治水，虽然在佛经中没有明确，但可以从佛经的记述中引申出这一点来。浚县的弥勒大石佛被称作"镇河大将军"，《浚县志》说："镌岩石为像，高十余丈，以镇黄河。"正说明了其镇河的功能。民间广泛传播有"弥勒锁龙"的故事，甚至云南弥勒县有所谓的"锁龙寺"存在，都说明了这一点。

　　总之，佛教石窟广泛分布于黄河流域的现实，说明石窟与黄河的附着关系既有弘法的现实需要，又有佛理的内在逻辑。经历千年的共处，佛教石窟文化已经成为黄河文化不可分割的一部分，与黄河混浊的浪花结为一体，寄托了民间的信仰与精神世界。

（作者系河南科技大学人文学院副教授）

---

① （秦）鸠摩罗什译：《佛说弥勒大成佛经》，《大正藏》第14册，第433页。
② （西晋）竺法护译：《佛说弥勒下生经》，《大正藏》第14册，第421页。

武则天家族世系质疑

——以新见《武谦墓志》为线索

李 航

关于武则天家族的石刻，目前已知的有《攀龙台碑》《武懿宗墓志铭》《武嗣宗墓志铭》《故中散大夫殿中侍御史润州司马赠吏部尚书沛国武公神道碑》《唐故昭武校尉延州金明府折冲上柱国武君（龙宾）墓志》《大唐左卫高思府果毅都□长上谯国公夫人武氏墓志》《唐朔方军节度副使金紫光禄大夫行光禄卿上柱国五原公燕王慕容公故妻太原郡夫人武氏墓志铭》《大周无上孝明高皇后碑》《故河东节度散将守左金吾宁州三会府左果毅都尉员外置同正员上柱国武府君墓志铭》《唐故节度散将骑都尉试左金吾卫大将军兼奉诚军押衙太原武府君墓志并序》《贺州刺史武府君（充）墓志铭》《大唐故右勋卫宣城公武君墓志铭》《维大唐武公墓志并序》《唐故朝散大夫太子率更令武府君墓志铭》《唐故寿阳武君墓志铭并序》《大唐故武夫人墓志并序》《故沛郡夫人武氏墓志铭》《大唐故赠使持节汝州诸军事汝州刺史武府君墓志铭并序》等。对于武氏家族世系，已有梁恒唐[1]、马志强、李志春[2]、杜文玉[3]、拜根兴[4]等加以整理考证。根据诸位前贤的考证成果，武氏家族的世系已经被描绘得相当完善，但武则天父辈祖辈的墓志迄今尚未被发现。本稿所举的《武谦墓志》之墓主武谦，即武则天之伯父。这也是武则天父辈墓志首次面世，当可对此空白领域稍作补充。兹录其文并布其图片如图1所示。

图1 大唐故太子通事舍人[5] 大庙令[6] 骑都尉[7] 武府君墓志

---

① 梁恒唐：《谈武氏家族的起源与繁衍》，《武则天研究论文集》，山西古籍出版社1998年版。

② 马志强、李志春：《大同出土唐代武氏墓志略论》，《大同职业技术学院学报》2002年第3期。

③ 杜文玉：《武则天家族渊源考》，《陕西师范大学学报》2001年第2期。

④ 拜根兴：《两方新公布的武氏后裔墓志铭考释》，《乾陵文化研究》2007年刊。

⑤ 《旧唐书》卷四十二，职官一，正第七品下。

⑥ 《旧唐书》卷四，高宗纪"（永徽二年）夏四月乙酉，秩太庙令及献、昭二陵令从五品，丞从七品"。又，《大唐六典》卷十四，太常寺，太庙条原注"开元二十四年，敕废太庙署，令少卿一人知太庙事"。

⑦ 《旧唐书》卷四十二，职官一，从第五品上阶，武散官。

公讳谦，字士让，并州受阳①人也。若夫察微知远，启洪胄于高辛。禁暴戢兵，控遥／源于周武。至乃花萼分光之际，犹十日之出扶桑。派流竞引之初，类九河之导／积石。貂珰赫弈，经百代而弥彰；珪组蝉联，历千祀而逾盛。曾祖俭，齐镇远将军②、／离石③开化④二县令。岸宇崇峻，风神秀朗。仁以厚下，俭以足用。祖仁，齐龙骧将军⑤、／殷州⑥司马。识晤淹旷，神韵疏通。学擅含章，任隆司武。父华，随浚仪⑦县令、仪同三／司⑧。气郁云霞，道润珪璧。声敷物听，惠结萌谣。公吐翘秀于繁林，扬清波于巨壑。／既怀方而履顺，信居真而含道。岂直陆云入洛，独驰龙凤之名，郭泰登舟，孤擅／神仙之望。而早崩天荫，孝感冥深。泣血三年，追羔子之遥迹。素肠七日，踵曾氏／之遐踪。既而炎精告厌，天地离阻。铜马金虎之类，封豕窫窳之俦。攘爪而竞据，／磨牙而竞逐。公韬光间闲，塞听丘榛。蹄駬骝之足，伫风云之会。俄属／圣朝，剖神符而叶灵契，顺斗极而运天关。请二曜于虹霓，举四维于氛浨。遂收／兰幽谷，采莱重巖。显逐忠良，寻求谠正。公于是门罗戈帛，巷引弓旌。爰承嘉惠，／腾轨高骧。于时，储宫虚馆，妙选寮属，乃授通事舍人。曜迹华坊，扬晖望苑。接南／皮之高宴，陪北阁之佳遊。陵庙之官，古今所重。眷言英妙，佥议攸归，改授太庙／令。公门树勋庸，家传杞梓。茂德斯在，延赏爰及，加授骑都尉。朝旨以为，邑宰之／任，抚导斯属。方之割锦，取类享鲜，于是改授博州博平⑨县令。宽以济猛，简以御／繁，慈惠以广。其仁方轨，以肃其政。蟊蝝不起，盗窃寝踪。笾密生于往图，冠史起／于前箓。然而四序流运，万物推迁。银箭无停漏之期，玉釜岂延龄之术。春秋七／十有六，以疾薨于京城休祥里第。以永徽三年岁次壬子正月已未朔廿六日／甲申窆于长安县高阳原。惟公怀清英之操，体方雅之质。宏量淹伟，玄识沉通。／处涅不渝，在穷弥固。惟仁是宅，非礼不言。腾轨清阶，扬华显列。可谓终始俱美，／名行两全。而随会云亡，徒伤赵武。展禽既没，空禁樵苏。嗣子亮等，堂搆丕承，克／隆世祀。陟岵之望，没齿无期。彤柏之悲，终天长结。永惟令德，方传不朽。衔哀见／托，乃作铭云：

纷纶盛绪，赫弈高门。五衢散叶，三首分源。怀黄珮紫，服冕乘轩。川渟岳立，英馥／华繁。其一。龙骧俊迈，浚仪英朗。丘墙数刃，嶷松千丈。冠盖连阴，笙镛合响。轨仪斯／属，缙绅攸仰。其二。寔生令哲，天挺高奇。抗情雅尚，执志冲挹。早飞芬馥，凤振羽仪。／心不逾矩，动必寻规。其三。朝阳励响，春坊矫翼。振此风徽，佩兹铜墨。实邦之彦，惟／萌之则。三异表能，十城归德。其四。冉冉人世，滔滔逝川。一随往化，万古幽泉。松风／曙响，陇月宵悬。唯兰与菜，千载斯传。

该志志文31行，行满30字，正书。原石不知其所藏地点，故不知其规格大小。墓主武谦，字士

---

① 《隋书》卷三十，地理中，太原郡条"太原郡，后齐并州……略……寿阳，开皇十年改州南受阳县为文水"。

②⑤ 《魏书》卷一百一十三，官氏志，太和二十三年令，右从第三品。

③ 《隋书》卷三十，地理中，冀州，离石郡条"离石，后齐曰昌化县，置怀政郡。后周改曰离石郡及县"。

④ 《隋书》卷三十，地理中，豫州，上洛郡条"上津旧置北上洛郡，梁改为南洛州，西魏又改为上州，后周并漫川、开化二县入，大业初废州"。

⑥ 《魏书》卷一百六上，地形志二上第五"殷州孝昌二年分定、相二州置，治广阿"。

⑦ 《隋书》卷三十，地理中，豫州，谯郡条"城父，宋置，曰浚仪。开皇十八年改焉"。

⑧ 《隋书》卷二十八，百官下"车骑将军，仪同三司，内常侍，秘书丞，国子博士，散骑侍郎，太子内舍人，太子左右监门副率，员外散骑常侍，上州长史，亲王府谘议参军事，开国男，尚食、尚药典御，上州司马，为正五品"。

⑨ 《旧唐书》卷三十九，地理二，博州条"博平，汉县，隋因之。武德四年，分置灵县。五年省，并入博平。贞观十七年，省博平入聊城。天授二年，析聊城复置"。

让，于《新唐书》中所载名沖，任职太庙令，追尊楚僖王①，《旧唐书》中无传。根据志文，其名当为"武谦"，这也符合了古代以字释名的原则。"谦"与"沖"同义，也许是此原因，《新唐书》中将其记载为"沖"。更有《贺州刺史武府君（充）墓志铭》之墓主武充，为武谦曾孙。若武士让果真名"沖"，武充岂不应避讳？因此，我以为此处当以志文为准。

据《新唐书》所载，平北将军、五兵尚书晋阳公武洽，生祭酒武神龟。武神龟生本州大中正、司徒越王长史、袭寿阳公武克己。武克己生北齐镇远将军、袭寿阳公武居常。武居常生后周永昌王谘议参军武俭。武俭生武华，武华又生士稜、士让、士逸、士彟四子②，《元和姓纂》亦有相同记述③。前述诸石刻之中，对此稍有涉及的，有《攀龙台碑》云"（武士彟）六代祖洽，仕魏，封于晋阳，食采潍炫，子孙因家焉"、《故中散大夫殿中侍御史润州司马赠吏部尚书沛国武公神道碑》④云"元魏步兵尚书、雁门、朔方、云中、马邑四郡太守洽，启封晋阳，田禄益大。生国子祭酒、受阳公讳神龟。受阳四叶，至太原王讳华。太原生鄅国公讳士逸"、《唐故昭武校尉延州金明府折冲上柱国武君（龙宾）墓志》云"十代祖晋阳公洽，以河汾沃壤，唐叔旧都，地既膏腴，人多杞梓，乃命子孙迁居文水"⑤。前述梁恒唐、杜文玉等均持相同观点。本稿基于诸贤研究，将武则天之前代世系整理如图 2 所示。

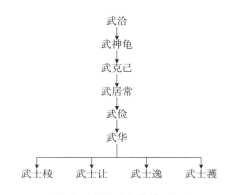

图 2　武则天之前代世系

天授二年，武则天立武氏七庙，追尊武氏先祖。《攀龙台碑》曰"高祖成皇帝，宏才硕量，经文纬武；曾祖章敬皇帝，达学通儒，金声玉振；大父昭安皇帝，心冥道德，志挟九区；显考文穆皇帝，理会箭获，名高四海，帝（武士彟）即文穆之第四子也"⑥。《资治通鉴》之中的记述也佐证了这份世系表"（天授二年）丙戌，立武氏七庙于神都，追尊周文王曰始祖文皇帝，姒姒氏曰文定皇后，平王少子武曰睿祖康皇帝，姒姜氏曰康惠皇后；太原靖王曰严祖成皇帝，姒曰成庄皇后；赵肃恭王曰肃祖章敬皇帝，魏义康王曰烈祖昭安皇帝，周安成王曰显祖文穆皇帝，忠孝太皇曰太祖孝明高皇帝，姒皆如考谥，称皇后"⑦。按此处文脉，周朝故事暂且不论，武氏先祖世系顺序应如下：

太原靖王严祖成皇帝→赵肃恭王肃祖章敬皇帝→魏义康王烈祖昭安皇帝→周安成王显祖
文穆皇帝→忠孝太皇太祖孝明高皇帝→武则天

①② 《新唐书》卷七十四上，宰相世系四上，武氏条。

③《元和姓纂》卷六，武氏条。

④《文苑英华》卷八百九十七，碑五十四。

⑤《唐代墓志汇编续集》录文"洽"作"给"，订正。

⑥《文苑英华》卷八百七十五，碑三十二。

⑦《资治通鉴》卷二百四，唐纪二十，则天顺圣皇后上之下。

《新唐书》云"（光宅元年九月）己巳，追尊武氏五代祖克己为鲁国公，妣裴氏为鲁国夫人；高祖居常为太尉、北平郡王，妣刘氏为王妃；曾祖俭为太尉、金城郡王，妣宋氏为王妃；祖华为太尉、太原郡王，妣赵氏为王妃；考士彟为太师、魏王，妣杨氏为王妃。……（光宅元年十月）丙申，杀裴炎。追谥五代祖鲁国公曰靖，高祖北平郡王曰恭肃，曾祖金城郡王曰义康，祖太原郡王曰安成，考魏王曰忠孝"[①]。按此记载，世系顺序应为：

太原靖王严祖成皇帝武克己→赵肃恭王肃祖章敬皇帝武居常→魏义康王烈祖昭安皇帝武俭→周安成王显祖文穆皇帝武华→忠孝太皇太祖孝明高皇帝武士彟→武则天

至此，武氏先祖世系谱已经相当清晰。然则，此世系并非全无疑问。

前举《唐故昭武校尉延州金明府折冲上柱国武君（龙宾）墓志》云"十代祖晋阳公洽，以河汾沃壤，唐叔旧都，地既膏腴，人多杞梓，乃命子孙迁居文水……曾祖方，皇大中大夫、棣州刺史，追封南平郡王，食邑五千户；大周祚胤，继体承祧，列授分忧，荣勋王家。祖敬道，皇赠朝散大夫、沁州刺史、追封宣城郡王，食邑五千户。积善余庆，锡土封王，令德孔彰，寔光后嗣。父隐，皇高道不仕；长揖王侯，漱石山水。开元初，三辟不起。时人方之巢由。君即征君之第三子也"。志主武龙宾，其十代祖为武洽，曾祖武方，祖父武敬道。武洽其人，为武氏先祖已无疑问。然武方与武敬道是何人也？

同样之前所举的《大唐故右勋卫宣城公武君墓志铭》云"君讳希玄，字敬道，太原受阳人。祖稜，皇朝司农卿，封宣城县开国公，赠潭州都督。匡国垂范，忠武驰名。父雅，右卫铠曹参军、轻车都尉，袭爵宣城公"。由是可知，武希玄即武敬道，为武士稜之孙，《新唐书》中所载武君雅之子，也是武龙宾之祖。

《武龙宾墓志》中记录的曾祖武方，即是宣城公武士稜。稜同棱，《一切经音译》引服虔《通俗文》曰"木四方为棱"[②]，因此武方字士稜是完全说得通的。接下来，《武龙宾墓志》记其祖为武士稜之子武敬道，此处岂不是缺少了武君雅这一代？且《武龙宾墓志》之中说武洽是其十代祖。若按照《武龙宾墓志》所言，其家族世系当如图3所示。

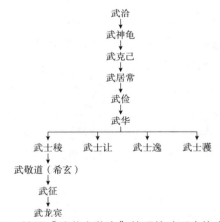

图3　按照《武龙宾墓志》整理的武氏家族世系

由图3可以清晰地看到，按照《武龙宾墓志》所言，武洽应是其九代祖。也就是说，其中缺少了前述《新唐书》中所载的武君雅这一代。而关于武君雅，在《武希玄墓志》中也可以得到确认。那么，

---

① 《新唐书》卷四，则天本纪。

② （唐）玄应《一切经音译》卷十三，《楼碳经》卷二"通俗文木四方为棱"。

武龙宾何以会记错自己的曾祖父呢？关于这一点，笔者以为当有以下两种可能：

其一，《武龙宾墓志》有可能是伪刻。然则，据《隋唐五代墓志汇编》山西卷第一册所载，《武龙宾墓志》于1986年出土于山西省长治县宋家庄村，原石现藏于山西省长治市博物馆。此志来源清晰，出土时间及现藏地点皆有记录，伪刻的可能性很低。

其二，《武龙宾墓志》中记载有误。这种可能性是比较高的。因武龙宾距离前代较远，加之景云元年六月二十日，李隆基举兵诛杀韦后与安乐公主、武延秀等人，武氏家族自此衰落，彼时武龙宾尚未出生（据志文，武龙宾生于开元七年，卒于贞元十二年）。其后，武氏族人为避祸而隐居是可以想象的，武龙宾之父"父隐，皇高道不仕；长揖王侯，漱石山水。开元初，三辟不起。时人方之巢由"即是明证。因此，家族后世子孙对世系记忆有误，或是单纯误刻，都是有可能的。

另外，在本文所举《武谦墓志》志文中出现了截然不同的观点。志文所述"（武士让）曾祖俭，齐镇远将军、离石开化二县令。岸宇崇峻，风神秀朗。仁以厚下，俭以足用。祖仁，齐龙骧将军、殷州司马。识晤淹旷，神韵疏通。学擅含章，任隆司武。父华，随浚仪县令、仪同三司"。按志文所说，武俭与武华之间尚有一人名武仁。若果真如此，便可与《武龙宾墓志》所言十代祖武洽之说吻合。然而，此世系却更加扑朔迷离。

首先，按前述《新唐书》宰相世系表所言，武居常为武克己之子，任职北齐镇远将军。而志文之中言"（武士让）曾祖俭，齐镇远将军、离石开化二县令"。关于"镇远将军"这一官职，武俭有可能是继承了武居常的官职，任职北齐镇远将军。"离石"县，于北齐应称昌化县，并入北周后改称离石县。且"开化"县，按《隋书》所载，亦应在北周领土范围之内，于北齐称"昌化"。而镇远将军号，据太和二十三年令所载，为右从第三品。也就是说，武俭有可能曾在北齐任镇远将军，周灭齐之后任北周离石、开化二县县令，且前述《新唐书》中亦将武俭官职记为"后周永昌王谘议参军"。如此可以推测，武俭在北周灭北齐之后，有在北周的任职经历。若果真如此，在武俭为官期间，北齐即为北周所灭，那么作为其子的武仁，是否有足够的时间在北齐任职"龙骧将军、殷州司马"？

《论语》之中记载，颜渊向孔子请教"仁"的含义。孔子回答道："克己复礼为仁。一日克己复礼，天下归仁焉。"马融注曰"克己约身"。孔安国注曰"复，反也。身能反礼则为仁矣"[1]。也就是说，用"克己"来解释"仁"是可以说得通的。那么，关于《武谦墓志》一个大胆的推测，武仁，便是诸文献中所言的武克己，只是中古时期常常称字而不称名，所以文献中常常以字行，武士让兄弟便是如此。因此，《武谦墓志》与《武龙宾墓志》中的世代记述有误，武仁应是诸文献所载的武俭之祖父武克己。这是第一种可能。然则，为何武谦墓志中会将距离自己称不上遥远的祖父至曾祖辈顺序记错？

第二种可能，武仁与武克己仍是两人，传世文献中的记载漏掉了一代。然则，按志文所载，武谦葬于唐高宗永徽三年，武则天自感业寺入宫的时间正在此时前后[2]。虽然武则天可能身处寺院或是深宫，难以参与伯父葬仪，但毕竟有近三十年的人生交集，若是就此遗忘一代祖辈恐怕难以说通。因此，笔者以为这种可能性较低。

第三种可能，《武谦墓志》乃属伪刻。因其毕竟乃是流散墓志，不知出土信息。然则，所谓伪刻，大抵可分为三种：其一曰臆造，乃是完全虚构，经不起仔细推敲。其二曰翻刻，由其他石刻或志文重新雕刻一方志文完全一致的石刻。这种情况较为常见，但若是与志文完全相符，其作为文献的价值是存在的，只是不具备文物的价值。其三曰伪造，造伪者将志文改头换面，臆造一个新的墓主名字，再对志文进行若干改动。然则，这种改造绝大多数皆有原本可查，而且志文的改动大多经不起考证。本

---

① 《论语注疏》卷十二，颜渊第十二。

② 《资治通鉴》卷一百九十九，唐纪十五"太宗崩，武氏随众感业寺为尼。忌日，上诣寺行香，见之，武氏泣，上亦泣。王后闻之，阴令武氏长发，劝上内之后宫，欲以间淑妃之宠"。

稿所举《武谦墓志》，除了武俭至武仁的记述之外不存在其他疑点，且造伪者也不会如此费心费力臆造出一个史籍所不载的人物。因此，笔者以为这种可能性最低。

基于以上思考，笔者认为，《武谦墓志》之中所记述的武仁，即是诸文献中记载的武克己。而其世系顺序究竟如何，尚需其他史料进行佐证。

综上，本稿所举《武谦墓志》，是截至目前所出武氏家族墓志之中唯一一方武则天前代墓志。该墓志的出现，让我们对几乎已成定论的武则天前代家族世系产生了怀疑。但囿于史料所限，目前阶段尚为孤证，难以形成定论。唯有基于《武谦墓志》提出相关的问题，期待未来发现其他材料之时，能够对本稿中存留的问题加以解决。

（作者系洛阳师范学院历史文化学院讲师）

明代黄河治理思想源流探析

田 冰

明代的黄河几乎无岁不决，严重影响了黄河下游地区民众的生产生活。尤其是明成祖朱棣把都城从南京迁移到北京以后，国家的政治中心远离经济中心江南，南粮北运成为国计民生的基石。而穿越黄河的京杭大运河与黄河形成交叉状态，黄河易溃决，运河易淤塞，两者交织在一起，使运河的畅通常常受到黄河的干扰和破坏，黄河治理的重要性可以说空前绝后。在此背景下，黄河治理思想相对于前代异常活跃，而且不断成熟。目前，有关明代黄河治理思想源流尚无专文探讨，本文拟对此问题进行研究，以期将古代黄河治理思想研究推向深入。

一、明代分流思想的起源与演进

明代分流思想可以上溯到大禹治水时的疏导之法，西汉哀帝时的清河郡都尉冯逡继承了大禹疏导之法的核心要义，提出分疏之法，到明代分流思想的明确提出以及在治河实践中的运用，对平息一时的河患发挥了重要作用。

大禹治河的疏导之法是在总结共工部族和其父鲧以壅防堵塞洪流失败的基础上，才想出的行之有效的疏导之法。大禹首先认识到水的运行规律，提出了"因水之性""高高下下，疏川导滞"[①]"决九川，距四海，浚畎浍距川"[②]的治水方法，即利用水自高处流往低处的自然趋势，顺地形疏通壅塞的川流，把洪水引入疏通的河道、湖泊及洼地，然后"合通四海"。可以想见，如果能集中力量把主干河道疏浚通畅，就可加速洪水的排泄，然后再在两岸加开若干排水渠道，使漫溢出河床的洪水和积涝有可能迅速回归到河槽中来，必将减轻洪水的威胁[③]。加之将洪水引入湖泊洼地，可滞蓄一部分洪水，就能收到"水由地中行""然后人得平土而居之"的治河成效。

西汉后期，黄河下游水患日益严重。汉哀帝初年曾"博求能浚川治河者"，"王莽时，征求治河者以百数"，这些人竞相贡献治河方略，提出了不同的治河主张。其中汉哀帝时的清河郡都尉冯逡提出的分疏思想，继承了大禹疏导之法的核心要义。他说：上古时期，"大禹非不爱民力，以地形有势，故穿九河"，以分洪水。近世"郡承河下流，与兖州东郡分水为界，城郭所居尤卑下，土壤轻脆易伤。顷所以阔无大害者，以屯氏河通，两川分流也。今屯氏河塞，灵鸣犊口又溢不利，独一川兼受数河之任，虽高增堤防，终不能泄。如有霖雨旬日不霁，必盈溢"[④]。就是说以往有屯氏河与大河分减洪水，所以郡境内无大的水患；如今屯氏河淤塞，鸣犊河也很不通畅，大河干流又不能容纳太多洪水。一旦河水

---

① 徐元诰：《国语集解》卷三《周语下》，中华书局 2002 年版，第 94 页。
② （汉）孔安国撰、（唐）孔颖达等正义：《十三经注疏·尚书》第五《益稷》，上海古籍出版社 1997 年版，第 141 页。
③ 《中国水利史稿》上册，水利电力出版社 1979 年版，第 41 页。
④ （汉）班固：《汉书》卷二九《沟洫志》，中华书局 1996 年版，第 1687 页。

暴涨，即使加高堤防，仍然难以容泄。如再连降大雨，必然发生决溢。鉴于此，他主张采用分疏的方法防治河患发生。当时清河郡境内能够分减大河水势的，一是鸣犊河，二是"新绝未久"的屯氏河，冯逡主张利用屯氏河分减黄河水势。他说："灵鸣犊口在清河东界，所在处下，虽令通利，犹不能为魏郡（治今河北临漳西南）、清河（治今河北清河东南）减损水害。……屯氏河不利行七十余年，新绝未久，其处易浚。又其口所居高，于以分流杀水力，道里便宜，可复浚以助大河泄暴水，备非常。"[1] 通过认真比较，冯逡认为开通上游的屯氏河更能有效地减少清河郡与魏郡的水患。但是冯逡的建议未被采纳，三年后黄河发生两处决口，淹没四郡三十二县，说明他的建议是及时的。冯逡之后汉哀帝时的待诏贾让继承了冯逡的分流思想，在他提出的"治河三策"中，其中策就是要在冀州多开渠道，既可进行运输和灌溉，又可分削主河道水势，减少决溢。新莽政权时的御史韩枚也主张分流。他说："可略于《禹贡》九河处穿之，纵不能为九，但为四五，宜有益。"[2] 其穿凿九曲的想法未必可行，但分疏的思想无疑是正确可行的。

历史进入明代后，分流思想逐渐走向成熟，明代的治河者大多主张分流以杀水势，如徐有贞、白昂、刘大夏、刘天和等。其实，最早主张分流的人是元末明初的宋濂，他虽未治理过黄河，但是他凭着渊博的学识，认为分流是治理黄河水患的良方。他首先指出："河源起自西北，去中国为甚远。其势湍悍难制，非多为之委，以杀其流，未可以力胜也。"接着，他分析了历史上用分流之策治河取得的成就，认为："自禹之后无水患者七百七十余年，此无他，河之流分而其势自平也。"紧接着，他又分析了历史上不用分流之策导致的河患危害，他说："孝武时，决瓠子，东南注巨野，通于淮、泗，泛郡十六，害及梁、楚，此无他，河之流不分而其势益横也。"因此，他力主分流，主张"莫若浚入旧淮河，使其水南流复于故道。然后导入新济河，分其半水，使之北流以杀其力，则河之患可平矣"。[3] 因宋濂是元末明初人，当时明代的都城还在南京，政治中心与经济中心同处一区域，不存在漕运问题，其视野仅仅是治河，并且宋濂所处的时代还是建国之初，政治不稳定，经济困难，一切处于百废待兴之中，因此他提出的分流思想并未付诸实践。朱棣迁都北京后，政治中心与经济中心分离，为解决南粮北运问题，恢复了元代开凿的京杭大运河，黄河水患严重影响着漕运，影响着明王朝的国计民生。于是宋濂的分流思想得到了大多治河者的继承，并将其付诸实践。正统年间的徐有贞是分流思想的继承者和践行者，主张开挖分水河，他说："水势大者宜分，小者宜合。分以去其害，合以取其利。今黄河之势大，故恒冲决；运河之势小，故恒干浅。必分黄河水合运河，则可去其害而取其利。请相黄河地形水势，于可分之处开成广济河一道，下穿濮阳、博陵二泊及旧沙河二十余里，上连东西影塘及小岭等地又数十里余，其内则有古大金提可倚以为固，其外则有八百里梁山泊可恃以为泄。至于新置二闸亦坚牢，可以节宣之，使黄河水大不至泛滥为害，小亦不至干浅以阻漕运。"[4] 徐有贞这种分流治河思想在景泰年间（1450～1456年）付诸治河实践，这主要是基于正统末年至景泰年间山东张秋沙湾一带严重的黄河水患影响着漕运，对明王朝触动非常大。景泰四年（1453年）十月，朝廷决定任命谕德徐有贞为金都御史，专治沙湾。徐有贞到沙湾后，提出了治河三策，分流是其中一策。明代宗朱祁钰批准了徐有贞的建议，于是，徐有贞开挖一条连接卫水和黄河的分水渠，把黄河水分到卫河，这条分水渠既能助理漕运，又减缓了山东的河患，"河水北出济漕，而阿、鄄、曹、郓间田出沮洳者，百数十万顷"[5]，山东河患少息，漕运也得到了恢复。

---

① （汉）班固：《汉书》卷二九《沟洫志》，中华书局1996年版，第1687页。
② （汉）班固：《汉书》卷二九《沟洫志》，中华书局1962年版，第1697页。
③ （明）陈子龙：《明经世文编》卷一二《宋学士文集》，中华书局1962年版，第12—13页。
④ （明）陈子龙：《明经世文编》卷三七《徐武功文集》，中华书局1962年版，第248页。
⑤ （清）张廷玉：《明史》卷八三《河渠志》，中华书局1974年版，第2019页。

分流主张在治河保漕中取得了显著成效。继徐有贞之后，弘治年间（1488～1505年）的白昂和刘大夏以及嘉靖年间的刘天和、胡世宁等都是分流思想的主张者和践行者，他们把分流思想运用到治河实践中，使黄河水患得到了一定程度的遏制，南粮北运得以进行。但是，后来的治河者也逐渐认识到分流思想在治河实践中存在的弊端，合流思想应运而生，并在治河实践中取得了显著成效。

二、明代合流思想的起源与演进

明代前中期治河以分流思想为主，明后期治河以合流思想为主。合流思想的核心要义是"以水排沙"，而以水排沙的思想产生于黄河水患严重的西汉末年。

西汉末年大司马史长安（今陕西西安）人张戎认为，黄河下游的决溢主要是由大量泥沙淤积造成的。他指出："河水重浊，号为一石水儿六斗泥。今西方诸郡，以至京师东行，民皆引河、渭、山川水溉田。春夏干燥少水时也，故使河流迟，贮淤而稍浅；雨多，水暴至，则溢决。而国家数堤塞之，稍益高于平地，犹筑垣而居水也。"[1]张戎首先认识到河水泥沙含量之大，加之每逢春夏干旱时上中游引水灌溉农田，下游河道水量减少，水流速度随之变缓，大量泥沙便沉积在河床里，日积月累，河床逐渐抬高，一来洪水，就会发生决溢。国家随之加高堤防。河床高，河堤愈高，河水逐渐成为高出两岸地面的"地上河"，决溢灾害更加严重。为此，张戎提出了以水排沙的主张，他说："水性就下，行疾，则自刮除，成空而稍深。"他认识到依靠较高的河水流速产生的冲刷力来排沙刷槽，使河槽变深，可以减少或消除河患。

以水排沙的思想形成于西汉末年，到明代后期得到升华并用来指导治河实践。明代前中期的治河者大都采用分流以杀水势，在取得一定治河成效的同时，也暴露出治河存在的弊端。因为黄河多泥沙的特点，水分则流势减弱，必然导致泥沙淤积，最终决溢成灾。明代后期的治河有鉴于此，提出了合流的主张，以隆庆时的万恭和万历时的潘季驯为代表。万恭在治河实践中，认识到治理多沙的黄河应该合流，不宜分流，"水之为性也，专则急，分则缓；沙之为势也，急则通，缓则淤"；认为只有合流，才能把泥沙冲入大海。如此，"淤不得停则河深，河深则水不溢，水不舍其下而趋其高，河乃不决，故曰黄河合流，国家之福也"。他的合流思想不仅在当时是一个创新，对后人也有一定的影响。万历时的治河专家潘季驯正是在此基础上，经过进一步的治河实践与总结，明确提出了"筑堤束水，以水攻沙"的治河方策，在具体实践中，首先是"筑堤束水"。他创造性地修筑了遥堤、缕堤、格堤和月堤，这四种堤相互配合发挥着不同的作用，共同维护着河流的安全。万恭、潘季驯的"筑堤束水，以水攻沙"受到了后人的高度评价。清代著名治河专家陈潢说："潘印川'以堤束水，以水刷沙'之说，真乃自然之理，初非娇柔之论。故曰后之论河者，必当奉为金科也。"[2]近代水利科学家李仪祉说："潘氏之治堤，不但以之防洪，兼以之束水刷沙，是深明乎治导原理者也。"[3]当然，万恭、潘季驯的"筑堤束水，以水攻沙"的思想也带有一定的局限性，其治理的区域仅限于水患严重的黄河下游，而对水土流失严重的黄土高原未予关注。这样，泥沙源源不断地注入河道，依靠束水攻沙的措施也不能从根本上解决黄河水患问题，还会有一部分泥沙沉积在河道里，天长日久，河床抬高，一来洪水就难以宣泄，终会酿成水灾。清代咸丰五年（1855年）黄河在河南铜瓦厢改道北流即是明证。

---

① （汉）班固：《汉书》卷二九《沟洫志》，中华书局1964年版，第1697页。

② （明）靳辅：《河防述言·堤防》，文渊阁四库全书史部第576册，第760页。

③ 李仪祉原著，黄河水利委员会选辑：《李仪祉水利论著选集》，水利电力出版社1988年版，第19页。

三、明代人工改道思想的起源与演进

在明代后期合流思想兴起的同时，也有人主张人工改道。人工改道思想是相对于自然改道而言的。历史上黄河最早的一次自然大改道是在周定王五年（公元前 602 年），发生在今河南浚县宿胥口的决徙，结束了禹河流路的历史。多沙游荡的黄河被推进到太行山前，主流由北流改由偏东北流，经今濮阳、大名、冠县、临清、平原、沧州等地于黄骅入海。[①] 史念海认为，这次决口改道的规模不大，商、周和秦代是黄河的"第一个长期相对安流期"。[②] 黄河这次自然改道对后世人工改道思想的产生乃至延续下去产生了深远的影响。

黄河人为改道思想产生于黄河水患严重的西汉武帝时代。汉武帝时的齐人延年提出了人工改道的好处，他说："可案图书，观地形，令水工准高下，开大河上领，出之胡中，东注之海。如此，关东长无水灾，北边不忧匈奴。"[③] 从中可以看出他建议的新河流路，使黄河自今内蒙古自治区河口镇径直向东流入大海，既可消除黄河下游水患，又可成为分隔匈奴和汉人的天堑，真可谓一举两得。但是这种人为改道思想在当时的经济和技术条件下是难以办到的，就是今天也难以办到。继延年之后，提出比较切实可行的人工改道主张的是汉成帝嘉鸿年间（公元前 20 年至公元前 17 年）的丞相史孙禁及其后绥和二年（公元前 7 年）的待诏贾让。嘉鸿四年（公元前 17 年），渤海（今河北）、清河、信郡（今河北冀县）三郡河水涌溢，河堤都尉许商与丞相史孙禁前往察看，寻求治河方略。史孙禁认为："今河决平原金堤间，开通大河，令入故笃马河。至海五百余里，水道浚利，又干三郡水地，得美田且二十余万顷，足以偿所开伤民田庐处，又省吏卒治堤救水，岁三万人以上。"[④] 故笃马河的流路略同当今山东省平原境内的马颊河，入海里程较短，水流较为顺畅，清河、信郡、渤海三郡的泛水落淤干涸后变成的肥美田地，足够补偿因改河道造成的损失。史孙禁这种借助故河道使黄河改道的思想还是可行的，但是却因遭到许商的反对而被拒绝。汉成帝绥和二年（公元前 7 年）待诏贾让提出的"治河三策"中的上策"徙冀州之民当水冲者，决黎阳（今河南浚县）遮害亭，放河使北入海"[⑤]，他主张在今河南滑县古大河的河口掘堤，使黄河水北流入海，重归故河道。这实际上是主张黄河通过人工改道北流。还有王莽政权时的大司空掾琅琊（今山东诸城）人王横，继承贾让改道北流的主张，认为："宜却徙完平处，更开空，使缘西山足乘高地而东北入海，乃无水灾。"[⑥] 他们都主张把河道改到太行山东麓的高地上来。当然，对于多泥沙的黄河而言，即使走高地也会带来一系列问题。盛行于西汉后期的黄河人工改道思想被东汉王景所践行，但是王景并未把河道改到太行山东麓的高地上。程有为运用文献资料，与西汉黄河流经的郡国地点比较，推断王景治理后的黄河流经西汉大河故道与泰山北麓之间的低洼地带，距海较近，地势低下，行水较为顺畅。[⑦] 从王景治河后，黄河出现了千年相对安流的局面，可以说王景开挖了一条条件最好的新河道。这也是历史上黄河通过人工改道取得的第一次治河成功。

黄河改道思想被水患严重的北宋所继承及践行，延及明清，及至咸丰五年（1855 年）黄河在河南兰考铜瓦厢自然改道北流而停止。北宋庆历八年（1048 年）黄河在澶州商胡埽（今河南濮阳县东）决口改道北流，黄河治理成为朝廷的重要议题。为消除黄河水患，朝廷试图用人力使黄河恢复故道东流，

---

①　黄河水利委员会：《黄河志》卷二《流域综述》，河南人民出版社 1998 年版，第 18 页。

②　史念海：《黄土高原历史地理研究》，黄河水利出版社 2001 年版，第 825 – 826 页。

③　（汉）班固：《汉书》卷二九《沟洫志》，中华书局 1964 年版，第 1686 页。

④　（汉）班固：《汉书》卷二九《沟洫志》，中华书局 1964 年版，第 1690 页。

⑤　（汉）班固：《汉书》卷二九《沟洫志》，中华书局 1964 年版，第 1694 页。

⑥　（汉）班固：《汉书》卷二九《沟洫志》，中华书局 1964 年版，第 1697 页。

⑦　程有为：《黄河中下游地区水利史》，河南人民出版社 2007 年版，第 74 页。

分别于至和五年（1055 年）、熙宁二年（1069 年）、元祐元年（1086 年）三次人工改道回河。正如时人任伯雨所说："自古竭天下之力以事河者，莫若本朝。而循众人偏见，欲屈大河之势以从人者，莫甚于近世。"①但是，北宋的三次人工改道回河东流都以失败告终。其原因主要有两点：一是没有采用"因水所趋，增堤峻防，疏其下流，纵使入海"的方略，只看到北流出现的灾害，而忽略了北流地势较低的优点，执意逆水之性，使河水回到已经淤高的故道中，失败是自然之事。二是回河东流时没有对故道进行全面的疏浚，所开凿的河道又过于浅狭，不能容纳洪水，造成不断决溢，回河东流不久就又改道北流。

尽管北宋三次改道回河东流都失败了，但是在黄河水患严重的明代还是有人寄希望通过改道来治理黄河水患。明代嘉靖六年（1527 年）讨论治河问题时，光禄少卿黄绾针对当时黄河在归德（治今河南商丘南）、徐州之间乱流入运河的状况，提出在黄河下游实行人工改道北流的主张，他说："今黄河只金龙口至安平镇一支时或北流，其余不入漕河，则入汴河，皆合淮入海矣。今则跨中条而南，乃在山阜之上，河下为河南、山东、两直隶交界处，地势西南高、东北下，水性趋下，河下之地皆易垫没。故自昔溃决必在东北而不在西南也。""今欲治之，非顺其性不可。川渎有常流，地形在定体，非得起自然不足以顺其性。必于兖、冀之间，寻自然两高中低之形，即中条、北条交合之处，于此浚导使返北流，至直沽入海，而水由地中行，如此治河，则可永免河下诸路生民垫没之患。"②隆庆时的治河总督万恭提议实行黄河支流改道以减少黄河水量，进而消除黄河水患。他说："河以南，水之大者莫如淮；河之北，水之大者莫如卫。若使伊、洛、瀍、涧……导之悉南归于淮""丹、汾、沁河……导之悉归于卫""黄河经由秦晋本来之面目，何患哉？"③从中可以看出，黄绾、万恭对人工改道的期望值太高，忽略了黄河是一条多泥沙河流，改道后的河床仍然会逐渐淤高，不能解决黄河水患的根本问题，况且要耗费大量的人力、物力、财力，在当时是很难实现的。到清代，有志之士依然对人工改道抱有幻想。乾隆年间的著名学者赵翼提出南北两河轮换行水以防溃决。还有道光年间魏源提出的河势利北不利于南，其目的是主张实行人工改道北流，但是他的建议未被采纳，他预言的黄河自然改道在咸丰五年（1855 年）变成现实，当年黄河在河南兰阳（今河南兰考）铜瓦厢决口改道由山东大清河入海。至此黄河南流的历史结束。

四、明代全流域治理思想的产生与演进

全流域治理思想产生于明代后期，被清代人所继承，实施于近代，全面展开是在当代。

明代黄河几乎无岁不灾，面对连绵不断的黄河水患，明代前期的分流思想和后期的合流思想都未能解除黄河水患问题。在长期的治河实践中，明代人对黄河的水沙特性和规律有了更深入的认识，认识到治理黄河要着眼于中上游地区的水土保持。以嘉靖年间总理河道周用提出的"沟洫治河说"和万历年间工科给事中徐贞明提出的"治水先治源说"为代表，主张先治理黄河中上游水土流失的黄土高原地区，从源头上控制黄河的洪水泥沙，以达到根治黄河水患的目的。嘉靖二十年（1543 年），总理河道周用在《理河事宜疏》中首次提出在黄河流域遍修沟洫的作用，他指出："黄河所以有徙决之变者无他，特以未入海之时，霖潦无所容之也。……故自沟洫至于海，其为容水一也。夫天下之水莫大于河，天下有沟洫，天下皆容水之地，黄河何所不容。天下皆修沟洫，天下皆治水之人，黄河何所不治。

① （明）宋濂等：《宋史》卷九三《河渠志》，中华书局 1974 年版，第 2310 页。

② （明）陈子龙：《明经世文编》卷四七九《黄宗伯文集》，中华书局 1962 年版，第 1566–1567 页。

③ （明）万恭：《治河筌蹄》卷上《黄河》，水利电力出版社 1985 年版。

水无不治，则荒田何所不垦。一举而兴天下之大利，平天下之大患！"①周用主张在黄河全流域遍修沟洫容水的同时，还主张在黄河流域大修沟洫涵养水源，使农田得到治理，促进农业发展。他全流域实施水土保持的治黄观念是正本清源之良策，是治河观念的一大进步。同时代的徐贞明、徐光启等有识之士继承并发展了周用沟洫治河说的理念，使沟洫治河的理论更加充实、丰富。徐贞明在《西北水利议》中对"沟洫治河说"大加赞赏，他指出："今河自关中以介中原，合泾、渭、漆、沮、汾、沁、伊、洛、瀍、涧及丹、沁诸川数千里之水，当夏秋霖涝之时，诸川所经，无一沟一浍可以停住，旷野洪流尽入诸川，其势既盛，而诸川又会入于河流，则河流安得不盛？流盛则其性自悍急，性悍则迁徙自不常，固势所必至也。今诚自沿河诸郡邑，访求古人故渠废堰，师其意不泥其迹，疏为沟浍，引纳支流，使霖涝不致泛滥于诸川，则并河居民，得利水成田，而河流渐杀，河患可弥矣。"②徐光启也认识到了在全流域遍修沟洫的好处，指出："欲治田以治河，则于上源水多之处，访古遗迹，度今形势，大者为湖潴，小者为塘泺，奠者为陂，引者为渠，以为储偫。而其上下四周，多通沟洫，灌溉田亩，更立斗门闸堰，以时蓄泄，达于川焉。"③其中，徐光启谈及的"于上源水多之处"治沟洫，是对徐贞明首先提出的"治水先治源说"的继承和发展。"治水先治源说"就是主张先治理上游水土流失严重的黄土高原地区，减少水土流失，从源头上控制黄河的洪水泥沙，以达到根治黄河水患的目的。尽管在当时难以付诸实施，但不失为一种理论创新，具有着重要的意义。

明代黄河全流域治理的思想得到了清代不少有识之士的赞同和认可，并进一步发展了这一理论。如陈潢、许承宣、沈梦兰等主张治河不但要重视下游，也要重视中上游。康熙十六年（1677年），朝廷任命靳辅和陈潢总督治黄通运事务，陈潢在治河实践中认识到千百年来黄河之患多发生在下游，但造成灾患的原因却是在中上游。他指出："中国诸水，惟河源为独远；源远则流长，流长则入河之水遂多；入河之水既多，其势安得不汹涌而湍急，况西北土性松浮。湍急之水即遂波而行，于是河水遂黄也。"他还说，黄河"伏秋之涨，尤非尽自塞外来。类皆秦陇冀豫深山幽谷，层冰积雪，一经暑雨，融消骤集，无不奔注于河。所以每当伏秋之候，有一日水暴涨数丈者，一时不能泄泻，遂有溃决之事。从来致患，大都出此"。④与陈潢同时代的许承宣于康熙十五年（1676年）考中进士，为官期间，关注民间疾苦和水利，其在《西北水利议》中指出："水之流盛于东南，而其源皆在西北。用其流者，利害常兼，用其源者，有利无害。"⑤乾隆时的举人沈梦兰指出，治理黄河的重点是在黄河中上游开渠兴利，他说："河自孟津以上，禹迹未改，土厚水深，穿渠引河，有利无害。诚使山、陕一带，遍开支渠，既溉田亩，兼杀河势，洵数省之利也。"⑥由于受当时条件的限制，全流域治理的思想没有付诸实施，但对后世治河有一定的借鉴作用。

全流域治理思想对民国时期黄河治理思想产生了非常大的影响，如民国时的黄河治本论和综合开发利用等就是全流域思想治理的核心要义。黄河治本论是民国时期的水利专家李仪祉倡导的。他于1909年和1913年两次赴德国学习，尤其是第二次致力于学习水利科学技术，回国后从事水利教学和研究工作。1922年，他就开始探索黄河水患发生的原因和根治的途径，写出了《黄河之根本治法商榷》一文。1932年夏至1935年，他出任黄河水利委员会委员长兼总工程师，写出了《黄河治本的探讨》《黄河上游视察报告》《黄河流域之水库问题》《黄河治本计划概要叙目》等四十多篇文章，进一步探讨了黄河的治本方略及治理措施。在此基础上，他提出了上、中、下游并重，防洪、航运、灌溉和水电

---

① （明）陈子龙：《明经世文编》卷一四六《周恭肃集》，中华书局1962年版，第1459页。
②③ （明）陈子龙：《明经世文编》卷三八《徐文定公集》，中华书局1962年版，第4310页。
④ （清）张蔼生：《河防述言》，《历代治黄文选》（上），河南人民出版社1988年版，第230页。
⑤ （清）许承宣：《西北水利议》，《丛书集成初稿》，中华书局1985年版，第1页。
⑥ （清）贺长龄等：《皇朝经世文编》一百六《五省沟洫图则四说》，中华书局1992年版，第2577页。

兼顾的全流域综合治理的主张，把我国的治河思想又向前推进了一大步。李仪祉还与另一位民国时期著名水利专家张含英一起提出了黄河综合治理开发的思想，认为单纯的黄河下游河道治理解决不了防洪问题，应该从发展社会生产、改善人民生活出发，对黄河上、中、下游统筹兼顾，综合治理，兴利除害，多方面开发利用水土资源。李仪祉认为，泥沙是黄河的病源，消除河患，不仅要防洪，更重要的是减少黄河的含沙量。关于黄河治理的目标，他指出，首先要巩固堤防，以免溃决；进而要整治河床，使排洪顺利；更进一步要节制洪水，减少泥沙，河床不淤；上、中、下游统筹兼顾，最后使黄河航运远达腹地，上以连贯其主要支流，下连淮河、运河，形成良好的航道。张含英继承并发展了李仪祉的治河思想，他认为，治理黄河应该是使防患和兴利并举，建立水利工程应多个目标综合兼顾；治理黄河应上、中、下游统筹兼顾，各项工程互相影响、互相配合，其代表作《黄河流域之土壤及冲积》就是黄河综合治理开发思想的体现。

全流域治理开发思想在新中国成立后变为现实，指导着人民治黄事业取得了举世瞩目的成就和综合效应。中华人民共和国成立后，党和政府对黄河治理非常重视，建立了统筹规划全河水利事业的专门机构——黄河水利委员会。为了对黄河进行综合治理开发，国家专门的黄河研究组于1954年10月编制并完成了《黄河综合利用规划技术经济报告》(简称《黄河规划》或《黄河技经报告》)，这是中国历史上第一份全面、系统、完整的黄河综合规划。它的实施，标志着人民治黄事业进入了一个全面治理、综合开发的历史新阶段。这次黄河治理规划在指导思想上是一次重大突破，使黄河的治理进入了全河统筹、除害兴利、综合利用、全面治理的新阶段。

综上所述，明代黄河治理思想在继承前人治黄思想的基础上，并在治河实践中对前人的治黄思想进行不断完善和发展，还提出了具有时代特色的治黄新思想。明代前中期以分流为主，明后期以合流思想为主，人工改道思想与之并存，在各种治河思想碰撞与融合较为突出的明代，出现了全流域治河的新思想，从而极大地影响了中国现代的黄河治理。由此可见，明代黄河治理思想既有继承也有时代的创新，内涵日益丰富，思想逐渐完善，治河方略的日益成熟，既与明代生态环境逐渐恶化的应对需要有关，也与国家对治河的高度重视有关，反映的是明代的政治变迁、社会变迁和生存环境变迁。

（作者系河南省社会科学院历史与考古研究所研究员）

漕运背景下明清卫河的疏浚与管理 *

孟祥晓

明清时期，对于国家和百姓而言，漕运的重要性均不言而喻。漕运的畅通是以运河、卫河等河道的顺轨为前提，故政府和地方州县对河道治理疏浚工作尤其用心。虽然卫河在明朝曾作为南方漕粮北运的通道，但就长时段来看，补充运河水源或承担河南漕粮仍为其主要作用，这种特点决定了其在国家漕运体系中的受重视程度相对较弱，反映在明清历史文献中则表现为有关运河的资料记载较多而卫河资料较少，这直接导致已有成果多侧重运河漕运，或运河漕运中的相关方面。[①] 就卫河而言，虽亦有一些前人研究，但明显要薄弱得多，河道管理情况更无专门成果予以讨论。[②] 当然，这只是相对而言，并非否认明清时期卫河在整个国家漕运体系中所起的重要作用，故本文拟通过对琐碎资料的爬梳与分析，以窥明清卫河河道的日常维护情况，从而有助于深化对明清漕运体系整体面貌的了解和大运河文化的研究。

一、卫河河道的修浚经费

明清时期的卫河与运河相汇于临清，担负漕粮运输和运河水源补给的重任，所以，为保障河道通畅，按照朝廷规定，除每年必然要进行的岁修之外，还有六年一次的大浚和特殊情况下的临时处理。大浚和特殊情况毕竟是少数，而岁修则为常态，故就其岁修经费情况略述如下：

众所周知，明清时期对于关系国家经济命脉、影响重大的河道，政府都有专门的经费预算和一套完整的疏防制度，如黄河，因其关系重大，在清咸丰以前，对于沿河州县均有专门的费用征收，以保证河道的安全。一般情况下，河工的修筑疏浚费用除国帑拨付外，还有地方赋税的加价摊征，如河南省地方即因关系重大，在地粮内加价多征四十余万两，用于"前马营、仪封、漳沁等工，用过土方，各项加价"。直到咸丰五年因"近年以来，军务河工民生重困"，加上"三十余年积欠累累，该省赋额

* 基金项目：河南省高等学校哲学社会科学创新团队支持计划"中原方志文献资源开发与利用研究"（项目编号：2019-CXTD-02）；河南省教育厅人文社会科学研究一般项目"明清漕运政策及其对卫河流域的影响研究"（项目编号：2020-ZZJH-205）。

① 如彭云鹤：《明清漕运史》，首都师范大学出版社 1995 年版；吴琦等：《清代漕粮片派与地方社会秩序》，中国社会科学出版社 2017 年版；李文治、江太新：《清代漕运》，中华书局 1995 年版；［日］松浦章：《清代内河航运史研究》，江苏人民出版社，2010 年版；成刚：《明代漕运管理初探》，《财经研究》1993 年第 7 期；倪玉平：《漕粮海运与清代社会变迁》，《江淮论坛》2002 年第 4 期；杨杭军：《嘉道时期漕运旗丁的若干问题》，《河南师范大学学报（哲学社会科学版）》1998 年第 2 期；王永锋：《明清时期豫北地区水利研究》，河南大学硕士学位论文，2015 年；邓亦兵：《清代漕运述论》，《中州学刊》1985 年第 5 期等。

② 主要有孟祥晓：《错壤的政区、流动的河流与以"漕"为大的区域社会：明清时期直鲁豫交界区域动乱研究》，《社会科学》2020 年第 4 期；孟祥晓：《济漕与否：明清卫河水利用与沿岸水稻种植变迁研究——以辉县为中心的考察》，《中国农史》2019 年第 6 期；张强：《从官方漕运到货运与客运：卫河新乡段水运功能的历史演变》，《华北水利水电大学（社会科学版）》2019 年第 1 期；陈隆文：《明清卫河与京杭大运河》，《中原文化研究》2018 年第 2 期；等等。

甲于天下，连年兵燹水灾，差徭繁重"[①]等原因始得以免除。

对于在某方面关系重大的中小河流，政府亦有固定的拨银修护制度。如永定河因在京城上游，一旦发生洪涝灾害，即可能挟滚滚洪流直冲城内，对北京造成巨大威胁，故永定河虽系中小河流，但明清时期政府却对其河道疏防十分重视，每年定额三万四千两用于抢修疏浚等。不过，由于每年发水情况不一，抢修河工所费不同，无法统一定制，"笼统发银，不问工之钜细多寡，任其牵匀销算，则与庖人揽办筵席何异。……若永定河旧例未妥，以致每年浮耗，久之不但用涉虚糜，且恐工无实济"。为消除种种弊端，乾隆年间改为据实报销的方法，每年秋汛后先行勘察，估测所需，先行奏明，领项备料，再行开工，特殊情况另有规定。具体做法为，"每年于秋汛后，先令永定河道将下年岁修疏浚各工，细勘确估，督臣再亲勘覆核，将银数先行奏明，领项备料。于次年开冻后兴工，照估办理。其抢修一项系临时相度，难以预估，应请先发银一万两存贮永定河道库。令其酌量工程，派员办料备用。倘有不敷，一面具奏，一面将库项垫发。至于另办加培土工，不在岁修镶埽之列，仍照旧另案奏办。"[②]

与永定河情形相似的还有南北运河的岁修拨银。在乾隆四十年之前，其岁抢修银额亦为固定三万两。当然，与其他河流的情况相类，政治的腐败导致河道经费在使用过程中弊病丛生，故在乾隆四十年河道经费改革中，南北运河的修治经费拨付方式也发生了改变。据直隶总督周元理奏称，"南北运河每年额定岁抢修银各一万五千两，照数预领，节年通融办理，与永定河旧例相同。今永定河岁抢修工银、既经酌改，则运河亦宜另定章程。……嗣后南北运河，每年秋成后，各先发银六千两，分贮天津、通永、二道库，派员办料备用。倘遇不敷，借款垫办。其岁修银数，每年秋汛后，令各该道将下年各工、亲往确估详报，该督覆勘奏明领办，次年照估兴修。所有原定银数，照永定河新例删除。"[③]可见，乾隆四十年之后，各河道每年抢修拨银制度均有所改变，由之前的固定额预领变为先发银六千，再至秋汛后据实报核的灵活拨付制度，以期避免银两浪费或不足而影响河工修筑状况的发生。

卫河的情况虽不比黄河、永定河、南北运河，但考虑自临清以下的南运河即走卫河河道，且卫河的水源补给对运河以及国家漕运的重要性，卫河每年岁修亦由国帑拨银，据《清会典》所载"豫省漳、卫河……皆额设岁款"，[④]只是数额要比上述其他河道少一些而已。乾隆二年，疏言："江苏各属，江海交错，全资水利。运道、官河及湖海钜工，自当发帑官修。其支河汊港，蓄水灌田，向皆民力疏浚。近悉请官帑，似作执中无弊。请将运河及江、河、湖、海专资通泄之处，仍发库帑估修；其余河港圩岸，令有司劝民以时疏浚修筑，庶公私两益。"下部议，从之。[⑤]虽然所指区域为江苏，但全国其他地方应大致相当，运河及江、河、湖、海均由官修发帑，只有那些规模较小，无关大局的河港圩岸才由百姓出资或义务修筑。

卫河与漕运的安全休戚相关[⑥]，在漕运为国之大计的背景下，自然应当由朝廷发帑疏浚。不过，由国帑资助的银两可能并不算多，是故我们在文献中经常看到由地方州县长官捐俸疏浚的情况。如明天启年间，浚县卫河秋水泛涨，"有穿穴东向之势……以土囊壅之不得，以柴栅壅之亦不得，遂溃然东注，直至开濮二州之境，临封且受其患，矧浚土乎？……为出俸金为装石聚材之资……"[⑦]。无论如何，在明清时期，由于卫河的特殊地位，卫河河道修护的费用主要以朝廷拨付银两为主，基层吏民的自发捐献为补充。

① 马子宽修、王蒲园纂：《重修滑县志》卷八《财政第五》，民国二十一年铅印本，第6页。

② 庆桂、曹振镛：《清高宗实录》卷九八九，中华书局1986年版，第197页。

③ 庆桂、曹振镛：《清高宗实录》卷九百九十一，中华书局1986年版，第230页。

④ 《清会典》卷六十，《工部》，中华书局1991年版，第559页。

⑤ 赵尔巽：《清史稿》卷三百八，列传95，《徐士林》，中华书局1977年版，第10572页。

⑥ 孟祥晓：《从运漕到停漕："保漕"视阈下明清卫河地位的变迁》，《南开学报（哲学社会科学版）》2020年第3期。

⑦ 熊象阶：《浚县志》卷六《建置·城池》，嘉庆六年刻本，第8页。

二、卫河河道疏浚的责任主体

在以官府拨付经费为主的背景下，负责卫河河道疏浚的主体当然为地方基层政府。不过，随着时间推移和清代社会的由盛转衰，卫河河道的疏防责任逐渐转由地方绅民负责了。

明朝对卫河的疏浚情形，可以从清初的情况得以反映。明清鼎革之后，清初各方面多承袭明制。雍正时，馆陶县境内卫河隄防的日常管理，无论是堤岸植树防护还是河道的疏浚，均为地方政府之责，"卫河自迁堤北至尖冢镇，沿岸置铺舍十二，每岁春月官植柳树，金滩监兑粮运，主簿于淤塞处督浅铺夫疏凿之，此河制也"①。可见，由官植柳树、主簿督浅铺夫进行疏凿等治理措施，并非临时为之，而是长期执行、始自明代而沿袭下来的卫河管理制度。至于堤防的修筑，资料表明亦为地方政府之责，如临清卫河沿岸，乾隆间将筑坝以遏卫水之决，柏缵曰："此坝若成，临西成泽国矣！"力陈大宪止之。后又独修套堤，至今利赖焉。②说明临清附近卫河堤防的修筑还是以官府为主，否则百姓修堤坝之时不可能不考虑对本地的影响。即使阻止修筑，若修筑责任和决定权不在官方，自然也无须将此事反映给上级政府，请求阻止可能造成重大危害的该项不合理工程。

需要说明的是，由官府出资修筑的应该系卫河干流堤岸或河道，对于卫河支渠沟洫的修挖开凿则应该完全由当地民力负责。乾隆年间茹敦和"调大名，漳水患剧，旁有渠河，敦和谋开渠以杀其势。适内迁大理寺评事，不及上请。乃手出揭城门，劝民刻期集河干，亲为指示，民具畚锸来者以万计。经旬而渠成，后利赖之"③。漳河系卫河上游的重要支流，以水势凶猛、泥沙含量较大、善决善徙而著称，但因其非卫河干流，故由作为地方父母官的县令带领百姓开凿支渠以杀其水势。有些地方官员还体恤民情艰难，自己捐金承担原本属于百姓负责的修筑费用，如乾隆十七年任临清知州的张维垣，曾捐金增修卫河堤防，"张维垣字文钦，甘肃固原州人，由历城令擢牧临清……卫河堤有冲决，向派民修，维垣捐金增其高广，更添建子堤、月堤为永久之计。于城北开官沟一道，西至常家庄莲花池，东通御河，水落后洼下之水即使（及时）开通归河以便种麦"④。顺带提及的是，疏浚河道的过程可能并非一派祥和，万民欢呼雀跃。恰恰相反，疏浚河道经常是底层百姓一项沉重的负担。明朝东昌司李谢肇《挑河行》描述的就是百姓疏浚河道时的情形，"隄遥遥，河弥弥，分水祠前人如蚁。鹑衣短发行且僵，尽是六部良家子。浅水没足泥没骭，五更疾作至夜半。夜半西风天雨霜，十人九人趾欲断。黄绥长官虬赤须，北人骑马南人舆。五百先后恣诃挞，日昃喘汗归蓬蔬。五百诃，犹可里，胥怒杀我无钱水。中居有钱立道左，天寒日短动欲夕，倾筐百反不盈尺。道草湿草炊无烟，水面浮冰割人膝。都水使者日行隄，新土堆与旧崖齐。可怜今日岸上土，雨中仍作河中泥。君不见，会同河畔千株柳，年年折尽官夫手。金钱散罢夫归来，催筑南河黑风口"⑤。从诗文描述中所提到的南河黑风口可以看出，挑河的工程并非主河道，且全诗通篇的字里行间透露出的，是百姓在天寒地冻的冬天挑挖河道培堤的艰辛与无奈，不仅条件艰苦，而且亦无工钱，还要受到黄绥胥吏的责罚和怒斥。

关于官与民承担修筑河工的分工，乾隆二十七年胡宝瑔在解任之前的上疏中说得比较明白："沟渠与河道相为表里，臣于二十三年河工告竣，即督令州县经理沟洫，每一州县中开沟自十数道至百数十道，长自里许至数十里，宽自数尺至数丈，皆以足资蓄泄为度。驿路通衢，并就道傍开浚，虽道里绵

---

① 赵知希：《馆陶县志》卷三《桥梁》，雍正十二年刻本，第11页。

② 徐子尚修、张树梅纂：《临清县志》，《人物志三》，民国二十三年铅印本，第1096页。

③ 赵尔巽：《清史稿》卷四七七，列传264，《循吏二·茹敦和》，中华书局1977年版，第13031页。

④ 徐子尚修、张树梅纂：《临清县志》，《秩官志九》，民国二十三年铅印本，第949页。

⑤ 徐子尚修、张樹梅纂：《临清县志》，《艺文志三·诗词》，民国二十三年铅印本影印，第1501页。

亘，而分户承挑，民易为力。自是每岁或春融，或农隙，随时加浚宽深。"[1] 沟渠虽与河道相表里，但河工告竣之后，仅言沟渠由民力分户承挑，随时疏浚，而未提及河道亦由民修，可见二者疏浚的责任归属是不同的。

乾嘉以降，时局开始动荡，清朝由盛转衰，政府财政紧张，原本由官修的一些工程开始有转向民力的趋势。当然，漕粮改折、河运改海运之后，卫河作为漕运通道和运河水源补充的地位下降也是这种转变的重要原因。如乾隆四十年，乙未，八月，"山东巡抚杨景素奏，东省未修城工内，有闾阎急公、情愿捐修者，应听民便。但此项工程，俱系绅士等自行经理，与官修报销者不同，请照民修水利例、一体免其报销"[2]。明确指出在此之前，对于城工及一些规模较小的民修水利工程，虽由绅民负担，但政府可能会给予一定的优惠和奖励，至此则听民自便。然而，与之同时期类似的大名府城的城池修缮，其所需经费却有所不同，"乾隆二十二年，大名县知县劳敦樟请帑重修，后渐圮。道光十年知府辛文沚劝捐修补，一律完整"[3]。城池修筑所需费用，在乾隆年间尚为国帑所出，至道光年间就变为劝谕社会捐助了。可见，乾隆年间是地方水利工程由政府向民间转变的过渡阶段。嘉道以后，随着清朝社会趋衰以及卫河航运地位的下降，卫河沿岸州县和卫河每年的修缮维护经费已逐渐有转向地方社会负担的趋势。咸丰三年，大名府城内外城垣的修葺仍然是知府武蔚文及大名、元城知县等倡捐而成[4]，反映了这一转变的普遍化。

嘉道之际社会环境的变化促使卫河在河道维护上也发生了一些改变，部分地方官在卫河修防问题上改变之前做法，"免官水、官柴、官车等事，并免筑堤之扰，工民胥安"，由官府出面雇夫，"大小差务公项不足者，皆自行捐办，毫不扰闾阎"。[5] 由之前沿河百姓负责岁修卫河堤防，变成由官府出钱雇人维护。即使工程浩大，暂时由政府出资，"由司库借项兴修"，也要"事竣摊征归款"，[6] 最终由百姓来负担。而且州县官员捐修的情况越发普遍，如陈宽在道光十四年任临清知州事任上，就曾"捐廉修卫河东岸。"[7] 道光十九年，牛鉴擢河南巡抚。"整顿吏治，停分发，止摊捐；筹银二十万两，津贴瘠累十五县；筑沁河隄，浚卫河：甚有政声。"[8] 孙善述，同治十年二月任临清知州，"尤恳恳以农桑为务，城厢隙地，遍令种植，鸡犬桑麻称繁殖焉。靖西门内铁窗户堤，向称险工，善述详明上宪，督修屹然。"[9] 当然，此种行为会受到政府的支持及当地百姓的感恩，被视为州县官员亲政爱民的一种政声。

与此同时，越来越多地方士绅也开始参与到堤防的维护工作之中，这类群体往往被载入地方志乘的人物或义行中，或以各种方式予以表彰，如在《临清县志》中就载有许多这样的人物，现试举几位如下：

"焦万里，性至孝……捐赀数百缗筑卫浒堤，堤成人呼为焦公堤。"[10] 以修筑人命名，凸显对其行为的褒奖。

吴金辉……嘉庆二十四年河溢为患，首出藏镪筑堤捍之，州牧详准，载入志乘并以"好施重德"

① 赵尔巽：《清史稿》卷三百八，列传 95，《胡宝瑔》，中华书局 1977 年版，第 10593–10594 页。
② 庆桂、曹振镛：《清高宗实录》卷九百九十，中华书局 1986 年版，第 212 页。
③ 朱瑛等纂修、武蔚文等续纂：《大名府志》卷六《城池》，咸丰四年影印本，第 1 页。
④ 朱瑛等纂修、武蔚文等续纂：《大名府志》卷六《城池》，咸丰四年影印本，第 4 页。
⑤ 徐子尚修、张树梅纂：《临清县志》，《秩官志九》，民国二十三年铅印本，第 951、949 页。
⑥ 《清宣宗实录》卷六十，道光三年十月，中华书局影印本 1986 年版，第 1056 页。
⑦ 徐子尚修、张树梅纂：《临清县志》，《秩官志九》，民国二十三年铅印本，第 952 页。
⑧ 赵尔巽：《清史稿》卷三七一，列传 158，《牛鉴》，中华书局 1977 年版，第 11519 页。
⑨ 徐子尚修、张树梅纂：《临清县志》，《秩官志九》，民国二十三年铅印本，第 954 页。
⑩ 徐子尚修、张树梅纂：《临清县志》，《人物志三》，民国二十三年铅印本，第 1103 页。

额其门。① 政府对其参与疏浚河道、修筑堤防的行为予以旌表。

陶锡祺,光绪戊子任临清州事,"筑堤捍水,填淤种桑,水溢旱乾不为灾。汶卫两河所以利运,锡祺相视形势,拓塘筑坝,蓄泄得宜"。②

"柏战魁,武生,范家堤口临卫河,屡濒危险,战魁首出巨款不足,又募众赀筑套堤,附近数十村至今利赖之"。③

"杨世基,急公好义,见善勇为……同治元年又捐款协修堤工两段,邑人称之。"④

总之,明清时期,卫河作为运河水源的重要补给和河南漕运的水路通道,其干流河工系由政府出资,由地方州县负责实施,而小型沟渠月堤等工程则由地方百姓完全负责。但随着卫河漕运地位的改变,国家对卫河的重视程度下降,在财政紧张的压力下,清代中后期,卫河的岁修开始发生变化,甚至出现了官府募夫修筑的情况。修筑堤防的责任主体及经费也越来越多地转由州县官员和地方乡绅百姓捐资了。

三、卫河闸坝的维护与管理

明清时期卫河上的闸坝有两类:其一为临清闸,因其地处运河与卫河交汇之处,扼漕运之咽喉,地位比较重要,所以格外受政府的重视。其二为漳卫河上的草坝,多建在易发洪水之处,由当地百姓负责管理。

运河上的闸坝归道厅等官统辖,其下设有专门的人员管理,根据河道水量深浅及漕运时限以时启闭,这些人员称为"闸正"。临清因地处运河与卫河交汇处,为接济运河水源,附近设立多处闸坝,在南漕船只到来之前,即由诸闸正负责蓄水,"诸闸正皆封闭蓄水以待南漕"。⑤但有时也由通判等职兼管闸坝,乾隆四十二年发生万世通抢闸事件中,负责临清闸管理的即为通判。当每年漕运紧要、漕运船只通过该闸的时候,有关管闸人员应该"住宿在河干,来往稽查弹压"可能发生的意外。⑥

临清系河南漕运及江南漕运的关键节点,关系到漕运船只来往顺畅,故在执行保证漕运的相关规定方面尤其严格。即便同为漕运船只,亦有重运与回空船之别。重运船只与回空船只相遇,要执行漕船优先、重运船优于回空船等原则,如有违犯,即严加惩儆,如乾隆四十二年,丁酉,秋七月……"谕军机大臣等、据巡漕御史敦岱奏、临清卫守备万世通、同东昌卫千总王祖夔、统率丁舵衙役人等。至临清闸喝令众人、将闸板拉起,放进改造回空船八只,致重运粮船、顶阻八时等语,实属不法。运河设闸蓄水,以济重运。其回空船只,例应俟重运粮船全行出口,方准进闸。乃该守备万世通、欲将赴次改造之空船,强行进闸,因闸官阻止,辄同千总王祖夔、率领丁舵人役,将闸板拉起,放进空船八只,任意妄行。不可不严加惩儆。著传谕德保、会同姚立德、即速查明。据实参革究审。……将此由四百里谕令知之。"⑦而且对于管闸人员以及负有监管领导责任者,一并追究,"是该通判、即系该闸兼管之员,定案时,自应予以处分。即统辖之道员,亦当有应得之咎。著传谕德保等、查明定例,一并

① 徐子尚修、张树梅纂:《临清县志》,《人物志三》,民国二十三年铅印本,第 1098 页。

② 徐子尚修、张树梅纂:《临清县志》,《秩官志九》,民国二十三年铅印本,第 955 页。

③ 徐子尚修、张树梅纂:《临清县志》,《人物志三》,民国二十三年铅印本,第 1116 页。

④ 徐子尚修、张树梅纂:《临清县志》,《人物志三》,民国二十三年铅印本,第 1127 页。

⑤ 赵知希:《馆陶县志》卷二《山川》,雍正十二年刻本,第 14 页。

⑥ 庆桂、曹振镛:《清高宗实录》卷一千三十七,中华书局 1986 年版,第 903 页。

⑦ 庆桂、曹振镛:《清高宗实录》卷一千三十六,中华书局 1986 年版,第 887 页。

参奏。并此后如何严定章程，令其稽察，不致生事，亦当一并议奏。"[1] 充分反映出政府对该闸的重视程度。

当漕运船只回空需要进厂修理时，亦要先行履行一定程序，并在船上加上标识，经过临清闸对重运漕船让行。"回空应造船，先行造册详明，并船尾书写打造字样，每起不得过五只，重运尾帮出口后，即令先为越帮进闸，俾得及早抵次，赴厂成造。如河内重运连檐行走，回空船只，即于河面宽处，暂停让行……至重运盛行，回空将到之际，责令该管厅员、驻宿河干专司弹压。道员往来稽查，严定处分……倘仍有抢闸等事，并闸官故意留难勒掯，该督抚立即据实指参。"[2] 明确了重运盛行时各种船只经过临清闸时的通过方法及要求。

对于年久损坏的闸板更换，每年可以添换两块，费用在每年岁款内开支。具体办法则由闸员急公捐办，购觅大木予以添补。如乾隆四十一年，丙申，十一月，曹单厅汛内有年久枝枯的大干杨树，闸员欲以此树作为更换闸板之用，皇帝谕曰："惟是此等杨树，从前原系官栽，今因年久枝枯，不堪备用。砍锯其干，以作闸板。仍令如数另栽新树，自属以公办公。即因闸员购觅大木非易，令其为添补之用，亦无不可。"但是每年闸板的更换，按例由政府负责更换两块，"若将此项杨树，全给闸员，而额换之闸板，仍旧开销，则无是理。且闸员急公捐办，相沿已久，今有此大材，免其购觅之劳，已属便易。设令一无所费，坐享其成，恐各员习以为常，视为应得。此项木植用完之后，必致因循贻误。"所以，要求地主官员查清所砍杨树数量，说明能用多少年，以减少政府因为此项的开支，"不复于岁款内开销。或以其半、分给各闸员备用，并应省其每年所费之半"。[3] 河道岸边所植树木，属于官府之物，闸员若欲取之用于闸板的更换，采购辛劳可省，但其费用必须在政府原开销中将其扣除，原因就在于闸板原系闸员急公捐办之物，纤细之事中可见其管理之严密。

相对于运河上的临清闸，漳卫河上的草坝则要简单得多。漳河上的草坝建设原来可能亦系州县官负责，从政府领帑修建，但乾隆之后，其维修保护一般则转由当地居民负责了。如漳河草坝"在临漳县丽水村。乾隆二十四年漳河决，由新并之夹河、中三家、枣林、申桥、韩道各村直抵府城，知府朱焕领帑银八千余两筑拦河草坝一道，计一百三十九丈。自是漳归故道，历年以来俱系里民修筑"。[4] 虽为里民修筑，但并没有成文的制度规定，于是乾隆二十五年胡宝瑔在奏折中详细规划了草坝的维护制度，并以到皇帝批准实行，"河北诸水，卫河为大。雍正间，河督嵇曾筠于汲、淇、浚、汤阴、内黄诸县建草坝二十六，今已渐次淤垫。臣相度疏筑，俾一律深通。请定为三年一小修，五年一大修"。上可其奏。[5] 自此之后，漳卫河草坝的疏筑才有具体规定，改由民修民筑。

四、小结

明清时期，漕运为国之大计，是国家政治经济体系中的核心议题。卫河因与运河交汇，承担着漕粮北运及运河水源补给的重任，尤其是临清以下河段，运河水源几乎全依卫河补给，其作用至关重要，故卫河受关注的程度直接与国家漕运政策紧密关联。卫河河道维护、闸坝建设、用水管理等方面亦随着国家漕运政策的改变而发生变化。

大体来说，乾隆年间之前，在漕运为"天庾正供"之时，政府十分重视运河及相关河道的管理，

---

① 庆桂、曹振镛：《清高宗实录》卷一千三十七，中华书局 1986 年版，第 903 页。

② 庆桂、曹振镛：《清高宗实录》卷一千三十九，中华书局 1986 年版，第 924 页。

③ 庆桂、曹振镛：《清高宗实录》卷一千二十，中华书局 1986 年版，第 676 页。

④ 朱瑛等纂修、武蔚文等续纂：《大名府志》卷五，《河渠》，咸丰四年影印本，第 20 页。

⑤ 赵尔巽：《清史稿》卷三百八，列传 95，《胡宝瑔》，中华书局 1977 年版，第 10593 页。

表现在其河道疏防由政府负责，且每年有固定的经费拨付。对于处于咽喉之地的临清闸而言，船只往来，闸坝的维护诸方面均有相当严密的规章制度。即便是卫河上的普通草坝，在工繁役重之时，亦多由政府领帑修建。乾嘉之后，政治社会环境发生变化，尤其当漕粮改折、河运改为海运之后，漕运逐渐停止，卫河在国家运河体系中的作用也随之下降，政府对卫河的治理亦趋于放松，开始出现官府出钱雇夫维护堤防的现象，其责任主体亦逐渐转由地方基层百姓负担。明清时期卫河疏防与管理情况的变迁，既是卫河与漕运紧密联系的直接反映，也是明清社会发生转变的重要体现。

参考文献

[1] 彭云鹤：《明清漕运史》，首都师范大学出版社 1995 年版。

[2] 吴琦等：《清代漕粮征派与地方社会秩序》，中国社会科学出版社 2017 年版。

[3] 李文治、江太新：《清代漕运》，中华书局 1995 年版。

[4]（日）松浦章：《清代内河航运史研究》，江苏人民出版社 2010 年版。

[5] 倪玉平：《漕粮海运与清代社会变迁》，《江淮论坛》2002 年第 4 期。

[6] 杨杭军：《嘉道时期漕运旗丁的若干问题》，《河南师范大学学报（哲学社会科学版）》1998 年第 2 期。

[7] 成刚：《明代漕运管理初探》，《财经研究》1993 年第 7 期。

[8] 王永锋：《明清时期豫北地区水利研究》，河南大学硕士学位论文，2015 年。

[9] 邓亦兵：《清代漕运述论》，《中州学刊》1985 年第 5 期。

[10] 孟祥晓：《错壤的政区、流动的河流与以"漕"为大的区域社会：明清时期直鲁豫交界区域动乱研究》，《社会科学》2020 年第 4 期。

[11] 孟祥晓：《济漕与否：明清卫河水利用与沿岸水稻种植变迁研究——以辉县为中心的考察》，《中国农史》2019 年第 6 期。

[12] 张强：《从官方漕运到货运与客运：卫河新乡段水运功能的历史演变》，《华北水利水电大学（社会科学版）》2019 年第 1 期。

[13] 陈隆文：《明清卫河与京杭大运河》，《中原文化研究》2018 年第 2 期。

[14] 马子宽修、王蒲园纂：《重修滑县志》，民国二十一年铅印本。

[15] 庆桂、曹振镛：《清高宗实录》，中华书局 1986 年版。

[16]《清会典》，中华书局 1991 年版。

[17] 赵尔巽：《清史稿》，中华书局 1977 年版。

[18] 孟祥晓：《从运漕到停漕："保漕"视阈下明清卫河地位的变迁》，《南开学报（哲学社会科学版）》2020 年第 3 期。

[19] 熊象阶：《浚县志》，嘉庆六年刻本。

[20] 赵知希：《馆陶县志》，雍正十二年刻本。

[21] 徐子尚修、张树梅纂：《临清县志》，民国二十三年铅印本。

[22] 朱瑛等纂修，武蔚文等续纂：《大名府志》，咸丰四年影印本。

[23]《清宣宗实录》，中华书局 1986 年版。

（作者系河南师范大学历史文化学院副教授、硕士生导师）

明清时期黄河流域的河神崇拜

徐春燕

神灵崇拜是古代人们在生产力水平有限、在面对超出认知能力的灾异无法理解和应对时，希望借助神秘力量来摆脱困境，并寻求慰藉的一种方式，反映了人们征服自然的要求与渴望。黄河是中华民族的母亲河，早在人类尚处于蒙昧之时，黄河水就滋养着华夏大地，由于她源远流长，人们对之依赖甚深，而黄河中下游又时而泛滥，因此早期人类便萌发了河神意识。到明清时期，围绕黄河之神的祭祀活动更为频繁和丰富，河神祭拜成为我们了解封建社会晚期信仰文化的重要内容，也是透视此时期黄河流域民众生活不可或缺的一部分。

一、河神形象的历史演变

人们对于自然界的认知是个循序渐进的过程，因此人们祭祀中的河神形象大致经历了由神到人、由人到神两个阶段的转变。

1. 由神到人：河伯

人们对于黄河的崇拜和祭祀经历了漫长的历程。在人们对于大自然知之甚少，征服自然能力还较低的远古时代，"山林川谷丘陵，能出云为风雨见怪物皆曰神"[①]，"望于山川，遍于群神"[②]。也就是说，所有的神灵都是先民臆想出来的。后来，随着人们对自然界认知的加深，河神开始由最初的水生动物向人形鱼身转化，并最终幻化成人，人格化的神"河伯"就此诞生。

河伯姓冯名夷，华阴潼乡堤首人，河伯是将"河神"封建等级化后的称谓。关于他如何成为神的解释，典籍中有着不同的记载。《史记》引《龙鱼河图》说，冯夷横渡黄河，溺水而亡，"化为河伯"。晋郭象《庄子注》中说冯夷"服八石得水仙，化为河伯"。八石是古代道家炼制丹药常用的八种矿石，也就是说，冯夷是服了道家丹而成仙的。典籍和民间有许多关于他的故事，所展示的"河伯"品行有好有坏，大致反映了人们对黄河的爱恨交织。

汉唐时期，河伯被封灵源公，作为岳镇海渎的四渎之一陪祀北郊地神，此后长期未曾改变。宋元时期，因为生态环境恶化，河患频仍，百姓常因之流离失所，于是在人们对国泰民安的热切企盼下，河神地位逐步上升。南宋时加封河伯显圣灵源公；元世祖时期，诸岳镇海渎加封王号，黄河之神称"河渎灵源弘济王"。朱元璋建明后曾禁止为岳镇海渎加封号，"止以山水本名称其神"，他说："夫

[①] 刘方元等：《礼记直解·祭法》，江西人民出版社1993年版，第602页。
[②] 孔子：《尚书·舜典》，周秉钧注译，岳麓书社2001年版，第8页。

岳、镇、海、渎，皆高山广水，自天地开辟以至于今，英灵之气萃而为神，必皆受命于上帝，幽微莫测，岂国家封号之所可加？"黄河神被称为"西渎大河之神"①。朱元璋的这一举动无疑使唐宋以来河神人格化进程暂时中断，自然神形象有了重新回归的迹象。不过，几十年后的景泰四年（1453 年），迫于黄河泛滥程度加重，治理难度增加的压力，景帝开始突破祖制，加封河神为"朝宗顺正惠通灵显广济河伯之神"，希望得到河神庇佑之心跃然纸上。天启六年（1626 年），熹宗继续加封河神为"护国济运龙王通济元帅"，说明太祖的继承者已经背离了其神灵至上、不宜加封的精神，河神人格化进程再度开启。清代延续前明做法，雍正二年（1724 年），加江海之神封号，敕封黄河神为"西渎润毓大河之神"。

2. 由人到神："大王""将军"

明清时期，人们对"大王""将军"的崇拜盛况空前。在政府允许下，各类大王、将军层出不穷。与政府公祭中河伯的地位越来越神圣、越虚幻相对应，这些"大王""将军"的形象却丰富而具体，尤其是在清代，上至帝王、治理河漕的官员，下到地方衙役、普通民众，无不对河神尊敬有加，争相祭祀，这与河漕对于政权稳固和社会安定影响日重息息相关。如果说早期出现的河伯，其名姓、籍贯、事迹有可能都是后人附会的，那么明清时期广为大家祭祀的"大王""将军"则基本史有其人。他们大多由治河英雄转化而来，其中有官员、河兵，还有普通民众，虽然身份不同，但是在与黄河的斗争中都表现出了不屈不挠的精神，因此受到百姓的尊敬和崇拜，代表性的有金龙四大王、黄大王、朱大王、宋大王、栗大王、陈九龙将军等。

金龙四大王信仰明清时期盛行于江淮以及黄河中下游地区。金龙大王据传是南宋钱塘县一名饱学之士，姓谢名绪，性格刚毅，因痛惜宋朝将亡，隐居金龙山，又因在家排行第四，故而百姓尊称其金龙四大王。关于谢绪的事迹传说有很多，明《涌幢小品》说：

> 河神金龙大王，姓谢，名绪，晋太傅（谢）安裔。金兵方炽，神以戚畹，愤不乐仕，隐金龙山椒，筑望云亭自娱。咸淳中，浙大饥，捐家赀，饭馁人，所全活甚众。元兵入临安，掳太后、少主去。义不臣虏，赴江死。尸僵不坏，乡人义而瘗之祖庙侧。大明兵起，神示梦：当佑圣主。时傅友德与元左丞李二战徐州吕梁洪，士卒见空中有披甲者来助战，虏大溃，遂著灵应。永乐间，凿会通渠，舟楫过洪，祷亡不应，于是建祠洪上。隆庆间，大司空潘季驯督漕河，河塞不流。司空为文责神，河塞如故。会司空有书史以事过洪，天将暮，遇伍伯，擒以见神。神坐庙内，诘问书史曰："若官人，胡得无礼？河流塞，亦天数也，岂吾为此厉民？为语司空，吾已得请于帝，河将以某日通矣。若掌书不敬，当罚。"书史诉不得，受朴去，以告司空。已而河果以某日通，于是司空祗事神益虔。②

明《识小录》卷三《金龙庙诗》中说谢绪是亡宋谢太后的后人，因忠于正统王朝，为保持气节赴水难而死，死前曾发誓"黄河北流，胡运乃灭"，元朝灭亡之后，黄河水果然北流，帮助明太祖建立基业，百姓钦佩他的品格节操，加之据说向他请愿特别灵验，因此声望很高。《武林掌故丛编》载：

> 谢绪，达之孙也。……甲戌秋霖雨，天目山崩，水溢临安，溺死者无算。绪乃散家资溥

---

① 日本京都大学科学研究所藏《历代碑刻文字拓本》，编号 MIN004X，原碑立于山西华岳庙中。

② 朱国桢：《涌幢小品》卷一九，上海古籍出版社 2012 年，第 373 页。

济之……叹曰："生不能图报朝廷，死当奋勇以灭贼。"……元末，预梦于乡人曰："胡虏乱华，吾饮恨九泉百余年，今幸有主。越数日，黄河北徙，其验也，汝辈当归新君。明年春，吕梁之战，吾其助之。"丙午春，黄河果北徙。九月，明太祖高皇帝取杭州。丁未二月，傅有德与贼大战吕梁，见金甲神人，空中跃马横槊擒虏，众大溃。文皇（成祖朱棣）议海运不便，复修漕运，凡河流淤壅，力能开之，舟将覆溺，力能拯之，神之显著于黄河特甚。嘉靖中，奉敕建庙鱼台县。隆庆中，遣兵部侍郎万恭致祭，封金龙四大王。①

从这些记录中大致能够推断，谢绪于明代开始享受供奉，被视为掌管黄河和漕运之神。其身份的提升，应该与统治者的推波助澜密切相关。明政权建立伊始，需要借助神力来证明其存在是顺应天命的产物。谢绪或有其人，但他的故事应该是编造，且在后来的传播过程中，又被不断地添砖加瓦，加以民间信奉他的灵异，于是谢绪广受祭拜。崇祯十三年（1640年），金龙四大王加号"宏佑感应"，享受国家祭祀。清顺治二年（1645年），敕封"显佑通济金龙四大王之神"，康熙三十九年（1700年），加封"显佑通济昭灵效顺金龙四大王"。清政府继续利用金龙四大王的影响，鼓舞士气，安抚民心，以鼓励人们与洪水抗争。

黄大王，名守才，字英杰，又字完三，号对泉，百姓尊称黄爷，明中后期河南偃师岳滩镇王庄村人。他出身低微，但聪颖能干，是位草根出身的治水奇才。据说其幼年即潜心研读历代治水方略，成年之后更是致力于治水济民，伊河、洛河和黄河中下游等黄泛区均留下了他活动的足迹。后来他总结多年来的治水经验，写成了《禹贡注疏大中讲义》《治河方略》等书，影响深远。《通志》《河南府志》《大清会典》《黄运两河纪略》以及洛阳、偃师的志书上均记载了他治水的功绩，百姓盛赞他为"功并神禹""活河神"。黄大王生前就因为在治理黄河过程中做出的卓越贡献而被人们视为"河神"。他的事迹屡见于名人笔记，充满了传奇。《池北偶谈》记载：

> 黄大王者，河南某县人，生为河神，有妻子，每暝目久之，醒辄云："适至某地踢几船。"好事者以其时地访之，果有覆舟者，皆不爽。李自成灌大梁，使人劫之往，初决河水，辄他泛溢，不入汴城。自成怒，欲杀之，水乃大入。始，贼未攻汴，一日，黄对客惨沮不乐，问之，曰："贼将借吾水灌汴京，奈何？"未几，自成使果至。黄至顺治中尚在。②

《癸巳存稿》中记载更为玄妙，说他"生而神奇，空中有若言河神者"，一岁多坠入井中，"坐嬉水面，若有戴之者"。20岁时大旱，"守才指地使凿之，得一泉，引之，遂不涸，为山田灌溉利"。随舅船至虞城张家楼，见有二百粮船被河沙阻滞，"初，夜，运官吴姓者梦人告之曰：'沙壅不开，明日有刘船至，中有黄姓者，河神也。彼言开，即开矣。'船至，吴以诚投之。守才勉至头船，助之执篙，船俱开去"。甚至，他睡梦中也能管理黄事，"每暝坐，久之，自言如梦，至某地，误踢坏几船。好事者以其言求之，事与地皆验"。③神乎其神，他生前怀庆府人就为其立了生祠，因为在民间声望甚隆，乾隆三年（1738年），敕封灵佑襄济之神，庙祀陈留县，此后政府也不断加以表彰，有清代上封号共计12次之多，黄大王是清代家喻户晓的河神。

此后受到国家敕封的河神越来越多。如明代工部尚书宋礼宋大王；河道总督朱之锡为助顺永宁侯；同治七年（1868年），敕封原任江南河道总督黎世序为"孚惠黎河神"；光绪五年（1879年），加封东

---

① 丁丙：《武林掌故丛编 十》之《金龙祠墓录》卷二，（台北）京华书局1967年，第6655页。

② （清）王士禛：《池北偶谈》之《黄大王》，齐鲁书社2007年，第496页。

③ （清）俞正燮：《癸巳存稿》卷十三《黄大王传》，辽宁教育出版社2003年，第411页。

河总督栗毓美为"诚孚普济灵惠显佑威显栗大王"。他们都是因为生前治水有功，受到百姓爱戴，死后被尊为神。与他们共同受祭的还有不少将军，如果说"大王"基本是朝廷命官和治水"天才"人物，那么将军则多由下层官吏、河兵和平民担任。如乾隆四年（1739年），敕封宿迁人张襄为"彰灵卫漕张将军"，庙祀江南清河县；王将军（名仁福），同治六年署理祥河同知，因为黄河陡涨，抢埽救险落水身故；王将军（王漠），祥符县丞、德州州同、中河通判，道光二十二年，在指挥河水合龙时因公殉职；杨将军（杨四），平民，据说十二岁时失足落水，伸手作龙蛇状顺流东下，乡人夜梦其受封将军；党将军（党柱），河夫，顺治二年，荆隆决口，传说是他卷入埽中，以身决口，被尊为河神。

总之，无论是大王还是将军均能找到原型人物，可以说，黄河之神由神到人，从自然神转化为人格神的进程最终完成。因为要增加神灵的神秘色彩，人们又会在其死后将其法身幻化为实体的蛇。《壶天录》说：

> 所谓大王、将军，皆河工官员，殁以成神，幻化若小龙，长不盈尺，细才如指，身类蛇而头则方，隐隐露双角。有满身金色者，有具金砂斑者，位尊者王，其身小，位卑者将军，其身略大。名号不一，最著者为金龙四大王……此外又有栗大王、朱大王等号。将军亦甚多。老于河务者能一一辨之。[1]

清人薛福成《庸盦笔记》说："鬼神为造化之迹，而迹之最显者莫如水神。黄河工次，每至水涨之时，大王、将军往往纷集，河工、吏卒、居民皆能识之曰某大王、某将军，历历不爽。"同治十二年（1873年），河决贾庄，山东巡抚丁宝桢亲往堵塞。"以是年冬十二月开工，颇见顺手，而大王将军绝不到工。至光绪乙亥二月间，险工叠出……十七日，'栗大王'至。越日，'党将军'至。又明日，'金龙四大王'。……闻河工凡见五毒，皆可谓之'大王''将军'，如蛇、蝎虎、蟾蜍皆是也。然托于蛇体者为最多；但其首方，其鳞细，稍与常鳞不同。位愈尊，灵愈显，则形愈短。'金龙四大王'长不满尺，降至将军有长三尺余者。又如'金龙四大王'金色，'朱大王'朱色，'黄大王'黄色，'栗大王'栗色，皆偶示迹象，以著灵异。"[2]

清末大臣陈夔龙说自己亲眼目睹过诸"大王"，他在《梦蕉亭杂记》中记述道：

> 余于光绪癸卯秋，抵豫抚任。省中有大王庙四，曰：金龙四大王庙、黄大王庙、朱大王庙、栗大王庙。将军庙一，群祀杨四将军以次各河神。巡抚莅新，例应虔诚入庙行礼。越日，黄大王到，河员迎入殿座。余初次瞻视，法身长三寸许，遍体著浅金色。酷嗜听戏，尤爱本地高腔。历三日始去。后巡视南北各要工，金龙四大王、朱大王均到。朱与黄法神相似，金龙四大王长不及三寸，龙首蛇身，体著黄金色，精光四溢，不可逼视。适在工次，即传班演戏酬神。在工各员佥谓，金龙四大王不到工次已二年余；此次出见，均各敬异。余回省后，时值乡试届期，入闱监临，夜中不寐，偶思河工大王有四，已见其三，不可为非至幸，独栗大王尚未见过，不识有一面之缘否。讵至诚竟能感神，翌日，内帘值役之老兵禀报：栗大王已在闱中第几房之窗下。当即率同提调、监试两道，齐集至公堂，派员入内帘，用彩盘贵出，安坐堂上，焚香行礼。并用余所乘大轿全副彩仗，启门弄往大王庙中，供祀如礼。[3]

---

① 吕宗力、栾保群：《中国民间诸神上》之《壶天录》卷下，河北教育出版社2001年版，第297页。
② 薛福成著、傅一标点：《庸盦笔记》，重庆出版社1999年版，第116—118页。
③ 陈夔龙：《梦蕉亭杂记》卷二，北京古籍出版社1985年版，第71—72页。

"大王""将军"如何辨别？清末编著的《敕封大王将军纪略》将各类"大王""将军"化身图谱，彩色印刷，刻印出书，供人识别。从图形来看，"大王"虽然比"将军"的地位高，但形体要小，长约10厘米，不同的"大王"色彩花纹各异。"将军"身形粗而长。黄芝岗在《中国的水神》中提到了一种常用的方法："大王、将军都是蛇；正确一点说，法身都是蛇形。蛇也是像平常的蛇；但蛇身是金色的，蛇头是方形的。这些蛇被堤工和船户们发现了；他们说，这是什么大王、什么将军。官便虔备一只盘子，由庙祝按大王、将军的名号祝这些蛇登盘子了。祝的是黄大王，蛇不登盘，那便是栗大王；祝的是栗大王，蛇不登盘，那便是王将军。"①

二、明清时期的河神祭祀

"国家大事，在祀与戎"，祭祀是封建统治者彰显国家统一和皇权至上的重要仪式。黄河地位举足轻重，"中国川原以百数，莫著于四渎，而河为宗"，②因而备受历代统治者重视。

早在殷商时期，就已经有了祭祀黄河的仪式，《穆天子传》说："甲辰，天子猎于渗泽，于是得白狐，玄狢焉，以祭于河宗。"后来随着中央王朝政权的巩固，国家对风调雨顺、物阜民丰、河清水晏的迫切要求，祭祀河渎逐渐成为封建礼制中不可或缺的一环。汉代，南北郊祀制度确立，河神作为岳镇海渎之一陪祀北郊地神。唐代，河神享受中祀之礼，或者皇帝亲祭，或者遣官致祭。

明清时期，继续延续中祀之礼，一般一年一祭，也有一年两祭的，仪式庄严肃穆。如"（景泰）三年五月，河流渐微细，沙湾堤始成，乃加璞太子太保，而于黑洋山，沙湾建河神二新庙，岁春秋二祭"。③礼仪规范较之前朝代更加细致而烦琐，如坛墠之制，神位、祭器、祭品、玉帛牲牢之数，祀期、斋戒、祭服、祝版、习仪、陪祀、乐章等均有定制。清初，遣官致祭名额也有明确的规定，其中河渎一人，致斋一日，均二跪六拜，行三献礼。④祭祀地点在河渎庙，黄河沿岸建有多处，其中山西蒲州河渎庙规模宏大，清康熙皇帝为之亲书"砥柱河津"匾额，民国时期毁于黄河洪水之中。陕西韩城河渎庙，明代前期曾为祭祀之地，惜在嘉靖年间地震中倾圮。河南武陟嘉应观，清雍正时期建立，也为祭祀河伯之所。

除了河渎祭祀，明清时期政府还在山东、山西、河南、山西等黄河沿岸建有大量祠庙，祭祀河神，所选择的地方多为黄河泛滥决口频发之地，可见黄河对国家政治及百姓生活影响重大。如张秋镇为黄、运交汇之地，"以近计，则居济宁、临清两都会之中，以远计，则居南北两都之中"，⑤地位重要，河神庙宇也非常多。明弘治六年（1493年），副都御史刘大夏治理张秋河，"沿张秋两岸，东西筑台，立表贯索，联巨舰穴而窒之，实以土。至决口，去窒沉舰，压以大埽，且合且决，随决随筑，连昼夜不息。决既塞，缭以石堤，隐若长虹，功乃成"，为纪念这次治水的成功，翌年三月，在黄陵冈"建黄河神祠以镇之，赐额曰昭应，令有司春秋致祭"。⑥为了酬神，刘大夏还在张秋镇北修建了显惠庙，"祀真武及东岳、文昌三神像，弘治间勅建。东西两庑祀龙王五及晏公、萧公、耿公三神像，岁时致祭与沙湾同"。⑦"先是主香火者太常寺丞一员俱应，门子二名，捞浅夫二十八名，河滩地七十五亩，

① 黄芝岗：《中国的水神》，生活·读书·新知三联书店 2012 年版，第 87 页。
② 班固：《汉书》卷二九《沟恤志》，上海古籍出版社 2003 年版，第 1172 页。
③ 黄芝岗：《中国的水神》，生活·读书·新知三联书店 2012 年版，第 88 页。
④ 赵尔巽等：《清史稿上》第二六册《礼志二》，吉林出版社 2005 年版，第 45 页。
⑤ 康熙《张秋志》卷一，收录于《中国地方志集成·乡镇志集 29》，江苏古籍出版社 1992 年版，第 27、28 页。
⑥ 《明孝宗实录》卷九八，台湾"中央"研究院历史语言所 1962 年校勘，第 1793 页。
⑦ 谢肇淛：《北河纪》，影印文渊阁四库全书，第 576 册，第 711 页。

后改灵济宫住持。未几，改道士，今改礼部道官，俱奉工部分司札付，夫与门子革，惟官地存，复增赁基一百四十八间为香火费。旧额岁祭用春秋二仲，万历初，附增起运、运毕二祭，春祭出阳谷，秋祭出寿张，立御祭碑文一座。"[①]张秋镇大王庙供奉的河神据说十分灵验，香火旺盛。据载：同治十一年（1872 年）十月，"江北漕船行至八里庙阻浅，经运河道等诣大王庙虔诚祈祷，旋得大雨，河水涨发，米船得以畅行，实深寅感。着南书房翰林恭书匾额一方，发交乔松年祗领，敬谨悬挂山东张秋镇大王庙，用答神庥"。[②]翌年十月，"寒露以后，中河厅中牟下汛三堡险工叠出，仰赖河神显应，化险为平。又山东临清闸、张秋八里村地方，近年黄汛愆期，每至漕船阻滞，经江、安粮道等祈祷辄昭灵应，实深寅感，朕亲书匾额三方，交乔松年祗领，敬谨悬挂中河九堡大王庙、临清漳神庙、张秋河神庙，用答神庥。"[③]

此外，张秋其他的河神庙还有不少。如光绪五年（1879 年），"四五月间，河运漕船由运入黄，水源枯落"，到了五月，"经文彬虔赴各大王、将军庙祈祷，当即连需甘霖，得以迅速浮送"，于是皇帝派御史"分诣张秋镇金龙四大王、朱大王、黄大王、栗大王、宋大王、白大王、陈九龙将军、元将军庙敬谨悬挂，以答神庥"。[④]

明清时期，政府以政府的名义对河神进行祭祀的事例不胜枚举。乾隆二十一年（1756 年），黄河于徐州孙家集夺溜，次年四月，"上年孙家集夺溜，河身淤浅，旋命大臣堵筑，河流顺轨，今朕亲临阅视，令司河弁逐为测量，大溜直趋，自相汕刷浚，实赖神明佑，着该地方官择地建立河神庙，春秋祀享，以昭崇德答庥之意"。[⑤]乾隆四十二年（1777 年）二月，上谕："陶庄开挑引河为治黄一大关键，今开放之后，新河内大溜畅注冲刷，宽深形势甚顺，从此清黄分流，直至周家庄汇归，东注清口，可免倒灌之虞，实为一劳永逸，非河神默佑，不能成此巨工，自应于该处立庙以酬神贶"。[⑥]下一年，又谕："河流顺轨，运道深通，自赖神明佑助之力。向来四渎虽各有专祀，而工所黄淮河神庙，每年春秋未经官为致祭，典甚阙焉。自宜特重明禋，以昭灵贶。所有江南及河东等处工次建立黄河神庙，并江南清黄交汇地方所建淮河神庙，均着于每年春秋二季官为致祭，交该部载入祀典。并着翰林院撰拟祭文发往，于致祭日敬谨宣读，以崇功德而报庥。"[⑦]

除了以国家名义进行的大型河渎祭祀，明清时期各级政府还有形形色色、规模不等的祭祀河神的活动，尤其是在清代，人们对于河神的崇信达到了前所未有的程度。黄河一带的百姓如果在河边发现了"大王"或是"将军"，必须及时汇报地方官，经过确认后，官员便带着巫师亲自前去迎接。接大王的时候唱着祝辞把蛇先放在一个盘子里，然后再放进轿子里抬入庙中供奉。或者是蛇登盘子后，"它便蟠在盘里，将蛇头从盘心昂起来，官用头顶着盘子，将蛇送到大王庙里，香花供养"。[⑧]清末讽刺小说《二十年目睹之怪现状》中曾详细描述过北洋水师官员接河神的情景：

听说这金龙四大王很是神奇的。有一回，河工出了事，一班河工人员，自然都忙的了不得。忽然他出现了。惊动了河督，亲身迎接他，排了职事，用了显轿，预备请他坐的。不料

① 康熙《张秋志》卷一，收录于《中国地方志集成·乡镇志集 29》，江苏古籍出版社 1992 年版，第 34-35 页。
② 中国第一历史档案馆：《咸丰同治两朝上谕档》第 22 册，广西师范大学 1996 年版，第 208-209 页。
③ 中国第一历史档案馆：《咸丰同治两朝上谕档》第 22 册，广西师范大学 1996 年版，第 232-233 页。
④ 中国第一历史档案馆：《光绪宣统两朝上谕档》第 5 册，广西师范大学 1996 年，第 220-221 页。
⑤ 中国第一历史档案馆：《乾隆朝上谕档》第 5 册，档案出版社 1998 年版，第 27 页。
⑥ 中国第一历史档案馆：《乾隆朝上谕档》第 8 册，档案出版社 1998 年版，第 579 页。
⑦ 中国第一历史档案馆：《乾隆朝上谕档》第 14 册，档案出版社 1998 年版，第 410 页。
⑧ 黄芝岗：《中国的水神》，生活·读书·新知三联书店 2012 年版，第 88 页。

他老先生忽然不愿坐显轿起来，送了上去，他又走了下来，如此数次。只得向他卜筶，谁知他要坐河督大帅的轿子。那位河督只得要让他。然而又没有多预备轿子，自己总不能步行。要骑马罢，他又是赏过紫缰的，没有紫缰，就不愿意骑。后来想了个通融办法，是河督先坐到轿子里，然后把那描金朱漆盘，放在轿里扶手板上。说也作怪，走得没有多少路，他却忽然不见了，只剩了一个空盘。那河督是真真近在咫尺的，对了他，也不曾看见他怎样跑的，也只得由他的了。谁知到了河督衙门下轿时，他却盘在河督的大帽子里，把头昂起在顶珠子上。

然后供养起来：

> 走到（演武）厅前，只见檐下排了十多对红顶、蓝顶、花翎、蓝翎的武官，一般的都是箭袍、马褂、佩刀，对面站着，一动也不动，声息全无。这十多对武官之下，才是对站的营兵……走到厅上看时，只见当中供桌上，明晃晃点了一对手臂粗的蜡烛。古鼎里香烟袅绕，烧着上等檀香。供桌里面，挂了一堂绣金杏黄幔帐，就和人家孝堂上的孝帐一般，不过他是金黄色的罢了。上头挂了一堂大红缎子红木宫灯，地下铺了五彩地毯，当中加了一条大红拜垫，供桌上系了杏黄绣金桌帷。……掀起幔帐……只见一张红木八仙桌，上面放着一个描金朱漆盘，盘里面盘了一条小小花蛇，约摸有二尺来长，不过小指头般粗细，紧紧盘着，犹如一盘小盘香模样。那蛇头却在当中，直昂起来。

供养过程高级官员每天都要去拈香叩拜，书中说：

> 破天亮时，李中堂便委了委员来敬代拈香。谁知这委员才叩下头去，旁边一个兵丁便昏倒在地。一会儿跳起来，乱跳乱舞，原来大王附了他的身。嘴里大骂："李鸿章没有规矩，好大架子！我到了你的营里，你还装了大模大样，不来叩见，委甚么委员恭代！须知我是受了煌煌祀典，只有谕祭是派员拈香的。李鸿章是什么东西，敢这样胡闹起来！"说时，还舞刀弄棒，跳个不休。吓得那委员重新叩头行礼，应允回去禀复中堂，自来拈香，这兵丁才躺了下来，过一会醒了。此刻中堂已传了出来，明天早起，亲来拈香呢。[①]

此后，人们还会举行各种娱神活动。小说《醒世姻缘传》中提到济宁金龙四大王庙中供奉着金龙四大王、刘将军、杨将军："这三位神灵，大凡官府致祭，也还都用猪羊；若是民间祭祀，大者用羊，小者用白毛雄鸡。浇奠都用烧酒，每祭都要用戏。"虽然小说中所提及的人物和事件多半是虚构的，有些地方充满了迷信色彩，看起来匪夷所思，但是关于社会崇信大王、将军的记载的确是当时的真实反映。

三、明清时期河神信仰之特征

经过上千年的发展，河神形象基本完成了由神到人，然后又由人到神的转变。祭祀所展示的虽然不可避免地有人们因为受限于改造自然能力而产生的痛苦与无奈，但从中更能折射出人们认识自然、

---

① 吴研人：《二十年目睹之怪现状》第六十八回《笑荒唐戏提大王尾态詈威打破小子头》，北方文艺出版社2013年，第319、320页。

探索自然，以及征服自然的坚持和执着。特别是在明清时期，随着自然环境和经济生活的变迁，人们对于黄河认知的深入，河神信仰表现出鲜明的功利性、政治性以及娱乐性，日渐成为国家政治生活和民众日常的重要组成部分。

1. 河神祭祀的功利性

明清时期，黄河和漕运对于社会影响意义深远。明代大学士邱浚说："天地间利于民者，莫大乎水；害于民者，亦莫大于水"，"为中原民害之大者，莫甚于河。"[1] 清代康熙皇帝更是将河工、漕运与三藩并称为"三大事"，"夙夜廑念，未尝偶忘，曾书而悬之宫中柱上"[2]，正是由于人们对于河漕的重视，人们希望得到其庇佑，实现国泰民安的期望也就较之前任何朝代都要强烈。

自 1194 年起，黄河夺淮，导致淮河口出水不畅，经常泛滥，加之明人治水，强制黄河之水南流，防水北流，如御大敌，造成水患无法消弭，直到清咸丰五年（1855 年），黄河水在近河南兰封县西北的铜瓦厢处溃决，黄河再次改道，大的水患才开始减少。这六百余年间是黄泛最严重、破坏力最强的一个阶段，"黄河自国初以来，虽迁徙不常，然其势北高南下。至成化间，始南高而北下，以至贻今日之患"，[3]"漕为天下重务，而其通塞恒视乎河。河安则漕安，河变则漕危。漕之安危，国计民生系焉"[4]，黄河与漕运关系密切，黄河的通塞直接关系到漕运的安危。在此背景下，政府封赐河神、颁发匾额，举行祭祀的活动骤然增加，其目的显而易见。

祭祀河神的功利性，在政府公文中也并没有回避。明代皇帝在祭祀河伯神和大河神的祭文中说：

> 夫朕为国子民，而神为民捍患。实皆天职，然有司存。朕所能为，岂敢畏难于朝夕；神之易举，讵可辞劳于指麾。沛膏雨以作丰年，助顺流而为之通道。……愿有祷也，冀无负焉。[5]

直接指出河神有着捍患为民的职责，人们祈祷祭祀河神是希望在神灵的帮助下获得丰沛的雨水，保证丰年，希望漕运顺畅，百姓有能力战胜水患，安居乐业。如果河神不能够有求必应，人们还会责备河神。如果河神不能够有求必应，祭祀得不到回应，人们还会责备河神。明景泰年间，河南沙湾河决，治而复决，督察员左都御史王文在祭祀河神的祭文中就说：

> 夫朕为民牧，神为河伯，皆帝所命。今河水为患，民不聊生，伊谁之责？固朕不德所致，神亦岂能独辞？必使河遵故道，民以为利而不以为患，然后各得其职，仰无所负，而俯无所愧。专俟感通以慰悬切。[6]

清代亦如此。光绪二年（1876 年），黄运交汇之地淮安漕船受阻，漕运总督文彬祈祷神佑获助，于是奏请皇帝酬谢神灵，奏折中说：

> 上年各间，底水极小，本年漕船开行，仅敷浮送。逮至挽抵杨庄，适山东筑坝挖河，微

---

① （明）邱浚：《邱浚集》第 1 册，海南出版社 2003 年版，第 334 页。

② （清）阮葵生：《历代笔记小说大观·茶余客话》，上海古籍出版社 2012 年，第 11 页。

③ 《明孝宗实录》卷九二，弘治七年丁酉。

④ 孙承泽：《合纪》卷末《自跋》，续四库全书本。

⑤ 李国富、王汝雕、张宝年：《明景泰四年七月御祭中镇文》，山西古籍出版社 2008 年版，第 647 页。

⑥ （清）吴怡：《东阿县志》卷八，北京图书馆藏，第 14 页。

山诸湖之水不得下注，水势自渐消落。始犹勉强推移，继则尺寸难进。计算东省挑工约须四十余日方竣，运河无来源，涸可立待。若使重载米船浅搁十日之久，船身必致受伤，而数百船胶滞一处，风火、盗贼之变既难保……（奴才）目击情形，焦灼万分，当即恭诣各庙祈祷，屡需甘霖，旋据督运各员暨各管厅汛报称河水渐涨，黄大王化身涌现。（奴才）率属迎于庙中，竭诚默祷，自此河水遂定，得以筑坝养船。迨四月十一日，东省启放湖口坝，各船遂得前进，行抵邳、泇之滩上地方，大王化身又现，灵贶（贝兄）昭然，群情欢抃。伏查南河崇祀大王久征灵应，今当漕船失水危急之际，获保无虞，仰荷神灵之佑助，咸由圣德之感孚相应，吁恳颁发匾额一方，（奴才）敬谨摩制悬挂杨庄庙内，以答神庥。[①]

众所周知，古代社会"盖人力无所不施，不得不借于神力"，[②] 人们在没有能力解决水患之时，对于神灵的依赖就越显强烈，应该说正是这种实用的功利性目的才是河神信仰存在千年并且长盛不衰的根本原因。

2. 河神祭祀的政治性

明清时期是皇权空前强化的时期，同时也是封赐河神最多的时期。统治者将敕加封号、颁发匾额的权力集中到自己手中，并通过各种方式将众多河神列入国家祀典，规定了庄严而烦琐的祭祀仪式，同时政治领域中的等级观念，也直接通过河神的封号、庙宇修建级别等体现出来，这些都是强化皇权的重要举措。

皇帝的权威通过各种方式渗透到社会的每个角落，对河漕治理产生了重要影响。在统治者看来，君权神授，皇帝和河神一样，权力都来自天帝，而河神的敕封、匾额又是由皇帝赐予，如此看来，皇帝地位与河神一样，甚至是高于河神的存在。因此每一次河漕的治理都离不开皇帝的英明指导，而同时每一次治水的成功，除了河神庇佑，对皇帝的赞颂当然也是重中之重，或者说漕路畅通，黄河无患是皇帝仁德感动神灵的结果。统治者通过祭祀神灵孜孜不倦地进行社会教化的目的主要是维护政权的合法性，确立以皇帝为中心，以皇亲国戚、王公大臣为附属的层次分明的官僚机构权力秩序，只有这样才能确立统治权力秩序，并且对社会形成有效的管理控制体系。

国家祭祀中官方祀神求报、神人互惠的心理与民间无异，是双方共同的心理诉求。河神形象先由民间产生，然后反馈到政府，再通过最高权力的敕封，反馈到民间，"民间和国家相互塑造和影响，各自边界模糊而渐趋同一"，因此政府和民间在信仰上最终达成统一。不同的是，在"天人感应"影响下，皇帝地位卓然，拥有与神沟通的独特能力，而神灵显圣也是昭示皇帝"天命"所在，也就是说以皇帝为领导的祭祀河神活动是皇帝向百姓施恩，昭示保佑百姓安居乐业，国家长治久安力量的颂扬。正是在国家力量的推动下，河神信仰空间得到扩展，在明清数百年时间里，河神信仰已经不独黄河流域，而是遍及全国各地。

3. 河神祭祀的娱乐性

"人间烟火气，最抚凡人心"，祭祀固然庄严而神圣，但是这并不妨碍人们从中寻求到慰藉与快乐。明清时期，黄河两岸的民众生活艰苦，除了要承担修筑漕运、防洪筑坝的劳动，还要承受黄河泛滥成灾导致的土地淹没、流离失所的痛苦，此外各种赋役也在所难免，在饱受生活压力的情况下，人们对

---

① 漕运总督文彬：《奏为杨庄庙河神显灵请颁发匾额事》，《录副奏折》，光绪二年五月二十一日，档号：03-7073-009。

② （清）薛福成著，傅一标点：《庸盦笔记》，重庆出版社 1999 年版，第 118 页。

舒缓精神，娱悦身心的渴望便非常迫切，于是出现娱神，也为娱人的活动就在所难免了。

河南荥阳汜水镇祭祀河神的记载：

> 农历正月十五，都要向大王庙送灯，大王庙里用秫秸扎起一个个高架，送来的灯都放在架子上，每架有几百盏灯，号称"灯山"，虽没有亲见，想象间也是辉煌无比。在庙中摆灯山之外，人们还要向黄河里放"路灯"，有钱人从市上买特制的陶灯盏，平常人家或用小木板载灯，或用萝卜制灯。许许多多的灯，一齐放入大河之中，星星点点顺利而下，那情景，使一些老年人今天想起来还觉得眼前一片光明。[①]

中原地区本就有正月十五挂花灯的习俗，此时将放河灯与祭祀河神结合起来，在祈愿的同时也增添了节日的氛围，百姓踊跃参加。与此类似的还有河套地区的记载：

> 每遇河水大涨决口成灾。或遇到干旱缺水之际，人们就到河口"放河灯"，祈求保佑。"放河灯"就是用蜜蜡把底儿烫出来的纸船、纸灯，晚上点着纸灯里的小蜡，放在河渠里任水漂流，在放河灯的起点，请僧尼鸣锣击鼓，念以（经）祈祷。[②]

因此，可以推测，放河灯的活动在黄河两岸是广泛存在的。

明清时期戏曲艺术得到了长足发展，不仅是社会大众喜闻乐见的文化活动之一，也成为重要的娱神活动。民间传说大王或将军喜欢看戏，于是每年祭祀河神的时候都必须演戏酬神：

> 蛇也能点戏的；那便是用一支红纸裹的牙筷，由庙祝从盘里挑起蛇身，供桌上铺一张黄纸写的戏单，庙祝用筷举起蛇来，从左边到右边，蛇便垂头吐舌，在它爱看的戏名下着一点（小口水涎）。这当然靠庙祝的手法；但便算点了戏了。在这些蛇里面，黄大王最爱点戏，因为他最爱听戏。[③]

娱神更是为了娱人，人们借助神之口，将自己的愿望和要求表达出来，以满足精神生活需求。

综上所述，明清时期河神信仰的盛行并不是偶然的，而是有着深刻的自然原因和社会原因。在人战胜自然能力有限的古代社会，治河护运的功利性目的使河神不仅肩负着防洪护堤、平息水患的使命，还承载着庇佑漕运、保障通航的期望。政府将诸多河神纳入国家祭祀体系，通过行政手段将祭祀转化为强化皇权，加强统治的政治工具，有助于在思想上维护国家正统统治。此外，河神祭祀中还增添了不少具有时代色彩的娱神元素，在丰富百姓日常之余，也使信仰更加富有了乡土气息。

（作者系河南省社会科学院历史与考古研究所副研究员）

---

① 山曼：《流动的传统：一条大河的文化印记》，浙江人民出版社 1999 年版，第 126–127 页。
② 山曼：《黄河河神和祭祀仪式——读王卫〈昙花一现的黄河祭祀仪式〉》，《民俗研究》2000 年第 4 期。
③ 黄芝岗：《中国的水神》，生活·读书·新知三联书店 2012 年，第 88 页。

明清时期黄河水神信仰及流变

夏志峰

2006 年 5 月，博爱县清化镇在建设商贸城过程中，发生了损坏文物事件，笔者与河南省古建筑专家杨焕成、张家泰、杜启明前往事发地点鉴定被毁的文物。被破坏的文物共计 16 通明清时期的碑刻，其中有明隆庆五年（1571 年）《创建金龙大王神祠记》、康熙七年（1668 年）《大王庙创建戏楼碑记》、康熙四十一年（1702 年）《竖立旗杆碑记》等，我们对各碑刻的内容和价值及受损情况进行了初步的分析与评估，审慎地为执法部门出具了鉴定意见。适逢黄河文化论坛召开，因思将清化大王庙碑刻资料整理一番，可以写就一篇小文与会。在翻出旧有资料准备起笔前，又在网上搜索一下，始知自 2012 年以来，焦作本地和南开大学的学者已发表了多篇清化镇大王庙碑文的研究论文。就碑文内容而言，他们的研究已比较全面，很难再就碑文本身赘言一二。但在碑文之外似还有一些问题可以揭示，因草就此文，就正于先行诸家。

一、黄河水神信仰的分布路线

据明《创建金龙大王神祠记》，彼时沿河一带皆有其神祠。金龙四大王信仰盛行于京杭大运河两岸，深得往来商旅的笃信，其神祠在沿线的山东、江苏最为密集。明代黄河故道在江苏宿迁与大运河沟通，运河神祇便随商旅舟楫进入黄河，成为黄河两岸民间信仰的水神。不止是在黄河两岸，与之毗邻的卫河和淮河两岸也有颇多信徒。

清《创建大王庙戏楼碑记》载，清化为三晋咽喉，南来北往的商人，莫不居停于此。打开地图可以清楚地看到，清化镇是山西东南出中原、向华北、江南转进的门户。无论是晋商南下，还是其他地方的商人要北进山西，都必经此地停留。再将分布于各地的金龙大王庙与明清时期重要的商旅通道比较来看，可立即发现二者完全重合。由山西东南部的高平出清化，可分为卫河线、黄河线，再经开封南下至淮河及各支流，可统称为淮河线。各线金龙大王庙分布概述如下：

1. 卫河线

卫河之源头有两条：一条在河南省博爱县皂角树村，经流武陟；另一条在辉县苏门山麓，在新乡县合河村西合二为一，后流经新乡市、卫辉、淇县、浚县、滑县，进入河北省东南部的大名，在河北省馆陶县汇入漳河，于山东临清注入南运河。五六十年前，卫河一直是华北地区重要的内河航道，沿途皆有金龙四大王庙。

乾隆《怀庆府志》卷五《建置》记载，明万历间奉敕在武陟县莲花口沁堤上修金龙四大王庙。民国《新乡县志》卷二五《祠祀上》载，在新乡北码头和县东卫河南岸各建有一处金龙大王庙，今新乡市和平桥南侧尚存明金龙四大王庙。据卫辉市博物馆收藏的光绪《重修卫辉府金龙四大王庙记》，卫辉府金龙四大王庙旧址位于今卫辉市四小院内。系明代山西盐商建造，万历四十六年（1618年）、天启元年（1621年）、光绪九年（1883年）历经重修。嘉庆《浚县志》和光绪《续浚县志》之《建置·庙》载，金龙四大王庙位于浚县西门外，崇祯十五年（1642年）知县李茂有移修。光绪十年（1884年）知县黄璟重修。据清《黄璟重修金龙四大王庙记》，明李茂有所立之碑载有托名徐渭所作的金龙四大王传。民国《重修滑县志》卷七《祠祀》载，清顺治年间在滑县城南关建金龙四大王庙祀河神谢绪，咸丰二年（1852年），敕赐金龙四大王封号普运两字，民国废祀。

卫河出河南入河北大名、馆陶、临西、清河、故城，在山东临清与南运河合。明正德《大名府志》卷四《祠祀志》载，在城东南十里的卫河之滨也建有一座金龙四大王庙。由于资料所限，其他沿卫河地区尚未查到修建金龙大王庙的记载。

卫河沿线各地大王庙大约建于明代中期至清代早期，晚清民国后大部废改为他用。

2. 黄河线

从清化镇南下，即抵黄河之滨的孟县，渡河即至洛阳，自洛阳以下偃师、巩县、荥阳，下至开封，沿河皆有金龙大王庙。

《孟县志》卷三《建置寺观》载，在旧县和县西阎家湾两地各建一座金龙四大王庙，祀大河之神、大济之神、灵佑襄济之神。乾隆《怀庆府志》卷五《建置》载，孟县金龙四大王庙在下孟镇，元至元时建，明崇祯五年（1632年）没于河，七年（1634年）重建。雍正《河南府志》卷四八《祠祀》："金龙四大王庙在府治西北，祀宋会稽谢绪。临河州县多有。"光绪《偃师县志》卷四《祀典》："金龙四大王庙三，一在县西南油坊庄，一在县东孙家湾，一在县西南韩家村。"雍正《河南府志》卷七《山川上》："神堤在巩县北五里，上建金龙四大王庙以镇黄河之冲。"康熙《开封府志》卷十八载，汜水县（今隶荥阳）："金龙四大王庙有四：一在蓼子峪，一在玉门渡，一在孤柏嘴，一在牛口峪。"今荥阳市尚存《迁修汜河口大王庙落成碑》，立于道光廿六年（1840年）。据碑文，其年黄河大水，汜水城内外均遭受洪灾，幸得人民平安转移，洪水退后，将原低处之大王庙迁至高处重建。乾隆《创修金龙四大王黄大王庙碑》载，在今郑州、中牟交界处亦建有大王庙，旧址不详。

郑州以下的黄河因泥沙不断淤积而抬高河床，致使河堤易决口、河道易改徙而成为害河。1128年，滑州段的黄河堤防被人为掘开致使黄河南流夺淮入海，直到明中叶潘季驯治河后，黄河主河道大体稳固在开封、商丘、徐州、宿迁一线。1855年，黄河又在今河南兰考县铜瓦厢决口改道，再次摆回北面，行今河道。

明李濂《汴京遗迹志》："金龙四大王庙在祥符县治之南，汴河北岸州桥之侧，祀河神也。今为居民侵占，狭小矣。"据《四库全书》纪昀提要，李濂，祥符人，明正德八年（1513年）进士，此书大约成书于十六世纪前叶。康熙《开封府志》卷十八《祠庙》："金龙四大王庙旧有二：一在开封府南汴河岸；二在大梁门外，河水没。新建四：一在河北朱源寨，顺治年（1644-1661年）河道方大猷建；二在徐府街；三在县之西南州桥；四在土街东会王府废址，顺治二年（1645年）建，康熙二十五年（1686年）河道祖文明重修。"道光元年（1821年）重修的开封北郊黑岗大王庙遗址在今开封市北郊黑岗口盖坝，《重修黑岗大王庙碑》辑民国陈善同主编的《豫河续志》卷二十。同年，开封下南河同知王仲桂又在一览台重修大王庙，并立《重修一览台大王庙碑》。此碑1979年出土于开封市西郊马台与张湾之间黄河废堤南侧的大王庙遗址，今存开封西郊文化馆。此二处皆标明重修，始建年代不详。据《豫河续志》卷二十载，道光廿七年（1841年）在开封北郊大马圈新建大王庙，并立《新建大王庙碑记》。据碑记，其正殿供奉金龙四大王、朱大王、黄大王；左右偏殿分供风火神和陈九龙将军；东西两庑列祀各将军。

民国《考城县志》卷四《建置志·坛庙》载："大王庙在本城南关西街路北，乾隆四十九年（1784年）知县陈士骏创建……中祀大王：金龙四大王、黄大王、朱大王、栗大王、宋大王、白大王；将军：陈九龙将军、杨四将军、萧公、晏公、黎河神、柳将军、党将军、刘将军、王将军。"

光绪《虞城县志》卷三《庙祀》载："金龙四大王庙在城西关，明万历年间（1573–1619年）司寇杨东明建，康熙年间（1622–1722年）知县程本节重修。"司寇乃清代对刑部尚书的代称，考杨东明（1548–1624年），虞城县人，字启昧，号晋庵，别号惜阴居士，万历八年（1580年）进士，崇祯元年（1628年）追赠刑部尚书。

清康熙《宁陵县志》之《艺文志》载，往来江淮的盐商得神之助，风雨无灾，建金龙四大王庙于城西里许。在金龙四大王庙吃烟火祭食者还有宁陵知县栗毓美。栗毓美（1778–1840年），山西浑源人，清嘉庆二十年（1815年）任宁陵知县，其到任之前两年，黄河在宁陵决口，他到任后治河救灾甚有绩效，历任知州、知府、布政使。道光十五年（1835年）任河东河道总督，主持河南、山东两省河务。栗毓美去世后，宁陵县为纪念其治黄功绩，乃建大王庙供奉之，号为栗大王。同治年间，清政府将栗大王请进郓城金龙大王庙，并敕封诚孚栗大王。

黄河故道从商丘出河南，经山东、安徽，在江苏宿迁与京杭大运河相交。这种交汇口会聚了南来北往的商客，是金龙四大王庙分布较密集的地方，据宣统《宿迁县志》所载，仅此一地就先后建造过四座金龙四大王庙。

3. 淮河线

由开封沿贾鲁河南下，便到了沙河、颍河和贾鲁河交汇处的大码头周口。乾隆《商水县志》载，自清初始，周口借水利航运的便利，迅速成为一个舟车辐辏、商旅云集的大都会。据道光《淮宁县志》卷三《疆域志》所记，清代中期周口有齐埠口、大小渡口、王家埠口等码头，可谓舟楫相连，财货累积如山。周口金龙四大王庙，在沙河南岸山陕会馆东侧，建于乾隆年间，今已无存。其时商水县令牛问仁（山西安邑人）所撰《周口南岸金龙四大王庙碑记》记录其创建过程，今存周口市博物馆。民国《淮阳县志》载："大王庙在西关，清康熙四十六年（1697年）商人姚承祚、李应元重建。"这条记录表明前代应存在此庙，后因各种原因毁坏，才会有重建一说，不详其始建年代。

除周口以外，淮河其他支流亦有金龙四大王庙修建。《鄢陵县志》卷七《建置志·祠庙》载："金龙四大王庙在七里桥侧，明万历年（1573–1619年）建。"民国《太康县志》卷二《舆地志·坛庙》载："金龙四大王庙在东门外迤南，明御史王旋建。"光绪《上蔡县志》卷二《建置志·祠庙》载："金龙四大王庙在南关外，今废。"民国《郾城县志》卷十七载："万历四十二年（1614年）山西盐商之在郾城者，以盐藉黄河而运，乃建庙以祀神。"民国《禹县志》卷十《祀典志》载："禹无河患，其有河神庙者，以地为商贾凑集，往来必由河，故建庙以祈祷也。"今仍存者还有郏县大王庙，清乾隆十九年《重修大殿及庙门碑记》仍立于郏县冢头镇，2016年被河南省政府公布为第七批河南省文物保护单位。

淮河南岸的商埠也有金龙四大王庙的分布。光绪《光州志》卷二《坛庙》载，在潢川南城潢河南岸建有金龙四大王庙。竹竿河流入淮河之罗山县河口街，还遗存有传建于明初的金龙四大王庙。

除上述三条线路和京杭大运河线之外，金龙四大王庙还分布于长江流域各商埠，向西可达四川盆地；向南经浙江达福建、广东，并渡海到中国台湾南部；由晋南之闻喜过风陵渡，向西达陕西、甘肃。因其不在本文讨论范围，不再一一赘述。

二、金龙四大王信仰的北传与晋商之关系

金龙四大王信仰的起源已不可考，只是在明清时期南来北往的商旅间口耳相传，以讹传讹。康熙《郓城县志》载邑人祝衍洙所撰《金龙四大王庙记》载："世谓大王家于郓，余窃疑焉。至言其姓氏，又荒谬无可考。"《周口南岸金龙四大王庙碑记》载："王卒于封邱之金龙口，行四，故曰金龙四大王。"民国《洪洞县志》卷八《建置·坛庙》载，金龙大王庙在县东梗壁村，宋天圣四年（1026 年）建；光绪《丰镇县志》卷三《祠祀》说，金龙四大王庙始建于辽天庆五年（1115 年）。以明清通行的金龙四大王行迹来参考，以上几条记录完全是荒诞无稽。民间传说一传十、十传百，最后的接受者与最早的传播者所言的物事皆已经面目全非。

谢绪行迹最早见于宋元之际徐大焯所撰《烬余录》，其中的谢绪是一个仗义疏财、为人忠诚的江湖豪侠，这种品格正是风餐露宿、走南闯北的商人所崇尚的。号称第一商帮——晋商的号规就是"重信义，除虚伪""贵忠诚，鄙利己"。晋商如此，其他想扩大经营、延续发展的商人莫不如此。谢绪只是因人品贵重而博得了商人群体的景仰而已。

明代以后，谢绪开始被神化为金龙四大王。《钦定续通志》卷一一四："景泰七年（1456 年），祀金龙四大王庙于沙湾。"这是官方的祭祀，在民间恐已享祭许久。明张岱（1597-1680 年）《夜航船》载民间传说金龙四大王谢绪助明太祖大破元军，被封为黄河神。明朱国桢《涌幢小品》载此传说更详，并附丽隆庆年间金龙四大王助潘季驯治河故事。清赵翼《陔余从考》卷三五全录之，并无考据。赵翼是乾嘉学派著名的学者，精通历史，考据精赅，他连相距未远的故事之考定都含糊其词，可见他对金龙四大王之事也未得其详。此外，明清之际徐树丕《识小录》卷二录《金龙庙诗》、清初《天童弘觉忞禅师北游集》卷五、雍正《浙江通志》卷二一七《祠祀一》所录托名陈继儒《金龙四大王传》《河南通志》卷四八所录托名徐渭《金龙四大王碑记》、清乾隆翟灏《通俗编曲》卷二都有类似的记载，皆不再列举。

偶在《浙江通志》中查到一条与金龙四大王有关的记录："白泽大王庙，《杭州府志》在纯礼坊，宋景德年间，遣中尉梁元帅专督漕运，行至海中，有猛兽号白泽者，出没海中，洪涛陡作，运船几覆，忽见空中一人，乘龙马挥鞭驱逐，白泽趋服，洪涛顿息，粮运以全，因建祠祀之，后奏请勅封土神。"这条记录据载是北宋时期的，流传的地点也是杭州，其行迹与金龙四大王于徐州助明太祖水退元兵有异曲同工之妙。

白泽的神话传说与谢绪的民间故事在其原产地杭州本是两个互不牵涉的独立故事，在经运河舟楫向北流传的过程中，两者讹变为一个新的故事——金龙四大王谢绪生而忠义，死为河神，富国利民。这样在北部的运河两岸炽盛的金龙四大王信仰为何在其原产地却冷冷清清就容易理解了。

金龙四大王信仰从运河进入黄河、卫河、淮河，并成为黄河水神，则与山西商人走南闯北的经营活动有关。山西地处黄土高原，境内多山地，农耕并不能满足其生存发展之需要，故经商成为晋人从业的首选。马可·波罗在其游记中说太原、平阳一带的商人遍及全国各地，获利丰厚。《三国演义》的作者罗贯中，就是在元代延祐年间随其经商的父亲从太原移居到苏杭的。

明朝建立之初，为防御北边蒙元残余的侵扰，再次修茸万里长城，同时在长城沿线设九镇，其中山西境内设有宣府镇、大同镇和太原镇，各镇皆驻扎数万的军队。为解决驻防将士的军需问题，明政府实行了开中法。所谓开中法，就是以盐为中，招募商人输纳粮食、马匹等军需物资的办法。商人按照政府的要求，把军需物资运到指定的边防地区，向政府换取盐引，再凭盐引到指定的盐场支盐，最后将盐销售到指定的地区。明洪武四年（1371 年），制定中盐则例，计道路远近，运粮多寡以确定兑换额，以后历代屡有甄改。

开中令为山西商人的发展壮大提供了机会。在能够搜集到的材料中，河南卫辉金龙大王庙、郾城金龙大王庙、周口金龙大王庙皆由山西商人捐资修建。盐商与粮商通常是一体两面，因山西并非产粮区，所需粮食要从产粮的江淮地区贩运而来。清化镇《创建金龙大王神祠记》载，首倡刘尚科即临汾的粮商。由于此碑下部残缺，碑文保留不全，其大意是粮商刘尚科从苏湖往清化贩运粮食的途中遇险，因向金龙大王祈祷护佑，人与货俱得保全，为感激神恩而兴建此庙。口耳相传的传说一旦经过经验的验证，会更加坚定当事人的信仰，树碑立传、建庙祠祀只是表达这种信仰的外在方式。而这种信仰方式又加速了信仰的传播，在黄、淮、卫三条通商路线分布的金龙大王庙，就是商人群体对金龙四大王信仰的集体表达。刘尚科贩运粮食的目的地并非清化镇，因清化镇所在的怀庆府是河南重要的产粮区，粮食自给应不是问题，并不需要从遥远的南方贩运而来。其最终目的地应是山西的三镇，清化只是其中转歇脚之地。

嘉靖隆庆年间创建清化大王庙的经费由众客商捐资，许檀依残缺的碑文统计，山西平阳府之临汾、绛州、曲沃、太平、翼城、潞泽、汾州 330 人捐 166.27 两，占总耗费的 77.7%；河内本地和开封客商 142 人捐 46.3 两，占总耗费的 21.7%；其他地区 1.3 两，占总耗费的 0.6%。这些数据表明，当时在以清化为枢纽的几条商路上奔走的主要是山西商人。

清化镇康熙七年（1668 年）《大王庙创建戏楼碑记》载：康熙四年（1665 年），晋商宋云程等捐资募财 60 余两，购得清化居民王氏之地以建戏楼。其上所列的捐资商号虽不能详考，应以晋商字号为多。

但晋商对大王庙的态度最少在清康熙四十一年（1702 年）发生了重大变化，其年所立《竖立旗杆碑记》记录了各地商人出资建旗杆事，共 8 地 32 人，其中北直隶广平府永年县 21 人，顺天府 1 人，真定府灵寿县 1 人，山东青州府沂水县 2 人，莒州 1 人，南淮安府海州 1 人，西泽州 2 人，本镇 3 人。晋商占出资人的比例仅有 1/16。以晋商的个性推断，其捐资的份额亦不会很多。而山西生产的铁旗杆则遍布各地的山西会馆或山陕会馆。许檀对这种情况作出了合理的判断：清代晋商创建了自己的会馆，因而对大王庙的捐款大幅度减少。清代分布于旧有商道和新辟的福建—江西—汉口—襄樊—南阳—洛阳—清化—山西—内蒙—俄罗斯这条茶道上的山陕会馆逐渐取代了明以来的大王庙，其信仰的神祇也由山西籍的关公取代了金龙四大王。这是一个无可否认的历史现象，其中的缘由因与本文主题相距较远，不再展开讨论。

三、金龙四大王信仰的流变

金龙四大王信仰在明清时期不只是在商船行驶的沿河两岸，在其他地方也广为流传，从明清白话小说中可略窥一斑。清吴趼人《二十年目睹之怪现状》第 68 回中说，在京、冀、鲁、豫一带，最受河工尊崇的是金龙四大王，《英烈传》第 12 回、《醒世姻缘传》第 86 回皆写到民间金龙四大王报赛之事。明周楫《西湖二集》卷二九直接将谢绪写成了忠肝义胆、万人景仰的英雄。这些通俗易懂的读物既来自民间，又反过来助推民间信仰的扩散。

中国民间信仰的神灵众多庞杂，只要是神都一专百能。清陈少海《红楼复梦》第 6 回写道，长桌上供着关公、三官、金龙四大王、祖师、福禄财神等诸神道。只要能求财求福求平安，不论何方神祇都是人们崇拜的对象。

在民间广为传信金龙四大王的同时，官方也认可了这个神祇。隆庆六年（1572 年），敕封金龙四大王之神。天启六年（1626 年），封其号为护国济运龙王通济元帅。清顺治以后，历代皇帝不断加敕封号，至光绪五年（1879 年），金龙四大王的最后封号多达 44 字。

金龙四大王信仰沿黄河进入中原地区以后，也成为黄河的保护神之一。开封北郊大马圈大王庙正殿供金龙四大王、朱大王、黄大王和列位将军；民国《考城县志》记大王庙供奉金龙四大王、黄大王、朱大王、宋大王、白大王、柳将军、党将军、刘将军、王将军等一干神灵。清雍正五年（1727年）落成的嘉应观原供奉的神祇于1948年被毁，现有的神像是20世纪90年代以蜡像重新安放的，不仅是金龙四大王、上述各将军和其他大王，清代中晚期的栗毓美、林则徐也都享受了祭祀，与雍正年间初创时相去甚远。

晚清至民国时期，金龙四大王蜕变为蛇，其缘由尚不明朗。薛福成（1838–1894年）《庸盦笔记》卷二："同治甲戌（1874年），河决贾庄，山东巡抚丁稚璜宫保亲往堵塞……十七日，栗大王至。越日，党将军至。又明日，金龙四大王至。"这些所谓的河神其实都是蛇。同书又载，河工凡见蛇、蜥蜴、蟾蜍等五毒虫，皆可谓之大王、将军。还载丁稚璜治河期间每日演剧敬神，有众蛇各就神位之前昂首观剧。民国陈夔龙《梦蕉亭杂记》卷二也记载了奉蛇为河神的故事。

对蛇的崇拜古已有之，人祖伏羲、女娲在唐代的绘画和雕塑中还是人首蛇身的形象。如果将晚清以后黄河水神的变异形象与古来流传的各类神话传说相比附，难免有牵强附会之嫌。但明清时期在民间还广为流传另类蛇灵故事，最有影响者要数明冯梦龙《警世通言》中的《白娘子永镇雷峰塔》，黄河水神的变异形象或许受到了这类民间传说的启示。

（作者系河南省社会科学院历史与考古研究所研究馆员）

明清时期郑州地区黄河水患及其社会应对

李 乔

"黄河宁，天下平。"黄河是中华民族的母亲河，同时也是一条桀骜难驯的忧患河。"善淤、善决、善徙"的特性，造成黄河决口改道频繁，因有"三年两决口、百年一改道"之说，给中国人民带来了极其深重的灾难，黄河治理也因此成为困扰中华民族几千年的重大难题，直到今天，黄河治理仍然是事关人民幸福、民族复兴的大事。明清时期，郑州地区是黄河泛滥最为频繁的地区之一，同时也是黄河治理任务最为艰巨的地区之一，剖析这一时期郑州地区黄河水患频繁的原因，总结黄河水患治理的得失，对于今天黄河治理仍然有借鉴意义。

一、明清时期郑州地区频繁发生的黄河水患

水灾是明清时期郑州地区最大的自然灾害。山洪暴发、决溢泛滥，造成人民生命财产、农作物等重大损失，正常生产生活受到破坏。据《明史》《明实录》《清史稿》《清实录》以及明清以来郑州方志记载，明清时期郑州地区共发生水灾 134 次，其中明朝 52 次，清朝 82 次。在明清郑州地区的水患中，黄河决溢占了较大比重，在郑州地区方志中，"河决""河溢""河涨""河泛"屡有出现，如《中牟县志》载："中牟自河南徙，最当其冲，其害久而益剧，民劳于河，贫于河，且死徙于河。"该志还罗列了明清时期该县几次比较大的黄河水患："明洪武十四年七月，河决祥符、中牟诸县。二十五年决阳武，浸及于陈州、中牟等十一州县。……宣德元年七月，黄河溢，郑州、阳武、中牟等州县漂没田庐无算。宏治二年，河决，分而为三……其一由中牟趋尉氏。……国朝自康熙元年决黄练口，雍正元年决十里店小潭溪，九月决杨桥。乾隆二十六年又决杨桥。嘉庆二十四年漫十里店，中牟皆被其灾，庐舍人民漂没殆尽。……迨道光二十三年，决九堡，中牟正当冲，大溜所经，深沙盈丈，县境东北膏腴之壤，皆成不毛之地矣。……越二十五年，今上戊辰六月，复有荥泽之决，水由荥泽、郑州东北直趋中牟，大溜夹城而过，凡十四里保平原尽成泽国。"[①]"光绪十三年，郑工石桥决口，直趋中牟县城，西北隅水深丈余，距城堞仅三砖，险极，城内浸水，除十字街、丁字口高地外，余皆深数尺或丈余，浅者架木为桥，深者行舟，房屋淹毁无算，城西北隅因受河流冲激，城根倾陷，官绅督民夫拆城堞砖坠水护城，嗣大溜渐转城北，县城得免倾陷。十五年冬合龙，县城东西北三面，壤土尽变白沙。"[②]还有些年份，黄河连年在郑州地区决口，例如，洪武十四年（1381 年）至十七年就是这样，洪武十四年秋八月"庚辰，河决原武、祥符、中牟"[③]；洪武十五年"秋七月乙卯，河决荥泽、阳武"[④]；洪

---

① （清）吴若烺修，（清）路春林、（清）邢为翰纂：同治《中牟县志》卷一，《舆地·山川》，清同治九年刻本。

② （清）萧德馨修、（清）熊绍龙纂：民国《中牟县志》卷二，《地理志·山川》，民国二十五年石印本。

③ （清）张廷玉等：《明史》，中华书局 1974 年版，第 36 页。

④ （清）张廷玉等：《明史》，中华书局 1974 年版，第 40 页。

武十六年，"河溢"①；洪武十七年，"大水，沉禾稼，上命驸马都尉李祺赈恤"②。

"黄河决溢，千里蒙害。浸城郭、飘室庐，坏禾稼，百姓已罹其毒。"③黄河的频繁决口，给郑州地区人民带来了极大灾难。清较第《河决日记》在描述雍正元年（1723年）中牟黄河两次决口的惨状时说："六月初八日，河决十里店。九月二十二日，复决杨桥口。溃我长堤，入我平原，淹我庄村，淤我田畴，澎湃浩荡，横无际涯，牟邑四境，东至韩庄，西抵白沙，南经水沱，北自万胜，数百庄村，尽在波沉之内，几万户口，悉属漂渺之中。……至于县内，土屯城门，尤恐冲决，吊桥尽没，禁城崩裂，平地涌泉，粮仓倾颓。卑则乘舟入市，而窝巢尽圮，高则朝不保夕，而烟火断绝。所余者寥寥数家苟延残喘，相对唏嘘，而守以待毙者矣。"④张謇对光绪十三年（1887年）八月十三日郑工河决时的境况这样说的："漂没村庄、镇集以二三千计，中牟、尉氏城浸水中。溺死之人，蔽空四下，若凫鸥之出没。或一长绳系老弱妇稚七八人，而缧犬于末；或绷婴，或凑尸树杪，或累累著牛车旁，随波翻覆。如是者十余日，日不一闻。近决口八九里，灾民缘堤营窟，采蒿梗、柳枝自庇者。"⑤黄河决溢给郑州地区造成的严重危害主要表现在：

（1）造成大量人口死亡。中牟县受灾最为严重，嘉靖三十八年（1559年）六月十五日，"河水溢城，没民田，溺死者众"⑥；雍正八年（1730年）"夏秋之交，复霪雨弥月，益之贾鲁之水，秋禾半没，庐舍亦圮，人之殒于水者比比"⑦；道光二十三年（1843年）六月二十六日，河决中牟，"死人无算"。光绪十三年（1887年）"八月初一日起，初十日止，十昼夜大雨如注，城乡井水溢。十三日子时，石家桥黄河决口，自郑州以下淹没四十余州县，人畜死者无算"⑧。密县"民居倒塌，压死人数百，洧河上下冲民田四百余顷"⑨。

（2）毁坏城池、官署、民居。中牟县城多次被黄河洪水冲毁，"雍正元年，黄水冲决，四垣颓圮。……嘉庆二十四年，河溢十里店，道光二十三年，中河漫口两次，冲刷几经塌尽。……（同治）七年，荥工决口，大溜浸注，坍塌残缺"⑩。汜水县城也在黄河决口中多次被毁，"正德十四年水涨之秋，是年山河泛涨，东南城垣淖颓"。"嘉靖中，汜河内浸，邑城西堤溃，城危，市肆、成津、学宫大坏，官舍民居且沉灶产蛙矣"。"（乾隆二年）六月二十八日山水涨发，城西南两面冲毁一百二十余丈"。"嘉庆二十三年五月，黄河溢，由城西北隅入"。"同治九年六月，汜水溢，由城南门入，毁公私房舍，溺死甚众。十年六月，汜水又溢，壤南垣入，城内水深数丈"⑪。黄河泛滥也给巩县造成了极大破坏，"邑东南崇山岑峙，每遇暴雨狂流，建瓴而下冲突为患，或黄河大涨，阻遏洛流逆行泛滥，城当其啮，城内积流沉潴民居，仅两南一隅城根不无受伤"⑫。成化年间，"黄河泛溢，城垣公署俱经漂没"⑬。嘉靖三十二年（1553年）六月，"山水会聚，河洛泛涨，民居、官舍、公廨、官厅尽行冲突，头畜、人口

① （清）崔淇纂修：乾隆《荥泽县志》卷十二，《祥异》，清乾隆十三年刻本。

② （清）李述武修、（清）张紫岘纂：乾隆《巩县志》卷二，《灾祥》，清乾隆五十四年刻本。

③ （明）宋濂撰：《元史》卷六五，《河渠志》，中华书局1976年版，第292页。

④ （清）萧德馨修、（清）熊绍龙纂：民国《中牟县志》，《艺文志·碑记》，民国二十五年石印本。

⑤ （清）张謇：《张謇全集》卷六，《艺文杂著》，上海辞书出版社2012年版，第85页。

⑥ （明）段燿然修、（明）张民表纂：天启《中牟县志》卷二，《志礼·物异》，明天启六年刻本。

⑦ （清）孙和相修、（清）王廷宣纂：乾隆《中牟县志》卷九，《艺文志·赋》，清乾隆十九年刻本。

⑧ 周秉彝修、刘瑞璘纂：《郑县志》卷一，《天文志·祥异》，民国二十年重印本。

⑨ （清）谢增、景纶纂修：嘉庆《密县志》卷十五，《灾异》，嘉庆二十二年刻本。

⑩ （清）吴若烺修、（清）路春林、（清）邢为翰纂：同治《中牟县志》卷二，《建置·城池》，清同治九年刻本。

⑪ 田金祺修，赵东阶、张登云纂：《汜水县志》卷二，《建置志·城》，民国十七年上海世界书局铅印本。

⑫ （清）李述武修、张紫岘纂：乾隆《巩县志》卷三，《建置志·城池》，清乾隆五十四年刻本。

⑬ （清）李述武修、张紫岘纂：乾隆《巩县志》卷十一，《职官志》，清乾隆五十四年刻本。

不可胜数，百姓逃亡"。①

（3）冲毁无数良田，土地严重沙化、盐碱化。黄河泛滥，使郑州地区大片农田严重沙化、盐碱化，粮食耕作面积大幅度减少，单位产量严重下降。明代诗人杨慎在《渡黄河》一诗中描述黄河水患后的汜水时说："广武城边河水黄，沿河百里尽沙岗。麦苗短短榆钱小，愁听居人说岁荒。"②中牟县受黄河泛滥的影响最大，"（中牟县）北近黄河，地多汙下，水涝禾没，平沙四漫"。③明人贺瑶珍的《乔公德政碑》是这样描述万历十四年（1586年）中牟县农业生产条件的恶劣境况的："中牟为近省冲疲之邑，北亘大河，其南高者为沙碛，下者为沛泽，不毛者半，以故民难为生，吏难为治，久矣！中牟之难也。"④可见明朝时中牟县的耕地中，严重沙化的耕地就占了半数。

到了清初，中牟县的生态环境进一步恶化，许多地方或近乎沙漠，或犹如皑皑霜雪。康熙四十年（1701年），邑人冉觐祖描述当地沙化情况时说："县南多沙，薄不可耕，沙拥成冈，每风起沙飞，其如粟如半菽者，刺面不能正视，轮蹄所过，十步之外，踪莫可复辨，以之侵移田畴间，无不压没。又或野无坚土，风吹根见，高禾以枯。其卑湿之地，潦则水注成河，碱则地白如霜。民贫多逃，村落为墟，此南境之常也。"⑤

康熙雍正年间，中牟县土地沙碱化惊人，已是"半是黄沙半是茅"⑥的境况。曾任中牟县令的胡宏度这样描述当时土地情况："中牟之灾于旱、潦、黄河也，历十有余载矣。……其南纷纕沙碛回抱，如堤坎之复聚，麃襲莫施。其北暲疆理腴膄原隰，欬麤龘以噗噗，或卤泽以沺沺，废晏晏之良耡，思戜畎而忧悒。西则新荒于沙，东则常苦于湿，牟之地亦不利于民矣！"⑦

雍正年间，中牟县沙化面积进一步扩大，西部和南部多沙，北部和东部因地势低洼而多盐碱沼泽，地白如雪。仅是在知县章兆曾力请下，奉旨除免税粮的"被水、深沙、浅沙、盐碱地"就有3727多顷有余⑧，未被豁除税粮的此类土地还未计算在内。《中牟县志》记载，雍正三年（1725年），该县有"被水深沙、浅沙、盐碱，共地三千七百二十四顷四十二亩"。⑨

道光时期，受黄河决溢的影响，中牟县盐碱地又有所增加。道光二十三年（1843年），黄河在中牟决口，中牟县"为大溜所经，沙深盈尺。县境东北膏壤，皆成不毛地，西北地方半变为碱沙"。⑩此次决口给中牟县造成的破坏是深重的，直到灾后十年仍然没有得到恢复，咸丰元年（1851年）正月二十日，时任陕西布政使的王懿德自北京启程赴任，途至河南时看到的还是这样的惨状："由京启程，行至河南，见祥符至中牟一带，地宽六十余里，长逾数倍，地皆不毛，居民无养生之路等语。河南自道光二十一年及二十三年两次黄河漫溢，膏腴之地，均被沙压，村庄庐舍，荡然无存。"⑪

光绪十三年（1887年）八月，黄河在郑州决口，造成铜瓦厢改道后最大的一次黄河水灾。水灾过后，中牟县城东、西、北三面的土壤，都变成了白沙。⑫黄河的多次决口，使得中牟县的土地沙碱化更加严重，到民国时很多耕地都成了废田，不能耕种，"（中牟县）北滨黄河，常泛溢，古沟渠皆被淤塞。除柳林附近开辟秋田外，白气茫茫，远望如沙漠，因风作小丘陵，起伏其间。高处寸草不生，洼

① （明）周泗修、康绍第纂：嘉靖《巩县志》卷六，《灾祥》，明嘉靖三十四年（1555）刻本。

② （明）杨慎：《渡黄河》，田金棋、赵东阶等：民国《汜水县志》卷十二，《艺文志下》，民国十七年上海世界书局铅印本。

③④⑤ （清）孙和相修、（清）王廷宣纂：乾隆《中牟县志》卷九，《艺文志·碑记》，清乾隆十九年刻本。

⑥ （清）吴若烺修、（清）路春林、（清）邢为翰纂：同治《中牟县志》卷一，《艺文下·诗》，清同治九年刻本。

⑦ （清）孙和相修、（清）王廷宣纂：乾隆《中牟县志》卷九，《艺文志·赋》，清乾隆十九年刻本。

⑧ （清）吴若烺修、（清）路春林、（清）邢为翰纂：同治《中牟县志》卷七，《名宦》，清同治九年刻本。

⑨ （清）孙和相修、（清）王廷宣纂：乾隆《中牟县志》卷四，《田赋志·田粮》，清乾隆十九年刻本。

⑩ （清）吴若烺修、（清）路春林、（清）邢为翰纂：同治《中牟县志》卷一，《舆地志》，清同治九年刻本。

⑪ （清）刘锦藻纂：《清续文献通考》卷八十二，《国用考二十·赈恤》，民国影印《十通》本。

⑫ 萧德馨修、熊绍龙纂：民国《中牟县志》，《地理志·山川》，民国二十五年石印本。

处积水为泊，废田既多，村落遂稀"。[1]

（4）淤毁水利工程。万历二十三年（1595年）十月十六日，中牟知县陈幼学就该县水利设施破坏情况禀告上司说："本县原有小清河一道，其上源从郑州而来，其下流与黄河相通，凡县东西南三异等十二里之水皆归之。水之流者，名曰河，其最大者如双桥口，下流从荥泽县至吴家堂入中牟界，旧有等河一道，上自吴家堂起，中至七吉寺，下至冈头寺止。十八年三月内，大风扬沙，七吉寺地方聚沙成冈与七吉寺以下等河，隔绝不通，兼之七吉寺以上等河堤防多废，以故每年大雨时至，七吉寺以上之水既为冈隔不得入，七吉寺以下等河更无堤防束缚，淹没七吉寺以下民田不知其数。又如出佛潭，从新郑县至张家庄入中牟界，经行高黄、大庄、新兴、白沙各里之间，亦无堤防，淹没各里民田亦不知其数。又如滦河，从郑州至圃田入中牟界，一支从西北流至杜家堂，另一支从东南流至蒋家冲，亦无堤防，淹没民田亦不知其数。其小者如华严池，从新郑县至敲胫沟入中牟界，经行大庄一里，淹没民田亦不知其数。至于水之止者皆名曰陂，其大者如三异里之南海子，晶泽里之晶泽陂、广种陂，新兴里之卢家陂，土山里之赵汉陂，大庄里之蓼泽陂，大秦里之宫北陂、菜子陂，盖寨里之正礼陂，有方圆至二十里者，其余诸陂随地得名，凡一百五十余处，即至小者亦方圆一二里，其所停蓄处即受灾处，无论矣。每年大雨时至，因无沟渠可以宣泄，弥漫散溢于十二里洼下之乡，一望无际，至隔绝行道之人，经数日不退，害可知也。"[2] 河道淤毁严重，泄水不畅，所以频繁发生水灾，淹没无数民田，"妨民土地，伤民稼穑"，给当地人民带来了莫大的灾难。乾隆时期中牟县令孙和相也认为，黄河泛滥，风沙淤塞是造成水利设施的主要原因："牟邑北枕黄流，南屏沙阜，居民患之。而余谓沙之患，似更甚于河。盖河之势虽盛，有堤防以为捍卫，犹可有恃无恐。若夫沙则迁徙无常，随风起落，纵其间有沟可通，有田可耕，而遇风则沙填沟中，遇雨则水泛田上，患莫大焉。"孙和相还对丈八沟等河淤塞的情况作了详细描述，"邑西南地方多沙，有沟名丈八，其源出自新郑之出佛潭，径东北蜿蜒数十里归贾鲁河，固西南诸水之咽喉也。考明万历年间，邑令陈公开河渠一百九十六道，此沟居一。至康熙十一年，邑令韩公复加疏浚，而西南诸里之民实嘉赖之。迄于今，风移沙壅，其隔绝水道者不知凡几，而丈八沟则横决为患，亦惟堤不加培，水冲而高者以卑，沟不加浚，沙壅而卑者以高，堤与沟几乎莫辨，其势将与平地埒。况出佛潭更上受茅草湖水，一值霆雨，弥漫无际，每至数月之久，茫无归宿，无惑乎城南烟火若晨星之落落也"，"牟境西北旧有等河一道，起自郑境唐雷庄，庄下归牟境之冈头桥，开于前明，资以宣泄上流也。迨后风沙淤塞，黄水为灾，故道湮没，七吉寺以上沙积徧野，迤东俱成平陆。每逢夏秋之交，霆雨浃旬，上游陂水狂风，迅奔泛滥于白家坟左右，经年不涸。衰草洪波一望无际，民居其间，疾首蹙额，而兴晋阳之叹者，非一日矣"。[3] 风沙淤塞河道，排泄不畅极易造成水涝，使人民生命财产受到破坏。

二、明清时期郑州地区黄河水患频发的原因

明清时期郑州地区黄河水患频发，有自然和人为方面的因素。自然因素方面，气候及地理结构等是主要原因。一方面，河南西部地区群山环绕，海洋气流无法深入，导致洛阳、郑州地区降水集中于每年六月到九月，伊水、洛水、沁水的汇入，使黄河水量激增，漫溢风险加大，张謇在《郑州决口记》中说："自陕州万锦滩以下，地势斗绝，又入以伊、洛、沁、济诸水，汇为巨腹，浣演滂沸，河北马营

---

① 萧德馨修、熊绍龙纂：民国《中牟县志》，《地理志·形势》，民国二十五年石印本。

② （清）孙和相：乾隆《中牟县志》卷九，《艺文志》，乾隆十九年刻本。

③ （清）孙和相修、（清）王廷宣纂：乾隆《中牟县志》卷十，《艺文志·碑记》，清乾隆十九年刻本。

挑水长坝外起淤滩，延袤河心数里，逼溜南趋，薄堤而下，故频年以来，无伏秋盛涨不以险闻也。"①

另一方面，黄河出龙门之后，因地势平坦，流速减缓，从上中游裹挟而来的泥沙大量淤积于河道，河床被不断抬升，稍有水涨就造成决溢。为此，不得不加固堤防来防止黄河决溢。黄河"经行山间，不能为大患。一出龙门，至荥阳东，地皆平衍，惟赖堤防为之限"。②万历十七年（1589年），河道总督潘季驯治河疏中说："黄河河南之土最松……自河南之阌乡起至归德府之虞城县……河流日久，土日松；土愈松，水愈浊。故平时之水，以斗计之，沙居其六，一入伏秋，则居其八矣。以二升之水载八升之沙，非极湍急即至停滞，故决口不塞则水分，水分则流缓，流缓则沙停，而旁溢势所必至者也。"③

郑州沿黄河地区的土质疏松多沙，以沙土为堤，也增加了黄河在郑州决溢的危险，"沙者散，多沙之堤，风飏之，雨坍之，既剥既削，必卑必薄，虽臻人工，未为美善"。④万历二十三年（1595年）十月十六日，中牟知县陈幼学说："顾河工非有始之难，有始而自终之难也。此后一不加意，而堤防倾圮，沟洫湮塞，势所必至矣。"⑤土质疏松还使黄河河道在郑州地区经常迁徙。"黄河自荥泽县交界胡家屯起至中牟县交界杨桥止，共六十余里，向来河势中流，去南堤尚远。自雍正六七年后，渐次南徙，遂于来童寨裴昌庙等处建埽防护，嗣后大溜直逼堤根，田庐沦没不可胜计，更增十七、十八等堡土坝埽工。岁抢修防，大为民累。乾隆三年九月内，自来童寨东北，沙忽淤积，河势自北而南直趋黄冈庙，三日之内冲刷堤北滩地一里余，啮去大堤之半，计水面高平地一丈余，洪涛汹涌，势甚可畏。"⑥乾隆四年，郑州知州张钺说："顾滨水沙滩之地，出没迁徙，倏忽无常，正昔人所谓朝桑田而暮沧海者，盖不可以成例拘也。"⑦同一时期汜水县令许勉炖也说："汜治北大体、广武两山下，有黄河退洲地，东连敖仓，西至廖峪，北滨大河，虽时有耕种，然地势卑下，河、洛、汜三水围绕横贯，迁徙无常，存没难定，正昔人所谓朝为桑田暮为沧海者也。"⑧乾隆《荥泽县志》记载，三代以前，黄河自孟津过洛汭，至大伾，东北入海，未经荥泽，"及宋时，由孟津巩、温、汜水、河阴以至于荥泽，而故道遂淤。明时，都御史刘大夏发丁夫数万浚荥泽孙家渡，开新河七十余里。其故道在旧县北十里余自丹沁入河，水自南徙，故道又淤。成化八年，南塌至旧县，离今治尚有五里余。国朝河势南徙不已，故道又淤，今塌至县城北门外"。⑨宋代之前，黄河不过中牟，"中牟古无河患，《书》云，东过洛汭（在巩县东），至于大伾（在黎阳县，今浚县）。古黄河自洛汭即北行，不经此地"。宋绍熙五年（1194年），"黄河自阳武决口，北方汲县胙城河道淤塞，黄河南徙，河道始入中牟境"。此后，黄河河道虽经常滚动，但均不出中牟境内，"明洪武二十四年，决原武之黑洋山，东经开封城北五里，又行至项城。东至寿州正阳镇，全入于淮，而故道遂淤。永乐九年复疏入故道。正统十三年，决荥阳东，过开封城之西南，汴城在河之北矣，中牟亦在河北。天顺间，复迁于北，坍塌崇宁、圣水、敏德、原敦、大郭、北岩、南岩等保田二百余顷"。

黄河上游过度垦殖是黄河水患的重要人为因素。黄河在郑州地区决溢和改道，根源在于黄河中上游黄土高原的水土流失。史念海等认为，黄土高原与中国北方环境恶化的主要原因是不合理的开垦、

① （清）张謇：《张謇全集》第6册，《艺文杂著》，上海辞书出版社2012年版，第85页。

② （民国）赵尔巽等：《清史稿》卷一二六，《河渠志一·黄河》，中华书局1977年版，第3716页。

③ （清）顾汧修、张沐纂：康熙《河南通志》卷九，《河防》，清康熙三十四年刻本。

④ （清）贺长龄辑、（清）魏源编次：《魏源全集》第18册，《清经世文编》卷一〇一，《工政七·河防六》，岳麓书社2004年版，第440页。

⑤ （清）吴若烺修、（清）路春林、（清）邢为翰纂：同治《中牟县志》卷九，《艺文上·详文》，清同治九年刻本。

⑥ （清）张钺修、（清）毛如诜纂：乾隆《郑州志》卷二，《舆地志·山川》，清乾隆十三年刻本。

⑦ （清）张钺修、（清）毛如诜纂：乾隆《郑州志》卷十，《艺文志》，清乾隆十三年刻本。

⑧ 赵东阶、张登云纂：《汜水县志》卷四，《赋役志·滩租》，民国十七年上海世界书局铅印本。

⑨ （清）崔淇：乾隆《荥泽县志》卷二，《地理志·山川》，清乾隆十三年刻本。

过度的耕种和森林植被的毁灭。① 明清以来，黄土高原过度垦殖，植被破坏，导致水土严重流失，致使黄河中下游水患频发。梁四宝认为，明代"九边"屯田客观上对黄土高原地区的自然环境产生了非常深远的恶劣影响，造成土地资源大面积破坏，土壤肥力降低，而且严重的水土流失使耕地支离破碎，引起大面积沙化，使黄河中游各支流的泥沙急剧增加使黄河中游各支流的含沙量急剧增加。② 陈可畏通过对历史上晋陕蒙黄土高原及其邻近地区土地开垦、农牧变化与环境关系的研究后指出："（晋陕蒙）黄土高原的水土流失，虽然在遥远的古代就有，但是变成今天这样面貌，到处是荒山秃岭，千沟万壑……主要是宋代以来，违背自然规律，不合理地利用土地的结果。特别明清以来，盲目的大规模毁林垦荒，从山坡一直开垦到山原，导致水土流失严重，环境迅速恶化。"③ 明代山西吕梁地区，在明中叶以前还有大片森林，明政府长期屯垦戍边以及民间垦殖，森林资源迅速消失，乾隆《兴县志》谓："嘉靖以前，山林茂密，虽有澍雨积霖，犹多渗滞，而河不为眚。肆今辟垦日广，诸峦麓俱童土不毛，每夏秋时降水峻激，无少停蓄，故其势愈益怒涌汩潆，致堤岸善崩，而南郭民舍萧然荡徙无存者，即东、西郭人亦播迁患苦矣。"④

官吏腐败是造成黄河水患频发的又一重要人为因素。明清时期，为治理黄河水患，政府投入了巨大的财力。尤其是清朝嘉庆道光以来，政府拿出近三分之一的财政收入用于河工，可谓是"竭天下之财赋以事河"。⑤ 然而，巨大的财政投入，非但没能减少河患，反而是河患次数越来越多。造成这种结果的因素尽管很多，但大量的河防经费并没有真正用于河防工程，而是被河官挥霍、浪费是最重要的原因。河工在治黄过程中偷工减料，侵吞公款，恣意挥霍，骄奢淫逸，成为清代以来河工"习尚繁华，以奔走趋承为能事"的"河工习气"。对此，《清史纪事本末》记载说："（咸丰元年）秋闰八月，南河丰北厅堤决。南河岁费五六百万金，然实用之工程者，什不及一，余悉以供官吏之挥霍。河帅宴客，一席所需，恒毙三四驼，五十余豚，鹅掌猴脑无数。食一豆腐，亦需费数百金，他可知已。骄奢淫逸，一至于此，而于工程方略，无讲求之者。"⑥ 河官骄奢淫逸的腐化生活，亦令人咋舌，张謇《郑州决口记》对负责汛防的水利官吏毫不留情地予以揭露、谴责，他指责上南厅同知余璜在任职的十三四年间荒淫无道，不理水事："自荥泽决至今二十年，余璜官上南厅同知且十三四年。余璜平时溲便用银器，姬姜幸者，房栊窗壁，往往用黄金钉，地重绣厨；凡村、寺演剧无不至，至则先期戒治，幄幕如天官。"⑦ 经办河工的各级官员借办险工之由，领取巨款，营私肥己，沿河厅官不以险工为忧，"转以险工为得计"。⑧ 光绪十三年，黄河在郑州因獾洞引发决口。张謇《郑州决口记》载："堤防之费岁领十二三万，一委外工司事李祁。李祁贪而刻。河防例：桃汛未发，培土堤外曰春厢；霜降谕民捕獾，获一獾劳钱千；命效兵穷穴所竟，剖土易料，更事碾筑，工价例六十千。李祁司外工，不春厢者三年。去冬，民于决处擒獾，但少覆土塞穴，不依法治也。既决之明日，灾民数千百汹汹投祁于河，不死，掖起之，将裩刃焉。"⑨ 光绪十六年，郑州决口后的第三任河道总督许振祎在一封揭露黄河河官们营私舞弊贪污工款的奏折中揭露说："河工各厅，向有工总，以候补佐杂充之，专管估工办事。近来积习日深，往往挟制厅官，滥开浮报，不许过问。而于所领款，半饱私囊。以致公事日坏。闻前次郑工失事，

---

① 史念海等：《黄土高原森林与草原的变迁》，陕西人民出版社 1985 年版。

② 梁四宝：《明代"九边"屯田引起的水土流失问题》，《山西大学学报》1992 年第 3 期。

③ 陈可畏：《晋陕蒙黄土高原及邻近地区历史时期农牧变化、土地开垦与环境变化研究》，载王守春：《黄河流域地理环境演变与水沙运行规律研究文集》第五集，海洋出版社 1993 年版，第 100 页。

④ （清）程云原本、（清）蓝山增修：乾隆《兴县志》卷十七，《艺文》，清乾隆二十八年增修刻本。

⑤ （清）魏源：《魏源全集》第 12 册，《古微堂内外集古微堂诗集补录》，岳麓书社 2004 年版，第 345 页。

⑥ 黄鸿寿：《清史纪事本末》卷四五，《咸丰时政》，北京图书馆出版社 2003 年版，第 309 页。

⑦⑨ （清）张謇：《张謇全集》第 6 册，《艺文杂著》，上海辞书出版社 2012 年版，第 85 页。

⑧ 中国水利水电科学研究院水利史研究室：《再续行水金鉴·黄河卷·5》，湖北人民出版社 2004 年版，第 1963 页。

系一獾洞渗漏。当时估用二十余千，可以填塞。已革上南同知余璜，业经付钱，而工友李竹君扯为己用，不费分文，假称填筑，仅以浮土掩盖，至（致）大溜即由此穿溃，流毒千里，耗费千万。比经河决，难民责其此愤事，无词以对。万众愤恨，遂举而投诸黄河，人谓无冤。其时上南工总实为主簿朱熔庚，未入蒋恩培，遇事把持，贪狠跋扈，虽未与李竹君分肥，然结党蒙蔽，厥罪亦重，幸而漏网，众谓不平。迨郑工开工，二人复充工总，益渔厚利，且得混列异常劳绩。朱熔庚保准过班，以直隶州州判尽先补用，蒋恩培保准过班，以主簿尽先补用。道途哗然，无不窃笑！"[1] 河工营私舞弊，贪污工款，造成河工岁修经费短缺，河防工程得不到修筑与维护，为黄河水患的发生埋下了隐患。

三、明清时期郑州地区黄河水患的社会应对

黄河水患不仅给人民的生命财产造成了极大损害，而且也容易引发严重的社会动荡，为维护社会稳定，保障人民生命财产安全，历代政府都在积极寻求防灾、救灾的方法和措施。

（1）兴修水利。郑州地区河溢、河决现象十分频繁，因此治理水患成为了郑州地区防灾减灾中的重要举措。防治水患的措施主要有修筑堤防、疏浚、开凿河渠等。

修筑堤防是防治洪水决溢最有效也是使用最多的措施，郑州地区也不例外，每每洪水来临之时，加固堤防就成了重中之重。郑州方志关于堤防修筑的记载比比皆是，乾隆《郑州志》载："黄河自荥泽县交界胡家屯起，至中牟交界杨桥止，共六十余里，向来河势中流，去南堤尚远。自雍正六七年后，渐次南徙，遂于来童寨裴昌庙等处建埽防护，嗣后大溜直逼堤根，田庐沦没不可胜计，更增十七、十八等堡土坝埽工。岁抢修防，大为民累。乾隆三年九月内，自来童寨东北，沙忽淤积，河势自北而南直趋黄冈庙，三日之内冲刷堤北滩地一里余，啮去大堤之半，计水面高平地一丈余，洪涛汹涌，势甚可畏，河道胡、同知张允杰、知州张钺急率民夫三千名，昼夜督护，内戗外筑，埽工坚好，得保无恙，后每遇水涨，随冲随筑，十六堡至十八堡埽工陆续增修，长至五百八十四丈，丁夫、草料、官民交苦之。乾隆六年，总河白勘，檄令开引河一道，自原武县界起，由郑境至中牟之杨桥止，共长一千三百余丈，河流从此归入引河，而堤工得以稍息。然夏秋水潦，两河分流，其旧河堤埽，仍宜加谨防护。"[2] 民国《郑县志》亦载："同治七年，荥工漫溢，由郑州常庄、东赵、青寨、大庙、京水、祥云寺、马庄、花园口、贾冈、冈王、小店、陈康庄、穆庄、圃田、大孙庄、小孙庄，以至中牟县界，临河一带尽被淹没，河道邵葛民督工修筑，不数月而工竣。又光绪十三年，石家桥决口，郑地自石家桥以下，桥口、马渡、郭垱口、来童寨、黄冈庙、刘江等村，入中牟界，四十余州县咸成泽国。钦差礼部尚书李鸿藻、河南巡抚倪文蔚兴工堵筑，费帑银千有四百余万。十四年冬，工竣，滨河之地均成沙漠。十五年，河东道总督许振祎设河防局，内附石方局，采买石料，自荥泽、郑州而下，两岸约四里许，筑一石坝，直至山东界，河归中流，不能近堤，今数十年绝无河患。"[3]

中牟地势低下，是黄河决口主要地区之一，因此修筑堤防是防治洪水最有效措施，"牟地势低，易受水患。堤防不可一日失修"。[4] "弘治二年，河决，分而为三，其一由封邱金龙口漫祥符东北，趋长垣曹濮，其一由中牟趋尉氏，其一泛滥于兰阳、仪封、考城、归德，上命刑部尚书白昂治之，役丁夫二十五万人……万历间创开中牟县河渠及吴家堂堤，以备水患。"[5] 明清时期，中牟境内沿黄修筑了多处堤防，"黄河南岸大堤，西自郑州堤界，除中隔阳武堤八百九十五丈外，东至祥符堤界止，顺长

① 中国水利水电科学研究院水利史研究室：《再续行水金鉴·黄河卷·5》，湖北人民出版社2004年版，第2272页。

② （清）张钺修、（清）毛如诜纂：乾隆《郑州志》卷二，《舆地志·山川》，清乾隆十三年刻本。

③ 周秉彝修、刘瑞璘纂：《郑县志》卷二，《舆地志·山川》，民国二十年重印本。

④⑤ （清）吴若烺修、（清）路春林、（清）邢为翰纂：同治《中牟县志》卷一，《舆地·山川》，清同治九年刻本。

九千三百二十二丈"，其中尤以康乾时期为多。①

每次河决之后都对水利设施造成了极大破坏，疏浚、开凿河渠则成为黄河治理的重要任务。黄河决口带来的大量泥沙，淤毁沟渠，为保证作物灌溉，必须广兴水利，疏浚沟渠。例如，中牟县由于屡遭河患，沟渠多淤，历任知县都很重视疏浚河道，沟渠的疏浚可谓是前赴后继。《中牟县志》载：明万历间，知县李士达，"筑堤凿河以疏水势"；知县陈幼学"相度地势，浚河沟一百九十六道，泄水归于大泽。又筑堤十四道，以卫大泽之泛溢，工三月告竣"。清康熙年间，知县韩荩光"循有明贤令陈幼学所开陂渠，重加疏浚""请拨河夫七百七十一名，督率里民，逐一开浚深广，仍复古河旧规"。乾隆年间，知县孙和相"躬履四境，相度地势，或创或因，乘农隙募民修凿，计开渠四十七道，一律深通，民享其利"。②

（2）蠲免缓征。蠲免是针对重灾区施行的免除应征收赋税的措施，而缓征是针对受灾较轻的地区施行的将应征收之赋税暂缓征收的措施。灾害给农业生产带来了极大的破坏，为减轻受灾百姓的负担，地方官员都要向中央政府提出蠲免赋税的请求。灾后蠲免、缓征钱粮不仅是安抚灾民的重要措施，也是灾害恢复重建的重要举措。因此，政府都会根据勘灾结果，决定蠲免的数额。蠲免钱粮的数目与类别，各代有所不同，例如，明弘治三年颁布的《灾伤应免粮草事例》规定："全灾者，免七分；九分者，免六分；八分者，免五分……以此类推至四分者，免一分。"③《（乾隆）大清会典》则规定："年不顺成，命有司察其实而蠲其租赋，视被灾之轻重以别其宜蠲之数。被灾十分者，蠲赋十分之七；九分者，蠲赋十分之六；八分者，蠲赋十之四；七分者，蠲赋十之二；六分五分者，均蠲赋十之一。"④

缓征虽没有蠲免力度那么大，但对纾缓民力、促进农业生产也能起到一定的积极作用。对于受灾较轻的地区，政府一般采取不征收当年赋税，而将其缓至次年征收，如果灾情严重，还有分作二年或三年带征，以解灾民之急。如雍正三年（1725 年）规定："被灾不及五分者，缓至次年征收，其被灾较重者分作三年带征，被灾稍轻者分作二年带征，以纾民力。"⑤如果连年受灾歉收，往往会延长缓征期限，甚至将缓征钱粮蠲免。

灾难深重的郑州地区，明清时期，多次得到蠲免缓征。例如，洪武二十五年（1392 年）正月，"河决开封府之阳武县，浸淫及于陈州、中牟、原武……杞十一县，有司乞发军民修堤防，免今年田租"。⑥康熙前期，中牟县南部八里处多瘠壤，"风狂则沙飞压没，雨多则水注成河，居民逃亡太半""值河决后，膏沃变为沙碱"。在知县章兆曾力请下，"奉旨除免被水、深沙、浅沙、盐碱地额粮三千七百二十七顷有奇"。⑦《清通志》载："雍正元年，河南中牟、直隶长垣等州县，黄水漫溢，发帑赈济，其阳武、封邱、中牟三县各免五年额赋。二年，……直隶、山东、河南三省雨水过多成灾者，一体给赈。"⑧乾隆《郑州志》就有乾隆初年多次豁除盐碱、沙压田赋的记载："乾隆元年四月内，知州陈廷谟详请抚宪富具题奉旨，豁除仓口熟地碱沙地四百三十四顷一十二亩二分四厘二豪。乾隆元年五月内，知州陈廷谟详请，豁除临河南岸堤压、柳占八顷一十六亩五分六厘五豪九丝二忽八微。乾隆五年九月内，知州张钺详请，豁除河坍、沙压民田一等上地二百五顷七十七亩四分七厘一豪八丝。"⑨张钺作《豁免滩粮记》记载郑州豁除田赋的经过说：郑州的"滨水沙滩之地"，因濒临黄河，"出没迁徙，

---

① 萧德馨等修、熊绍龙纂：民国《中牟县志》，《地理志·堤防》，民国二十五年石印本。

② 萧德馨等修、熊绍龙纂：民国《中牟县志》，《人事志·名宦》，民国二十五年石印本。

③ （明）申时行等修：万历《明会典》卷一七，《灾伤》，中华书局 1989 年版，第 117 页。

④ 李文海等：《中国荒政书集成》第五册，天津古籍出版社 2010 年版，第 3102 页。

⑤ 《大清会典则例》卷五四，《户部·蠲□二·救灾·缓征》，清文渊阁四库全书本。

⑥ （清）田文镜等修、（清）孙灏等纂：雍正《河南通志》卷十四，《河防》，清光绪二十八年刻本。

⑦ （清）吴若烺修，（清）路春林、（清）邢为翰纂：同治《中牟县志》卷七，《名宦》，清同治九年刻本。

⑧ 《清通志》卷 123，《灾祥略·地类·水灾》，清文渊阁四库全书本。

⑨ （清）张钺修、（清）毛如诜纂：乾隆《郑州志》卷四，《食货志·地亩》，清乾隆十三年刻本。

倏忽无常","朝桑田而暮沧海","北乡胡家屯、崔家墙及大小蓝庄诸处，距黄河近者三里，远者五六里"，因黄河南徙"冲啮所及，汪洋弥漫"，"计地坍没二百七十余顷，一切地丁漕米，问诸水滨"，虽然"雍正十二年蒙赦，而乾隆四年综核新旧，通至三千有奇。每当征纳之期，鞭朴未加，哀号环吁者，衣鹑面鹄，无复人形"，知州张钺为民请命，"详请豁除河将、沙压民田"赋税，得到准许。[①]

（3）赈济煮赈。所谓赈济就是指政府直接发放钱粮救济灾民，包括赈给、赈贷等方式。"赈济者，有散而无敛，此惟大荒行之。赈贷之法，行于中荒之年。大约春散秋敛，出入皆以米谷者也。"[②] 赈济是解决百姓吃饭问题的最直接、最快的方式。赈济以钱、粮以及布帛为主，如雍正元年（1723 年），因"河南中牟县黄水漫溢，武涉县沁黄并涨，冲塌房屋贫民共三千五百八户，动支地丁银，每户给银一两"。[③]

与赈济是政府对灾民的无偿救助不同，赈贷则是有偿的，是有一定限制条件的，赈贷的主体可以是政府，也可以是地方士绅，赈贷的物资包括粮食、钱帛，甚至种子、农具等。赈贷是帮助灾民渡过难关，恢复生产的一种有偿救济方式。如嘉庆二十四年（1819 年），河决中牟，邑人马鹤富而好义，"出谷振贷穷乏者不计"。[④]

将煮好的粥免费分发给灾民是最直接的救灾方式，这就是煮赈，也叫施粥。煮粥济民是我国古代社会最为悠久，也是最常用的救助方式。除政府组织施粥外，民间士绅也会在灾荒之年煮粥赈济灾民，例如，中牟县太学生邢大学在黄河决口后积极赈灾，"癸卯，三堡河决，灾民迁徙流离，饿殍相属于道，公睹之，慨然与先君谋出资掩骼埋胔，作饘粥以饴饿者，全济无算，乡里至今乐道之"。[⑤] 清同治九年（1870 年），汜水水灾发生后，"邑绅张居辰煮粥孔道，以待溺者"[⑥]。

除上述措施外，还有以工代赈、劝分等其他救灾办法。以工代赈也叫工赈，是运用较少的赈济灾民的方法，在赈济灾民的同时，也完成了国家工程的兴建或修复，具有一举两得之效。例如，乾隆九年（1744 年）夏四月，巩县发生饥荒，"知县邱轩昂以工代赈，修县城"。光绪三年（1877 年），巩县"秋冬大饥，人相食""知县李抡元以工代赈，使饥民修城，至十二月始罢"。[⑦]

劝分是指在国家倡导下，富户无偿赈济灾民，或者减价出粜自家所储粮食给灾民的一种救济方式，"所谓劝分者，盖以豪家富室储积既多，因而劝之赈发，以惠穷民，以济乡里"。[⑧] 例如，光绪三年（1877 年），巩县"连岁凶荒，饥民充斥，无赖者聚而为盗，抢劫村庄，发掘冢墓，暗杀客商，行旅以兵自随。知县谕富户招勇，以备非常"，"劝富户捐银万余两"。

明清时期郑州地区黄河水患频繁发生，既有地理条件和气象条件的客观原因，又有人们对自然环境破坏的原因，更有吏治腐败等人为方面的原因。黄河水患发生后，各地方官员通过兴修水利、蠲免赋税、赈济煮赈等措施救灾恤民，一些地方士绅在救灾过程中也发挥了积极作用。但因官僚腐败，在一定程度上影响了治河救灾的实际效果。

（作者系河南省河洛文化研究中心副主任、研究员）

---

① （清）张钺修、（清）毛如诜纂：乾隆《郑州志》卷十，《艺文志》，清乾隆十三年刻本。

② （清）魏源：《魏源全集》第 15 册，岳麓书社 2004 年版，第 359 页。

③ 《大清会典则例》卷五四，《户部·蠲□二·救灾》，清文渊阁四库全书本。

④ （清）吴若烺修，（清）路春林、（清）邢为翰纂：同治《中牟县志》卷八，《人物》，清同治九年刻本。

⑤ （清）吴若烺修，（清）路春林、（清）邢为翰纂：同治《中牟县志》卷十一，《艺文》，清同治九年刻本。

⑥ 田金祺修，赵东阶、张登云纂：《汜水县志》卷二，《建置志·赈恤》，民国十七年上海世界书局铅印本。

⑦ 杨保东、王国璋修，刘莲青、张仲友纂：《巩县志》卷五，《大事记》，民国二十六年刻本。

⑧ 李文海等：《中国荒政书集成》第一册，天津古籍出版社 2010 年版，第 55 页。

明清时期沁河流域的风俗嬗变

——以民间信仰为中心的考察

秦 鼎

沁河发源于山西省沁源县西北的太岳山区，由北向南流经安泽、沁水、阳城、泽州等县，穿过太行山，进入河南境内，过济源、沁阳、博爱，同丹水合流之后，最终汇入黄河中，是黄河的一级支流。早在上古时期，沁河流域便已出现了较为成熟的农耕文明，尧都于唐、舜耕于历山、汤祷于桑林，在上古圣王教化的影响下，该区域孕育出丰富独特的地域文化。这一文化作为黄河文明的重要组成部分，亦成为黄河流域中一颗璀璨亮眼的明珠。

明清时期的沁河流域存在着数量众多的庙宇，供地方民众崇拜、祭祀。而这些庙宇所承载的民间信仰也深入到地方民众的生活之中，影响着百姓的思想、行为和生活习惯。从社会史角度出发，目前学界对于该地区民间信仰问题的研究着墨不少，成果颇丰，学者们的研究亦多围绕以下几个方面展开：首先是对某个特定的民间信仰为研究对象，研究其信仰的源流演变、神话传说及祀神活动等方面，如张薇薇、段建宏等对二仙信仰的研究；[1] 段惠丽、李文胜和朱文广对成汤信仰的研究；[2] 宋燕鹏、何栋斌，秦蓓对三峻信仰的研究；[3] 郝平、杨波对关帝信仰的研究[4]；等等。在此基础之上，学者们还较多地关注到以这些信仰为核心运作的村社组织，探讨该地区村社组织的演变、权力结构、村务管理、社际交往等方面，重点研究了民间信仰对村社组织产生的影响。[5] 此外，学者们也探讨了民间信仰对沁河流域所产生的影响，主要集中于研究其社会控制的功能、神道设教的意义以及庙会和商业活动等方面，同时也重点强调了村社组织在这一影响中所发挥的重要作用。[6]

民间信仰对社会群体的经济活动、日常生活和人情世态等方面产生了深刻的影响，而这种影响的表现之一在于社会风俗的变迁。[7] 以上研究虽有涉及民间信仰的祭祀仪式和民俗活动，但鲜有从民间

① 张薇薇：《晋东南地区二仙文化的历史渊源及庙宇分布》，《文物世界》2008 年第 3 期；段建宏：《民间信仰与地域社会——对晋东南二仙故事的解读》，《前沿》2008 年第 11 期；李留文：《豫西北与晋东南二仙信仰比较研究——兼论区域文化之间的互动》，《世界宗教研究》2010 年第 5 期；宋燕鹏：《晋东南二仙信仰在唐宋时期的兴起——以碑刻资料为中心》，《社会科学战线》2014 年第 11 期。

② 段惠丽：《山西阳城成汤信仰考察与研究》，山西师范大学硕士学位论文，2014 年；李文胜、朱文广：《碑志所见山西阳城成汤庙之历史演变——兼论基层社会对民间信仰的助推作用》，《陕西师范大学学报》（哲学社会科学版）2019 年第 5 期。

③ 宋燕鹏、何栋斌：《宋元时期晋东南三峻山神信仰的兴起与传播》，《山西档案》2015 年第 1 期；秦蓓：《山西省长治市潞城区史回村三峻庙及"三峻"信仰研究》，《长治学院学报》2019 年第 1 期。

④ 郝平、杨波：《超越信仰——明清高平关帝庙现象与晋东南乡村社会》，商务印书馆 2019 年版。

⑤ 杜正贞：《村社传统与明清士绅：山西泽州乡土社会的制度变迁》，上海辞书出版社 2007 年版；姚春敏：《清代华北乡村庙宇与社会组织》，人民出版社 2013 年版。

⑥ 段建宏：《明清晋东南基层社会组织与社会控制》，中国社会科学出版社 2016 年版。

⑦ 按有关社会风俗（风尚）的理论结构及研究，详见牛建强：《明代中后期社会变迁研究》，文津出版社 1997 年版。

信仰的角度分析社会风俗变迁的脉络，亦未将民间信仰放置于一个长时段的区间内，研究同风俗双方之间的互动关系。因此，本文在前人研究成果的基础上，从民间信仰的角度观察沁河流域的风俗变迁，在总结明清时期该流域风俗变迁特点的同时，探讨民间信仰和风俗二者的互动关系。

一、明代沁河流域风俗概说

尧都于唐，舜都于蒲坂，上古时代，沁河流域为尧舜所辖畿内之地，故历代文人认为，该区域较早受到上古圣王教化的影响，其风俗有陶唐氏之遗风。

（一）明前期风俗醇古继新

有关明前期沁河流域的风俗，地方志中有详细的记载，成化《山西通志》载，长治地区"民俗醇古，民多俭朴而力农，士尚节气而务学"，对泽州地区的风俗描写则更为详尽：

> 人性质而好学，其气豪劲俭朴而敦本；其民勤俭质朴，尤深思远，颇好文学，惧法力田；其民披唐风，故淳朴简约；其地接舜畎，故力稼穑务农；其境邻中州，故语音辨正，俗好敬神，士尚文学，女勤纺织。[①]

根据此二则材料记载可知，在明朝前期，沁河流域的民众仍然保持着传统小农经济的生活方式，男力稼穑、女勤纺织，重礼好学，风俗相对淳朴。明前期这种淳朴风俗的形成，根源于明初传统社会自然经济的重建和稳定，而这种局面的维持是以朱元璋所采取的包括教化在内的诸多措施的存在和有效为前提的。[②]此时沁河流域的风俗，为明初社会风尚的一个缩影。

而这一时期民间信仰的发展，也较多地受到社会风俗的影响。以阳城地区的成汤信仰为例，阳城地区成汤信仰的繁盛，源自"桑林祷雨"的传说。碑文记载："观史之传，大旱七年，斋戒减发，身婴白茅，以身为牺，祷于桑林之野。六事自责之余，大雨方数千里。"[③]而文中所载的"桑林"，相传位于阳城县城西南七十五里的析城山。《太平寰宇记》中记载道："析城山在县西南七十五里……山岭有汤王池，俗传旱祈雨于此。"[④]汤王功德至高，地方民众莫不叩头仰慕、顶礼膜拜，民众在传承、追思汤王的事迹和美德的同时，还将重礼好义、勤俭简朴、力事农桑的生活追求寄托于成汤信仰，希望汤王能够降临福祉，祈福一方乡土，保佑农耕生产风调雨顺。在重修碑记中，处处能够体现出民众对汤王的称颂，"德盛而泽深，民岂能忘其于千百世之下哉！睹庙貌而兴思，遇享祭而致敬，非勉然也"。[⑤]由此能够看出，正是由于淳朴的社会风尚价值观，推动着民众对上古圣王教化恩泽的向往和追求，才使得百姓纷纷进入庙宇中，祭祀汤王，向神灵表达各种愿望。在明初社会风俗的影响下，汤王信仰得到了进一步的发展。

除了对上古圣王的追求之外，在明初淳朴的社会风气影响下官府所倡导的忠孝节义价值观也是推动民间信仰发展的重要因素。刻于宣德元年（1426年）的一通石碑记载了一个故事：

---

① 成化：《山西通志》，齐鲁书社1997年版，第174册，第32页。

② 有关明前期社会风尚的形成及其原因，详见牛建强：《明代中后期社会变迁研究》，文津出版社1997年版，第一章第二节相关论述。

③⑤ 《重修乐楼之记》，嘉靖十五年，《三晋石刻大全·晋城市阳城县卷》，三晋出版社2012年版，第39页。

④ 《太平寰宇记》卷四四《河东道五》，文渊阁四库全书第469册，商务印书馆1986年影印本，第371-372页。

　　高平县邢村居人郭钦，伊父景昭，遘疾日沉，朝不保夕。钦思周极之恩，何以补报？仰天叩地，无所控告。于炎帝神农之祠，焚香祷祝，愿父病瘳，于自建太子祠□座。既而神昭灵贶，如祷病痊。父寿七十余岁而天年考终，皆神之保佑之惠也。[①]

　　郭钦照顾患病的父亲，谨奉孝行，并且来到神农祠中焚香祷告，祈愿父亲身体健康，在这种"孝"价值观的推动下，郭钦出资为庙宇修建了太子祠，希望能够得到神灵更高的庇护，使其愿望得到满足。而在地方民众看来，其父亲之所以能够久病痊愈、颐养天年，就是因为郭钦修建了神祠，积累了功德，才使得神农显灵。从这个个案可以看出，在某些情况下，推动地方百姓祭祀神灵，并且捐舍资财以扩修庙宇的，正是明朝初淳朴的社会风气和所倡导的价值观。

　　由此可见，在明朝前期沁河流域民间信仰发展的过程中，这种尚简朴、厚农桑的社会风气对民间信仰的发展起到了十分积极的作用。

　　而在明初特殊的社会环境之中，民间信仰的发展也能够对沁河流域社会风俗的变迁产生积极的影响。作为一村之社庙，庙宇不仅是四方乡民奉神祷祀之处，也是村社举行乡饮酒礼、宣扬地方教化的重要场所。《大明会典》中规定，地方村社举行乡饮酒礼时，村中长者应敦崇礼教，率领村众诵读："凡我长幼，各相勤勉，为臣尽忠，为子尽孝，长幼有序，兄友弟恭，内睦宗族，外和乡里。"[②] 这一制度层面上的规定强调了基层社会中的长幼、尊卑、内外等关系，勾勒出了理想状态下的风俗教化和社会秩序的美好图景。而当这一规定真正落实于地方社会时，则由于受到了民间信仰的影响而带有了些许神圣性。阳城县河北镇下交村的村民们会聚在汤帝庙内时，感慨道：

　　　　与乡人萃于庙廷，共宴神惠，必曰耕读事神，诚善良事情也。尝闻作善降之以祥，作不善降之以殃，使善者有所勉，不善者知所戒，而表正功惩之典寓焉。[③]

　　通过对这段话进行分析，能够得出两点信息：首先，民众齐聚于庙庭之内，所讨论的事情包括耕田、读书和侍奉神灵，民众认为只要做好这三样事情就是行善良之事，能够得到神灵的庇佑，且聚集在庙宇内宣扬耕读事神，其目的也在于设宴答谢神灵的恩惠。当勤耕织、重读书、敬事神的观点得到了来自神的鼓励之后，宣扬这种观点的行为便被赋予了神圣性和权威性，这种价值观和风俗更容易为民众所接纳。其次，村民利用庙宇中神灵的灵异性和权威性，突出强调了神具有奖励与惩戒的功能，利用民众对神的敬畏心理，引导民众积极向善、多行好事。由这两点可知，当人们所勾勒的理想状态下的风俗教化和社会秩序的美好图景同地方神灵相结合之后，民间信仰就发挥出了十分重要的作用。民众往往也将地方社会风俗秩序的改善归功于神的恩泽，"然后一方之民，淳厚朴实，变浇漓之俗为礼仪之乡，无非神农炎帝之德泽，有利于斯土也大矣"，[④] 这则材料也从正面证明了这个观点。

（二）明中后期世风浇漓攀奢

　　伴随着农业经济的恢复和商品经济的发展，构建在自然经济基础之上的社会风尚开始发生变化。目前学界普遍认为，最先发生这种变化的地区主要包括以苏州府、松江府为中心的江南地区，其次是

---

① 《炎帝庙建太子祠记》，正统四年，《三晋石刻大全·晋城市高平市卷上》，三晋出版社 2011 年版，第 86 页。
② 李东阳等撰、申时行等重修：《大明会典》卷七九《乡饮酒礼》，广陵书社 2007 年影印本，第 1251 页。
③ 《重修乐楼之记》，嘉靖十五年，《三晋石刻大全·晋城市阳城县卷》，三晋出版社 2012 年版，第 39 页。
④ 《重修神农炎帝行宫》，成化十一年，《三晋石刻大全·晋城市高平市卷上》，三晋出版社 2011 年版，第 92 页。

江南地区的周边地区以及南直徽州府和沿海地区。① 而对于地处内地山区的沁河流域，根据地方志记载，这一时间最迟不晚于万历年间。万历年间潞城县的风俗，已同明初淳朴好礼的风尚相去甚远：

> 晚近来闾里相沿，多有不可解者，日食粗粝，而赛会谶集，必备水陆，婚娶及期，而亲迎礼废，纳采计财。男服鲜绮罗，而女饰必尚金绯公，储多遗负，而神祠梵宇，鼎于公阙。父子多异爨，而丧葬则饭僧设醮，不惜厚费，苟利锱铢即仇，不共戴天，不复而小忿不忍，睚眦必报。大褫即鬻妻子不恤，惟知自保。②

日常生活方面，民众一改往日勤俭质朴之风，穿着追求奢华艳丽，花费厚金以供僧道，奢靡之风大涨。而在金钱观方面，重利而忘义，轻视礼节，舍弃纲常，唯利是图。

至于晚明沁河流域社会风俗产生变迁的主要原因，时人认为，应归咎于商人和宗室藩王。洪武二十四年，朱元璋封二十一子朱模为沈王，永乐六年之国于潞州。至明末，地方志记载道：

> 富商大贾雕栊绣栱，玉勒金羁，世族妇女珠络翠翘，飞襳垂髾，仪节服饰之盛，几于王公后妃转相慕效，渐成顽悖，遂至江河不返……长治附郭当日习见王公室车马衣服之盛而生艳心，故以士庶而效王公之仪节耳。③

由材料中可知，商人和沈藩宗室依靠其丰厚的财力，过着奢靡享乐的生活，无论是其仪节服饰，还是公室车马，皆为百姓所羡慕，而这种生活方式也为民众争相效仿，社会风俗为之大变。

风俗变化的背后，反映的是社会生产力的提高和民众生活、消费观念的变化，而这一改变也影响到了民间信仰的发展。同明前中期相比，晚明时期的庙宇出现了较多次数的大规模重修，捐资碑上所载的捐施数额、捐施人数也大为增长。以高平市北诗镇中坪村的二仙庙为例，据庙中所存碑刻记载④，该庙自万历二十九年（1601 年）到万历三十一年（1603 年）间经历了一次大规模的重修，维纳纠首人袁世刚先后组织了五次捐施活动，发动全村百姓，以家庭为单位，各认楹架，各自负责一部分殿宇的建设和督工任务。在这次重修工程中，民众相信，重修二仙庙宇能够"神而感应，祥云上结，龙津涌淋，风调雨顺"⑤，因此都乐于捐施，积极、广泛地参与庙宇建设。与此同时，越来越多的百姓享受着庙会仪式的狂欢，并将信仰仪式融入日常生活中，这同样是民间信仰能够在晚明时期快速发展的原因之一。

但是伴随着奢靡之风的盛行，沁河流域地区在此时也出现了一系列社会问题，而这些问题对村社庙宇的日常管理和维护提出了挑战，影响了民间信仰的发展。天启年间，长治县苏店镇看寺村的正觉寺内发生了寺僧盗卖树木田产的事件，"建寺以来，护寺原地亩数颇多……后被不法奸僧洪罄等，视为年远，查理无人，凭空设计，将地土木植擅自盗卖，肥己还俗，接踵效尤"，结果导致"僧之存者，仅二三人，地之存者，仅伍十余亩。此人心所愤也"。这一倒卖之事使得庙宇无法正常地经营运转，"地尽则僧去，僧去则寺虚"⑥，庙宇几遭废弃。由以上两个例子能够看出，在晚明社会变迁的时代背景之

① 牛建强：《明代中后期社会变迁研究》，文津出版社 1997 年版，第 12 页。
② 万历《潞城县志》卷一《风俗》，万历十九年刻本，第 22a 页。
③ 《长治县志》卷八《风俗》，《中国地方志集成·山西府县志辑》第 28 册，凤凰出版社 2005 年版，第 454 页。
④ 《三晋石刻大全·晋城市高平市卷上》，三晋出版社 2011 年版，第 173–177 页。
⑤ 《重修二仙庙记》，万历二十九年，《三晋石刻大全·晋城市高平市卷上》，三晋出版社 2011 年版，第 173 页。
⑥ 《正觉寺土地树木不得倒卖碑》，天启三年，《三晋石刻大全·长治市长治县卷》，三晋出版社 2012 年版，第 110 页。

下，社会风俗对民间信仰的发展也产生了复杂且深刻的影响。

二、清代沁河流域风俗的嬗变

明清鼎革之际，沁水流域遭受了长期的兵燹动荡，农田荒弃，人口死亡。入清以后，伴随着社会稳定，沁河流域的生产得以恢复，原有的社会秩序、纲常礼教又得到了重组，社会风俗也复归简朴。乾隆年间所修方志记载顺治时期的风俗情况：

> 自国朝定鼎之后，兵燹蹂躏，寇氛叠继，已觉势极力惫，而后思安返本，复归淳俭矣。此人事之必然，亦天道循环之理所不爽也。[①]

康熙年间，伴随着社会稳定，生产力重新得到发展，人口日益增多，风俗在新的历史阶段开始了新的变化。康熙《沁水县志》记载：

> 迩年仕宦颇多，而贾游四方者尤比比也。间以袨□华美相矜诩，民间亦效慕焉。先民简朴之风其损耗多矣。[②]

尽管在康熙中叶，民众纷纷效慕，追逐华丽服饰和更高的生活质量，但此时社会风气总体上还保持着淳朴的特征，民众总体生活水平处于较低的程度，其精神世界质朴、单一，"士大夫居乡朴直，不预公事，不喜奔竞；民间无淫盗，少争讼"。[③]

经过康雍乾三朝134年的稳定发展，沁河流域的风俗继续发生着变化。清代中期人口快速增加，以小农经济为主的传统家庭承受着较重的人口压力，在有限的土地资源上被迫投入过多的生产要素，农业生产的内卷化迫使一部分人口脱离农业生产，转而从事商业和手工业生产，商品经济发展，影响着人们的观念和习俗，在这种背景之下，清代沁河流域的风俗发生着复杂的变化。从民间信仰的角度来观察，社会风俗变化较为集中地表现为以下两个方面。

（一）大规模的迎神赛社活动

首先是表现为围绕庙宇所组织的迎神赛社活动规模大。民众为了丰富其精神生活，往往在一年之中的不同时节，围绕不同庙宇举办庙会活动。而迎神赛社亦分很多种类，最典型的活动为春祈秋报。其中，有代表性的为陵川县西溪二仙庙的春祈：

> 上元节前二日自西溪迎二仙真人，入城鼓吹导行，各设香供于门，晚驻太清观行宫，其顶香、炷香者凡一二时。妇人则以所簪花簪神鬟，已复取簪之，以邀神惠，达迮喧阗社火，至二十日送二仙归西溪，谓之春祈。[④]

从正月十五至二十，陵川县民众将二仙神像抬出至县城内的太清观行宫，祭祀游行五日，向二仙

---

① 《长治县志》卷八《风俗》，乾隆二十八年刻本，第3b页。
② 《沁水县志》卷三《风俗》，康熙三十六年刻本，第1b页。
③ 《沁水县志》卷三《风俗》，康熙三十六年刻本，第2a页。
④ 《重修陵川县志》卷一五《风俗》，乾隆四十四年刻本，第2a页。

神表达出对来年风调雨顺的美好愿望。由材料中可以看出，每年前来参与二仙祭祀、游行规模之大，人数之多，反映了西溪二仙庙在此时所具有的强大的号召力，而恰恰是这种敬神好赛的社会风俗，提高了四方民众参与庙会祭祀的积极性，也在一定程度上增强了二仙信仰的影响力。

其次是过度的迎神赛社活动却带来了某些社会问题。地方志中记载道：

> 乡野春则祈谷，数百人鼓乐旗帜前导，后有击神者，以木雕刻如楼殿状而饰以金，制极工巧，一村中多者数击。秋则报赛张剧，盛列珍馔。近年城乡用面作麒麟、狮、象等形，涂以丹碧，加以金饰，彼此争胜，用以供神踵事，增华之习，于此可见矣。①

春祈秋报于每年春秋两季举行，无论是春祈还是秋报，在祀神的游行队伍中，仅前导吹奏鼓乐就有数百人之多，所迎神像雕刻精美，工巧极致，报赛演戏之时，对神灵奉上精美的食物作为供品，由此可见举办这场春祈秋报活动必然要花费大量的人力和财力。嘉庆时期，这种赛社还成为村社之间互为攀比、彼此争胜的重要场所，各个村社为了显示自己力量的强大，不惜花费重金装饰本村的游行队伍，耗费人力来扩大队伍的规模，在一次次春祈秋报的活动中，攀比之风不仅助长了奢华的社会风气，还增加了民众的负担，造成了人力、财力的浪费。因此，在清代中期，不少官员已经注意到祈报活动所带来的奢侈浪费问题，地方官员在批评这一现象之后，采取了一些措施来抑制奢侈浪费的风气："每村必社，社有祠，春祈秋报必以剧事神，醵钱合饮，糜财惑民。近令三损其二，以兴义学。"②然而从清末社会风气的变迁来看，官员们企图通过"废庙兴学"的方式来改变社会风俗的努力收效甚微。

此外，倘若大规模的迎神赛社聚集了过多的民众，则会增加不安定的社会因素，扰乱地方治安。同治年间高平县二仙庙的赛社活动则是典型的例子：

> 近益多负神与村众偕行，悍夫相纠结，曰大驾。会舆神以巨木曰硬扛，十数人左右之，素所不快者入触其室，所过以铳先之，从者各持柳枝，市中有白衣者、草笠者，遇则击鸡犬，妇女尤恶之，鞭必见血乃已。店上村最横恣，至舆神置县署，索剧以酬神，必得请，乃稍稍去。龙渠村又有所谓柳将军者，亦以木触，人无敢忤者。③

原本是以酬谢神灵、娱乐乡民为目的的游行活动，却为奸人悍夫所利用，这些人打着祭神演剧的幌子，横行乡里，肆意扰民，敲诈勒索，败坏社会风气。这一例子也证明了，民间信仰的发展推动着祭神活动规模的扩大，但是在某些情况下却助长了奢侈、骄横的风气，为地方社会带来了不安定的因素，对社会风俗的变迁产生了负面的影响。

（二）大量禁约碑刻的矗立

清中后期，社会纠纷和矛盾频发，故地方村社相应地制定禁约条文以规范秩序，涤荡风气。如前文所说，直至康熙三十六年（1697年），沁水流域的社会风俗仍然是"民间无淫盗，少争讼"。然而至清代中后期，这一现象发生了改变，而这一变化则表现为清中后期庙宇内禁约碑刻数量的增多，其中，许多禁约碑刻的内容同民间信仰有紧密的联系。

在传统社会，上党人素有刻碑立石之传统，尤其喜好将官府出示的文书禁令、地方村社的村规禁

---

① 《重修沁水县志》卷四《风俗》，嘉庆六年刻本，第3a页。
②③ 《高平县志》卷一《风土》，《中国地方志集成·山西府县志辑》第36册，凤凰出版社2005年版，第354-355页。

约刻于碑石,希望能够通过碑刻所记载的禁令内容警示后人,纠正社会风俗。"是以在昔,先人竭诚尽力,思杜夫胥戕胥虐之风,以酿为相保相赒之俗者,爰立矩矱于石碑,庶几人皆法守,莫或踰闲,而不失圣明教养之意焉"。[①] 因此,在沁水流域的庙宇中保存有大量清中后期的禁约碑刻。据笔者小范围的田野调查及对《三晋石刻大全》丛书的整理,共统计出清代泽州县、高平市、沁水县、陵川县、阳城县现存禁约碑刻 174 通,其碑刻现存位置分布范围广,种类复杂,内容繁多。通过对碑刻进行整理发现,众多禁约碑刻所记载的内容都具有一致性,具体数字统计如表 1 所示。

表 1　禁约碑刻所载社会问题

内容	高平市	陵川县	泽州县	阳城县	沁水县	合计
严禁赌博	15	23	12	0	4	54
严禁随意放牧	18	9	7	0	1	35
严禁开炉、挖矿	9	4	7	3	1	24
其他	16	12	16	14	3	61
合计	58	48	42	17	9	174

由表 1 可知,赌博、随意放牧、开炉挖矿是清中后期沁河流域普遍存在的社会问题,除此之外,在"其他"项中,还存在酗酒、盗窃、毁坏庄稼桑田、宿娼,等等。

时人看来,这些社会问题的广泛出现同样也是受到风俗变迁的影响。嘉庆三年巴公镇渠头村村民刻石立碑,碑文载道:

> 吾乡旧称殷富,人尚勤简,风俗淳良,传闻远近。即或人情往来宾朋宴会,亦止联情尽意,并无奢侈过分之举。迨自消乏以来几三十年,而村之殷富较昔胜时十不及一,奢侈之习,兹倍过之;抑且积习相染,日趋汙下,渐有不知揖让为何说。[②]

在阐述该乡社会风俗变迁之后,碑文于末尾记载了十二条劝诫条规,内容大体为劝人"酌减冗费""崇俭去奢""不可争讼""戒赌""不得无故演戏行会"等,从这些劝诫条规中也能大体看出当时渠头村存在的种种问题。而乡民将这些问题的出现归咎于社会风俗的变迁,尤其是奢侈之风盛行。在这种变迁的影响之下,人们渐渐摒弃了过去淳朴的价值观和习俗礼节,沾染了赌博、酗酒、盗窃等不良风气。撰碑者在撰写十二条劝诫条规时,极力阐述各种陋习的危害,劝诫乡民弃恶向善,其言辞之恳切,表达出撰碑者对当前风俗日偷的担忧和对勤俭淳朴风俗的向往,撰写十二条劝诫条规,也是为了使民众"共相劝勉,庶而转漓为淳而风气归厚矣"。

尽管清代中期以来社会风俗的变迁使沁河流域产生了诸多社会问题和争讼案件,但这些问题却为这一时期民间信仰的发展带来了消极和积极两方面的影响。

首先为消极方面的影响。庙宇作为一个区域规模最大的公共建筑,在当地百姓的心目中有崇高的地位。民众认为,庙宇必须有宏阔的殿宇、精美的装饰和洁净肃穆的环境,才能吸引神灵来此驻跸,才能为一方乡土带来福泽。因此,各地民众会自发组成村社组织,以社首为核心,以社庙为办公场地,对庙宇进行日常管理与维护。但是伴随着清中后期社会风俗的变迁,上文所述的诸多社会问题给庙宇的管理维护带来了极大困难。道光年间,泽州县大阳镇河底村有不法村民为图一己私利,破坏了庙宇

---

① 《重整社规碑》,嘉庆二十一年刻,原碑现存高平市北诗镇永万村玉皇庙。

② 《公议乡风十二劝》,嘉庆三年,《三晋石刻大全·晋城市泽州县卷下》,三晋出版社 2012 年版,第 506 页。

周边的风水和环境，"然吾窃见村中滋一时之利者而掘矿起土，徒一己便者而积灰堆粪，斯诚有慢于神明而损于地气者"。当地民众认为这会造成非常严重的后果，"且夫神以洁净而始安，人以地灵而后杰，不可污也，不可损也"。① 不法者以一己之私，掘土开矿，神无法栖居于庙宇中，该村无法继续受到神灵的庇佑，风水的破坏也使该地地气伤损、人才凋零；村民在庙宇周边堆积粪灰，也给庙宇的管理维护带来困难。因此，道光十一年（1831 年），社首会同乡众齐聚庙中，共同商议，禁止不法人等开挖盗掘、纵羊咬桑，维护庙宇的秩序。记载诸如此类事件的碑刻文献在沁河流域的庙宇中不胜枚举，且问题出现之后，百姓也多会考虑对神造成的影响，例如"牛羊樵牧来犯，恼煞此间至尊神"② "向来此后堆积灰渣、石块，有亵于神所矣"。③ 由此可见，民间信仰作为沁河流域地方民众精神世界的组成部分，在民众的心中占据着非常重要的地位。

在某些情况下，有的矛盾因得不到及时调解而激化，甚至会耽误庙宇的扩建重修，导致庙宇坍塌、毁弃。以高平市北诗镇中坪村的二仙庙为例，前文所述，在万历二十九年（1601 年）至三十一年（1603 年）该村社大规模重修二仙庙时，社首袁世刚将乡民凝聚起来，组织安排民众各认楹架，鸠工庀材，共成大庙。至清代，伴随着人口繁衍，该地区以当地六个村庄为基础，形成七个村社。在雍正七年（1729 年）至十一年（1733 年）期间该六庄七社组织再次重修二仙庙，在各村社强制性摊派工程所需钱粮后，各社社首带头捐施，乡民积极参与，促成了庙宇的建成。④ 从这个例子能够看出，至少在雍正时期，村社民众能够围绕在社首周围，听从社首的管理和安排，各村社之间也保持着非常好的关系。但是，在咸丰年间，这种良性的村际关系发生了变化。七社之间产生了纠纷以致不和，而矛盾则是由重修二仙庙宇的工程所引起的。刻石于同治十二年（1874 年）的重修碑记⑤中记载了这件事情，该村的二仙庙在此时因代远年湮、倾覆塌毁，六庄人等遂起重修之念，"无如庄居多，人心不齐，善良无所措手，邪侈得以逞志，以致七社不和，几乎将立视其坏而不修也"。碑文中对于产生不和的具体原因以及存在矛盾的村社等方面都没有明确记载，但是从这段话能够看出，村社之间产生不和同社会风俗变迁这一社会背景有很大的关系。七社不和所造成的直接后果就是令即将损毁的二仙庙宇得不到修缮，二仙庙也在很长时间内失去了承祀香火的功能。

其次为积极方面的影响。一村之庙宇原本为祀神报典之所，作为民间信仰的重要载体，承载着一方民众的精神寄托，百姓进入庙中的最初目的是向神灵叩头祈愿。伴随着村社组织的发展，村社成员将社庙作为日常办公的场所，从而能够更好地组织民众、调解纠纷、征收社费。伴随着风俗的变迁，社会问题的频发使得庙宇在此时不仅是一个拜神进香的场所，还是一个调解社会纠纷、维系社会秩序的场所。嘉庆十六年（1811 年）民众认为："乡有社庙，非仅崇祀典报神功已也。每当□□□□萃一乡之父老子弟，鸡豚开筵，桑麻谈心，兴利去害，务使家给人足，风俗粹美，而后敦春祈秋报之文。"⑥ 此则材料也能更好地反映出庙宇功能的多样化。

而这种变化在碑刻中也有很好的体现。清代中期以来，各类问题层出不穷，当地方社会出现矛盾产生纠纷时，百姓们更愿意聚集在村社社庙中，共同商讨解决问题的办法，并颁行禁约、刻于碑石、立于庙中。同治六年（1867 年）《十里河西里阖社公立规条碑记》中记载：

---

① 《永禁掘挖矸矿起土碑记》，道光十一年，《三晋石刻大全·晋城市泽州县卷下》，三晋出版社 2012 年版，第 622 页。

② 《丹水三社永禁樵牧碑记》，乾隆元年，《三晋石刻大全·晋城市高平市卷上》，三晋出版社 2011 年版，第 318 页。

③ 《玉皇庙永禁事记》，道光六年，《三晋石刻大全·晋城市高平市卷上》，三晋出版社 2011 年版，第 543 页。

④ 《重修二仙圣母行宫碑记》，雍正十一年，原碑现存于高平市北诗镇中坪村二仙庙内。

⑤ 《重修二仙庙碑记》，同治十二年，原碑现存于高平市北诗镇中坪村二仙庙内。

⑥ 《巴公镇双王庄本社公议永禁桑羊碑记》，嘉庆十六年，《三晋石刻大全·晋城市泽州县卷下》，三晋出版社 2012 年版，第 554 页。

　　……然距城太远，诸父老恐为不善者无所忌惮，则风俗将日流于薄也，乃集议于社。社者，农民春祈秋报之所也，地属公，故议公事者至焉。众议既兴，规条遂立，奚以劝善，奚以戒恶，凡有益于民者，罔不具议……①

　　通过这段材料，可以得出以下几条信息：首先，村中"诸父老"察觉到了村中风俗"日流于薄"，于是召集全村民众于社内共同商议，那么有能力召集村众进行公共事情商讨的"诸父老"，是否为前文所提的社首，乡中德高望重的里老、绅耆，还是另有别人，仅凭这则材料尚不能判断。其次，村中民众所商议之事宜，内容和范围都十分广泛，但凡是有益于民者，都在讨论范围之内，且讨论的目的是确立条规，从而达到劝善和惩恶的目的。

　　全村民众在社庙集合之后，是通过什么具体的方式来制定、颁行禁约呢？现存于高平市永录乡东庄村乾隆五十三年（1788年）的《高平县正堂禁示碑》中记载道："各村庄乡地合同社首鸣锣以定罚例，如有不遵者，送官究处。"②由此则材料可知，该村在经过村社民众集体商议讨论之后，最终由社首通过鸣锣的方式确定禁约的具体内容，社首对村社商议结果有最终决定权。而在禁约颁行之后，倘若仍然有不法之人作奸犯科，违反条规，村众也会将其扭送至社庙，在神像下对其进行公开的审判和裁决。此时，庙宇又成为审判奸邪、商议惩罚之所。现存于高平市寺庄镇冯家庄村乾隆五十一年的碑刻中记载道："凡被擒获之人，俱要鸣钟入社，听□班社首发落。"③河西镇西李家庄嘉庆二年的《合村永禁碑记》中，规定了严禁在本村三官庙周围开挖煤矿以破坏风水，"若有越规犯禁者，赴庙鸣钟。执年维首管理，量力而罚，绝不宽贷"。④从两则材料中能够看出，村社审判犯人普遍采取的方式为，在该村社庙中常备一口大钟，为村众集合议事之用，村民如若发现不法之徒违犯社规，均可以至庙中敲响此钟，社首凭借着神灵的权威，掌握着村内量刑处罚的最高决定权，可根据禁约条例的规定以定处罚。

　　处罚的具体措施也多是围绕祀神展开的，处罚的主要措施之一是罚油。高平市神农镇故关村炎帝行宫内有一通嘉庆十六年（1811年）碑刻，详细记载了处罚措施，节选如下：

　　　　一议，禁夏不得入伊人之地，挖取菜苗，窃采桑叶。如有人拿获者，入庙公议，罚油。
　　　　一议，禁秋不许入伊人之地，假以剪蒡、割芦、打枣为名，窃取田禾、瓜菜之类。如有拿获者，入庙公议，罚油。
　　　　一议，凡所养蚕之家，必以桑株为重，外人不得砍伐。倘有人砍伐伊人桑株，有人拿获者，入庙公议，罚油。
　　　　一议……为保重农桑，恐其践嗜耳。如有人违犯，有人拿获者，入庙公议，罚油。
　　　　以上所罚之油，神前缴用。⑤

　　根据此则材料可知，该村处罚的主要措施为：第一个处罚措施是罚油，油为庙宇祀神所用之灯油，收缴之后，作为村社公共财产，用来祭祀神灵。

　　第二个处罚措施是罚戏。高平市北诗镇秦庄岭村玉皇庙内存有一通刻于道光十年（1830年）的禁约碑，其文末所附处罚措施节选如下：

---

①《十里河西里阃社公立规条碑记》，同治六年，《三晋石刻大全·晋城市沁水县卷》，三晋出版社2012年版，第393页。

②《高平县正堂禁示碑》，乾隆五十三年，《三晋石刻大全·晋城市高平市卷上》，三晋出版社2011年版，第420页。

③《合社公议禁约记》，乾隆五十一年，《三晋石刻大全·晋城市高平市卷上》，三晋出版社2011年版，第415页。

④《合村永禁碑记》，嘉庆二年，《三晋石刻大全·晋城市高平市卷上》，三晋出版社2011年版，第437页。

⑤《合社公议永禁夏秋羊碑记》，嘉庆十六年，《三晋石刻大全·晋城市高平市卷上》，三晋出版社2011年版，第472页。

一、禁龙池头山前后左右不许开窝起石；四境之内不许掘矿及煤，如违者罚戏三天。

二、禁村中不许开局窝赌，如违者亦罚戏三天。[①]

如上所述，庙宇作为祭祀神灵的场所，每年在固定时间都会举行大规模的迎神赛社活动，而在庙会期间，村社会使用社费来聘请戏班在庙中唱戏，为祭祀活动增添喜悦的氛围。在大多数庙宇的建筑格局中，供奉主神的正殿呈坐北朝南的方位，戏台则位于庙宇正南方，同正殿相对，这样可以使正殿内的主神处于观戏的最佳位置。对于民众来说，聘请戏班唱戏，不仅能够使自己享受其中，更重要的是能够取悦神灵，从而达到人神共娱的目的。根据沁河流域禁约碑刻中所载，村社将罚戏作为主要的惩罚措施之一，命令受罚者缴纳聘请戏班所需的费用，也是出于人神共娱的考虑。

清中后期社会风俗的变迁推动着民间信仰的进一步发展。社会纠纷的频发促使庙宇逐渐成为民众调节矛盾、商议公事的重要场所，在禁约的颁行过程和处罚措施等方面也处处体现着神灵在民众心中的崇高地位。由此可见，尽管在这一时期，社会风俗的变迁引起了地方争讼事件的频发，但是民众在某些情况下会利用民间信仰的力量来处理地方矛盾，依靠神灵的威严来维持地方社会秩序，庙宇所供奉的主神俨然成为庇佑一方乡土的保护神，对这一地区的历史人文产生了深远的影响。

三、明清沁河流域风俗嬗变的特点和影响

一个地区的民风民俗是其民众在很长的历史过程中不断适应环境和改造环境的结果，既是人们智慧的结晶，也是人们讲述该区域历史文化、构筑自我认同的重要因素。因此，在前文研究的基础上，下文对明清沁河流域风俗嬗变的特点和影响进行概括。

（一）明清沁河流域风俗嬗变的特点
从民间信仰的角度观察，明清沁河流域风俗嬗变有以下两个特点：

1. 风气渐进，以礼化俗

明代初年，沁河流域承袭前代醇厚朴素的社会风气，百姓生活习俗简朴，厚农重桑。伴随着自然经济的重建和恢复，民众仰慕上古圣王的教化，在传唱、追思圣王美德和事迹的同时，各地纷纷修建庙宇，答谢神恩，宣扬教化。明中期，农业经济的恢复和商品经济的进一步发展，沁河流域的风俗开始了变迁的历程。百姓一改往日勤俭质朴之风，追逐奢华享乐，甚至出现了轻视礼节、舍弃纲常的社会问题，对村社庙宇的日常管理和维护带来不利的影响，但是这一时期民众生活水平得到了提高，其消费观念也发生了变化，庙宇得到更多次的扩建和重修，这也为民间信仰的发展提供了更好的环境。

尽管明末清初的战乱给沁河流域带来一定程度的破坏，但是地方社会经过清前期发展之后又恢复了活力，风俗开始了更进一步的嬗变。伴随着迎神赛社规模的扩大，越来越多的社会群体都积极参与到祀神活动中，民间信仰在清中后期展现了更强的活力。但是，随之也产生了许多社会问题，地方争讼频发，在官府颁布告示、审理案件的同时，地方村社也积极行动起来，将礼仪教化同神灵崇拜结合起来，借助神的威严，颁行禁约，以维持地方秩序。

由此可见，明清时期沁河流域的风俗变迁是一个漫长、渐进的过程。这一变迁始于明代中叶，发展于清代康雍乾时期，守成于嘉庆之后。在这一变迁过程中，民众将礼仪道德融汇于民间信仰之中，

---

① 《白华山禁约记》，道光十年，《三晋石刻大全·晋城市高平市卷上》，三晋出版社2011年版，第555页。

借神灵之威宣扬教化、以礼化俗。

2. 礼俗信仰，适中调和

明清时期，历朝统治者均十分重视对地方社会实行道德教化。以明太祖朱元璋为例，洪武三十年，明太祖命户部下三道命令，概言之：其一，令每乡各里选一年老者，每月六次持木铎于道路曰"孝顺父母、尊敬长上、和睦乡里、教训子孙、各安生理、毋作非为"；其二，每村置一鼓，遇农时清晨鸣鼓集众耕田，其怠惰者由各里老人等罚之；其三，民凡遇婚葬吉凶等事，一里之内互相赒给，使人相亲相爱。通过这三条措施，明太祖希望能够使乡里"风俗厚矣"。①这条史料说明，朱元璋企图在乡里推行礼仪教化，使民众能够遵守传统礼法和社会秩序，力事农耕，互相帮扶，从而达到风俗淳厚的目的，这条措施也为明清历代帝王所沿袭。

在沁河流域，地方百姓能够很好地将朝廷所倡导的礼仪教化同本土的民间信仰结合在一起。民众祭拜关公是因为崇敬关公忠义勇武的品德，祭拜二仙是因为被二仙神孝奉后母的故事所感动，崇拜炎帝、舜帝、汤帝是因为这些上古圣王曾经在沁河流域进行农耕生产，因此被后人尊为农业的保护神。单从民间信仰本身的故事内容来看，这些神灵的故事所体现的美好品德能够和官府所倡导的礼法秩序相吻合，能够得到地方百姓的赞扬和肯定。因此，民间信仰能够和官方的礼仪教化很好地结合起来，调和社会风气，稳定社会秩序，共同增益对地方社会的引领和治理。这也是沁河流域风俗嬗变过程中的一大特点。

（二）明清沁河流域风俗嬗变的影响

对于明清时期沁河流域风俗嬗变对该地方社会所造成的影响，结合前文所述，大体言之，有两点。

首先，推动了沁河流域民间信仰的发展。正如上文所言，在社会风俗变迁的过程中，民间信仰逐渐同官方所倡导的礼仪教化结合起来，无论是成汤、关帝、李卫公、崔府君这类历史人物，还是女娲、后羿、三峻、二仙这类神话人物，众多神灵依靠其传说事迹宣扬着礼仪教化，并深深地吸引着地方民众。越来越多的百姓进入庙宇中，向神灵磕头祈愿，民间信仰的影响力也逐渐提高。与此同时，伴随着社会风俗的变迁，民众的消费观念也发生着变化，在庙宇需要扩建重修时，百姓更愿意积极组织、参与捐施，募化资金，为庙宇修建提供充足的财力支持。因此，明清以来，沁河流域庙宇数量渐趋增多，重修工程也越来越频繁。作为民间信仰重要的载体，庙宇的扩建重修从客观上提高民间信仰影响力。

其次，使沁河流域村社组织的职能更加完备。明清时期的沁河流域，村社既不同于里甲保甲、家族宗族组织，但又与之相互交错。村社组织最早自北宋出现时，仅仅是一个依托村落庙宇的宗教组织，负责庙宇的管理和维护，金元以后才开始涉足乡村社会生活。②明清时期，伴随着社会风俗的嬗变，庙宇逐渐成为村民会集议事的场所，在处理纠纷、实施惩戒时，村众往往要依靠神灵的权威，在这种情况下，村社逐渐成为沁河流域最普遍的乡村社会组织，其职能不仅负责庙宇的日常管理和组织祭祀，还涉及对乡村民众的管理，包括征收赋税、村落治安、环境保护、公共设施维护、息讼、约束民风民俗等，甚至在清代中后期逐渐演变出了一系列完整的规章制度。作为地方社会的一种自治组织，村社能够在明清时期得到快速的发展并臻于完善，沁河流域社会风俗的嬗变对其产生了很大的影响。

以上从民间信仰的角度出发，对明清时期沁河流域风俗嬗变的历程作了一定程度的研究，表明民间信仰的发展同区域社会内部的风俗变迁有着非常紧密的联系。邢莉认为："民间信仰是依托于民俗事

---

① 《明太祖实录》卷二五五，洪武三十年九月辛亥，中国台湾"中研院"历史语言研究所影校本1962年版，第3677页。
② 姚春敏：《清代华北乡村庙宇与社会组织》，人民出版社2013年版，第16页。

象而存在的，没有民俗事象就没有承载民间信仰的载体。民俗也在自下而上地渗入民间信仰之中。借助人类社会中存在的民俗，民间信仰成为一种'活形态'的存在，民间信仰被称为'古代风俗的储藏库'"。[①] 正如邢莉所言，沁河流域的民间信仰和社会风俗相互依存，在明清时期社会变迁的大背景之下，二者互相影响，共同构筑起了独具地域特色的、动态的地方文化。

（作者系河南大学黄河文明与可持续发展研究中心硕士研究生）

---

① 邢莉：《民间信仰与民俗生活》，中央民族大学出版社 2008 年版，第 2-3 页。

巩义康百万家族：河洛汇流处的明清豫商故事

魏淑民

一、引言

2019 年 9 月，习近平总书记在黄河流域生态保护和高质量发展座谈会上强调，要保护、传承、弘扬黄河文化，讲好"黄河故事"，延续历史文脉。[①]河（黄河）洛（洛河）汇流处是中华源、民族根、黄河魂的综合体现，是打造黄河文化主地标的最佳地域选择。[②]位于河洛汇流处的明清豫商代表——巩义康百万家族的兴衰递嬗，恰是中华文化核心区"黄河故事"的一个典型案例。明初，从山西迁居河洛汇流处的巩县（今郑州巩义市）康店镇，以地利优势逐渐起家。后因"大河行船"造就"富甲三省、船行六河"的庞大商业帝国，因太平军、捻军兴起遭遇"大河沉船"而由盛转衰，因在黄河岸边黑石关渡口耗费百万银两接驾慈禧太后而名扬天下并耗尽元气。并且，由于地处河洛文化核心区，彰显出浓郁的儒商色彩。

巩义康百万家族是豫商中最具代表性的商业家族。该家族纵跨明清两代及民国时期，富裕十二代，历经四百多年辉煌。鼎盛时期，富甲豫、鲁、陕三省，船行洛、黄、运、泾、渭、沂六河，两次悬挂"良田千顷"金字招牌，成为中原一大富豪，民谚称其"头枕泾阳、西安，脚踏临沂、济南；马跑千里不吃别家草，人行千里尽是康家田"。日本经济学界称其"家运隆盛，可谓极矣"。[③]今天的康百万庄园就是保留下来的康百万家族的部分故居及庭院，与四川刘文彩庄园、山东牟二黑庄园并称为全国三大庄园，并且时间跨度、占地规模均居首位，名闻天下，声震中原。

从改革开放前后到现在，学界和社会上对康百万家族的研究与传播，在廓清发展阶段、关键人物的基础上主要聚焦其经营之道、家训家风、庄园建筑艺术等方面，并涉及豫商及其与晋商、徽商的比较研究。本文将在前贤研究基础上，进一步厘清康百万家族的谱系发展，方法是对照不同版本的论文、著作，并参照原始碑刻、地方史志，查漏补缺，分析歧异，并提出自己的理解和观点。

二、明初由山西迁居河洛汇流处的巩县康店镇

据康氏族谱记载，康百万家族始祖康守信系明初从山西迁居河南布政司河南府巩县康店镇，同时

---

① 习近平：《在黄河流域生态保护和高质量发展座谈会上的讲话》，《求是》2019 年第 20 期。苏茂林：《开展更高水平的黄河水量调度》，《人民黄河》2021 年第 1 期。

② 张新斌：《打造黄河文化主地标的构想与思路》，《河南日报》2020 年 8 月 5 日。

③ 胡丝佳：《清代豫商康百万》，郑州大学硕士学位论文，2012 年。周岩：《明清河南巩义康百万家族盛衰研究》，延安大学硕士学位论文，2014 年。康百万庄园文史编纂委员会：《康百万庄园》，香港国际出版社 2002 年版，第 4 页。陈义初：《豫商发展史》，河南人民出版社 2007 年版，第 343 页。

他还有另外六个兄弟迁居河南其他府县，"伯从、伯亮、伯昌、伯聚、伯盛五人俱在本籍（禹州顺店），伯敬迁舞阳"。[①]这是同治六年（1867年）康百万家族根据口传派人到禹州查访后记录的内容，以防后世子孙年久不知。兄弟七人同迁，为什么只有巩县康氏一支能够绵延四百余年、成就财富传奇且天下皆知呢？大多公认是天时、地利与人和综合作用的结果，此言自然不虚，相对而言，"地利"的影响更大。天时主要是国家时局、官方政策，兄弟七人虽地处河南不同府县，然而"普天之下，莫非王土；率土之滨，莫非王臣"，面对的天时是相同的，比如明朝刺激经济发展而实行"开中法"盐业官督商办，清代康熙皇帝重视漕运、川陕白莲教起义，但能否利用得上这种普遍的"天时"、顺时而动有所作为，不同的区位则大相径庭，由此巩县康店的地利优势不断彰显出来。[②]

巩县地处洛阳和开封之间，自古就有"东都锁钥"之称，历来是兵家必争之地。康店依邙面洛，是当时开封通往洛阳的要道，也是伊洛河汇入黄河的重要码头，从康店乘船进入黄河不过半个时辰（见图1、图2）。进入黄河后，更是可以"上溯陕西，下浮济南，时或远达海口，南入江淮"。在现代铁路未修通之前，水运是巩县最重要的对外交通运输方式。[③]事实证明，后来康家能够大河行船造就"富甲三省、船行六河"的庞大商业帝国，就是充分利用了这一得天独厚的地利优势，航运业是康家崛起的基础产业以及后来康家鼎盛的支柱产业。另外，康家的衰落（以大河沉船为标志）也和水运优势的消失与铁路运输的兴起密切相关。[④]

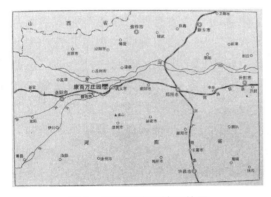

图1　康百万庄园地理位置

图2　巩义河流汇流鸟瞰

独特的地利优势，在很大程度上又造就了康百万家族的"人和"优势。宏观方面，康店地处河洛文化核心区，康家子弟世代读孔孟圣贤之书，深受儒家思想濡染，即使进入商界也彰显出鲜明的儒商特质。在康百万庄园中随处可见的匾额、楹联就是以小见大的见证，如"留余""端节退让"倡导谦虚礼让、正直清廉，"居贵敬""省贵简"强调修身养性、处世中庸，"花楼重晖""知所止"倡率团结和睦，等等。[⑤]微观方面，康家始祖康守信和开始几代子孙于耕读之余，在洛河边开了一家饭店、歇店合一的铺子，常年与社会上三教九流各色人等打交道，并时常与官署差役周旋交往。这种特殊环境逐渐促成了康家人的开阔视野，增强了人情练达的交往能力以及敏锐捕捉商机的独特眼光，经过长期积累沉淀在无形之中内化为独特的家族基因。这一点也能在某种程度上解释，为什么面对同样的天时、地利因素以及宏观人文环境，康店的康氏家族能够在巩县脱颖而出。[⑥]

①　《康氏家谱》（1998年），第7页。

②④⑥　魏淑民：《巩义康百万家族谱系新论》，《寻根》2018年第6期。

③　刘莲青、张仲友等：《巩县志》卷八，《民政·交通·舟船》，第一册第410页，成文出版社印行。

⑤　春晓：《康百万庄园：亟待开发的中原艺术奇葩》，《郑州日报》2008年4月10日。

三、大河行船：造就富甲三省、船行六河的商业帝国

基于河洛汇流处的独特地理优势，康百万家族最初在家门口的洛河做航运生意，后来逐渐突破局限，进入黄河、运河等更重要的河道大河行船，航运业成为家族的支柱产业，不仅开辟了山东基地，而且经商范围由中原扩大到山东、陕西和江淮沿河一带。此举始于六世康绍敬，中经十二世康大勇，成于十四世康应魁。

康绍敬是康百万家族第六代的关键人物。他以读书出仕，初任洧川（今河南省开封市尉氏县境内）驿丞，后迁山东东昌府（今山东聊城）大使。虽然品级较低，然而皆是管理地方水陆交通和官盐、税务、仓库的肥缺。据《词源》，"大使，管理之官。如管产盐之区者曰场大使；管库存者曰库存大使；管仓者曰仓大使；管税务者曰税课大使，分录于各长官。其名始于元，明清沿用之"。对此，康绍敬独具慧眼，洞察到改变家族命运的巨大商机。原来盐业从汉代开始就由国家专营，朝廷的经济来源半出盐赋。明代朝廷曾实行"开中法"，用以发展商业、拉动社会经济。相应的"行盐法"即盐业经营权也有所改变，开始实行"官督商办"，商人经营盐业最易暴富。于是康家利用康绍敬的特殊身份将山东的盐、海产品运销河南，再将河南本土的粮、棉、油等物资运销山东，船只来回都不跑空，从此开始走上农、官、商三位一体发展的快车道，可谓占尽天时、地利、人和！迨至明朝后期，康家已经拥有大量的土地和店铺，成功奠定了兴盛十二代四百余年的家族基业。[①]

康家十一世人丁更为兴旺，不仅有康恭、康宽、康信、康惠四子，更有四门康惠与明末洛阳福王的孙女朱氏联姻。原来，李自成农民起义军攻克洛阳、杀死福王，康家收留逃难的福王儿媳李妃，后与其女朱氏婚配，可谓锦上添花，并得到了南明福王小朝廷以及中原士大夫的青睐，社会地位急遽跃升。翻检目前所有关于康百万家族的论著，不难发现一个很有趣的现象："康朱联姻"虽然属实，然而究竟是发生于十世康复吉身上还是十一世康惠身上，却各有说法。在目前看到的康氏家谱中，也并未标注朱氏，只写明康复吉配王氏、康惠配李氏。对此，我们更倾向于第一种观点，即"康朱联姻"发生于十一世康惠时代。首先，历史史实。李自成攻破洛阳是崇祯十四年（1641 年），李氏逃难到康店嫁女是十余年后的事情，从此时算起到十二世康大勇利用康熙皇帝削藩、漕运、治河三大政的有利天时弃学经商大有作为也就是二三十年，基本上是一代人的时间，即康惠长子康大勇从出生、读书成长到弃学经商，积累经验练就独到战略眼光这二三十年的时间。如果"康朱联姻"的对象是十世康复吉，那么中间还要加上至少二十年的时间，即复吉第四子康惠出生（至少五六年）以及康惠长大娶亲生子（至少十五年）。其次，李氏年龄。即使李氏逃亡时很年轻只有二十多岁（携子女逃亡），十多年后嫁女给复吉时三十多岁，等待十一世康惠出生娶妻生子则五十多岁。而现在康百万庄园中她送给康家十二世即康惠三个儿子大勇、大椿、大鉴三座豪华壮观的窑楼是确定的，而且很有可能应该是在他们长大后接近婚娶时赠送的，那时的李氏至少六七十岁了，按照当时的平均寿命是否健在未为可知。即使家境优渥寿命较长，仍存有较大的不确定性。最后，从人情事理上讲，嫁女生子送给三个外孙厚礼是可以理解，若再隔一辈人送给曾外孙则大大出乎常理之外。[②]

康大勇是康百万家族第十二代的代表人物，颇有魄力和远见卓识，是开创康家大河行船时代的领导人物。他敏锐地捕捉到康熙皇帝削藩、整顿漕运等有利天时弃儒经商，充分利用康店河洛交汇的地

① 胡丝佳：《清代豫商康百万》，郑州大学硕士学位论文，2012 年。孙学敏、周修亭：《康万庄园兴盛四百年的奥秘》，河南人民出版社 2007 年版，第 36 页。

② 魏淑民：《巩义康百万家族谱系新论》，《寻根》2018 年第 6 期。

利之便，打造船只发展大力航运业。据《巩县志》记载："巩以河洛交流，故船户特别多；又以民艰生计，故榜人特多，创始不可考，有清季全县商船共七八千艘，帆樯林立，往来如织。"[①]然而，当时黄河、运河水运帮派繁多，要想从中分一杯羹谈何容易，对此康大勇注意结交管理河道的官员，最终使康家航船成功加入漕运行列，航运业逐渐成为康百万家族的支柱产业。此外，康大勇还在山东临沂、兰水等地购置地产、开办栈房，康家的势力范围由河洛地区扩大到江淮一带，民间"康百万"这个誉称就是从康大勇时代开始传开的。[②]康大勇无疑是继六世康绍敬之后康氏家族的又一核心人物。之后康大勇的儿子十三世康云从继续拓展商业版图，豫西禹县、栾川等地都成了康家的药材和木材基地，只是身体孱弱英年早逝。

其子十四世康应魁主事后开创了康百万家族的黄金时代，富甲三省、船行六河，是最当之无愧的"康百万"。康应魁颇有其祖父风范，在继承前代家族财富的基础上积极开拓，主要通过两个重大举动发展壮大了康氏家族：一是利用清廷镇压白莲教起义的机会，拿到了清廷镇压军队长达十年的军队棉花、布匹的军需供应大单。二是他拿下了陕西泾阳的布匹批发市场。[③]进一步完善了家族经济支柱的航运业，聘请专人管理航运，统一调配船只、人员和货物，增强了船行内部的和谐与强大的执行力，使得康家船行在六河之上畅通无阻。[④]此时的康百万家族进入了全盛时期，土地多达18万亩，悬挂"良田千顷"牌，富甲三省、船行六河，是真正的家资巨万。

四、大河沉船：康家由盛转衰的转折点

咸丰至光绪年间是康百万家族的渐落期，但仍然属于巨富行列。就大环境而言，此时清廷统治处于风雨飘摇、水深火热之中，民族矛盾和阶级矛盾日益尖锐，太平军、捻军起义此起彼伏，清廷疲于应对、顾此失彼，战火也逐渐波及巩县地区。咸丰三年（1853年）五月，太平军攻克河南归德府，至刘家口无船渡河，西至汜水口渡过黄河。咸丰末年太平军再次攻入巩县，最近已攻打至庄园南面黑石关村，逼近康家庄园，距离不足十里，康家出钱组织乡民倾力抵抗。此后，从同治元年到五年，太平军多次攻入巩县，捻军起事也波及巩县。康家出资训练兵勇，数次抵抗捻军，保卫了乡里，庄园的金谷寨就是在这一背景下修筑的，前后耗费巨大，加上河南连年灾荒，康家开始转入渐衰期。迨至清朝末年国运更加衰败，康家内外已是危机重重。[⑤]

1861年，捻军攻汜水、巩县，同时又有太平军经龙门入偃师，两路夹击来势凶猛。[⑥]1862年前后，为了从水路阻击起义军，曾国藩、李鸿章等清廷大员为镇压农民起义采取"画河圈地"封锁河流的政策，重点封锁黄河、运河等河道，并烧毁、凿沉河流之上所有运输船只。航运业是康百万家族的支柱产业，船队主要靠来回运输盈利，"大河沉船"使其航运盈利之路断绝，不啻是致命打击，可以看作康家由盛转衰的重大分水岭。[⑦]

① 周岩：《明清河南巩义康百万家族盛衰研究》，延安大学硕士学位论文，2014年。（清）李述武修、张九钺纂：《巩县志》，乾隆五十四年刊本。

② 胡丝佳：《清代豫商康百万》，郑州大学硕士学位论文，2012年。

③⑤⑦ 周岩：《明清河南巩义康百万家族盛衰研究》，延安大学硕士学位论文，2014年。

④ 胡丝佳：《清代豫商康百万》，郑州大学硕士学位论文，2012年。孙学敏、周修亭：《康百万庄园兴盛四百年的奥秘》，河南人民出版社2007年版，第74页。

⑥ 赵尔巽：《清史稿·穆宗本纪一》，中华书局1976年版。

五、黑石关接驾：康家名扬天下与最后的回光返照

黑石关古称黑石渡，位于巩义西南 4 千米，是洛水渡口之一，因洛水东有黑石山而得名。西与邙岭夹岸相对如门，扼控巩洛之中，为历代险要交通的咽喉。

康百万家族十七世康建德（鸿猷）是慈禧太后御封"康百万"称号的直接当事人。庚子事发慈禧、光绪仓皇西狩，回京时路过康店，康家出资百万监工修造黑石关行宫迎驾，并贡献白银一百万两，前后花费约两百万两，被慈禧太后赐封"神州富甲康百万"。事实上，此前民间对康家屡屡有"康百万"的誉称，此次借助金口玉言而名扬天下、尽人皆知。然而查阅民国《巩县志》，发现当时官方的接驾记录并无关于康建德（鸿猷）以及康家的任何记载：

> （光绪二十七年）秋九月二十四日，清德宗暨慈禧太后回銮，驻跸县城。前年义和拳肇乱，八国联军入京师，两宫走西安，至是议和成，回銮道经巩县，县备三行宫、黑石关、县城、官店，行不戒严，绅民跪道左右贡献。[1]

而且，当时《巩县志》知县史宜咏个人传记中言及此事，也是大而化之说地方士绅多有参与贡献，"清帝回銮，县境筑行宫三，差务之大，亘古未闻。宜咏率士绅筹备，智周计密，功成而里巷不扰"，亦未提及康家人的名字。为什么民间传说和官方记载如此冰火两重天呢？虽然康建德（鸿猷）作为士绅代表，积极出钱出力修建行宫、贡献百万银两实际贡献巨大，然而在官方看来还属于"民"，接驾差事圆满完成功绩在"官"，若在史书中记录康建德（鸿猷）个人的名字难免有喧宾夺主之嫌。而且，虽然康建德（鸿猷）如此处心积虑、大费周章，最后只得了个赏戴蓝翎"汝南教谕"虚衔。在近世民族和阶级矛盾尖锐、战乱频繁的时代大局下，本已衰落的康家更是雪上加霜，不可避免地逐渐走向覆亡，这在康家十八世诸子弟时代更为典型。

康百万家族十八世有兄弟二十五六个，时值民国初期，战乱纷杂，康家已经到了家道艰难的地步。虽有康庭兰堪称家族最后一位"康百万"，利用铁路、水路将生意做到了天津、上海地区，不久也因为日寇的入侵和商业内讧导致衰败。此时康家子孙也多不成才，吸食鸦片、吃喝嫖赌。另一部分读书明理的子弟则走上了革命道路。第十九代康学礼于 1938 年离开庄园参军抗日，之后又辗转来到新疆阿勒泰。康午生（后更名王国权）同为康家十九代后人，抗日战争胜利后曾任热河省委组织部部长、民运部长兼承德市委书记，中华人民共和国成立后担任热河省委书记、省长，后任驻民主德国、波兰等国大使。[2]

总之，康百万家族传承四百余年，形成了崇尚中庸、耕读传家、乐善好施、诚信义利的豫商精神。康百万版本的"豫商故事"，演奏着明清以来天时（国家政策与时局变迁）、地利（河洛汇流、背邙面洛）、人和（以"留余"为代表的家训）的三重奏，其前期的崛起和辉煌，是乘天时、就地利、应人和；后期的衰亡，则是晚清以来时局恶化、地利衰减、子弟骄奢共同作用的结果。[3]

六、余论

抗战时期，康百万庄园曾是"第二野战军女子大学"总校旧址。中华人民共和国成立后尤其是 20

---

① 刘莲青、张仲友等纂修：《巩县志》卷五，大事纪，第一册第 349 页，成文出版社印行。
② 田夏：《处事无他莫若为善　传家有道还是读书——豫商康百万家族的家风故事》，《中国纪检监察》2017 年第 5 期。
③ 魏淑民：《冬日踏访康百万庄园》，《河南日报》2020 年 11 月 4 日。

世纪六七十年代，康百万家族的庄园主宅区曾作为阶级教育展览馆使用，直到 1978 年。耐人寻味的是，1979 年下半年河南出版了一本小册子——《罪恶世家康百万》，深入揭批康百万家族的罪恶发家史及其种种剥削行径。当时，党的十一届三中全会已经召开半年有余，意识形态和社会舆论显然还没有完全从阶级斗争的禁锢中完全解放出来。而 2000 年以后，康百万家族却逐渐成为豫商典范，众多小说、论著热切探寻其昌盛十二代四百余年之财富密码、文化基因，尤其是其家训文化，实在是冰火两重天。①

康百万家族从罪恶世家到豫商典范、家训榜样，其间康百万家族（庄园）的自身境遇、社会传播、学术研究无一不反映出时代烙印，也是改革开放以来国家经济社会变迁的缩影与镜像。其社会传播，经历了财富密码到文化基因的递嬗；其学术研究，经历了从庄园自然属性到社会属性的演变，而且即使是自然属性（建筑艺术）的研究也逐渐侧重文化内涵（家族历史文化）的阐发。以上种种既折射了改革开放以来中国不断向上成长的历程，也一再启示了历史学在谋求服务现实、经世致用时更应秉持求真求实的主旨和冷静客观的态度。②

（作者系河南省社会科学院历史与考古研究所副研究员）

---

① ② 魏淑民：《时代之镜像：改革开放以来康百万庄园（家族）开发利用、社会传播与学术研究述评》，《黄河科技大学学报》2018 年第 6 期。

清代黄河河神黄大王形象塑造探析

王云红

　　黄河中下游地区在封建社会晚期兴起了一种黄河河神信仰——黄大王信仰。虽然黄大王的真实情况未被记录进正史，但是通过民间传说和清朝官方敕封文书以及地方志等资料，我们可以确认黄大王是一位真实存在的历史人物。黄大王原名黄守才，生活于明末至清前期，河南偃师人，自幼父母双亡，跟随舅父生活，成年之后在黄河上以跑船贩运为业。黄守才这样一个在生前没有官职，出身也不显赫的普通人，先是受到黄河沿岸人民的膜拜，而后成为国家正祀的继"金龙四大王"之后的又一位黄河河神。经历数百年的发展，依旧对黄大王十分信仰，已经成为黄河信仰文化的重要组成部分。民间人物黄守才如何成为黄河河神，黄大王的形象又是如何塑造出来的呢？本文不揣浅陋，拟在前人研究的基础上，尝试加以探析。[①]

一、黄大王出世的传说

　　黄大王的故乡在偃师市岳滩乡王家庄，据嘉庆十五年偃师县知县武肃所立《黄大王故里碑》所载："王府在治西南十里许王家庄；王墓在治南五十里万安山。"黄大王自幼便神异无比，他出生时"云雾弊天，香气满室""空中有声曰河神降矣"。[②]这一传说直接将黄大王定位为"河神"，之后的传说也沿着这一线索进行。"生岁余，幼兄携出外，失足落井，兄奔告家人往救，立井畔，神坐水面，拍手嬉笑。男、妇观者，喜跃，因共出之。""六岁，随母舅刘在舟，触舅怒，叱之，遂投洛河深处。舅沿河号哭，自辰至申，捞救不获。忽见从上流半里水中出，衣不沾濡。""七岁，浴洛水浦，得野鹤乘之，飞登猴山巅，徘徊良久，复驾鹤归浴所。乡人聚观，以为异常。""北游天坛山，天旱泉竭，农民告艰，神指地开泉一曲，至今利赖焉。"[③]幼年黄大王的传说具有很浓厚的神秘色彩，一些超出常理的事迹，很可能是由当地百姓或文人为了显示黄大王的不凡加以夸张而杜撰出来的。从幼年黄守才的传说中大致可以提取出关于他的身份信息：父母早年双亡，跟随舅父生活，生性活泼伶俐，自幼生活在水边，水性极好。黄守才常年生活在水边，熟悉水性，自然通晓黄河水情乃至周边水脉。十岁左右开始跟随舅父在黄河上以跑船贩运为业。长时间的耳濡目染加上自身聪慧，黄守才很可能在这一阶段完成了黄河水利水情知识的初步积累，为他成年后治理黄河打下了基础。

---

　　① 近年来，学界对黄大王信仰已经有了较为丰硕的研究成果，主要有刘志清：《灵佑襄济王黄守才考评概略》，《偃师古都文化论文集》，偃师古都学会编（内部资料），1997年；李留文：《河神黄大王：明清时期社会变迁与国家正祀的呼应》，《民俗研究》2005年第3期；卫文辉：《民间信仰的当代建构——以河洛地区黄大王信仰为例》，河南大学硕士学位论文，2012年；胡梦飞：《官民互动的典范：明清时期河神黄大王信仰的历史考察》，《郑州航空工业管理学院学报（社会科学版）》2017年第3期。

　　② （清）孙星衍、汤毓倬：乾隆五十四年《偃师县志》卷三十，《河神黄大王逸事》。

　　③ （清）俞正燮：《癸巳存稿》卷一三，《黄大王传》。

358

二、民间力量的推动

有关黄守才神灵形象的大部分特征都是由民间力量完善的，底层百姓如船工、乡民是传播塑造的第一环节，而文人则将其形象进一步完善，之后又反哺乡民，为黄大王形象增色添彩。

为什么黄大王信仰在明末到有清一代十分兴盛？这与底层百姓朴素的情感需求有很大关联。黄河水患极其严重，据统计，夏朝至元朝，黄河"溢，决，徙"的次数总共538次，而有明一代就达到了454次，清朝也有480次之多，明清两朝相加黄河灾情竟达934次，超过之前各朝代此类现象的总和，占自夏朝以来三千余年总次数的60%以上。① 频繁的水灾不仅给政府带来了沉重的财政负担，更给当地百姓带来了无尽的苦难。从古至今，中国的底层百姓都有一种神化英雄的倾向，例如各地普遍存在祭祀大禹、商汤的禹王庙、汤王庙，李冰父子的二王庙，东南沿海的妈祖信仰以及关公信仰等，这实际上都是"神化英雄"的结果，而这种倾向正是表达了底层百姓对幸福生活的渴求。临山者信山神，临水者信河神，对于大部分底层百姓来说，中央乃至官府是遥不可及的，民间纠纷大多由地方自行协商解决，因此宗族、神灵反而比官府更为有效。神灵是超出时间和空间的，它可以比官府更及时地为自己解决问题，带来公平，获得利益。我国素有"巫""医"的传统，中医理论中掺杂着阴阳五行、天人感应这样富有神秘色彩的学说，神灵负担了部分医药功能。在医疗技术落后的古代，求神拜佛是人们追求健康的途径之一。黄大王这样的神灵则是在治河过程中被民众认可，威望日积月累，最终被人们供奉。黄大王这类神灵发迹于救灾，获得了公信力，又因为公信力被人们赋予了更多的职能，久而久之被民众捧上了神坛，民众则通过这种方式完成了"造神"的壮举。

对于底层百姓而言什么是神灵？大抵就是能救生民于苦难，救百姓于水火的人。黄河历来水患严重，河南地势平坦，农业发达，人口也相对众多，一旦黄河泛滥，成千上万户的百姓将流离失所，土地被淹没，房屋被冲塌，数代的劳作努力毁于一旦，甚至沦为流民死于饥寒之下。黄守才能为他人之不能为，成功治河，即便是只有一次，也足以让人们感恩戴德，更何况黄守才数次参与治河，挽回了大量财产，活人无数。黄守才在生前就已经有了数量庞大的信众，这是造就"活河神"之名的根基。

在民间有着这样一段传说，黄大王曾带领船夫们外出贩运货物，此时正值春节，船夫们思念家乡，为了安抚船夫，黄大王命他们闭上眼睛，船夫们只听到双耳风声呼呼作响，睁眼之后就回到了家乡。一位柳姓船夫按捺不住好奇睁开一只眼，第二天他的那只眼睛就再也睁不开了。这位船夫也被列为黄大王陪祀神之一。在《黄运两河纪略》以及《敕封大王将军纪略》中也记载了"党柱投河"的传说，"顺治二年，金龙口冲开，……王急至，令点河夫，内有一人名党柱者，王留之曰：是人将为神，命送百金于其家，党柱愿以身挡卷埽，时党柱自投埽中，入水稍项，见以蓝手如箕出水面，官民恐怖。请王视之，叱曰：封汝将军之职，随班侍直，手即隐，堤工告成。"② 船工、农民在明清时期一直处于社会底层，但是他们也要表达自己的情感诉求，这些位于底层的百姓希望通过塑造神灵这一方式获得代言人，表达自身对于平安、公正等的需求，也通过"柳将军""党柱"这样的方式参与了黄大王形象的塑造过程。

文人则进一步丰满了黄大王的形象。文人通过整理加工民间传说的方式将黄大王的形象描绘出来，随着黄大王故事层累化，使黄大王的形象越发活灵活现。清代许多书籍如《癸巳存稿》《续客窗闲话·黄大王》以及《黄大王家谱》等都记载了黄大王传说事迹。黄大王成年后的传说有十分强烈的文人色彩，具有文人所富有的家国情怀以及仁义道德。如清代吴炽昌的《续客窗闲话·黄大王》中写道：

---

① 王威、夏如兵：《试论明清小冰期黄河水患增多的原因——基于气候变化的视角》，《西部学刊》2019年第5期。
② 《敕封大王将军纪略》，见《黄大王家谱》，黄氏家族续修1993年，第10—12页。

"受教，益奋，不数年，入庠""生无以为业，因设帐焉，秉资领悟，无书不解，能剖析至理，为人所服，故从游者众。"① 在清代文人的笔下，黄守才接受了儒家教育，研究了儒家经典，深受儒家思想熏陶。"工部侍郎周堪庚修决口不成，至偃师请守才，为乘舟插柳枝干河口，依筑堤，堤成。""闯贼之欲灌开封也，闻守才为河神，劫守才，决马家口，马家口决而水旁去。""后水退沙涨，运粮河没，千万人不能开。民不堪命，共荐黄生。河督召之不来，使民往请命，始至。"② 这样的记载体现出黄守才一种很明显的倾向，即"讨厌叛逆，维护正统，为国为民，仁义为怀"，而这种倾向是大部分传统文人都具有的。该书作者也明确指出"托是书以劝善，以惩恶，以示人趋避"。③ 文人们在民间传说的基础上，按照传统意识形态对黄大王故事进行了加工，使其形象更加符合封建统治集团的需要。

三、国家治理的需求

明朝以及清前期国家承认的正统河神始终是金龙四大王谢绪，在清朝时期，黄大王信众众多，民间呼声很高，一些官员上书请求敕封，黄大王才被列入国家正祀，成为金龙四大王的陪神。黄大王被列为国家正祀经历了一个渐进的过程，这得益于国家对于民间力量的尊重。顺治七年治水有功，当地人为其列生祠祭祀，这是十分少有的生前就被尊为神的例子。康熙二年黄守才去世，雍正十二年建大王坛，直至乾隆三年"封灵佑襄济王，并祀金龙四大王庙"，"于其子孙内择一人作为奉祀生，世传勿替"。④ 从生前就被列入生祠到正式列入国家正祀，确立正统地位，时间长达七十余年。《湖广通志》中记载了早期黄大王信仰的状况："河神旧祀金龙大王，忽有诡称黄大王者，触之谴责立至，群肖像奉之。总河命试往验，试以绳缀像颈拉仆之，投其庙而神不灵"⑤，因此与其他新事物一样，从出现到被列入正统河神体系这一过程中，旧有的河神体系受益者不乐意与新生事物分享权力，黄大王信仰与之发生过较为激烈的冲突。

在黄大王信仰传播初期，因为旧有神系金龙四大王的影响，受到了一定程度的打压。得益于当地百姓的信奉和地方的推动，黄大王在黄河沿岸信仰者众多，一些官员也认识到了黄大王信仰维稳的重要功能，"大学士阿桂等奏豫省河神最著者为灵佑襄济王，黄姓，河南偃师人，从前已受敕封，拟为修坟种树并请于其子孙中赏给奉祀生一人"⑥。对于国家来说，黄河沿岸作为粮食的主产区之一，人口十分密集，对这一地区的民意必须加以重视，敕封黄大王对维持地方的稳定至关重要，再加上金龙四大王为明朝敕封，且谢绪在传说中曾痛斥异族统治"元兵突入宫中，大恸，曰生不能报国恩，死当诉至上帝"⑦，有反抗异族的倾向，对清朝统治者不利。黄守才不仅具有儒生的一般特征，还在一些传说中与清王室关系密切，便于收拢人心，因此扶植出一位陪祀且亲清的新河神或许是清朝统治者拉拢汉人的方式之一。

对于地方政府来说，一个本地神灵的正统化对本地区有益而无害。近代以来，学术界一直有"皇权不下县"的说法，我国自古以来就有县以下的行政机构"自治"的传统，政府对民间的控制往往到县一级就到了尽头，基层的治理多依赖于地方豪强士绅，豪强士绅则通过宗族血缘、封建礼法、神明祖先等方式治理底层百姓。明清时期，地方基层是由本地区宗族进行自我管理，神灵和祖先本就在宗

---

① （清）吴炽昌：《续客窗闲话·黄大王》。

② （清）俞正燮：《癸巳存稿》，卷一三，黄大王传。

③ （清）吴炽昌：《客窗闲话》，序言。

④⑥ （清）孙星衍、汤毓倬：乾隆五十四年《偃师县志》卷四，《陵庙记》。

⑤ （清）夏力恕：《湖广通志》，卷一百二十。

⑦ （清）邵晋涵，郑沄：《杭州府志》卷八十三，《忠臣》。

族治理体系之中。黄守才在世时有"活河神"的称号，信众基础庞大，地位崇高，因此将之塑造成一个新的更有影响力的信仰，对于地方政府维持辖区秩序十分有利。出于防止地方豪强作乱，加强地方控制的需要，将"鱼腹藏书，篝火狐鸣"[1]这类假托神明作乱的可能性扼杀在萌芽之中，最高统治者也愿意通过将神明正统化的方式，将之纳入国家治理体系中。阿桂等奏请"于其子孙中赏给奉祀生一人"，既将把持信仰的范围限制于黄守才子孙这一群体内，又通过册封"奉祀生"将这些人纳入国家管理下。这些措施一方面增强了百姓的地域观念和国家归属感，另一方面又安抚了地方豪强，减少了其通过信仰裹挟百姓作乱的可能性。《癸巳存稿》中提到黄大王帮助国家平定叛乱的故事"初，闯贼之欲灌开封也，闻守才为河神，劫守才，决马家口，马家口决而水旁去"，这样的例子并不特殊，"元末我太祖与元将蛮子海牙战于吕梁，元师顺流而下，我师将溃。太祖忽见空中有神披甲执鞭，惊涛涌浪，河忽北流，遏截敌舟，震动颠撼，旌旗闪烁，阴相协助，元师大败。太祖异之"。[2]这些被政府承认的神灵往往是维护政府统治的，这很可能是清政府将黄大王这类神灵列入国家正祀的深层原因。

对于国家而言宗教神灵是一把"双刃剑"，有益之处在于维护社会稳定，但倘若被别有用心之人利用又会成为破坏社会稳定的隐患。明清之际，中央政府显然也意识到了这一问题，册封了如"黄大王""三界神"等在地方具有广泛影响力的一批神灵，借此维持着对地方的控制。可以说，正是在清政府通过"神道设教"维护其统治的过程中，发端于河洛地区的黄大王信仰才被逐步推向了国家正祀的道路。

四、结语

黄守才成为"黄大王"不仅得益于外部力量的推动，其自身特质也是造就其地位的关键因素。黄守才具备相当丰富的治河知识以及治河经验，常年生活在河洛河流岸边，为其成为河神打下了知识基础。民间也有黄大王读《禹贡》，以及著作《治河方略》《洪范九畴九河图》等传说，虽然相关书籍没有存本，难以查考，真假难辨，但是不能排除黄守才自学成才的可能性。除治河经验之外，从幼及长，黄大王一直"生而为神，人皆知之"。黄守才在生前就已经被列入生祠享受香火，有"活河神"的美誉，不像其他如"金龙四大王、朱大王、宋大王"等河神是在死后被列为河神祭祀。这一特质还是基于黄守才本身卓越的治水功绩以及治水才能之上的，百姓出于对其恩情的感激才欣然为之立生祠，开启了黄守才的"神化"历程。

地方官或者民间奇人被神化，建庙塑像的例子并不罕见，如药王孙思邈，门神尉迟恭、秦琼。《敕封大王将军纪略》中的诸位大王、将军等例子数不胜数。关于这种现象形成的原因很复杂，"人物神化的民间叙事过程是集体经验，集体智慧，集体想象的结晶"。"黄大王"作为河神，既是水手、商贩、渔民的行业保护神，也是沿岸居民的个人保护神，这种类别上的广泛性决定了他受众的普遍性，为其传播提供了很大的便利。而信众众多也给民间信仰本身带来了更多的素材和佐证。如黄大王这样的神灵，在中国是十分众多的，凡正面的神灵，其生前往往具有较大的影响力且受到大部分民众的认同，当一任地方官勤政爱民、宽仁施政或者如黄守才这样与百姓息息相关且能维护百姓利益的人，百姓往往希望他一直存在下去为自己造福。生命的短暂和百姓渴求利益被永久保障的需求之间产生了矛盾，使百姓更倾向于将人物神化，从而实现英雄"永生"的愿望。

另外，豫西地区，河流众多，水患频繁，人口却最为密集，一旦水灾发生，如何保障百姓在灾难

---

① （汉）司马迁：《史记·陈涉世家》。

② 《敕封大王将军纪略》，见《黄大王家谱》，黄氏家族续修1993年，第10—12页。

下保持冷静是每一位地方官需要考虑的问题。而统一的河神信仰能够帮助当地官府在大灾时稳定民心，"河督杨方兴字守才神，往请之。守才至，命于决溜中下埽，埽不动，塞决甚易"，"沁溢，堤将溃。参政分守河北道佟延年亟请守才"。[①] 每遇大灾，官府常常请来黄守才帮助治理河流，到了后来，一些官员也进入黄大王庙拜祭。官员邀请黄守才乃至拜祭黄守才，一方面是因为"黄大王"影响力已经十分广泛，这种做法是赢得民心的需要。另一方面是治理河流时需要一个德高望重的人来稳定民心，为官府赢得救灾时间，这种地位很像是宗族中的长老乡绅，他们本身能贡献的力量或许不大，但其威望是政府需要借助的治民利器。黄守才本身不出仕，不会给当地官员带来竞争压力，为了功绩和民心，地方领导者没有理由去抑制黄大王信仰的传播，反而乐意去宣传。到了乾隆年间，黄大王终于被列入国家正祀，"黄大王庙"在黄河沿岸大量兴建，黄大王信仰在黄河沿岸各地传播开来，甚至发展成为兼管伊河、洛河、大运河以及黄河的国家级河神。

（作者系河南科技大学人文学院历史系主任、副教授）

---

① （清）俞正燮：《癸巳存稿》卷一三，《黄大王传》。

对民国时期黄河治理的历史反思*

苏全有　臧亚慧

民国时期的黄河治理，学术界现有研究主要有以下几大方面的内容：对水利管理机构的研究，如史鹏飞的《南京国民政府水利管理机构研究（1927–1937）》、赵国壮的《南京国民政府水利行政统一研究（1928–1935）》等；针对水利专家代表人物的研究，如刘晋萍的《张含英治黄理论研究》、王美艳的《李仪祉治理黄河理论及实践述评》等；区域性的研究，如王武的《民国时期河南黄河的治理新措》、苏全有等的《黄泛区农民思想观念的近代嬗变——以1938～1952年的扶沟、西华县乡村为中心》等；对具体的黄河事件和治河群体等的研究，如李春霞的《花园口掘堤事件与南京国民政府黄泛区方略再认识》、李海涛的《民国时期工程师节述论》等。总体来看，对于民国时期，黄河治理中存在的相关问题，还有相当的伸展空间，如黄河治理的经验教训，探究的就很不够。基于此，笔者以黄河治理为视点，以民国为视阈，分析反思黄河治理过程中暴露的问题，以期促进治黄研究的深入。

一、治黄经费、设施短缺

民国时期，黄河治理的经费，以及设施严重不足，阻碍着治黄工程的实施开展。

（一）治黄经费短缺

民国时期，从国民政府到各省区的黄河治理中，均存在着经费短缺的问题。

国民政府及水利机关等所列治黄计划、实验等因经费问题，并未得到有效实施。黄河水利委员会成立后的一些黄河治理事宜，因经费短缺而搁置。时人称，"而于治理黄河，政府亦已设黄河水利委员会司测量计划等事，只以工程浩大，需款孔巨，犹未见积极推行"。在黄河海口治理方面，实验也被迫中途停止："恩格斯氏于一九三二年受冀鲁豫三省政府之托，曾作关于黄河之实验，因经费不足未得完成。"而该实验经费具体由何处分担，曾经历了一番讨论："拟请由河南山东两省分担"，河南省认为实验关系着全河利益，因此"所需费用，似应由国家支给，或分配庚款项下开支，否则由冀鲁豫三省分担"，后决定该经费由冀鲁豫三省共同分担。22000元的实验经费遭到各方推脱，后还是难以维持到实验的完成，足见民国时期从中央到地方的财政困窘状况。经费是实施计划、开展实验的基础，经费不足导致诸多治黄计划、实验等未能完成。

在黄河治理设施方面，经费亦不足。1921年《大公报》报道："东山黄河上下游近来迭次决口，被水区域益形扩大，加以款项支绌，河工经费不能尽力筹拨，因之河防设施多有未周。"经费难以满足河防设施建设。具体来说，如石坝：王应榆言："惟是石坝用费最多，政府既无力补助，地方筹款亦不

---

* 基金项目：河南省高等学校哲学社会科学创新团队项目"中原方志文献资源开发与利用研究"（2019–CXTD–02）。

易。"气候观测所："若谓以国家财政竭蹶，不能不停办者。"但根据记载，气候观测所花费并不高昂，"测候所非大机关可比，每所常年经费，至多不过四五千元，以二十六所计，年不过十余万元"。根据1933年报载，有人提议国民政府设立"一个大规模的水工试验场来作治理黄河之用"，因为经费不足和技术人才的缺乏，也未能兴办。民国时期，治黄设施短缺，经费不足是主要原因。

省区黄河治理经费，也有不足的情况。1935年，黄河水利委员会电邀青海省建设厅出席黄河水利委员会第四次大会，青海省建设厅因"财政奇穷，不遣代表"出席会议，但拟送了治理黄河上游的提案，主要是希望国民政府拨款支持该省雨量站等的建设工作，原因是青海省经费短缺："金以经费奇绌，一切人力财力均感缺乏，无法筹设等情。"1937年，冀省因黄河治理问题，曾具呈政委会，其中关于经费方面，言"黄河关系多省安危，以往较大工程皆由中央拨款，今虽统一管理，经费仍须各省分担……地方元气已亏，库帑奇绌，款无所出"，并提议如果必须统一黄河修防工程，应由国民政府拨款筹划，而不是由各省分担款项，且比例还有所增加。山东省黄河修防费亦严重不足，1947年《申报》记载："本年核定之修防费三省共仅十亿元，鲁省尚不足三亿元，致各项材料，均不能大量存储，较诸计划数量，只能购备百分之四"，此等资金情况，进行黄河治理，何其艰难？甚至出现向银行借款的情况，《申报》1934年5月载文："河南省政府，为完成该省黄河工程，最近由该省财厅出面，向本市中国交通中央等六银行，借款二百万元。业已全部商定，以财政盐税附加作抵，二年半还清。"治黄经费竟困顿至此，实是开展治黄工程的掣肘。

经费无着，无法支付职员工资。山东河务局，"河防营兵夫饷项已欠至三四个月之久，各兵夫狼狈不堪，叫苦连天。各营长借贷无门，无不疾首蹙额。又该局前因抢险所借银行款项亦无法偿还，该局劳督办因以上种种困难无款不能支持，已一再呈请发款"。欠饷严重影响着他们的生活，还打击其黄河治理工作的积极性。

民国时期，经费短缺是黄河治理的普遍问题，"地方困穷财政无着，财政困难已成为全国皆然之现象，全靠政府，则拨款无期，终必成灾"。从国民政府到地方省区，财政困难使他们在治黄工作上有心无力，出现相互推诿的情况。

如今，国家高度重视黄河流域的防护工作，并给以雄厚的资金支持。如为了加大防护黄河流域水污染与水资源保护，根据《黄河中上游流域水污染防治规划（2006-2010年）》（以下简称《黄河规划》），积极推动黄河流域水污染防治和水资源保护工作取得较好成效。据水利部、7个省区发展改革等部门提供的资料，至2010年底，黄河中上游地区投入224亿元用于《黄河规划》实施，占规划投资319.93亿元的70.02%，其中中央财政33.23亿元，地方财政74.02亿元，企业资金116.75亿元。国家强大的资金投入力度，是治理黄河流域的坚实基础。

（二）治黄设施短缺

黄河治理所需要的气候观测所、量雨站、水文站等设施都严重短缺。

气候观测所严重不足。1872年创设第一个天文台后，一直到1912年8月，长林部才开始筹措观测降雨量之事，同年10月，张季直"改组长商，乃事扩充，然各省所设分所，仍不过二十六处也"，而当时，德国除去测验雨量的观测所，其气候观测所为30余处，奥匈大约有五百所，瑞士也有一百余所。更为艰难的是，这26处气候观测所还"尚不能保全"。

量雨站不足。量雨站与治水关系密切，必不可缺，民国时期，其数量并不能满足治水需求："即量雨站亦不足用。此实为治水之最大缺憾，故必须亟图补救。"位于黄河上游的青海，亦缺少雨量站："所以讲到治河问题，测验雨量，尤为先决问题，青海处黄河上游，对于雨量站之设施，亟关重要，惟因种种关系，迄今未见实行……筹设沿河各县雨量站，洵为常务之急。"根据记载，掌握雨量是治河的首要工作，但青海等地并没有足够的雨量站支持其开展工作。

需要增添水文站。"水文站之添设，应视工程发展之需要，配合旧有之各站为之……就目前情形观察，水文站尚需添设者：在干流方面应为贵德、三盛公、西山嘴、托克托、保德、吴堡、潼开、郑县、中牟、开封、高村、陶城埠、泺口、利津等十四处；在支流方面，若湟水及大通河可各添一处，大夏及洮河可各设两处，平潘河、祖厉河、清水河可各设一处……"根据张含英 1947 年《黄河治理纲要》中的水文站设施建议可知，直到民国晚期，水文站依然严重缺少，且干流、支流都需要为数不少的添置。

民国时期，无法供给足够的基本的治黄设施，也是阻碍黄河治理的一大障碍。

如今，随着国家综合实力的增强，基本的设施已构不成治黄问题。中国建造了黄河三门峡大坝、小浪底水利枢纽工程、刘家峡水库、李家峡水电站等，开展多个水利工程项目，以及黄河三角洲经济区交通设施等，还有目前世界上最伟大的奇迹工程——中国南水北调工程，为中国构造成一个宏伟的水资源合理配置的庞大水系。相信随着国家实力的发展，各地黄河治理设施将越来越完善。

综上所述，民国时期，治黄经费和治黄设施短缺是影响黄河治理的两大因素，导致治黄工作步履艰难。随着国家综合实力的增强，治黄经费的投入和设施的建立，现代社会较民国时期有了巨大的进步。

二、治河机关与职员以及革新意识不达标

治河机关与职员以及革新意识不达标，不利于治黄工作的有效、创新性开展。

（一）治河机关与职员不达标

1. 治河机关不达标

治河机关方面，主要是没有统一的水利行政机关，省份间各治河机关缺乏合作精神。

（1）没有统一的水利行政机关。民国黄河治理，特别是在黄河水委会未成立之前，治河职权不明，水利行政权力被严重分割，各省份部门协调配合性不高。

关于建立统一的水利职权机关的必要性和重要性，1925 年沈怡在《治理黄河之先决问题》中写道："总之治河之要，首在贵有负责之机关，有统一之计划。若仅苟安旦夕，枝枝节节而为之，则河之为我国患，恐尚未有尽期也。"此外，王应榆认为统一的水利行政机关的成立，是符合治黄历史发展需要的，"且适合于事实之需要"。

治河机关太多，容易导致权力分散，延缓治河进程。张含英指出，"主管机关职权不定，近年以来，多知治河之重要，机关林立，然职权不定，亦殊难以进行"。职权混乱，则会导致某些部门、员工乱用权力，甚至出现政治斗争："黄河事业重大，固必有最高之机关办理之，负众之人才领袖之，然一有政治意味，殊于建设前途不利，此黄河水委会至今尚未成立也。"

陆贯一认为，治理黄河的先决问题就是"应先设立一有力的统一治导的行政机关"，该机关"有权力指挥其流域的各省的河务局与其流域的县政府"。他主张由国民政府主导治黄工作："惟无论如何，此工程为浩大，非政府全力赴之，不能收功，尤其非统一水利行政，以去过去分裂之弊不能收效。"陆贯一认为建立统一的水利行政机关，有利于：①集合力量；②可以解决以往黄河机关工作部门的常见问题；③提高工作效率；④实现权力的指挥调遣，必要时增援兵力等。

因此，民国时期，水利专家、学者等多方呼吁国民政府建立统一的河政机关，主要是认为其有利于统一治黄权力，明晰各方治黄职权，便于水利管理。

（2）缺乏合作精神。民国时期，各省区、河务局之间，以及有关工程部等缺乏协调运转，其合作精神有待提升。

民国时期混乱的河政管理，各省区相互争斗，导致河防割裂，对黄河治理毫无裨益："查黄河横贯中原，利害影响，及于十数省区，贵在统筹计划，切忌划地自封……乃民国成立，政府目独裁之君主，移转于割据之军人；于是旧制废，畛域分，浸假而划段管理，省不相谋，割裂河防，使祸患因以加剧。"

各省应相互沟通治黄工作，否则一处不畅，则全河为患，酿成大祸。如河南、河北、山东三省河务局各自为政，特别是山东与河北，都只顾及本省之河段，拒绝合作，且出险后相互推脱，导致治黄工作分割成段："然黄河下流，经河南、河北、山东三省之河务局分相成立，各不相谋，即以冀鲁之交而论，出险之次数最多，而其最大原因厥为口决河北，而患在山东，山东以职权所限，不克越界整理，河北以利害较轻，鲜能促起注意，虽两省人民互有水利协会之组织，然款则极难筹划，且人多有'各扫门前雪'之成见，只仅守本段不致出险，有则互相推诿。"

黄河治理亦需要各工程部、工事等通力合作，协作配合，循序推进。"必须采用多种方法，建筑多种工事，集合多种力量，共向此鹄推进，然后可望生效。惟是各项工事之需要有缓急，兴工不能无先后，因此孰先孰后，必须于计划程序中妥为排列。又河之上下，息息相通，一处工事兴修，不仅一处情势变动，影响所及可能牵动多处，甚或能以牵动全河，故计划中各项工事之彼此影响，必须兼顾，其功用必须妥为配合之。"治黄是一项跨越多个省区、程序复杂的重大工事，各部门若能积极合作，相互分享可靠信息，可以减少不必要的损失，提高治河效能。

民国时期，各方不能相互合作，导致治黄工作割裂，影响黄河治理的整体效果。

2. 治河职员不达标

治河职员不达标主要是其职业素质有待提高，表现为：河官治河原理匮乏、河官、河工贪冒、责任心差等；河工流动性大、缺乏培训等。

河官作为治理黄河的重要官员，却没有掌握基本的治河知识，"历来河官都只知道守堤。如果堤防无恙，即为尽职。哪知道什么治河原理呢？"

河官、河工有贪冒问题。"不幸而河堤为大水冲坏了……不肖的官吏还要以合拢之功自居，向政府请一批褒奖。"1946年《申报》亦载文："且自满清末年，政治窳败，上下欺罔，以河官为肥缺，以河工为利薮。"河官、河工将心思用在收敛钱财上，导致随处皆是险工，人民苦不堪言。

职员责任心有待提升。"职员之责任心轻，论者多谓河务为发财机关，不只不欲其工程之永久，且惟恐其来年之不再决也"，"然过去数十年来办理河务者之责任心轻，不能不谓为治河之阻碍也"。培养治河职员的责任心有利于治黄工作的开展。

河工的流动性强，且越是级别低、技能高的，越难以招揽。有材料称，"此次路过河南，就便访问往日从事于河工之各级员工，不料多不知去向，至为太息，查治河人才，上级人员较中下级员工易得，中下级员工，则至为难得，盖中下级员工，均具有纯熟之抢险技能故也，且治河在平工时觉其易，在险工时觉其难，无论将来回复河道，不回复河道，此项人才，似宜设法招集，否则三年之病，求七年之艾，培蓄极感困难也"。黄河治理可提前储备治河人才，特别是要吸引、留用有抢险技能的河工，但显然在民国时期，治河部门并不能长期留用河工。

缺乏培训。据载，"惰性人皆有之，非旧有员工故意破坏新法，实因所见者少，故有辽东豕之惊异，若能加以训练，俾其明瞭，对新法之施行，必护良好结果"。对职员加以培训，有利于治黄新方法的推行。

如何招揽、培养合格的治河人才，并能长期为之所用，是有关人员需要思考解决的问题。

现今，在机构设置方面，黄河水利委员会下设多个部门，相互协调配合，各司其职，同时又能做到信息共享；在人才方面，自中华人民共和国成立以来，黄河治理迈入新阶段，对治黄人才队伍提高了要求，各级河务部门高度重视，采取一系列措施加强人才开发工作，营造良好的人才培养环境。着重强调培养专业的治河人才，加强人才队伍建设，以治河实用人才带头为重点。但也存在着相关问题，如在河务局中，老龄化问题凸显，人才断层；高素质人才相对匮乏；薪酬体系不够完善等。因此，如何完善治河人才的开发工作，打造高素质、高标准的治河专业人才，也是需要关注的方面。

（二）革新意识不达标

治河人员革新意识较差，主要是固执己见、理念陈旧、没有积极实践国内外治河理论等。

民国时期，职员固执己见，缺乏进取心。张含英说："然若自持且长，不纳异己之见，则为阻止进化之魔障，虽有新知识之工程人员工作其间，亦不克略尽所长。"据载，治河之人无法接受新方法，甚至以罢工、破坏机器等为要挟，"例如打桩一事，纯用旧法，若教以新式打法，并予以新式机器，则群众皆不之理，甚或以停工制之，再则故意将新机器破坏，而谓不堪用，仍习其数十年沿用之法"。

在治黄思想上，落后迂腐，表现为贪图一时成效，治标不治本："惟一般浅见之辈，对于防汛工作，毫无科学之眼光。而有腐朽之思想，犹积极主张其筑堤修坝，竭力抢险，为治黄惟一之方案，须知此种办法，以之治标，未尝不可，以之治本，宁非大谬。黄河治理非一蹴而就之事，片面追求速度只会留下大祸。"

没有积极引进国外治黄研究成果。如从1932年冬季开始，德国奥培尔那黑研究院（Obernach）专门设立了一个中国黄河研究所进行实验研究，还有其他外国治黄专家，如美国水利专家费礼门、德国人恩格斯及方修斯等也进行了不少研究，但根据相关记载，因为种种原因，国民政府并未积极引进国外治黄研究成果。

对于国人专家之建议，也多未付诸实践。王应榆经过多次实地考察，并总结前人的经验，提出了多条囊括政治、工程、经济等方面的治黄意见，特别是在组织治河机关、实施治河计划、河款收支，以及黄河水利委员会及附属局职员的录用等方面，都有独特的见解。遗憾的是，王应榆的多数宝贵意见在实践中只是流于表面。还有其他水利专家如张含英、李仪祉等，"至我国习水利的人研究黄河问题者亦殊不少"，他们的相关治黄理论研究，也未被充分合理地运用。

积极接纳新的治黄思想、方案等，改良陈旧的治河观念，是黄河治理之良策。随着国家对黄河流域防护工作的重视、科技的发展、历史的积累以及外国治河团队的参与，创新性的治河理念、治河方式会让黄河治理工程有新的突破。

综上所述，民国时期存在治河机关与职员以及革新意识不达标等问题，阻碍着治黄工作的创新发展。现今，黄河水利机构有序运转，积极组织治河人才培养工作，开展学习治黄经验的项目论坛等，有利于黄河治理的新发展。

三、治黄资料与植树造林需要强化

民国时期，治黄方面的可靠性、可用性基本资料不多；还需要加强植树造林等工作。

（一）治黄资料需要强化

根据相关记载，民国时期，治黄基础资料短缺，且所拥有的资料年限又太短，因此需要重视资料的收存整理。

基础资料非常重要，其是研究治黄策略的基础。"基本资料之重要，似盖人皆知，而实未真知，是以迄今尚未得社会之热诚赞助，与政府之积极推行。治河为科学之事，必须有科学之依据。是非既不能以常识评判，立论亦不可以凭空臆度。因此基本资料不宜或缺。"

但民国时期，缺少黄河治理的基本资料，时人发问："然试观黄河基本资料之搜集情形果何如乎？"如缺少河口、水文等方面的有用资料："治理河口，必先明瞭河口情势，本会以往于黄河河口，尚缺乏可靠之资料。水文方面，仅纪庄设有水文站一处，记载年限甚短"。"根据此等简陋之资料，而欲言治河，亦实难矣。故今日黄河之基本资料，仅略胜于无，距最低限度之需要所差尚远"，简陋的治河资料，给黄河治理工作增加了相当的难度。

资料年限太短，影响治黄研究。如"关于水文方面，仅陕县水位观测有二十余年之历史，其他则鲜有能及十年者，且作辍不时，设置稀疏。流量含沙之记载，短缺更甚"等。民国时期，仅有的治黄资料时间短，没能经过实践的验证，致使相关研究工作开展困难。

在资料收集、整理、保存方面，亦需要完善。"盖水工学识，重在实地试验，吾国治河著作，皆出自实地经验故也，惟以分地保存，难免散失，若不分地广为搜集，加以整理，恐将来更无徒借鉴，故曰欲谋黄河之全部认识，宜广集治河资料编成治河全书，以期学术集中，俾治河人员，增进认识。"郭显钦提倡收集各地的治河资料，尤其是学术性极强的实验性著作，用以完善治河人员的知识结构。

为了便于黄河治理，张含英提议扩大经费、人力，积累可靠资料："为今之计，应充实经费与人力，从事基本资料之观测与搜集，虽一时无实际事功表现，但以之贻于后世，亦必有完成治河之一日。否则虽日日言治，终难着手，徒托空论，卒无补于实际。"资料的积累，是研究黄河的基石，即使一时可能作用不明显，但可为后人研究黄河提供参考性资料。

直到民国晚期，还没有相对充足的黄河治理方面的可靠资料，"治河之一般基本资料，应急谋普遍充实"。收集、充实治河资料，实为研究黄河的必行之路。

我国治河历史悠久，现在可靠、可用的黄河方面的资料，相较于民国时期，明显增多，各方人士也可积极贡献治河材料，出力尽责。如今，如前言所述，相关的黄河研究越来越宽泛，但还是有诸多可供挖掘之处，如何整理、保存、利用珍贵的黄河方面的材料，总结治黄经验，推进黄河研究的深入发展，是值得思考的问题。

（二）植树造林需要强化

植树造林至关重要，民国时期，因种种原因，植被破坏严重，但所列植被计划，并未真正付诸实施，且需培养造林人才等。

植树造林的作用有科学依据："森林有益于人生及水利者，已为古今中外一般科学名家所公认。"植树造林成功与否，可以作为判断治河效果的因素："由是知河患之除否，仍视造林之成绩以为断，惟造林之成绩优劣。"

王应榆曾在《治理黄河意见》中记载，黄河为患的六大原因之一为"森林稀少"。民国时期，虽有倡导植树造林之说，并未付诸实际，且也只是笼统呼吁，没有详尽计划，"有识之士，未尝无倡导造林运动之说，以救济水患，但所云者，只知高谈阔论，笼统言之，至如何通盘计划，彻底实施之提议，概属茫然，无怪乎谚有之曰，理论与事实，往往背道而驰"。特别是在黄河周边植树，并不是短期就能见效的事情，需要政府和地方齐心协力："然于黄河两岸及上游，创造大规模之森林，以巩固堤岸，涵蓄水分，劳民伤财，工程浩大，原非一县一省所能为力，一朝一夕所能奏效。但中央与地方，如肯痛下决心，通力合作，亦属可能之事耳。"

培养林业人才至关重要。"视造林之成绩以为断……更须视有无此项专门人材以为决，故宜特设专员，以督其事，特办专校，以造其材，果能如此设计，可谓异日开发西北之出发点，移民实边之生力军。"

植树造林，生态保护，一直伴随着黄河治理，民国造林效果并不尽如人意，不能满足治河需求。

综上所述，民国时期，治黄资料短缺，导致不易研究、借鉴前人的治河经验等。造林面积太小，不利于黄河水利发展。强化治河资料和造林面积，有利于黄河治理的可持续发展。

中华人民共和国成立后，国家极其重视黄河流域的生态保护，强力支持生态保护工作。如对于甘肃来说，做好生态环境保护是基础；发展节水产业是关键；传承弘扬黄河文化是精神动力；高质量发展是根本。2020 年，窦荣兴建议将河南沿黄 9 个地市打造成为黄河流域生态保护和高质量发展的先行示范区，选取其中基础较好的郑州市、新乡市的沿黄两岸为核心启动区，作为推动国家战略落地的具体抓手等。黄河流域的生态环境，相对破坏比较严重，加大保护、防护工作，需要全民参与。

除以上诸多问题外，根据相关记载，战乱也给黄河治理造成了不小的阻碍："八年战争中黄河各堤被敌不断破坏，受害情形至为严重。"《申报》1947 年记载，战乱导致船只、无线电等遭到破坏，给治黄工作带来了巨大困难，"现在长途电话及河内船只，破坏净尽，无线电台亦未设置，大堤亦不能通行汽车"等。战争使各地自顾不暇，人员不足，不利于开展治黄工作："而今则地方秩序未复，政令不能统一，修守不能统一，防护不能联系，壮丁相率逃亡，如遇险工，其困难实不堪想像。"现今的和谐社会，为治理黄河造就了良好的工作环境，如何合理利用环境，并转化为治黄的动力，使社会各界积极参与黄河治理，是需要思考的问题。

治理黄河，生态保护，需要大家共同行动，长期以往，方能有效。治理黄河，并非只为黄河，治黄工作的开展，有着积极的建设意义，是一项以人民利益为前提的功在当代、利在千秋的伟大工程。根治黄河，永弥后患，使这中华民族的摇篮，中华文化的发源地，继续孕育，并发扬中国的文化文明，意义重大。时至今日，黄河水患依然存在，治黄工程的完成，要求黄河的历史研究和现代技术，缺一不可。因此，对民国时期黄河治理的历史反思，任重道远。

参考文献

[1] 史鹏飞.南京国民政府水利管理机构研究（1927–1937）[D].石家庄：河北师范大学，2013.

[2] 赵国壮.南京国民政府水利行政统一研究（1928–1935）[D].武汉：华中师范大学，2008.

[3] 刘晋萍.张含英治黄理论研究[D].福州：福建师范大学，2017.

[4] 王美艳.李仪祉治理黄河理论及实践述评[D].石家庄：河北师范大学，2012.

[5] 王武.民国时期河南黄河的治理新措[J].兰台世界，2016（9）：101–102，105.

[6] 苏全有，张喜顺.黄泛区农民思想观念的近代嬗变——以 1938～1952 年间的扶沟、西华县乡村为中心[J].防灾科技学院学报，2007（2）：8–12.

[7] 李春霞.花园口掘堤事件与南京国民政府黄泛区方略再认识[J].郑州大学学报（哲学社会科学版），2016，49（1）：126–130，160.

[8] 李海涛.民国时期工程师节述论[J].工程研究——跨学科视野中的工程，2019，11（6）：566–575.

[9] 千里.治理黄河先声[J].自觉，1933（4）：4–5.

[10] 治理黄河问题[J].燕京新闻，1941，7（27）：1.

[11] 济南通信.研究浚治黄河之经费[N].申报，1932–4–26（7）.

[12] 黄河下游水患愈扩大[N].大公报（天津版），1921–8–19（6）.

[13] 王应榆.怎样治理黄河？[J].山东省建设月刊，1932，2（10）：291–292.

［14］沈怡．治理黄河之先决问题［J］．河海周报，1925，13（3）：2-4．

［15］孟广照．治理黄河的科学方法［J］．科学的中国，1933，1（7）：12-15．

［16］建设厅向黄河水利委员会之提案［J］．新青海，1935，3（7）：44-45．

［17］治理黄河条陈［J］．正风，1937，4（4）：391-392．

［18］范丽天．七次改道民不堪命［N］．申报，1947-4-22（7）．

［19］本市银行团承借豫省治黄经费二百万元　以财部盐税附加作抵借款合同草案已拟定［N］．申报，1934-5-26（10）．

［20］山东黄河水患之预防［N］．大公报（天津版），1920-01-06（7）．

［21］张含英．论治黄［J］．河北建设公报，1931，3（5）：153-156．

［22］黄河流域水污染防治与水资源保护专项资金审计调查结果［N］．中国审计报，2011-8-1（9）．

［23］张含英．黄河治理纲要［J］．水利通讯，1947（10）：1-15．

［24］季小妹，孙灵文．黄河三角经济区交通基础设施一体化对策研究［J］．中国集体经济，2014（36）：25-26．

［25］沈怡．治理黄河之先决问题（续本卷第三期）［J］．河海周报，1925，13（4）：1-3．

［26］王应榆．治理黄河之意见［J］．河南政治，1933，3（9）：1-8．

［27］陆贯一．治理黄河水灾的管见［J］．政治评论，1933（72/73）：787-790．

［28］治理黄河之政治的条件［J］．晨光，1933，2（12）：2．

［29］征工．三种来源［N］．申报，1946-5-23（7）．

［30］郭显钦．治理黄河问题之研究［J］．中国公论，1939，1（6）：121-125．

［31］刘聪．黄河治理专业人才开发研究——以Z河务局为例［D］．郑州：郑州大学，2019：1-5．

［32］治理黄河根本办法［N］．绥远农村周刊，1935-8-13（65）．

［33］黄河泛滥的治理继续在德国研究［J］．科学的中国，1934，4（10）：32．

［34］王应榆．治理黄河意见书［J］．水利，1934，6（1/2）：54-60．

［35］黄河水利工程总局．黄河下游治理计划［J］．水利通讯，1948（14）：15-30．

［36］治理黄河根本办法（续）［N］．绥远农村周刊，1935-8-20（66）．

［37］治理黄河根本办法（二续）［N］．绥远农村周刊，1935-8-27（67）．

［38］王应榆．治理黄河意见［J］．山东省建设月刊，1933，3（9）：230-239．

［39］陈润羊．谋划推进黄河流域生态保护和高质量发展［N］．甘肃日报，2020-7-14（9）．

［40］胡杨．全国政协委员窦荣兴：打造黄河生态保护先行示范区［N］．中国银行保险报，2020-5-25（5）．

［41］治理黄河程序拟定［J］．报报，1946，1（8）：30．

（作者分别系河南师范大学历史文化学院院长、教授，黄河文化研究会副会长；

河南师范大学历史文化学院硕士研究生）

民国金石学家顾燮光与河朔访古

霍德柱

有清一代直至民国，是我国金石学（尤其是碑版）发展的高峰。乾嘉以来，清代朴学家多以文字训诂为治学基本功，而广泛收集金石拓本及相关著作，以此作为文字训诂的新数据之源，并渐成时尚。在此基础上，人们亦逐渐拓宽了历史地理学、文物典章制度等学问的研究视野，形成了中国古典文化学术研究的飞跃。

起初，人们收集金石文献数据的方式十分原始，无非是深入民间，走街串巷，披荆斩棘，搜岩剔穴，扪挲椎拓，手自抄录，然后取次编辑，识跋考证，最后渐有所获。这就是传统意义上的"访古""访碑"。碑版之学，最忌不实地考察摩挲，传抄臆解。沉溺于前人藩篱之中，鹦鹉学舌，人云亦云，必致错谬。如"岂当时修志，仅凭采访，未亲履勘，百密一疏，诚哉难免"（《河朔访古随笔》卷下《修武县》）、"目录家未能亲履其地，自不免舛误"（《河朔访古随笔》卷下《浚县》）等。直至摄影照相技术的出现，"访古""访碑"的手段实现了根本性革新，效率和质量才得到了极大的提高。会稽学者、金石大家顾燮光就是其中的佼佼者。

一

顾燮光（1875–1949 年），字鼎梅，又字襟堪。横跨晚清、民国的著名学者，金石大家，书画大师。浙江会稽人。

据顾燮光《非儒非侠斋文集四卷》自序，光绪元年（1875 年）"九月越重阳二日"，他出生于"太原省会"。同日，其父顾家相中举，第二年中进士，以知县分发江西。褓襁中的顾燮光开始了随父"而秦而鄂而赣，侍宦于东乡、萍乡、广昌、宜春各县任所者垂二十余年"的生活，即"随侍庭闱，足迹半天下"[①]，为其耽于金石词章舆地诸学并发扬光大之打下了坚实的基础。光绪末年，顾家相典守河南之归德、彰德二郡，顾燮光"以部曹入度支部"任职，开始了他的仕宦生涯。

在科举制度僵而未死的时代，大多士子依然趋之若鹜，顾燮光也不例外。我们没有找到他的科考数据，但从"数试秋闱，荐而未售，赀郎入部，非所愿也"（《非儒非侠斋文集四卷》自序）看，他的科举之路是灰色的，他的"以部曹入度支部"是通过出钱捐官的方式实现的。在科举将废、民智渐开的时代，顾燮光的"非所愿也"是有积极意义的。此乃其走上金石研究之路的思想基础。

进入清度支部后，顾燮光曾得到整理粤桂闽浙四省洋土药税的任命。但适逢其母罗太夫人弃养，故守制未赴。等到服阕入都，又得密察湘鄂赣三省之禁烟并张家口蒙盐之考察的使命，他的从政才华才得到充分的展示。据郑逸梅的《记金佳石好楼主人顾燮光》记载，顾燮光"官度支部主事，任财政

---

① 郑逸梅：《郑逸梅选集》第六卷《记金佳石好楼主人顾燮光》，黑龙江人民出版社 2001 年版，第 145 页。

处、监法处要职，一意经营，不辞劳瘁。庚戌春，奉使密查口北蒙盐利弊，峻拒苞苴，裁撤蒙盐公司，以苏民困。这年夏，又奉使密查湘鄂赣诸省禁烟事宜，察知禁烟不力，阳奉阴违者，凡二十余县，立电清撤，吏治为之一清"①。吴兆璜的《〈非儒非侠斋文集四卷〉序》也有类似的记载："方有清光、宣之际，承中兴之后，狃于故习，墨守成规，吏治窳败，外侮日亟，先生时官京曹，惩前毖后，于治乱、得失、兴衰之理多所辩证，每有陈述，反复申论，不厌其详。其后调查蒙古盐务，征其陋弊，力祛积习，蒙民利赖。旋奉命密察湘鄂赣禁烟事宜，洞幽烛微，归而直陈，湘赣抚臣及官吏获谴者二十余人，朝野倾服。于是先生之名大震，以直声闻于当世。"关于这两次履任后的奏章《上督办盐政处密查张家口蒙盐公司等处情形禀》《呈度支部调查湘赣三省禁种烟苗情形折》，刊于《非儒非侠斋文集》之中，有理有据，推理谨严，煌煌巨语，无遮无碍，足见赤子之心。宣统初年，度支部设清理财政处编制全国预算决算，盐务处之整理长芦䴘政及编纂盐法志，顾燮光均有参与。顾燮光虽学从旧出，但睁眼看世界的一代人，眼界开阔，格局崭新。他尤重经世之学，如《奇器图说书跋》《续东西学书录略例》《物理器械实验法及其原理序》《灵宪书屋算草序》《民法释义序》《科学世界续刊发刊词》《陆战制胜策》《印花税驳议》《广防疫说》《铁路不宜沿河修筑说》等宏论，涉及实业、科学、法律、改革等方面，材料丰富，见解卓异，足见其胸襟气度和眼界见识之超人一等。尤其在甲午战争后，顾燮光抵御外侮，变革自强的意识更加强烈。他自述"甲午军事后，则喜谭时务，慕陈同甫之为人；慎于择交，未受株蔓，殆天幸也。萍乡路矿之兴，实参帷幄；浙路案起，备承汤蛰仙先生之下问；京曹争路，厕名牍末。收归国有，主持公论，与有力焉"（《非儒非侠斋文集四卷》自序），参与了"萍乡路矿""浙路案""京曹争路"等运动，在张扬爱国激情的同时，亦显露出过人的经商才能，显示出非凡的经营眼光。

但顾燮光毕竟是系统接受传统教育的旧式官吏、文人，面对着时代的剧烈变革，他没有挺身而出，奋斗在时代潮头，而且选择了一条独善其身，研学著述，"访古于豫，经商于沪"（《非儒非侠斋文集四卷》自序）之路。因此，辛亥革命，国体更迭，成为顾燮光人生的分水岭。诸如"余自辛亥后，不乐仕进，遨避湖海，寂寂寡欢。世变方殷，彼爨桐刺毛，见议庸流，曷言高尚哉"②以及"辛亥改革，襆被出都"（《非儒非侠斋文集四卷》自序）等，就是其思想波澜的最好写照。

顾燮光离开北京后，先省亲于秦，休整了一段时间。民国三年（1914年）夏，时任河北道尹的范寿铭准备编辑《河朔古迹志》，约顾燮光为之襄助。而顾燮光"喜其与政治无涉也，欣然北来"（顾燮光《循园金石文字跋尾·序》），从而成就了一段学术史上著名的"访古""访碑"，收集地方文献的佳话。

范寿铭（1870—1921年），字鼎卿，号循园，绍兴山阴人。范文澜叔父。清光绪十九年（1893年）举人。历任安阳、内黄等县知县，又迭佐名公幕府，赞襄机要。民国后，典守彰德，旋授河北道道尹，多有善政。后为河南道志局长，江苏公署机要秘书，不久以疾卒。其《安阳金石目》卷一、《元氏志录》卷一、《循园金石文字跋尾》卷二、《循园古冢遗文跋尾》卷二，均由顾燮光为之刊行。又有文集及《钟山忆语》藏稿于家。在金石史上，通过通力合作从而共襄某事的例子比比皆是，人们常拿孙星衍之于邢澍比之，可见金石文献收集、整理、研究之不易。

范寿铭一生酷爱金石，博雅多识。在河北道任上，"触目大河南北，发冢成风，邙麓漳滨，地不爱宝，其文辞之优美，书体之隽永，固足上跻徐庾，俯视虞褚，能共语者岂仅韩陵片石也乎？讵豪强骄

---

① 郑逸梅：《郑逸梅选集》第六卷《记金佳石好楼主人顾燮光》，黑龙江人民出版社2001年版，第145页。

② 范寿铭：《循园金石文字跋尾》卷首顾燮光《序》，台湾新文丰出版公司编辑部编辑《石刻史料新编》第二辑第二十册第14465页，新文丰出版公司1979年版。

悍，固以藏此为荣；而碧眼黄髯，侵略文化，亦以得此为乐。贩输迁徙，珍秘异常。"[①] 故范寿铭生发编纂《河朔古迹志》之宏愿，意在抢救、保护金石文物，传承文献信息。在军阀混战、民生不宁、发冢成风、贩输严重的大背景下，其出发点可谓高矣。他亲自延聘顾燮光主其事，给予了各方面的大力支持，历经八年，到民国十年去任时，此书已告完成。两人的合作相得益彰，没有顾燮光的跋山涉水，穷搜极觅，不会有访得前人未著录碑刻七百余通的佳绩；没有范寿铭的支持，顾燮光的才能和成就亦不会如此光鲜照人。所以，《河朔古迹志》是范、顾给后人留下的宝贵财富。

《河朔古迹志》完成后，顾燮光因事赴陕。等到民国十一年（1922 年）冬从秦中返回时，惊闻噩耗，范寿铭因病逝于南京。顾燮光"以文字知己之感驰往"，并"经纪其丧并为之整理遗书"[②]。其《挽范鼎卿先生》"二十年金石之交，小别甫经年，追思考古搜奇，腹痛每深知己感；数千里音容顿杳，清谭性往事，忍说高山流水，心伤难尽故人情"[③]，读来令人唏嘘不已。

时局的动荡，民生的凋敝，知己的遽归道山，使顾燮光本就低落的从政欲望更加低落，转而过上了一种半隐半商的生活，整理旧著、出版书刊、鬻书卖画、经商沪杭成为其后半生的生活常态。他先是筑室湖滨，取名遁世无闷楼，以著述自娱，不复闻当世事；又有非儒非侠斋，反讽中尽显苍凉，苍凉中犹见骨气铮铮。为生计所迫，顾燮光奔赴沪上，任上海科学仪器馆经理，印刷金石丛书和碑帖拓本，同时自拟润格，鬻卖书画，开创了一种别样的人生。

在时代大潮的裹挟之下，虽然说个人往往无法决定自己最终的命运，但学识修养、眼界格局、机遇挑战等因素往往会影响到一个人的人生抉择。从这个意义上讲，具有相同文化背景的鲁迅和顾燮光的不同人生抉择可以给人以深思。两人都深感旧制度的弊端，走上了学习西方，实业救国之路；又都深受传统文化的浸润，喜欢金石文物。在社会变革处于低谷时，也都以整理金石文献为业。但当五四来临时，鲁迅奋然而起，成为斗士、战士；而顾燮光却遁隐避世，醉心于书画著述，乃至于经商取利，鬻卖书画，以养家糊口。这绝对与个人的受教育环境、人生经历、性格特征、生活理念有关。顾燮光自述"当弱冠时，随宦萍乡，衙斋宏敞，饶有园林之胜；课读余暇，则吟诗击剑、莳花饮酒以为乐，间从事于学画拓碑，亦颇成趣""甲午军事后，则喜谭时务，慕陈同甫之为人；慎于择交，未受株蔓，殆天幸也""生平狷介自持，不因人热；迻膺使命，未尝一介取人，硁硁自守者如此""回溯数十年来，历经桑海，与世无争，懍《牺经》出位之思，守君子和群之训，超然物外，淡泊自甘。窃冀蘡铄余年，得享和平之福，湖滨小隐，著述自娱，搜讨陈编，蕲有成就，后之尚论，或有取焉"（顾燮光《非儒非侠斋文集四卷·自序》），年幼时生活优裕和无忧无虑，壮年时的喜谭时务和狷介自持，中年时的硁硁自守和独善其身，迟暮时的诗书自娱和淡泊自甘，构成了顾燮光作为传统文人的人生轨迹。

在中国传统文化中，"儒以文犯禁，侠以武乱法"，但正因如此，推进社会变革的俊杰才会不断涌现，社会进步的节奏才会逐渐加快。到了社会矛盾剧烈的时代，"非儒非侠"就又成为独善其身、狷介狂傲、诗酒洒脱的标签。顾燮光就是如此。

说起来，顾燮光与鲁迅在金石学研究上是有交集的。顾燮光与许寿裳有亲戚关系，顾家相与鲁迅祖父周福清有过往来。《鲁迅日记》中有四处记载他与顾燮光关于碑拓及其著作方面的往来。顾燮光《梦碧簃石言·南齐吕超墓志》中收录了鲁迅的跋文[④]。只是一人走向革命，走向斗争；一人归隐遁世，经商为计。不同的价值取向，不同的人生轨迹，令人慨然。不过，在日寇侵华期间，顾燮光宁愿

① ② 范寿铭：《循园古冢遗文跋尾》卷首顾燮光《序》，台湾新文丰出版公司编辑部编辑《石刻史料新编》第三辑第三十八册第 3 页，新文丰出版公司 1986 年版。

③ 顾燮光：《非儒非侠斋联语偶存初集》，国家图书馆藏 1936 年石印本。

④ 选自顾燮光：《梦碧簃石言》卷二《南齐吕超墓志·绍兴周树人跋》。台湾新文丰出版公司编辑部编辑《石刻史料新编》第 3 辑第 2 册，新文丰出版公司 1986 年版，第 182 页。

卖书鬻文，落寞而终，亦决不丢失民族气节，足以为后人敬佩不已。

二

河朔，既是指地理空间，又是文化积淀、文化特质的代名词。

范寿铭任河北道尹时，河北道下辖汲县、武陟、安阳、汤阴、临漳、林县、内黄、武安、涉县、新乡、获嘉、淇县、辉县、延津、浚县、滑县、封丘、沁阳、济源、原武、修武、孟县、温县、阳武二十四县，辖区约当今河南省济源、孟州二市以北，内黄、滑县、封丘三县以西黄河北岸地区，大致相当于明清时彰德、卫辉、怀庆三府之地，"当民国之初也，河北道区域为彰德、卫辉、怀庆旧地，夙为古代文化渊薮"[①]，以汲县为治所。此区北接幽燕，南瞻河淮，东邻齐鲁，西通陕洛，中原之腹，华夏之根，自然是千古人文荟萃之地，金石文物星罗棋布，目不暇接。

河北道成立于民国三年。民国初创，战乱不熄，社会发展水平较低，民生困窘。范寿铭下车伊始，目睹"大河南北，发冢成风"[②]，豪强骄悍，巧取豪夺，令人忧虑的是"碧眼黄髯，侵略文化，亦以得此为乐"[③]，加之铁路汽车的出现，盗卖文物，"贩输迁徙，珍秘异常"[④]。故而让各地设立古迹保存所，收缴、追索、购买、收集了一大批珍贵文物。比如安阳古迹保存所即范寿铭所创，他自撰创建记，言及"自轮轨棣通，贩夫麇集，尊彝碑碣之属，朝出于村墟，暮稇载而去。其二千年来之所留遗，若东汉残石、宝山造象，为人肢窃而零落殆尽。盖近十余年间，安阳古迹之消沉散佚者，不知凡几也"，可见形势之严峻。经过一段时间的运作，"盖斯时获贩竖之偷运者，得古物数十品，就文昌宫东舍三楹以储之。既又得志石、造象、陶器若干品，复将城内断碑残碣可移者，均萃聚于斯。自是以后，历有增益。设绅董理之，遂蔚为金石之府。计今所存，自魏迄元，凡三十六种"（顾燮光《河朔访古新录卷二·安阳县第三》）。其中，《元显墓志》《元湛墓志》《叔孙固墓志》《穆子岩墓志》《窦泰墓志》《窦泰妻娄黑女墓志》《石信墓志》《任显墓志》《王曜墓志》《张兴墓志》《高珍墓志》《宋君甘夫人墓志》等得以入藏，后辗转移徙，现藏于平原博物院。

所以，抢救文物、收集金石文献是范寿铭、顾燮光"访古""访碑"的初衷，展现了一代学人悲悯文脉流传、兴盛民族文化的情怀。顾燮光在自己的作品中也多次提到这一点，如：

> 自汽车交通，古物外运日甚。新乡士人独有金石保存会之设，如北马头大王庙中之魏天平四年安村道俗一百余人造象记及魏石像一、铁菩萨像二，皆经金石保存会扣留。使河朔各县皆有此会，奸胥市侩可绝迹矣。（《河朔访古随笔卷上·新乡》）
>
> 自汽车交通，市侩奸胥，资运古物，以为生计。精蓝琳宇，石佛铜象，幸得免者甚至斫其元以博微资，神州古物，斲丧日甚。如淇县北三里后海子村崇庆寺又名宝林禅寺铜象极多，皆元以前之物，刻已无存；朝阳山朝阳寺洞内之石佛屡经迁徙，致酿人命，旋归于洞而寝其事，我佛有灵，固当合掌矣。至因扩充教育而提庙产，修整讲堂而弃偶像，如县城内崇胜寺等处，斫佛为泥，殿宇尘落，亦古物之浩劫也夫。（《河朔访古随笔卷上·淇县》）
>
> 该处为安阳、磁县往来要道，盗匪出没之区，访古时引为戒心焉。（《河朔访古随笔卷下·临漳县》）

---

① 见顾燮光：《范鼎卿先生事略》。民国浙江省立图书馆馆刊《文澜学报》第三卷，《文苑》1937年第1期，第2—3页。

②③④ 范寿铭：《循园古冢遗文跋尾》卷首顾燮光《序》，台湾新文丰出版公司编辑部编辑《石刻史料新编》第三辑第三十八册，新文丰出版公司1986年版，第3页。

在当时的条件下，顾燮光"访古""访碑"十分艰苦，非有大毅力者难以完成，况花费八年光阴而穷搜极索呢！蔡允记其"旋即别去，游于河洛之间，从事金石，搜岩剔穴，尝经月不返。夫世之可传者亦多矣，惟先生乃致力乎是，兀兀穷年，以著作自怡，发中州之秘藏，扬国光而彰潜德，则其志趣洵复乎不可尚矣"（蔡允《非儒非侠斋文集四卷·序》），吴兆璜记其"乃跨太行，凌伊洛，襆被裹粮，跋涉险阻，八年之久，未尝少息，于是河朔宝藏，悉发无遗，得未著录碑刻七百余通。自翁、黄以来考证金石，用力之勤，肆志之坚，未有如先生者也。噫，伟矣"（吴兆璜《非儒非侠斋文集四卷·序》），可谓中的。

顾燮光每到一地，广搜博采，摩挲辨识，椎拓取迹，摄影存相；回去之后，还要结合方志记载、名家论述，抄录编次，辨析正误。因为是有意识地去"访古""访碑"，有充足的资金和人脉支持，系统性强，方法科学，其效率、效果自非一般金石学者可比。顾燮光应范寿铭编纂《河朔古迹志》之邀，千里赴汲，略作整顿，即开启了"访古""访碑"的八年航程。他说"岁月不淹，瞬将一周，足迹所经，祇六七县武陟、温、孟、济源、沁阳、汲、延津等县，访得古人未著录之品殆二百余种"，并展望"循是以往，穷搜于岩壑，冥索于山林，或将数倍于兹"（顾燮光《河朔古迹志四例序》）。这里的"一周"应是一年，一年奔波即得"古人未著录之品殆二百余种"，一见金石文物之盛，一见搜访者之识见及用心。果不其然，几年过后，他收集到前人未著录之品达七百余种，令人惊叹。

搜访难，实则易；编纂易，实则难。面对堆积如山的材料，如何条分缕析，眉目清晰，编辑成册，以遗后来者，是件很困难的事情。范寿铭、顾燮光是金石大家，熟读金石典籍，自然有自己的摸索和见解。传统的金石书籍，"以文字、目录、考证、图像、体例五者区别之"，在此基础上，范寿铭、顾燮光创设了四种体例，即"曰《河朔古迹志》，仿《舆地纪胜》诸书体而参入金石文字者也；曰《河朔金石目》，仿《寰宇访碑录》体而详记所载之地也；曰《河朔金石古佚考》，存金石已佚之目也；曰《河朔访古随笔》，言金石考证之学也。其碑刻精美、建筑古雅者胥摄影，插入志中。盖融合金石四例于一书而为神州国光成一巨制"（顾燮光《河朔古迹志四例序》）。后来，顾燮光在《河朔古迹志》的基础上编纂刊行的《河朔新碑目》《河朔访古随笔》《河朔访古新录》《河朔金石目》《河朔访古图识》等一系列著作，未脱前述四种体例的范围。

关于《河朔古迹志》的编纂体例，金石学界同人也颇为关注。李楚珩的《上河北道尹范鼎卿先生论纂修河朔访碑录体例书》[1]一文很有见地，他首先从五个方面剖析传统金石学著作之五"蔽"，然后又提出金石学著作编纂之三"难"，最后着重阐述了当时兴起的"摄景之法""景印""留心采访，摄影成编"在金石学著作编纂中的作用。顾燮光的编纂四例应是在广泛听取学界同人意见的基础上诞生的。既有存目，又有著录，加以考证，辅以摄影，可谓完备之至。

不过，应该注意到的是，范寿铭、顾燮光二人之功重在访求，在深层次的学术研究上成就并不高。范乃官吏，政务缠身，又因疾早逝，生前作品不多，去世后之作乃顾燮光整理而成。顾八年跋涉，重在收集资料，待《河朔古迹志》成稿，尚未刊印，范已病故，因涉及版权问题，顾燮光无法直接出版《河朔古迹志》，他最初的几部书还是据旧有数据编辑而成的，等到他从范寿铭遗属中购得《河朔古迹志》的版权，又逢时局维艰，为生计而奔波，重在经商，学术研究的氛围和心境已荡然无存。故而二人对于搜访到的河朔金石，重在存目、整理，考证、研究不够。即便顾燮光的力作《河朔访古随笔》《河朔访古新录》，也存在大段大段抄录方志中《金石志》的现象，而属于自己的论断发明很少。如顾燮光的专著《刘熊碑考》，除了对照《隶释》著录碑文外，绝大部分文字为系统整理他人之说，唯有文中对汉官职的考释及文末的三篇题跋有一些自己的见解，这也是令人遗憾的地方。再者，拘泥于条件

---

[1] 《文艺杂志》1918年第13期。

之简陋，手段之单一，仅靠手抄笔录、据拓而释，顾燮光作品中缺漏、误抄、臆解之处颇多。如《河朔访古随笔》卷下《济源县》抄录龙潭延庆寺明文征明草书七律石刻，有"仙姿绝塞漫垂绅"句，其中"绝塞"应为"偓塞"，可见顾燮光对文征明的《忆昔次石亭韵四首》并不熟悉。该碑仍存济源济渎庙，行书，笔者曾近观摩挲，细加辨认，应为"偓塞"。再如汲县香泉寺乃豫北佛家名区，顾燮光居卫辉八年，多次莅临，对香泉寺的宋元题名十分稔熟。但在判定西寺佛塔、东寺摩崖上一则同文异题石刻的年代时出现误判。其内容皆为"经涉乱流，冯陵迭嶂。始达幽源，而观妙象"，但西寺佛塔上署名"文谷"，东寺摩崖署名"胤记"。顾燮光受周围题名的影响，把这两块皆断为宋人题刻。其实，这两块题刻的作者皆为明代官员山西人孔天胤，因此顾燮光有失察失考之嫌。

三

《河朔古迹志》共八十卷，应该属于范寿铭、顾燮光二人之作。因此，顾燮光关于河朔金石的著作，大多以"山阴范寿铭鼎卿主纂，会稽顾燮光鼎梅辑著"（《河朔访古新录》）、"范寿铭鼎卿主纂，会稽顾燮光鼎梅辑著"（《河朔金石目》）、"山阴范寿铭鼎卿题识，会稽顾燮光鼎梅摄景"（《河朔古迹图识》）署名，唯有《河朔访古随笔》以"会稽顾燮光鼎梅著"、《河朔新碑目三卷坿古物调查表》以"会稽顾燮光襟瓺编辑"署名。对此，顾燮光颇为谦逊，在讨论出版《河朔古迹图识》而致顾廷龙的信中，他先是肯定"至此书范公之毅力，任十年之久，一切用度约四五万元，其宏愿真不可及。燮不过依人成事，仅有草创之功，而润色讨论，正为先生及潘君是赖"，接着提出"《图识》用'山阴范寿铭鼎卿题识，会稽顾燮光鼎梅摄影'较为切实。若《志书》，在范公名居上为主纂，下则三人并列'顾○○校补、顾○○访录、潘○○重订'，方为合格"[①]，足见二人的合作之功。

《河朔古迹志》原稿用红格白纸精抄成册后，未及付梓，暂存范寿铭处。后范寿铭"以不附选举，为当道所忌，迁河南通志局长；旋为江苏省长韩紫石所知，调任省公署机要秘书。栖息甫安，即以疾卒，年仅五十有二"[②]，此稿遂为范之遗属所拥有。在此之前，关于河朔金石，顾燮光仅有一部作品面世，即《河朔新碑目》。《河朔新碑目》虽是顾燮光的独立之作，亦是在范寿铭的鼓励、肯定、资助之下编成并刊印的。

《河朔新碑目》分上、中、下三卷，附《古物调查表》一卷。据《河朔新碑目》末顾燮光自跋，乃"甲寅后余客河北道尹范公幕中所作也"。"甲寅"乃民国三年（1914年），可见《河朔新碑目》整理成册于"甲寅后"。再据《河南古物调查表证误》序之"己未暮秋，燮光谨识"，"己未"即民国八年（1919年），可见该表补写于民国八年（1919年）暮秋。又据《河朔新碑目》末顾燮光自跋"此数卷者，昔年择要编辑，蒙范公允以印行"，可见该书于民国八年（1919年）得范寿铭之允而刊行于世，即民国八年石印本。至民国十五年（1926年）仲夏，"今初版已罄，用再修正，重付手民。排印已竣，缀识于后"，遂有民国十五年铅印本。从现存资料看，目前该书这两个版本，上海图书馆均有藏。限于条件，笔者无法阅览上海图书馆所藏之民国八年石印本，不知其貌。现在能见到的只有民国十五年铅印本，台湾新文丰出版公司编辑部编辑的《石刻史料新编》第三辑第三十五册收录之《河朔新碑目三卷坿古物调查表》，虽缺版权页，亦无其他出版信息，但封题有"丙寅野侯题"，"丙寅"即民国十五年（1926年），可见该本为民国十五年本。正文半页15行，行25字，小字双行同。四周双边，大黑口。

---

① 沈津、丁小明：《李宣龚、顾燮光致顾廷龙手札》，上海图书馆历史文献研究所编《历史文献》第十七辑，上海古籍出版社2013年版。"顾燮光致顾廷龙手札"共计78件，下文多有所引，不再赘记。

② 顾燮光：《范鼎卿先生事略》。民国浙江省立图书馆馆刊《文澜学报》第三卷，《文苑》1937年第1期，第2-3页。

页中线脊下没有承印者信息。该书列入《非儒非侠斋金石丛书》之中，不知该丛书依据的是哪个版本。

《河朔访古随笔》是顾燮光关于河朔金石的第二部力作。此书为上、下二卷。封题有"丙寅孟秋徐鼎题签"。按，"丙寅"即民国十五年（1926年）。正文半页12行，行32字，小字双行同。四周双边，大黑口。页中线脊下有"中南印刷公司承印"，可知此本乃民国十五年中南印刷公司承印本。有版权页，首署"丙寅十一月中旬出版"，下列定价、印刷者、总发行所、分发行所、经售处等信息。卷首有"丙寅六月南陵徐乃昌"所撰之《序》。该书原版寻觅不易，哈佛燕京图书馆有藏，保存清晰完好。中国台湾新文丰出版公司编辑部编辑《石刻史料新编》第二辑第十二册时，据台湾"中央研究院"史语所傅斯年图书馆藏本影印，于1979年6月出版。但傅斯年图书馆的藏本质量较差，模糊难辨之处颇多，且无版权页，不甚完整。此书亦列入《非儒非侠斋金石丛书》，应属原版，后无新的版本出现。再据《金佳石好楼碑帖书籍目录·非儒非侠斋金石丛著·河朔访古随笔二卷》，有小字题注"铅印"，又有简介"作者访古河朔，遍历太行，凡关于彰德、卫辉、怀庆三旧府区廿四县金石佚闻琐事为《河朔古迹志》所未能罗列者编次而成。此书惜安阳、延津两县独付阙如，拟俟再版，后补成之"。可见，该书仅有民国十五年（1926年）"非儒非侠斋金石丛书"铅印本。

《河朔访古新录》乃范寿铭、顾燮光关于河朔金石的又一部力作，亦是最重要的作品。据马衡《序》，"迄民国十年范君去任，而《河朔古迹志》八十卷亦于是时告成""惜范君旋归道山，志稿由后嗣保存，顾君虽录有副本，以版权所属，未能付梓。去岁，商诸范君家属，节录原志，厘为十四卷，更名《河朔访古新录》，付之手民，以公同好"。其实，该书绝不是"商诸范君家属，节录原志"那么简单，据上海图书馆藏顾燮光致顾廷龙的一封信的内容，"范公去世，其夫人后寓杭州，以景奇窘需款用，将版权底稿让与弟。经友好居间，以万元赠之。当时亦因卷帙太繁，暂未付印，仅于廿一年择其菁华，编为《河朔访古新录》一书"（沈津、丁小明《李宣龚、顾燮光致顾廷龙手札》第五十七封）。再据《金佳石好楼碑帖书籍目录·非儒非侠斋金石丛著·河朔访古新录十四卷附河朔金石目六卷》，有小字题注"铅印"，又有"此乃其节本。尝鼎一脔，窥豹一斑，固已了如指掌矣"。可见，民国二十一年时，顾燮光已经拥有了《河朔古迹志》的原稿，《河朔访古新录》就是在原稿的基础之上节录而成的简本。此书共十四卷，涉及二十三县之金石，独缺阳武县。于民国二十一年成版，关百益题写书名，有版权页，列入《非儒非侠斋金石丛书》之中。因此，本书初版即《非儒非侠斋金石丛书》版，后无新的版本出现。卷首有马衡之《序》，页中线脊下有"中南印刷公司承印"，正文半页14行，行32字，小字双行同。四周双边，大黑口。1979年6月，中国台湾新文丰出版公司编辑部据台湾"中央研究院"史语所傅斯年图书馆藏本影印，编入《石刻史料新编》第二辑第十二册。傅斯年图书馆所藏之本质量不佳，模糊难辨之处颇多。笔者于郑州大学图书馆睹得原版，一函四册，甚为清晰。

《河朔金石目》应是范寿铭、顾燮光在《河朔新碑目》的基础上编纂而成的。此书十卷，《待访目》一卷，分上下两册。封题有"己巳冬，熊埴署"。"己巳"即民国十八年（1929年）。正文半页14行，行32字；小字双行同。四周双边，大黑口。页中线脊下有"上海天华印务馆承印"，可知此本乃民国十八年上海天华印务馆承印本。据现存资料，该书有"非儒非侠斋金石丛著本"（《中国古籍总目》）、"民国十九年铅印本"（《中国古籍总目》、上海图书馆）等。笔者据郑州大学图书馆藏本点校，该本有版权页，上列"非儒非侠斋金石丛书"目录，《河朔金石目十卷》《河朔金石待访目一卷》《河朔新碑目三卷附古迹表证误一卷》列其中，可见郑州大学图书馆所藏为"非儒非侠斋金石丛著本"无疑。另据《金佳石好楼碑帖书籍目录·非儒非侠斋金石丛著·河朔新碑目三卷》，有小字题注"仿宋再版"，可见"非儒非侠斋金石丛著本"不是初版本。另，中国台湾新文丰出版公司编辑部编辑《石刻史料新编》第二辑第十二册收录《河朔访古新录附河朔金石目十卷待访目一卷》，新文丰出版公司1979年6月版，据台湾"中央研究院"史语所傅斯年图书馆藏本影印。该本与笔者所依为同一版本，但抽去了版权页，质量较差，模糊难辨之处颇多，不如郑州大学图书馆藏本清晰。值得注意的是，本书大多卷署"范寿铭鼎卿主纂，会稽顾燮光鼎梅辑著"，唯第二卷《安阳县第三》署"范寿铭鼎卿原纂，会稽顾燮光鼎梅辑补"，可见范寿铭任职安阳时，对安阳县的金石搜罗极细、研究至深。

《河朔古迹图识》是范寿铭、顾燮光在河朔金石文献资料收集整理之中的力作，亦是顾燮光颇为看重的作品。前文有述，摄影技术的引入使金石学研究出现了质的飞跃。郑逸梅在《记金佳石好楼主人顾燮光》中说："善摄影，自己拍，自己冲洗，据说曾向蒋子良学习的。蒋在绍兴，设有照相馆，当然技术很高，这给燮光带来了多少便利，他到处访碑拓石，均拍有实地照片，迄今尚留有若干，当时合众图书馆，借了这些照片，承印《河朔古迹图识》二卷。"擅长摄影，为顾燮光的河朔访古提供了极大的便利。每到一处，"名人故居，昔贸遗象，寺宇碑幢，山水名胜，均为摄影"（《河朔古迹图识》简介），保存了第一手的直观资料。该书分上下二卷。封题为叶景葵所题，押"揆初七十后作"印。目录兼简介，正文半页 15 行，行 36 字。四周单边。有序号，有题，题下有描述性题识（为范寿铭所撰），字数多少不一。图片部分，每页二三幅，横排；旁有红色序号，排列整饬，无紊乱之累。图片虽小，尚清晰可辨，殊为珍贵。据书前顾燮光自序，这些照片乃"综计八年之久，跋涉廿四县，攀葛扪萝，凿险缒幽"所得，经过范寿铭"装为巨册，手加题识，别为《河朔古迹图识》二卷"，成稿于民国十年之后。直至民国三十三年，困居上海的顾燮光得叶揆初之邀，"以《志》《图》两稿为身后之托"，合众图书馆"先以《图识》整理景印"，遂有此书之面世。从目前资料来看，该书虽分藏各地，但皆为民国三十三年珂罗版影印本，未见有新的版本出现。上海图书馆藏有不分卷稿本，应为合众图书馆所藏该书之原稿。合众图书馆创建于民国二十八年（1939 年），1955 年改名为上海市历史文献图书馆，1958 年以后改为上海图书馆长乐路书库。本书既为合众图书馆首刊，故手稿藏于上海图书馆亦在情理之中。据沈津、丁小明《李宣龚、顾燮光致顾廷龙手札》记载，顾燮光提交给合众图书馆的不是照片底版，因为"原信玻版本装一箱，存在杭寓廿六年，经匪破箱击碎，无一完者，殊为可痛"（第五十五封），故而有模糊不清者，"图不清及不佳者可删去之，燮意以精为主，因印刷纸张贵耳"（第五十五封）。照片底版不存，颇为可惜。

《河朔文字新编》乃顾燮光晚年所编。据沈津、丁小明《李宣龚、顾燮光致顾廷龙手札》（第二十二封）："尚有所编《河朔文字新编》（廿卷），自三代至唐止，均已写成清稿，即可石印。宋及金元，祇有稿本。尊处如可印行，亦愿奉让，略收抄工，将来成书送弟廿部，如此而已。"第二十九封："《河朔文字新编》昨已查清，幸无残损。《初集》汉至隋四卷，已交尊处；五及十唐宋计六卷在敝处。二集十卷，金二卷，已缮成；元八卷，仅存纪格初抄本八束，四束前在沪已面交，系卷二、四、五、七。另开清年号核正，拟函告。"第四十五封："附上旧作《河朔金石文字新编序》，祈教正。此稿初集清本至宋止，尚含金元，仅有草底，或缺点亦未可知，与《古迹志》稍不同。"足见此书已进入付梓程序。今上海图书馆藏稿本《河朔金石文字新编初集十卷二集十卷》，已列入上海书画出版社《金石学稿抄本集成》第 24～27 册而影印出版。既然是"新编"，其内容在当时为别人尚未著录者，即使到今天，其绝大多数还没有得到系统整理。

四

据郑逸梅的《记金佳石好楼主人顾燮光》记载，顾燮光"虽会稽人，却卜居杭州延龄路龙翔桥。一自抗战军兴，他移全家来到上海，暂住法租界贝勒路亲戚家。其子培熹，因旅途劳累，患伤寒症，不治死，后迁居陕西北路""他先后有两位夫人，原配胡腾霄，生二女，一九二六年病逝。继室徐维俭，生一子二女，一九八四年病逝。孙和曾孙辈很多，有的在美国，有的在日本，有的在中国台湾，有的在澳大利亚。在国内的，分居上海、无锡、蚌埠，也有的居住在杭州顾庐，即所谓金佳石好楼了""燮光遭着战乱，流徙无定，直至一九四二年，才回杭州故居。一九四九年三月因病离世，享年七十五岁"，这些记载基本勾勒出顾燮光晚年的生活背景和境况。

晚年的顾燮光奔波于杭、沪之间，为生计而奔波。沈津、丁小明的《李宣龚、顾燮光致顾廷龙手札》中收录了顾燮光致顾廷龙手札78封，皆为商讨出版《河朔古迹图识》《河朔文字新编》以及半卖半让所存碑拓、金石书籍诸事，为我们了解顾燮光晚年的生活状态及心路历程提供了宝贵的史料。如：

燮年垂暮，存件在付托有人，不但不求善价，且十卖九送，现存件已不多矣……又因生计问题，日日作画，每月须得三万元方可支持，金石各书刻尚保存，迟二三年亦当出让。浙江通志馆聘为特约编纂，义务性质，不能补助生计，仍须从事画耳。（第二封）

弟古稀甫度，马齿又增，薪桂米珠，维持日苦，春寒犹属，临池未能。（第十六封）

杭米已出上万元，甚感威协，敝处润格三月一日起加一倍，顺以奉陈。（第二十三封）

昨奉十八日来示敬悉，已商明揆公，以五十万元定局，可以购米八石余。卒岁有资，至为心感，自属同意。（第二十九封）

近日绘有画件，须先寄沪陈列耳。老年困于生计，幸有薄技耳。（第三十九封）

此稿毫无损失，事平便可影印。惜燮年老，无此精力矣。每页收回抄工等十元，全书约四五百页。如贵馆要，可照定价六折，但不折让，要去全去。盖燮宗旨以出清存物为宗旨，价可廉，不能折也。（第四十二封）

至敝处出让碑帖，志在减少存物，并希物之得所，所得价值在其次耳。（第四十五封）

敝处为减少对象起见，并非待价而沽也。（第四十七封）

刻印画扇生意忙，无暇及他事也。邮费已昂，彼此通候之信仍不能减，殊为怅怅。（第四十八封）

盖弟家无男女慵，小儿、小女均在外谋食，家中炊爨，老妻服务，凡寄邮包则小媳任之，至包扎、记账、检点则弟独任其劳。近来书画之事又忙，顾此失彼，生计日高，不能不设法补助。近来废纸大昂，旧书籍多数因此牺牲，正月可恫矣。（第五十封）

近因生计高涨，无正式收入，售破烂图书换米珠薪桂，两年以还，赖此支持。然售完无可补充，无源之水易竭。友人爱弟者咸从史籀书，半年小试其端，似觉事有可为。明年拟谢绝俗务，专写丹青卖矣。（第五十一封）

河朔碑拓下月可整理。生计逼人，以鬻画供□粥，尚不寂寞，乘未严寒，作半月工作以后方能整理他事也。（第五十六封）

刻弟将古稀，既无职业，又无恒产，杭寓系属公产，每月出房租，小儿一人又不得力，家存丛残陆续出让以资度日。自知无力再印此书，如贵馆能保存，愿以相当代价半数奉让。（第五十七封）

燮年已垂暮，所有墨拓稿件，颇思委托得人，贵馆能代保存，求之不得。徐商办法，并不居奇求善价也。（第六十封）

附呈润格一纸，祈留阅为感。米价日昂，生计日高，殊无法维持也。（第六十六封）

贵馆收藏，敝处极愿廉让也。盖弟已桑榆景暮，存件能得所，于愿足矣。（第六十九封）

春寒太厉，室未生炉，尤为襟缩，以致手冷指僵，不能作书，殊为败兴。碑帖亦不能整理，终日束手而已。（第七十封）

因燮已七十，存物均乘生时一扫而光耳。（第七十五封）

刻已七十，已无兴趣及精力，且生计日迫，旧有之物概须易米。（第七十六封）

烽烟四起，国事衰微，物价飞涨，民不聊生。顾燮光无固定职业，无固定收入，一靠卖画，二靠处理家中存物（碑拓、书籍）为生，其中艰辛可想而知。作为传统文人，不得不出卖存书存拓，其中的痛苦又岂是艰辛可比。虽是毕生所藏，珍爱如宝，但所托有人，半卖半让，亦算安慰。这些信件中详细记载了每次买卖的金额，从顾燮光连邮费、人力费都细列其中看，他的所获其实有限。在两者的比对中，他更看重卖画。一旦条件允许，他首先选择的是作画卖画，然后才是整理旧藏，贩卖书拓。从中可见旧时代文人生存的悲哀。

同时，这些信件还告诉了我们顾燮光一生积累的碑拓书籍的落脚地。顾燮光酷爱金石，居河朔八年，专职访古访碑，又游历陕洛，积累了大量的碑拓墓志。时至今日，已经百年，许多古物已为劫灰。虽说通过《河朔古迹志》可以按图索骥，但一者未必全录，二者未必确录，那么，他手中的碑拓墓志就尤显重要了。据郑逸梅的《记金佳石好楼主人顾燮光》："及战云密布，燮光把所有珍贵的碑帖典籍，托竺藏诸学校图书馆中，岂知杭州沦陷，日军将图书馆所藏精品，掠夺殆尽，燮光寄存，势难幸免，竺爱莫能助，只得向燮光道歉。燮光于一九四九年逝世，竺亲来吊唁，在灵前三跪九叩，十分悲伤。"从这条记载看，似乎顾燮光"所有珍贵的碑帖典籍"都被日军掠夺而去了。但顾燮光致顾廷龙手札第五十八封有"弟个人所存碑拓约万种以外，昔年寄存孤山图书馆，已全部损失；重份者存于家中，损失十之三四而已"、第六十封有"敝处所藏墓志五千余种，因寄存孤山图书馆已无下落，家中七拼八凑或可有半数可寻。至碑拓，燮自有一份，全在寒舍，已损十分之三四"的记载，可见杭州沦陷时被掠夺者应属精华，仅墓志就丢失"五千余种"，家中所藏者乃"重份"。而"重份者"又损失"十之三四"，毕生搜珍，七零八落，实在令人痛心。

概括来说，顾燮光所藏碑拓墓志应该有三个流落方向：赠送友朋、被日军掠夺、半卖半让与和众图书馆（上海图书馆前身）。关于后者，顾燮光致顾廷龙的78封手札中有详尽记载，如：

兹将河朔范围内淇县、封邱、新乡、浚县、获嘉、原武、延津、滑县等八县共八包，计重三斤半带上，祈签收。尚有十余县，有一县二三函者，约重十七八斤，容检齐再函告。（第一封）

兹托便友杨根道先生带上河朔碑拓乙大包，共重四斤。内计安阳三函、辉县二函、武陟乙函共六函，重四斤，祈台核是幸。尚有十余函，俟有便再带呈。（第十二封）

河朔拓片，弟须逐件看过并注地址，以便尊处易于整理。盖弟系熟手，较易着力，但须得暇，费月余工夫不可。（第十四封）

节后方能整理碑拓，河朔各碑拓二三星期后可以交邮。（第十五封）

昨交便友周德震带上河朔碑一包，内计四函其三斤，连前两次共十斤半，祈台核。内计安阳县三函、汤阴一函。查第二次所寄六函，安阳县三函系误，应请查明更正。尚有十余函，半月后有便再寄上，寄齐后作一结束，再寄唐宋诸碑也。（第十九封）

河南涉县唐王峧娲皇顶有三大石洞，北齐时全刻石经，约数十万字，弟曾择其完整各拓一大幅，计用连史纸五十张。当时工料便花每张合款四角，在今日工料计之，每张以六元算，须款三百余元。此拓如图书馆欲收存，可寄上一图，定价一百元，图书馆按七折算。又，《唐太山铭刻》有一份，计四大幅，定价六十元，亦是七折，邮费外加。所存碑拓尚不少，弟年老不欲保存，均拟出让。关于河朔者全让与贵馆，他处者亦先仅尊处。（第四十一封）

值得注意的是，"关于河朔者全让与贵馆，他处者亦先仅尊处"，可见顾燮光的旧藏大致流向和众图书馆。不出意料的话，今上海图书馆应藏有顾燮光的诸多碑拓、墓志、金石书籍、照片等。

还应注意的是，顾燮光所藏除河朔外，搜罗于他处的也不少，手札中就有其出卖全套《千唐志》的记载。另外，根据手札中的陈述，笔者推测顾燮光的贩卖旧藏不是单向的，还有代为介绍、代为搜罗、边买边卖的现象，这值得进一步深入研究。

五

顾燮光为一代名士，在我国金石学界、出版界、书画界皆有杰出成就。他著述颇多，书画、手札流传很广，可时至今日，未见其全集面世。即使其金石学著作，再版也不多。中华人民共和国成立后，他的著作似还停留在民国版本的境地，未有新版本出现。想来与其后嗣乏人，学术不继；而金石学又属小众，非盛世难以兴隆有关。笔者以顾燮光"河朔金石五种"民国版本（第五种为今影印稿本）为基础，点校整理，合为一书，以期尽显其河朔金石活动之全貌，为后来者做进一步研究提供翔实资料，此乃编校者之宏愿。笔者希望该书能早日面世，以最大限度地重现河朔金石之固有辉煌。

（作者系新乡职业技术学院教授）

黄河文化
区域特色研究

青海河源文化的内涵特点、生态价值及开发利用述论

索端智　鄂崇荣　张生寅

　　河流是地球上各类生态系统中最基本的存在形式之一，是地球生命的重要组成部分，也是人类生存发展的重要基础之一。河流作为人类精神生活和物质生活的源泉和依托，孕育了人类的文明史。青海是长江、黄河、澜沧江的发源地，被誉为"三江之源"。在漫长的历史进程中，在江河之源的滋养下形成的青海河源文化，既有历史继承性和久远性，还凸显了青海文化的地域特色和历史凝重感；既贯穿于中华文明的发展史，也贯穿了青海地域文明的发展史。特别是千百年来，黄河源头作为优秀中华儿女充满向往的地方，是当下海内外中华儿女共用共享的文化。在中华文明发展史上，黄河源头与万山之祖昆仑山密不可分，"河源昆仑""河出昆仑"成为中华民族千年历史乡愁和精神家园。黄河源头、昆仑山等文化符号将海内外中华儿女的思想感情与中华民族的命运紧密地联系在一起。至今，海内外许多中华儿女不畏千里万里朝圣昆仑山、走近黄河源，中国2/3的民族在历史记忆中将河源昆仑山视为自己祖脉发源之地。面向新时代，挖掘青海河源文化的丰富内涵，打造文化品牌，对铸牢中华民族共同体意识具有极大的推动作用。

一、青海河源文化的内涵及特点

（一）内涵

　　青海河源文化以河源文明为纽带，融汇多元文化，贯穿古今历史。她承载着上万年来青海高原人类的进化历程，蕴含世居各族人民的灿烂文明和丰实厚重的历史积淀，既包括独特的地理特征和自然景观，也包括汉族、藏族、回族、蒙古族、土族、撒拉族等世居民族绚丽多彩的文化，也包括藏传佛教文化、伊斯兰教文化和儒家文化等特征各异的宗教文化，还涵盖了昆仑文化、河湟文化、热贡文化等地域文化。她内涵丰富、形态多样、底蕴深厚，具有崇尚自然、包容开放、自强不息、敦厚朴实的特质，是中华民族文化的重要组成部分，是青海地域文化的独特标识。具体而言，崇尚自然就是指敬畏自然、珍爱生命的生命意识，顺应自然、和谐共生的亲情意识，感恩自然、适度索取的节制意识，爱护自然、担当责任的自律意识；包容开放就是指各民族文化之间相互包容，彼此尊重文化差异，和睦共处，宽容不同宗教信仰，和顺向上，敞开胸怀，相互借鉴学习，博采众长，共同繁荣发展；自强不息就是指面对恶劣的自然环境，乐观豁达，坚忍不拔，奋发图强；敦厚朴实就是指诚信友善、质朴纯真、淡泊俭约。

　　青海河源文化是中华民族传统文化当中的优秀成分，与秦晋文化、燕赵文化、齐鲁文化、荆楚文化、巴蜀文化、吴越文化、岭南文化等地域文化共同绘就了中华文化绚烂多姿的风采，在青海历史发展进程中发挥了精神支撑、文化引领的重要作用，必将在新时代融入中国特色社会主义文化繁荣发展

的时代潮流中，进而推动建设富裕文明和谐美丽新青海。

（二）特点

具体而言，青海河源文化具有以下几个鲜明特点：

一是多元性。青海所在的河源地区地域辽阔，历史悠久。从地理位置看，青海东北部的河湟谷地为黄土高原西部边缘，而广大西部和南部地区属青藏高原，两种截然迥异的地域在青海境内交错连接、逐渐过渡。从经济类型来看，青海东北部的河湟谷地属农耕经济区，广大西部和南部草原地区属游牧经济区，两种经济类型在青海境内交错并存、互依并进。从民族文化交流、融合、发展的历程来看，历史上有许多分属于不同文化类型的族群迁徙驻足并交错杂居于同一区域内，相互间接触交流、互动交往、融合发展，从而使这一地区的族群面貌更加多样多变、文化交流更加频繁深入。多样的地理类型、多样的经济类型、多样的民族文化形态和频繁的民族文化互动，使青海河源地区成为西部乃至全国多民族文化交往交流交融的一个枢纽区、走廊带，也使青海河源文化在地理环境、物质生产方式、民族社会组织、精神文化生活等层面显示出鲜明的多元性特点，并在中华民族多元一体格局形成的历史实践和现实建构中长期发挥着文化纽带的作用，是中华民族共同体形成的缩影和典型例证。

二是包容性。青海是一个多民族、多宗教、多元文化并存的地区，也是中国境内少有的东西方宗教文化荟萃之地。历史上，不管是王朝统一时期，还是分裂动乱时期，这一地区多民族聚集、多宗教并存、多文化交流的格局始终不曾中断，并最终形成了儒释道文化、藏传佛教文化和穆斯林文化交错分布、互动交融、和谐共存的独特文化景象。这三大文化系统既相对独立又多元重合，既相互鼎立又兼容并包，没有发生谁强谁弱、一个吃掉另一个的现象，而是包容并存、包容互动、包容并进。文化的交融与和谐以及由此呈现出的包容性，使每个民族都以其宽大的胸怀和开放的姿态进行情感和文化上的交流与认同，在地域文化形态上呈现出多元并存、兼容并包、交相辉映的独特景象，充分显示了青海河源文化的包容性特征。

三是开放性。世界上的任何一种文化，只有对其他文化保持开放，在与其他文化的相互交流互动中吸收借鉴其他文化的优良因子，才能不断得到丰富、完善和发展。在青海河源文化的形成过程中，尽管境内的儒家文化、藏传佛教文化和伊斯兰文化各有其自我意识，但在相互交往交流交融的过程中，都不是完全封闭自存和独立成长的，而是透过经济之桥、文化之窗等，不断认识异族文化并与之交流互动，从而结成一种多元多边的文化互动关系，通过多种经济文化间的交流传播，衍生出许多超越其原有文化传统的新的文化因子。而且，青海河源文化的结构与形态始终是十分开放包容的，最突出的一个表现就是不排外，始终以坦荡的姿态和开放的胸怀欣然接受外来文化的优良因子，不断丰富完善和发展自己。早在秦汉时期，游牧的羌人因坦然接受了来自中原的农耕文化，生产发展水平得以大幅提升。秦汉以来，来自不同地区的民族文化和宗教文化，都在青海这块土地上生根发芽、开花结果。即便是在近代，青海河源文化的开放性并未丝毫减退，而是随着经济社会的迅猛发展不断得到增强，各民族文化在保持自己独有文化特征的同时，相互之间交流、吸纳、包容、互补的进程不断加快，为青海河源文化的持续发展提供了不竭动力。

四是传承性。文化的传承性与延续性，是文化生命力生生不息的保障。而只有将历史与当代有效贯通对接，文化定位与传承才有现实意义。青海河源文化是各民族优秀传统文化的历史积淀，是古代文明和现代文明交织的时代结晶，是不断发展的文化。她的形成是一个不断扩大内涵与外延、不断提升文化境界和精神品位的过程，也是一个淳朴包容、紧随时代、不断创新的过程。今天的青海河源文化，不仅包含了"天行健，君子以自强不息""厚德载物""和为贵"等传统文化基因，更包含着"特别能吃苦、特别能忍耐、特别能战斗、特别能团结、特别能奉献""五个特别"的青藏高原精神、"人一之，我十之"的实干精神等当代优秀精神品格，被赋予了鲜明的时代特征，必将为加强公民道德建设提供独具特色的地方性教材，为铸牢中华民族共同体意识提供生动鲜活的公民教育基地。

二、青海河源文化的生态价值

青海因其生态的多样性、系统性、复杂性在全国乃至全球的生态系统中处于极其重要的地位，青海的生态文明建设在全国的生态文明建设中意义重大、责任重大。青海河源文化包含了丰富的生态文化因子，必将为新时代中国的生态文明建设提供有力的理论支撑和丰富的青海智慧。

（一）河源文化为生态文明建设提供理论支撑

青海河源文化源自中华民族五千多年文明历史所孕育的中华优秀传统文化，熔铸于当代以习近平同志为核心的党中央生态文明建设的伟大实践。青海河源文化所蕴含的"天人合一""众生平等"、珍惜生命、保护自然等朴素生态文化的思想，及其所体现出的人与自然共为一体的整体性思维特征、处理人与自然关系的辩证思维、遵循自然规律的系统性思维等哲学思维，均为我国生态文明建设提供了重要的思想理论支撑。同时，青海河源文化与宗教文化、民俗文化、现代文化的有机结合，是对我国生态文明建设理论的极大丰富，对我国生态文明建设具有重要的理论参考价值。

（二）青海河源文化是践行生命共同体理念的生动典型

习近平总书记曾经强调指出，"我们要认识到，山水林田湖是一个生命共同体，人的命脉在田，田的命脉在水，水的命脉在山，山的命脉在土，土的命脉在树。用途管制和生态修复必须遵循自然规律，如果种树的只管种树、治水的只管治水、护田的单纯护田，很容易顾此失彼，最终造成生态的系统性破坏"。这一论断是习近平生态文明思想的核心内容、标志性观点和代表性论断，是当代中国马克思主义理论发展的创新成果，是全面建成小康社会的重要指引。要盘活山水林田湖草这个生命共同体，关键是要让相关各方形成你中有我、我中有你的共生局面，才能真正实现山水相连、花鸟相依，人与自然和谐相处。

青海自然环境恶劣、生态脆弱，人们敬畏大自然，崇拜大自然，害怕遭受大自然的报复惩罚，因此形成了很多禁忌习惯和自然崇拜意识，以免自己不触犯天地万物，受到不必要的惩罚。朴素自然观是青海各族人民不断适应环境、积极协调人与自然关系的结果，体现着人与自然环境的融洽与和谐，符合人类的共同利益。在长期与恶劣的生存环境抗争适应的过程中，青海逐渐建立起了具有民族特色及高原特色的河源文化，旨在追求尊重自然、保护自然、人与自然的和谐发展。青海河源文化中所蕴含的整体论思想以及系统论思想认为，自然界是人类生存与发展的基础，人类活动必须要尊重自然、顺应自然，遵循自然规律。青海河源文化化为生动现实，来源于千万群众的自觉行动，充分证明了习近平总书记"山水林田湖是一个生命共同体"重要思想的科学性和正确性，是生命共同体理念在实践层面的生动典型，是加快生态文明建设、创建"美丽中国"的思想养分，充分显示了"山水林田湖是一个生命共同体"重要思想的先进性和前瞻性，充分彰显了"山水林田湖是一个生命共同体"重要思想强大的理论生命力和强劲的实践推动力，凸显了习近平思想的重要组成部分，生态文明思想是习近平新时代中国特色社会主义必将进一步引领青海乃至全国生态文明建设迈向更高水平、更高境界。

（三）河源文化为生态保护理念贡献青海智慧

鉴于青海地区重要的生态地位，青海生态环境的保护不仅对青海具有重要意义，而且对全国可持续发展与全球生态安全均具有重要意义，青海生态保护事关国家生态文明建设大局。青海河源文化作为历史发展中人们处理与自然关系的实践写照，是几千年来青海人民认识世界、改造世界、克服困难所取得的智慧结晶，对保护青海的生态环境起到了重要作用。随着时代发展与社会进步，经济社会发展理念发生了巨大变化，但传统的河源文化与现代生态文明建设之间仍有诸多契合之处，二者都崇尚人与自然和谐相处的价值观念，都对人类开发与利用自然进行强制约束，都强调要合理利用资源。近年来，在党中央的坚强领导和大力支持下，青海各地在传承传统河源文化生态智慧的基础上，积极开展生态文明建设新实践，有序实施了三江源生态保护和建设工程、祁连山生态保护与建设综合治理工程、环青海湖地区生态保护与环境综合治理工程、三江源国家公园和祁连山国家公园体制试点工作，均取得了十分积极的成效。在大力推进生态文明建设的新形势下，青海河源文化作为黄河生态文化的一部分，对于塑造适应新时代的生态文化精神、完善国家生态保护理念具有积极的参考价值。

三、大力挖掘青海河源文化资源的几点思考

（一）整合和提升多元文化资源

青海是长江、黄河、澜沧江的发源地，河源文化的挖掘是青海文化建设长期而又重要的任务之一。要进一步加强对青海多元传统民族文化的拣选、提取、整合、重塑，将其纳入青海河源文化这一新的文化共同体当中，加强传统民族文化资源的共享利用，有效实现文化重构和传统再造，不断凝塑各民族共同历史文化记忆，持续增强青海河源文化的向心力和凝聚力。传统民族文化资源挖掘要从文化学、民族学的视角，采用比较法、田野调查法等方式，对各民族历史记忆和当代发展中对青海河源文化的认同和共享进行动态考察，从全球化与多元文化共生的环境中重新审视青海河源文化的历史与现实价值，探讨青海河源文化在中华民族共同体意识形成中的重要作用，进而利用传统文化精髓不断铸牢中华民族共同体意识。

（二）挖掘和丰富河源文化生态内涵

青海河源文化融汇不同时空的多元文化，在历史长河中与不同地域的民族文化不断交流、渗透、竞争和融合，辐射地域宽广，内涵极其丰富。要通过多种渠道和各种形式，不断挖掘和丰富青海河源文化的生态内涵。一是举办高规格的青海河源文化学术研讨会，充分发挥学者的力量，使之成为具有国际影响的品牌学术活动；二是在各地的城市建设中创建河源文化主题公园、新建大型雕塑群，丰富城市文化内涵；三是出版青海河源文化系列主题丛书，包括学术研究著作、普及读物等，进一步深化对青海河源文化内涵的认识；四是发展创意产业，制作动漫产品，引进或联合技术力量，推出青海河源文化动漫系列产品；五是借助广播电视等宣传媒介，做好青海河源文化的宣传普及和推广工作。

（三）推进河源文化遗产的系统保护

一是在坚持河源生态和文化保护优先原则的基础上，挖掘一些价值突出、内涵丰富、影响深远的文物遗产和非物质文化遗产项目。在文物普查和非物质文化遗产普查数据的基础上，进一步查缺补漏、分类梳理，做好河源历史文化资源数字化转化工作，为黄河流域各省共同建立权威性、动态性大数据

库做好准备。二是根据青海河源文化资源的整体布局、禀赋差异及周边人居环境、自然条件、配套设施等情况，结合国土空间规划，聚焦保护传承、研究发掘、环境配套、文旅融合、数字再现等关键领域，通过重点建设管控保护区、主题展示区（分核心展示园、集中展示带、特色展示点）、文旅融合发展示范区、生态旅游体验区等不同功能区，以柳湾遗址、宗日文化遗址、喇家遗址、沈那遗址等为重点，保护和展示一批主题明确、内涵清晰、影响突出的文物和文化资源，生动呈现青海文化的独特创造、价值理念和鲜明特色。三是秉持"见人见物见生活"的理念，将文化生态保护区建设与精准扶贫、乡村振兴战略相衔接，积极探索出一条文化生态保护区建设与乡村旅游、全域旅游融合共赢发展的道路，将文化与生态进行有机融合，促进传统文化的活态传承展示与现场体验。以热贡文化、格萨尔文化（果洛）以及藏族文化（玉树）三大国家级文化生态保护实验区发展为基础，努力将土族文化、撒拉族省级文化生态保护区升格为国家级文化生态保护区。以海南藏族自治州为核心，将贵德、同德、共和等县的非物质文化遗产以"黄河上游（海南）文化生态保护区"名义积极申请设立省级文化生态保护实验区，进行整体性保护。利用青海省国家级文化生态保护实验区数量在全国居首位的优势，打造国家级非物质文化遗产保护传承展示区。

（四）深入推动河源文化文旅融合发展

一是着重围绕昆仑文化、河湟文化、玛域文化、红色革命文化、青绣文化等，重点发展"溯源文化之旅"、红色精神研学游、"沿黄九省区刺绣艺术大展"等重点项目或活动，规划设计推出一批专题研学旅游线路，为部分游客寻根溯源提供敬拜场所，引导游客在文化旅游中体验和感悟博大精深的河源文化。建设沿黄河道体验游、少数民族民俗体验游等特色文化旅游体验点，发展一批民族手工艺品加工生产基地。促进一些沿黄文化产业与当地生态旅游、生态畜牧、民族体育、高原康养、中藏医药、清洁能源等产业互动融合发展，循环推进。二是积极争取相关资金和项目，疏浚贵德—李家峡河道，完善水上旅游交通，全力打造黄河上游生态旅游景观廊道和黄河水上明珠旅游线。重点打造中华文明溯源之旅、峡谷观光探险游、水上观光游、滨水休闲游、两岸民族风俗考察游、治黄水利水工研学之旅等旅游项目。

参考文献

［1］习近平：《关于〈中共中央关于全面深化改革若干重大问题的决定〉的说明》，中国共产党新闻网，http://www.cpcnews.cn，2013 年 11 月 9 日。

［2］安作璋、王克奇：《黄河文化与中华文明》，《文史哲》1992 年第 4 期。

［3］张科：《和而不同：论青海多民族文化的鼎立与互动》，《青海民族研究》2007 年第 4 期。

［4］丁柏峰：《河湟文化圈的形成历史与特征》，《青海师范大学学报》（哲学社会科学版）2007 年第 6 期。

［5］赵宗福、鄂崇荣、解占录、霍福：《关于昆仑文化作为青海省标志性文化的思考》，《青海社会科学》2011 年第 3 期。

［6］赵宗福：《大文化视野中的昆仑文化研究与文化建设》，《青海社会科学》2014 年第 6 期。

（作者分别系青海省社会科学院党组书记、院长、教授；
青海省社会科学院民族与宗教研究所所长、研究员；
青海省社会科学院文史研究所所长、研究员）

河湟文化形态特征及内涵

鄂崇荣

黄河文化是中华文明的重要组成部分，是中华民族的根和魂。"在我国 5000 多年文明史上，黄河流域有 3000 多年是全国政治、经济、文化中心，孕育了河湟文化、河洛文化、关中文化、齐鲁文化等。"[①]"河湟"常被称为"河湟地区""河湟流域"和"河湟谷地"，其范围涵盖黄河上游、湟水流域及大通河流域地区，历史上又称"三河间"。河湟文化是指萌生、传承、发展于河湟流域的典型地域文化，是黄河文化的重要组成部分，是黄河文明的重要发源地之一，代表了中华文化内部的古老边陲文化，是一种连接地带中介型文化。河湟文化历史悠久，源远流长，文化多元，农牧兼具，博采众长，包容互补，散发着和美、交融、共荣的独特魅力。

一、河湟流域的概念及范围的演变

"河湟"是"在西北边疆史上形成的诸多区域性地名中影响大、传播广，至今仍在不同程度上被使用的地名"。[②]河湟流域是多民族、多宗教、多文化交流、碰撞、融合的重要区域。历史上"河湟"常代指不同时期羌人、吐蕃、西夏等少数民族活动的区域，一些学者认为"河湟"的民族意义高于其地理属性。[③]从地理位置上看，河湟流域西部地区属于青藏高原的东缘地带，东部地区则属于黄土高原的西缘地区，两种不同类型的地质地貌在河湟流域实现连接和过渡。

"河湟"一词最早出现于《汉书·赵充国传》中，有"循河湟漕谷至临羌"[④]"溺河湟饥饿死者五六千人"[⑤]等记载。此后，又在《后汉书·西羌传》中出现："河湟间少五谷，多禽兽，以射猎为事。"[⑥]侯丕勋等认为，当时河湟流域范围大概为"西起今青海湖，东至兰州市榆中、皋兰二县，北达祁连山，南至黄河"[⑦]。"河湟"在不同时期还成为西戎、西羌的代称。《晋书·载记》曰："河湟间氐羌氐十余万落与张璩相首尾，麻秋惮之，不进。"[⑧]《新唐书·吐蕃传》记载"故世举谓西戎地曰河湟"[⑨]。

至唐代，河湟流域范围进一步扩大延伸，"河湟"与"陇右""河陇"等地域名词互通。唐开元二年（714 年），置陇右节度使，领鄯、秦、河、渭、兰、临、武、洮、岷、廓、迭、宕 12 州，而陇右

---

① 习近平.在黄河流域生态保护和高质量发展座谈会上的讲话（2019 年 9 月 18 日）[J].求是，2019（20）.

② 侯丕勋，刘再聪.西北边疆历史地理概论 [M].兰州：甘肃人民出版社，2008.

③ 金勇强."河湟"与"陇右""河陇""西羌"关系之考辩 [J].西北民族大学学报，2015（1）：146–151.

④⑤ （汉）班固.汉书 [M].北京：中华书局，1962.

⑥ （宋）范晔.后汉书 [M].北京：中华书局，1974.

⑦ 侯丕勋，刘再聪.西北边疆历史地理概论 [M].兰州：甘肃人民出版社，2008.

⑧ （唐）房玄龄.晋书 [M].北京：中华书局，1974.

⑨ （宋）欧阳修，宋祁.新唐书 [M].北京：中华书局，1975.

节度使治所所在的鄯州即今青海乐都。如《旧唐书·吐蕃传》曰："常有复河湟之志，遣大将野诗良辅发锐卒至陇西，番戎大骇。"[①] 宋代继续延续，如"陇右故为唃氏所有，常为吾藩篱。今唃氏破灭，若弃之，必归夏人。彼以区区河南，百年为劲敌，苟益以河湟，是尽得吐蕃之地，非秦、蜀之利也"[②]。由于历史上河湟流域地理范围大小发生变化，至今河湟流域仍有"大河湟"和"小河湟"之分。"大河湟"泛指日月山以东、祁连山以南的地域，包括黄河上游、湟水流域及大通河流域所构成的整个"三河间"区域，即除青海西宁、海东、海北、黄南、海南全境外，还包括甘肃省兰州市红古区，临夏积石山县、永靖县、天祝县、永登县和临潭县等地；"小河湟"多指日月山以东、同仁县以北的黄河、湟水流域，即包括西宁市和海东市全境，同仁县、尖扎县、共和县、贵德县、海晏县、门源县。小河湟流域的中心，在历史上发生了多次迁移变化。汉代以前的古羌和西羌阶段，各部落的中心在今西宁。西汉武帝元狩年间至东汉末建安十年，约 310 年，中心在允吾（今民和县）。公元 205 年至北魏孝昌三年（527 年），即三国魏晋南北朝时期，约 520 年西平时段，中心在今西宁。孝昌三年至隋到唐玄宗天宝末年，约 230 余年，中心在今乐都（西平郡东移乐都）。肃宗至德以后吐蕃统治上百年，中心仍在乐都。[③] 从北宋至今约 1000 年的时段中，从青唐城、鄯州、西宁州、西宁卫、西宁府至西宁市，西宁的中心地位未再发生变化。西宁市、海东市、临夏市可以说是河湟流域的三个政治、经济、文化中心，而青海河湟流域是新时代河湟文化承载和发展的核心带。

本文的河湟流域指青海境内"小河湟"流域范围，面积约 3.6 万平方千米，该流域承载了青海省近八成以上的耕地，集中了青海 3/4 的人口。而西宁、海东以青海省 2.8% 的国土面积，承载着青海省 68% 的人口和 61% 的经济总量。[④] 青海河湟流域是黄河上游重要的水源涵养地、补给地和多功能承担区，对疏解三江源人口和经济发展压力、保护青藏高原脆弱的生态环境具有独特的战略支撑作用，在维护"青海生态地位重要而特殊"国家战略格局中发挥着重要作用。

二、河湟文化的形态

河湟文化的源流与人类的迁徙和交流是分不开的，河湟文化的形成有着众多民族的参与和贡献。河湟文化是一种线性文化和走廊文化，河湟流域将其上下游、左右岸、不同段的多元文化，如同串联珍珠一样贯通连接起来，呈现出不同的文化形态。

1. 源远流长的史前文化

河湟流域史前文化源远流长、传承融合，形成了以拉乙亥遗址、宗日文化遗址、西宁沈那遗址、民和阳洼坡、胡李家遗址、柳湾墓地、尕马台遗址、上孙家寨遗址、喇家遗址等为代表的青海史前文化。我们可以看到，6700 多年前，共和盆地的拉乙亥人拉开了青海新石器时代早期序幕，采集农业开始出现。"距今 8000～3500 年前的大暖期孕育并催生了甘青地区史前文明，而河湟地区则由于海拔较高原因，只能够在距今 6000 年上下的'仰韶大暖期'迎来马家窑文化的灿烂文明，其后又由于几次大暖期内的冷暖波动对马家窑文化和齐家文化的盛衰产生了明显的影响。"[⑤]

① （后晋）刘昫 . 旧唐书 [M] . 北京：中华书局，1975.

② （元）脱脱 . 宋史 [M] . 北京：中华书局，1977.

③ 芈一之 . 西宁历史与文化 [M] . 沈阳：辽宁民族出版社，2005.

④ 杜捷 . 关于"黄河青海流域生态保护和高质量发展"前期调研及准备情况的报告 [R] . 青海省政协十二届十三次常委会议秘书处，2020.

⑤ 刘宝山 . 从柳湾墓地到河湟地区史前考古学研究 [M] . 西安：陕西出版集团，三秦出版社，2010.

仰韶文化晚期庙底沟类型时期，青海东部的民和及循化等地成为古代仰韶人活动范围的最西端。经过数百年后，马家窑文化不断继承和发展成熟，齐家文化欣欣向荣。随着青海大多数地区气候环境逐步恶化，以锄耕农业为主的生产生活转型为以畜牧经济为主、兼营农业的生产生活方式，并出现了卡约文化、辛店文化。青铜时代晚期，辛店文化向西发展，在北川河流域与卡约文化相碰合，产生出"唐汪式"陶器。卡约文化向西扩展，对诺木洪文化产生了一定的影响，并进入新疆东部的哈密盆地。

2. 悲壮奋进的红色文化

河湟红色文化后来居上，成为主流文化的重要组成部分，对当前补足信仰精神之钙，激发百折不挠、奋发进取精神具有重要作用。它主要包括"忠诚理想、坚定信念、顾全大局、服从命令、生命不息、战斗到底、顽强不屈、忍辱负重"的西路军精神，"热爱祖国、无私奉献、自力更生、艰苦奋斗、大力协同、勇于登攀"的"两弹一星"精神，"挑战极限、勇创一流"的青藏铁路精神，"人一之，我十之"的青海实干精神，"自信开放创新"的青海意识，"登高望远、自信开放、团结奉献、不懈奋斗"新青海精神等精神文化，并传播广泛，深深镌刻在河湟大地上。

河湟红色文化有着诸多实物载体，如西宁中国工农红军西路军纪念馆、海北州西海镇青海原子城国家级爱国主义示范教育基地、红军清真寺等。这些实物载体不仅是传播宣传河湟红色文化基因，赓续精神谱系，教育党政干部、科技工作者接受党性洗礼、坚定理想信念的重要平台，而且也是河湟各族干部群众了解革命先辈坚定的共产主义信念的重要窗口，也是不断铸牢中华民族共同体意识的精神高地。

3. 多元共生的宗教文化

河湟流域地区多种宗教文化汇聚，不同宗教文化间平等对话、彼此尊重、相互交流、相互包容，各教派之间多元并存、和合共生。塔尔寺、佑宁寺、东关清真大寺、洪水泉清真寺、凤凰山拱北、北山天主教堂、教场街基督教堂、湟源城隍庙、大通城关城隍庙、南山南禅寺、北山土楼观、乐都昆仑道观等寺院、清真寺、道观、塔窟等宗教建筑或宗教设施是承载不同宗教文化的重要载体。其中，北山土楼观、瞿坛寺、塔尔寺、东关清真大寺、洪水泉清真寺、庵古录拱北等一些宗教建筑是承载多元宗教相互尊重包容、和谐共生的诸多内涵和符号象征。

4. 和美相融的民族文化

河湟流域多为多民族聚居区，历史上西戎、羌、鲜卑、吐谷浑、吐蕃、蒙古等民族在河湟地区经过诞育、分化、交融，形成了血浓于水、休戚与共的关系。在漫长的历史发展过程中形成了汉族文化、藏族文化、回族文化、土族文化、撒拉族文化、蒙古族文化等各具特色的多元民族文化，呈现出"百花齐放春满园"的繁荣景象。河湟文化就是通过历史上不同民族多元文化传播共享、相互交流、采借融合和继承创新逐步形成的。河湟地区是诸多民族文化交融之炉，很难从河湟文化中剥离出一个民族特有的、单一的文化元素，不同时期各个民族文化和美相融，形成了"你中有我、我中有你"的紧密联系，大多数民族文化多是共享的文化。其中，湟源排灯、格萨尔王传、土族纳顿会、骆驼泉的传说等国家级和省级非物质名录是各民族文化的精华。

三、河湟文化的特征及内涵

1. 多元汇聚与对外发散性

自古以来，河湟流域多民族流入、汇聚、融合与外迁、发散、流动同时交错进行。考古发现证实，早在马家窑文化时期，中原地区的原始居民已经迁入河湟地区，粟作农业也由黄河中游地区传播至此，而当地的青铜冶炼技术及玉石等物质资源也传入中原。[①] 自夏商初至明清末，西戎、羌、氐、月氏、匈奴、汉人、鲜卑、吐谷浑、吐蕃、回鹘、党项、蒙古、回回、撒拉等古代民族于河湟流域迁徙驻足、生息繁衍，相互交往、交流、交融。如《史记》记载，尧舜时期，原居住于今湖北和湖南地区的三苗迁至三危地区，与当地土著融合，演变为西戎诸族。继西戎诸族与周围部族东迁，羌人崛起并活跃于中国西部，河湟地区成为羌人早期活动的中心区域，因居陇右以西，被称为"西羌"。夏禹时期，诸多羌人加入大禹治水的队伍当中。殷商时期，商朝对西羌时常发动征伐战争，羌人沦为祭品。至周武王伐商纣王时，羌人加入到讨商队伍之中。战国时期，自无弋爰剑始，子孙繁衍，河湟羌人诸部不断整合发展。至两汉，少部分匈奴、卢水胡、月氏胡和大量内地汉人相继进入河湟地区，导致部分河湟羌人内迁，跟随匈奴归汉羌人还被称为"羌胡"。魏晋南北朝时期，大量氐人、鲜卑诸部相继进入河湟地区，其中秃发鲜卑、乞伏鲜卑、吐谷浑对河湟地区产生影响。唐宋时代，部分吐蕃、党项迁居河湟，部分河湟汉人被吐蕃同化。进入元明清时期，蒙古人、回回人、撒鲁尔人、中原汉人等先后集体移居河湟流域。

历史上在诸多外来民族移入汇聚河湟流域的同时，原留居河湟流域的当地人也不断向外迁徙发散，如两汉时期汉人大量迁入与河湟羌人内迁交错进行。十六国时，随着前凉、后凉、西秦、南凉、北凉、前赵、后赵、前秦、后秦、大夏等地方割据势力长期或短期染指河湟流域，各地方政权相互之间为攫取军事资源而掠夺大量人口，其中既有匈奴、鲜卑、氐人等民族人口的大批移入，也有河湟羌人被迫大量流出。唐代随着吐蕃势力进入河湟，大批党项、吐谷浑人则移往内地。吐蕃末代朗达玛灭佛后，一些逃亡至河湟流域化隆、尖扎等地的卫藏地区僧侣传播佛教、收受徒弟，最后成就了河湟流域藏传佛教后弘期发源地地位。明清时期，又因蒙古族人口的规模化移入，也曾致不少藏族部落外迁。河湟流域是许多民族交融互动的重要区域，作为中原地区与西部边疆地区政治、经济、文化力量伸缩进退、相互消长的中间地带，对中国历史发展脉络产生了深远影响。随着不同民族人口的迁徙，河湟流域成为中原儒释道文化、西藏佛苯文化、西域伊斯兰文化、北方草原萨满文化向内交流交汇和向外扩散辐射之地。

2. 多重边缘性与开放包容性

河湟文化作为一个地域文化系统，只有在开放包容的背景下，才能获得维持这个系统运动和平衡所需的物质和能量，永葆自己的生机和活力。河湟流域处于青藏高原和黄土高原交叉过渡地带，处在多元文化圈边缘交汇重叠地带，从华夏中心来看河湟流域，常被视为"维雍州之西陲""隔阂华夏"，被标上了中原儒释道文化向少数民族地区传播的边缘之地符号。与此同时，西藏佛苯文化、西域伊斯兰教文化、北方草原萨满文化在河湟流域向东传播时，气势规模趋弱，成为文化传播网络末梢。一些宗教教派传播发展过程中在其文化中心遭受挫折时，河湟流域常成为一些宗教徒藏匿经典和避难之所。因此，河湟文化与诸多文化中心相比较，具有诸多文化边缘性特征。而这种多元文化边缘性也造就了河湟流域每个民族从不妄自尊大，排斥外来者，不以自我民族文化为中心，拥有谦和包容、交流互鉴、开放平等地域文化风格和文化态度，推动河湟流域多元文化百花竞放、绚丽多彩，呈现和美共荣特征。

由于河湟文化的多重边缘性，在某种程度上又推动了周边文化区域不同程度的发展，其过渡联结的中介区域发挥了重要作用。如9世纪中期，唐朝和吐蕃王朝几乎同时发动灭佛运动，一些佛教徒避难于河湟流域，保留了佛教复兴火种。

---

① 李健胜. 区域的交错与变奏——河湟地区历史文化研究［M］. 北京：人民出版社，2020.

3. 中华内向性与国家认同性

自古以来中原文化是中国文化的主脉和核心，连接性边陲地区多民族区域社会的历史脉络和内向性质，蕴含于对国家制度和国家政权象征的高度认同和内向行动实践当中。由于河湟地区战略地位重要，自西汉以来，除唐末五代和宋代的一些时期外，一直在中央政府管辖范围内，所以河湟文化中包含着深厚的内向中华情结。如范文澜先生提出："吐蕃扩张的方向，不是通过泥婆罗进入天竺，而是对着较远较强的唐朝。天竺气候炎热，不宜于高原人耐寒的习性，视南进为畏途，这应是原因之一。但更重要的原因是，羌族一向以青海为中心，散居于广大的中国西部，吐蕃在本族内进行统一战争，于势为顺；羌汉两族有悠久的联系，文化和经济虽然相差很大，在交流上却是较为接近的。吐蕃扩张的方向必然被吸引到东方来，也就不难理解了。"①

河湟流域作为青藏高原的东缘和黄土高原的西缘，是中国西部疆域骨架网络中的重要连接点，不仅是历史上历代王朝管控西藏、新疆等边疆地区的咽喉地带、桥梁纽带、缓冲积蓄带，而且也是青藏高原民族东向与中原民族交往、交流、交融的重要流动基地和迁徙走廊，在中华民族多元一体格局形成史中发挥了双向连接及推动作用。

历史上，河湟各民族正是通过朝贡觐见、主动归附、领受封赏、寺庙供奉万岁牌和家庭佛堂自觉悬挂领袖像，以及服从征调从军保家卫国等多种形式表达内向中华的朴素感情。东汉时期，河湟流域羌人感护羌校尉邓训恩德，为其立祠，后邓训信仰演变为西宁城隍信仰。南北朝时期，吐谷浑阿柴可汗发出"水尚知归，吾虽塞表小国，而独无所归乎"的著名感慨。并付诸行动，派使至建康，通贡于南朝刘宋政权，被封为刺史，这一事例成为中国历史上地方少数民族政权维护统一国家、一心向中华的最具代表性的典型。元代，西藏萨迦派高僧萨班贡嘎坚赞途经青海，赴凉州与阔端结盟，一路与藏族上层和僧俗群众接触，将西藏纳入祖国版图。青海省乐都县瞿昙寺隆国殿、贵德县玉皇阁、平安县洪水泉清真寺等著名寺庙宫观均供奉过"皇帝万岁牌"。清代，雍正皇帝通过下旨在循化黄河南岸修建河源庙、亲自撰写《御制建庙记》和祭文等活动，巧妙地将皇权彰显于边陲地区黄河神信仰之中。此外，雍正时期形成的祭祀青海湖制度，也成为中央政权联系青海藏族、蒙古族、土族、汉族等民族的纽带，成为展示国家权威、促进少数民族内向中华的仪式象征。

历史上，中央王朝在河湟流域实行的多封众建、因俗而治，实施的土官制、土司制、僧官制等措施，促进了河湟流域民族宗教上层对中央政权的认同和服从，逐渐实现了河湟地区的国家化过程。清代西宁办事大臣的设置为驻藏大臣的设立积累了制度经验。河湟流域历代高僧大德和知识精英，顺应时代潮流，为维护国家统一、民族团结做出了重大贡献。如明清两代，三罗喇嘛、西纳、章嘉、赛赤、敏珠尔、土观、拉科等高僧大德先后"率修善道，阴助王化"，为边陲稳定和国家统一发挥了积极作用。民国时期，崛起于河湟流域的青海当权者马麒在黎丹、周希武、朱绣等幕僚的辅弼下，在抵制西藏分裂及争取十三世达赖喇嘛内向等问题上也发挥了积极作用。根敦群培大师在西藏复杂的变局中不惧威胁，公开反对英国殖民主义，坚决维护国家统一。抗日战争时期，河湟各族群众积极出钱出力，捐献银圆、羊皮等，并派出一些子弟奔赴抗日前线，奋勇杀敌。1949年4月，面对国民政府的极力拉拢和诱骗，11岁的班禅大师说"我是藏族人，是喝黄河水长大的，我爱故乡，不到外边去，决不能离开生我养我的土地"，依然选择留在家乡，表现出他对祖国和家乡的热爱。②抗美援朝时期，十世班禅大师、喜饶嘉措大师发出佛教界捐献飞机的倡议，化隆县夏琼寺、支扎寺积极响应。1959年秋天，海

① 范文澜.中国通史（第四册）[M].北京：人民出版社，1978.

② 夏吾东智.爱国爱教殚精竭虑——一生为祖国统一和民族团结而努力奋斗[C].十世班禅大师论文集.

北金银滩草原上 1279 户各族农牧民为了支持祖国核工业事业，响应国家号召，赶着 15 余万头牲畜，毫不迟疑、毫无怨言地离开世居之地，主动迁往别的牧场。

在民间社会，河湟流域一些村落和家族通过修族谱，将祖先追溯到中原，一些少数民族受周边汉族儒家文化的影响，追求"耕读传家"，在买卖、租赁土地时普遍采用中原立契方式，反映出他们对中原文化和中央王朝的认同。在今天，河湟流域一些信教群众常常把党和国家著名领袖视为文殊菩萨的化身，一些庙宇或宫观在神龛或佛堂上还悬挂供奉这些领导人画像，这虽带有浓厚的宗教色彩，但这种信仰实践对提高各族群众对国家认同、政权认同、政党认同、道路认同，增强对中华民族的向心力起到了重要作用。

4. 多样性与互补性

河湟地区是青藏高原与黄土高原过渡地带中的低海拔谷地，地貌复杂多样，山地、高原、盆地、河谷、平川等交错分布，河谷、盆地、平川等地带地势较低，河道纵横，土壤肥沃；山地、高原地势较高，绿草如茵。河湟流域多样的自然地理环境农牧兼宜，耕牧互补，孕育发展出农耕、游牧、园艺、渔业、商贸等生计方式，多样化的生计方式孕育出农耕文化、游牧文化、商贸文化等多元的文化形态；多样的自然地貌和文化形态，展现出多角度、多层次、多元化的自然和文化景观。海东市耕地面积为 324 万亩，天然草场为 1150 万亩。《青海绿色有机农畜产品示范省建设西宁市工作方案》（宁政〔2020〕13 号）指出：到 2023 年，西宁建设千头牦牛、万只藏羊标准化规模化养殖场和生态牧场 40 家。① 河湟流域连接不同的经济文化纽带，成为农耕社会与游牧社会生产生活品的重要集散地和商贸交流的枢纽。河湟流域的农业生产在一定程度上支撑了西宁、海东等河湟中心城镇的形成和崛起，大大缓解了青藏地区粮食问题。各民族间频繁的贸易往来，还深刻地影响了河湟流域多民族聚居城镇、多民族交流集市、多民族交通要道相互嵌入式的社会经济结构和社会经济环境的产生、形成和发展，各民族在这些聚居城镇和交通要道大杂居、小聚居，形成了一个点线结合、多元一体的网络骨架。河湟流域区域内多样的生计方式和多元文化发展形成了多元中孕育互补、互补上推动多元的格局。

河湟文化是中原农耕文化与草原游牧文化长期交融形成的历史产物，经过不断的互鉴选择、吸纳转换，实现了多民族、多宗教间的相互理解包容、相互交往渗透，不断妥协让步、互补互荣。河湟文化可以说是神话故里、戎羌古地，礼敬自然、多元聚散、农牧轴心、和美共荣。

四、重大国家战略视野下的河湟文化发展

习近平总书记强调："黄河流域生态保护和高质量发展，同京津冀协同发展、长江经济带发展、粤港澳大湾区建设、长三角一体化发展一样，是重大国家战略。"② 要求"要深入挖掘黄河文化蕴含的时代价值，讲好'黄河故事'，延续历史文脉，坚定文化自信，为实现中华民族伟大复兴的中国梦凝聚精神力量。"③《中共中央、国务院关于新时代推进西部大开发形成新格局的指导意见》指出，"以共建'一带一路'为引领，加大西部开放力度""支持贵州、青海深化国内外生态合作，推动绿色丝绸之路建设"。④ 这些具有空间属性的国家重大战略为河湟文化发展带来了重大机遇。未来河湟文化发展，不

① 青海绿色有机农畜产品示范省建设西宁市工作方案［EB/OL］. http：//www.xining.gov.cn/zwgk_11/zfwj/szfwj/202004/t20200408_165175.html，2020-03-26/2020-06-04.

②③ 习近平. 在黄河流域生态保护和高质量发展座谈会上的讲话（2019 年 9 月 18 日）［J］. 求是，2019（20）.

④ 中共中央、国务院关于新时代推进西部大开发形成新格局的指导意见［EB/OL］. https：//www.xuexi.cn/lgpage/detail/index.html?id=1917693515744046715&amp；item_id=1917693515744046715.

仅要进一步积极响应融入国家"一带一路"建设、黄河流域生态保护和高质量发展等国家重大战略当中，而且还要紧紧围绕兰西城市群建设、西部大开发建设、三江源国家公园建设、全域旅游示范区建设、藏羌彝文化产业走廊建设等重要部署紧密互动共融，找准国家重大战略、顶层部署与河湟文化发展的结合点、突破口，抢占先机和文化制高点，将重大战略和政策转化为推动河湟文化发展的实际行动和具体项目，讲好青海的"黄河故事"，传播好河湟文化。

1. 河湟流域的当下地位

河湟流域是历史上多民族交往、交流、交融的高地，是多元文化汇聚带、多元文明叠合区，是中华民族多元一体格局的微缩景观带。历史上，许多民族在河湟流域交换血脉，进行基因重组；多元文化在河湟流域相遇与叠合，相互碰撞，交融互鉴，呈现出联结性、中介性、亲缘性等多种地域特征。由于河湟文化的边缘性，在某种程度上又推动了周边文化区域不同程度的发展，其过渡联结的中介区域作用发挥了重要作用。当下，河湟流域作为连接青藏高原、黄土高原的重要生态廊道，是国家生态安全屏障建设的服务保障基地和大后方，支撑着三江源国家公园和国家重点生态功能区保护与建设，其中介和连接的区位优势无可替代。此外，西宁、海东等河湟流域中心城市远离全国经济中心，经济区位劣势不可否认，但同时又有许多潜在的优势，可成为"一带一路"东西双向重要的商贸物流承接点、接续地，发挥古丝绸之路和"唐蕃古道"东西方国际商贸往来的重要枢纽作用。

2. 河湟文化的未来机遇与发展思考

当下传承久远的地域文化在各地经济社会发展中的再生资源与内在活力作用显现愈加突出，地域文化与生态旅游深度融合，创新发展是打通绿水青山走向金山银山的主要通道之一。挖掘、梳理、传承、创新和转化地域文化资源工作成为许多地区推动地方发展的重要内容之一。河湟文化是与其他地域文化交流互动、互渗影响中不断得到发展的，甚至在某一时期牵动着周边其他地域文化的发展。河湟文化有着持久的生命力，没有因历史上朝代变更而塞源断流，在其发展过程中不断吸纳外来文化要素，不断焕发出崭新气象。因此，我们不能用静止封闭的眼光去看河湟文化，河湟文化实质上是一种处于发展变化中的地域文化，并且熔铸于当代社会主义先进文化之中。

我们需要用历史的"深度"、文化的"厚度"、精神的"高度"、地域的"广度"、时代的"速度"来保护、传承、弘扬河湟文化，挖掘梳理、传播转化河湟文化，使河湟文化在新时代焕发出新的生机。一是从人类流域文明、黄河文明、铸牢中华民族共同体意识等全局视野深度审视河湟文化，深入挖掘河湟文化发展历史脉络和时代价值，立足河湟资源禀赋、突出比较优势，在关键领域、重点环节上实现新突破。二是研究河湟文化在黄河文明中的重要地位。通过领导点题、学者专家讨论、课题招标等形式，发挥省内外高校和研究机构的思想库、智囊团作用，规划凝练一批重大研究项目选题，系统梳理河湟文化的内涵和外延，深入研究河湟文化与黄河文明、昆仑文化、青藏高原文化之间的深层关系，推出一批高质量高水平的研究成果。揭示出河湟文化在中华文明演进、中华民族融合发展中的历史地位和重要作用，不断提升河湟文化的知名度。三是保护传承好河湟文化遗产系统，积极申请河湟文化生态保护实验区，使河湟文化"见人见物见生活"，使河湟文化遗产在新时代创造性转化、创新性发展，不断铸牢河湟儿女中华民族共同体意识，进一步增强对中华文化和中华文明的认同感，坚定文化自信，凸显上源担当和支流职责。四是找准河湟文化与生态保护、经济发展、旅游创新的最佳连接点、最大公约数，推动文旅融合高质量发展，将河湟文化保护与发展融入地方公共文化服务设施建设、文化遗产保护、文创产品开发、文旅演艺与影视创作、民族节庆品牌打造等各个环节当中，将历史文化、生态文化、红色文化、农牧文化、工业文化、水利文化、饮食文化、乐舞文化、游艺文化、建筑文化、旅游景区等串联融合起来，打造河湟红色文化之旅、民族文化风情之旅、民族团结进步之旅等精品旅游线路。五是通过全民参与、共同创意、创作联动等新方式，传承、诠释、传播和利用河湟文化，推动一些文化项目数字化、大众化、鲜活化、日常化，成为接地气、有生气、有创新、有体验的文化。进一步提升青绣、剪纸、农民画、雕塑、雕刻、藏饰等河湟流域传统特色文化品牌的影响力，推动河湟文化在文化景观、博物馆、特色小镇、主题公园、旅游演艺、文创开发、文化节庆等多元互补发展模式中繁荣兴盛起来，实现融合发展、创新发展、高质量发展，将西宁、海东等河湟流域中心城市建设成为彰显中华特色文化和黄河源头和支流文化的著名城市。

（作者系青海省社会科学院民族宗教研究所所长、研究员）

青海文化遗存保护与传承研究

胡　芳

黄河是中华文明的摇篮，黄河文化是中华民族的根和魂，在中华民族文化史上有着举足轻重的地位。青海地处黄河源头及其上游地区，享有"山宗、水源、路之冲"的美称，其境内散布着众多的史前文化遗迹和各个历史时期的文化遗址，这些珍贵的文化遗存既是黄河文化遗产的重要组成部分，也是青海省彰显地域文化特色的重要载体。本文在系统梳理青海文化遗存的基础上，对其保护现状和存在的问题进行介绍与分析，进而以进一步加强青海省文物工作为立足点，提出相应的保护传承思路。

一、青海省文化遗存分布及其特点

青海高原在历史上是人类活动较为频繁的地区，在数千年的历史变迁中，长期繁衍生息在三江源头、河湟谷地的原始聚落和各民族先民创造了古朴厚重、绚丽多彩的文化遗存。本文从不可移动文物、全国重点文物保护单位和文化线路遗产三方面对青海省文化遗存的分布和特点进行简要介绍与论述。

（一）青海省不可移动文物储藏量及其特点

2007 年 4 月，国务院部署在全国范围内开展了第三次全国文物普查工作，这项历时 5 年的文物普查工作是对全国文化遗存的一次全面调查与摸底，基本廓清了全国不可移动文物的"家底"。据第三次全国文物普查资料，全国共调查登记不可移动文物 766722 处 [①]，而青海全省 8 个州（地、市）43 个县域单位共调查乡镇 305 个、行政村 3233 个，全省实地文物调查启动率均为 100%，实地文物调查登记 6411 处，其中新发现 2416 处，复查 3995 处。古遗址 3788 处、古墓葬 967 处、古建筑 819 处、石窟寺及石刻 99 处、近现代重要史迹及代表性建筑 524 处、其他 214 处。消失 370 处，新发现占总登记文物点的 37%。[②] 从这些数据来看，古遗址为 3788 处，占比为 59%，数量远超其他类型，占总体不可移动文物数量的一半以上，而古遗址中聚落性遗址较多，石窟寺和石刻中岩画居多，古建筑和近现代重要史迹及代表性建筑中的宗教建筑居多。青海的不可移动文物具有历史悠久、古朴神秘、多民族、多宗教的特征，充分说明了青海高原不仅是黄河文明的发祥地之一，也是多民族历史与文化交融的民族文化走廊。

（二）青海省全国重点文物保护单位项目及其特点

全国重点文物保护单位是各个省具有重大历史、科学和艺术价值的文化遗存，在一定程度上显示

---

① 孙波：《第三次全国文物普查成果正式对外发布》，新华网，http：//365jia.cn/news/2011-12-30/B9E08F5F347D8EEA.html。

② 青海省第三次全国文物普查领导小组办公室：《2010年青海省第三次全国文物普查资料精选》，内部资料，西宁鼎正设计,2011年。

着各省区文化遗存的代表性、重要性及其在全国的影响力。据统计，截至 2019 年底，青海省全国重点文物保护单位共有 51 处，其中古遗址 14 处、古墓葬 4 处、古建筑 24 处、石窟寺 1 处、近现代重要史迹及代表性建筑 8 处、其他 1 处。具体来看，青海省全国重点文物保护单位中古遗址数量较多，且大多为聚落址，聚落址的年代为新石器或青铜时代，影响较大的有柳湾遗址和喇家遗址；古墓葬数量很少，仅有 4 处，其中 3 处为唐代，影响较大的有热水墓群；古建筑数量相对较大，其年代基本为明清时期，且宗教性建筑居多，较有名的有瞿昙寺、塔尔寺、东关清真大寺；近现代重要史迹及代表性建筑大都与西路军和原子城有关。就全国而言，青海的全国重点文物保护单位数量虽不太多，但源远流长、多元共生，地域和民族特色鲜明，充分说明了青海高原在历史上是一个多民族聚居、多宗教并存、多文化交融的地区，是中华民族多元一体文化的历史缩影与典型例证。

（三）青海省文化线路遗产分布与特点

青海地处中国古代对外交流发展的重要通道，是中原与内地、东西方文化交流的交通枢纽，羌中道、丝绸之路、青海道、唐蕃古道、青唐道等古道的兴盛印证了中原王朝与少数民族、中亚、南亚等地密切的经贸往来和文化交流，文化线路遗产储藏极为丰富。在这些古道中，羌中道开创时间较早，且横跨青海、甘肃两省，是青藏高原早期民族迁徙和文化交流的主要通道。丝绸之路是黄河流域文化线路中影响最大、知名度较高的文化线路遗产，涉及甘肃、宁夏、青海三个省区，青海道是丝绸之路东段南道的主干道，从魏晋南北朝至宋元时期，每当丝绸之路的黄金路段——河西走廊道因战争或割据堰塞不通时，中原与中亚、南亚和西亚的交通就通过丝绸之路青海道来进行。兴盛于唐代的唐蕃古道在中国历史上被称为沟通汉藏交流的"黄金桥"和"中西文化运河""唐蕃古道半青海"，青海境内的唐蕃古道占其路程的一半以上，青海段是唐蕃古道的主干道和文化阐释较丰富的地区。青海境内的文化线路数量多，年代跨度时间长，路网四通八达，参与开创民族众多，文化面貌极其繁复，且各个文化线路之间的关系错综复杂，既血脉相承、相互关联，又有自己独特的发展历史、路线分布和历史涵容性。

二、青海省文化遗存保护现状

文化遗存是传承和弘扬中华民族优秀传统文化的历史根脉，青海省委、省政府高度重视文化遗存的保护与传承工作，通过加强机构设置、文物立法、文物普查、考古调查、博物馆建设等工作，青海省的文化遗存得到了前所未有的保护、传承与弘扬。

（一）建立健全机构设置，切实履行文物保护主体责任

根据《文物保护法》的基本原则，我国对文物保护实行政府主导、属地管理、分级负责的行政管理体制。跟全国其他地区一样，青海省建有省、市（州）、县三级文物保护管理机制，逐级落实文物责任。在省文物管理局的领导下，考古研究所、博物馆、纪念馆、县文管所等文物事业单位开展了文化遗产调查、发掘、研究、保护及文物藏品的收藏、保管、研究和展示工作。省市各级政府也正在逐步提高对文物保护重要性的认识，积极落实文物保护"五纳入"（纳入地方经济社会发展规划、纳入城乡建设规划、纳入财政预算、纳入体制改革、纳入各级政府领导责任制），切实履行文物保护主体责任，把文物保护列入重要议事日程。

（二）文物资源状况基本廓清，文物基础工作扎实推进

目前，青海省共有 6411 处不可移动文物、51 处全国重点文物保护单位和 466 处省级文物保护单位，根据青海省第一次全国可移动文物普查结果，青海省国有单位和县级以上文物保护单位、宗教场所可移动文物 69960 件套（312793 件）[①]。2007 年，青海省启动明长城资源调查工作，2019 年基本结束调查，查明青海省明长城主线全长 331.83 千米，其他墙体及壕壍堑 31.61 千米，合计 363.44 千米，还有敌台 10 座、烽火台 116 座、关隘 4 座、城堡 46 座、相关遗存 5 处。[②] 文物保护基础工作扎实推进，在全省前七批 45 处全国重点文物保护单位中，27 处已划定文物保护范围和监控地带，全省 50% 的全国重点文物保护单位树立了保护标志碑，30% 的省级文物保护单位树立了保护标志碑，省级文物保护单位记录档案和全省文物数据库建设工作也已全面启动。

（三）逐步完善安全协调机制，持续开展打击文物犯罪活动

安全是文物工作的红线、底线和生命线意识，青海省将文物安全放在重要位置。一是建立文物安全工作协调机制。制定《关于建立文物安全工作协调机制和联席会议制度的通知》，省文化厅、省文物局、省公安厅等 11 个厅局联合印发贯彻落实文物安全相关工作责任，推动各市（州）相应成立文物安全防范联合协作机制，配合公安部门开展打击文物犯罪专项行动。二是开展文物安全检查督察工作，对各级政府履行文物安全保护工作进行全面系统的督察检查，并与公安、民宗、消防部门组成联合检查组，对全省博物馆及文物建筑消防安全状况进行了抽查检查。三是开展打击文物犯罪专项活动，深入推进文物法人违法案件专项整治行动。2018 年，相关部门配合公安部与国家文物局于 2018 年侦破了"青海'3·15'盗掘古文化遗址古墓葬案"，追缴文物 646 件，其中，一级文物 16 件、二级文物 77 件、三级文物 132 件[③]，沉重打击了犯罪分子的嚣张气焰。

（四）重大考古工程取得突破，考古调查成果丰硕

20 世纪八九十年代，青海省文物考古部门相继开展了唐蕃古道考察和都兰热水古墓发掘等重大考古调查项目，其中，都兰热水古墓入选"1996 年度国内十大考古发现"。21 世纪以来，青海省在喇家遗址、唐蕃古道、长城资源、考古中国等重大考古工程调查方面取得了丰硕成果。从 1999 年开始，中国社会科学院考古研究所与青海省文物考古研究所组成联合考古队对喇家遗址进行发掘，该遗址是迄今为止发现的我国唯一大型灾难遗址，被称为"东方庞贝"，曾入选"2002 年度国内十大考古发现"。2017 年，青海省文物局启动了"丝绸之路南亚廊道——唐蕃古道青海段"文化遗产调查活动，踏勘五州十六县 135 处文物点，其中新发现古城、岩画等 20 多处，基本摸清了果洛、玉树地区相关文物点分布情况。近年来，青海省积极融入"考古中国"重大研究项目，青海乌兰泉沟吐蕃时期壁画墓、青海都兰热水墓群 2018 血渭一号墓二项重要考古发现令人瞩目，其中，青海乌兰泉沟吐蕃时期壁画墓入选"2019 年全国考古十大新发现"，这两项重大考古成果对于探讨古代汉藏文化融合和青海丝绸之路的交流盛况有着重大意义。

---

① 青海省两项展览获得全国博物馆十大精品展览陈列展览优胜奖，穷游网，http://travel.szonline.net/contents/20200521/20200523802.html。

② 青海省文物管理局、青海省文物考古研究所：《青海省明长城资源调查报告》，文物出版社 2012 年版，第 3 页。

③ 公安部、最高人民法院、最高人民检察院、国家文物局：《众志成城　守护文明——全国打击防范文物犯罪成果精粹》，北京时代华文书局 2019 年版，第 94、298 页。

（五）博物馆工作有序推进，服务功能不断凸显

一是博物馆陈列展览活动日趋丰富，社会影响力不断增强。自 2017 年以来，青海省博物馆纪念馆共举办陈列展览 90 个，其中基本陈列 45 个、临时展览 23 个、省外展览 12 个、巡展 10 个。青海省博物馆纪念馆观众总数达到 270 万人（次），其中未成年观众人数 52 万人（次）。二是省内博物馆在馆际交流、向外输出特色展览方面取得新突破。如青海省博物馆相继推出了《唐蕃古道——七省区精品文物联展》，青海省博物馆配合首都博物馆举办了《天路文化——西藏历史文化展》《山宗·水源·路之冲——"一带一路"中的青海》等展览，柳湾博物馆推出了《江河源人类史前文明》，其中，《山宗·水源·路之冲——"一带一路"中的青海》展在首都博物馆盛大开展，社会反响良好，该展览还入选了 2019 年度全国博物馆"十大陈列展览精品"。三是博物馆数量增多，且呈多元化发展态势。截至 2020 年 5 月，青海省在省文物局登记备案的博物馆、纪念馆共 39 家，其中文博系统内国有博物馆 24 家、国有行业博物馆 2 家、民办博物馆 11 家、纪念馆 2 家，列入国家一级博物馆的有 1 家、国家二级博物馆的 2 家、国家三级博物馆的 4 家①，青海柳湾彩陶博物馆、青海藏医药文化博物馆被中国博物馆协会公布为国家二级博物馆，填补了青海省没有二级博物馆的空白。

三、青海省文物工作发展中存在的困难与问题

由于受地理环境、历史基础、经济发展、科技水平等的制约，青海省文物工作开展中依然存在不少问题与困难。

（一）文物管理机构设置有待进一步健全

合理、健全的文物管理机构设置是文物工作有序有效开展的组织保障。从 2018 年 11 月开始，青海省持续推进机构改革，省文物局隶属省文化和旅游厅管辖。2019 年 3 月，2 市 6 州在文化旅游局挂牌成立了文物局，将各县原先的文物管理所并入文化旅游体育局，与博物馆合署办公。就全省而言，机构改革后，除了青海省文物管理局和西宁市文化旅游广电局下设有"文物科"，各州县基本没有设置独立专门的文物保护管理机构，都是"一套人马几块牌子"。各州县基本没有专门从事文物工作的专职人员，大多是兼任，且人员少、变动大。各市（州）、县（区）等基层文物管理机构设置不健全，不规范统一，无独立专业文物保护机构和专职人员，编制数量不足，严重制约着青海省文物工作的有序有效开展。

（二）文物安全工作和基础设施建设有待加强

安全是文物保护工作的生命线和红线，而文物安全与文博单位的基础设施建设密切相关。目前，青海省除了近几年新建的一些博物馆外，省、市（州）、县的老博物馆普遍存在场馆建造时间长、面积小、设施设备陈旧、安防设施和设备不完善等现象。由于青海省文物保护点多且分布零散，有些宗教文物由寺院管理，还有些重要的文物保护单位分布在远离城镇的草原和荒野，缺乏必要的监控和报警设施，客观上给了不法分子可乘之机，古墓葬和宗教文物被盗事件屡有发生，而由于受人员、资金、法律等因素制约，有一些文物点处于自生自灭的状态，甚至有些文物点已经消失。

---

① 青海省两项展览获得全国博物馆十大精品展览陈列展览优胜奖，穷游网，http：//travel.szonline.net/contents/20200521/20200523802.html。

（三）文物保护经费管理与投入有待增强

青海省文物保护经费主要来源于财政部、国家文物局划拨的文物保护专项补助资金和地方财政划拨的文物保护经费。近年来，在省文物局和各州县文物部门的大力争取下，国家对青海省重点文物保护单位投入了大量的保护专项经费。而从近年来青海文物的保护情况来看，项目储备不足、工程实施缓慢、资金按计划支出率不高等问题较为突出，对文物保护专项经费支出、使用等的管理、监督亟待加强。按照《文物法》和国家相关规定，地方政府负责基层文物保护经费，但由于青海省经济发展相对滞后，特别是市（州）、县各级地方财政盘子小，对文物保护投入较为有限，经费投入严重不足和缺失。

（四）人才队伍建设有待强化

文物保护工作的专业性较强，人才队伍建设至关重要。目前，青海省文物专业人才极度匮乏，现有的少数专业人才集中在省文物考古研究所、省博物馆等个别省直文博单位，且其人才年龄结构呈现出"倒金字塔"形态。由于受编制少、职称评定难、待遇低等因素影响，省文物考古所、博物馆业务岗位人才断层和流失情况较为严重。各市（州）、县基层文物管理队伍则普遍存在"数量不足、专业不对口、专职少、兼任多、流动性强"等问题。青海省普遍缺乏文物考古、文物研究、文物管理、文物修复、文创研发、讲解服务等专业人才，且严重缺乏学术领军人才和复合型管理人才。

（五）文物事业发展不充分不平衡问题依然突出

从青海省范围来说，各市（州）、县（区）的文物事业发展，各级文物保护单位工作开展，均存在发展不充分、不平衡问题。总体上说，省文物考古研究所、省博物馆等省直文博单位发展较好，而越到基层、越到牧区，文物事业发展受各种因素制约，发展相对滞后。目前，青海省文物工作重点开展抢救性保护，多领域的保护工作起步较晚。文物与全域旅游、文物与文化产业、文物与乡村振兴、文物与互联网等融合度还不深，尚处于探索起步阶段，文物研究和开发利用不充分问题较为突出。

四、青海省文化遗存保护、传承的对策建议

文物事业是青海省文化事业不可分割的重要组成部分，也是彰显青海历史文化根脉的重要载体，文物事业的进步与否关系到青海文化高地和精神高地的建设。当前，青海省应在以往取得成绩的基础上，积极作为，多措并举，推动青海省文物各项工作持续、健康、稳定、有序发展。

（一）继续深化机构改革，加强全省文物系统队伍建设

一是在现有机构改革的基础上，进一步健全完善文物管理机构。各市（州）、县文物部门必须规范统一，市（州）级均应在文化旅游广电局内设文物局（处），且统一为挂牌单位；县一级文化旅游部门未挂文物局牌子的，内设文物科室。二是根据文物工作开展的迫切需要和各州、市、县文物点分布情况，适当增加必要编制，公开录用考古、文博、历史等专业高校毕业生从事文物工作，逐渐改变各州（市）文物管理人员专业不对口、学历偏低、流动性大的短板。三是结合国家文物局人才培养计划，加快文博领军人才、科技人才、技能人才、复合型人才的培养，依托故宫博物院、青海省文物考古研究所和青海省博物馆、省内外知名高校资源，加大对各州（市）、县及各级博物馆现有从事文物工作人员的培训力度。四是适当提高青海省文物考古研究所、青海省博物馆的正高职称比例和各州县博物馆等单位的中高级专业技术人员比例，鼓励有条件的单位通过内部聘用等形式，有效提高文博专业人员的工作积极性。

（二）多渠道增加经费投入，促进文物保护的质量和水平

一是积极主动申请和争取中央财政、国家文物局的文物专项补助经费，争取省、市（州）、县（区）级财政的文物专项经费，推行政府购买文物保护公共服务，不断完善和加大财政以及事业性文物经费投入。二是不断拓宽社会资金进入文物保护利用的渠道，大力推广政府和社会资本的合作模式，鼓励和吸引企业、组织、个人投入资金保护修缮县级文物保护单位，在不改变所有权的前提下，可依法依规给予其一定期限的使用权。三是充分利用文物资源优势，推动文物保护与全域旅游、文化旅游、影视制作、文化创意产品等的深度融合，借助旅游开发、传统文化传承等形式，让民间资金、社会资金注入文物保护体系之中，并达到"以文物养文物"的目的，逐步改变文物保护只能依赖财政投入的被动局面。

（三）建立文物保护长效机制，筑牢文物安全防线

一是各级政府要切实加强对文物安全工作的组织领导，建立省、市（州）、县三级分管领导牵头的文物安全工作协调机制和联席会议制度，并将其纳入政府责任目标和地区社会治安综合治理范畴。二是尽快搭建省、市（州）、县、乡四级保护网络，引导和推动寺管会、农牧民合作社等群众性组织参与到文物保护中，努力构建以国家保护为主、全社会共同参与的文物保护新体系。三是积极申报文物保护安防技防项目和资金，提升文物安全技术防范水平，逐年在都兰热水墓群、玉树古墓群等田野文物集中区域安装技术防范设施；借助大数据、智能化、移动互联网、云平台等先进科技手段，实现文物安全动态监管，逐步构建"人防、物防、技防"相结合的现代化文物安全防护体系和监管模式。四是健全文物安全和行政执法责任体系，严肃责任追究，整治失职渎职；深化部门间联合执法协作机制，建立严打、严防、严管、严治的长效机制；保持打击文物犯罪的高压态势，进一步遏制盗窃、盗掘文物犯罪活动。

（四）加大文物合理利用，探索开展融合发展新渠道

坚持不懈地走文物在保护中发展、在发展中保护的开放创新之路。一是持续推动文物与全域旅游融合发展。充分发挥青海省的文物资源优势，全力打造柳湾彩陶博物馆、喇家遗址、唐蕃古道、塔尔寺、瞿昙寺等著名文物旅游品牌，在以文物优势资源提升旅游品位和吸引力的同时，借助旅游的传播功能带动文物资源"活起来"。二是持续推动文物与文化产业的融合发展。支持文博单位、文化企业、各类文化人才创意、创造和创新，努力打造具有青海特色的文创产品；加大文创产品宣传、营销力度，拓展延伸博物馆的文化传播功能，扩大青海文物的影响力。三是推动文物与公共服务、国民教育的融合发展。加大省、市（州）、县博物馆的开放利用力度，将博物馆展示与历史文化教育、社会核心价值观教育、红色教育紧密结合起来；通过开展专家讲座、制作专题节目等让文物走进大中小学，走进社区和农牧区。四是持续推动文物与新农村建设的融合发展。在制定文物保护规划时，应适当地将重大文物保护工程与当地村庄道路改善、环境整治结合起来，以项目建设优化城乡面貌，彰显地域文化；在坚守文物安全红线的前提下，鼓励当地农牧民开展农家乐、牧家乐或商品经济，让文物保护能有效地服务于当地的经济社会发展。

（五）强化博物馆基础设施建设，大力提升博物馆服务功能

一是持续完善博物馆基础设施建设，加大博物馆场馆更新改造及建设力度，科学规范展厅布局，把省市馆和市县重点馆、专题馆建设成为名副其实的"城市会客厅"。二是持续增加和扩大博物馆展品的种类和数量，加大县级博物馆建设力度，让更多储存于库房的珍贵文物走进展馆，面向民众，展示其悠久的历史风貌和丰富的文化内涵，提升博物馆陈列展览的影响力。三是持续创新展陈方式，在博物馆展陈、导览等服务中引入 AR、AT 等技术，推动展示方式数字化、虚拟化、智能化，用博物馆智慧化加速其服务转化升级。四是鼓励和扶持非国有博物馆，使其更好地为社会提供公共服务。依据《博物馆条例》，在设立条件、管理监督、财政税收政策等方面，对国有和非国有博物馆一视同仁，加强对非国有博物馆的规范管理与监督。

（六）加大对外合作宣传力度，全面展示青海优秀传统文化

一是持续加强与省外考古单位合作力度，开展联合考古调查、挖掘与研究工作。青海省的考古队伍与技术力量薄弱，有必要加强与省外有较大影响力的考古单位的联系协作，而丝绸之路南亚廊道青海段、茶马古道等跨省区的文化线路考古调查，也需要加强与相关省区考古部门的联系协作。二是持续加大与省外博物馆合作力度，开展与省外的馆际展览交流。结合青海省博物馆的馆藏资源，突出优势与特色，以联合办展、互换展览和流动展览等多种形式让更多的文物藏品"走出去"，让馆藏文物"活起来"。三是持续加强与省内外媒体的宣传合作力度，有效扩大青海文物的影响力。通过与省内外新闻媒体的长期有效合作，增加青海文物的宣传频率、宣传广度与深度。四是组织省内专家学者编写介绍青海文物知识的系列丛书，用文学化、通俗化的形式普及青海文物文化；借助省博物馆、柳湾彩陶博物馆、塔尔寺、喇家遗址等在省内外有一定影响力的文博单位，向国内外游客和各种会议参会嘉宾宣传青海文物和历史文化。五是积极配合国家"一带一路"倡议和青海省对外文化交流合作大局，积极参与中华文明"走出去"工程，扩大对外文物交流的形式与规模，让青海文物和优秀传统文化真正"走出去"，走向全国，走向世界。

（作者系青海省社会科学院文史研究所研究员）

青海文化旅游业的发展现状、存在问题及解决对策

解占录

文化是旅游的灵魂，旅游是文化的载体。20 世纪 90 年代以来，随着青海旅游业的发展，历史文化资源的经济价值逐渐被人认识，以文化促旅游的观念逐渐深入人心。尤其是 2005 年以后，青海在开发历史文化资源、促进旅游业发展方面做了一系列工作，取得了一定成绩，积累了一些经验，但也存在一些不足和需改进之处。

一、青海历史文化资源的开发现状

21 世纪以来，随着旅游经济的发展，相关职能部门及人们观念的转变，历史文化资源在旅游业发展中的作用和地位逐渐得到了确立，历史文化资源成为青海旅游业发展的重要支撑。

（一）历史文化资源成为重要的旅游资源

青海旅游始于 20 世纪 80 年代，起初开发的主要是青山碧水蓝湖等自然风光资源。由于青海地处青藏高原，气候寒冷，每年的旅游旺季勉强只有 6 个月，旅游业的发展限制较大。为了促进旅游业的快速发展，20 世纪 90 年代以来，人们把旅游开发的视角逐渐转向了历史文化资源，历史文化资源开始为旅游业发展服务，并取得了一定的经济效益和社会效益。

1. 青海省对历史文化资源的重要性基本达成了共识

自 2005 年以来，青海省在总结旅游工作经验、分析旅游业面临新形势的基础上，提出青海必须发展特色文化旅游业，打造以环西宁"中国夏都"旅游圈、环青海湖风光和体育旅游圈、青藏铁路世界屋脊旅游带、黄河水上明珠旅游带和三江源生态旅游区为核心的"两圈两带一区"的旅游开发总思路，要求充分利用自然风光、历史文化和民族风情资源，努力把青海建设成为全国高原旅游名省。[①]2007 年，青海省委省政府出台了《关于加快建设高原旅游名省的若干意见》，提出要依托"文物古迹、文化遗产、民族民间艺术、民族风情、寺院道观等资源，发展特色文化旅游"。[②]之后，青海每年召开全省旅游工作会议、全省文化与旅游工作会议进行讨论和布置，把开发历史文化资源、发展文化旅游提到了重要的位置。为了打破旅游景点少、旅游线路长、景点分散、景点多分布广、游客选择单一的局限，"十二五"期间，青海着力建设以西宁为核心圈的大旅游圈，及青藏铁路线、唐蕃古道（三江源旅游

---

① 强卫：《以科学发展观为统领 为建设富裕文明和谐的新青海而奋斗》，在中国共产党青海省第十一次代表大会上的报告，http://www.qhnews.com，青海新闻网，2007 年 5 月 30 日。

② 中共青海省委、青海省人民政府：《关于加快建设高原旅游名省的若干意见》。

线）、祁连山风光旅游线为核心的"一圈三线"旅游格局。为把区域内分散的景区、景点通过景观廊道有效地串联起来，进行多项组合形成精品旅游线路，将静态的景观带提升为动静结合的游览廊道景观带，进一步加强区域旅游合作，加快青海旅游业的发展，满足不断增长的市场需求，"十三五"期间，青海又在"一圈三线"旅游格局基本成型的基础上，继续打造环西宁两小时旅游圈及青藏线、唐蕃古道、祁连山等重点景区和线路建设，重点打造黄河旅游景观廊道、青海湖人文旅游景观廊道、祁连山风光带生态旅游景观廊道，着力打造柴达木旅游板块、三江源旅游板块、大年保玉则旅游板块为核心的"一圈三线三廊道三板块"大旅游格局。[①]旅游发展布局建设的不断调整，是在不断深入认识旅游业发展规律和青海省旅游资源分布的基础上作出的战略部署，使许多历史文化资源由概念认识向旅游产品转变。文化旅游建立在历史文化资源开发的基础之上，通过旅游会议的研讨、布置及政府文件的指导、实践，进一步明确了历史文化资源在旅游业发展中的作用，从而使青海省对历史文化资源的重要性达成了基本的共识。

2. 改组了旅游机构，制定了一系列的开发规划、政策和措施，使历史文化资源的开发有了科学、合理的依据

为了促进青海文化旅游业的发展，青海省在组织领导上也给予了重视。先是成立了青海省旅游产业发展协调委员会和青海省旅游业发展领导小组，要求各级党委、政府的主要领导要投入精力抓旅游，各级旅游、文化部门要发挥行业指导、服务、管理作用。之后又改组旅游机构，成立了各级旅游发展委员会。2018 年 11 月，青海省又改组成立了文化和旅游厅。改组完成之后的机构围绕建设文化名省、旅游名省的目标，坚持新发展理念，统筹推进文化事业、文化产业和旅游业融合发展，对青海发展文化旅游业起到了极大的推动作用。与此同时，各级旅游机构坚持把建立完备的政策体系作为加快文化产业发展的重要引擎，组织人员编制省级层面的《青海省旅游业发展布局与总体规划》《环西宁圈综合旅游开发规划调查》《坎布拉景区概念性总体规划和修建性详细规划》《青藏铁路沿线旅游专项规划》《青海湖旅游景区整体规划》《丝绸之路旅游区总体规划》等旅游开发规划，州、县级层面也相继编制了相应的区域旅游开发规划。"十三五"期间，又出台了《加快发展文化产业意见》《青海省非物质文化遗产保护办法》《加强青海明长城保护管理工作的意见》等一系列规划措施。这些规划措施中对历史文化资源的开发均有一定篇幅的论述，对青海历史文化资源的开发起了很大的指导作用，使历史文化资源的开发有了科学合理的依据。

3. 对历史文化资源的宣传使青海的知名度得到了较大的提升

旅游经济其实就是"眼球经济"。俗话说"旅游靠客源，客源靠宣传"。在历史文化资源的宣传方面，青海积极探索文化整体形象与市场主体宣传相结合的路子，采用多种方式，多层面、多渠道地宣传青海历史文化旅游资源、文化旅游产品，使青海文化旅游宣传促销工作上了新的台阶，对扩大青海文化旅游的影响、提升青海文化的形象起到了积极的作用。一是充分利用传统主流媒体、新媒体，发布青海文旅信息，大力推广青海文化旅游；建设青海旅游专页，并创办了《青海旅游期刊》，推介青海文旅。二是采用"走出去"和"请进来"两种办法，加强与省外、国外交流。所谓"走出去"，就是组织青海旅游部门、企业赴省外、国外进行多种方式的旅游推介宣传活动，建立旅游协作联系。所谓"请进来"，就是邀请省外、国外的旅游企业、团体、国际名人到青海来考察旅游发展状况、规划青海

---

① 金玥彤：《青海大力创建国家生态旅游示范省》，青海省人民政府网，http://www.qh.gov.cn/zwgk/system/2017/11/30/010289031.shtml。

旅游的发展。2019 年以来，青海组织 152 批 970 人（次）赴日本、韩国、阿联酋、新加坡等"一带一路"沿线国家和港澳台地区开展宣传推介、交流合作；韩国、泰国、俄罗斯、捷克等 30 余个国家和地区的 25 批 1533 名嘉宾在青海参加各类文旅活动。组织 150 多家文旅企业参加国内外交流合作 400 余场（次），323 批 6500 余人（次）赴 24 个省市宣传推广。这些活动有力地推介了青海的文化旅游资源，敞开了外界了解青海、认识青海的视窗，加强了省内外旅游界之间的交流合作，巩固拓展了青海旅游的客源市场。[①]三是加强了旅游区域间的合作。通过各种途径，加大招商引资力度，积极与各省区签订了区域旅游合作框架协议和旅游合作项目，构建了青海与国内各省之间、西北五省之间、丝路沿线各省及各国、黄河流域各省等不同层级的区域旅游发展新格局。四是加大了旅游宣传品的开发力度。组织策划和制作发行了一批反映青海历史文化的对外宣传品，如《三江源》《青海海南藏地之旅》《天下黄河贵德清》《梦幻海北》《美丽海北》《湟中圣地——塔尔寺》《青海藏传佛教建筑与艺术》《五彩神箭》等光碟、摄影画册、歌碟、明信片、邮票等宣传品。这些宣传品通过电视、报纸、广播、网络等媒体全方位、多角度地展示了青海的历史文化全貌，全面系统地宣传了青海的文化旅游业，青海的文化旅游开始走向省外。

（二）培育出了一批旅游文化企业，打造了一批历史文化旅游景点，梳理一批文化旅游的精品线路，提高了青海旅游的文化内涵，有效地弥补了旅游"短板"

近年来，青海通过对特色文化资源的整合利用，在不同地域、不同景区推出了不同特色、不同内涵的文化旅游类型、线路和产品。文化旅游产品有效地打破了青海旅游易受气候、季节限制的"短板"，对青海旅游业的发展起了积极的作用。

1. 培育出了一批旅游文化企业，打造了一批知名度较高的历史文化旅游景点

截至 2019 年底，青海省共有文化旅游企业 6385 家，培育国家文化产业示范基地 10 家，省级文化旅游产业示范基地 103 家，A 级旅游景区 115 家，星级饭店 322 家，旅行社 528 家，乡村旅游接待点 3241 家，8 个村列入全国乡村旅游重点村名录，直接或间接从事文旅产业的人员达 103 万。在深度挖掘青海历史文化内涵的基础上，培育出了考古文化、民俗文化、宗教文化、非遗文化、红色旅游等特色文化旅游类型，开发出了世界屋脊天路之旅、唐蕃古道文化之旅、青海丝路探访之旅、民俗风情体验之旅等旅游线路，打造出了西宁城市文化景区、塔尔寺宗教文化景区、黄南热贡文化景区、金银滩藏族文化景区等系统旅游景区，梳理精品旅游线路 140 余条，满足了不同人群的旅游消费需求。

2. 非遗开发亮点纷呈

（1）非物质文化遗产项目进景点成为常态。截至 2019 年，青海 AAA 级以上景区实现非遗、书籍、演艺"三进入"全覆盖。[②]热贡文化、格萨尔文化（果洛）、藏族文化（玉树）3 个国家级文化生态保护实验区成为新的文化旅游目的地和经济增长极。[③]

（2）民俗村、特色文化小镇等的建设与乡村振兴战略有机结合。在对青海独特地域、文化、建筑风格和承载特定历史记忆的特色乡镇的发掘和整理的基础上，打造了互助小庄、大庄、姚马，循化撒

---

① 张利锋、唐仲蔚：《北京——青海旅游宣传周活动顺利结束》，《青海日报》2008 年第 4 期。

② 伍策、楠雪：《青海文旅：积极扩大文化供给　推进文旅融合》，中国网，http://travel.china.com.cn/txt/2020-09/18/content_76715542.html。

③ 李欣：《文化因融合而更加精彩——我省"文化＋"产业融合发展综述》，青海省人民政府网，http://www.qh.gov.cn/zwgk/system/2017/06/08/010267847.shtml。

拉族故里民俗园、撒拉族绿色家园等一批土族风情、撒拉族风情民俗村，申报通过了化隆群科、乌兰茶卡、德令哈柯鲁柯、共和龙羊峡、湟源日月、民和官亭等一批旅游特色小镇。民俗风情村、特色文化小镇的建设调整了传统的产业结构，给农民创造了新的就业机会，提高了他们的收入，带动农村基础设施和生活环境的改善，促进了乡村振兴。

（3）节庆活动增添了文化气氛。近年来，除了花儿会、热贡六月会、土族纳顿节、蒙古族那达慕会、玉树赛马会以及塔尔寺四大法会等传统的民间、宗教节庆活动外，青海还依托历史文化资源，新创建了一批节庆旅游活动。如青海民族文化旅游节、大美青海文化旅游美食节、西宁市的青海地方特色小吃展暨西宁美食节、黄南州热贡文化艺术节、玉树州"川、滇、青、藏毗邻省区艺术节"、果洛州"玛域《格萨尔》文化艺术节"、海西州中国盐湖城文化艺术旅游节、海北州王洛宾文化艺术节以及金银滩草原文化旅游节等。此外，各县根据地方文化特点创办了一批节庆活动，如门源县的青海油菜花节、同仁的国际唐卡艺术与文化遗产博览会、贵德的黄河文化艺术节、互助县的中国土族旅游文化艺术节、循化县的中国撒拉族旅游文化艺术节。这些节庆活动从不同侧面、不同层次向外界展示青海绚丽多彩的文化资源，成了新的文化旅游品牌。

（4）演出节目的打造、演出活动的开展均形成了一定的规模。以青海历史文化和民族风情为创作内容的大型剧目演出活动起到了宣传青海的作用，2002年以来，先后推出了《唐蕃古道》《六月六》《天马歌》《格萨尔王》《唐卡》《玙布龙》《大河之源》《生如夏花》等具有浓郁青海特色的剧目。其中《唐卡》获得了第十二届中国艺术节文化大奖提名剧目。青海省专业艺术团体每年坚持"送戏下乡"，特别是青海省民族歌舞剧院的"花儿"艺术团、青海省戏剧艺术剧院的民间艺术团常年活跃在农村、牧区，年均演出200多场。"十三五"期间，青海省各类文艺团体共演出1.8万余场。[①]其中，专业文艺院团1127场、文旅剧目6626场、"戏曲进乡村"2000余场。以文化打工、文化致富为内容的农牧区民族歌舞演出队伍不断壮大，涌现出了一批以贵南县沙沟乡石乃亥村民间艺术团、平安县阿伊赛迈歌舞团、称多县"通天河民间艺术团"等优秀的民间艺术团体。近30年来首次举办了青海省群众文艺调演活动，推出了一批具有民族特色、深受群众喜爱的优秀作品。

3. 博物馆及展出成了新的旅游吸引物

近年来，博物馆与旅游业结合紧密，取得了一定的社会效益和经济效益。青海在这方面也做了不少工作。新建了各种类型、规模的博物馆、陈列室，开展了多种形式的展演活动，成了支撑文化旅游发展的重要旅游资源。21世纪以来，青海相继建成了青海省博物馆新馆、青海柳湾彩陶博物馆、青海省藏医药文化博物馆、青海省民俗博物馆、青海雪域民俗博物馆、黄南州热贡艺术馆、西海郡博物馆、海南藏族自治州民族博物馆、海西蒙古族藏族自治州民族博物馆、喇家遗址博物馆、都兰吐蕃文化保护中心、玉树博物馆等。截至2019年底，青海省各类博物馆、纪念馆38家，免费开放博物馆、纪念馆17家，打造出了高低搭配、内容互补、特色鲜明的博物馆展出体系，形成了综合性与专题性相结合、固定展出与临时宣传相结合、普及介绍与学术研究相结合、政府组织和民间团体展出相结合的多种展演模式。2019年，在北京、青海举办的《山宗·水源·路之冲——"一带一路"中的青海》展览，成功入围第十七届（2019年度）全国博物馆十大陈列展览精品推介项目，国内外参观人次超过60万，网络点击量4000余万次。博物馆展出设施不断完善，文化、文物、文博进一步开放，为旅游业发展提供了强有力的支撑。

---

① 伍策、楠雪：《青海文旅：积极扩大文化供给 推进文旅融合》，中国网，http://travel.china.com.cn/txt/2020-09/18/content_76715542.html。

4. 文化旅游商品延长了旅游产业链

通过融合，创新了旅游商品研发销售拓展的渠道，延长了产业链，提高了旅游业的经济效益。到2019年底，青海旅游商品有八大类、6000多个品种。其中，塔尔寺景区自制的佛教小饰品、佛珠、哈达等旅游纪念品；乡趣园景区设计了以农耕文化为主题的纪念邮票册、明信片等进行销售；日月山景区设计出以日月二亭和文成公主塑像为模型的旅游纪念品；海北州旅游商品则以体现当地文化资源特点的王洛宾音乐文化系列产品和军事主题系列产品等；青海湖景区设计了太阳能挂件、钥匙扣、手机链、八宝纪念币、丝巾披肩、八宝镂空吊饰等具有青海湖文化元素的旅游商品；乐都柳湾景区设计了以彩陶符号为主要内容的领夹等纪念品，在青海旅游商品中占有一席之地。

（三）理论研究为如何开发历史文化资源、使文化和旅游有机结合提供了思路和指导

文化旅游业的发展以历史文化资源的开发为基础，而历史文化资源的开发却以对文化内涵的深入挖掘为前提。近年来，青海广大文史和旅游科研工作者较细致地调查了历史文化资源的构成和分布，较深入地探研和挖掘了历史文化资源的内涵，针对历史文化资源的开发提出了合理且具有可操作性的建议和思路。21世纪以来，青海的文化旅游业出现了快速发展的良好势头，这一切无疑离不开上述基础性工作的支撑。学术调研及学术成果，展现了青海历史文化资源的内涵，揭示了其发展演变的内在规律，给决策者和有关部门提供了开发的依据和思路，为历史文化旅游业的发展奠定了基础，并提高了旅游资源的知名度。

（四）历史文化的保护与传承较前有了发展

在历史文物的保护方面，一是通过建立文物管理部门、博物馆等专业保护机构，根据"保护为主，抢救第一，合理利用，加强管理"的原则，进行了文物普查、大遗址保护、重点遗址的发掘和学术研究等工作。二是制定文物保护法规，加强对文物保护及宣传。2012年以来，青海先后通过了《青海省实施〈中华人民共和国文物保护法〉办法》《关于加强文物保护利用改革的实施意见》《青海省革命文物保护利用工程实施意见》《青海省文物安全管理办法》等法规，使文物保护有法可依，步入正规化、法制化的道路，文物保护取得了较大的进展。三是公布文物保护单位，对重点文物保护单位进行了维修。截至2019年底，青海省实施文物保护工程项目458个，现有不可移动文物6411处，可移动文物312793件；全国重点文物保护单位51处，省级文物保护单位466处；国家级历史文化名城1家，国家级历史文化名镇1家，国家级历史文化名村5家，传统村落123家。"十三五"期间，积极争取各类文物保护项目资金2.97亿元。青海省6处文保单位列入全国重点名录，68处列入省级名录。青海省和中国社会科学院、国家文物局共建首个国家级热水墓群考古和文物保护研究基地工作推进顺利。乌兰县泉沟吐蕃时期壁画墓入选国家2019年十大考古新发现。① 青海省博物馆牵头推出的《唐蕃古道——七省区精品文物联展》被国家文物局评为年度重点展览项目。四是重视流散文物的征集收藏工作，严厉打击文物破坏、走私活动。

在非物质文化遗产保护方面，一是启动了民族民间文化保护工程。2002年以来，青海省成立非遗文化保护工作领导机构，制定出台了一系列非遗保护的实施意见和规章制度，全面开展了民族民间文化保护工作。二是全面开展了民族民间文化遗产普查工作。从2004年起，青海持续开展了民族民间文化资源普查和分类调查工作。通过普查，成功申报了一批民族民间文化保护工程试点项目。三是建立

---

① 刘宁：《2020年青海省政府工作报告》，澎湃新闻网，https://www.thepaper.cn/newsDetail_forward_5622544。

了国家、省、州（地、市）和县四级非物质文化遗产名录体系。到 2019 年底，青海共有人类非遗代表作名录 6 项，国家级项目 73 项、传承人 88 名，省级项目 253 项、传承人 343 名。四是完成了 35 名国家级非遗代表性传承人"非遗影像记录工程"，6 项记录成果荣获全国优秀。五是营造了全社会共同保护民族民间文化遗产的良好环境。

二、青海文化旅游发展中存在的问题

青海在历史文化资源开发上做了一些富有成效的工作，对文化旅游业发展的推动作用明显，但仍存在较多的问题。

（一）历史文化资源的开发还不够充分

1. 历史文化内涵的发掘不够深入

青海是历史文化资源非常丰富的省份，但目前历史文化资源的利用率还很小。历史文化资源的开发与其所在地区的自然社会条件有很大关系。一般来说，经济相对发达、交通条件便利地区的历史文化资源开发较早，开发较好。青海东部地区的历史文化资源开发状况相对较好，开发数量多，且具有一定的层次。而广大牧区具有开发价值的文化旅游景点中，大多没有得到开发，有些仅有一块文物保护单位的牌子，有些甚至不为人知。另外，已经开发的许多历史文化资源，其内涵挖掘不够。如日月山景点，除了与唐蕃联姻有关外，还蕴含有许多文化内涵。日月山在历史上是唐蕃的军事分界线，含有丰富的军事文化内容；日月山又是青海地区农牧区的天然分界线，两侧景象迥异。为便于农牧经济相互补充，古代中央政府曾在这一带设立互市，进行茶马交易；日月山地当唐蕃古道之咽喉，是"丝绸之路青海道"的必经通道之一，是古时中原对西南地区和西域的交通要冲。近代著名的青藏公路、青新公路都经过此地。在日月山口，除日月山碑外，还有"中国人民解放军修路纪念碑"，记载了中国人民解放军修筑青藏公路的英雄事迹。[①] 但现在对它的开发仅仅突出了唐蕃古道和唐蕃和亲的内容，其他内容没有得到充分展现。类似的案例，在青海还有很多。

2. 历史文化内涵的表达不够精准

历史文化资源的开发中，存在对人物、事件等内涵把握不准的现象，如金银滩草原上卓玛雕像，民歌大师王洛宾在金银滩草原采风时邂逅了美丽的卓玛姑娘，产生了爱的情愫。为了纪念这段美好的感情，他写下了《在那遥远的地方》这首脍炙人口的民歌。根据歌词中"帐房""好姑娘""粉红的笑脸""美丽动人的眼睛""细细的皮鞭""轻轻地抽打"等内容来看，卓玛是一位美丽善良、温柔多情的藏家姑娘，可是现在矗立在草原上的卓玛雕像却是跃马扬鞭、英姿飒爽的巾帼英雄形象。有些景点的导游解说也存在胡编乱造的现象，背离了历史的本来面貌。

3. 旅游景点缺乏特色内容，展现的平台和形式单调，同质化现象严重

目前开发的民俗村、特色旅游小镇等，内容大多是花海、餐饮。很多博物馆展出也较多是河湟民俗文化的内容。这些景观景点没有突出区域特色文化的内容，展现的平台和形式单调，没有形成自己的特点，同质化现象严重。

---

① 王昱：《日月山的文化内涵及其开发》，《青海民族学院学报》2001 年第 4 期。

（二）开发建设的利用率低，文化和旅游的有机结合不够，还有较广阔的开发空间

青海很多具有深厚文化底蕴和悠久历史价值的文物遗存，还没有开发为旅游景点，没有和旅游业结合起来，还不能为旅游业的发展提供助力。很多时候仍然存在文化是文化，旅游是旅游，文化旅游"两张皮"的现象。如青海发掘的考古文化资源中，目前只有喇家考古遗址公园与旅游业结合紧密，其他著名的考古遗址（如都兰热水吐蕃墓群）还没有得到有效开发。而宗教文化资源中，只有塔尔寺、隆务寺成了较为著名的旅游打卡地，瞿昙寺、丹斗寺、大佛寺等著名的寺院，也只是原始的形态。旅游商品的销售中，除了西宁市特有的几个购物专场外，当地设计、生产的很多文化旅游商品也没有完全在各个旅游景点上架，触目所及，多是舶来品。

（三）基础理论研究仍然薄弱，不足以支撑文化和旅游的有效结合，还无法使青海旅游业高质量地发展

青海历史文化资源开发的理论研究虽然取得了一些成绩，但并没有形成规模，远远不能满足实践的需要，主要表现在以下几个方面：一是基础研究很薄弱。如在考古研究中，很多考古发掘结束后，都没有发布挖掘简报，依靠文献资料的研究人员不能从中受益，不能充分挖掘其中的文化内涵。二是研究零散，没有形成体系。由于缺少历史文化资源开发研究方面的学术带头人，不能以学术团队的形式对青海历史文化资源开发的某个领域进行深入细致的考察和精当缜密的论证。现有的研究人员只能局限于喜好，各自为政。因此，目前问世的研究成果涉及内容虽然广泛，但对每个领域的研究都不够系统，缺少深入挖掘，也没有深刻揭示其中存在的问题和解决的方案。三是研究方法单一，成果没有权威性。从研究的方法来看，还是以定性描述、现象分析和简单论证为主，数理统计和相关定量分析的研究很少。很多文章带有明显的主观性，方法种类单一，缺乏系统分析和检验，新理论新方法的引用和论证较少，与其他学科交叉和综合研究的文章也较少。因此，目前有关青海历史文化旅游资源开发、文化旅游方面的文章从数量到质量都需要加强。四是对历史文化内在精神的研究不够。历史文化包括多层含义，较为浅显的是文化的物质层次，如服饰、饮食、音乐、绘画、民风民俗等。较为深入的是文化的制度层次，如社会结构、组织方式、行为规则以及不成文的规范等，居于核心地位的是文化的价值观念、指导思想和意识形态。[①] 文化的研究应当在这些层次全面展开，而不是停留在较为浅显的层次上。近年来，青海历史文化的研究，对文化的外在现象研究较多，而对文化的内在精神则注意不够。如果对青海文化的内在实质把握不够准确，就不能对文化的表现形式进行深入的了解，因而所出成果还不能有效地指导历史文化资源的开发实践。

（四）历史文化资源的破坏严重

青海物质历史文化资源的破坏有两种情况：一是开发利用中的破坏。主要是一些文化旅游景点的开发背离了其内涵，有些甚至存在胡编乱造的现象，致使历史文化出现媚俗乃至庸俗化的倾向。二是直接的破坏。主要是在城市和新农村的建设中，一些有价值的历史文物古迹，如古城墙、古建筑以及寺庙等遭到了严重的破坏。

在非物质文化遗产方面，一是文化遗产及其生存环境受到了一定程度的威胁。长期以来，由于保护手段落后、保护队伍素质偏低且人才匮乏、经费投入捉襟见肘以及随意滥用、不合理开发等原因，许多重要的非物质文化遗产正在消亡；在非物质文化相对丰富的少数民族聚居区，由于生活环境和条件的变化，民族或区域文化特色消失加快；一些依靠口传身授方式加以传承的文化遗产正在不断消失，

---

① 张岂之：《关于青海文化发展的几点建议》，《江河源文化研究》2003 年第 1 期。

许多传统技艺濒临消亡，很多基层文化单位没有最基本的录音、录像、电脑等设备，只能眼看着大量珍贵实物与资料自然消亡、遭到毁弃或流失。[①] 二是一些地方非物质文化遗产保护意识淡薄，重申报、重开发，轻保护、轻管理的现象比较普遍；少数地方对非物质文化遗产进行超负荷利用和破坏性开发，存在商业化、人工化倾向，甚至借继承创新之名随意篡改民俗艺术[②]，极大地损害了非物质文化遗产的原真性，人为中断了非物质文化遗产按自身规律进行演变的途径。有时人们因为各种原因，在非物质文化遗产的传承中加入了许多其他文化范畴的内容，导致了民族文化、地方文化的变质。

三、大力开发历史文化资源，高质量打造青海文化旅游业的措施

历史文化资源是人类遗留下来的宝贵的物质财富和精神财富，带有鲜明的地域特点、民族特色和历史烙印，具有重大的旅游开发价值。在专注研究旅游、挖掘文化的同时，用融合发展的视野分析问题，更好地推动文旅发展融合化、供给品质化、业态多样化、平台数字化、治理规范化、效益最大化。

（一）加大开发力度，依据历史文化资源分布状况及文化内涵的挖掘程度，科学合理地开发

根据青海省历史文化资源的禀赋、分布和开发、挖掘的程度，坚持"宜融则融、能融尽融，以文塑旅、以旅彰文"的理念，持续打造文化旅游景点，努力把历史文化资源打造为新的文化旅游景点。第一，要进行深入细致的调查摸底工作，仔细梳理青海省不同类型的历史文化资源，建档立卡。青海省先后进行过三次文物普查工作，但因为多方面的原因，很多文物仍然没有进入调查视线，仍然需要持续不断地开展普查活动。第二，按照历史文化资源的分布和开发环境，根据旅游开发规划，有步骤地进行开发利用。有开发利用条件的，可以依托当地的经济社会发展基础，打造成单个的旅游景点；开发基础较差的，可以并入当地大的旅游景区，使之成为整个旅游景区的内容。持续推行非物质文化遗产进景点、景区活动，把不同地方、不同民族、不同时代的非遗文化，通过展示、杂糅等方式融入景点景区中，提高景点的文化内涵。第三，持续推动民俗村、特色旅游小镇建设，融入地方、民族文化内容，真正形成一村一个品牌，推动文化旅游新业态的发展，促进乡村振兴更趋深入。第四，深入挖掘青海历史文化资源中有关传统伦理道德、中华民族共同体形成、中华文化认同、国家认同等方面的内容，持续推动相关的文艺创作，创作出一批文化艺术精品。通过展演，在全社会营造积极、进步、向上的文化气氛。第五，大力挖掘、开发传统文化中系列旅游餐饮、旅游商品和旅游娱乐，为游客提供更多的旅游产品，推动青海文旅商品进景区景点活动，把真正属于青海、代表青海文化的旅游商品推销给游客。第六，持续做好文化旅游开发规划的编制工作，针对目前专项规划、区域规划等之间衔接不足的问题，聚焦关键领域和薄弱环节，谋划设立一批重大工程项目，确保各项规划落实到位。

（二）继续加强博物馆体系建设，使其成为青海旅游业的新名片

现代旅游业的发展中，以博物馆为代表的历史文化吸引物起到了积极的作用。但是青海省的博物馆数量和功能远不能满足旅游业发展的需求。因此，应该根据历史文化资源的分布和地方历史文化特色，兴建不同类型、不同规模、不同性质的博物馆，例如，青海要建设反映某个行业发展历史的博物馆，如在农业区应建设反映青海农业发展历史的博物馆，在牧区应建设反映青海畜牧业发展的博物馆；

---

① 《〈中华人民共和国非物质文化遗产法〉解读》，益阳市人民政府网，http://www.yiyang.gov.cn/xxgkpt/625/648/839/840/content_1070051.html?jecjmoppphlfcbaa。

② 《〈中华人民共和国非物质文化遗产法〉解读》，益阳市人民政府网，http://www.yiyang.gov.cn/xxgkpt/625/648/839/840/content_1070051.html?jecjmoppphlfcbaa。

在西宁、柴达木应建设反映青海工业发展历史的博物馆；在民族分布地区，应建设反映不同民族或者不同地方特色的民俗文化博物馆，如海北应该建设反映阿柔部落、达玉部落、华热部落历史和民俗的博物馆。这些部落虽然同为藏族，但文化风俗有较大的不同，建设专门的博物馆可以准确地反映不同部落的历史和文化。此外，还应该在合适的地区，建设反映不同考古文化、不同宗教文化、非遗等内容的博物馆、体验中心。要让这些博物馆建和体验中心有机地融入当地的历史文化开发和旅游建设的体系中，成为景区景点建设的重要内容。积极在各地开展各种名目、各种类型的博物馆展出，宣传青海历史文化内容。博物馆要配备足够数量的管理和研究人员，博物馆应成为其所在地区的知识中心和文化中心。博物馆应适时变换展品内容，采用声光电等多媒体技术，系统、准确地反映当地历史文化方面的内容。这些举措可彻底改变青海目前博物馆展出内容少、展出形式单一；旅游景点不足、景点分布不均；旅游旺季和淡季收入差距悬殊的尴尬局面。

（三）加大资金投入，加强基础理论研究，为历史文化的开发、旅游业的发展提供智力支撑，使青海文化旅游真正做到有机结合

设立专项配套资金，加强学术理论的研究工作。应依托高校、科研院所等单位，建立专门研究青海旅游业发展的社科研究机构。从文化旅游产业融合的基本理论入手，通过对具有普遍适应性的文化旅游产业融合的内涵与外延研究，使有关产业融合的经济学理论在文化旅游产业融合研究中得到准确的应用，在文化旅游产业融合的相关概念及内涵方面形成一定的共识，让理论研究成果转化为工作举措，指明未来旅游产业融合的发展趋势及新业态培育的方向，解决青海旅游产业融合中存在的问题。应鼓励开展历史文化资源的基础性研究工作，结合历史发展阶段，赋予不同的文化内涵，做深、做透历史文化资源开发的文章。应设立一批青海历史文化资源调研、历史文化资源开发以及旅游产业发展等方面的研究课题。广泛组织和动员省内外有关专家学者，投身于课题研究，用融合发展的视角分析问题，集思广益，深入挖掘历史文化资源的内涵，注意吸收、借鉴国内外在历史文化资源开发及与旅游发展融合、文化旅游产品展示中的成功经验、管理方式、运作模式和技术手段，形成一系列成果，制定科学、合理、可行规划，将这些成果付诸实践，构建文化和旅游融合的理论体系。科学编制历史文化资源开发、景点打造、旅游线路设计的规划。在现有导游词、宣传介绍手册的基础上，编制符合历史文化资源特点和时代要求的宣传介绍书籍。

（四）持续培养历史文化开发面的人才队伍

通过各种方式，培养一批既有扎实的青海历史文化知识理论功底和实践手艺，又具备统筹规划、协调管理能力，还具有良好口才和品德的历史文化旅游业从业者队伍。积极支持培养民间演出人员。

（五）加强历史文化资源的保护和传承

由于历史文化资源具有不可再生的特征，在发展文化旅游业时，必须重视保护和传承工作。在物质类历史文化方面，继续深入贯彻"保护为主、抢救第一、合理利用、加强管理"的方针，选择适合该资源的开发方法，坚持文化历史资源的原真性、完整性、可持续性，统一规划，科学合理有序开发。文物保护应严格执行《文物保护法》及青海有关文物保护法规，根据文化遗产的文物、历史、艺术和科学价值，核定为不同等级的遗产保护单位，按照属地管理、分级负责的办法，实行依法分级管理。各级文物保护单位做到有保护范围、有保护标志、有科学记录档案、有专门机构或专人负责管理。

在非物质文化遗产方面，在摸底普查的基础上，对独特的、有重要影响的、有传承意义的，以及濒临灭亡的或很快就要失传的项目，进行重点抢救和优先保护。可采用数据库保护、博物馆保护、传

承人保护等多种保护方式。鼓励非物质文化遗产的活用，在非物质文化遗产保护中引入市场机制，多手段、全方位地开发利用非遗产品，最大限度地发挥其文化价值和经济价值。加强非物质文化遗产传承人的保护，制定严格的传承人标准，给予传承人经济、技艺方面的支助、指导、管理、培训。

（六）持续抓好文化旅游市场的监管工作，培育良好的文化旅游氛围

要以构建现代化文化和旅游市场体系为目标，持续抓好文化旅游市场安全生产、市场治理、信用体系工作。为解决近年来青海文化旅游中出现的宰客、旅游商品价格虚高、不合理的捆绑消费等问题，持续开展明察暗访等市场乱象治理的专项治理活动。完善市场联动监管机制，加强文旅、城管、工商等多部门沟通协作，严查文化和旅游市场各类违法违规经营行为。拓宽文化和旅游案件受理、转办、移交渠道，积极推动文化和旅游投诉举报联合处置、协同互动常态化。推进文化和旅游市场信用体系建设，打造以信用监管为基础，以"双随机、一公开"监管为形式、以重点监管为补充的新型监管机制。通过上述方法，培育健康持续发展的旅游市场，营造和谐文明的文化旅游氛围。

（作者系青海省社会科学院文史研究所副研究员）

构筑甘肃黄河文化标识体系

李　骅

一、甘肃黄河文化概述

黄河是中华民族的母亲河，是中华民族重要的地理标识、文化标识和精神标识。黄河流域是中华民族形成发展的大熔炉，是中华文明起源、传承和发展的核心地。黄河文化是中华民族的根和魂，是中华文明中最具代表性、最具影响力的主体文化，塑造了中华民族自强不息、坚韧不拔、一往无前的民族品格。

（一）甘肃黄河流域概述

甘肃地处黄土高原、青藏高原和内蒙古高原三大高原的交会地带，是黄河上游重要的水源涵养区和补给区。黄河在甘肃两进两出，穿越甘南高原和陇中黄土高原，干流流经甘南、临夏、兰州、白银 4 市（州），全长 913 千米。支流水系主要有洮河、湟水、大夏河、庄浪河、泾河、渭河六大水系，黄河流域面积约占全省面积的 1/3，覆涉全省 9 市（州）。祁连山是黄河上游重要的水源涵养区，形成了大通河、黑河、石羊河、疏勒河等内陆河，滋养了酒泉、嘉峪关、张掖、金昌、武威等河西广大地区。

（二）甘肃黄河文化概述

甘肃东西长达 1600 千米，地理环境独特，文化底蕴深厚，农耕文化与游牧文化、中原文化与西部文化、华夏文化与外来文化交汇交融。甘肃黄河文化是黄河上游文化的典型代表。甘肃黄河文化是甘肃黄河流域人类社会历史发展长河中不断积淀和创造形成的多元丰厚的物质和精神财富的总和。黄河不仅养育了陇原各族儿女，而且孕育出了史前文化、农耕文化、早期秦文化、丝路文化、民族民间文化、红色文化、现代文化、生态文化等异彩纷呈的文化形态，造就了黄河第一湾、黄河古象、黄河三峡、黄河石林、黄河岩画、黄河铁桥、"黄河母亲"、黄河水车等璀璨夺目的黄河文化标识，留下了星罗棋布的各类文物古迹和非物质文化遗产。

（三）甘肃黄河文化特点

1．源头性

甘肃黄河流域东联三秦文化、西通西域文化、北毗草原文化、南接巴蜀文化。甘肃黄河流域的大地湾文化、马家窑文化等史前文化历史悠久，发展脉络清晰，是中华文明起源的重要标志，"人文始祖"伏羲诞生天水，"一画开天"肇启文明先河；周先祖崛起陇东，以农为本，以德治国，奠定了中华农耕文化及礼仪道德传统；秦先祖开疆拓土，不断东进，铸就古代大一统政治、经济和文化格局。甘肃黄河文化是甘肃地域文化的源与流，千百年来，甘肃黄河文化彰显了强大的生命力、凝聚力和影响力，与陇原大地各类地域文化交织交融，谱写了壮美的黄河文化交响曲，使甘肃黄河文化呈现出源头性特征。

2. 多样性

甘肃是黄河上游文化资源富集区和典型区，黄河文化类型多样，时间序列完整，空间分布广泛。黄河上游地区所沉淀的各种文化成果和各类文化形态在甘肃黄河流域都有留存，史前文化、始祖文化、农耕文化、民族文化、宗教文化等文化资源遍及黄河上下游、左右岸、干支流不同区域，且内涵丰富、底蕴深厚，使甘肃黄河文化呈现出多样性特征。

3. 融合性

甘肃黄河流域自古就是多民族繁衍生息、迁徙交融的重要区域，为中华民族多元一体格局的形成发挥了巨大作用。甘肃黄河文化是多民族共同创造的文化成果，最能体现历史上汉族和众多兄弟民族相互交融、兼收并蓄的特征，使甘肃黄河文化呈现出融合性的特点。

4. 开放性

甘肃是丝路文化与黄河文化遇合融汇的最具代表性区域。甘肃黄河文化是华夏文化与各种外来文化相互交流、适应融合的产物，在东西方文化相互沟通过程中发挥了不可替代的桥梁纽带作用，集中体现了黄河文化、华夏文华对外开放，博大精深，海纳百川，和而不同的胸怀、气度，对人类文明的发展做出了重要贡献。

5. 进取性

甘肃黄河文化是千百年来各民族群众适应自然、改造自然、与自然和谐共生的伟大智慧结晶，体现了陇原儿女在干旱、苦寒、贫瘠和高海拔地区生生不息的顽强生命力和不屈不挠、百折不回、艰苦奋斗、自强不息的精神特质，与民族精神、红色基因以及甘肃铁人精神、"两弹一星"精神、"三苦"精神、梯田精神、敦煌精神、"八步沙六老汉"新时代愚公精神等相融相嵌、一脉相承、生生不息，体现了甘肃黄河文化进取性的特质。

二、黄河文化标识及体系

"黄河文化是中华文明的重要组成部分，是中华民族的根和魂。"[①] 黄河全流域的文化标识只能是黄河作为中华民族最具代表性和影响力的文化标识，是国家意义上的文化标识。黄河文化又是由地域文化组成的，那么河套文化、三晋文化、关中文化、河洛文化、齐鲁文化的核心代表也应该是黄河文化标识的有机组成部分。黄河文化中的地域文化标识不应排除在黄河文化标识体系外，唯其如此，才符合黄河文化"多元一体""一体多样"的文化特质。

---

① 习近平：《在黄河流域生态保护和高质量发展座谈会上的讲话》，《求是》2019 年第 20 期。

（一）文化标识

标识，表明特征的记号，使人一览而知。《辞海》中标识同"标志"，标识就是标志，标识最重要的是代表性和易于识别性。文化标识就是一种文化类型的代表性文化，是具有区别于其他文化的独特性且能表明此类文化最主要特征的文化。什么是文化标识的最主要特征呢？一般而言，历史价值重大、文化内涵深厚、时代价值突出，集中表现一种文化类型的独特价值和意义的文化才能构成文化标识的最主要特征。文化标识是一种文化类型的代表性元素表达，或者是人，或者是物，或者是事件。也是一种文化类型表达的高地，展现的是一种文化类型的框架体系、根基主干、骨骼脉络。在广泛意义上，只要是表达一种文化类型范围的，就是这种文化的标识，但在严格意义上，只有如前所述具有该类型文化最重要特征的文化资源才能成为文化标识，具有引领示范作用的、独一无二的资源才能成为文化标识。

（二）黄河文化标识

黄河文化标识除了具备文化标识的一般要件外，更重要的是突出黄河特色。即在中华文明起源、国家治理、民族融合、文化交流、社会发展等方面具有重要历史以及时代价值和意义的黄河文化资源。在此意义上，黄河文化标识首先是地域要件，即黄河文化标识是黄河流域的，或者黄河文化辐射地域的文化资源。其次，黄河文化标识的历史价值、文化价值和时代价值是基于黄河元素而言的价值。最后，黄河文化标识不仅是识别黄河文化特色鲜明的文化资源，更是识别具有黄河文化根魂特质的文化资源，即要挖掘黄河在中华文明乃至地域文化延续过程中发挥了重要作用的文化资源。

概括地说，黄河文化标识是蕴含黄河文化元素，包含黄河文化故事，具有重大历史价值、丰富文化内涵，彰显时代价值且体现黄河文化根魂特质的文化资源。这样的文化标识，在中华文明的延续、传承与发展过程中做出了重要贡献。这样的标识，可以是既有的，也可以是传承创新的，还可以是根据历史条件打造的。这样的标识，承载着黄河历史文明，蕴含着传承和弘扬中华优秀传统文化、坚定文化自信、实现中华文明伟大复兴的精神力量。

（三）黄河文化标识体系

以人、事、物等为载体的黄河文化标识有可能是显而易见的，也有可能是需要挖掘阐释的，有可能是集中成批的，也有可能是零散分布的。无论是怎样的呈现方式，黄河文化标识必须是"根文化"和"魂文化"的体现，展示的是黄河文明，展现的是文化自信，延续的是历史文脉，包含的是黄河故事。黄河文化悠久的历史、丰富的文化资源和黄河蜿蜒曲折的自然带状形态是形成黄河文化标识体系的基础条件。

黄河文化标识体系是一种系统思维，表现在能够把黄河文化的本质特性挖掘出来，使原有事物呈现新的形式，表达新的内涵。系统思维蕴含可持续发展理念，即能够保护传承弘扬宝贵的文化资源，对特定的文化资源进行创造性发展。在体系展示中，将文化类型的多样性、大河文明的形态呈现出来。在黄河文化保护、传承、弘扬过程中，黄河文化标识得以清晰和强化。

黄河文化标识体系就是标志性黄河文化资源在历时性和共时性维度上呈现出的一系列可关联的性质，这样一种呈现方式使黄河文化的框架得以完整展示，能更深层次地体现黄河文化生成发展及文化内部联系的整体图景，在逻辑关联上、心理认知上、文化呈现上形成整体性黄河文化的历史、现实和未来空间。

三、构筑黄河文化标识体系的必要性

挖掘黄河文化遗产，把代表性黄河文化资源按照保护传承弘扬黄河文化的要求规整出来，构筑起黄河文化标识体系，从整体上凸显黄河文化特质，对黄河文化的保护、传承、弘扬十分必要。

首先，党的十九届四中全会提出，发展社会主义先进文化、广泛凝聚人民精神力量，是国家治理体系和治理能力现代化的深厚支撑。必须坚定文化自信，牢牢把握社会主义先进文化的前进方向，激发全民族文化创造活力，更好地构筑中国精神、中国价值、中国力量。构筑黄河文化标识体系根本上是要凝聚一种精神力量，展示一种文化创造，弘扬一种文化价值。这对弘扬社会主义核心价值观、彰显黄河文化时代价值等具有重要作用。

其次，构筑黄河文化标识体系是保护传承弘扬黄河文化应有之义。习近平总书记在黄河流域生态保护和高质量发展座谈会上的讲话，将保护传承弘扬黄河文化作为黄河流域生态保护和高质量发展的主要目标之一。在全局意义上，保护传承弘扬黄河文化是黄河流域生态保护和高质量发展的精神引领，体现的是文化自信。

再次，构筑黄河文化标识体系，能够准确表达黄河文化信息，展示黄河文化特性，识别黄河文化形象，能够使黄河文化传承弘扬准确发力，有利于文化记忆、文化传承和文化弘扬。

最后，构筑黄河文化标识体系，是完成"国家—区域"两级架构的黄河文化标识体系，有效支撑中华文明标识体系建设的重要措施。构建中华文明标识体系，是加强文物保护利用改革的重要任务之一。依托价值突出、内涵丰厚的珍贵文物，推介一批国家文化地标和精神标识，增强中华民族的自豪感和凝聚力。[①]

四、构筑甘肃黄河文化标识体系的必要性

首先，甘肃黄河流域历史文化悠久、遗存丰富、影响巨大。黄河干流和丝路文化交织交错，黄河支流弥散于甘肃大地，共同形成了黄河流域丰富的文化资源。和政古动物化石的哺乳动物化石、夏河县丹尼索瓦人古人类化石、秦安县大地湾遗址、女娲伏羲传说、洮河流域马家窑彩陶、齐家文化玉器等甘肃黄河流域古文化展示了人类文明早期恢宏跌宕的历史画卷，形成了中华民族完整的文明源头，哺育了特色鲜明的地域文化，奠定了黄河作为中华民族精神标识、文化遗产标识、文化地理标识、文旅融合标识的重要基础。

其次，良好的文化发展基础和政策叠加机遇为构筑黄河文化标识奠定了坚实的基础。甘肃华夏文明传承创新区建设、全域旅游、乡村振兴、"一带一路"建设、新时代甘肃融入"一带一路"打造文化制高点战略、黄河流域生态保护和高质量发展国家战略等为保护传承弘扬黄河文化、构筑黄河文化标识体系奠定了坚实的基础。

再次，黄河甘肃段不仅是一条历史之河、文化之河、旅游之河，更是一条写满养育陇原儿女情谊的恩泽大河。构筑甘肃黄河文化标识体系，使甘肃黄河文化充满甘肃元素、凸显甘肃特色。同时，也能够使甘肃黄河上下游、左右岸、干支流的文化活起来，完整体现甘肃黄河文化的国家特质和地域特点，能够突出黄河甘肃段的重要价值和地位。

最后，构筑甘肃黄河文化标识体系，在于如上所述甘肃黄河文化的丰度蕴含和显现能够匹配作为标识体系的文化资源和能够构筑标识体系的基本条件。固然，"并非与黄河文化有关的'物—事—

---

① 中共中央办公厅国务院办公厅印发：《关于加强文物保护利用改革的若干意见》，2018 年 10 月 8 日。

人'皆可视为黄河文化地标，把概念无限扩大或非理性地泛化滥用，可能使黄河文化地标失去自身的光环"。[①] 同样，品牌化、名片化、知名度、影响力都只是文化标识的必要条件。黄河甘肃段是黄河流域的一部分，甘肃黄河文化标识体系要统一于全流域黄河文化标识，挖掘、认定和打造黄河文化标识，构筑黄河文化标识体系对于甘肃黄河文化保护传承弘扬具有重要意义。

五、构筑甘肃黄河文化标识体系路径

黄河文化标识体系不是黄河文化资源的堆砌，也不是黄河文化旅游带或遗产廊道的代名词，更不是理论层面的逻辑关联，而是立足现实，从文化发展、经济发展、历史价值方面综合考量的判断。从黄河文化精神标识、遗产标识、地理标识等层面构筑黄河文化标识体系，体现中华文明、中国革命、中国地理、中国治水等价值导向，使黄河文化全方位展现出来。

（一）提炼黄河文化精神标识

任何文化精神标识都需要借助具象方式来呈现。既可以是人，也可以是物、事件等。黄河是中华文化的重要元素，对中华民族精神的形成作用巨大，蕴含着巨大的精神力量。提炼甘肃黄河文化精神标识，是讲好黄河故事、展示甘肃乃至中国形象的重要环节。黄河文化的精神标识呈现黄河文化内涵，表达黄河文化的风格。在梳理甘肃黄河文化资源的过程中，我们认为，应该提炼以始祖文化、红色文化、治水文化等为代表的黄河文化精神标识，挖掘黄河文化的独特内涵，展示黄河文化的魅力。在阐释文化内涵的基础上，提炼文化代表形象，推动黄河文化创造性转化和创新性发展。要提炼以人文始祖女娲补天英勇无畏的形象等为代表的创新创造精神，以羊左之交等为代表的仁义精神，以大禹积石导流传说等为代表的公而忘私、科学创造精神，以会宁会师、南梁"两点一存"为代表的长征精神，以血沃祁连为代表的西路军精神，以"八步沙六老汉"新时代愚公精神等为代表的革命精神，以敦煌文化等为代表的包容精神，推动黄河文化精神标识化。

（二）挖掘黄河文化遗产标识

"要推进黄河文化遗产的系统保护，守好老祖宗留给我们的宝贵遗产。"[②] 保护黄河文化遗产，首先要按照中华文明标识体系建设工作要求，着重强化世界文化遗产、大遗址、世界级非物质文化遗产的文化标识建设，打造世界文化遗产麦积山石窟、炳灵寺石窟等石窟文化遗产标识，甘肃花儿、环县道情皮影等非物质文化遗产标识，并守护好这些标志性文化遗产。其次要大力挖掘黄河文化遗产，打造黄河文化遗产标识。打造大地湾、马家窑彩陶文化标识，张骞凿空等历史事件标识，打造天水、武威、张掖、敦煌等国家历史文化名城标识，打造酒泉卫星发射中心、《读者》《丝路花雨》等现代文化标识，着力推进文化遗产标识 IP 化。大地湾遗址的人头形器口彩陶瓶，麦积山石窟的"东方微笑"雕塑，洮岷花儿表演艺术、环县皮影雕刻艺术，卫星发射塔等既是文化精品和代表，也是黄河流域的文化标识。最后要挖掘这些遗产标识所蕴含的凝聚力和向心力，其所表现的是中华民族自强不息、昂扬向上的精神风貌等内涵。

---

① 中国黄河文化研究中心课题组：《打造新时代黄河文化地标　全面展示黄河文化魅力》，《河南日报》2020 年 7 月 29 日第 9 版。
② 习近平：《在黄河流域生态保护和高质量发展座谈会上的讲话》，《求是》2019 年第 20 期。

（三）打造黄河文化地理标识

着眼于祁连山、甘南黄河上游水源涵养区，重点挖掘黄河流域人文地理特色资源，打造祁连山森林公园、黄河首曲、黄河三峡、黄河石林等自然景观标识。打造崆峒山、麦积山等自然地理标识，这些地理标识，虽是自然地理范畴，但已经深深烙上人类文化印记，在本质上已经是一种文化的独特表现。提升黄河铁桥、黄河楼等人文景观标识，推出一批以黄河文化要素为核心的标志性遗址公园、文化生态公园、红色主题公园、文化驿站等。

兰州是黄河唯一穿城而过的省会城市，文化历史悠久，是古丝绸之路和唐蕃古道的重镇，是现代丝绸之路经济带的重要节点城市，被誉为"黄河明珠"，集民族文化、黄河文化、丝路文化于一身，一座城——金城、一碗面——牛肉面、一本书——《读者》、一条河——黄河，使兰州具备了打造黄河文化城市地理标识的条件，也就是说，我们一想到黄河流域的重要城市，首先应该想到兰州市，因为兰州市是黄河文化最具标识性的城市之一。

前述三种文化标识，承载着黄河文化形成发展的历史信息，也见证了中华文明以黄河文化为核心的多元一体文化的形成。这些文化标识，隐藏着巨大的文化密码，需要我们提炼、挖掘和打造，将其与黄河文化的关联梳理清楚，并且阐释其时代价值，进而拓宽黄河文化的内涵。

（四）推出黄河文化文旅标识

黄河文化的保护、传承、弘扬要和地方经济社会发展紧密结合，甘肃黄河流域同时具备文化旅游和自然旅游的条件。立足黄河流域，挖掘黄河文化标识，构筑黄河文化标识体系，发展黄河文化旅游，是提升黄河文化影响力的重要措施，也是"让黄河成为造福人民的幸福河"[1]的重要手段。

丝绸之路甘肃段与黄河相伴，丝路文化和黄河文化水乳交融。要继续扩大铜奔马以及"精品丝路·如意甘肃"文化旅游品牌标识，提升铜奔马的国内国际形象与表达，深度阐释"精品丝路·如意甘肃"的内涵和意义。强化甘肃旅游的"黄河"概念和"丝路"概念，以体现兰州现代都市风采的兰州百里黄河风情线为依托，重点推出"黄河之滨也很美"文化旅游标识，从总体上把黄河文化的资源优势转化为黄河旅游的经济优势。

"黄河之滨也很美"不仅指黄河兰州段的美丽，也要扩展到黄河甘肃段，乃至扩展到黄河全流域。"黄河之滨也很美"不仅指黄河之滨的历史美和现实美，也寄托着习近平总书记对黄河之滨建设的殷切期望。甘肃首先要以文旅融合为抓手，率先建设好黄河兰州段百里风情线，打造兰州黄河楼标志性黄河文化景观，使兰州段黄河之滨亮丽起来，还要尽可能地把整个黄河两岸利用起来，使"黄河之滨也很美"成为全流域黄河文化的重要文旅标识。

黄河三峡位于甘肃临夏回族自治州北部永靖县境内，黄河呈"S"形流经县域107千米，形成了炳灵峡、刘家峡、盐锅峡三大峡谷名胜风景区，有丹霞、湿地等自然地貌，也有长城、烽火台、古渡口等文化遗址，还有恐龙文化、彩陶文化、花儿文化、傩文化等丰富的文化类型，可以打造为甘肃黄河文化的重要文旅标识。

（五）推进黄河国家文化公园（甘肃段）建设

黄河国家文化公园是黄河文化的亮丽标识，集黄河文化精神标识、黄河文化遗产标识、黄河文化地理标识和黄河文化旅游标识于一体，蕴含深刻文化内涵，不仅是文化公园，也是生态公园、经济公园。不仅是构筑黄河文化标识体系的重要标识，同时也是黄河文化标识的集中体现，因此具有重要的

---

① 习近平：《在黄河流域生态保护和高质量发展座谈会上的讲话》，《求是》2019年第20期。

现实意义。

黄河国家文化公园（甘肃段）建设，不仅对接黄河流域生态保护和高质量发展战略，而且立足甘肃，对接华夏文明传承创新区建设、甘肃融入"一带一路"打造文化制高点等战略。甘肃要按照国家文化公园建设方案要求，立足黄河流域及辐射地文化资源总体情况，重点建设管控保护区、主题展示区、文旅融合区、传统利用区四类主体功能区。着力建设黄河石窟走廊、黄河石林地质公园、黄河母亲文化公园、黄河干流精品旅游带、黄河支流美丽河湾等，共建共享长城国家文化公园、长征国家文化公园。

（六）加大黄河文化标识创意制作力度

要对黄河文化标识进行文化产品创意制作，建设黄河文化创意产业园，支持专业化创意和制作技术，孵化和建设形象统一的黄河文化标识系统。利用数字技术，设计、开发、制作黄河文化标识动漫形象、影视人物形象。以纪录片、宣传片、影视片、舞台剧以及邮政图案等形式展示甘肃黄河文化标识。大力推进黄河文化标识创意和设计服务与相关产业融合发展，推动黄河文化的传承弘扬。

通过构筑黄河文化标识体系，形成甘肃黄河流域左右岸、干支流、上下游、辐射地显著的黄河文化元素矩阵，使黄河所孕育的文化形态及其代表性形象呈现出来，在陇原大地、黄河两岸留下浓墨重彩的黄河文化记忆，形成一串串璀璨夺目的文化标识，与甘肃形式多样的地域文化、历史文化一道谱写壮美的黄河文化交响曲。这既是文化保护传承，也是文化弘扬。唯其如此，才最能体现黄河文化的根和魂，尤其是在培根铸魂方面、黄河文化认知方面、甘肃形象树立方面，将会取得积跬步至千里的效果。

（作者系甘肃省社会科学院文化研究所副所长、副研究员）

找准黄河文化宁夏的定位
保护传承弘扬绿洲文化

郑晨阳

2019 年 9 月 19 日，习近平总书记《在黄河流域生态保护和高质量发展座谈会上的讲话》强调指出："黄河文化是中华文明的重要组成部分，是中华民族的根和魂。要推进黄河文化遗产的系统保护，守好老祖宗留给我们的宝贵遗产。要深入挖掘黄河文化蕴含的时代价值，讲好'黄河故事'，延续历史文脉，坚定文化自信，为实现中华民族伟大复兴的中国梦凝聚精神力量。"习近平总书记讲话后，沿黄各省区围绕着"黄河文化"这一主题，迅速开展了丰富多彩的宣传、研究、打造文旅项目等活动，使贯彻落实习近平总书记讲话活动有声有色地开展起来，取得了明显的成效。宁夏作为黄河流域的一部分，在这方面也做了不少工作，取得了明显成绩。但是还有不少问题没有解决，摆在眼前的任务就是如何确立黄河文化宁夏的定位问题。这既是一个重大理论问题，也是一个亟须解决的实践问题。需要我们以习近平总书记《在黄河流域生态保护和高质量发展座谈会上的讲话》和 2020 年来宁夏视察讲话精神为指导，深入研究黄河文化宁夏的发展历史、内涵和特性，重塑宁夏文化的形象，为繁荣发展宁夏的文旅事业铸魂定向。

一、宁夏文化的发展脉络

塞上江南，文脉相传。早在 3 万年前的旧石器时代晚期，生息繁衍在黄河东岸水洞沟的原始人类创造了绚烂多彩、闻名遐迩的水洞沟文化，水洞沟遗址和遗物就是最好的佐证。从 3 万年左右旧石器时代晚期开始，远古人类在黄河西边，在绵延 250 千米的贺兰山东麓诸山口的山壁和山前的冲积扇上，雕刻了反映其生产生活内容的数千幅岩画，数万个单体图案。新石器时期，生活在黄河流域的人们留下了诸多文化遗址，目前考古发现了以贺兰暖泉遗址、中卫一碗泉遗址和长流水遗址等为代表的 20 余处"细石器文化"遗址，以隆德沙塘北塬遗址为代表的"仰韶文化北首岭类型"；以隆德页和子遗址为代表的"仰韶文化"晚期文化遗存；以隆德、西吉、海原分布的"马家窑文化石岭下类型""齐家文化"等，这是宁夏发现的原始文化，受到了来自关中的商周文化的影响。秦汉在宁夏设县筑障，引黄河水，移民屯垦，使宁夏平原发展成为富甲一方可与关中媲美的"新秦中"。关中文化、秦文化、陇文化在宁夏广泛传播，农耕文化、移民文化、边塞文化兴起，并传至后世。在彭阳发掘出土的青铜铸成银铜羊，反映了西汉时较高的工艺制造水平。东汉时期，宁夏地区盛行私塾教育，文化事业进一步发展，书写工具上普遍使用毛笔和帛纸，名士迭出。诞生了中国针灸创始人皇甫谧，史学家班固称颂作《七序》的梁辣（"孔子著《春秋》，而乱臣贼子惧；梁辣作《七序》，而窃位素餐者惭"，以及创新"八分书"），为汉字由隶到楷的发展做出了卓越贡献的书法大师梁鹄等著名人物。魏晋南北朝时期，匈奴、鲜卑、羌、氐、羯等民族纷纷内迁，并各自建立政权，史称"五胡十六国"。此时，宁夏境内的文化发展呈现出多民族性和多元性，同时又成为文化交流的热点地区之一。最具代表性的是丝路文化和佛教文化。宁夏地处关中和西域交通的要道，因此从西域传播来的印度文化、罗马文化、波斯文化必经此地，特别是宁夏南部的固原更为重要，频繁往来于东西方的使者、商旅，把西方文化和奇珍异宝带到了宁夏地区。在原州区城南郊的北魏墓葬中发现的一枚波斯萨珊王朝银币，以及《洛阳伽蓝记》记载的"神兽"，都说明了宁夏在北朝时丝路文化的发达。东汉时期，佛教经西域正式传入我国，丝绸之路宁夏段成为佛教传输的要道，保留至今的古佛塔、石窟群，以及众多佛教雕塑证明了佛教在宁夏地区的悠久历史。固原地区发现了许多粟特人带来的文物，如在盐池县苏步井乡发现的粟特人之墓，即"昭武九姓"中何国人氏，墓门上刻有唐代西域著名舞蹈"胡旋舞"；记载西亚地区传来的拜火教、景教（基督教聂斯脱里派）的碑刻；保留至今唐代修造的须弥山石窟等遗迹遗物都见证了东西文化交流的繁盛。西夏虽是割据政权，但汉文化受到了重视并得到了发展，形成了蜚声海内外的"西夏学"。元朝大批蒙古军队和一些信仰伊斯兰教的中亚细亚居民定居宁夏，与党项族和汉族在共同的生产生活中丰富、发展了民族交融文化。明初从江南尤其是从吴越地区向宁夏大量移民，宁夏由于受江南崇文尚礼习俗的影响较深，"故彬彬然有江左之风"。明清时期，宁夏农耕文化、移民文化、水运文化继续发展，名人辈出，诗词歌赋、方志典章等多有传世。民国时期，中国共产党和人民军队在宁夏不畏流血牺牲，积极开展革命活动，留下了感人至深的红色文化。中华人民共和国成立以来，优秀的传统文化、革命文化、改革开放文化得到了迅速发展，科技文化事业不仅在许多方面达到并赶上了全国先进水平，而且在有些领域走向了世界。从以上叙述可以看出，从古至今，宁夏文化都是中华文化的一部分，与中华文化同宗同根，一脉相承。宁夏文化是客观存在的，具有鲜明的地域特性和独特的表现形式。

二、宁夏文化的地域特性和表现形式

宁夏是黄河流经的一部分，宁夏因黄河而生、因黄河而兴，宁夏的地域文化与黄河血肉相连，息息相关，经历千百年的发展、沉淀，宁夏文化呈现出鲜明的地域特性和表现形式。

（一）农耕文化

宁夏地处祖国西北内陆，黄河上游，周边分别被腾格里沙漠、毛乌素沙漠、巴丹吉林沙漠三大沙漠包围。但是，南部六盘山地区年降水在 600 毫米左右，为阴湿和半阴湿地区，林草茂密，是西北著名高原绿岛；北部为平原地区，得黄河浇灌滋润之利，是著名的塞上绿洲，极其适宜农耕，这就吸引了汉族和其他民族到这里从事农业开发、休养生息，由此也创造了与其他省区从内容到形式完全不一样的地域文化。考古证明，约从公元前 5000 年起，宁夏南部就出现了旱作农业生产，1968 年在固原头营发现了一批青铜器，其中一铜鼎上刻有"咸阳一斗三升"六个篆字，就是最好的例证，从器形和铭文来看，与陕西出土的战国时秦国铜器相似。中北部是海拔在 1090～1230 米的面积达 6600 平方千米的黄河冲积平原。黄河从中卫市沙坡头区进入宁夏境，从石嘴山市惠农区出宁夏，纵贯宁夏平原 397千米，落差近 200 米，自秦代开始，劳动人民在黄河上修筑秦渠、汉渠、唐徕渠、汉延渠、惠农渠、大清渠、泰民渠、跃进渠、东干渠、西干渠等十四条干渠自流灌溉农田。自古就有"黄河百害，唯富一套""天下黄河富宁夏"之说。灌溉农业已有 2200 多年的历史，秦渠、汉渠、唐徕渠至今还在发挥作用，2017 年 10 月，国际灌溉排水委员会执行大会"同意宁夏引黄灌区列入世界灌溉工程遗产名录"。宁夏年平均气温为 5～10℃，全年日照 3000 小时，无霜期 170 天左右，是全国日照和太阳辐射最充足的地区之一，特别适合农作物及瓜果生长，千百年来各族人民用勤劳的双手将宁夏建设成为名扬四海的"塞上江南""金川银川米粮川""鱼米之乡"。宁夏是枸杞之乡和原产地，已有 500 多年栽培历史，宁夏枸杞，被国际上公认为"富集锂"植物。出产的硒砂瓜、苹果、葡萄的含糖量比中原地区高15%～20%，远近闻名。唐代已种植水稻，称为"贡米"，水稻单季亩产量达700千克，大米具有"粒圆、色洁、油润、味香"的特点而饮誉中外。宁夏滩羊及宁夏羊肉以品质优良而闻名。宁夏有水面积近100万亩，可用于进行水产养殖的水面积达40万亩，出产草鱼、鲢鱼、鲫鱼、鲤鱼等鱼类以及河虾、河蟹，成为我国西北重要的水产品供应基地，水产品除满足宁夏市场需求外、还远供兰州、西宁、拉萨市场。2014年6月，灵武长枣种植系统入选第二批"中国重要农业文化遗产名录"；2015年10月，中宁枸杞种植系统入选第三批"中国重要农业文化遗产名录"；2017年6月，盐池滩羊养殖系统入选第四批"中国重要农业文化遗产名录"；传统村落中卫沙坡头区香山镇南长滩村、迎水桥镇北长滩村等于2012年4月入选"首批中国传统村落名录"；2006年，宁夏山花儿于入选"首批国家级非物质文化遗产名录"等，在2008年《中国国家地理》杂志社发起的圈点新天府活动中，美丽而富饶的宁夏平原位列中国"十大新天府"之一。这既是物质文化也是精神文化，奠定了宁夏文化的基础。

（二）移民文化

黄河流经宁夏，气候湿润，平原广阔，适宜人类生产生活，由此使宁夏也成为汉族和其他民族理想的移民地区。公元前221年，秦统一六国后，"始皇帝使蒙恬将十万之众北击胡，悉收河南地，因河为塞，筑四十四县城临河，徙适戍以实之"。秦始皇向宁夏移民屯垦戍边，拉开了向宁夏移民的序幕。此后，历代不断向宁夏移民开发，前后持续了2000多年。公元579年，北周破陈，迁徙3万余被俘将士及江淮居民至宁夏平原屯田，"本杂羌戎之俗，后周宣政二年破陈将吴明彻，迁其人于灵州。其江左之人尚礼好学，习俗相化，因谓之塞北江南"。这是宁夏享誉"塞北江南"最早的记载。发展到唐代，宁夏更是一幅江南美景，著名诗人韦蟾有感而发，在《送卢潘尚书之灵武》中由衷地进行了赞美："贺兰山下果园成，塞北江南旧有名。"正是这首脍炙人口的诗句，使宁夏"塞北江南"的美名名扬天下。明初为防鞑靼的侵扰，将宁夏中北部的全部居民迁往关中，一度使宁夏府、灵州和鸣沙州成为空城。洪武九年（1376年）"徙五六万人实之"。"实以齐、晋、燕、赵、周、楚之居"，明初从江南尤其是吴越地区向宁夏大量移民，今天依然能够听到的极具魅力的"中卫话"见证了移民的历史，也成为研究方言的活化石。1958年，宁夏回族自治区宣告成立，在党中央的关怀和领导下，五湖四海、四面八方、各行各业纷纷支援宁夏的建设，先后有14万人来宁夏安家落户，仅调入的各级干部就有6557人。2008年曾进行过统计，1949年9月至2007年，全国各地共迁入宁夏282.5万人，占到宁夏总人口的2/5。如今宁夏各地，各行各业都有全国各地的人，也形成了银川市、石嘴山市这样的移民城市。在移民的过程中，移民带来的文化与当地文化交相辉映，结出了别具一格的累累硕果，令人称奇。

（三）民族交融文化

在漫长的历史发展过程中、民族迁徙、融合不断在宁夏这块绿洲上进行着。春秋战国以前，境内生活着游牧的西戎部族。秦汉魏晋时期，有匈奴、鲜卑、月氏、羌、羯、氐等少数民族迁入宁夏。隋唐时期，东突厥和西突厥各部、鲜卑族吐谷浑部、沙陀部、吐蕃，以及居住在今中亚地区的"昭武九姓"、粟特人陆续入居宁夏。唐初，唐太宗与中国北方十二个少数民族部落首领在灵州盟约，友好共进，留下"灵州会盟"的千古佳话。唐末五代，党项开始由西部内迁宁夏，元代蒙古族长期居住生活在六盘山地区，明代回族定居宁夏，清代宁夏又增加了一个新的定居民族——满族。这些曾经在宁夏生产生活的众多古代民族，在历史的长河中或迁徙或融入其他民族，只有汉族、回族、满族、蒙古族、东乡族等定居下来。古往今来，前后有十八个民族在这里生产生活过，各族人民在这块绿洲上用勤劳智慧的双手，创造了光辉灿烂的民族交融的历史和文化，为宁夏的文化发展做出了重要贡献。

（四）红色文化

宁夏曾是中国革命最早的地方之一，中国共产党和人民军队在这里留下了感人至深的红色文化。1926 年 9 月 16 日，在今银川筹建成立了中共宁夏第一个党的组织——宁夏特别支部。1935 年 10 月，毛泽东率领的中央红军进入今宁夏西吉县公易镇、单家集一带，后翻越六盘山到达陕西吴起镇与陕北红军会师。毛泽东主席在这里写下了气壮山河的著名诗篇《清平乐·六盘山》，使六盘山名扬天下。1936 年，红军西征期间，在宁夏同心清真大寺成立了豫海县回民自治政府——这是中国共产党建立的第一个民族自治政权。抗日战争开始后，中共中央于 1937 年 10 月在宁夏成立了宁夏工委，建立了党的组织系统，进行了卓有成效的革命活动，后遭到破坏。1946 年 6 月，中共宁夏工委再次成立，并于 1947 年 1 月组建了回汉支队等其他革命武装，为配合进军宁夏的人民解放军解放宁夏做出了贡献。1949 年 9 月 23 日，中国人民解放军十九兵团解放宁夏，从此宁夏历史揭开了人民当家做主的崭新一页。

（五）西夏文化

公元 1038 年，李元昊即皇帝位，国号大夏。《西夏书事》记载西夏国"东尽黄河，西界玉门，南接萧关，北控大漠，地方万余里"。西夏"潜设中官""曲延儒士"，追崇汉学，吸纳汉字的偏旁部首创西夏文字，推行科举制度，封孔子为文宣帝，学习宋朝的官制和法律制度。兴修水利，发展经济。西夏多次与宋、辽发生战争，先后传十代，1227 年被成吉思汗所率的蒙古军队攻灭，在历史上留下了一段神秘的西夏历史和西夏文化，在学术界形成了"西夏学"。

（六）边塞文化和丝绸之路文化

宁夏一直被称为"关中屏障，河陇噤喉"，是中原王朝北控北方少数民族南下的必争之地，六盘山、贺兰山众多的山口和黄河大通道所形成的水陆交通要津，使宁夏成为农耕文明与游牧文明的交汇地带。由于地理位置重要，历史上记载了许多在这里展开的重大的战争，发生的重大事件，以及许多边关将士、文人墨客所作的诗赋文章，形成了极具特色的边塞文化现象。魏晋南北朝"丝绸之路"开通，东西文化使者、商旅从西域带来了印度文化、罗马文化和波斯文化，在宁夏留下了许多遗物遗迹和史书中的记忆。

（七）河运文化

黄河在宁夏境内流长 397 千米，自古以来为天然航道。秦汉时期，黄河成为秦汉防御匈奴的天堑和运送物资的生命线。北魏太平真君七年（446 年），薄骨律镇将刁雍建造木船 200 艘，通过清水河和黄河将 50 万斛粮食从宁夏固原运至内蒙古五原。刁雍开启了宁夏大规模黄河水运的先例，北魏太武帝要求将水运之法"永以为式"。敦煌文书《水部式》记载，唐代灵州一带的渡口设有专门用于接送来往使臣和官吏的大船两艘与小船十艘。另据《新唐书·突厥传》记载，武德七年（624 年），唐朝为防御突厥侵扰，在灵武和五原造船，在黄河上游建立一支舰队。唐朝还设立六城水运使，专门管理今宁夏、内蒙古一带黄河水运业。宋夏时期，黄河宁夏段形成了顺化渡、吕渡、郭家渡等渡口，使用浑脱和木船运输军粮、互市货物、皮毛土特产等商品。《永乐大典·站赤》记载，元中统四年（1263 年）四月，忽必烈下令从应理（今中卫县）沿黄河至东胜设立水驿，"配水手 240 人，置驿船 60 艘。每个驿站给牛 10 头，羊 100 只，并起置馆舍，添置被褥、拨给耕地"，一条长达 800 千米的水驿正式开通。清朝宁夏至内蒙古段黄河航道再次繁荣兴盛，通航里程大大延伸。《乾隆宁夏府志》记载，康熙在 1688 年来宁夏组织征讨噶尔丹，"随驾大臣、侍卫官员执事人等，坐来之船共 95 艘只，载马夫船 2 只，楼船

3 只及一等侍卫恩恪等坐船 1 只",101 艘船只中还有"楼船"。民国时期包头至宁夏的长途航运是历史上最发达的时期,每年达 600～800 只次,行船种类有七站船、高帮船、小五站船、小划子、牛皮筏等。运输物资有煤炭、皮毛、药材、食盐、碱、粮食、瓷器等,每年运量 10 万多吨。中华人民共和国成立后,修建包兰铁路时,许多大型建材、石料、笨重设备都经陆路运往宁夏,然后通过木船沿黄河运往上游地区。随着西北铁路、公路设施的逐渐完备,加之青铜峡大坝没有设计船闸,宁夏水运事业逐步衰落,许多黄河古渡失去了昔日的繁荣,但在历史上留下了浓墨重彩的河运文化。

(八)绿洲景观文化

塞上江南、神奇宁夏。大自然的鬼斧神工造就了秀丽多姿的自然景观,形成了以"两山一河"为代表的风景名胜区。有沙湖、沙坡头、镇北堡西部影视城、水洞沟 4 个 AAAAA 景区,AAAA 景区 19 个。多年来,宁夏干部群众奋力治沙,使沙化、荒漠化土地连续 20 年"双缩减",到 2019 年底,森林覆盖率达 14% 以上,创造了人进沙退,绿洲面积扩大的人间奇迹。近年来,银川市野生鸟类达 500 种以上,每年在阅海公园迁徙的鸟类由过去的 2 万只上升到 7 万只以上,迁徙与栖息的候鸟种群数量超过了 15 万只。贺兰山、六盘山经多年的封山育林、禁牧、禁猎,环境得到改善,物种增多,贺兰山二级重点保护动物岩羊繁育已达 2 万～3 万只,成为全球并不多见的稀有生物景观。银川喜鹊种群平均密度由 2006 年的每平方千米 4.4 只上升到现在的 6.8 只,银川成了闻名遐迩的喜鹊城。

通过以上叙述可以清晰地看出,黄河流域的宁夏文化处于关中文化、陇文化与草原文化交流、交汇、碰撞的交叉带上。在历史的发展过程中,各种文化在这里碰撞交流,融合互补,形成了具有鲜明地域特色的文化,那就是以绿洲为载体,以黄河为"根"和"魂",由农耕文化、移民文化、红色文化、西夏文化、民族交融文化、边塞文化、丝路文化、河运文化、景观文化等文化元素构成的绿洲文化。将黄河流域的宁夏文化定位为绿洲文化既体现了习近平总书记"绿水青山就是金山银山"的发展理念和宁夏回族自治区党的十二届八中全会"守住生态环境保护的底线"的精神,也符合宁夏的历史传统和地理特征,极具魅力和生命力,也能够喊得出、叫得响。

三、保护、传承、弘扬绿洲文化的思考

(1)全区上下要以习近平总书记 9 月 18 日在河南主持召开黄河流域生态保护和高质量发展座谈会上发表的《在黄河流域生态保护和高质量发展座谈会上的讲话》精神为指导,深入研究,重新确立宁夏绿洲文化的发展历史、特征、内涵。提炼绿洲文化所蕴含的哲学思想、人文精神、价值理念、道德规范,时代价值,讲好"黄河故事",延续历史文脉,增强全区各族人民的文化自信和自豪感。

(2)自治区宣传、文旅及各有关部门要制定、完善保护、传承、弘扬绿洲文化的法规制度和评价体系,依法保护绿洲文化工程类、特产类、物种类、聚落类、景观类和民俗类等的各项文化资源。

(3)加大对宁夏绿洲文化资源的挖掘工作,努力生产创作出鲜活的历史文化产品,不断丰富历史文化内容。借鉴旅游大省发展"文化旅游"的相关经验,立足宁夏实际、开发绿洲文化特色旅游项目、发展深度游与体验游,打造"塞上江南、神奇宁夏"的旅游名片。

(4)依法保护民间技艺、民间习俗、民居、村庄、民间信仰中的非物质文化遗产,使其活态传承,使民间文化存续民间,代代相传。

(5)大力扶持、资助与绿洲文化研究相关的文化产业发展,促进绿洲文化衍生品的开发、不断发展壮大产业链,打造具有一定竞争力和发展潜力的文化产业。通过"互联网+"等媒介、宣传终端、现场推介、图书出版等,加大对绿洲文化资源的宣传推广力度,让更多的人认识和了解宁夏绿洲的历

史内涵，树立文化自信。

（6）建造绿洲博物馆，陈列黄河宁夏历史图景、文献史料，生产生活过的少数民族，各族人民利用黄河水开发建设宁夏的历史、成就，历代管水治水历史人物，规章制度、经验教训，重大事件，生产工具，方言民俗等，为文旅发展增添新的景点。

（作者系黄河出版传媒集团阳光出版社编辑）

赓续黄河历史根脉　探寻宁夏文化定位

叶长青

2019 年 9 月，习近平总书记在黄河流域生态保护和高质量发展座谈会上发表重要讲话时强调："要深入挖掘黄河文化蕴含的时代价值，讲好黄河故事，延续历史文脉，坚定文化自信，为实现中华民族伟大复兴的中国梦凝聚精神力量。"这为宁夏区域文化定位指明了源流、圈定了范畴、提供了遵循。

一、宁夏区域文化的概念及源流

文化定位是对一种文化范畴的圈定，具有民族性和区域性有机统一的鲜明特征，是展现特定概念和内涵的文化标识。在中华民族的文化生态中，由于地域辽阔，各个区域之间因地理环境、生产条件不同而产生差异，尽管大的文化背景还在影响着，但每个区域的群体在发展过程中形成了独自的文化心理、生活方式和风俗习惯。黄河流经宁夏的区域包括北部的干流区和南部的支流区，独特的地理环境和民族构成以致游牧与农耕两种文化形态长期并存。这两种文化形态均以黄河文化为背景，经过秦汉、魏晋南北朝、隋唐、元代四次文化汇合，提供了多元汇聚的历史机缘，实现了区域文化的总体整合，从而形成了以农耕文化为主的新文化并脱颖而出，这种发展的、独特的区域文化就是"朔塞黄河文化"。

关于朔塞黄河文化的概念，应从宁夏的立地条件和文化特征进行提炼总结。

宁夏是黄河孕育的一方宝地。黄河流域跨越九个省份，因宁夏全境在古代属于朔塞之区（西北边塞地区）。所以，冠名"朔塞黄河文化"具有无可替代的独到之处，既明确了与主流黄河文化的从属关系，也避免了与相邻省份的文化定位雷同。

宁夏有兼容并包的灿烂文化。宁夏各族人民在长期的社会实践中共享黄河福祉，共同创造了具有黄河风范、长城风韵、民族风情的物质财富和精神财富，包括一定的社会规范、生活方式、风俗习惯、精神面貌和价值取向，以及由此所达到的社会生产力水平等。一言以蔽之，"朔塞黄河文化"就是宁夏区域内具有认同性和归趋性的文化体系。

黄河是中华民族的母亲河，她哺育了华夏子孙，创造了举世闻名的中华文明，其绚丽灿烂、绵延流长为世界其他文化所不及。黄河在流经不同区域、接触不同民族后，文化的"源"与"流"都会发生新的凝聚和升华，从而形成兼容并包、融合发展的区域文化。从古到今，黄河对于宁夏来说不仅是一条地理的河，还是一条文化的河、精神的河，早已融入黄河文明的文化血脉。朔塞黄河文化就是以黄河文化为"源"、以区域文化和民族文化为"流"，历经时空熬炼、人事磨砺而生存发展的多元一体特色文化。黄河文化深植宁夏，是宁夏文化的根基。

任何一个地方的文化定位无不是以区域或方位来冠名的，如黄河文化大系的河湟文化、三秦文化、三晋文化、中州文化、齐鲁文化等，省区文化有内蒙古草原游牧文化、西藏雪域游牧文化、甘肃丝绸之路文化、新疆西域文化等。朔塞黄河文化也不例外，体现了宁夏的特殊地理位置及黄河流经的特定地段。"朔塞"释义为朔北塞外，指北方边境地区，"朔"指方位，"塞"指区域。"朔塞"一词在古代诗文中多有表征，盛唐名相李峤《旌》诗句："影丽天山雪，光摇朔塞风。"晚唐诗人罗邺《秋日怀江上友人》诗句："黄叶梦余归朔塞，青山家在极波涛。"宋代学者桑世昌在《兰亭博议》中有："珍藏既出于云门，传刻仅留于朔塞。"明代文学家谢榛《居庸关》诗句："秋山牧马处，朔塞用兵时。"明代文学家、戏曲家汤显祖有《朔塞歌二首》，等等。

黄河文化的核心是借助于行政权力支配社会以确保中国传统农业方式和"大一统"社会政治结构的文化，是中华文化的重要组成部分，也是宁夏区域文化的主体。"朔"带来了民族的交往、交流、交融，"塞"集结了文化的互鉴互学互补，使宁夏的黄河文化不断自我丰富、自我革新和自我发展，孕育出丰富的人文精神和道德理念，为今天的宁夏发展提供了有益借鉴。以"朔塞"冠名，既体现了宁夏的民族因素和区域因素，也展示了宁夏区域文化源远流长、海纳百川的雄厚实力。

"朔"是留给人们"黄沙滚滚不见路，跟着驼铃找宁夏"的一缕乡愁，其核心文化是指古代北方各民族交往、交流、交融的生产生活方式和思想意识形态。宁夏在历史上曾有十多个游牧民族繁衍生息或纵横捭阖，境内留存的贺兰山岩画、须弥山石窟、西夏遗迹、银川北塔等，都集中反映了游牧文化崇拜、依赖、适应大自然，与自然融为一体的显著特征。所表现出的观念、信仰、风俗、习惯，以及社会结构、政治制度、价值体系等，正是宁夏区域文化与黄河农耕文化、周边省区文化既有依附又有个性的特色所在。

"塞"与长城相伴相生，既有"塞深行客少，家远识人稀"的苍凉悲戚，也有"大漠孤烟直，长河落日圆"的亲切温暖。宁夏南部的萧关是古代"关中四塞"之一，境内有战国秦长城、秦汉长城、隋长城、宋壕堑、明长城等遗址长度达 1500 多千米，现保存比较完整，堪称中国古长城遗址博物馆。宁夏依托长城文化产生的多元文化，包括民族融合的制度文化、巩固统一多民族国家的意识形态文化、以边塞为题材创作的文学艺术，以及凝聚显现出的思维方式、民族性格和文化精神等，这不仅是宁夏区域文化的代表性符号，也是中华文明的重要象征。

所以，临黄河而知宁夏，登长城便知朔塞。朔塞黄河文化是黄河文化、民族融合文化、长城文化的有机结合，既为宁夏区域文化的"一体两翼"，也是宁夏文化定位的源流、升华的载体、发展的基础。

二、朔塞黄河文化的功能定位

文化是民族的血脉，是人民的精神家园，也是政党的精神旗帜。2019 年 12 月，宁夏回族自治区党委十二届八次全会提出，守好促进民族团结、维护政治安全、改善生态环境"三条生命线"，走出一条高质量发展的新路子，贯彻了习近平总书记对宁夏工作的总要求、总目标、总任务，明确了宁夏今后一个时期发展的大方向，也清晰地界定了宁夏区域文化的功能和基本内涵。

民族融合文化是促进民族团结的灵魂。

宁夏自古以来就是多民族聚居与开发的地区，各民族在这里繁衍生息、互动交融，共同创造了以促进民族团结为核心的先进文化。谱写了无数相互尊重、守望相助的千古佳话，建设了美丽富饶的塞上江南，培育了崇尚团结、尊重差异、包容多样、增进一体的优良传统，开启了民族团结有保障、民族关系更牢固的新纪元。民族融合文化是朔塞黄河文化的核心内容和宝贵资源，是宁夏区域文化的灵魂。

中华人民共和国成立后，我党深刻总结中国历史上处理民族问题的经验教训，创造性地把马克思主义民族理论与中国民族问题的实际相结合，建立了符合我国国情和各族人民根本利益的民族区域自治制度，制定了一系列促进各民族共同团结奋斗、共同繁荣发展的方针政策，为实现人民的大团结奠定了根本政治基础。改革开放以来，宁夏各族人民亲密团结、同舟共济、开拓奋进，取得了经济建设和各项事业举世瞩目的辉煌成就，唱响了繁荣各民族、发展各民族、振兴各民族的主旋律，不断凸显民族融合文化的当代价值。

中国特色社会主义进入新时代，宁夏全区上下深入学习贯彻习近平总书记系列重要讲话精神和党中央治国理政新理念、新思想、新战略，特别是习近平总书记视察宁夏时的深情嘱托，统筹推进稳定发展各项工作，呈现出社会和谐、经济平稳、福祉提升、事业进步的大好局面。民族融合文化已经在宁夏各族人民的心中扎下了根，提炼和凝聚了中国共产党人的革命精神，并在宁夏的改革和建设过程中不断传承、发展和创新，已成为宁夏区域文化的有机组成部分。

长城文化是维护政治安全的有力保障。

宁夏在历史上随着朝代的更替，修筑长城也由南向北层叠贯穿，几乎囊括了宁夏全境。围绕长城所产生的长城文化集中体现了宁夏雄关漫道、长河奔涌的地域特色，凝聚着各族人民不屈不挠、开拓创新的精神。长城文化是朔塞黄河文化中生动的一笔，为宁夏区域文化增添了色彩。

历史上宁夏曾作为中原王朝的西北屏障，在这片土地上演绎过无数次的民族纷争与交融，出现过很多次逆流与曲折，但"大一统"的社会政治结构从未改变，兼容并蓄的中华文化始终占据主导地位。长城文化从古老的风俗礼仪到传统的伦理道德，都积淀了深厚的政治安全意识，体现了防患于未然、避难于无形的战略文化思想，无论从宗教、民族、地缘等因素来看，都起到了一定的筛选、过滤作用，保证了中华文明没有发生质变。伴随着经济全球化和"一带一路"倡议的实施，中西方交往、文化交流日益密切，创造性转化和创新性发展长城文化对于宁夏维护政治安全意义重大。

长城文化是中华优秀传统文化，具有潜在的文化防御功能，是宁夏各族人民塑造政治安全之魂、打造政治安全之盾、构建政治安全之核、彰显政治安全之本的文化基础，也是宁夏区域文化独有的气势和神韵。守好维护政治安全的生命线，既是党和国家对宁夏工作的基本要求，也是时代赋予宁夏各族人民的政治职责和战略任务。我们必须坚守国家利益至上，发挥国家制度和治理体系具有的显著优势，紧密结合民族地区的实际，坚决防范应对各类政治安全风险隐患，筑牢政治安全的铜墙铁壁。

黄河文化是改善生态环境的智慧源泉。黄河流域的生态保护和高质量发展事关中华民族伟大复兴，宁夏守好改善生态环境生命线，筑牢西北重要的生态安全屏障，是立足全国发展大局确立的战略定位。

宁夏平原是黄河上游著名的古老灌区，也是当今地球上半荒漠地带的一块灌溉绿洲。南部六盘山区被称为"高原绿岛"，在古代曾是湖泊密集的地方，其中有《史记》记载的朝那湫是秦汉时期皇家祭祀的四大名水之一，富蕴中国古代人与自然和谐相处的文化信息，也是黄河中上游的主要支流——渭河、泾河、清水河的发源地。黄河生态文化经过数千年的积淀和传承，已融入宁夏区域文化的血液，是宁夏各族人民改善生态环境的智慧源泉。

黄河是宁夏须臾不可离开的生命之河，"天下黄河富宁夏"就是指黄河对宁夏这块土地和人们的特殊恩泽，维护河流健康生命、促进流域人水和谐，是黄河生态文明建设的重中之重。没有源头水源的涵养，就没有几千年来川流不息的滔滔黄河，也不会有塞上江南的鱼米之乡。从秦代蒙恬开渠引水到元代郭守敬修筑闸堰，从汉武帝朔方穿渠到康熙帝疏通渠系，历代仁人志士呕心沥血与各族人民胼手胝足，开辟了以秦渠、汉渠、唐徕渠等为代表的自流灌溉系统，在我国水利发展史上写下了光辉的篇章。

贺兰山下果园成，塞北江南旧有名。宁夏在历史上有过较好的生态系统，林业建设与农业开发同步兴起，秦始皇统一六国后，派大将蒙恬北逐匈奴，"以河为竟、累石为城、树榆为塞"，开辟了宁夏人工造林的先河。西汉时"徙民塞下、种树畜长"，到北魏时"桑果余林、仍列洲上"。唐朝时期，贺兰山"树木青白"，六盘山"水草丰茂"。元朝时引黄灌区枣树成园，出现了以"枣园"命名的村落，清朝时宁夏枸杞已成为全国的名贵中药材。

宁夏的生态文明史，就是人类与自然、人类与黄河的关系史。古代大规模有组织的治水活动，催生了公共权力的诞生和完善，促使政治权力集中成为一种共识和趋势，为维护"大一统"国家利益发挥了凝聚人心的作用。宁夏各族人民在对黄河认识、治理的过程中，获得生存智慧，汲取创造灵感，塑造精神世界，特别是黄河文化蕴含的"同根同源"民族心理，成为各民族增强共同体意识、建设生态文明的精神文化支柱。

三、朔塞黄河文化的内在逻辑

习近平总书记指出："文明特别是思想文化是一个国家、一个民族的灵魂。无论哪一个国家、哪一个民族，如果不珍惜自己的思想文化，丢掉了思想文化这个灵魂，这个国家、这个民族是立不起来的。"朔塞黄河文化的定位，就是对宁夏区域文化从其来源、概念、范畴以及发展诸方面重新审视，也是宁夏各族人民坚定文化自信、推动经济高质量发展的重要实践。

朔塞黄河文化是一个有机的文化体系，可从来源、构成、内涵三方面分析其中的逻辑关系。

从来源来看，朔塞黄河文化是民族融合文化、长城文化、黄河文化的有机结合，既以中华优秀传统文化为根基，也蕴含着革命文化和社会主义先进文化的新鲜成分，符合新时代中国特色社会主义文化的重要表现形式。

从构成来看，朔塞黄河文化是中华优秀传统文化的典型形态，长城文化中"万里长城永不倒""不到长城非好汉"的精神是革命文化的核心形态，民族融合文化属于中华优秀传统文化与社会主义先进文化融合发展的形态。

从内涵来看，朔塞黄河文化是指宁夏史前文化、移民文化、水利文化等，民族融合文化主要包括游牧文化、西夏文化、丝路文化、回族文化等，长城文化主要包含长城精神文化、边塞文化、屯垦文化、流域文化等。朔塞黄河文化的"一体两翼"各自发挥作用，紧密联系、持续融合，相辅相成、相得益彰，高度契合于新时代中国特色社会主义文化建设的具体要求。黄河文化是根脉，解决宁夏区域文化从哪里来的问题；长城文化是精神，蕴含着宁夏区域文化不断创新的动力；民族融合文化是神韵，凸显宁夏区域文化的特殊气质。

党的十九大报告指出："文化自信是一个国家、一个民族发展中更基本、更深沉、更持久的力量。"朔塞黄河文化作为宁夏文化定位，既包含中华优秀传统文化源头，也涵盖宁夏区域产生并发展的革命文化和社会主义先进文化，积淀着宁夏各族人民最深层的精神追求，代表着宁夏文化独特的精神标识，是不忘本来、吸收外来、面向未来的理想选择。

新时代走出一条高质量发展的新路子，文化的旗帜作用至关重要。实践和发展朔塞黄河文化，必须加强宏观层面的科学决策和方向引领，注重微观层面的理念创新和资源整合，进一步弘扬黄河文化、传承民族融合文化、挖掘丰富长城文化，为建设经济繁荣、民族团结、环境优美、人民富裕的美丽新宁夏植根塑魂。

参考文献

［1］班固.汉书［M］.郑州：中州古籍出版社，1996.

［2］范晔.后汉书［M］.郑州：中州古籍出版社，1996.

［3］司马光.资治通鉴［M］.上海：上海古籍出版社，1991.

［4］马端临.文献通考［M］.北京：中华书局，2006.

［5］谭其骧.中国历史地图集［M］.北京：中国地图出版社，1996.

［6］朱学习，张绍勋，张习孔.中国历史大事编年·远古至东汉［M］.北京：北京出版社，1987.

［7］吴忠礼.宁夏历史图经［M］.银川：宁夏人民出版社，2009.

［8］薛正昌.黄河文明的绿洲·宁夏历史文化地理［M］.银川：宁夏人民出版社，2007.

［9］李建华.建设丝绸之路经济带战略支点［N］.人民日报，2014-03-11.

［10］刘慧.加快建设向西开放战略高地·学习贯彻习近平同志共建丝绸之路经济带的战略构想［N］.人民日报，2013-11-18.

［11］宋建钢.以"四个宁夏"建设为目标，深化改革加速发展［N］.宁夏日报，2014-01-15.

（作者系宁夏社会科学院办公室副主任、高级编审，
宁夏区党委党史研究室特邀研究员，宁夏文史馆研究员）

关于内蒙古黄河区域文化研究的若干思考

翟　禹

习近平总书记强调："让收藏在禁宫里的文物、陈列在广阔大地上的遗产、书写在古籍里的文字都活起来。"2019 年 8 月 20 日，正在甘肃考察的习近平总书记来到嘉峪关关城，察看关隘、建筑布局和山川形势，听取长城文物遗产保护和历史文化传承弘扬情况介绍。习近平总书记强调，当今世界，人们提起中国，就会想起万里长城；提起中华文明，也会想起万里长城。长城、长江、黄河等都是中华民族的重要象征，是中华民族精神的重要标志。我们一定要重视历史文化保护传承，保护好中华民族精神生生不息的根脉。

一、黄河文化与内蒙古黄河文化及其研究现状

黄河文化并非一个鲜见的地域文化概念，在国内外都有深远的影响，广为学界和社会所知。关于地域文化，有《中国地域文化丛书》《中国地域文化通览》《中国地域文化大系》等，体现了目前学术界对中国多元文化区域的认识。目前，学术界已经先后开展了关于长江文化、黄河文化和草原文化等地域文化的研究。虽然黄河文化已经是国内公认的一个文化概念，但是目前专门以黄河为核心区域文化概念开展研究的学术成果并不多见，大多是围绕黄河文化的概念所开展的具体的实证性研究，较少专门从黄河文化这一概念出发开展整体性研究。

成果中比较重要的有河南大学李玉洁主持的《黄河文明的历史变迁丛书》，2010 年由科学出版社出版发行。这套丛书是教育部重点研究基地重大课题的科研成果，是迄今为止全面、系统研究黄河文明的重要成果之一。丛书包括九部学术专著，即李玉洁的《中国古史传说的英雄时代》《黄河流域的青铜文明》《黄河流域的农耕文明》《儒学与中国政治》，张新斌的《黄河流域史前聚落与城址研究》，王蕴智的《殷商甲骨文研究》，薛瑞泽的《秦汉魏晋南北朝黄河文化与草原文化的交融》，毛阳光的《唐宋时期黄河流域的外来文明》，宋军令的《黄河文化与西风东渐》。各部专著对黄河文明形成的要素、特质、演变与发展，在华夏文明形成及发展中的历史地位等问题进行了全面、系统的研究探索，材料翔实，论证充分，且多有创新。[①]

其中与本文论述的内蒙古黄河文化相关的研究，要数薛瑞泽撰写的《秦汉魏晋南北朝黄河文化与北方草原文化的交融》[②] 一书，这本书从多个层面论证了秦汉魏晋南北朝时期黄河文化融汇草原文化的复杂历程，突出了黄河文化作为强势文化对草原文化的深远影响，作者通过对秦汉魏晋南北朝不同时期少数民族与黄河流域的社会交往进行研究，论述了秦汉时期少数民族文化与黄河文化的融合过程，魏晋时

---

①　陈朝云：《〈黄河文明的历史变迁丛书〉评介》，《中国史研究动态》2010 年第 7 期。

②　薛瑞泽：《秦汉魏晋南北朝黄河文化与北方草原文化的交融》，科学出版社 2010 年版。

期少数民族入主黄河流域对黄河文化繁荣的影响，特别是十六国时期少数民族对黄河文化的破坏以及黄河文化在这一特殊形式下的复苏。此外，这套丛书还提出了一些有关黄河文化的重要观点，强调了农业是黄河文明的经济基础、儒学是黄河文明的灵魂，提出了农业和儒学是黄河文明两大特质的论点。[①] 这些观点是我们进一步开展区域性黄河文化的认识基础，有益于我们开展进一步的思考，但也能从中发现前期研究和认识中存在的不足，尤其是对如何阐释黄河文化的内涵和外延始终没有明确的表述。

不过目前已有一些学者认识到黄河流域的文化面貌是多元的、高度融合的和不断变迁发展的，黄河流域所经过的不同地段的文化特征也有所不同，如有的学者认为，"黄河上游地区文化的典型是游牧文化，中游地区文化的典型是农耕文化，下游地区文化的典型是海洋文化"。[②] 这种认识表述主要是基于不同地段的主要文化特征，而不是绝对的单一文化面貌，所以应对其有正确的理解。但是，这也为我们以多视角综合认识黄河文化的内涵和特征提供了思路，尤其是在今天我们要单独提出"内蒙古黄河文化"的概念，即使仍然以"河套文化"或者"黄河几字弯文化"来表达，也需要对这一特定区域文化概念的内涵、外延、价值以及现代意义等内容开展多方面的深入研究。

李学勤、徐吉军主编的《黄河文化史》[③]是目前唯一一部专门以"黄河文化"为主题的通史性著作，全书分上、中、下三册，系统论述了从史前时期到近代各个历史时期的黄河文化。本书将黄河文化的发展分为史前、夏商周、东周、秦、汉、魏晋南北朝、隋唐、五代、北宋、辽夏金元、明清、近代12个时期，从发展历程、主要成就、与其他文化的交流等视角，叙述了不同时期黄河文化的发展面貌。徐吉军撰文将黄河文化从广义文化和狭义文化两个角度进行了论述，并将黄河文化区划分为三秦文化区、中州文化区、齐鲁文化区、燕赵文化区、三晋文化区、河湟文化区。[④]

陈梧桐、陈名杰的《黄河传》[⑤]是"大江大河传记丛书"中的一本。[⑥]本书有两条主线：一是黄河的自然史；二是黄河流域的人类文明史，以时间为经，以空间为纬，用通俗流畅的笔法来描述作为自然的黄河地理、流域、山川和河道变迁等，描述黄河文明的历史，包括生产劳动、政治活动、军事斗争、文化建设等多方面的历史。正如这套丛书"编者的话"中所解释的："这套传记丛书不是通常意义上的历史书和地理书，也不是旅游指南，而是以江河为载体，综合历史、地理、环境、生态、经济、文化、民族、民俗等多个学科，糅成一个有机的整体，既写出江河的共性，又突出每条河流的个性，展示江河文化的博大精深，体现历史的久远、文化的厚重、思想的深邃、江河的魅力，表现中华民族的历史、现在和未来。"[⑦]

"黄河百害，唯富一套"，指的就是内蒙古黄河文化的核心区域——河套地区，内蒙古黄河区域文化是黄河文化与草原文化交融互动之地，学界也基本上是将巴彦淖尔的河套地区、鄂尔多斯及周边的包头、呼和浩特等地作为一处独立的区域进行考察，如王天顺的《河套史》[⑧]是目前有关"河套"历史的比较深入、系统的学术著作，但这部《河套史》仍然不是完全意义上的"河套通史"，而更像是"河套史论"，这部著作并非按照时间顺序来撰写河套地区的历史，而是分为"地理卷""民族卷""经济卷"三部分。正如作者在本书绪论——"黄河与河套"中所说："作者本意并不是想重修一部《河套史》……

① 陈朝云：《〈黄河文明的历史变迁丛书〉评介》，《中国史研究动态》2010年第7期。

② 李玉福：《"美术考古"视阈下的黄河文化旅游品牌建设——以沿河艺术遗存为例》，《文化产业》2019年第12期。

③ 李学勤、徐吉军：《黄河文化史》，江西教育出版社2003年版。

④ 徐吉军：《论黄河文化的概念和黄河文化区的划分》，《浙江学刊》1999年第6期。

⑤ 陈梧桐、陈名杰：《黄河传》，河北大学出版社2009年版。

⑥ "大江大河传记丛书"分两辑，第一辑七本，分别是《黄河传》《长江传》《珠江传》《运河传》《淮河传》《塔里木河传》《雅鲁藏布江传》；第二辑四本，分别是《松花江传》《辽河传》《海河传》《澜沧江、怒江合传》。

⑦ 陈梧桐、陈名杰：《黄河传》，河北大学出版社2009年版。

⑧ 王天顺：《河套史》，人民出版社2006年版。

毋宁把它看作一部专题史的研究。"这部河套专题史的研究著作，笔者认为最大的亮点在于通过专题论述河套地区的地理、民族和经济这三个最为重要的问题，对人地关系进行了全面、系统的诠释，也正如作者所提出的观点："因为人、地是构成一切社会历史的两大要素，缺一不可。"

此外，著名民族史学家陈育宁对鄂尔多斯区域历史开展了一系列研究，重要的有《鄂尔多斯史论集》《鄂尔多斯学概论》等。[①] 他开展研究的重点是在北方民族的历史、地理等方面。进入 21 世纪以后，陈育宁在鄂尔多斯区域历史文化研究方向倾注了大量心血，发表、出版了一系列研究成果，尤其是与奇朝鲁合作编写的《鄂尔多斯学概论》，站在地方学的视角提出了一门新的学科——鄂尔多斯学。这是近些年内蒙古地方学研究中比较显著的一个成果，对于我们今天开展"内蒙古黄河文化"研究有很大的启发和帮助，鄂尔多斯学是一门综合性学科，除了鄂尔多斯区域的历史文化以外，还广泛地涉及当代社会的发展以及相关的各门学科，这与内蒙古黄河文化的研究内容有一定的交叉，但实际上并不完全相同。

零散研究有谭其骧主编的《黄河史论丛》[②]，收录了一些与黄河历史相关的学术论文，主要有《〈山经〉河水下游及其支流》《西汉以前的黄河下游河道》《黄河在中游的下切》《何以黄河在东汉以后会出现一个长期安流的局面》《读任伯平"关于黄河在东汉以后长期安流的原因"后》《隋唐五代时期黄河的一些情况》《宋代黄河下游横陇北流诸道考》《金明昌五年河决算不上一次大改道》《元代河患和贾鲁治河》《万恭和〈治水筌蹄〉》《清代铜瓦厢改道前的河患及其治理》《黄河下游明清时代河道和现行河道演变的对比研究》《黄河下游河道变迁及其影响概述》《大伾山、广武山与黄河》，等等。从收录的论文能够看得出来，这些主要是针对黄河的历史地理方面的考订性实证研究。

上述介绍的《黄河文化史》《黄河传》《河套史》以及鄂尔多斯区域历史研究等，这些成果中对内蒙古地区的黄河文化、河套地区的历史文化以及黄河区域文化的核心地区鄂尔多斯（河套地区）有过一些总体上的论述，但是由于这些研究都不是专门针对黄河区域文化开展的研究，故这些成果所涉及的内容尚不全面和深刻。

开展内蒙古黄河区域文化研究，能够充实黄河文化（黄河文明、黄河学）的研究内涵。目前，国内学界在开展黄河文化研究的时候，对黄河文化内涵的界定，主要是基于中原地区的历史文化，有的以平原大河流域文化为主要论述基础，如李振宏的《谈黄河文明的变革精神》（《光明日报》2017 年 12 月 4 日）。开展黄河文化的研究，还能够丰富草原文化的内涵，从而为中华民族多元一体增添更丰富的内涵。关于黄河文化的研究很容易与中原文化、中华文化等同，如将儒家文化、中华传统天人合一、天地之中等思想作为黄河文化的重要内容来进行讨论。有学者认为，"黄河文化"一词有广义和狭义两种认识，从内涵上来说，广义的黄河文化"应是一种以黄河流域特殊的自然地理和人文地理占优势及以生产力发展水平为基础的具有认同性、归趋性的文化体系，是黄河流域文化特性和文化集合的总和或集聚。通俗地讲，黄河文化就是黄河流域人民在长期的社会实践中所创造的物质财富和精神财富的总和，它包括一定的社会规范、生活方式、风俗习惯、精神面貌和价值取向，以及由此所达到的社会生产力水平等"；[③] 狭义的黄河文化"是历史学意义上的文化"。[④] 我们在前贤的基础上讨论和研究内蒙古的黄河文化，既要遵循前贤已有的认知，也要在其基础上结合内蒙古的实际情况有所突破和前进。

徐吉军对黄河文化六大文化区的划分并没有明确指出流经内蒙古地区的黄河属于哪个文化区。那么，可否在徐吉军对黄河文化区的划分基础上作进一步的调整，即增加"黄河草原（河套）文化区"，

---

① 陈育宁：《鄂尔多斯史论集》，宁夏人民出版社 2002 年版；陈育宁：《我与鄂尔多斯学》，宁夏人民出版社 2009 年版；奇朝鲁、陈育宁：《鄂尔多斯学概论》，内蒙古人民出版社 2012 年版。

② 谭其骧：《黄河史论丛》，复旦大学出版社 1986 年版。

③④ 徐吉军：《论黄河文化的概念和黄河文化区的划分》，《浙江学刊》1999 年第 6 期。

将这一独特区域单独列出来，并对其内涵予以讨论。

二、内蒙古黄河文化的研究对象、地理范围与基本特征

本部分是在以内蒙古黄河文化为核心概念的基础上，对其研究对象、地理范围和基本特征等进行初步思考的结果，尚不够成熟，期待以此与学界讨论，以收抛砖引玉之效。

（一）内蒙古黄河文化的研究对象

内蒙古黄河文化的研究对象，指的是黄河流经今内蒙古自治区境内地理范畴之内的地域文化。文化遗产分为物质文化遗产、非物质文化遗产两种。内蒙古黄河文化的研究内容是在该区域范围内的物质文化与非物质文化的总和，因此，以内蒙古黄河文化为核心的各种文化总和，是我们研究的对象和核心。从区域性社会经济发展角度来说，就是黄河流域的内蒙古段区域范围之内的历史文化资源，所谓历史文化资源是从经济社会视角而言，既能够包含和体现这一区域历史文化特征的实物型文化和精神型文化，又能够包含在当代文明内蒙古建设、内蒙古北疆生态文明建设和模范自治区建设等方面为当代社会所利用和开发的资源型文化。

总体来说，"内蒙古黄河区域"是中国历史上著名的农耕文化与游牧文化的交融地带，中国北方民族历史和北部边疆中的大部分历史事件都是在这一地带发生，这一地带是黄河流域的最北端，在呈东—西绵延的黄河文化与草原文化交汇的广袤区域内，丰富多彩的历史给我们留下了许多重要的遗迹遗存，尤其是建在北方草原地区的历代城址和长城等军事防御设施、行政建置等遗存实物见证，还有大量人居聚落遗址、民间信仰和社会生产生活遗存，而这其中最重要的文化遗产就是以长城及其相关遗迹为代表的世界文化遗产，以及与之相关的堡寨文化、村落文化和移民文化等。

（二）内蒙古黄河文化的地理范畴

内蒙古黄河文化就是内蒙古黄河流经范围的区域文化，换句话说就是黄河流域的内蒙古段是内蒙古黄河文化的主要地理范畴，但是从文化地理学视角来说，这个区域只能是内蒙古黄河文化的核心地段，不能是唯一地段，因为特定区域、特定人群的文化不是完全地受制于地理空间范围的，往往是以某一地区为核心向四周辐射。因此，内蒙古黄河文化的地理范畴也要有一个核心区和辐射区。黄河所流经的内蒙古中西部地区，其最核心的地段——河套地区就是内蒙古中西部最重要的农耕区，这一切均得益于黄河水的灌溉和滋养。从现存行政区划来看，黄河从西向东流经内蒙古地区的乌海、阿拉善、鄂尔多斯、巴彦淖尔、包头、呼和浩特和乌兰察布七个盟市，故这七盟市算作内蒙古黄河文化的核心区域。

王天顺所著的《河套史》涉及了一个很重要的问题，即河套地域范围。"河套"一词最早见于明代，实际指的就是秦汉以来所称的"河南地"，即黄河进入今内蒙古以后沿线及其以南地区，延伸至明代长城以北。王天顺所研究的河套地区，范围要广于古代的河套（河南地），即"地跨今内蒙古、宁夏、陕西三省区，略涉晋北沿河偏关、河曲等县。在内蒙古自治区境内的有伊克昭盟全境，巴彦淖尔盟、包头市、呼和浩特市的阴山以南部分；属于巴彦淖尔盟的有磴口县大部分，杭锦后旗、临河市、五原县、乌拉特前旗；属于包头市的有包头市区、土默特右旗；属于呼和浩特市的有呼和浩特市区、托克托县、清水河县东北一角和林格尔县西北部。在宁夏回族自治区境内的青铜峡北部（峡口以北）、灵武市西北和北部、盐池县北部、永宁县、贺兰县、平罗县、惠农县、石嘴山市、陶乐县。……在陕西境内的

有定边、靖边县的北部，横山县、榆林市、神木、府谷县的西北部和北部"①。这个河套地理范围的界定是王天顺综合了历史上河套地区的发展变迁、自然地理形势和今天河套地区的行政区划特征等因素做出的一个界定。这对于我们开展内蒙古黄河文化研究，尤其是确定地理范围很有启发，我们站在今天内蒙古自治区行政区划的视角开展黄河文化的研究，一方面既要考虑当代行政区划的实际情况，以"内蒙古自治区境内的黄河文化"为主要研究对象；另一方面也要知道历史上的河套地区不仅仅局限于今天的内蒙古自治区范围，而是要在文化内涵上越出省界，向周边地区延伸。因此，这个认识要求我们在从事与"内蒙古黄河文化"有关的研究、挖掘、保护、利用和开发的时候，应该灵活掌握，不能一概而论。

黄河作为中华民族的母亲河，孕育了中华民族的历史，具有辉煌灿烂的文化，其在中国历史文化传统上的重要性无须多言，其影响广泛、深远的程度也早已为学界和社会所公认，故黄河流域文化的影响绝不应仅限于其流经的地区，也应与周边相关地区有着千丝万缕的联系和文化渊源。

（三）内蒙古黄河文化的基本特征

经过我们初步思考，内蒙古黄河文化的基本特征有两个：一是交融多元；二是自成体系。

1. 交融多元

草原文化区和黄河文化区并没有一条泾渭分明的界限，在各自的边缘有很大范围的区域犬牙交错。黄河流域的文化并非纯粹的农耕文化，而是以农耕文化为主，其他文化交错杂居形成。内蒙古境内的黄河文化是"作为整体的黄河文化史"中一段被忽略甚至未被记载的篇章，当然这不是说这一区域的历史文化从未被关注和研究。我们往往都是从北方民族历史、农牧文化交融史、草原文化和内蒙古地区史等学界已有的研究领域入手加以认识并开展研究。从考古学来讲，这一区域属于北方长城文化带的中段，是一处典型的农耕文化与游牧文化的交错地带。故这一区域的一大特征是交融多元。

2. 自成体系

内蒙古黄河文化区域的另一大特征是自成体系。在内蒙古黄河文化区域及其周边地区，历史上活动的典型农牧交错地带的人类群体创造并遗留至今包含历史信息，具有艺术、科学和研究价值的文物遗址，此条强调的是历史文化遗产曾经的使用者主体，是历史上以古代中国中原地区的农耕文化与北方草原地区的游牧文化之间发生的冲突、交融、往来等关系的遗留物。这些文物遗址在当时的时空条件下承担着沟通农耕地区和游牧地区在政治、经济、文化等方面交融往来的功能，但随着历史形势的变迁，它们逐渐失去了发挥其原本功能的内外条件，成为历史遗留物，通过人为保护和自然存在两种方式留存到今天，其本质发生了变化，成为文物遗址。内蒙古黄河文化区域历史中有许多典型历史事件，在中国历史上有着重要的影响，如秦汉时期的河南地和明代河套地区的争夺等，都是在这个特定区域内发生的自成体系的历史事件，它们既独立存在，又对中国历史甚至世界历史产生了深远影响。站在当代社会视角来看待历史文化传统，在黄河流域（内蒙古段）中，具有非常丰富的可资利用的历史文化资源，如鄂尔多斯地区的萨拉乌苏文化、北方游牧民族典型代表器物——鄂尔多斯式青铜器、河套地区的"塞上江南"文化区、阴山南麓的土默川（敕勒川）文化、阴山历代岩画、乌兰察布地区的察哈尔文化，具体到一些典型的草原历史文化遗产如明代归化城、美岱召（福化城）、清代绥远城、和林格尔北魏盛乐城以及清代西口文化（和林格尔清代驿路）等，不一而足。

---

① 王天顺：《河套史》（地理卷），人民出版社 2006 年版。

3. 多元交融与自成体系的辩证关系

多元交融与自成体系是并行不悖的两大特征，相互支撑，即多元交融的这一区域在漫长的历史进程中的发展模式、演进方式，而自成体系是这一区域历史进程的最终结果，二者相互促进、相辅相成，自成体系是多元交融的最终结果，多元交融是自成体系的形成方式。多元交融促成了兼容并蓄的文化心态和面貌，自成体系造就了内蒙古黄河文化生生不息的发展历史、蓬勃向上的生机活力以及独具一格的当代新貌。

总体来说，内蒙古黄河文化是"整体的黄河文化"的重要组成部分，也是文明内蒙古的重要组成部分，是文明中国的重要组成部分，也是人类文明史的一分子。

三、《内蒙古黄河区域文化研究》的撰写思路

黄河文化并非一个鲜见的地域文化概念，在国内外都有较深远的影响，广为学界和社会所知。2019年8月20日，正在甘肃考察的习近平总书记来到嘉峪关关城，察看关隘、建筑布局和山川形势，听取长城文物遗产保护和历史文化传承弘扬情况介绍。习近平总书记强调，当今世界，人们提起中国，就会想起万里长城；提起中华文明，也会想起万里长城。长城、长江、黄河等都是中华民族的重要象征，是中华民族精神的重要标志。我们一定要重视历史文化保护传承，保护好中华民族精神生生不息的根脉。2019年10月，习近平总书记《在黄河流域生态保护和高质量发展座谈会上的讲话》中专门谈到了"保护传承弘扬黄河文化"的问题："黄河文化是中华文明的重要组成部分，是中华民族的根和魂。要推进黄河文化遗产的系统保护，守好老祖宗留给我们的宝贵遗产。要深入挖掘黄河文化蕴含的时代价值，讲好'黄河故事'，延续历史文脉，坚定文化自信，为实现中华民族伟大复兴的中国梦凝聚精神力量。"因此，在学界已有研究的基础上，进一步开展黄河文化研究是非常有必要的一项科研工作。

在梳理和考察我国北方草原地带悠久历史文化传统的基础上，本文从区域史、地方文化和历史人文地理等学术视角出发，率先提出以"内蒙古黄河区域文化"为概念范畴的研究。按照地域文化史的研究思路，对内蒙古黄河区域文化开展全面、系统的研究，梳理各个发展阶段的历史事实，总结历史发展阶段性特征，为今天内蒙古区域文化和区域经济社会的发展建设提供历史经验借鉴。本文将根据内蒙古黄河区域文化的历史发展进程，将黄河区域文化带初步拟定划分为核心区、辐射区和外围区。要从地区、民族和时代特点出发，深入考察内蒙古黄河区域文化的演进和传承过程，对这一区域的历史发展进行多方面、整体性研究，完整地揭示黄河文化区域多民族历史发展的总线索和社会进步的规律，总结历史上这一区域各族人民社会实践中弥足珍贵的经验教训。

关于内蒙古黄河区域文化的专题研究，目前尚无前人成果，但是与此相关的论文、著作为数不少，但是都没有专门从"黄河文化"这个视角进行论述，而《内蒙古黄河区域文化研究》是从这个视角展开论述，从纵向思考内蒙古境内的"黄河文化"历史发展进程。故本提纲是一个初步的按照历史发展序列而设计的框架。每个阶段的划分是否合理，需要斟酌；每个阶段的总体评价是否妥当，需要重新评估；每个阶段的内容如何设计，需要拿出具体的方案，然后再进行讨论。

根据对内蒙古黄河区域文化的初步认知，我们认为需要重点思考的内容主要有：内蒙古黄河区域文化发展历史进程的主线、各个时代的特征、内蒙古黄河文化的遗产及其对当代社会的启示和价值。因此，本文的研究要确定重点内容、重点方向、存在的问题以及解决方案。

"内蒙古黄河区域文化"所涵盖的地域范围，以今天来说，还要包括乌兰察布市，因为这一带是黄

河的重要支流大黑河流域的发源地，这一点学术界在以前的论述中没有被囊括进去，或存在不统一的情况。关于黄河流域从行政区划上的囊括范围，目前并没有一个固定的和官方的统一说法，一些年鉴和研究成果的说法有所不同，稍有差异。本文以阿拉善（主要是阿拉善左旗）、包头、巴彦淖尔、乌海、鄂尔多斯、呼和浩特和乌兰察布七个盟市为今天的地域范围。在这个基础上，再结合不同历史阶段的特征，确定各个历史阶段的地域范围，但大体不出这个范围，同时也不宜延伸过广。

最终成果名称为"内蒙古黄河区域文化研究"，这里面的核心概念就是"区域"和"文化"，因此需要把考古资料和历史事件都要融合、调整、综合、总结和归纳，成为一个区域文化。从古至今，"内蒙古黄河区域文化"贯穿整个发展历史，会涉及史前考古、历史时期的民族、战争、经济交往、文化交流、环境变迁，以及近现代的反帝反封建、革命历史、红色文化、移民开发、商贸交通等，几乎无所不包。所以，在撰写过程中，无论写作什么历史事件，都需要紧紧围绕"区域文化"这个核心来进行。

本文的主线与核心概念主要包括以下三点：

（1）历史上的生态文明与环境治理，黄河文化的核心要义仍在于"黄河流域"，这一概念决定了"黄河文化"的生态环境问题是重中之重，发掘历史上对黄河流域的治理是本文的主要特色，包括流域治理、抗灾减灾、移民迁徙、农业生产，甚至灾害饥荒等社会问题引发的战争等，均与此密切相关。

（2）多元交融的民族关系。中原移民与北方民族在此交融，上演战争与和平的场景。

（3）发展自成体系。古称"河套"，黄河百害唯富一套，"河南地"之称古已有之，这一区域的历史具有独特性，是中国北方草原地区之中的一个次一级区域，农业生产发达，适宜人类生存，筑城屯田，商贸通道，自古未中断历史脉络。

本文能够有益于黄河文化、内蒙古地区史、草原文化等领域的研究。以此研究成果为基础，将来要在北方民族史、中国历史人文地理、地域文化等前沿研究范畴内，开展更高层面的大型课题和研究；下一步将开展"内蒙古黄河区域文化遗产调研""内蒙古黄河流域灾害与生态环境历史文献整理与研究""内蒙古草原文化遗产蓝皮书"等项目，并与黄河流域各盟市相关单位、科研机构开展全面合作，共同开展"内蒙古黄河流域文物遗存调查与研究"等项目。待条件成熟，可成立内蒙古黄河文化研究中心。

附：《内蒙古黄河区域文化研究》提纲

导论：关于内蒙古黄河区域文化研究（包括选题缘起、研究基础、内蒙古黄河区域的文化地理环境、内蒙古黄河文化在整体黄河文化中的地位；"内蒙古黄河区域文化"的研究内容、特征、学术范式等）

第一章　内蒙古黄河区域文化的肇始期（先秦两汉时期）

　　一、史前时期河套、鄂尔多斯的考古学文化遗址

　　二、秦汉时期黄河区域的军事行政建置

　　三、先秦两汉时期内蒙古黄河区域文化与周边地区的文化交流

　　四、先秦两汉时期内蒙古黄河区域诸民族与中原政权的互动

第二章　内蒙古黄河区域文化的勃兴期（魏晋北朝隋唐五代时期）

　　一、北方"五胡"在内蒙古黄河区域的活动

　　二、魏晋至隋唐五代时期内蒙古黄河区域的北方民族文化面貌

第三章　内蒙古黄河区域文化的底定与繁荣（辽宋夏金时期）

　　一、党项、契丹、女真在河套地区的军政建置

二、辽宋夏金时期内蒙古黄河区域文化的多元融合

第四章　内蒙古黄河区域文化的高度繁荣（元明时期）

一、蒙元时期内蒙古黄河区域文化的蒙古化进程

二、北元—蒙古与明朝对峙时期的内蒙古黄河区域文化

第五章　内蒙古黄河区域文化的持续发展时期（清代）

一、清代内蒙古黄河文化区域建置沿革

二、清代内蒙古黄河文化区域的社会变迁与文化特征

第六章　内蒙古黄河区域文化的崭新发展（民国时期）

一、民国时期内蒙古黄河区域文化的近代化

二、民国时期内蒙古黄河区域文化的多元汇入

三、民国时期内蒙古黄河区域文化的商贸、移民与通道

第七章　内蒙古黄河区域文化的现代转型与当代价值（1949年至今）

一、黄河文化与草原文化的关系辩证

二、内蒙古黄河区域文化的核心区、辐射区

三、内蒙古黄河区域文化的总体定位

（作者系内蒙古社会科学院历史研究所副所长、副研究员）

关于"塞上江南"的历史底蕴及时代价值探析

杨　峰　贾贵庭　孟育川　张志国

"塞"指边界，险要之处。"塞北"泛指我国北边地区，诗文里常和江南对称。公元 1473 年，历经明朝 4 朝皇帝 60 年，最终筑起了一条东起陕西府谷县清水营，西到宁夏盐池县花马池的 1700 里长城（俗称"边墙"）。塞北、塞上指明长城以北，阴山以南。"塞上"一词，即专指一个地理区域的地理名词。巴彦淖尔市所在的河套灌区就是在这一地域范围内。

一、"塞上江南"的历史底蕴

塞上江南，初名"塞北江南"，最早指今宁夏回族自治区吴忠市黄河灌区。该地自古修建秦渠、汉渠、汉延渠、唐徕渠，引黄河水灌溉，农牧业发达，形成了众多湖泊、湿地，风景优美，胜似江南。巴彦淖尔被誉为"塞上江南"，因黄河而生，因黄河而兴，因黄河而美，因黄河而名。黄河流经巴彦淖尔市为河套灌区的农业灌溉提供了丰富的水资源，加之气候适宜农牧业生产，土壤肥沃，随着社会生产力水平的不断提高，兴修水利，引黄灌溉成为必然。所以说，"塞上江南"是伴随着农业开发和水利工程及其配套设施建设逐步发展形成的。

（一）河套灌区古代的开发

据《水经注》记载，河水入套（指黄河），南北分流，史称"北河""南河"。自战国秦汉直到清初以来，北河是主流，南河是支流（现今之河道）。

河套灌区的北部开发在公元前 3000 年至公元前 206 年。位于黄河故道以北阴山、乌拉山前后之地，史称"北假"。春秋时期，赵国的赵武灵王把版图延伸到阴山山脉，设立了云中郡，位于土默特川平原东部。秦朝统一中原后，设云中、九原两郡。《河套新编》载："秦始皇既并天下，乃置九原等郡，使蒙恬悉收河南地迁至北河、榆中三万家。河套浚渠屯垦由是始。"

河套灌区的西部开发主要集中在西汉时期，位于乌兰布和地区和杭锦后旗西南部地区。公元前 206 年至公元 25 年，三次移民 140 万人，屯垦戍边。利用三种方式取水，一是引"屠申泽"的水灌周边农田。二是引山泉水灌沿山农田。三是开挖个别渠道引黄灌溉，"有枝渠东出"，这条支渠的灌区相当于现在磴口协成乡和杭锦后旗头道桥乡的境域。开创了河套水利建设的先河。

河套灌区的东部开发（北魏时期），主要在乌梁素海以东，包头以西，乌拉山以南的三湖河平原和阴山以南的沿河地域。386～534 年，北魏政权重视农田水利建设，据《魏书·高祖纪》载："太和二十年（488 年），魏孝文帝于五月诏六镇、云中、河西及关内六郡，各修水田，通渠灌溉。"第二年八月，又"招诸州镇有水田之处，各通灌溉。遣匠者所在指授"。

河套灌区的中部开发（唐代和清代），主要集中在五原县及其周边地区。唐朝的开元、天宝年间

（713～756年）农业的恢复和发展达到了高峰。《新唐书·地理志》记载，唐代在五原有灌田数百顷农田，陵阳渠（782年）、咸应渠和永清渠（796～803年）为五原郡刺史李景略开挖。

宋、辽、金、夏、元、明时期，河套地区未纳入版图，大量汉民内迁，皆弃耕于牧，农业水利开发呈衰退的局面。直到清康熙年间，才有小规模的垦荒种地和水利建设。《绥远通志稿·水利卷》载："当时虽有私垦之禁，而春种秋收之习依然，唯就河引灌，水渠之利未能大兴。"

道光年间，终于开启了大规模的水利兴修活动，永盛兴、锦永和两商号的主人甄玉和魏羊便借鉴宁夏一带引水灌田的经验，招雇流民在黄河西湾上开修了缠金渠（现在的永济渠），这是河套地区出现最早的农田水利工程；开挖缠金渠，标志着河套地商的真正诞生。这种渠、地、人的结合使大面积承揽及经营土地成为可能并变得有利可图，也为河套地商提供了广阔的发展舞台。

（二）河套灌区近代的开发与建设

从道光开始，到光绪末年，在广阔的河套灌区上展开了众多地商竞相开渠的活动。1850年以后，黄河北河断流，原后套地区由沼泽之地变为干旱，为农田水利开发创造了客观上的可能。到1891年开挖永和渠（沙和渠）止，在河套形成了八大干渠，河套灌区水利开发初具规模。

1931年，晋绥公署主任阎锡山提出了"屯垦西北，造产救国"的主张，新挖和清淤较大的干支渠30余条，渠身总长410千米。1940～1941年，傅作义提出了"治军与治水并重"的口号，开挖复兴渠。至此，由清末的八大干渠演变成现在的十大干渠，即塔布渠（塔布河）、长济渠、通济渠（老郭渠）、义和渠（王同春渠）、复兴渠（沙和渠）、丰济渠（中和渠）、永济渠（缠金渠）、黄济渠、杨家渠和乌拉河。十大干渠基本上控制了河套的全部土地。另外，从黄河上直接开口引水的小干渠还有三四十道，均先后与十大干渠合并。每条大干渠开挖，从开始到最后定型，都经历了从"河化"阶段到"渠化"阶段的演变。

1933年，华北水利委员会成员王华索、刘锡彤、吴树德对黄河中游（宁夏至绥远托克托县的河口镇）主要干流进行了调查，并写了《黄河中游调查报告》，在结论中说："年来河套方面，农产极丰，徒以无处销售，竟致谷粮积久腐烂，用代薪火，至为可惜。如能利用水运，救晋陕之灾民，甚为功德，何可胜言。"

（三）河套灌区现代的建设与发展

中华人民共和国成立后，党和政府十分重视水利事业建设。增加水利投入，组织和发动群众，开展农田基本建设，振兴灌区，集中体现在四大历史跨越上。

1.1949～1965年，保灌工程建设

20世纪50年代至60年代初，河套灌区重点是保灌工程建设，这是第一次大规模的水利建设。1950年修建了黄河防洪堤和黄杨闸（后改名解放闸）工程。为了从根本上解决防洪干旱的问题，1961年水利部建成的黄河三盛公枢纽工程和黄河左岸总干渠，基本上疏通了干渠、分干渠引水系统，形成了灌水渠系网的基本框架，使河套灌区成为一首制有坝引水的特大型灌区。即使在连续干旱黄河来水量极低的年份，也能够确保河套灌区的引水灌溉。从根本上解决了河套灌区多年的防洪抗旱问题，还促使河套灌区农业和经济走上了稳步发展的道路。

2.1965～1978年，排水骨干工程建设

河套灌区虽然解决了引水问题，但是长期受排水问题的困扰，导致土壤次生盐碱化日益严重。20

世纪 60 年代中期至 70 年代末,河套灌区重点工作任务是排水骨干工程建设,这是河套灌区第二次大规模的水利建设。河套灌区在 1965 年疏通了总排干,开挖并疏通了干沟和排水分干沟;1975 年第一次扩建了总排干沟同时其他排水干沟开工,还修建了红圪卜扬水站及开展田间工程配套建设;至此,排水骨干系统基本形成。

3. 1978 ~ 1998 年,排灌配套和田间配套工程建设

20 世纪 70 年代末至 1998 年,进行了第三次大规模的水利建设,重点是河套灌区灌排配套和田间配套工程建设。1988 年,经国务院批准,河套灌区灌排配套和田间配套工程项目区总面积 519 万亩,配套面积 315 万亩,总投资 8.2 亿元。筹资渠道主要有:利用世界银行贷款 6000 万美元,国内匹配资金,群众集资、投劳等。

4. 1998 年至今,续建配套与节水改造工程建设

1998 年至今,进行了第四次大规模的水利建设,重点是河套灌区续建配套与节水改造工程建设。从 20 世纪 90 年代开始,黄河上游农业开发步伐加快、用水量增加,使灌区的适时引水日益困难,灌区节水势在必行。经过十多年的不懈努力,呈现出了灌溉面积、用水量增加而引黄总水量减少的显著变化。到 2003 年,河套灌区的农牧林灌溉面积达到近 880 万亩,是中华人民共和国成立初期灌溉面积的 3 倍,粮、油、糖产量分别比中华人民共和国成立初期增长了十几倍,被誉为"塞外米粮川"。

同时,黄河流经多彩多姿的巴彦淖尔大地上,在低洼地形成了大小湖泊(海子)300 多个,水域面积 72 万亩。其中乌梁素海面积最大,约 40 万亩,是河套灌区排水、山洪水总的容泄区,也是内蒙古主要的水产基地之一。这里风光秀丽,景色迷人,被誉为"塞外明珠"。

从秦朝到清末,内蒙古河套灌区开挖大小干渠四十多条,沿用至今的还有 13 条大干渠。特别是中华人民共和国成立后,勤劳智慧的河套人民,在中国共产党的领导下,兴修水利,开挖渠道,引黄灌溉,已形成比较完善的七级灌排配套体系。2019 年,内蒙古河套灌区入选世界灌溉工程遗产。这些宏伟的水利工程建设为我们留下了宝贵的精神财富,为今天的"塞上江南,绿色崛起"奠定了坚实的基础。

二、"塞上江南"的历史演进脉络

认识任何一种事物都要经历从感性认识到理性认识的不断深化的过程,巴彦淖尔从最初的自然景观似江南,到现在提出以"塞上江南,绿色崛起"为区域经济社会发展奋斗目标也是认识不断深化的过程,是把握经济社会发展规律的过程,也是不断丰富其内涵、拓展其外延的发展过程。

相传,在西汉时期,王昭君出塞后,住在了鸡鹿塞。鸡鹿塞临近屠申泽(今太阳庙海子),水草丰美,且地势险要。有一天,昭君骑马向东南而行,不几时,来到屠申泽,但见屠申泽烟波浩渺,百鸟飞翔,蒹葭苍苍,水天一色,大有江南水乡的风采。这是关于河套灌区似江南最早的文字记载。

北魏时期把今河套灌区至土默川一带称为敕勒川,《敕勒歌》是南北朝时期黄河以北的北朝流传的一首民歌,歌咏了河套灌区作为北国草原壮丽富饶的风光。

1227 年,成吉思汗率领骑兵亲征西夏,经过现今的乌拉山,远眺一望无垠、草木茂盛的河套灌区时,写下了赞美河套灌区的美丽诗句:"这地方真美呵!国破家亡之日,可在这里谋求复兴,和平兴旺之时,可在这里定居发展,饥饿的梅花鹿,可在这里生息繁衍,耄耋老人,可在这里颐养天年。"[①]

---

① 罗布藏丹津:《蒙古黄金史》,蒙古学出版社 1993 年版。

清朝末年的一首民歌，是这样唱的："黄河北，阴山南，八百里河套米粮川，渠道错密如网，阡陌纵横似江南。"

与中华人民共和国成立初期相比，20世纪80年代末期的粮豆总产量增长了4倍，油料总产量增长了40倍，甜菜的总产量增长了5113倍。

共建绿色产业集聚区、生态文明示范区、乡村振兴样板区、对蒙开放先行区、美好生活共享区，到21世纪中叶综合实力和区域竞争力达到发达地区水平，实现"塞上江南、绿色崛起"的奋斗目标。"五区共建"包含了新发展理念的全部内容，使"塞上江南，绿色崛起"奋斗目标的内涵进一步丰富，外延进一步拓展，标志着巴彦淖尔市进入了一个全新的发展时代。

三、"塞上江南"的时代价值

今天的局面来之不易，是千百年来辛勤的河套人民智慧和汗水的结晶。在新的历史时期，我们要继续传承艰苦奋斗的"总干精神"，从先人给我们留下的肥沃土壤中汲取养分，为"塞上江南，绿色崛起"提供源源不断的强大精神动力。

（一）坚持党的领导，是"塞上江南，绿色崛起"的核心优势

历史一次次地证明，只有坚持中国共产党的领导，中国才能始终稳健前行。河套地区在中华人民共和国成立前经过两千多年的发展，只是在清朝末期形成了八大干渠，那也是占了天时、地利、人和的优势。到民国发展成为十大干渠。中华人民共和国成立后，中国共产党坚持以人民为中心的发展理念，充分发挥集中力量干大事的制度优势，经过短短70年的时间，办成了以前想干却没有干成的事情，解决了以前想解决而没有解决的问题，使河套地区成为国家和自治区的重要粮、糖、油生产基地，被列为国家"十二五"规划中的七大农产品主产区之一，为国家粮食安全做出了重大贡献。

"塞上江南，绿色崛起"奋斗目标的提出，充分体现了新一代共产党人对巴彦淖尔市人民的一份责任和担当，也是全市党员干部向全市人民发出的一项庄严承诺。时代是出卷人，我们是答卷人，人民群众是判卷人。答得好不好，能不能及格，由时代去检验，由人民去评判。

（二）尊重科学规律，为"塞上江南，绿色崛起"保驾护航

中华人民共和国成立以来，河套地区发生了翻天覆地的变化，这是尊重客观事实科学规划的结果。中华人民共和国成立后，针对内蒙古河套灌区先后制定了"五七规划""六四修正规划""七四规划"和"八三规划"。"五七规划"成为改造旧灌区、建设新灌区的基本依据和指导性文件。"六四修正规划"对灌区的渠系裁弯取直，增加排水系统，对乌梁素海的水位及利用都有所规定。"七四规划"方案对"五七规划"，特别是对"六四修正规划"有所补充，明确了河套灌区建设的主攻方向和奋斗目标。"八三规划"提出："河套灌区按53.333万公顷进行建设，达到灌区灌排全面配套，重点完成排水系统工程建设，同时搞好田间工程配套，以达到科学用水的目的。"每个规划都是在深入研究、尊重客观事实、科学论证的基础上得出。从一首制黄河引水，开挖总排干，灌排配套，到节水工程建设都是对规划落实的具体体现，都能解决实际问题，有力地促进了地区经济社会的大跨越式发展。

现代化灌区建设规划已进入专家论证阶段。规划五大理念（优质服务灌区、民生优先灌区、绿色发展灌区、创新驱动灌区、和谐美丽灌区）的践行，必将为"塞上江南，绿色崛起"奋斗目标提供更加坚强的水利支撑和保障。

（三）社会安定民族团结，是"塞上江南，绿色崛起"的先决条件

综观历史，秦末至东汉以后，河套灌区由于边疆不宁和汉族移民内迁，逐渐毁弃，引起大面积的土地荒漠化。民国时期，阎锡山、傅作义虽然在水利工程建设和农业开发方面做了一些工作，但"五原战役"（对日本的战争）对水利工程的破坏也是极其巨大的。中华人民共和国成立后，在中国共产党的坚强领导下，实行民族区域自治，社会安定，经济稳步发展，多民族聚居文化融合交流互鉴，呈现出一片欣欣向荣的发展局面。

习近平总书记指出，各族干部群众都要像爱护自己的眼睛一样爱护民族团结，像珍视自己的生命一样珍视民族团结，坚决反对一切不利于民族团结的言行。社会安定是发展的基石，民族团结是社会安定的先决条件。我们要深入学习贯彻落实习近平总书记关于民族团结的思想理论，守望相助，与各民族同胞以心交心，就像石榴籽一样紧紧抱在一起，凝聚力量，努力实现"塞上江南，绿色崛起"的奋斗目标。

（四）发挥利用好最大的资源优势，是"塞上江南，绿色崛起"的根本保证

得天独厚的水、土、光热资源是河套灌区最大的自然资源优势，是巴彦淖尔市的发展之基，安身立命之本。第一，水。黄河流经巴彦淖尔市345千米，年径流量316亿立方米，每年引入黄河总用水量49.13亿立方米，其中农业用水42.04亿立方米，生态用水7.09亿立方米；河套灌区西南高东北低，坡降适宜，为农业自流灌溉创造了便利条件。到目前为止，各级渠道总长4.9万千米，各级干沟总长1.3万余千米，灌排工程渠沟总长6.2万千米，相当于绕地球赤道1.5圈。这样宏大的水利工程，使黄河水滋润着河套灌区的每一寸土地。第二，土。黄河经过千百万年的冲刷，恩赐给河套灌区的儿女们膏润深厚的黄土，由灌溉淤积、施肥和冲积洪积形成，灌淤土是优良耕作土壤，经过交替作用，年久熟化，格外肥沃，现有1100万亩优质水浇地。第三，光热。日照时间长，昼夜温差大，全年日照总时数3200小时左右，日照百分率67%～73%。年总辐射量627千焦耳/平方厘米，河套灌区地表温度年均6.9℃，10℃以上活动积温3000～3280℃，是发展农业的有利因素。

水、土、光热组合的显著优势，使河套灌区具有生产高品质农作物的条件。中国气象局公共气象服务中心针对河套灌区优质农作物成因开展气候论证工作，对河套灌区种植条件进行了全面的定性和定量评价认证：河套灌区种植条件评分为95分，适宜高品质农产品种植地带，认证为"天赋河套·黄金农业种植带"。到目前为止，巴彦淖尔市获国家地理标志产品认证的农产品有河套向日葵、河套番茄、巴彦淖尔河套肉苁蓉、河套蜜瓜、河套西瓜、河套枸杞、河套黄河鲤鱼、五原小麦、五原黄柿子、五原灯笼红香瓜、黑柳子白梨脆甜瓜、杭锦后旗甜瓜、三道桥西瓜、新华韭菜等17种。

保护环境就是保护生产力，改善环境就是发展生产力。我们要继续学习贯彻习近平总书记关于生态环境保护的思想，坚定践行"绿水青山就是金山银山"的理念，落实好中央、自治区有关生态环境保护的政策，在"四控"（控肥增效、控药减害、控水降耗、控膜提效）方面下足功夫，把老祖宗留给我们的这块宝地守护好，利用好，发展好，造福全市170万河套儿女。

（五）传承艰苦奋斗的"总干精神"，为"塞上江南，绿色崛起"提供源源不断的精神动力

河套灌区的开发始于汉代，经过一代代勤劳的河套人民艰苦奋斗，到清光绪末年，形成了八大干渠。最杰出的代表人物有王同春、杨满仓、杨米仓等。中华人民共和国成立以来，中国共产党团结带领广大劳动人民群众，艰苦奋斗，先后掀起了三次大规模的水利建设。中华人民共和国成立初期，生产力水平低下，人们采用锹铲、肩挑开挖了总干渠、总排干，他们住牛棚、睡马圈，数九寒天奋战在建设工地上，抱着与天斗，与地斗，其乐无穷的革命乐观主义和艰苦奋斗精神，排除前进道路上的艰难险阻，一代接着一代干，建成了亚洲最大的一首制自流灌溉区，拼出了"塞上米粮仓""塞上谷仓"，干出了"塞上江南"。

成由勤俭破由奢。习近平总书记强调，能不能坚守艰苦奋斗精神，是关系党和人民事业兴衰成败的大事。进入新时代，我们还需继续发扬敢想敢干、苦干实干、干成干好的"总干精神"，抓好河套全域绿色有机高端农畜产品生产加工输出基地建设，丰富发展总干精神的时代内涵，凝聚人心，汇聚力量，攻坚克难，顺势而为，努力实现"塞上江南，绿色崛起"。

今天，我们站在巨人的肩膀上继续前行，要以习近平新时代中国特色社会主义思想为指引，落实好习近平总书记在黄河流域生态保护和高质量发展座谈会上的讲话精神，全力推进"河套全域绿色有机高端农畜产品生产加工服务输出基地"建设，以"天赋河套"农产品区域公用品牌建设为重要抓手，以攻城拔寨的拼劲，推动农业供给侧结构性改革，发展现代农牧业，倒逼农牧业"四控"，减少面源污染，提高农畜产品质量，实现企业增效、农牧民增收，带动第一、第二、第三产业融合发展、促进乡村振兴，走出一条符合时代要求、生态环境保护和高质量发展的新路子。

参考文献

[1] 王天顺：《河套史》，人民出版社 2006 年版。

[2]《巴彦淖尔市水利志》。

[3] 王建平：《河套文化论文集》，内蒙古人民出版社 2008 年版。

[4] 张文彪：《琴弦上的流水》，线装书局 2012 年版。

[5] 赵焕然、倪玉明：《名人笔下的巴彦淖尔》，远方出版社 2005 年版。

[6] 德泉：《河套文化定义表述纵横谈》，《河套文化》2019 年第 3 期。

[7] 马献明：《浅论"天赋河套"之历史文化积淀》，《河套文化》2019 年第 3 期。

[8] 张志国：《再论河套文化的精神特质》，《河套文化》2019 年第 3 期。

[9]《四届四次全委会工作报告》2018 年 1 月。

[10]《四届六次全委会工作报告》2019 年 1 月。

[11] 陶继波：《晚清河套地商研究》，《内蒙古社会科学》2005 年第 11 期。

[12] 李茹：《论晚清河套地商与河套地区的开发》，《长春师范学院学报》2010 年第 5 期。

[13] 潘慧：《清代河套地区的农业开发》，西北师范大学硕士学位论文，2013 年。

[14] 燕红忠、丰若非：《试析清代河套地区农田水利发展过程中的资本问题》，《中国社会经济史研究》2010 年第 1 期。

[15] 李琴：《建国以来河套灌区水利事业发展视阈下的社会变迁研究》，内蒙古大学硕士学位论文，2019 年。

（作者分别系中共巴彦淖尔市委员会党校图书馆馆长、副教授；

中共巴彦淖尔市委员会党校副校长、副教授；

内蒙古河套灌区排水事业管理局副局长、水利高级工程师；

巴彦淖尔市临河区区委办干部，河套文化学者）

论河套水利文化

刘　勇

河套地区有广义和狭义两种含义，广义河套地区包括今鄂尔多斯市全境、巴彦淖尔市的后套地区、呼和浩特市和包头市的土默川、宁夏北部和陕西北部一带。狭义河套地区仅指后套地区，本文即从狭义河套讨论。河套灌区是中国第三大灌区，河套灌区在历时两千余年的发展中形成了水利文化。河套水利文化指历史时期河套地区的人们在认识和改造自然、在与自然互动共生过程中形成的水利文化。河套水利"创于汉唐，盛于清末"，而近代以来形成的水利文化是河套水利文化的主体。清代道光以来，河套水利可以分为晚清八大官渠、民国十大干渠及中华人民共和国成立后河套灌排渠网三个发展阶段。水利为河套命脉，河套水利文化是河套文化的本质规定，是河套文化的中心。河套水生态环境是河套人的生存基础，在尊重自然规律的前提下，河套人改造原有水生态环境，形成适宜农业生产的水生态环境，既利用了自然又保护了自然，做到了天人合一。河套水利文化也是"天赋河套"的文化内核与哲学基础。河套水利文化与"天赋河套"二者相辅相成，同向而行。现在是河套走向世界的历史机遇期，河套水利文化走向世界正当其时。河套文化走向世界，不但是由国家强盛的整体运势决定的，也是由河套积淀孕育的具体条件决定的。

一、河套水利文化的内涵

从形成的时间来看，河套水利文化主要是近代以来形成的遗产。虽然古代河套地区的人们在认识、利用、改造自然的过程中曾经修建过水利工程，但由于河套地区特殊的地理地貌而极少保存和发现这些工程的遗址、遗迹，同时古代文献也较少直接、详细记载这些水利工程的状况，而河套近代水利工程保存完整、记载较为详备，所以河套水利文化的主体是近代以来的文化，这与我国大部分水利文化形成于古代有所区别。从存在的形态来看，河套水利文化既包括物质性态的水利工程、农业聚落、农业景观等内容，也包括精神形态的祭祀仪式、文化活动、档案文献、规章制度、知识技术、水利历史、水利艺术、水利故事与传说等内容。从河套水利文化的具体内容看，物质形态的文化主要有：清代道咸至20世纪90年代形成的河套灌水、排水渠网系统，河套近代以来水利开发和走西口移民形成的农业聚落，河套近代以来形成的北方冬小麦农业景观。精神形态的文化主要有：近代以来郭大义、王同春、杨满仓等地商开发河套的历史和事迹，近代河套人民河神祭祀与河灯节文化活动，河套人民口耳相传的开挖杨家河的故事和传说，抗日战争时期河套人民的"水利抗战"历史，河套人民开挖总干渠、总排干的精神与事迹，近代以来河套的水利档案与文献。

二、河套水利文化的发展脉络

河套地处黄河"几"字湾，自古以来就是农业文明和草原文明、农业民族与草原民族的交会融合区域。农业文明以农业为经济基础，水利则是农业的命脉。河套灌区是中国著名的引黄灌溉古灌区，河套水利"创于汉唐，盛于清末"，历史悠久而又几经兴衰。依据文献资料，至少在春秋时期河套的种植农业就已有了一定的发展。汉代在河套地区设立郡县，大兴屯垦，同时期的宁夏已经开挖渠道，历史学家认为河套应该开挖过一些渠道，但可惜没有渠名记载。北魏时期，在河套和包头市一带，修建了引黄灌溉工程，在今磴口县境内的铜口，有从黄河东岸开口的人工渠道，自东而西灌溉附近农田。唐代在今五原县修有阳陵、咸应、永清三渠，灌溉农田几十万亩。唐代河套渠名始有记载，唐以后记载缺略。直至清代，河套灌区水利又一次复兴。清乾隆至道光年间，今磴口县修有沈家河、大滩渠等引黄灌溉渠道，今杭锦后旗与磴口交界的乌拉河水利也逐渐被开发利用，杭锦后旗境内的旧杨家河发挥了一定的灌溉作用。

清代道光以来，河套水利可以分为晚清八大官渠、民国十大干渠及中华人民共和国成立后河套灌排渠网三个发展阶段。

1. 晚清八大官渠

晚清河套开发了八大官渠，分为道咸和同光两个时期。

道咸年间，河套的水利开发主要是缠金渠（永济渠）和刚目渠。"永济渠原名缠金渠，为地商永盛兴、锦和永等于道光五年借贷达旗之款，未能归偿，以地作抵，遂开此渠。"道光八年（1828年），清廷特准开放缠金地，来此租地垦荒的商人越来越多。道光、咸丰年间在缠金地商号有四十八家，四十八家商号集资扩建渠道，缠金渠接挖至七十多千米，口宽五丈，每年灌溉达三四千顷，收粮数十万石。刚目渠原为临河境内的黄河天然支流，原名刚目河、刚毛河。"咸丰年间，商人贺清开濬，股份众多，支渠林立，渠身甚长。"

同光年间，河套的水利开发主要有通济渠（老郭渠）、长济渠（长胜渠）、塔布渠、义和渠（王同春渠）、沙和渠（永和渠）及丰济渠（中和渠）。通济渠经历了一个由短辫子壕、短辫子渠、老郭渠到通济渠的过程。同治十三年（1874年）重新开挖短辫子渠，王同春放弃了短辫子渠旧口，"另自黄河寻口开渠引接壕内，而自黄河寻口开渠者，乃王同春始也"。因郭大义是重挖短辫子渠的经理，故名老郭渠。郭大义死后，其子郭敏修继续开挖和管理老郭渠。民国四年（1915年）老郭渠改称通济渠。长济渠原名长胜渠，于同治十一年（1872年）为地商侯双珠（侯毛骡）、郑和等共同开挖。光绪初年，地商樊三喜、夏明堂、成顺长、高和娃与蒙古族人吉尔吉庆组成五大股，合力修挖塔布河，光绪七年（1881年）基本完工，灌地一千余顷。光绪六年（1881年）王同春动工开挖义和渠，由土城子北黄河岸开口，利用天然沟壕向东北开挖。义和渠历时十年，全渠长一百一十里，"灌溉区域，面积二千八百余顷，能种之地，约二千余顷，能浇者千顷以上"。"沙和渠系王同春于光绪十七年（1891年）开挖。事前因达拉特发生内争，王同春亲为调解，费月余之力，消费银二千余两，始告解决。达旗感念王君之德，遂将隆兴长以西地亩，租与耕种。王君因感有地无水，遂兴意动工，夙兴夜寐，奔劳辛勤，日无暇暑，亲率工人开挖，因渠口附近数里皆为沙漠，故名曰沙和渠，又名王同春渠。"光绪十八年（1892年），王同春出资开挖丰济渠，重新自黄河北岸开口，历时八年，干渠长九十余里，支出工银七万余两。

光绪二十八年（1902年）清廷任命贻谷为钦差大臣督办蒙旗垦务，一方面推进了蒙旗报恳，另一方面将八大私有干渠归公有，河套就形成了八大官渠即八大干渠。八大干渠自东向西为塔布渠、长济渠（长胜渠）、通济渠（老郭渠）、义和渠（王同春渠）、沙和渠（永和渠）、丰济渠（中和渠）、刚济渠（刚目河）及永济渠（缠金渠），河套灌区初具规模。

2. 民国十大干渠

民国河套水利的主要成就是新增了黄济渠、杨家河、乌拉河三条干渠和扩建了沙和渠。黄济渠原名黄土拉亥河，是河套西部原南北河之间的一条天然河流，渠口有黄土脑包一座，蒙族人把脑包又叫拉亥，所以得名黄土拉亥河。清光绪庚子年（1900年），教会以赔教款的名义，全部占有黄土拉亥河渠地。清末黄土拉亥河严重淤积，陕坝以南地方仅有三四项可耕地，于是天主教会出面组织挖渠。民国十四年（1925年）临河设治，经临河设治局长官绅等与教会交涉，将黄土拉河渠地无条件收回。民国三十二年（1943年）黄土拉亥河改名黄济渠，列为河套十大干渠。民国河套地商开渠的最大成绩是杨家河的开挖。民国六年（1917年）春，杨氏家族从原义祥永东南黄河畔之毛脑亥口开口动工，工程历时十年之久，费银七十余万两，计干渠全长一百四十余里，浇地一千余倾，列入民国河套十大干渠。民国三十二年（1943年）四月民国政府修整乌拉河，由傅作义派出官兵七百余人，两个月完成全部任务。乌拉河经过这次大规模修整后，灌溉面积达二十万至四十万亩，被列为河套十大干渠。民国三十二年（1943年）春夏，傅作义派军工万余人扩建沙和渠上部，经五十余天施工，完成土方一百三十多万立方米，同时以少量民工在新干渠上先后修建草闸四个，把合并的小渠口分别集中到二、三、四闸引水，以便管理。当年增灌面积达到三十万亩。从此沙和渠改名复兴渠，列为河套十大干渠。

河套灌区的近代水利开发，从渠道本身来说，经历了由八大干渠到十大干渠的演变过程。原来的八大干渠大体于清末基本挖成，到了民国时期，刚目河（刚济渠）和沙和渠（永和渠）均被合并到大干渠成为支渠，另外，又先后挖成黄济渠、杨家河、乌拉河和复兴渠。最后演变成的十大干渠是塔布渠（塔布河）、长济渠（长胜渠）、通济渠（老郭渠）、义和渠（王同春渠）、复兴渠（沙和渠）、丰济渠（中和渠）、永济渠（缠金渠）、黄济渠、杨家河和乌拉河。至此，十大干渠基本上控制了全部河套的土地，可以说灌区基本形成了。

3. 中华人民共和国成立后河套灌排渠网

中华人民共和国成立以来，河套主要的水利工程有黄河三盛公水利枢纽工程、总干渠工程及总排干工程。黄河三盛公水利枢纽工程位于磴口县巴彦高勒东南黄河干流，工程是在黄河上建立拦河闸，实现拦河截水、截流灌溉功能，工程由拦河闸和土坝连接组成。拦河闸从黄河左岸向右岸延伸，闸分十八孔，孔径十六米，闸身长三百二十五米。工程包括北岸总干进水闸、南岸进水闸、沈乌进水闸等八项工程。1959年6月工程动工，1961年5月截流告成。三盛公水利枢纽工程结束了河套灌区自流灌溉的历史，成为建设新型大灌区的起点，是河套建设1000万亩粮食基地的根本水利设施。总干渠就是指三盛公水利枢纽工程北岸输水总干渠，就是将河套各大干渠的引水口都归并到总干渠引水。1958年11月根据"一首制"方案开始施工，包括进水闸、跌水电站、四个分水枢纽、总排干与总干渠交叉工程等工程。总干渠是政府组织群众人工开挖，到1967年与三湖河干渠接通。总排干是河套灌区排水系统的主体工程。总排干前身是黄河故道乌加河，是灌区排泄灌区余水、山洪水、地下水的天然通道。总排干主要解决河套灌区的排水、排盐碱问题。工程包括总排干主干段、乌梁素海及出口退水渠三部分，从1957年开始，1967年初步完成，以后在20世纪70～90年代又经过了大规模的改造扩建。

中华人民共和国成立以来，河套灌区建设了三盛公水利枢纽、总干渠工程，同时从黄河上引水的小干渠与十大干渠合并，形成十三大干渠，即一干渠、乌拉河、杨家河、黄济渠、永济渠、丰济渠、灶火渠、沙和渠、义和渠、通济渠、长济渠、塔布渠和三湖河。由三盛公水利枢纽、总干渠、干渠组成引水系统，由总排干及干沟组成排水系统，两者共同组成河套灌排系统，这是河套水利遗产的主体。

三、河套水利文化的历史地位

文化是人们所创造的物质成果和精神成果的总和。文化都是发生在一定的地理区域之内和一定的历史环境之下，每一地域都有每一地域的文化。河套文化就是生活在河套的人们所创造的物质成果和精神成果的总和。社会历史发展的规律表明，当一地域的社会经济发展到一定时期时，文化自觉、文化寻根与文化自信就成为这一地域必须面对的文化课题。文化自觉就是人们对自身所处地域文化的觉察和觉醒，就是自觉到地域文化的某些规定性与独特性，进而意识到要从地域文化的规定性和独特性上理解和解释自身的文化意义。文化自觉促使人们去追寻地域文化的源头，追寻地域文化的起点与根基，为文化找到根本依靠，为群体和个体找到根本依靠。文化自觉是文化寻根的前提，文化尚不自觉就不可能会文化寻根，去寻找文化的根基。文化寻根才能为文化自觉找到根本依靠，否则文化自觉就没有着落。文化自信就是人们对自身文化意义的认同和自信。文化自觉是文化自信的条件，文化自信是文化自觉的归宿。

河套文化自觉是河套社会经济发展到一定时期，人们对自身文化意义的觉醒。从时间上来说，河套文化自觉萌芽于20世纪八九十年代，这一时期还不是真正的自觉，仅是人们用河套地域文化的某些特征来描述河套与河套人。21世纪的前十年，河套人开始文化自觉，开始提出河套文化的概念，并热烈讨论河套文化的内涵与外延。21世纪的第二个十年，在文化自觉的基础上，河套人开始文化寻根，试图从各种河套文化中找出最本质的存在，找出最深沉的根源。现在这个最本质的存在和最深沉的根源已经找到，就是河套水利文化。河套水利文化是河套文化的本质规定，是河套文化的中心。

虽然几经兴衰，但水利为河套命脉是河套历史发展得出的结论。尤其是近三百年来，河套农田水利进入了一个稳定开发期，从清代乾隆二十八年沈家河开挖至今，水利开发使巴彦淖尔市黄河至阴山之间的广阔区域变成了农业为主、农牧结合的区域，也极大地影响着阴山以北区域的经济和社会。历史时期河套的水利开发，吸引了大量的内地人民到河套地区谋生，相当一部分人在河套定居生活，变成了真正的河套人。这些创造了河套历史的人们，同时创造了河套文化。在文化自觉的历史语境下，河套人开始追问历史：是什么让饥肠辘辘的祖先在河套大地生存下来，有地种，有饭吃？是什么保证了他们的基本生存资料？是什么哺育了我们的祖先、我们的父母及我们自己？最初的时候我们是怎样开始的，是怎样走到今天的？我们要回到怎样的历史、我们要保留怎样的记忆、我们要找到怎样的依靠？河套人在近三百年最深层的历史积淀中寻找当代河套的根基和依据，得出的结论是：是黄河水哺育了一代又一代河套人，是水利让河套人有地种，是水利让河套人有饭吃，是水利保证了河套人的基本生存资料，水利是河套人最初的开始、最重要的历程、最永久的记忆、最根本的依靠，水利是河套的中心，水利文化是河套文化的中心。

四、河套水利文化的生态价值

历史上河套的水利开发，所遵循的历史哲学是天人合一，即人与自然和谐相处。河套地处西北边疆，气候干旱少雨，水资源为河套第一资源，水生态环境为河套最重要的生态环境。河套人正是在与水生态环境和谐相处中，在利用、改善和保护水生态环境的历史哲学指导下，开发利用黄河水利，创造河套历史。河套水生态环境是河套人的生存基础，在尊重自然规律的前提下，河套人改造原有水生态环境，形成了适宜农业生产的水生态环境，既利用了自然又保护了自然，做到了天人合一。黄河流经河套，自古分为南北二河，北河为主流，南河为支流。清乾隆至道光年间，黄河主流逐渐改经南河，这是河套水生态环境一次重大自然变化，这次变化为河套水利开发奠定了基础。河套人根据河套地区西南高、东北低的地势，从黄河南河开渠引水，将黄河水源源不断输入干旱的草原，使河套变为宜农宜牧、水草丰美的河套平原。在河套腹地进行水利开发之前，河套西部地区受到乌兰布和沙漠侵袭，土地已经半沙化，整个河套遍布沙丘，只能生长极少种类的耐旱植被。自河套大兴水利，发展农业与植树造林，遏制土地沙化，阻挡乌兰布和沙漠东侵，河套大地黍油麦秀、草长莺飞，成为塞外粮仓。河套水利不但为河套人提供了衣食之源，而且改善了河套地区的生态环境，是名副其实的生态水利。河套近三百年的持续发展，正是遵循"人"即水利开发与"天"即生态环境的相生相长，遵循人与天合一，遵循人与自然和谐，这是河套历史发展的根本规律。

历史上河套水利文化引领河套千百年，未来河套水利文化必将继续引领河套发展。从今天来看，河套以农为主、农牧结合的现实基础没有改变，河套水利在河套的重要地位没有改变，河套水利文化居于河套文化中心的普遍认同没有改变。河套今天的现实以水利为基础，河套明天的崛起应该以水利为起点。现在河套在国家大战略下构建绿色崛起，提出"天赋河套"，打造"天赋河套"系列农副产品，以品牌带动全域农业高质量发展，这是河套未来发展的必由之路。"天赋河套"目前处于提出的初级阶段，还没有从哲学上解释"天赋河套"的内涵。"天赋河套"如果要走向世界，必须从历史哲学上给予合理解释。"天赋河套"应该从河套人与黄河的关系、与生态环境的关系、与水利的关系上来理解。要讲清楚"天赋"给河套的是哪些，天赋予河套的是黄河"几"字湾的地理位置、是宝贵的河水、是肥沃的土地、是充足的光照。还要讲清楚哪些是河套人在"天赋"基础上的创造，河套人开挖的渠道、开垦的土地、辛勤耕作出的绿色农业产品，这些不是天生的，不是天赋的，是河套人的创造。河套人的创造在天赋的基础上进行，经过人的创造将天之赋予发挥到极致，并且始终坚持人与自然和谐、人与生态和谐。"天赋河套"的文化内涵、哲学意蕴是天人合一，是河套人民在具备自然条件的基础上兴修水利、耕种农田、辛勤劳动与智慧创造，在这个创造过程中人与自然相统一、民生与生态相统一、天赋与人为相统一。"黄河百害，唯富一套"，河套的富是大自然造化与河套人创造的完美结合，缺少其中任何一个，都不可能有今天之河套。河套未来的绿色崛起应该接续河套水利文化的血脉与文脉，找到河套现在、未来与历史的契合点，从河套历史起点的意义上思考河套的未来，将河套的历史智慧转化为现实智慧，让河套水利文化在河套崛起的新起点上再次出发。

五、河套水利文化走向世界正当时

中国正在走向世界的中心，中华民族伟大复兴正在变成现实。随着中国走向世界，河套必然会走向世界，河套走向世界的实质是河套文化走向世界，河套文化走向世界的根本是河套水利文化走向世界。文化是一个民族的标识，文化软实力是一种持久的和深层的影响力，从某种意义上说，中国走向世界是中国文化走向世界。中国文化走向世界，一方面是中国文化总体走向世界，另一方面是中国各个地域文化走向世界。河套地区是中国边疆的一个重要区域，河套文化是中国文化的一个特色地域文化，河套文化走向世界是河套区域发展的必然要求，是中国文化走向世界的有机组成。河套历史悠久，自古就是中原民族和北方民族的交会融合区域，各族人民共同创造了璀璨多姿的河套文化，总其大者，上古有阴山岩画，古代有汉匈战争与万里长城，近代有河套水利。河套文化，上古说"画"，古代说"战"，近代说"水"。河套水利文化是河套文化的根基和中心，是河套最具特色、最具影响力的文化成果。河套水利文化是今天河套的历史根据和现实基础，是今天河套绿色崛起取之不尽、用之不竭的智慧源泉，河套文化走向世界的根本是河套水利文化走向世界。

现在是河套走向世界的历史机遇期，河套水利文化走向世界正当其时。河套文化走向世界，不但是由国家强盛的整体运势决定的，也是由河套积淀孕育的具体条件决定的。从河套水利文化自身看，成为世界灌溉工程遗产为河套水利文化走向世界提供了条件。河套灌区是中国的第三大灌区，在世界上也是著名的大灌区，但是目前河套水利文化的知名度和影响力还比较低，不能和河套灌区的知名度和影响力相匹配。就河套灌区而言，灌区的面积等硬实力世所公认，而灌区水利文化的软实力却远远没有显示出来。中国著名水利工程都江堰、郑国渠、灵渠等，都在有意识地扩大文化影响力，河套灌区在这方面稍显滞后。2019年河套灌区获批世界灌溉工程遗产，这是河套历史的一件大事，也是河套文化的一件大事，为河套水利文化走出河套、走向世界提供了机遇。河套人应该抓住这一机遇，加强对河套文化尤其是水利文化的研究，要凝练河套水利文化的内涵和特色，要阐释河套水利文化的世界价值，讲好河套水利故事，宣传好河套水利文化。从近年河套提出绿色崛起看，"天赋河套"为河套水利文化提供了产品依托。"天赋河套"系列产品是河套水利文化的结出的果实，是看得见、摸得着的水利文化。同时，河套水利文化也是"天赋河套"的文化内核与哲学基础。河套水利文化与"天赋河套"二者相辅相成，同向而行。河套水利文化应该是开放包容的，应该能吸纳河套社会经济的最新成果，同时为助力河套社会经济发展。走向世界的河套水利文化是与河套同质意义上的河套水利文化，河套水利文化走向世界，即河套走向世界。在河套水利文化走向世界的过程中，河套人要坚持文化自信，要坚信河套水利文化的独特价值，坚信河套水利文化在世界文化之林中自有一席之地。河套人在文化上越自信，就越有利于河套水利文化走向世界；河套水利文化越走向世界，也就越能增强河套人的文化自信。

参考文献

［1］绥远通志馆.绥远通志稿［M］.呼和浩特：内蒙古人民出版社，2007.

［2］巴彦淖尔市地方志办公室.巴彦淖尔市旧志两种［M］.呼和浩特：内蒙古文化出版社，2010.

［3］王喆.后套渠道之开浚沿革［A］//政协内蒙古文史资料委员会.内蒙古文史资料.第三十六辑.王同春与河套水利［C］.呼和浩特：内蒙古文史书店，1989.

［4］王文景.后套水利沿革［A］//政协巴彦淖尔文史资料委员会.巴彦淖尔文史资料.第五辑［C］.1985.

［5］内蒙古河套灌区解放闸灌域管理局.内蒙古河套灌区解放闸灌域水利志［Z］.杭锦后旗：内蒙古地矿印刷厂，2002.

（作者系浙江越秀外国语学院讲师）

黄河（河套）文化初探

张建斌

一、河套文化的历史维度

古语讲"黄河百害，唯富一套"。"一套"就是指位于黄河"几"字湾的河套地区，这一地区在悠久的历史长河中形成了具有雄厚底蕴的河套文化。河套流域是黄河上游的重要组成部分，在黄河全流域的作用举足轻重。黄河流域作为中华文明的发源地，早在四千多年前，黄帝部落和炎帝部落结成部落联盟，在黄河流域繁衍生息，逐渐成为华夏民族的主干部分。河套文化在中华民族几千年的历史长河中，在黄河全流域、在中华黄河文明中具有非常重要的历史文化地位和不可替代的独特作用。河套兴，则北疆兴；河套安，则天下安！无论是从战略意义还是从国计民生的角度，河套地区河套文化均占有极其重要的地位。

河套文化是华夏文明中最早的一支文化，它是中华文化一体多元、和谐共生的典型代表，融合汇聚了黄河文化、农耕文化、中原文化、草原文化、边塞文化等，经过不断地传承和积淀，具有显著的民族特色和地域特征，是一种兼容并蓄的区域文化，从发生至今数万年，历经各个历史时期，在20世纪被提出之后尘封60余载，所幸她没有被覆盖、淹没、替代，更没有消失，并在当代获得了传承和发展。

二、河套文化的地理维度

黄河流经内蒙古自治区境内全长843.5千米，覆盖全区7个盟市的30个旗（县、区），是内蒙古经济主轴带和发展核心区。黄河流域位于东经96°～119°、北纬32°～42°，发源于青藏高原巴颜喀拉山北麓的约古宗列盆地，干流全长5464千米，现流经青海、甘肃、宁夏、内蒙古、山西、陕西、河南、山东8省区后，注入渤海。黄河总流域面积79.5万平方千米，其中内流区面积4.2万平方千米，东西海拔落差4480米。

1952年，黄河水利委员会组织查勘队，历时4个月，进行了实地查勘测量，指出黄河的正源是历史上所指的玛曲。1978年，由青海省人民政府和青海省军区牵头，邀请有关单位专家组成考察组，又进行了实地考察，提出将卡日曲作为河源的建议。1985年，黄河水利委员会根据历史传统和各家意见确认玛曲为黄河正源，并在约古宗列盆地西南隅的玛曲曲果，树立了河源标志。黄河河源段河谷两岸地形平缓排水不畅，形成了大面积沼泽地，湖泊多；河源至贵德段属于青藏高原，地势多为4000米以上的山岭和草地高原，海拔均在3000米以上；贵德至孟津江段属于黄土高原地区，地貌起伏不平，坡陡沟深，海拔在1000～1300米，东为吕梁西坡，南为渭河谷地，西至兰州谷地，北与鄂尔多斯高原相接；孟津以下属于华北平原，地势低平，海拔不超过50米。黄河下游河道平坦，水流变缓，平均比降只有 0.12%，泥沙大量淤积，高出地面 4～5 米。由于历史上黄河下游频繁改道，还曾流经今河北、天津、安徽、江苏等省市，后来地面逐渐形成扇状的古河床和古自然堤，成为缓岗与洼地相间分布的倾斜平原。黄河在青海省的流域面积为 15.3 万平方千米，占总面积的 19.1%，是黄河流域面积最大的省份，山东省最少，仅 1.3 万平方千米，占流域总面积的 1.6%。

三、河套文化的发展逻辑

河套大地，山河丰颐，物华天宝，萨拉乌苏水洞沟考古惊世发现；唤古喻今。七万五千年的智人转折点首推河套人。五洲四海，人种良多，公认华夏只有猿人和类猿人，例如几十万年前的元谋猿人、蓝田猿人、北京古猿人、山顶洞猿人和河套大窑猿人等。因没有智人（今人）的考证考古法引入中国，几个世纪寻宗觅祖终告一段落，发现了中国智人化石和遗址，瑞典考古学家德日进和桑志华在河套地区的萨拉乌苏发现距今七万五千年的智人化石，法国考古学家步日耶公布，由我国考古和古人类学家苏秉琦和裴文忠命名为"河套人"。

中华文明一体多元，中国文明史上下 5000 年，然而具有典籍可考也还不过 4000 年，其余均为传说和故事，田野考古法考证的红山文化、良渚文化、仰韶文化和余姚文化等最早者不过 8000 年，河套文化是史前文明，阴山岩刻是文字前最早的画像文字，河套人以山体为布，坚石当笔，布写了万年前的生存场景，凿磨成不灭之石头典籍，洋洋洒洒数万卷，名扬五洲。

黄帝寻铜，蚩尤铸剑，夏商造鼎，两周文鉴。北方古铜都，百帮垂金源。历练三千载，骑士出草原。胡服改兵史，铁骑振长烟！河套自古乃北方部落起源发达之地，至今仍然推崇为华夏文明最早的源头之一，青铜文明也是河套文化的重要元素，在炎黄二帝争夺天下，蚩尤冲杀汉南之战时期，靠的是牛羊马匹，更但离不开的是冷兵器原料——青铜的支撑，夏商青铜鼎盛时期，以及中原万代王朝，依靠长江中下游地区的江西、安徽多古铜矿，如安徽的铜陵、江西的铜绿山以及湖南的九曲湾铜矿、湖北的大冶铜绿山，甚至还有陕西一带古铜矿的支撑，持续了几千年的繁荣，而这个时期的北方，更是战争频发部落争雄，他们则凭借河套地区现乌后期境内的霍各乞铜矿的原料，成就了匈奴帝国的崛起，以及后来的突厥、北魏王朝的兴盛，更对成吉思汗帝国崛起到了关键作用，北方特别是河套地区由此也成为历代王朝的必争之地，而发生在这里的重大历史事件——赵武灵王胡服骑射，甚至改写了中原战争战术的历史。

中华帝国史，长城壮边关。赵秦汉金明，河套城障满。长河落日，大漠孤烟。秦北道端，高阙攸关。昭君出塞，鸡鹿回眸，文姬归汉，丝路横贯。成吉思汗，金戈铁马；康熙北巡。邓公驰边。北伐号令，众志成城；大捷五原，倭寇丧胆。在秦统一中国前后，直至明朝止，历朝历代为了防止来自北方民族的侵扰，修筑了闻名于世的长城烽燧塞关，据普查，从赵、秦、汉以及唐朝以后的金、明各个时期，在中国版图内修筑的长城遗址达到 21190.6 千米，其中在泛河套文化圈当中就有 20800 千米，占中国长城九成之多，妇孺皆知的"昭君出塞"、蔡文姬下嫁西域和丝绸之路起点、秦代高速公路、秦直道的北端都发生在此，这在世界上堪称奇迹，而且没有任何一个区域具有五个朝代长城汇聚的现象，除成吉思汗西征北进，清康熙大帝曾亲临寻边，清代还进行了历史性的移民戍边和著名的乌拉特部落西迁。邓小平先生也在 1926 年，应冯玉祥先生之邀请，由莫斯科返回时，驻足五原冯玉祥先生策应北伐，在这里誓师，傅作义将军抗击日寇侵略，留下了气壮山河的"五原大捷"历史篇章，河套也是具有光荣革命传统的地区，中国共产党人在这里建立了最早的地下支部，中华人民共和国成立后，这里既是六大钢铁基地之一，也是闻名于世的塞外粮仓，是国家煤炭资源最富集地区，更因为有秦汉以来的数次大移民而成为一体多元、和谐共生之文化的典型。

四、河套文化的当代发展

近年来，通过实施加高加固堤防、整治河道、修建拦蓄洪水、分滞洪水工程等多种有效措施，我国对黄河流域的治理取得了显著的成效，已经形成了较完善的防洪体系。整个黄河流域共建成了各类水库 3000 多座，其中位于巴彦淖尔市境内的三盛公水利枢纽是黄河干流上的七大骨干工程之一，滋养着河套大地 1100 万亩耕地和 150 多万河套人民。文化是经济社会发展的强大动力，出于传统民族文化传承的自觉和责任，怎么才能使河套文化揭开尘封的历史，昭然于世人焕发青春活力并发展繁荣是我们社科人的责任与担当。近年来，我们从架构河套文化理论建设起步，做规划、建机构、组队伍、抓研究、强载体、重普及，走出了一条理论—实践、再理论—再实践的路子，特别是 2005 年，刘云山部长对河套文化建设作出的专门指示，给予巨大动力，布赫委员长亲自为河套文化题词："河套文化，源远流长。"时任自治区主席巴特尔在考察巴彦淖尔经济社会各项事业发展后提出了"西有河套文化，东有红山文化"的论断，自治区多位领导、文化部多位领导都对河套文化予以关注和支持，这对我们研究挖掘河套文化是极大的鼓舞，巴彦淖尔市政府高度重视，几任主要领导亲自参与，并给予这个团队最大的信任和支持。

中国河套文化博物院是河套文化展示园区创意当中的主素，文博中心、河套文化主题公园、河套文化演艺广场、河套文化地标等一体化布局建设，如博物院、主题公园、演艺广场，三者交相辉映，相得益彰，成为河套文化的交流展示园地、群众文化活动的中心、社会文明传承的载体、河套文化传承的主要阵地，河套文化博物院由当代最具影响力，集国学、国画、书法于一身的范曾亲题馆名。近两年，我们创立了"天赋河套"区域公用品牌为地方经济发展插上了腾飞的文化翅膀，为文化与产业融合发展探索了新的路径。

诸多专家学者认可的河套文化特点特色可概括为："原角恐龙地，智人转折点，万年岩画群，北方古铜都，长城博物馆，河套文化源。"河套文化是多民族共同创造，人类数万年智慧的结晶，为了更加精准地阐释、更加广泛地宣传普及河套文化知识，需要有更多的研究考证、更多社科人的奉献。

五、思考和建议

（1）建立黄河历史文化、生态、产业研究联盟，协调各地社科资源全方位、全体系、全过程研究黄河文明。

（2）构建黄河文化交流合作机构，设立黄河研究基金和长期研究规划。

（3）筹编《中华黄河通史（内蒙古篇）》。

（4）编撰《黄河文化、生态保护规划》。

（5）编撰《黄河文化产业、生态体系发展规划》。

（6）编撰《黄河水资源综合利用规划》（包括恢复黄河航运）。

（作者系内蒙古社会科学院巴彦淖尔分院院长，

巴彦淖尔市社科联党组书记、主席）

蒙晋陕豫合作推进黄河中游沿线地区高质量发展研究

冉淑青

区域合作是全球经济发展的必然趋势，也是世界发达国家提升经济实力和综合国力的重要路径之一[①]。当前，我国已经进入高质量发展的关键阶段，各级地方政府也逐渐意识到，要实现本地经济的持续繁荣，必须摒弃粗放式发展和狭隘的地方保护主义，加强区域合作，发挥自身优势，组团作战才能在区域竞争不断激烈的时代背景下打造新经济增长点和增长极。在新时代"以点带面、从线到片"区域大合作的总体思路引领下，"一带一路"、粤港澳大湾区、京津冀、长江经济带、汉江经济带等具有全国影响的区域战略合作正在形成，并成为推动我国高质量发展的重要动力源。跨省区宏观经济振兴与区域合作已经成为新常态条件下不可回避的时代命题。2019年9月，黄河流域生态保护和高质量发展作为国家战略的提出，为黄河流域加强区域合作提供了绝佳的政策机遇。黄河中游涉及蒙晋陕豫四省区，多为经济欠发达地区，经济发展以农业生产和能源资源开发为主，相似的经济发展模式、脆弱的生态环境、一衣带水的地缘关系以及黄河文化的共同滋养，使蒙晋陕豫区域合作具有重要的发展基础。在此背景下，抓住历史机遇、顺应时代要求，通过发挥地方政府间督导和协调作用，推进蒙晋陕豫合作，探索实现黄河中游地区高质量发展的路径措施具有重要的现实意义。

一、研究综述

区域合作是指通过促进各区域功能分工与合作获得区域共同繁荣的制度安排，按照尺度划分，区域合作包括国际间合作、一国之内多行政区域合作和城市内部合作等层次[②]。复杂系统理论认为，区域是一个具有非线性、动态性、自组织和适应性的开放系统，在一定的外力作用下，区域系统能够自发演化，区域间各子系统通过彼此合作，达到彼此依赖、协同共进的有序结构状态，从而使区域经济演化为更高级的发展状态。政府多为地方发展的"代理人"，是推动区域合作的突破力量。两个或多个独立区域政府在经济、社会、环保等领域，调整区域间交流互动关系，搭建统一的发展平台，建立内部互动规则和权益义务分配机制，可以降低共同发展的交易成本，最终实现双赢。国外学者对区域合作促进区域经济发展过程及机理的解释较为多元化，Agranoff Robert（2004）提出了州际管理（Intergovernmental Management）的合作方向，认为不同层次的地方政府可以就具体问题展

---

① 汪伟全，郑容坤.地方政府合作研究的特征述评与未来展望——基于CSSCI（2003-2017）文献计量分析［J］.上海行政学院学报，2019（7）：96-104.

② 陈雯，王珏，孙伟.基于成本—收益的长三角地方政府的区域合作行为机制案例分析［J］.地理学报，2019（2）：313-323.

开横向交流，而合作活动展开的效果取决于政府的协调能力[①]。Lowndes 等（1998）提出多组织伙伴关系（Multi-organizational Partnership）面临的主要挑战是不同治理模式下可能会产生竞争或协作两种截然不同的结果[②]。Richard C. Feiock（2004）分别研究了集权性区域政府和分权性区域政府在地域范围内的治理战略所能发挥的作用，并详细探讨了合作以及在某些问题上展开竞争的可能性[③]。国内研究方面，政府合作和区域一体化研究多集中于公共管理学科和区域经济学科。早期学者多关注对区域经济与政府合作关系的论证以及政府合作基本理论的构建。陈剩勇和马斌（2004）[④] 提出区域政府合作是现有体制下实现区域经济一体化的理性选择。叶必丰（2005）[⑤]、臧乃康（2006）[⑥]、陈瑞莲和刘亚平（2007）[⑦] 以珠三角、长三角为例，分别探讨了政府合作的法制协调、合作机制、机制创新。龙朝双和王小增（2007）[⑧]、金太军（2007）[⑨]、张明军和汪伟全（2007）[⑩] 从理论视角讨论了我国地方政府合作的动力机制、形态演变以及合作过程中和谐政府关系的构建。郭寻和吴忠军（2006）[⑪]、杨妍和孙涛（2009）[⑫] 则从旅游发展、环境治理视角探讨了区域合作的机制及制度障碍。近年来，该领域研究理论深度和广度不断扩大，研究方法从静态的、单一学科研究向动态的、跨学科研究转换[⑬]。蒋永穆等（2019）[⑭] 以全国范围为尺度从理论上总结了中华人民共和国成立 70 年以来我国区域经济合作的演进动力。白晔等（2018）[⑮] 分析了良性合作环境对于破解"合作悖论"，认为其对推动区域协调发展起着重要作用。牟娟和齐英（2019）通过定量分析论证了地方政府有效合作能够带来更快的经济增长率，进而实现整个市场范围内固定资产投资总额和财政收入的增长[⑯]。程皓和阳国亮（2019）[⑰] 采用空间计量模型论证了基础设施、产业结构、科技创新与区域协同之间的互动关系。满舰远和张可云（2019）[⑱] 从演化博弈论的角度构建了区域合作机制的分析框架。

综合来看，国内关于宏观尺度区域合作与宏观经济发展的研究多集中于理论层面的构建，区域尺

① Agranoff R，Mc Guire M. Collaborative Public Management：New Strategies for Local Governments［M］. Washington DC：Georgetown University Press，2004.

② Lowndes V，Skelcher C. The Dynamics of Multi- organizational Partnerships：An Analysis of Changing Modes of Governance［J］. Public Administration，1998，76（2）：313-333.

③ Richard C.Feiock Metropolitan Governance：Conflict，Competition，and Cooperation［M］. Washington DC：Georgetown University Press，2004.

④ 陈剩勇，马斌.区域间政府合作：区域经济一体化的路径选择［J］.政治学研究，2004.

⑤ 叶必丰.长三角经济一体化背景下的法制协调［J］.上海交通大学学报（哲学社会科学版），2005，12（2）：5-13.

⑥ 臧乃康.多中心理论与长三角区域公共治理合作机制［J］.中国行政管理，2006（5）：83-87.

⑦ 陈瑞莲，刘亚平.泛珠三角区域政府的合作与创新［J］.学术研究，2007（1）：42-51.

⑧ 龙朝双，王小增.我国地方政府间合作动力机制研究［J］.中国行政管理，2007（6）：65-68.

⑨ 金太军.从行政区行政到区域公共管理——政府治理形态嬗变的博弈分析［J］.中国社会科学，2007（6）：53-65.

⑩ 张明军，汪伟全.论和谐地方政府间关系的构建：基于府际治理的新视角［J］.中国行政管理，2007（11）：92-97.

⑪ 郭寻，吴忠军.区域旅游发展中政府合作的制度障碍及对策思考［J］.人文地理，2006（1）：106-109.

⑫ 杨妍，孙涛.跨区域环境治理与地方政府合作机制研究［J］.中国行政管理，2009（11）：66-69.

⑬ 汪伟全，郑容坤.地方政府合作研究的特征述评与未来展望——基于CSSCI文献计量分析（2003-2017）［J］上海行政学院学报，2019（7）：96-104.

⑭ 蒋永穆，周宇晗，鲜阳红.国内区域经济合作演进70年：历史进程、演进动力与基本经验［J］福建师范大学学报（哲学社会科学版），2019（5）：27-35.

⑮ 白晔，黄涛，鲜龙.区域协调发展的"合作悖论"与有效性增进路径［J］.经济学家，2018（12）：64-70.

⑯ 牟娟，齐英.政府协调合作与宏观经济振兴的内在关系分析［J］.贵州财经大学学报，2019（4）：13-22.

⑰ 程皓，阳国亮.区域一体化与区域协同发展的互动关系研究——基于粤港澳大湾区及其腹地的PVAR模型和中介效应分析［J］.经济问题探索，2019（10）：65-81.

⑱ 满舰远，张可云.演化博弈视角下的区域合作机制研究［J］.区域经济评论，2019（2）：6-14.

度研究多以华北、华东以及华南地区为主，重点关注京津冀、长三角、泛珠三角的具体区域合作实践，对欠发达地区区域合作理论与实践的研究相对较少。

习近平总书记提出黄河流域生态保护和高质量发展以来，我国学者对黄河流域高质量发展进行了相关的研究与探讨。刘昌明（2019）[①]提出了黄河流域生态保护与高质量发展矛盾的对立统一性。任保平（2019，2020）[②③]、郭晗（2020）[④]、高煜（2020）[⑤]、师博（2020）[⑥]分别从总体战略设计、生态保护、现代产业体系构建、中心城市建设、体制机制等视角探讨了黄河流域的高质量发展问题。黄河流域蜿蜒漫长，正如陆大道院士所讲，黄河所经过的九个省（区）经济发展差异化显著，在全国层面难以形成如长江流域般的带状经济区。因此，当前国内对黄河流域高质量发展的研究过于宏观，难以对具体省区经济发展实践提供可操作的路径参考。本文选取经济发展特征具有一定相关性的蒙晋陕豫黄河中游沿线地区为研究对象，意在通过构建蒙晋陕豫区域合作机制与框架，提出黄河中游沿线地区生态保护与经济协同发展的统一战略与布局，为实现黄河中游地区的高质量发展提供理论参考。

二、欠发达跨省地区合作一体化共生机制的建立

资源与利益是区域合作的基础，也是区域互动合作的第一动力，对于欠发达跨省地区而言亦是如此。欠发达跨省地区由于长期处于游离于省域发展的主轴之外，长期存在着产业发展落后、交通联系闭塞、对外开放迟滞等问题，在资源开发利用上以邻为壑、恶性竞争的现象普遍存在。建立跨省地区合作一体化共生机制是破解这一问题的重要途径，在强调差别化发展的同时重组区域内部结构，强调利益共享和义务共担，将区域发展的对立变为更广空间的共存，对于欠发达跨省地区走出落后困境、实现高质量发展具有重要意义。因此，两省交界区域经济发展中形成竞争和合作的互动与耦合则是跨省地区合作的核心。"跨省地区合作一体化共生"，即跨省交界地带自愿打破行政区域界线，在区域背景下整合发展要素，通过建立联合机制，开展资源开发、产业发展、公共事业领域等全方位的合作，完善区域产业体系和产业链，共建基础设施，共同打造文化品牌，共治生态环境，从而建立全方位交流和相互作用合作机制，形成稳定的共生关系，使区域发展达到任何单方面无法达到的最高水平和区域整体利益的最大化。

（一）以文化认同为纽带的共荣合作

文化认同是统一边界地带合作意识形态的润滑剂，建立跨省地区的文化认同感则是促成边界地带合作的精神纽带。建立跨省地区地理属性、文化属性认同感，树立区域整体意识，才能摒除行政区观念障碍，克服地方保护主义以及对周边地区带来的外部性影响。建立和加强跨省交界地区的文化认同感，一方面要发掘区域历史文化资源，并在政府引导下进行区域价值认同与地域文化构建，建立区域文化意识共同体，形成地域文化精神凝聚力，夯实区域协作的文化基础，同时加强地域文化的弘扬与宣传，使其在更大地域范围内产生文化影响力，增强人民对区域文化的自豪感和荣誉感。

———

① 刘昌明.对黄河流域生态保护和高质量发展的几点认识［J］.人民黄河，2019（10）：158.

② 任保平.黄河流域高质量发展的战略设计及其支撑体系构建［J］.改革，2019（1）：26-54.

③ 任保平.黄河流域高质量发展的特殊性及其模式选择［J］.人文杂志，2020（1）：1-4.

④ 郭晗.黄河流域高质量发展中的可持续发展与生态环境保护［J］.人文杂志，2020（1）：17-21.

⑤ 高煜.黄河流域高质量发展中现代产业体系构建研究［J］.人文杂志，2020（1）：14-17.

⑥ 师博.黄河流域中心城市高质量发展路径研究［J］.人文杂志，2020（1）：5-9.

（二）以经济合作为动力的共赢合作

复杂系统理论认为，区域间经济系统是一个具有非线性、开放性、自组织与适应性的复杂巨系统。国内发达地区经济发展的历史经验表明，市场是区域合作的重要推动力量，打破两省间的行政壁垒，在规范的市场环境下市场力量推动会自发推动区域合作共赢[①]。在区域经济内部各子系统之间相互作用、外部环境交互联系基础上，建立基于特定关联关系的耦合系统，形成相互作用、彼此依赖、协同发展的有序结构状态，推动区域经济系统向更高级状态演化，实现整体功能大于各区域经济系统的线性叠加之和。欠发达跨省地区基于自身经济发展普遍落后的现实情况，需着力于优化资源在各区域的配置，加快资本、信息、技术等生产要素的流动，以经济合作为动力推动区域合作发展。

（三）以生态合作为压力分配合作

大量研究表明，区域合作在解决公共池塘资源的治理困境上具有绝对的优势。污染治理的制度性集体行动具有报酬递增特征，并能够将治理成本内生化，从而实现大范围区域生态保护的共赢。因此，建设生态利益共同体的结盟是促进跨省地区合作重要作用力之一。党的十九大以来，我国生态文明建设已进入全面治理新时代，"筑牢生态文明之基，走好绿色发展之路"已经成为各级地方政府的共识，各地区生态保护工作面临着"不得不为"的压力与迫切感。为了实现生态治理效益的最大化，跨省地区加强地方政府之间的合作，通过建立完善的协作体制机制，构建一体化治理框架，以较低的行政成本保障治理成果的最大化。

（四）以交通设施合作为拉力共建合作

交通是一种准公共物品，其建设及运营均能对经济发展产生积极影响，如减少交通运输成本、改善物流效率、促进物流业发展，以及通过改善经济发展环境增强发展要素的吸引力。欠发达跨省区为了改变交通闭塞的现状，通过政府之间的沟通协商促成跨界交通路段的有效连接，提高区域对外交通通达性，并为实现区域经济一体化合作奠定硬件基础。由于联通诉求及付出土地建设等成本差异，导致合作双方收益多寡不同，因此合作双方需要通过上级政府及第三方力量加以调和，并建立利益补偿机制来抵消合作初期初始收益的非均等化，合作后期双方利益将逐渐达到均衡状态，潜在的外部收益在一定程度上确保了这种合作关系的持续。

三、黄河中游沿线地区合作的内生动力

（一）地缘关系密切

四省交界的黄河中游地区一衣带水，地缘关系十分密切。黄河从内蒙古托克托县河口镇由南向北急转而下，流经晋陕大峡谷进入并在陕西潼关县急转东去，流至郑州市桃花峪段，此为黄河干流的中游，包括 49 个县（区、旗、市）（见表1）。根据黄河两岸的地理形态，黄河中游从地理上分为北、中、东三段。北段即从河口镇至韩城市龙门镇，这一段河流将黄土高原一切两段，东侧为晋西北黄土高原，西侧为陕北黄土高原，两侧千沟万壑的黄土地则成为黄河中游地区的独特景观。河谷两侧岩石壁立，险峻的峡谷景观故名"晋陕大峡谷"。中段为龙门镇至潼关，黄河经过龙门峡口之后进入开阔的汾渭平原缓缓流动，并接纳了两条重要的支流——渭河和汾河，该段河床十分宽阔，古人有诗云"欲

---

① 陈雯，王珏，孙伟. 基于成本—收益的长三角地方政府的区域合作行为机制案例分析 [J]. 地理学报，2019（2）：312-322.

穷千里目，更上一层楼"。东段为潼关以下，黄河谷地陡变狭窄，水流湍急，三门峡是其中最著名的峡谷，三门峡水库建成之前，两个岩石岛并排立于河中，把河水分为鬼门、神门和人门，可见水流之险恶。

表 1　黄河干流中游段落划分及所涉及的县（区、旗、市）

段落	地理范围	所涉及的县（区、旗、市）
北端	河口镇至龙门镇	内蒙古：托克托、准格尔旗、清水河县 山西：偏关、河曲、保德、兴县、临县、柳林、石楼、永和、大宁、吉县、乡宁、河津、万荣 陕西：府谷、神木、佳县、绥德、清涧、延川、延长、宜川、韩城、吴堡
中段	龙门镇以南至潼关县	山西：临猗、永济、芮城 陕西：合阳、大荔、潼关
东段	潼关县以东至桃花峪	山西：平陆、夏县、垣曲 河南：灵宝、陕州区、渑池、义马、新安、孟津、济源、吉利、孟州、温县、武陟、偃师、巩义、莱阳

（二）资源禀赋相似

晋陕蒙三省交界地区地处中国陆上第二大盆地——鄂尔多斯盆地，能源资源富集，也是我国石油产品增储的主力油气区。神木、吴堡、准格尔旗、清水河、托克托、保德、偏关等县域经济均以煤炭开采及煤化工为主导产业。黄河晋陕大峡谷两侧的陕西佳县、绥德、清涧、吴堡、延长、延川、宜川与山西兴县、柳林、临县、石楼、永和、大宁、吉县等地区依托黄土高原沟壑区地理环境和气候特征，农业生产以杂粮、林果产业以及农产品初加工为主，黄河二碛、毛泽东东渡遗址、乾坤湾、壶口瀑布等景区在山西和陕西不同县域隔河相望、分别开发。地处晋陕豫黄河金三角的合阳、大荔、潼关、临猗、永济、芮城、平陆、灵宝等县域农业生产条件得天独厚，土地和水资源丰富，生态养殖、设施农业较为发达。

（三）经济发展差距明显

黄河中游干流沿线县域经济发展差距明显，既有地区生产总值过 500 亿元、1000 亿元的神木、准格尔旗、府谷、新安等全国百强县，又有地区生产总值 1 亿元左右的大宁、石楼等经济弱县，除准格尔旗外的 48 个县域单元居民人均可支配收入水平均低于所在省份，经济二元结构及经济发展与收入分配二元结构特征明显。通过对 49 个县域单元居民人均地区生产总值和居民人均纯收入的散点聚类分析，地处晋陕蒙交界的能源大县如神木、府谷、准格尔旗处于县域经济发展的第一方阵，人均地区生产总值均在 20 万元以上，居民人均收入处于中上水平，分别为 24431 元、23571 元、33277 元；陕西省的韩城以及河南省的义马、济源、新安、吉利、孟州等县（市）区处于县域经济发展的第二方阵，人均 GDP 集中于 9 万～11 万元，居民人均收入水平相对较高，均在 25000 元以上；内蒙古的托克托，山西的河曲、保德、柳林、乡宁、河津，陕西的延川以及河南省的灵宝、陕州、渑池、孟津等县（市）区处于县域经济发展的第三方阵，居民人均收入水平除托克托县达到 27000 元以上外，其余地区均在 20000 元以下；其余 26 个县县域经济发展较为落后，人均 GDP 低于 5 万元，居民人均收入也相对较低。整体来看，黄河中游沿线县域经济发展呈南北两端发达、中间弱小的"骨头"状分布格局，如图 1 所示。

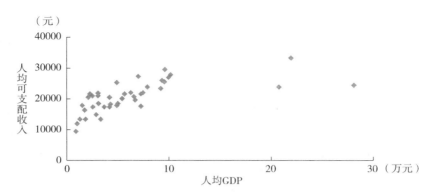

图1 黄河中游沿线县域经济与人均可支配收入分布散点

（四）交通基础设施落后

黄河中游干流沿线地区为省域交界之处，多数地区偏离省域经济发展主轴，各省域高速公路、铁路的布局除跨省需要，难以到达该区域，加之受黄河天险的影响，历史上长期交通闭塞，发展至今仍然存在两县隔河相望而不相往来的现实情况。2017年，陕西沿黄公路贯通了沿线13县（市），建立了陕西境内黄河沿线县域交通联系的大通道，但公路仅为二级观光公路，难以满足物流交通发展的需求。山西沿黄公路截至2020年7月尚未贯通，沿黄县域之间交通联系依然不便。跨省交通联系更为有限，在1206千米的黄河中游干流之上，跨省黄河大桥仅有10座，严重制约了两岸县域之间的经济、文化交流。

（五）生态保护形势严峻

黄河中游干线北段流经毛乌素沙漠，从生态属性上这一区域属于土地沙化敏感地区。该区域北部的神木、吴堡、准格尔旗、清水河、托克托、保德、偏关以及中部的韩城等县（市）以煤炭开采为主，大量煤矸石堆积、污水排放、采空区隐患等严重破坏了该区域的生态环境，能源化工产业的高耗能、高污染特征使这一区域的环境保护压力无比巨大。该区域南部的晋陕大峡谷段两侧县域经济以旱作农业、畜牧业为主，属于黄土高原水土流失敏感地带。黄河中游干线中段与东段区域人口密集，农业发达，存在生产生活污水排放、农业面源污染等环境问题，个别城镇紧邻黄河岸边，城市大型基础设施如韩合机场的布局与建设对黄河生态平衡的影响尚未得到合理论证。

四、黄河中游沿线地区合作推动高质量发展的路径

（一）深化区域产业合作

合力打造农业品牌。黄河中游沿线地区农业开发历史悠久，北段旱作农业区小米、红枣、莜面、羊肉等农产品品质优良，具有良好的市场口碑，中断和东段水产养殖业较为发达。长期以来，由于缺乏政府主导和顶层设计，农业品牌建设不足，农业产业链短小，农产品附加值始终维持在低水平位，严重制约了农民收入水平的提升和县域经济的高质量发展。因此，要提升蒙晋陕豫跨省地区农业现代化水平，促进农产品生产向优势产区集中，实现专业化、规模化和基地化，构建区域共享的农业服务体系，培育红枣、小米等优势品种，打造农业知名品牌，通过延长农业价值链带动地区实现精准脱贫及农民增收。

积极开展能源产业合作。晋陕蒙交界的神木、吴堡、准格尔旗、清水河、托克托、保德、偏关等均属于能源经济大县，但由于分属不同省份，能源产业发展战略方向各有不同，陕西致力于陕北能源化工基地的建设，山西着力打造国家综合能源基地"升级版"，内蒙古要建设国家现代能源经济示范

区，在不同战略的牵引下，难以形成能源资源开发合力，实现更高质量的经济发展。有必要通过推动晋陕蒙交界7县域能源合作，优化能源产业链条，提升能源资源产业价值。神木、府谷能源化工产业已经具备一定的发展实力，构建了较为完整的煤化工产业体系，建议整合蒙晋陕三省煤化工产业链条，并通过构建合理的产业利益分配机制促成能源产业合作。

促进旅游资源合作开发。黄河中游干流沿线旅游资源丰富多彩，但"大景观""大产业"联合开发格局尚未形成。晋陕两省对立黄河两岸分别开发了毛泽东东渡遗址、黄河二碛、黄河瀑布、乾坤湾等景区，多个相邻的县域提出了发展黄河漂流项目，气势恢宏的自然景观晋陕大峡谷因跨省合作缺位而不为人知。在县域单兵作战的形势下，该区域旅游产业发展实力与丰富的旅游资源严重不匹配。因此，未来要以政府为主导整合黄河中游沿线旅游资源，制订省际旅游市场整体营销方案，通过推出新型复合旅游产品，加强蒙晋陕豫联合编排旅游线路，打造一体化"无障碍旅游圈"，合作开展市场推广，共同做大区域外旅游市场，进而提升区域旅游形象和地位，促进旅游产业转型升级与高质量发展。

（二）完善内外交通体系

便捷的交通环境是保障经济快速发展的重要支撑。蒙晋陕豫四省（区）要加快合作共建黄河中游干流沿线内外交通体系，建议蒙晋陕豫四省（区）通盘考虑交通发展规划，为加快构建内需生产消费循环体系、促进经济高质量发展提供坚实的基础保障。重点推进四省（区）中心城市间快速路和黄河大桥建设，打通省际断头路，加快与全国骨干路网的对接，提升主要城市之间的通达性，打造以高速公路为骨架、高等级干线公路为支撑、农村公路为基础的公路框架网络体系。加快推进各省（区）沿黄公路升等晋级，打通县域主要城镇与沿黄公路之间的交通联系，织密农村公路交通网络，提高沿黄县域公路设施水平。推进四省区之间干线铁路建设和既有铁路扩能改造，完善对外连接快速铁路网络，在更广区域范围内统筹建设城际铁路交通线，促进晋陕蒙能源金三角、晋陕豫黄河金三角与关中平原城市群、中原城市群、成渝经济区、京津冀城市群际铁路线对接。加强客货运站点建设，重点改扩建和新增一批市县级客货站，建设若干区域交通枢纽。加强交通运输智能化建设，搭建统一的交通运输信息平台，促进区域物流运输信息共享。

（三）加大开放合作力度

对外开放不足是蒙晋陕豫内陆省份发展的重要短板，也是四省跨省地区社会经济总体落后的重要原因。因此，作为推动经济高质量发展的重要动力，扩大蒙晋陕豫跨省地区开放合作力度，构建全方位立体化开放格局是带动经济实现高质量发展的强大动力支撑。随着"一带一路"倡议的实施，蒙晋陕豫四省（区）均从融入"一带一路"大格局、构建外贸通道、建设枢纽城市、打造内陆开放高地等视角提出了相应的发展战略。蒙晋陕豫跨省地区要打破行政区划分割，作为一个区域单元充分发挥四省（区）对外开放战略综合优势，充分利用陕西、河南自贸区，中欧班列，国际港务区等对外开放平台，结合各省（区）对外开放的重点方向扩大对外开放水平，如支持该区域依托郑州国际农产品交易中心，助推该区域优势农产品走向全国乃至世界，提升四省跨省地区农业开放水平；鼓励依托西安丝绸之路文化高地目标建设，加强黄河文化的输出与交流，扩大黄河文化的国际影响力；鼓励蒙晋陕能源三角区依托阳煤集团、中煤能源等大型能源企业加强国际能源合作，在更大范围、更高水平、更深层次上扩大能源产业开放水平。

（四）跨省联合重构生态保护体系

基于跨区域合作在应对具有外部性、蔓延性、溢出性等特性的生态环境问题方面的独特优势，蒙晋陕豫建立跨省联合生态保护体系是保障黄河中游高质量发展的重要路径之一。但同时，跨区域合作生态保护也极易引发利益协调不顺畅、利益分配不均衡、利益补偿不到位的弊病。因此，通过搭建区域信任与利益分配协商的桥梁，健全各地区利益诉求和利益表达体系，统一利益目标并增强利益分配的规范化，建立利益共享和利益补偿格局，对于构建蒙晋陕豫生态保护合作中的利益整合机制具有重要意义[①]。在具体措施中，还要探索建立黄河中游生态环境管理机构，统一制定黄河生态环境立法、环境准入标准和污染治理要求，建立一体化环境监测平台，在蒙晋陕豫四省范围内实时通报共享黄河流域生态环境信息，统一负责重大基础设施和产业项目环评、环境污染监管和生态治理修复。对于处于流域性水域上游、城市上风向、滨河或生态保护区等生态敏感区，可能带来生态环境影响的项目，严格落实环境管理机构评审制度。建立黄河中游生态建设与环境保护专项基金，重点支持跨省区环境污染防控、环境治理和生态补偿等。完善黄河中游生态补偿机制，对在生态保护与环境治理中承担生态功能而影响经济发展的县域，予以合理的经济补偿。

（五）共同弘扬黄河文化

黄河文化犹如黄河水系源远流长，浩瀚渊深，在历史发展长河中萌芽、成长、壮大，并以之为主体形成了光辉灿烂的中华民族文化[②]。发源于黄河中游的周、秦、汉、唐文化是黄河文化基本传统体制的基础，因此黄河文化最精彩的部分在黄河中游。蒙晋陕豫四省交界地区是黄河中游的地理核心区域，该地区黄河文化元素种类繁多、灿若星河，如以吴堡、佳县为代表的红色革命文化，以吴堡石城、府谷古城、碛口古镇、潼关古城为代表的古代城池文化，以佳县赤牛坬为代表的陕北民俗文化和以三门峡陕州区为代表的中原民俗文化，以《诗经》发源地——合阳洽川湿地为代表的文学艺术文化。为了讲好"黄河故事"，蒙晋陕豫四省（区）要强化文化资源整合，一方面从黄河故事的文化渊源的挖掘着手，加强黄河文化相关文学作品、影视剧的创作，采用现场演艺、广播电视、网络、书籍、报刊等方式，拓宽黄河文化的传播渠道，延续历史文脉；另一方面深入挖掘黄河文化蕴含的时代价值，弘扬自强不息的民族奋斗精神，彰显黄河文化在中华文明发展史中的重要地位和意义，坚定文化自信。

（作者系陕西省社会科学院经济研究所副研究员）

---

① 郭钰．跨区域生态环境合作治理中利益整合机制研究［J］．生态经济，2019（12）：159–164.

② 侯仁之．黄河文化［M］．北京：华艺出版社，1994.

文明"直根"形成的环境视阈考察

——基于对山西古物候环境认知

董永刚

中国早期文明是在黄河流域、长江流域和辽河西南部这一地区产生的。但是，在各地区密切、频繁的文化交流和融合中，黄河流域的文明力量逐渐加强，并且进一步集中到黄河中游地区。

当前学术界一般认为，从公元前三千年至公元前两千年是我国古代文明的形成期。在距今七八千年以前已经产生了诸多文明的因素，而且这些要素在各个地区的考古资料中都有所反映，如在内蒙古的兴隆洼文化中所见的玉器、红山文化中的大型祭坛和积石冢等，从一个侧面已展现出这些地区相当发达的宗教文化，反映出当时古人原始懵懂的社会认知能力。到距今五六千年的时候，社会开始进入一个转型期，即开始由原始社会向阶级社会转型，并步入文明的门槛。这一时期相当于考古学上的仰韶文化晚期一直到龙山时代，也就是我们所指的传说中的五帝时代。如果仅就当前的考古研究成果来讲，我们把龙山时代视作中国古代文明的形成期是科学的，是符合当下客观实际的。

著名的考古学家苏秉琦在综合分析了我国现有史前考古的材料后指出，我国古代文明发端较早，通俗地讲经历了以古国、王国和帝国为标志的三个大的主要阶段，这三个阶段分别代表了我国古代文明的萌芽、形成和发展三个时期。如果我们以当前已知的考古学文化与这三个阶段相对应，那么所谓的"古国"是指红山文化、良渚文化以及大汶口文化等所反映的一种较为原始的社会面貌。从这些文化遗址中的大型祭坛等文化遗迹看，这一时期人们的认知能力普遍低下，"神权支配一切，神权至上"可以说是古国阶段最明显的特征；顾名思义，"王国"时期是指已经有王权存在的国家形式。换句话说，这一时期，已有阶级和国家产生，"王"是国家的最高统治者，战争的频发是这一时期的主要表现。苏秉琦指出，"在此阶段，除了凌驾于社会之上的权力，也开始产生维护、实行这些权力的制度，形成了真正意义上的国家"。而其后的夏、商、周就是这类性质的王权国家，真正意义上的文明也从此出现，并逐步为后期帝国的形成准备了物质条件和精神条件。

龙山文化至二里头文化时期，从不同区域文明发展的进程来看，有一个明显的现象，那就是伴随着文明进程的进一步发展，除晋南、豫西一带的文明链条一直绵延至今没有断裂外，长江流域、北方一带的几个文明中心大部分都相继衰落或者消亡了。山西作为早期文明的肇兴地，率先由铜石并用时代进入铜器时代，并实现了由"邦国"向"王国"的过渡。到夏商周三代，黄河中下游地区中、东、西地域势力更是呈现出此消彼长的发展动态，不仅创造了辉煌的青铜、礼乐文明，而且也确立了黄河中游地区在全国的中心地位。而这一发展路径或者说发展模式在很大程度上得益于山西所处的地理位置及上古时期的自然与人文环境。

一、史前社会与自然物候

对于史前社会的研究，古地理、物候首当其要，而且两者二者关系十分密切。一方面，在缺乏参考和比对条件的情况下，面对面貌不一的史前出土遗物，研究者如何能够从这些支离破碎的文化性信息中厘清同一或不同区域的文化特征，弄清其形成、发展和变化的原因，进而分析不同遗址区域间文化传播方式和线路等问题，就必须首先从所研究区域的自然环境切入，了解这个区域内其文化存在的基础支撑要素。另一方面，大量史前考古的科研成果，对于我们探讨一个特殊区域古代环境气候的发展演变也具有科学的佐证和指导意义。从这一点来看，研究山西的史前环境最基本的出发点就是要以整个华北地区为依托，研究领域涉及当地的地形、气候、水文、植被等方面。客观地讲，不同的地理环境是决定一个民族文化特征的重要因素，一个地区人口的活动与当地的自然环境和社会经济条件紧密相连，彼此影响，相互制约。著名学者李约瑟指出："地理背景——演出中国文化发展这出戏的舞台。实际上，地理因素不仅是一个背景，……它是造成中国和欧洲文化差异以及这些差异所涉及的一切事物的重要因素。"[1]

中国是典型的大陆型国家，华夏的肇始正是先民利用自身所依存的生态环境，着重发展农业经济，从而成为世界上最古老、最典型、最稳定的大陆型农业社会。正因如此，人们称中华文化为"农耕文化"或"黄土文化"。

山西省地处黄土高原东部，表里山河，形势险要。从自然区划上看，其北与内蒙古高原接壤，东临华北平原，位居三大自然地理区的核心。地理坐标为北纬34°34'~40°44'、东经110°14'~114°33'。东西宽约290千米，南北长约550千米，全省总面积15.63万平方千米，约占全国总面积的1.6%。在地质构造上，山西这一地区是经太古代原始陆核形成，属于华北中部二级构造单元。山西地形特征明显，地貌复杂多样，大部分地区海拔在1000~2000米。境内沟壑纵横，山地、丘陵占总面积的2/3以上。而且在东西太行和吕梁两条大的山脉之间又有一连串的盆地，大同、晋中、长治、临汾等刚好处于这些盆地之中，这里正是山西远古文明的孵化场和发生地。从整个华北地区的气候特征来看，山西刚好处于从半湿润气候向半干旱气候过渡的中间区域，属夏绿林向西北草原的过渡带。鉴于这种过渡性的地理位置，这里冷暖分明、干湿间杂的特殊气候是可想而知的。特殊的气候加以"宜居、宜猎"的多样生存空间，为远古人类的繁衍生息提供了丰富、便宜的生活资料。所以，自古以来这一地区的历史文化十分发达，大量的考古发现也印证了这里是研究我国古代区域文明发展的主要地域之一。

从现有的关于地理考古的研究成果来看，在距今8000~5000年的仰韶文化时期，即地质学上讲的全新世中期，曾经存在一个世界性的气候回暖期，学术界将这一时期称作"仰韶温暖期"。其后，大概从5000年前开始，一个大范围的气温下降趋势随即而来，而且一直延续到现代。当然，这个气候转冷的长时间段内也并非没有相对的"暖期"，事实上，其间穿插了数次"以世纪为期"的气温回升和下降。绝对的冷与暖是不存在的。

现有相关研究数据表明，在距今5000多年以前，山西省在内的黄河中下游地区及黄淮海平原一带基本上都处于一个温暖湿润的气候环境中。而温暖湿润的气候环境也就意味着与这种环境相适应的动植物的存在，如西安半坡遗址中就曾出土过距今约6000年的獐、竹鼠、貉等动物遗骸。在今天来看，这些动物似乎应当主要生活在气候温暖湿润且水草丰茂的长江流域，但事实恰恰说明这种存在的科学性。著名气象专家竺可桢曾经说过："距今5000~3000年，黄河流域的年均温度较今约高2℃，冬季

---

[1] 张密生：《中国科学技术史》，武汉大学出版社2009年版。

温度则高 3～5℃，相当于今长江流域。"① 如果我们做一个长时间段的观察就会发现，从 3000 多年前至今，黄河流域的温度波动是相当明显的，即温暖时期越来越短，温暖程度越来越弱，而寒冷时期则越来越长，强度也逐步增大，这种变化同旱涝状况与气候暖冷交替基本一致，而且气候波动变化周期为 400～800 年，年均温度振幅为 1～2℃，这是一个不争的事实。同时，根据对古代气象和动植物的研究，动植物的地域分布演变与这一地区温度的变化基本吻合。换个角度来说，我国在五六千年前大部分的地区都被天然植被所覆盖。进一步讲，整个华北地区从进入全新世以来直至两三千年前曾普遍存在茂密的天然森林植被。这与《禹贡》中描述的华北平原中部兖州"厥草惟繇，厥木惟条"的繁盛境况基本一致。再如，两三千年前，在黄河中游黄土高原的东南部，也就是现今的陕北、陇东山地及汾河下游霍山、中条山一带森林密布，是动物理想的栖息地，甚至还有大面积的竹林。这在《诗经》《山海经·五藏山经》等先秦的许多经典著述中都有详细记载。难以想象的是，在太行山区淇水流域的竹林，在西周时期就已非常有名，足见这里古今气候差异之大。其后，尤其是近几百年来，受人类频繁活动的影响，森林破坏十分严重，各地的天然植被大面积缩减。一般来说，当人类社会生产活动中出现了原始农业，人们会开始通过改变原有天然植被来获取所需，这种人为的干预和"破坏"也就随之而来，但改变的程度和过程，因各地区之间差异又存在不同的表现。

总之，进入历史时期以后，黄河流域一线天然植被变化很大，这其中有自然本身的原因，但更主要的是受人为因素的影响。而这种影响又因活动的范围和程度不同存在明显差异。就拿华北平原地区来讲，因为这里进入人们的视野比较早，受开发的程度就深，相应地，这里的天然植被就被破坏得相对严重，原有植被几乎全由后来的栽培植被所替代。再如，黄河中游的太行山区的气候本来就相对干燥，再加上人为破坏，很多地方早早就变成了荒山，有的地方甚至还有明显的沙化出现。这些现象都反映出人对自然物候影响的重要性。

二、人文生态及人地关系

人类的生产和生活离不开大自然的恩赐。换言之，自然环境和物候是人类赖以生存的物质基础，在很大程度上影响着人类的繁衍和发展方向。客观地讲，自然环境对一个地区或者说对某一特定环境下人类文化的塑造起着最基本的支撑作用，而且自然环境的变化，甚至有时还会引起人类文化的相应改变，甚至说是断裂和突变。特别是在史前时期，由于人类对自然界的认知有限，所以人们对大自然等外部环境的依赖程度就十分强烈，而对大自然的改造和再利用显得明显落后。所以，在这种相当严苛的生存条件下，一旦人类生存空间的自然条件发生了较大的变化，并且直接影响传统生活方式的继续，那么生活在这一区域的人或动物就会做出相应的适应性策略，或是对原有的传统生活方式加以改进以努力适应新的生态环境，或者是直接放弃原有的生活空间，去寻找另一处理想的生产和生活之所。

自然环境的多样性造就了人类文化的复杂多样。山西省的自然生存条件相对复杂，而且自然资源十分丰富，这对于人类生产活动来讲具有相当的优越性。首先，从地貌上看，山西多山地、丘陵，平地相对较少。从山西全境地形特征来看，东西两侧主要为太行和吕梁两条大的山脉，中部为一系列的断陷盆地，地形高低起伏，落差较大，相应地，其土地类型也就复杂多样。从人类的居住空间来看，在这里，人口多聚居于中部一连串的盆地内。这些盆地由北向南，依次是大同、忻定、太原、临汾和运城盆地，海拔从 1000 米向 300 米逐次递减。山西因复杂的多山地貌等特征，决定了其总体上不利于人口的活动和迁移，尤其是在上古时期，这一制约性则表现得尤为突出。但从另一个侧面来看，在洪

---

① 竺可桢：《中国近五千年气候变迁的初步研究》，《考古学报》1972 年第 1 期。

水泛滥的上古时期，也正是因为这种山地特征才孕育了光辉灿烂的古代文明。其次，从气候上看，山西地跨温带和暖温带两个气候带，由于四周山脉环绕，地势较高，对来自东南海洋气流有一定的阻挡作用。再加上冬季受蒙古高气压的控制，所以这里的气候特点为春秋两季时间相对短，而冬季则显得较为漫长，"夏季湿热多雨，冬季寒冷干燥，春季干寒多风沙，秋季天气晴和"。山西省的年平均气温大部分地区在 4～13℃，由北向南由高山向盆地逐渐递增。全省的无霜期基本上保持在 80～250 天，非常适宜多种温带作物的培植和生长。再加上山西的大部分地区都是山地和丘陵，所以自然而然就形成了多样的气候生态类型，更有利于多样化的农业生产。

总的来看，虽然多样的气候对生产活动影响有利有弊，但一般来说，基本都能满足人们的正常生产和各项活动。最明显的差异就是南北受地域落差和气候影响，农业生产和文化基础有相当大的差异。从农业生产来看，由于南部地区气温高、降水多、无霜期长，高温时期同时伴有降水的存在，有利于农业生产的开展，所以就宜于一年二作，相应地农业产量高，人口也就比较多，经济和文化发展也就快；而对于天寒地冻的北部而言，冬季时间长达五六个月，无霜期短，全年降水较少且多风沙，农业生产仅能一年一作，农业产量较低，人口比较少。但这种气候的有利条件是光热资源比较丰富，高山草地环境优越，这种气候对于畜牧业的发展十分有利。所以，山西历史上所表现的"南部重文，北方尚武"的社会风尚都是与当地的自然物候息息相关的，自然环境是文化生成的根基。

资源是生存的基本需求，尤其是上古时期，实物、栖息地等生存资源的存在成为人类生存的首选。在山西的上古时期，表现最明显的就是水、食盐和居住址。

首先，水资源是人类生存的基本命脉。自古以来，人类的繁衍无不是沿着河川的走向生存和发展的。就山西省的地表水资源即具有一定规模的河流来看，除了黄河的干流外，汾河、沁河、涑水河、滹沱河、三川河等较大的河流，主要分布在山西省的中南部和西部地区，其中属于黄河水系的支流有桑干河、滹沱河和漳河。而集中分布在山西省东部地区的部分支流则属海河流域。这些大小不一的河流为全区域内人口生产、生活和城镇发展提供了基础性用水，这一结论从多年来田野考古中发现的人类聚落遗址分布区域等材料中都得到了充分印证，如近些年发现的临汾吉县柿子滩旧石器遗址就是一个早期人类"临水而居"的典型例子。其次，人类对以食盐为代表的自然矿物资源的利用。远古时代的河东地区（今晋南的临汾、运城一带），气候湿润，自然环境十分优越，既适合狩猎打渔，又宜发展农耕，非常适于人类的生存。更主要的是，这里拥有池盐这一十分重要的自然资源。盐是各种动物不可或缺的维系生命的必需物质，在人类发展过程中占有极其重要的地位。同时，在生产力水平极为落后的远古时期，盐作为一种自然资源具有不可以选择性。唯因如此，最早被发现的天然盐业资源就显得弥足珍贵。任乃强在著述中说："人类有火、有石器、有食物之后，虽无追求食盐之意识，但在偶得咸水可饮，或岩盐可吮之处，必相与密集以依之，从而容易发展成为原始的群落，又从而形成氏族集团及民族文化。苟非有如此，或其他类此具有吸引力之条件，人各散漫生活，漂流不聚，则不能有突出先进之文化集团。是故，上古民族文化最先形成之地区，即必为自然产盐之地区，或给盐便利之地区。"[1] 就食盐对包括人类在内的灵长类动物甚至其他动物的作用，日本学者宫崎市定曾说，中国最久远的文明，实际上就是从古代河东地区的盐池附近产生并发展起来的，认为史籍中所记载的夏、商、周三代的国都应当围绕河东盐池而建。他认为，"可以肯定地讲，晋南河东盐池就是中国三代文明发展重要的经济基础，盐是早期商品交换中最基础的商品之一。而中国商业的起源同当地发达的盐业资源有着直接的关系。"[2] 此外，日本学者水野清一和日比野丈夫对山西河东盐池在上古时期的作用与宫崎

---

① 任乃强：《说盐》，载《川大史学·任乃强卷》，四川大学出版社 2006 年版。

② ［日］宫崎市定：《历史与盐》，载《宫崎市定论文选集》，商务印书馆 1963 年版。

市定基本持同样的观点。二者考察山西运城盐池后，在撰写的《山西古迹志》一书中明确指出，河东盐池（在特定的历史时期）不仅是运城一带的主要经济来源，还是晋南地区成为中国最古老的文明发祥地的主要原因。在此基础上，甚至有人认为盐池的价值要远远大于其单一的经济利益，在生产力极不发达的上古时期，控制了食盐就等同于拥有了支配社会的绝对能力。历史上唐虞夏殷周的兴衰迭代实际上"只是执掌盐池之富的势力的更替"。尽管我们认为这一观点似乎过于绝对，但从中可见，中外学者都十分看重盐的价值，而且十分肯定运城盐业资源在远古时期不可或缺的作用。所以，在生产力水平低下的远古时代，在先民对井盐、矿盐和海盐还没有基本认识、发现和利用的前提下，地处河东的运城盐池就显得非常重要。据此推演，先民围绕运城盐池聚居和不断发展是有必然性的。进一步来讲，古史中所记古代五大民族集团形成以后，发生在黄帝与炎帝及黄帝与蚩尤之间的两场大规模争夺战——"阪泉之战"和"涿鹿之战"恐怕与河东盐池有密切的关系，当然这种观点还尚需考证。考古证明，山西古人类的繁衍是从河谷平原开始的，黄河下游的晋、陕、豫交界地带是我国古代文明的重要发祥地之一。从现有资料来看，早在距今 180 万年前的芮城西侯度，就有目前已知我国华北地区最早人类活动的遗迹，人类在此燃起了第一把火。我们说人类之所以能在这里繁衍生息，最根本、最直接的原因就是这里的自然环境优越、宜居，自然物产相当丰富，能为人类的生活和发展提供所需的基本条件。其后，历史上五帝时期的尧、舜、禹传说均建都于晋南一代。史书记载尧都平阳（临汾）、舜都蒲坂（永济）、禹居安邑（夏县）、黄帝妃嫘祖养蚕取丝于夏县、周祖后稷教民稼穑于稷山等都从一个侧面表明，从远古发端到三代文明的兴起之初，晋南始终是人口密集、经济和社会文化较为发达的重要地区。从某种意义上来讲，探索人类文明的发展和演进离不开晋南这一重要区域。

还有一点就是人类对居住址的选取。我们知道，地理环境是人类物质生命、精神生命的生成土壤，虽然它不能决定社会存在的方方面面，但毫无疑问，地理环境直接或间接地影响生存于其间的人类所创造的物质文化和精神文化，甚至于制约着一个区域的风俗习惯、语言符号等许多方面。地理环境又可以分为自然地理环境和人文地理环境两个板块，二者互相作用，互为依托。从形成和存在的方式来看，自然地理环境指"生物，特别是人类赖以生存和发展的地球表层"。[①] 而人文地理环境指人类在生存、生产和生活过程中进行各种活动的分布与组合，如民族、聚落、社团、经济、交通、军事等，也称人文圈或社会圈。在不同时期，二者对人类社会的影响和作用也有所不同。一般而言，时间越早，自然地理的作用就越明显。随着人类步入文明时代，人类对生存环境的改造和利用进一步加强，单纯的自然地理环境已经不复存在，更多的则是自然与人文的双重结合。事实上，我们在研究过程中，人为地将环境区分为自然环境和地理环境加以考察显然是不客观的。一般来讲，尤其是进入文明社会后，人文地理环境的变化显然比自然地理环境的变化要快，影响力也更大。因而，在考察一个区域的环境特征时，最科学的方法就是将"人文特征"置于相应自然地理环境中去加以评判，研究二者在社会中的作用与反作用，以及两者力量在不同时期的强弱对比。实践证明，这种方法对于探寻一种文明的发生、发展和变化十分有利。

从对山西石器时代的古人居住址的考古研究中，我们清楚地看到，古人住所经历了从深穴居到半穴居再到地面建筑的发展过程，其中龙山时期的窑洞遗迹可以说是黄土高原上人类穴居文化的代表。黄土窑洞就是人类充分利用先天环境资源的典型，是天人合一的科学实践。山西地处黄河中下游，全年降水量较少，气候相对干燥。而就在这样一个地区却又恰恰分布着广阔、丰厚的黄土，根据土壤的成因和构造分析可知，这些结构松软且易于耕作的黄土具有较好的直立性、渗水性，且不易坍塌，为窑洞的挖掘提供了难得的便利。再者，在史前时期，居住址的建造主要从实用性的角度着眼。因此，

---

① 《中国大百科全书·地理卷》，中国大百科全书出版社 2002 年版。

像山西这类地处温和半干旱的黄土地带的区域，房屋的主要功能是避风防寒，当前发现的石器时期的窑洞就是在充分利用固有资源的基础上，进一步迎合本区域特定的气候条件而建成的，直至今天，原生的靠山窑、地坑院等都可以称得上是穴居文化的嬗变与演进，更是人与自然和谐共生的经典之作。与此类似，在环境适应方面，山西最早经人工驯化而成的栽培作物就只能是耐干旱、易生长的粟类作物，并在此基础上形成以旱田粟作农业为主要特征的史前农耕文化。今天，在晋东南和晋南等地仍有大量关于炎黄农耕文化遗迹和神话故事的留存，不能不说这与当地的自然环境有密切的联系，也是人地关系的直接表现。

可以说，从石器时代起，山西的古人类活动之所以从未间断且遍布各地，与山西早期的优越的气候环境不无关系，而且他们活动的地区走向有一个非常明显的特征，就是早期的古人类主要生活在以芮城县西侯度、匼河为代表的晋南黄河拐角处；中期便逐渐北上，到达汾河湾旁襄汾县丁村，再进而北上到达桑干河上游的阳高县许家窑一带；晚期又回头南下，经由黑驼山下桑干河的源头地——朔州峙峪，最后落脚于历山东麓的沁水县下川和吕梁山东麓的吉县柿子滩，甚至到襄汾县陶寺为代表的新石器时代晚期龙山文化，所有这些文化遗址的发现与发掘，都构成了人类从蒙昧进入文明的完整演变序列，确凿地显示出了中华民族走向文明真实而漫长的轨迹。

参考文献

［1］贾兰坡、王建：《西侯度——山西更新世早期古文化遗址》，文物出版社 1978 年版。

［2］贾兰坡、王择义等：《山西芮城匼河旧石器时代初期文化遗址》，《考古》1961 年第 8 期。

［3］范文澜：《中国通史简编》，人民出版社 1965 年版。

［4］（宋）乐史：《太平寰宇记》卷四五，中华书局 2008 年版。

（作者系山西省社会科学院历史研究所副研究员）

山西省推进黄河文化保护传承弘扬路径再探

高春平

一、山西省境内黄河流域及文旅资源分布情况

山西省，简称晋，又称河东。位于东经110°14′～114°33′，北纬34°34′～40°43′。地处黄土高原东部，华北平原西部，黄河中游以东，因居太行山以西而得名。境内大河环绕、山峦叠嶂，东倚太行山与河北省为邻，西南隔黄河与陕西、河南两省相望，北跨内长城与内蒙古自治区相连。北部有内外两道长城，最高处为五台山北台顶，海拔3061米，素有"表里山河""华北屋脊"之称。山西省人口为3780万，面积为156271平方千米。四季分明，属中暖温带半湿润半干旱大陆性季风气候。境内南北长680千米，东西宽约380千米，山西省面积占国土总面积的1.63%。

（一）流域分布

黄河是中华民族的摇篮，在山西由北向南流经忻州、吕梁、临汾、运城4市，偏关、河曲、保德、兴县、临县、柳林、石楼、永和、大宁、吉县、乡宁、河津、万荣、临猗、永济、芮城、平陆、夏县、垣曲19县，共965千米。汾河是黄河在山西的最大支流。

（二）文化旅游资源

华夏文明5000年，山西作为发祥地，拥有十分悠久的历史文化资源，黄土高原千沟万壑的生态地貌以及密布全省的革命红色文化遗址，还有各具地域风情、区域特色的民俗民间文化资源和存量极大、开发前景十分广阔的旅游资源。全省有旧石器文化遗存400处，居全国榜首。国家保护文物单位531处，古代彩塑12799尊，壁画24000平方米，均为全国第一，奠定了山西在远古文明中的重要地位。目前，国内仅有的四座唐代建筑和75%以上的宋辽金地面古建筑在山西，故有"中国古代建筑艺术宝库""没有围墙的博物馆"之盛誉。

1. 山西黄河流域红色文化遗产极为丰富，民俗民间文化资源异彩纷呈

山西省7市54县（市）现存中国革命时期的重要党史人物故居、重要党史机构、重大战役遗址之类纪念设施多达3400处。山西又称戏曲故乡、民歌海洋。现有各种造型的古戏台2800多座、民歌15000余首。国家级非物质文化遗产代表性名录100多项，保护单位168个，名列全国第三。据粗略统计，山西黄河沿岸古村落60余处，通往陕西、河南的古渡口就达42处。

2. 黄河流域山西段旅游资源富厚，集自然风光之精美、人文历史之厚重于一体

"览百川之壮兮，莫尚美于黄河"，大美黄河看山西，大自然的鬼斧神工在赋予黄河雄壮豪迈气势的同时，也赐予了母亲河百转千回、婉转多姿的秀美风光。这条气势豪迈的大河在晋陕大峡谷飞流直下 725 千米，河面高度由海拔 900 多米陡降为 300 米，是黄河流域落差最大、地理形势变换最复杂之地。境内有被称为黄河入晋第一湾的老牛湾、九曲黄河第一镇碛口、唐代黄河大铁牛。"天下黄河一壶收"，黄河在这里形成了世界上最大的黄色瀑布，又在老牛湾神奇地转了 360° 的圆弯，再到乾坤湾则以温雅大度、包容百川万象之美给人开阔豁达、慈母宽怀之美感，而且因自然与人类两大奇迹黄河、长城的首次握手拥抱而闻名中外。著名诗人王勃的"白日依山尽，黄河入海流，欲穷千里目，更上一层楼"更使鹳雀楼古今闻名。"黄河九十九道弯，最美莫过乾坤湾。"走近这道湾既有美的享受，又能身临其境体验"乾坤"天地的神秘深邃意蕴，还可领悟伟大中华农耕文明与长城边塞草原游牧文化的博大精深。壶口瀑布、老牛湾、乾坤湾均为黄河罕见壮美之奇观美景，这是母亲河赐予晋陕儿女得天独厚的旅游资源。

从偏关老牛湾至垣曲小浪底水库具有开发前景旅游资源地 140 多处，已开发旅游区（点）仅 50 余处。其中，国家 AAAA 级景区 12 家，国家 AAA 级景区 6 家（见表 1）。

表 1　山西沿黄地区（4 市 19 县）AAA 级以上景区分布

序号	所属市	所属县（市）	景区名称	质量等级
1	临汾	吉县	壶口瀑布景区	AAAA
2	临汾	吉县	人祖山景区	AAAA
3	临汾	乡宁县	云丘山景区	AAAA
4	运城	万荣县	李家大院景区	AAAA
5	运城	永济市	鹳雀楼景区	AAAA
6	运城	永济市	五老峰风景名胜区	AAAA
7	运城	永济市	神潭大峡谷景区	AAAA
8	运城	永济市	普救寺景区	AAAA
9	运城	芮城县	永乐宫景区	AAAA
10	运城	芮城县	圣天湖景区	AAAA
11	运城	芮城县	大禹渡景区	AAAA
12	运城	垣曲县	历山景区	AAAA
13	吕梁	柳林县	抖气河景区	AAA
14	临汾	吉县	克难坡景区	AAA
15	运城	万荣县	孤峰山景区	AAA
16	运城	夏县	司马光祠景区	AAA
17	运城	夏县	堆云洞景区	AAA
18	运城	芮城县	印象风陵景区	AAA

二、山西黄河文化内涵与保护传承弘扬黄河文化的意义

黄河文化是华夏文明的基石。山西黄河文化在沿黄九省份中具有重要地位。其历史文脉源远流长、博大精深、影响久远。

（一）山西黄河文化的特质

黄河文化，根在晋陕豫金三角。黄河文化是沿黄九省份地域文化的有机统一，其中包括河湟文化、关中文化、河洛文化、三晋文化、齐鲁文化等。黄河中游的晋陕豫金三角是华夏文明的摇篮，而山西则是古人类的重要聚居地，史前文化积淀丰厚，是中华民族共同体的主要融合地、发祥地。过去学界曾有人认为，人类最早起源于非洲。20世纪末，垣曲"世纪曙猿"的发现推翻了该说，并把类人猿的出现时间推前了1000多万年，证实高等灵长类动物发源地在山西，人类的远祖在山西。从180万年前芮城西侯度遗址、六七十万年前的匼河遗址，到十几万年前襄汾丁村文化遗址和大同阳高许家窑文化遗址，再到一两万年的峙峪遗址、下川遗址、柿子滩遗址都证实了黄河流域古人类文明根脉一直延续未断，这在全国独一无二。特别是随着中华文明探源工程的深入，陶寺遗址、观象台的发现证明了尧都和最早的"中国"在晋南，华夏文明源地在黄河中游晋豫陕金三角地带。

黄河文化，魂在三晋大地。黄河既是一条波澜壮阔"天飘倒泻吼雷霆"的自然大河，更是一条奔流不息的历史文化长河。黄河在壶口瀑布呼啸奔腾，一泻千里，孕育出了《黄河大合唱》《在太行山上》《游击队之歌》这样最能展现中华民族不屈抗争精神的经典华章，孕育了植根于黄河文化的太行、吕梁和右玉精神，成为中华儿女英勇无畏、坚韧不拔、一往无前伟大民族精神之象征。为中华民族一次次浴火重生、抗外御侮提供了丰厚滋养和源源不断的精神动力。

黄河流域民族交流融合，大舞台、大熔炉在山西。黄河流域乃农耕文明故乡。它和蒙古高原草原文明、长江流域稻作文明不断交流、交融，汇合凝聚成多元一体的中华文明。山西地处农耕文明与游牧文明交接带，历史上一直是黄河流域各民族交流、交往、交融的大磁场、大熔炉。炎黄部落与颛顼争夺盐池之战、泛舟之役、魏绛和戎、胡服骑射、匈奴内附、五胡乱华、太和改制，山西均发挥了黄河流域民族融合舞台与基地作用。

（二）山西黄河文化的内涵

山西黄河文化底蕴丰厚，是山西人民在长期社会生产实践中创造的物质财富与精神财富。

黄河历史文化。黄河流域山西先民在人类历史时期生产与生活实践中，积淀了悠久厚重的历史文化，如炎黄农耕文化、尧舜德孝文化、古建壁画文化、后土祭祀文化、关公忠义文化、五台佛教文化、河汾学派文化、洪洞移民文化、晋商诚信文化等。自汉武帝到汾阴，祭祀后土便成皇家定制，对后世影响极大；自三大抗日根据地创建便奠定了新中国的雏形和中华民族伟大复兴的根基。可谓承前启后。

黄河农耕文化。农耕是黄河文化的天然胚体。山西劳动人民在生产实践中创造了观象授时，积累了水利灌溉、精耕细作技术，以及天文、历法、农谚、敬神祭祖、二十四节气、五谷种植、家禽养殖等象征农耕文明的科技文化成就，支撑着数千年中国男耕女织农业社会的发展与进步。上党炎帝文化、神农井、五谷畦、陶寺观象台、嫘祖养蚕、大禹渡等众多文化遗存，彰显了山西乃中国农耕文明发源地之一。

黄河生态文化。历史上黄河流域、黄土高原的自然地理和生态植被变迁，形成三晋儿女为适应黄河黄土生态特有的生存环境。古往今来汾河沿岸民众不断地修渠筑坝，引水灌溉，保护沿黄生态环境。大禹治水，台骀治汾，直至中华人民共和国成立后大规模兴修水利水库、保护水土、植树造林、小流域治理，构筑了灌溉舟楫之利与人类生存和谐互动的优美篇章和生存智慧。

黄河商贸文化。航运曾是古代河东对外商贸流通的主要方式。山西先民利用黄河、汾河水道不断运输粮货接济西安、洛阳、开封，形成并保存诸多商贸文化遗存，留下河东太守番禹穿渠灌汾阴，北宋采宫木万筏下河汾，清代民国黄河沿岸集镇、渡口、浮桥、船筏、艄公、纤夫等文化标牌。

总之，黄河中游的山西人民依托自然生态和人文精神，创造了极其丰厚的物质文明、精神文明、制度文明成果。其厚重的文物古迹遗存、根祖文化、农耕文化、佛教文化、晋商文化、红色文化和社会主义先进文化共同构成绚丽多姿的山西黄河文化精美华章。

（三）保护传承弘扬黄河文化的现实意义

中国大量的文物遗存、60% 的小麦和 40% 的棉花产自黄河流域的华北平原[①]。黄河中游山西是中华农耕源地之一和国家能源基地，更是重要的生态屏障区和旅游集聚区，保护传承弘扬黄河文化事关重大。

转型发展需要。融入京津冀，实现经济转型，发展现代农业科技，建设国家资源型经济转型综改示范区、打造能源革命排头兵、构建内陆地区对外开放新高地，是新时代习近平总书记和党中央对山西在全国发展格局中的战略定位和亲切嘱托。围绕三大目标，文化旅游业属最具魅力和活力支柱产业之一，将成为助推经济结构调整、加快新旧动能转换新的经济增长极。保护传承弘扬黄河文化，对推进山西转型发展影响重大、意义深远。

建设文旅强省的要求。黄河文化一直是中华民族文化和民族精神的基本内核，是坚定文化自信、推动中国特色社会主义文化繁荣发展的源泉和沃土。山西文化旅游业在沿黄九省居中上游水平，现已迈入从增量到提质的新阶段。2018 年沿黄九省份旅游总收入：四川为 10112.8 亿元，山东为 9892.4 亿元，河南为 8120.21 亿元，山西为 6728.7 亿元，陕西为 5994.66 亿元，内蒙古为 4011.4 亿元，甘肃为 2060.6 亿元，青海为 466.30 亿元，宁夏为 300 亿元。[②]鉴此，牢牢把握旅游高质量发展要求，突出地域特色，推动文旅深度融合，把山西黄河文化资源优势转化为发展优势，把旅游业做大做强做优，使山西历史文化实现创造性转化、创新性发展，在做好"老三篇"的同时开发好"新三板"[③]旅游，尤其是保护传承弘扬黄河文化是把山西由文化大省建设成富有特色和魅力文旅强省的当务之急。

三、山西推进黄河文化保护传承弘扬及旅游高质量发展存在的问题

（一）历史上水土保持欠账多，泥沙隐患大，旅游发展环境基础薄弱，修复生态任务艰巨

古代山西气候温暖、森林密布、航运非常发达。汾河流域湖泊众多。《孟子》中讲当时的晋国"草木畅茂、禽兽逼人，五谷不登、禽蹄鸟迹，道交于中国"。[④]公元前 647 年，秦用大船载谷万石沿渭河、黄河、汾河向晋运粮。汉武帝时，为发展河东农业避免三门峡以东漕运艰难，河东太守番系建议修渠引黄河和汾河水灌溉皮氏（今河津）蒲坂（今永济）汾阴一带，"度可得五千顷，民茭牧其中耳，今溉田之，度可得谷二百万石以上，谷从渭上，与关中无异，而砥柱之东可无复漕"[⑤]，为此发卒数万作渠。唐代开元年间，裴耀卿说："益漕晋，绛之租输诸仓，转而入渭，凡三岁，漕七百万石，省陆运庸钱三十万缗。"[⑥]隋唐在全国设牧马监 48 处，晋北就有天池、元池、娄烦 3 处。隋炀帝盛夏常在宁武汾阳宫避暑。"晋之北山有异材，梓匠工师为宫室求木者，天下皆归。"[⑦]宋元明清，统治者大兴土木，毁林

---

① 国家文物局党组成员、副局长宋新潮：《从黄河文化中汲取力量 以生态文明来检验发展成果》，载文旅部政策法规司：《学习贯彻习近平总书记关于保护传承弘扬黄河文化重要论述精神座谈会》材料汇编，2019 年 12 月 2 日。

② 中央党校文史部教授祁述裕：《黄河文化保护传承应重视七个问题，把握五大有利因素，抓好十项重点工作》，载文旅部政策法规司：《学习贯彻习近平总书记关于保护传承弘扬黄河文化重要论述精神座谈会》材料汇编，2019 年 12 月 2 日。

③ "老三篇"指平遥古城、云冈石窟、五台山三大世界遗产旅游；"新三板"指黄河、长城、太行山旅游。

④ 《孟子·梁惠王》。

⑤ 《史记·河渠书》。

⑥ 《新唐书·河渠志》。

⑦ 柳宗元：《晋问》。

开荒，青山绿水渐成满目荒芜的光山秃岭。汾河上游林草覆盖率下降后果是水土流失加剧。[①] 据万历《太原府志》、乾隆《徐沟县志》、光绪《山西通志》记载，汉唐山西特大洪灾百年一遇，金元太原、晋中仍是米粮川。明前期大水灾50年一遇，后期30年左右一次。清代大水灾平均10年一遇，河道频改，生态恶化。

黄河流经黄土高原64万平方千米，水土流失面积达45.4万平方千米[②]，中游汇支流30多条，年均输沙16亿吨，位居世界江河之最。其90%泥沙来自水土流失严重的晋、陕、蒙丘陵沟壑区。河口镇、龙门、潼关年均实测输沙量分别为1.16亿吨、8.216亿吨、11.85亿吨。河口—潼关间年均输沙高达10.69亿吨，占全河年均16亿吨的66.8%。且每年80%的泥沙集中来自汛期的暴雨山洪。造成下游河道淤积，河床每年抬高10厘米。因此，黄河中游必须科学植树种草，退耕还林还草，加大水土保护力度。

作为全国能源基地，山西一煤独大，地下水超采，向河道排泄工业废水和城市废物，导致地表水污染，生态欠账点多面广量大。2004年对汾河、沁河及水库水质进行监测，发现寨上、小店、义棠、临汾水质均为劣Ⅴ。据《山西日报》2020年7月7日头版报道：汾河养育了山西41%的人民。到2020年7月1日，汾河治理终于迎来重要的阶段性成就：山西省生态环境厅发布：2020年1～6月，汾河流域13个国考断面全部退出劣Ⅴ类水质。黄河中游汾河段是山西重要经济带，文旅资源集聚，矿区、旅游区、文化遗产保护区重叠，生态约束较大。必须要有足够的战略定力，准备打持久战，要有"功成必定有我，功成不必在我"的执政理念，科学保护，万勿贪多求快，要构建大水网，尤其注重"两山七河"生态修复治理，严控城市工业废水与居民生活污水，构建统一管控良性长效机制，逐步实现优质高效的生态开发。

（二）山西文旅融合不够，人力资源短板明显，缺乏龙头企业带动，适应当前黄河文化保护传承弘扬及旅游高质量发展的专业人才缺口大，与当前文化旅游发展的要求不适应

山西文旅业存在一线人员总体素质待遇低，高素质复合型人才匮乏，人才"招不来、留不住"问题，严重制约和影响着文化旅游业可持续发展。体现在理念滞后、产品单一，文旅企业"小、散、弱、差"，缺乏龙头带动。旅游产品附加值不高，高质量转型发展能力不足，特别是国有文化和旅游企业体制不顺、机制不活，核心竞争力弱，与市场化、公司化、专业化运营差距大。缺乏龙头企业主导的连片集聚开发。全省的旅游人才集中在旅行社和饭店，主体为导游（45%）、星级酒店管理与专业技术人才（22%）、旅游景区管理与讲解人才（14%），而旅游会展、规划人才占比均为0.004%。一些新兴文化旅游服务业急需的人才，旅游电子商务、旅游规划、景区管理和文旅营销人才十分短缺，亟须培养。

（三）区域协作不够，共抓大保护合力不够

山西省黄河沿线文化旅游产业发展与周边，特别是同处黄河中游的内蒙古、陕西、河南三省，其地理相邻，外省区域大多位于所在省份主要城市的周边，旅游带动作用大，而山西本省内的区域则距离中心城市较远，相应地旅游带动作用较低。就黄河文化保护、传承和弘扬来说，黄河文化是一个附着在整个黄河流域沿线的文化形态，需要黄河流域的九个省份共同去承载。但是，由于各省情况不同，各自的发展重点不同，继而造成共抓大保护的合力不够。

---

① 王尚义、张慧芝：《历史时期汾河上游生态环境演变研究》，山西人民出版社2008年版。
② 李英明：《山西河流》，科学出版社2004年版。

四、山西推进黄河文化保护传承弘扬与旅游高质量发展路径的对策

（一）加强山西黄河文化资源摸底保护，深入挖掘研究其蕴含的时代价值。持续抓好黄河中游山西生态保护和高质量发展顶层设计

一是全面启动实施山西黄河文化资源普查工程。二是实施黄河文化研究工程。三是对标一流，编制《山西省黄河文化保护传承弘扬专项规划》，做好与《国家黄河流域生态保护和高质量发展规划纲要》的衔接。实现《山西省"十四五"发展规划》与山西文化资源与黄河板块旅游项目规划的深度契合。

（二）坚持保护为主、生态发展优先，推动黄河流域生态文明建设与文旅融合发展，加快乡村振兴和康养旅游，打造生态文化旅游示范区

把生态文化旅游建设作为重点，大力推动黄河流域水土保持，促进旅游与生态文明建设和谐共生。一是继续支持右玉、左权、太原西山建设省级生态文化旅游开发区，推动生态文化旅游融合发展，支持方山、陵川、平顺生态文化旅游示范区建设，推动偏关老牛湾、河曲娘娘滩、保德康熙枣园、碛口古镇、石楼黄河第一湾、永和乾坤湾、平陆圣天湖、垣曲小浪底等沿黄生态旅游产品开发。二是搞好水土保持和治污工程，重点打造吕梁山区、太岳山—中条山区、南太行山区生态文化绿色发展片区，高位统筹，持续推动山水林田湖草综合治理，为黄河流域旅游高质量发展增"景"添"绿"。

（三）发挥全域旅游示范区创建的重大牵引作用，构建山西黄河流域文旅保护大发展格局，形成"1234"架构，突出整体协同发展

抓住山西省获批省级国家全域旅游示范区创建单位的重大机遇，牢固树立文旅发展"一盘棋"思想，强化大局意识，推动晋中文化生态保护实验区优质建设和晋东南（上党）文化生态保护实验区创建申报。推进三晋地域文化名片和全省域旅游"331"格局集结布局、集群带动，促进文化文物资源保护利用与旅游发展互推共进，形成"1234"构架。"1"即"太原中心城——榆次区"一个黄河文化服务和创意发展中心，"2"即黄河文化保护传承、黄河流域生态保护"两条廊道"，"3"即吕梁山、太岳山—中条山、南太行山区"三大生态文化绿色发展片区"，"4"即吕梁市、临汾市、运城市、晋城市四个产业转型发展核心城市。在此布局的基础上，重点打造"山西黄河千里风光国家级文化旅游风景廊道"和"中国·山西黄河精品旅游带"。为此，一要积极争取国家文旅部及有关部委的支持，推进山西省黄河一号国家旅游专用公路项目，建设具有完善文化旅游配套设施的沿黄1225千米旅游专线，打造成集母亲黄河、生态黄河、龙腾黄河、多彩黄河于一体的国家级风景廊道，国内外知名的黄河文化观光、休闲廊道。二要以重点城市、历史名人、名村、名城、名镇资源，以及景区景点为重要节点，串珠成线、连片织网，凝练黄河风情、民族精神主题，深挖文化内涵，发挥文化资源优势，将山西沿黄区域打造成根祖文化、德孝文化、佛教文化、航运文化、晋商文化、红色文化、特色民俗文化相互交融的峡谷观光、休闲度假、运动体验、康体养生、科考研学等业态完整的国际国内知名的黄河精品旅游带。三要三区四市生态文化保护多点联动，产业转型多极带动，生态、文化、旅游一体化协调推进，涵养生态动力源泉、完善产业驱动机制，产生协同倍增效应。使山西黄河文化保护传承工程成为推动山西生态环境持续改善过程、文旅产业转型升级过程、增进民生福祉过程，持续推动山西黄河文化保护与旅游高质量发展。

（四）借助"一带一路"，推进城乡公共文化服务设施共建共享

目前，国家"一带一路"倡议高歌猛进，方兴未艾，山西省一定要主动积极跟进，挖掘山西在玉

石之路—丝绸之路—万里茶路的历史文化资源优势，整合博物馆精品，借助文博会、丝路品牌行活动，展示山西黄河文化旅游品牌。改造黄河沿线旅游重点县市区的县级图书馆、文化馆、影（剧）院，推出一批具有"一带一路"和黄河文化融合特色的活动载体；推动公共图书馆、文化馆（站）等公共文化机构实行错时开放。以科技成果转化与应用推广为核心，推动技术集成创新，促进文化和旅游行业新技术、新模式和新业态创新；以旅游带动文化消费、促进文化传播，推动城乡发展，努力实现文化传承发展与旅游资源开发互促共进，打造具有国际影响力的文旅融合品牌。

（五）加大文旅融合新业态培育

推动黄河文化元素与时代需求、产业开发、现代旅游消费相融合培育形成集创意设计、产品研发、生产销售于一体的文化旅游产品体系，发展一批黄河文化旅游特色产品，形成一批综合性文化旅游品牌。推进组建跨界、跨域融合的创意产业集团和产业联盟。鼓励文化创意企业创作旅游内容的动漫游戏产品、数字虚拟旅游景点、景观，提升旅游产品、旅游项目、旅游线路的科技含量，最大限度地传播山西黄河文化和地域特色。

（六）合作成立专门机构集聚黄河文化研究力量

沿黄九省区省级社科院是研究黄河文化的重要力量。为更好进行保护、传承、弘扬工作，打破黄河文化研究的地域隔阂，共享研究成果，全面拓展研究深度和广度，亟须成立"沿黄九省区省级社科院黄河文化研究联盟"。该联盟的宗旨应该是：全面加强联盟各成员间的学术交流与合作，共同致力于黄河文化的保护、传承、弘扬，开创黄河文化整体研究的全新局面。

（七）启动"游山西·读历史"大型活动

认真学习贯彻习近平总书记视察山西重要讲话重要指示精神深入开展"游山西、读历史、爱黄河"活动，广泛宣传"黄河之根在山西、长城博览在山西、红色太行在山西"。全力塑造"黄河、长城、太行"新三板旅游品牌。2020年下半年在云冈启动"游山西·读历史"活动，到2021年，打造了10条成熟的研学旅游线路，选择平遥古城、五台山、云冈石窟三大世界文化遗产，晋祠、雁门关、壶口瀑布、碛口、乾坤湾、鹳雀楼、大禹渡、抖气河、后土祠等建设20处国宝级文物活化利用试点。推动了60个AAAA级景区提档升级，开展6批600名导游培训。推出了歌舞《大河之东》《天下大同》。

（八）积极推动重大文旅示范项目建设和知名品牌节庆活动策划，突出黄河之魂在山西

积极推进黄河文化重点文旅项目纳入《山西省文化旅游融合项目册》，打造黄河之魂重大文旅示范项目。一是在山西黄河沿岸打造世界四大流域古文明博览园及世界大河流域文明永久论坛，建设能够充分反映运盐古道、万里茶路、晋蒙粮油古道、西口移民文化、八路军红色文化、特色民俗文化的旅游示范村镇。以国家AAAAA级景区标准提升旅游基础服务设施建设，将壶口瀑布景区打造为黄河板块龙头核心景区、黄河中华精神展示地、国家AAAAA级景区和世界旅游目的地，充分展现壶口瀑布的雄伟壮美景观及其蕴含的中华民族精神文化冲击力。二是以吉县壶口瀑布、永和乾坤湾为核心区，辐射黄河晋陕峡谷、碛口、黄河龙门、风陵渡等区域，联合陕西、河南等省份，以黄河文化为灵魂，以建设"世界级大河文明体验目的地"为发展目标，全面打造黄河文化国家公园。三是实施研学游项目提升工程。打造我省沿黄流域4市19县黄河文化研学游产品，建设晋南和晋东南"华夏古文明"研学游示范工程，努力提升太行干部学院为国家级干部培训基地，建设石楼县红军东征纪念馆、晋绥边区纪念馆、太原解放纪念馆等20个红色文化研学游示范基地。四是打造十大文旅体知名品牌节庆活

动：黄河峡谷自驾游、壶口《黄河大合唱》音乐节、碛口晋商贸易节、重走抗日路徒步越野赛、红色旅游大会、云丘山中和文化节等，以节庆烘托氛围，提升山西知名度和影响力。

（九）共同制定与重大国家战略相协调的发展规划

协同搭建高层次黄河文化研究对话交流平台。保护、传承、弘扬黄河文化是黄河流域生态保护和高质量发展战略不可或缺的重要组成部分，也是当前和今后的重大研究任务。流域各省要从国家大局出发，做好承接落实工作。在顶层设计上，要加强相关扶持政策的制定与实施，注重政策措施的系统性、协同性、操作性，为重点项目的确立和推进提供政策红利。在工作机制上，要坚持和完善各分工负责、协商统筹的体制机制，力求形成保护、传承、弘扬的强大合力。建议今后每年由沿黄九省轮流主办黄河文化高峰论坛，目的是充分发挥思想库、智囊团作用，共商黄河文化发展大计，从全局角度和战略高度，为国家制定沿黄地区高质量发展政策提供理论支持，促进沿黄地区发展集聚智慧力量；将论坛办成有重大影响的黄河文化高端平台，不断推动黄河文化研究迈上新台阶。共同确定"黄河文化"综合项目或重大课题，从整体上研究河道的历史变迁与黄河文化的内涵、外延、特质和影响力，推出一批高质量的黄河文化成果。

参考文献

［1］《马克思恩格斯选集》，人民出版社 1975 年版。

［2］司马光：《资治通鉴》，中华书局 1953 年版。

［3］毛泽东：《中国农村社会主义建设高潮》（按语）。

［4］《明史》，中华书局 1994 年版。

［5］国家文旅部政策法规司：《学习贯彻习近平总书记关于保护传承弘扬黄河文化重要论述精神座谈会》材料汇编，2019 年 12 月。

［6］国家文旅部政策法规司：《黄河文化保护传承弘扬资料汇编》，2019 年 12 月。

［7］陈梧桐、陈名杰：《黄河传》，河北大学出版社 2009 年版。

［8］寒声：《黄河文化论坛》第五辑，中国戏剧出版社 2000 年版，第 130 页。

［9］王尚义、张慧芝：《历史时期汾河上游生态环境演变研究》，山西人民出版社 2008 年版。

［10］2017 年、2018 年各地国民经济和社会发展统计公报。

［11］《2018 年中国文化及相关产业统计年鉴》。

［12］《山西省国民经济和社会发展第十三个五年计划纲要》。

［13］中共山西省委调查研究室：《山西省经济资料》1963 年（内部发行）。

［14］刘晋英、高春平：《刘开基传》，中央文献出版社 2012 年版。

［15］杨茂林、高春平：《建国六十年山西若干重大成就与思考》，山西人民出版社 2009 年版。

［16］司马迁：《史记》，中华书局 1959 年版。

［17］班固：《汉书·河渠志》，中华书局 1974 年版。

［18］万历《太原府志》。

［19］成化《山西通志》。

［20］光绪《山西通志》。

（作者系山西省社会科学院历史研究所所长、二级研究员）

山西省黄河流域的非物质文化遗产保护传承

李 冰 赵俊明

黄河文化作为中华民族的主体文化，对中华文明的孕育与发展产生了深远影响。习近平总书记在黄河流域生态保护和高质量发展座谈会上指出："深入挖掘黄河文化蕴含的时代价值，讲好'黄河故事'，延续历史文脉，坚定文化自信，为实现中华民族伟大复兴的中国梦凝聚精神力量。"在新的历史时期，深入研究挖掘、准确地阐释黄河文化的时代价值，对坚定社会主义文化自信、推进中华民族伟大复兴和实现中国梦具有重要的现实意义。

一、山西黄河流域文化遗产的现状和价值

山西地处黄河中游，黄河在忻州市偏关县老牛湾进入山西境内，沿晋蒙和晋陕省界经由晋陕大峡谷一路向南至运城市芮城县的风陵渡，然后由此折向东，沿着晋豫两省省界进入河南省。黄河流经山西省内忻州、吕梁、临汾、运城4个地级市的19个县市，全长共965千米，沿途接纳汾河、沁河在内的大小支流30余条，流域面积约9.7万平方千米，占整个山西行政区域面积的62.2%，占整个黄河流域面积的12%。

（一）山西黄河流域文化遗产的现状

山西省黄河流域有着特色鲜明的、数量庞大的非物质文化遗产资源。

在黄河流经4个地级市的19个县市中，有国家级非物质文化遗产21项，省级非物质文化遗产109项，市级非物质文化遗产190项。其中，国家级非物质文化遗产传承人45人、省级非物质文化遗产传承人63人、市级非物质文化遗产传承人92人，如表1所示。

表1 山西省黄河流域非物质文化遗产情况 单位：项，人

黄河流域	国家级非物质文化遗产	省级非物质文化遗产	市级非物质文化遗产	国家级非物质文化遗产传承人	省级非物质文化遗产传承人	市级非物质文化遗产传承人
忻州市	3	2	13	6	8	10
吕梁市	4	12	18	4	12	61
临汾市	1	8	19	13	3	21
运城市	13	87	140	22	40	未统计
合计	21	109	190	45	63	92

山西境内黄河流域非物质文化遗产的数量之多、种类之繁，在全国范围内都可以排得上前几位。

山西境内黄河流域非物质文化遗产主要包含以下 10 个类别：民间文学，民间（传统）音乐，民间（传统）舞蹈，传统戏剧，曲艺，传统体育、游艺与竞技，民间（传统）美术，传统（手工）技艺，传统医药，民俗。类别极为全面，几乎涵盖了非物质文化遗产的所有类别。

（二）山西黄河流域非物质文化遗产的主要价值

从山西黄河流域非物质文化遗产价值的综合评估角度，其价值主要分为文化价值、社会价值、经济价值、精神价值等几个方面。

1. 文化价值

山西的历史积淀久远而醇厚，其沿黄地区非物质文化遗产不仅具有悠久的历史，还包含着丰富的历史、人文要素，有的还具有强烈的审美和艺术气息。山西黄河流域非物质文化遗产是山西境内黄河沿岸地区经过千年积淀而成，是山西沿黄地区居民的集体智慧结晶，在经过时间的打磨后，更突出其独特、真实、艺术之美。如在今临汾地区流传的平阳木版年画，被认为是中国版画的始祖，自北宋直至民国年间都极为兴盛，流传经久，生生不息，是一种集绘画、雕刻和印刷于一体的独特的民间艺术，寄托了百姓祈福纳祥的美好愿望，是历代民间艺人集体智慧的结晶。平阳木版年画色彩明快艳丽，造型生动夸张，风格凝练豪放。其题材大多以戏曲故事、民间风俗、神话传说和人物花卉等；洪洞明代大移民，成就了洪洞"天下故乡、华人老家"的美誉，古大槐树成为亿万古槐后裔共同的精神家园，"问我祖先在何处，山西洪洞大槐树"被无数海内外古槐后裔当作"家"，称作"祖"，看作"根"。河曲、河津及芮城的船夫号子，是船工们在拉纤劳动之时，人与自然和劳动相结合又相碰撞而产生的一种粗犷而豪迈的艺术，看似简单，实则随着黄河边上船工们的情绪变化，却能够给人以惊天动地的强烈震撼，具有其自身独有并且永恒的历史文化价值；流传极其广泛的"万荣笑话"产生于黄河岸边的万荣地区，是当地土生土长的一种民间文学形式，主要由群众的口头创作，集民间智慧与民间文学于一体，有的有趣生动，有的幽默机智，多数来源于人们的生产和生活实践中的，如今已经广泛地流传于山西及全国的许多省市。此外，还有赵氏孤儿、三家分晋、剪叶封桐等历史名人与经典故事（传说）……这种类型的非物质文化遗产在山西黄河流域有很多。

2. 社会价值

非物质文化遗产大多是人类社会发展到一定阶段群众智慧的结晶，同时在流传过程中需要经过较长时间的淬炼，汲取各种文化元素，才能够长期流传下来。其传承和发展也必然会满足人们在现实当中的生产与生活需要。山西沿黄地区的非物质文化遗产满足了当地人们在生产和生活实践过程中对物质、饮食、娱乐等多方面的需求，如芮城狮虎头帽子，具有保护生命的象征意义。狮虎在民间已经随着年代合而为一，它们都是百兽之王，都被视为神兽保佑着庶民，是人们为迎接新生命的到来、保护新生命的平安长大的祈愿。

3. 经济价值

山西沿黄地区非物质文化遗产是山西特色旅游产业的重要一环，是外地旅游者深度了解山西的不可或缺的文化载体。多数非物质文化遗产产品具有鲜明的原生态性，在一定程度上代表了地方文化特色。通过适度的开发和利用，与地方经济文化发展相结合，将会产生较大的经济价值。如杏花村汾酒，自南北朝时开始酿造，距今已有 1500 多年的历史，在 1916 年巴拿马国际博览会上获一等优胜金质奖，是开国大典上的专用酒，中华人民共和国成立以后多次荣获国内酒类评比的最高荣誉奖。同样，产自杏花村的竹叶青酒也是山西的一种名酒，它以汾酒为基础原料，配以10余种中药材浸泡而成。该酒具有较为有效的保健功效，对关节炎、高血压、心脏病等常见的慢性病有一定的疗效。这些产品经过大规模的生产之后，畅销40多个国家和地区，能够带来较大的经济收益。

4. 精神价值

沿黄地区非物质文化遗产不仅具有历史性、艺术性和实用性，还具有重要的精神价值。沿黄地区非物质文化遗产是中华文化的重要载体之一，其中蕴含着中华民族的自强精神，体现着中华民族的生生不息生命力。如霍州的威风锣鼓，以鼓、锣、钗、铙四种乐器一起演奏的一种民间音乐表演形式，其特点是粗犷豪放、古朴凝重、音域宽广、刚劲激昂，如黄河奔腾，似雷霆万钧，故有"斯声撼世""天下第一鼓"之誉称。威风锣鼓起源于尧舜，兴盛于隋唐。民间多用于喜庆典礼、迎神驱邪、社火、集会；"河曲河灯会"最早源于春秋战国时期，它是从官方的祭祀活动中诞生，是祈求风调雨顺、国泰民安、五谷丰登的重大习俗活动，后来祭祀仪式在鬼神文化的传播中发展为中元节。河曲河灯会习俗最早记载于明弘治十三年，清末又经走西口的百姓广泛参与最终形成；禹文化、鬼神文化、走西口文化的三大特色，现今"河曲河灯会"已演绎为晋、陕、蒙黄河两岸的文化盛会。帝尧古都文化节、平阳祭尧大典等根祖文化特色节日是增加中华民族向心力、凝聚力的精神文化遗产。有效地利用好这些非物质文化遗产，对继承和发扬中华民族优秀文化传统、促进社会主义精神文明建设都具有重要的现实意义。

二、山西黄河流域非物质文化遗产保护传承中存在的问题

近年来，山西黄河流域各市县非遗保护工作遵照"保护为主、抢救第一、合理利用、传承发展"的工作方针，依法保护、科学保护，通过开展沿黄地区非物质文化遗产资源普查、建立健全四级名录体系、加强传承人认定、非遗场所建设、展示利用、研究出版、宣传教育等措施，取得了良好效果。但是，仍存在很多问题。

（一）与现代经济社会发展的需求脱节

非物质文化遗产大多数是在漫长的历史时期的某个历史阶段的文化和智慧的结晶，它与当时的时代特征和社会生活有着紧密的关系，具有极强的时代性和浓厚的地域性。但随着时代的变迁和社会经济文化的发展，很多山西黄河流域非物质文化遗产已经不能适应时代的需求，难免被时代淘汰。例如，曾经很长时间飘荡在黄河河面上的船工号子，随着机械船的广泛使用，已不再需要船工拉纤，拉纤船工这个职业已经消失，船工号子也面临着消失的可能；再如，山西省襄垣炕围画是流行于山西省襄垣县及邻近县区的一种民间绘画艺术，在元代就出现于襄垣地区。但是由于现代年轻人住楼房，购买西式床、壁纸的人增多，人们对打炕、画炕画的需求越来越少，面临着失传的危险。面对时间的筛选，山西黄河流域的一些非物质文化遗产注定会被历史淘汰，如何留存将是我们目前面临的严峻问题。

（二）社会发展给非遗传承造成了巨大压力

非物质文化遗产能够长期传承离不开社会的认可，山西黄河流域的非物质文化遗产同样如此。但随着省会经济的发展，科技日新月异，新鲜事物层出不穷，山西黄河流域大量的非物质文化遗产的社会认可度急速降低，很多都陷入了传承窘境。这在非物质文化遗产的传承人方面表现得最为显著，现有的非物质文化遗产传承人多数年龄都在45岁以上，老龄化十分明显，有些较为稀有技艺的传承人甚

至已达 80 多岁，而且有很多还没有找到传承弟子，严重制约着山西黄河流域非物质文化遗产的保护和传承。现在，当地的年轻人多数都接受现代正规教育，成人后多数进入大城市谋求发展，他们与产生非物质文化遗产的故乡的风土人情接触得越来越少，对家乡的非物质文化遗产认同感随着时间的流逝日益降低。在很多老一辈非物质文化遗产传承人眼中，从小就熟练掌握的非遗技艺对他们而言仅仅是谋生手段，他们多数文化水平较低，认识远远达不到文化遗产的高度，加上当今社会认同轻视手艺人，认为他们地位"低贱"，多数老艺人都不希望子孙后代继承自己的技艺，重走自己的老路，这在很大程度上直接制约了山西黄河流域非物质文化遗产的保护和传承工作。

（三）沿黄地区经济基础较差，非物质文化遗产传承保护支撑不足

山西省黄河流域人均 GDP 不到 3 万元，明显低于全省人均 4 万元的水平，此外无论是城镇居民人均可支配收入还是农民人均纯收入均低于山西省的平均值，反映出山西省黄河流域经济基础薄弱。当地自身经济基础较差，资金缺乏，严重制约黄河文化资源保护和开发利用。黄河沿岸的吕梁山区更是山西交通的"短板"，部分地区路段达不到三级标准。经济落后，交通不便，严重制约了当地经济文化的发展，非物质文化遗产作为一种文化产品，很难有较多的社会需求，其面临的困境可想而知。

（四）文化教育落后严重制约着非物质文化遗产的创新

非物质文化遗产的保护和传承是一项艰巨的工作，需要有较强的创新能力。山西黄河流域尤其是黄河沿岸多数是社会文化相对落后地区，黄河流域老一辈非物质文化遗产传承人，他们小时候由于经济落后，多数并未接受过充分的文化教育，有些甚至小学都没有毕业，文化和教育的落后，限制了他们走出山村，制约了他们的创新力。由于文化程度较低，老一辈的非遗传承人多数受到传统的固化思维的影响，他们的创作只能是固守老旧的思想内容，技艺上则是沿袭传统的表现形式，很难有创新意识，严重制约了山西黄河流域非物质文化遗产保护和传承。时代进步飞速，一旦错失发展良机，难免会被新兴事物和外来文化侵占了原本就极为有限的发展空间。

三、主要决策建议

弘扬和传承中华优秀传统文化，加强黄河流域非物质文化遗产保护任重道远。为了使山西黄河流域非物质文化遗产保护传承能够跟上时代进步的步伐，并且有新的发展，笔者认为需要着重从以下几个方面做起：

（一）发挥政府的主导作用，健全工作制度建设

山西黄河流域的非物质文化遗产类别丰富，种类繁多，表现形式多种多样，具有鲜明的地域特征，同时山西沿黄地区非物质文化遗产承载着山西省悠久的历史文化，在诸多方面可以为山西的经济和社会发展发挥特殊的价值与作用。首先，地方政府应有效发挥主导作用，尽可能在人才、资金和相关政策方面给予优惠与扶持。在增加资金投入的同时，还需加大监管力度，逐渐建立一种长效稳定的资金管理机制，使政策和资金能够落地生根。此外，要尽可能发挥民间力量，借鉴国内其他地区的先进做法，吸引企业、社团组织、民间机构等加入沿黄地区非物质文化遗产保护中来，成为保护和传承沿黄地区非物质文化遗产重要力量。其次，健全底层的工作制度建设，尤其要做好非遗项目和传承人评选认定、丰富名录保护体系，在基层建立评估督查机制常态化，使政策和制度实施的有效性能够落到实处，并根据实际情况及时修订督查政策，逐步完善分类保护措施。最后，要对沿黄地区非物质文化遗

产法律法规贯彻落实情况的监督检查规范化、常态化，督促各相关部门提高重视程度。

（二）坚持保护利用并重、资源整合及可持续发展的原则

经济价值并不是非物质文化遗产最为重要的价值形式，保护和传承山西黄河流域非物质文化遗产过程中更应看重其文化价值。应重点突出科学保护，在科学保护的基础上加以利用和可持续发展。保护的关键在于人，在于民众，要逐渐建民众自觉自愿保护黄河流域非物质文化遗产的意识，将其作为保护山西黄河流域非物质文化遗产建设重点来抓。在非物质文化遗产保护利用的相关工作中，首先应当保护非物质文化遗产项目的原生态性、稀缺性、独特性等自身特征。其次应注重对其时代性、可持续性、环保理念等的深入挖掘。在后期的开发过程中，再对其市场需求、认同性、完整性、教育性进行研究，并对其艺术性、可开发性、传承性和行业环境等影响因素进行相应的探讨和完善。

（三）加强传承能力建设，推动创造性转化、创新性发展

非物质文化遗产的保护和传承，关键在传承人，重视帮助非遗传承人增强传承实践能力，是有效保护物质文化遗产的基础性措施。一是要加强非物质文化遗产人才的培训教育，帮助非物质文化遗产传承人提升自身文化水平，增强创新能力，进而提高非物质文化遗产传承人的可持续发展能力，使其能够获得更多的存在感；二要深入实施传统非物质文化遗产技艺工艺振兴计划，依托非物质文化遗产传承人，帮助他们与企业、高校等单位有效对接，尽可能解决非物质文化遗产产品与传统工艺相关的技术问题，推动传统工艺产品与当代生活紧密结合，走向市场；三要继续推广实施"乡村文化记忆工程"，促进非物质文化遗产保护与文物保护、传统村落保护相结合，因地制宜地开展具有不同特色保护创建工程，在整理沿黄地区非物质文化遗产资源的基础上逐步实现利用和推广。

（四）开展"非遗进景区"探索，推动非遗旅游深入融合

按照"宜融则融、能融尽融""以文促旅、以旅彰文"思路，应支持在已具备条件的历史文化街区、文化生态保护实验区和旅游景区，开展和设立非遗展示、展演和产品展销，加强市场化运作，积极探索建立非遗产品连锁商店，推动非遗的旅游深入融合。

（作者分别系山西省社会科学院历史研究所副所长、副研究员；

山西省社会科学院黄河文化研究所副所长、副研究员）

河南"四种精神"是黄河文化时代价值的精彩呈现

李立新

毛泽东指出,人是要有一点精神的。伟大的事业孕育着伟大的精神,伟大的精神推动着伟大的事业。河南的"四种精神",即愚公移山精神、红旗渠精神、焦裕禄精神和大别山精神,这四种精神属于红色文化,是中华民族精神谱系的重要组成部分,是黄河文化的重要内容,是黄河文化时代价值的精彩呈现。习近平总书记2019年视察河南时,强调"要把红色资源利用好、把红色传统发扬好、把红色基因传承好"。河南的"四种精神",既产生于伟大的事业,也推动着伟大的事业,为实现中华民族伟大复兴的中国梦提供精神力量。

一、黄河文化是中华民族的精神原乡

黄河文化是中华民族的根和魂,是中华民族的象征,是中国的文化标识。河南处在黄河文化中的中心区域、腹心地带,是黄河流域历史渊源最悠久、文化积淀最深厚、精神涵养最丰富的地区。正是在黄河文化的滋润涵养之下,河南成为黄河流域文明曙光最早闪现之地,是黄河流域文化序列最为完善之所,是黄河流域政治文明最为发达之区,是黄河流域元典文化最为繁荣之域,是黄河流域农耕文明最为灿烂地区,是黄河流域众多科技文明肇兴地,是中华民族文化基因和黄河精神的滥觞地,是古丝绸之路和大运河文化带的重要节点区域,是全球华人精神家园和心灵故乡的主要承载地,一言以蔽之,河南是"华夏文明主根、国家历史主脉、中华民族之魂"。

河南黄河文化具有根源性的特征,是华夏文明主根。中华文明发祥于斯,中华民族发源于斯,中华元典文化发轫于斯。黄河首先是一条文化之河,正是基于黄河母亲的哺育、黄淮大平原的承载,在中国诸多区域文化中黄河中下游的中原地带率先进入文明社会。在博大精深的黄河文化中,裴李岗文化、仰韶文化、龙山文化等原始文化一脉相承;城市、文字、礼仪性建筑、青铜器等要素文明闪烁;夏、商、周三代文明薪火相传;儒家、道家和法家等中华元典文化交相辉映;汉代经学、魏晋玄学、宋明理学与佛教文化代有芳华;夸父追日、河图洛书、大禹治水、愚公移山,隐含着中华民族的精神密码和文化基因;人文始祖、姓氏根亲、历史名人,搏动着中华民族蓬勃血脉;汉赋、唐诗、宋词,书写了不尽文学华章。这些林林总总的中华文明元素,其根源均深植于黄河文化之中。

河南黄河文化具有正统性的特征,是国家历史主脉。古史传说时代的黄帝都有熊、颛顼都帝丘、禹都阳城均在河南,夏、商、周三代亦均居于河洛之间,可以说黄河流域特别是黄河中下游的中原地带,在中华文明相当长的历史时期占据了主流地位,长期处于中国政治、经济、文化中心。在北宋及此前长达数千年的历史时期,洛阳、郑州、开封、安阳相继成为都城,这一时期的历代都城一直在黄河沿线的横轴上左右移动,黄河文化的发展变化影响着中华民族的命运走势。政治文明决定了国家的治乱兴衰，宗法观念奠定了超稳定的社会基础，礼乐制度规定了社会各阶层的位次秩序，儒家思想指导了人们的行为规范。黄河文化彰显的是一种国家文化，呈现的是中国历史的主脉。

河南黄河文化具有包容性的特征，是中华民族之魂。黄河文化以其博大的气势、宽广的心胸，融汇外来，吞吐万有，形成了一个富于包容性的开放系统。一方面，南与长江文化长期相向而行，互相碰撞、相互吸纳，积累了越来越多的文明要素，并最终进入文明社会，形成了文明国家；北与草原文化长期碰撞、相互融合，不断融入新鲜血液、纳入新生基因，丰富了中华文明。另一方面，通过陆路丝绸之路和海上丝绸之路，与西方文化互通有无，与东南亚各国广泛交流，向外传播中华文明，向内输入域外文明成果。这些因素共同形成了多元一体、紧密团结的中华民族，以及丰富多彩、像黄河水一样长流不息的中华文明。作为中华文化的核心和主干，黄河文化因与周边文化和异域文化和谐共生、互通有无，形成了一个多元一体的文化综合体，成为东亚文化圈的主体文化，是中华民族脉之所维、魂之所系。

黄河流域特别是中原地带是中国农耕文化最发达的地区，数千年的农耕文化养成了安土重迁、敬天法祖、家国同构的思想意识和行为范式，形成了儒道互补的中华文脉，生成了崇仁爱、重民本、守诚信、讲辩证、尚和合、求大同等核心思想理念，涵养了自强不息、敬业乐群、扶危济困、见义勇为、孝老爱亲等中华传统美德，滋养了独特丰富的文学艺术、科学技术、人文学术等方面的中华人文精神，磨砺了中华民族自强不息、坚忍不拔、吃苦耐劳的性格，从而形成了天人合一的和合精神、自强不息的奋斗精神、家国同构的爱国精神、兼收并蓄的包容精神、革故鼎新的创新精神。融合愚公移山精神、大别山精神、红旗渠精神、焦裕禄精神，汇入中华民族的精神谱系，凝成伟大复兴的精神力量。

二、河南"四种精神"是黄河文化的精彩呈现

黄河文化凝聚着中华优秀传统文化、革命文化、社会主义先进文化的核心要素，蕴含着中华民族深层的文化基因和精神密码，搏动着中华儿女的蓬勃活力和创造动能。黄河文化不仅包含着河湟文化、关中文化、河洛文化、齐鲁文化等中华优秀传统文化，也包含有愚公移山精神、大别山精神、焦裕禄精神、红旗渠精神等革命文化和社会主义先进文化。愚公移山精神属于中华优秀传统文化，大别山精神属于革命文化，红旗渠精神和焦裕禄精神属于社会主义先进文化。河南的这四种精神，是黄河文化的有机内容、精彩篇章，是黄河精神的当代呈现、价值体现。

愚公移山精神属于中华优秀传统文化。愚公移山是《列子·汤问》中的一则寓言故事，故事的发生地在今天的河南济源。1945 年 6 月，毛泽东同志在党的七大闭幕词中引用了这个故事，并赋予其新的内涵，号召全党全国各族人民发扬愚公移山精神，坚持抗日救国，"下定决心，不怕牺牲，排除万难，去争取胜利"。愚公移山也由寓言故事上升为民族精神，成为中华民族宝贵的精神财富。习近平总书记多次强调传承和弘扬愚公移山精神。愚公移山精神虽然可以划归中华优秀传统文化，但是由于毛泽东同志赋予了它新的内涵和时代价值，在推翻两座大山的新民主主义革命时期发挥了巨大作用，所以也可以划归革命文化。

大别山精神属于革命文化。新民主主义革命时期，中国共产党在大别山区建立了鄂豫皖特区苏维埃政府，创立了鄂豫皖根据地。无数革命先烈在这里谱写了"28 年红旗不倒"的英雄史诗，孕育形成了"对党忠诚、坚定信念、服务大局、勇于担当"的大别山精神。习近平总书记在大别山区考察时特别强调要大力弘扬大别山精神。由于黄河曾在 1194～1855 年夺淮入海，而黄河文化更多地呈现为一种历史文化，所以产生于淮河流域鄂豫皖地区的大别山精神，也与黄河文化有着深厚的渊源。

红旗渠精神属于社会主义先进文化。20 世纪 60 年代，十万林县（今林州市）人民在县委的领导

下，以"重新安排林县河山"的决心，历经 10 年，在太行山的悬崖峭壁上建成了全长 1500 千米的被誉为"世界第八大奇迹"的红旗渠，孕育形成了"自力更生、艰苦创业、团结协作、无私奉献"的红旗渠精神。周恩来总理曾非常自豪地对国际友人说："新中国有两大奇迹，一个是南京长江大桥，一个是林县红旗渠。"习近平总书记指出，红旗渠精神是我们党的性质和宗旨的集中体现，历久弥新，永远不会过时。

焦裕禄精神属于社会主义先进文化。焦裕禄同志是人民的好公仆，党员干部的好榜样。兰考是焦裕禄同志工作过的地方，是焦裕禄精神的发祥地。自穆青等的长篇通讯《县委书记的好榜样——焦裕禄》在《人民日报》发表以来，兰考就成为全国宣传学习焦裕禄精神的主阵地。2009 年 4 月 1 日，习近平同志在与兰考县干部群众座谈时指出："焦裕禄同志用自己的实际行动，塑造了一个优秀共产党员和优秀县委书记的光辉形象，铸就了亲民爱民、艰苦奋斗、科学求实、迎难而上、无私奉献的焦裕禄精神。"

三、大力弘扬"四种精神"推动黄河文化再次勃兴

随着黄河流域生态保护和高质量发展国家战略的确立，通过大力弘扬黄河文化，黄河文化的再次勃兴已成为历史的必然。今天，面临百年未有之大变局，在国内国际形势变幻，困难和挑战层出不穷的情况下，如何完成"两个一百年"的奋斗目标，实现中华民族伟大复兴的中国梦，需要进一步凝练黄河文化的时代价值，以黄河文化为纽带，推动全球华人文化认同、民族认同和国家认同，汇聚起民族复兴的磅礴力量；需要深入践行愚公移山精神、大别山精神、红旗渠精神、焦裕禄精神，大力弘扬黄河精神！

河南"四种精神"虽然各有不同，但同属于黄河文化，其核心和精髓有很多相通之处。"四种精神"是对黄河精神的当代诠释，是民族性格的生动写照，是激发人们干事创业的强大动力，是讲述中国故事、传播中国声音的重要载体。

（一）要弘扬"四种精神"中坚定信念、服务人民的宗旨意识

理想信念是立身之本、精神之魂、力量之源，民本思想所展现的为民初心，既是黄河文化所孕育的政治智慧，也是中国共产党的宗旨所在。北山愚公正是拥有移山的信心和为子孙谋福利的初心，才挖山不止，感动上帝，移走太行王屋二山；大别山的革命先烈正是拥有坚定的理想信念和造福人民的初心宗旨，才谱写了"28 年红旗不倒"的英雄史诗；林县人正是拥有"重新安排林县河山"的决心和解决缺水问题让子孙后代过上幸福生活的强烈愿望，才建成了"人工天河"红旗渠；焦裕禄正是拥有"敢教日月换新天"的信念和"心里装着全体人民，唯独没有他自己"的公仆情怀，才根治了兰考的风沙盐碱。

（二）要弘扬"四种精神"中艰苦奋斗、自强不息的民族性格

黄河蜿蜒曲折，历经数千公里的艰难险阻东流入海，她既是中华民族的母亲河，也因为善淤善决而成为"中华之忧患"。她涵养了不屈不挠、勇往直前的国人品质，砥砺了艰苦奋斗、自强不息的民族性格。愚公不畏艰难、奋斗不息，竖起了令人敬仰的处事逻辑和做人标杆；大别山先烈们面对敌人和困难，前赴后继、英勇奋斗，形成了战无不胜的英雄群体；林县人民凭借没有条件创造条件也要上的实干苦干，历经 10 年，硬是在太行山的悬崖峭壁上建成了全长 1500 千米被誉为"世界第八大奇迹"的红旗渠；焦裕禄"革命者要在困难面前逞英雄"的奋斗精神，迎难而上，敢于担当，科学求实，巧

干实干，成为党员干部的好榜样。

（三）要弘扬"四种精神"中团结协作、无私奉献的优秀品德

"人心齐，泰山移"，千百年来在与黄河水患的斗争中，中华民族体悟到了团结就是力量。一滴水虽微小，但是投入大海便不会枯竭；一个人虽渺小，但汇入集体就能凝聚巨大的力量。北山愚公移山，靠的是无穷匮的子子孙孙；大别山的红色根据地建设，靠的是千千万万革命战士和群众；红旗渠的成功修建，靠的是十万大军战太行；焦裕禄治理内涝、风沙、盐碱三害，靠的是群众路线。基于共同目标的团结协作和无私奉献精神，是我们事业成功的重要法宝。

20世纪90年代，黄河断流愈演愈烈，一家日本媒体因此放言："黄河断流就意味着中华民族的衰落。"秉持黄河精神的中华儿女不会听任母亲河断流，中华民族更绝不会衰落！2018年3月，习近平总书记《在第十三届全国人民代表大会第一次会议上的讲话》指出，几千年来中国人民始终心怀梦想、不懈追求，"盘古开天、女娲补天、伏羲画卦、神农尝草、夸父追日、精卫填海、愚公移山等我国古代神话深刻反映了中国人民勇于追求和实现梦想的执着精神""山再高，往上攀，总能登顶；路再长，走下去，定能到达"。只要我们坚持大力弘扬以"四种精神"为代表的黄河精神，埋头苦干，坚持做好自己的事，两个一百年的奋斗目标就一定能够实现，黄河文化的再次勃兴就一定能实现，中华民族伟大复兴就一定能够实现！正如毛泽东同志在中华人民共和国成立之初所宣告的那样："我们的目的一定要达到！我们的目的一定能够达到！"

（作者系河南省社会科学院文学研究所副所长、研究员）

试论黄河在河洛文化形成与发展中的意义

扈耕田

泱泱黄河以其百折不挠的伟大精神，横贯于北中国的莽莽原野，不仅冲积出河套平原、宁夏平原、汾渭平原、华北平原和长江中下游平原的一部分，奠定了中国农耕文明的基础，而且孕育出了悠久灿烂的黄河文化。黄河文化是黄河流域劳动人民创造的物质文明与精神文明的总和，其地域不仅包括今天其干流地区所经的九省，而且包括其故道、支流所经的京、津、冀、皖、苏地区，涉及中国近一半的省份。2019年9月18日，习近平总书记《在黄河流域生态保护和高质量发展座谈会上的讲话》中指出："黄河是中华民族的母亲河。""千百年来，奔腾不息的黄河同长江一起，哺育着中华民族，孕育了中华文明。……九曲黄河，奔腾向前，以百折不挠的磅礴气势塑造了中华民族自强不息的民族品格，是中华民族坚定文化自信的重要根基。""黄河文化是中华文明的重要组成部分，是中华民族的根和魂。"2020年6月8日，习近平总书记在宁夏考察指出，黄河是中华民族的母亲河，是中华民族和中华文明赖以生存发展的宝贵资源。高度概括了黄河文化对于中华民族生存、发展、复兴的伟大意义。正是因为有了黄河文化，中国才成为四大文明古国之一，具有了在世界文明史中卓越的地位。由于自然条件的差异，黄河文化形成了若干的区域文化。而最为突出的，便是习近平总书记《在黄河流域生态保护和高质量发展座谈会上的讲话》中指出的河湟文化、河洛文化、关中文化、齐鲁文化等。因此，河洛文化是黄河文化的组成部分。但是，相对于其他的区域文化，河洛文化在整个黄河文化中尤其具有重要的意义。著名学者刘庆柱在接受《中国社会科学报》采访时指出："河洛文化不是一般的中国古代区域文化，它是中国古代历史上区域文化中的'核心区域'文化，属于中国古代历史文化中的'根文化'。所谓'核心区域'文化就是影响整个国家的文化，所谓'根文化'就是国家的文化之'根'。"由此我们可以看出，作为处于整个中华文化核心区域的根文化，她是黄河文化之所以能够成为中华民族精神象征的重要原因。那么，黄河对河洛文化的形成与发展有什么重要意义？本文试从七个方面略作论述。

第一，黄河文化是孕育河洛文化的重要力量。一般以为河洛文化以洛阳为中心，西至潼关、华阴，东至荥阳、南至汝颖，北跨黄河至晋南、济源、吉利、孟州、武陟一带。而黄河文化的肇始，则在新石器时期。这一时期黄河冲积扇顶端的孟津县宁嘴峡口的南岸一带，成为丘陵与河谷交接的地带。既便于利用黄河水进行灌溉，又因地势较高，可避免洪涝，便成为河洛农耕文化的重要发祥地区之一。而其下游则处于泥淖滩泽之中，无法进行农耕。[①]同样，处于河洛地区沿黄河的灵宝、三门峡、渑池、新安等地的河谷，也成为了农耕文明的重要地区。因此，以黄河宁嘴冲积扇为代表的河洛地区黄河沿岸和伊河沿岸、洛河沿岸地区，共同构成了河洛文化早期的主体。从新石器遗址来看，黄河沿岸有灵宝的北阳平、三圣村、双庙沟，三门峡的庙底沟、渑池的仰韶村、不召寨、鹿寺、寺沟村、李家窑，

---

① 胡方：《黄河与河洛文化核心区的形成》，《黄河科技大学学报》2010年第1期。

新安县的仓上、卦沟，孟津的姊娌、双槐、朱寨，洛阳市吉利区的马洞南、南陈遗址等。以传说而言，有灵宝的黄帝铸鼎塬、新安的始祖山黄帝传说、青要山黄帝密都等。以前我们在说到河洛文化时，多强调洛河、伊河，甚至有人以之比喻西亚的两河流域。这可能是因为历史上河洛地区的都城多沿洛河分布的原因。但是这种忽略黄河的做法，并不符合河洛文化产生与发展的历史实际。古代将洛阳称为三川郡，我们也应当对黄河、洛河、伊河在河洛文化形成与构建中的意义均给予足够的重视。

第二，黄河是河洛文化内部挽结的纽带。如前所述，河洛文化不仅包括黄河南岸，也包括北岸的晋南、济源、吉利、孟州等地。由此可以看出，正是黄河，成为了河洛文化南北的对称轴线，成为了联结河洛文化南北两翼的纽带。我们一般以为，黄河会成为南北两岸文化交流的阻碍，这种观点并不正确。事实上，世界上的文明，基本上都是沿河流两岸分布的，如两河文明、尼罗河文明、印度河文明。可以说，河流并没有成为文化的阻断。因此，我们此前的研究，将河洛文化的地域范围确定为黄河的两岸，也就是说包括了黄河北岸的晋南、河南的济源、孟州一带，是有充分根据的。可以说，古老的黄河，在进行地理分割的同时，又通过其舟楫、桥梁，成为了挽结河洛文化南北两翼的纽带。

第三，黄河河洛段是河洛根文化的发源地。就发生地而言，河洛文化中与根文化相关的，主要是中华始祖文化与文明发祥文化，其主要产生地便在黄河沿岸。如《山海经·中次六经》："缟羝山之首，曰平逢之山，南望伊洛，东望谷城之山，……有神焉，其状如人而二首，名曰骄虫，是为螫虫，实惟蜜蜂之庐。"又，《国语·晋语》载："昔少典娶于有蟜氏，生黄帝、炎帝。"这是典籍中最早记载炎帝黄帝诞生地的史料。二者结合起来可以看出，平逢山是炎黄二帝母族有蟜氏生活的地区。而平逢山的地望，今人多以为在今孟津县黄河南岸的龙马古堆。而灵宝有黄帝铸鼎塬、新安县有始祖山，亦记载了黄帝与黄河的密切关系。而著名的河图洛书，被称为中华文明的滥觞，是中华天人合一观念的具体体现，影响到了中国人的世界观与思维方式，直接影响到了《易经》的出现。其发源地，有多种说法。其中河图，多以为在孟津黄河支流图河。亦有人以为，河图洛书均出现在洛河入黄河处，其地在今巩义。因此，河洛地区的中华血脉之根与中华文明之根，均产生于黄河。

第四，黄河是古代定都洛阳的重要原因，也是河洛文化成为中国核心文化的重要原因。古代世界著名的首都，大多依大河而建。巴黎、伦敦、开罗、巴比伦，均居于该国最大的河流两岸。这是因为古代的长途运输，主要以漕运为主，这些城市凭借河流而成为国内的交通中心。以北京为例，她之所以能够成为金元明清诸朝的首都，就是依赖于隋唐之后的大运河。而黄河，很早就成为中国内陆漕运的主干道，它长长的河道，使其能够连接全国大多数地区，具有无与伦比的漕运优势。且看中国最早的地理书《禹贡》所载天下九州物产的运输之道：

> 冀州……夹右碣石入于河。济河惟兖州。……浮于济、漯，达于河。海岱惟青州……浮于汶，达于济。海、岱及淮惟徐州。……浮于淮、泗，达于河。淮海惟扬州。沿于江、海，达于淮、泗。荆及衡阳惟荆州。……浮于江、沱、潜、汉，逾于洛，至于南河。荆河惟豫州，浮于洛，达于河。华阳、黑水惟梁州……浮于潜，逾于沔，入于渭，乱于河。黑水、西河惟雍州。……浮于积石，至于龙门、西河，会于渭汭。

可以看出，九州之中的冀、兖、徐、荆、豫、梁、雍六州，《禹贡》明确指出了其可以依托黄河进行运输。而青州则可以通过济，扬州可以通过淮、泗的转运而达于河。因此，在《禹贡》的时代，黄河的水运已经贯通全国。《史记·周本纪》记载，周公在陈述其决心营建洛邑时说："此天下之中，四方入贡道里均。"但洛阳虽有居于天下之中的优势，如果没有黄河四通八达的水系作为漕运的水道，同样难以有"四方入贡"之便利，也很难长期以来作为中国的首都。在中国古代，洛河是黄河最东的入黄河的大支流，汾河、渭河是向西的第二条、第三条大支流，这些地带均成为古代的建都之地。因此，可以说黄河漕运之便与天下之中的位置，都是古代洛阳定都的最大优势。昔人论洛阳建都，多从四方险阻而论，黄河则是其北部的天险。事实上，其航运的便利，在洛阳建都方面具有更加重要的意义。正是黄河与洛河的完美结合，使洛阳具有了得天独厚的漕运优势，使洛阳成为了中国长期的首都所在。而河洛文化成为中国的核心文化，与洛阳长期作为首都密不可分。因此，黄河对于河洛文化成为中国的核心文化，具有决定性的作用。

第五，黄河是形成河洛文化重要精神的重要原因。首先是包容与创新精神。黄河水运的发达，使洛阳成为万方辐辏之地。春秋战国时期，黄河的航运，为秦、晋、齐、鲁诸国进入河洛地区带来了便利。此后黄河漕运与崤山南道、崤山北道，共同构成了古老的丝绸之路起始段的路网。至隋朝，大运河的开凿，又借助黄河，使洛阳成为南北经济、文化交流中心。因此，黄河为河洛文化吸纳其他地域文化乃至外来文化创造了便利条件，对形成河洛文化的包容性具有重要的意义。也正因为河洛文化能够借鉴、吸纳外来文化，所以河洛文化才能够不断地开拓新领域，做到日新月异，生生不息。其次是自强不息、厚德载物的精神。灵宝夸父营夸父逐日的神话中，既有着"与日逐走"的勇气，又有着"弃其杖，化为邓林（即桃林）"的厚生爱民意识。而龙马负图寺及河图洛书，直接导出了《易经》精神自强不息、厚德载物精神。大禹治水疏通三门峡，不仅可以看出河洛文化中勤勉不息、不畏艰险、精诚团结的精神，也可看出其天人合一的意识。三门峡的砥柱山，则展现了河洛人不惧凶险的抗争精神，中流砥柱成为了我们歌颂民族精神的成语。这些均是河洛文化中精神层面的主体。习近平总书记《在黄河流域生态保护和高质量发展座谈会上的讲话》中指出："九曲黄河，奔腾向前，以百折不挠的磅礴气势塑造了中华民族自强不息的民族品格，是中华民族坚定文化自信的重要根基。"所指即此。

第六，黄河是河洛文化辐射力与影响力增强的重要通道。由于黄河水运的便利，使河洛文化便于向外传播，在其传播过程中，不断地被认同和吸收。这对河洛文化地位的提升也具有重要意义。

第七，黄河形成了河洛文化丰富而多元的形态。河洛地区的黄河段，处于第二阶梯向第三阶梯过渡地带，济源以下的北岸又属于平原。因此，这一地段地形复杂。孟津之上，两岸崇山峻岭，是典型的峡谷地貌。孟津以下，南岸为邙山，北岸则为平原，对比明显。自然地理状况影响了人们的不同心态，形成了黄河文化中的多元特点。如青要山的秀美，孕育了河洛文化中的爱美意识，出现了青女这一动人形象。其美丽的形象，后来成为了霜神，与月神嫦娥并称。李商隐《霜月》即云："青女素娥俱耐冷，月中霜里斗婵娟。"王屋山的奇险，使人产生了愚公移山的勇气。同样，由于黄河作为都城洛阳的天险要塞，发生了无数的关系朝代兴亡的战争，其间也产生了许多具有经典意义的文化现象。如孟津扣马村伯夷、叔齐叩马而谏，偃师首阳山伯夷、叔齐不食周粟，所表现的遗民意识对中国文化有着深远的影响。因此，黄河赋予了河洛文化绚丽多彩的姿态，增添了其无穷的魅力。

以上就黄河在河洛文化形成发展中的作用与意义进行了初步探讨，尚未能进行深入的研究，诚望博雅之士提出修正意见。

（作者系洛阳理工学院文学院教授）

河洛文化与楚文化冲突和融合的文学书写

郭树伟

黄河和长江是中国最重要的两条河流，对古代中国的政治、经济、文化都产生了重要的影响。黄河文化是中华文明的重要组成部分，是中华民族的根和魂。一部河南史，半部中国史。一方面说明了河南的历史厚重，另一方面也说明了古代河南的文化和哲学经历了一次从地域哲学上升为全域哲学的提升，这种"提升"诚然有助于古代大一统社会治理体系的建构过程，同时也表明了以河洛文化为代表的黄河文化是华夏民族的根和魂对古代中国的政治建构和文化建构更是起着核心作用。

一、以河洛文化为代表的黄河文化是华夏民族的根和魂

古代华夏神话传说隐喻了黄河故事的文化基因和精神密码。《山海经》记载："夸父与日逐走，入日。渴欲得饮，饮于河渭，河渭不足，北饮大泽。未至，道渴而死。弃其杖，化为邓林。"此乃古代黄河岸边先民企图超越有限生命的束缚及其对生命永恒的渴求。《史记》记载："昔三代之居，皆在河洛之间"，著名考古学家许顺湛说，华夏文明的主体是黄河文明，更有学者直接把中国称为黄河边的中国。早期的两岸先民形成了年年岁岁祭祀黄河的河神崇拜。黄河的河神是河伯，他像普通人一样有自己的婚恋生活，留下了河伯与宓妃的故事；有时他又为害两岸人民，故又有后羿"射夫河伯，眇其左目""西门豹治邺"之故事，这反映了先民生存之际既有农业灌溉对黄河的依赖，还有黄河泛滥带来灾害的现实。《史记·夏本纪》记载，帝尧时"鸿水滔天，浩浩怀山襄陵，下民其忧"，大禹"劳身焦思，居外三十年，过家门而不敢入"。今天，三门峡屹立于黄河之中的"中流砥柱"，相传是大禹治水时凿宽两边河道所留，历经千年荡涤仍岿然不动，恰如中华民族勇于斗争的铮铮铁骨。黄河北岸的济源市流传着愚公移山的传说，愚公面对现实，勇于担当，排除万难，为子子孙孙谋万世利的精神今天仍然感动着中国人，以毛泽东为代表的共产党人重新发掘这个故事的内涵，带领灾难深重的中国人民挖掉了压在身上的三座大山，取得了民族解放和民族独立。《易·系辞上》记载："河出图，洛出书，圣人则之"，古代中国的河图洛书蕴含了深奥的宇宙星象之理，意味着早期古代中国神话和传说已经隐喻了黄河故事的文化基因和精神密码。

古典中国诗词记载了黄河儿女的流风余韵。西周时期的《诗经》是中国的第一部诗歌总集，里面记载了黄河流域先民在黄河边生活劳作的种种细节："坎坎伐檀兮，置之河之干兮！河水清且涟漪。""关关雎鸠，在河之洲。窈窕淑女，君子好逑。"《楚辞》中祭祀黄河之神的诗歌《九歌·河伯》是楚国伟大诗人屈原的作品，作者假借一次九河的神游之旅，表现出深深的故国之思。"渡河"是魏晋诗歌的常见内容或诗题，用以抒发送别、羁旅之情。如建安七子之一应玚的《别诗二首》前四句："浩浩长河水，九折东北流。晨夜赴沧海，海流亦何抽。"描绘了浩浩奔腾，日夜不歇的黄河意象；后四句："远适万里道，归来未有由。临河累太息，五内怀伤忧。"抒发远行万里、不知归期的悲伤忧虑之情，将羁旅的忧愁诉诸东流不歇的黄河水。使盛唐时期昂扬向上、开明自信的时代精神与黄河壮丽的

景色、恢宏的气势相辉映，在诗歌中得以高度显扬。"大漠孤烟直，长河落日圆"，是王维亲见的塞外黄河奇特壮丽的风光；"白日依山尽，黄河入海流"，以壮阔雄浑的景象展示了王之涣昂扬向上的精神和高瞻远瞩的胸襟。李白更是善于把个人的豪情壮志、经历情感与时代的风云融入波澜壮阔的黄河水中，他笔下的黄河波涛汹涌、奔腾浩荡、气象万千："黄河之水天上来，奔流到海不复回。"淋漓尽致地表达了黄河从天而降、一泻千里的豪迈气势和诗人狂放不羁的豪纵个性，是对盛唐精神的具象描写。南宋诗人陆游有："僵卧孤村不自哀，尚思为国戍轮台。夜阑卧听风吹雨，铁马冰河入梦来。"陆游多次书写黄河意象，寄托了南宋军民抵抗金人、渴望恢复故土的心愿。元代作家张养浩《潼关怀古》叙写黄河时说："峰峦如聚，波涛如怒，山河表里潼关路"则寄托了作者关心人民疾苦的民本思想。康有为在《登万里长城》的诗歌中写道："东穷碧海群山立，西待黄河落日明。且勿却胡论功绩，英雄造事令人惊。"诗人将黄河、碧海、群山、落日组合在一起，描绘了连山带河、无比雄伟壮阔的万里长城景象，借以表达作者以英雄自许、以历史创造者自命的豪气，表现出鲜明的时代气息。这些古老的文献表明，黄河的兴衰与民族的命运紧密地关联在一起，在不同的历史时期，诗人对黄河意象的书写表现出特定历史时刻华夏民族的命运，这些诗歌可谓黄河儿女书写黄河故事的流风余韵和华美乐章。

二、两汉以前黄河文明和长江文明主要以冲突方式呈现的文化对撞

《史记》记载："昔三代之居，皆在河洛之间。"古代中国的文明发展基本是以河洛文化为起点和原点。一般说来，沿黄一带的东西兼并战争基本是以黄河文明系统内部的兼并和统一，其文化多有相似之处，夏商周三代讨伐东夷的战争，秦灭六国的战争，在短暂和局部的冲突之后，很快就能在文化方面融为一体。但是，南北方面的兼并和统一留下了更多的历史传说。

《尚书》有"舜巡南方""舜伐三苗"的记载。西周时期又有昭王南征，指的是周朝中期，周昭王对虎方、荆楚和扬越等地区发动的平乱征伐，同时不断向南扩张华夏疆域。见于文献记载，并得到了青铜器铭文的验证，周朝的中南方诸侯曾国、邓国和鄂国等出兵相随，深入江汉以南的广大地区。这些简陋的历史线索实际上已表明了黄河文明和长江文明的对决已经开始。而东周时期楚国多次问鼎中原的战争则有更多的历史文献记载，这表明南北文化的融合和冲突更为激烈，更为深入，随着秦灭六国的结束，标志着南北文化系统，不同区域的民族融合进入了新的历史阶段。在秦灭六国的战争中，韩、赵、魏、齐、燕五国基本上属于黄河流域，国家的文化多有相似之处，除了上层贵族尚有国家灭亡的家国之恨，而普通的编户平民则是渴望结束战争和国家统一，同样是灭国，秦灭楚国的战争则更具有悲剧意义，激发了楚国上下的亡国之恨，以至于留下"楚虽三户，亡秦必楚"的历史预言，其实，这句产生于反抗秦统治的时代名言，除代表了一种情绪化了的坚定信念之外，又不可思议地与历史演进的过程相吻合。随着以刘邦丰沛布衣为代表的统治集团入主中原，表明南北文化的统一成为一种历史现实，其后也有南北分裂割据的历史形式，但是，南北统一是历史主流。其后更有南方统治区域局部的扩张、北方统治区域局部的扩张，但是追求南北文化的统一和统合则是历代统治者共同的政治诉求。历史和平时期的隋炀帝巡幸江南、乾隆巡行江南，都具有协和南北的政治意愿。而历史动荡时期的永嘉南渡、安史之乱、靖康南渡更是南北深度文化交流的历史场景。

三、以《猗兰操》主题撰写为标志，表明两汉以后楚文化和河洛文化的深度融合

一部河南史，半部中国史。一方面说明了河南的历史厚重，另一方面说明了古代河南的文化和哲

学经历了一次从地域哲学到全域哲学的提升，这种"提升"有助于古代大一统体系社会治理体系的建构过程。西汉初期，统治者采取"汉承秦制"的国家治理措施，表明南方统治者从局部国家治理区域时期进入整体性治理区域时期，对河洛文明采取了全面吸收的历史时期，西汉中期更有汉武帝的"罢黜百家，独尊儒术"的政治手笔，东汉《猗兰操》《琴操》的出现，标志着黄河文明和长江文明已经彻底水乳交融。汉代蔡邕《琴操》关于《猗兰操》的记载曰："《猗兰操》者，孔子所作也。孔子历聘诸侯，诸侯莫能任。自卫反鲁，过隐谷之中，见芝兰独茂，喟然叹曰：'夫兰当为王者香，今乃独茂，与众草为伍，譬犹贤者不逢时，与鄙夫为伦也。'"怀有高远志向和满腔抱负的孔子，晚年率弟子周游列国十四载，却始终未遇伯乐之君，一生落拓无成，自卫返鲁途中，在山谷里看见兰花和杂草生在一起，就好像乱世中的君子，空有美好的品德和才干，却生不适逢时，心中感叹，停车取琴，奏唱《猗兰操》。《史记·孔子世家》中均未见孔子言兰。《家语》在《汉书·艺文志》收录，至唐代亡佚，今本所存十卷，乃三国时期魏国人王肃所作，恐非孔子之语。由此而言之，孔子实在和兰花并无关涉。既然孔子和兰花没什么关涉，那么历代文人为什么执拗地杜撰这样的故事并不断地敷演改写，关涉勾连，变本加厉，踵事增华呢？这里面必有其内在的文化心理根源，为什么会这样呢？试想：孔子周游列国，想得到一个职位，以发挥他的政治抱负，但是没有人任用他。只好带着满头的白发，由几个学生护送回故乡了。孔子是山东省曲阜人，他回家是坐车，当时只能坐马车或人力推的车。"之子于归，远送于野"，可见临行前弟子们送行得一直送到很远才告别。在归程的隐谷之中，见到香兰正茂，孔子"止车援琴鼓之"，停下车来，取出琴，弹起来，慷慨而歌，情况是很感人的。孔子这段归程虽然是后人臆测，但其在文化心理上是完全可信的。《论语》里面"人不知而不愠""斯文在此""河不出图，凤鸟不至"等感喟都表达其壮志未酬的人生感慨，看到"幽兰在路""幽芳独处"，怎不令人涕泗滂沱！凤鸟不至终不至，壮志未酬再难酬，所有的人生苦闷终于找到了一个宣泄的路径！此景可叹，此情可悯！东汉士人据此情状而模拟出《猗兰操》之诗句，这和《家语》的杜撰，都有其相似的真实的文化心理基础，犹如《项羽本纪》中《垓下歌》一样，戎马倥偬的项羽没有丝毫闲暇作"力拔山兮气盖世"的感喟，但英雄末路的悲情却被后人演绎得淋漓尽致而已！《猗兰操》和《家语》的创作现象皆可作如是观！当然，还有其他很多孔子咏兰之句，例如，"芝兰生于幽谷，不以无人而不香""气若兰兮终不改，心若兰兮终不移""与善人交，如入芝兰之室，久而不闻其香，而与之俱化"，等等，这些语言皆可能不是孔子所说。鲁迅有一句著名的话评价汉代历史学家司马迁的《史记》——"史家之绝唱，无韵之离骚"，这里面浅层次地透露了一个文化现实：以楚人为代表的香草美人审美范式随着以丰沛集团为代表的统治集团入主中原，经过数世的浸润已彻底成为汉帝国文人的主流抒情方式。而河洛文化以开放包容的姿态对楚文化进行了反刍和吸收。《孔子家语·六本》载："与善人居，如入芝兰之室，久而不闻其香，即与之化矣；与不善人居，如入鲍鱼之肆，久而不闻其臭，亦与之化矣。"此处将兰的品性与兰花的成长环境创造性地联系了起来。此处的芝兰暗喻君子，这意味着什么呢？河洛文化的文化品质已经找到一个合适咏物的对象，这恰恰是河洛文化对楚文化创新性吸收的例证。孔子誉兰为"王者香"及《猗兰操》的杜撰实在是一个巧妙的文化嫁接，北方的一个文化圣人作《猗兰操》，是文化史上一个多么伟大的奇思妙想，竟然借助对兰花的譬喻，摹写而成为一种文化现实，圣洁之兰花是古代长江文化和黄河文化融合的一个独特的标志物，兰花也成为河洛文化人士明志的理想凭借。

（作者系河南省社会科学院文学研究所副研究员）

论河洛文化核心内涵的现代传承与发展

——以郑州市为例

史月梅

《史记·货殖列传》说"三河在天下之中，若鼎足，王者之所更居也"①，这里所谓的"天下之中"，就是中原河洛之地，又被称为中州，历来为帝王更居之地。以"河洛文化"为代表的中原文化，更是中国五千年文明史的滥觞与主要承载者。因此，从某种意义上来说，"河洛文化是封建国家的正统文化，是帝王文化，而不是地域文化"②。历史证明，要想让河洛文化得到复兴与繁荣，需要深入了解河洛文化的核心内涵，并进一步传承与发展，从而促进中原地区经济、文化的高质量发展。下面以郑州市为例，对如何传承与发展河洛文化谈谈粗浅的看法。

一、文明起源：河洛文化

河图、洛书简单的黑白点数，象征着宇宙时空的无穷奥秘，这是中国古代人民朴素而又神秘的天道观、世界观、人生观，并由此诞生了河洛文化。河洛文化既有波澜壮阔的黄河风光、珍贵的文化资源，还有丰富的自然资源，从古至今，它以河图、洛书为依托，诞生了深厚的儒学文化，有着"修身、齐家、治国、平天下"的伟大政治理想，有着慎独、明礼的文化底蕴以及不屈不挠的进取精神。它所体现出的天人关系、通变关系、和而不同等哲学思辨理念，至今仍在发挥着影响。我们完全有理由相信，在新的历史条件下，如果能够善加挖掘利用，河洛文化一定会为推动社会主义现代化建设提供强大的理论支撑与思想动力。

二、文化品格：天人合一

"天人合一"哲学构建了传统河洛文化的主体。《老子》第二十五章指出了"道法自然"③的天人关系，《庄子》在《山木》篇中也说："有人，天也；有天，亦天也。"④强调人与自然的同一性，追求人与大自然的和谐，这体现出了对自然生命的信任与尊重。这是一种弱化了物质欲望而提升了精神境界的至高境界，也是对人类最大的贡献。

"天人合一"，简单来说，就是要求人与自然齐物等观，和平共处，没有高低贵贱之分。这里的

---

① 司马迁：《史记》卷一二九，中华书局 1959 年版，第 3262 页。
② 李玉洁：《河洛帝都文化的价值和影响》，《文化软实力》2018 年第 4 期。
③ 陈鼓应：《老子今注今译》，商务印书馆 2006 年版。
④ 陈鼓应：《庄子今注今译》，中华书局 1983 年版。

"天"，亦称"天道"，即自然规律；"人"，亦是作为自然界中的万物之一而存在，要遵循"生、长、壮、老、已"的变化过程，这个就是人们的"天"，天道不可违，所谓"顺之则生，逆之则亡"说的就是这个道理。这一点，在黄河的治理问题上得到了充分的证明。从西汉晚期开始，之后的历朝历代，黄河水灾都是河洛人民的心头之患。东汉初年，经过王景的全力整顿，黄河泛滥的次数才明显减少。到了北宋时，黄河水重肆虐起来，在立朝的 167 年里，有 67 年在遭受水患之苦。那么，是什么原因导致黄河在北宋时期变得如此狂野难驯呢？从宋仁宗景祐元年（1034 年）、庆历八年（1048 年）、嘉祐五年（1060 年），黄河分别在澶州（今河南濮阳）横陇埽、商胡埽、大名府第六埽决口，河水一再向北改道。朝臣们围绕黄河应该顺势改道还是强行使它回归故道，展开了旷日持久的"回河之争"，致使错过了治河良机，神宗元丰四年（1081 年）夏四月"乙酉，河决澶州小吴埽"[①]，造成了严重的灾难，百姓流离失所，可谓哀鸿遍野。造成这种后果的主要原因，就是没有尊重黄河的自然水性，而错误地以为人定胜天，逆黄河之性强行堵塞、改道，结果以失败而告终。

"天人合一观"启示我们，人类在发挥主观能动性的同时，都要尊重自然规律对自身及相关一切存在的作用，法地顺天，以符合自身生命运行规律的适度行为，在与天地自然合一的境界中去追求，这便是黄河文化核心内涵的全部内容。也正是因为这种智慧，中华文明才得以延续，且从未断绝。

三、人文精神：生生不息

黄河是一条自然河流，是一种自然资源，它本身不能称作真正意义上的文化，只有与人发生了联系，人在开发利用、治理管控黄河的过程中，产生了规律性认识、思考了相处之道，才是黄河文化。从古至今，黄河一直都极具两面性：它为中华民族提供了无比丰茂的水土资源环境，但也无数次泛滥肆虐，频繁地为一方百姓带来极其惨重的灾难。完全可以说，黄河流域人民的生存史，其实就是对黄河的改造史。中国封建时代的政治中心一直都在黄河流域，人类在欣赏、亲近、利用黄河，进而改造黄河的过程中，赋予了黄河深厚的人文内涵。《周易·系辞上传》云："生生之谓易。"只有在不断的流动变化、互相改造中，才能化生万物，化成人文，进而化成天下，才有了传承至今的生生不息的黄河文化。

四、现代启示：传承发展

作为新时代传承与发展河洛文化的主要城市，郑州市如何依靠黄河资源实现大发展，可以从以下四个方面来着手：

（一）挖掘弘扬传统文化

郑州市传统文化资源丰富，有黄帝、郑庄公、列子、子产、韩非子、杜甫、韩愈、白居易、刘禹锡、李商隐、欧阳修等文化名人，他们以光辉的业绩与高尚的人格彪炳史册，光耀千古。河南也已经以他们为文化名片进行了旅游开发，但还有许多丰富的文化资源没有得到充分利用，如宋代的大儒邵雍、程颐、程颢，诗人陈与义、曾几、朱敦儒等的文化事迹，就没有得到相应重视，更没有形成相应的文化产业。郑州今后要进一步挖掘与这些名人相关的文化资源，加大对河南名士文化的宣传推广力度，统筹打造文化旅游专线。

---

① 脱脱：《宋史》，中华书局 1977 年版。

（二）推广普及河洛文化

中原是传统文化的根脉所在，河洛文化中蕴含着丰富的德育、思政资源，如《周易》《老子》《庄子》《韩非子》《礼记》等，只要善于深入挖掘其中蕴含的德育资源，就能真正发挥经典的育人功能。在这些诞生在中原的文化经典中融入思政教育，接受度和理解度会更高。如中国第一部诗歌总集《诗经》中大多部分故事的发生地都在黄河流域，尤以河南地区为最多，充分挖掘《诗经》中的郑州元素，打造出富有人文特色的生态景观，具有非常重要的现实意义。如新郑的"郑风苑"，就是一个很好的范例，其中所反映出的诚信、有礼、勤勉、谨慎，推崇的慈孝友悌，等等，都是我们今天需要反复强调，并且必须牢牢记住的"初心"。

中国传统文化的发展与创新，不仅仅是上层建筑、意识形态的研究专题，而且也是各行业、各领域的最基本问题。虽然文化的具体形式随着时代的发展在不断变化，但根本的文化精神与实质却是不变的。想要承担起中国传统文化传承与发扬的"使命"，必须要有文化自信。习近平总书记在党的十九大报告中指出，没有高度的文化自信，没有文化的繁荣兴盛，就没有中华民族的伟大复兴。我们要深入挖掘中国传统文化资源，如节日风俗等，认清中国红色文化与传统文化之间的共通性，并在全力创新的同时传承与发展优秀的传统文化。

（三）突出强调人的思想教育

中国优秀的传统文化，正是我们的信心本、力量之源，只有言行举止合乎自然规律、社会道德准则，才能实现发展进步。因此，政府与教育部门要加强宣传教育，把"仁义礼智信"的道德规范树立起来，引导人们建立起科学的世界观、人生观、价值观；加强思想意识形态教育，引导人们戒骄、戒躁、慎独，"吾日三省吾身"，养成正确的是非观、审美观。还要着眼长远，寻求治本之策，用"润物细无声""春风化雨"的方式普及、净化思想意识，如多举办文学经典诵读活动，因为只有认真背诵才能真正记在心里，也才能在生活中脱口而出、熟练运用，从而潜移默化地提高人的道德素养，对不健康的生活方式产生抵制能力，改善社会风气，解决社会问题，和谐社会关系。

（四）整合黄河文化旅游资源

一是依托黄河风景名胜区，连通花园口黄河湿地公园，打造成一条郑州黄河文化走廊。二是挖掘传统文化资源，恢复建立古渡口，建立仿古黄河桥，打造郑州黄河文化和绿城新特色。三是大力宣传黄河鲤鱼等美食，让舌尖上的郑州成为一张名片。四是定期在风景区举行民俗表演，展示与黄河有关的艺术品，吸引外地游客前来参观。

五、结语：继往开来

河洛文化的核心内涵是生生不息、自力更生的自然规律，蕴含了"天人合一"的思想维度，勤劳勇敢的河洛人民，弘扬和发展了河洛文化的精神内涵与外在价值，形成了独具特色的文化与文明。郑州市在实施东强、西美、南动、北静宏伟蓝图的同时，如果能够充分依靠黄河资源，以河洛文化主流价值观为依托，通过宣传传统文化、加强思想教育等途径，弘扬真善美、厚载物的河洛文化核心内涵，继往开来、传承发展，使黄河文化得到多维度的展现，让源远流长的中华文明在实现中国梦的进程中绽放出绚丽多彩的光芒。

（作者系华北水利水电大学国际教育学院讲师）

弘扬黄河文化践行焦裕禄精神
助推开封经济社会高质量发展

李瑞军

当前，我们在党中央英明正确的领导下，初步取得了抗击新型冠状病毒感染肺炎疫情的胜利，摆在我们面前的主要任务是迅速恢复社会生活秩序，加快经济建设步伐，壮大县域经济，改善人民群众生活水平。在这个过程中，我们要结合弘扬焦裕禄精神，进一步深入贯彻落实习近平总书记关于黄河生态文化带建设工作的指示，推进黄河文化遗产的系统保护；挖掘出黄河文化蕴含的时代价值，讲好"黄河故事"，延续历史文脉，坚定文化自信；努力以党建活动推动黄河流域经济社会高质量的快速发展，为实现中华民族伟大复兴的中国梦而努力奋斗。

五六十年前，焦裕禄同志率领兰考人民战风沙、治盐碱、除内涝，与自然灾害作斗争。时间已经过去了半个多世纪，虽然说我们的世情、国情、党情都发生了巨大的变化，人民群众的期盼也随之有了新的目标和要求，但是他的崇高精神却跨越时空、历久弥新，无论是过去、现在还是将来，在亿万人民心中都永远是一座永不磨灭的丰碑，永远是鼓舞我们艰苦奋斗、执政为民的强大思想动力，永远是激励我们求真务实、开拓进取和推动黄河流域经济社会高质量快速发展的宝贵精神财富。

一、焦裕禄精神的历史渊源与时代价值

焦裕禄同志是人民的好公仆、干部的好榜样。1962 年冬天，他来到当时风沙、盐碱、内涝"三害"肆虐的兰考担任县委书记。在困难面前，他无所畏惧，带领全县人民战天斗地，奋力改变了兰考多灾贫困的面貌，表现出了一名共产党员的英雄本色。1964 年 5 月 14 日，他因积劳成疾，年仅 42 岁不幸逝世，直到生命的最后一刻，始终保持着人民公仆的本质，想的仍然是人民群众的幸福和安康。他的所作所为充分体现了共产党人立党为公、执政为民的崇高风范。焦裕禄同志用自己的实际行动，塑造了一名优秀共产党员和优秀县委书记的光辉形象，铸就了"亲民爱民、艰苦奋斗、科学求实、迎难而上、无私奉献"的焦裕禄精神。其中，亲民爱民是焦裕禄精神的本质；艰苦奋斗是焦裕禄精神的精髓；科学求实是焦裕禄精神的灵魂；迎难而上是焦裕禄精神的重要内容；清正廉洁、无私奉献是焦裕禄精神的鲜明特点。

2019 年金秋时节，中原大地洋溢着丰收的喜悦，到处是一派生机盎然的盛世景象。9 月 16 日，中共中央总书记、国家主席、中央军委主席习近平到河南省调研，18 日上午在郑州主持召开了沿黄流域九个省区主要负责人会议，在座谈会上他发表了关于黄河流域生态保护和高质量发展的重要讲话。

习近平总书记指出，加强黄河生态保护治理、保障黄河长治久安、促进全流域高质量发展、改善人民群众生活、保护传承弘扬黄河文化，让黄河成为造福人民的幸福河。这是他在继京津冀都市经济圈、长江经济带、粤港澳大湾区建设指示之后，制定的又一个重大国家建设发展战略。这些创举是

习近平总书记亲自谋划、亲自部署、亲自推动的，是新时代推动我国形成全面开放新格局的重大举措，在国家发展大局中具有重要的战略地位，对打造和引领全国高质量的发展具有重要的历史意义。同时，也充分体现了总书记和党中央对河南工作的高度重视，对河南广大干部群众的关心和厚爱，对河南省的发展具有重大的里程碑意义。

黄河文化既历史悠久、源远流长，又内容丰富多彩、博大精深。她是中华民族及其祖先所创造的、为中华民族世世代代所演化而汇集继承发展的、具有民族鲜明特色和精神风貌的传统优秀文化，是中国历史上各种政治观念、思想意识形态等多种文化方面的总和。

焦裕禄精神是黄河文化重要的组成部分，是我们推动黄河流域经济社会高质量快速发展的宝贵财富，是我们不可缺少的精神支柱和文化灵魂。在实际工作中，只有牢记焦裕禄同志的亲民爱民、艰苦奋斗、科学求实、迎难而上、无私奉献的精神，才能不折不扣地干好这项工作，造福于民。《孝经》中有："夫孝者，天之经也，地之义也，人之本也。"孔子说："今之孝者，是谓能养。至于犬马，皆能有养。不敬，何以别乎？"孟子道："孝子之至，莫大乎尊亲。"焦裕禄同志在大雪纷飞的深夜登门访贫问苦，一句"我是您的儿子"正是这种先进文化的体现和传承。他不但温暖了群众的心，而且进一步加深了党和人民群众之间的鱼水情。事实证明，在工作中我们只有像焦裕禄同志那样，把群众当亲人就会减少很多不必要的麻烦，少走很多弯路，会得到广大人民群众的谅解、支持和拥护。

二、焦裕禄精神是黄河文化的集中体现

黄河向来被视为中华民族的母亲河，是中华文明的发源地和摇篮。她西出龙门，一路向东，气势恢宏磅礴，咆哮奔腾中原数百万年，缔造出了肥沃的华北平原和灿烂的文明。她以博大的胸怀孕育出了绚丽多姿和厚重多彩的黄河历史文化，诞生了夏都老丘（开封）、商都郑州、景亳考城、魏都大梁、宋都商丘、五代北宋东京等十多个国都和上千年的历史文化名城，谱写出了璀璨、缤纷夺目的文化乐章。

在黄河文化中，包含着精忠报国、清正廉洁、艰苦朴素、无私奉献以及自强不息、厚德载物、忧国忧民的思想。林林总总、划而不一。其中，"忠、孝、节、义"是黄河传统文化美德的重要组成部分，也是中国社会道德规范基础性较为突出的价值观，这对当前我们的党员干部教育具有深远的借鉴意义。今天，忠就是要求我们为官时要忠于党、忠于国家、忠于人民、忠于无产阶级革命事业；孝就是对民要亲、要爱，要充满同情心；节就是要求我们要保持革命的操守气节，要廉洁自律；义就是对同志要晓以理义、道义、正义、公义、大义，在社会主义事业建设中明确利害关系而知得失。

说起焦裕禄精神的起源离不开黄河，黄河在孕育先进文明的过程中，为焦裕禄精神的诞生提供了千里沃土和汩溢出的甘甜源泉。黄河在中原奔腾咆哮的同时，也历练出了在中国共产党坚强领导下敢于面对风沙肆虐、洪水横流、盐碱嚣张侵蚀、永不退缩的各级党组织和共产党员；历练出了数十万在灾害面前不畏艰难险阻、屡毁重建家园、永不言败的广大人民群众。焦裕禄同志让人们在面对困难之时，认识到了党的力量，看到了希望和光明前途，这就是焦裕禄精神的伟大之处。在某种情况下也可以这么认为，如果没有黄河数百年来泛滥造成的灾难、没有在困难面前独具坚强意志、领导有方的各级党组织和吃苦耐劳的广大人民群众，焦裕禄精神也就成了无源之水和无根之苗。因此，可以说焦裕禄精神是黄河历史文化重要的组成部分和充分体现。

我们在落实总书记郑州讲话精神的工作中，要从增强"四个意识"、坚定"四个自信"、做到"两个维护"的高度，深刻理解习近平总书记到河南考察调研的重大意义，切实增强学习、贯彻、落实的责任感、紧迫感和使命感，做到以饱满的政治热情义无反顾地投入到工作中去，不推诿、不扯皮、不

懒政、不怠政。

在工作中，我们应该迅速制定出在黄河流域生态保护和经济高质量发展建设方面的详细规划和方案，拿出切实可行的得力措施，用焦裕禄同志亲民爱民、艰苦奋斗、科学求实、迎难而上、无私奉献的"五种精神"去工作，确保我们在这盘大棋中创造出辉煌业绩，顺利完成党中央和省委交给我们的各项任务，交上一份满意的答卷，让人民满意。

三、深度融合黄河文化与焦裕禄精神，推进开封经济社会高质量发展

在弘扬焦裕禄精神与深挖黄河文化方面，我们怎样才能做到二者的有机结合呢？这是摆在我们面前的一个新课题和新征程，如何上升到理论高度来认识，是我们必须解决的问题。学过马克思主义哲学的人都知道，内因是事物变化的根据，外因是事物变化的条件，外因通过内因而起作用，这是一条颠扑不破的真理。笔者认为，弘扬焦裕禄神是动力、是加速器、是外因，挖掘黄河文化是条件、是基础、是内因，经济社会的发展是希望、是物质、是目的。只有达到二者的有机结合，开封的经济社会才能快速发展。

我们在构建开封黄河生态文化带建设的工作中，要坚持紧紧围绕习近平总书记在郑州的讲话中指出的保护传承弘扬黄河文化的原则。以焦裕禄精神为动力，积极投入到共建"一带一路"之中；以焦裕禄精神为加速器，提高文化对外开放水平；以焦裕禄精神为源泉，继续不断地促改革、促发展，达到改善人民生活、提高人民幸福指数为目的；以焦裕禄精神为行为规范，在中央和省委的领导下，紧密联系开封的实际，坚持以黄河生态文明建设为切入点，依托现今黄河走势、黄河故道、黄河胜迹、黄河故事为载体，深挖黄河蕴含的优秀文化和时代价值。例如，详载于古籍中和散居流传于民间的故事有：史前的大禹治水、汉贾让的《治河三策》、元贾鲁的《治河疏塞》、明潘季驯的《河防一览》、清刘统勋督河、2003年的黄河抗洪抢险等名人轶事，搞好调查研究，建好名人胜迹，推进黄河开封的生态文化带建设，使开封快速地成为"经济增长迅速、事业协调发展、政治清明稳定、社会和谐文明、生态环境优美宜居、人民生活殷实富足"的现代化城市。

在实施的过程中，我们只有绘出一个切实可行的路线图并脚踏实地地去践行，才能不负众望，对得起上级党组织的信任。在实施的过程中，只有像焦裕禄同志那样，忠于党和人民，听从党的号召和人民的呼唤，视人民群众的利益高于一切，与群众心相连，同呼吸共命运，才能无愧于党、无愧于祖国、无愧于人民、无愧于时代。孟子有言："教人以善谓之忠"，"民为重，社稷次之，君为轻。"《礼记》中有"君天下，生无私，死不厚其子，子民如父母，有憯怛之爱，有忠利之教……耻费轻实，忠而不犯"。老一辈革命家陈云同志也说过："不唯上、不唯书、只唯实，交换、比较、反复。"他向我们指出的不仅是一种工作方法，更是老一辈革命家留给后人的宝贵的精神财富。我们应该继承古代先贤们和老一辈无产阶级革命家的意志，像焦裕禄同志那样，科学求实论证，尊重客观规律，勇于开拓创新，不抠死"本本"，善于创造性地开展工作；像焦裕禄同志那样，在工作中脚踏实地、埋头苦干、身体力行、率先垂范；像焦裕禄同志那样，不为名、不为利、不怕苦、不怕累，为党和人民的事业无私奉献、鞠躬尽瘁、死而后已。

四、弘扬黄河文化、践行焦裕禄精神的几点建议

开封位于黄河下游之滨，承载着厚重的历史，建城至今已有4100多年。因为黄河多次泛滥，呈现出了城摞城的千古奇观。她孕育出了上承汉唐、下启明清及影响世界的"大宋文化"，涌现出了铁面无

私的包拯，满门忠烈的杨家将，变法图强的范仲淹、王安石，誉满世界的理学大家"二程"，大文豪"三苏"和天下第一清官张伯行等一大批名垂青史的政治家、思想家、文学家、爱国良将和著名廉吏。

开封是国务院第一批颁布的历史文化名城，是"千年文化、八朝古都"，"一城诗韵半城水"之地；还有"北方水城""菊城""书法名城"和"夜市美食城名城"之称，蕴藏着丰富的社会历史文化。开封风光秀美，是一座人文景观和自然风光交相辉映的城市，现在拥有国家 AAAAA 级、AAAA 级旅游景区 8 家，全国重点文物保护单位 19 处；市内五湖一渠六河分布，水域面积 170 多公顷。每年春天举办的中国开封清明文化节、秋天举办的中国开封菊花节，吸引了大批的国内外游人。

开封因地处中原而兴，又因黄河泛滥而衰。黄河既给我们提供了创造灿烂文化的条件，又给我们带来了深重的灾难。中华人民共和国成立后，黄河安澜 70 余年，开封经济腾飞，文化昌盛，社会祥和，生态文明。开封既是河南省新兴副中心城市、中原经济核心区城市，又是郑州航空港经济综合实验区主体城市之一，曾有"琪树明霞五凤楼，夷门自古帝王州"之颂。在我国漫长历史的发展中，有着举足轻重的历史地位和显著的作用。

做好开封黄河生态文化带建设，促进经济社会发展，我们要紧紧围绕开封"文物遗存丰富、城市格局悠久、古城风貌浓郁、北方水城独特"的四大特征做文章。以文化带动旅游，以旅游促进经济产业发展，以产业发展改善民众生活，最终推动开封的社会文明和社会进步。面对习近平总书记的要求，特提以下建议，以起到抛砖引玉的作用。

（1）要充分发扬我们集中力量干大事的优势，牢固树立"一盘棋"思想，尊重客观规律，加强对开封黄河生态文化带建设工作的领导，迅速成立由市委、市政府牵头和市文化、旅游、文物、大学、社科联、地方志及县区等部门参加的具体实施领导组。选配得力人员，在市委、市政府的领导下纳入议事议程，抓紧召开专家座谈会，开展顶层设计，进入工作状态。在顶层的设计中，要注重规划的系统性、整体性、协同性和可操作性。要加强重大问题研究，着力创新体制，推动工作迈出新步伐。

（2）要加强与黄河流域生态文化保护和高质量发展建设的总体要求相结合，充分发挥它的优势，因势利导，这一点可以说开封辖区内遍地都是素材。我们要组织有关专家根据财力全面撒网，重点捞鱼；科学甄别，精挑细选；科学布局，为我所用。

（3）要立足于黄河文化资源，加强黄河生态环境保护，深入流域调查。包括黄河故道、故堤、决口遗址、坑塘、人文胜迹、古战场、村庄渡口、道观庙会、宫殿陵墓、历史传说等。如轩辕丘、禹王台、昭灵皇后陵、济阳宫、上方寺、惠安观……以黄河为背景，以点带面，点面结合，带状规划，四方辐射。

（4）要根据习近平总书记 2019 年在郑州主持召开黄河流域生态保护和高质量发展座谈会上发表重要讲话的指示精神，按照河南省委省政府把兰考定位于建设弘扬黄河最后一道弯红色文化旅游区的部署。我们要切实做好超前工作，做到早部署、早规划、早落实、早见成效，充分发挥以弘扬黄河文化和红色文化旅游带动兰考的社会经济发展。

（5）要充分考虑黄河开封段东、西、南、北四个方位的差异性，在推进实施一批重大文化生态保护修复和建设工作中，有条件地把这些文化内涵有机结合进去，减少人为的持续干扰、拆迁和毁迹。要实行部门引领、责任到人、按时督查、后进问责制，确保这项工作顺利完成，给省委省政府和全体市民一个满意的结果。

当然，构建开封黄河生态文化带建设非一日之功。这就需要我们按照习近平总书记的要求，保持历史耐心和战略定力，以功成不必在我的精神境界和功成必定有我的历史担当；既要谋划长远，又要干在当下，一张蓝图绘到底，一茬接着一茬干。把强市和富民统一起来，把改革和发展结合起来，把城镇和乡村贯通起来。在推进黄河流域生态保护和高质量发展强大的合力下，形成城乡互动、良性循环的文化发展机制。在实施过程中要立足开封实情、扬长避短，不是说都要大拆大建，而是要把那些别具风格的景点和传统村落首先改造好、保护好、利用好。如龙亭区柳园口、尉氏贾鲁河、祥符区的朱仙镇、通许的七步村、杞县的圉镇、兰考的东坝头等可以先行一步。目的是依托丰富的文化资源和绿色生态资源发展乡村旅游，搞活农村经济，增加农民收入，使农民致富奔小康。

（作者系焦裕禄干部学院兼职教授、开封市政协特聘文史研究员）

黄河之滨、太行山麓："新乡先进群体现象"研究

赫兴无

《论语·雍也》中说："智者乐水，仁者乐山。"新乡地处河南省北部，北依太行，南临黄河，山水画卷风光旖旎，千年积淀人杰地灵。姜太公、比干等都出生在这里；孔子、竹林七贤、李白等历代圣贤学士把这里作为游览讲学栖居地；牧野大战、围魏救赵、张良刺秦、官渡之战、陈桥兵变等重大历史事件都发生在这里。烽火硝烟的战争年代，铸就了熠熠生辉的红色文化。钟灵毓秀的自然造化、厚重的历史文化与革命文化，也孕育催生了新中国新乡地区层出不穷的先进人物群体，被称为"新乡先进群体现象"。

中华人民共和国成立以来，河南省新乡地区先后涌现出了以史来贺、吴金印、刘志华、郑永和、张荣锁、耿瑞先、裴春亮、范海涛、许福卿、梁修昌等为代表的一大批先进典型人物，他们在河南省乃至全国都产生了广泛而深远的影响，形成了先进典型辈出、代代接力传承的"群星璀璨现象"，称为"新乡先进群体现象"。"新乡先进群体现象"是全国唯一的人文地理现象，社会影响大，榜样示范效应明显，促进了当地经济社会的发展，营造了当地风清气正的良好政治生态环境。引起了中央媒体的高度关注，也引起了中央领导的重视，几位中央领导同志先后作出重要批示，高度肯定和褒奖了"新乡先进群体现象"。因此，研究"新乡先进群体现象"，深入剖析群体内部特征，深入挖掘"新乡先进群体"的精神内涵和价值功能，既有助于进一步扩大其在全国的影响，也有助于为中国共产党基层党员干部教育培养、中国共产党基层党建、基层治理、乡村振兴、社会主义新农村建设等宏观课题研究提供个案观照，还有助于为当前正在全国党员中深入开展的"不忘初心、牢记使命"主题教育提供鲜活的素材与案例。

一、"新乡先进群体"的代表人物

史来贺：新乡县七里营镇刘庄村原党委书记。全国劳动模范、全国农村党支部书记的榜样、中华人民共和国成立以来在群众中享有崇高威望的共产党员的优秀代表、100位新中国成立以来感动中国人物、全国优秀共产党员、全国优秀党务工作者。

吴金印：卫辉市唐庄镇党委书记。全国五一劳动奖章获得者、全国乡镇党委书记的榜样、100位新中国成立以来感动中国人物、焦裕禄式好干部、全国优秀共产党员、全国优秀党务工作者。

刘志华：新乡县小冀镇京华村党委书记。全国劳动模范、首届"中国十大女杰"之一、全国"三八"红旗手获得者、全国优秀党务工作者。

郑永和：辉县市原县委书记。全国模范县委书记。

张荣锁：辉县市上八里镇回龙村党支部书记。全国劳动模范、感动中国十大人物、全国优秀共产党员。

耿瑞先：凤泉区耿黄乡耿庄村党委书记。全国劳动模范、全国五四青年奖章获得者、全国十大杰出村官、全国优秀复员退伍军人、全国优秀共产党员。

裴春亮：辉县市张村乡裴寨村党支部书记。全国道德模范、全国优秀共产党员、中国十大杰出青年、全国最美村官。

范海涛：辉县市孟庄镇南李庄村党支部书记。全国劳动模范、全国五一劳动奖章获得者、全国道德模范。

许福卿：获嘉县照镜镇楼村党委书记。全国劳动模范、全国优秀党务工作者。

梁修昌：新乡县七里营镇龙泉村党委书记。全国劳动模范。

二、"新乡先进群体"的基本特征

1. 群体性

从"新乡先进群体"这个名称就可以看出，群体性是其固有特性。新乡先进典型不是个案，而是一个群体，这是"新乡先进群体现象"成为全国独一无二的现象的主要原因之一。截至2015年，"新乡先进群体"中有10多个国家级先进典型，100多个省级先进典型，1000多个市县级先进典型。其中，在国家级先进典型人物中有5人是中央组织部号召学习的先进典型人物，有2人被评为全国"双百"人物，有5人被评为"全国优秀共产党员"，有4人被评为"全国优秀党务工作者"。一花独放不是春，百花齐放春满园。群体性特征使"新乡先进群体"在全国的影响广泛而深远。群体性特征是"新乡先进群体"具有营造功能的前提，使其彰显功能和塑造功能有了力度和强度。

2. 多层次

从性别层面来看，既有男性先进典型，又有女性先进典型，如"中国十大女杰"刘志华。从职务层面来看，既有县委书记，如郑永和，又有乡镇党委书记，如吴金印，还有村庄党委、党总支、党支部书记。从时间层面来看，既有中华人民共和国成立以来多个历史时期始终保持先进本色的老典型，如史来贺、吴金印、郑永和等，也有改革开放时期涌现出来的新典型，如刘志华、张荣锁、耿瑞先、许福卿、梁修昌等，还有社会主义现代化建设新时代出现的新典型，如裴春亮、范海涛等。从业绩层面来看，在不同的先进人物的典型事迹中，各有其突出的闪光点，如吴金印、郑永和、张荣锁等带领群众开山辟路，筑库造田与大自然作斗争；史来贺、刘志华、耿瑞先、许福卿、梁修昌等带领全村群众共同致富；裴春亮、范海涛等带领全村人民建设社会主义新农村。从影响层面来看，既有产生区域性影响的县级、市级、省级先进典型，又有产生全国性影响的国家级先进典型。多层次性特征使"新乡先进群体"为不同岗位、不同角色的党员干部提供了标杆和榜样，具有了较强的可学性和可模仿性，对全国广大党员干部尤其是基层党员干部具有较强的教育功能和激励功能。

3. 基层性

"新乡先进群体"的身份都是基层的党组织书记，既有县委书记，如辉县市原县委书记郑永和，也有乡镇党委书记，如卫辉市唐庄镇党委书记吴金印，更多的是村（社区）党支部（委）书记，如新乡县七里营镇刘庄村原党委书记史来贺、新乡县小冀镇京华村党委书记刘志华、辉县市上八里镇回龙村党支部书记张荣锁、凤泉区耿黄乡耿庄村党委书记耿瑞先、辉县市张村乡裴寨村党支部书记裴春亮、辉县市孟庄镇南李庄村党支部书记范海涛、获嘉县照镜镇楼村党委书记许福卿、新乡县七里营镇龙泉村党委书记梁修昌等。在他们身上所展现的先进精神是立足于他们的身份角色、岗位职责和对应的工作业绩而言的。他们之所以能成为先进典型,主要源于对自己身份角色的准确定位和岗位职责的清晰认识,能够在自己的岗位上贯彻落实党的政治路线、思想路线、组织路线和群众路线;能够按照角色要求和岗位职责,通过个人的不懈努力和锐意创新,做出优异的工作业绩,从而赢得了群众的认可与赞扬。他们是党的优秀基层干部的典型代表,展现了优秀基层干部的良好形象。由于我国的基层党员干部占全国党员干部的绝大多数,因此基层性特征使"新乡先进群体"的塑造、教育和激励功能有广泛的受众面。

4. 时代性

时代性是"新乡先进群体"典型事迹中最突出的共同点。作为党的基层干部的优秀代表,他们始终紧跟时代步伐,与时俱进,突出问题导向,回应群众关切,担起时代重任,进而能够引领时代潮流,成就自己的一番事业。不同的时代,涌现出了不同的先进典型人物,先进典型事迹内容有所不同。比如,中华人民共和国成立初期开山辟路、筑库造田改造自然环境的典型事迹,改革开放后共同致富的典型事迹,社会主义现代化建设新时代建设社会主义新农村的典型事迹。同一个先进典型人物在不同的历史时期先进典型事迹也会有所不同。例如,吴金印在中华人民共和国成立之初主要事迹是引领群众开山辟路、筑库造田改造自然环境;在改革开放后主要事迹是带领群众共同致富;在社会主义现代化建设新时代主要事迹是带领群众建设社会主义新农村。时代性特征使"新乡先进群体"具有旺盛的生命力,在不同时代都能发挥其彰显、塑造、教育和激励功能。

5. 广泛性

"新乡先进群体"的广泛性是指"新乡先进群体"在地域分布上不是仅仅集中出现在新乡地区的某一个县市区,而是广泛分布在牧野大地的四区八县。如辉县市有郑永和、张荣锁、裴春亮、范海涛等,新乡县有史来贺、刘志华、梁修昌等,卫辉市有吴金印等,获嘉县有许福卿等,凤泉区有耿瑞先等。这种广泛性显示出"新乡先进群体"的出现不是偶然,而是一种必然。这种必然使"新乡先进群体"不仅存在于现有乡镇、村社、单位、部门,而且必将呈燎原之势,席卷整个牧野大地。

6. 持续性与传承性

"新乡先进群体现象"之所以成为全国独一无二的现象,不仅是"新乡先进群体"的群体性特征,更有其在时间上的持续性和一代一代薪火相传的原因。从中华人民共和国成立初期的史来贺、吴金印、郑永和到改革开放时期的刘志华、张荣锁、耿瑞先、许福卿、梁修昌,再到社会主义现代化建设新时代的裴春亮、范海涛,一个又一个的先进模范在牧野大地脱颖而出,一个又一个的光辉典型在灿烂星空绽放光明。可以看出,"新乡先进群体现象"不是某阶段的现象,而是从中华人民共和国成立一直到今天始终持续出现的现象。在这 70 多年的时间里,老典型长盛不衰,新典型层出不穷,新老典型交相辉映,互相带动,互相促进,形成了普遍而持久的社会引领效应,使先进典型人物的精神品质得到一代代传承。他们之间不仅有精神思想的影响传承,还有口耳相传的交流沟通。例如,辉县市张村乡裴寨村党支部书记裴春亮曾经说过,自己是在小广播里听着史来贺的故事长大的。新乡县小冀镇京华村党委书记刘志华在 20 世纪 70 年代担任京华小队长后,多次到刘庄村向史来贺当面请教学习。引领与传承使"新乡先进群体"不仅存在于今天,明天将继续延续。

三、"新乡先进群体"的精神内涵

马克思主义认识论提倡透过现象看本质。"新乡先进群体"的精神内涵是"新乡先进群体现象"的本质，只有深度挖掘"新乡先进群体"的精神内涵，才能全面深刻地认识、理解"新乡先进群体现象"。"新乡先进群体"的精神内涵是对新乡先进典型群体各自诸多优秀品质的共性提炼，是新乡基层优秀党员干部在长期的奋斗中创造的宝贵精神财富，是这一群体的灵魂，不仅凝聚形成了这一群体，而且也将聚合和扩大这一群体。它是由先进典型群体的思维方式、工作方式、生活方式等长期积淀而成的，是新乡先进典型群体长盛不衰、层出不穷精神源泉。"新乡先进群体"的精神内涵主要表现在政治品质、价值取向、思维方式、工作作风、生活作风、利益认知六个方面。

1. 政治品质方面：信念坚定，对党忠诚

《中国共产党章程》在入党誓词中要求党员：对党忠诚，积极工作，为共产主义奋斗终身，随时准备为党和人民牺牲一切，永不叛党。习近平总书记指出："对马克思主义的信仰，对社会主义和共产主义的信念，是共产党人的政治灵魂，是共产党人经受住任何考验的精神支柱。""理想信念坚定，是好干部第一位的标准，是不是好干部首先看这一条。""只有理想信念坚定，心中有党、对党忠诚才能有牢固思想基础。""对党忠诚、永不叛党是写在入党誓词里的，是对党员最根本的要求。"《中国共产党章程》和习近平总书记的论述，点明了党员干部应具备的最核心、最基本的政治素质——理想信念坚定，对党忠诚。"新乡先进群体"始终坚守共产主义理想信念，始终坚持党的领导，心中有党，对党忠诚，并把这种政治品质切实落实到自己的工作、生活实践中。例如，新乡县七里营镇刘庄村原党支部书记史来贺曾经说过，自己一生干了两件事：一件是让刘庄人跟着党走，另一件是让刘庄人富起来。又如，辉县市原县委书记郑永和在谈到面对工作压力和困难时曾经说过，要永远听党的话，要永远跟着党走，要说了算，定了干，再大的困难面前也不变。再如，卫辉市唐庄镇党委书记吴金印多次谈到，我是共产党的干部，就要对党高度负责，就要一心一意为党工作。"跟着党走""听党的话"是优秀基层党员干部对理想信念坚定，对党忠诚这一政治品质的朴素认识与简化理解，是"新乡先进群体"的首要精神品质。"新乡先进群体"从两个方面来保持和践行这种政治品质。一是坚决彻底贯彻执行党的路线、方针、政策。这是对党忠诚的表象表现和基本要求。从党的过渡时期总路线到社会主义建设时期总路线，再到社会主义初级阶段基本路线，"新乡先进群体"始终坚定不移地执行，始终按照党的路线把发展生产力、带领群众致富、改善人居环境作为中心工作来抓，并取得了卓越成绩。二是坚持用中国特色社会主义理论指导自己的行为。这是对党忠诚的深层次表现。"新乡先进群体"始终注意与时俱进，学习党的最新理论成果，用毛泽东思想、邓小平理论、"三个代表"重要思想、科学发展观、习近平新时代中国特色社会主义思想武装自己的头脑，潜移默化，根植于心，并通过消化吸收内化为自己的思想，以此改进思维方式，指导工作、生活实践。理想信念坚定，对党忠诚是"新乡先进群体"精神内涵形成的前提。

2. 价值取向方面：心系群众，为民服务

中国共产党的根本宗旨是全心全意为人民服务。《中国共产党章程》规定：中国共产党党员必须全心全意为人民服务，不惜牺牲个人的一切，为实现共产主义奋斗终身。我们一定牢牢秉持全心全意为人民服务的宗旨，坚持立党为公、执政为民，着力解决人民最关心、最直接、最现实的利益问题，真心实意为人民办实事、办好事，努力促进社会公平正义。党的根本宗旨、党章的规定指出了党员干部应具备的价值观取向——心系群众，为民服务。"新乡先进群体"正是这样的一个群体，他们作为地方党组织领头人努力工作不是为了获得提拔和个人物质利益，而是将全心全意为人民服务作为自己的价值取向和工作旨趣。新乡县七里营镇刘庄村党委书记史来贺的格言："共产党员的称号是奉献，而不是索取。"获嘉县照镜镇楼村党委书记许福卿为自己规定的四条原则之一："身不能懒，要勤政为民，不

忘本色。"辉县市张村乡裴寨村党支部书记裴春亮谈到，作为一名基层党员干部，最大的社会价值就是让人民群众幸福。在先进群体中，有的干部在面临提拔机会时或者被提拔之后，仍然选择坚守基层，与基层群众一起奋斗，不为官位，只为百姓。例如，卫辉市唐庄镇党委书记吴金印、新乡县七里营镇刘庄村党委书记史来贺就是这类干部的典型代表。他们几十年如一日扎根于基层干部的岗位上，用实际行动诠释了扎根基层、服务群众的人生志向与精神追求。先进群体中，有的干部淡泊名利，个人富裕之后不忘乡亲，带领乡亲共同致富，不为金钱，只为群众。比如，辉县市张村乡裴寨村党支部书记裴春亮就是这类干部的突出代表。他成为成功的农民企业家后回村参选村委会主任，个人购买两台大型农机让群众免费使用，拿出 3000 万元为村里的每一户人家修建了楼房。不为名利、一心为民、始终坚定不移地做党的根本宗旨的积极践行者，这种价值取向是"新乡先进群体"精神内涵形成的基本路径。

3. 思维方式方面：实事求是，与时俱进

中国共产党的思想路线是一切从实际出发，理论联系实际，实事求是，在实践中检验真理和发展真理。简而言之，就是解放思想，实事求是。邓小平同志曾在党的十一届三中全会上作过《解放思想，实事求是，团结一致向前看》报告。解放思想、实事求是是党的革命和建设不断夺得胜利的思想法宝。党的思想路线为党员干部规定了正确的思维方式——实事求是，与时俱进。"新乡先进群体"无不都是党的思想路线的积极践行者，他们从两个方面来实践这一路线：一是坚持实事求是，求真务实的思想路线。作为基层党员干部，"新乡先进群体"始终立足于所在县市、乡镇、村社的县（市）情、乡（镇）情、村（社）情，从实际出发解决存在和面临的突出问题，推动所在地区的政治、经济、文化、社会、生态文明建设各项事业不断发展。比如，郑永和任辉县县委书记后，经过深入调研，结合辉县缺粮、缺水、不通电、不通路的实际情况，制定出了"修好渠，筑好路，几个山沟修水库，东山栽柿树，西山植山楂"山水田林路综合治理的发展规划，使辉县很快摆脱了贫穷落后的面貌。又如，吴金印任卫辉市唐庄镇党委书记初期，经过深入调研，结合乡镇实际，分别施策，提出了"西抓石头东抓菜，北抓林果南抓粮，乡镇企业挑大梁，沿着国道做文章"的发展思路，使唐庄镇的多项事业发展位居全市前列。还如，改革开放初期，全国农村几乎都分田到户，实行家庭联产承包责任制。而新乡县七里营镇刘庄村党委书记史来贺却没有这样做，他根据村里集体经济建设基础好、成效显著和人多地少的实际，决定刘庄村继续实行统干统分的集体经济建设制度，同时将发展工业作为村里的经济支柱。史来贺的这种决策使刘庄村很快成为了全国闻名的富裕村。实事求是、求真务实成为"新乡先进群体"带领群众在各项建设事业上不断获得成功、取得胜利的法宝。二是坚持解放思想，与时俱进的思想路线。"新乡先进群体"始终努力走在时代前列，始终力争引领基层的发展。如史来贺、吴金印等老典型之所以在乡镇、村社等基层岗位上能够适应不同历史时期的时代特点、发展要求（中华人民共和国成立之初引领群众开山辟路、筑库造田改造自然环境；改革开放后带领群众共同致富；社会主义现代化建设新时代带领群众建设社会主义新农村），几十年如一日始终保持先进性、发挥引领性，就是因为他们在思想上不停滞、不僵化，坚持了解放思想，与时俱进的思想路线。"实事求是"与"与时俱进"分别强调思想层面的两个不同方面，但这两个方面在"新乡先进群体"身上是统一的，成为推动"新乡先进群体"精神内涵形成的动力。

4. 工作作风方面：勤政务实，艰苦奋斗

习近平总书记曾强调："面向未来，全面建成小康社会要靠实干，基本实现现代化要靠实干，实现中华民族伟大复兴要靠实干。""实现中国梦，最终要靠全体人民辛勤劳动。""空谈误国，实干兴邦。"毛泽东同志曾指出："共产党也有他的作风，就是艰苦奋斗！这是每一个共产党员，每一个革命家的作

风。"因此可见，勤政务实、艰苦奋斗是党员干部应有的工作作风。"新乡先进群体"在几十年的形成、发展过程中，集中表现出了勤政务实、艰苦奋斗的优良工作作风。比如新乡县七里营镇刘庄村党委书记史来贺，从1953年开始，带领刘庄人肩挑、人抬、车推，起岗填沟，拉沙盖碱，用了整整20年，投工40万个，动土200多万立方米，将最初的荒地、盐碱地变成了"旱能浇，涝能排"的高产稳产田。1953～1957年，他和农业技术人员一起住进棉花试验田，以科研为业，为夺取棉花粮食高产不懈努力。通过5年的探索苦干，1957年刘庄取得了皮棉平均亩产107斤，粮食平均亩产超千斤的大丰收，成为全国粮棉高产的先进典型。又如辉县老县委书记郑永和，在20世纪六七十年代，他带领全县10万民工苦战10年，开凿34个公路隧道，修筑59座公路桥梁，新建、扩建公路556千米；建成中小型水库18座，修建灌溉干、支渠5122条，新建蓄水池900多个；修整水平梯田29.2万亩，新造土地4万多亩；水保造林63万亩，创造了"辉县人民干得好"的辉县精神——自力更生、艰苦奋斗、团结实干、无私奉献、百折不挠、敢为人先。再如卫辉市唐庄镇党委书记吴金印，在卫辉市狮豹头乡一干就是15年，他采取多种方法修路、蓄水、造田，带领当地群众开凿隧道6个，架公路大桥8座，修筑大坝85座，修建水库和蓄水池25座，改造农田2400亩，植树20余万株，彻底改变了狮豹头乡一穷二白的落后面貌。吴金印到唐庄镇担任镇党委书记之后仍然造田不止，几十年共造田15000亩。还如辉县市上八里镇回龙村党支部书记张荣锁，带领村里150名党员、民兵，苦干8年，劈开9座山头，打通4个隧道，开山凿石830万立方米，修建了8千米的盘山挂壁公路，彻底改变了村庄与世隔绝的历史面貌，铸就了自力更生、艰苦创业的"回龙精神"。这些典型事例充分体现了中国共产党勤政务实、艰苦奋斗的优良工作作风。这些典型事例也证明，对基层党员干部来说，一步实际行动比一打纲领更重要。群众对基层党员干部的印象，不是来源于干部的理论水平与说教，而是来源于干部的实际表现。"新乡先进群体"中的每个代表，正是以这样一种实干苦干的精神，从基层干部队伍中脱颖而出并赢得了群众的敬佩与爱戴，这也成为"新乡先进群体"精神内涵形成的基础。

5. 生活作风方面：联系群众，依靠群众

中国共产党的群众路线是：一切为了群众，一切依靠群众，从群众中来，到群众中去，把党的正确主张变为群众的自觉行动。简而言之就是密切联系群众。群众路线是中国共产党的生命线和根本工作路线，也是中国共产党的优良传统。《中国共产党章程》强调：我们党的最大政治优势是密切联系群众，党执政后的最大危险是脱离群众；党风问题、党同人民群众联系问题是关系党生死存亡的问题。因此，密切联系群众、依靠群众是党员干部应有的生活作风。"新乡先进群体"对党的群众路线有深刻认识与领悟。如卫辉市唐庄镇党委书记吴金印在谈到唐庄镇所取得的成就时讲到，群众最有智慧，群众最有力量；依靠群众苗得土，脱离群众苗断根。辉县市上八里镇回龙村党支部书记张荣锁谈到，回龙村的巨大变化靠的是全村群众齐心协力共同创业。辉县市张村乡裴寨村党支部书记裴春亮谈到，裴寨村的发展离不开人民群众的大力支持，没有人民群众的支持，发展就没有了动力和基础。"新乡先进群体"也是党的群众路线的忠实践行者，他们的智慧在密切联系群众中产生，是依靠群众、与广大人民群众群策群力的结果；他们的业绩在密切联系群众中创造，是依靠群众、与广大人民群众同甘共苦的成果。比如，党的十一届三中全会以后，新乡县七里营镇刘庄村党委书记史来贺就是在与村委班子成员、村民们充分商量后才决定刘庄村不实行家庭联产承包责任制，而走集体经济道路的。又如，辉县市上八里镇回龙村党支部书记张荣锁就是依靠150名党员、民兵才修建了8千米的盘山挂壁公路；郑永和就是依靠全县10万民工才完成了修路、蓄水、造田、造林重任，创造了"辉县人民干得好"的辉县精神。"新乡先进群体"都是基层党员干部，具有密切联系群众的天然优势，他们每天行走于群众之中，了解群众的疾苦，倾听群众的诉求，征询群众的建议，依靠群众的力量，满足群众的需求，真

正做到了"从群众中来，到群众中去"。因此，密切联系群众是"新乡先进群体"精神内涵形成的不可或缺的条件。

6. 利益认知方面：清正廉洁，甘于奉献

党员干部坚持全心全意为人民服务价值取向的必然结果就是在利益认知方面清正廉洁、克己奉公、甘于奉献。《中国共产党章程》规定了党员的义务之一：坚持党和人民的利益高于一切，个人利益服从党和人民的利益，吃苦在前，享受在后，克己奉公，多做贡献。胡锦涛同志的廉政格言："常修为政之德，常思贪欲之害，常怀律己之心，为党和人民的事业不懈奋斗。"党员干部任何时候都不应把个人利益放在第一位，而应坚持个人利益服从于党和人民的利益，应保持清正廉洁、甘于奉献的本色。"新乡先进群体"集中展现了党员干部清正廉洁、先公后私、克己奉公、甘于奉献的优秀品质。比如，获嘉县照镜镇楼村党委书记许福卿为自己规定的四条原则之一："财不能贪，克己奉公，廉洁奉献。"又如，吴金印在担任卫辉市唐庄镇党委书记时，不管是订购山楂树苗，还是水泥厂订购设备，都有供应商私底下许诺"回扣"，数字十分诱人。吴金印都一口回绝："拿人民的钱财换取好处费，岂不成了吸血鬼？"体现了一个清正廉洁的好干部本色。又如，1976年，新乡县七里营镇刘庄村党支部书记史来贺带领村民自筹资金给每家每户盖独门独户的二层小楼。第一批新房建成后，村民们要建房出力最大、操心最多的史来贺先搬进去住。史来贺召开大会说："搬新房先群众，后干部。群众中谁住房困难谁先搬。"就这样，盖好一批，搬迁一批。直到6年以后，史来贺才和最后5户一起搬进新居。体现了一个先公后私、克己奉公、甘于奉献的好干部本色。"新乡先进群体"在利益认知上廉洁奉公，不计个人得失，而是把集体利益、群众利益放在首位，保持了共产党员的本色，树立了党员干部的良好形象，成为"新乡先进群体"精神内涵形成的保障。

四、"新乡先进群体"的价值功能

1. 营造功能

"新乡先进群体"的营造功能是指"新乡先进群体"营造了当地风清气正的良好政治生态环境。政治生态环境是政党生存和发展的必要条件，不仅关系到党员和党员干部的健康成长，也关系到政党的兴衰存亡。健康的政治生态环境，是政党凝聚力、战斗力和创新力生成的基础。"新乡先进群体"本身是在新乡地区健康的政治生态环境中孕育形成的。这个群体形成以后，又以他们信念坚定，对党忠诚；心系群众，为民服务；实事求是，与时俱进；勤政务实，艰苦奋斗；联系群众，依靠群众；清正廉洁，甘于奉献的优秀精神品质和感人事迹继续营造和优化了新乡地区良好政治生态环境，进而培育出了更多的先进典型人物，进一步发展壮大了"新乡先进群体"。

2. 彰显功能

"新乡先进群体"的彰显功能是指"新乡先进群体"从某一个角度集中展示了中国共产党的先进性。《中国共产党章程》规定：中国共产党是中国工人阶级的先锋队，同时是中国人民和中华民族的先锋队，代表中国先进生产力的发展要求，代表中国先进文化的前进方向，代表中国最广大人民的根本利益。这种规定既指出了中国共产党的性质，又指出了中国共产党的先进性。而中国共产党的先进性需要它的每一个成员在政治、思想、道德、心理、能力、事迹、业绩等方面具有、保持先进性才能体现出来。"新乡先进群体"正是通过新乡地域上一大群基层党员干部的优秀精神品质、卓越决策与组织领导能力、感人事迹和突出业绩向人民群众和社会彰显了中国共产党的先进性。

3. 塑造功能

"新乡先进群体"的塑造功能是指"新乡先进群体"面向人民群众和党内基层党员干部塑造了优秀基层党员干部的良好形象。"新乡先进群体"的精神品质具有标杆作用，体现和指示了优秀基层干部的普遍标准，因此"新乡先进群体"具有较强的形象塑造功能。其主要体现在两个方面：一是面向人民群众和社会塑造了基层党员干部的良好形象。近年来，部分基层党员干部素质较低，独断专权、懒政渎职、滥用职权、贪污腐败等现象较为突出，形式主义、官僚主义、享乐主义、奢靡之风"四风"问题较为严重，严重损害了基层党员干部群体及党在人民群众心中的形象。在狠抓基层党员干部队伍建设特别是作风建设的同时，还需要通过大力宣传先进典型来改变人民群众对基层党员干部的认识，增加正能量，塑造良好形象。而"新乡先进群体"则以其群体性、多层次性、基层性、时代性、广泛性、持续性与传承性，成为塑造基层党员干部形象的最好范例。它塑造了基层党员干部信念坚定、对党忠诚，心系群众、为民服务，实事求是、与时俱进，勤政务实、艰苦奋斗，联系群众、依靠群众，清正廉洁、甘于奉献的良好形象。二是面向党内广大基层党员干部塑造了优秀基层党员干部的良好形象。榜样的力量是无穷的，我们党内也需要众多的先进典型为广大基层党员干部树立学习的标杆。"新乡先进群体"以他们优秀的精神品质、感人的事迹和突出的业绩为广大基层党员干部塑造了先进典型形象，树立了可以学习效仿的榜样，提供了可以参照执行的行为准则和行为模式。

4. 教育功能

教育功能是指"新乡先进群体"对广大基层党员干部的示范效应。"新乡先进群体"是中国共产党优秀基层干部的代表，其精神内涵集中了优秀基层党员干部的精神特质，其典型价值对于广大基层党员干部具有重要的示范、教育意义。截至 2018 年底，全国有基层党组织 460.0 万个，其中基层党委 23.9 万个，党总支 29.9 万个，党支部 407.2 万个。加强基层党员干部队伍建设面临着人员数量较多的现实情况，需要不断地发现典型、树立典型，使如此庞大的基层党员干部队伍群体学有榜样，行有示范，通过典型带动，提升队伍建设效果。而采取典型引领的方式教育引导全体党员、干部，一直是党的工作的优良传统和行之有效的重要方法。从党的群众路线教育实践活动到"三严三实"专题教育，从"两学一做"学习教育到"不忘初心、牢记使命"主题教育，"新乡先进群体"始终是新乡地区乃至全省、全国党员干部学习的榜样。每年有数万计的党员、干部从全国各地到新乡各个先进群体教育基地参观学习便是"新乡先进群体"教育功能的最直接体现。"新乡先进群体"的教育功能来源于其作为先进群体的三个相互关联的规定性特征。一是特殊性。"新乡先进群体现象"属于独一无二的群体现象。从基本特征可以看出这个群体与其他类型的精神载体（包括人物、事迹等）相区别的特殊性。二是代表性。代表性是特殊性的延伸表现，代表性越强，典型性越高。从整体与部分的关系看，"新乡先进群体"不是基层干部队伍整体，而是整体中的一部分，但能集中代表整体的优秀特征和本质属性。三是超越性。"新乡先进群体"既来自普通的党员干部，又有高于一般基层党员干部的思想和实际。与普通基层党员干部相比，作为典型的"新乡先进群体"更丰富、更完满、更理想，代表着基层党员干部特定的价值取向，并规定着基层党员干部队伍建设的方向。这三个方面的特性决定了"新乡先进群体"的典型性，使其具有重要的教育功能。另外，"新乡先进群体"中的许多先进人物依然工作在基层第一线，依然在先进的道路上继续前行，可以更好地起到"身边事教育身边人"的作用，这也为其教育功能增加了强烈的现实意义。

5. 激励功能

激励功能是指"新乡先进群体"对广大基层党员干部的引领传承作用和对中国特色社会主义事业的推动促进作用。激励功能在教育功能的基础上发展而来。广大基层党员干部在接受"新乡先进群体"的精神、事迹与业绩教育之后，内心势必受到触动、感动而激发出满腔激情，并将这种激情转化为行动，在工作中争做先进典型，在各自的岗位上带动广大基层人民群众为实现全面建成小康社会，全面建成社会主义现代化强国和为实现中华民族伟大复兴的中国梦而努力奋斗。

参考文献

［1］习近平总书记系列重要讲话读本［M］.北京：学习出版社、人民出版社，2016.

［2］毛泽东著作专题摘编（下）［M］.北京：中央文献出版社，2003.

［3］张有智."新乡现象"产生的历史文化因素［J］.新乡学院学报，2015（7）：8–11.

［4］王明科.试论新乡先进群体的精神内涵与社会功能［J］.中州学刊，2017（1）：14–19.

［5］中国共产党中央组织部.2018年中国共产党党内统计公报［S］.

（作者系新乡学院历史与社会发展学院副教授）

"结"出来的"亲戚"："邘新社亲"的人类学解读

王院成

亲属关系是基于血缘、婚姻和法律拟制而形成的社会关系。在传统民间社会中，社会成员之间因生计、生活等需要，相互结成了一种无血缘、无姻缘关系的"亲戚"，人类学称为"拟亲属关系"，如"干亲""拜把子兄弟""结拜姊妹"等。然而，在传统民间社会，基层社会单位因生存发展的需要，也会化"地缘关系"为"血缘关系"，结为一种特殊的"拟亲属关系"，即"社亲"。"社"的原始形态是"一堆封土"，后引申为土地之神。周代规定二十五家要设立一个"社庙"，所以"社"后来又引申为基层行政单位。"亲"本意为感情深厚、关系密切，所以后来又引申为"父母"，由父母引申为血缘或婚姻关系。所以，"社亲"是民间的基层社会单位之间结成的一种无血缘、无姻缘关系的"拟亲属关系"，结为"亲属关系"的双方是休戚与共的"利益共同体"，具有对等的权利和义务，以便互济互助，共同发展。

邘新社亲，是豫西北地区大新庄村（回族人口占80%，现隶属博爱县许良镇）和邘邰村（汉族村庄，现隶属沁阳市西万镇）于明代正德年间所结的社亲。500多年来，两个村庄以社亲为纽带，相互尊风重俗，定期互拜，互济共进。近年来，大新庄村充分利用邘新社亲这一优良回汉民族团结文化传统，不断创造性地拓展"结亲戚"的范围，不断赋予"结亲戚"新的时代内涵，实现了邘新社亲在新时代良性化发展的"新书写"，已成为河南省乃至全国回汉民族团结的典范。2010年，邘新社亲荣获"焦作市非物质文化遗产"称号；2015年，邘新社亲荣获"河南省非物质文化遗产"称号；2018年，大新庄村和邘邰村双双被国家民委表彰为"全国民族团结进步创建示范村"。2019年，大新庄村和邘邰村双双被国务院表彰为"全国民族团结进步模范集体"。基于此，本文试图以邘新社亲为例，深度解读具有地方性特色的回汉民族村庄"结亲戚"的历史经验和当代实践，以及"隐藏"在其背后的民间独特的生存哲学和生存性智慧，为新时代回汉民族团结发展的理论研究和实践探索提供借鉴。

一、邘新社亲的"历史记忆"

（一）一场"救命官司"之后的邂逅：邘新社亲的缘起

大新庄村位于河南省博爱县西北部，北依太行，西临丹河，目前全村面积近1.3平方千米，1564户，7000余人，其中回族人口占总人口的80%，是最典型的回汉民族杂居的乡村，现有耕地750亩，村民主要从事运输、煤炭、民族食品和餐饮服务等行业；邘邰村位于河南省沁阳市北部，北依太行，东临丹河，目前全村2000余户，9300余人，耕地4300亩，村民主要从事矿业、运输、农业种植等行业。两村都位于豫西北、晋东南交界地带，地处丹河两岸，相距十余公里。面对访谈，大新庄村现任党支部书记赵长礼热情地介绍了邘新社亲的基本情况：

相传，邘新两村结缘于明朝正德年间。一次偶然的机会，大新庄村的一名回族村民被山西省陵川县县令陈我捷所救。为了回报陈县令的恩情，大新庄村的村民备好礼物，到陈县令的家乡邘邰村致谢。经过商议，两村结为"社亲"。自此，两村情同手足，每逢春节、开斋节等重大节日，两村村民都会"走亲戚"共庆佳节，平常相互扶持，共同发展。①

就目前的田野调查情况来看，大新庄村和邘邰村两村民众都对两村结为社亲的"救命官司"传说故事耳熟能详，但因年代久远和现存史料所限，无人能考证清楚该传说故事发生的确切时间、具体事由以及所涉及的具体人物。但是，两村结为社亲的"救命官司"传说故事，却是两个村庄结为"亲戚"的历史起点，也是两个村庄构建"利益共同体"的逻辑起点，并作为一种"历史记忆"在两村民众中间世代口口相传下来，在两村定期的"千人走亲戚"互拜和日常互帮互助实践中不断地得到强化。大新庄村村民单成德对邘新社亲颇有感触：

> 我今年六十多岁了，多次去邘邰走社亲，那个隆重的场面让你掉眼泪。咱带着烧鸡等礼品去了，人家为了迎接咱们老社亲（上千人走亲戚），自己掏钱，自发放四五里的鞭炮，震耳欲聋，到村里之后，家家都在门口摆上瓜果、点心等吃的东西，我们吃着（他们）还要往我们兜里装，吃饭更是让死让活，这情谊真是叫人感动，真是叫人掉眼泪！平时，不管哪个村遇到困难，对方都会竭尽所能帮忙。②

在大新庄村和邘邰村的世代友好交往中，两村回汉民众心照不宣地严格遵守"四项祖训"：一是尊俗重义（回汉风俗有别），至高无上不越界；二是友情至上，打破脸鼻是一家；三是相互帮助，不计得失铸友情；四是公平交易，亲兄弟"明算账"。两村严格践行祖训的生动实践，使邘新社亲历久弥新、历久弥坚。

（二）民国年间的"红枪会事件"：邘新社亲力量的真实见证

民国年间，由于社会动荡、战事频仍、天灾人祸、民不聊生，"萌芽于晚清，发轫于民初的河南红枪会，在河南广阔的农村一度'完全成为一种通行的组织'"③，"1926年从沁阳传入博爱，……传道师贾明道（系沁阳人），以下期城为中心成立红枪会，在该村大庙设总坛。因宣传刀枪不入、消灾减难，一时信仰者甚多，会群达2万余人。……1927年夏、秋，贾明道煽动红枪会与大辛庄械斗（回汉民族械斗），伤亡数百余人。"④造成了震惊全国的回汉民族纠纷事件。期间，以贾明道为首的红枪会围攻大新庄数月之久，截断唯一流经大新庄村的河流，并扬言"杀回灭汉血洗大新庄"。邘邰村民众闻讯大新庄村"老社亲"突遭劫难，暗地里联合沁阳市张坡村、廉坡村等村民趁夜晚抄小道为大新庄村送盐、药等急需生活品，解决大新庄村的燃眉之急。同年"8月，沁阳驻军师长（国民革命军第二方面军第十九师师长）吉鸿昌至清化解决回汉民纠纷，分别在城内的文庙和许良火神庙召开汉民族群众代表、政界、士绅、商号代表大会，倡导'自由、平等、博爱'，并在沁阳处决了挑起回汉民纠纷的红枪会头子贾明道……回汉民族旧怨解除，民族团结融洽"。⑤吉鸿昌妥善处理此次回汉民族冲突后，呈请河南省政府设立博爱县，将"丹河以东、沁河以北共四乡一十五图和崇下乡四图的部分村庄设县分治"⑥，县治清化镇。因此，有了"先有大新庄，后又博爱县"之说。大新庄村村民经此劫难，曾在村中勒石立"回汉纠纷纪念碑"，以示铭记。

---

① 访谈对象：赵长礼；访谈人：王院成、唐霞、程峰；访谈时间：2020年6月12日；访谈地点：博爱县大新庄村村委会办公室。
② 访谈对象：单成德；访谈人：王院成、唐霞、程峰；访谈时间：2020年6月12日；访谈地点：博爱县大新庄村村委会办公室。
③ 袁岕然：《河南红枪会研究（1913—1953）》，中央民族大学硕士学位论文，2013年。
④⑤⑥ 李英芳：《博爱县志》，中国国际广播出版社1994年版。

回汉纠纷纪念碑

尝谓不朽有三：而立功为重，然立功于一国者其功大，立功于村者其功小，虽大小各殊，而功勋一也。我村于民国十六年六月初九日罹难，会匪[1]猖獗，突如其来，意图灭我回民，枪刀林立，炮声隆隆不绝，人众不下数万，包围重叠，举村骇然哭声震野，家无隔宿之粮，野有荒芜之忧，几欲易子析骸，惨不忍睹。……于是有烈士数十人，冒险抵抗，奋不顾身，无不以一抵十，兵尽矢穷，毫无惧色。……幸赖吉师长鸿昌差道尹魁许陈三委员从中调解，并诉讼于官府，会匪首贾明道被正法，村围得解。然数十烈士凛然归真，若不追悼殉难之人者，无以慰英魁，而烈士功绩湮没不彰，故列著贞珉，以示不朽云尔。

丁德温撰文
孙端如丹书
中华民国二十六年秋月[2]

在此次"红枪会事件"中，邢新社亲中不分你我、情同手足的社亲"亲情"发挥了独特的作用，这反过来无疑又进一步强化了大新庄村和邢邰村的"社亲共同体"意识。

（三）邢邰村的"渡劫风波"：邢新社亲力量的再发挥

1946 年，邢邰村与邻村校尉营村因校尉营村地痞闹事引发冲突，在两村民众即将发生大规模械斗导致严重流血事件之际，大新庄族长、士绅闻讯，立即前往邢邰村和校尉营村斡旋调停，使双方化干戈为玉帛，邢邰村也成功躲过了此劫。大新庄村现任党支部副书记黄下放饶有兴趣地谈起了此事：

> 听老人讲，1946 年农历正月，邢邰村请外地戏班在本村唱戏，邻村校尉营的地痞流氓苏孬在看戏时，无事生非，故意多次调戏良家妇女，引起邢邰村的公愤。后来有一天，邢邰村一群年轻人借苏孬在西万镇喝酒的时候把他杀了。由于苏家是当地的大户人家，就煽动校尉营的地痞周仓纠集校尉营村民拿着刀、枪、棍、棒，与邢邰村村民"械斗""火拼"，企图达到"报仇"的目的，我们大新庄的族长知道后，想方设法让狄林村（与校尉营是社亲）的族长出面，从中斡旋调解，才避免了两村之间的械斗流血事情发生，邢邰村才躲过了一劫。[3]

如上所述，社亲是一种特殊的"亲戚"关系，一旦双方结为"亲戚"，就是一个休戚与共的"命运共同体"，双方各自具有相应的互帮互助的责任和义务。然而，正如具有血缘关系和婚姻关系的亲戚一样，尽管双方具有相应的责任和义务，但是"你"无法替代"我"，"我"同样不能替代"你"，"亲戚"就是"亲戚"。在上述"红枪会事件"和邢邰村"渡劫风波"中，大新庄村和邢邰村是"亲戚"，显然，当一方遇到困难时，另一方就会责无旁贷地提供帮助，但是，作为"局外人"提供帮助，自然要考虑"自己提供的帮助"是否会引发不必要的麻烦，甚至引来"烧身之祸"。所以，"红枪会事件"中邢邰村联合其他村庄"偷偷地"而非"光明正大地"为大新庄村送盐、送药等，以解其燃眉之急；邢邰村"渡劫风波"中，大新庄村族长巧妙地转辗应求狄林村族长从中斡旋化解邢邰村和校尉营之间的矛盾冲突，生动鲜活地阐释了回汉民族族群互动中民间社会所特有的生存哲学和生存性智慧。

---

① 应指红枪会。

② 该碑为大新庄清真东大寺原有石碑，"文化大革命"时被毁，后根据赵永清阿訇的徒弟兰玉田阿訇的口述整理，现由焦作市民族宗教局副局长海俊亮收录。

③ 访谈对象：黄下放；访谈人：王院成、唐霞、程峰；访谈时间：2020 年 6 月 12 日；访谈地点：博爱县大新庄村村委会办公室。

二、邢新社亲新时代的"新书写"

（一）"结新亲"：邢新社亲的新延展

一旦一种传说成为了村落的历史记忆，对于村民来说，这种历史记忆不仅是赋予地方认同集体认同的资源传统，而且就是活生生的每日生活于其中的东西。它不是一种"停滞的历史"，而是一种被解释的、被实践的历史。① 随着时代的变迁，大新庄村和邢邨村的邢新社亲"亲情"日益浓厚，特别是改革开放后，两村提出了加强邢新社亲内涵建设的"与时俱进、与日俱增"口号，并将沿袭已久的节日慰问、友情往来，逐步深入到政治上相互借鉴、经济上相互合作、社会矛盾互相解助、贫困户帮扶上互相出力等，使两村"回汉亲如一家，情同手足"。2007年，为了进一步加强民族团结，积极构建和谐社会，应两村民众的强烈要求，大新庄村和邢邨村两村村委经过慎重商议后，分别在各自村内勒石立"邢新两社碑"，并于当年农历正月初四和正月初七分别在两村联合举办了隆重的"揭碑庆典仪式"，以铭记两村之间的团结和友谊。

邢新两社碑记

丹水之灵秀，太行之雄奇，哺育了两个知礼重义的友好村庄。一是沁阳之邢邨，一是博爱之大新庄。自明代结为社亲以来，经历五百余年风雨洗礼、沧桑巨变，两社情同手足，友谊日加醇厚。

相传明正德年间，新庄村民为谋生计，常往来晋豫边界间贩羊。因与过境税卡发生争执……一名税差突然倒地身亡。案至陵川县衙，知县姓陈名我捷，系弘治十四年辛酉科进士，河内邢邨人氏，细听祥察，觉有些许疑窦：税卡告大新庄村民夜渡偷税，并无实据；告斗杀税差，未见致命伤痕。草草定罪，冤屈河内老乡；无罪释放，难以应对官方。思之再三，终出两全之策：发配新庄村民至麦糠县充军。麦糠地处丹水西岸，距新庄不过二三里地，名为充军，实则释放。新庄村民抵达充军之地，发现竟是故土，大喜过望，方知陈大人斡旋开网，即备厚礼致谢邢邨陈公家乡。翌年春……双方族人商议，结为社亲。社日祭拜走访，春节慰问请戏。自此两村族不分民族，姓不分姓氏，尊俗重义，谦和礼让；遇难相助，喜乐共享；世代相传，誉响八方。

为珍懿祖泽，昭示后人，使民族团结之花长开不败，两村友谊地久天长，特勒石铭记，以传千古。

邢邨村民委员会、大新庄村民委员会
二〇〇七年农历正月初四日仝立②

如前所述，大新庄村和邢邨村相距十余公里，邢邨村的"远水"却无法有效解决大新庄村日常生产发展中的"近渴"，由于大新庄村周边村庄都是汉族村庄，本村人多地少，发展煤炭、运输、民族食品和餐饮服务等非农产业，却受制于没有足够宽度的出村道路。大新庄村村民闪兰荣对此颇为感慨：

新庄村是一个回族聚居大村，全村7000余村民80%以上是回族。由于历史原因，大新庄与周边村庄存在土地界址不清楚、界线不明确等问题，导致大新庄没有一条像样的出村路，村民生产、生活不便，还经常发生矛盾纠纷，严重制约村里经济发展。③

面对村庄发展困境，大新庄村村委会决定把邢新社亲这一优良文化传统进行"文化再生产"，创造性

---

① 程安霞：《"走"出来的"亲戚"——洪洞走亲仪式的民俗志考察》，中央民族大学博士学位论文，2013年。
② 碑刻内容由笔者实地调查所得。
③ 访谈对象：闪兰荣；访谈人：王院成、唐霞、程峰；访谈时间：2020年7月23日；访谈地点：博爱县大新庄村村委会办公室。

地把"邙新社亲关系"转化为改善与周边村庄的"睦邻友好关系",促进民族团结、发展村庄经济。2005年,大新庄村与时俱进地正式决定发扬"邙新社亲"这一回汉民族亲如一家的历史文化传统,采取"走出去,请进来"的办法,赋予"邙新社亲"新的内涵,与周边村庄深入开展民族团结进步创建工作。为了有效做好此项工作,大新庄村提出了"一个宗旨、两个原则、三发方案"的回汉民族团结工作方法:一个宗旨,即无论在什么时候、什么情况下,都坚定不移地走民族团结之路。两个原则,即不要把两个不同民族个别人之间的矛盾上升为民族矛盾,不要把两个村个别人之间的矛盾上升为村与村之间的矛盾。三发方案,即"发现":主动排查发现矛盾隐患,及时解决,防患未然;"发生":一旦发生民族纠纷,村干部要第一时间赶到现场,两村干部及时沟通,大事化小,小事化了,不使矛盾恶化升级,将矛盾消除在萌芽状态;"发展":发展与周边村庄的友好关系,加强团结,互助友好。大新庄村现任村委会主任丁光俭对此深有体悟:

> 我从事邙新社亲近20年了,当时国家正提倡加强民族团结,构建和谐社会,发展经济,共奔小康嘞!我们不能再因为历史遗留下来的矛盾、恩恩怨怨,你怨恨我、我怨恨你,把矛盾恩怨延续到我们这一代,我们要往前看、面向未来。经过村委会认真研究讨论,我们提出了"走出去,请进来"的思路,以许良镇为基础与周边30多个村签订睦邻友好协议,把周边村的村支部书记、村民代表请进来,摆宴席来招待,解疙瘩、化矛盾,就是通过这种方式,实现了村与村之间、民族与民族之间睦邻友好!通过几年的努力,先后与沁阳市、博爱县的10个乡镇、54个村签订了民族团结协议。签订民族团结协议之后,好多矛盾就很好解决了!毕竟有睦邻友好村庄这个前提,(发生矛盾了)就可以大事化小、小事化了,不像以前有点小问题扩大化。在签订协议时,我们就提出两个原则:一是两个村庄之间不同民族个别人之间的矛盾,要就事论事,不要上升到民族之间的矛盾;二是村与村之间个别村民之间的矛盾不要上升到村与村之间的矛盾,这两个关口掐死它,就事论事,一切矛盾和问题就能迎刃而解了。这样,回汉民族(村庄)关系和谐了,经济发展就有保障了。①

表1 与大新庄签订友好协议村庄目录②

序号	村庄所属乡镇	村庄名称
1	博爱县许良镇	唐庄村、于庄村、冯竹园村、赵后村、吴窑村、泗沟村、机房村、连张村、南道村、郭顶村、许良村、范庄村、吕店村、西中道村、陈范村、下水磨村、三栗庄村、东庄村、下付头村、江陵堡村、许湾村、狄林村
2	博爱县磨头镇	闪拐村、西南村、李洼村、崔庄村、二仙庙村
3	博爱县清化镇	西关村、莎庄村
4	博爱县鸿昌办事处	七方村、二街
5	博爱县月山镇	乔村、石桥村、皂角树村、小辛庄、上庄村、花园村、图王村、前庄西、九府庄、黄岭树、后庄西
6	沁阳市西万镇	邙邰村、小新庄村
7	沁阳太行办事处	水南关村、自治街
8	沁阳市山王庄镇	前陈庄、张坡村、赵庄村、新店村、郭庄村、廉坡村
9	博爱县孝敬镇	东界沟村
10	博爱县寨豁乡	方山村

---

① 访谈对象:丁光俭;访谈人:王院成、唐霞、程峰;访谈时间:2020年6月12日;访谈地点:博爱县大新庄村村委会办公室。

② 此目录由笔者实地调查整理所得。

大新庄村经过持续不断的努力,先后与周边 10 个乡镇、54 个村庄签订友好协议,积极开展社会矛盾化解和民族团结工作,搅活了回汉民族团结的"一池春水",先后与周边村庄友好协商,修通了 4 条出村道路,为示纪念,分别命名为"友谊路""民族路""团结路""教育路"。大新庄村的汽车运输、煤炭中转、民族食品加工、餐饮服务等产业因此得到了长足发展。村里开发的煤炭市场,先后解决了周边村庄 300 多名富余劳动力的就业问题;大新庄村的牛肉丸子、汤圆、粽子等特色食品也顺利卖到了周边汉族村庄。至此,"邛新社亲"外延得到了新拓展,内涵得到了再深化,作用得到了新发挥。

(二)"国家首肯":邛新社亲的再升华

改革开放以来,大新庄村在生存发展空间受限的情况下,一方面积极巩固与邛邰村的社亲关系,另一方面立足邛新社亲,以签订和践行"睦邻友好村庄协议"的睦友邻形式,创造性地"移花接木"邛新社亲,使"回汉民族团结"在其周边汉族村庄成功"落地生根、开花结果",不断"良性化"拓展本村生存发展的社会空间和社会资源,既赢得了周边汉族村庄的"接纳"和"赞同",也得到了各级政府的多次"首肯"和"表扬"(见表 2);大新庄村现任党支部书记赵长礼先后被授予市级和省级"邛新社亲非物质文化遗产传承人"荣誉称号,曾受到时任河南省委书记徐光春的亲切接见,更是作为受邀嘉宾到北京参加中华人民共和国成立 70 周年大会观礼活动,这无疑是对邛新社亲在新时代的"新书写"的"再官宣"和"再肯定",更是邛新社亲"遍开民族团结之花"在官方加持下的进一步升华。

表 2   大新庄在民族团结方面所获荣誉[①]

序号	获奖名称	颁奖单位	获奖时间
1	2005 年度民族团结进步工作先进村	中共许良镇委员会 许良镇人民政府	2005 年
2	2006 年度民族团结进步工作先进村	中共许良镇委员会 许良镇人民政府	2007 年
3	2007 年度民族宗教工作先进单位	焦作市民族宗教局	2008 年
4	2008 年度民族宗教工作先进村街	焦作市民族宗教局	2009 年
5	焦作市非物质文化遗产	焦作市人民政府	2010 年
6	河南省非物质文化遗产	河南省人民政府(河南省文化厅颁发)	2015 年
7	全省民族团结进步创建示范村	河南省民族宗教事务委员会	2018 年
8	全国民族团结进步创建示范村	中华人民共和国国家民族事务委员会	2018 年
9	全国民族团结进步模范集体	中华人民共和国国务院	2019 年

三、结语

总之,从人类学的视角来看,邛新社亲并非简单的回汉村庄之间"结亲戚"的行为,从更深层次可以看到人类在生存发展过程中"创造文化、传承文化、发展文化"的理性和智慧。

历史时期,大新庄村和邛邰村因一场"救命官司"传说故事结为社亲,显然是利用人类本身的亲属关系,"化地缘关系为亲属关系"创造性地构建了一个回族与汉族、村庄与村庄之间互帮互助的"命运共同体",互相尊风重俗、互济互助,一路从历史深处走来。在这个过程中,双方都有效地拓展了各自的社会生存空间和可利用的社会资源,达到了"互惠互利,合作共赢"的效果。

---

①   此表由笔者实地调查整理所得。

在新的历史时期，大新庄村因生产生活发展需要，创造性地"移花接木"邡新社亲，与周边村庄签订"睦邻友好协议"，使"回汉民族团结"遍地开花，有效地培养、维系和拓展了村际网络关系，极大地改善了大新庄的生存发展空间环境。正如钟敬文所言："人类的一切文化都是为满足一定群体生存、发展的需求，而产生、存在、传承和演变的。"[①] 从某种意义上而言，在新的历史时期，大新庄村与周边村庄签订并践行"睦邻友好村庄协议"，不仅是对邡新社亲这一优良历史文化传统的尊重和传承，而且也是对邡新社亲在新时代"创造性地再构建、再发展"的一种"文化自觉"、一种"生存性智慧"，更是新时代包括回汉民族在内的各民族"像石榴籽一样紧紧抱在一起"团结发展、共奔小康生动实践的最佳诠释。

（作者系焦作师范高等专科学校宣传统战部副部长、副教授）

---

① 董晓萍、欧伟达：《乡村戏曲表演与中国现在民众（钟敬文总序）》，北京师范大学出版社 2000 年版。

回汉交往与互助：人类学视野中的"邗新社亲"

唐　霞

　　"邗新社亲"是指河南省沁阳市汉族村邗邰与博爱县回族村的大新庄所结的回汉社亲，这一回汉社亲始于明朝，500 余年来两村友好互助，尊俗重义。2015 年 9 月，邗新社亲被河南省政府列入河南省非物质文化遗产名录，目前正在积极申报第五批国家级非物质文化遗产项目。2019 年 9 月两村被国务院授予全国民族团结进步模范集体。

　　"邗新社亲"对于新时期回汉民族团结具有的典型意义使其成为学者、媒体、政府的关注对象。2019 年，《中国民族报》《河南日报》等先后以《"邗新社亲"：500 年老传统续写新篇章》《"邗新社亲"传承民族"一家亲"》《"邗新社亲"：500 年情缘传承一家亲》等为题对其进行了宣传报道。一些学者也关注到豫西北地区这一独特的回汉社亲现象，如李佳华的《从"邗新社亲"看新时代民族交流形式发展》、《中华民族》的《"邗新社亲"长回汉情谊深》、杜昕毅的《社亲与村庙：紫虚元君信仰在华北》、水镜君的《从回汉"社亲"关系看和谐文化的民间创造》等。笔者尝试从人类学的角度来分析"邗新社亲"的形成与传承发展，以更好地推动回汉民族交往互助，助力于新时期和谐社会建设。

一、"邗新社亲"的缘起

　　"邗新社亲"的主体是沁阳市汉族村的邗邰与博爱县回族村的大新庄。邗邰村位于河南省沁阳市西万镇，北临太行，南瞰沁河，是一个汉族村落。大新庄位于河南省博爱县西北部，北临太行，西临丹河，回族人口占总人口的 80%，是典型的回汉民族杂居的乡村，村民多从事运输、煤炭、民族食品和餐饮服务等行业。两村都位于豫西北、晋东南交界地带，相距十余千米。

　　关于两村结为社亲的缘起，目前搜集到的有两种说法：一种说法是明朝正德年间，大新庄村民往返于晋豫各地，贩卖牛羊。一日在山西过税卡时与税差发生争执，税差却因疾病突然倒地身亡。当时山西省陵川县县令陈我捷详查案情、巧妙断案，救下了大新庄村民。大新庄的村民感激不已，回去之后亲自到陈县令的家乡邗邰村致谢。两村经过商议，按照当地风俗，结为"社亲"。自此，每逢回汉的重大节日，两村村民都会"千人走亲戚"，双方互称"老社亲"，共庆佳节，平常相互帮助，共同发展。这种说法流传得比较普遍，《怀川记忆焦作市非物质文化遗产集锦》和 2007 年大新庄和邗邰村两村村委分别在各自村内所立"邗新两社碑"采用的都是这种说法。另一种说法是大新庄村民到山西祈雨时发生纠纷，后为县令陈我捷所救，其余情节内容基本相同。

　　大新庄和邗邰村两村结为社亲的"救命官司"传说显然是民众的集体记忆，对于民众而言，无论是祈雨还是交税，邗邰村的陈我捷在关键时刻巧妙斡旋，帮助了大新庄的村民，使其没有蒙冤下狱，而得以顺利返回家乡。这一集体记忆现在我们很难考证它的具体细节，然而它是两村结为社亲的缘起，两村民众耳熟能详，是社亲记忆中的标志性事件。

二、邢新社亲的传承

历史记忆在两村民众中间世代口口相传下来，然而如果仅仅是一个动人的传说，回汉的社亲风俗又如何能传承五百年而经久不衰呢？这是由于邢新社亲在两村定期的"千人走亲戚"互拜和日常互帮互助实践中不断得到强化。

回族是我国人口较多的少数民族，其分布呈"大分散，小聚居"的特征。在历史上的一些时期，回族群众的生活环境是比较恶劣的，和周围村社的关系也比较紧张，而邢邰村往往在关键时刻给老社亲以有力支持，这不断巩固加深着社亲情谊。如民国年间的红枪会事件。红枪会当时在河南的影响力非常大，袁岿然在其博士论文中指出"萌芽于晚清，发轫于民初的河南红枪会，在河南广阔的农村一度'完全成为一种通行的组织'"。红枪会 1926 年传入博爱，当时信仰民众多达两万余人，势力很大。1927 年夏秋，红枪会传道师贾明道带领煽动会众与大新庄发生械斗，伤亡数百余人[9]，这就是当时震惊全国的回汉民族纠纷。

在该事件期间，以贾明道为首的红枪会围攻大新庄数月之久，截断唯一流经大新庄的河流，并扬言"杀回灭汉血洗大新庄"。邢邰村民众得知消息后，暗地里联合沁阳市张坡村、廉坡村等村民趁夜晚抄小道为大新庄送盐、送药等生活必需品，解决了大新庄的燃眉之急。据《博爱县志》记载，当年 8月，当时沁阳驻军师长吉鸿昌出面召集政、商、学各界人士，召开会议协商解决回汉民族纠纷，宣讲孙中山先生倡导的自由、平等、博爱的三民主义，并在沁阳处决了红枪会头子贾明道。吉鸿昌对此次回汉民族冲突的处理是妥善成功的。此次事件之后，吉鸿昌呈请当时的河南省政府设立博爱县。这场回汉冲突在大新庄的历史上非常重要，大新庄村民经此劫难，曾在村中勒石立"回汉纠纷纪念碑"，以示铭记。在大新庄处于危难的关键时刻，邢邰村给了大新庄极大的支持，这一支持使双方的社亲情谊不断加深。

1946 年，邢邰村与邻村校尉营村因校尉营村地痞闹事引发冲突，在两村民众即将发生大规模械斗导致严重流血事件之际，大新庄族长、士绅闻讯，立即前往邢邰村和校尉营村斡旋调停，使双方化干戈为玉帛，邢邰村也成功躲过了此劫。可以说在"邢新社亲"传承的历史中，类似这样关键时刻生死相依、患难与共的事件不断地加深了原来救命官司的集体记忆，使社亲的交往活动得到了长期坚持。

除了历史上两村互助的典型例子，其余多年来还有许多相互帮助的实例。博爱县文联副主席鲁玉哲经过多年的走访、收集整理，撰写成《友情的力量》一书，书中真实记录了两村之间各民族团结和友好往来的故事 71 篇。其中有为经济纠纷调解、化干戈为玉帛的；有为受工伤致残的社亲讨要赔偿金的；有冬日里为他乡相遇的老社亲送上一碗热汤面的。社亲们互助友爱，有的是村社危难之际的仗义相助，有的只是给老社亲帮个小忙，但是这些互助友爱的故事经过民众代代口耳相传，成为邢新社亲传承的重要动力。

三、邢新社亲的人类学思考

（一）豫西北社亲的风俗传统

谈及"邢新社亲"，首先应充分认识和了解豫西北一带的社亲风俗。豫西北当地民众所称的社亲，鲜少见于文献。笔者在中国知网输入关键词"社亲"，仅搜索到 7 篇文章，全部是和焦作当地回汉社亲相关的研究成果。山西师范大学姚春敏的《清代华北乡村庙宇与社会组织》一书中，依托搜集到的5000 余通碑刻对山西泽州的乡村社会组织"社"进行了系统考察，其中有一节内容提到了"民间传说中的'社亲'与祈雨"，然而姚春敏著作中的"社亲"是指传统社会中由村落之间神庙联盟而建立的一种村际关系, 这和我们所探讨的 "社亲" 无疑是截然不同的。

豫西北地区的社亲和以往的村落联盟不同, 社与社之间即不属于共同的信仰圈, 地理空间上也并不接壤, 村民相互通婚的也较少。

河南师范大学教授丁永祥在为鲁玉哲所写的《友情的力量》一书的序言中指出,"社亲, 顾名思义, 就是村(社)之间结为亲戚关系"。即是豫西北地区村社之间建立的友好互助关系, 在重要节日相互拜访, 如一方遇到困难, 另一方则鼎力相助, 如同亲戚, 故称社亲。这一风俗主要分布于今豫西北一带, 尤以沁阳、博爱、济源多见。

社亲这一概念包括两个重要的组成部分, 第一是参与的主体, 也就是 "社"; 另外是主体之间的关系, 这就是 "亲"。"社" 的本意为 "地祇", 即土地神。后由 "地祇" 产生出祭祀土地神的场所之意, 又逐渐衍生出聚落、社区、不同的人群组织的含义。据《周礼》记载, 最初 25 家为一社, 后至元代社的编制发生了一些变化, 规定 50 家为一社。社作为一种乡村基层组织, 一直延续到明清。

明清时期, 从官方角度而言, 基层社会是以里甲为单位的, 但是社并没有消失, 尤其在北方仍然存在着, 顾炎武的 "今河南、太原、青州乡镇犹以社为称"。目前我们在豫西北进行田野调查时, 收集到的大量明清时期的碑刻资料, 其中 "社" 的频频出现也印证了顾炎武的观点。从碑刻资料来看, 豫西北地区 "社" 一直存在并发挥着基层社会组织的作用, 主要负责春秋祭祀、庙宇修建、献戏、祈雨, 甚至地区治安等。

从现代社会学和人类学的角度, 社的成员具有相似的社会特征, 成员对于这一群体组织具有很强的认同感和归属感, 社本身又具有较强的稳定性, 尤其是社首等凭借着群体认可的优势占据核心地位, 对其他群体成员有重要的影响力。这些特征为社亲的形成和发展传承奠定了良好的基础。

社会学家萨姆纳在研究中提出了内群体和外群体的概念, 所谓内群体, 就是自己所属的群体, 自己人组成的群体; 所谓外群体, 就是自己不属于, 但他人属于的群体。对于邗邵村和大新庄而言, 本身各自的村社分别是一个内群体, 对方和自己无关, 通过结为社亲的行为, 双方变成了亲戚, 外群体变为了内群体。亲属是血缘和婚姻构成的一种关系, 中国传统社会生活实质上就是以亲族关系为核心而开展的。人与人之间的关系, 以亲属关系为主轴构成一种差序格局。中国人的亲属关系通常是频繁接触, 节日相互拜访, 必要时互相帮助、和睦相处的。通过建立社亲, 实质是两个村庄之间建立稳定友好的类似于亲戚的村落关系, 这种社亲风俗在汉族村落之中也有, 当地民众多有记忆, 能清楚地说出自己的村子和某某村是老社亲。应该说, 社亲是当地形成的一种比较独特的村落联盟或者是互助风俗。

(二)回汉风俗的共识域

"共识域" 是指在个人和群体的交往过程中, 交往双方共同拥有的经验范围,"共识域" 越大, 双方的交往就越顺畅。在社会生活中, 尤其是明清时期基层社会控制力比较薄弱的状态下, 各个群体之间的交往多是以一种非正式制度的形式来进行规范, 这种非正式制度常常与当地的生活风俗、节庆礼仪等结合起来, 并以此方式不断传承, 影响着人们的交往活动。回汉社亲的传承与发展得益于两大群体在交往过程中相互体谅、相互包容, 尤其是在容易产生冲突和矛盾的风俗习惯和宗教信仰领域里形成 "共识域", 同时非常智慧地把这种友好互助的关系通过 "社亲" 风俗巩固下来, 和回汉节日融合在一起。

风俗习惯与宗教信仰对于族群交往会产生正负两方面影响: 一方面, 一个特定地区特定族群风俗习惯、宗教信仰等的共识域越大, 自然更容易形成共同的价值观, 因此群体的凝聚力和认同感越强, 族群意识也会被强化。另一方面, 风俗习惯又会加深与其他族群之间的隔膜或对立。例如, 人们在跨区域跨民族进行社会交往时，不同的宗教习俗毫无疑问会增加交往的难度和成本。在社会生活实践中，之所以有回汉冲突的现象，究其原因往往是共识域不够，双方存在着隔膜。尤其是回族的宗教信仰、生活习惯与汉族不同，双方在交往中常常容易发生冲突。以邢新社亲为例，邢新社亲的两大主体在交往过程中主动加大了共识域，积极推动了回汉的真诚交往。大新庄村有男女清真寺各三坊，清真寺被视为穆斯林神圣宗教义务和信仰虔诚的体现，一般是不接待外来访客的。两村在重要节日千人走亲戚时，阿訇在清真寺敞开大门，接待邢邰村的老社亲；大新庄去邢邰村走亲戚时，邢邰村提前到大新庄买好牛羊肉，请大新庄的回族厨师加工食物招待老社亲。从社亲的交往过程中不难发现，不同的风俗习惯和宗教信仰并没有成为两村交往的障碍，两村回汉民众民族团结基本原则的第一条就是尊俗重义（回汉风俗有别），至高无上不越界[①]。由于他们之间达成了相互尊重的共识，回汉社亲才能代代传承，长盛不衰。

（三）利益的调整机制

制度是调整人与人、群体与群体之间利害关系和利益格局的有力杠杆，制度的产生使人类摆脱野蛮愚昧，逐步进入了理性文明的契约社会。大新庄和邢邰村的世代友好交往实践中，两村回汉民众严格遵守上述的民族团结原则：一是尊俗重义（回汉风俗有别），至高无上不越界；二是友情至上，打破脸鼻是一家；三是相互帮助，不计得失铸友情；四是公平交易，亲兄弟要"明算账"。不同的族群之间的交往一般都存在着利害冲突和利益关系调整，更何况回汉族群众信仰、文化背景不同，但这些原则、要求渗透到人们交往活动的各个层面，并融入交往主体的潜意识中，因此，能使两村五百年来亲如一家。

大新庄多年来和邢邰保持着良好的社亲关系，但是在和周边汉族村落的共处中也常常出现摩擦。例如，前些年大新庄与周边村庄存在土地界址不清楚、界线不明确等历史问题，所以经常发生矛盾；再如大新庄村民多从事清真食品的加工制作，因此每逢集会多到周边汉族村落卖丸子、牛羊肉等，期间往往容易发生争执摩擦，这严重制约了当时大新庄的经济发展。

2005年以来，大新庄两委认真思考村子发展面临的困境和问题，从"邢新社亲"出发，既然能与邢邰村世代友好互助，那么为何不将"回汉社亲"这一优良文化传统在周边村落发扬光大呢？村子领导干部主动出击，与周边村庄深入开展民族团结进步创建工作。对于一些历史上和大新庄有过矛盾的村子，大新庄以诚感人，带着礼物进村拜访，一次拜访不行两次。为了做好回汉团结工作，大新庄提出了"一个宗旨、两个原则、'三发'方案"的回汉民族团结工作方法，主动排查，发现矛盾隐患及时解决，防患未然；一旦发生民族纠纷，及时沟通，大事化小，小事化了，努力发展与周边村庄的友好关系，加强团结，互助合作。2005年以来，通过几年的努力，先后与沁阳市、博爱县的10个乡镇、54个村签订了民族团结协议。签订民族团结协议之后，为大新庄的发展营造了更为和谐的社会环境。

中国共产党处理民族关系的一项重要准则是民族团结，习近平总书记曾多次强调各民族要相互了解、相互尊重、相互包容、相互欣赏、相互学习、相互帮助，像石榴籽那样紧紧抱在一起。新时期回汉社亲的发展很好地改善了大新庄的生存发展空间，营造了和谐稳定、友好互助的村际关系。这不仅是对"邢新社亲"这一500年优秀历史文化传统的传承，更是新时期民族团结发展的创新之举。

[①] 邢新两村《村规民约》中民族团结基本原则：尊俗重义，至高无上不越界；友情至上，打破鼻脸是一家；相互帮助，不计得失铸友情；公平交易，亲兄弟要"明算账"。

参考文献

［1］督轩."邛新社亲"：500 年老传统续写新篇章［N］.中国民族报，2019-06-14.

［2］陈学桦."邛新社亲"传承民族"一家亲"［N］.河南日报，2019-08-03.

［3］陈学桦."邛新社亲"：500 年情缘传承一家亲［N］.河南日报，2019-09-08.

［4］李佳华.从"邛新社亲"看新时代民族交流形式发展［J］.安徽警官职业学院学报，2019（5）.

［5］本刊通讯员."邛新社亲"长回汉情谊深［J］.中国民族，2019（9）.

［6］赵昕毅.社亲与村庙：紫虚元君信仰在华北［J］.西北民族研究，2014（1）.

［7］水镜君.从回汉"社亲"关系看和谐文化的民间创造［J］.民族研究，2007（1）.

［8］袁肖然.河南红枪会研究（1913—1953）［D］.北京：中央民族大学，2013.

［9］李英芳.博爱县志［M］.北京：中国国际广播出版社，1994.

［10］鲁玉哲.友情的力量［M］.香港：中华诗词出版社，2018.

［11］姚春敏.清代华北乡村庙宇与社会组织［M］.北京：人民出版社，2013.

［12］顾炎武.日知录集释（卷 22）［M］.黄汝成集释.上海：上海古籍出版社，1985.

［13］邱泽奇.社会学是什么［M］.北京：北京大学出版社，2002.

（作者系焦作师范高等专科学校文学院讲师）

山东黄河文化保护传承弘扬研究

张述存　张凤莲　徐建勇　赵迎芳　宋　暖

黄河文化是中华民族的根和魂，是中华文明的源头性、代表性文化，承载着民族基因，流淌着民族精神，是新时代坚定文化自信的重要根基，实现中华民族伟大复兴的力量源泉。九曲黄河从山东入海，滋养了齐鲁大地，哺育了齐鲁儿女，孕育了齐鲁文化。齐鲁文化是黄河文化的重要组成部分，在黄河文化几千年的演进中始终扮演着重要角色，以儒家思想为代表的齐鲁文化，最终取得了黄河文化发展的主导地位，成为中华传统文化主干。山东是黄河文明的重要发祥地，黄河流域最便捷的出海通道，沿黄地区经济综合实力最强的省份，在推动黄河流域生态保护和高质量发展中具有十分重要的战略地位。推动黄河文化保护传承弘扬，是山东现代化强省建设的深厚支撑。

一、山东推动黄河文化保护传承弘扬的重要意义

黄河文化蕴含丰富的文化遗产、哲学思想、治国智慧、价值理念和道德规范，是中华民族的宝贵精神财富。保护传承弘扬黄河文化，对山东现代化强省建设具有重大的历史和现实意义。

（一）有利于推动国家战略在山东落地生根

黄河流域生态保护和高质量发展是党中央着眼于新时代中国特色社会主义现代化建设全局作出的一项重大战略决策，保护传承弘扬黄河文化，既是重要内容也是精神支撑。习近平总书记指出，黄河文化是中华民族的根和魂，要守好老祖宗留给我们的宝贵遗产，深入挖掘黄河文化的时代价值，讲好黄河故事，延续历史文脉。山东作为黄河下游的重要省份，必须自觉承担起保护传承弘扬黄河文化的历史使命，主动服务黄河流域生态保护和高质量发展国家战略大局。

（二）有利于推进山东文化强省建设

黄河文化博大精深，源远流长，汇集了中华优秀传统文化的精髓，是新时代传承弘扬中华优秀传统文化的丰厚滋养，是发展社会主义先进文化、涵养社会主义核心价值观的重要源泉。黄河文化孕育了"同根同源""大一统"的民族意识，是增强全社会文化认同感和民族凝聚力，巩固山东省人民团结奋斗思想基础的重要载体。作为中华文化的鲜明标志，黄河、孔子、泰山在齐鲁大地汇聚，共同构筑起山东文化的深厚软实力，为山东现代化文化强省建设提供了最基本、最深沉、最持久的力量。

（三）有利于推动山东经济社会发展

黄河文化积淀着中华民族崇高的精神追求和深沉的行为准则，蕴含着天人合一、和谐共生的发展智慧，自强不息、守正创新的奋斗精神，奋勇拼搏、不屈不挠的意志品格。保护黄河文化，传承黄河

精神，有利于激励齐鲁儿女奋发图强、砥砺前行，形成全省凝神聚力、奋进新时代的磅礴伟力。大力弘扬黄河文化，挖掘黄河文化时代价值，发展黄河文化旅游产业，有助于推动全省新旧动能转换，提高经济发展质量，让黄河成为造福人民的幸福河。

（四）有利于推动世界文明交流互鉴

文明因交流而多彩，文明因互鉴而丰富，文明交流互鉴是推动人类文明进步与和平发展的重要动力。黄河文化是世界大河文明的代表、中华文明的象征，蕴含着"和衷共济""协和万邦""天下大同""以人文本""多元融合"等人类现代文明思想的核心理念。加强黄河文化与世界文明的对话交流互鉴，讲好山东"黄河故事"，推动黄河文化"走出去"，有利于从异域民族文化中汲取黄河文化成长的营养，有利于彰显齐鲁文化的深厚底蕴和独特魅力，有利于为人类文明进步贡献中国智慧、中国价值、中国力量。

二、山东黄河文化保护传承弘扬的优势与挑战

山东开展黄河文化保护传承弘扬工作，在文化资源积淀、经济社会基础、文旅产业发展、地理区位等方面具备优异条件，但也面临思想认识、遗产保护、资源开发、工作机制上的诸多"短板"。

（一）历史文化底蕴深厚

山东是历史文化大省，对中华文明的孕育发展做出了巨大贡献。新石器时代，山东地区后李文化、北辛文化、大汶口文化、龙山文化、岳石文化一脉相承，是中华文明发祥地之一。春秋战国时期，以稷下学宫为主要载体的"百家争鸣"，开创了中国思想史上的第一个"黄金时代"，成为"人类文明轴心时代"的璀璨明珠。秦汉以降，诞生于齐鲁大地的儒家思想成为中华文化的主导、封建王朝的精神支柱。悠久的历史沉淀出极其丰富的文化遗产，山东沿黄地区共有国家历史文化名城6处，省历史文化名城6处，全国重点文物保护单位150处，省级文物保护单位1087处，国家级非遗项目107项，省级非遗项目449项，对山东省经济社会发展形成了深厚支撑。

（二）黄河文化特色鲜明

以山东为核心的东夷文化是黄河文明的重要源头，以儒家思想为代表的齐鲁文化引导黄河文化成为中华传统文化的主干。黄河与孔子、泰山在同一地域空间汇聚，成为中华民族的精神象征，是黄河下游最为突出的文化表征。山东地处黄河入海口，河海交汇，海陆统筹，黄河文明与海洋文明交相辉映，是黄河文化出海大通道。黄河善淤善决，历史上在泰沂山脉南北两侧数次改道摆动，形成特色鲜明的山东黄河故道文化带。黄河入海口和微山湖等生态湿地广袤，形成国家级自然保护区，是我国黄河流域生态文化高地。山东是黄河流域近代通商开埠先导，改革开放前沿，现代文化氛围浓厚。山东沿黄地域文化多彩，儒家文化、泰山文化、水浒文化、齐文化、泉文化、红色文化、海洋文化与黄河文化相伴相生。

（三）遗产保护扎实有效

山东省高度重视沿黄文化遗产保护工作，文化遗产保护力度不断加大，曲阜"三孔"、泰山古建筑群、济南明府城、定陶汉墓等重大文物保护工程强力推进，非物质文化遗产保护名录体系不断完善，代表性非遗项目、传承人抢救性保护和全方位传播展示工作成效显著。齐鲁优秀传统文化保护传承体

系逐步健全，曲阜优秀传统文化传承发展示范区、齐文化传承创新示范区建设快速推进，尼山世界文明论坛、世界儒学中心影响力不断扩大，成为全国优秀传统文化保护传承示范高地，为黄河文化保护传承弘扬奠定了坚实的基础。

（四）经济实力较为雄厚

山东省是黄河流域经济实力和创新能力最强的省份，GDP 总量占全国的 1/10。沿黄地区深入推进省会经济圈、新旧动能转换综合试验区、黄河三角洲高效生态经济区建设，着力推进突破菏泽、鲁西崛起，大力实施乡村振兴战略，全力打好脱贫攻坚战，区域经济发展的增长点、增长极不断涌现，人民生活水平不断提高，经济发展质量不断提升。依托黄河人文资源丰富独特、生态景观优良秀美的优势，沿黄地区文旅产业蓬勃发展，建成 A 级景区 622 处、旅游度假区 13 处，形成 5 个环城市游憩带、8 个集群化发展县和一大批集群化发展乡镇、连片开发区，为黄河文化保护传承弘扬打下了良好的产业基础。

（五）地理区位优势突出

山东地处黄河下游，位于东北亚经济区的核心区域，北接京津冀、南连长三角，与日韩隔海相望，是"一带一路"陆路和海路的连接点，是黄河流域最便捷的出海通道。山东半岛城市群在黄河流域发挥着龙头带动作用，济南是黄河流域中心城市，青岛是黄河流域最重要的文化旅游出海口，在资源整合、要素流通、产业合作、市场开拓等方面享有得天独厚的优势，具有引领带动沿黄省区开展文化交流合作的有利条件。

（六）面临的主要问题

一是思想认识有待深化。黄河文化研究缺乏高度、广度、深度，在山东省文化发展布局中，黄河文化定位不清晰，需要进一步凝聚黄河文化保护传承弘扬的共识。二是遗产保护压力较大。众多文物古迹深埋黄泛区，黄河文化资源普查工作尚未全面系统展开，文化遗产保护投入不足，历史欠账较多。三是资源利用水平不高。黄河文化遗产活化利用形式单一，先进技术手段运用不足，传承载体和传播渠道有限，创新创意不足，"黄河故事"讲述不够精彩。四是工作机制尚不完善。黄河文化保护传承弘扬缺乏有效的规划引导，沟通合作机制不完善，对山东省发展的引领带动作用不够明显，在坚定文化自信、涵养社会主义核心价值观、振奋民族精神方面的巨大作用还没有得到充分体现。

三、山东推动黄河文化保护传承弘扬的总体思路

全面落实习近平总书记关于黄河流域生态保护和高质量发展的重要讲话精神，充分发挥山东文化大省优势，树立正确方针，把握科学定位，优化发展布局，"地处黄河下游，工作力争上游"，展现山东担当，做出更大贡献。

（一）山东黄河文化保护传承弘扬的基本原则

（1）文化引领，服务大局。全面发挥黄河文化举旗帜、聚民心、育新人、兴文化、展形象的作用，以保护好、传承好、弘扬好黄河文化为根本，把黄河文化融入沿黄地区经济社会发展，实现黄河文化育民惠民利民，为沿黄各市生态保护和高质量发展提供精神引领。

（2）系统保护，活化传承。全面系统保护山东沿黄地区各类文化遗产，守好老祖宗留给我们的宝

贵精神财富。深入挖掘黄河文化内涵和精神价值，加强活化传承和时代弘扬，讲好"黄河故事"，坚定文化自信，为实现中华民族伟大复兴的中国梦凝聚精神力量。

（3）创新驱动，绿色发展。坚持"文化＋""旅游＋""科技＋"，促进融合发展、集聚发展，构建高质量发展动力系统，推动黄河文化创造性转化创新性发展。以生态保护为前提，确保黄河文化旅游资源开发与生态环境保护相协调，走绿色发展之路。

（4）统筹规划，因地制宜。坚持中心城市带动、区域协调联动，上下游、干支流、左右岸统筹谋划，集聚人才、资源优势，共同抓好大保护，协同推进大治理。坚持从实际出发，因地制宜、分类施策，优化资源配置，促进优势互补，推动共建共享，探索富有地域特色的高质量发展新路径。

（二）山东黄河文化保护传承弘扬的战略定位

（1）中华文明保护传承示范区。突出黄河、泰山和孔子在同一文化空间汇聚的巨大优势，突出齐鲁文化尤其是儒家文化资源富集、工作基础扎实的优势，推动文化遗产集中连片系统保护，优秀传统文化创新发展创造转化，创建国家文物保护利用示范区，打造中华优秀传统文化传承示范区和中华民族的精神家园。

（2）世界文明交流互鉴高地。突出尼山论坛、儒学大会和稷下学宫等世界文明交流的高端平优势，大力推动黄河文化与儒家文化、运河文化、泰山文化等融合发展、一体化交流，共同搭建世界文明交流互鉴高地，率先打响世界文明对话的黄河品牌。

（3）国际知名生态旅游目的地。突出黄河三角洲河海交汇、野生鸟类和新生湿地三大世界级旅游资源优势，塑造"中华母亲河，黄河入海流"独特文化标识，打造标志性国际文化旅游产品，建设国际著名生态旅游目的地。

（4）文旅产业高质量发展先行区。发挥山东半岛城市群龙头带动作用，突出济南黄河流域中心城市引领作用，以建设新旧动能转换先行区和自由贸易试验区为契机，以黄河文化引领相关文化产业发展，打造黄河流域文化旅游高质量发展增长极。

（5）黄河文化出海大通道。突出山东沿海区位优势，深度融入"一带一路"建设，打造自贸试验区、上合组织地方经贸合作示范区等高能级开放平台，汇聚开放合作新优势，打造黄河文化发展北接京津冀、南连长三角的纵向通道，承接中原城市群、面向日韩东北亚和广阔太平洋的出海大通道，面向世界开放、整合全球文化资源要素的新高地。

（三）山东黄河文化保护传承弘扬的空间布局

按照黄河流域生态保护与高质量发展国家战略总体要求，根据山东黄河人文自然遗产分布特点、保护传承弘扬现状与齐鲁地域文化特征，坚持轴带贯通、区域联动，构建"一轴两带九大组团"的战略布局。"一轴"：黄河干流文化旅游融合发展轴，贯穿"黄海入海""黄河入城""黄河古风""黄河入鲁"四大片区。"两带"：一是齐鲁优秀传统文化两创示范带，贯穿"邹鲁""泰汶""青齐"三大传统文化高地；二是黄河故道生态文化协同发展带，贯穿"九河故道""微山湖"两大生态文化集群。

四、山东黄河文化保护传承弘扬的任务举措

推进山东黄河文化保护传承弘扬，要以习近平新时代中国特色社会主义思想为指导，坚持新发展理念，坚定文化自信，坚持以保护为前提，以高质量发展为导向，以融合创新为动力，着力推进黄河文化遗产的系统保护，传承中华文明基因，延续历史文脉，着力推动黄河文化创造性转化创新性发展，

讲好新时代黄河故事，服务以文化人的时代任务，着力推动黄河文化与世界文明交流互鉴，扩大黄河文化的影响力和感召力，充分发挥黄河文化在民生改善、生态保护、经济发展、社会进步等方面的重要作用，让黄河成为造福人民的幸福河，为山东现代化强省建设凝聚精神力量、提供深厚支撑。

（一）凝练黄河精神，弘扬黄河文化时代价值

黄河文化是中华民族宝贵的精神财富。黄河文化中蕴含的家国一统、团结奋进、百折不挠、自强不息、无私奉献、惠泽包容等优良精神基因，最终演化为伟大的中华民族精神。黄河文化孕育的"同根同源""大一统"的民族意识，是中华民族寻根溯源的心理因循，是中华儿女保家卫国、维护统一的精神支撑，对于提升民族凝聚力、向心力具有不可替代的作用。黄河文化包含着丰富的科学智慧、哲学思想和道德理念，如天人合一、厚德载物、以人为本、讲信修睦、多元融合、天下大同等，积淀着中华民族崇高的精神追求，烙印着中华民族深沉的行为准则，是推动国家富强、民族复兴、人民幸福的宝贵财富。新时代治黄用黄的伟大实践，生动彰显了以人民为中心的治国思想和可持续的生态文明观，成为中国特色社会主义现代化建设的重要价值引领和精神支撑。要以"齐鲁优秀传统文化传承创新工程"为引领，形成完善的黄河文化研究阐发、普及教育、实践养成、保护传承、传播交流体系，构建全省各级党委政府一体推动、各部门配合联动、全社会合力互动的黄河文化保护传承弘扬大格局。要把保护传承弘扬黄河文化与培育和践行社会主义核心价值观结合起来，以黄河文化独特魅力推动社会主义核心价值观更好入脑入心。要推动黄河文化保护传承弘扬融入山东文明城市、文明村镇、文明单位、文明家庭、文明校园等群众性精神文明创建活动，以黄河文化蕴含的优秀思想理念和道德观念，引领行业性精神文明创建和"四德工程"建设活动，培育文明乡风、良好家风、淳朴民风，在全省形成健康向上的文明风尚。

（二）实施黄河文化遗产保护工程，推进黄河文化遗产系统保护

加强对山东黄河流域文化资源普查梳理，完善黄河文化遗产鉴定、确认、评价的标准和程序，建立山东省黄河流域文化遗产数字化资源库。实施黄河文化遗产保护工程，联合文物、文保、考古、基建、环保等相关部门，推进史前文明遗存、黄河故道、岗丘堌堆、防洪堤坝等遗址遗迹的发掘，建立黄河非遗长效保护传承机制，实现山东省对黄河文化遗产的有效保护。

（三）拓展黄河文化传承载体，推动黄河文化艺术创作传播

加强对黄河题材艺术创作的扶持，推出一批思想精深、制作精良的优秀文艺作品，生动讲述黄河故事。扶持民营剧团、庄户剧团的发展，依托"群星奖""中国民间文化艺术之乡"建设，鼓励创作群众喜闻乐见的民间黄河艺术作品。拓展黄河文化艺术的传承载体和传播渠道，搭建各类展演、展览、展映平台，建设山东省黄河文化主题展馆，形成黄河文化艺术立体宣传推广体系。

（四）提升黄河文化旅游发展能级，推动黄河文化旅游高质量发展

围绕"吃、住、行、游、购、娱"六大主体要素，构建富含美景黄河、美味黄河、好客黄河、好品黄河、好看黄河、好玩黄河的特色旅游产品体系。积极推动黄河文化旅游与一二三产业跨界融合，发展黄河智慧旅游、淡季旅游、夜间旅游，提升黄河文化旅游发展能级。以沿黄地区世界文化遗产、国家级文化保护试验区、国家历史文化名城名镇名村、国家级风景名胜区、国家AAAAA级景区等为支点，打造黄河文明之旅、黄河寻根之旅、黄河红色之旅、黄河名胜之旅、黄河度假之旅等精品旅游线路。积极打造"黄河入海"文化旅游品牌，实施全媒体宣传、全网络营销、"一部手机游黄河"，带

动山东黄河文化旅游快速做大做强。

（五）加快黄河文化产业创新融合，提升黄河文化产业发展质量

强化创新驱动，推动互联网、物联网、云计算、大数据、虚拟现实、人工智能、4K、5G 等高新技术在黄河文化创作、生产、传播、消费等各环节的应用，实现传统与现代融合、线上与线下融合，提升黄河文化产业发展质量。发展一批具有较强实力和竞争力的黄河文化企业，建设一批带动作用明显和辐射力较强的黄河文化产业项目，培育一批内涵丰富和品位高雅的黄河文化品牌，推动黄河文化产业集约化、规模化、专业化发展。实施沿黄文化产业城市集群发展战略，形成以核心节点城市、一般节点城市、特色文化小城镇为支点的产业分工体系，形成各有侧重、差异竞争的产业格局。

（六）加强与沿黄省区文化发展协作，提升黄河文化的国际影响力

与沿黄省区合作成立黄河文化研究会、黄河文化旅游推广联盟、黄河文化艺术创作联盟，建设黄河文化旅游协作区，促进黄河文化大保护、大开发。借力"一带一路"倡议、"齐鲁文化港澳台传播工程"、海外中国文化中心、孔子学院、海外尼山书院等，推动黄河题材的图书、电影、电视剧、纪录片等对外传播推广，扩大山东黄河文化的国际认可度、影响力。

（作者分别系原山东社会科学院院长、二级研究员；
山东社会科学院科研组织处处长、研究员；
山东社会科学院文化研究所副研究员；
山东社会科学院历史研究所副研究员）

附　录

在黄河文化高层论坛开幕式上的致辞

阮金泉

（2020年9月24日）

尊敬的江部长，各位领导、各位来宾：

大家上午好！

金秋九月，万物丰收。值此习近平总书记在黄河流域生态保护和高质量发展座谈会上发表重要讲话一周年之际，我们在美丽的郑州在黄河迎宾馆举办"黄河文化高层论坛"。本次论坛围绕"黄河文化传承与弘扬"的主题，话理论、寻对策、求共识，共同总结交流保护传承弘扬黄河文化的好经验，共同展望保护传承弘扬黄河文化的新愿景，对于深入贯彻落实好习近平总书记的重要讲话精神，有着十分重要的意义。

这次论坛的举办，得到了中国社会科学院、河南省委宣传部、兄弟省区社科院以及高校、新闻媒体的大力支持。在此，我谨代表河南省社会科学院，对各位领导、专家学者、媒体朋友的关心支持表示衷心的感谢！对在百忙之中出席论坛的各位领导、各位嘉宾表示热烈的欢迎！

黄河是中华民族的母亲河，是中华文明的摇篮。习近平总书记多次实地考察黄河流域生态保护和高质量发展情况。2019年9月18日，习近平总书记在黄河流域生态保护和高质量发展座谈会上强调，黄河文化是中华文明的重要组成部分，是中华民族的根和魂。2019年8月31日，习近平总书记主持召开中央政治局审议《黄河流域生态保护和高质量发展规划纲要》时要求，要大力保护和弘扬黄河文化，延续历史文脉，挖掘时代价值，坚定文化自信。习近平总书记的系列重要讲话，将黄河文化提升到民族复兴、文化自信的新高度，全面论述了黄河文化的丰富内涵和重要贡献，深刻指出了弘扬黄河文化的重大要求和使命担当，为我们保护传承弘扬黄河文化提供了遵循，指明了方向，也为我们广大哲学社会科学工作者提出了新的时代课题。

河南地处黄河中下游，历史悠久、文化厚重，河南在黄河文化中孕育、形成、发展。保护传承弘扬黄河文化，延续历史文脉，讲好黄河故事，河南肩负着重大历史责任和时代使命。2019年11月，省委召开十届十次全会，对大力弘扬黄河文化作出重要安排部署；2020年元月，河南两会将"黄河流域生态保护和高质量发展"国家战略写入省政府工作报告；省委书记、省人大常务委员会主任王国生在人大闭幕会上专题作了"大力弘扬黄河文化，为新时代中原更加出彩凝聚精神力量"的总结讲话；2020年5月，全省文化旅游大会明确提出，要大力弘扬黄河文化，筑牢文化旅游强省之魂。目前，河南省正在组织编制黄河文化保护传承弘扬专项规划，并将纳入河南"十四五"规划。

河南省社会科学院作为河南省委省政府的重要智库，始终围绕中心、服务大局，承担着服务省委省政府决策、推进理论创新、弘扬中原文化等任务。早在1990年，我院就成立了"黄河文化研究会"，在2008年举办的首届黄河文化高层论坛上提出了黄河"双申遗"目标。并于2015年开始，启动了"河南专门史大型学术文化工程"，将黄河文化研究列为重要选题。2019年以来，我院认真贯彻落实习近平总书记的重要讲话精神和省委省政府的重大部署，深入推进黄河文化重大理论和重大现实问题研究。把深化黄河文化研究作为专项课题纳入我院哲学社会科学创新工程，组织开展了系列黄河文化学术活动。2019 年底召开的中原智库论坛年会，对黄河文化重大问题进行了深入研讨；2020 年 1 月举办的"学习贯彻习近平总书记关于黄河流域生态保护与高质量发展重要讲话精神座谈会"，以黄河文化为主题进行了深度交流；2020 年 9 月中旬，先后与中华炎黄文化研究会、华北水利水电大学、中国河洛文化研究会等单位分别举办"黄帝文化与黄河文化学术研讨会""黄河流域生态保护和高质量发展研讨会""2020 年河洛文化研讨会"等学术活动，对黄河文化开展了系统性深入研究。积极营造学习、研究、宣传的浓厚氛围。先后在《人民日报》《光明日报》等中央媒体，人民网、光明网等新媒体上组织刊发系列学术文章，获得了良好的社会评价和学术影响。这些活动和成果，不仅有力地推动了习近平总书记重要讲话精神的学习贯彻落实，而且为河南保护传承弘扬黄河文化提供了理论支撑和智力支撑。

各位领导、各位专家学者、朋友们，我们深知，保护传承弘扬黄河文化任重而道远，既要因地制宜，分类施策，又要树立"一盘棋"思想，做到上下游、干支流、左右岸统筹谋划，协同推进。今天参加论坛的嘉宾有来自全国以及省内外的知名专家学者，各位要畅所欲言、各抒己见，在充分交流、深入探讨中相互启发、互相提高，不断碰撞出思想智慧的火花。举办这次黄河文化高层论坛，既给我们全面交流黄河文化保护传承弘扬方面的经验搭建了一个很好的平台，也为我们更好学习兄弟社科院的好经验提供了一次难得的机会。我们将充分吸纳论坛的成果，用好论坛的成果，继续加强与沿黄河九省智库的交流合作，共同为讲好"黄河故事"，延续历史文脉，坚定文化自信，实现中华民族伟大复兴的中国梦献智献策！我们将以此次论坛为契机，以习近平总书记的重要讲话精神为遵循，按照省委省政府的工作部署和江凌部长的讲话要求，切实扛起保护传承弘扬黄河文化的历史责任，紧紧围绕保护母亲河、大力弘扬中华文明，延续文脉河、大力弘扬中原文化，打造幸福河、大力推进高质量发展等重大课题深入开展研究，为推动黄河流域高质量发展，奋力谱写新时代中原更加出彩的绚丽篇章做出积极贡献！

最后，预祝"黄河文化高层论坛"取得圆满成功！

祝各位领导、专家学者身体健康！万事如意！

谢谢大家！

（作者系河南省社会科学院党委书记）

在黄河文化高层论坛开幕式上的致辞

张述存

（2020年9月24日）

尊敬的各位领导、各位专家：

大家上午好！

在这金秋送爽的美好时节，我们相聚在千年古都郑州，共同参加黄河文化高层论坛。此次论坛正值习近平总书记郑州会议讲话一周年之际，由河南省社会科学院举办，充分体现了河南在黄河流域生态保护和高质量发展国家战略中的积极作为、勇于担当，对搭建沿黄省区黄河文化研究平台、推进黄河文化研究和学术交流、推动黄河文化保护传承弘扬具有重要意义。首先，我代表与会专家，对论坛的顺利召开表示热烈的祝贺！对主办方的辛勤付出和诚挚邀请表示衷心感谢！

黄河文化是中华文明的源头性、代表性文化，承载着民族基因，流淌着民族精神，蕴含着宝贵精神财富，具有鲜明时代价值，是中华民族坚定文化自信的重要根基，是实现中华民族伟大复兴的力量源泉。推动黄河文化振兴，是落实黄河流域生态保护和高质量发展国家战略的重大任务，是全面建成小康社会、实现中华文化伟大复兴的重要标志，需要沿黄省区统筹谋划、协调行动、形成合力。

河南是历史文化大省，在黄河文化孕育成长中具有特殊地位。河南河淮济三渎交汇的地理特征，人文始祖、姓氏源头、古都古城等重大文化表征，无不凸显着中原文明在古代黄河流域的核心地位，郑州国家中心城市、黄河三门峡、小浪底重大水利工程建设的重大成就，全面体现了河南对黄河流域生态保护和高质量发展的巨大贡献。河南推动黄河文化保护传承弘扬起步早、工作实，河南省社会科学院、黄河文化研究会等对黄河文化进行了持续的深入研究，取得了许多重要研究成果；河南省全力建设郑、汴、洛黄金文化旅游带与黄河小浪底、郑州花园口、开封东坝头三大片区，推动黄河文化旅游产业发展日新月异，"老家河南、汉字故乡""华夏文明之根、国家和民族之源"文化旅游品牌声名鹊起。

山东与河南因比邻一片天、相接一方土、共饮一河水，文化相融、文脉相连，同为黄河文明重要发祥地、同为黄河流域经济社会高质量发展重要引领省份。为贯彻落实习近平总书记在郑州会议、中央财经委第六次会议等的系列重要指示精神，推动黄河流域生态保护和高质量发展国家战略落地实施，山东省成立了由省委书记刘家义担任组长、16个省直部门主要负责同志任成员的推进黄河流域生态保护和高质量发展领导小组，成立了黄河文化经济促进会等社团组织和高层次专家咨询委员会，本人很荣幸担任了黄河促进会学术委员会主任，也是山东省"十四五"黄河流域生态保护和高质量发展规划特聘咨询专家。山东省组成25个工作小组对沿黄各县开展了全面系统调研，形成了"1+7+25"的调研报告体系，完成了黄河水资源利用等10个重大课题研究，提出了基础设施、产业联动、对外开放、生态保护、科技协作、文化教育、体制机制协同创新7个领域的近100个合作事项，谋划确定了加强黄河流域生态保护等8个方面的500余个重点项目，基本完成了《山东省黄河流域生态保护和高质量发展实施规划》的编制工作。

近几年来，山东社会科学院一直把黄河流域生态保护和高质量发展作为重大研究课题进行推动。早在 2017 年 12 月，山东省社会科学院就由我牵头，开始围绕刘家义书记交办的"黄河经济带"课题开展研究，先后对沿黄 9 省区和山东省沿黄各市县进行了深入调研，我们撰写的《开展黄河经济带建设研究的初步设想》《积极推进我省沿黄地区生态保护与高质量发展的战略思考》《关于我省黄河文化保护传承弘扬若干重要问题的思考》等研究报告，获得山东省委主要领导肯定性批示，山东省社会科学院牵头的《山东省黄河文化保护传承弘扬规划》《"十四五"山东省文化和旅游发展规划》正在快速推进之中，我们也一直在孜孜不倦地努力，力求为黄河国家战略推进、黄河文化振兴提供最大的智力支持。

推动黄河文化保护传承弘扬，事关中华民族伟大复兴的千秋大业。习近平总书记已经对黄河文化保护传承弘扬工作提出了明确要求，我们一定要深入学习，认真贯彻落实。要以建设黄河国家文化公园、文化生态保护区、申报世界文化遗产为主要抓手，推动黄河文化遗产系统保护；要加强黄河文化研究，深入挖掘弘扬黄河文化蕴含的家国一统、团结奋争、百折不挠、自强不息、无私奉献、惠泽包容等精神财富，引领沿黄地区经济社会高质量发展，充分彰显黄河文化时代价值；要加强黄河文化资源开发利用，做大做强黄河文化旅游产业，推出一批黄河主题的文学、影视、演艺、网络视听等文化艺术精品，全面讲好"黄河故事"；要加强国内外黄河文化交流合作，推动黄河文明与世界文明交流互鉴，坚定中华文化自信；要推动沿黄省区统筹协作，高水平做好《黄河文化保护传承规划》《"十四五"文化旅游发展规划》，优化资源配置和发展布局，实现文化旅游项目、信息、平台、服务跨省区共建共享，为实现中华民族伟大复兴的中国梦凝聚起磅礴精神力量。

各位领导、各位专家，记得 2015 年我刚刚担任山东省社会科学院院长时，第一次参加的会议是在内蒙古举办的全国社会科学院院长联席会，当时我说"好客山东"邀请客人一般讲三句话，那就是"泰山在这里崛起，孔子在这里诞生，黄河在这里入海"。转眼已经五年多了。这五年多，我们和全国社科界的领导、前辈、同人结下了深厚的友谊，和各兄弟院结下了深厚的友谊。让我们因着这份深厚友谊，因着这份学术情怀，也因着这份黄河的缘分，携起手来、加强合作，密切联系、深入交流！在此我诚挚地邀请各位领导、各位专家同行莅临山东，感受齐鲁文化、领略儒风泰山、体验黄河入海！

最后，预祝本届黄河文化高层论坛圆满成功！祝福各位嘉宾工作顺利、身体健康！谢谢大家！

（作者系原山东省社会科学院院长、二级研究员）

在黄河文化高层论坛闭幕式上的致辞

谷建全

（2020年9月24日）

尊敬的各位专家、学者，各位嘉宾、朋友们：

由河南省社会科学院主办的"黄河文化高层论坛"，经过一天紧张有序的交流发言和专题研讨，即将闭幕。这次论坛在河南省委宣传部的指导下，在与会同人的共同努力下，顺利完成了预期议题，获得了圆满成功！

2019年9月18日，习近平总书记在黄河流域生态保护和高质量发展座谈会上强调，黄河文化是中华文明的重要组成部分，是中华民族的根和魂。在习近平总书记视察河南并主持召开黄河流域生态保护和高质量发展座谈会一周年的重要节点，我们相聚在郑州共襄盛举，恰逢其时，意义重大。习近平总书记站在中华民族伟大复兴和永续发展的战略高度，深刻阐述了黄河文化的丰富内涵和重要贡献，发出了"讲好'黄河故事'，延续历史文脉，坚定文化自信，为实现中华民族伟大复兴的中国梦凝聚精神力量"的伟大号召。我们举办论坛的目的，就是更加深入地学习领会总书记在黄河流域生态保护与高质量发展座谈会上的重要讲话精神，促进学术研究与发展实践的互动和协同，集纳各方智慧，凝聚各方力量，推动总书记的重要讲话精神更好地贯彻落实。

本次论坛包括主旨报告、大会发言，以及黄河文化基本问题研究、黄河文化历史问题研究、黄河文化区域特色研究三个分论坛的专题研讨。虽然时间有限，但是各位专家学者精彩的报告、睿智的思想，给我们留下了深刻的印象。可以说：

这是一场精彩纷呈、成果丰硕的盛会。本次论坛内容涉及黄河文化的基本问题、历史问题以及区域特色等方面，涵盖了黄河文化史、黄河文化生产力、黄河文化保护传承利用实施路径等方面的内容，收录了近90篇高质量的学术论文，既充分展示了各位专家学者最新的研究成果，又在相互交流中获得了更多的研究信息、研究动态和经验做法。

这是一场智慧碰撞、思想激荡的盛会。来自全国13个省市区的180余名专家学者，共同围绕"黄河文化传承与弘扬"这一主题，进行思维激荡，撞击思想火花，使论坛充满了浓厚的研讨氛围。上午中国社会科学院学部委员刘庆柱研究员、王宇信研究员等专家学者的主旨报告，站位高、观点新，开阔了大家的视野；下午三个分论坛学术报告的发言，有见解、有特色，进一步丰富了大家的思想。

这是一场成果共享、同谋发展的盛会。经过主旨发言、大会发言以及分论坛发言等多种形式的现场交流，各位专家结合各自不同的研究领域，为全流域梳理黄河文化历史发展脉络、解决黄河文化发展中遇到的难题、展示黄河文化区域特色、探寻黄河文化传承创新路径提供了难得的机遇，取得了不少新的思想启迪和研究成果。

今天上午，省委常委、宣传部长江凌同志出席论坛并作重要讲话，提出了"三个深化研究"。河南地处黄河中下游，历史悠久、文化厚重，在沿黄九省区中具有特殊的意义和地位。保护、传承和弘扬黄河文化，对于谋划黄河流域生态保护与高质量发展，谱写新时代中原更加出彩的新篇章，具有重要的意义。作为省委省政府的重要智库，我们将牢牢把握时代赋予我们的历史重任，提供更多为时代所需的智库产品，如此，才能不辜负总书记的殷殷嘱托，才能不辜负这个伟大的时代。下面，结合今天的收获，我想谈以下三点希望：

一是希望以这次论坛为指导，认真研究、消化、吸收这次论坛的研究成果，切实应用到指导"讲好'黄河故事'，延续历史文脉"的生动实践中去，推动习近平总书记的重要讲话精神真正转化成为黄河流域高质量发展的实际行动和巨大动力。

二是希望以这次论坛为契机，牢固树立"一盘棋"思想，进一步加强交流与合作，建立常态化协同研究机制，汇聚我们广大社科理论工作者的智慧和力量，共同奏好新时代的"黄河大合唱"。

三是希望以这次论坛为基础，能够在围绕水利、生态环境、自然资源、经济社会、文化传承、科技创新等方面深入开展合作研究，力争多推出有质量、有影响的理论成果，为黄河生态保护、综合治理和流域高质量发展建言献策，积极为"让黄河成为造福人民的幸福河"提供理论支撑和智力支持。

各位专家、学者、朋友们！

与君远相知，不道云海深。这次论坛能够取得圆满成功，离不开兄弟省区社科院的大力支持，离不开与会专家学者的积极参与，使我们得以一起切磋琢磨，共同分享思想成果，共同关心黄河文化这一重大理论和现实问题。因此，要特别感谢大家。虽然论坛即将闭幕，但黄河文化研究永远不会闭幕。让我们携起手来，牢记习近平总书记的殷殷嘱托，肩负起复兴黄河文化的重任，加强黄河流域经济协作和文化交流，讲好"黄河故事"，奏响新时代"黄河大合唱"，共同为保护传承弘扬黄河文化，促进黄河流域生态保护和高质量发展，做出新的更大的贡献！

谢谢大家！

（作者系河南省社会科学院院长、二级研究员）

黄河文化高层论坛学术总结

张新斌

（2020年9月24日）

尊敬的各位嘉宾，各位代表：

2019年9月18日，习近平总书记在郑州主持召开了黄河流域生态保护和高质量发展座谈会并发表了重要讲话，他宣布黄河流域生态保护和高质量发展上升为重大国家战略。一年来，我们认真学习和研读总书记的重要讲话，深感有必要联合兄弟省区社科院以及高校的学术同行，交流学习心得，共商黄河文化保护传承弘扬的大计。2020年初，院领导正式将黄河文化高层论坛的主办作为我院2020年的学术大事，作为正式工作目标落实到历史与考古研究所。谷建全院长多次指示要将这次论坛办成一个高规格的研讨会，阮金泉书记到任之初就专门听取了我所的工作汇报，并指示要举全院之力办好这一次高层论坛。上半年虽受疫情的影响，但形势一有好转，我们所便全力投入到论坛筹备工作之中。经过几个月的筹备，到目前为止可以说论坛取得了圆满成功，我也借这次机会对论坛的工作进行学术总结，我认为这一届黄河文化高层论坛具有四个特点，这四个特点可以用四个字来表述。

一、"高"是本次论坛的第一个特点

"高"的第一个表现是"高效率"。这次会议的设计尽管是在年初已经列入了工作目标，但是疫情的原因，筹备工作迟迟无法展开。直到六月才正式开始启动相关工作，由于参与筹备同志高效率的工作，仅仅一个月就得到了学术界的回应。沿黄各省区的社科院的同人，省内高校的相关同行，尤其是从不同渠道得到相关信息的研究者，大家不约而同地相约郑州，相约在黄河之滨，共话黄河文化的保护传承弘扬这一大的学术命题。

"高"的第二个表现是"高规格"。本次论坛在筹备过程中，正式向省委宣传部报备。同时向省委常委、省委宣传部部长江凌同志进行了专门的汇报，江凌同志对论坛的举办给予了专门的指示，并在百忙中出席了黄河文化高层论坛。江凌同志在论坛上的重要讲话，对我们下一步做好黄河文化的研究，黄河文化的保护、传承和弘扬，均具有重要的指导意义。

"高"的第三个表现是"高层次"。本次论坛十分荣幸地邀请到了中国社会科学院荣誉学部委员、中国社会科学院历史研究所王宇信研究员。中国社会科学院学部委员、历史学部原主任、原中国社会科学院考古研究所所长、郑州大学历史学院院长刘庆柱研究员。他们长期在黄河流域从事历史考古研究工作，也长期研究黄河流域的历史考古，对黄河文化的价值和内涵具有很深的感悟。他们在百忙之中专程到会发表重要演讲，对本次论坛给予了极大的支持。让我们对他们多年来对河南、对河南省社会科学院的支持，再次表示衷心的感谢。

中国水利水电科学研究院教授级高工万金红先生，青海省社会科学院党组书记、院长索端智教授，甘肃省社会科学院院长王福生研究员，甘肃省社会科学院副院长马廷旭研究员，原山东省社会科学院院长张述存研究员，华北水利水电大学原党委书记、黄河文化研究会会长朱海风教授等，均在百忙之中为会议提供论文并发表演讲。从而为本次论坛的高质量、高水平、高层次提供了保障。

二、"宽"是本次论坛的第二个特点

"宽"的第一个表现是代表来自的地域广泛。本次论坛得到了沿黄兄弟省区社科院的大力支持，得到了省内外高校与相关单位的大力支持，大家参会十分踊跃。本次论坛代表来自北京、上海、江苏、浙江、广东、吉林、青海、甘肃、宁夏、内蒙古、陕西、山西、山东、河南共14个省（市、区），河南省内主要高校均有学术代表到会，正式代表116人。

"宽"的第二个表现是论文数量丰满。从论文集所征集到的论文来看，论文总篇数达87篇，其中涉及黄河文化的基本问题研究25篇、黄河文化的历史问题研究31篇、黄河文化区域特色研究31篇，共计77.8万字。如果加上大会发言的相关论文数量，总数可以达到90篇。

"宽"的第三个表现是论文涉及的领域宽阔。黄河文化研究的问题非常多，但无外乎这样几个方面：一是黄河文化基本问题研究。习近平总书记讲话之后，大家都开始关注黄河文化，对于黄河文化的概念问题、内涵问题、关系问题、当代传承、黄河精神、文旅融合、遗产保护、品牌建设，这次论坛都有涉及。同时，对于上中下游黄河区域文化的特征揭示、内涵挖掘、文化定位、历史解读等均有涉及，应该是我们这一次论坛的一个特色。二是黄河文化历史问题研究，所涉及的河道变迁、人物研究、河神崇拜、地域考证、聚落分析、河漕关系等，黄河文化历史问题的研究，是我们这次论坛的重要特点。三是黄河文化区域特色研究。

总体而言，古与今，历史与现实，黄河文化的研究所涉及的方方面面正是这一次论坛"宽"字的最大象征。

三、"新"是本次论坛的第三个特点

思考问题比较有创意。如朱海风教授关于"河缘文化"的提出，王承哲研究员关于黄河文化生产力的范式构建等，角度新颖，论证扎实。万金红教授、张红梅、张玉霞等的论文，均涉及黄河文化遗产，其中万金红教授黄河水利遗产主线、片区、辐射区的划分，以及相关的建议均具有可操作性。唐金培、安磊、乔传宁、姚璇、祁雪瑞等的论文，涉及文旅融合与产业化发展问题，均有很好的思路和建议。

区域特色提炼有新意。习近平总书记在讲话中专门讲到了河湟文化、关中文化、河洛文化、齐鲁文化等黄河区域文化。索端智、鄂崇荣、胡芳、解占录等青海同行关于河湟文化与青海文化的思考，为我们了解大美青海，增加了更多的理论思索。李骅、梁仲靖等同行关于甘肃文化的思考，郑彦卿、叶长青等同行关于宁夏文化的定位，都为我们对黄河上游文化的认识提供了理论认知。康建国、翟禹、杨峰、张建斌等同行对内蒙古黄河文化以及河套文化的认识，尤其是浙江学界对河套水利文化的研究，均为我们认识"天下黄河富河套"提供了最新的学术大餐。冉淑青关于蒙晋陕豫合作的思路，刘宁关于关中文化的认知，高春平、董永刚、李冰等同行关于山西黄河文化的研究，极大地丰富了我们对黄河文化的认识。张述存、张凤莲、李文靖等同行关于山东黄河文化的实现路径的研究，进一步加深了我们对齐鲁文化的认识。河南学术界，尤其是洛阳学界有关河洛文化的研究，占有一定的比重。还有一些文章涉及河南的区域文化以及文化精神的研究。应该说，这一次的学术研究实际上是黄河区域文化的一个大交流。在过去很长一段时期内，大家更多的是关注于本省区内的文化研究。通过这一次交流，可以进一步加强我们对周边文化的认识，也为我们从更新的视角、更广的视野来认识本地文化提供了一次契机。

四、"深"是本次论坛的第四个特点

选题的深入。从最近一年来有关黄河文化的研究来看，黄河文化研究更多的是浮在面上，其实黄河文化的研究重要的是历史问题的研究，黄河文化涉及很多历史问题，这些问题至今都没有得到很好的解决。这次论坛我们收集到了占有一定分量的黄河文化历史问题研究的论文。在这样短的时间内，能够征集到这样的一些成果，还是存在一定难度的。从选题看，这些研究涉及黄河河道的变迁与黄河的治理，其重点集中在先秦如大伾山、鸿沟、济水等黄河研究中的关键点；明清民国的相关文章也比较集中，不仅涉及水患与河道变迁、河道治理、河神信仰以及社会生活的方方面面，反映了参与者的学术重点与关注时段。此外，也涉及了黄河流域的古城变迁、九州的变化，以及对考古新发现双槐树遗址的解读、史前聚落的研究、河图洛书的阐释，还有秦汉魏晋时代文化研究的相关成果。应该说有的选题还是比较深入的。

认知的深入。从这一次所见论文的检阅，也有一些很有见地的学术成果。刘庆柱研究员最近出版了一本新书，叫《不断裂的文明史——对中国国家认同的5000年考古学解读》，刘庆柱这一次从黄河文化的角度来谈不断裂的文明史，利用大量的考古学实证材料来说明黄河流域就是不断裂文明史的最好例证。我觉得这个选题是具有挑战性的，这是一个具有政治担当的学术研究成果。这就为黄河文化的研究者提供了一个新的思路，面对周边地区的文化大发现，怎样解读满天星斗和一枝独秀。我们通常所说的多元一体，为什么这个一体会在黄河流域出现、甲骨文这样成熟的文字体系会在黄河流域诞生、黄河流域引领中华文明3000多年的长胜秘诀的密码是什么，我们应该旗帜鲜明地回应这个问题。

习近平总书记在"9·18"讲话中，对保护传承弘扬黄河文化提出了很高的要求，对黄河文化给予了中华民族根和魂的最高定位。河南学界长期坚持黄河文化研究，以黄河文化统领河南地方文化研究，以黄河文化统领中原文化、河洛文化等区域历史文化研究。1990年率先在全国成立了"黄河文化研究会"，1992年创办了会刊《黄河文化》，这个研究会就挂靠在河南省社会科学院。黄河文化研究会在河南省社会科学院党委的领导下，统领全省学术界开展黄河文化研究，并在2008年，在河南武陟召开了首届黄河文化高层论坛，形成了《武陟宣言》等会议成果，提出了黄河"双申遗"和黄河母亲河公祭大典的倡议。这些目标已逐渐引起党政领导的注视，有的已进入决策层面。我们希望借这一次高层论坛的东风，和国内学术界关注黄河文化的各位同人加强联系，不断将黄河文化的研究走向深入。也期望借助黄河文化高层论坛这样一个平台，吸引全国的学界同人到河南来体验黄河文化大餐。

以上是我的挂一漏万的学术认识，也是我对各位成果的学习的一点收获。不当之处，敬请大家谅解。谢谢！

（作者系河南省社会科学院历史与考古研究所负责人，
黄河文化研究会副会长兼秘书长、二级研究员）

全国百余文化专家共论黄河文化

——黄河文化高层论坛在郑州举行

陈建魁

在习近平总书记 2019 年 9 月发表"黄河流域生态保护和高质量发展"重要讲话一周年之际，以"黄河文化传承与弘扬"为主题的"黄河文化高层论坛"在郑州举行，全国 13 省区百余位专家会聚黄河之滨，共同研讨黄河文化。

2020 年 9 月 24～25 日，由河南省社会科学院主办，河南省社会科学院历史与考古研究所、黄河文化研究会承办的"黄河文化高层论坛"在郑州举行。河南省委常委、宣传部长江凌出席论坛，并作重要讲话。中国社会科学院学部委员、著名考古学家刘庆柱先生，中国社会科学院荣誉学部委员、著名甲骨学家王宇信先生，专程到会并作大会主旨报告。来自北京、上海、青海、甘肃、内蒙古、宁夏、山西、陕西、山东、江苏、浙江、广东与河南 13 个省区的社科院、高等院校及文博文化部门的专家，共 180 余人参加了此次论坛。

24 日上午的论坛，分开幕式和大会演讲两个阶段，由河南省社会科学院院长谷建全研究员主持。河南省社会科学院党委书记阮金泉在开幕式致辞中说，举办"黄河文化高层论坛"，目的是"重温习近平总书记重要讲话精神，围绕黄河文化保护传承弘扬这个主题，话政论、寻对策、求共识，共同总结交流保护传承弘扬黄河文化的好经验，共同展望保护传承弘扬黄河文化的新愿景"。同时，也"是沿黄九省区深入学习贯彻习总书记重要讲话精神的重要举措，是河南切实扛牢保护传承弘扬黄河文化历史担当的实践步骤，也是河南社会科学院深化黄河文化研究的再部署、再安排"。

开幕式上，河南省委常委、宣传部长江凌作了重要讲话。他指出，文化是一个国家、一个民族的灵魂，是高质量发展的重要支撑。习近平总书记在黄河流域生态保护和高质量发展座谈会上的重要讲话，对黄河文化保护传承弘扬提出了纲领性要求，赋予了广大社科理论工作者深化黄河文化研究的重大历史责任。要从黄河文化是中华民族最深层的文化基因出发，把历史和现实贯通起来，把继承和创新结合起来，把文化建设和黄河流域高质量发展统筹起来，持续深化黄河文化是中华民族根和魂的研究，持续深化推动黄河文化在新时代发扬光大的研究，持续深化将黄河文化资源优势转化为高质量发展优势的研究，汇聚唱响新时代黄河大合唱的强大合力。

开幕式之后，中国社会科学院学部委员，原中国社会科学院考古研究所所长、研究员，郑州大学历史学院院长刘庆柱；中国社会科学院荣誉学部委员，中国社会科学院历史研究所研究员王宇信，分别以《黄河文化与中国不断裂的文明史》《黄河文化与甲骨文》为题作了主旨报告。刘庆柱研究员指出，黄河文化是中华民族的根与魂，根为"中"，魂为"华"，黄河为"高祖河"。从历史与考古材料来看，黄河文化从史前到唐宋是一脉相承不断裂文明的核心地区。青海省社会科学院党组书记、院长索端智教授，河南省社会科学院副院长王承哲研究员，甘肃省社会科学院副院长马廷旭研究员，中国水利水电科学研究院万金红教授级高级工程师，华北水利水电大学原党委书记、黄河文化研究会会长朱海风教授，宁夏回族自治区社会科学院科研处处长郑彦卿编审，内蒙古自治区社会科学院历史研究所副所长翟禹副研究员，河南省社会科学院文学研究所副所长李立新研究员8位专家在论坛作大会发言。

本次黄河文化论坛共收到论文90篇。在24日下午的三个分论坛上，分别以"黄河文化基本问题研究""黄河文化历史问题研究""黄河文化区域特色研究"为主题进行了分组研讨。

关于"黄河文化基本问题研究"。围绕黄河文化的核心内容、黄河文化的创造性转化与创新性发展、黄河文化精神与当代传承、黄河文化旅游带建设等议题展开。朱海风在《论作为黄河文化核心的"河缘文化"》一文中，对黄河文化的核心内容进行了分析，认为黄河文化的核心是"河缘文化"，河缘文化的实质是人河关系，根底是人与自然的关系。河缘文化主要包括创河生河文化、法河象河文化、治河防河文化、用河兴河文化、管河护河文化、祈河祭河文化、咏河写河文化、知河研河文化八个方面。河南省社会科学院历史与考古研究所副所长唐金培副研究员在《统筹协调推进具有国际影响力的黄河文化旅游带建设》一文中，提出了打造黄河文化旅游带的六条措施：一是系统整合区域历史文化旅游资源，夯实黄河文化旅游带建设的内生力；二是统一做好全流域文化旅游顶层设计，加强黄河文化旅游带建设的统领力；三是联合开展文化旅游理论创新研究，增强黄河文化旅游带建设的引领力；四是合力完善文化旅游保障体系，强化黄河文化旅游带建设的支撑力；五是共同构建文化旅游产业体系，聚集黄河文化旅游带的竞争力；六是携手打造文化旅游品牌，扩大黄河文化旅游带建设的影响力。

关于"黄河文化历史问题研究"。围绕黄河流域历史上的重大事件，如中国文明起源、古代都城迁移、黄河河道变迁、黄河治水方略等问题展开。郑州大学历史学院王星光教授在《黄河流域古代都城迁移及其对中国社会的影响》中指出，国都是国家政权创制和发展的象征，都城所在地作为京畿要地对一个国家的发展有着举足轻重的作用。从夏商到清王朝灭亡的历史长约3981年，而在宋金以前约3217年中，历代王朝的国都所在地一直在黄河流域，这与"立国于中"的理念密切相关。古都布局和迁移对当代中国社会也产生了直接的影响。河南省社会科学院历史与考古研究所负责人张新斌研究员在《大伾山与早期黄河河道变迁的再认识》一文中，对大伾山的各种说法进行了辨析，认为大伾山是《禹贡》河水的重要地理坐标，是影响黄河走向的系列丘阜，在黄河下游早期河道中具有特殊地位。其关键的顶点为浚县大伾，这一区域由于河道由西折而北，多条河流汇集，河床地势不平，而成为早期黄河的险要河段，形成了首次黄河大改道的决溢关键地点，浚县大佛是中国最重要的镇河大佛。

关于"黄河文化区域特色研究"。主要是围绕黄河流域各段区域文化，如河源文化、河湟文化、河洛文化、齐鲁文化等，就其成因、内涵、影响、特征、传承与发展进行了讨论。专家们认为，黄河流域各区域文化，都是黄河文化的重要组成部分，也是文明中国的重要组成部分；做好黄河文化研究，首先就要处理好黄河文化和黄河流域各区域文化的关系，处理好黄河文化的区域特点与整体的关系；黄河是中华民族的重要象征，是中华民族精神的重要标志，我们一定要重视历史文化保护传承，保护好中华民族精神生生不息的根脉；要深入挖掘黄河文化蕴含的时代价值，讲好黄河故事，延续历史文脉，坚定文化自信，为实现中华民族伟大复兴的中国梦凝聚精神力量。

闭幕式由河南省社会科学院党委书记阮金泉主持。在闭幕式上，各分论坛召集人汇报了讨论情况；河南省社会科学院历史与考古研究所负责人张新斌研究员，对本次论坛进行了学术总结。他用"高""宽""新""深"四个特点概括了本次论坛。他认为，这次论坛以黄河文化传承与弘扬为主题，是一次黄河文化研究的学术盛会。这次论坛成果丰硕、内容广泛，必将载入黄河文化研究史册。河南省社会科学院院长谷建全研究员在闭幕式上致辞，对前来参加论坛的各位专家表示了衷心的感谢，希望全国各省市专家携起手来，搭建更多的黄河文化研究的平台，把黄河文化研究推向深入。他表示，河南省社会科学院要把黄河文化研究作为当前研究的重点，通过黄河文化的研究带动各学科的发展。

25日，参加论坛的代表还将对武陟嘉应观、郑州花园口和黄河博物馆进行考察，近距离感受黄河文化的博大精深与无穷魅力。

河南省社会科学院是河南哲学社会科学研究的权威机构，从1990年开始组建黄河文化研究会，长期从事黄河文化研究，主持10余项国家社科课题，出版大量黄河文化研究成果。自2008年举办首届"黄河文化高层论坛"后，多次举办相关学术活动，已成为省内外研究黄河文化的重要平台。

（作者系河南省社会科学院历史与考古研究所副所长、副研究员）

后 记

2019 年 9 月 18 日，习近平总书记在郑州主持召开了黄河流域生态保护和高质量发展座谈会，不仅宣布了黄河流域生态保护和高质量发展已上升为国家重大战略，同时在讲话中以较多的篇幅对黄河文化的保护、传承、弘扬进行了论述。

我从 20 世纪 90 年代开始，就进行了与黄河关联的课题研究，其后便加入了我的老师张文彬先生创办的黄河文化研究会，从 1998 年至今，主编了《黄河文化》这本国内唯一的与黄河文化关联的类似于刊物的内部连续性资料，至今已经印发了 110 期。作为长期从事黄河文化研究的学者，能够在有生之年赶上总书记直接号召要进行黄河文化的保护传承弘扬，应该说这是一件难得的事情。

总书记在讲话中特别提出了几个重大的论断。其一，保护黄河是事关中华民族伟大复兴的千秋大计。在这里，总书记特别强调了黄河哺育着中华民族，孕育了中华文明；特别提出了黄河流域在 3000 多年里，是全国的政治、经济和文化中心；特别明确了九曲黄河奔腾向前，以百折不挠的磅礴气势塑造了中华民族自强不息的民族品格。其二，中华民族治理黄河的历史也是治国史。总书记特别列举了历史上治理黄河的重大事件，并且指出了"黄河宁，天下平"这一非常重要的历史现象。将治河与治国并列，充分反映了历史上治理黄河的特别重要性。其三，黄河文化是中华民族的根和魂。总书记在讲话中有专节谈及黄河文化的保护、传承和弘扬，特别强调了黄河文化是中华文明的重要组成部分，要推进黄河文化遗产的系统保护，挖掘黄河文化蕴含的时代价值，讲好黄河故事延续黄河文脉。总书记特别点出了黄河文化的特殊地位，那就是中华民族的根和魂，将黄河文化进行这样准确的定位是非常罕见的。

院领导非常重视。谷建全院长对这项工作有明确指示，并将举办黄河文化高层论坛作为历史与考古所 2020 年度目标管理工作，在疫情稍有缓和之际，便初定论坛举办的时间为习近平总书记发表重要讲话一周年的 2020 年 9 月。阮金泉书记在 9 月初到任之始，即专门听取了论坛筹备情况的汇报，对论坛的筹备给予了高度的肯定和支持。院里积极向省委宣传部进行汇报，得到了宣传部的大力支持，中共河南省委常委、省委宣传部部长江凌同志专门到会并致辞，省委宣传部主管理论工作的副部长尹书博同志也专门到会给予指导，应该说论坛的规格之高出乎我们的意料。王承哲副院长专门为论坛提供了稿件，李同新副院长多次听取论坛筹备情况的汇报，及时协调相关工作。科研处、办公室等职能部门给予论坛举办以大力支持，王玲杰处长、郑海艳副主任等为论坛的成功举办付出了不少心血。

2020 年初，当论坛作为工作目标明确之后，历史与考古所领导班子进行了专门研究并明确了工作分工。由张新斌总负责，李乔负责具体落实并协助所长做了大量的具体工作。前期的学术联系、论文组织、论文集编排由魏淑民负责，她还制作了会务手册，并编辑了《黄河文化》论坛专号。张新斌、李乔、唐金培、陈建魁参与领导讲话、新闻通稿等论坛文件的起草，他们还依照分工，很好地完成了各自承担的论坛举办期间的事务性工作。王建华、师永伟也承担了文字校对等工作。魏淑民、张佐良、李龙、张玉霞、师永伟、王建华、田冰、徐春燕、杨世利、陈习刚等参与了论坛的事务性工作。可以说，历史与考古所的全体同志进行了总体动员，他们有的即使没有在一线工作，也在背后默默无闻地支持着论坛的举办。

沿黄各省（区）社会科学院非常重视这次论坛，他们积极踊跃地报名并提交论文参加论坛，黄河文化研究会还组织省内高校的代表参会。论坛收到八九十篇论文，而且水平非常高，是我们想象不到的。这批论文涉及黄河文化基本问题研究，如黄河文化的概念、内涵、黄河学、黄河文化遗产、黄河文化的时代价值和现实意义等；黄河文化的历史问题研究，涉及历史时期黄河的变迁、黄河的泛滥、黄河的治理、黄河的生态与环境以及各个时期黄河文化的个案研究；黄河文化区域特色研究，包括黄河上游的河湟文化、河套文化，黄河中游的河洛文化，以及黄河下游的齐鲁文化等的内涵、价值、保护与利用等。

在这里让我们再一次感谢中国社会科学院学部委员刘庆柱研究员、中国社会科学院荣誉学部委员王宇信研究员，他们在百忙之中专门为会议准备了论文，并且作了精彩的主旨报告。索端智、王福生、张述存、马廷旭等各省的社会科学院领导专门到会并发言，朱海风、王星光、薛瑞泽、苏全有等黄河文化研究会的各位会长也给予了论坛大力支持，万金红、郑彦卿、翟禹、李立新、张生寅、毛阳光、刘宁等专家的发言，都给我们留下了深刻的印象。我们期待着有更多的机会，大家相聚在黄河之滨，再次研讨黄河文化。

张新斌

2021 年 3 月于郑州